mulative Title Index, Vols. 1-104

ey Church; or, Self-control and Self-conceit
(Yonge)
e *Abbeychurch*
hurch (Yonge) **48**:366, 373, 387
Verney (Macaulay) **7**:420, 422, 426;
20
bducted Woman" (Kolmar) **40**:175
hizoku" (Mori Ōgai) **14**:378, 380
coln in Illinois (Sherwood) **3**:412-16,
9
France) **9**:40
Valery) **15**:460
z (Unamuno)
Sánchez: Una historia de pasión
Una historia de pasión
no) **2**:564, 567, 569; **9**:513,
eloise (Torrence) **97**:152, 156-
(Kandinsky) **92**:49
insky) **92**:67
d die Sängerin"
) **11**:292, 303
atterji) **13**:81
at) **21**:75
Mankiewicz) **85**:111
nest Clouët" (Swinburne)
dayat) **21**:71
ees" (Hagiwara Sakutaro)
ice and the Mamma of
olfe) **12**:272
f (Galsworthy) **45**:33
and the Maiden Anima"
2
(Peguy)
ppe"
Reishō" (Nagai) **51**:89
about Something Else"
15:496
thers (Couperus)
r mijzelf en anderen
sen)
and the Blest Heresiarch"
dasevich) **15**:203
alism" (Fadeyev) **53**:58
ls" (Rolfe) **12**:272
kovski) **4**:291; **18**:266-70
rgelson) **81**:16
chess and the Wicked
12:266
gs (Weininger)
zten Dinge
Fritter of Sangiuseppe"
Vho Lied and the
Vho Loved the Truth"
kotoryi lgal, i o diatle

About the Understanding (Rozanov)
See *O ponimanii*
About Understanding (Rozanov)
See *O ponimanii*
"About What? About This" (Mayakovski) **4**:297
"Above the Gaspereau" (Carman) **7**:139
"Above the Ravine" (Pilnyak) **23**:203
"Above These Cares" (Millay) **49**:225
Abracadabra, and Other Stories (Galsworthy) **45**:33
"Abraham and Isaac" (Lasker-Schueler)
See "Abraham und Isaak"
Abraham and Isaac (Housman) **7**:360
"Abraham Carew" (Lee-Hamilton) **22**:187, 189
"Abraham Lincoln" (Wilson) **79**:488
Abraham Lincoln (Drinkwater) **57**:124-26, 128-33, 135-38, 140-43, 146, 148
Abraham Lincoln (Griffith) **68**:169, 177, 220
"Abraham Lincoln Walks at Midnight" (Lindsay) **17**:230-31, 236
Abraham Men (Powys) **9**:365
"Abraham und Isaak" (Lasker-Schueler) **57**:301, 332, 336
"Abrigo" (Sa-Carniero) **83**:401
Abrojos (Dario) **4**:58-60
"Abrupt Decisions" (McAlmon) **97**:113
"Abschied" (Kolmar) **40**:174
"Abschied" (Lasker-Schueler) **57**:304, 309, 320, 326
"Abschied" (Raabe) **45**:189
Abschied (Kandinsky) **92**:49
"Abschied und Wiederkehr" (Kraus) **5**:292
"Abschied von Stuttgart" (Raabe) **45**:191
"The Absence of Religion in Shakespeare" (Santayana) **40**:388
"The Absent" (Muir) **2**:485
"The Absent One" (Villaurrutia) **80**:458
Absentee Ownership (Veblen) **31**:350, 362
"The Absinthe Drinker" (Symons) **11**:427, 439
"Absinthia taetra" (Dowson) **4**:92
"Absoluta" (Vallejo) **56**:289
The Absolute at Large (Capek)
See *Továrna na absolutno*
The Absolute Gravedigger (Nezval)
See *Absolutní hrobař*
Absolute Love (Jarry)
See *L'amour absolu*
"Absolute Peace" (Balmont) **11**:42
"Absolute Prosa" (Benn) **3**:110
"Absolution" (Fitzgerald) **1**:241, 262-63; **6**:169-71; **14**:179, 182-83; **55**:191
Absolutní hrobař (Nezval) **44**:245
"Absorbed in Letters" (Akutagawa Ryunosuke) **16**:23
The Absorbent Mind (Montessori)
See *La menta del bambino*
Abu Casem's Slippers (Strindberg) **47**:369
Abu Telfan (Raabe) **45**:160, 162, 164, 168-70, 172, 174-75, 178-80, 194, 200
"Abuela Julieta" (Lugones) **15**:292
El abuelo (Perez Galdos) **27**:248, 250, 254-56, 268
El abuelo del rey (Miro) **5**:338-39, 341

"Abu-Hasan" (Caragiale) **76**:159, 170
"The Abuse of Woman's Strength" (Key) **65**:236
The Abysmal Brute (London) **9**:261
The Abyss (Andreyev) **3**:24, 26
"An Academic Question" (Fisher) **87**:73
"Accalmie" (Moreas) **18**:280, 282, 285
"An Accident" (Chesterton) **6**:109
"An Accident" (Coppee) **25**:121
Accident (Bennett) **5**:37
Accident (Kandinsky) **92**:48
"Accompagnement" (Garneau) **13**:195, 203
"According to Meredith" (Lowndes) **12**:200
According to Plan of a One-Eyed Mystic (Dent) **72**:24
"According to the Pattern" (Evans) **85**:27-8, 33
"An Account of Yesterday" (Tolstoy) **11**:464
"Accountability" (Dunbar) **12**:108, 110
"Accounting" (Radnoti) **16**:419
The Accumulation of Capital (Luxemburg) **63**:163, 166, 172, 178, 180-82, 191, 194-96, 198-99, 200, 202, 205
The Accumulation of Capital, Or What the Epigones Have Made of Marxian Theory: A Countercriticism (Luxemburg) **63**:198
"Aceldama" (Crowley) **7**:208
"Ach, der Erhabene" (Benn) **3**:107
Achalāyatan (Tagore) **3**:486
The Achievement of T.S. Eliot: An Essay on the Nature of Poetry (Matthiessen) **100**:158, 166, 168, 170, 186, 203, 213, 218, 221-22, 225, 238, 242
"Achilles at the Altar" (Bryusov) **10**:80, 88
"La achirana del Inca" (Palma) **29**:256
Het achterhuis (Frank) **17**:101, 104, 107-08, 111, 113-14, 116-17, 119
Acque turbate (Betti) **5**:60, 63-6
"Acquiescence" (Gurney) **33**:85
"An Acre of Grass" (Yeats) **1**:580; **18**:447
"The Acrobat" (Nezval) **44**:239
"The Acropolis" (Merezhkovsky) **29**:246
Acropolis (Sherwood) **3**:414, 418
"Across Graves" (Talvik) **87**:319
Across Spoon River (Masters) **25**:302, 310, 316
Across the Borderline (Tammsaare)
See *Üle piiri*
Across the Plains (Ince) **89**:9
Across the Stream (Benson) **27**:19
Across the Wide Missouri (De Voto) **29**:124, 127-29
Act of Darkness (Bishop) **103**:14, 20, 25, 27, 30-7, 40-2, 46-7, 49
"An Act of God" (Post) **39**:338
"An Act of Redress" (Caragiale)
See "O reparatie"
"Actaeon" (Erskine) **84**:174
"Actaeon" (Roberts) **8**:313-14, 320
Actaeon (Erskine) **84**:160
Acteon (Gumilev) **60**:265
"Acting Captain" (Lewis) **3**:288
"Acting Intuition" (Nishida)
See "Koiteki chokkan"
The Action and the World (Matthews) **95**:253, 272, 276-7
Active Service (Crane) **11**:125, 128, 137, 160, 162, 166-67
Activities: India and Cambridge, 1906-14 (Keynes) **64**:240
Activities: The Treasury and Versailles, 1914-19 (Keynes) **64**:241
"The Actor" (Zoshchenko) **15**:499
"The Actor Forest Guard" (Quiroga)
See "El guardabosque comediante"
Actor from Vienna (Molnar) **20**:171
Actors and Sin (Hecht) **101**:77
"Actor's Blood" (Hecht) **101**:77
"The Actress" (Mann)
See "Schauspielerin"
"The Actress" (Tolstoy) **18**:377
The Actress Nana (Nagai)
See *Joyū nana*
Actually Comedies (Bacovia) **24**:64
"Ad az isten" (Ady) **11**:18
"Ad Cinarem" (Manning) **25**:277
Ad matrem (Gray) **19**:154
Ad Me Ipsum (Hofmannsthal) **11**:300
"Ada" (Stein) **1**:428; **48**:256-57, 260-63
"Adagia" (Stevens) **3**:463-64, 474; **12**:384-85, 387; **45**:278, 286, 293, 295, 298, 302, 314, 317, 324-26, 337
"L'adagio" (Coppee) **25**:124
"Adagio" (Scott) **6**:389
"Adam" (Garcia Lorca) **49**:91, 93
Adam (Huidobro)
See *Adán*
"Adam and Eve" (Machado de Assis)
See "Adão e Eva"
"Adam and Eve" (Prishvin) **75**:215
Adam and Eve (Bulgakov) **16**:85, 111-12
Adam and Eve (Rebreanu)
See *Adam şi Eva*
Adam and Eve and Pinch Me (Coppard) **5**:1 76, 179, 181
Adam Cast Forth (Doughty) **27**:53-4, 59, 65-6, 68-9, 74, 84-5
Adam et Eve (Lemonnier) **22**:197, 199
Adam et Eve (Ramuz) **33**:302
"Ádám, hol vagy?" (Ady) **11**:15, 17
Adam Johnstone's Son (Crawford) **10**:14
Adam Schrader (Lie) **5**:324, 326, 332
Adam şi Eva (Rebreanu) **28**:272
Adam stvořitel (Capek) **6**:85, 90; **37**:5 61
Adam the Creator (Capek)
See *Adam stvořitel*
"Adam, Where Art Thou?" (Ady)
See "Ádám, hol vagy?"
Adamastor (Campbell) **5**:117, 120
"Adams" (Douglas) **40**:71, 76
Adam's Breed (Hall) **12**:184, 1
"Adam's Curse" (Yeats) **1**:5 **93**:348
"Adam's Dream" (Muir) **2**:4
Adán (Huidobro) **31**:122, 13
"Adão e Eva" (Machado de
"Add This to Rhetoric" (Ste
"Addolorata's Intervention"
"Address" (Ford) **15**:70
"Address Delivered at Senec **73**:271
"Address on Nietzsche" (Ma
"Address to the Legislature Women's Rights" (Stan
"Address to the Swedish Pea (Tolstoy) **79**:430
Addresses on Religion (Genti
See *Discoursi di religion*
Adela Cathcart (MacDonald)
Aden, Arabie (Nizan) **40**:288- 11, 314-15, 320, 324
"Adieu" (Apollinaire) **51**:6, 6
"Adieu" (Obstfelder) **23**:179
Adjutantenritte und Andere G (Liliencron) **18**:212-14
"Adjutantentrite" (Liliencron
"Adlestrop" (Thomas) **10**:45
The Admirable Bashville (Sh
The Admirable Bashville; or Unrewarded (Shaw)
See *Cashel Byron's Prof*
The Admirable Crichton (48-9
Admiral Guinea (Henley) **8**:
"The Admiral's Ghost" (Noy
"Admiral's Night" (Machado
"An Admonishment to All B (Su Man-shu) **24**:455
"Admonition" (Bell) **43**:91
"Adobe House in a Provinci (Platonov)
See "Glinyanyy dom v
"Adolescent" (Tsvetaeva)
See "Otrok"
L'adolescent (Rolland) **23**:2
The A
"The
"Ado
Ado
"T
A
"

Adventures in Friendship (Baker) **47**:27-8
Adventures in Solitude (Baker) **47**:23
Adventures in the Skin Trade, and Other Stories (Thomas) **45**:374, 390, 395-96
Adventures in Understanding (Baker) **47**:24
Adventures, Inventions, and Hoaxes of Silvestre Paradox (Baroja)
See *Aventuras, inventos, y mixtificaciones de Silvestre Paradox*
The Adventures of a Modest Man (Chambers) **41**:95
"Adventures of a Monkey" (Zoshchenko) **15**:496, 502, 506, 509-10
Adventures of a Young Man (Reed) **9**:388
The Adventures of Aimé Lebeuf (Kuzmin) **40**:191, 193
"The Adventures of Ann, the Bound Girl of Samuel Wales, of Braintree, in the Province of Massachusetts Bay" (Freeman) **9**:72
The Adventures of Captain Hatteras (Verne)
See *Les aventures du Capitaine Hatteras*
The Adventures of Captain Horn (Stockton) **47**:317, 321, 325
"The Adventures of Chichikov" (Bulgakov) **2**:64; **16**:84
Adventures of Elizabeth in Rügen (Elizabeth) **41**:122-23, 130, 132
The Adventures of François (Mitchell) **36**:272
Adventures of Gerard (Doyle) **7**:232-33, 239
The Adventures of Harry Richmond (Meredith) **17**:269, 273, 278, 290-91, 293; **43**:259, 275
The Adventures of Huckleberry Finn (Twain) **6**:454-7, 459-61, 463-70, 473-6, 478, 480, 482-5; **12**:427-9, 431, 434-7, 439-45, 448, 451, 454; **19**:351-69, 372-6, 378-88, 391; **36**:352, 354-5, 358-63, 366, 369, 372, 375, 379, 381-7, 392; **48**:334, 336, 339, 341-9, 351-2, 356, 359, 361; **59**:168, 173-7, 181-9, 196, 201-3, 208-10
Adventures of Ideas (Whitehead) **97**:206, 211, 215, 219-20, 238
The Adventures of Marco Polo (Sherwood) **3**:417
Adventures of Martin Hewitt (Morrison) **72**:363
The Adventures of Menakhem-Mendl (Aleichem) **1**:32; **35**:306-08, 310, 327
"The Adventures of Mercurius" (van Ostaijen) **33**:409
The Adventures of Monsieur de Mailly (Lindsay) **15**:221-22, 232-33
Adventures of Mottel, the Cantor's Son (Aleichem)
See *Motl Peysi dem khazns*
Adventures of Rasteghin (Tolstoy) **18**:373
The Adventures of Romney Pringle (Freeman) **21**:54
The Adventures of Seumas Beg (Stephens) **4**:415, 419
The Adventures of Sherlock Holmes (Doyle) **7**:215-16, 220, 238
"The Adventures of the Black Girl in Her Search for God" (Shaw) **3**:387
"The Adventures of the Bruce-Partington Plans" (Doyle) **7**:229
The Adventures of Tom Sawyer (Twain) **6**:455-56, 460-61, 463-66, 468-70, 473-76, 480, 483-84; **12**:427, 431-32, 437-38, 440, 451-53; **19**:351-58, 361-63, 366-67, 369, 371-72, 407, 409, 411; **36**:354-55, 358, 384, 394, 401, 404, 409; **48**:330, 334-35, 339, 357; **59**:159-212
Adventures, Rhymes, and Designs (Lindsay) **17**:239
Adventures While Preaching the Gospel of Beauty (Lindsay) **17**:223, 239
"Adventures with the Eldest Daughter Eight Years Old" (Lindsay) **17**:241
"The Adventurous Exploit of the Cave of Ali Baba" (Sayers) **15**:379
"Advertencia" (Vallejo) **56**:316
"Advertisement" (Henley) **8**:109
Advice (Bodenheim) **44**:59, 67-8
"Advice to a Beauty" (Cullen) **37**:160
"Advice to a Bluebird" (Bodenheim) **44**:62, 64
"Advice to a Man" (Bodenheim) **44**:66
"Advice to a Poet" (Dobson) **79**:30
"Advice to a Street Pavement" (Bodenheim) **44**:59, 68
"Advice to a Young Critic" (Nathan) **18**:308
"Advice to Young Men" (Mencken) **13**:365
"Advice to Youth" (Cullen) **37**:154, 164, 167
"The Advisability of Not Being Brought Up in a Handbag: A Trivial Tragedy for Wonderful People" (Leverson) **18**:199
Advisory Ben: A Story (Lucas) **73**:159, 162
Aelita (Tolstoy) **18**:359, 373, 378, 383-86
"Aemilius, l'arbre laisse" (Moreas) **18**:288
"Aepyornis Island" (Wells) **19**:443
"Aeroplano" (Huidobro) **31**:125
Aërt (Rolland) **23**:257, 260
"Aesop's Last Fable" (March) **96**:252
"Aesthetic" (Collingwood) **67**:179
Aesthetic as Science of Expression and General Linguistic (Croce)
See *Estetica come scienza dell' espressione e linguistica generale*
"The Aesthetic Infinite" (Valery) **15**:460
Aesthetic Studies (Brandes)
See *Aesthetiske studier*
"Aesthetic Weasel" (Morgenstern) **8**:308
Aesthetica in Nuce (Croce) **37**:127
"Aesthetics of Gogol's 'Dead Souls' and Its Legacy" (Annensky) **14**:29
Aesthetiske studier (Brandes) **10**:60; **11**:70
"Aeternae memoriae patris" (Fargue) **11**:199
Aferhønen (Hansen) **32**:249, 251
"The Affair at Coulter's Notch" (Bierce) **7**:88; **44**:12, 44-7
"The Affair at Ystersspruit" (Bosman) **49**:19
"Affair of Honor" (Rohmer) **28**:286
"An Affair of Outposts" (Bierce) **44**:12, 22, 44-5
"The Affair of the -th of July" (Remington) **89**:306
L'affaire Crainquebille (France) **9**:43, 47, 51-2
Les affaires sont les affaires (Mirbeau) **55**:281-82
Affairs of the Heart (Hunt) **53**:191
L'affiche (Epstein) **92**:11
Affinities (Rinehart) **52**:282
Affinities in Literature (Su Man-shu) **24**:458
Affirmations (Ellis) **14**:108, 111, 114, 116, 119, 127, 131-34, 142
"The Afghans" (Ingamells) **35**:137
Afield and Afloat (Stockton) **47**:326-27
Afiny i Ierusalim (Shestov)
See *Athènes et Jérusalem: un essai de philosophie religieuse*
Afoot in England (Hudson) **29**:138, 162
"Africa" (Zamyatin) **37**:427, 430
"The African Coast" (Tomlinson) **71**:381, 400
African Game Trails (Roosevelt) **69**:181, 266-67
"African Moonrise" (Campbell) **5**:117
"African Night" (Gumilev)
See "Afrikanskaja noč'"
African Secret (Martin du Gard)
See *Confidence Africaine*
The African Witch (Cary) **1**:144; **29**:63-4, 66, 68, 71, 79, 85-6, 92, 98, 101, 104, 106-07
"Afrika" (Zamyatin) **8**:553-54
"Afrikanskaja noč'" (Gumilev) **60**:282
"Afrique j'ai gardé ta mémoire" (Roumain) **19**:347
Afsana-yi Afarinish (Hedayat) **21**:72
"Afsked" (Ekelund) **75**:95
Aftenrøde (Hamsun) **2**:202, 204; **14**:244, **49**:127
"After" (Benet) **28**:7
After 1903-What? (Benchley) **1**:81; **55**:18
"After 1984" (Muir) **87**:174
"After a Hypothetical War" (Muir) **2**:489; **87**:175
"After a Journey" (Hardy) **4**:164; **53**:94-6, 111, 114-5
"After a May Shower" (Ady) **11**:13
"After a Visit" (Dunbar) **2**:128; **12**:108
"After a Visit (At Padraic Colum's Where There Were Irish Poets)" (Cullen) **37**:158
"After All" (Lawson) **27**:140
After All (Day) **25**:137
"After Anointing" (Field) **43**:160
"After Death" (Swinburne) **36**:299
"After Dinner" (Soderberg) **39**:438
"After Drought" (Montgomery) **51**:207
After Euripides (Baring) **8**:32
"After Exile" (Knister) **56**:156
"After His Own Heart" (Williams) **89**:375
The After House (Rinehart) **52**:284, 289-91, 303
"After Long Silence" (Yeats) **18**:463
"After Love" (Middleton) **56**:173
After Many Years (Griffith) **68**:141, 150, 203
"After My Last Song" (Ledwidge) **23**:115-16
"After Night" (Manning) **25**:277
After Office Hours (Mankiewicz) **85**:163-4
"After Publication of Under the Volcano" (Lowry) **40**:222
"After Rain" (Thomas) **10**:451, 454
After Russia (Tsvetaeva)
See *Posle Rossii*
"After the Battle" (Babel) **2**:22
"After the Cards Are Dealt" (Jozsef) **22**:165
"After the Defeat at Manilla" (Jensen) **41**:292
"After the Deluge" (Benchley) **55**:26
After the Divorce (Deledda)
See *Dopo il divorzio*
"After the Fair" (Thomas) **45**:408
After the Fire (Strindberg)
See *Brända tomten*
After the Flood (Porter) **21**:277
"After the Funeral: In Memory of Anne Jones" (Thomas) **1**:466, 470; **8**:450, 459-61; **45**:362, 382, 389, 400-02
"After the Gleaning" (George) **14**:215-16
After the Great War (Raabe) **45**:202
"After the Party" (Slesinger) **10**:441-42, 446
"After the Race" (Joyce) **8**:170; **16**:232; **35**:147-48, 163, 166-67, 193-97
"After the Revolution" (Talvik) **87**:319
"After the Suspension of Gold" (Keynes) **64**:244
After the Wedding (Bjoernson)
See *De nygifte*
"After the Winter" (McKay) **41**:344
"After You Speak" (Thomas) **10**:454
"After-Glow" (Gurney) **33**:102
"Aftergrowth" (Bialik) **25**:60, 66
"Afternoon" (Davidson) **24**:164
"An Afternoon" (Heym)
See "Ein Nachmittag"
"An Afternoon Dream" (Csath) **13**:149, 153
The Afternoon Landscape (Higginson) **36**:170
"An Afternoon Miracle" (Henry) **19**:190
"Afternoon of an Author" (Fitzgerald) **6**:172
"Afternoon on a Hill" (Millay) **4**:307; **49**:224-25
"An Afternoon Party" (Leverson) **18**:198
"The Afternoon Sun" (Cavafy) **7**:164
"Afternoon Tea" (Mew) **8**:301
Afternoons (Hecht)
See *1001 Afternoons in Chicago*
"After-Pain" (Lasker-Schueler) **57**:328
"Afterward" (Wharton) **3**:578
"Afterwards" (Hardy) **53**:97-8
"Afterwards" (Leverson) **18**:202
"Afterwards" (Scott) **6**:394
Afterwhiles (Riley) **51**:285
"De aftocht" (van Ostaijen) **33**:421-22
"Aftonvandring" (Sodergran) **31**:291
"Agadat sheloshah ve'arba'ah" (Bialik) **25**:53-7
"Again the Sea" (Gumilev)
See "Snoya more"
Again the Three (Wallace) **57**:408
"Against Being Convinced" (Muir) **87**:252
"Against Juliette" (Moreas) **18**:281

Against Nature (Huysmans)
See *A rebours*
"Against Superficiality" (Fadeyev)
See "Protiv verkhoglyadstva"
"Against Temptation" (Brecht) **1**:114
"Against the Current" (Fadeyev) **53**:51
Against the Grain (Huysmans)
See *A rebours*
Against the Stream (Dazai Osamu)
See *Gyakkō*
Against This Age (Bodenheim) **44**:69
"Against Unworthy Praise" (Yeats) **93**:349
"Agape" (Vallejo) **56**:295
"Agarian Art: An Outline" (Miyazawa) **76**:280, 282, 287-88
Agatha Webb (Green) **63**:151
"Agathon" (Woodberry) **73**:367
"Age" (de la Mare) **4**:79
"The Age" (Mandelstam) **2**:409; **6**:266
"The Age of a Dream" (Johnson) **19**:243
"The Age of Genius" (Schulz) **51**:309, 316, 324
The Age of Innocence (Wharton) **3**:558-59, 563, 567-69, 572-74, 576, 579-80; **9**:544, 546, 548-51; **27**:385, 396; **53**:360-414
"The Age of Miracles" (Post) **39**:338
Age of Shakespeare (Swinburne) **8**:430
The Age of the Fish (Horvath)
See *Jugend ohne Gott*
"Age Romantic" (Bierce) **44**:24
Agee on Film: Five Film Scripts (Agee) **1**:15; **19**:22
L'Agence Thompson and Co. (Verne) **52**:359
"Agenda for President Roosevelt" (Keynes) **64**:243
"Agesilaus Santander" (Benjamin) **39**:45, 49
"Aggei Korovin" (Tolstoy) **18**:355, 377
Aglavaine et Sélysette (Maeterlinck) **3**:318, 321, 323, 327, 332
Agnete (Kaiser) **9**:192
An Agnostic's Apology, and Other Essays (Stephen) **23**:304, 311, 313
El agonía del Cristianismo (Unamuno) **2**:559; **9**:511, 514, 522
Las agonias de nuestro tiempo (Baroja) **8**:51
"Agony" (Obstfelder) **23**:188
The Agony Column (Biggers) **65**:4, 9
The Agony of Christianity (Unamuno)
See *El agonía del Cristianismo*
Agosto (Pereda) **16**:372
"Agraphon" (Sikelianos) **39**:408, 419, 421-23
Die Agraverhaltnisse im Altertum (Weber) **69**:384
"Agreement with Bung Karno" (Anwar)
See "Persetudjuan dengan Bung Karno"
"The Agricultural Show" (McKay) **41**:329-30
Agriculture and the War (Baker) **10**:22
"Agrippe i Menakheme, syne Iegudy" (Korolenko) **22**:175
Agua Dulce (Adams) **56**:10
Aguafuertes (Arlt) **29**:57
"Águeda" (Lugones) **15**:293
Die Ägyptische Helena (Hofmannsthal) **11**:301
"Ah, Are You Digging on My Grave?" (Hardy) **53**:100
"Ah Kolue" (Rosenberg) **12**:313
"Ah, My Mushroom, Dear White Mushroom!" (Tsvetaeva) **35**:395
Ah Sin (Harte) **25**:217-18
Ah Sin (Twain) **12**:445
Ah, Wilderness! (O'Neill) **1**:386, 390, 400; **6**:329, 331; **49**:243, 264
Ahab (Crowley) **7**:208
"Ahabansangit" (Tagore) **53**:339
"Ahana" (Aurobindo) **63**:7
Ahasverus (Heijermans) **24**:292-93
"Ahmet" (Campbell) **9**:32
"Die Ahnfrau" (Carossa) **48**:24
"Aholibah" (Swinburne) **36**:299
Ahven ja kultakalat (Leino) **24**:372
"Les aïeules" (Coppee) **25**:124
L'aiglon (Rostand) **6**:375-78, 382; **37**:281-84, 286-89, 293, 297-300, 304-05
L'aiguille creuse (Leblanc) **49**:193, 196-97
"Aika" (Leino) **24**:368-70
"Aileen" (Sharp) **39**:374-75
Les ailes de la guerre (Verhaeren) **12**:470-71
"An Ailing Face at the Bottom of the Earth" (Hagiwara Sakutaro) **60**:296
"Ailleurs ici partout" (Eluard) **41**:153
Ailsa Paige (Chambers) **41**:95-7
"The Aim" (Roberts) **8**:318
Aimé Pache, peintre vaudois (Ramuz) **33**:294-95, 312
"Aimless Journey" (Tagore)
See "Niruddesh yatra"
Aims and Objects (Housman) **7**:358
The Aims of Education (Whitehead) **97**:238
"The Aims of Ethnology" (Boas) **56**:92, 105
"The Aims of the Poets" (Croce) **37**:109
"Air!" (Jozsef) **22**:163
Air at High Altitude (Rilke) **6**:369-70
Air Current (Bergelson) **81**:19-20
"Air de sémiramis" (Valery) **4**:496
"Air Mexicain" (Peret) **20**:198, 202
"Airde danse" (Moreas) **18**:286
"Aire" (Villaurrutia) **80**:477
"Airen" (Hagiwara Sakutaro) **60**:313
Aires nacionales (Valle-Inclan) **5**:479
"The Airman's Death" (Stevens) **12**:364
Aissa Saved (Cary) **1**:144; **29**:63, 66, 68, 71, 75, 80, 84, 86, 91-2, 101, 103-08
Aitei Tsūshin (Kunikida) **99**:297
L'aiuola bruciata (Betti) **5**:55-8, 60, 62, 66-7
"Ajan aalloilla" (Leino) **24**:368
"Ajan kirja" (Leino) **24**:368
"Ajisai" (Nagai) **51**:96
A Journey Round My Skull (Karinthy)
See *Utazás a koponyám körül*
"El Akalde de Zalamea" (Valle-Inclan) **5**:478
Akarumie (Yosano Akiko) **59**:346
Ākāś pradīp (Tagore) **3**:487, 489
"Akemi's Poetry" (Masaoka Shiki) **18**:230
Akila (Tolstoy) **18**:382
Akin to Anne: Tales of Other Orphns (Montgomery) **51**:212
"Akkan" (Nagai) **51**:99
Die Akkumulation des Kapitals (Luxemburg)
See *The Accumulation of Capital*
Die Akkumulation des Kapitals, oder Was die Epigonen aus der Marxschen Theorie gemacht haben: Eine Antikritik (Luxemburg)
See *The Accumulation of Capital, Or What the Epigones Have Made of Marxian Theory: A Countercriticism*
Akli Miklós (Mikszath) **31**:172
Akogare (Ishikawa) **15**:130
Akritika (Sikelianos) **39**:404, 408
Die Akten des Vogelsangs (Raabe) **45**:165-66, 169-70, 172-74, 176-78, 181
"Aku" (Anwar) **22**:19, 25
"Akwarel" (van Ostaijen) **33**:417
Al amor de los tizones (Pereda) **16**:373
"Al fin, un monte" (Vallejo) **56**:287
"'Al ha-shehitah" (Bialik) **25**:63-4
Al primer vuelo (Pereda) **16**:379
"Al rescoldo" (Guiraldes) **39**:176
"Al skabningens sukker" (Obstfelder) **23**:177
Alabama (Thomas) **97**:126-29, 140
"Alabaster" (Naidu) **80**:291
An Alabaster Box (Freeman) **9**:74
"El alacrán de Fray Gómez" (Palma) **29**:259
Alafroiskiotos (Sikelianos) **39**:402-03, 406, 410-13, 417-18, 420
Alain on Happiness (Alain)
See *Propos sur le bonheur*
Alain und Elise (Kaiser) **9**:176, 180-81, 192
"El alambre de pua" (Quiroga) **20**:213
Alamein to Zem Zem (Douglas) **40**:55-8, 62, 69-72, 74, 76-7, 79, 82, 86, 88, 90, 93-4
Alaric Spenceley; or, A High Ideal (Riddell) **40**:335
"The Alarm" (Hardy) **4**:152
"Alarums and Excursions" (Grahame) **64**:55
"Al-arwāh al-mutamarridah" (Gibran) **1**:326; **9**:90
"Alas" (Lugones) **15**:286
"Alasdair the Proud" (Sharp) **39**:377
"Alatyr" (Zamyatin) **8**:541-42, 544, 551; **37**:427
Alaviyeh Khanom (Hedayat) **21**:67, 72
Al-'awāsif (Gibran) **9**:89
"Alba" (Villaurrutia) **80**:478
"Alba festiva" (Pascoli) **45**:156
"Al-bahr" (Gibran) **9**:89
The Albany Depot (Howells) **7**:387-88
"L'albatross" (Campbell) **5**:123
Un albergo sul porto (Betti) **5**:58
"Albert" (Tolstoy) **11**:464
Albert Einstein: Philosopher-Scientist (Einstein) **65**:81, 100, 126
"Albert F. McComb" (Fuller) **103**:67
Albertine Disparue (Proust) **7**:527
"Der Albino" (Meyrink) **21**:223
"The Album" (Nezval) **44**:243
The Album (James) **11**:339-40
The Album (Rinehart) **52**:290, 293, 300, 302
Album de vers anciens, 1890-1900 (Valery) **4**:498; **15**:447, 468
"Alcestis to Admetus" (Coleridge) **73**:13
"Alchak" (Khlebnikov) **20**:130
"The Alchemist" (Crowley) **7**:208
The Alchemist's House (Meyrink)
See *Das Haus des Alchimisten*
"Alcidor" (Beer-Hofmann) **60**:38
"Alcinos et Rhodope" (Moreas) **18**:288
Alcione (D'Annunzio) **6**:136, 139; **40**:11, 13-14, 20, 36, 43, 45
"La alcoba solitaria" (Lugones) **15**:285
"Alcohol and Me" (Fields) **80**:253
"An Alcoholic Case" (Fitzgerald) **6**:172
"An Alcoholic's Death" (Hagiwara Sakutaro)
See "Death of an Alcoholic"
Alcools (Apollinaire) **3**:33, 35-41, 45; **8**:16, 18, 20, 22; **51**:2-5, 7, 9, 13-14, 17, 24, 29-30, 32, 35, 38, 49-50, 53-61
L'alcòva d'acciaio (Marinetti) **10**:321-24
Alcyone (D'Annunzio)
See *Alcione*
Aldea ilusoria (Martinez Sierra and Martinez Sierra) **6**:286
"Aldebaron at Dusk" (Sterling) **20**:374, 385-86
"Ale" (Tsvetaeva) **7**:568
Alec Forbes of Howglen (MacDonald) **9**:287, 290-92, 295-96, 302, 309
Aleksandr Nevskii (Eisenstein) **57**:158, 161, 167, 169, 179, 181, 190-91, 193-97
"Além-Tédio" (Sa-Carniero) **83**:397, 411
"Alenushka" (Remizov) **27**:339
"Alere Flammam" (Gosse) **28**:142
"Alerta" (Huidobro) **31**:125
"Alësha Gorshók" (Tolstoy) **11**:464
Alexander I (Merezhkovsky) **29**:231
Alexander, and Three Small Plays (Dunsany) **2**:145; **59**:13-14, 26
Alexander Pope (Stephen) **23**:340
"Alexander Throckmorten" (Masters) **25**:313
Alexanderplatz, Berlin: The Story of Franz Biberkopf (Doblin)
See *Berlin Alexanderplatz: Die Geschichte vom Franz Biberkopf*
Alexander's Bridge (Cather) **1**:153, 155-59, 165; **11**:93, 95-6, 104; **31**:25, 47-8, 59, 62; **99**:173, 245
"Alexandrian Kings" (Cavafy) **2**:88-9; **7**:153
Alexandrian Songs (Kuzmin)
See *Alexandryskie pesni*
"Alexandrian Tale" (Machado de Assis)
See "Conto alexandrino"
Alexandryskie pesni (Kuzmin) **40**:190-92, 194, 196-99, 201, 207-08, 210, 216
Alfonso XIII desenmascarado (Blasco Ibanez) **12**:40
Alfonso XIII Unmasked: The Military Terror in Spain (Blasco Ibanez)
See *Alfonso XIII desenmascarado*

Alfred Jarry, or The Supermale of Lettres (Vallette)
See *Alfred Jarry ou le surmale de lettres*
Alfred Jarry ou le surmale de lettres (Vallette) **67**:270, 300, 303
Algabal (George) **2**:149-50; **14**:196, 203-05, 207-08, 210, 212
Algae: Anthologies of Phrases (Baring) **8**:44
"Algernon Charles Swinburne" (Cotter) **28**:43
"Algernon, Who Played with a Loaded Gun, and, on Missing His Sister, Was Reprimanded by His Father" (Belloc) **18**:40
"Algo te identifica" (Vallejo) **56**:285, 311
"Alguien se ha ido" (Gonzalez Martinez) **72**:152
Algunas cosillas de Pito Pérez que se me quedaron en el tintero (Romero) **14**:442
"Ali Baba of the Sierras" (Harte) **25**:217
"Alibi Ike" (Lardner) **14**:291, 293, 304-05, 317, 319-20
Alice Adams (Tarkington) **9**:455, 457-60, 463, 468, 473-75
Alice: An Adultery (Crowley) **7**:209
Alice Lorraine (Blackmore) **27**:28-9, 36, 39-41, 44-5
Alice Sit-by-the-Fire (Barrie) **2**:40, 42-3
"Alice Trubner" (Lasker-Schueler) **57**:331
Alice Who Was Afraid of Mice (Kuzmin)
See *Alisa, kotoraia boialas' myshei*
"Alice's Godmother" (de la Mare) **4**:78; **53**:16, 23
"The Alien" (Fuller) **103**:102, 107
Alien Skies (Gumilev)
See *Chuzhoe nebo*
"The Aliens" (Tarkington) **9**:466
"Alike and Unlike" (Strindberg) **21**:365
Aline (Ramuz) **33**:294-96
Alisa, kotoraia boialas' myshei (Kuzmin) **40**:201
Alison Hepburn's Exploit (Davidson) **24**:193
Alison's House (Glaspell) **55**:247, 258, 266, 270, 275
"Alix's Refusal" (Colette) **16**:139
Alkibiades (Leino) **24**:372
Alkibiades Saved (Kaiser)
See *Der gerettete Alkibiades*
All Aboard (Cobb) **77**:129
"All All and All" (Thomas) **45**:372
All and Everything: An Objectively Impartial Criticism of the Life of Man (Gurdjieff) **71**:177, 205
"All around the Lagoon" (Papadiamantis) **29**:272-73
All at Sea (Wells) **35**:422
"All Aurora" (Carducci) **32**:87
"All Creation Sighs" (Obstfelder) **23**:188-89
All Flanders (Verhaeren)
See *Toute la Flandre*
"All for a Pinch of Snuff" (Peretz) **16**:393
All God's Chillun Got Wings (O'Neill) **1**:382, 384-85, 387, 390, 400; **6**:329-30; **49**:238, 257, 260, 264-65
"All Hallows" (de la Mare) **4**:80; **53**:14-16, 19-21, 26-7, 29, 33 37-8
"All Hallow's Eve" (Ledwidge) **23**:122
All Hallow's Eve (Williams) **1**:517, 519, 524; **11**:486-88, 494, 499, 502
"All Horse Players Die Broke" (Runyon) **10**:429-30, 437
"All in the Day's Hunt" (Adams) **56**:8
"All in White" (Hearn) **9**:136
All Ireland (O'Grady) **5**:349, 351
"All Is Illusion" (Kuttner) **10**:268
"All Is Stone" (Khodasevich) **15**:209
"All Life in a Life" (Masters) **25**:288
All Men Are Brothers (Gandhi) **59**:61
All My Melodies (Bryusov) **10**:80, 87
All on the Irish Shore (Somerville & Ross) **51**:331
All Our Yesterdays (Tomlinson) **71**:400, 405
"All Over Minnesota" (Stevens) **45**:347
All Roads Lead to Calvary (Jerome) **23**:89-90
All Sorts of Folks (Vazov)
See *Pustur svet*
"All Souls'" (Wharton) **3**:572; **9**:547
All Souls (Heijermans) **24**:288, 292-93
"All Souls' Night" (Yeats) **1**:580
All Souls' Night (Walpole) **5**:504
"All suddenly the Wind comes soft" (Brooke) **7**:122
"All Sunday" (Stein) **48**:235
All That Matters (Guest) **95**:208
"All That Messuage" (Morrison) **72**:376
All That Swagger (Franklin) **7**:267-71, 274
All the Brothers Were Valiant (Williams) **89**:360, 363, 372, 385
All the Dogs of My Life (Elizabeth) **41**:131
All the Sad Young Men (Fitzgerald) **6**:162; **55**:191
"All the Same" (Hippius) **9**:159
All the Way Home (Riggs) **56**:215, 218
All Things Are Possible (Shestov)
See *Apofeoz bezpochvennosti*
"All We" (Muir) **87**:256
"Alla croce di Savoia" (Carducci) **32**:84, 90
Alla kasvon Kaikkivallan (Leino) **24**:372
"Alla mensa dell' amico" (Carducci) **32**:102
"Alla rima" (Carducci) **32**:101
"Alla stazione" (Carducci) **32**:94, 96
"Alla sua donna" (Dowson) **4**:85
Allan and the Holy Flower (Haggard) **11**:250
Allan Quatermain (Haggard) **11**:239-41, 244, 248, 253-54
Allan's Wife (Haggard) **11**:239, 250, 254
"Alle fonti del Clitumno" (Carducci) **32**:84, 96, 98, 102-05, 109
Alle Galgenlieder (Morgenstern) **8**:307
"Alle Milchgeschäfte heissen Hinsch" (Borchert) **5**:109
"Allégories" (Giraudoux) **2**:163, 166
"Allegro sentimentale" (Obstfelder) **23**:185
Les allemands à Paris (Rod) **52**:325
Allen (Larbaud) **9**:208
Allen Adair (Mander) **31**:151, 154, 157, 160-62
"Allen's Alley" (Allen) **87**:13, 28-32, 37, 41, 53
"Alles oder nichts" (Huch) **13**:253
"Allez!" (Kuprin) **5**:300
All-Fellows (Housman) **7**:352
"The All-Golden" (Riley) **51**:284
The Allinghams (Sinclair) **11**:411, 414
"Allô" (Peret) **20**:184, 187
All'uscita (Pirandello) **29**:283, 294, 317, 320
Den allvarsamma leken (Soderberg) **39**:428
Allzumenschliches (Nietzsche) **18**:342-43
"El alma que sufrió de ser su cuerpo" (Vallejo) **56**:286, 318, 321, 323
Alma triunfante (Benavente) **3**:94
Almaide d'Etremont, ou l'Histoire d'une jeune fille passionnee (Jammes) **75**:105, 115, 117-18
Almanach du Père Ubu (Jarry) **14**:286
"Almas agradecidas" (Machado de Assis) **10**:294
Almas ausentes (Martinez Sierra and Martinez Sierra) **6**:279, 285
Almas de violeta (Jimenez) **4**:216
"Las almas muertas" (Gonzalez Martinez) **72**:152
Almas que pasan (Nervo) **11**:394
Al-mawakib (Gibran) **9**:88-9
Almayer's Folly (Conrad) **1**:202-03, 215; **6**:117-19; **13**:113; **25**:84; **43**:115
"Almenut" (Bialik) **25**:53
"Almighty Man" (Stephens) **4**:409
"El almohadón de pluma" (Quiroga) **20**:212, 218-21
"Almond Blossom" (Lawrence) **93**:58, 80
"The Almond Tree" (de la Mare) **4**:74, 78, 80; **53**:27, 41
Almost (Sa-Carniero)
See *Quase*
"Almost a Gentleman" (Lewis) **3**:288
"Almost a Gentleman" (Remizov)
See "Bez piati minut barin"
The Almost Perfect State (Marquis) **7**:439-40, 445
"Alone" (Bialik) **25**:50
"Alone" (Joyce) **3**:255
"Alone" (Obstfelder) **23**:188
Alone (Douglas) **68**:3, 5-7, 21, 37, 39-40, 43
Alone (Strindberg) **21**:351
"Alone in the Canyon" (Noguchi) **80**:380
"Along Came Ruth" (Lardner) **14**:303, 319
"Along Shore" (Montgomery) **51**:209
Along the Cornices (Remizov)
See *Po karnizam*
"Along the Flowery Path" (Martinez Sierra and Martinez Sierra) **6**:286
Along This Way: The Autobiography of James Weldon Johnson (Johnson) **3**:246; **19**:208-09
"Alonzo Grout" (Fuller) **103**:106-08
"Alp" (Toller) **10**:490
"Alphabetical Catalogue of Saints Connected with Cornwall, with an Epitome of Their Lives and List of Churches and Chapels Dedicated to Them" (Baring-Gould) **88**:21
Alphabets and Birthdays (Stein) **48**:235
The Alpine Path (Montgomery) **51**:186
Alps and Sanctuaries of Piedmont and the Canton Ticino (Butler) **33**:29, 42, 52, 59
The Alps in Winter (Stephen) **23**:310
Alraune (Ewers) **12**:133-35, 137
"Already Evening" (Esenin) **4**:114
Alsino (Prado) **75**:192-94, 197, 201, 211
"Alta quies" (Housman) **10**:255
"The Altar at Midnight" (Kornbluth) **8**:216-17
An Altar in the Fields (Lewisohn) **19**:273, 278
"The Altar of Hagar" (Ady)
See "A hágár oltára"
"The Altar of the Dead" (James) **2**:246, 248, 272; **11**:321
"An Altar of the West" (Sterling) **20**:372, 385
The Altars (Palamas) **5**:385, 388
"Altarwise by Owl-light" (Thomas) **1**:475; **8**:459; **45**:362, 364, 372, 380, 399-400, 402, 406
Altazor o el viaje en paracaídos (Huidobro) **31**:123, 125, 127, 129, 131-32, 137-39, 145
"Der alte Brunnen" (Carossa) **48**:21
"Die alte Frau" (Kolmar) **40**:178
Alte Nester (Raabe) **45**:169-70, 172, 176, 178, 181, 192, 200, 203
"Das Alte Spiel vom Jedermann" (Hofmannsthal) **11**:301
"Der alte Taschenspieler" (Carossa) **48**:24
"Der alte Tibetteppich" (Lasker-Schueler) **57**:296, 330
Alte und neue Götter, 1848: Die Revolution des neunzehnten Jahrunderstsin in Deutschland (Huch) **13**:245
"Alter Ego" (Baker) **10**:27
"Ein alter Tibetteppich" (Lasker-Schueler) **57**:302
Alterhausen (Raabe) **45**:169, 173, 199
Althea (Lee) **5**:311, 315-16
Altneuland (Herzl) **36**:128-30, 135, 142, 148-49, 154-56, 158-61
L'altra metà (Papini) **22**:280-81, 287
Altri scritti (Campana) **20**:88
L'altro figlio (Pirandello) **29**:297
"The Aluminum Dagger" (Freeman) **21**:55
"Alvdrottningens spira" (Sodergran) **31**:295
Always Comes Evening (Howard) **8**:137
Always Ridiculous (Echegaray)
See *Siempre en ridículo*
Aly mech (Hippius) **9**:161
Alyi mak (Sologub) **9**:444
"Am I a Liberal?" (Keynes) **64**:217, 219, 245
El ama de la casa (Martinez Sierra and Martinez Sierra) **6**:286
La amada inmóvil (Nervo) **11**:399, 401
"Amagama omcebisi" (Mqhayi) **25**:320
"Amai" (Saba) **33**:368, 370

Amal'eZulu (Vilakazi) **37**:403, 405, 407, 409
"Amām 'arsh al-jamāl" (Gibran) **9**:88
"Amanda" (Scott) **6**:394
Amanecer (Martinez Sierra and Martinez Sierra) **6**:277
"L'amante di Gramigna" (Verga) **3**:539, 543, 547
Amanto (Mirbeau)
See *Les amants*
Les amants (Mirbeau) **55**:281
"Amants, heureux amants" (Larbaud) **9**:198, 200-01, 207
Amaranth (Robinson) **101**:100, 105, 184-85, 187-89
"Amarina's Roses" (Freeman) **9**:73
"Amaryllis" (Robinson) **101**:197
L'amata alla finestra (Alvaro) **60**:2
The Amateur Cracksman (Hornung) **59**:112, 114, 120
Un amateur d'âmes (Barrès) **47**:57, 62
"Amateur poet" (Service) **15**:412
"The Amateur Rider" (Paterson) **32**:373
"Amateur Theatricals" (Benchley) **55**:3
Amateurs at War (Williams) **89**:389-90
The Amazed Evangelist: A Nightmare (Bridie) **3**:139-40
The Amazing Adventures of Letitia Carberry (Rinehart) **52**:281, 300
The Amazing Interlude (Rinehart) **52**:283, 288, 295
"The Amazing Magician" (Nezval)
See "Podivuhodny kouzelnik"
The Amazing Marriage (Meredith) **17**:269, 286, 291-95, 297; **43**:260, 290, 296
The Amazons (Pinero) **32**:398, 406, 411-12
"Ambarvalia" (Brooke) **7**:121
The Ambassadors (James) **2**:244-45, 252, 254, 258-59, 263-64, 266, 270-71; **11**:322-24, 327, 341, 346; **40**:105-06, 133, 140, 169; **47**:161-62, 164-65, 172-75, 177, 194-96, 207; **64**:184
"Amber Preserved" (Balmont) **11**:40
"Ambition" (Thomas) **10**:463
Ambition (Nagai)
See *Yashin*
"The Ambitious Violet" (Gibran) **1**:327; **9**:94
"L'ame de la ville" (Verhaeren) **12**:470
L'âme de Napoléon (Bloy) **22**:45
"L'ame de Victor Hugo" (Roussel) **20**:234, 240, 244
"L'âme du monde" (Teilhard de Chardin) **9**:492
L'ame enchantée (Rolland) **23**:262
"L'âme et la danse" (Valery) **15**:445
L'ame française et la guerre (Barrès) **47**:45
"L'ame paysanne" (Verhaeren) **12**:471
"Ame Shōshō" (Nagai) **51**:95
America (Asch)
See *Amerika*
America (Griffith) **68**:135, 169
America (Kafka)
See *Amerika*
"America, 1918" (Reed) **9**:385
"America del este" (Jimenez) **4**:225
America, I Presume (Lewis) **2**:391
"America in 1804" (Masters) **2**:470
"America in 1904" (Masters) **2**:470
America in Literature (Woodberry) **73**:365
America in Mid-Passage (Beard) **15**:28
America Is Worth Saving (Dreiser) **10**:184, 195
"America Journal" (Obstfelder)
See "Amerikansk juleaften"
"The American" (Papadiamantis) **29**:272-73, 277
The American (James) **2**:246, 255-57, 262; **11**:325-26, 338; **24**:343; **40**:102, 108, 122, 125, 133, 161; **47**:150-51, 205-07; **64**:171-2, 175
"American Art: A Possible Future" (Rourke) **12**:318, 320, 330
"American Authors and British Pirates" (Matthews) **95**:256, 270
"American Character in American Fiction" (Matthews) **95**:266
"An American Citizen" (Fisher) **87**:112
The American Claimant (Twain) **6**:461-62; **12**:432, 447-48; **48**:351
"The American County Fair" (Anderson) **10**:45
"The American Cowboy" (Adams) **56**:21
"The American Credo" (Mencken) **13**:363
The American Credo (Nathan) **18**:306
The American Democracy (Laski) **79**:95, 106, 145, 148, 153
American Diaries, 1902-1926 (Dreiser) **18**:63; **35**:60
American Diary, 1898 (Webb and Webb) **22**:419
The American Diary of a Japanese Girl (Noguchi) **80**:360
"The American Eagle" (Lawrence) **93**:103
American Fairy Tales (Baum) **7**:14, 16
"American Family" (Hecht) **101**:36
American Foreign Policy in the Making, 1932-1940: A Study in Responsibilities (Beard) **15**:27
"The American Form of the Novel" (Austin) **25**:34
"An American Girl" (Matthews) **95**:236
An American Girl in London (Duncan) **60**:177, 197, 206-7, 209, 226, 228, 230, 232
American Government and Politics (Beard) **15**:33-4, 37
"American Humor" (Harte) **25**:220
American Humor: A Study of the National Character (Rourke) **12**:319-25, 327-29, 331-32
The American Idea (Cohan) **60**:157
American Ideals and Other Essays (Roosevelt) **69**:177
"American Influence on Canadian Thought" (Duncan) **60**:211
"The American James" (Howells) **41**:266
American Labour (Laski) **79**:106
The American Language (Mencken) **13**:359-60, 364, 367, 379, 382, 386-87, 392, 394
American Leviathan (Beard) **15**:33
"American Literary Tradition and the Negro" (Locke) **43**:236
American Literature (Van Doren) **18**:399, 405
"American Names" (Benet) **7**:79
American Notes (Williams) **89**:399
The American Novel (Van Doren) **18**:389-90, 393, 404-05
"American Novels" (Bodenheim) **44**:74
An American Politician (Crawford) **10**:150
American Portraits, 1875-1900 (Bradford) **36**:52, 57
The American presidency (Laski) **79**:148, 151, 154
The American Renaissance: Art and Expression in the Age of Emerson and Whitman (Matthiessen) **100**:158, 160, 162-63, 165-68, 170-71, 173, 176-77, 179-80, 182, 184-87, 189-95, 197, 201-02, 205, 209-16, 218-19, 223, 227-34, 250-54, 257-63, 267-71, 275, 283-88, 290-94, 297-300, 304-08
The American Rhythm (Austin) **25**:19, 23, 27, 29, 33, 35-7
The American Scene (James) **2**:254, 275-76; **47**:173
"The American School of Fiction" (Fuller) **103**:110, 117
"An American School of Fiction" (Norris) **24**:450
"American Social Conditions" (Rolvaag) **17**:333
American Stories (Nagai)
See *Amerika monogatari*
"An American to Mother England" (Lovecraft) **22**:241
An American Tragedy (Dreiser) **10**:171-74, 176-79, 183, 185-95, 198; **18**:52-4, 59, 61, 63-5, 72-5; **35**:32-3, 36, 39, 52, 57-60, 62-8, 71, 76-7, 79, 84-5; **83**:2-123
An American Visitor (Cary) **1**:144; **29**:66, 68, 79-80, 84-6, 92, 101, 104-07
"American Wives and English Husbands" (Atherton) **2**:18
Americanas (Machado de Assis) **10**:279
"Americanism" (Matthews) **95**:264
"Americanism in Literature" (Higginson) **36**:178
"Americanisms and Briticisms" (Matthews) **95**:254, 257
Americanisms and Briticisms, with Other Essays on other Isms (Matthews) **95**:223, 225, 227-8, 254
The Americanization of Edward Bok (Bok) **101**:21
"The American's Tale" (Doyle) **7**:238
America's Economic Supremacy (Adams) **80**:5, 12, 14, 27, 36, 38, 55-6
Amerigo (Zweig) **17**:457-58
Amerika (Asch) **3**:66
Amerika (Kafka) **2**:302-03, 307-08; **6**:219-20, 223, 225-26; **29**:213; **47**:232; **53**:203
Amerika monogatari (Nagai) **51**:87
Amerika-breve fra P. A. Smevik til hans for og bror i Norge (Rolvaag) **17**:338, 344, 346
"Amerikansk juleaften" (Obstfelder) **23**:182, 192
The Amethyst Ring (France)
See *L'anneau d'améthyste*
"L'Ami d'Amienne" (Leautaud) **83**:204
Amica America (Giraudoux) **2**:163
L'amica delle mogli (Pirandello) **29**:299, 318
"De amicitia" (Johnson) **19**:256
L'amico del vincitore (Brancati) **12**:84
"Amiel and Some Others" (Barbellion) **24**:90
El amigo Manso (Perez Galdos) **27**:250, 261, 266-67, 283
Amîndoi (Rebreanu) **28**:272
Les amitiés françaises (Barrès) **47**:65-6, 69
"Ammonizione" (Saba) **33**:372
"Ammonoosuc" (Morley) **87**:144
Amnesia (Nervo) **11**:403
El amo del mundo (Storni) **5**:449, 453-54
Amok (Zweig) **17**:454-55, 457
"Among Emigrants" (Bergelson) **81**:19
"Among School Children" (Yeats) **1**:566, 583; **11**:529, 533; **18**:446-47, 452; **31**:402, 410
Among Strangers (Gorky) **8**:74
"Among the Aspens" (Carman) **7**:138
"Among the Corn Rows" (Garland) **3**:190
"Among the Ferns" (Carpenter) **88**:54
"Among the Leaves" (Wetherald) **81**:409
Among the Ruins (Mizoguchi)
See *Haikyo no naka*
Among Women Only (Pavese)
See *Tra donne solo*
"Amor" (Gogarty) **15**:101
El amor brujo (Arlt) **29**:45, 52-4, 57-9
El amor cardrático (Martinez Sierra and Martinez Sierra) **6**:279
"Amor condusee noi ad una morte" (Villaurrutia) **80**:463-4
Amor de Don Perlimplín con Belisa en su jardín (Garcia Lorca) **1**:315-16, 318, 320; **7**:292-94, 300; **9**:292; **49**:76, 85, 87, 105, 108-09
"Amor de madre" (Palma) **29**:259
"Amor de nieve" (Lugones) **15**:292
"Amor en Stendhal" (Ortega y Gasset) **9**:351-53
"Amor prohibido" (Vallejo) **3**:532
Amor y pedagogía (Unamuno) **2**:558, 564; **9**:513, 515
Les amorandes (Benda) **60**:63
"De amore" (Dowson) **4**:87
L'amore (Tozzi) **31**:314
"Amore e morte" (Papini) **22**:272
Amores (Lawrence) **2**:343; **93**:3, 6, 9, 22, 43, 44, 45, 67, 70
Amori et dolori sacrum (Barrès) **47**:41, 48, 81, 94
Amori senza amore (Pirandello) **4**:332
Amoris victima (Symons) **11**:428-29, 431-32, 434, 439, 445-46

L'amorosa spina (Saba) **33**:369, 373
"Les amors etiques, par Félicen Cossu" (Swinburne) **8**:439
Amos Killbright: His Adscititious Experiences, with Other Stories (Stockton) **47**:314
"L'amour" (Schwob) **20**:321, 328
L'amour absolu (Jarry) **14**:274, 278-82, 287
"L'amour de Dieu et le malheur" (Weil) **23**:379
"Un amour de Swann" (Proust) **7**:539, 547
L'amour du monde (Ramuz) **33**:296, 302
"Amour dure" (Lee) **5**:320
L'amour en visites (Jarry) **14**:278-79, 281
"Amour et cinéma" (Desnos) **22**:65
Amour et piano (Feydeau) **22**:90-1
"Amour immaculé" (Nelligan) **14**:392
L'amour la poésie (Eluard) **7**:248, 250, 253; **41**:150
"L'amour, le Dédain et l'Espérance" (Apollinaire) **51**:6
L'Amour, les Muses, et la chasse (Jammes) **75**:119
Amour sublime (Peret) **20**:186
"L'amoureuse" (Eluard) **41**:154
"Amours" (Leautaud) **83**:190
Amphitryon Thirty-Eight (Giraudoux) **2**:157-58, 165, 173; **7**:321, 327-28
"Amphora" (Sologub) **9**:437
"Amplificaciones" (Villaurrutia) **80**:477
"Amplifications" (Villaurrutia)
See "Amplificaciones"
"The Amulet" (Naidu) **80**:315
The Amulet (Rosenberg) **12**:293, 300, 310
Amurath to Amurath (Bell) **67**:3-5, 16-18
The Amusements of Khan Kharada (Dunsany) **2**:144
"Amycus célestin" (France) **9**:52
"An alle Gegangen" (Toller) **10**:491
"An Apollon" (Lasker-Schueler) **57**:300, 307, 312
"An den Bürger" (Kraus) **5**:285
"An den Gralprinzen" (Lasker-Schueler) **57**:298
"An den Knaben Elis" (Trakl) **5**:464
"An die Dichter" (Toller) **10**:490
"An einen Frühverstorbenen" (Trakl) **5**:458
"An Ihn" (Lasker-Schueler) **57**:312
"An mein Kind" (Lasker-Schueler) **57**:299, 305, 334, 336
Ana María (Martinez Sierra and Martinez Sierra)
See *Túeres la paz*
"Anaconda" (Quiroga) **20**:208, 212-15, 218-19
"Anactoria" (Swinburne) **8**:424, 437, 442, 446; **36**:294, 297, 317-18, 322-23, 328-29
"Anagram" (Thomas)
Anales de la inquisición de Lima (Palma) **29**:255
"L'analyse schématique" (Roumain) **19**:346
"Analysis of a Theme" (Stevens) **45**:285
"Anapæsts" (Flecker) **43**:188
"Anarchism" (Goldman) **13**:224
Anarchism, and Other Essays (Goldman) **13**:208-09, 212, 220
Anarchism or Socialism? (Stalin) **92**:183
"The Anarchist" (Stringer) **37**:328
"Anarchist Communism" (Kropotkin) **36**:211
Anarchist Morality (Kropotkin) **36**:204, 222
"Anarchy" (McCrae) **12**:210
"Anashuya and Vijaya" (Yeats) **11**:511
"Anastacio Lucena" (Graham) **19**:130
Anatéma (Andreyev) **3**:18-20, 22, 25
"Anathema" (Kuprin) **5**:300
Anathema (Andreyev)
See *Anatéma*
Anatol (Schnitzler) **4**:385-91, 397, 399
The Anatomist, and Other Plays (Bridie) **3**:133, 136-37
"The Anatomy of Fiction" (Woolf) **101**:269
The Anatomy of Frustration (Wells) **12**:513
The Anatomy of Negation (Saltus) **8**:342, 345-49, 351-53, 355
"Anaxagoras" (Lawrence) **93**:26
Anaximander and the Indeterminate (Vaihinger) **71**:416
"The Ancestors" (Bishop) **103**:9
Ancestors (Atherton) **2**:14-15
"Ancestral Houses" (Yeats) **11**:534-36; **31**:400, 423
Ancestral Poems (Lugones)
See *Poemas solariegos*
"An Ancestry of Genius" (Ellis) **14**:132
"The Anchorite" (Balmont)
See "Otshel'nik"
"Anchors" (Robinson) **101**:111
L'Ancienne et la nouvelle metaphysique (Sorel) **91**:321
The Ancient Allan (Haggard) **11**:242, 254
The Ancient Gerfalcons (Valle-Inclan) **5**:486
"An Ancient Gesture" (Millay) **49**:222
"The Ancient Gods" (Webb) **24**:473
"The Ancient Gulf" (Roberts) **68**:305, 337
"Ancient Irish Sagas" (Roosevelt) **69**:255-56, 264
Ancient Judaism (Weber) **69**:297, 330
"The Ancient Landmark" (Williams) **89**:395
The Ancient Law (Glasgow) **2**:180, 185, 188
"Ancient Memory" (Gumilev)
See "Prapamjat'"
"Ancient Sorceries" (Blackwood) **5**:69-70, 73
Ancient Tales of God and Emperors, Poets and Courtesans (Couperus)
See *Antieke Verhalen van Goden en Keizers, van Dichters en Hetaeren*
"An Ancient to Ancients" (Hardy) **53**:93, 107, 115
The Ancient Tragedy (Lindsay) **15**:230
"The Ancient World in Contemporary French Poetry" (Annensky) **14**:17
"And Death Shall Have No Dominion" (Thomas) **8**:459-60; **45**:372, 409
"And Even Beyond" (Peretz) **16**:395
And Even Now (Beerbohm) **1**:66-7, 69; **24**:102, 104, 117, 123, 125
"And If the Angel Asks" (Bialik)
See "We-'im yish' al ha-malach"
And It Came to Pass (Bialik)
See *Vayehi Hayom*
And Long Remember (Fisher) **87**:105
And Most of All Man (Mais) **8**:245
"And No Bird Sings" (Benson) **27**:16-17
And No Man's Wit (Macaulay) **7**:427; **44**:124
And Now Good-Bye (Hilton) **21**:92-3
"And Once Again—the Negro" (Heyward) **59**:92, 102
And So Ad Infinitum (Capek)
See *Ze života hmyzu*
"And the Dead Spake—" (Benson) **27**:16
"And the Head Began to Burn" (Storni)
See "Y la cabeza comenzó a arder"
And Then (Natsume)
See *Sorekara*
And Tomorrow, Monday (Pirandello)
See *E domani lunedi*
"And What, Dear Heart" (Roberts) **68**:337
"And When the Net Was Unwound Venus Was Found Ravelled With Mars" (Bishop) **103**:3, 5-6
"And Who Shall Say—?" (Middleton) **56**:175
And Yet They Go (Mizoguchi) **72**:322, 324
"Andante" (Coppard) **5**:177-78
"Andante" (Gray) **19**:158
Andanzas y visiones Españolas (Unamuno) **9**:512, 514
"Ande desnudo" (Vallejo) **56**:312
Die andere Seite (Kubin) **23**:93-100, 103
"Anders" (Kandinsky) **92**:67
"Andersen's Swan" (Miyazawa) **76**:292
Andor (Molnar) **20**:164, 175, 177
"Andraitix, Pomengranate Flowers" (Lawrence) **93**:21
André (Molnar)
See *Andor*
"André Chénier Died by the Guillotine" (Tsvetaeva) **35**:394
Andrea Delfin (Heyse) **8**:121, 123, 125
Andreas; oder, Die Vereinigten (Hofmannsthal) **11**:302, 306, 310
"Andreas Olufsen" (Jensen) **41**:308
Andreas; or, The United (Hofmannsthal)
See *Andreas; oder, Die Vereinigten*
Andrés Pérez, maderista (Azuela) **3**:75, 77, 79
"Andrew Johnson Swinging Around the Circle" (Bell) **43**:89
Androcles and the Lion (Shaw) **3**:392, 395-96, 400
"Androgin" (Gumilev) **60**:280
"The Androgyne" (Gumilev)
See "Androgin"
"Andromeda over Tewkesbury" (Gurney) **33**:97
Androvar (Prado) **75**:192
"Andy's Gone with Cattle" (Lawson) **27**:138, 140
"Andy's Return" (Lawson) **27**:134
"Anecdote" (Jacob) **6**:191
"Anecdote for Fathers" (Quiller-Couch) **53**:289
"Anecdote of the Abnormal" (Stevens) **12**:382
"Anecdote of the Jar" (Stevens) **3**:475; **45**:297, 299, 304, 310, 327-28, 334
"Anecdotes of Canna" (Stevens) **45**:304
"Anedota pecuniária" (Machado de Assis) **10**:290
"Anemone" (Benn) **3**:113
"Anfang und Ende" (Heyse) **8**:119
"L'ange du méridien" (Rilke) **6**:366
"El ángel" (Miro) **5**:335
Angel (Heyward) **59**:86, 94, 100
"The Angel and the Sweep" (Coppard) **5**:176
"The Angel at the Grave" (Wharton) **3**:571; **9**:541
The Angel at the Western Window (Meyrink)
See *Der Engel vom westlichen Fenster*
"El ángel de la sombra" (Lugones) **15**:286
"Angel extraviado" (Salinas) **17**:358
"An Angel Flew in the Midnight Sky" (Platonov) **14**:410
Angel guerra (Perez Galdos) **27**:247, 249-52, 255-58, 263-64, 267
Angel Making Music (Molnar)
See *A zenélő angyal*
"Angel of Annunciation" (Tynan) **3**:502
"The Angel of Mons" (Machen)
See "The Bowmen"
The Angel of Pain (Benson) **27**:17
The Angel of Terror (Wallace) **57**:394
"The Angel of the Lord" (Post) **39**:338
"Angel Surrounded by Paysans" (Stevens) **45**:302, 334, 350
"The Angel Was a Yankee" (Benet) **7**:81
"Angelfish" (Dent) **72**:28-31
"Angelic Greeting" (Vallejo)
See "Salutación angélica"
"Angelina" (Dunbar) **12**:122
Angels and Earthly Creatures (Wylie) **8**:529-30, 532, 534
Angels and Minister (Housman) **7**:354, 357
Angels Over Broadway (Hecht) **101**:75, 89
"The Angel's Visit" (Forten) **16**:147, 150
Angel's Wings: A Series of Essays on Art and Its Relation to Life (Carpenter) **88**:97, 107
"Angel's-Eye View" (Coffin) **95**:11-2
"Angelus" (Coppee) **25**:124
"The Angelus" (Cram) **45**:12
"The Anger of a Jewish Woman" (Peretz) **16**:399
"The Anger of Samson" (Gurney) **33**:87
"Anglais Mort à Florence" (Stevens) **45**:282
"Angleterre" (Verhaeren) **12**:471
L'Angleterre en 1815 (Halévy)
See *Histoire du peuple anglais au xlxe siècle. iv. Le milieu du siècle, 1841-52*
Anglore (Mistral)
See *Lou pouèma dóu Rose*
Anglo-Saxony: A League That Works (Lewis) **9**:240
L'angoisse de Pascal (Barrès) **47**:62, 66

The Angry Toy (Arlt)
See *El juguete rabioso*
"Angst" (Zweig) **17**:454, 456-57
"The Anguish" (Millay) **49**:210
Anguish (Ramos)
See *Angústia*
"Anguish of Transitoriness" (Annensky)
See "Toska mimolet-nosti"
"Angulo" (Sa-Carniero) **83**:401
Angústia (Ramos) **32**:419-20, 422-32, 434-35, 437-39
"Anielka" (Prus) **48**:182
"The Anilin Inn" (Herzl) **36**:141
Anima Celtica (Sharp) **39**:394
"Anima hominis" (Yeats) **11**:521; **93**:338, 339
"Anima mundi" (Yeats) **11**:520; **93**:338, 339, 353, 354
"The Animal" (Kolmar) **40**:176
Animal de fondo (Jimenez) **4**:216-18, 221
"Animal Dynamo Velocity" (McAlmon) **97**:93
Animal Farm (Orwell) **2**:497-98, 500-01, 504-07, 510-12, 514; **6**:344-45, 348, 351, 353; **15**:299-300, 302, 308, 319, 321-23, 325-26, 329-30, 333-35, 343, 353-54, 364; **31**:176-80; **51**:221, 227, 237, 242-43, 246, 264-65
Animal Heroes (Seton) **31**:266-67, 269, 272
The Animal Kingdom (Barry) **11**:54-6, 61, 64, 67-8
Animal of Depth (Jimenez)
See *Animal de fondo*
Animal of Inner Depths (Jimenez)
See *Animal de fondo*
"Animal Psychology" (Weininger) **84**:306
"The Animal Story" (Roberts) **8**:322
"The Animal Trainer" (Gumilev)
See "Ukrotitel' zverej"
"Los animales malditos" (Lugones) **15**:293
"Animals" (Lawrence) **93**:98
"The Animals" (Muir) **87**:168, 172
"The Animals" (Muir) **2**:483, 486
Animals, and Other People (Bromfield) **11**:81, 84
Animals and Their Masters, Masters and Their Animals (Eluard)
See *Les animaux et leurs hommes, les hommes et leurs animaux*
"The Animals of Nineveh" (Kolmar) **40**:178
Les animaux et leurs hommes, les hommes et leurs animaux (Eluard) **7**:250; **41**:152-53
Anime oneste (Deledda) **23**:37-8
"Animula vagula" (Graham) **19**:129, 136
Anjelica (Bradford) **36**:62
"Ankunft" (Lasker-Schueler) **57**:313, 315
"Anmutiger Vertrag" (Morgenstern) **8**:309
"Ann Garner" (Agee) **19**:23
Ann Veronica (Wells) **19**:440
Ann Vickers (Lewis) **4**:251, 255, 257; **13**:337-38, 343, 350-51; **23**:148; **39**:247
"Anna" (Baker) **47**:20
Anna (Hauptmann) **4**:202
"An Anna Blume" (Schwitters) **95**:297, 302, 314-5, 322-5, 330, 341, 350-1
Anna Blume und ich (Schwitters) **95**:315, 317
Anna Christie (O'Neill) **1**:384, 402; **6**:324-26, 329-30, 334; **49**:252, 265-66, 270, 282
Anna Karenina (Tolstoy) **4**:447-9, 451, 453, 457-8, 460-3, 466, 468-69, 471-72, 474-83; **11**:459-60, 463, 465, 469-70, 473-76, 478-80; **17**:373-418; **28**:349, 352, 365-66, 368, 37; **44**:335, 352-55, 363; **79**:325-6, 328-9, 334-5, 353, 359, 363, 365, 368, 374-7, 380, 386, 388-90, 394, 398, 402, 406-7, 415-7, 421, 424, 436-40, 442-3, 445-52, 454
Anna of the Five Towns (Bennett) **5**:24, 26, 33, 40-3, 47; **20**:35-41
"Anna on the Neck" (Chekhov) **3**:166
Anna Svärd (Lagerloef) **4**:235; **36**:244
Anna-Anna (Brecht)
See *Die sieben Todsünden der Kleinburger*
Annalena Bilsini (Deledda) **23**:40
Annals of a Quiet Neighborhood (MacDonald) **9**:292
"Anna's Marriage" (Smith) **25**:399
Anne Frank: The Diary of a Young Girl (Frank)
See *Het achterhuis*
Anne of Avonlea (Montgomery) **51**:199, 201
Anne of Green Gables (Montgomery) **51**:175-87, 190, 193-94, 202, 204-05, 207, 210-12, 215
Anne of Ingleside (Montgomery) **51**:180, 216
Anne of the Thousand Days (Anderson) **2**:7-8, 10-11
"Anne Rutledge" (Masters) **25**:304
Anne Severn and the Fieldings (Sinclair) **3**:436; **11**:411-12, 414
L'anneau d'améthyste (France) **9**:47
"Annelid Dancer" (Miyazawa) **76**:301
"Anner Lizer's Stumblin' Block" (Dunbar) **2**:133; **12**:120
Anne's House of Dreams (Montgomery) **51**:196, 198-200, 215
Anne's Terrible Good Nature and Other Stories for Children (Lucas) **73**:158
Annette et Sylvie (Rolland) **23**:262-64
Gli anni perduti (Brancati) **12**:84-5, 87-8, 91
"Annie" (Moore) **7**:487
Annie Besant: An Autobiography (Besant) **9**:13-14
Annie Kilburn (Howells) **7**:371, 376, 378-79, 386, 393, 397; **17**:178, 185-86; **41**:269
"The Annir Choile" (Sharp) **39**:372, 376-77
"An Anniversary" (de la Mare) **53**:35
"Anniversary" (Lardner) **14**:313
"The Anniversary" (Lowell) **8**:227, 229, 234
The Anniversary (Chekhov)
See *Zhubilei*
Anniversary Dinner (Molnar) **20**:171
"Anniversary Poem" (Mayakovski) **18**:268
An Anniversary Poem Entitled "The Progress of Liberty": Delivered January 1st, 1886...at the Celebration of the Third Anniversary of President Lincon's Proclamation (Bell) **43**:91, 93
Anno dada (Kandinsky) **92**:72
L'annonce faite à Marie (Claudel) **2**:99, 101, 106, 108; **10**:122, 123, 128
L'annonce faite à Marie (Giraudoux) **2**:167
"The Annunciation" (Muir) **2**:483; **87**:168
"The Annunciation" (Muir) **87**:161
"L'annunzio" (D'Annunzio) **40**:40-1, 45
"Ano jibun" (Kunikida) **99**:295
"Año nuevo" (Huidobro) **31**:124
"Anodyne" (Mansfield) **39**:314
"The Anointed Man" (Sharp) **39**:375
Anomalies (Bourget) **12**:69
"An Anonymous Story" (Chekhov) **3**:117
The Anonymous Work (Witkiewicz) **8**:513
Años y leguas (Miro) **5**:338-39, 342-45
"Another Acteon" (Bishop) **103**:9-10
"Another Boaster" (Lindsay) **17**:240
Another Book of Verses for Children (Lucas) **73**:158
Another Book on the Theatre (Nathan) **18**:294, 296
Another Caesar (Neumann) **100**:315
Another Language (Mankiewicz) **85**:163
"Another Man's Poison" (Williams) **89**:371
Another Sheaf (Galsworthy) **45**:34-5
"Another Weeping Woman" (Stevens) **45**:269
"Anregungen zur Erlangung einer Systemschrift" (Schwitters) **95**:304
"Ans Werk" (Raabe) **45**:188
Die Anschauung vom heiligen Geiste bei Luther (Otto) **85**:313
"Answer" (Baker) **10**:19
"The Answer" (Kipling) **17**:196
"An Answer" (Tynan) **3**:503
"Answer from Norway" (Bjoernson) **7**:110
"The Answer on the Magnolia Tree" (Slesinger) **10**:441-42, 446
"Answer to an Inquiry" (Babel) **13**:27
"Answer to Dunbar's 'After a Visit'" (Cotter) **28**:43
"An Answer to Various Bards" (Paterson) **32**:369
"Ant" (Jozsef) **22**:161
Antant en emport e le vent (Moreas) **18**:279
An Antarctic Mystery (Verne)
See *Le Sphinx des glaces*
"An Antebellum Sermon" (Dunbar) **12**:110
"Antek" (Prus) **48**:157, 161
"Antes" (Villaurrutia) **80**:477
"Anthem for Doomed Youth" (Owen) **5**:359, 364-69, 371-72; **27**:199, 203, 208, 212, 217-18, 226, 230, 232
"Anthem of Earth" (Thompson) **4**:434-35
"An Anthem of Love" (Naidu) **80**:289
Anthologie des mythes, légendes, et contes populaires d'Amérique (Peret) **20**:192, 198, 203
Anthology (Jimenez)
See *Antolojía poética (1898-1953)*
An Anthology of Pure Poetry (Moore) **7**:479, 488, 490-91
An Anthology of World Prose (Van Doren) **18**:399, 401
Anthology of Writings on Art (Eluard)
See *Ecrits sur l'art*
Anthony Comstock; roundsman Of The Lord (Broun) **104**:98
Anthony John (Jerome) **23**:89-90
Anthony Wilding (Sabatini) **47**:303
Anthropogenie oder Entwickelungs-geschichte des Menschens (Haeckel) **83**:128, 130, 133, 143, 147
"The Anthropologist at Large" (Freeman) **21**:49
Anthropology and Modern Life (Boas) **56**:61, 63, 67-68, 94
"Anthropology and the Abnormal" (Benedict) **60**:127, 150
"Anthropology and the Humanities" (Benedict) **60**:121
"Antichrist" (Einstein) **65**:169
"The Anti-Christ" (George) **14**:214
"Antichrist" (Muir) **87**:168
Antichrist (Merezhkovsky)
See *Peter and Alexis*
Der Antichrist (Nietzsche) **18**:342, 351-52; **55**:354-55
The Antichrist (Nietzsche)
See *Der Antichrist*
Der Antichrist (Roth) **33**:338
Anticipación a la muerte (Romero) **14**:434, 442
"Anticipation" (Lowell) **1**:372; **8**:233
"Anticipations of the Reaction of Mechanical and Scientific Progress upon Human Life and Thought" (Wells) **6**:525, 535, 542, 552; **12**:487-88, 509; **19**:450
"Anti-Climax" (Patton) **79**:300
Antiek toerisme (Couperus) **15**:47
Antieke Verhalen van Goden en Keizers, van Dichters en Hetaeren (Couperus) **15**:47
Antigone, and Other Portraits of Women (Bourget)
See *Voyageuses*
La antigua retórica (Reyes) **33**:316, 323
Antikrists mirakler (Lagerloef) **4**:229, 231, 234, 240; **36**:230, 242, 246-47
Antinous, and Other Poems (Summers) **16**:430
"Antiope" (Field) **43**:166
Antiquamania (Roberts) **23**:238
"L'anti-tradition futuriste" (Apollinaire) **8**:26; **51**:22
Antoine Bloyé (Nizan) **40**:289-91, 297-99, 302, 308, 311, 313-19, 321-23
Antoinette (Rolland) **23**:261
Antolojía poética (1898-1953) (Jimenez) **4**:213
Anton Chekhov, and Other Essays (Shestov)
See *Nachala i kontsy*
Ántonia (Cather)
See *My Ántonia*
Antonia (Dujardin) **13**:189, 191
Antonin Artaud: Selected Writings (Artaud) **36**:32

Antonio, the Great Lover (Brancati)
See *Il bell'Antonio*
"Antwerp" (Ford) **15**:72
"The Anvil of Souls" (Benet) **28**:2, 5
"Anxiety" (Lawrence) **93**:45
The Anxiety of the Rose (Storni)
See *La inquietud del rosal*
"The Anxious Dead" (McCrae) **12**:208, 211
"Any Human to Another" (Cullen) **37**:158
"Any Lover, Any Lass" (Middleton) **56**:175
"Any Saint" (Thompson) **4**:435, 438
"Anyám nagybátyja réji pap" (Babits) **14**:39
Aoneko (Hagiwara Sakutaro) **60**:287, 289, 295, 297-99
Apache Devil (Burroughs) **2**:79, 85-6
Apache Drums (Lewton) **76**:201, 210
Apariencias (Gamboa) **36**:74-5
Apéndice a mis últimas tradiciones (Palma) **29**:257, 259
"Apes and Ivory" (Noyes) **7**:502
The Apes of God (Lewis) **2**:384-89, 391, 395, 398; **9**:237, 239-40, 242-46, 249; **104**:179, 181, 187-89, 201, 205-08, 210, 212, 214, 226, 231, 238, 243, 245-48, 250-51, 278, 283-84, 288, 290, 292
"Aphorism" (Gogarty) **15**:100, 113, 115
"Aphorisms" (George) **2**:148
"Aphorisms and Notes" (Bishop) **103**:6,
"Aphrodite" (Platonov) **14**:411-12, 414-15, 424
"Aphrodite and the King's Prisoners" (Hearn) **9**:134
Aphrodite in Aulis (Moore) **7**:497-98
Aphrodite Urania (Sikelianos) **39**:418
Apice (Sa-Carniero) **83**:400
"Apocalíptica" (Palma) **29**:262
Apocalypse (Lawrence) **2**:358, 368, 372; **48**:101, 121, 134-35, 139, 147, 149; **61**:209, 229; **93**:25, 72, 74, 104
The Apocalypse of Our Times (Rozanov)
See *Apokalipsis nashego vremeni*
"Apocryphal Songbook" (Machado)
See "Cancionero apócrifo"
Apocryphal Stories (Capek)
See *Kniha apokryfů*
Apofeoz bezpochvennosti (Shestov) **56**:247-48, 252, 254, 259-260
Apokalipsis nashego vremeni (Rozanov) **104**:305, 315-19, 326, 345, 348-49, 354-57, 360, 371, 381, 384-87, 394
"Apollo" (Lasker-Schueler) **57**:312
"Apollo and Marsyas" (Field) **43**:166
"Apollo and Marsyas" (Lee-Hamilton) **22**:193
Apollo and Marsyas, and Other Poems (Lee-Hamilton) **22**:187-89, 193-94
"Apollo at Pheræ" (Masters) **25**:289
The Apollo of Bellac (Giraudoux)
See *L'Apollon de Bellac*
Apollo of Tyrus (Remizov) **27**:334
L'Apollon de Bellac (Giraudoux) **2**:170; **7**:329
"Apollo's Written Grief" (Field) **43**:177
"Apologia" (Tynan) **3**:501
"Apologia Pro Mente Sua" (Santayana) **40**:389
"Apologia pro poemate meo" (Owen) **5**:358, 367, 372, 374; **27**:201, 206, 208-10, 212, 217, 222, 236
"Apology" (Lowell) **1**:372
"An Apology for Crudity" (Anderson) **1**:43, 62; **10**:50
"Apology of Solon" (Sikelianos) **39**:419
"The Apostate" (London) **15**:262, 270-71
The Apostate (Belasco) **3**:86
"The Apostate of Chego-Chegg" (Cahan) **71**:12, 27, 29, 65, 68
The Apostle (Asch)
See *Paulus*
Los apostólicos (Perez Galdos) **27**:256, 287
"The Apostrophe to Vincentine" (Stevens) **3**:445; **45**:348
apoteose (Sa-Carniero) **83**:412
The Apothecary (Bromfield) **11**:82
The Apotheosis of Groundlessness (Shestov)
See *Apofeoz bezpochvennosti*
"Apparation" (Bishop) **103**:4, 9,
"Apparition" (Rosenberg) **12**:311
L'apparition de l'homme (Teilhard de Chardin) **9**:479, 483
"The Apparitions" (Yeats) **31**:395, 397
Les apparus dans mes chemins (Verhaeren) **12**:466, 469
"An Appeal by the Presidents of Planet Earth" (Khlebnikov) **20**:151
"An Appeal for Death" (Gurney) **33**:98
"Appeal to All Art Lovers" (Hartmann) **73**:138
"Appeal to Every Briton" (Gandhi) **59**:52-3
"An Appeal to My Countrywomen" (Harper) **14**:264
"An Appeal to the American People" (Harper) **14**:260, 263
"Appeal to the Authorities" (Dazai Osamu) **11**:186-87
"An Appeal to the Intelligentsia" (Garvey) **41**:198
An Appeal to the Soul of White America (Garvey) **41**:179
The Appearance of Man (Teilhard de Chardin)
See *L'apparition de l'homme*
"Appel" (Roumain) **19**:339, 344
L'appel au soldat (Barrès) **47**:37, 42, 49, 51-2, 64, 70, 79, 94
"An Appendix on a Tender Theme" (Mencken) **13**:363
Appendix to My Latest Traditions (Palma)
See *Apéndice a mis últimas tradiciones*
"The Apple Blossom Snow Blues" (Lindsay) **17**:228
The Apple Cart (Shaw) **3**:391, 393; **21**:324
"The Apple Tree" (Galsworthy) **45**:39, 48
"The Apple Tree" (Mansfield) **39**:293
Apples and Pears (Ellis) **14**:106
"The Apple's Guilt" (Bialik) **25**:50
"Apples of Hesperides" (Lowell) **1**:372
"The Applicant" (Bierce) **44**:45, 50
"An Application" (Caragiale)
See "Petitie"
"Appreciation" (Delafield) **61**:134
Appreciation (Graham) **19**:111
The Appreciation of Literature (Woodberry) **73**:365, 377
"Approaches" (Balmont)
See "Priblizheniia"
"Approaches to Canadian Economic History" (Innis) **77**:338
"Appuldurcombe Park" (Lowell) **8**:236
"Appunti" (Saba) **33**:370
"Aprel" (Zamyatin) **8**:548, 552
"Après les plus vieux vertiges" (Garneau) **13**:201
"April" (Colette) **16**:125
"April" (Roth) **33**:362
"April" (Thomas) **10**:467
"April" (Zamyatin)
See "Aprel"
"April 19" (Howe) **21**:113
April Airs (Carman) **7**:143, 147
The April Baby's Book of Tunes (Elizabeth) **41**:122
"April Dance-Song" (Manning) **25**:277
"April Days" (Higginson) **36**:175, 186
"April Fool" (Caragiale) **76**:164
April Hopes (Howells) **7**:376, 393; **41**:286
"An April Masque" (Fisher) **87**:73
April Twilights (Cather) **11**:93; **99**:207
Apropos of Dolores (Wells) **6**:548; **12**:515
"Apróságok a házból" (Mikszath) **31**:169
Apuntes de un lugareño (Romero) **14**:432, 434
"Apuntes para un estudio" (Vallejo) **56**:319
"Aquae Sulis" (Hardy) **53**:101
Aquazzoni in montagna (Giacosa) **7**:310
"Aqueducts" (Gray) **19**:158
Aquila de blason (Valle-Inclan) **5**:471, 473-74, 486
'Ar' is al-muruj (Gibran) **1**:327; **9**:84, 90-1
"Arab Love Song" (Thompson) **4**:440
"Arabel" (Masters) **2**:461; **25**:288
Arabella (Hofmannsthal) **11**:310
Arabesques (Bely) **7**:59
"Arabia" (de la Mare) **4**:74
Arabia Deserta (Doughty)
See *Travels in Arabia Deserta*
"Arabian Nights' Entertainments" (Henley) **8**:110
Arabische Reiterei (Kandinsky) **92**:49
"Araby" (Joyce) **8**:166, 170-71; **35**:143-44, 146, 156, 159-60, 162-63, 165, 167-74, 176-83, 190-93, 197
"Arachné" (Schwob) **20**:323
L'araignee de cristal (Vallette) **67**:270, 278
Araksanīyā (Chatterji) **13**:80
The Aran Islands (Synge) **6**:431-32, 439-40; **37**:380, 388
"Arano" (Pascoli) **45**:154-55
The Arawak Girl (De Lisser) **12**:97-8
Arbeidsfolk (Kielland) **5**:275-77, 279
"Arbejderen" (Jensen) **41**:303
El árbol de la ciencia (Baroja) **8**:48, 51-5, 61-5
Arbol de pólvora (Reyes) **33**:324
"L'arboscello" (Saba) **33**:369
"Arbre" (Apollinaire) **51**:32
Arcades (Benjamin) **39**:10-11
Arcadian Adventures with the Idle Rich (Leacock) **2**:380
L'Arc-en-ciel des amours (Jammes) **75**:119
L'arche (Lemonnier) **22**:198
"The Archer" (Sharp) **39**:366
"The Archetype" (Mistral)
See "Lou parangoun"
"Archibald Higbie" (Masters) **25**:297
Archibald Malmaison (Hawthorne) **25**:235, 238-41, 249-53
The Archibishop (Cather)
See *Death Comes for the Archbishop*
"Archimedes' Point" (Soderberg) **39**:438
"The Archipelagoes" (Bishop) **103**:21
"The Architecture of Theories" (Peirce) **81**:290
Les archontes; ou, La liberté religieuse (Larbaud) **9**:205
Archy and Mehitabel (Marquis) **7**:448, 451-52
Archy Does His Part (Marquis) **7**:448
Archy's Life of Mehitabel (Marquis) **7**:448
"Arckép" (Radnoti) **16**:412
Arctic Poems (Huidobro)
See *Poemas árticos*
"Arctic Seas" (Huidobro)
See "Mares árticos"
Ardath: The Story of a Dead Self (Corelli) **51**:66-7, 72, 79-80, 82
Arden of Feversham (Artaud) **36**:32
Ardis Claverden (Stockton) **47**:321, 324-25
"Are History and Science Different Kinds of Knowledge?" (Collingwood) **67**:155
"Are We Downhearted? No!" (Rinehart) **52**:282
"Are We Hegelians?" (Croce)
See "Siamo noi hegeliani?"
"Are You Better Off Than You Were Last Year?" (Roosevelt) **93**:184
Ärenlese (Hauptmann) **4**:200
"Arethusa" (Freeman) **9**:75-6
Arethusa (Crawford) **10**:148
"Argamak" (Babel) **2**:29; **13**:38
"L'argent" (Peguy) **10**:404, 409
L'argent (Zola) **1**:597; **6**:563, 566; **41**:412, 439, 448-49
"L'argent dans la littérature" (Zola) **6**:561
"L'argent suite" (Peguy) **10**:409
"Argo and his Master" (Svevo)
See "Argo e il suo padrone"
"Argo e il suo padrone" (Svevo) **2**:541
Los argonautas (Blasco Ibanez) **12**:37
"The Argonauts" (Lawrence) **93**:59, 73
The Argonauts (Blasco Ibanez)
See *Los argonautas*
The Argonauts (Crowley) **7**:208
"The Argonauts of North Liberty" (Harte) **25**:200
"The Argo's Chanty" (Benet) **28**:2, 5
Aria da capo (Millay) **4**:307, 312, 314, 317-18

"Ariadna" (Chekhov)
See "Ariadne"
Ariadna (Tsvetaeva) **7**:565; **35**:393, 415-16
"Ariadne" (Chekhov) **55**:66
"Ariadne" (Roberts) **8**:313, 319, 328-30
Ariadne (Tsvetaeva)
See *Ariadna*
Ariadne: A Story of a Dream (Ouida) **43**:339, 347, 349-50, 355, 369-70
Ariadne auf Naxos (Hofmannsthal) **11**:301
"Ariadne in Naxos" (Baring) **8**:37
Arias tristes (Jimenez) **4**:213
"Arina" (Pilnyak) **23**:211, 213
Aristo, Shakespeare, Corneille (Croce) **37**:127, 131
"The Aristocrat" (Davidson) **24**:164, 186
"Aristocrats" (Douglas) **40**:61, 65, 74, 76, 88
"Aristotle on Wealth and Property" (Wallas) **91**:404
Aristotle's Bellows (Gregory) **1**:334
"Arithmetic of Love" (Hippius) **9**:166
Arizona (Thomas) **97**:125-27, 139-40
Arkansas (Fletcher) **35**:106
"Arkansas Red Haw" (Fletcher) **35**:111
"Arkhip" (Tolstoy) **18**:367-68, 377
The Arm of Gold (Connor) **31**:115-16
"Armada" (Dobson) **79**:37
"Der arme Heinrich" (Huch) **13**:249, 252
Der Arme Heinrich (Hauptmann) **4**:196
Der arme Vetter (Barlach) **84**:74-5, 86
"Armed for War" (Davies) **5**:209
Armed with Madness (Butts) **77**:71-2, 75-8, 80, 82-3, 86, 90-2, 94-8, 100, 103-5, 108
Die Armen (Mann) **9**:319, 323, 325, 327-29
"Armenia" (Mandelstam) **2**:408
"Les armes de la douleur" (Eluard) **7**:251; **41**:168
"Les armes des Dieux" (Moreas) **18**:288
Armonías, libro de un desterrado (Palma) **29**:254
Armored Cruiser Potemkin (Eisenstein)
See *Bronenosets "Potyomkin"*
"Armorel" (Pickthall) **21**:251-52
"The Armour of Constable Crake" (Warung) **45**:418
Armour Wherein He Trusted (Webb) **24**:468-70, 475, 482-83
"The Armpit" (Huysmans) **69**:25
"Arms and the Boy" (Owen) **5**:363, 366; **27**:206, 210, 212, 217-18
Arms and the Man (Shaw) **3**:387-88, 400-01, 405, 407; **9**:412-13, 420; **21**:309, 311
Army Beef (Adams) **56**:7-8
"The Army Ensign" (Kuprin) **5**:300
Army Life in a Black Regiment (Higginson) **36**:165, 168-71, 173-74
"The Army of a Dream" (Kipling) **17**:212
"The Army of the Rear" (Lawson) **27**:122, 133, 135-36
"Arnaux" (Seton) **31**:259
Arne (Bjoernson) **7**:100-02, 105-07, 110, 112-13, 117-18; **37**:6, 17, 23
Arne's Treasure (Lagerloef) **36**:231, 238, 241, 244, 247-48
Arnljot Gelline (Bjoernson) **7**:100, 102-03, 109; **37**:10, 18, 23, 25
"Arnljot's Yearning for the Ocean" (Bjoernson) **7**:102
Arnold Waterlow (Sinclair) **11**:414
Ārogya (Tagore) **3**:488-89; **53**:343
Aromas y leyenda (Valle-Inclan) **5**:471-72, 476-77
"Der aromat" (Morgenstern) **8**:305
"Around the Birches Weaves the Spring, and Even the Elder Feels Its Spell" (Barlach) **48**:124
Around the Cape of the Good Hope: Poems of the Sea (Grieg)
See *Rundt Kap det Gode Haab: Vers fra sjøen*
Around the Walls of the Temple (Rozanov) **104**:314
Around the World in Eighty Days (Verne)
See *Le tour du monde en quatre-vingt jours*
Around Theatres (Beerbohm) **24**:112
El arquero divino (Nervo) **11**:395, 402-03
"Arrabalera" (Guiraldes) **39**:176
"L'arrabiata" (Heyse) **8**:113-14, 119-21
L'arrache-coeur (Vian) **9**:529, 532-33, 535-37
"Arracombe Wood" (Mew) **8**:296, 298, 300
Los arrecifes de coral (Quiroga) **20**:211
"An Arrest" (Bierce) **44**:45
"Arrest of Antoñito the Camborio" (Garcia Lorca)
See "Prendimiento de Antoñito el Camborio"
"The Arrest of Arsène Lupin" (Leblanc) **49**:193
The Arrest of Arsène Lupin (Leblanc)
See *Arsène Lupin contre Herlock Sholmès*
Arrière-saison (Coppee) **25**:124
"The Arrival" (Fletcher) **35**:96
"The Arrival" (Palamas) **5**:384
"Arrival in Hades" (Sodergran) **31**:287
"Arrival in the Country" (Guro)
See "Priezd v derevnju"
The Arrow (Morley) **87**:125
Arrow Forms (Kandinsky) **92**:147
The Arrow Maker (Austin) **25**:18, 23
The Arrow of Gold (Conrad) **1**:202, 218; **6**:121; **13**:113; **25**:77; **43**:116
"The Arrow of Heaven" (Chesterton) **6**:100
Arrowsmith (Lewis) **4**:248-50, 252-55, 257; **13**:328-30, 332-33, 335, 338-40, 346-48, 350-52; **39**:215, 234, 246-47
Arroz y gallo muerto (Pereda) **16**:373
Arroz y tartana (Blasco Ibanez) **12**:30, 35, 39, 41, 44-5, 47-9
"Ars" (Cavafy) **7**:162
"Ars poetica" (Jozsef) **22**:159, 163-64
"Ars Victrix" (Dobson) **79**:19, 27
Arsène Lupin contre Herlock Sholmès (Leblanc) **49**:193, 196-97
Arsène Lupin, Gentleman-Burglar (Leblanc)
See *Arsène Lupin, gentleman-cambrioleur*
Arsène Lupin, gentleman-cambrioleur (Leblanc) **49**:192, 196
Arsène Lupin versus Holmlock Shears (Leblanc)
See *Arsène Lupin contre Herlock Sholmès*
"Art" (Rosenberg) **12**:308
Art and a Changing Civilisation (Gill) **85**:89
Art and Conscience Today (Pirandello)
See *Arte e coscienza d'oggi*
Art and Death (Artaud) **3**:57-8
"Art and Morality" (Stephen) **23**:333
Art and Morality (Nishida)
See *Geijutsu to dotoku*
"Art and Morals" (James) **2**:252
Art and Nature (Alexander) **77**:36-7
Art and Reality (Cary) **1**:146; **29**:93, 102
"Art and Revolution" (Gill) **85**:77
"Art and the Individual" (Lawrence) **48**:140-41
"Art and the State" (Keynes) **64**:253
Art as Experience (Dewey) **95**:36, 49, 52-6, 61, 192
"Art as Salvation for Its Characters" (James) **2**:252
"An Art Critic's Estimate of Alfred Stieglitz" (Hartmann) **73**:128
L'Art du theatre (Bernhardt) **75**:38, 46, 70
"L'art et la science" (Jarry) **2**:284
"L'art et l'amour" (Sully Prudhomme) **31**:302
"Art, etc." (Akutagawa Ryunosuke) **16**:25
Art Forms in Nature (Haeckel) **83**:145, 147
"Art in America" (Fuller) **103**:63, 106, 108, 113
"Art in Education" (Collingwood) **67**:125
"Art in the Light of Conscience" (Tsvetaeva) **7**:570-71; **35**:406
Art in the Light of Mystery Wisdom (Steiner)
See *Die kunst der rezitation und deklamation*
"Art, Life, and the Ideal" (James) **2**:252
L'art moderne (Huysmans) **7**:405, 412; **69**:6, 9-10, 27, 32
The Art of Being Ruled (Lewis) **2**:391; **9**:237, 240-42; **104**:162-65, 175, 186-87, 189, 192, 194-98, 201, 203-04, 211-12, 226, 231, 233-39, 241, 243-44, 250-51, 299
"The Art of Biography" (Bradford) **36**:60
"The Art of Biography" (Woolf) **56**:381
"The Art of Building up Free Men" (Iqbal) **28**:182
The Art of Creation: Essays on the Self and Its Powers (Carpenter) **88**:80-1, 101, 108-9
"The Art of Cutting Metals" (Taylor) **76**:343-44, 358
"The Art of Donald McGill" (Orwell) **51**:221-22, 247-49
"The Art of Fiction" (James) **40**:116, 143, 148, 160-61; **47**:152
"The Art of Fiction" (Woolf) **20**:430; **43**:394
"The Art of Governing" (Wilson) **79**:519-20
Art of Morals (Ellis) **14**:109
The Art of Poetry (Valery) **15**:454-55
The Art of Spiritual Harmony (Kandinsky)
See *Über das Geistige in der Kunst*
"The Art of the Detective Story" (Freeman) **21**:62
"The Art of the Great Race" (Lewis) **104**:157
The Art of the Moving Picture (Lindsay) **17**:236
Art of the Night (Nathan) **18**:308
The Art of the Novel (James) **11**:329; **24**:336
The Art of the Theatre (Bernhardt)
See *L'Art du theatre*
The Art of Thomas Hardy (Johnson) **19**:227, 230, 232-33, 235, 257
The Art of Thought (Wallas) **91**:357, 359, 361, 372, 380-1, 390, 398, 401
The Art of Versification (Sully Prudhomme) **31**:307
"The Art of Writing" (Becker) **63**:76, 79, 82
"Art Photography and Its Relationship to Painting" (Hartmann) **73**:126
Art poétique (Claudel) **2**:109; **10**:121, 130
Art poétique (Jacob) **6**:194-95, 201
"Art That Tries to Depart from Nature" (Natsume) **2**:495
"An Art Wrangler's Aftermath" (Hartmann) **73**:145-46
The Artamonov Business (Gorky)
See *Delo Artmunovykh*
"Artaud le Momo" (Artaud) **3**:51, 58
Arte e coscienza d'oggi (Pirandello) **29**:309, 320
"Arte poética" (Huidobro) **31**:125-26, 136-37, 144
El arte y el revolución (Vallejo) **56**:314
"Arthur A. Grammar" (Stein) **48**:255
"Arthur Jermyn" (Lovecraft) **4**:272; **22**:211
"Arthur roi passé roi futur" (Apollinaire) **51**:20
"Artificial Populations" (Stevens) **45**:349
The Artificial Princess (Firbank) **1**:227
"The Artisan's Prayer" (Gumilev) **60**:272
"Artist" (Andrade) **43**:3
"The Artist" (Blok) **5**:84
"The Artist" (Mencken) **13**:386
The Artist (Fisher) **87**:73
"The Artist and Politics" (Woolf) **43**:395
"The Artist and the Disease of Time" (Ball)
See "De Künstler und die Zietkrankheit"
"Un artista" (Pereda) **16**:367
"Artist-Devil" (Balmont) **11**:30, 40
"Artistik" (Benn) **3**:106
"An Artist's Story" (Chekhov) **3**:160; **10**:108
"The Artless Age" (Glasgow) **7**:343
Art-Nonsense and Other Essays (Gill) **85**:53, 78, 89
"Arts de fête et de cérémonie" (Peret) **20**:198
"Aru ahō no isshō" (Akutagawa Ryunosuke) **16**:32
Arum Vokzal (Bergelson) **81**:30
"Arunacala-aksara-mana-malai" (Ramana Maharshi) **84**:260, 272

Arunacala-astakam (Ramana Maharshi) **84**:255, 260
Arunacala-pancakam (Ramana Maharshi) **84**:260, 274
Arunacala-pancaratnam (Ramana Maharshi) **84**:274
Arunakala-padigam (Ramana Maharshi) **84**:255, 260
Arundel (Roberts) **23**:228-30, 232-33, 235-36, 238-39, 241-43
"Arusak-i pust-i parda" (Hedayat) **21**:71, 81
"Arv kyoju no taishoku no ji" (Nishida) **83**:214
Árvácska (Moricz) **33**:243-44, 247, 251
Árvalányok (Moricz) **33**:242
Arvat (Myers) **59**:150
"Arvie Aspinall's Alarm Clock" (Lawson) **27**:119
The Aryan (Ince) **89**:20, 22-3
"Aryeh the Gross" (Bialik) **25**:60
Der Arzt Gion (Carossa) **48**:19-20, 22, 27-8, 30
"As a Bird Out of the Snare (Fisher) **87**:73
As a Man Grows Older (Svevo)
See *Senilità*
As a Man Thinks (Thomas) **97**:132-34, 139-40
As a Thief in the Night (Freeman) **21**:49-50, 58
"As a Wife Has a Cow: A Love Story" (Stein) **48**:237
"As a World Would Have It" (Robinson) **5**:400
"As between Friends" (Runyon) **10**:435
"As Down the Woodland Ways" (Roberts) **8**:321, 326
"As Easy as A B C" (Kipling) **8**:196, 201; **17**:208
"A's from Propolis" (Khlebnikov)
See "Azy iz uzy"
As God Made Them: Portraits of Some Nineteenth-Century Americans (Bradford) **36**:64
As Husbands Go (Crothers) **19**:73, 78, 80
"As I Please" (Orwell) **51**:246, 256
As I Remember It (Cabell) **6**:78
As I Was Going Down Sackville Street (Gogarty) **15**:102, 104, 115, 117-19
"As I Went Down to Havre de Grace" (Wylie) **8**:538
"As, Imperceptibly" (Radnoti) **16**:419
"As Is the Needle to the Pole" (Rhodes) **53**:316
"As It Was in the Beginning" (Benet) **7**:81
"As Long as It Remains in My Power to Prevent, There Will Be No Blackout of Peace in the United States" (Roosevelt) **93**:184
"As One Woman to Another" (Stockton) **47**:313
As the Bee Sucks (Lucas) **73**:166
As the Leaves (Giacosa)
See *Come le foglie*
"As the Team's Head-Brass" (Thomas) **10**:450, 461, 463, 469
"As They Draw to a Close" (Gurney) **33**:96, 98, 103
"As toward Immortality" (Lowell) **8**:236
"As toward One's Self" (Lowell) **8**:236
"As toward War" (Lowell) **8**:236
As We Are (Benson) **27**:12
As We Were (Benson) **27**:12
As Well as Before, Better than Before (Pirandello)
See *Come prima, meglio di prima*
As You Desire Me (Pirandello)
See *Come tu mi vuoi*
"Asaph" (Stockton) **47**:327
Asas (Sa-Carniero) **83**:401
"Ascent" (Morgenstern)
See "Auffahrt"
"The Ascent of the Spear" (Williams) **1**:512
Ascents (Sologub)
See *Voskhozhdeniia*
Asclepigenia (Valera y Alcala-Galiano) **10**:503, 505, 508
"The Ascrean" (Palamas) **5**:377, 380, 383, 385, 387
"Ascription" (Roberts) **8**:318
"Ascuas" (Vallejo) **56**:294
"The Ash of Generations and the Eternal Fire" (Gibran) **9**:91
The Ash Tree (Balmont)
See *Iasen'*
Ash Wednesday (Csath) **13**:147, 149
Ash Wednesday (Erskine) **84**:160
Ashe of Rings (Butts) **77**:70-1, 103, 105
Ashes (Bely)
See *Pepel'*
Ashes (Deledda)
See *Cenere*
Ashes of Empire (Chambers) **41**:91
"Ashes of Life" (Millay) **4**:307
"Ashes of the Beacon" (Bierce) **44**:7-9, 14
"Ashoka Blossoms" (Naidu) **80**:272, 280
"The Ash-Tree" (James) **6**:213, 215
Así que pasen cinco años (Garcia Lorca) **1**:309, 314, 320; **9**:292-93, 300; **49**:88, 105, 117
"Asides on the Oboe" (Stevens) **12**:383-84; **45**:269-73, 296
"Asir-i faransaui" (Hedayat) **21**:72
Ask for Ronald Standish (Sapper) **44**:317
"Ask That Man" (Benchley) **55**:13, 17
"Asked and Answered" (Cullen) **37**:169
Asketeke (Kazantzakis) **33**:148
Asklipios (Sikelianos) **39**:419
"Asleep" (Owen) **5**:372; **27**:206, 212, 217-18, 222
"Asmodel" (Crowley) **7**:203
"Asobi" (Mori Ōgai) **14**:369-70, 379
"Aspasia" (Dowson) **4**:85
Aspectos da literatura brasileira (Andrade) **43**:9-10, 12-14, 16
Aspects of Fiction and other Ventures in Criticism (Matthews) **95**:263
Aspects of Jewish Power in the United States (Ford) **73**:93
Aspects of Literature (Murry) **16**:332, 338, 340, 343, 355
"Aspens" (Thomas) **10**:464, 468
The Aspern Papers (James) **11**:342-44; **24**:327; **47**:171, 195, 200
The Aspirant (Dreiser) **10**:196
"Aspirations" (Rosenberg) **12**:292
The Aspirations of Jean Servien (France)
See *Le désirs de Jean Servien*
"Asra" (Strindberg) **8**:407
Asrar-i khudi (Iqbal) **28**:180-84, 193-94
"The Ass" (Lawrence) **93**:58
"The Assassination of Escovedo" (Lang) **16**:254
L'assassinio di via Belpoggio (Svevo) **2**:539; **35**:364
"Assault" (Millay) **4**:306; **49**:225-27
"Assault Convoy" (Lewis) **3**:289-90
"Assisi" (D'Annunzio) **6**:139
The Associate Hermits (Stockton) **47**:327
L'assommoir (Zola) **41**:408-09, 413, 415, 422, 425-29, 431, 435-39, 444, 448-49, 451, 453; **1**:587-88, 591-96; **6**:558-59, 561-64, 567-68, 570; **21**:414-16, 418-21, 424-26, 428, 430, 437, 442-46, 449-52; **41**:408-09, 413, 415, 422, 425-29, 431, 435-
"Assonances" (Moreas) **18**:286
"Assumptia Maria" (Thompson) **4**:435
"Assunta" (Tozzi) **31**:325
Az asszony beleszól (Moricz) **33**:242-43
"Astern" (Benn) **3**:113
"Das ästhetische Wiesel" (Morgenstern) **8**:305
"Astræa" (Guiney) **41**:215, 222, 229
"Astrid" (Noyes) **7**:503
"Astro" (Huidobro) **31**:135
"Astrology" (Crowley) **7**:208
"Astrology" (Lasker-Schueler) **57**:331
"At a Bridal" (Hardy) **53**:81
"At a Calvary near the Ancre" (Owen) **5**:367, 372-73; **27**:203, 211-12, 215-16, 236
"At a Month's End" (Swinburne) **8**:441; **36**:319-20
"At a Mountain Resort" (Anwar)
See "Puntjak"
"At a Pantomine" (Gilbert) **3**:217
"At a Parting" (Cullen) **4**:43; **37**:168
"At Abdul Ali's Grave" (Benson) **27**:19
"At Carmel" (Austin) **25**:34
"At Castle Boterel" (Hardy) **53**:93, 95, 111-2
"At Charing Cross" (Stringer) **37**:329, 343
"At Cheshire Cheese" (Dunbar) **12**:105
"At Dalmary" (Graham) **19**:131
"At Dawn" (Naidu) **80**:343
"At Dead of Night" (Coleridge) **73**:13
"At Dusk" (Naidu) **80**:343
"At Eleusis" (Swinburne) **36**:299, 332-33
"At Entering the New Year" (Hardy) **53**:101
At Fault (Chopin) **5**:141-42, 144-45, 150; **14**:60, 62, 65-8, 80-1
"At First Sight" (de la Mare) **53**:17, 27, 35
At First Sight (de la Mare) **53**:16
"At Friends with Life" (Markham) **47**:286
"At Galway Races" (Yeats) **93**:351
"At Gibraltar" (Woodberry) **73**:368
"At Gull Lake: August, 1810" (Scott) **6**:394, 396
At Home Again (Grieg) **10**:205
"At Home with Nature" (Eastman) **55**:164
"At Home With the Editor" (Bok) **101**:22
"At Howli Thana" (Kipling) **8**:185
"At Laban's Well" (Coppard) **5**:180
"At Lehmann's" (Mansfield) **8**:282; **39**:297-98, 300
"At les eboulements" (Scott) **6**:393
"At Melville's Tomb" (Crane) **2**:125; **5**:184; **80**:182
"At Midnight" (Teasdale) **4**:428
"At Monastery Gates" (Meynell) **6**:294
"At Newport" (Forten) **16**:150
"At Night" (Korolenko) **22**:170, 173
"At Night" (Rosenberg) **12**:299-300, 311
At Night (Kraus)
See *Nachts*
At Night in the Old Market Place (Peretz) **16**:398, 400
"At Nikola's" (Pilnyak)
See "U Nikoly, čto na Belyx Kolodezjax"
"At Peles" (Caragiale) **76**:156
"At Plangeant's Locks" (Scott) **6**:398
"At Pozzuoli" (Roberts) **8**:319
"At Rest" (Kuprin) **5**:298
"At Saint Judas's" (Fuller) **103**:63, 88-89
"At Scarboro Beach" (Scott) **6**:385
"At Sea" (Percy) **84**:203
"At Sea" (Welch) **22**:456
"At Shaft 11" (Dunbar) **2**:128; **12**:107, 109, 120, 122
At Storhove (Bjoernson)
See *På Storhove*
"At Sugar Camp" (Guest) **95**:205
"At Sunrise" (Bialik) **25**:50
At Sunset (Howe) **21**:109-10
"At Sunwich Port" (Jacobs) **22**:107
"At Teague Poteet's: A Sketch of the Hog Mountain Range" (Harris) **2**:209
"At the Aquatic Sports" (Hardy) **53**:117
At the Back of the North Wind (MacDonald) **9**:290, 292, 300, 306-08
"At the Bay" (Mansfield) **2**:446, 450-51, 458; **8**:275, 280-81, 285, 292-93; **39**:295, 301, 303-08, 318-19, 322-24, 329-30
"At the Bedside of a Dying Man" (Peretz)
See "By a Dying Man's Pillow"
"At the Blacksmith's House" (Shimazaki Toson) **5**:439
At the Boundary (Ingamells) **35**:129
At the Brink (Artsybashev)
See *Breaking Point*
"At the Burial of Cardinal Manning" (Johnson) **19**:246
"At the Burnt Stump" (Prishvin) **75**:214
"At the 'Cadian Ball" (Chopin) **14**:64-5
"At the Café Door" (Cavafy) **2**:98
"At the Cavour" (Symons) **11**:445
"At the Cedars" (Scott) **6**:388-89, 393, 396-97
"At the Circus" (Kuprin) **5**:304-05

"At the Coffin" (Annensky)
See "U groba"
"At the Death of a Philosopher" (Babits)
See "Egy filozófus halálára"
At the Depot (Bergelson)
See *About the Depot*
At the Dnieper (Bergelson)
See *Baym Dnieper*
At the Dnieper: Young Years (Bergelson)
See *Baym Dnieper*
At the Earth's Core (Burroughs) **2**:81
At the Edge of Life (Kubin) **23**:95
"At the End of the Passage" (Kipling) **8**:191, 195, 198
At the Exit (Pirandello)
See *All'uscita*
"At the Fair" (Kielland) **5**:275-76
At the Feet of Venus (Blasco Ibanez)
See *A los piés de Venus*
"At the Ferry" (Scott) **6**:389
"At the Fireside" (Gumilev)
See "U kamina"
"At the Foot of Hemlock Mountain" (Fisher) **87**:72
"At the Fox's Ball" (Remizov) **27**:351
At the Gate (Pirandello)
See *All'uscita*
At the Gates of the Kingdom (Hamsun)
See *La vie de Michel-Ange*
"At the Great Release" (Carman) **7**:137, 139
At the Hawk's Well (Yeats) **1**:562, 570-71; **93**:341, 364
"At the Hazy Dawn of Youth" (Platonov)
See "Na zare tumannoy yunosti"
"At the House of Suddhoo" (Kipling) **8**:176, 185
"At the Lattice" (Scott) **6**:385
"At the Meeting of Seven Valleys" (Markham) **47**:278
At the Mermaid Inn (Campbell) **9**:33-6
"At the Mosque" (Anwar)
See "Dimesjid"
"At the Mountains of Madness" (Lovecraft) **4**:267-68, 274; **22**:215, 219, 238
"At the Piano" (Green) **63**:135
"At the Piano" (Scott) **6**:387, 389
"At the Sea" (Przybyszewski) **36**:282
At the Shrine of St. Charles: Stray Papers on Lamb Brought Together for the Centenary of His Death in 1834 (Lucas) **73**:173
At the Sign of the Eagle (Vallette) **67**:271
At the Sign of the Lyre (Dobson) **79**:2-3, 5, 24
"At the Sign of the Savage" (Howells) **17**:179
"At the Station on an Autumn Morning" (Carducci)
See "Alla stazione"
"At the Table" (Coppee) **25**:121
"At the Theatre" (Cavafy) **2**:98
"At the Threshold" (Ivanov) **33**:138
"At the Top of the Voice" (Mayakovski) **4**:298-300; **18**:246, 248, 262, 267, 271
At the Turn of the Century (Bely) **7**:49
"At the Urn of Percy Bysshe Shelley" (Carducci)
See "By the Urn of P. B. Shelley"
"At the Wailing Wall in Jerusalem" (Cullen) **37**:155
At the Walls of the Unseen City (Prishvin) **75**:215
"At the Water" (Roberts) **68**:336
"At the Window" (Wetherald) **81**:408
"At the World's End" (Zamyatin)
See *Na kulichkakh*
"At the Zoo" (Hagiwara Sakutaro) **60**:299
"At This Time When the World Is Threatened by Forces of Destruction, It Is My Resolve and Yours to Build Up Our Armed Defenses" (Roosevelt) **93**:184
"At Tide Water" (Roberts) **8**:318, 325
"At Twilight: On the Way to Golconda" (Naidu) **80**:275
"At Venerable Upsala" (Heidenstam) **5**:252
"At Waking" (Wetherald) **81**:411
Atalanta in Calydon (Swinburne) **8**:423, 425-26, 430-31, 434-38, 441, 445-46; **36**:295, 300-01, 308, 311-14, 316, 320-21, 331-32, 341
Atalanta in Wimbledon (Dunsany) **59**:23
"Atama Narabi ni Hara" (Yokomitsu) **47**:390, 395
"Atavism" (Stringer) **37**:343
"Atavism" (Wylie) **8**:521, 533-34
"An Atavist Rat" (Jozsef) **22**:163
"At-Davan" (Korolenko) **22**:170, 174, 182
Der Atem (Mann) **9**:326
"Atenea política" (Reyes) **33**:323
"The Athanor" (Crowley) **7**:208
"Athassel Abbey" (Guiney) **41**:205
"Athénaïse" (Chopin) **5**:142, 147, 153, 158; **14**:61, 70-2, 81-2
Athènes et Jérusalem: un essai de philosophie religieuse (Shestov) **56**:254-56, 259-260, 262-64
"Athens" (Quiller-Couch) **53**:290
Athens and Jerusalem (Shestov)
See *Athènes et Jérusalem: un essai de philosophie religieuse*
"Atherton's Gambit" (Robinson) **5**:404; **101**:112
Atilla (Zamyatin) **8**:549; **37**:429, 433
"Atlanta Blues" (Handy) **97**:42, 44
Atlanta Offering Poems (Harper) **14**:263
Atlanterhavet (Grieg) **10**:206, 209
The Atlantic (Grieg)
See *Atlanterhavet*
"Atlantic City Waiter" (Cullen) **4**:40, 45, 50; **37**:141, 152-53
Atlantic Essays (Higginson) **36**:170
"The Atlantic Ocean" (Mayakovski) **18**:258
"Atlantica" (Leino) **24**:370
"Atlantis" (Crane) **2**:112, 121; **5**:186-88, 190; **80**:82-3, 87, 89, 92, 96, 100, 103, 113, 117, 125-6,134-5, 139-40, 142-3, 147, 157, 162-7, 172, 178, 186, 191-2, 199
"Atlantis" (Spitteler) **12**:339
Atlantis (Hauptmann) **4**:195-96
"Att döda ett barn" (Dagerman) **17**:89
"The Attack" (Gumilev)
See "Nastuplenie"
"An Attack of Nerves" (Chekhov) **3**:159; **10**:107
"The Attack on Western Morality" (Benda) **60**:51
"Attacks" (Stein) **48**:234
"Attaque du moulin" (Zola) **6**:568
"Attente" (Roumain) **19**:339
L'attente de Dieu (Weil) **23**:371, 373, 380, 393-94, 404
"Attic" (Sikelianos) **39**:419
Attila, My Attila (Field) **43**:173-74
Atto unico (Svevo) **35**:369, 371
"Atys, the Land of Biscay" (Housman) **10**:247
"Au 125 du boulevard Saint Germain" (Peret) **20**:201
Au bonheur des dames (Zola) **1**:589; **6**:559, 563-64; **41**:412, 438, 451
Au bord de l'eau (Kandinsky) **92**:48
Au coeur frais de la forêt (Lemonnier) **22**:199-200
Au juste (Lyotard) **103**:151, 157, 159-65, 167-68, 175, 198, 201, 206, 219, 232, 241, 260
"Au Maroc" (Loti) **11**:361
Au milieu du chemin (Rod) **52**:309-10, 312, 324
"Au mocassin le verbe" (Desnos) **22**:60
"Au petit jour" (Desnos) **22**:61
"Au peuple allemand" (Verhaeren) **12**:471
"Au platane" (Valery) **15**:468
"Au prolétaire" (Apollinaire) **3**:43
"Au reichstag" (Verhaeren) **12**:471
Au rendez-vous allemand (Eluard) **7**:246, 248-49, 251, 257
"Au Revoir" (Dobson) **79**:27
Au service de l'Allemagne (Barrès) **47**:38, 45, 70
"Au sujet d'euréka" (Valery) **4**:494
"L'aube" (Manning) **25**:277
L'aube (Rolland) **23**:261
L'Auberge rouge (Epstein) **92**:2-3
Les aubes (Verhaeren) **12**:458, 464, 469, 472, 478-83
Aucassin and Nicolete (Lang) **16**:265
The Auctioneer (Belasco) **3**:90
"Auction-Model 1934" (Fitzgerald) **52**:56
Audacity (Williams) **89**:360
El audaz (Perez Galdos) **27**:265, 282, 288
"Au-dessus de la mêlée" (Rolland) **23**:262, 279
"Audi alteram partem" (Gray) **19**:145
"The Audience" (Meynell) **6**:296
The Audience (Garcia Lorca)
See *El público*
Audrey Craven (Sinclair) **11**:407, 413
Audubon (Rourke) **12**:321, 323
"Auf der Marschinsel" (Liliencron) **18**:213
"Auf meinem Gute" (Liliencron) **18**:217
Auf vielen Wegen (Morgenstern) **8**:309
"Auferstehung" (Mann) **9**:320-21, 331
"Auffahrt" (Morgenstern) **8**:309
"Die Auffahrt" (Spitteler) **12**:350
Der aufhaltsame aifstieg des Arturo ui (Brecht) **1**:104; **6**:37
Auf'n opgrunt (Asch) **3**:68, 72
"Die Aufnahme in den Orden" (George) **14**:209
"Aufruf (ein Epos)" (Schwitters) **95**:326, 330-1
Aufstieg und Fall der Stadt Mahagonny (Brecht) **1**:107, 114-15, 122; **6**:31, 36
Die Aufzeichnungen des Malte Laurids Brigge (Rilke) **1**:409, 412, 417-18, 421, 423; **6**:359, 364, 366-68; **19**:299-312, 316, 318-27
Die Augen des Ewigen Bruders (Zweig) **17**:434, 436-37
"Auguries" (Rosenberg) **12**:299
"August" (Babits)
See "Augusztus"
"August" (Belloc) **18**:40
"August" (Riley) **51**:294, 297
"August" (Schulz) **5**:422; **51**:308, 311, 319
"August" (Wylie) **8**:532-34
August (Hamsun) **14**:241; **49**:130
"August, 1914" (Rosenberg) **12**:302-03, 307, 312
"August Heat" (Tynan) **3**:506
August Holiday (Pavese)
See *Feria d'agosto*
"An August Midnight" (Hardy) **53**:94-5
"August Night" (Roberts) **68**:302, 336
"An August Reverie" (Campbell) **9**:29
"An August Wood Rood" (Roberts) **8**:321
Auguste Bolte (Schwitters) **95**:302, 352-3
Augustus (Buchan) **41**:59-60, 63-4
"Augusztus" (Babits) **14**:39
Auld Licht Idylls (Barrie) **2**:45, 47
L'aumonyme (Desnos) **22**:59-60, 72
"Aunt Cynthy Dallett" (Jewett) **22**:142
"Aunt Ellen" (Kipling) **8**:202-03
"Aunt Hagars Children" (Handy) **97**:40, 42
"Aunt Imogen" (Robinson) **101**:119, 125, 130
Aunt Jane's Nieces (Baum) **7**:26
"Aunt Mandy's Investment" (Dunbar) **12**:120
"Aunt Mary" (McAlmon) **97**:89
"Aunt Sonya's Sofa" (Kuzmin) **40**:203
"Aunt Tempy's Triumph" (Dunbar) **12**:106-07
"Auringon hyvästijättö" (Leino) **24**:371, 378
"La aurora" (Garcia Lorca) **49**:94
Aurora roja (Baroja) **8**:48, 50, 52
"The Auroras of Autumn" (Stevens) **12**:365; **45**:285, 299-300, 307, 311, 337, 350
"Aus Bimbos Seelenwanderungen" (Huch) **13**:249
Aus dem bürgerlichen Heldenleben (Sternheim) **8**:373, 377-78, 382
"Aus der Ferne" (Lasker-Schueler) **57**:315
Aus der Triumphgasse: Lebensskizzen (Huch) **13**:240-41, 243-44, 246, 252
"Aus der Welt Merz, a dialogue with interventions of the public" (Schwitters) **95**:339

Aus Insulinde (Haeckel) **83**:147
Aus Marsch und Geest (Liliencron) **18**:213
Aus seinen briefen (Barlach)
See *Ernst Barlach: Aus seinen Briefen*
Ausbreitung und Verfall der Romantik (Huch) **13**:244, 247, 253
"Auschwitz, Our Home" (Borowski) **9**:21-2, 26-7
"Die Ausdehnung" (Simmel) **64**:323
"La ausencia" (Quiroga) **20**:214
"Ausgang" (Kandinsky) **92**:68
"Die Ausgelieferten" (Borchert) **5**:104
"Auspicious Look" (Tagore) **3**:483
"Aussi bien que les cigales" (Apollinaire) **8**:17-18, 28; **51**:34-5
"The Aussolas Martin Cat" (Somerville & Ross) **51**:385
Austin Friars (Riddell) **40**:335
Australia Felix (Richardson) **4**:372-73, 381-82
Australia for the Australians (Paterson) **32**:371, 380
"Auszug der Erstlinge" (George) **14**:201
"Autarkia" (Manning) **25**:279
The Author (Strindberg) **47**:362
"The Author as Producer" (Benjamin) **39**:42, 51
"The Author of Beltraffio" (James) **24**:350; **47**:206
The Authoress of the 'Odyssey' (Butler) **1**:134; **33**:29, 34
Authority in the Modern State (Laski) **79**:77, 104, 106
The Author's Craft (Bennett) **5**:46; **20**:38
"Author's Prologue" (Thomas) **8**:454; **45**:362-63, 381, 401, 405
Autobiografia (Saba) **33**:370, 373
Autobiographical Notes (Einstein)
See *Autobiographisches*
An Autobiographical Sketch (Lawrence) **93**:32, 60
Autobiographies (Yeats) **1**:555, 564, 567; **11**:520; **18**:443, 453; **31**:399, 409; **93**:363, 366, 369, 401
Autobiographisches (Einstein) **65**:92, 122-26
"Autobiography" (Moore) **89**:195
Autobiography (Bradford) **36**:69
Autobiography (Bryan) **99**:30
Autobiography (Chesterton) **6**:103; **64**:32, 44, 49
Autobiography (Collingwood) **67**:98-100, 102, 106, 124, 131-32, 139, 146, 152, 154, 171-72, 182, 194
An Autobiography (Croce) **37**:123-24
Autobiography (Gill) **85**:60, 68-77, 88-9
Autobiography (Milne) **88**:229
An Autobiography (Muir) **87**:154-55, 161-63, 170, 183, 185, 187, 191, 194-98, 201, 206, 214-15, 217, 233, 242, 253-54, 274, 281, 284, 286-89, 294-96, 299-300, 306
Autobiography (Roosevelt) **69**:187, 257, 266, 279
An Autobiography (Wright) **95**:394, 397, 402-3, 405, 411
"The Autobiography of a Quack" (Mitchell) **36**:264
The Autobiography of a Super-Tramp (Davies) **5**:198, 200, 205-08
The Autobiography of Alice B. Toklas (Stein) **1**:430-31, 434, 442; **6**:404-06, 410, 412, 415; **28**:313-14, 318, 320, 324, 326, 333-34, 342; **48**:209, 214, 218-22, 236, 240, 245-49, 251-52, 255-56, 258, 260-61, 263
"Autobiography of an American Jew" (Cahan) **71**:44
The Autobiography of an American Novelist (Wolfe) **13**:496
The Autobiography of an Attitude (Nathan) **18**:324
The Autobiography of an Ex-Colored Man (Johnson) **3**:240-42, 247-49; **19**:204, 209, 212, 214-17, 220-21, 223-24
The Autobiography of Lincoln Steffens (Steffens) **20**:338-52, 354, 364-65
The Autobiography of Mark Rutherford, Dissenting Minister (Rutherford) **25**:334-35, 337-40, 342, 345-46, 350, 353, 355-56, 358-59, 361-64
The Autobiography of Will Rogers (Rogers) **8**:334
The Autobiography of William Butler Yeats (Yeats) **31**:391; **93**:387
Autobiography; or, The Story of My Experiments with Truth (Gandhi) **59**:41, 44, 67, 70, 74, 79
"Autochthon" (Masters) **25**:298
"Autochthon" (Roberts) **8**:318, 320-21
"Autoclète" (Jarry) **2**:284
"Autocracy and War" (Conrad) **25**:87
The Autocracy of Mr. Parham: His Remarkable Adventures in This Changing World (Wells) **6**:532; **12**:500
"Automne" (Nelligan) **14**:398
L'automne à Pékin (Vian) **9**:528, 532, 536
"Automne malade" (Apollinaire) **3**:36
Automne régulier (Huidobro) **31**:123, 125, 132
El automóvil (Benavente) **3**:97
"El automóvil de la muerte" (Nervo) **11**:395
"Autonoë" (Dobson) **79**:6
"Autopsia del superrealismo" (Vallejo) **56**:319
L'autopsie du Docteur Z. et autres nouvelles (Rod) **52**:309
Autos profanos (Villaurrutia) **80**:466-8
"Autour de la Bible" (Jacob) **6**:191
Autour de la lune (Verne) **6**:493, 499-500; **52**:331-32, 355
"Autres temps" (Wharton) **9**:546-47; **53**:380
"Autumn" (Campbell) **9**:29
"Autumn" (Davidson) **24**:161
"Autumn" (Davies) **5**:201
"Autumn" (Gumilev) **60**:270
"Autumn" (Hulme) **21**:145
"Autumn" (Lasker-Schueler) **57**:328, 334
"Autumn" (Ledwidge) **23**:112
"Autumn" (Sodergran)
See "Höst"
"Autumn" (Strindberg) **8**:407
"Autumn" (Stringer) **37**:343
"Autumn" (Sudermann) **15**:428
"Autumn" (Wen I-to) **28**:417
Autumn (Reymont) **5**:390-91
"Autumn II" (Mansfield)
See "The Wind Blows"
"Autumn at Taos" (Lawrence) **93**:103
"Autumn Colors" (Wen I-to) **28**:409, 420
The Autumn Dream (Guro)
See *Osennii son*
"Autumn Evening in Serbia" (Ledwidge) **23**:121
"Autumn Fields" (Roberts) **68**:336
"Autumn Flowers" (Kuprin) **5**:301
"Autumn Garden" (Campana)
See "Giardino autunnale"
"An Autumn Idyll" (Dobson) **79**:5, 31
Autumn Journey (Molnar)
See *Őszi utazás*
Autumn Love (Bradford) **36**:63
"The Autumn Mountain" (Akutagawa Ryunosuke)
See "Shūzan zu"
"The Autumn of the Flesh" (Yeats) **11**:539
"Autumn Refrain" (Stevens) **45**:275, 281-82
"Autumn Song" (Coppard) **5**:177
"Autumn Song" (Naidu) **80**:293, 348
"An Autumn Stroll" (Barbellion) **24**:76
"An Autumn Thrush" (Sterling) **20**:386
Autumn Wind (Natsume)
See *Nowaki*
"Autumn Wisdom" (Percy) **84**:198
"Autumnal" (Dowson) **4**:91
Autumnal Lakes (Kuzmin)
See *Osennie ozera*
Autumnal Roses (Benavente) **3**:94
"Auvergnat" (Belloc) **7**:32
"Aux champs" (Zola) **6**:567
Aux couleurs de Rome (Larbaud) **9**:208
"Aux morts de la république" (Claudel) **10**:122
"Avanti! Avanti!" (Carducci) **32**:90, 106
Avanzada (Azuela) **3**:78
The Avatars: A Futurist Fantasy (Baker) **10**:22
"Ave" (Carducci) **32**:101
Ave: An Ode for the Centenary of the Birth of Percy Bysshe Shelley, August 4, 1792 (Roberts) **8**:318, 320
"Ave atque Vale" (Swinburne) **36**:320, 329, 337
"Ave Maria" (Crane) **2**:123; **5**:187; **80**:81, 83, 94, 97, 103, 106, 109, 118, 126-7, 139-40, 144, 147, 166-7, 186-7, 202
Ave, sol! (Rainis) **29**:392
Les aveaux (Bourget) **12**:57, 74
"Avec le coeur du Chêne" (Desnos) **22**:61
The Avenger (Oppenheim) **45**:132, 134
The Avenger (Wallace) **57**:402
Avengers in Space (Kuttner) **10**:268
The Avenging Conscience (Griffith) **68**:203, 217, 236
"L'avenir" (Apollinaire) **51**:37
L'avenir de l'homme (Teilhard de Chardin) **9**:488-89
L'avenir socialiste des syndicats (Sorel) **91**:332
"Una aventura amorosa del Padre Chuecas" (Palma) **29**:262
"Una aventura del rey poeta" (Palma) **29**:256
Aventuras, inventos, y mixtificaciones de Silvestre Paradox (Baroja) **8**:61-2
Aventures de Jérôme Bardini (Giraudoux) **2**:156, 165; **7**:320, 326
Les aventures du Capitaine Hatteras (Verne) **6**:500, 504; **52**:338, 352
"Aventures d'un orteil" (Peret) **20**:184
"The Avenue" (Shimazaki Toson)
See "Namiki"
"The Averted Strike" (Chesnutt) **39**:98
Averyan Myshin's Good Luck (Tolstoy) **18**:378
"L'aveugle" (Desnos) **22**:61
Les aveugles (Maeterlinck) **3**:317, 320, 322, 331-32
"Avevo" (Saba) **33**:368
"Avi" (Bialik) **25**:53
"Avice" (Dobson) **79**:5
Aviraneta, o la vida de un conspirador (Baroja) **8**:63
Aviraneta; or, The Life of a Conspirator (Baroja)
See *Aviraneta, o la vida de un conspirador*
"Avis" (Scott) **6**:388-89, 393
"Avondgeluiden" (van Ostaijen) **33**:418
Avon's Harvest (Robinson) **5**:415; **101**:110, 134
"Avons-nous changé tout cela" (Strachey) **12**:400
Avonturiers (Schendel) **56**:241
Avowals (Moore) **7**:480, 491, 496-97
Avril (Belloc) **7**:38
"Avunculus" (Fisher) **87**:73
L'avventura di Maria (Svevo) **35**:353, 370
"Awake" (Naidu) **80**:287
Awake and Rehearse (Bromfield) **11**:81
"An Awakening" (Anderson) **10**:33; **24**:20, 34, 42, 48-9, 54, 59
"Awakening" (Babel) **2**:28; **13**:26, 35
"Awakening" (Baker) **10**:21
"The Awakening" (Dunsany) **59**:28
The Awakening (Benson) **17**:32
The Awakening (Chopin) **5**:142-59; **14**:57, 59, 61-3, 65, 68-73, 76, 78-83
Awakening of the Waterfall (Tagore)
See *Nirjharer svapnabhanga*
The Awakening of the Waterfall (Tagore)
See *Nirjharer svapnabhanga*
"The Awareness of Mysteries" (Balmont) **11**:29
"Away" (McAlmon) **97**:97
"Away" (Riley) **51**:284
The Awkward Age (James) **2**:257, 270, 272; **11**:320, 328, 347-48; **40**:149, 169
The Axe (Undset) **3**:511, 519
Axël (Maeterlinck) **3**:328

The Axis of the Earth (Bryusov) **10**:78
Ayesha: The Return of She (Haggard) **11**:246, 255-56
"Ayina-yi shikasta" (Hedayat) **21**:72
"Azabu Miscellany" (Nagai)
See *Azabu zakki*
Azabu zakki (Nagai) **51**:104
Azamuzakaru no ki (Kunikida) **99**:296
"Azef" (Tolstoy) **18**:382
Aziyadé (Loti) **11**:351, 353-54, 356, 358-60, 363-67
Azul (Dario) **4**:57-8, 60, 62, 64-6, 68
"Azure Beavers" (Prishvin) **75**:216
Azure Mountains (Sologub)
See *Lazurnye gory*
"Azy iz uzy" (Khlebnikov) **20**:137
"Baa, Baa, Black Sheep" (Kipling) **8**:182-83, 187-88, 201; **17**:215
Baal (Brecht) **1**:104, 108-09, 118; **6**:35-6, 40-1
Bab: A Sub-Deb (Rinehart) **52**:282
The "Bab" Ballads: Much Sound and Little Sense (Gilbert) **3**:207, 209-10, 212-13, 217
"Baba oğul" (Sait Faik) **23**:294
Babbitt (Lewis) **4**:246-47, 249, 253-55, 257-59, 261; **13**:327-30, 332-33, 335, 338-47, 350, 352-53; **23**:132, 135-37, 139, 151-52; **39**:199-258
The Babe, B. A. (Benson) **27**:8, 12
Babel (Couperus) **15**:46
Babes in the Darkling Wood (Wells) **6**:550
"Babette" (Service) **15**:412
"Babies" (Jerome) **23**:77
"Baby" (Remizov)
See "Bebka"
Baby Bullet (Osbourne) **93**:132
The Baby Camels of the Sky (Guro)
See *Nebesye verblyuzhata*
"Baby, I Don't Care" (Holly) **65**:138
"Baby, It's Love" (Holly) **65**:149
"The Baby of the Family" (McAlmon) **97**:114
"The Baby Party" (Fitzgerald) **28**:97
"Baby Sketches" (Crane) **11**:140
"The Baby Sorceress" (Higginson) **36**:179
"Baby Sylvester" (Harte) **25**:218
"Baby Tortoise" (Lawrence) **9**:230; **93**:55
"A Baby Tramp" (Bierce) **44**:8, 13, 15, 45
"The Baby Who Was Three-Fourths Good" (Wetherald) **81**:411
"Baby, Won't You Come Out Tonight" (Holly) **65**:148
"Babylon Revisted" (Fitzgerald) **1**:261-62; **6**:171-72; **28**:97, 120
"Bacchanal" (Rosenberg) **12**:310
"Bacchanals" (Nagai)
See "Kanraku"
Bacchus and Ariadne (Bradford) **36**:62
"Bachelor Days" (Milne) **88**:249
The Bachelors' Club (Zangwill) **16**:439, 444, 462
El bachiller (Nervo) **11**:403-04
"The Back Bay Fens" (Lowell) **8**:236
"Back from a Walk" (Garcia Lorca)
See "Vuelta de paseo"
"Back from the Country" (Gogarty) **15**:109, 114
Back Home (Cobb) **77**:244
Back of Beyond (Moricz)
See *Az Isten háta mögött*
Back of God's Country (Moricz)
See *Az Isten háta mögött*
Back of the Beyond (Leacock) **2**:378
Back to Bool Bool (Franklin) **7**:264-71, 273
Back to Methuselah (Shaw) **3**:385-86, 392-93, 397, 404, 406-07; **9**:426; **21**:323, 338, 340; **45**:210, 218, 221-22
Back to the Stone Age (Burroughs) **2**:79, 81; **32**:58
"Back Yards" (Baring-Gould) **88**:22
"The Backbone Flute" (Mayakovski) **18**:250-51, 261, 270
"Background" (Lovecraft) **22**:241
"The Backslider" (Fisher) **11**:209, 214
"Backslider" (McAlmon) **97**:115
"Backstage" (Zamyatin)
See "Zakulisy"
A Backward Glance (Liliencron)
See *Rückblick*
A Backward Glance (Wharton) **3**:581; **9**:544, 548; **27**:397; **53**:388, 399-400
"A Backward Look" (Riley) **51**:294
"A Backward Spring" (Hardy) **53**:81
"The Backward View" (Jewett) **22**:132
Backwater (Richardson) **3**:346, 356, 358
"The Backwoods" (Kuprin) **5**:304
The Bad (Mann)
See *Der bösen*
The Bad Child's Book of Beasts (Belloc) **7**:42; **18**:18, 28, 39, 42
"Bad Company" (de la Mare) **53**:34, 36
Bad Dreams (Sologub)
See *Tyazhelye sny*
The Bad Seed (March) **96**:236, 238, 248, 251-52, 259, 264, 266-67, 269-70
"Bad Sir Brian Botany" (Milne) **6**:315, 319; **88**:241
Baden Didactic Play on Acquiescence (Brecht) **1**:107
"The Badge of Men" (Davidson) **24**:164
"The Badger" (Akutagawa Ryunosuke) **16**:21
"Badly Done!" (Mayakovski) **18**:248
"A Baffled Ambuscade" (Bierce) **44**:45
Les baglioni (Rolland) **23**:256
Bagrovyi ostrov (Bulgakov) **16**:85, 110
Bags of Gold (Bradford) **36**:63
"Bahnhof" (Schwitters) **95**:301
The Baikie Charivari; or, The Seven Prophets (Bridie) **3**:133-35, 137-42
Bailado (Sa-Carniero) **83**:397
Bailén (Perez Galdos) **27**:256-57
"Bains Turcs" (Mansfield) **39**:297-300
"Der Bajazzo" (Mann) **35**:209, 258
Baji Prabhou (Aurobindo) **63**:6, 36
Bajky a podpovídky (Capek) **37**:45
"Bajo en siglio de la luna" (Villaurrutia) **80**:477
Baker Eddy (Hartmann) **73**:116, 134
"The Baker of Barnbury" (Stockton) **47**:324, 330
"A Baking of Gingersnaps" (Montgomery) **51**:200-01
"Bakmandens Hund" (Jensen) **41**:308
Le bal du comte d'Orgel (Radiguet) **29**:348-56, 361, 367-68, 370, 373-75
"Bal Macabre" (Meyrink) **21**:231
Bal Masque (Kandinsky) **92**:49
"Balaam" (Harris) **2**:209
"Balada para el Marqués de Bradomín" (Huidobro) **31**:124
"La balada triste del largo camino" (Huidobro) **31**:124, 132
Baladas de primavera (Jimenez) **4**:213, 224
Balaganchik (Blok) **5**:84, 86
Balākā (Tagore) **3**:491-92, 496; **53**:335, 341-42
"Bālakkāl" (Devkota) **23**:49
"Balance der Welt" (Werfel) **8**:477
"The Balance Sheet of the Intelligence" (Valery) **15**:447
"Balandro" (Huidobro) **31**:134
Balaoo (Leroux) **25**:260
"Balconies" (Nezval)
See "Balkony"
"Les Balcons Qui Rêent" (Bishop) **103**:5
Balder the Beautiful (Frazer) **32**:211
Baldwin (Lee) **5**:311, 315-16
"Baleia" (Ramos) **32**:424
"Balgarskijat ezik" (Vazov) **25**:456
"Balgarskijat vojnik" (Vazov) **25**:455
Bal-i Jibril (Iqbal) **28**:182
"Balikcisini bulan olta" (Sait Faik) **23**:293
Balisand (Hergesheimer) **11**:270-71, 273-74, 276
"The Balking of Christopher" (Freeman) **9**:74
"Balkony" (Nezval) **44**:247
"The Ball" (Akutagawa Ryunosuke)
See "Butōkai"
The Ball and the Cross (Chesterton) **1**:184; **6**:102-04, 108; **64**:35, 38
"Ball Gown" (Prus)
See "Sukienka balowa"
"Ballad" (Khodasevich)
See "Ballada"
"Ballad about the Bureaucrat and the Worker-Correspondent" (Mayakovski) **18**:268
"Ballad from the Mountains of the Sauerland" (Lasker-Schueler) **57**:329
"A Ballad in Blank Verse on the Making of a Poet" (Davidson) **24**:160-61, 163, 175, 186-87, 191
"A Ballad of a Coward" (Davidson) **24**:164
"Ballad of a Dream" (Zweig) **17**:424
"Ballad of a Grandfather" (Coffin) **95**:2
"A Ballad of a Nun" (Davidson) **24**:160, 162-64, 175
"A Ballad of a Workman" (Davidson) **24**:164, 191
"Ballad of an Artist's Wife" (Davidson) **24**:164
"Ballad of Another Ophelia" (Lawrence) **93**:120
"The Ballad of Beau Brocade" (Dobson) **79**:6, 9, 26-7
"The Ballad of Blasphemous Bill" (Service) **15**:406
"A Ballad of Burdens" (Swinburne) **36**:299
"The Ballad of Camden Town" (Flecker) **43**:186, 194, 199
"A Ballad of Death" (Swinburne) **8**:429, 436, 446; **36**:298
"The Ballad of East and West" (Kipling) **8**:177, 201; **17**:196, 203, 212, 214
"The Ballad of East and West" (Rhodes) **53**:316
"The Ballad of Eternal Life" (Muir) **87**:152
"A Ballad of Euthanasia" (Davidson) **24**:164
"The Ballad of Everyman" (Muir) **87**:175
"The Ballad of Father O'Hart" (Yeats) **11**:512
"The Ballad of Hampstead Heath" (Flecker) **43**:186, 194
"Ballad of Heaven" (Davidson) **24**:160, 164
"Ballad of Hector in Hades" (Muir) **2**:488; **87**:167
"A Ballad of Hell" (Davidson) **24**:164
"The Ballad of Iskander" (Flecker) **43**:191, 194
"The Ballad of Kenelm" (Guiney) **41**:205, 207, 214
"The Ballad of Launcelot and Elaine" (Masters) **25**:288
"A Ballad of Life" (Swinburne) **8**:429, 436, 446; **36**:298, 314-15, 336
"Ballad of Mazeppa" (Brecht) **1**:114
"The Ballad of Melicertes" (Swinburne) **36**:343
"A Ballad of Metz" (Guiney) **41**:206
"Ballad of New York, New York" (Morley) **87**:142
"The Ballad of One-Eyed Mike" (Service) **15**:405
"Ballad of Purchase Moneys" (Owen) **27**:218
"The Ballad of Reading Gaol" (Wilde) **1**:509; **8**:492, 495-96, 499
The Ballad of Reading Gaol, and Other Poems (Wilde) **1**:499, 502, 504, 507; **8**:490-91; **41**:358, 397
"A Ballad of Sark" (Swinburne) **36**:342
"Ballad of Shop-Windows in the High" (Morley) **87**:141
"Ballad of St. John of Nepomuk" (Sterling) **20**:386
"The Ballad of the Black Fox Skin" (Service) **15**:405-06
"Ballad of the Black Sorrow" (Garcia Lorca)
See "Romance de la pena negra"
The Ballad of the Brown Girl: An Old Ballad Retold (Cullen) **4**:43, 45, 51; **37**:143-45, 147, 154, 156-57, 167
"Ballad of the Calliope" (Paterson) **32**:372
"Ballad of the Dark Trouble" (Garcia Lorca)
See "Romance de la pena negra"

"The Ballad of the Emeu" (Harte) **25**:190
"A Ballad of the Exodus from Houndsditch" (Davidson) **24**:161, 163
"Ballad of the Flood" (Muir) **87**:163, 204
"Ballad of the Gallows Bird" (Markham) **47**:295
"Ballad of the Gods" (Kuttner) **10**:267
"The Ballad of the Harp-Weaver" (Millay) **4**:308
"The Ballad of The Harp-Weaver" (Millay) **49**:214, 222
"The Ballad of the King's Jest" (Kipling) **17**:196
"The Ballad of the King's Mercy" (Kipling) **17**:196
"Ballad of the Little Square" (Garcia Lorca)
See "Ballada de la Placeta"
"The Ballad of the Long-Legged Bait" (Thomas) **45**:364, 377-78
"The Ballad of the Northern Lights" (Service) **15**:405, 407
"A Ballad of the Poet Born" (Davidson) **24**:164
"The Ballad of the Poet's Thought" (Roberts) **8**:313
"The Ballad of the Quick and Dead" (Kaye-Smith) **20**:106
"Ballad of the Soul" (Muir) **87**:207
"Ballad of the Spanish Civil Guard" (Garcia Lorca)
See "Romance de la Guardia Civil Española"
"The Ballad of the Student in the South" (Flecker) **43**:186, 192-94, 199
"A Ballad of the Upper Thames" (Gosse) **28**:132
"Ballad of the Veil of Iris" (Babits)
See "Ballada Irisz fátyoláról"
The Ballad of the White Horse (Chesterton) **1**:178, 180, 186; **6**:98-99, 102, 109
"A Ballad of Three Mistresses" (Roberts) **8**:313
"Ballad of Two Seas" (Sterling) **20**:386
"The Ballad of Villon and Fat Madge" (Swinburne) **8**:439
"Ballad of Whitechapel" (Rosenberg) **12**:307, 312
"The Ballad of William Sycamore, 1790-1880" (Benet) **7**:78-9
"Ballada" (Khodasevich) **15**:204, 207, 212-13
Ballada a nema ferfiakrol (Karinthy) **47**:269
"Ballada de la Placeta" (Garcia Lorca) **49**:83
"Ballada Irisz fátyoláról" (Babits) **14**:39
"Ballade" (Gumilev) **60**:269
"Ballade des äusseren Lebens" (Hofmannsthal) **11**:293, 295
"La ballade du Mal Aimé" (Apollinaire)
See "La chanson du mal-aimé"
"Ballade d'une grande dame" (Chesterton) **1**:186
"Ballade of Autumn" (Coleridge) **73**:18
"Ballade of Imitation" (Dobson) **79**:7, 37
"Ballade of Prose and Rhyme" (Dobson) **79**:7, 37
"A Ballade of Suicide" (Chesterton) **1**:186
"The Ballade of the Bank-Teller" (Fuller) **103**:116
"The Ballade of the Tourists" (Fuller) **103**:116
"Ballade of Unsuccessful Men" (Belloc) **7**:33
"The Ballade of Wild Bees" (Rhodes) **53**:316
"Ballade to Our Lady of Czestochowa" (Belloc) **7**:33
"Ballade vom Imker" (Broch) **20**:54
Balladen (Spitteler) **12**:339, 348, 350
Ballades (Jacob) **6**:193
"Ballads" (Roberts) **8**:321
Ballads and Lyrics (Tynan) **3**:501-04
"Ballads and Lyrics of Old France" (Lang) **16**:251
Ballads and Poems (Noyes) **7**:508
Ballads and Songs (Davidson) **24**:160, 163, 175-76, 191
Ballads for Sale (Lowell) **8**:228, 237-38
Ballads of a Bohemian (Service) **15**:400, 402, 411, 413
Ballads of a Cheechako (Service) **15**:399-400, 403-04, 406, 413
Ballads of Lost Haven (Carman) **7**:135, 138
Ballads of Spring (Jimenez)
See *Baladas de primavera*
Ballads of Square-Toed Americans (Coffin) **95**:2-3
The Ballard of New York, New York, and Other Poems (Morley) **87**:144
"Ballet" (Bishop) **103**:3, 17
"Ballet of the Nations" (Lee) **5**:312
"The Balloon" (Lagerloef) **36**:241, 244
"Balls" (Lowell) **8**:230
"Balstemning" (Kielland) **5**:275
"Balthasar" (France) **9**:53
The Balwhinnie Bomb (Tey) **14**:459
Balzac (Zweig) **17**:429, 457
"Bamboo" (Hagiwara Sakutaro)
See "Take"
"Bamboos" (Hagiwara Sakutaro) **60**:296
Bāmunēr mēyē (Chatterji) **13**:79, 81
"Banal Dance" (van Ostaijen) **33**:422
Banalité (Fargue) **11**:200
"Banal'nostjam" (Hippius) **9**:164
Banana Bottom (McKay) **7**:457-59, 461, 464-65, 469, 471; **41**:322-25, 328, 330, 335, 340-43
"The Bandits" (Akutagawa Ryunosuke)
See "Chūtō"
"The Bandog" (de la Mare) **4**:74
The Bane (Caragiale) **76**:162, 168
"Bang Went the Chance of a Lifetime" (Rohmer) **28**:293
Bang-i-dara (Iqbal) **28**:182, 198
"Bangiku" (Hayashi) **27**:106
"Bangle-Sellers" (Naidu) **80**:292
"Banished" (Lagerloef) **36**:240
"Banished" (Lasker-Schueler) **57**:325
"The Banished King" (Stockton) **47**:329
"Banishment of Man from the Garden of the Lord" (Bell) **43**:90
Banjo (McKay) **7**:456-59, 464-66, 468; **41**:317-18, 320-23, 325, 328-29, 335, 338-40, 342
"A Banjo Song" (Dunbar) **12**:121
"A Banjo Song" (Johnson) **19**:210
The Bank Dick (Fields) **80**:226-231, 240-1, 244, 252
"A Bank Fraud" (Kipling) **8**:198
"Bank Holiday" (Mansfield) **39**:303
"Bank ka diwala" (Premchand) **21**:297
The Bankrupt (Bjoernson)
See *En fallit*
Bannen (Dazai Osamu) **11**:175-77, 181, 187-88
The Banner and the Gusla (Vazov) **25**:450
"Banner of Men Who Were Free" (Masters) **2**:470
The Banner of the Bull: Three Episodes in the Career of Cesare Borgia (Sabatini) **47**:303
Bannertail: The Story of a Gray Squirrel (Seton) **31**:260
Banshū Heiya (Miyamoto) **37**:268-70, 275
The Banshu Plan (Miyamoto)
See *Banshū Heiya*
"Bantams in Pine-Woods" (Stevens) **3**:446, 454; **45**:290, 295, 299, 328, 348
"Banya" (Zoshchenko)
See "The Bath"
Banya (Mayakovski) **4**:302; **18**:243, 248, 254, 259, 262-63
"Baptism" (Talvik)
See "Baptism"
"The Baptism of Dobsho" (Bierce) **44**:45
Baptist Lake (Davidson) **24**:159, 169, 177, 192, 194
"The Bar Sinister" (Davis) **24**:204
"Barabal" (Sharp) **39**:375
Barabbas (Grieg) **10**:206, 208
Barabbas: A Dream of the World's Tragedy (Corelli) **51**:66-7
Baradidi (Chatterji) **13**:75, 80
"Barb Wire" (Adams) **56**:10
Barb Wire (Adams) **56**:7, 10, 22-23
Barbara (Jerome) **23**:82
Barbara Baynton (Baynton) **57**:14, 16, 25, 30
Barbara Ladd (Roberts) **8**:324
Barbara; oder, Die Frömmigkeit (Werfel) **8**:467, 470, 477, 480-82
Barbara Rebell (Lowndes) **12**:201
Barbara Who Came Back (Haggard) **11**:256
"The Barbarians" (Gumilev)
See "Varvary"
"Barbarians" (Stephens) **4**:415
The Barbarians (Gorky)
See *Varvary*
Barbarians (Moricz)
See *Barbárok*
Barbaric Tales (Sharp) **39**:359, 363, 374
"Barbarism and Civilization" (Higginson) **36**:175
Barbárok (Moricz) **33**:238, 243, 251
Barbarous Odes (Carducci)
See *Odi barbare*
Barbary Coast (Hecht) **101**:62
Barbary Sheep (Hichens) **64**:124, 129, 131
"Barbed Wire" (Quiroga)
See "El alambre de pua"
"The Barber" (Gray) **19**:141-42, 149-52, 157
The Barber Shop (Fields) **80**:235-6
The Barber's Clock: A Conversation Piece (Lucas) **73**:160, 165
"Barcarole" (Obstfelder) **23**:189
Bardelys the Magnificent (Sabatini) **47**:300, 303-04
Bardic History of Ireland (O'Grady) **5**:349, 351-52
"Bare Almond-Trees" (Lawrence) **93**:55, 58
"Bare Fig-Trees" (Lawrence) **93**:55
"The Bare Line of the Hill" (Gurney) **33**:97
Bare Souls (Bradford) **36**:52, 55, 57, 64, 67-8
"The Bargain" (Muir) **87**:278
"Baring the Method" (Prishvin) **75**:215
The Barker (Mankiewicz) **85**:111
"Barker's Luck" (Harte) **25**:199, 222
Barking at the Moon (Hagiwara Sakutaro)
See *Tsuki ni hoeru*
"Barking Hall: A Year After" (Swinburne) **36**:345
"Barks That Lure to Death" (Quiroga)
See "Buques suicidantes"
"The Barn" (Coffin) **95**:3
"The Barn" (Thomas) **10**:468
"The Barn" (Welch) **22**:445-46, 456, 458
Barnets arhundrade (Key) **65**:223-26, 233, 237-38
Barnharrow (Tey) **14**:459
Ett barns memoarer (Lagerloef) **36**:235
"Barnum Had the Right Idea" (Cohan) **60**:68
"The Barometer" (Hunt) **53**:190
The Baron of Ratzeburg (Barlach)
See *Der Graf von Ratzburg*
"The Baron Starkheim" (Post) **39**:343
The Barque "Future"; or, Life in the Far North (Lie)
See *Tremasteren "fremtiden"; eller, Liv nordpaa*
La barraca (Blasco Ibanez) **12**:28-33, 35, 37-8, 41-6, 48-9, 51
Barrack Room Ballads and Other Verses (Kipling) **8**:176-79, 205; **17**:197, 200
Barranca abajo (Sanchez) **37**:311-13, 315-20, 322, 324
"The Barred Door" (Rhodes) **53**:314
"The Barrel Organ" (Noyes) **7**:502-03, 507, 510, 512, 515
The Barrel Organ (Platonov) **14**:423-25
"The Barrel-Organ" (Prus)
See "Katarynka"
"The Barrel-Organ" (Symons) **11**:435
Barren Ground (Glasgow) **2**:177, 182-84, 186-91; **7**:337-38, 340-41, 343-44, 346-47
"The Barren Mare" (Adams) **56**:8
La barricade (Bourget) **12**:69, 74-5
Bar-Room Ballads (Service) **15**:409, 411, 413

The Barsac Mission (Verne)
See *L'etonnante aventure de la mission Barsac*
"Bartek the Conqueror" (Sienkiewicz) **3**:425, 427, 430
"Barter" (Teasdale) **4**:428
The Bartered Bride (Tolstoy) **18**:383
"Barzoi" (Kolmar) **40**:178
"Basantayapan" (Tagore) **3**:496
"Baseball Game" (Bodenheim) **44**:71
"Basement Blues" (Handy) **97**:41
Bases of Yoga (Aurobindo) **63**:33
Bashkir Folk Tales (Platonov) **14**:420
Bashō zatsudan (Masaoka Shiki) **18**:235
"Bashoteki ronri to shuyoteki sekaikan" (Nishida) **83**:226, 243, 252, 313, 329, 343, 354-6, 359
Basic Concepts in Sociology (Weber)
See *Wirtschaft und Gesellschaft*
Basic Montessori (Montessori) **103**:336
"Basilica" (Bierce) **7**:97
"The Basis of Realism" (Alexander) **77**:49-50
"The Basket" (Lowell) **1**:375; **8**:235
The Basket Woman (Austin) **25**:31, 34, 38
Basketful Two (Rozanov)
See *Opavshie list'ia. Korob vtoroj*
Básně noci (Nezval) **44**:245
Basque People (Fisher) **83**:105
"Bassoon" (Kandinsky) **92**:74
"Basundhara" (Tagore) **3**:496
"Bat" (Lawrence) **93**:20
"The Bat" (Pirandello)
See "Il pipistrello"
The Bat (Rinehart) **52**:301
The Bat Flies Low (Rohmer) **28**:285
Bat Wing (Rohmer) **28**:282
La bataille invisible (Leroux) **25**:260
Les batailles (Peguy) **10**:410-11
La batalla de los Arapiles (Perez Galdos) **27**:249, 287-88
"Batallas II" (Vallejo) **56**:307, 313
"Batard" (London) **9**:269; **15**:273
"Bateese de Lucky Man" (Drummond) **25**:151
"The Bath" (Zoshchenko) **15**:504
The Bathhouse (Mayakovski)
See *Banya*
"The Bathing Boy" (Middleton) **56**:180, 187, 189
"The Bathing Maids" (Leino) **24**:376
Les bâtisseurs d'empire; ou, Le schmürz (Vian) **9**:529-35, 537
"The Battalion" (Devkota)
See "Paltān"
"Batte botte" (Campana) **20**:84
A Battery Shelled (Lewis) **104**:210
"Battle Ardour" (Baker) **10**:21
The Battle Cry (Thomas) **97**:140
"The Battle Eucharist" (Howe) **21**:113
"The Battle Hymn of the Republic" (Howe) **21**:108-09, 113-14
"The Battle of Brains" (Strindberg) **47**:362
The Battle of Cowpens: The Great Morale Builder (Roberts) **23**:237-38
The Battle of Gettysburg (Ince) **89**:10, 17
"The Battle of Grünwald" (Borowski) **9**:22
"The Battle of Magnesia" (Cavafy) **7**:157, 163
"The Battle of Perryville" (Roberts) **68**:338
The Battle of Ravana and Jatayu (Devkota)
See *Rāvan-Jatāyu-Yuddha*
"The Battle of the Century" (Lardner) **14**:319-20
Battle of the Red Men (Ince) **89**:9
The Battle with the Slum (Riis) **80**:419
"Battledore" (Gray) **19**:157
The Battle-Ground (Glasgow) **2**:176-77; **7**:333
The Battleground: Syria and Palestine, the Seedbed of Religion (Belloc) **18**:24, 45
Battleship Potemkin (Eisenstein)
See *Bronenosets "Potyomkin"*
Batum (Bulgakov) **16**:86
"Der bau" (Kafka) **2**:307; **13**:285; **29**:208, 210; **47**:222, 245; **53**:221
"Der Bau des epischen Werks" (Doblin) **13**:166
"Baudelaire-Prybszewski" (Ekelund) **75**:94
"Der Baum" (Heym) **9**:142
Baumeister der Welt (Zweig) **17**:426, 448, 458
"Bavarian Gentians" (Lawrence) **2**:367-68; **48**:121-22; **93**:17, 19, 22,54, 55, 62, 71, 72, 75, 76, 96
"Baxter's Procrustes" (Chesnutt) **39**:89-93
"Bay Rum" (Huidobro) **31**:125
"The Bayaderes" (Leino) **24**:370
Baym Dnieper (Bergelson) **81**:20-1,24,31
"Bayn al-kharā'ib" (Gibran) **9**:89
Bayou Folk (Chopin) **5**:142, 144-46, 157; **14**:56, 58, 60, 63
Bays (Lawrence) **93**:22
Baza de espadas: El ruedo Ibérico III (Valle-Inclan) **5**:487-88
The Bazalgettes (Delafield) **61**:133
"Be Brief" (Villaurrutia) **80**:458
"Be Careful of Stones that You Throw" (Williams) **81**:423
Be Faithful unto Death (Moricz)
See *Légy jó mindhalálig*
Be Good til You Die (Moricz)
See *Légy jó mindhalálig*
"Be 'ir ha-haregah" (Bialik) **25**:64
"Be Quiet, Wind" (Roberts) **8**:321
"Be This Her Memorial" (Evans) **85**:11, 25, 41
The Beach (Pavese)
See *La spiagga*
The Beadle (Smith) **25**:378-79, 381-82, 384-92, 394-404
Bealby (Wells) **6**:528; **12**:494-95
"Beale Street" (Dunbar) **2**:128
"Beale Street Blues" (Handy) **97**:40, 42-43, 45
Béâle-Gryne (Bosschere) **19**:52-3, 55, 61-6
"Beans and Rice and Mustard Greens" (Devkota)
See "Dāl-Bhāt-Dukū"
"The Beanstalk" (Millay) **4**:306, 309; **49**:226, 228
The Bear (Chekhov)
See *Medved*
"The Bear Story" (Riley) **51**:286
Bear's Dance (Jozsef) **22**:165
"The Bears of Mt. Nametko" (Miyazawa) **76**:278, 302
"The Beast in the Cave" (Lovecraft) **22**:218
"The Beast in the Jungle" (James) **40**:133; **2**:272; **40**:133
The Beast in the Jungle (James) **47**:185, 199; **64**:177
The Beast of Krutoyarsk (Prishvin) **75**:215
Beasts (Tozzi)
See *Bestie*
Beasts and Super-Beasts (Saki) **3**:363, 370, 373
The Beasts of Tarzan (Burroughs) **32**:62, 79
"Beat the Ghost" (Devkota)
See "Bhūtlāī jhatāro"
"Beati Mortui" (Guiney) **41**:215
"Beatrice" (Patton) **79**:298
"Béatrice" (Schwob) **20**:323
"Beatrice" (Teasdale) **4**:424
Beatrice (Haggard) **11**:256
Beatrice (Schnitzler)
See *Frau Beate und ihr Sohn*
Beatrix Randolph (Hawthorne) **25**:238, 241, 249
"Beattock for Moffat" (Graham) **19**:104, 112, 131
Beau Austin (Henley) **8**:97, 99-100, 102, 107-08
"Beau Brocade" (Dobson)
See "The Ballad of Beau Brocade"
"Un beau film" (Apollinaire) **51**:20
Beauchamp's Career (Meredith) **17**:269, 275-76, 278, 287-88, 290, 293; **43**:258-59, 290
Beaumaroy Home from the Wars (Hope) **83**:170
"La beauté" (Sully Prudhomme) **31**:302
Beauté, mon beau souci (Larbaud) **9**:196-97, 207
La beauté sur la terre (Ramuz) **33**:296, 302
"The Beauties of Nature" (Gray) **19**:156
The Beautiful and Damned (Fitzgerald) **1**:234-36, 242, 244-45, 247-48, 254, 258, 261, 264-67, 269-71; **6**:161, 167; **14**:148, 176, 183-84; **28**:86, 106, 110, 120; **55**:191
The Beautiful Blond from Bashful Bend (Sturges) **48**:275, 283, 291, 294. 309
"The Beautiful City" (Trakl) **5**:466
"A Beautiful Lady" (Roberts) **68**:336
"Beautiful Lofty Things" (Yeats) **1**:580; **18**:463
"Beautiful Rosalinda" (Herzl) **36**:141
The Beautiful Summer (Pavese)
See *La bella estate*
"Beauty" (Hagiwara Sakutaro) **60**:305
"Beauty" (Sodergran) **31**:286
"Beauty" (Thomas) **10**:452, 463
"Beauty" (Wylie) **8**:521
Beauty (Jimenez)
See *Belleza*
Beauty and Life (Scott) **6**:386, 388, 394-95
"Beauty and Love" (Wen I-to) **28**:416
"Beauty and the Barge" (Jacobs) **22**:107
"Beauty and the Beast" (Kuttner) **10**:268
"Beauty and the Commonplace" (Gale) **7**:284
Beauty and the Jacobin (Tarkington) **9**:460
"Beauty Instead of Ashes" (Locke) **43**:236
Beauty Looks After Herself (Gill) **85**:101
Beauty on the Earth (Ramuz)
See *La beauté sur la terre*
"Beauty Spots" (Kipling) **8**:202
"Beauty That Is Never Old" (Johnson) **3**:241
The Beaver Coat (Hauptmann)
See *Der Biberpelz*
"Beaver Up" (Wylie) **8**:522
"Bébée, or The Two Little Wooden Shoes" (Ouida) **43**:347
Bebee; or, Two Little Wooden Shoes (Ouida)
See *Two Little Wooden Shoes*
"Bebka" (Remizov) **27**:338, 340
"En Beboer af Jorden" (Jensen) **41**:307
"Because I Love You" (Holly) **65**:148
"Because I Was Not Able to Restrain Your Hands" (Mandelstam) **2**:407
"Because the Pleasure-Bird Whistles" (Thomas)
See "January, 1939"
"Because . . . You Say" (Vilakazi)
See "Ngoba . . . sewuthi"
Becky Sharp (Hichens) **64**:131
Becq (Coleridge) **73**:24
"The Bed by the Window" (Benson) **27**:17
The Bedbug, and Selected Poetry (Mayakovski)
See *Klop*
Die Bedeutung des Leides (von Hartmann) **96**:206
"Bedlam" (Dowson) **4**:88
Bedlam (Lewton) **76**:202, 204
Bednyi rystar (Guro) **56**:132, 145-47
Bedouins (Huneker) **65**:170, 179, 185, 187-88, 195
"Bedovaia dolia" (Remizov) **27**:347
"The Bedquilt" (Fisher) **87**:72
"Bedreigde stad" (van Ostaijen) **33**:418, 420-21
"The Bedridden Peasant to an Unknowing God" (Hardy) **53**:86
Bedtime Stories (Dazai Osamu)
See *Otogi zōshi*
"Bedtime Story" (Molnar) **20**:173
Bee Time Vine (Stein) **48**:234-35
Beelzebub's Tales to His Grandson (Gurdjieff) **71**:186, 189, 191-193, 195, 197-203, 205
"The Bee-Man of Orn" (Stockton) **47**:328-29
The Bee-Man of Orn, and Other Fanciful Tales (Stockton) **47**:314, 328
"Been There Before" (Paterson) **32**:372
"Beeny Cliff" (Hardy) **53**:96, 109
"Beethoven" (Gurney) **33**:87
Beethoven (Rolland) **23**:260, 262, 282
"Beethoven's Ninth Symphony and the King Cobra" (Masters) **25**:316
Beffe della morte e della vita (Pirandello) **4**:332
"Before a Bookshelf" (Bengtsson) **48**:13

"Before a Crucifix" (Swinburne) **8**:437; **36**:318
Before Adam (London) **9**:261, 266, 283; **39**:270
Before and After the Rains (Nagai)
See *Tsuyu no atosaki*
Before Dawn (Hauptmann)
See *Vor Sonnenaufgang*
"Before Easter" (Babits) **14**:42
"Before Her Portrait in Youth" (Thompson) **4**:440
"Before I Knocked and Flesh Let Enter" (Thomas) **1**:471; **45**:361-62, 379-80, 383, 406
"Before Sedan" (Dobson) **79**:23
"Before Spring" (Guro)
See "Pered vesnoi"
"Before Storm" (Montgomery) **51**:209
Before Sunrise (Zoshchenko)
See *Pered voskhodom solntsa*
"Before Tears" (Ledwidge) **23**:119
"Before the Altar" (Lowell) **8**:232, 235
"Before the Bookcase" (Bialik)
See "Lifne'aron ha-sefarim"
"Before the Break of Day" (Matthews) **95**:250-1, 273
"Before the Cloister" (Johnson) **19**:244
Before the Dawn (Shimazaki Toson)
See *Yoaké maé*
Before the Face of the Almighty (Leino)
See *Alla kasvon Kaikkivallan*
Before the Flowers of Friendship Faded Friendship Faded (Stein) **48**:253, 255
Before the Gates of the Kingdom (Hamsun)
See *Ved rigets port: Forspil*
"Before the Law" (Kafka)
See "Vor dem gesetz"
"Before the Mirror" (Khodasevich) **15**:209
"Before the Mirror" (Swinburne) **36**:315
"Before the Tears" (Ledwidge) **23**:115
"Before the War of Cooley" (Ledwidge) **23**:109, 116-17
Beg (Bulgakov) **16**:81-2, 94-5, 109-11
"Bega" (Pickthall) **21**:245, 250-51, 257
"The Begetter" (Remizov)
See "Rozhanitsa"
The Beggar (Devkota)
See *Bhikhārī*
"Beggar and the Angel" (Scott) **6**:394
"The Beggars" (Pavese) **3**:340
Beggars (Davies) **5**:206-07
Beggars (Dunsany) **2**:143
"Beggars in Velvet" (Kuttner) **10**:274
"Beggar's Soliloquy" (Meredith) **17**:254
The Begging Bowl (Santoka)
See *Hachi no ko*
"Begin, Ephebe, by Perceiving" (Stevens) **3**:448
Begin Here (Sayers) **15**:374, 387
"The Beginning" (Brooke) **2**:58
A Beginning (de la Mare) **53**:35, 38
The Beginning of Wisdom (Benet) **7**:69, 80
"Beginnings" (Coleridge) **73**:7
Beginnings and Ends (Shestov)
See *Nachala i kontsy*
The Beginnings of the American People (Becker) **63**:64, 75
"Begone, Sweet Ghost" (Gogarty) **15**:100, 103
Der Begrabene Leuchter (Zweig) **17**:433, 457
Die Begriffsform im mythischen Denken (Cassirer) **61**:115
The Begum's Fortune (Verne)
See *Les cinq cents millions de la Begúm, suivi de les revoltés de la "Bounty"*
"Behavior of the Sun" (Bishop) **103**:4, 7-8
"Behaviour of Fish in an Egyptian Tea Garden" (Douglas) **40**:56, 65, 76, 89
"Beheaded" (Kahanovitsch)
See "Gekept"
"The Beheaded Chicken" (Quiroga)
See "La gallina degollada"
"The Beheaded Hen" (Quiroga)
See "La gallina degollada"
"Beheading of the Baptist" (Garcia Lorca)
See "Degollación del Bautista"
Behind Closed Doors (Green) **63**:148, 151
Behind God's Back (Moricz)
See *Az Isten háta mögött*
Behind That Curtain (Biggers) **65**:5, 9
"Behind the Arras" (Carman) **7**:135, 141-42, 146
"Behind the Burning Town" (Bergelson) **81**:19
"Behind the Closed Eye" (Ledwidge) **23**:108, 120
"Behind the Fence" (Bialik) **25**:60
"Behind the Line" (Gurney) **33**:86
"Behind the Prison" (Nagai)
See "Kangokusho no ura"
"Behind the Scenes" (Zamyatin)
See "Zakulisy"
"Behind the Shade" (Morrison) **72**:353, 376
"Behind Time" (Lowell) **8**:231
"Behold, I am not one who goes to lectures" (Quiller-Couch) **53**:290
Behold, This Dreamer! (de la Mare) **4**:78, 81
"Bei Hennef" (Lawrence) **93**:55
Beim Bau der Chinesischen Mauer (Kafka) **2**:297, 306; **47**:245; **53**:216
Beinakht oifn Altn Mark (Peretz) **16**:391
"Being" (Coffin) **95**:14
Being Geniuses Together: 1920-1930 (McAlmon) **97**:97, 101, 111, 115, 118, 121-22
"Being in Love" (Jerome) **23**:77
"Being Young and Green" (Millay) **49**:226
"Beitraege zur Variationsrechnung" (Husserl) **100**:39
"Bekenntnis zu Deutschland" (Roth) **33**:336
"Das Bekenntnis zum Übernationalen" (Mann) **9**:329
Bekenntnisse des Hochstaplers Felix Krull (Mann) **2**:423-24, 431, 436, 441; **8**:254; **14**:326, 354; **21**:279; **44**:165, 170
A Bekkersdal Marathon (Bosman) **49**:8, 13-14, 16
"Belagerte Stadt" (Raabe) **45**:188
Belaia gvardiia (Bulgakov) **2**:63-4; **16**:74-8, 80-3, 85-6, 91, 94-5, 97-8, 105, 109-11
"Belaja noč'" (Zabolotsky) **52**:367, 376-78
"Belated Lament" (Jozsef) **22**:164
"Belaya bashnya" (Remizov) **27**:338
Belcaro (Lee) **5**:310, 314
The Belfry (Sinclair)
See *Tasker Jevons: The Real Story*
"Belgian Cemeteries" (Quiroga)
See "Los cementerios Belgas"
Belgium's Agony: L'allemagne incivilisable (Verhaeren) **12**:471
Belief (Kandinsky) **92**:48
Belinda (Belloc) **18**:27, 45
Belinda (Milne) **6**:306, 310
"Belitis Sings (From the French of Pierre Louys)" (Cullen) **37**:158
"The Bell" (de la Mare)
See "Out of the Deep"
Bell, Book, and Candle (Van Druten) **2**:574
"De Bell of Saint Michel" (Drummond) **25**:151
Bella (Giraudoux) **2**:163-65; **7**:317, 325-26
Una bella domenica di settembre (Betti) **5**:61-2
Bella Donna (Hichens) **64**:121, 125-27, 129, 131
La bella durmiente (Salinas) **17**:362
La bella estate (Pavese) **3**:342-43
"Bella vista" (Colette) **16**:129-31, 133-34
Belladonna (Balmont) **11**:32
Il bell'Antonio (Brancati) **12**:80-1, 83, 85, 87-8, 90-2
"The Bellbo Heritage" (Heidenstam) **5**:252
The Belle of Toorak (Hornung) **59**:113
La belle saison (Martin du Gard) **24**:394, 397
"La Belle Zoraïde" (Chopin) **14**:61, 68
"The Belled Buzzard" (Cobb) **77**:119, 123, 136, 139, 142
"Bellerophon" (Leino) **24**:371
Bellerophôn (Field) **43**:155, 177
Bellerophon (Kaiser) **9**:177-78, 192
"Belles Demoiselles Plantation" (Cable) **4**:32
Belles saisons (Colette) **5**:169, 173
Belleza (Jimenez) **4**:218-19
"The Bellringer" (D'Annunzio) **6**:144
"Bells" (Naidu) **80**:292
"The Bells of the Church" (Vilakazi)
See "Izinsimbi zesonto"
Belmoro (Alvaro) **60**:12
"The Belokonsky Estate" (Pilnyak)
See "Imenie Belokonskoe"
The Beloved Returns (Mann)
See *Lotte in Weimar*
"Below the Battle" (Bourne) **16**:44
Belphégor (Benda) **60**:41, 46-7
"Belye klaviši" (Bryusov) **10**:92
"Belye, serye, černye, krasnye" (Sologub) **9**:449
"Belyi zayats" (Remizov) **27**:339
Belyi zodchii (Balmont) **11**:37-8
"Ben Jonson Entertains a Man from Stratford" (Robinson) **5**:403-04, 413, 417; **101**:111, 175, 180
Ben Tobit (Andreyev) **3**:22
"Ben Trovato" (Robinson) **101**:192
"The Bench of Desolation" (James) **40**:140; **47**:199, 201
The Benchley Roundup (Benchley) **55**:10, 16
"Bendigo Jones—his Tree" (Sapper) **44**:307
The Bending of the Bough (Moore) **7**:498
"Bendy's Sermon" (Doyle) **7**:221
"Beneath the Sign of the Moon" (Balmont) **11**:40
"La bénédiction" (Coppee) **25**:124
"Benediction" (Fitzgerald) **1**:262
"Benediction" (Lu Hsun) **3**:297
The Benefactor (Ford) **1**:283
The Benefactress (Elizabeth) **41**:122, 130
"Benefit Day" (Adams) **56**:8
"Benefit of Clergy: Some Notes on Salvador Dali" (Orwell) **51**:223, 239
"The Benefit of the Doubt" (London) **15**:259
The Benefit of the Doubt (Pinero) **32**:389, 393, 396, 398, 400-05
"The Bengali Doctor's Skinny Jackass" (Devkota) **23**:50
"Benighted" (de la Mare) **53**:36
Benigna Machiavelli (Gilman) **9**:114
Benito Mussolini: Memoirs 1942-1943 (Mussolini) **96**:282
"The Bênitou's Slave" (Chopin) **14**:82
Benjamin Franklin (Van Doren) **18**:407-08, 410-12
Benoni (Hamsun) **2**:202, 205; **14**:221, 223, 237; **49**:128, 133-34, 153, 159
The Benson Murder Case (Van Dine) **23**:351, 353-54, 359-61
"Bent over the Map, Unsleeping" (Tsvetaeva) **35**:394
The Bent Twig (Fisher) **87**:72
"Benvolio" (James) **64**:163
Benya Krik the Gangster, and Other Stories (Babel) **2**:36; **13**:19
Berecche and the War (Pirandello)
See *Berecche e la guerra*
Berecche e la guerra (Pirandello) **29**:291
"Bereft" (Hardy) **53**:117
Berendey's Kingdom (Prishvin) **75**:217-19
"Berestechko" (Babel) **2**:31; **13**:22, 33
De berg van licht (Couperus) **15**:46-7
Die Bergbahn (Horvath) **45**:76, 96, 98, 106
Berge, Meere, und Giganten (Doblin) **13**:160, 162, 175, 180
"Das Bergwerk zu Falun" (Hofmannsthal) **11**:292, 296, 300, 309
"Ein Beriht für eine Akademie" (Kafka) **2**:293, 303; 13:276; **29**:188
"Berlin" (Khodasevich) **15**:209
Berlin (Hergesheimer) **11**:275, 282-84
Berlin Alexanderplatz: Die Geschichte vom Franz Biberkopf (Doblin) **13**:158-59, 161-71, 175, 177, 179-80
A Berlin Childhood Around the Turn of the Century (Benjamin)
See *Berliner Kindheit um Neunzehnhundert*

A Berlin Chronicle (Benjamin) **39**:38-9, 44-5, 47-8
Berlin oder Juste Milieu (Sternheim) **8**:368, 372, 380
"Berlin Revisited" (Lewis) **104**:212
Berliner Kindheit um Neunzehnhundert (Benjamin) **39**:20, 39, 44-5, 48, 55-9
"El bermejino prehistórico" (Valera y Alcala-Galiano) **10**:508
Bernal Diaz del Castillo (Graham) **19**:111, 124
Bernard Barton and His Friends (Lucas) **73**:158, 161, 173
"Bernard, le faible Bernard" (Giraudoux) **7**:324
Bernard Shaw's Rhyming Picture Guide to Ayot St. Lawrence (Shaw) **3**:396-97
Bernarda Alba's Family (Garcia Lorca) See *La casa de Bernarda Alba*
"Bernardo del Carpio" (Bryan) **99**:5, 34
"Bernice" (Moore) **7**:487
Bernice (Glaspell) **55**:233-34, 236-41, 247, 258-59, 275
"Bernice Bobs Her Hair" (Fitzgerald) **1**:234; **6**:169
Il berretto a sonagli (Pirandello) **4**:331, 353; **29**:283, 285-86, 297
Bertha (Bradford) **36**:62
Bertie's Escapade (Grahame) **64**:96
Bertram Cope's Year (Fuller) **103**:59-60, 63, 65, 88-89, 122-23
"Beruhigung" (Raabe) **45**:187
"The Beryl Coronet" (Doyle) **7**:235
"Beryl, the Croucher and the Rest of England" (Burke) **63**:121
"Die Beschenkten" (Beer-Hofmann) **60**:37
"Bešenoe vino" (Kuprin) **5**:303
Die Besessenen (Ewers) **12**:136
"Beside Hazlitt's Grave" (Guiney) **41**:216
"Beside the Bed" (Mew) **8**:296-97
"Beside the Winter Sea" (Roberts) **8**:325-26
Besovskoe deistvo (Remizov) **27**:328, 335, 345
"Best Friend" (Kornbluth) **8**:215
"The Best of Friends" (Pirandello) **4**:350
The Best of Henry Kuttner (Kuttner) **10**:272
The Best of Lamb (Lucas) **73**:173
The Best of Runyon (Runyon) **10**:425
"The best of School" (Lawrence) **93**:23
The Best of Will Rogers (Rogers) **8**:340
Best SF Stories of C. M. Kornbluth (Kornbluth) **8**:217
The Best Short Stories of M. P. Shiel (Shiel) **8**:364
The Best Short Stories of Theodore Dreiser (Dreiser) **10**:180; **35**:71, 75
The Best Stories of Sarah Orne Jewett (Jewett) **1**:361
The Best Supernatural Tales of Arthur Conan Doyle (Doyle) **7**:237
"Bestiaire" (Apollinaire) **51**:56
Le bestiaire (Lemonnier) **22**:203
Le bestiaire; ou, Cortège d'Orphée (Apollinaire) **3**:33, 39, 42, 45; **51**:2, 61
Bestie (Tozzi) **31**:312-14, 317-19, 321-22, 332-33
"Bestre" (Lewis) **9**:246
"Best-Seller" (Henry) **19**:174
"Der Besuch aus dem Elysium" (Werfel) **8**:479
"Besvärjelsen" (Sodergran) **31**:292-93
Beszterce ostroma (Mikszath) **31**:168, 170-73
Bet Mashber (Kahanovitsch) See *Di mishpoke Mashber*
La bête humaine (Zola) **1**:586, 593; **6**:562-64, 566, 569; **21**:431, 441; **41**:414, 422, 436, 439, 451
"Bête Noire" (Douglas) **40**:62-3, 80, 83, 87
"Beth Marie" (Percy) **84**:198
Bethel Merriday (Lewis) **4**:256
"Bethlehem" (Capek) See "Betlém"
Bethlehem (Housman) **7**:353, 358-59
"Bethmoora" (Dunsany) **59**:20
"Betlém" (Capek) **37**:59
Betrachtung (Kafka) **2**:304; **47**:239
Betrachtungen eines Unpolitischen (Mann) **2**:429-30, 436; **8**:255-56, 270; **14**:323,338; **44**:165, 168, 179, 192, 228; **60**:328, 347, 353
"Betrayal" (Babel) **13**:33
"Betrayal" (Muir) **87**:153, 219
The Betrayal (Micheaux) **76**:248, 253, 274
"The Betrayal of Christ by the Churches" (Murry) **16**:340
"The Betrayal of Sir Walter Raleigh" (Sabatini) **47**:300
Die Betrogene (Mann) **2**:431, 433; **21**:179
"The Betrothal" (Apollinaire) See "Les fiançailles"
The Betrothal: A Sequel to The Blue Bird (Maeterlinck) See *Les fiançailles*
"The Betrothed" (Chekhov) **3**:160-61, 166; **10**:108; **31**:88; **55**:66
"The Betrothed" (Remizov) **27**:328
"The Betrothed" (Roberts) **68**:325-26, 348, 352
"Bet's Bravery" (March) **96**:248
Betsey Bobbet: A Drama (Holley) **99**:336
Better than at Home (Moricz) See *Jobb mint otthon*
Der Bettler von Syrakus (Sudermann) **15**:436
"Betty Perrin" (Coppard) **5**:178
Betty's Formynder (Kielland) **5**:279
Betty's Guardian (Kielland) See *Betty's Formynder*
"Between Brielle and Manasquan" (Gogarty) **15**:109
Between Heaven and Earth (Werfel) **8**:483
"Between Léda's Lips" (Ady) **11**:21
"Between Mountains" (Bergelson) **81**:23
"Between Night and Morning" (Gibran) **9**:93
Between Paris and St. Petersburg (Hippius) **9**:169
Between St. Dennis and St. George (Ford) **15**:83
Between the Acts (Woolf) **1**:533, 538-39, 542, 544, 546; **5**:508, 510-12, 518; **20**:347; **43**:387-88, 409; **56**:361, 367, 375-76, 378, 380, 384, 387; **101**:227
Between the Battles (Bjoernson) See *Mellem slagene*
Between the Lines (Tomlinson) **71**:397
"Between Two Cliffs" (Peretz) See "Tzvishen Zwee Berg"
Between Two Masters (Bradford) **36**:63
"Between Two Mountains" (Peretz) See "Tzvishen Zwee Berg"
Between Two Worlds (Murry) **16**:338-39, 343-44, 353; **36**:403-04
Betyár (Moricz) **33**:247
Beware of Pity (Zweig) See *Ungeduld des Herzens*
"Beware the Unhappy Dead!" (Lawrence) **93**:56, 57
"Bewitched" (Wharton) **3**:578
Bewitched Love (Arlt) See *El amor brujo*
"The Bewitched Tailor" (Aleichem) See "Der farkishefter shnayder"
Beyond (Galsworthy) **45**:47-8, 70
"Beyond Connecticut, Beyond the Sea" (Bishop) **103**:9
Beyond Defeat (Glasgow) **2**:191
Beyond Desire (Anderson) **1**:48, 51, 55, 57, 61-2; **10**:41, 45
Beyond Good and Evil: Prelude to a Philosophy of the Future (Nietzsche) See *Jenseits von gut und Böse: Vorspiel einer Philosophie der zukunft*
Beyond Human Might (Bjoernson) See *Over ævne, II*
Beyond Human Power, I (Bjoernson) See *Over ævne, I*
Beyond Human Power, II (Bjoernson) See *Over ævne, II*
Beyond Life (Cabell) **6**:62-4, 68, 70, 73, 76-7
Beyond Our Power, I (Bjoernson) See *Over ævne, I*
"Beyond the Bayou" (Chopin) **14**:69
"Beyond the Black River" (Howard) **8**:130-31, 133, 136
"Beyond the Blue Septentrions" (Sharp) **39**:376
Beyond the Breakers, and Other Poems (Sterling) **20**:373-74, 386
Beyond the Desert (Rhodes) **53**:329
Beyond the Farthest Star (Burroughs) **2**:78
"Beyond the Gamut" (Carman) **7**:134-35, 141-42, 146
Beyond the Hills of Dream (Campbell) **9**:30
Beyond the Horizon (O'Neill) **1**:381, 384-85, 404; **6**:330, 334-37l; **49**:266, 270
Beyond the "Isms" (Stapledon) **22**:322
Beyond the Outpost (Faust) **49**:53
"Beyond the Pale" (Kipling) **17**:207
Beyond the Pleasure Principle (Freud) See *Jenseits des Lustprinzips*
Beyond the Rocks (Glyn) **72**:126, 135
Beyond the Strengh (Bjoernson) See *Over ævne, I*
Beyond the Strength (Bjoernson) See *Over ævne, II*
"Beyond the Sunset" (Williams) **81**:439
"Beyond the Tops of Time" (Roberts) **8**:318, 321
"Beyond the Wall" (Bierce) **44**:13, 15, 45, 49; **7**:91
Beyond Thirty (Burroughs) **2**:78-9; **32**:72-3
Beyond Victory (Riggs) **56**:205
Bez dogmatu (Sienkiewicz) **3**:422-23, 426, 428, 430
"Bez iazyka" (Korolenko) **22**:176
"Bez piati minut barin" (Remizov) **27**:340, 349
Bezette stad (van Ostaijen) **33**:405-06, 412-14, 418-23
"Bezglagol'nost" (Balmont) **11**:36
Bezhin Meadow (Eisenstein) **57**:178, 190-91
Bhanu Singha (Tagore) See *Bhanusinga Thakurer Padavali*
Bhānu singha (Tagore) **3**:484
Bhanusinga Thakurer Padavali (Tagore) **53**:340
"Bhasar Katha" (Tagore) **53**:350
Bhavani Mandir (Aurobindo) **63**:27
Bhikhārī (Devkota) **23**:48
"Bhūtlāī jhatāro" (Devkota) **23**:52
"Bi no setsumei" (Nishida) **83**:229
"Bianca" (Symons) **11**:439
Bianche e nere (Pirandello) **4**:332; **29**:291
The Bias of Communication (Innis) **77**:341-2, 346, 348, 359, 424
"Bibbles" (Lawrence) **93**:33
Der Biberpelz (Hauptmann) **4**:193-94, 196
"The Bible and Progress" (Wilson) **79**:484
La Bible d'Amiens (Proust) **7**:535
"The Bible Defense of Slavery" (Harper) **14**:260
The Biblical Way (Schoenberg) See *Der Biblische Weg*
"A Bibliography of Thorstein Veblen" (Innis) **77**:337
"La biblioteca infernal" (Lugones) **15**:294
Der Biblische Weg (Schoenberg) **75**:311, 337
"The Bibulous Business of a Matter of Taste" (Sayers) **15**:379
Bich Bozhy (Zamyatin) **8**:549, 553; **37**:429
"Bicocca di San Giacomo" (Carducci) **32**:102-04
A Bicycle of Cathay (Stockton) **47**:327
"The Bielkonsky Estate" (Pilnyak) **23**:303
"La Bievre" (Huysmans) **69**:25, 33, 35
"The Big Baboon" (Belloc) **18**:39
The Big Bow Mystery (Zangwill) **16**:449
"Big Boy Blues" (Runyon) **10**:429
"The Big Bridegroom Revolt" (Benchley) **55**:3
The Big Drum (Pinero) **32**:405, 415
"The Big Drunk Draf" (Kipling) **17**:204
The Big House of Inver (Somerville & Ross) **51**:332, 340-41, 344, 349, 351-54, 357, 361, 377, 386
Big Lake (Riggs) **56**:198, 203-4, 215-16
"The Big Money" (Lardner) **3**:331
The Big Pond (Sturges) **48**:283, 294, 311

The Big Sleep (Chandler) **1**:168, 170-73, 175; **7**:167-68, 171-76, 178-79, 181, 183
The Big Town: How I and the Mrs. Go to New York to See Life and Get Katie a Husband (Lardner) **2**:327, 338-39; **14**:305, 309-10, 317, 320
"Big Volodya and Little Volodya" (Chekhov) **55**:62
"A Big-Eared Rat" (Lindsay) **17**:240
"Bild der Mutter" (Heyse) **8**:113
Das Bilderbuch meiner Jugend (Sudermann) **15**:429-32, 438
"Bill the Bomber" (Service) **15**:399
"Billbrook" (Borchert) **5**:103-04, 110
Le billet de Junius (Bourget) **12**:69
Billets de Sirius (Benda) **60**:60
"A Billiard Marker's Notes" (Tolstoy) **28**:398
Billie (Cohan) **60**:171
"Billy Skywonkie" (Baynton) **57**:7-11, 19, 23-24
"Billy, the Dog That Made Good" (Seton) **31**:279
Bimbâshi Barûk of Egypt (Rohmer) **28**:282, 285
"The Binding of the Beast" (Sterling) **20**:386
The Binding of the Beast, and Other War Verse (Sterling) **20**:374, 386
"The Binding of the Hair" (Yeats) **31**:417
"Bindur Chhēlē" (Chatterji) **13**:75
Bindur ChhēlēŌ Anyānyagalpa (Chatterji) **13**:80-1
"Bingo, the Story of My Dog" (Seton) **31**:270-72, 279
Biography and Bibliographies (Hergesheimer) **11**:275
"Biography and the Human Heart" (Bradford) **36**:59
Biography and the Human Heart (Bradford) **36**:56, 58-9
Biography for Beginners (Bentley) **12**:15, 25
"Biography in Encounters" (Schoenberg)
See "Lebensgeschichte in Begegnungen"
The Biography of a Grizzly (Seton) **31**:256, 260, 262-63
The Biography of a Silver Fox; Or, Domino Reynard of Goldur Town (Seton) **31**:261
"Biography of a Superman" (Middleton) **56**:176
"The Biography of Blade" (Gale) **7**:284
"A Biography of Guskobudori" (Miyazawa) **76**:288-89, 294
The Biography of Manuel (Cabell) **6**:69, 72-3, 76-8
Bios kai politei'a tou Alexe Zormpa (Kazantzakis) **2**:315-20; **5**:259, 263, 272; **33**:144, 147-48, 153, 155-56, 158-59, 163, 165
Bipradās (Chatterji) **13**:80
"Bir kaya parcası Gibi" (Sait Faik) **23**:293
"Birahanedeki adam" (Sait Faik) **23**:294
Birāj Bau (Chatterji) **13**:80
"Birch and Paddle" (Roberts) **8**:316
"The Bird" (Gumilev)
See "Ptica"
"The Bird and the Tree" (Torrence) **97**:155
"The Bird Fancier" (Benet) **28**:2
"The Bird in the Garden" (Middleton) **56**:175, 193-95
"The Bird of God and the Ignis Fatuus" (Leino)
See "Ukon lintu ja virvaliekki"
"Bird of Silence" (Noguchi) **80**:362
"Bird of Spring" (Kunikida)
See "Haru no tori"
"The Bird of Time" (Naidu) **80**:270, 348
The Bird of Time (Naidu) **80**:349
"The Bird of Travel" (de la Mare) **4**:81; **53**:36
"The Bird Sanctuary" (Naidu) **80**:348
"A Bird Trilling Its Gay Heart Out" (Rosenberg) **12**:313
"The Bird Wife" (Hearn) **9**:138
"The Bird with the Coppery, Keen Claws" (Stevens) **3**:455
"The Bird-Maiden" (Gumilev) **60**:270, 275
"The Birds" (Hansen) **32**:249
"Birds" (Lawrence) **93**:98
"Birds" (Schulz)
See "Ptaki"
The Birds (Ishikawa) **15**:131
Birds and Beasts of the Greek Anthology (Douglas) **68**:7, 10, 24
Birds and Man (Hudson) **29**:159, 163
"Birds and Their Enemies" (Lucas) **73**:171
"Birds at Evening" (Pickthall) **21**:250
Birds, Beasts, and Flowers (Lawrence) **2**:367; **93**:9, 19, 20, 25, 26, 32, 33, 36, 38, 43, 55, 58, 62, 72, 74, 75, 76, 81, 84, 96, 97, 98, 99, 100, 101, 102, 103, 104, 108, 113, 122
Birds in the Air (Balmont)
See *Ptitsy v vozdukhe*
Birds in Town and Village (Hudson) **29**:163
The Birds of Death (Dent) **72**:37
"The Birds of Emar" (Sharp) **39**:376
"Birds of Paradise" (Davies) **5**:199
"Birds of Passage" (Dobson) **79**:17
"Birkath 'am" (Bialik) **25**:58, 62
Birobidjan (Bergelson)
See *Birobidzhan Stories*
Birobidzhan Stories (Bergelson) **81**:22,31
Birth (Gale) **7**:277, 279-86
"Birth Certificate" (Bosman) **49**:14-15
The Birth of a Nation (Griffith) **68**:135-39, 153, 161-66, 168-73, 178-79, 188-91, 193-94, 196, 208, 213-15, 217, 220-23, 226-27, 230-31, 233, 235-38
The Birth of a Soul (Sharp) **39**:397
"The Birth of Christ" (Garcia Lorca)
See "Nacimiento de Cristo"
The Birth of God (Heidenstam) **5**:253
"The Birth of Methodism in England" (Halévy) **104**:128, 135-36
The Birth of the Gods: Tutankhamen in Crete (Merezhkovsky) **29**:242
"Birth of the Lily" (Palamas) **5**:386
The Birth of Tragedy (Nietzsche)
See *Die Geburt der Tragödie aus dem Geist der Musik*
"The Birth of Venus" (Field) **43**:155, 166
"A Birthday" (Mansfield) **2**:451, 458; **39**:293, 301, 319-20
"A Birthday" (Muir) **87**:183, 256
"The Birthday of the Infanta" (Wilde) **41**:375, 378
Birthday Party (Milne) **6**:319; **88**:254
"The Birthplace" (James) **47**:201
Birthright (Micheaux) **76**:246, 255-56, 272
"The Bisara of Pooree" (Kipling) **8**:176
"Bishō" (Yokomitsu) **47**:399
"The Bishop" (Chekhov) **3**:160; **10**:111, 114-15; **55**:64-5
The Bishop Murder Case (Van Dine) **23**:353-54, 359-61
"The Bishop's Beggar" (Benet) **7**:81-2
"The Bishop's Fool" (Lewis) **2**:393
The Bishop's Son (Caine) **97**:14
"Bismillah" (Graham) **19**:128
A Bit o' Love (Galsworthy) **1**:303; **45**:52, 54
The Bitch (Reymont)
See *Tomek baran, suka*
Bits of Gossip (Davis) **6**:150
Bits of Paradise: 21 Uncollected Stories by F. Scott and Zelda Fitzgerald (Fitzgerald) **52**:56, 60, 63
"Bitter Flower" (Tolstoy) **18**:377, 382
Bitter Lotus (Bromfield) **11**:82
Bitter Oleander (Garcia Lorca)
See *Bodas de sangre*
"Bitte-Selgen" (Jensen) **41**:308
"Bjørnjegerens hjemkomst" (Bjoernson) **37**:33
Bjærg-Ejvind og hans hustru (Sigurjonsson) **27**:362-65
En blå bok (Strindberg) **8**:406-07
The Black Abbot (Wallace) **57**:402
"Black and Unknown Bards" (Johnson) **3**:241
"Black and White" (Mayakovski) **18**:258
The Black Arab (Prishvin) **75**:215
Black Armour (Wylie) **8**:522, 527, 532, 534, 537
The Black Avons (Wallace) **57**:398
Black Banners (Strindberg)
See *Svarta Fanor*
Black Beetles in Amber (Bierce) **44**:4, 9, 13; **7**:90, 97
"Black Bill's Honeymoon" (Noyes) **7**:512
The Black, Black Witch (Dent) **72**:24
"Black Bonnet" (Lawson) **27**:134-35
"Black Boulder" (Ingamells) **35**:137
The Black Box (Oppenheim) **45**:132
Black Bryony (Powys) **9**:360-62, 364, 369, 375
The Black Camel (Biggers) **65**:5
"The Black Cap" (Mansfield) **39**:305
The Black Christ and Other Poems (Cullen) **4**:42-3, 45-7, 50-1; **37**:136, 145-46, 154, 156-60, 162, 167-68
"The Black Christ (Hopefully Dedicated to White America)" (Cullen) **4**:43-48, 50; **37**:136-38, 144, 146, 157, 162-63
The Black City (Mikszath)
See *A fekete város*
"Black Colossus" (Howard) **8**:133, 135
"The Black Cupid" (Hearn) **9**:125
The Black Curtain (Doblin) **13**:158
Black Diamonds (Verne)
See *Les Indes Noires*
"The Black Dog" (Coppard) **5**:177
Black Elk Speaks: Being the Life Story of a Holy Man of the Oglala Sioux as Told to John G. Neihardt (Flaming Rainbow) (Black Elk) **33**:5, 6-12, 14-22
The Black Eye (Bridie) **3**:141
"Black Fog" (Kuprin) **5**:301
"The Black Friar" (Chekhov)
See "The Black Monk"
The Black Gang (Sapper) **44**:308, 312, 316-22
The Black Glove (Strindberg) **1**:456; **8**:415
The Black Gold (Tolstoy)
See *Émigrés*
"Black Harmonium" (Hagiwara Sakutaro)
See "Kuroi fūkin"
The Black Heralds (Vallejo)
See *Los heraldos negros*
The Black Imp (Melies) **81**:148
The Black Indes (Verne)
See *Les Indes Noires*
Black Is My Truelove's Hair (Roberts) **68**:325-26, 328-30, 342, 365
"Black Jack" (Kipling) **8**:208; **17**:208
"A Black Jack Bargainer" (Henry) **19**:172, 179
Black Jack Davy (Oskison) **35**:275-79
"The Black Kiss" (Kuttner) **10**:267
"Black Land" (Babits)
See "Fekete ország"
Black Lightning (Mais) **8**:241-46, 250
Black Lines (Kandinsky) **92**:38, 105-6
"Black Magdalens" (Cullen) **37**:144, 154
"Black Magic" (Bosman) **49**:13
"Black Magic" (Musil) **68**:265
Black Magic (Roberts) **23**:238
"The Black Mammy" (Johnson) **3**:241, 244; **19**:210
"The Black Man" (Esenin) **4**:115
The Black Mandarin (Rohmer) **28**:282
Black Manhattan (Johnson) **3**:246
"The Black Man's Wrongs" (Bell) **43**:91
"Black Mary" (Ingamells) **35**:136
Black Mask (Chandler) **1**:171
The Black Mask (Hornung) **59**:114
The Black Maskers (Andreyev)
See *Chernyia maski*
"The Black Mate" (Conrad) **57**:84
Black Metallurgy (Fadeyev)
See *Chornaya metallurgiya*
"The Black Monk" (Chekhov) **3**:146, 149, 159; **10**:100
"Black Mountain" (Quiroga)
See "El monte negro"
"The Black North" (Davis) **6**:154
Black Notebook (Rutherford) **25**:350

Black on White (Hippius)
See *Chornoe po belomu*
Black Oxen (Atherton) **2**:15-16
Black Pawl (Williams) **89**:359
Black Pearls (Nervo)
See *Perlas negras*
"The Black Piano" (Ady) **11**:15
"The Black Prince" (Zoshchenko) **15**:505
The Black Riders, and Other Lines (Crane) **11**:125, 128-30, 157, 164; **32**:135, 139, 165
Black Rock (Connor) **31**:105-09, 111, 113-14
The Black Rock (Fletcher) **35**:99-100, 102, 105-07
"Black Sampson of Brandywine" (Dunbar) **12**:104
"The Black Sheep" (Darrow) **81**:64
"The Black Silence" (Csath) **13**:149, 154
Black Snow: A Theatrical Novel (Bulgakov)
See *Teatral'nyi roman*
The Black Spaniel and Other Stories (Hichens) **64**:120, 121, 129
Black Spirits and White (Cram) **45**:2, 5, 12
Black Spot (Kandinsky) **92**:62, 97
"The Black Stone" (Howard) **8**:137
"Black Stone on a White Stone" (Vallejo)
See "Piedra negra sobre una piedra blanca"
"The Black Stranger" (Howard) **8**:131, 135
"The Black Swan" (Mann)
See *Die Betrogene*
The Black Swan (Sabatini) **47**:307
"Black Swans" (Paterson) **32**:371
"Black Tambourine" (Crane) **2**:120; **80**:199
"The Black Tower" (Yeats) **1**:574
"Black Umbrellas" (Hecht) **101**:36
"The Black Vulture" (Sterling) **20**:375, 381-82
"Black Was the Blossom You Sighted" (Ady)
See "Fekete virágot lattál"
"The Blackamoor's Pantomime" (Benet) **28**:6
"The Blackbird" (Musil) **68**:261
"Blackbird" (Stevens) **45**:287
"The Blackbird and the Girl" (Bosschere) **19**:54-6, 63
"A Blackbird Rhapsody" (Scott) **6**:394
"The Blackbirds" (Ledwidge) **23**:112, 123
"The Blackbird's Promise" (Bosschere) **19**:63
"Blacker Than Sin" (Cobb) **77**:138
The Blacker the Berry (Thurman) **6**:445-49, 451
Blackguard (Bodenheim) **44**:59, 65, 69-72, 74
Blackie (Leino)
See *Musti*
"The Blackmailers" (Gray) **19**:141-42
"Blackmailers Don't Shoot" (Chandler) **7**:176, 182
"The Blacksmith's Serenade" (Lindsay) **17**:227
"Blades for France" (Howard) **8**:138
"Blades of Steel" (Fisher) **11**:205, 209, 212
"Blagaia vest'" (Tsvetaeva) **35**:411
"La blanca soledad" (Lugones) **15**:289
"Blanche la sanglante" (Schwob) **20**:323
Bland franska bönder (Strindberg) **8**:419
The Blanket of the Dark (Buchan) **41**:39
"Blasán" (Dario) **4**:63
"Blasones y talegas" (Pereda) **16**:373
"Blasons des fleurs et des fruits" (Eluard) **41**:151, 156
"Blasphemous Ballad" (Talvik) **87**:319-20
"The Blast of God" (Evans) **85**:21
Blasting and Bombardiering (Lewis) **2**:391; **104**:185-86, 225, 229-31
"Blätter" (Kandinsky) **92**:67
"De blaue Abend" (Ball) **104**:12
Der blaue Boll (Barlach) **84**:76, 85-6
"A Blaze" (Mansfield) **2**:457
Blazhenstvo (Bulgakov) **16**:84, 111
Blazing of the Trail (Ince) **89**:9
Le blé en herbe (Colette) **5**:167, 172
Bleak Morning (Tolstoy) **18**:365, 371-72, 374, 379
Blèche (Drieu la Rochelle) **21**:21-2, 40
"Bleeding Belgium" (Verhaeren) **12**:471
"Blenheim Oranges" (Thomas) **10**:450, 464, 470-71
Les blés mouvants (Verhaeren) **12**:464
Blessed Edmund Campion (Guiney) **41**:219
"Blessed Spirit, Guard" (Roberts) **68**:305, 337
The Blessing of Pan (Dunsany) **59**:17, 20, 22, 26, 28
Bleter fun Mein Leben (Cahan) **71**:41, 43, 48, 52
"Blick" (Kandinsky) **92**:67
"Blick ins Chaos" (Benet) **7**:74
"Blick und Blitz" (Kandinsky) **92**:67
"The Blight" (Post) **39**:337
Blight (Gogarty) **15**:110-11, 115-16
Blind (Maeterlinck)
See *Les aveugles*
"Blind Alley" (Hedayat) **21**:88
"The Blind Bard of Chios" (Pascoli) **45**:142
"The Blind Caravan" (Campbell) **9**:32
"Blind Geronimo and His Brother" (Schnitzler)
See "Der blinde Geronimo und sein Bruder"
"The Blind Hen and the Earthworm" (Powys) **9**:377
Blind Husbands (Stroheim) **71**:329-330, 332, 339, 357-359, 364, 366
"The Blind Kittens" (Lampedusa) **13**:293
"The Blind Man" (Khodasevich) **15**:206
"The Blind Man" (Stephens) **4**:421
Blind Man's Bluff (Futrelle) **19**:95
Blind Man's Bluff (Toller)
See *Die blinde Göttin*
"The Blind Musician" (Korolenko) **22**:170
The Blind Musician (Korolenko)
See *Slepoi muzykant*
"The Blind on the Bridge" (Babits)
See "Vakok a hídon"
"Blind Panorama of New York" (Garcia Lorca)
See "Panorama ceigo de Nueva York"
"The Blind Ploughman" (Hall) **12**:195
"Der blinde Geronimo und sein Bruder" (Schnitzler) **4**:396
Die blinde Göttin (Toller) **10**:482
"The Blinded Bird" (Hardy) **53**:73
"Blinden" (Heyse) **8**:113
"The Blinding Light" (Gumilev)
See "Oslepitel'noe"
"Blindness" (Baker) **10**:27
"Bliss" (Mansfield) **2**:446-47, 452, 454-56, 458; **8**:275-76, 280-82, 284-85, 288; **39**:303-04, 309, 319, 322-24
Bliss (Bulgakov)
See *Blazhenstvo*
Bliss, and Other Stories (Mansfield) **2**:446-47; **8**:282, 291; **39**:312
"Blithe Insecurities" (McAlmon) **97**:99-100
Blix (Norris) **24**:427
"Blixten" (Sodergran) **31**:295
Blíženci (Nezval) **44**:239, 245
"Blocks" (Remizov)
See "Kubiki"
"Blom" (Soderberg) **39**:428
The Blonde Lady (Leblanc)
See *Arsène Lupin contre Herlock Sholmès*
"Blonde Mink" (Runyon) **10**:429
Blondzhnde shtern (Aleichem) **35**:306
"Blood" (Singer) **33**:386
"Blood" (Unamuno) **2**:568
Blood (Moricz)
See *Vér*
Blood and Gold (Ady)
See *Vér és arany*
Blood and Soul (Mizoguchi)
See *Chi to rei*
"Blood and the Moon" (Yeats) **11**:519; **18**:448
"Blood Feud" (Wylie) **8**:521
The Blood of the Arena (Blasco Ibanez)
See *Sangre y arena*
Blood of the Prophets (Masters) **2**:470
"The Blood of the Redeemer" (Field) **43**:165-67
"The Blood of the Virgins" (D'Annunzio) **6**:143
"Blood of the Walsungs" (Mann)
See *Wälsungenblut*
Blood on the Trail (Faust) **49**:40
Blood Pact (Valle-Inclan) **5**:486
"Blood Pressure" (Runyon) **10**:434
"Blood Sacrifice" (Sayers) **15**:387
"The Blood Stain" (Artsybashev) **31**:7
Blood Wedding (Garcia Lorca)
See *Bodas de sangre*
"The Bloodhounds of Broadway" (Runyon) **10**:425, 434
"The Blood-Red Star" (Rohan) **22**:299
"The Bloodwood Tree" (Ingamells) **35**:138
The Bloody Jest (Aleichem)
See *Der blutiker shpas*
"Bloody Past" (Khodasevich) **15**:202
"The Bloody Son" (Swinburne) **8**:436; **36**:299
The Bloom of Life (France)
See *La vie en fleur*
"The B'loon Man" (Smith) **25**:389
"A Blossom of Barren Lands" (Rhodes) **53**:316
The Blotting Book (Benson) **27**:17
Blow, Winds! (Rainis)
See *Pūt, vējini!*
"Bludnyj syn" (Gumilev) **60**:277-8
"Blue" (Dunbar) **12**:110
Blue (Dario)
See *Azul*
The Blue and Brown Books (Wittgenstein) **59**:215, 239, 255, 268
"Blue and Green" (Woolf) **1**:534
The Blue Bird (Maeterlinck)
See *L'oiseau bleu*
The Blue Boll (Barlach)
See *Der blaue Boll*
The Blue Book (Zoshchenko) **15**:502, 504
The Blue Calendars (Gray) **19**:157, 165
The Blue Castle (Montgomery) **51**:188
Blue Cat (Hagiwara Sakutaro)
See *Aoneko*
"The Blue Chains" (Khlebnikov)
See "Sinie okory"
"The Blue Chest of Rachel Ward" (Montgomery) **51**:178
The Blue Chrysanthemums (Capek) **6**:91
Blue Cities (Tolstoy) **18**:360, 370, 373, 378
"The Blue Counterpane" (Tolstoy) **18**:377
"The Blue Cross" (Chesterton) **6**:108
"The Blue Cross" (Leino)
See "Sininen risti"
"Blue Dave" (Harris) **2**:209
The Blue Deep (Platonov) **14**:408
"The Blue Diamond Mystery" (Freeman) **21**:61
The Blue Duchess (Bourget)
See *La duchesse bleue*
"Blue Evening" (Brooke) **2**:59
The Blue Fairy Book (Lang) **16**:263-64, 272
A Blue Grass Penelope (Harte) **1**:342
The Blue Harlequin (Baring) **8**:37
"The Blue Hotel" (Crane) **11**:128, 137, 140-41, 146-48, 156-58, 160, 162-64, 167; **17**:70-1, 75; **32**:144-45, 165, 181, 184
The Blue Lantern (Colette)
See *Le fanal bleu*
"The Blue Monkey" (Rohmer) **28**:286
Blue Mountain (Kandinsky) **92**:34
"The Blue Noon" (Flecker) **43**:190
"The Blue Nothing" (Kuzmin) **40**:197
Blue Plate Special (Runyon) **10**:423
The Blue Princess (Bosman) **49**:21
The Blue Rider (Kandinsky) **92**:53
The Blue Scarab (Freeman)
See *Dr. Thorndyke's Case-Book*
"The Blue Sequin" (Freeman) **21**:55
Blue Sky (Sologub)
See *Nebo goluboe*
"The Blue Sleeve Garter" (Benchley) **1**:80; **55**:5
"Blue Symphony" (Fletcher) **35**:94, 100, 103
"Bluebeard" (Millay) **49**:201
"The Blue-Flag in the Bog" (Millay) **4**:306, 310; **49**:222
Blues: An Anthology (Handy) **97**:42, 55, 67, 69, 79-80
"The Blues Come Around" (Williams) **81**:428
Die Blume (Borchert) **5**:108

"Die Blume die ich mir am fenster hege" (George) **14**:210, 213
Das Blumenboot (Sudermann) **15**:430
"Blurry, the Explorer" (Frank) **17**:121
"Blüte" (Schwitters) **95**:298
Blütezeit der Romantik (Huch) **13**:244, 247, 253
Der blutiker shpas (Aleichem) **1**:28; **35**:320
"The Boarded Window" (Bierce) **7**:89; **44**:16, 44-6
"The Boarding House" (Joyce) **8**:170; **35**:142, 147-48, 156, 160, 163-64, 167, 194, 197
"The Boards of Fate" (Khlebnikov)
See "Doski sud'by"
"The Boat" (Grove) **4**:138, 142
"Boat" (Huidobro)
See "Balandro"
The Boat of Longing (Rolvaag)
See *Loengselens baat*
"The Boat of Love" (Cram) **45**:3, 12
"A Boat on the Dead Sea" (Ady) **11**:14
The Boats of the "Glen-Carrig" (Hodgson) **13**:229-35, 237
"Bobeobi" (Khlebnikov) **20**:137
"Boboli" (Campana) **20**:84
"Bob's Lane" (Thomas) **10**:463
Bocetas al temple (Pereda) **16**:367, 380
"Bochenochek" (Remizov) **27**:339
Bocksgesang (Werfel) **8**:467, 470, 473-79
Bodas de sangre (Garcia Lorca) **1**:308, 314-16, 318; **7**:290, 293-96, 300-01; **49**:74-80, 85-9, 94, 98-101, 103-04, 109, 111, 113-14, 116-17
La bodega (Blasco Ibanez) **12**:29-30, 37-8, 42, 47, 50
"Bodies of the Dead" (Bierce) **44**:45
"Bodily Union" (Tagore) **3**:490
The Bodley Head Jack London (London) **9**:269
Body and Soul (Micheaux) **76**:262, 272
"Body and Spirit" (Davies) **5**:204
"The Body of God" (Lawrence) **93**:74, 128
The Body Snatcher (Lewton) **76**:200, 204, 210, 217, 219, 221-22, 231
"Una bofetada" (Quiroga) **20**:212, 215, 219-21
The Bog of Stars (O'Grady) **5**:352, 354
"Bogg of Geebung" (Lawson) **27**:119, 148, 150
The Bogie Men (Gregory) **1**:332, 335, 337
La bohème (Giacosa) **7**:311, 313-15
La Bohemia de mi tiempo (Palma) **29**:255, 258
"The Bohemian Girl" (Cather) **11**:115; **31**:29
The Bohemian Life of My Time (Palma)
See *La Bohemia de mi tiempo*
Bohemian Lights (Valle-Inclan)
See *Luces de bohemia*
"The Bohemians" (Gurney) **33**:87, 95, 102
"Das böhmische Dorf" (Morgenstern) **8**:308
"Böhmischer Jahrmarkt" (Morgenstern) **8**:305
"Bois de Mametz" (Manning) **25**:278
"Bois d'ébène" (Roumain) **19**:334
"Bokardo" (Robinson) **5**:403
Bokutō kidan (Nagai) **51**:92, 97-8, 103-08
"Bo'l" (Jensen) **41**:308
"The Bolas" (Graham) **19**:133
"A bölcsek köve (humoristicus novella)" (Herzl) **36**:152-53
A Bold Fellow (Tsvetaeva) **7**:557
A boldog ember (Moricz) **33**:243-44, 248, 251
"Boles" (Gorky) **8**:74
"Bolivar" (Kipling) **8**:177
Boll (Barlach)
See *Der blaue Boll*
"Bol'noi" (Gumilev) **60**:269
"Bologneser Tränen" (Meyrink) **21**:231-32
"The Bolter" (Warung)
See "The 'Henry Porcher' Bolter"
The Bomb (Harris) **24**:258-59, 261, 263, 265, 268, 271-74, 280
La bomba increíble (Salinas) **17**:369
"Bombardment" (Lawrence) **93**:82, 83
"Bombardment" (Lowell) **8**:235
Bonaventure (Cable) **4**:28
The Bond (Strindberg) **21**:348
"La bondad de la vida" (Villaurrutia) **80**:477
"Bonde" (Hamsun) **14**:240; **49**:152
"Bondefangeren" (Jensen) **41**:303
Bondefortellinger (Bjoernson) **37**:33
Bóndinn á Hrauni (Sigurjonsson) **27**:361-62, 364
The Bondman (Caine) **97**:3, 7, 9, 14, 20-22, 26
"The Bonds of Discipline" (Kipling) **8**:195, 202; **17**:207
The Bonds of Interest (Benavente)
See *Los intereses creados*
"Bones" (Hayashi)
See "Hone"
Bones (Wallace) **57**:402
Bones in London (Wallace) **57**:402
"The Bonfire" (Kunikida)
See "Takibi"
Bonfire (Fisher) **87**:89
The Bonfire (Gumilev)
See *The Campfire*
"Bonga-Bonga in Whitehall" (Strachey) **12**:400
Le bonheur (Sully Prudhomme) **31**:300, 302-04, 306-07
"Un bonhomme" (Sully Prudhomme) **31**:302
La Bonne Comédie (Dobson) **79**:30
La bonne souffrance (Coppee) **25**:126
"Les bons élèves" (Vian) **9**:532
"Bontche Schweig" (Peretz)
See "Bontsye Shvayg"
"Bontsie Silent" (Peretz)
See "Bontsye Shvayg"
"Bontsye Shvayg" (Peretz) **16**:390, 399, 402, 404
"The Bonzo's Secret" (Machado de Assis)
See "O segrêdo do bonzo"
Det Bøodes der for (Nexo) **43**:329
"The Book" (Schulz)
See "Księga"
A Book about Myself (Dreiser) **35**:32, 54, 56, 76; **83**:9
The Book of a Naturalist (Hudson) **29**:143
The Book of American Negro Poetry (Johnson) **3**:240; **19**:205-07, 210, 220
A Book of Americans (Benet) **7**:79
"The Book of Annandale" (Robinson) **5**:400, 418; **101**:119
A Book of Burlesques (Mencken) **13**:363, 367, 386
The Book of Carlotta (Bennett)
See *Sacred and Profane Love*
The Book of Christopher Columbus (Claudel)
See *Le livre de Christophe Columb*
The Book of Earth (Noyes) **7**:506-07, 509, 513
Book of Fairy Tales (Sologub)
See *Kniga skazok*
The Book of Folly (Herzl)
See *Das Buch der Narrheit*
Book of Gypsy Ballads (Garcia Lorca)
See *Primer romancero gitano*
"The Book of Hours of Sister Clotilde" (Lowell) **1**:378, 380
The Book of Humorous Verse (Wells) **35**:421, 426
The Book of Images (Rilke) **19**:302
The Book of Jonah (Babits)
See *Jónás Könyre*
The Book of Landscapes (Lugones)
See *El libro de los paisajes*
Book of Legends (Bialik)
See *Safer Ha-agadah*
The Book of Lies (Crowley) **7**:210
The Book of Masks (Gourmont)
See *Le livre des masques*
A Book of Modern Criticism (Lewisohn) **19**:289
The Book of Monelle (Schwob)
See *Le livre de Monelle*
The Book of My Youth (Sudermann)
See *Das Bilderbuch meiner Jugend*
Book of Pictures (Rilke)
See *Buch der Bilder*
Book of Pierrot (Carman) **7**:139
The Book of Pilgrimage (Rilke) **6**:364
The Book of Pity and Death (Loti)
See *Le livre de la pitié et de la mort*
A Book of Poems (Balmont)
See *Sbornik stikhotvorenii*
The Book of Poverty and Death (Rilke) **6**:364
A Book of Prefaces (Mencken) **13**:358, 362-63, 381
A Book of Reflections (Annensky) **14**:19, 23, 31
The Book of Small (Carr) **32**:116-17, 121, 125, 127
Book of Songs (Garcia Lorca)
See *Canciones*
A Book of Strife in the Form of the Diary of an Old Soul (MacDonald) **9**:292, 300-01
"The Book of Tea" (Akutagawa Ryunosuke) **16**:21-2
The Book of the American Indian (Garland) **3**:199, 200
Book of the Bayeux Tapestry (Belloc) **7**:39
"The Book of the Grotesque" (Anderson) **1**:61, 64; **10**:45, 50; **24**:21, 23, 25, 30, 33-4, 36-8, 44, 53, 57, 59
The Book of the Hanging Gardens (Schoenberg)
See *Das Buch der hangenden Garten*
The Book of the Law (Crowley) **7**:209, 211
"The Book of the Native" (Roberts) **8**:320
The Book of the Rose (Roberts) **8**:321
The Book of the Seasons (Jensen)
See *Aarstiderne*
Book of the Virgins (D'Annunzio)
See *Il libro delle vergini*
"The Book of Time" (Leino)
See "Ajan kirja"
The Book of Tricks (Hedayat) **21**:67
A Book of Verses (Henley) **8**:96-7, 106
A Book of Verses (Masters) **2**:471; **25**:296
A Book of Verses for Children (Lucas) **73**:158
The Book of Were-Wolves (Baring-Gould) **88**:35
The Book of Wonder (Dunsany) **2**:136-37; **59**:15, 17, 20, 29
"The Booker Washington Trilogy" (Lindsay) **17**:225
"Book-Lover" (Service) **15**:411-12
A Booklover's Holidays in the Open (Roosevelt) **69**:186-87, 189, 266
"Bookman's Diary" (Benet) **28**:7
"The Book-Plate's Petition" (Dobson) **79**:2
"Books" (Conrad) **25**:87
"Books" (Holmes) **77**:310
Books and Characters: French and English (Strachey) **12**:392-94, 401, 405
Books and Persons (Bennett) **20**:25
"The Books' Creed" (Cotter) **28**:40
"Books for Holidays in the Open" (Roosevelt) **69**:187
The Books of Ecologues and Eulogies, of Legends and Lays, and of the Hanging Gardens (George)
See *Die Bücher der Hirten- und Preisgedichte, der Sagen und Sänge, und der Hängenden Gärten*
"Books within Books" (Beerbohm) **24**:103, 125
"Boomerang" (Ingamells) **35**:137
"Boomtown" (Wolfe) **4**:527; **13**:492
Boon (Wells) **6**:528-29, 540, 548; **12**:484
Boon Island (Roberts) **23**:236-37, 240-41
"Boorī kākī" (Premchand) **21**:296
"Bopicuá" (Graham) **19**:105, 118
"Het bordeel van Ika Loch" (van Ostaijen) **33**:409, 412
The Border Bandit (Faust) **49**:54
The Border Kid (Faust) **49**:35, 38
Borderland (Tagore)
See *Prāntik*
The Borderland (Tagore)
See *Prāntik*
"Borderlands" (Guiney) **41**:214, 221-22, 227
Les bords de la route (Verhaeren) **12**:460, 466
"Boredom" (Gorky) **8**:73
Borgia (Field) **43**:163
Borgia (Gale) **7**:280, 284-85

Bori notesz (Radnoti) **16**:417, 420
"A Boring Story" (Chekhov)
See "A Dreary Story"
Borislav (Vazov) **25**:455
Børn av tiden (Hamsun) **14**:221-22, 224; **49**:129, 134, 153-54
Born in Exile (Gissing) **3**:225, 228, 232-33; **24**:220, 223, 231, 233, 241, 243, 245-46, 248; **47**:120, 124, 141
"Børn og kunst" (Obstfelder) **23**:185
Borozdy i mezhi (Ivanov) **33**:118
"The Borrowed House" (Rinehart) **52**:282
"A Borrowed Month" (Stockton) **47**:316
"Bors to Elayne: The Fish of Broceliande" (Williams) **1**:512
Bosambo of the River (Wallace) **57**:402
"Das Böse im Wertsystem der Kunst" (Broch) **20**:58
Der bösen (Mann) **9**:314
Bosman at His Best (Bosman) **49**:23, 32
"The Bosom of the McRorys" (Somerville & Ross) **51**:335, 360, 385-86
"El bosque" (Prado) **75**:211
"The Boss Girl" (Riley) **51**:277
"Boss Gorgett" (Tarkington) **9**:466
The Boss of Taroomba (Hornung) **59**:113
"The Boss over the Board" (Lawson) **27**:139
The Bosses (Azuela)
See *Los caciques*
"The Boss's Boots" (Lawson) **27**:139
"Boston (Robinson) **101**:156
"The Boston Athenaeum" (Lowell) **1**:372
The Bostonians (James) **2**:262, 269; **11**:242, 326-28, 337; **40**:117; **47**:177-80, 182-86, 189-91, 193, 202-04; **64**:168, 172
A Boswell of Baghdad, with Diversions (Lucas) **73**:159
"Botan no kyaku" (Nagai) **51**:88-9
"Botanical Gardens" (Masters) **25**:290
"Botanist on Alp (No. 1)" (Stevens) **45**:296, 330, 334
"Botanist on Alp (No. 2)" (Stevens) **45**:296, 334
Botany Bay (Hall and Nordhoff) **23**:63
Botchan (Natsume) **2**:490-91, 493, 496; **10**:329, 332, 344
"Both Cheeks" (Freeman) **9**:74
Both of Them (Rebreanu)
See *Amîndoi*
"Both Sides of the Medal" (Lawrence) **93**:24
Both Sides of the Street (Cobb) **77**:129
Both Your Houses (Anderson) **2**:1, 3, 8, 10
Bothwell (Swinburne) **8**:427, 431-34, 441; **36**:300, 332
"The Bottle" (Zoshchenko) **15**:506
"A Bottle of Perrier" (Wharton) **3**:578; **9**:546
"A Bottomless Grave" (Bierce) **44**:40, 45
Bottoms Up (Nathan) **18**:297
Le bouchon de cristal (Leblanc) **49**:193, 197
"Boulôt and Boulotte" (Chopin) **14**:58
Bound East for Cardiff (O'Neill) **1**:396; **6**:327-29, 336; **49**:269
The Boundaries of Natural Science (Steiner)
See *Grenzen der naturerkenntnis*
"The Bouquet" (Chesnutt) **5**:131-32; **39**:82
"Bouquet of Belle Scavoir" (Stevens) **45**:348
"A Bouquet of Illusions" (Saltus) **8**:349
"Bouquet of Roses in Sunlight" (Stevens) **45**:334-35
Le bourg (Bosschere) **19**:52-5
"The Bourgeois King" (Dario)
See "El rey burgués"
Bourgeois Stanzas (Bacovia) **24**:64
Le bourgeon (Feydeau) **22**:78, 88
"La bourse" (Verhaeren) **12**:467
Le bouton de Rose (Zola) **6**:567
"La bovina" (Lardner) **14**:305
"The Bowden Reunion" (Jewett) **22**:126-27
"The Bowl" (Fitzgerald) **6**:167, 169
"The Bowl" (de la Mare) **4**:74; **53**:27
"The Bowling Green" (Morley) **87**:124
"Bowls" (Lawrence) **93**:68
"The Bowmen" (Machen) **4**:279
The Box Office Murders: An Inspector French Case (Crofts) **55**:86
"The Boy" (Davies) **5**:201
"The Boy" (Meynell) **6**:298
"A Boy" (Tozzi)
See "Un ragazzo"
Boy: A Sketch (Corelli) **51**:70
The Boy Comes Home (Milne) **6**:308
The Boy David (Barrie) **2**:49
"The Boy Errant" (Middleton) **56**:191
"The Boy from Calabogie" (Drummond) **25**:146
The Boy Grew Older (Broun) **104**:98
The Boy in the Bush (Lawrence) **2**:348
"A Boy on Horseback" (Steffens) **20**:358
Boy Scouts' Life of Lincoln (Tarbell) **40**:433
Boy Scouts of America: A Handbook (Seton) **31**:277
"The Boy Who Had No Jackknife" (Rolvaag) **17**:347
"Boy with a Bible" (Borowski) **9**:20
Boyhood (Tolstoy)
See *Otrochestvo*
Boyhood and Youth (Carmack)
See *Verwandlungen einer Jugend*
Boyhood and Youth (Tolstoy) **28**:378
"The Boys" (Chekhov) **96**:35
"A Boy's Discovery" (McAlmon) **97**:114, 116-17, 120, 122
A Boy's Town (Howells) **7**:372; **17**:162; **41**:275
"Boys' Weekly" (Orwell) **51**:221, 247, 255
"Boys Will Be Brutes" (Agee) **1**:17
Boži muka (Capek) **6**:84-5; **37**:51-2
"The Bracelet of Garnets" (Kuprin)
See "Granatovyi braslet"
Brackie the Fool (Klabund) **44**:102, 107
Bracton's Note Book (Maitland) **65**:249, 252, 276, 280, 282-83, 288
The Bradmoor Murder: Including the Remarkable Deductions of Sir Henry Marquis of Scotland Yard (Post) **39**:345
"Brahma" (Fletcher) **35**:106
"Brahms, the Progressive" (Schoenberg) **75**:296, 330
"The Brain Goes Home" (Runyon) **10**:430
The Brain of India (Aurobindo) **63**:28
"The Brakeman's Daughter" (Runyon) **10**:434
"La brama" (Saba) **33**:370, 375-77
"The Branch" (Roberts) **68**:297, 336
"A Branch on the Desk" (Ishikawa) **15**:130
"A Branch Road" (Garland) **3**:190, 196, 199
Branches of Adam (Fletcher) **35**:102, 105
Brand (Ibsen) **2**:222, 225-28, 232-33, 235-37, 239; **8**:141-42, 146, 148-50; **16**:154, 156, 166, 191, 193; **37**:220, 223, 225, 242, 249, 258; **52**:153, 155, 163
Der Brand im Opernhaus (Kaiser) **9**:173, 180-81, 192
Der Brand von Egliswyl (Wedekind) **7**:580, 586
Brända tomten (Strindberg) **1**:450; **21**:353
Bransford in Arcadia; or, The Little Eohippus (Rhodes) **53**:306, 308, 317, 321, 327-28
Bränt barn (Dagerman) **17**:88-9, 94-5
"Branzilla" (Mann) **9**:314-15
"Braseal and the Fisherman" (Yeats) **31**:385
Braselien: Ein Land der Zukunft (Zweig) **17**:458
The Brasher Doubloon (Chandler) **7**:175
"Le brasier" (Apollinaire) **3**:36, 39, 43; **51**:14-15, 17, 32, 54, 60
Brass Ankle (Heyward) **59**:103, 106
Brat Farrar (Tey) **14**:449-50, 452-53, 460, 462-63
"Brave and Cruel" (Welch) **22**:456, 462
"The Brave Man" (Stevens) **45**:282
Brave Men (Pyle) **75**:234-35, 241-44, 249-51, 260
"The Bravest Boat" (Lowry) **6**:240-41, 254
The Bravo of London (Bramah) **72**:7-8, 13
"A Braw Day" (Graham) **19**:104
"Brawl" (Garcia Lorca)
See "Reyerta"
"The Brazier" (Apollinaire)
See "Le brasier"
Brazil, Land of the Future (Zweig)
See *Braselien: Ein Land der Zukunft*
A Brazilian Mystic: Being the Life and Miracles of Antonio Conselheiro (Graham) **19**:105, 111
"Breach of Promise" (Runyon) **10**:434
"Bread" (Strindberg) **21**:366
"Bread" (Tolstoy)
See "Khleb"
"Bread Alone" (Wylie) **8**:536
"Bread and Wine" (Cullen) **37**:154, 169
The Bread Mill (Bergelson) **81**:17
The Bread of Idleness (Masters) **2**:471
The Break of Day (Colette)
See *La naissance du jour*
"Break of Day in the Trenches" (Rosenberg) **12**:289-92, 294, 297, 302-03, 306-08, 310-12
Break of Noon (Claudel)
See *Partage de midi*
"The Breaker Boy" (Darrow) **81**:64
Breakers and Granite (Fletcher) **35**:96-8, 100-01, 105
Breakfast Table Chat (Guest) **95**:211
"The Breaking Point" (Benet) **7**:69
Breaking Point (Artsybashev) **31**:6-9, 11, 13
The Breaking Point (Rinehart) **52**:288-92
The Breasts of Tiresias (Apollinaire)
See *Les mamelles de Tirésias*
"A Breath of Air!" (Jozsef) **22**:165
"Breath of Allah" (Rohmer) **28**:277
"The Breath of Life" (Lawrence) **93**:51
La Brebis Egaree (Jammes) **75**:105, 119
La brebis galante (Peret) **20**:186
"Bredon Hill" (Housman) **10**:239, 247, 251
"The Breeze Comes Filling the Valley" (Miyazawa) **76**:300
"The Breeze Kid's Big Tear-Off" (Runyon) **10**:435
"Breide Hummelsbúttel" (Liliencron) **18**:216
Un brelan d'excommuniés (Bloy) **22**:30
Bræen (Jensen) **41**:290-91, 293-95
Brennendes Geheimnis (Zweig) **17**:454-55, 457
"Brentano" (Walser) **18**:419
"Brer Rabbit, You's de Cutes' of 'Em All" (Johnson) **19**:210
Bressant (Hawthorne) **25**:229-30, 232, 236, 238, 241-42, 248-52
"Bret Harte and Mr. Howells as Dramatists" (Matthews) **95**:262
"Brethren" (Bunin) **6**:44, 58-9
The Brethren (Haggard) **11**:243
Brethren (Holley)
See *Samantha among the Brethren*
Brev, 1869-1906, I: 1869-1883 (Kielland) **5**:279
Brev, 1869-1906, II: 1884-1889 (Kielland) **5**:279
Breve til en landsmand (Nexo) **43**:330
"Breviario" (Villaurrutia) **80**:516
Breviario di estetica (Croce) **37**:95-6, 107, 113-15, 118-20, 127
The Breviary of Aesthetics (Croce)
See *Breviario di estetica*
"Brick" (Slesinger) **10**:446
"Brick Row" (Lovecraft) **4**:266
The Bridal Crown (Strindberg) **1**:449, 460; **8**:415
"Bridal Pond" (Gale) **7**:285
"Bridal Portion" (Peretz) **16**:393
The Bridal Wreath (Undset) **3**:510
"The Bride" (Lawrence) **93**:17
"The Bride Comes to Yellow Sky" (Crane) **11**:127, 131, 140-41, 155-56, 158, 160, 167; **17**:71, 74, 81; **32**:181
The Bride Feast (Housman) **7**:359
A Bride from the Bush (Hornung) **59**:113
The Bride of Corinth (France)
See *Les noces Corinthiennes*
Bride of Frankenstein (Whale) **63**:339, 341-42, 351-56, 358-60, 372-73, 375-79, 386-90

The Bride of Fu Manchu (Rohmer)
See *Fu Manchu's Bride*
"The Bride of the Man-House" (Dunsany) **59**:12
The Bride of the Sun (Leroux) **25**:257, 260
Bride Roses (Howells) **7**:387-88
"The Bridegroom of Cana" (Pickthall) **21**:245, 249, 256-57
"Bride's Song" (Jozsef) **22**:155
"The Bridge" (Thomas) **10**:450
The Bridge (Crane) **2**:112-15, 117-19, 121-24; **5**:185-90, 194-95; **80**:77-216
The Bridge (Nezval)
See *Most*
The Bridge (Pickthall) **21**:242, 244-45, 247
"The Bridge of Fire" (Flecker) **43**:188
The Bridge of Fire (Flecker) **43**:188-89, 194
"The Bridge-Builders" (Kipling) **8**:186, 194; **17**:208
"Ein Brief" (Hofmannsthal) **11**:296, 299-300, 307-10
Brief an den Vater (Kafka) **53**:216
Brief an Felice und andere korrespondenz aus der verlobungszeit (Kafka) **6**:222
Brief aus dem Harz (Roth) **33**:347
"Brief History of My Opinions" (Santayana) **40**:359
"Brief Seasons of Intellectual Dissipation" (Bierce) **44**:10
"A Brief Sketch of Serrano Culture" (Benedict) **60**:147, 150
"The Brief Study of Dendrophilia" (Benchley) **55**:18
Briefe (Ball) **104**:72, 75
Briefe (Barlach)
See *Ernst Barlach: Leben und Werk in seinen Briefen*
Briefe (Liliencron) **18**:213
Briefe an die Schwester Hilde, 1938-1943 (Kolmar) **40**:180
Briefe an Sidonie Ná derny von Borutin, 1913-1936 (Kraus) **5**:292
Briefe aus dem Gefangnis (Toller) **10**:478, 491
Briefe Hermann Sudermanns an seine Frau (Sudermann) **15**:434
"Bright Bindings" (Cullen) **37**:168
Bright Cages (Morley) **87**:140
The Bright Island (Bennett) **5**:32, 46
The Bright Messenger (Blackwood) **5**:77
The Bright Shawl (Hergesheimer) **11**:267, 269, 271, 276
Bright Star (Barry) **11**:56-7, 60
Bright Unity (Kandinsky) **92**:32
"Brighten's Sister-in-Law" (Lawson) **27**:126, 128, 145, 147
"The Brighter Side" (Runyon) **10**:430
The Brimming Cup (Fisher) **87**:75
Brindelles pour allumer la foi (Jammes) **75**:119
"Brindisi funebre" (Carducci) **32**:90
Bring the Monkey (Franklin) **7**:267-68, 270
"Bringing Home the Cows" (Roberts) **8**:320
Bringing Jazz! (Bodenheim) **44**:73-4
"Bristol Fashion" (Graham) **19**:109, 129
"Britannia Victrix" (Bridges) **1**:125
The British School: An Anecdotal Guide to the British Painters and Paintings in the National Gallery (Lucas) **73**:173
Broadacre City (Wright) **95**:405
Broadway Jones (Cohan) **60**:156, 158, 163-4, 166, 172
"Brodjačie muzykanty" (Zabolotsky) **52**:375
"A Broken Appointment" (Hardy) **4**:164; **53**:78
"The Broken Blade" (Rohmer) **28**:286
Broken Blossoms (Griffith) **68**:149, 153, 168, 170, 172, 214, 233, 239-40
The Broken Commandment (Shimazaki Toson)
See *Hakai*
"The Broken Gates of Death" (Yeats) **31**:418
Broken Hearts (Gilbert) **3**:218
"The Broken Mirror" (Hedayat)
See "Ayina-yi shikasta"
"Broken Necks" (Hecht) **101**:36
"The Broken Nest" (Tagore)
See "Nashtanir"
"The Broken Plates" (Hartmann) **73**:128
"Broken Record" (Campbell) **5**:122
The Broken Root (Barea)
See *La raiz rota*
The Broken Share (Lewisohn) **19**:261
"The Broken Tower" (Crane) **2**:117, 121-22, 124-26; **5**:189; **80**:142
The Broken Trio (Svevo)
See *Terzetto spezzato*
"The Broken Tryst" (Ledwidge) **23**:120
The Broken Wing (Naidu) **80**:271
"The Broken Wings" (Gibran) **1**:326; **9**:90, 92-3
"Broken Wings" (James) **47**:201
Bröllopsbesvär (Dagerman) **17**:94, 97
"The Bronckhurst Divorce Case" (Kipling) **8**:185
"The Bronco That Would Not Be Broken" (Lindsay) **17**:226-27
Bronenosets "Potyomkin" (Eisenstein) **57**:154, 156-57, 159-69, 174-75, 178-87, 190-91, 196-98, 200-01
The Brontës: Their Lives Recorded by Their Contemporaries (Delafield) **61**:133
"Bronz Trumpets and Sea Water" (Wylie) **8**:521
The Bronze Collar (Faust) **49**:53
The Bronze Hand (Wells) **35**:422
"A Bronze Head" (Yeats) **18**:447; **93**:404
"The Bronze Horses" (Lowell) **8**:226, 236
"The Bronze Paper-Knife" (Hawthorne) **25**:233, 247
"The Bronze Sounding" (Gurney) **33**:88, 98
"Bronze Tablets" (Lowell) **8**:235
"Bronzovyj poèt" (Annensky) **14**:27
Brood of the Witch Queen (Rohmer) **28**:285, 295
"The Brook" (Thomas) **10**:452, 455-56
Brook Evans (Glaspell) **55**:241-42
"The Brook in February" (Roberts) **8**:321
The Brook Kerith (Moore) **7**:478-79, 486, 488-89, 494, 497-98
"The Brooklyn Bridge" (Mayakovski) **18**:248, 258-60
"Brooklyn Bridge" (Morley) **87**:127
"Brooklyn Bridge Nocturne" (Garcia Lorca)
See "Ciudad sin sueño"
"Brooklyn Pinafore (Allen) **87**:60
The Broom-Squire (Baring-Gould) **88**:27
"Broomsticks" (de la Mare) **4**:78; **53**:23
Broomsticks (de la Mare) **53**:16, 22, 27
"Das Brot" (Borchert) **5**:109
"Brothel" (van Ostaijen) **33**:421
"Brother and Sister" (Lawrence) **93**:67
"Brother Death" (Anderson) **24**:43
"Brother, Do Not Give Your Life" (Yosano Akiko)
See "Kimi Shinitamô koto nakare"
"Brother Hitler" (Mann)
See "Bruder Hitler"
Brother Juan (Unamuno)
See *El hermano Juan o el mundo es teatro*
"Brother Lucerta" (D'Annunzio)
See "Fra' Lucerta"
Brother Man (Mais) **8**:241-50
"Brother Martin" (Bernanos) **3**:127
"A Brother of the Battuti" (Symons) **11**:428
Brother of the Cheyennes (Faust)
See *Frontier Feud*
Brother Sun (Housman) **7**:359
Brother Wolf (Housman) **7**:359
Brothereaters (Kazantzakis)
See *The Fratricides*
"Brotherhood" (Baker) **10**:27
"Brotherhood" (Markham) **47**:284
The Brotherhood of Man (Roberts) **23**:240
"The Brother-in-Arms" (George)
See "Der Waffengefährte"
"Brothers" (Bunin)
See "Brethren"
"Brothers" (Johnson) **3**:241, 244
"The Brothers" (Muir) **87**:172, 174
The Brothers Ashkenazi (Singer) **33**:382-83, 386-90, 392, 396-98, 400, 402
The Brothers at Arms (Giacosa)
See *Il fratello d'armi*
Brothers on the Trail (Faust) **49**:36, 45, 56-8, 60
Brothers Three (Oskison) **35**:276, 278-79
"Brothpot" (Verga) **3**:540
"Brought Forward" (Graham) **19**:104
"Brown Boy to Brown Girl" (Cullen) **4**:45; **37**:144, 152
"The Brown Coat" (Futrelle) **19**:96
"A Brown Girl Dead" (Cullen) **4**:49; **37**:140, 152, 160
"The Brown Man's Servant" (Jacobs) **22**:107
"Brown of Calaveras" (Harte) **25**:222
The Brown Owl (Ford) **15**:93
"The Brownie" (Milne) **88**:244
"Brownskin Blues" (McKay) **41**:329
Bruce (Davidson) **24**:158
"Bruchstück einer Hysterie-Analyse" (Freud) **52**:115
"Brudens blege ansigt" (Obstfelder) **23**:178-79
Die Brüder (Heyse) **8**:119
Der Bruder (Mann) **9**:325
"Bruder Hitler" (Mann) **14**:362
"Bruder Liederlich" (Liliencron) **18**:213
"Bruges and anvers" (Verhaeren) **12**:471
"Brugglesmith" (Kipling) **8**:193, 202-04
"Brumana" (Flecker) **43**:192, 194
"Brummy Tom" (Davies) **5**:198
"Brummy Usen" (Lawson) **27**:119
"The Brushwood Boy" (Kipling) **8**:182; **17**:214
Brutality (Griffith) **68**:250
"The Brute" (Chekhov)
See *Medved*
"The Brute" (Stephens) **4**:407
The Brute (Heyward) **59**:92, 94
The Brute (Micheaux) **76**:262
Brutus Ultor (Field) **43**:153-54, 171
Os bruzundangus (Lima Barreto) **23**:167
"Bryan, Bryan, Bryan, Bryan" (Lindsay) **17**:227, 230, 235-36, 245
"Bryan of Brittany" (Flecker) **43**:192
Brynhild (Wells) **12**:515
"Buat album D. S." (Anwar) **22**:22
"Buat Gadis Rasid" (Anwar) **22**:23
"Buat Mirat" (Anwar) **22**:24
"The Bubble of Reputation" (Bierce) **44**:45
"Bubbling Well Road" (Kipling) **8**:185
The Buccaneer (Anderson) **2**:2
The Buccaneers (Wharton) **3**:567; **9**:544, 549, 551
The Buccaneers and Pirates of Our Coast (Stockton) **47**:327
Buch der Bilder (Rilke) **1**:409-10; **6**:357-58; **11**:357
Buch der Freunde (Hofmannsthal) **11**:300
Das Buch der hangenden Garten (Schoenberg) **75**:292-93, 296, 358-59
Das Buch der Narrheit (Herzl) **36**:131-32
Das buch der Sprüche und Bedenken (Schnitzler) **4**:395
Die Bücher der Hirten- und Preisgedichte, der Sagen und Sänge, und der Hängenden Gärten (George) **2**:149-50; **14**:195, 200, 205-06
"Die Bucher und der Krieg" (Zweig) **17**:458
"Buchmendel" (Zweig) **17**:444
Die Büchse der Pandora (Wedekind) **7**:575-76, 578, 582
"Buck Fanshaw's Funeral" (Twain) **59**:210
The Buck in the Snow, and Other Poems (Millay) **4**:310, 313; **49**:206-07, 227
"The Bucket and the Rope" (Powys) **9**:377
"Buckingham Palace" (Milne) **6**:311, 313, 315; **88**:244
"The Buckled Bag" (Rinehart) **52**:303
"Buckolt's Gate" (Lawson) **27**:131
Bucoliques (Renard) **17**:304
Buddenbrooks (Mann) **2**:412-13, 418, 420, 425, 427, 429-30, 433, 435-36, 439; **8**:252, 254-

56, 258, 261, 263, 268-69, 272; **14**:326, 341, 354; **21**:163-64, 166-67, 172, 179, 183; **35**:204-73; **44**:145, 172, 187, 189, 205-06; **60**:322, 326-28, 335, 350, 363
Buddha (Hartmann) **73**:110-111, 116, 134
Buddha (Kazantzakis) **5**:268, 271-72
"Buddha and Brahma" (Adams) **52**:14
"Buddha at Kamakura" (Kipling) **8**:200
Buddy Holly: A Rock 'n' Roll Collection (Holly) **65**:153
Buddy Holly in 1958 (Holly) **65**:137
Buddy Holly Showcase (Holly) **65**:144
The Buddy Holly Story (Holly) **65**:144-47, 151
The Buddy Holly Story, Volume II (Holly) **65**:144, 147, 150
Budem kak solntse (Balmont) **11**:29-32, 34-7, 39-40, 42
"The Budget" (Bosman) **49**:10
Un buen negocio (Sanchez) **37**:314-15
"El buen sentido" (Vallejo) **56**:309-10
"La buena fama" (Valera y Alcala-Galiano) **10**:501, 508
Buenos Aires Etchings (Arlt)
See *Aguafuertes*
"Los buenos muchachos" (Pereda) **16**:372
El buey suelto (Pereda) **16**:367-71, 374, 377, 380
Buf-e kur (Hedayat) **21**:67-70, 73, 76-7, 79-81, 84-5
Buffonate (Papini) **22**:274, 280-81
"Bugen" (Obstfelder) **23**:178
"Buie Anajohn" (Carman) **7**:138
The Builder of Bridges (Sutro) **6**:420, 422
The Builders (Glasgow) **2**:181, 186, 188; **7**:346-47
The Builders (Housman) **7**:359
"Builders of Ruins" (Meynell) **6**:291
Building the Earth (Teilhard de Chardin) **9**:504-05
Le buisson ardent (Rolland) **23**:261, 276
"Buiyon no tsuma" (Dazai Osamu) **11**:176-77, 179, 186-88
"The Bulgarian Language" (Vazov)
See "Balgarskijat ezik"
"The Bulgarian Soldier" (Vazov)
See "Balgarskijat vojnik"
"The Bull" (Sodergran)
See "Tjuren"
"The Bull Fight" (Jensen) **41**:292
"The Bull That Thought" (Kipling) **8**:195, 205; **17**:208
Bulldog Drummond at Bay (Sapper) **44**:316-18, 320-22
Bulldog Drummond Returns (Sapper)
See *The Return of Bulldog Drummond*
Bulldog Drummond Strikes Back (Sapper) **44**:319
Bull-Dog Drummond: The Adventures of a Demobilized Officer Who Found Peace Dull (Sapper) **44**:312-13, 316-24
"The Buller-Podington Contract" (Stockton) **47**:323
"The Bullet of the Fated Ten" (Warung) **45**:419, 422
"The Bullfinches" (Hardy) **53**:81, 86
"The Bullock" (Paterson) **32**:381
"The Bullocky" (Ingamells) **35**:137
"Bulls" (London) **9**:281
"The Bulls of the Resurrection" (Lowry) **6**:246
The Buln-Buln and the Brolga (Furphy) **25**:174, 183
The Bulpington of Bulp (Wells) **6**:548-51
The Bulwark (Dreiser) **10**:178, 184, 191-92, 194, 197; **35**:34, 36, 39, 48, 54-6; **83**:97
"Bums at Sunset" (Wolfe) **13**:492
The Bun (Prishvin)
See *Za volshebnym kolobkom*
"Bun bast" (Hedayat) **21**:74, 81
"A Bunch of Blues" (Handy) **97**:70
"A Bunch of Roses" (Paterson) **32**:369
"A Bunch of Violets" (Bramah) **72**:9
Der bund der schwachen (Asch) **3**:66
Bungaku hyōron (Natsume) **10**:332, 343-44
Bungakuron (Natsume) **10**:343-44
"Bunkai yatsu atari" (Masaoka Shiki) **18**:225
"Bunner Sisters" (Wharton) **3**:564, 566, 572, 580
Bunt mašin (Tolstoy) **18**:360, 368-69
Bunte Beute (Liliencron) **18**:212
Das Bunte Buch (Hauptmann) **4**:200
"Bunte Weise" (Kandinsky) **92**:67
Bunter Kreis (Kandinsky) **92**:32
Buntes Leben (Kandinsky) **92**:47
"La buonissima madre" (Svevo) **35**:369
Buoyant Billions (Shaw) **3**:397
"El buque" (Lugones) **15**:285
"Buques suicidantes" (Quiroga) **20**:212
"A Burden of Easter Vigil" (Johnson) **19**:246
"The Burden of Itys" (Wilde) **8**:495; **41**:378
The Burden of Nineveh (Housman) **7**:360
The Burden of Tyre (Brennan) **17**:43, 50-1
Bureau de change (Dunsany) **2**:144
Bürger Schippel (Sternheim) **8**:367-69, 372, 375, 377-78
Die Bürger von Calais (Kaiser) **9**:171, 173-74, 180, 183, 185-87, 189
"The Burghers" (Hardy) **4**:152
The Burghers of Calais (Kaiser)
See *Die Bürger von Calais*
"Burghers of Petty Death" (Stevens) **12**:364; **45**:349-50
"The Burgher's Wife" (Austin) **25**:35
The Burglar of the Zodiac (Benet) **28**:6, 9
"The Burglars" (Grahame) **64**:79
"Burial at Sea" (Ady) **11**:14
"The Burial in England" (Flecker) **43**:187-88, 190, 192, 194
"The Burial of a Queen" (Noyes) **7**:510
"The Burial of the Rats" (Stoker) **8**:394
"Buried Alive" (Hedayat)
See "Zendeh be-gur"
Buried Alive (Bennett) **5**:24, 29, 37-8, 43, 49, 51; **20**:33
The Buried Candelabrum (Zweig)
See *Der Begrabene Leuchter*
"Buried Soldiers" (Vazov) **25**:453
The Buried Temple (Maeterlinck) **3**:326-27
Buried Treasure (Roberts) **68**:298-300, 308, 312, 324, 326, 365
"Burla de D. Pedro a caballo" (Garcia Lorca) **49**:112-13
"Una burla riuscita" (Svevo) **2**:542, 545-46, 553-54
Una burla riuscita (Svevo) **2**:542, 545-46, 553-54; **35**:333, 336-37, 345, 350-51, 364
A Burlesque Biography (Twain) **59**:168
"Burma Casualty" (Lewis) **3**:289-90
Burmese Days (Orwell) **2**:502, 505, 508, 510; **6**:342, 351; **15**:298, 322; **31**:188, 191, 193, 199, 204; **51**:219, 248, 261
"The Burned Chair" (Rinehart) **52**:291
The Burned House (Strindberg) **8**:415
"The Burning Baby" (Thomas) **1**:466; **45**:398, 408, 411-12
Burning Buildings (Balmont)
See *Goriashchie zdaniia*
Burning City (Benet) **7**:74-5, 79-80
Burning Daylight (London) **9**:255, 261, 266, 273, 276, 281
The Burning Glass, and Other Poems (de la Mare) **4**:79
The Burning Mountain (Fletcher) **35**:100, 102, 107, 110
"The Burning of the Temple" (Rosenberg) **12**:288, 295, 301, 310
The Burning Secret (Zweig)
See *Brennendes Geheimnis*
The Burning Spear (Galsworthy) **45**:67, 69-70
"The Burning Town" (Soderberg) **39**:437
"The Burning Wheel" (Bishop) **103**:9-10, 18
"Burns" (Henley) **8**:103
"Burns: An Ode" (Swinburne) **36**:342, 345
Burnt Belly; or, The Mad Mother (Artaud)
See *Ventre brûlé; ou, la mère folle*
A Burnt Child (Dagerman)
See *Bränt barn*
The Burnt Flower-Bed (Betti)
See *L'aiuola bruciata*
"Burnt Lands" (Roberts) **8**:314
The Burnt Offering (Duncan) **60**:184, 186-8, 206, 210, 214, 217-8, 238, 249
"The Burrow" (Kafka)
See "Der bau"
"Bury Me In a Free Land" (Harper) **14**:256-57, 259-61, 263
La busca (Baroja) **8**:48, 61
"Busca en Todas las Cosas" (Gonzalez Martinez) **72**:149
"Los buscadores de oro" (Lugones) **15**:294
"Bush Cats" (Lawson) **27**:131
"A Bush Christening" (Paterson) **32**:373
"Bush Church" (Baynton) **57**:7-12, 23
Bush Studies (Baynton) **57**:2, 4, 7, 9-14, 19-20, 23-28, 30, 32
"The Bush Undertaker" (Lawson) **27**:119, 129, 132, 142-43
"A Busher's Letters Home" (Lardner) **14**:301, 312
"A Bushman's Song" (Paterson) **32**:369, 373
"Bushranging and Outlawry in Australasia" (Warung) **45**:419
A Business Failure (Bjoernson)
See *En fallit*
"A Business Family" (McAlmon) **97**:117
The Business of Being a Woman (Tarbell) **40**:442-45
"A Business Partnership" (Svevo) **2**:545
Busman's Honeymoon: A Love Story with Detective Interruptions (Sayers) **2**:528, 530-31, 536-37; **15**:377, 379, 381, 389, 390, 394
"Buson the Haiku Poet" (Masaoka Shiki)
See "Haijin Buson"
"The Bust of the Emperor" (Roth)
See "Die Büste des Kaisers"
"Le buste de l'empereur" (Roth)
See "Die Büste des Kaisers"
"Die Büste des Kaisers" (Roth) **33**:338, 340, 351, 362
"The Busted" (Jozsef) **22**:161
"Busy" (Milne) **6**:314-15; **88**:241
"The Busy Heart" (Brooke) **7**:124
But Life Is Alive (Hamsun)
See *Men livet lever*
But, Prince, If Winter Should Come (Babits)
See *Herceg, hátha megjön a tél is*
But Tommorrow (Grieg)
See *Men imorgen*
"But 'Twas a Famous Victory" (Graham) **19**:120
But Young the World Must Be (Grieg)
See *Ung må verden ennu vaere*
"But Your Brows Are a Storm" (Lasker-Schueler) **57**:331
"Butch Minds Baby" (Runyon) **10**:432, 434
"Butcher Rogaum's Door" (Dreiser) **10**:197-200
The Butcher's Revolt (Artaud)
See *La Révolte du Boucher*
"Butō" (Nagai) **51**:99
"Butōkai" (Akutagawa Ryunosuke) **16**:34, 36
"The Butter War in Greenfield" (Rolvaag) **17**:347
"Das butterbrotpapier" (Morgenstern) **8**:306
"Buttercup Day" (Milne) **88**:242
"Butterflies" (Kipling) **17**:209
"Butterflies" (Roberts) **8**:321
"The Butterflies Showing Off" (Lindsay) **17**:240
"Butterfly" (Bialik)
See "Ziporeth"
"The Butterfly" (Chekhov) **10**:100
"Butterfly" (Lawrence) **93**:55, 75
Butterfly (Moricz)
See *Pillangó*
The Butterfly House (Freeman) **9**:74

The Butterfly's Evil Spell (Garcia Lorca)
See *El maleficio de la mariposa*
Buttress (Remizov)
See *Ukrepa*
"La buveuse du sang" (Vallette) **67**:278
Búzakalász (Moricz) **33**:238
"By a Buddha Temple" (Noguchi) **80**:361
"By a Dying Man's Pillow" (Peretz) **16**:396
"By Ana Liffey" (Stephens) **4**:419
By Candlelight (Whale) **63**:339, 386
"By Dreams I Captured" (Balmont)
See "Ia mech'toiu lovil"
By Faith Alone (Shestov)
See *Sola Fide: Tolko veroyu*
"By Force of Karma" (Hearn) **9**:130
"By Himself" (Pirandello)
See "Da sé"
"By Moonlight" (Mansfield) **39**:295
"By Myself" (Bialik)
See "Levadi"
By Night Under the Stone Bridge
See *Nachts unter der steinernen Brücke*
"By Oneself" (Pirandello)
See "Da sé"
"By Severn" (Gurney) **33**:87
By the Aurelian Wall, and Other Elegies (Carman) **7**:134-35, 138-39
"By the Babe Unborn" (Chesterton) **6**:101
By the Century's Deathbed (Hardy) **48**:60
"By the Cold Waters, by Pentavlì" (Sikelianos) **39**:418
"By the Danube" (Jozsef) **22**:163, 165
By the Earth's Corpse (Hardy) **48**:60
"By the Fire" (Ingamells) **35**:137
"By the Gateway of India, Bombay" (Lewis) **3**:290
By the Ionian Sea (Gissing) **3**:224; **47**:123, 135
By the Light of the Fires (Bergelson) **81**:16
By the Light of the Soul (Freeman) **9**:70, 73
"By the Margin of the Great Deep" (Baker) **10**:20, 26
"By the North Sea" (Swinburne) **36**:321, 334-35, 340-44, 346
"By the Old Castle of Komoro" (Shimazaki Toson)
See "Komoro naru kojo no hotri"
By the Open Sea (Strindberg) **1**:444, 460; **21**:352-53
"By the Sea" (Khodasevich) **15**:206, 209
"By the Seashore" (Scott) **6**:391
By the Shore (Carpenter) **88**:55
By the Stars (Ivanov)
See *Po zvezdam*
"By the Statue of King Charles at Charing Cross" (Johnson) **19**:243-44, 246, 253, 255
"By the Urn of P. B. Shelley" (Carducci) **32**:96, 109
"By the Waters of Babylon" (Benet) **7**:81
"By the Waters of Paradise" (Crawford) **10**:157-58
"By the Willow Spring" (Scott) **6**:385
By the Window (Andreyev) **3**:28
"By the Yellow Moonrock" (Sharp) **39**:358, 375
"By Their Fruits" (Cullen) **37**:168
"By This Ax I Rule!" (Howard) **8**:131-32
By Way of Introduction (Milne) **6**:316; **88**:230
By Way of Sainte-Beuve (Proust)
See *Contre Sainte-Beuve*
"By Word of Mouth" (Kipling) **8**:186
Bygmester Solness (Ibsen) **2**:218, 220, 222-23, 226-27, 229-36, 238; **8**:142, 149
Bygone Love (Quiroga)
See *Pasado amor*
Bygones (Pinero) **32**:412
Bylow Hill (Cable) **4**:27, 31
Bylyo (Pilnyak) **23**:199, 207
Byōshō Rokushaku (Masaoka Shiki) **18**:224
Byron and His Group (Brandes) **10**:60
Byron on Wordsworth (Scott) **6**:393
"Byron's World" (Henley) **8**:105
Byvshii lyudi (Gorky) **8**:73-4
The Byzantine Achievement (Byron) **67**:89
"The Byzantine Princess" (Quiroga)
See "La princesa Bizantina"
Byzantinisches Christentum (Ball) **104**:21-22, 36, 47, 76
"Byzantium" (Yeats) **1**:560, 579, 581-82; **11**:525, 529; **18**:444-45, 452-56, 458-60; **31**:403, 411
C (Baring) **8**:38, 40
C. P. Cavafy: Unpublished Prose Pieces (Cavafy)
See *K. P. Kavafes: Anekdota peza keimena*
"Ça ira" (Carducci) **32**:106-07
A Cabal of Hypocrites (Bulgakov)
See *Kabala sviatosh*
"El caballero de la mesa redonda" (Alas) **29**:20-1
El caballero encantado (Perez Galdos) **27**:268
"The Caballero's Way" (Henry) **19**:185
"Los caballos de Abdera" (Lugones) **15**:293
Cabbages and Kings (Henry) **1**:347; **19**:168, 177-78, 180-82, 192-94
"The Cabbalists" (Peretz) **16**:392, 397
"Cabinet Government in the United States" (Wilson) **79**:484, 487, 490
The Cabinet Minister (Pinero) **32**:404-06, 411-12
The Cabinet of Dr. Caligari (Wiene)
See *Das Kabinett des Dr. Caligari*
A Cabinet of Gems (MacDonald) **9**:304
"Cabrinowitsch" (Werfel) **8**:472
"Caccavone" (Papini) **22**:281
Il cacciatore d'anitre (Betti) **5**:62
Cachiporra's Puppets (Garcia Lorca)
See *Los títeres de Cachiporra*
Cachivaches y tradiciones y artículos históricas (Palma) **29**:258-59
Los caciques (Azuela) **3**:77, 79
Cada uno y su vida (Martinez Sierra and Martinez Sierra) **6**:283
"A Caddy's Diary" (Lardner) **14**:297-98, 307
"Cadgwith" (Johnson) **19**:255-56
Cádiz (Perez Galdos) **27**:287-88
"Cadore" (Carducci) **32**:95
Cady's Life (Frank) **17**:114
Caesar and Cleopatra (Shaw) **3**:378, 395, 400; **9**:413-14, 417, 419-20; **21**:324; **45**:221, 223, 239-40
Caesar or Nothing (Baroja)
See *César o nada*
Caesar-Antichrist (Jarry)
See *César-Antéchrist*
"Caesar's Time" (Grove) **4**:144
Caetés (Ramos) **32**:421-22, 424-28, 430-31, 433-35, 437-38
"Café des exilés" (Cable) **4**:32
"Cafe Girls" (McAlmon) **97**:93
"Cage d'oiseau" (Garneau) **13**:195, 203
The Caged Eagle, and Other Poems (Sterling) **20**:386
The Caged Lion (Yonge) **48**:376
"Caged with a Wild Man" (Crane) **11**:160
Les cages flottantes (Leroux) **25**:260
Cagliostro (Huidobro) **31**:121, 123, 138, 141-43
Cagliostro Defeated (Tolstoy) **18**:373
Le cahier gris (Martin du Gard) **24**:394
Cahiers (Valery) **15**:463-64
Cahiers (Weil) **23**:382-86
Les cahiers d'André Walter (Gide) **36**:92-3; **5**:215, 222-23, 243-44; **12**:142-43, 162, 168, 172, 176, 180
Cahiers de Lorient (Alain) **41**:29
Les cahiers d'un clerc (Benda) **60**:90
Caino (Betti) **5**:62
Cain's Altar (Hansen)
See *Kains alter*
"Cairo Jag" (Douglas) **40**:56, 64-5, 70-1, 76-8, 80-1, 90, 93
"Caistealna-Sithan" (Graham) **19**:104
"A Cake of Soap" (Lu Hsun)
See "Feizao"
"The Cake That Prissy Made" (Montgomery) **51**:200
"Calchas" (Chekhov)
See *Kalkhas*
"The Calcite Vein" (Drummond) **25**:146
"Caleb" (Cotter) **28**:44, 47
Caleb, the Degenerate: A Study of the Types, Customs, and Needs of the American Negro (Cotter) **28**:40-7, 50
"The Caledonian Express, or an American Abroad" (Fields) **80**:259
Calendar (Capek) **37**:46
The Calendar (Wallace) **57**:404
A Calendar of Confederate Papers (Freeman) **11**:225, 230
The Calendar of Nature (Prishvin) **75**:219
Calendau (Mistral) **51**:121, 136-39, 148, 150, 152, 161, 163, 166
"The Calf's Head" (Bunin) **6**:56
"Caliban upon Setebos" (Quiller-Couch) **53**:290
Caliban's Guide to Letters (Belloc) **7**:31, 38; **18**:32
California: An Intimate History (Atherton) **2**:18
California, the Wonderful Childern in Bondage (Markham) **47**:287
The Californians (Atherton) **2**:13-15
Caligula (Rolland) **23**:256
"Caline" (Chopin) **14**:69
"The Caliph and the Cad" (Henry) **19**:173
"The Caliph, Cupid, and the Clock" (Henry) **19**:173
"The Caliph's Design" (Lewis) **2**:391; **9**:235; **104**:209
Calixto (Desnos) **22**:69
"The Call" (Blackwood) **5**:71
"The Call" (Brooke) **2**:54
"The Call" (Mew) **8**:298
A Call (Ford) **1**:283; **15**:68-89, 93; **39**:124; **57**:216, 260, 273
"Call for Mr. Keefe!" (Lardner) **14**:303
"Call for Mr. Kenworthy!" (Benchley) **1**:81
"Call Me Back Again" (Tagore)
See "Ebar phirao more"
"The Call of Cthulhu" (Lovecraft) **4**:267, 269, 274; **22**:211, 231, 233-34, 238
The Call of Life (Schnitzler)
See *Der Ruf des Lebens*
"The Call of Spring" (Naidu) **80**:280, 346
The Call of the Blood (Hichens) **64**:124, 126-29, 131
Call of the Blood (Faust) **49**:41-2, 47
Call of the Blood (Vallette)
See *La voix du sang*
"The Call of the Wild" (Service) **15**:404, 407
The Call of the Wild (London) **9**:254-56, 258-64, 266, 269-73, 281; **15**:260-61, 267, 271, 274, 276; **39**:259-91
"A Call on the President" (Runyon) **10**:429, 436
"The Call to Evening Prayer" (Naidu) **80**:312
"Calle" (Storni) **5**:452
"Called Early" (Field) **43**:161
"Calles" (Villaurrutia) **80**:477
Calligrammes (Apollinaire) **3**:33, 40, 44-5; **8**:12, 16, 20-2, 27-8; **51**:3-4, 10-11, 13, 20, 24, 29-30, 32, 35, 37, 49, 54, 57, 59, 61
"The Calling of Arthur" (Williams) **1**:515
"The Calling of Taliessin" (Williams) **1**:512; **11**:491
The Calling of the Sea (Hodgson) **13**:230-31, 237
Callirrhoë (Field) **43**:152, 154, 160-62, 171
"The Calls" (Owen) **27**:212
Calm Tension (Kandinsky) **92**:32
"Calme" (Roumain) **19**:339, 344
Calpurnia's Dinner Party (Baring) **8**:32
Le Calvaire (Mirbeau) **55**:280, 283, 286-90, 292-94, 301, 311-12
Calvaries (Capek)
See *Boži muka*
"Calvary" (Evans) **85**:34
"Calvary" (Graham) **19**:102, 104, 115-16

"Calvary" (Yeats) **93**:341
Calvary (Mirbeau)
See *Le Calvaire*
Calvary (Yeats) **11**:514; **93**:341, 364, 368
"Calverey's" (Robinson) **5**:402, 414
"Calvery's" (Robinson) **101**:138
"La camara in attesa" (Pirandello) **29**:292-93
"La cámara oscura" (Quiroga) **20**:212
El camarada pantoja (Azuela) **3**:78
"The Cambaroora Star" (Lawson) **27**:133
"The Cambered Foot" (Post) **39**:336
The Camberley Triangle (Milne) **6**:308
A Cambric Mask (Chambers) **41**:95
Camel-Driver Bel-Narb (Dunsany) **2**:143
"Camelias" (Beer-Hofmann) **60**:24
"Camembert or the Lucky Lover" (van Ostaijen) **33**:410
Cameos (Corelli) **51**:66
Camino de perfección (Baroja) **8**:54, 61-2
"La camisa de Margarita" (Palma) **29**:256
"Camp Nitgedaige" (Mayakovski) **18**:258
"The Camp of the Dog" (Blackwood) **5**:70, 73, 78-9
Campā (Devkota) **23**:50
Les campagnes hallucinées (Verhaeren) **12**:458, 464, 466, 469, 482-83
"The Campaign of Economy" (Zoshchenko) **15**:503-04
Campaigns and Intervals (Giraudoux)
See *Lectures pour une ombre*
"La campana mística" (Gonzalez Martinez) **72**:152
The Campfire (Gumilev) **60**:260, 276
Campo de armiño (Benavente) **3**:94, 99
Campos de Castilla (Machado) **3**:305, 309, 313
"Camps" (Gurney) **33**:85
Can Grande's Castle (Lowell) **1**:273, 371-72, 375, 379; **8**:224, 226-32, 235
Can Lloyd George Do It? An Examination of the Liberal Pledge (Keynes) **64**:216, 254-55, 264
Can Prayer Be Answered? (Austin) **25**:33
Can Such Things Be? (Bierce) **1**:86, 88, 94; **7**:89; **44**:5, 10-11, 13, 44-6, 49-51
"Can the Bolsheviks Retain State Power?" (Lenin) **67**:256-57
"Can the Mirror Speak?" (Obstfelder)
See "Kan speilet tale?"
"Can War Be Done Away With" (Adams) **80**:53
"Canada" (Roberts) **8**:319
Canada Speaks of Britain (Roberts) **8**:321
"Canada to England" (Pickthall) **21**:255
"Canadian Literati" (Knister) **56**:155, 157
"The Canadian Short Story" (Knister) **56**:156, 165
The Canadians of Old (Roberts) **8**:323
"The Canal Bank" (Stephens) **4**:419
"The Canary" (Mansfield) **2**:448; **8**:285; **39**:303-05, 323
The Canary Murder Case (Mankiewicz) **85**:111
The "Canary" Murder Case (Van Dine) **23**:353-54, 360
The Canavans (Gregory) **1**:332, 334
The Cancer Biopathy (Reich) **57**:338-39
"Canción" (Villaurrutia) **80**:477
Canción (Jimenez) **4**:224
"Canción apasionada" (Villaurrutia) **80**:477
Canción de cuna (Martinez Sierra and Martinez Sierra) **6**:273, 275-76, 278, 281-84, 286-87
"Canción de la mujer astuta" (Storni) **5**:450
"Canción de taurus" (Mistral) **2**:478
"Canción de virgo" (Mistral) **2**:478
"Canción del naranjo seco" (Garcia Lorca) **49**:121
"Cancionero apócrifo" (Machado) **3**:306, 313
Canciones (Garcia Lorca) **1**:312, 314, 318, 322; **7**:292, 296-97; **49**:91, 119-22
"Canciones de hogar" (Vallejo) **3**:531
Canciones del suburbio (Baroja) **8**:51
Canciones en la noche (Huidobro) **31**:124
"Candelora" (Pirandello) **4**:350
Candida (Shaw) **3**:381, 384, 389, 395; **9**:413; **21**:306-07, 309, 317, 327-28, 330; **45**:210, 237-38, 243
A Candidate for Truth (Beresford) **81**:7,10-2
"The Candle" (Balmont) **11**:41
"A Candle, a Saint" (Stevens) **12**:379
The Candle of Vision (Baker) **3**:9; **10**:14-15, 17, 26
"Candle-Lightin' Time" (Dunbar) **12**:106, 110
"Candlemas" (Pirandello)
See "Candelora"
"Candour in Fiction" (Hardy) **10**:218
"Cannabalism in the Cars" (Twain) **12**:425
Canne al vento (Deledda) **23**:41-2
"Canning Time" (Guest) **95**:205
"Canoe" (Douglas) **40**:54-5
"A Canomante" (Machado de Assis) **10**:291
"Canon Alberic's Scrap-Book" (James) **6**:212-13
"Canonica" (Stevens) **3**:477; **45**:283
Caños y barro (Blasco Ibanez) **12**:30, 32, 38-9, 41-6, 50-3
Cánovas (Perez Galdos) **27**:256, 283
"Canta l'epistola" (Pirandello) **29**:282
"Cantelman's Spring-Mate" (Lewis) **2**:388-89, 392, 396; **104**:237, 243-44, 257
"The Canterville Ghost: A Hylo-Idealistic Romance" (Wilde) **8**:492; **41**:359
Canti di Castelvecchio (Pascoli) **45**:146, 148-49, 154-56
Canti orfici (Campana) **20**:82-8, 90
"A Canticle" (Percy) **84**:198
"Canticle of Mesa" (Claudel) **2**:108
The Canticle of the Wing (Rostand) **6**:381
"Cantiga de esponsais" (Machado de Assis) **10**:291
"Cantilènes" (Moreas) **18**:286
Les cantilènes (Moreas) **18**:275, 278-82, 285-88, 290
"Cantique des colonnes" (Valery) **4**:491, 498
"Canto à la Argentina" (Dario) **4**:61-2
"Canto a la primavera" (Villaurrutia) **80**:462
Canto a la primavera (Villaurrutia) **80**:460, 487
"El canto de la angustia" (Lugones) **15**:286, 289
"Canto de la tarde y de la muerte" (Lugones) **15**:285
"Canto del amor y de la noche" (Lugones) **15**:285
"Canto del sole" (D'Annunzio) **40**:37-8
"Canto dell'ospite" (D'Annunzio) **40**:38
"Canto di marzo" (Carducci) **32**:95
El canto errante (Dario) **4**:61
Canto novo (D'Annunzio) **40**:12, 37
El cantor vagabundo (Baroja) **8**:58
Cantos de vida y esperanza (Dario) **4**:56-7, 59-61, 64
Cantos seculares (Lugones) **15**:290
Canute the Great (Field) **43**:154, 171
"Canzone" (Manning) **25**:277
"Canzone di Legnano" (Carducci) **32**:90
Le canzoni d'oltremare (D'Annunzio) **40**:11
Il canzoniere (Saba) **33**:366-69, 371, 375-77
Cap and Bells (Pirandello)
See *Il berretto a sonagli*
"The Cap and the Anthem" (Henry) **19**:201
"The Cap and the Bells" (Yeats) **11**:527
"The Cap that Fits" (Dobson) **79**:27
"Capbreton" (Balmont) **11**:41
"Cape Cod" (Santayana) **40**:340
"Cape Hatteras" (Crane) **2**:121, 126; **80**:81, 83-5, 88-9, 99, 101, 106, 110, 113, 127-8, 139-41, 144, 157, 159-62, 169, 173-4, 176-7, 186, 190, 212-3
"Cape Race" (de la Mare) **53**:35
Capel Sion (Evans) **85**:2-3, 5, 21, 32
"La capilla aldeana" (Huidobro) **31**:124
Capillária (Karinthy) **47**:269, 272-73
Capital Capitals (Stein) **48**:264
Capital Cities (Kahanovitsch)
See *Hoyptshtet*
"The Capital Difficulty of Prose" (Quiller-Couch) **53**:292
"The Capital Difficulty of Verse" (Quiller-Couch) **53**:292
Capitale de la douleur (Eluard) **7**:247-48, 250, 252; **41**:150, 154
"El capitán Funes" (Guiraldes) **39**:190
Capítulos de literatura española (Reyes) **33**:323
"La capra" (Saba) **33**:368-69, 373, 376
"Caprice" (Cullen) **37**:154
"Caprice" (Naidu) **80**:314
Caprice (Firbank) **1**:227
Les Caprices du poete (Jammes) **75**:117, 119
"Capricho de Limeña" (Palma) **29**:256
Capricious Line (Kandinsky) **92**:32
"The Captain" (McCrae) **12**:211
Captain Antifer (Verne) **6**:502
A Captain at Fifteen (Verne) **6**:500
Captain Blood (Sabatini) **47**:300, 303-04, 306
Captain Brassbound's Conversion (Shaw) **3**:378; **9**:414
Captain Caution (Roberts) **23**:229-30, 232, 235-36, 239
"Captain Craig" (Robinson) **5**:404, 416-17; **101**:96, 110-12, 118-19, 123-25, 133, 197
Captain Craig and Other Poems (Robinson) **101**:97, 119, 123, 133, 136
Captain Dieppe (Hope) **83**:181
Captain Gault: Being the Exceedingly Private Log of a Sea Captain (Hodgson) **13**:231
Captain Horn (Stockton)
See *The Adventures of Captain Horn*
Captain Macklin (Davis) **24**:203
"Captain Maconochie's 'Bounty for Crime'" (Warung) **45**:418
Captain Mansana (Bjoernson)
See *Kaptejn Mansana*
The Captain of St. Margaret's (Molnar)
See *A gőzoszlop*
"The Captain of 'The Camel'" (Bierce) **44**:45
The Captain of the Gray-Horse Troop (Garland) **3**:192-94, 204-05
"The Captains" (Gumilev)
See "Kapitany"
"The Captains" (Jewett) **22**:136
Captains Courageous (Kipling) **8**:193, 200; **17**:202-03, 208, 210-11
The Captain's Daughter (Valle-Inclan)
See *La hija del capitán*
"The Captain's Doll" (Lawrence) **2**:344; **9**:216; **16**:290
The Captain's Toll-Gate (Stockton) **47**:324
"The Captain's Vices" (Coppee) **25**:121
"The Captive" (Graham) **19**:130
The Captive (Proust)
See *La prisonnière*
The Captive and the Free (Cary) **1**:141-42, 144; **29**:91, 102, 104-05, 108
"A Captive Bird" (Sodergran)
See "En fången fågel"
The Captive in the Caucasus (Tolstoy) **11**:465
Captive Lion (Moricz)
See *Rab oroszlán*
"A Captive of the Khan" (Tsvetaeva)
See "Khansky polon"
A Captive Spirit: Selected Prose (Tsvetaeva) **7**:571-72; **35**:395
The Captives (Walpole) **5**:492-93, 503
"The Captivity" (Lewis) **3**:287
Capt'n Davy's Honeymoon (Caine) **97**:7
"Captured" (Heidenstam) **5**:253
"The Captured and the Freed" (Anwar)
See "Jang terampas dan jang luput"
"Captured by the Khan" (Tsvetaeva)
See "Khansky polon"
"The Captured Goddess" (Lowell) **1**:375; **8**:232-35
"Caput Tuum ut Carmelus" (Field) **43**:170
La cara de Dios (Valle-Inclan) **5**:489
Cara de plata (Valle-Inclan) **5**:486
Carapina po nebu (Khlebnikov) **20**:137, 140
"Carasoyn" (MacDonald) **9**:305

Caravan: The Assembled Tales of John Galsworthy (Galsworthy) **45**:69
The Caravaners (Elizabeth) **41**:122-23, 128, 130-31
"A Carberry Deer Hunt" (Seton) **31**:259
Il carcere (Pavese) **3**:338, 342-43
The Card (Bennett) **5**:26, 29, 32, 38, 42-3, 50-2
The Card Game (Gumilev)
See *Igra*
Cardigan (Chambers) **41**:94, 101
"Cardinal Manning" (Strachey) **12**:395, 397, 416
Carducci: A Selection of His Poems (Carducci) **32**:98-9
Carducci the Man (Papini) **22**:273
"A Career" (Dunbar) **12**:117, 121
The Career of Katherine Bush (Glyn) **72**:137, 141
"Cares" (Sodergran)
See "Sorger"
"The Cares of a Family Man" (Kafka) **2**:306
"A Cargo of Cat" (Bierce) **44**:45
Cargo Unknown (Dent) **72**:26
Caricatures of Twenty-Five Gentlemen (Beerbohm) **24**:98, 115
The Carillon of Love (Kuzmin) **40**:191
"Carl Hamblin" (Masters) **25**:309
Carl Van Doren (Van Doren) **18**:409
The Carlist War (Valle-Inclan)
See *La Guerra Carlista*
"Carlos among the Candles" (Stevens) **12**:356
"Carlyle" (Harris) **24**:271
"The Carlyle House" (Natsume)
See "Kārairu hakubutsukan"
The Carmelites (Bernanos)
See *Dialogues des Carmélites*
Carnacki the Ghost-Finder (Hodgson) **13**:230, 232
"The Carnation" (Mansfield) **39**:320
"Carnaval Carioca" (Andrade) **43**:18-19
"El carnaval negro" (Lugones) **15**:294
Carnet (Ramuz) **33**:310
Les Carnets de Major Thompson (Sturges) **48**:283, 291, 309
Il carnevale de Morti (Pirandello) **29**:291
Carnival (Molnar)
See *Farsang*
"Carnival in Rio" (Andrade)
See "Carnaval Carioca"
The Carnival of the Dead (Pirandello)
See *Il carnevale de Morti*
Carnival Scenes (Caragiale)
See *D'ale carnavalului*
The Carnovsky Family (Singer)
See *Di mishpokhe Karnovski*
"Caro luogo" (Saba) **33**:374
"El carocol del faro" (Miro) **5**:335
"A Carol for Margaret Chester" (Coppard) **5**:177-78
Carolina Chansons (Heyward) **59**:86
Caroling Dusk: An Anthology of Verse by Negro Poets (Cullen) **4**:42; **37**:137, 151, 159, 161
Carols of an Old Codger (Service) **15**:411, 413
The Carpathian Castle (Verne)
See *Castle of the Carpathians*
"The Carpenter's Wife: A Capriccio" (Zangwill) **16**:461
"Carrettiere" (Pascoli) **45**:155-56
Carrots (Renard)
See *Poil de carotte*
"Carskaja nevesta" (Khlebnikov) **20**:139
Carson of Venus (Burroughs) **32**:59, 75
Cartagena and the Banks of the Sinú (Graham) **19**:111
De Cartago a Sagunto (Perez Galdos) **27**:276
Cartas (Hostos) **24**:303
Cartas de Mário de Andrade a Manuel Bandeira (Andrade) **43**:14-15, 26
Cartas de mujeres (Benavente) **3**:93, 98
"Carte postale à Jean Royère" (Apollinaire) **51**:35
"Cartel de ferias" (Valle-Inclan) **5**:478
Carter, and Other People (Marquis) **7**:437
"Cartes postales" (Radnoti) **16**:412, 420
Cartesian Meditations (Husserl)
See *Meditations cartesiennes*
Cartesianische Meditationen (Husserl)
See *Meditations cartesiennes*
Cartones de Madrid (Reyes) **33**:316, 323
Cartoons: "The Second Childhood of John Bull" (Beerbohm) **1**:68; **24**:111
"Cāru" (Devkota) **23**:47, 49
"Un cas de conscience" (Bourget) **12**:74
La casa abandonada (Prado) **75**:201, 205-06, 211-12
Casa braccio (Crawford) **10**:140-41, 148, 150, 155
La casa de Aizgorri (Baroja) **8**:53, 60-1
La casa de Bernarda Alba (Garcia Lorca) **1**:314-16, 318-20, 324; **49**:76-80, 87-9, 98, 103, 111, 115-18
La casa de la primavera (Martinez Sierra and Martinez Sierra) **6**:279
"La casa de Pizarro" (Palma) **29**:256
"La casa del Granella" (Pirandello) **4**:331
"La casa della mia nutrice" (Saba) **33**:369, 371, 377
Casa e campagna (Saba) **33**:369, 372-73, 376
La casa in collina (Pavese) **3**:338, 340, 344
La casa sull'acqua (Betti) **5**:58
"Casada e viúva" (Machado de Assis) **10**:295
"La casada infiel" (Garcia Lorca) **7**:290, 300; **49**:113
Casandra (Perez Galdos) **27**:268
Casanova (Apollinaire) **8**:14-15
Casanova in Spa (Schnitzler) **4**:396-97
"Casanova's Escape from the Piombi" (Sabatini) **47**:300
Casanovas Heimfahrt (Schnitzler) **4**:401
Casanova's Homecoming (Schnitzler)
See *Casanovas Heimfahrt*
"The Cascades of the Gatineau" (Scott) **6**:394
"A Case for the Oracle" (Lawson) **27**:150
"A Case from Guidance Practice" (Adler) **61**:32
"A Case of Amnesia" (Quiroga)
See "La ausencia"
"The Case of 'Ca'line': A Kitchen Monologue" (Dunbar) **2**:128
The Case of Charles Dexter Ward (Lovecraft) **4**:266; **22**:218, 226, 228, 230, 232, 241
"A Case of Conscience" (Dowson) **4**:84, 89
"A Case of Eavesdropping" (Blackwood) **5**:75
"The Case of General Ople and Lady Camper" (Meredith) **17**:287
"A Case of Identity" (Doyle) **7**:241
The Case of Jennie Brice (Rinehart) **52**:283, 289-90, 293, 299, 301
The Case of Miss R. (Adler) **61**:34
The Case of Mr. Crump (Lewisohn) **19**:264-66, 271-72
The Case of Mrs. A. (Adler) **61**:34
The Case of Mrs. Wingate (Micheaux) **76**:239-40
"A Case of Murder" (Hagiwara Sakutaro)
See "Satsujin jiken"
"The Case of Oscar Brodski" (Freeman) **21**:47, 55, 60, 62
The Case of Richard Meynell (Ward) **55**:417-21, 425
"The Case of the Antichrist's Donkey" (Hedayat)
See "Qaziya-hi khar dajjal"
"The Case of the Masked Corporal, That Is, The Poet Resuscitated" (Apollinaire) **51**:49
"The Case of the Rock-Salt" (Hedayat)
See "Qaziva-hi namak-i turki"
"The Case of Wagner" (Nietzsche)
See "Der Fall Wagner: Ern Muskikanten-Problem"
The Case-Book of Sherlock Holmes (Doyle) **7**:220, 238
Cashel Byron's Profession (Shaw) **3**:379, 400; **9**:414, 422; **21**:306, 327, 337
"Casida del sueño al aire libre" (Garcia Lorca) **49**:112
"Casidas" (Garcia Lorca) **1**:308
The Casino Murder Case (Van Dine) **23**:360
The Cask (Crofts) **55**:82, 85-8
"A Cask of Amontillado" (Bierce) **1**:84
A Cask of Jerepigo (Bosman) **49**:5, 7, 10, 15, 19 7
"Časovoj" (Zabolotsky) **52**:378
Caspar Hauser; oder, Die Trägheit des Herzens (Wassermann) **6**:509, 511, 514-15, 520
"Caspar Hauser Song" (Trakl) **5**:461, 467
"Les Casquettes" (Swinburne) **8**:428; **36**:342, 344
Cass Timberlane (Lewis) **13**:338-40; **23**:139; **39**:234
"Cassandra" (Nightingale) **85**:231, 233, 236-7, 239, 261-72, 293-4, 299, 302-3
"Cassandra" (Robinson) **101**:112, 138, 195
The Castaways (Jacobs) **22**:100, 108
I castelli Valdostani e Canoresi (Giacosa) **7**:309
Castellio gegen Calvin; oder, Ein Gewissen gegen die Gewalt (Zweig) **17**:426-27, 442, 457-58
Castilla (Unamuno) **9**:515
The Casting Away of Mrs. Lecks and Mrs. Aleshine (Stockton) **47**:312, 315, 317, 320-22, 324, 330
Casting Out the Lecherous Devil (Tolstoy) **18**:382
"Casting the Runes" (James) **6**:208, 210-13
"The Cast-Iron Canvasser" (Paterson) **32**:380-81
"The Castle" (Gonzalez Martinez) **72**:147
"The Castle" (MacDonald) **9**:303
"The Castle" (Muir) **87**:167, 189
The Castle (Kafka)
See *Das Schloss*
The Castle Builders; or, The Deferred Confirmation (Yonge) **48**:366, 378, 384
Castle Corner (Cary) **1**:142, 144, 146; **29**:66-8, 71, 77-80, 82, 84-5, 87, 108-09
"Castle Corrib" (Gogarty) **15**:103
Castle Gay (Buchan) **41**:38, 41, 45, 74
Castle of the Carpathians (Verne) **6**:502; **52**:356
"Casual Poem about the Standing of Socialism" (Jozsef) **22**:159
"Časy" (Zamyatin) **8**:553
"The Cat" (Cullen) **37**:158, 170
The Cat (Colette)
See *La chatte*
"The Cat and Cupid" (Bennett) **5**:46
"The Cat and the Moon" (Yeats) **18**:459
The Cat and the Moon, and Certain Poems (Yeats) **11**:515
"The Cat in the Jacal" (Adams) **56**:11
"Cat Pegasus" (Lindsay) **17**:240
Cat People (Lewton) **76**:189-94, 196-97, 199-213, 218, 222-28, 230
"Catalina" (Storni) **5**:454
"The Catch" (Coffin) **95**:17
"Catching the Train" (Bennett) **5**:46
La catedrál (Blasco Ibanez) **12**:29-30, 34-5, 37, 42, 46-8
"Caterpillars" (Benson) **27**:13, 16, 19
Catharine Furze (Rutherford) **25**:336, 338, 341, 344-45, 349, 355, 358-59, 361-62
The Cathedral (Huysmans)
See *La cathédrale*
The Cathedral (Schwitters) **95**:344
The Cathedral (Walpole) **5**:494-96, 502-03
"La cathédral de Reims" (Verhaeren) **12**:471
"The Cathedral of Barcelona" (Unamuno) **2**:568
La cathédrale (Huysmans) **7**:406-11; **69**:7, 12, 14-16, 28, 37, 40-1, 43-4, 47-8, 56
La cathédrale interrompue (Rolland) **23**:269
"Catherine Carr" (Freeman) **9**:72
Catherine Parr (Baring) **8**:32
Cathleen ni Houlihan (Yeats) **1**:553; **11**:514; **31**:420-21

The Catholic Church and Art (Cram) **45**:9, 18
Catholic Tales and Christian Songs (Sayers) **15**:395
"Catholicism in England: A Non-Scientific Survey" (Guiney) **41**:219
"Catilina összeesküvése" (Herzl) **36**:154
Catiline (Ibsen) **37**:243; **52**:155, 194
"Catnip Jack" (Scott) **6**:386, 395
"Cato Braden" (Masters) **25**:298
"Cats" (Cullen) **37**:158
"Cats" (Hagiwara Sakutaro)
See "Neko"
"Cats" (MacCarthy) **36**:254
The Cat's Bridge (Sudermann) **15**:418
The Cat's Claw (Giacosa)
See *La zampa del gatto*
Cat's Cradle (Baring) **8**:32, 36-7, 39-40, 43
The Cat's Eye (Freeman) **21**:55, 58-60
"The Cats of Cobblestone Street" (Benet) **28**:6, 9
"The Cats of Ulthar" (Lovecraft) **4**:266
Cattle Brands (Adams) **56**:4, 6, 19
"The Cattle Dealers" (Chekhov) **3**:152
"The Cattle on a Thousand Hills" (Adams) **56**:10, 23
The Caucasian Chalk Circle (Brecht)
See *Der kaukasische Kreidekreis*
"The Caucasian Storms Harlem" (Fisher) **11**:213
Los caudillos de 1830 (Baroja) **8**:57
Caught (Ophuls) **79**:173, 175, 238
"A causa secreta" (Machado de Assis) **10**:291, 296
"The Causeless War and Its Lessons for Us" (Bryan) **99**:133
Causes and Consequences (Chapman) **7**:187, 191, 193, 196
"Causes and Outbreak of the Great and Glorious Revolution in Revon" (Schwitters) **95**:309, 323
Cautionary Tales for Children (Belloc) **7**:38-9, 42; **18**:28, 40, 42
Cautionary Verses (Belloc) **18**:39-40
"The Cavalier" (Kuzmin)
See "Vsadnik"
The Cavalier (Cable) **4**:27-9, 31
"The Cavaliers" (Mikszath)
See "A gavallérok"
Cavaliers (Kandinsky) **92**:48
Cavaliers arabes (Kandinsky) **92**:49
Cavalleria Rusticana, and Other Tales of Sicilian Peasant Life (Verga)
See *Vita dei campi*
Cavanagh, Forest Ranger: A Romance of the Mountain West (Garland) **3**:192
"Cavanelle" (Chopin) **14**:70
"The Cave" (Zamyatin)
See "Peschera"
"Cave Canem" (Millay) **49**:223
The Cave Girl (Burroughs) **32**:57, 76
The Cave of Illusion (Sutro) **6**:418-19
Cavender's House (Robinson) **5**:406; **101**:117, 184-85
La caverna del humorismo (Baroja) **8**:63
"La caverne" (Desnos) **22**:73
Les caves du Vatican (Gide) **5**:214-15, 222-23, 229-30, 232, 235, 239; **12**:144-45, 148-49, 151-53, 160, 170-71, 177-80; **36**:87, 90, 92-4, 105, 108-112, 114, 116-18
"Los caynas" (Vallejo) **56**:308, 320-23
El cazador (Reyes) **33**:316, 322
"Los cazadores de ratas" (Quiroga) **20**:213
Cecelia (Crawford) **10**:150
"Cecil" (Jensen) **41**:307
Cédulas de San Juan (Sanchez) **37**:313-14
Cegen Abend (Kandinsky) **92**:49
"The Celebrated Jumping Frog of Calaveras County" (Twain) **6**:460, 467
The Celebrated Jumping Frog of Calaveras County, and Other Sketches (Twain) **6**:453, 455, 475
"Celebrating the Marriage of the Crown Prince" (Masaoka Shiki) **18**:223
Celebrities and Simple Souls (Sutro) **6**:422
The Celebrity at Home (Hunt) **53**:187, 191-92, 197-99
The Celebrity's Daughter (Hunt) **53**:186-87, 199
"Celephais" (Lovecraft) **4**:272
The Celestial Omnibus (Bramah) **72**:11
Celestine: Being the Diary of a Chambermaid (Mirbeau)
See *Le journal d'une femme de chambre*
Celibates (Moore) **7**:484, 490-91, 493
The Celibates' Club (Zangwill) **16**:451, 455, 462
"Céline Lacoste: Souvenirs de la vie réelle" (Bourget) **12**:67
"Cell Number 6" (Williams) **89**:374, 384
"The Cellar" (Peretz) **16**:401
"The Cellar—1860-1863" (Bishop) **103**:12
"Celle de toujours, toute" (Eluard) **7**:247; **41**:147
"Celle que fût héulmiette" (Stevens) **3**:472
"Cell-formations and Their Work" (Benchley) **55**:16
"Celtic" (Sharp) **39**:355, 371, 378, 395
Celtic Bones (Raabe) **45**:202
"The Celtic Gloom" (Sharp) **39**:374
Celtic Speech (Johnson) **19**:241
The Celtic Twilight (Yeats) **1**:569; **11**:511, 537-39; **31**:404, 409
"Celui qui" (Peret) **20**:185
Cement (Gladkov) **27**:88-91, 93-8, 100
"El cementerio de los soldados" (Huidobro) **31**:125
"Los cementerios Belgas" (Quiroga) **20**:213
"The Cemetery of Souls" (Ady) **11**:14
"Cemiento en la nieve" (Villaurrutia) **80**:484
"La cena" (Reyes) **33**:322, 324
"La cena miserable" (Vallejo) **56**:288
El cencerro de cristal (Guiraldes) **39**:184, 186
Les Cenci (Artaud) **3**:49, 54-5, 61-2; **36**:11-12, 21, 29, 39
The Cenci (Artaud)
See *Les Cenci*
Cenere (Deledda) **23**:31-4, 37, 39, 41
Ceneri e faville (Carducci) **32**:106
"Censorship" (Cobb) **77**:133
"The Censorship of Fiction" (Stoker) **8**:394
Cent Cinquante Marks ou la Foi, L'Espérance, la Charité (Horvath)
See *Glaube Liebe Hoffnung*
"Cent mètres" (Roumain) **19**:333, 339
Cent millions qui tombent (Feydeau) **22**:89, 93
The Centaur (Blackwood) **5**:70-1, 73-4, 77
"The Centaurs" (Kipling) **8**:193
"The Centaur's Farewell" (Benet) **28**:2
"The Centenary of Alexandre Dumas" (Swinburne) **36**:341, 345
Cento e cento e cento e cento pagine del libro segreto di Gabriele d'Annunzio tentato di morire (D'Annunzio) **6**:145
Cento pagine di poesia (Papini) **22**:271, 280
"Central Africa" (Harris) **24**:272
Central Park (Benjamin) **39**:65
Centralization and the Law (Adams) **80**:13
The Century of the Child (Key)
See *Barnets arhundrade*
"The Cephalopod" (Gladkov) **27**:91-2
"Cerameicus Tombs" (Palamas) **5**:386
"Cerements" (Balmont)
See "Savany"
"Ceremony after a Fire Raid" (Thomas) **1**:470, 472; **8**:451; **45**:377, 379, 402
La cerezas del cemenerio (Miro) **5**:339
"Cèrilo" (Carducci) **32**:91
"Čerkešenka" (Zabolotsky) **52**:377-78
"Cero" (Salinas) **17**:358, 369
Certa voz na noite ruivamente (Sa-Carniero) **83**:411
A Certain Dr. Thorndyke (Freeman) **21**:58
The Certain Hour (Cabell) **6**:67-8
A Certain Measure (Glasgow) **7**:335, 340, 348
"Certain Phenomena of Sound" (Stevens) **12**:360
"A Certain Professor's Statement Upon Retirement" (Nishida)
See "Arv kyoju no taishoku no ji"
Certains (Huysmans) **7**:405-06; **69**:6-7, 32-3, 43
Cervantes (Frank) **81**:102
"Červená povídka" (Capek) **6**:84
Cesar Cascabel (Verne) **6**:502
César o nada (Baroja) **8**:47, 49, 51, 57, 62
César Vallejo: Obra poética complete (Vallejo) **56**:316
César Vallejo: The Complete Posthumous Poetry (Vallejo) **56**:303-04
César-Antéchrist (Jarry) **2**:279, 281; **14**:272, 278, 282
C'est les bottes de sept lieues cette phrase: "Je me vois" (Desnos) **22**:60-1
Cetywayo and His White Neighbours (Haggard) **11**:236, 243, 253
Céu em fogo (Sa-Carniero) **83**:399, 405
Ceux de la glèbe (Lemonnier) **22**:198, 203
"Cezanne" (Villaurrutia) **80**:477
Chácharas de café (Ramoacn y Cajal) **93**:146
"Chagrin" (Rosenberg) **12**:310
Chain of Circumstances (Rohan)
See *Renkanki*
The Chain of Gold (O'Grady) **5**:349, 354
The Chain of Kashchey (Prishvin)
See *Kashcheeva Tsep'*
"Chains" (Apollinaire)
See "Liens"
"Chains" (Dreiser) **35**:70, 73, 75
"The Chains" (Palamas) **5**:377
"Chains" (Stringer) **37**:343
Chains (Dreiser) **35**:70-1
Chains of Dew (Glaspell) **55**:247, 271, 276
Chaitāli (Tagore) **3**:490
Chaka (Mofolo) **22**:245-46, 248-55, 257-62, 264
Chakhchygys-Taasu (Remizov) **27**:348
Challenge (Sapper) **44**:316, 319-22
Challenge to Clarissa (Delafield) **61**:127
"A Challenge to Fate" (Naidu) **80**:316
The Challenge to Sirius (Kaye-Smith) **20**:96-8, 100-02
"Chaluz Castle" (Guiney) **41**:207
Chamber Music (Joyce) **3**:255, 270; **8**:158; **16**:212, 221, 227; **35**:144, 176-77
Chambre d'hotel (Colette) **5**:169; **16**:129-31, 133-34
Chamfort erzählt seinen Tod (Frank) **81**:102
"Champak Blossoms" (Naidu) **80**:295
"Champion" (Lardner) **2**:329, 335, 337-38; **14**:291, 295, 305, 307, 312-14, 319-20
The Champion (Tsvetaeva)
See *Molodets*
"The Champion of the Weather" (Henry) **19**:174
Chance (Conrad) **1**:196, 200, 203, 209, 217; **6**:113, 121-22; **13**:117; **25**:87; **57**:37
A Chance Acquaintance (Howells) **7**:365, 371, 375, 377, 391; **17**:176, 180, 183; **41**:234
Chance Aquaintances (Colette)
See *Chambre d'hotel*
"Chance to Work" (Gurney) **33**:106, 108
Le Chancellor: Journal du passager J.-R. Kazallon; Martin Paz (Verne) **52**:352
"The Chances" (Owen) **5**:366-67, 369, 371, 374; **27**:212, 214-15, 227, 229, 236
La chandelle verte (Jarry) **14**:281-82
Chandos (Ouida) **43**:341, 347, 350, 365-66, 375
Chandranāth (Chatterji) **13**:75, 80
Change for a Halfpenny (Lucas) **73**:168
A Change in the Cabinet (Belloc) **18**:32, 35
"The Change in the Position of Women" (Howe) **21**:111
A Change of Air (Hope) **83**:164
A Change of Spirit (Griffith) **68**:250
"A Change of Treatment" (Jacobs) **22**:97
"The Changeling" (Mew) **8**:294-95

"Changes" (Gurney) **33**:103
Changes in Bodily Form of Descendants of Immigrants (Boas) **56**:82
"The Changing Beauty of Park Avenue" (Fitzgerald) **52**:58-9
Changing Concepts of Time (Innis) **77**:341, 346, 369
"Changing the Slums" (Riis) **80**:437
"A Channel Passage" (Brooke) **2**:50, 52, 55, 60; **7**:127
"A Channel Passage" (Swinburne) **8**:428
A Channel Passage, and Other Poems (Swinburne) **8**:428
The Channel Road (Woollcott) **5**:522, 528
Chanson complète (Eluard) **7**:250; **41**:158
"Chanson de l'automne" (Gourmont) **17**:129
La chanson du carillon (Lemonnier) **22**:199
"Chanson du déserteur" (Vian) **9**:530
"La chanson du mal-aimé" (Apollinaire) **3**:33-4, 36-9, 41, 43-4; **8**:13, 16; **51**:7, 9, 13-17, 19, 21, 38, 53, 57, 59-61
Chansons (Ramuz) **33**:294
Chansons de fou (Verhaeren) **12**:473
Chant de la coupe (Mistral) **51**:150
Le chant de la résurrection (Rolland) **23**:269
"Chant de l'horizon en Champagne" (Apollinaire) **51**:36
"Chant d'honneur" (Apollinaire) **8**:17; **51**:36
"Chant of Doom" (Brennan) **17**:46
A Chant of Doom, and Other Verses (Brennan) **17**:48
"The Chant of the Vultures" (Markham) **47**:285
"The Chant of Women" (Sharp) **39**:360
"Le chante d'amour" (Apollinaire) **51**:36
Chantecler (Rostand) **37**:283-84, 286-87, 290-91, 294, 297-98, 300, 305; **6**:377-78, 382-83
"Le chanteur de Kymé" (France) **9**:52-3, 57
Chanticleer (Rostand)
See *Chantecler*
"Chant-Pagan" (Middleton) **56**:174
"Chantre" (Apollinaire) **51**:35, 61
"The Chantry of the 'Nona'" (Belloc) **18**:41
"Chants the Epistle" (Pirandello)
See "Canta l'epistola"
"Chaos" (Benn) **3**:110
"Chaos" (Lasker-Schueler) **57**:314-15, 318-19, 326, 328, 334
"Chaos and Poetry" (Lawrence) **93**:111
"Chaos in Motion and Not in Motion" (Stevens) **45**:310
Ch'ao-yin chi (Su Man-shu) **24**:458, 462
"The Chapel of Wadham College" (Grieg) **10**:208
"Chapelle de la morte" (Nelligan) **14**:397
The Chaplet of Pearls; or, The White and Black Ribaumont: A Romance of French History, 1572 (Yonge) **48**:376
Chaplet of Verse (Crowley) **7**:205
"Chaplinesque" (Crane) **5**:188, 190
"A Chapter in the Philosophy of Value" (Simmel) **64**:338
Chapter the Last (Hamsun)
See *Siste kapitel*
Chapters for the Orthodox (Marquis) **7**:439, 446-47, 452
"Chapters of a Longer Work" (Bergelson) **81**:23
Chaque fois que l'aube paraît (Daumal) **14**:96
Chār adhyāy (Tagore) **3**:495
Character Analysis (Reich)
See *Charakteranalyse*
Character and Comedy (Lucas) **73**:159, 170, 174
Character and Opinion in the United States (Santayana) **40**:362, 384, 412-13
Character Formation and the Phobias of Childhood (Reich) **57**:342
"The Character of Man" (Twain) **6**:461
"A Character Sketch" (Woolf) **43**:407
Characteristics (Mitchell) **36**:265-66, 273, 276
"The Characteristics of Japanese Poetry" (Hagiwara Sakutaro) **60**:294
Characters and Commentaries (Strachey) **12**:400
Characters and Events: Popular Essays in Social and Political Philosophy (Dewey) **95**:69
Characters of the Reformation (Belloc) **18**:45
Charakteranalyse (Reich) **57**:338-39, 341, 360, 384-85
"Charcoal" (Scott) **6**:398
"Charcoal Burners" (Quiroga)
See "Los fabricantes de carbón"
"The Charcoal-Burner" (Milne) **88**:260
"The Charcoal-Makers" (Quiroga)
See "Los fabricantes de carbón"
"Charenton en 1810" (Swinburne) **8**:440
"A Charge with Prince Rupert" (Higginson) **36**:171, 175
The Chariot of Elijah (Ady)
See *Az illés szekerén*
The Chariot of Fire (De Voto) **29**:114, 126
Charitrahīn (Chatterji) **13**:79-80, 83
"Charity" (Gilman) **9**:97
"Charity" (Graham) **19**:119, 130
Charity (Gilbert) **3**:208, 219
The Charity Ball (Belasco) **3**:88
Charlas de café (Ramoacn y Cajal) **93**:138, 142, 146
"Charles and Mary" (Morley) **87**:145
"Charles Carvlle's Eyes" (Robinson) **101**:111, 197
"Charles Dickens" (Orwell) **51**:247
Charles Dickens (Chesterton) **1**:178, 184; **6**:101, 109
Charles Dickens (Gissing) **3**:224; **24**:221
Charles Lamb and the Lloyds (Lucas) **73**:158, 161, 168, 173
"Charles Lamb and the Theater" (Matthews) **95**:228
Charles Lamb Day Book (Lucas) **73**:173
The Charles Men (Heidenstam)
See *Karolinerna*
Charles Sheeler: Artist in the American Tradition (Rourke) **12**:320, 322-24, 329-30, 332
"Charles Sumner" (Forten) **16**:150
Charles the First, King of England (Belloc) **18**:23
Charles XII (Strindberg) **1**:459; **8**:418
Charleston, 1820 (Heyward) **59**:100
Charley Is My Darling (Cary) **1**:142, 144, 148; **29**:68, 72-3, 79, 83, 87, 92, 101, 104, 109
"Charlie" (Chopin) **14**:62, 80-1
Charlie (Hecht) **101**:74
Charlie Chan Carries On (Biggers) **65**:2, 4, 9
"Charlie Graham" (Rhodes) **53**:315-16
Charlotte Brontë (Benson) **27**:11
"Charlotte Corday" (Forten) **16**:150
Charlotte Löwensköld (Lagerloef) **4**:235; **36**:237, 238, 241
"Charlotte's Quest" (Montgomery) **51**:212
Charmes; ou, Poèmes (Valery) **4**:489, 491-92; **15**:445, 447, 466
"Charmides" (Wilde) **8**:495
"Charming Fellow, Anastacia" (Rhodes) **53**:321
"Charming Pact" (Morgenstern)
See "Anmutiger Vertrag"
"Charms" (Benet) **28**:5
Charms of the Earth (Sologub)
See *Ocharovaniia zemli*
Les charniers (Lemonnier) **22**:197, 200-02
Charodjnaja chasha (Sologub) **9**:444
"Une charogne" (Bryusov) **10**:81
"Charondas" (Guiney) **41**:206
"La charrette" (Schwob) **20**:323
The Charwoman's Daughter (Stephens) **4**:406, 408, 411, 414-16, 418-21
The Charwoman's Shadow (Dunsany) **59**:5, 17, 21, 26
The Chase of the Golden Plate (Futrelle) **19**:90
"Chased Away" (Lasker-Schueler) **57**:336
The Chasm (Cahan) **71**:30
La Chasseur (Kandinsky) **92**:49
Le chasseur François (Vian) **9**:531
The Chaste Wanton (Williams) **1**:518
Chastelard (Swinburne) **8**:423, 425, 431-34, 436, 439; **36**:295, 316-17
Chasy (Remizov) **27**:332-33, 346
Le château des pauvres (Eluard) **41**:151
"Le chateau hermetique" (Vallette) **67**:319, 321
"Châteaux en Espagne" (Nelligan) **14**:392
The Châtelaine of La Trinité (Fuller) **103**:59, 61-62, 65-66, 68, 76, 83, 95, 114, 116
Chats on Bashō (Masaoka Shiki)
See *Bashō zatsudan*
La chatte (Colette) **5**:172; **16**:134, 136
Chaucer (Chesterton) **6**:101
Le Chaudron Infernal (Melies) **81**:122
"La chaumière incendiée" (Coppee) **25**:124
"Chava" (Aleichem) **35**:325
Chaver Nachman (Singer) **33**:383, 387, 399-401
Chayka (Chekhov) **3**:147-49, 154, 162, 164, 166, 169, 173-75; **10**:101, 103-05, 107, 109, 111, 114-15; **31**:73-8, 81-2, 86, 88-90, 93; **55**:60-4, 75; **96**:8, 14-17, 39-42, 51, 65
"Une che si salva" (Jovine) **79**:44
Cheap and Contented Labor: The Picture of a Southern Mill Town in 1929 (Lewis) **13**:334
Cheap Books and Good Books (Matthews) **95**:270
Cheap Jack Zita (Baring-Gould) **88**:23-4
The Cheat (Capek)
See *Život a dílo skladatele Foltýna*
"The Cheated Child" (Montgomery) **51**:181
Cheeks on Fire (Radiguet)
See *Les joues en feu*
Cheer Up (Rinehart) **52**:283
Cheerful Yesterdays (Higginson) **36**:167, 170-72, 177, 187
"Cheese" (Chesterton) **1**:184
Cheezo (Dunsany) **2**:144; **59**:3, 13, 26
"Chef de section" (Apollinaire) **3**:35
Chef's d'oeuvre (Bryusov) **10**:79, 81-2, 86, 95-6
"Chelkash" (Gorky) **8**:73
"Chelovek" (Mayakovski) **18**:257-58
"Chelovek predmestya" (Bagritsky) **60**:17
Le chemin de la Croix-des-Ames (Bernanos) **3**:128
"Le chemin de l'Institut" (Barrès) **47**:45
Le chemin de velours (Gourmont) **17**:127, 130, 134, 138, 142, 145, 150, 152
"La chemise" (France) **9**:57-8
"Les chercheurs" (Sully Prudhomme) **31**:306
Chéri (Colette) **1**:190-92; **5**:163, 168, 172; **16**:115, 120, 127-29, 133, 137
Chéri-Bibi et Cecily (Leroux) **25**:260
"Cherished Tales" (Remizov)
See "Zavetnye skazki"
"Cherkes" (Korolenko) **22**:182
Chernyia maski (Andreyev) **3**:21-3
The Cherokee Night (Riggs) **56**:201, 205, 208, 211, 214-15, 218
"Cherries" (Dazai Osamu)
See "Ōtō"
Cherry (Tarkington) **9**:460, 466
Cherry Blossom Festival (Klabund) **44**:106
The Cherry Garden (Chekhov)
See *Visňevyi sad*
The Cherry Orchard (Chekhov)
See *Visňevyi sad*
"The Cherry Robbers" (Lawrence) **93**:16, 66, 115, 121
"The Cherry Tree" (Coppard) **5**:180
"The Cherry Trees" (Thomas) **10**:467
"Chertykhanets" (Remizov) **27**:341
"The Cheshire Cheese" (Pilnyak) **23**:203
"Chesniki" (Babel) **13**:33
"Chess" (MacCarthy) **36**:254
The Chessmen of Mars (Burroughs) **32**:58
The Chestnut Tree (Yeats) **1**:570
"Chet McAusland of Fraternity" (Williams) **89**:399
"Chetvrdnadcati-oye dekabrya" (Hippius) **9**:161

Le cheval de Troie (Nizan) **40**:308-11, 313-24
Le chevalier du passé (Dujardin) **13**:189-90
The Chevalier of Pensieri-Vani, together with Frequent Allusions to the Prorege of Arcopia (Fuller) **103**:52, 58-66, 68-70, 73, 75-76, 83, 91, 95, 107, 110-11, 115-117, 120-22
Les chevaux de Diomède (Gourmont) **17**:135, 137, 141, 151, 157
"Chevaux de frise" (Apollinaire) **51**:36
Chevengur (Platonov) **14**:409-10, 422-24, 427, 429
Le chèvrefeuille (D'Annunzio) **6**:136-37; **40**:10-11
Cheyenne Gold (Faust) **49**:41, 47
The Cheyne Mystery (Crofts)
See *Inspector French and the Cheyne Mystery*
Chi to rei (Mizoguchi) **72**:322
"Chiang sha chi" (Su Man-shu) **24**:461
"Chicago: Where Now" (Wirth) **92**:359
The Chichovtsi (Vazov)
See *Cičovci*
"Chickamauga" (Bierce) **1**:87; **7**:88-9, 92; **44**:15, 24, 44-5, 47
"Chickamauga" (Wolfe) **4**:516, 520
"A Chicken or a Horse" (Adams) **56**:8
"The Chickens"
See "Niwatori"
"The Chief Mourner of Marne" (Chesterton) **6**:100
"The Chief Warrior" (Eastman) **55**:170
"Le chien de l'ecriture" (Drieu la Rochelle) **21**:27
"Le chien perdu" (Coppee) **25**:124
Les chiens de garde (Nizan) **40**:290, 294-95, 297-98, 314-16, 324
Les chiens de paille (Drieu la Rochelle) **21**:20, 22, 34, 37-8, 40
"La chiesa di Polenta" (Carducci) **32**:103, 105, 110
Chikamatsu Monogatari (Mizoguchi) **72**:293, 304, 309-10, 324, 326
"Chikumagawa no suketchi" (Shimazaki Toson) **5**:431, 439
"A Child Asleep" (Roberts) **68**:336
"A Child Asleep in Its Own Life" (Stevens) **3**:459; **45**:302
"Child by Tiger" (Wolfe) **13**:493
"The Child Dying" (Muir) **87**:190
"Child Fancies" (Naidu) **80**:289
"A Child in the Dark, and a Foreign Father" (Lawson) **27**:132, 141
"The Child in the Orchard" (Thomas) **10**:467
"Child in the Universe" (Roberts) **68**:305
Child Lovers, and Other Poems (Davies) **5**:199
Child Man (Pinero) **32**:403, 405, 411
"The Child Musician" (Dobson) **79**:11, 18-9
The Child of Allah (Gumilev)
See *Ditja Allaxa*
"Child of Destiny" (Baker) **3**:4
Child of Manhattan (Sturges) **48**:283, 285, 311, 316
The Child of Montmarte (Leautaud) **83**:194-7
A Child of Our Time (Horvath)
See *Ein Kind unserer Zeit*
The Child of Pleasure (D'Annunzio)
See *Il piacere*
Child of Storm (Haggard) **11**:242, 246, 253-55
A Child of the Century (Hecht) **101**:57-9, 61, 66, 74, 84, 90
"Child of the Infinite" (Roberts) **8**:318, 321
A Child of the Jago (Morrison) **72**:356-57, 359-62, 364-74, 376-78, 380-85, 388-89, 391-92, 395
"The Child on the Cliffs" (Thomas) **10**:452, 467
Child Pictures from Dickens (Higginson) **36**:168
"The-Child-Who-Was-Tired" (Mansfield) **2**:451; **39**:295, 298, 301, 304
"The Child World" (Riley) **51**:284
"Childbirth and Ability" (Yosano Akiko) **59**:350
The Childermass (Lewis) **2**:285, 387-91, 393-98; **9**:237, 240, 248; **104**:178, 181, 186, 201, 206, 208, 214
"Childhood" (Baker) **10**:21
"Childhood" (Devkota)
See "Bālakkāl"
"Childhood" (Gumilev)
See "Detstvo"
"Childhood" (Muir) **87**:218
A Childhood (Carossa)
See *Eine Kindheit*
Childhood (Ivanov) **33**:136
Childhood (Ramos)
See *Infância*
Childhood (Tolstoy)
See *Detstvo*
Childhood and Adolescence (Tolstoy)
See *Detstvo*
Childhood and Youth (Tolstoy) **4**:445, 447; **11**:459; **17**:377
Childhood at Brindabella (Franklin) **7**:271
"Childhood: At Grandmother's" (Babel) **2**:28
Childhood. Boyhood. Youth (Tolstoy) **4**:451, 456, 473
"Childhood Cradle Songs" (Garcia Lorca) **49**:90
"Childhood Friends" (Heidenstam) **5**:249
"Childhood II: At Grandmother's" (Babel) **13**:32
The Childhood of Edward Thomas (Thomas) **10**:458
"The Childless Woman" (Monroe) **12**:216
The Children (Prus)
See *Dzieci*
The Children (Wharton) **3**:561, 563; **9**:548
"Children and Art" (Obstfelder)
See "Børn og kunst"
Children of Abraham: The Short Stories of Scholem Asch (Asch)
See *Die kinder Abrahams: Novellen aus America*
The Children of Captain Grant (Verne)
See *Les enfants du Capitaine Grant*
"Children of Captivity" (Somerville & Ross) **51**:331
The Children of Finkenrode (Raabe)
See *Die Kinder von Finkenrode*
Children of Israel (Aleichem) **1**:29-30
"The Children of Lir" (Baker) **3**:10
"The Children of Lir" (Tynan) **3**:501, 503, 505-06
"The Children of Nineveh" (Leino) **24**:370
Children of the Age (Hamsun)
See *Børn av tiden*
Children of the Bush (Lawson) **27**:129, 131
"Children of the Dark Star" (Sharp) **39**:358
"Children of the Earth" (Roberts) **68**:348-50, 352
"The Children of the Foam" (Campbell) **9**:29
Children of the Frost (London) **9**:255, 259, 262, 264, 274
Children of the Ghetto: Being Pictures of a Peculiar People (Zangwill) **16**:439-42, 444-47, 449-55, 462-64, 466, 469
The Children of the King (Crawford) **10**:141, 143-44, 148-50, 158
Children of the Market Place (Masters) **2**:467-69
"Children of the Moon" (Middleton) **56**:176, 192
"The Children of the Night" (Roosevelt) **69**:255, 264
The Children of the Night (Robinson) **5**:401-02, 404, 410, 418; **101**:95-97, 110, 118-19, 123-24, 133, 136, 196
The Children of the Poor (Riis) **80**:435
Children of the Wind (Shiel) **8**:360
Children of the World (Heyse)
See *Kinder der welt*
"The Children of the Zodiac" (Kipling) **8**:195
The Children of To-morrow (Sharp) **39**:373, 385
"Children of Water" (Sharp) **39**:377
The Children Sing in the Far West (Austin) **25**:34
The Children's Crusade (Schwob)
See *La croisade des enfants*
"Children's Easter" (Papadiamantis) **29**:273
"The Children's Hour" (Benchley) **55**:13
"The Children's Hurdy Gurdy" (Guro)
See "Detskaja šarmanocka"
"The Children's Song" (Kipling) **8**:191
Children's Tales (Zoshchenko) **15**:505
"A Child's Christmas in Wales" (Thomas) **45**:398
"A Child's Garden of Verses" (Benchley) **1**:76
A Child's Memories (Lagerloef) **4**:238
A Child's Romance (Loti)
See *Le roman d'un enfant*
"Child's Song at Christmas" (Pickthall) **21**:250
"Chilterns" (Brooke) **7**:121-22
"La chimera" (Campana) **20**:84, 90
La chimera (D'Annunzio) **6**:143
"Chimes of Love" (Kuzmin)
See "Kuranty liubvi"
"The Chimney Sweep's Wife" (Soderberg)
See "Sotarfun"
Chimneysmoke (Morley) **87**:123
China, Japan, and the U.S.A. (Dewey) **95**:68
"Chincoteague" (Pyle) **81**:381
"The Chinese" (Soderberg) **39**:437, 439
"Chinese Banalities" (Schwitters) **95**:351
"Chinese Lanterns" (Upward) **85**:391
"The Chinese Nightingale" (Lindsay) **17**:227, 230
The Chinese Nightingale, and Other Poems (Lindsay) **17**:225, 227
The Chinese Parrot (Biggers) **65**:4-5, 7
"Chinese Poems" (Upward) **85**:394
"A Chinese Story" (Harris) **24**:272
"A Chinese Tale" (Bulgakov) **16**:83-5
A Chinese Torture Garden (Mirbeau)
See *Le jardin des supplices*
"Chink" (Seton) **31**:279
"The Chink and The Child" (Burke) **63**:127
The Chink in the Armour (Lowndes) **12**:201, 203
"Chinmoku no to"
"Chiostro verde" (Scott) **6**:394-95
"Chiote à l'esprit" (Artaud) **3**:51
The Chip and the Block (Delafield) **61**:127, 136
"Chips from an Old Philosopher" (Benchley) **1**:78
Chips Off the Old Benchley (Benchley) **55**:5
"Chiquenaude" (Roussel) **20**:227, 229, 235, 246
"Chiquita" (Harte) **25**:191
Chiru yanagi mado no yūbae (Nagai)
See *Gesakusha no shi*
"Chirurgie esthétique" (Apollinaire) **51**:20
Chita (Hearn) **9**:118, 122, 128, 131-32, 135, 138-40
"Chitateli gazet" (Tsvetaeva) **35**:404
Chivalry (Cabell) **6**:63, 67, 69
Chivalry Peak (Cobb) **77**:129
Chloe Marr (Milne) **6**:318
Chłopi (Reymont) **5**:390-94, 396-98
Chō o yumemu (Hagiwara Sakutaro) **60**:287
"El chocolate de los jesuitas" (Palma) **29**:264
"Chocorua to Its Neighbour" (Stevens) **45**:299
Chōei (Ishikawa) **15**:124, 129
"Choice" (Gumilev)
See "Vybor"
The Choice of a Bride (Kuzmin)
See *Vybor nesty*
"Choice of Jello or Rice Pudding" (Cobb) **77**:134
Choix desélues (Giraudoux) **2**:164-65; **7**:318-20, 326
"Le chômage" (Zola) **6**:569
"Choosing a Mast" (Campbell) **5**:123-24
Chop at the Roots (Jozsef) **22**:155
Chopin: The Man and His Music (Huneker) **65**:157, 165, 170, 198, 205, 207
Chopin und Nietzsche (Przybyszewski) **36**:280, 286

"Chopin's Funeral March" (Stephens) **4**:420
"A Chorale" (Agee) **1**:11; **19**:23
"Choriambics" (Brooke) **2**:58-9
Chornaya metallurgiya (Fadeyev) **53**:55
Chornoe po belomu (Hippius) **9**:161
"Chortik" (Remizov) **27**:341, 347-48
Chortik (Khlebnikov) **20**:136
Chortov log i polunoshchnoe solntse (Remizov) **27**:346
Chortova kukla (Hippius) **9**:155, 158, 161-62, 169
"A Chorus Girl Speaks in a Dream to a Former Lover" (Bodenheim) **44**:62
"The Chorus of Slaves" (Talvik) **87**:320
Chorus of the Newly Dead (Muir) **87**:180, 194
A Chosen Few (Stockton) **47**:327
The Chosen Ones (Giraudoux)
See *Choix desélues*
The Chosen People (Laski) **79**:135-6
Chosen Poems (Monroe) **12**:222
"The Chosen Vessel" (Baynton) **57**:2, 5-6, 9-11, 13-16, 18-19, 23, 32
"Choses tues" (Valery) **15**:464
"A Chouan" (Guiney) **41**:207
"Chrevo" (Zamyatin) **8**:546, 551-53
Chris Christopherson (O'Neill)
See *Anna Christie*
"Chrismus on the Plantation" (Dunbar) **12**:115
"Chrisp Street, Poplar" (Morrison) **72**:375
Christ (Hartmann) **73**:110-11, 116, 134
Christ (Kazantzakis) **33**:159, 171
Christ and Antichrist (Merezhkovsky) **29**:230-31, 233, 241
Christ and Christmas (Eddy) **71**:149
"Le Christ au cinématographe" (Jacob) **6**:199, 202
Le Christ dans la matière: Trois histoires comme Benson (Teilhard de Chardin) **9**:481, 491
Christ in Italy (Austin) **25**:33, 35
Christ in Rome (Sikelianos) **39**:415, 419
"Christ in the Castle" (Papadiamantis) **29**:272
"Christ in the Museum" (Pickthall) **21**:245, 250
Christ Legends (Lagerloef)
See *Kristuslegender*
The Christ of Velázquez (Unamuno)
See *El Cristo de Velázquez*
Christ; or, The Lamb and the Wild Beast (Strindberg) **8**:418
Christ Recrucified (Kazantzakis)
See *Ho Christos xanastauronetai*
"Christ, the Man" (Davies) **5**:209
"A Christã nova" (Machado de Assis) **10**:279
Christchurch (Coffin) **95**:4
"Christd in the Tirol" (Lawrence) **93**:70
"The Christening" (Milne) **88**:242
Das Christentum als Mystische Tatsache (Steiner) **13**:441, 445-46, 449-50
The Christian Captives (Bridges) **1**:124
"Christian Citizenship" (Bryan) **99**:108
"Christian Confession of Faith" (Sodergran)
See "Kristen trosbekännelse"
The Christian Doctrine (Tolstoy) **11**:463; **79**:79, 335, 428
"Christian Faith and Contemporary Culture" (Sayers) **15**:389
Christian Letters to a Post-Christian World (Sayers) **15**:378
Christian Science (Twain) **12**:436
The Christian Teaching (Tolstoy)
See *The Christian Doctrine*
"Christian Trevalga" (Symons) **11**:448
Christian Wahnschaffe (Wassermann) **6**:508-11, 515-16
"Le Christianisme" (Owen) **27**:203, 212, 215-16, 236
Christianity and Class Struggle (Berdyaev) **67**:30
Christianity and Morals (Westermarck) **87**:361, 395-96
"Christianity and Patriotism" (Tolstoy) **79**:429
Christianity and the Machine Age (Gill) **85**:82, 84, 87-8
Christianity as Mystical Fact and the Mysteries of Antiquity (Steiner)
See *Das Christentum als Mystische Tatsache*
The Christianity of the New Testament (von Hartmann) **96**:211, 222
Christianity's Place in History (Rozanov) **104**:382
Christians (Andreyev) **3**:26
Christians Only (Broun) **104**:80
"Christie Christison" (Graham) **19**:136
Christina Alberta's Father (Wells) **19**:452
Christinas Heimreise (Hofmannsthal) **11**:292, 296, 301
Christina's Journey Home (Hofmannsthal)
See *Christinas Heimreise*
Christine (Elizabeth) **41**:131
"The Christmas" (Muir) **87**:168
"Christmas" (Quiroga)
See "La navidad"
Christmas (Gale) **7**:283
"Christmas, 1917" (Benson) **17**:33
"Christmas and Ireland" (Johnson) **19**:230
"Christmas Antiphones" (Swinburne) **8**:437; **36**:318
"Christmas Bread" (Papadiamantis) **29**:272
"Christmas by Injunction" (Henry) **19**:178
"A Christmas Carol" (Swinburne) **8**:436; **36**:299
"A Christmas Chronicle" (Caragiale) **76**:169
"Christmas Eve" (Obstfelder)
See "Juleaften"
"Christmas Eve" (Vallejo)
See "Nochebuena"
Christmas Formula, and Other Stories (Benson) **17**:32
A Christmas Garland (Beerbohm) **1**:67, 69, 72; **24**:101, 104, 107, 112, 116, 119-20, 122-23, 125
"A Christmas Ghost-Story" (Hardy) **53**:100
"Christmas Guest" (Hawthorne) **25**:235
Christmas in July (Sturges) **48**:270-72, 274, 276, 283, 287-89, 301, 303, 309-10, 319, 321-22
"Christmas Is a Comin'" (Dunbar) **12**:114
Christmas Madonna (Babits)
See *Karácsonyi Madonna*
"Christmas Morning" (Roberts) **68**:301, 336
"The Christmas Offering" (Rolvaag) **17**:347
"Christmas on the Plantation" (Dunbar)
See "Chrismus on the Plantation"
"Christmas Pantomimes" (Benchley) **55**:3
"The Christmas Shadrach" (Stockton) **47**:325, 327
"A Christmas Song" (Dunbar) **12**:110
"Christmas Story" (Mencken) **13**:387
The Christmas Tales of Flanders (Bosschere) **19**:56
"The Christmas Tree" (Fletcher) **35**:106
"Christmas under Arms" (Sterling) **20**:386
"The Christmas Wreck" (Stockton) **47**:312, 320
The Christmas Wreck (Stockton) **47**:314
"Christofer Columbus" (Jensen) **41**:300
Christoph Columbus, der Don Quichote des Ozeans (Wassermann) **6**:517
Christoph Pechlin (Raabe) **45**:171, 175, 178, 200
Christopher and Columbus (Elizabeth) **41**:124
"Christopher Columbus" (Mayakovski) **18**:258
Christopher Columbus (Jensen) **41**:295, 298
"Christopher Comes Back" (Benson) **27**:19
Christos Milionis (Papadiamantis) **29**:271
Ho Christos xanastauronetai (Kazantzakis) **2**:317-20, 323; **5**:262-64, 268; **33**:145-47, 149, 159, 160, 163-64, 172
Christowell (Blackmore) **27**:25, 28, 35-9, 42, 44-7
Christ's Christianity (Tolstoy) **79**:327
Christ's Emperor (Sayers) **15**:388
"Christus Natus Est" (Cullen) **37**:163
The Chronicle of 1917 (Remizov) **27**:331, 334
The Chronicle of Sparrow Street (Raabe)
See *Die Chronik der Sperlingsgasse*
The Chronicle of Tebaldeo Tebaldei (Swinburne) **8**:444
The Chronicle of the Town Okurov (Gorky) **8**:77
The Chronicles of Clovis (Saki) **3**:365, 370
The Chronicles of Count Antonio (Hope) **83**:171
Chronicles of Martin Hewitt (Morrison) **72**:363
Chronicles of Pantouflia (Lang) **16**:264, 267
Chronicles of the House of Borgia (Rolfe) **12**:267, 275, 282-83
Die Chronik der Sperlingsgasse (Raabe) **45**:160, 165, 169-70, 179-81, 187, 190, 201-02
Chronik von des zwanzigsten Jahrhunderts Beginn (Sternheim) **8**:368, 372
Chronique de septembre (Nizan) **40**:316
Chroniques (Schwob) **20**:329
Chroniques d'art (Apollinaire) **51**:39
Chrpy a město (Nezval) **44**:241, 249
"Chrysanthemum" (Wen I-to) **28**:410
The Chrysanthemum and the Sword (Benedict) **60**:93-4, 97, 120, 130, 133-36, 147, 151-3
"Chrysanthemum Turning Sour" (Hagiwara Sakutaro) **60**:296
"Chto takoe iskusstvo" (Tolstoy) **4**:477, 479-80; **11**:462, 469; **28**:357-58; **79**:338, 374, 379, 392-97, 421
"Chu, zashumeli vdrug oblaka" (Khlebnikov) **20**:137
"Chudnaya" (Korolenko) **22**:179, 182
"Chudo" (Remizov) **27**:339
"The Church" (Lawrence) **93**:104
"The Church" (Muir) **87**:193
"Church and Theatre" (Sayers) **15**:388
"The Church at Antioch" (Kipling) **8**:207; **17**:213
Church at Murnau (Kandinsky) **92**:38
"The Church at Novograd" (Babel) **2**:23, 27
"Church Bells" (Vilakazi)
See "Izinsimbi zesonto"
"Church Building" (Harper) **14**:264
Church Manual (Eddy)
See *Manual of the Mother Church*
"A Church Mouse" (Freeman) **9**:75
"The Church of a Dream" (Johnson) **19**:243, 247, 255
"The Church of Polenta" (Carducci)
See "La chiesa di Polenta"
"The Church of the Gospels" (Gumilev)
See "Evangelicheskaja cerkov'"
"The Church Supper" (Benchley) **55**:3
"The Church with an Overshot Wheel" (Henry) **19**:176, 180, 189-90
"The Church-Builder" (Hardy) **4**:154
"Churchyard Arabesque" (Soderberg) **39**:438
La chute de la maison Usher (Epstein) **92**:2, 10-1, 13, 16
La chute de Miss Topsy (Rod) **52**:309
"Chūtō" (Akutagawa Ryunosuke) **16**:34
Chuzhoe nebo (Gumilev) **60**:260, 269-70, 277
"Le Ciaromelle" (Pascoli) **45**:149
Ciascuno a suo modo (Pirandello) **4**:334-35, 338, 340, 346, 348, 352; **29**:301-03, 314-15
"Ciaula Discovers the Moon" (Pirandello) **4**:330
"The Cicadas" (Bunin) **6**:47, 52
"Cicadas" (Bunin) **6**:47, 52
"Cicely" (Harte) **25**:191, 200
"Cicely's Dream" (Chesnutt) **5**:132; **39**:82
"Ci-Cît, précédé de la culture Indienne" (Artaud) **3**:51
Cičovci (Vazov) **25**:454, 456
Los cien mil hijos de San Luis (Perez Galdos) **27**:287
"Cigánydal" (Babits) **14**:39
"Un cigare allume que Fume" (Apollinaire)
See "Paysage"
"Le cigare romanesque" (Apollinaire) **51**:20
"The Cigarette Case of the Commander" (Hunt) **53**:200
"The Cigarette Packet" (Bagritsky)
See "Papirosnyy korobok"

The Cigarette-Maker's Romance (Crawford) **10**:141, 143, 146-47, 151
Cimbelina en 1900 y pico (Storni) **5**:453
Cimbrernes Tog (Jensen) **41**:295, 298
The Cimbrians (Jensen)
See *Cimbrernes Tog*
"Le cimetière" (Desnos) **22**:73
"Le cimetière marin" (Valery) **4**:488, 491-92, 495; **15**:455, 458-59
"Cimio" (Ball) **104**:71, 76-77
"Cinderella's Slipper" (March) **96**:261
"Cinders" (Hulme) **21**:142-43
Cinéma (Desnos) **22**:63
"Cinéma frénétigue et cinéma académique" (Desnos) **22**:64
"Cinematograph" (Mandelstam) **2**:403
"The Cinematographic Principle and the Ideograph" (Eisenstein) **57**:165
Cinématoma (Jacob) **6**:191
Cinnamon and Angelica (Murry) **16**:332, 353-55
"Cinnamon Shops" (Schulz) **5**:422
Cinnamon Shops, and Other Stories (Schulz)
See *Sklepy cynamonowe*
Les cinq cents millions de la Begúm, suivi de les revoltés de la "Bounty" (Verne) **6**:496, 500; **52**:331, 347, 350, 353
Cinq grandes odes (Claudel) **2**:104, 107-08; **10**:121, 123, 128, 130, 132-33
Cinq récits (Verhaeren) **12**:472
"Les cinq rondels du tout jeune homme" (Eluard) **41**:150
Cinq semaines en ballon (Verne) **6**:493-94, 497, 499; **52**:331, 336, 343-44, 348-49, 352
"A Cinque Port" (Davidson) **24**:164
"Le cinquième poème visible" (Eluard) **41**:157
"Cîntecul lebedei" (Rebreanu) **28**:267
Circe the Enchantress (Devkota)
See *Māyāvinī Sarsī*
"The Circle of Affection" (Scott) **6**:398
The Circle of Chalk (Klabund)
See *Der Kreidekreis*
The Circle of Reading (Tolstoy)
See *Krug chtenija*
Circles within Circles (Kandinsky) **92**:147
Les circonstances de la vie (Ramuz) **33**:295
The Circular Staircase (Rinehart) **52**:279-81, 283-84, 287-90, 293-94, 299-301
The Circular Study (Green) **63**:148, 151-52, 156
"Circulo vicioso" (Machado de Assis) **10**:279-80
Circumstance (Mitchell) **36**:263, 267-68, 270, 273
"Circumstances" (Cahan) **71**:13, 26, 44, 71
"The Circus Animals' Desertion" (Yeats) **1**:580; **18**:447, 458, 463
"Circus at Dawn" (Wolfe) **13**:468
"The Circus at Denby" (Jewett) **22**:116, 136
"The Circus Horse" (Colette) **16**:139
Circus World (Hecht) **101**:63, 80
"The Circus Wrestlers" (Kuprin) **5**:300
Citadelle (Saint-Exupery) **2**:517-19, 521-23, 526; **56**:225, 235
"La cité dormante" (Schwob) **20**:323
"The Cited" (Garcia Lorca)
See "Romance del emplazado"
Cities and Men (Lewisohn) **19**:292-94
"Cities of Italy" (Baroja)
See "Ciudades de Italia"
Cities of the Plain (Proust)
See *Sodome et Gomorrhe*
Citizen Kane (Mankiewicz) **85**:105-112, 115, 118-9, 121, 123-57, 163, 167, 170, 173, 176-7, 180, 182-5
"Citizen Wolie Brenner" (Bergelson) **81**:20
"Citizens of Japan, A Mourning Song" (Yosano Akiko)
See "Nihon kokumin asa no uta"
"Citizenship in a Republic" (Roosevelt) **69**:181
Città del silenzio (D'Annunzio) **6**:139
La città morta (D'Annunzio) **6**:130, 134-35, 141, 144; **40**:6, 8
"The City" (Baker) **10**:21
"The City" (Blok) **5**:91, 95
"The City" (Cavafy) **2**:94; **7**:156
"The City" (Dreiser) **35**:64
"City" (Guro)
See "Gorod"
The City (Claudel)
See *La ville*
City and Suburb (Riddell) **40**:335
The City and the Solitude (Palamas) **5**:385
The City Commander of Bugul'ma (Hasek)
See *Velitelem města Bugul'my*
"The City Curious" (Bosschere) **19**:59
"A City Flower" (Dobson) **79**:22
"The City Limits" (Jozsef) **22**:161
"City of Builders" (van Ostaijen) **33**:409
The City of Byblos (Coleridge) **73**:8
"The City of Dreadful Night" (Kipling) **8**:185
"The City of Dreadful Night" (Stephens) **4**:407
"The City of Dreadful Thirst" (Paterson) **32**:369
The City of Fog (Baroja)
See *La ciudad de la niebla*
The City of Peril (Stringer) **37**:336
The City of Pleasure (Bennett) **5**:37
"The City of Refuge" (Fisher) **11**:205, 207, 209, 212, 214
"City of Sleep" (Kipling) **8**:186
"The City of the Dead" (Gibran) **9**:84
The City of the Discreet (Baroja)
See *La feria de los discretos*
"The City of the Gone Away" (Bierce) **44**:45
"The City of Torment" (Heym) **9**:145
"The City of Towers" (Nezval)
See "Město věží"
"The City on Mallington Moor" (Dunsany) **59**:21
"City Stillife" (van Ostaijen)
See "Stad stilleven"
"The City: Suggestions for the Investigation of Human Behavior in the Urban Environment" (Park) **73**:203
"City Trees" (Millay) **4**:306; **49**:202
"La ciudad absorta" (Gonzalez Martinez) **72**:152
La ciudad de la niebla (Baroja) **8**:48, 52, 62
"Ciudad sin sueño" (Garcia Lorca) **1**:308; **48**:94, 123
"El ciudadano del olvido" (Huidobro) **31**:126
"Las ciudades" (Huidobro) **31**:125
"Ciudades de Italia" (Baroja) **8**:63
Ciuleandra (Rebreanu) **28**:271-72
Civil War (Bergelson) **81**:30
"Civilisation" (Bierce) **44**:14
Civilization (Ince) **89**:12-3, 18
Civilization and Its Discontents (Freud)
See *Das Unbehagen in der Kultur*
Civilization: Its Cause and Cure (Carpenter) **88**:63, 71, 97, 100, 106, 121-2, 127, 132, 135, 138
Clã do jabuti (Andrade) **43**:38
"The Claim of the Living" (Woolf) **43**:407
"The Claims of the Muse" (Dobson) **79**:3
"Clair de lune" (Apollinaire) **51**:58-9
"Clair de lune intellectuel" (Nelligan) **14**:392
"Claire's Herd" (van Ostaijen) **33**:409
"Le clairière" (Desnos) **22**:73
Clairieres dans le Ciel (Jammes) **75**:113-115, 119
"Clampherdown" (Kipling) **8**:177
"The Clan of No Name" (Crane) **11**:140, 167
"Clancy of the Mounted Police" (Service) **15**:404, 407
"Clancy of the Overflow" (Paterson) **32**:369-70, 374
The Clandestine Marriage (Belasco) **3**:86
The Clansman (Griffith) **68**:161, 189
Clara d'Ellebeuse ou l'Histoire d'une Ancienne Jeune Fille (Jammes) **75**:104, 115, 117-18
Clara dos anjos (Lima Barreto) **23**:164, 168
Clara Hopgood (Rutherford) **25**:336, 338, 341, 344, 346, 349, 355-58, 361-62
Clara Vaughan (Blackmore) **27**:22-3, 31, 36-8, 40, 44
"Clara's Little Escapade" (Rinehart) **52**:282
"Clarence" (Harte) **25**:213
Clarence (Tarkington) **9**:461-62, 465
"Clark Gable's Secret Wish" (Erskine) **84**:185
Clarté (Barbusse) **5**:14, 17-20
The Clash (Barea) **14**:46, 48-9, 51, 53
"Clash by Night" (Kuttner) **10**:269, 273, 275
The Clasped Skeletons (Hardy) **48**:59
"Class and Art" (Trotsky) **22**:380
"Class Poem" (Austin) **25**:34
"Classical Dreams" (Babits)
See "Klasszikus álmok"
"Classicism and Romanticism" (Carducci)
See "Classicismo e romanticismo"
Classicism and Teutonism (Heidenstam) **5**:253
"Classicismo e romanticismo" (Carducci) **32**:83, 90, 101
"Claude's Aunt" (Leverson) **18**:200-01
"Claudine" (Huysmans) **69**:8, 12, 23
Claudine à l'école (Colette) **5**:166; **16**:131, 136
Claudine à Paris (Colette) **5**:166, 173
Claudine and Annie (Colette)
See *Claudine s'en va*
Claudine at School (Colette)
See *Claudine à l'école*
Claudine en ménage (Colette) **5**:166, 173; **16**:136
Claudine in Paris (Colette)
See *Claudine à Paris*
Claudine Lamour (Lemonnier) **22**:198
Claudine Married (Colette)
See *Claudine en ménage*
Claudine s'en va (Colette) **5**:166
Claudius (Kaiser) **9**:173-74
Claverhouse (Tey) **14**:460-61
"Clavering" (Robinson) **101**:138
"Clay" (Gurney) **33**:97
"Clay" (Joyce) **8**:167; **35**:144, 150, 160, 164-65, 167, 184, 192, 195, 197
Clay Doves (Kuzmin) **40**:191-92
Clayhanger (Bennett) **5**:23-6, 29-30, 32, 34, 38, 40-4, 47-8; **20**:17-21, 29, 39-40
The Clayhanger Family (Bennett) **5**:36, 40-1, 44
Clear Horizon (Richardson) **3**:358
"A Cleared Path" (Gilman) **37**:213-14
"Clearhearing" (Musil) **68**:261
"Clearing the Wild Land (Opus 1017)" (Miyazawa) **76**:290, 292
"La Clemence" (Campbell) **5**:123
"Cleopatra" (Heyse) **8**:113, 125
Cleopatra (Giacosa) **7**:305
Cleopatra (Haggard) **11**:246
Cleopatra in Judaea (Symons) **11**:433
Clerambault, histoire d'une conscience libre pendant la guerre (Rolland) **23**:261-62
"A Clergyman" (Beerbohm) **1**:67; **24**:117, 125
A Clergyman's Daughter (Orwell) **2**:502-03, 508, 510; **6**:342, 344, 348, 351; **15**:310; **51**:227-28, 255
A Cleric's Journal (Obstfelder)
See *En praests dagbog*
"Clerk Maxwell's Influence on the Evolution of the Idea of Physical Reality" (Einstein) **65**:73
"Clerkenwell" (Morrison) **72**:373
"Clerks" (Lawrence) **93**:69
"The Clerks" (Robinson) **101**:103, 119, 133, 156, 198
"The Clever Cockatoo" (Bentley) **12**:15, 20
The Clever Ones (Sutro) **6**:421
The Clever Woman of the Family (Yonge) **48**:372, 374, 382, 388
The Cliff Dwellers (Fuller) **103**:57, 59, 61-62, 65-66, 68, 71-74, 84, 91-94, 102-04, 112, 117
"Cliff Klingenhagen" (Robinson) **101**:119, 198
"A Cliff out of the Future" (Khlebnikov) **20**:151

"Clifford Ridell" (Masters) **25**:299
The Cliffs (Doughty) **27**:53, 59, 61-2, 65, 69-70, 84
"The Cliffside Path" (Swinburne) **36**:344-45
"Clin d'oeil" (Peret) **20**:187
"The Clinging Vine" (Robinson) **101**:111
"Clio" (Peguy) **10**:404
The Clio (Myers) **59**:123-5, 129, 132, 136, 150
The Clipper of the Clouds (Verne)
See *Robur le conquérant*
"Clipper Ships" (Fletcher) **35**:98, 101
"The Cloak" (Chekhov) **3**:146
"Clock" (Hagiwara Sakutaro) **60**:309
The Clock (Remizov)
See *Chasy*
"The Clock Has Stopped" (Hippius) **9**:157
"The Clock of the Years" (Hardy) **53**:101
"The Clocks of Rondaine" (Stockton) **47**:329
The Clocks of Rondaine (Stockton) **47**:314
"A Clod of Soil" (Akutagawa Ryunosuke)
See "Ikkai no tsuchi"
"Clodia" (Schwob) **20**:323
Cloister Lugau (Raabe)
See *Kloster Lugau*
Le cloître (Verhaeren) **12**:458, 464, 469, 479-82
"Le cloître noir" (Nelligan) **14**:397
Les cloportes (Renard) **17**:302
Clorinda Walks in Heaven (Coppard) **5**:179, 181
Clorindy; or, The Origin of the Cakewalk (Dunbar) **12**:122
"A Close Look at France" (Drieu la Rochelle)
See "Mesure de la France"
Close of the Book (Glaspell) **55**:236
"The Closed Door" (Scott) **6**:386, 388-89
The Closed Door (Bosschere)
See *La porte fermée*
"Closer Union" (Schreiner) **9**:400
"Cloth'd Now with Dark Alone" (Brennan) **17**:44
"The Clothing of Ghosts" (Bierce) **44**:15
"Clotilde" (Apollinaire) **3**:39
"The Cloud" (Crane) **2**:121
"The Cloud" (Gurney) **33**:97
"Cloud" (Meynell) **6**:294
Cloud and Silver (Lucas) **73**:155
"Cloud and Sun" (Tagore) **3**:485
Cloud Howe (Gibbon) **4**:120-23, 125-26, 128
"A Cloud in Trousers" (Mayakovski)
See "Oblako v shtanakh"
The Cloud That Lifted (Maeterlinck)
See *Le malheur passe*
"A Cloudburst of Light" (Tsvetaeva) **7**:570
"Clouded Skies" (Nagai)
See "Donten"
"Clouds" (Brooke) **7**:124
"Clouds" (Lyotard) **103**:218
"Clouds" (Nagai)
See "Kumo"
"Clouds" (Pirandello)
See "Nuvole"
"Clouds" (Shimazaki Toson)
See "Kumo"
The Clouds (Doughty) **27**:59, 62, 65, 69-70
"Clouds above the Chapel—Wisps of Pale-Blue Air" (Tsvetaeva) **35**:394
Clouds of Witness (Sayers) **2**:531; **15**:378, 381, 389, 393
"The Cloud's Swan-Song" (Thompson) **4**:439-40
Clouds without Water (Crowley) **7**:209
"Clough" (MacCarthy) **36**:253
"The Clout and the Pan" (Powys) **9**:377
"The Cloverfields Carriage" (Stockton) **47**:313
The Club of Queer Trades (Chesterton) **6**:108
"The Club Secretary" (Dunsany) **59**:27
The Clue of the New Pin (Wallace) **57**:394-95, 398, 402
Cluster of Songs (Tagore)
See *Gitāli*
"Cnards" (Aleichem) **1**:32
"The Coach" (Hunt) **53**:190, 192, 200
"The Coach House" (Chekhov) **3**:152
"Coagulum" (Meyrink) **21**:221
"Coal Thieves" (Molnar)
See "Szentolvajok"
A Coarsened City (Bergelson) **81**:18
"Coasa" (Rebreanu) **28**:273
"The Coast Guard's Cottage" (Wylie) **8**:533, 538
The Coast of Bohemia (Howells) **7**:376; **17**:185
"The Coast of Slaves" (Khlebnikov)
See "Nevolnichy bereq"
The Coastguard's Secret (Hichens) **64**:130-31
"A Coat" (Yeats) **11**:528; **31**:385
The Coat without Seam (Baring) **8**:36-7, 43
Coats (Gregory) **1**:332
Cobbers (Baynton)
See *Bush Studies*
Cobb's Anatomy (Cobb) **77**:116, 127
Cobb's Bill of Fare (Cobb) **77**:127
Cobhurst (Stockton)
See *The Girl at Cobhurst*
Cobhurst (Stockton)
See *The Girl at Cobhurst*
"The Cobweb" (Gale) **7**:285
"The Cobweb" (Saki) **3**:363
Cobwebs from an Empty Skull (Bierce) **44**:9-10, 12; **7**:97
"The Cock and the Pearl" (Jacob)
See "Le coq et la perle"
Cock Robin (Barry) **11**:47, 54, 65
Cockatoos (Franklin) **7**:264, 267-73
"Cock-Crow" (Thomas) **10**:450, 455, 467
"The Cocked Hat" (Masters) **25**:288
"Cockney Corners" (Morrison) **72**:371-72, 374-75
The Cockpit (Zangwill) **16**:466
"Cockroaches" (Schulz) **51**:314-15
"Cocktail Hour" (Benchley) **55**:13
The Cocoanuts (Mankiewicz) **85**:149
"Coconuts" (Williams) **89**:395, 398, 400
The Cod Fisheries: The History of an International Economy (Innis) **77**:337, 370, 398
"A Coed" (Khlebnikov)
See "Uchilitsa"
Coeli Enarrant (Ruskin) **63**:251
"Coeur" (Apollinaire) **8**:12, 17
"Coeur, couronne et miroir" (Apollinaire) **8**:12, 17-18; **51**:54
Un coeur de femme (Bourget) **12**:72
"Le coeur de la matière" (Teilhard de Chardin) **9**:482
Coeur double (Schwob) **20**:319, 321, 323, 326, 329
"Coeur en bouche" (Desnos) **22**:60
Coeur fidèle (Epstein) **92**:2-3, 11
Coeur pensif ne sait où il va (Bourget) **12**:69
"Le coeur sur l'arbre" (Eluard) **41**:153
Un coeur virginal (Gourmont) **17**:130, 133, 138, 151, 153
"The Coffee House of Surat" (Tolstoy) **11**:463
"Coffee, Meg and Ilk, Please" (Benchley) **55**:17
"The Coffin Merchant" (Middleton) **56**:174, 182, 194-95
"The Coffin on the Hill" (Welch) **22**:441, 456
the Cohan Revue (Cohan) **60**:171
Cohen, the Outcast (Adams) **56**:7
"The Coin" (Gurney) **33**:100
"Coin from Syracuse" (Gogarty) **15**:102, 104
The Coiners (Gide)
See *Les faux-monnayeurs*
"Cokher bali" (Tagore) **3**:499
Colberg (Heyse) **8**:119
"Les colchiques" (Apollinaire) **3**:43
"Cold Climate" (Stein) **48**:254
"Cold, Cold Heart" (Williams) **81**:420,438,444
"Cold Fear" (Roberts) **68**:336
"A Cold Greeting" (Bierce) **44**:45
"The Cold Heaven" (Yeats) **93**:341, 352, 353
"Cold Iron" (Kipling) **8**:191
A Cold June (Pinero) **32**:399
Cold Steel (Shiel) **8**:361-62
Cold Stone Jug (Bosman) **49**:3-5, 11, 17, 19, 24, 30, 32
"Cold War" (Kuttner) **10**:269
"Cold-Blooded Creatures" (Wylie) **8**:530
Colette Baudoche (Barrès) **47**:38-40, 42, 51, 60, 81, 94, 99
Colin (Benson) **27**:17
Colin II (Benson) **27**:17
"The Collaborators" (Hichens) **64**:131
"The Collapse of American Strategy" (Bourne) **16**:66
"Collapse of Time" (Bishop) **103**:10
"The Collar" (Davies) **5**:201
El collar de estrellas (Benavente) **3**:94, 99
"Collect for Dominion Day" (Roberts) **8**:319
"A Collect of Philosophy" (Stevens) **45**:287, 291
Collected Edition of Heywood Broun (Broun) **104**:93
Collected Essays (Bishop) **103**:12, 15, 37, 41-2
Collected Essays (Woolf) **43**:407, 425
Collected Essays and Papers (Saintsbury) **31**:232, 239
The Collected Essays, Journalism and Letters of George Orwell (Orwell) **2**:512; **15**:360; **31**:190; **51**:235, 250
Collected Essays on Scientific Methodology (Weber)
See *Gesammelte Aufsatze zur Wissenschaftslehre*
Collected Legal Papers (Holmes) **77**:217, 262
The Collected Letters of D. H. Lawrence (Lawrence) **2**:369; **61**:212
Collected Lyrics (Millay) **49**:216
Collected Papers (Maitland) **65**:253
The Collected Papers of Charles S. Peirce (Peirce) **81**:199,204,206
Collected Plays (Shaw) **9**:425
The Collected Plays of William Butler Yeats (Yeats) **11**:513
The Collected Poems (Agee) **1**:15
Collected Poems (Baker) **3**:3, 6; **10**:13, 20-1
Collected Poems (Bialik) **25**:64
Collected Poems (Bishop) **103**:3-4, 15, 31
Collected Poems (Campbell) **5**:118
The Collected Poems (Chesterton) **1**:186
The Collected Poems (Coppard) **5**:177
Collected Poems (Hardy) **4**:167; **32**:281
Collected Poems (Hippius) **9**:158
Collected Poems (Khodasevich)
See *Sobranie stikhov*
The Collected Poems (Lowell) **8**:237
Collected Poems (Meynell) **6**:299-300
Collected Poems (Millay) **49**:216
Collected Poems (Noyes) **7**:502, 515
Collected Poems (Robinson) **101**:97, 126, 134, 146, 184, 196
Collected Poems (Rosenberg) **12**:304, 306
Collected Poems (Scott) **6**:388
Collected Poems (Stephens) **4**:412, 416
Collected Poems (Stevens) **3**:449, 466, 472; **12**:367-68; **45**:276, 287, 299, 311, 313, 345
Collected Poems (Thomas) **10**:452-53, 459-60, 465
Collected Poems (Yeats) **1**:581-82; **11**:533; **93**:340, 364, 401
Collected Poems, 1921-1952 (Muir) **2**:482, 484-85, 488; **87**:153, 161, 167
Collected Poems, 1934-1952 (Thomas) **1**:469-70, 472, 477; **8**:458-59; **10**:452-3, 459-60, 465; **45**:360, 362-63, 399, 401, 405
Collected Poems and Plays (Tagore) **53**:347
The Collected Poems of D. H. Lawrence (Lawrence) **2**:351, 367; **9**:230; **16**:288; **93**:14, 35, 43, 44-47, 52,53,65, 65, 67-69, 97, 100, 101, 104, 115-120, 121, 123-25, 127
The Collected Poems of Edmund Gosse (Gosse) **28**:142
Collected Poems of Elinor Wylie (Wylie) **8**:530, 534

The Collected Poems of Hart Crane (Crane) **5**:188
Collected Poems of Ivor Gurney (Gurney) **33**:94, 96-7, 105
The Collected Poems of James Elroy Flecker (Flecker) **43**:191, 194
The Collected Poems of Keith Douglas (Douglas) **40**:58, 60-1, 65, 69-72, 74-6
The Collected Poems of Mary Coleridge (Coleridge) **73**:25
The Collected Poems of Oliver St. John Gogarty (Gogarty) **15**:106-07, 113, 117
Collected Poems of Raymond Knister (Knister) **56**:154-55
The Collected Poems of Rupert Brooke (Brooke) **7**:125
The Collected Poems of Sara Teasdale (Teasdale) **4**:427
Collected Poems of W. H. Davies (Davies) **5**:201, 204, 207, 209
The Collected Poems of Wilfred Campbell (Campbell) **9**:31-2
The Collected Poems of Wilfred Owen (Owen) **5**:370; **27**:214
The Collected Poems of William Alexander Percy (Percy) **84**:201, 215-16, 218
Collected Poetry (Bishop) **103**:, 12
Collected Prose (Flecker) **43**:210
The Collected Short Prose of James Agee (Agee) **1**:16; **19**:24
Collected Short Stories (Benson) **17**:32
Collected Sonnets (Millay) **49**:216
The Collected Stories (Babel) **2**:20
The Collected Stories of Colette (Colette) **16**:125, 127, 135, 137
The Collected Stories of M. R. James (James) **6**:211, 214-15
The Collected Verse of Robert Service (Service) **15**:411, 413
Collected Works (Couperus)
See *Verzamelde werken*
Collected Works (Dewey) **95**:173
Collected Works (Harte) **25**:221
Collected Works (Henley) **8**:107
Collected Works (Mann) **8**:263
Collected Works (Molnar) **20**:173
Collected Works (Nishida)
See *Nishida Kitaro zenshu*
Collected Works (Przybyszewski) **36**:290
Collected Works (Sologub)
See *Sobranie sochenenii*
Collected Works (Vivekananda) **88**:365-8, 381
The Collected Works of Ambrose Bierce (Bierce) **1**:88; **7**:96; **44**:11-12, 14-15, 44-5
The Collected Works of Arthur Symons (Symons) **11**:445
The Collected Works of Isaac Rosenberg (Rosenberg) **12**:290-91, 312
The Collected Works of Mahatma Gandhi (Gandhi) **59**:78
Collected Works of Rosa Luxemburg (Luxemburg) **63**:162
The Collected Writings of John Maynard Keynes (Keynes) **64**:239-42, 248-53, 255, 257, 267, 281, 287-89
Collection of Fairy Tales (Dazai Osamu)
See *Otogi zōshi*
The Collection of Fallen Plums (Shimazaki Toson)
See *Rakubaishu*
Collection of Short Songs on Innocent Love (Hagiwara Sakutaro)
See *Junjo shokyoku shu*
The Collection of Ten Thousand Leaves (Hagiwara Sakutaro) **60**:304
Collection of Verse: Second Book (Hippius)
See *Sobranie stikhov: Kniga vtoraya*
The Collector's Whatnot (Roberts) **23**:238
"The College of Science" (Stephens) **4**:419
College Swing (Sturges) **48**:312
"Colli Toscani" (Carducci) **32**:102-03
"The Collier's Wife" (Lawrence) **93**:55, 66
La colline inspirée (Barrès) **47**:52, 60-1, 66-7, 78, 93-4
"Les collines" (Apollinaire) **3**:33; **8**:20, 28; **51**:32, 37
Collision (Schwitters)
See *Zusammensto*
"Colloque sentimental" (Andrade) **43**:7
"Colloquy in a Garden" (Bishop) **103**:6
"Colloquy of the Centaurs" (Dario)
See "Coloquio de los centauros"
"Colloquy With A King-Crab" (Bishop) **103**:4, 6-7, 9
"Colloquy with a Polish Aunt" (Stevens) **45**:269
Colman and Guaire (Gregory) **1**:337
Colombe blanchet (Alain-Fournier) **6**:28
"La colombe poignardée et le jet d'eau" (Apollinaire) **51**:35
Colombi e sparvieri (Deledda) **23**:35, 41
"Colomen" (Webb) **24**:473
Colonel Carter of Cartersville (Thomas) **97**:140
"Colonel Starbottle's Client" (Harte) **25**:203
Colonel Wotherspoon, and Other Plays (Bridie) **3**:131
"The Colonel's Awakening" (Dunbar) **12**:107
The Colonel's Dream (Chesnutt) **5**:133-34, 137, 140; **39**:92, 96-100
The Colony (Hansen) **32**:248, 251
"Coloquio de los centauros" (Dario) **4**:60
"Coloquio espiritual" (Huidobro) **31**:124
Color (Cullen) **4**:40-7, 49-51; **37**:135, 142-43, 151-54, 156, 159-61, 165, 167-69
"Color and Texture in Photography" (Hartmann) **73**:146
The Color of a Great City (Dreiser) **10**:191
"The Color out of Space" (Lovecraft) **4**:269; **22**:215, 217, 228, 231, 233, 241
"The Color Sergeant" (Johnson) **19**:210
Colorado (Bromfield) **11**:83
Colorado (Thomas) **97**:126, 140
Colorado Springs Notes, 1899-1900 (Tesla) **88**:306, 312
"The Colorado War" (Reed) **9**:386
"The Colored Band" (Dunbar) **12**:104
"Colored Blues Singer" (Cullen) **37**:140
"The Colored Soldiers" (Dunbar) **2**:129; **12**:109, 116, 125
"Colors" (Cullen) **37**:142, 153
"Colors" (Wen I-to) **28**:409
Colors (Gourmont)
See *Couleurs*
"Colour and Line" (Babel) **13**:14
"Colour in Composition" (Baring-Gould) **88**:23-4
The Colour of Life, and Other Essays on Things Seen and Heard (Meynell) **6**:293, 296
"The Colour Out of Space" (Lovecraft) **4**:269; **22**:215, 217, 228, 231, 233, 241
The Colour Sense in Literature (Ellis) **14**:142
The Coloured Lands (Chesterton) **64**:42
Le colpe altrui (Deledda) **23**:42
The Columbian Ode (Monroe) **12**:216, 224
"Columbus and Amerigo Vespucci" (Reyes) **33**:318
Columbus, Don Quixote of the Seas
See *Christoph Columbus, der Don Quichote des Ozeans*
"Columbus Moors to the Shore" (Ilf and Petrov) **21**:154, 157
"Columbus Puts To" (Ilf and Petrov)
See "Kolumb prichalivayet k beregu"
"The Combat" (Muir) **87**:159, 190, 207
Combat avec l'ange (Giraudoux) **2**:156, 163, 165; **7**:326
"The Combe" (Thomas) **10**:463
The Combined Maze (Sinclair) **3**:437, 440-42
"Come" (Kolmar) **40**:177
"Come and Dine" (Powys) **9**:375
"Come Back Baby" (Holly) **65**:137, 141, 148
Come Hither! (de la Mare) **4**:78, 81
Come in at the Door (March) **96**:235, 237-38, 249-51, 259, 264-66
Come le foglie (Giacosa) **7**:305-06, 308, 310-11, 313-14
"Come on in My Kitchen" (Johnson) **69**:78, 84, 92
"Come Out with Me" (Milne) **88**:243
Come prima, meglio di prima (Pirandello) **4**:326; **29**:283, 285, 299, 301, 318
Come si seducono le donne (Marinetti) **10**:322
Come Spring (Williams) **89**:366, 369-70, 389-90
Come tu mi vuoi (Pirandello) **4**:333, 338, 346, 353; **29**:298, 301, 318
Come Walkabout (Ingamells) **35**:124
"Come-by-Chance" (Paterson) **32**:375
Comedia sin título (Garcia Lorca) **49**:105, 108-09
"The Comedian" (Lowry) **6**:238
"The Comedian" (Tsvetaeva) **35**:410
"The Comedian as the Letter C" (Stevens) **3**:447, 454-55, 461-62, 472-74; **12**:356-57, 373, 380-81, 383; **45**:269, 278, 289, 297, 321, 347, 352
Comedians All (Nathan) **18**:295
"La comédie de Charleroi" (Drieu la Rochelle) **21**:27-8
The Comedienne (Reymont)
See *Komediantka*
Comedies (Kuzmin)
See *Komedii*
"The Comedy at Fountain Cottage" (Bramah) **72**:13
"A Comedy in Rubber" (Henry) **19**:173, 181
The Comedy of Alexis, Man of God (Kuzmin)
See *Komediia o Aleksee cheloveke Bozh'em*
"A Comedy of Ducks" (Lu Hsun) **3**:303
The Comedy of Eudoxia of Heliopolis (Kuzmin)
See *Komediia o Evdokii iz Geliopoliia*
A Comedy of Masks (Dowson) **4**:83-4, 89, 92
The Comedy of St. Alexis (Kuzmin)
See *Komediia o Aleksee cheloveke Bozh'em*
El comendador Mendoza (Valera y Alcala-Galiano) **10**:497, 499, 502, 507-08
"The Comet" (Huneker) **65**:169
"The Comet" (Schulz)
See "Kometa"
La Comète (Pinero) **32**:399
"Cometh Comet" (Bosman) **49**:7, 16
"Come-Uppance" (Williams) **89**:401
"The Comfort" (Tynan) **3**:507
"Comfort in Self-Despite" (Muir) **87**:177
"The Comfort of Criticism" (Corelli) **51**:81
Comfortless Memory (Baring) **8**:42, 43
The Comic Artist (Glaspell) **55**:242, 247-50
"Coming" (Davidson) **24**:164, 186
"Coming, Aphrodite!" (Cather) **11**:92
"Coming Awake" (Lawrence) **93**:18
"The Coming Huns" (Bryusov) **10**:87
The Coming of Cuculain (O'Grady) **5**:348, 352-53, 356
Coming of Mrs. Patrick (Crothers) **19**:73
The Coming of Peace (Hauptmann)
See *Das Friedenfest*
"The Coming of Spring" (Naidu) **80**:346
"The Coming of the Lord" (Carpenter) **88**:83
The Coming of William (Saki)
See *When William Came: A Story of London under the Hohenzollerns*
"The Coming Poet" (Ledwidge) **23**:111
Coming Up for Air (Orwell) **2**:498, 503, 505, 510; **6**:342, 348, 352; **15**:298, 310, 322-23; **31**:190-91, 193, 204; **51**:224-25, 241, 246-49, 264, 269
"Coming Up Oxford Street: Evening" (Hardy) **53**:117
"The Coming Victory of Democracy" (Mann) **14**:332
"Comintern" (Mayakovski) **18**:269
The Command Is Forward (Woollcott) **5**:526

"Command to the Army of Art" (Mayakovski) **4**:295
Commander Mendoza (Valera y Alcala-Galiano)
See *El comendador Mendoza*
Comme deux gouttes d'eau (Eluard) **41**:150
Comme va le ruisseau (Lemonnier) **22**:203
"Una commedia in lingua impossibile" (Svevo) **35**:363
Una commedia inedita (Svevo) **35**:353, 369
Commedie e scene (Giacosa) **7**:309
"The Commemoration" (Muir) **87**:189
"Commencement perpetual" (Garneau) **13**:203
Comment j'ai écrit certains de mes livres (Roussel) **20**:229-32, 234, 236, 240-41, 243-44, 246-47, 250, 252-54
"Comment je vois" (Teilhard de Chardin) **9**:481
"Comment on Recent Criticisms of Some Points in Moral and Logical Theory" (Dewey) **95**:173
A Commentary (Galsworthy) **45**:32-3
Commentary of the Shadows (D'Annunzio)
See *Notturno*
"Commentary on 'Government'" (Rohan) **22**:296
"Comments on Russia" (Innis) **77**:341
"Comments on the Art of Knowing Others and Oneself" (Alain) **41**:21
"The Commerce of Thought" (Quiller-Couch) **53**:297
The Commodore's Daughter's (Lie)
See *Kommandørens døtre*
"The Common Bases of Hinduism" (Vivekananda) **88**:361
A Common Faith (Dewey) **95**:36, 145, 166
The Common Law (Chambers) **41**:97, 111
The Common Law (Holmes) **77**:223, 226-7, 235-7, 241-2, 250, 262, 266, 271-2, 279, 298-300, 302, 304-6, 316-9, 323-4
"The Common Life" (Stevens) **45**:333, 348
"Common Meter" (Fisher) **11**:208-11, 213
The Common Reader (Woolf) **43**:380, 388, 393-94, 396, 402, 409, 413, 416, 421, 424-25; **1**:529-30; **5**:507; **20**:392, 406; **43**:400; **101**:212
The Common Reader, First Series (Woolf)
See *The Common Reader*
"The Common Round" (Mansfield) **39**:321
Common Sense about Women (Higginson) **36**:175
Commonplace Book (Gissing) **47**:137
"A Commonplace Day" (Hardy) **53**:115
"A Commonplace Woman" (Montgomery) **51**:181
The Communicating Vases (Marinetti)
See *I vasi communicanti*
"A Communication to My Friends" (Moore) **7**:497
"Communion" (Coppard) **5**:176
"Communion" (Gurney) **33**:86
Communism (Laski) **79**:115
"The Community and the Institution" (Mead) **89**:101
Community Life and Social Policy (Wirth) **92**:359
"Community Organization and Juvenile Delinquency" (Park) **73**:179
"Community Organization and the Romantic Temper" (Park) **73**:179
"Como" (Scott) **6**:394-95
Como empieza y como acaba (Echegaray) **4**:101
Como eu não possuo (Sa-Carniero) **83**:409
"Cómo se hace una novela" (Unamuno) **2**:569
"Como sutil neblina" (Gonzalez Martinez) **72**:148
Il compagno (Pavese) **3**:342
Compagnons de route (Rolland) **23**:273, 279
"The Companion of a Mile" (Noyes) **7**:512
A Companion to Mr. Wells's "Outline of History" (Belloc) **7**:34
A Companion Volume (McAlmon) **97**:88, 90, 115
"Companion—North-East Dug-Out" (Gurney) **33**:94
Companions of Pickle (Lang) **16**:270
Company K (March) **96**:235, 237-38, 241-43, 246-47, 249-52, 254, 258-59, 263-66
"Compasión" (Guiraldes) **39**:185, 190
"Compassion: An Ode in Celebration of the Centenart of the Royal Society for the Prevention of Cruelty to Animals" (Hardy) **72**:170
"Compensation" (Dunbar) **12**:106
"Complaint" (Gray) **19**:151, 157
"Complaint of the Dying Peasantry" (Muir) **87**:204
"Complaint of Time" (Coppard) **5**:178-79
"The Complaints of the Mother" (Vazov) **25**:453
The Complete Buddy Holly (Holly) **65**:144
The Complete Clerihews of E. Clerihew Bentley (Bentley) **12**:26
The Complete Fiction of Bruno Schulz (Schulz) **51**:323
The Complete Life (Erskine) **84**:185
"The Complete Life of John Hopkins" (Henry) **19**:173
Complete Poems (Housman) **10**:258
The Complete Poems of D. H. Lawrence (Lawrence) **2**:371; **93**:115
The Complete Poems of Francis Ledwidge (Ledwidge) **23**:120-21, 123
The Complete Poems of George Santayana (Santayana) **40**:414
The Complete Poems of Keith Douglas (Douglas) **40**:79, 85, 93, 95
The Complete Poems of Marjorie Pickthall (Pickthall) **21**:256
The Complete Poems of Robert Service (Service) **15**:403, 411
Complete Poems of Saint Denys Garneau (Garneau)
See *Poésies complètes*
The Complete Poems of W. H. Davies (Davies) **5**:207
The Complete Poetical Works of James Whitcomb Riley (Riley) **51**:297
The Complete Poetical Works of T. E. Hulme (Hulme) **21**:139-40
The Complete Sherlock Holmes (Doyle) **7**:230
Complete Verse (Belloc) **18**:39
Complete Works (Peguy) **10**:414
Complete Works (Reyes) **33**:322
The Complete Works of Algernon Charles Swinburne (Swinburne) **36**:330
The Complete Works of Nathanael West (West) **1**:478
The Completion of Love (Musil)
See "Vollendung der Liebe"
Complications sentimentales (Bourget) **12**:68
Composition (Lewis) **104**:201
"Composition as Explanation" (Stein) **48**:242, 253
Composition as Explanation (Stein) **1**:432; **6**:403, 406; **28**:307, 324, 326, 338; **48**:243
Composition in Portraiture (Hartmann) **73**:122
Composition IV (Kandinsky) **92**:134, 136
Composition V (Kandinsky) **92**:38, 134, 136, 140
Composition VI (Kandinsky) **92**:37, 40, 62
Composition VII (Kandinsky) **92**:38
"Composition with Twelve Notes" (Schoenberg)
See "Composition with Twelve Tones"
"Composition with Twelve Tones" (Schoenberg) **75**:323, 332, 339, 360, 378, 380, 410
"Composure" (Meynell) **6**:302
"The Comprehension of Private Copper" (Kipling) **8**:200
The Compromise of the King of the Golden Isles (Dunsany) **59**:3, 13, 26
"Compulsion" (Zweig)
See "Der Zwang"
"The Compulsory Hercules" (Ady) **11**:15
"Compulsory Marriage" (Strindberg) **8**:407
"The Comrade" (Quiller-Couch) **53**:291
The Comrade (Pavese)
See *Il compagno*
Comrade Nahman (Singer)
See *Chaver Nachman*
"Comrade Typist" (Mayakovski) **18**:269
Comrades (Strindberg)
See *Kamraterna*
"The Comte de Pralines" (Somerville & Ross) **51**:360
"La comtesse Esmerée" (Moreas) **18**:286
"Con el pino" (Jimenez) **4**:224
Con gli occhi chiusi (Tozzi) **31**:312, 314-20, 322-23, 326-28, 332-33
"Con la mirada homilde..." (Villaurrutia) **80**:480
Con la penna d'oro (Svevo) **35**:346, 353
Conan the Conqueror (Howard) **8**:129, 131-33, 136-37
"The Concealed Path" (Post) **39**:338
"Concentration" (Balmont)
See "Sosredotochie"
"The Concept and Tragedy of Culture" (Simmel) **64**:338
The Concept of Nature (Whitehead) **97**:197, 220
"The Concept of Race as Applied to Social Culture" (Locke) **43**:238, 241
The Concept of the Guardian Spirit in North America (Benedict) **60**:149
"The Conception and Development of Poetry in Zulu" (Vilakazi) **37**:403, 409
Conception materialististe de l'Histoire (Sorel) **91**:197
"The Conception of Intrinsic Value" (Moore) **89**:182
Conceptions of the World and of Life in the Nineteenth Century (Steiner)
See *Welt- und Lebensanschauungen im 19. Jahrhundert*
"Conceptual Exposition" (Weber) **69**:314
Concerning a Journey to the Land of the Tarahumaras (Artaud)
See *D'un voyage au pays des Tarahumaras*
"Concerning a Woman of Sin" (Hecht) **101**:74, 77, 89
"Concerning Aesthetic Qualities" (Simmel) **64**:339
"Concerning Animal Perception" (Mead) **89**:168
"Concerning Breakfast" (Lucas) **73**:171
Concerning Children (Gilman) **9**:104; **37**:177
"Concerning Environmental Values" (Ingamells) **35**:129
"Concerning Jude the Obscure" (Ellis) **14**:131
Concerning People (Capek) **37**:46
"Concerning Poor B. B." (Brecht)
See "Of Poor B. B."
"Concerning Present-day Religion" (Nishida)
See "Genkon no shukyo ni tsuite"
"Concerning Self-Consciousness" (Nishida) **83**:323
Concerning the Eccentricities of Cardinal Pirelli (Firbank) **1**:227-29
"Concerning the Philsophy of Life" (Nishida)
See "Inochi no tetsugaku"
Concerning the Spiritual in Art (Kandinsky)
See *Über das Geistige in der Kunst*
"The Concert" (Millay) **49**:208
"Le concert" (Roussel) **20**:234, 240, 245, 251
Concert (Lasker-Schueler)
See *Konzert*
"Concert at the Railroad Station" (Mandelstam)
See "Koncert na vokzale"
The Conch (Hansen)
See *Kokyljen*
"Concits an' Thin's" (Smith) **25**:389
"Le concombre fugitif" (Mirbeau) **55**:301
Concord and Liberty (Ortega y Gasset)
See *Del imperio romano*
"Concord Church" (Masters) **25**:316

The Condemned (Dagerman)
See *Den dödsdömde*
Condensed Novels, and Other Papers (Harte) **25**:188-89, 219
Condensed Novels, second series: New Burlesques (Harte) **1**:341, 344
La condition postmoderne (Lyotard) **103**:140, 144, 146, 158, 161, 166-67, 177, 179, 194, 196-98, 219-22, 226-27, 241, 260, 272-73, 275-76, 279
Conditional Culture (Ingamells) **35**:129, 132, 135
Conditioned Reflexes: An Investigation of the Physiological Activity of the Cerebral Cortex (Pavlov) **91**:102
"Conduct and Experience" (Dewey) **95**:150
Confederate Portraits (Bradford) **36**:66
"A Conference of the Powers" (Kipling) **17**:208
"Confession" (Blackwood) **5**:72, 80
"Confession" (Cullen) **37**:155
"Confession" (London) **9**:281
"A Confession" (Tolstoy)
See "Ispoved"
"Confession" (Wen I-to) **28**:418
Confession (Gorky)
See *Ispoved*
The Confession (Rinehart) **52**:283, 289, 301
La confession de Claude (Zola) **6**:569; **41**:407
"Confession d'un enfant du siècle" (Desnos) **22**:74
"La confession d'une jeune fille" (Proust) **7**:538-39
"Confession nocturne" (Nelligan) **14**:400
Confession of a Modern Poet (Nervo)
See *La amada inmóvil*
"The Confession of Kai Lung" (Bramah) **72**:3
"A Confession of Unfaith" (Lovecraft) **22**:210
"The Confessional" (Wharton) **9**:541
"Le confessioni del vegliardo" (Svevo) **35**:345, 352
Confessioni e battaglie (Carducci) **32**:106
Confessions (Rebreanu) **28**:268
Confessions (Sorel) **91**:193
Confessions: A Study in Pathology (Symons) **11**:437, 449, 452
Confessions and Criticisms (Hawthorne) **25**:240, 248, 250
"Confessions of a Book Reviewer" (Orwell) **51**:266
"Confessions of a 'Colyumist'" (Morley) **87**:127
The Confessions of a Fool (Strindberg)
See *Le plaidoyer d'un fou*
Confessions of a Hooligan (Esenin)
See *Ispoved' khuligana*
Confessions of a Murderer (Roth) **33**:363
Confessions of a Young Man (Moore) **7**:474-75, 479-80, 482, 485-91, 495-97
The Confessions of Aleister Crowley (Crowley) **7**:207-08, 211-12
The Confessions of Arsène Lupin (Leblanc)
See *Le confidences d'Arsène Lupin*
The Confessions of Faith of a Man of Science (Haeckel)
See *Der Monismus als Band zwischen Religion und Wissenschaft*
Confessions of Felix Krull, Confidence Man (Mann)
See *Bekenntnisse des Hochstaplers Felix Krull*
Confessions of Zeno (Svevo)
See *La coscienza di Zeno*
Confianza (Salinas) **17**:357, 359-60, 363, 369-70
"Confianza en el anteojo" (Vallejo) **56**:311
"A Confidence" (Dunbar) **12**:108
Confidence Africaine (Martin du Gard) **24**:384, 386-87, 394, 397
Le confidences d'Arsène Lupin (Leblanc) **49**:197
A Confident Tomorrow (Matthews) **95**:253, 272
"Configurations of Culture in North America" (Benedict) **60**:107, 139, 147, 150-53
A confissão de Lúcio (Sa-Carniero) **83**:399, 401, 404
"Confissões de uma viúva moça" (Machado de Assis) **10**:295
"Confiteor" (Przybyszewski) **36**:285
"The Conflagration" (Remizov)
See "Pozhar"
The Conflict (Phillips) **44**:268, 275, 278, 291
"A Conflict Ended" (Freeman) **9**:77
"The Conflict in Modern Culture" (Simmel) **64**:338, 340, 360
The Conflict in Modern Culture, and Other Essays (Simmel) **64**:338, 340
Conflicts (Zweig)
See *Verwirrung der Gefühle*
Conflits intimes (Bourget) **12**:69
Confucius (Hartmann) **73**:110, 116, 134
"Confusión" (Garcia Lorca) **49**:120-21
La confusion des races (Kandinsky) **92**:48
"Congedo" (Carducci) **32**:106, 109
"Los congelados" (Nervo) **11**:394
"Congo" (Lindsay) **17**:222, 225, 227-28, 230, 235, 237, 239, 247-48
The Congo and Other Poems (Lindsay) **17**:222, 224-25, 227, 231-32
"Congo-Ocean" (Roumain) **19**:347
Congressional Government (Wilson) **79**:469, 485, 500, 502, 519-20, 527-8, 534
"Conjuration" (Sodergran)
See "Besvärjelsen"
The Conjure Man Dies (Fisher) **11**:204-08, 214
The Conjure Woman (Chesnutt) **5**:129-32, 134-36, 138; **39**:70-2, 74-5, 79, 82, 101-03, 107-08
"The Conjurer's Revenge" (Chesnutt) **39**:73, 91, 94-5, 104
"The Conjuring Contest" (Dunbar) **12**:111
"The Conjuror" (Middleton) **56**:194-95
Connaissance de l'est (Claudel) **2**:103
La connaissance surnaturelle (Weil) **23**:403-04
A Connecticut Yankee in King Arthur's Court (Twain) **6**:455, 457, 460, 471, 473-74, 477, 480-82; **12**:429, 431-33, 435-36, 446, 448-49; **19**:379, 387; **36**:350-420; **48**:335-37, 339-40, 344, 354-56; **59**:168, 182, 185
The Connoisseur, and Other Stories (de la Mare) **4**:78; **53**:13, 16, 27
"Connoisseur of Chaos" (Stevens) **3**:453; **45**:269
"The Conqueror" (Fisher)
See "The Conqueror"
The Conqueror: Being the True and Romantic Story of Alexander Hamilton (Atherton) **2**:15, 17-18
Conqueror of the Seas: The Story of Magellan (Zweig)
See *Magellan*
The Conquerors (Bagritsky)
See *Pobediteli*
"Conquest of Bookcases" (Rohan) **22**:296
The Conquest of Bread (Kropotkin)
See *La conquête du pain*
The Conquest of Canaan (Tarkington) **9**:455
"A Conquest of Humility" (Freeman) **9**:67
The Conquest of Mexico (Artaud)
See *La conquête du Mexique*
The Conquest of New Granada (Graham) **19**:111, 124-25
The Conquest of Rome (Huch) **13**:241
The Conquest of the Pole (Melies)
See *A La Conquete du Pole*
The Conquest of the River Plate (Graham) **19**:108, 111, 124-25
"Conquest of the Wind" (Bishop) **103**:9
The Conquest: The Story of a Negro Pioneer (Micheaux) **76**:236-42, 249-52, 263, 265, 267, 269-71
The Conquest: The Story of a Negro Pioneer by the Pioneer (Micheaux)
See *The Conquest: The Story of a Negro Pioneer*
La conquête de Plassans (Zola) **21**:416; **41**:412
La conquête des étoiles (Marinetti) **10**:316
La conquête du Mexique (Artaud) **36**:22, 39
La conquête du pain (Kropotkin) **36**:191, 199-203, 221
"La conquista" (Nervo) **11**:396
Conrad der Leutnant (Spitteler) **12**:338, 342, 345-49, 351
"Conrad Is Dead" (Tomlinson) **71**:396
"Conroy's Gap" (Paterson) **32**:369, 374
Conscience reciale (Roumain) **19**:342
"Conscious" (Owen) **5**:367, 370; **27**:212, 217-18, 229
"Consciousness" (Jozsef) **22**:162, 164
"The Conscript" (Coppard) **5**:177
Conseils à un jeune poète (Jacob) **6**:194-95
"Conseils familiers à un jeune écrivain" (Gourmont) **17**:138
"Consensus and Mass Communication" (Wirth) **92**:359, 375
Consequences (Delafield) **61**:124-5, 127, 135
"Consequences of the Fact That It Was Not Woman Who Killed the Father" (Andreas-Salome) **56**:56
The Consequences of the Reformation (Ball)
See *Die Folgen der Reformation*
"The Conservative" (Gilman) **37**:176
"A Conservative" (Hearn) **9**:130
Consider Her Ways (Grove) **4**:136, 138, 140
"Considerando en frío, imparcialmente" (Vallejo) **56**:318
"Considerations Concerning the Fundaments of Theoretical Physics" (Einstein) **65**:74
"Considerations on Technique" (Ortega y Gasset) **9**:340
"Considerazioni sui principi fondamentali dell' economia politica pura" (Pareto) **69**:137
"Consolazione" (Saba) **33**:372
The Consort (Duncan) **60**:209, 244, 247, 249
"The Conspiracies of the Gowries" (Lang) **16**:254
Conspiracy (Aldanov) **23**:19-20, 23
The Conspiracy (Nizan)
See *La conspiration*
"Conspiracy of Catiline" (Herzl)
See "Catilina összeesküvése"
"A Conspiracy of Silence" (Somerville & Ross) **51**:335, 385
La conspiration (Nizan) **40**:288, 294, 297, 311-12, 314-17
Constab Ballads (McKay) **7**:459-60, 464; **41**:319, 328, 343
"Constance Hately" (Masters) **25**:312
"Constance, Lady Willet" (Welch) **22**:462
Constance Trescot (Mitchell) **36**:266-68, 272, 274
"Constancy" (Field) **43**:158, 169
The Constant Lover (Nervo) **11**:403
A Constitution for the Socialist Commonwealth of Great Britain (Webb and Webb) **22**:402, 414, 418, 425, 429, 431
"Constitutional Argument" (Anthony) **84**:21, 23
Constitutional Government in the United States (Wilson) **79**:487, 490-1, 527-9
The Constitutional History of England (Maitland) **65**:259, 267
"Constructions in Analysis" (Freud)
See "Konstruktionen in der Analyse"
"The Consul General at the Palace Ball" (Soderberg) **39**:438
La consultation (Martin du Gard) **24**:394-95, 410
The Consumer's Co-Operative Movement (Webb and Webb) **22**:412
A Contaminated Family (Tolstoy) **11**:464
Contango (Hilton) **21**:92
"Conte d'amour" (Moreas) **18**:285

El contemplado (Salinas) **17**:354, 359-60, 363, 368-69
"Contemplation" (Thompson) **4**:435, 440
Contemplation (Kafka)
See *Betrachtung*
Contemplations (Kahanovitsch)
See *Gedakht*
Contemplazione della morte (D'Annunzio) **6**:145; **40**:7, 11
"Contemporaneousness" (Gumilev)
See "Sovremennost"
Contemporaries (Higginson) **36**:167, 170, 177
Contemporaries of Shakespeare (Swinburne) **8**:430
The Contemporary American Novel (Van Doren) **18**:404
Contemporary American Novelists (Van Doren) **18**:393, 405
Contemporary History (France)
See *Histoire contemporaine*
Contemporary Portraits (Harris) **24**:260, 262-63, 265, 271, 273, 277, 280
"Contemporary Russian Prose" (Zamyatin)
See "Sovremennaia russkaia proza"
Contemporary Spanish Novels (Perez Galdos)
See *Novelas españolas contemporáneas*
"The Contemporary Unification in Experiment of the Main Aspects of Medicine, as Exemplified by Digestion" (Pavlov) **91**:150
Contending Forces: A Romance Illustrative of Negro Life North and South (Hopkins) **28**:169-71, 173-76
Content Are the Quiet Ranges (Ingamells) **35**:129
"The Contented Man" (Service) **15**:402
Contes à Ninon (Zola) **6**:568
Contes de la chaumière (Mirbeau)
See *Lettres de ma chaumière*
Les contes d'un matin (Giraudoux) **7**:324
Contes en vers et poésies diverses (Coppee) **25**:124
Contes et nouvelles (Vallette) **67**:316, 319
Contes flamands et wallons (Lemonnier) **22**:203
Contes retrouvés (Apollinaire) **51**:19
Conti sardi (Deledda) **23**:35
"The Continental Angle" (Fitzgerald) **52**:56
"Continuity" (Lovecraft) **22**:241
"Conto alexandrino" (Machado de Assis) **10**:290, 296
Contos fluminenses (Machado de Assis) **10**:295
"Contra el secreto profesional: a propósito de Pablo Abril de Vivero" (Vallejo) **56**:310, 315, 322
Contra esto y aquello (Unamuno) **9**:514
Contraband of War (Shiel) **8**:361-62
"A Contract" (Svevo)
See "Un contratto"
"Contradictions" (Coleridge) **73**:13
"Un contratto" (Svevo) **35**:345, 352
"Contre l'obscurité" (Proust) **7**:534, 540
"Contre quelques-uns" (Moreas) **18**:288
Contre Sainte-Beuve (Proust) **7**:533-34, 539-40, 552; **13**:420, 427; **33**:271
Contrée (Desnos) **22**:69, 73
Contribution a l'etude profane de la Bible (Sorel) **91**:233, 321, 329
"The Contribution of Race to Culture" (Locke) **43**:240
"Contribution to the Philosophy of Notation" (Peirce) **81**:187
"The Conundrum of the Workshop" (Kipling) **8**:177
"Convalescence" (Lowell) **8**:233
"The Convalescent" (Service) **15**:399
Convalescent Wind (Radnoti)
See *Lábadozó szél*
"Convegno" (Pirandello) **29**:310
"Convention" (Dreiser) **10**:181; **35**:71-3
The Convention of 1800 with France (Adams) **80**:13
Conventions (Kuzmin)
See *Uslovnosti*
"The Convergence of the Twain" (Hardy) **10**:226; **53**:103, 116; **72**:235
"A Conversation" (Peretz) **16**:392
Conversation at Midnight (Millay) **4**:316, 321; **49**:212
"The Conversation of Prayer" (Thomas) **8**:460; **45**:406
"Conversation on Dante" (Mandelstam)
See "Razgovor o Dante"
"Conversation with a Cat" (Belloc) **18**:25
"A Conversation with a Tax Collector about Poetry" (Mayakovski) **18**:248, 269
"Conversations" (Lyotard) **103**:160
"Conversations Beside a Stream" (Roberts) **68**:304-5, 338
Conversations in Ebury Street (Moore) **7**:480
Conversations of the Dead (Aurobindo) **63**:28
Conversations with Leukothea (Pavese)
See *Dialoghi con Leucò*
Conversations with Walt Whitman (Hartmann) **73**:111, 116
"A Conversion" (Morrison) **72**:353, 362, 375
"El conversión de Chiripa" (Alas) **29**:20
"The Convert" (Beresford) **81**:9
Convictions and Controversies (Cram) **45**:9-10, 18, 21-2
"Convito romano egizio" (Campana) **20**:83
"The Convoy" (Aleichem) **35**:323
"The Cook of the 'Gannet'" (Jacobs) **22**:105
The Cook's Revenge (Melies)
See *La Vengence du gate-sauce*
A Cool Million: The Dismantling of Lemuel Pitkin (West) **1**:479, 481-82, 485-87, 490-93; **14**:470, 472-73, 476, 479-82, 485-89, 492; **44**:367, 373, 377, 396, 404
"Coole Park, 1929" (Yeats) **31**:422
"Coole Park and Ballylee, 1931" (Yeats) **11**:540; **31**:423; **93**:401
"The Coolun" (Yeats) **31**:384
Co-Operation and Nationality: A Guide for Rural Reformers from This to the Next Generation (Baker) **10**:22-3
The Co-Operative Movement in Great Britain (Webb and Webb) **22**:412, 429
"La copa negra" (Vallejo) **3**:532
Cophetua (Drinkwater) **57**:128-29, 142-44
Copper Streak Trail (Rhodes) **53**:318-19, 321, 328
Copper Sun (Cullen) **4**:41, 43, 46-7, 50; **37**:142, 145, 149, 155-56, 159-60, 162, 164, 167-68
The Copperhead (Thomas) **97**:140
The Copy-Cat, and Other Stories (Freeman) **9**:74
"Le coq et la perle" (Jacob) **6**:191, 203
"Le Coq Français" (Gurney) **33**:112
"A Coquette Conquered" (Dunbar) **12**:108
La Coquille et le Clergyman (Artaud) **36**:33-8
Cor Ardens (Ivanov) **33**:117, 123, 138-39
"Cor Codium" (Cullen) **37**:155
"Cor Cordium" (Cram) **45**:4
"Cor Cordium" (Swinburne) **36**:318
"Cora; or, Fun at a Spa" (Lardner) **14**:305, 307
The Coral (Kaiser)
See *Die Koralle*
Coral Reefs (Quiroga)
See *Los arrecifes de coral*
El corazón ciego (Martinez Sierra and Martinez Sierra) **6**:276
"Le corbeil" (Nelligan) **14**:398
"Corbin the Cobbler" (Roberts) **68**:304-5, 338
"Córdoba" (Garcia Lorca) **49**:111
The Cords of Vanity (Cabell) **6**:67, 74
"Corfe" (Butts) **77**:83
"Corinna" (Strindberg) **8**:407
"Cork-Bird Picture" (Lindsay) **17**:240
Corleone: A Tale of Sicily (Crawford) **10**:148, 155
"The Cornac and His Wife" (Lewis) **2**:236; **104**:285, 287
Corneille and Racine in England (Fisher) **87**:72
Cornelia (Tey) **14**:459
Cornelia's Happiest Hour (Tarkington) **9**:461
Cornell University, Founders and the Founding (Becker) **63**:64
"The Corner House" (Benson) **27**:17
A Corner in Wheat (Griffith) **68**:168-69, 212, 246
"Corner-of-the-Street" (Milne) **88**:260
"Cornet" (Rilke) **6**:362
Le cornet à dés (Jacob) **6**:190-92, 194-95, 197-98, 202-03
"The Cornet Player" (Bennett) **5**:46
"The Cornfields" (Anderson) **10**:49
Cornflowers and Towns (Nezval)
See *Chrpy a města*
"Corn-Grinders" (Naidu) **80**:292, 312
"A Cornish Night" (Johnson) **19**:244
"A Corn-Song" (Dunbar) **12**:114
"Coromandel Fishers" (Naidu) **80**:291
Corona Benignitatis Anni Dei (Claudel) **10**:121-22
Coronal (Claudel)
See *Corona Benignitatis Anni Dei*
"Coronation" (Freeman) **9**:77
"Corot" (Lawrence) **93**:13
Corporal Cameron of the North West Mounted Police (Connor) **31**:105-06, 109
"The Corporation Sole" (Maitland) **65**:267
"Le corps de la femme" (Alain-Fournier) **6**:16
Corps et biens (Desnos) **22**:67
Corps mémorable (Eluard) **41**:151
"A Corpse in the House" (Bishop) **103**:12, 25,
"The Corpse of a Cat" (Hagiwara Sakutaro)
See "Neko no shigai"
"Corpse on the Shore" (Talvik) **87**:319
"Corpses in Bois le Prêtre" (Toller)
See "Leichen in Priesterwald"
The Corpse's Regalia (Valle-Inclan) **5**:486
"Corpus" (Miro) **5**:337, 345
"Corpus" (Quiroga) **20**:213
"Corpus Christi" (Quiroga)
See "Corpus"
"The Corpus Delicti" (Post) **39**:337-38, 343-44
Corrected Impressions (Saintsbury) **31**:221
The Corrector of Destinies: Being Tales of Randolph Mason as Related by His Private Secretary, Courtlandt Parks (Post) **39**:337, 339-40, 347
"Correspondance de la momie" (Artaud) **36**:5, 18
Correspondance générale (Proust) **13**:427
Correspondance: Tome 1, 1858-1867; Tome 2, 1868-Mai, 1877 (Zola) **6**:570
Correspondence between Two Corners of a Room (Ivanov) **33**:118, 120-21, 131
Correspondence with Sri Aurobindo, second series (Aurobindo) **63**:33
"Correspondencia" (Pereda) **16**:379
Correspondência (Lima Barreto) **23**:167
"Corrida" (Roumain) **19**:342
"The Corridor" (Robinson) **101**:124
"Corrupting the Press" (Bierce) **44**:45
Corruption City (McCoy) **28**:212
Corruzione al palazzo di giustizia (Betti) **5**:57-9, 65-6
"Cors de chasse" (Apollinaire) **3**:36
"The Corsican Sisters" (Hunt) **53**:200
La corte de Carlos IV (Perez Galdos) **27**:248-49, 287-88
La corte de los milagros: El ruedo Ibérico I (Valle-Inclan) **5**:477-79, 482, 485, 487-89
"Cortège for Rosenbloom" (Stevens) **12**:363-64
Cortege of Orpheus (Apollinaire)
See *Le bestiaire; ou, Cortège d'Orphée*
"Cortèges" (Apollinaire) **8**:20; **51**:38
Corto viaggio sentimentale e altri racconti inediti (Svevo) **2**:545; **2**:545; **35**:345, 352, 369
Čortov most (Aldanov) **23**:17, 19-20, 23
"Corvée matinale" (Loti) **11**:353
"Cory" (Robinson)
See "Richard Cory"

Corydon (Gide) **5**:217, 244; **12**:143, 146, 163
"Corymbus for Autumn" (Thompson) **4**:440
The Coryston Family (Ward) **55**:421
"Cosas de Don Paco" (Pereda) **16**:379
"Cosas de gansos" (Lugones) **15**:294
La coscienza di Zeno (Svevo) **2**:539-41, 543, 545-50, 552-54; **35**:331-39, 344-46, 348, 350-52, 356-57, 360, 365-66, 368-71
"Cosè il re" (Verga) **3**:543, 546
Cose leggere e vaganti (Saba) **33**:369, 373, 375
Cosîe (se vi pare) (Pirandello) **4**:325-26, 331, 334, 337, 340-41, 346-47, 353, 356; **29**:285, 297-98, 301, 315, 318-19
Cosima (Deledda) **23**:42
Cosmic Carols (Service) **15**:411, 413
Cosmic Memory: Prehistory of Earth and Man (Steiner) **13**:447
Cosmopolis (Bourget) **12**:65
"The Cosmopolitan" (Sinclair) **3**:441; **11**:412
"A Cosmopolite in a Cafe" (Henry) **19**:200
The Cossacks (Tolstoy) **79**:324, 367, 376, 415
The Cost (Phillips) **44**:253-54, 257, 262, 274, 276, 282-83, 285-86
"Costello the Proud" (Yeats) **31**:419
"A Costume Piece" (Hornung) **59**:115
"La costurera" (Pereda) **16**:380
Côte à côto (Rod) **52**:309, 323
Le côté des Guermantes (Proust) **7**:540, 545, 549; **33**:254, 257, 272
"Le coteau" (Desnos) **22**:73
"El coto de los Carvajales" (Valle-Inclan) **5**:478
"Cotswold Ways" (Gurney) **33**:87, 91
"Cottage by the Tracks" (Wolfe) **13**:492
"The Cottagette" (Gilman) **37**:216
"Cotton in Your Ears" (Apollinaire) **8**:27
"Could We But Know" (Montgomery) **51**:209
Couleur du temps (Apollinaire) **8**:13-15, 22; **51**:10, 24
Couleurs (Gourmont) **17**:137
"Les coulisses" (Hearn) **9**:126
"The Council of Five" (Tolstoy) **18**:373, 384
The Council of Justice (Wallace) **57**:408
"A Council of State" (Dunbar) **2**:130; **12**:112, 120
"A Council of War" (Gilman) **37**:215
"Counsel" (Johnson) **19**:256
"Counsel of Grief" (Bishop) **103**:5
The Counsel of Literary Age (Howells) **7**:373
Counselor Ayres' Memorial (Machado de Assis)
See *Memorial de Ayres*
Count Bruga (Hecht) **101**:48, 73, 77
"Count Cagliostro" (Tolstoy) **18**:384
"Count Magnus" (James) **6**:214, 216
The Count of Charolais (Beer-Hofmann)
See *Der Graf von Charolais*
"The Count of Saint Germain" (Lang) **16**:254
"Count Philip Königsmark and the Princess Sophia Dorothea" (Sabatini) **47**:300
Count Your Dead: They Are Alive! or, A New War in the Making (Lewis) **2**:386; **9**:234; **104**:212, 231, 237, 239-42, 299
"Counter Mood" (Cullen) **4**:46; **37**:156, 159, 162
A Counterfeit Presentment (Howells) **41**:263
The Counterfeiters (Gide)
See *Les faux-monnayeurs*
Counter-Heaven (Daumal) **14**:89
"Counterparts" (Joyce) **8**:165; **35**:141-42, 148-49, 156, 160, 164, 167, 195, 197
Counterweights (Kandinsky) **92**:32
"Countess Cathleen" (Tynan) **3**:502
The Countess Cathleen, and Various Legends and Lyrics (Yeats) **1**:570; **11**:507, 509, 511, 513-14, 526-27; **18**:446; **31**:386, 412
"Countess Marie of the Angels" (Dowson) **4**:88
The Countess Mizzie (Schnitzler) **4**:387-89
The Countess of Albany (Lee) **5**:314-15, 319
"The Countess of Pembroke's Arcadia" (Woolf) **43**:425
Countries (Palamas) **5**:384
Countries of the Mind (Murry) **16**:341, 343, 355
"The Country Barber Shop" (Marquis) **7**:440
Country By Ways (Jewett) **1**:361, 367; **22**:129, 140-41
The Country Cousin (Tarkington) **9**:464-65
"The Country Doctor" (Kafka)
See "Ein landarzt"
The Country Doctor (Griffith) **68**:186
A Country Doctor (Jewett) **1**:359, 364, 367-68; **22**:117-20, 123, 128, 137-38, 145-48
A Country Doctor's Notebook (Bulgakov)
See *Zapiski iunogo vracha*
"Country Girls in Town" (Davis) **6**:154
The Country House (Galsworthy) **1**:294, 299-300; **45**:41, 44, 47, 50, 63, 66, 68-70
The Country I Come From (Lawson) **27**:121
Country Judge (Prado)
See *Un juez rural*
"A Country Letter" (Agee) **1**:17
"Country Lover" (Tynan) **3**:503
"The Country of Har" (Carman) **7**:135, 138
"The Country of the Blind" (Wells) **6**:539, 541; **19**:425, 427, 436, 442, 425, 427, 436, 442
The Country of the Blind, and Other Stories (Wells) **6**:533, 538
The Country of the Pointed Firs (Jewett) **1**:359-65, 367-69; **22**:121, 123-27, 130-39, 142, 145, 147-49
"A Country Pathway" (Riley) **51**:282
"Country Sabbath" (Coppard) **5**:178
The Country's Best (Leino)
See *Maan parhaat*
The Count's Ball (Radiguet)
See *Le bal du comte d'Orgel*
"The Count's Courtship" (de la Mare) **53**:27
"The County of Mayo" (Yeats) **31**:384
"The Coup de Grâce" (Bierce) **7**:88; **44**:44-5, 48, 51
"The coup d'etat in Vladivostok" (Khlebnikov)
See "Perevorot v Vladivostoke"
Coup d'État: The Technique of Revolution (Malaparte)
See *Le technique du coup d'état*
Le coupable (Coppee) **25**:126
"Le couperet" (Larbaud) **9**:199
"A Couple of Nuts" (Fitzgerald) **52**:63-5
"Coupon" (Capek)
See "Kupón"
"Courage" (Eluard) **41**:168
"Courage" (Percy) **84**:198
Couragemodell (Brecht) **35**:25-6
"Couronne" (Apollinaire) **8**:18
Courrier sud (Saint-Exupery) **2**:515, 517-20, 523-26; **56**:222, 228, 230, 235
Cours de linguistique générale (Saussure) **49**:302-03, 307-09, 311, 315, 318-23, 325, 327, 329-31, 333-42, 344, 346-51, 355-56, 358, 360, 364-66, 371, 374
Cours d'economie politique (Pareto) **69**:117, 130, 137-40, 150, 152, 154-56, 164-65, 167
Cours naturel (Eluard) **7**:250, 255; **41**:156, 167
La course à la mort (Rod) **52**:309-11, 315-16, 320-25
"The Course of a Particular" (Stevens) **45**:300; **12**:377-78
"The Course of American History" (Wilson) **79**:488
The Course of Empire (De Voto) **29**:127, 129-30
"Coursing Rabbits on the Plains" (Remington) **89**:294
"The Court Jeweler" (Remizov)
See "Pridvornyi iuvelir"
The Court of Charles IV (Perez Galdos)
See *La corte de Carlos IV*
The Court of Miracles (Valle-Inclan)
See *La corte de los milagros: El ruedo Ibérico I*
"The Court of the Dragon" (Chambers) **41**:88, 101, 103-08
"The Courtesy Call" (Dazai Osamu)
See "A Visitor"
"The Courting of Dinah Shadd" (Kipling) **8**:188, 198
"The Courting of Sister Wisby" (Jewett) **22**:148
The Courts of the Morning (Buchan) **41**:38, 41, 44, 53-6, 67
"The Courtship" (Tolstoy) **18**:377
"The Courtyard of Light" (Babits)
See "A világosság udvara"
Cousin Cinderella (Duncan) **60**:177, 197, 207, 209, 226, 228, 233, 247, 249
Cousin Philip (Ward) **55**:437, 443, 446
"Couvre-feu" (Eluard) **41**:152, 161
"The Covenant" (Muir) **87**:209
"Coventry Patmore's Genius" (Johnson) **19**:233
"A Cover's Progress" (Symons) **11**:426
"The Coves of Crail" (Sharp) **39**:389, 391, 393
"The Cow" (Esenin) **4**:113
"Cow" (Garcia Lorca)
See "Vaca"
"The Cow Coroner" (Adams) **56**:7
Cow in Moscow (Kandinsky) **92**:37
"The Coward" (Kipling) **8**:196
"The Coward" (Kuprin) **5**:298
"The Coward" (Premchand)
See "Kayar"
"The Coward" (Service) **15**:399
"The Coward" (Sharp) **39**:375
"A Coward" (Wharton) **3**:551, 554
"Cowboy" (Huidobro) **31**:124, 135
The Cowboy Philosopher on Prohibition (Rogers) **8**:336; **71**:283
The Cowboy Philosopher on the Peace Conference (Rogers) **8**:336, 338-39; **71**:283
"Cowper" (Bradford) **36**:57
Cow-Wheat (Pilnyak) **23**:201
"Cox-City" (Apollinaire) **51**:20
Crab Apples (Hansen)
See *Paradisæblerne*
"The Crab Trees" (Gogarty) **15**:112
The Crack-Up (Fitzgerald) **1**:239, 242, 246, 250, 253; **6**:160-61, 167-68; **28**:101; **55**:220
"The Cradle" (Dobson) **79**:23
The Cradle Song (Martinez Sierra and Martinez Sierra)
See *Canción de cuna*
"The Cradles of Gold" (Yeats) **31**:418
"Cradle-Song" (Naidu) **80**:289
"Cradle-Song at Twilight" (Meynell) **6**:299
Cradock Nowell (Blackmore) **27**:29, 33, 36, 38-41, 46
Craft (Tsvetaeva)
See *Remeslo*
"Craftsman of Wine Bowls" (Cavafy) **7**:163-64
Craftsmanship (Tsvetaeva)
See *Remeslo*
"Crainquebille" (France) **9**:47
Crainquebille, and Other Profitable Tales (France)
See *L'affaire Crainquebille*
Craişortil (Rebreanu) **28**:272
"The Crane" (Khlebnikov)
See "Zhuravl"
Crane Homeland (Prishvin) **75**:215, 217-18, 221
Crane's Birthplace (Prishvin)
See *Crane Homeland*
Cranks (Tolstoy) **18**:373
Cranmer (Belloc) **18**:28, 45
"Crapy Cornelia" (James) **2**:275; **40**:140; **47**:201
"Craving for Spring" (Lawrence) **93**:109
"Crazed" (de la Mare) **53**:42
"Crazy" (Devkota)
See "Pāgal"
"The Crazy Batlen" (Peretz) **16**:389
"The Crazy Beggar-Student" (Peretz)
See "The Crazy Batlen"
"Crazy Girls Song" (Coppard) **5**:177-78
"Crazy Jane Talks with the Bishop" (Yeats) **31**:398

The Crazy Locomotive (Witkiewicz)
See *Szalona lokomotywa*
Crazy Man (Bodenheim) **44**:60, 62, 65, 70-1, 74
"Crazy Mary" (McKay) **41**:329
"Crazy Sunday" (Fitzgerald) **1**:262; **55**:191, 207
La creación pura (Huidobro)
See *Création pure*
The Cream in the Well (Riggs) **56**:201-202, 209-10, 215, 218
The Cream of the Jest (Cabell) **6**:62, 64, 68, 70-1, 74-6
The Created Legend (Sologub)
See *Tvorimaja legenda*
"Creation" (Bierce) **7**:97
"The Creation" (Johnson) **19**:207, 209, 211
"Creation" (McAlmon) **97**:87
"Creation Light" (Bell) **43**:90-1
Création pure (Huidobro) **31**:122, 126, 133
Le création subconsciente (Gourmont) **17**:154
"Le Créationnisme" (Huidobro) **31**:130
Creations (Khlebnikov)
See *Tvorenija*
Creative America (Lewisohn) **19**:270, 273, 289
"Creative Criticism" (Woolf) **43**:404, 406
Creative Evolution (Bergson)
See *L'évolution créatrice*
The Creative Life (Lewisohn) **19**:264-65, 293-94
The Creative Will (Van Dine) **23**:350, 358
"Creative Writers and Day-Dreaming" (Freud)
See "Der Dichter und das Phantasieren"
"The Creators" (Sodergran) **31**:286
The Creators (Sinclair) **3**:437-38
"The Creatures" (de la Mare) **4**:78; **53**:16-17, 23, 27, 29, 33
Creatures (Lawrence) **2**:349; **93**:98
Creatures of Impulse (Gilbert) **3**:219
"Credences of Summer" (Stevens) **3**:467; **45**:279-80, 299-300, 310, 312-13
"Credentials of the Painter" (Lewis) **104**:204
Creditors (Strindberg) **1**:444-45, 448, 453, 461, 463; **8**:413; **21**:348, 352; **47**:336, 366, 369, 372
"Credo" (Robinson) **5**:413; **101**:128
Creed or Chaos? (Sayers) **15**:374, 387
"The Cremation of Sam McGee" (Service) **15**:403, 405-06, 410-11
"The Cremona Violin" (Lowell) **8**:224
The Creoles of Louisiana (Cable) **4**:37
"Crépuscule" (Apollinaire) **3**:33, 39
"Crepúsculo" (Storni) **5**:450
Los crepúsculos del jardín (Lugones) **15**:285, 287-88, 291
The Crescent Moon (Tagore) **53**:334, 344, 347
"Cresiente" (Gonzalez Martinez) **72**:149
"Cressy" (Harte) **25**:193, 199, 217
"Crève-coeur" (Schwob) **20**:323
"Crewe" (de la Mare) **4**:80; **53**:25, 27, 34-7
Crewe Train (Macaulay) **7**:427, 429; **44**:126
"Le cri" (Verhaeren) **12**:471
El criador de gorilas (Arlt) **29**:51
Cricket All His Life (Lucas) **73**:172
"Cricket and the Backward Look" (Lucas) **73**:174
"The Crickets" (Mistral)
See "Li grihet"
"The Crime" (Beerbohm) **24**:124-25
Un crime (Bernanos) **3**:124-5
A Crime (Bernanos)
See *Un crime*
"Crime and Why" (Dreiser) **83**:117
Un crime d'amour (Bourget) **12**:57, 72
Le crime de Sylvestre Bonnard (France) **9**:38-40, 51, 53
Crime: Its Cause and Treatment (Darrow) **81**:77
The Crime of Sylvester Bonnard (France)
See *Le crime de Sylvestre Bonnard*
The Crime of the Congo (Doyle) **7**:221
"The Crime on Christmas Night" (Leroux) **25**:260
Crime on Goat Island (Betti)
See *Delitto all'isola delle capre*
El crimen del otro (Quiroga) **20**:211
"El crimen fue en Granada" (Machado) **3**:309-10
The Criminal (Ellis) **14**:110, 114, 132
The Crimson Circle (Wallace) **57**:402
"The Crimson Island" (Bulgakov) **16**:85
The Crimson Island (Bulgakov)
See *Bagrovyi ostrov*
"The Crimson Moon" (Sharp) **39**:382
"The Crimson Saber" (Khlebnikov)
See "Malinovaya shashka"
The Crimston Serpent (Dent) **72**:23
Crinolines (Kandinsky) **92**:34
Cripps the Carrier (Blackmore) **27**:31, 36, 40-1, 44-5, 47
Crisálidas (Machado de Assis) **10**:279
"The Crises of the Mind" (Valery) **4**:503
"Una crisis" (Storni) **5**:453
Crisis (Husserl)
See *Die Krisis der europaeischen Wissenschaften und die transzendentale Phänomenologie, Eine Einleitung in die phaenomenologische Philosophie*
The Crisis in Ireland (O'Grady) **5**:351
The Crisis in the German Social Democracy (Luxemburg) **63**:167
The Crisis of Christianity (von Hartmann) **96**:211
The Crisis of Consciousness and Henrik Ibsen (Bely) **7**:59
"The Crisis of Culture" (Simmel) **64**:360
The Crisis of European Science and Transcendental Phenomenology: An Introduction to Phenomenological Philosophy (Husserl)
See *Die Krisis der europaeischen Wissenschaften und die transzendentale Phänomenologie, Eine Einleitung in die phaenomenologische Philosophie*
The Crisis of Social-Democracy (Luxemburg)
See *Juniusbroschure*
Crisis of the European Sciences and Transcendental Phenomenology (Husserl)
See *Die Krisis der europaeischen Wissenschaften und die transzendentale Phänomenologie, Eine Einleitung in die phaenomenologische Philosophie*
Crisscross through My Life (Babits)
See *Keresztülkasul az életemen*
The Cristian (Caine) **97**:5-6, 10-11, 14, 26
El Cristo de Velázquez (Unamuno) **2**:562, 567-68; **9**:510, 514-15
Cristo e santi (Papini) **22**:287
"The Criterion in Art" (Gill) **85**:53
The Critic and the Drama (Nathan) **18**:318
"The Critic as Artist" (Wilde) **1**:498; **8**:493, 502; **23**:425; **41**:376-77, 379, 381-82
The Critic in Judgment; or, Belshazzar of Barons Court (Murry) **16**:330-31, 354
"The Critic Who Gossips" (Huneker) **65**:189
Critica (Hostos) **24**:303
Critica e arte (Carducci) **32**:93, 106
La crítica en la edad ateniense (Reyes) **33**:316, 323
La critica letteraria (Croce) **37**:94-5, 113-15, 119, 127
"Critica negativa" (Svevo) **35**:362-64
The Critical Attitude (Ford) **15**:95
A Critical Edition of W.B. Yeat's A Vision (Yeats) **93**:362
Critical Essays (Orwell) **6**:341; **15**:333; **51**:220-22, 225, 227-28, 247
A Critical Fable (Lowell) **8**:227, 229, 237
Critical Poetry (Desnos)
See *Poésie critique*
"The Critical Process" (Mencken) **13**:395
Critical Studies (Ouida) **43**:370
Criticism (MacCarthy) **36**:252, 259
Criticism and Fiction (Howells) **7**:375, 377, 388-89; **17**:161; **41**:255-56, 284
A Criticism of Dogmatic Theory (Tolstoy)
See *Issledovanie dogmaticheskogo bogoslavja*
"Criticism of Words" (Capek) **37**:46
Criticisms and Portraits (Brandes)
See *Critiker og portraiter*
Un crítico incipiente (Echegaray) **4**:104-05
Critiker og portraiter (Brandes) **10**:60, 70
Critique (Ball)
See *Zur Kritik der deutschen Intelligenz*
"Critique de la poésie" (Eluard) **7**:250; **41**:151
"Critique of Critics" (Kandinsky) **92**:18
Critique of Dogmatic Theology (Tolstoy) **11**:463; **79**:335, 399, 407, 420, 425, 460
The Critique of Dogmatic Theory (Tolstoy)
See *Issledovanie dogmaticheskogo bogoslavja*
"Critique of Force" (Benjamin)
See "Critique of Violence"
"A Critique of Monsieur Poe" (Post) **39**:347
"Critique of Satisfaction" (Hulme) **21**:122
The Critique of the German Intelligentsia (Ball)
See *Zur Kritik der deutschen Intelligenz*
"Critique of Violence" (Benjamin) **39**:8, 41
"Croce's Philosophy of History" (Collingwood) **67**:130, 155, 182-83
The croci (Tozzi) **31**:312-17, 319-21, 324, 329-30, 333-34
La crociata degli innocente (D'Annunzio) **6**:135
The Crock of Gold (Stephens) **4**:407-08, 410-21
"Crocker's Hole" (Blackmore) **27**:44
"Crocknaharna" (Ledwidge) **23**:115
"Crocuses in the Grass" (Gray) **19**:152
La croisade des enfants (Schwob) **20**:321-23
Cromwell (Belloc) **18**:45
Cromwell (Drinkwater)
See *Oliver Cromwell*
The Crooked Mile (De Voto) **29**:114, 126-27
"The Crooked Stick" (Wylie) **8**:521
Crooked Trails (Remington) **89**:304
The Croquet Player (Wells) **6**:540, 553
Croquis Parisiens (Huysmans) **7**:405-06; **69**:23-5, 30, 33-4, 42, 47
"The Cross" (Gumilev)
See "Krest"
"Cross" (Huidobro)
See "Cruz"
The Cross (Obstfelder)
See *Korset*
The Cross (Undset) **3**:510
Cross Creek (Rawlings) **4**:364, 366-67
Cross Currents in Europe To-Day (Beard) **15**:20
"A Cross in the Forest" (Ady) **11**:15
"Cross of Gold" (Bryan) **99**:22, 85, 87, 129, 131, 149, 160
"Cross-Currents in Modern French Literature" (Huneker) **65**:189
Crossing (Tagore)
See *Kheya*
"Crossing Alone the Nighted Ferry" (Housman) **10**:242
"Crossing into Poland" (Babel) **2**:22, 30; **13**:38
"Crossing the Zbruck" (Babel) **2**:26, 29
Crossings (de la Mare) **53**:16, 22
"Crossroad Blues" (Johnson) **69**:82
"Crossroads Chapel" (Nezval) **44**:242
"Cross-Section" (Ingamells) **35**:121
"The Crow Becomes Discursive" (McAlmon) **97**:97
The Crowd (Lewis) **104**:201
Crowds of Lourdes (Huysmans)
See *Les foules de Lourdes*
"The Crown" (Lawrence) **2**:347, 360; **33**:199, 206
The Crown (Lawrence) **61**:211
The Crown Bride (Strindberg) **47**:369
The Crown of Life (Gissing) **3**:223, 232, 234; **24**:220, 222, 241, 243, 248-49; **47**:137
The Crown of Wild Olive (Ruskin) **63**:298
"The Crowning of Arthur" (Williams) **1**:515
The Crow's Nest (Day) **25**:132, 137

"The Croxley Master" (Doyle) **7**:216, 239
"Cruchette" (Schwob) **20**:323
Crucial Instances (Wharton) **3**:555, 561, 570; **9**:541
Crucible (Williams) **89**:400
The Crucified Woman (Mizoguchi) **72**:293
"A Crucifix" (Gray) **19**:154-55, 157
"Crucifix Corner" (Gurney) **33**:86, 93-4
"Crucifixión" (Garcia Lorca) **49**:94
"Crucifixion" (Garcia Lorca)
  See "Crucifixión"
"The Crucifixion" (Johnson) **19**:209, 211
"The Crucifixion of the Outcast" (Yeats) **31**:403, 416
"Crude Foyer" (Stevens) **45**:299, 331
Cruel Iphigenia (Reyes)
  See *Ifigenia cruel*
Cruelle énigme (Bourget) **12**:57-9, 67, 72
"Cruelty in Love" (Lawrence) **93**:46, 65
The Cruise of the Corwin (Muir) **28**:244, 259
"The Cruise of the Galleon" (Carman) **7**:134
"The Cruise of the 'Idlewild'" (Dreiser) **35**:75
The Cruise of the Jasper B. (Marquis) **7**:434-35, 437, 447
The Cruise of the "Nona" (Belloc) **7**:33, 39; **18**:42-3, 45-6
The Cruise of the "Snark" (London) **9**:271, 282-84
"The Crumb of One Man's Year" (Thomas) **45**:399
Crumbling Idols: Twelve Essays on Art, Dealing Chiefly with Literature, Painting, and the Drama (Garland) **3**:190-91, 193, 195, 203, 205
Črumnyj Xleb (Pilnyak) **23**:212
The Crusade of the Excelsior (Harte) **25**:222
The Crusade of the Innocent (D'Annunzio)
  See *La crociata degli innocente*
Crusader Castles (Lawrence) **18**:159, 180-81
The Crusaders of the Cause (Valle-Inclan)
  See *Los cruzados de la caUsa*
Crusts (Claudel)
  See *Le pain dur*
"The Crutile" (Williams) **89**:378
The Crux (Gilman) **9**:113, 115; **37**:177
"Cruz" (Huidobro) **31**:135
"Cruz alta" (Graham) **19**:134
"Cruzadas" (Pereda) **16**:379
Los cruzados de la caUsa (Valle-Inclan) **5**:486, 488
"Cry" (Artaud) **36**:4, 16
Cry Baby (Hayashi)
  See *Nakimushi kozō*
The Cry for Justice (London) **9**:257
"Cry of Seagulls" (Radnoti) **16**:418
"The Cry of the Child" (Hichens) **64**:122
"Cry to Rome: From the Chrysler Building Tower" (Garcia Lorca) **49**:82-3
"The Crying of the Earth" (Symons) **11**:435
"The Crying of Water" (Symons) **11**:435
"Crying, Waiting, Hoping" (Holly) **65**:147
The Crypt of the Capuchins (Roth)
  See *Die Kapuzinergruft*
A Crystal Age (Hudson) **29**:140, 145, 153-54, 160, 162
The Crystal Bell (Guiraldes)
  See *El cencerro de cristal*
The Crystal Box (Walpole) **5**:498
"The Crystal Cabinet" (Lawrence) **93**:109
The Crystal Cabinet (Butts) **77**:98, 104-7, 109
"The Crystal Dreamer" (Manning) **25**:278
"The Crystal Egg" (Wells) **12**:488, 510; **19**:434
"A Crystal Forest" (Sharp) **39**:387
"The Crystal Gazer" (Futrelle) **19**:90
"The Crystal Girl" (Valery) **4**:498
"The Crystal Palace" (Davidson) **24**:172, 189-91
The Crystal Spider (Vallette)
  See *L'araignee de cristal*
The Crystal Stopper (Leblanc)
  See *Le bouchon de cristal*
"A csendéletekből" (Babits) **14**:39
"Csillagokig" (Babits) **14**:39
"Cuadrivio laico" (Quiroga) **20**:213
"Cuadro" (Villaurrutia) **80**:477
"Cuadro de estio: el invalido" (Prado) **75**:194, 207
"Cuadros y angulos" (Storni) **5**:446
"Cuando la tarde..." (Villaurrutia) **80**:480
"Cuando se es pobre" (Prado) **75**:194, 207
Cuando yo era niño (Ramoacn y Cajal) **93**:146
"Cuatro" (Jimenez) **4**:214
Los cuatro jinetes del apocalipsis (Blasco Ibanez) **12**:31-5, 37-8, 43, 45, 47, 49-50
The Cubist Painters: Aesthetic Meditations (Apollinaire)
  See *Méditations esthétiques: Les peintres cubistes*
"Cuchulain Comforted" (Yeats) **1**:570; **11**:533
"Cuchulain's Charioteer" (Ledwidge) **23**:117
"The Cuckoo" (Thomas) **10**:467
Cuckoo Songs (Tynan) **3**:502, 504
Cuckoo's Tears (Tolstoy) **18**:382
"The Cue" (Burke) **63**:131
"Cuento Griego—El sátiro sordo" (Dario)
  See "The Deaf Satyr"
"Cuento para novios" (Quiroga) **20**:214
"Cuento sin razó, pero cansado" (Quiroga) **20**:222
Cuentos completos de Rubén Darío (Dario) **4**:66
Cuentos de amor, de locura, y de muerte (Quiroga) **20**:207, 210-11, 215
Cuentos de la selva (Quiroga) **20**:213, 217, 219
Cuentos de muerte y de sangre (Guiraldes) **39**:175-77, 186, 190
Cuentos de vacaciones (Ramoacn y Cajal) **93**:146
Cuentos, dialogos, y fantasias (Valera y Alcala-Galiano) **10**:501
Cuentos fatales (Lugones) **15**:286, 292-93, 295
Cuentos misteriosos (Nervo) **11**:394
Cuentos valencianos (Blasco Ibanez) **12**:41, 45
Los cuernos de don Friolera (Valle-Inclan) **5**:480-81, 483, 486
"Cuervo" (Alas) **29**:20-1
Cuestiones estéticas (Reyes) **33**:316-17, 323
Cuestiones gongorinas (Reyes) **33**:323
"Cuídate, España..." (Vallejo) **56**:311
"Cuilidh Mhoire" (Sharp) **39**:377
"Le cuirassé Potemkine" (Desnos) **22**:65
"La cuisine" (Verhaeren) **12**:465
La cuisine creole (Hearn) **9**:135
"Cul de sac" (Hedayat) **21**:66
"The Culprit" (Housman) **10**:247
"The Cult of Hope" (Mencken) **13**:363
Le culte du moi (Brandon) **47**:61
"El culto de la flor" (Lugones) **15**:293
The Cultural Life of Modern America (Hamsun)
  See *Fra det moderne Amerikas aandsliv*
"Culture" (Erskine) **84**:183
"Culture and Democracy" (Orwell) **51**:259
"Culture and Socialism" (Trotsky) **22**:380
Culture and Value (Wittgenstein)
  See *Vermischte Bemerkungen*
La culture des idées (Gourmont) **17**:127, 129, 138, 143, 150, 154, 158
La cuna de América (Hostos) **24**:303
"Cunner-Fishing" (Jewett) **22**:136, 140
Cuor morituro (Saba) **33**:374-77
"The Cup" (Scott) **6**:389, 393
Cup of Blizzards (Bely)
  See *Kubok metelej: Chetviortiia simfoniia*
A Cup of Coffee (Sturges) **48**:311, 317
"A Cup of Cold Water" (Wharton) **3**:551, 567; **9**:546; **27**:385
"A Cup of Leaves" (Tagore)
  See "Patraput, No. 3"
The Cup of Life (Bunin) **6**:45
The Cup of Snowstorms (Bely)
  See *Kubok metelej: Chetviortiia simfoniia*
"A Cup of Tea" (Mansfield) **2**:456; **8**:284; **39**:304
"A Cup of Tea" (Soderberg)
  See "En kopp te"
The Cup of Water (Field) **43**:159
Cupid and Commonsense (Bennett) **5**:27; **20**:36
El cura de Monleón (Baroja) **8**:63
The Curate of Monleón (Baroja)
  See *El cura de Monleón*
Los curdas (Sanchez) **37**:314
A Cure for Curables (Biggers) **65**:2
"Cure for Melancholy" (Herzl) **36**:141
"The Curé of Calumette" (Drummond) **25**:143-44
"The Cure of Death" (Pilnyak)
  See "Smertel'noe manit"
A Cure of Souls (Sinclair) **3**:438, 442; **11**:414
La curée (Zola) **6**:565-66; **41**:412
"The Curé's Progress" (Dobson) **79**:3, 6, 19, 23
"Curfew" (Coppard) **5**:178
Curiosités esthétiques (Apollinaire) **3**:42
"The Curious Man Punished" (Caragiale) **76**:170
Curious Myths of the Middle Ages (Baring-Gould) **88**:8-9
"The Curious Republic of Goudour" (Twain) **48**:356
"Curious Shifts of the Poor" (Dreiser) **35**:65
"Curly Locks" (Riley) **51**:289
"Curried Cow" (Bierce) **1**:91; **44**:45
"The Curse" (Millay) **4**:308
The Curse (Caragiale)
  See *Năpastă*
The Curse at Farewell (Tagore) **3**:492
"Curse for Kings" (Lindsay) **17**:227
"The Curse of a Thousand Kisses" (Rohmer) **28**:286
"Curse of Education" (Davis) **6**:154
"The Curse of Eve" (Doyle) **7**:221
The Curse of the Beast (Andreyev) **3**:23
The Curse of the Cat People (Lewton) **76**:197-98, 202, 204-05, 210-11
"The Curse of the Fires and of the Shadows" (Yeats) **31**:415
"The Curse of the Wilderness" (Bialik) **25**:50
The Curse of the Wise Woman (Dunsany) **59**:17, 21-3, 26, 28-9
Lo cursi (Benavente) **3**:98
"The Curtain" (Chandler) **7**:176
"Curtain" (Kandinsky) **92**:93
"The Cusser" (Remizov)
  See "Chertykhanets"
Custer's Last Fight (Ince) **89**:9, 17-8
"La custode" (Teilhard de Chardin) **9**:491
Custom and Myth (Lang) **16**:260
The Custom of the Country (Wharton) **3**:557-58, 560-63, 572, 574, 579; **9**:541, 544, 548, 550, 552; **27**:384, 394; **53**:361, 388, 393
"Cut Flowers" (Gurney) **33**:98, 100
"Cut Glass Bowl" (Fitzgerald) **1**:262
Cutie-A-Warm Mama (Hecht) **101**:72
"Cutty Sark" (Crane) **5**:186-87
"The Cychic Delusion" (Wells) **19**:436
"The Cycle of a Farm Pond" (Bromfield) **11**:86
The Cycle of Quatrains (Palamas) **5**:385
"The Cyclists" (Lowell) **1**:372
"Le cygne" (Sully Prudhomme) **31**:301
"A Cynic's Apology" (Stephen) **23**:326
The Cynic's Word Book (Bierce)
  See *The Devil's Dictionary*
Cyntherea (Hergesheimer) **11**:267-73, 276, 282-83, 286
The Cypress Chest (Annensky)
  See *Kiparisovy larets*
"Cypresses" (Lawrence) **93**:125
Cyrano de Bergerac (Rostand) **6**:372-83; **37**:277, 279-81, 283-84, 286-88, 290-94, 296-300, 302-08
Czar Dadon (Remizov) **27**:333
The Czarina of Kazalar (Vazov)
  See *Kazalarskata carica*
"The Czar's Bride" (Khlebnikov)
  See "Carskaja nevesta"
"D. G. R." (Gosse) **28**:132

D. H. Lawrence and Maurice Magnus: A Plea for Better Manners (Douglas) **68**:23, 34
D. L. Moody: A Worker in Souls (Bradford) **36**:56, 64
"Da Budet" (Guro) **56**:132
"Da quando" (Saba) **33**:374
"Da sé" (Pirandello) **29**:282
"Da un colle" (Saba) **33**:369
Dachniki (Gorky) **8**:92-3
"Los dados eternos" (Vallejo) **3**:532
"Daedalus" (Crowley) **7**:208
"Daedalus" (Sikelianos) **39**:404, 421
Daedalus in Crete (Sikelianos) **39**:415, 419
"Dag" (Obstfelder) **23**:179
Dagbok för Selma Lagerlöf (Lagerloef) **36**:235
"Dagen svalnar" (Sodergran) **31**:284-85, 289
The Dagger in the Sky (Dent) **72**:16
Daglannet (Bjoernson) **7**:112, 114; **37**:15, 17, 19
"Dagon" (Lovecraft) **4**:266; **22**:208-09, 232
Dagsedlar (Dagerman) **17**:96
"The Dahlias and the Crane" (Miyazawa) **76**:278
"Daihakken" (Mori Ōgai) **14**:384
Dainty Shapes and Hairy Apes (Witkiewicz)
See *Nadobnisie i koczkodany*
"Daisansha" (Kunikida) **99**:298, 303-04
Daisies and Buttercups (Riddell) **40**:335
"Daisy" (Thompson) **4**:435, 439
The Daisy Chain; or, Aspirations (Yonge) **48**:365-67, 371, 373, 375-81, 383-85, 388
Daisy Miller: A Study (James) **2**:246-47, 249, 274-75; **11**:321. 325, **24**:325; **47**:174-77, 199-200, 205; **64**:133-96
Daisy's Escape (Pinero) **32**:412
Dākghar (Tagore) **3**:497; **53**:334-36, 341
"Dāl-Bhāt-Dukū" (Devkota) **23**:52
D'ale carnavalului (Caragiale) **76**:162-65, 168
Dalekie i bliskie (Bryusov) **10**:78, 87
Dallas Galbraith (Davis) **6**:148-52
"Dall'erta" (Saba) **33**:374
"Dall'uomo a Dio" (Papini) **22**:283
Dam 'ah wabitisāmah (Gibran) **1**:328; **9**:84-5, 88, 90-2
Dama de corazones (Villaurrutia) **80**:465, 479
La dama errante (Baroja) **8**:48-9, 62
Damaged Souls (Bradford) **36**:51-2, 57, 59
"Damayanti to Nala in the Hour of Exile" (Naidu) **80**:316
"La dame au Tzigane" (Gourmont) **17**:126
"La dame blanche des Hohenzollern" (Apollinaire) **51**:28
Dame Care (Sudermann)
See *Frau Sorge*
La dame de Challant (Giacosa) **7**:305, 309, 313-14
La dame de chez Maxim (Feydeau) **22**:77-9, 82, 84, 87, 91-4
Die Dame in Schwarz (Herzl) **36**:132
Dame mit Facher (Kandinsky) **92**:49
La dame qui perdu son peintre (Bourget) **12**:69
"The Dame Regnant" (Scott) **6**:388, 393, 397
Damer's Gold (Gregory) **1**:334, 337
Dames de volupté (Lemonnier) **22**:198, 204
"Damiens" (Huysmans) **69**:25
"Dammerung" (Lasker-Schueler) **57**:312
"Damnation" (Lasker-Schueler) **57**:328, 334
The Damnation of Faust (Melies) **81**:139
"The Damned" (Blackwood) **5**:75-6
"The Damned Thing" (Bierce) **7**:92, **44**:13, 15, 44-6
Damozel Blanche, and Other Faery Tales (Baring) **8**:41
"Damp Mother Earth" (Pilnyak) **23**:219
The Damsel and the Sage (Glyn) **72**:138
Dan Barry's Daughter (Faust) **49**:45, 49, 51
Dan Russell the Fox (Somerville & Ross) **51**:340, 359-60, 374
"Dan the Wreck" (Lawson) **27**:139-40
"Dana" (Baker) **3**:11; **10**:17
"A Danaidák" (Babits) **14**:39
"The Danaïdes" (Babits)
See "A Danaidák"
"Les Danaïdes" (Sully Prudhomme) **31**:302, 304
Danby Croker (Freeman) **21**:56, 59
"The Dance" (Crane) **2**:112, 121; **80**:83, 88, 101, 115, 127, 132, 140, 143, 161, 166, 168, 170, 210, 212-3
"Dance" (Nagai)
See "Butō"
"Dance" (Stephens) **4**:416
Dance (Sa-Carniero)
See *Bailado*
Dance and the Soul; Eupalinos; or, The Architect (Valery)
See *Eupalinos; ou, L'architecte*
"The Dance at Corncob Corners" (Knister) **56**:162
"The Dance of Death" (Blok)
See "Danse macabre"
The Dance of Death (Strindberg)
See *Dödsdansen första delen*
Dance of Death (Stroheim)
See *La Danse de la Mort*
Dance of Herodias (Remizov)
See *Plias Irodiady*
"The Dance of Life" (Naidu) **80**:305
The Dance of Life (Ellis) **14**:108, 110-11, 113-14, 116, 123, 127
"The Dance of Love" (Cullen) **37**:168
"The Dance of the Atoms" (Balmont)
See "Pliaska atomov"
"The Dance of the Future" (Duncan) **68**:72-5
The Dance of the Future (Duncan) **68**:79
"The Dance of the Little People" (Eastman) **55**:167
"The Dance of the Veils" (Rohmer) **28**:286
"The Dance of the Widower-Bachelors" (Ady) **11**:15
"The Dancer" (Nagai)
See "Opera no maihime"
"Dancer" (Stephens) **4**:407, 410
"Dances of Death" (Blok)
See "Danse macabre"
Danchōtie nichijō (Nagai) **51**:98
The Dancing Demon (Remizov)
See *Pliashushchii demon*
The Dancing Floor (Buchan) **41**:38, 41, 44-5, 54
"The Dancing Girl"
See "Maihime"
"The Dancing Girl" (Apollinaire) **3**:38
The Dancing Girl (Nagai)
See *Odoriko*
"The Dandelion" (Lindsay) **17**:229
"Dandies and Dandies" (Beerbohm) **24**:108-09, 116
Dandy Dick (Pinero) **32**:395-96, 404, 406, 410-12
"Dandy Jim's Conjure Scare" (Dunbar) **12**:111
"Dane's Breechin" (Somerville & Ross) **51**:335
"Danger!" (Doyle) **7**:225
Danger Lies East (Dent) **72**:27
The Danger Mark (Chambers) **41**:92, 95-6, 101
The Danger of Being a Gentleman (Laski) **79**:156
Dangerous Ages (Macaulay) **7**:425, 428-29; **44**:118, 120, 125, 132
"Dangerous Connections" (Zoshchenko) **15**:505
Dangerous Days (Rinehart) **52**:282, 288, 294-96
"Dangerous Dreams" (Sodergran) **31**:284
Dangerous Game (Villaurrutia) **80**:458
"The Dangerous Guard" (Kuzmin) **40**:195
"A Dangerous Little Play" (Zoshchenko) **19**:499
The Dangerous Precaution (Kuzmin)
See *Opasnaia predostorozhnost'*
"Dangerous Walk" (Hagiwara Sakutaro) **60**:296
"Die Dänin" (Benn) **3**:107
Danish Weather (Hansen)
See *Dansk vejr*
Dan'l Druce, Blacksmith (Gilbert) **3**:207-08
"Dann" (Lasker-Schueler) **57**:302
"The Dan-nan-Ron" (Sharp) **39**:355, 357, 362, 373, 395
"Danny" (Jewett) **22**:116
"Danny Deever" (Kipling) **8**:188, 190-91, 201; **17**:201
"Danny Deever" (Service) **15**:401
"Danny Murphy" (Stephens) **4**:406
Danny's Own Story (Marquis) **7**:434-35, 437, 447, 450
Dans la maison (Rolland) **23**:277-78
Dans la prière et dans la lutte (Coppee) **25**:126
"Dans l'Abri-Caverne" (Apollinaire) **51**:36
"Dans le chemin qui s'enfonce" (Alain-Fournier) **6**:28
La Danse de la Mort (Stroheim) **71**:336, 341
"La danse du poète-clown" (Roumain) **19**:344
"Danse mabraque" (Fargue) **11**:201
"Danse macabre" (Balmont) **11**:36
"Danse macabre" (Blok) **5**:85
Le danseur mondain (Bourget) **12**:69
Dansk vejr (Hansen) **32**:251
Danskere (Jensen) **41**:296
"Dante" (Santayana) **40**:390
Dante (Chapman) **7**:187
Dante (Merezhkovsky) **29**:242
Dante als Dichter der Irdischen Welt (Auerbach) **43**:47, 62, 72
"Dante in the Bowery" (Roosevelt) **69**:188, 255-56
Dante, Poet of the Secular World (Auerbach)
See *Dante als Dichter der Irdischen Welt*
"Dante Street" (Babel) **13**:26, 34
Dante vivo (Papini) **22**:281-82, 289
Danton (Belloc) **7**:31, 39-40; **18**:19, 28
Danton (Rolland) **23**:257-58, 260
Danton's Death (Tolstoy) **18**:382
"Daphne" (Millay) **4**:306
Daphne Adeane (Baring) **8**:35-6, 38-40, 42
Daphne Laureola (Bridie) **3**:132-33, 141-42
Daphne; or, Marriage á la Mode (Ward) **55**:420
"The Dappled Fawn" (March) **96**:241, 254
Dar mudrykh pchol (Sologub) **9**:439-40, 434, 436
The D'Arblay Mystery (Freeman) **21**:50, 52, 57
Darby and Joan (Baring) **8**:34, 37, 43
"Dare's Gift" (Glasgow) **7**:342
Dariel (Blackmore) **27**:29-30, 33, 37, 40, 44-5
"The Dark" (Roberts) **68**:336
"The Dark Age" (Baker) **10**:26
"The Dark Angel" (Johnson) **19**:242, 244, 246-47, 253, 255
Dark As the Grave Wherein My Friend Is Laid (Lowry) **6**:214-42, 245, 251, 254
Dark Avenues, and Other Stories (Bunin)
See *Tyomnyye allei*
Dark Encounter (Riggs) **56**:210
The Dark Face (Rozanov)
See *Temnyi lik*
The Dark Flower (Galsworthy) **1**:300; **45**:47-8, 67-70
"The Dark Forest" (Thomas) **10**:455
The Dark Forest (Walpole) **5**:496, 499, 502-03
"Dark Heritage" (Kuttner) **10**:268
"The Dark Hills" (Robinson) **101**:192
Dark Hollow (Green) **63**:137-38
The Dark Hours (Marquis) **7**:437, 446-47, 451-52
"Dark in the Forest, Strange as Time" (Wolfe) **61**:315
"The Dark Lady of the Sonnets" (Baker) **10**:17, 22
The Dark Lady of the Sonnets (Shaw) **45**:256
Dark Laughter (Anderson) **1**:38-9, 41, 44, 48-9, 51, 53, 55, 57-8, 61-2; **10**:37-9, 41-5; **24**:44
"A Dark Month" (Swinburne) **36**:342
"Dark Night" (Remizov)
See "Noch'temnaia"
The Dark Night (Sinclair) **11**:410, 420
Dark of the Moon (Teasdale) **4**:426-31
"The Dark One" (Leino) **24**:376-78
"Dark Rapture" (Baker) **10**:17
The Dark River (Hall and Nordhoff) **23**:62

"The Dark Room" (Quiroga)
See "La cámara oscura"
Dark Soil (Stringer) **37**:331, 343
The Dark Tower (Woollcott) **5**:522, 528-29
The Dark Wing (Stringer) **37**:337
"Dark World" (Kuttner) **10**:269
The Dark-Blue Star (Gumilev)
See *K sinei zvezde*
"The Darkling Thrush" (Hardy) **10**:234; **48**:60; **53**:98
"Darkness" (Cobb) **77**:136, 138
"The Darkness" (Johnson) **19**:246
Darkness and Dawn (Tolstoy) **18**:360-61
"Darkness and Nathaniel" (Powys) **9**:366, 371
Darkness and the Light (Stapledon) **22**:316, 318, 322, 332-33, 337
"The Darling" (Chekhov) **3**:155, 165
The Darling of the Gods (Belasco) **3**:86-7, 90
Darwin (Bradford) **36**:55-6, 64
"Darwin among the Machines" (Butler) **33**:35, 49, 65
Darwin on the Origin of Species (Butler) **33**:49
"Darwin Superseded" (Dunsany) **59**:28
"Das" (Kandinsky) **92**:68
"Das ist der Ast in deinem Holz" (Morgenstern) **8**:305
Das ist unser Manifest (Borchert) **5**:106, 109-10
Dassai shooku haiwa (Masaoka Shiki) **18**:225, 234
"Dast-i bar qaza" (Hedayat) **21**:75
Daugava (Rainis) **29**:392
"Daughter of Albion" (Chekhov) **3**:145
A Daughter of Astrea (Oppenheim) **45**:132
"The Daughter of Demeter" (Stringer) **37**:332
"A Daughter of Eve" (Harris) **24**:264
Daughter of Fu Manchu (Rohmer) **28**:280, 286, 294, 298, 300
"Daughter of Hades" (Meredith) **17**:256
The Daughter of Heaven (Loti) **11**:357
"The Daughter of Huang Chow" (Rohmer) **28**:282, 286
"A Daughter of Israel" (Bialik) **25**:50
The Daughter of Jorio (D'Annunzio)
See *La figlia di Iorio*
A Daughter of Marionis (Oppenheim) **45**:132
"The Daughter of Reb Avrom Leib" (Cahan) **71**:12, 29, 66
A Daughter of the Congo (Micheaux) **76**:247, 255
"The Daughter of the Forest" (Gibran)
See "Amām 'arsh al-jamāl"
"Daughter of the Frontier" (Fisher) **87**:101
A Daughter of the Land (Porter) **21**:265, 267, 276
A Daughter of the Middle Border (Garland) **3**:193
A Daughter of the Morning (Gale) **7**:283, 287
Daughter of the Revolution, and Other Stories (Reed) **9**:383
A Daughter of the Snows (London) **9**:257, 262-64, 276, 281; **39**:285-86
The Daughter of the Vine (Atherton) **2**:15
The Daughter of Time (Tey) **14**:449-57, 460-63
A Daughter of Today (Duncan) **60**:207, 226, 228, 230
The Daughters of Babylon (Hichens) **64**:131
"Daughters of Dawn" (Carman) **7**:139
Daughters of Eve (Bradford) **36**:57
"The Daughters of the Late Colonel" (Mansfield) **2**:451, 456, 458; **8**:280, 282-83, 285; **39**:303, 305, 309-10, 318, 320-23
"The Daughters of the Vicar" (Lawrence) **2**:354; **33**:188
"Daughters of War" (Rosenberg) **12**:287-88, 291-93, 297, 299-301, 303, 310
"Däumerle und Bäumerle or The Future" (Herzl) **36**:142
"Dauntaun" (Hayashi) **27**:104, 106
"Davanti San Guido" (Carducci) **32**:95, 102, 107-08, 111
"Davanti una cattedrale" (Carducci) **32**:112
Dave (Gregory) **1**:333
"Dave's Neckliss" (Chesnutt) **39**:98
"David" (MacDonald) **9**:304
"David and Jonathan" (Lasker-Schueler)
See "David und Jonathan"
"David B. Hill" (Phillips) **44**:277
"'David Copperfield'" (Woolf) **43**:404
David Elginbrod (MacDonald) **9**:291, 308-09
"David Gaunt" (Davis) **6**:151-53
David Levinsky (Cahan)
See *The Rise of David Levinsky*
"David Strauss, the Confessor and Writer" (Nietzsche) **10**:354
"David, the Hunchback" (Hedayat)
See "Davud-i kuzh-pusht"
David und Goliath (Kaiser) **9**:181
"David und Jonathan" (Lasker-Schueler) **57**:329, 336
"Davud-i kuzh-pusht" (Hedayat) **21**:71
Davy Crockett (Rourke) **12**:316, 321, 323, 328-29, 331
"Dawn" (Baker) **10**:26
"Dawn" (Brooke) **2**:59
"Dawn" (Garcia Lorca)
See "La aurora"
"Dawn" (Hagiwara Sakutaro) **60**:296
"Dawn" (Pickthall) **21**:243, 252
"The Dawn" (Sodergran)
See "Gryningen"
"Dawn" (Unamuno) **2**:568
"The Dawn" (Yeats) **93**:350-52
Dawn (Dreiser) **10**:174, 191, 198, 201; **18**:58; **83**:9
Dawn (Haggard) **11**:237-38, 243-44, 253
Dawn (Heijermans) **24**:293
The Dawn (Verhaeren)
See *Les aubes*
"Dawn Adventure" (Lowell) **8**:226
"Dawn after the Dance" (Hardy) **10**:232
"Dawn behind Night" (Rosenberg) **12**:310
"Dawn Elegy" (Radnoti) **16**:418
The Dawn in Britain (Doughty) **27**:52-3, 58, 60-1, 63, 66-7, 69, 73-4, 84
"The Dawn of Darkness" (Baker) **10**:26
The Dawn of Day (Nietzsche)
See *Die Morgenröt: Gedanken über die moralische vorurteile*
"The Dawn of Freedom" (Bell) **43**:88, 91
The Dawn of Manchukuo and Mongolia (Mizoguchi) **72**:322
"Dawn over Illion" (Aurobindo) **63**:7
Dawn's Left Hand (Richardson) **3**:357-58
The Dawson Pedigree (Sayers)
See *The Unnatural Death*
"Day" (Baker) **10**:26
"A Day" (Heidenstam) **5**:249
"Day and Night" (Muir) **87**:169, 297
Day and Night Stories (Blackwood) **5**:77
"The Day before the Last Day" (Muir) **2**:489; **87**:175
The Day Before Yesterday (Middleton) **56**:192, 195
"The Day Cools" (Sodergran)
See "Dagen svalnar"
"A Day Goes By" (Pirandello) **4**:349-50
"A Day in Harmenze" (Borowski) **9**:21-2, 26
"A Day in the Life of a Writer" (Slesinger) **10**:442, 445
A Day in the Life of Tsar Peter (Tolstoy) **18**:378
"The Day of Accusation" (Kolmar) **40**:177
"The Day of Atonement" (Korolenko) **22**:173
Day of Deliverance (Benet) **28**:12
The Day of Glory (Fisher) **87**:72
"The Day of Judgment" (Evans) **85**:27
The Day of Judgment (Dagerman) **17**:96
The Day of the Battle (Tolstoy) **18**:382
The Day of the Locust (West) **1**:478-79, 481-84, 486-92; **14**:469-70, 473-77, 479, 481-82, 485-87, 490-94; **44**:367-69, 373, 378, 389, 396, 412
"Day of the Most Holy Virgin" (Kuzmin) **40**:189
Day of the Proletariat (Toller)
See *Tag des Proletariats*
"The Day of the Rabblement" (Joyce) **52**:234
"The Day of Victory" (Gurney) **33**:85
"Day That I Have Loved" (Brooke) **2**:58
"The Day the Mountains Move" (Yosano Akiko)
See "Yama no ugoku hi"
The Day the World Ended (Rohmer) **28**:282, 295
"Day to the Night" (Meynell) **6**:291
"A Day with Conrad Green" (Lardner) **14**:307, 314
"A Day With Governor Arthur" (Warung) **45**:418
"Daybreak" (Guiney) **41**:213
Daybreak (Schnitzler) **4**:393
Daybreak (Schnitzler)
See *Spiel im Morgengrauen*
Dayland (Bjoernson)
See *Daglannet*
"The Daylight Is Dying" (Paterson) **32**:370
"The Day-Night Lamp" (Morgenstern) **8**:305
"Days" (Hippius) **9**:159
"The Days" (Muir) **87**:172
Days and Nights (Symons) **11**:426-28, 431, 445, 451
Days and Nights: Journal of a Deserter (Jarry)
See *Les jours et les nuits: Roman d'un déserter*
"Days and Years" (Davies) **5**:209
"Day's Ending" (Teasdale) **4**:426
Days in the Sun (Nexo)
See *Soldage*
"The Days like Smitten Cymbals" (Lowry) **6**:238
"Days of 1896" (Cavafy) **7**:152
"The Days of Autumn" (Sodergran)
See "Höstens dagar"
The Days of H. L. Mencken (Mencken) **13**:385
"Days of Piety" (Radnoti) **16**:418
The Days of the Commune (Brecht) **1**:104
"Days of the Dog Star" (D'Annunzio)
See "Solleone"
Days of the Turbins (Bulgakov)
See *Dni Turbinykh*
The Day's Play (Milne) **6**:315; **88**:249
"A Day's Pleasure" (Garland) **3**:199
Day's Sonnets (Reyes)
See *Jornada en sonetos*
Days with Walt Whitman (Carpenter) **88**:72
Days without End (O'Neill) **1**:387-88, 392, 396; **6**:332, 335-36
"Dayspring Mishandled" (Kipling) **8**:196, 209; **17**:211
"D.C." (Millay) **4**:308
Los de abajo (Azuela) **3**:75-6, 78-82
La de Bringas (Perez Galdos) **27**:250, 261-63, 276, 280, 282-83
"De la cité socialiste" (Peguy) **10**:413
"De la grippe" (Peguy) **10**:414
"La de la mil" (Vallejo) **3**:530, 532
"De la traduction" (Larbaud) **9**:204
"De l'érotisme considéré dans ses manifestations écrites et de point de vue de l'esprit moderne" (Desnos) **22**:57, 69
La de los tristes destinos (Perez Galdos) **27**:276, 282
"De profundis" (Gurney) **33**:85
"De profundis" (Johnson) **19**:244
"De profundis" (Merezhkovsky) **29**:248
De profundis (Wilde) **1**:494, 499, 502, 509; **8**:491, 494, 498, 503; **23**:443-44; **41**:358, 361, 374, 376, 396-97
"De puro calor..." (Vallejo) **56**:311
De quelques avantages de l'ecrivains conservateur (Benda) **60**:74
Deacon Brodie: The Double Life (Henley) **8**:102, 107-08
"The Dead" (Brooke) **2**:56; **7**:123, 125, 129-30
"Dead" (Johnson) **19**:244, 246, 254
"The Dead" (Joyce) **3**:274; **8**:158, 165-67, 169-

71; **16**:218, 232, 245; **35**:144, 151, 154, 156, 159, 161-62, 164-65, 167-69, 171, 183-84, 189, 191-92, 196-97; **52**:242, 248
"The Dead and the Living One" (Hardy) **53**:100
"The Dead Beat" (Grove) **4**:141
"The Dead Beat" (Owen) **5**:369-71; **27**:206, 208, 212, 214, 217-18, 224, 229, 236
"The Dead Christ" (Howe) **21**:108
The Dead City (D'Annunzio)
See *La città morta*
The Dead Day (Barlach)
See *Der Tote Tag*
"A Dead Dog" (Anderson) **24**:43
"The Dead End" (Hedayat)
See "Bun bast"
"Dead Faun" (Carman) **7**:138, 149
"The Dead Forest" (Kraus)
See "Der Tote Wald"
"A Dead Harvest" (Meynell) **6**:299
"The Dead Heroes" (Rosenberg) **12**:288
"The Dead Kings" (Ledwidge) **23**:123
"A Dead Letter" (Dobson) **79**:26
Dead Letters (Baring) **8**:32, 37, 41, 44
"The Dead Man" (Quiroga)
See "El hombre muerto"
"Dead Man's Dump" (Rosenberg) **12**:288, 291, 293-95, 299, 301, 303-04, 308, 310-12
Dead Man's Rock (Quiller-Couch) **53**:289
"Dead Men" (Douglas) **40**:70, 73, 76, 78, 80, 90
Dead Men (Sanchez)
See *Los muertos*
"Dead Nocturne" (Villaurrutia) **80**:483
"The Dead of the Wilderness" (Bialik) **25**:50, 52, 58, 66
"Dead Pals" (Patton) **79**:301
"The Dead Past" (Rosenberg) **12**:310
"The Dead Patriot" (Tynan) **3**:503
"The Dead Season" (Schulz)
See "Martwy sezon"
"The Dead Smile" (Crawford) **10**:149, 153, 157-59
"The Dead Spring" (Tynan) **3**:503
"The Dead Torero" (Campbell) **5**:120
"The Dead Traveler" (Papadiamantis) **29**:272
"The Dead II" (Brooke) **2**:61
"The Dead Village" (Robinson) **101**:197
"Dead Water" (Wen I-to) **28**:412-15, 417, 419-20
The Dead Woman in the House (Kuzmin) **40**:197
"Deadlock" (Kuttner) **10**:268
Deadlock (Richardson) **3**:356-57
"The Deadly Nightshade" (Balmont) **11**:41
"Deadsunday" (van Ostaijen) **33**:421
The Deaf (Bergelson) **81**:15
Deaf Ballads (Reyes)
See *Romances sordos*
"The Deaf One" (Bergelson)
See "Der Toyber"
"The Deaf Satyr" (Dario) **4**:60, 67-8
"A Deal in Cotton" (Kipling) **17**:209
Dealings with the Fairies (MacDonald) **9**:291, 304
"Dear" (Yokomitsu)
See "Ommi"
"Dear Annie" (Freeman) **9**:74
Dear Brutus (Barrie) **2**:40-4, 46, 48
"The Dear Departed" (Saltus) **8**:346
"Dear Friends" (Robinson) **101**:142, 148, 150, 153-58, 160, 162
"Dear Friends and Gentle Hearts" (Cullen) **4**:44; **37**:166
"Dear Friends and Gentle Hearts" (Woollcott) **5**:529
"Dear Noel Coward" (Bodenheim) **44**:74
"The Dear Page" (Sologub) **9**:436
"Dearest" (Holly) **65**:138, 149-50
Dearest Father (Kafka) **6**:223
"The Dearness of Common Things" (Gurney) **33**:99
"Death" (Anderson) **1**:59, 65; **10**:55-6; **24**:28, 30, 34-5, 43
"Death" (Bodenheim) **44**:59, 74
"Death" (Gumilev)
See "Smert'"
"A Death" (Johnson) **19**:246
"Death" (Nezval) **44**:238
"Death" (Svevo)
See "La morte"
"Death" (Wen I-to) **28**:409, 416
"Death" (Yeats) **31**:397
"Death and Life" (Naidu) **80**:287
"Death and Memory" (Manning) **25**:277
"Death and Nature" (Manning) **25**:277
"Death and the Child" (Crane) **11**:124-25, 127-28, 158, 160, 167
Death and the Fool (Hofmannsthal)
See *Der Tor und der Tod*
"Death at Bearwallow" (Roberts) **68**:348-51
"Death by Advertisement" (Sologub) **9**:446
"Death Cell" (Bosman) **49**:32
Death Comes for the Archbishop (Cather) **1**:154, 156-59, 161-63, 165; **11**:95-9, 107; **31**:27, 49, 54, 67; **99**:165-290
"Death Feast" (Khlebnikov) **20**:135
Death Has Yellow Eyes (Dent) **72**:24, 38
Death in Monte Carlo (Bromfield) **11**:83
Death in Silver (Dent) **72**:21, 23
"A Death in the Country" (Benet) **7**:82, 85
"Death in the Desert" (Agee) **1**:16
"A Death in the Desert" (Cather) **11**:92, 101; **99**:281
A Death in the Family (Agee) **1**:1, 3-10, 12-16, 18; **19**:24, 26, 28-9, 31-2, 37, 40-1, 45, 48
"Death in the Woods" (Anderson) **1**:44, 46, 54; **10**:37, 44-7, 52-3; **24**:43
Death in Venice (Mann)
See *Der Tod in Venedig*
Death into Life (Stapledon) **22**:323, 332, 337-38
Death Is a Round Black Spot (Dent) **72**:27, 38
Death Mask and Clover (Storni)
See *Mascarilla y trébol*
"Death May Be Very Gentle" (Gogarty) **15**:110
"Death of a Boy" (Rilke) **19**:308
"The Death of a Dandy" (Bishop) **103**:26
"Death of a Freedom Fighter" (Borowski) **9**:21
"Death of a Frog" (Hagiwara Sakutaro)
See "Kaeru no shi"
"Death of a Martyr" (Akutagawa Ryunosuke) **16**:35
Death of a Scribbler (Nagai)
See *Gesakusha no shi*
"The Death of a Soldier" (Stevens) **12**:363, 367, 373
Death of a Train (Crofts) **55**:88
The Death of Agamemnon (Hauptmann) **4**:208
The Death of Agrippina (Symons) **11**:433
"The Death of Aillil" (Ledwidge) **23**:113
"The Death of Akoose" (Scott) **6**:387
"Death of an Alcoholic" (Hagiwara Sakutaro) **60**:292, 296
"The Death of Ankou" (Lewis) **104**:177, 284-90
"Death of Antoñito the Camborio" (Garcia Lorca)
See "Muerte de Antoñito el Camborio"
"Death of Autumn" (Millay) **49**:225
"The Death of Baron Gandara" (Capek)
See "Smrt barona Gandary"
"The Death of Bill Graves" (Anderson) **24**:43
"The Death of Captain Waskow" (Pyle) **75**:266, 269-70, 272-73
The Death of Cuchulain (Yeats) **1**:571; **11**:512
The Death of Digenis (Sikelianos) **39**:419
"The Death of Dolgushov" (Babel) **2**:27
The Death of Felicity Taverner (Butts) **77**:76-7, 83, 100, 103-8
The Death of George (Beer-Hofmann)
See *Der Tod Georgs*
The Death of Good Fortune (Williams) **1**:517; **11**:498
"The Death of Halpin Frayser" (Bierce) **7**:89, 94; **44**:6, 8, 13, 16, 33, 44-5, 49
"The Death of Halpin Frayser" (Lovecraft) **4**:267
"The Death of Hanrahan" (Yeats) **31**:419
"Death of Immortality" (Babits)
See "A halhatatlanság halála"
"The Death of Isolde" (Quiroga)
See "La muerte de Isolda"
The Death of Ivan Ilych (Tolstoy)
See *Smert Ivana Ilyicha*
"The Death of Leag" (Ledwidge) **23**:117
"The Death of Li Po" (Wen I-to) **28**:409, 415-16
"The Death of Lincoln" (Bell) **43**:91
The Death of Marlowe (Symons) **11**:438
"The Death of My Father" (Svevo) **2**:545
"The Death of Pan" (Dunsany) **59**:10
"The Death of Procris" (Field) **43**:166-67
"The Death of Puck" (Lee-Hamilton) **22**:191
"Death of Schillenger" (Borowski) **9**:22
The Death of Simon Fuge (Bennett) **5**:38, 42, 47, 49
"The Death of Smet-Smet" (Brooke) **2**:59
"The Death of the Canary" (Quiroga)
See "La muerte del canario"
"The Death of the Duchess Isabella" (Lee-Hamilton) **22**:188
"The Death of the Empress of China" (Dario)
See "La muerte de la emperatriz de China"
The Death of the Father (Martin du Gard) **24**:388
The Death of the Gods (Merezhkovsky)
See *Julian the Apostate*
The Death of the King's Canary (Thomas) **8**:462
"Death of the Lovers" (Heym) **9**:145
The Death of the Moth, and Other Essays (Woolf) **12**:507; **43**:386, 388, 392, 413
"The Death of the Musician" (Peretz) **16**:406
"The Death of the Old Sea King" (Harper) **14**:256
"The Death of the Poet" (Rilke) **6**:363
"The Death of the Poet Catullus" (Ady) **11**:15
"The Death of the Slave Lewis" (Howe) **21**:107, 112
The Death of the Swan (Gonzalez Martinez)
See *La muerte de cisne*
The Death of Tintagiles (Maeterlinck)
See *La mort de Tintagiles*
The Death of Titian (Hofmannsthal)
See *Der Tod des Tizian*
The Death of Virgil (Broch)
See *Der Tod des Vergil*
"The Death Ring of Sneferu" (Rohmer) **28**:277, 286
"Death Shall Have No Dominion" (Thomas)
See "And Death Shall Have No Dominion"
"Death the Proud Brother" (Wolfe) **4**:526, 527; **13**:492, 494
"Death to the Poor" (Cullen) **37**:166
"The Death-Child" (Sharp) **39**:389
"Deaths and Entrances" (Thomas) **1**:473; **8**:458; **45**:403-04, 406
Death's Carter (Lagerloef) **36**:242
"Death's Dainty Ways" (Bradford) **36**:63
Death's Mistake (Khlebnikov)
See *Oshibka smerti*
Death's Victory (Ishikawa) **15**:124
The Death-Trap (Saki) **3**:376
La débâcle (Zola) **1**:563, 567, 587, 592, 595, 597; **21**:426; **41**:414-15, 422, 439
Les débâcles (Verhaeren) **12**:460, 462-63, 465, 469-70, 473
The Debauched Hospodar (Apollinaire)
See *Les onze mille verges*
Dēbdās (Chatterji) **13**:80
Debit and Credit (Strindberg) **21**:353
Debits and Credits (Kipling) **8**:195
"Debris of Life and Mind" (Stevens) **3**:470; **45**:350
"The Debtor" (Muir) **2**:485
The Debtor (Freeman) **9**:73

"A Debussy Serenade" (Percy) **84**:198
Decadence, and Other Essays on the Culture of Ideas (Gourmont)
See *La culture des idées*
The Decadent: Being the Gospel of Inaction (Cram) **45**:4, 12
"The Decadent Movement in Literature" (Symons) **11**:440
"A Decadent's Lyric" (Johnson) **19**:249
"Decálogo del perfecto cuentista" (Quiroga) **20**:216
"Decalogue of the Perfect Short Story Writer" (Quiroga)
See "Decálogo del perfecto cuentista"
"The Decapitated Chicken" (Quiroga) **20**:219, 222
The Decapitated Chicken, and Other Stories (Quiroga) **20**:218, 220-21
"Decay" (Hecht) **101**:36
The Decay of Capitalist Civilisation (Webb and Webb) **22**:403, 414, 416, 418
"The Decay of Lying" (Wilde) **1**:506; **8**:490, 493, 497, 502-03
"The Deceased" (Douglas) **40**:67
Deceit (Micheaux) **76**:245
"The Deceived" (Mann)
See *Die Betrogene*
"December" (Belloc) **18**:41
"A December Day" (Teasdale) **4**:428
"A December Day in Dixie" (Chopin) **14**:82
"December Eighth" (Dazai Osamu)
See "Jūnigatsu yōka"
"December Night" (Lawrence) **93**:18
December the Fourteenth (Merezhkovsky) **29**:231
The Decembrists (Tolstoy) **18**:382
Decennalia (Carducci) **32**:84, 86
"Décima muerte" (Villaurrutia) **80**:460, 483-7, 489
"Décimas de nuestro amor" (Villaurrutia) **80**:464, 512
"Décimas of Our Love" (Villaurrutia) **80**:464
"Décimos" (Villaurrutia) **80**:464
"Decivilised" (Meynell) **6**:290
"Declamation and Discussion for Girls" (Anthony) **48**:15
"La Declaration d'amour acceptee" (Jammes) **75**:119
The Declaration of Independence: A Study in the History of Political Ideas (Becker) **63**:63-4, 75, 81, 99, 102, 109
"The Decline in the Efficiency of Instruments Essential in Equilibrium" (Innis) **77**:342
"Decline of The English Murder" (Orwell) **51**:249
"The Decline of the Novel" (Rourke) **12**:329
The Declining Years (Dazai Osamu)
See *Bannen*
La Decomposition du Marxisme (Sorel) **91**:332
"Decor" (Bacovia) **24**:70
The Decoration (Nagai)
See *Kunshō*
"Decoration Day" (Higginson) **36**:170
"Decoration Day" (Jewett) **22**:142
The Decoration of Houses (Wharton) **53**:361, 401
Decorations (Dowson) **4**:84, 90
The Decorative Art of the Indians of the North Pacific Coast (Boas) **56**:81
"The Decoy" (Blackwood) **5**:72
Dedicated (Field) **43**:156, 164
"Dedication" (Agee) **19**:23-4
"Dedication" (Gourmont) **17**:129
"Dedication" (van Ostaijen) **33**:421-22
"Dedication Day" (Agee) **1**:16
Dedicatory Ode (Belloc) **7**:33
"The Deed" (Davies) **5**:209
"Deeds, Not Words" (Williams) **89**:375
The Deeds of Alexander the Great (Kuzmin) **40**:191, 194
The Deemster (Caine) **97**:3, 6, 10-11, 13-14, 20-1
"A Deep Sleeper" (Chesnutt) **39**:95
Deep Song (Garcia Lorca)
See *Poema del cante jondo*
Deep Song, and Other Prose (Garcia Lorca) **7**:302
"Deep Stuff" (Williams) **89**:383
The Deepening Stream (Fisher) **87**:84
Deephaven (Jewett) **1**:361, 363-64, 367, 369; **22**:116-17, 120-21, 123-26, 132-33, 135-38, 141, 148
"Deephaven Cronies" (Jewett) **22**:116
"Deephaven Excursions" (Jewett) **22**:116
"Deephaven Society" (Jewett) **22**:136
"The Deer Hunt" (Kunikida)
See "Shikagari"
"Deer in Mooreland" (Benet) **28**:9
Defeat (Grieg)
See *Nederlaget: Et skuespill om Pariser-komunen*
Defeat (Huch) **13**:242-43
"The Defeat of the City" (Henry) **19**:172, 181
"The Defeated Husband" (Yokomitsu)
See "Maketa Otto"
"A Defence of Common Sense" (Moore) **89**:196-8, 216-7, 244-5
"A Defence of Cosmetics" (Beerbohm) **24**:116, 119
"The Defence of Democracy" (Murry) **16**:342
"The Defence of Semidvorie" (Platonov) **14**:414
The Defendant (Chesterton) **6**:101
"La defensa de la ilusión" (Lugones) **15**:294
"A Defense" (Bishop) **103**:6
La défense de Tartufe (Jacob) **6**:193, 197-99, 202
A Defense of Idealism: Some Questions and Conclusions (Sinclair) **11**:417-18, 420
A Defense of Indian Culture (Aurobindo) **63**:30
"Defense of P. G. Wodehouse" (Orwell) **51**:222
The Defense of Terrorism (Trotsky) **22**:364
The Defense of the Bride and Other Poems (Green) **63**:135
Defiance (Jensen)
See *Trods*
"The Definition of the Psychical" (Mead) **89**:166, 168, 171-2
"El definitivo" (Lugones) **15**:293
"Defoe" (Woolf) **56**:405
"Degenerate Nero's Death" (Ady) **11**:15
Degeneration (Huysmans) **7**:407
Degeneration and Regeneration of the Nervous System (Ramoacn y Cajal)
See *Estudios sobre la degeneración del sistema nervioso*
"Degollación de los inocentes" (Garcia Lorca) **49**:93
"Degollación del Bautista" (Garcia Lorca) **49**:92-3
"The Degradation of the Democratic Dogma" (Adams) **80**:13
The Degradation of the Democratic Dogma (Adams) **4**:8
"The Dehumanization of Art" (Ortega y Gasset) **9**:336, 339, 344, 348-49
"The Deified Invalid" (Apollinaire) **51**:49
Deirdre (Baker) **3**:4-5, 12-13, 22
Deirdre (Stephens) **4**:414, 416, 418-21
Deirdre (Yeats) **1**:561; **11**:527
Deirdre of the Sorrows (Gregory) **1**:334
Deirdre of the Sorrows (Synge) **6**:426, 428-31, 434-35, 439; **37**:348, 365, 367, 382-83, 390
Deistvo o Georgii Khrabrom (Remizov) **27**:328-29, 335
"The Deith-Tide" (Sharp) **39**:354
"Dejection" (Douglas) **40**:63, 73
"Dekorative Kunst" (Hartmann) **73**:141
Del imperio romano (Ortega y Gasset) **9**:355
Del natural (Gamboa) **36**:75
"Del sentimento in arte" (Svevo) **35**:362-63
Del sentimento trágico de la vida (Unamuno)
See *Del sentimiento de la vida en los hombres y en los pueblos*
Del sentimiento de la vida en los hombres y en los pueblos (Unamuno) **2**:559-60, 565, 569; **9**:509, 512-15, 520, 522-23
Del vivir (Miro) **5**:340, 342
The Delectable Duchy (Quiller-Couch) **53**:290
"Delectación morosa" (Lugones) **15**:289
Delia Blanchflower (Ward) **55**:420, 437, 441
"The Deliberation of Mr. Dunkin" (Dunbar) **12**:111
Delicia (Corelli)
See *The Murder of Delicia*
"Delicia otoñal" (Lugones) **15**:289
"Delicta carnis" (Nervo) **11**:396
The Delight of Great Books (Erskine) **84**:177
"The Delights of an Incognito" (Guiney) **41**:209
Delirium in a Studio (Melies) **81**:122
"Delirium in Vera Cruz" (Lowry) **6**:237
Delitto all'isola delle capre (Betti) **5**:56, 66
"The Deliverance" (Harper) **14**:264
The Deliverance (Chatterji)
See *Niskrti*
The Deliverance (Glasgow) **2**:175-76, 185-86, 189, 191; **7**:333, 340
The Deliverance (Vazov) **25**:450
"The Deliverer" (Fisher) **87**:73
The Deliverer (Gregory) **1**:332, 334, 337
Delo Artmunovykh (Gorky) **8**:75, 77, 80, 87
"Delo korneta Elagina" (Bunin) **6**:59
"Delo smerti" (Pilnyak) **23**:213
The Delphic Union (Sikelianos) **39**:412
"The Delta Autumn (Percy) **84**:198
The Deluge (Aleichem)
See *Der mabl*
Deluge (Kandinsky) **92**:62
The Deluge (Phillips) **44**:253-54, 262, 274, 276, 283, 286, 290
The Deluge (Sienkiewicz)
See *Potop*
"Dem Monch" (Lasker-Schueler) **57**:298
"The Demand for Party Recognition" (Anthony) **48**:23
The Demesne of the Swans (Tsvetaeva)
See *Lebediny stan*
The Demi-Gods (Stephens) **4**:408-11, 415, 417-19, 421
"Demiurge" (Lawrence) **2**:368; **93**:73, 74
"Democracy" (Lawrence) **61**:231
Democracy (Adams) **4**:2, 9-10, 12, 14-18, 20; **52**:40
Democracy and Education: An Introduction to the Philosophy of Education (Dewey) **95**:25-6, 36, 56, 97, 106, 122
"Democracy and Efficiency" (Keynes) **64**:243
Democracy and Social Ethics (Addams) **76**:2, 13, 22, 37, 45, 70-1, 84, 108, 120
"Democracy and the Arts" (Brooke) **7**:127
"Democracy in Crisis" (Laski) **79**:87, 150, 169
"Democracy Is Service" (Lawrence) **93**:24
"The Demoiselle d'Ys" (Chambers) **41**:87-8, 94, 101, 103, 106, 110
"Les demoiselles de Suave" (Gray) **19**:144, 151
Die demoliete Literatur (Kraus) **5**:286
"Demon and Beast" (Yeats) **11**:520; **31**:407
Le demon de l'absurde (Vallette) **67**:270, 272, 276, 299, 315, 319, 321
Le démon de midi (Bourget) **12**:66, 69
Demon of Absurdity (Vallette)
See *Le demon de l'absurde*
The Demon of Progress in the Arts (Lewis) **2**:390-91
The Demon of the Absurd (Vallette)
See *Le demon de l'absurde*
Demons and Night Visions (Kubin) **23**:95
"Demons in the Stream" (Papadiamantis) **29**:272
Demos: A Story of English Socialism (Gissing) **3**:222, 227-28, 230, 232-33, 237; **24**:215, 220, 224-25, 230-31, 234-35, 243, 248; **47**:103, 141, 143
"Demos and Dionysus" (Robinson) **101**:195
"Demus" (Robinson) **101**:195
"Dengaku tōfu" (Mori Ōgai) **14**:379

Denis Dent (Hornung) **59**:113
Denkende hart van de barak (Hillesum) **49**:183
Denry the Audacious (Bennett)
See *The Card*
"La dent" (Vallette) **67**:319, 321
The Dentist (Fields) **80**:234-5
Denton Welch: Extracts from His Published Works (Welch) **22**:445
The Denton Welch Journals (Welch) **22**:442, 444, 446-49, 452-54, 456-60, 462
Les dents du tigre (Leblanc) **49**:195-97
Denys the Dreamer (Tynan) **3**:505
Denzil Quarrier (Gissing) **3**:232; **24**:220, 223, 238-39, 248
"Le depart" (Verhaeren) **12**:461
"Depart from me, I know thee not" (Coleridge) **73**:11
Departing (Bergelson)
See *Departure*
Departmental Ditties (Kipling) **8**:176, 193, 205
"Departure" (Anderson) **1**:152, 60; **24**:28, 34, 36, 40, 43, 54
"Departure" (Lawrence) **93**:72, 75, 76
"Departure" (Liliencron) **18**:208
"Departure" (Millay) **4**:308
Departure (Bergelson) **81**:19
Departure (Sa-Carniero)
See *Partida*
"The Departure of Dindrane" (Williams) **1**:514
"The Departure of the Shadow" (Apollinaire) **51**:49
"Depression Before Spring" (Stevens) **45**:309
"An der Landstraß im Graben" (Raabe) **45**:189
"Deracinated Encounters" (McAlmon) **97**:100
Les déracinés (Barrès) **47**:37, 44, 60, 63-4, 66, 68-9, 71-3, 79, 95, 97-9
"The Derailed Streetcar" (Gumilev)
See "Zabludivshijsja tramvaj"
Derborence (Ramuz) **33**:297-98, 300-02, 309-11
Derecho constitucional (Hostos) **24**:303
Los derechos de la salud (Sanchez) **37**:311-16, 318
"The Derelict" (Hodgson) **13**:237
"The Derelict" (Tomlinson) **71**:402
The Derelict (Hall and Nordhoff) **23**:65
"Derelict: A Tale of the Wayward Sea" (Stockton) **47**:325, 327
The Derelict Boat (Molnar)
See *Egy gazdátlan csónak története*
The Derelict of Skull Shoal (Dent) **72**:38
Derevnya (Bunin) **6**:43-7, 49-50, 53, 55
"Derev'ya" (Tsvetaeva) **35**:406
"Derido; or, the Giant's Quilt" (Stockton) **47**:331
Dérive à partir de Marx et Freud (Lyotard) **103**:153, 156-57, 197, 227
Le dernier des métiers (Vian) **9**:529, 534
"Dernier malheur dernière chance" (Peret) **20**:197, 202
"Le dernier poème" (Desnos) **22**:63
Dernier refuge (Rod) **52**:310, 312
"La dernière idylle" (Rod) **52**:316
De dernière les fagots (Peret) **20**:196, 200
"La dernière nuit" (Schwob) **20**:320
La dernière nuit de Don Juan (Rostand) **37**:305
"La dernière nuit du condamnéà mort" (Peret) **20**:201
"Les derniers jours de Pékin" (Loti) **11**:356
Derniers poèmes en vers en prose (Jacob) **6**:202
Derrière le rideau (Lemonnier) **22**:200
Deru tjampur debu (Anwar) **22**:18-19
The Deruga Trial (Huch)
See *Der Fall Deruga*
Dervorgilla (Gregory) **1**:339
"Des Dispositifs Pulsionnels" (Lyotard)
See "Des Dispositifs Pulsionnels"
"Des Dispositifs Pulsionnels" (Lyotard) **103**:197, 219, 260
"Des Faux" (Apollinaire) **51**:58
Des fins ultimes (Weininger)
See *Über die letzten Dinge*
"Des Königs Ritt" (Raabe) **45**:188
"Des Menschen Hand" (Raabe) **45**:190
"Des Paysagistes contemporains" (Huysmans) **69**:9
"Des Turms Auferstehung" (Werfel) **8**:478
"Des Wanderes Heimweh in die Welt" (Werfel) **8**:477
El desalojo (Sanchez) **37**:314
Desbandada (Romero) **14**:433-35, 441, 443
"The Desborough Connections" (Harte) **25**:198
The Descendant (Glasgow) **2**:189; **7**:332, 339, 342
"Descent into Egypt" (Blackwood) **5**:70, 74
Descent into Hell (Williams) **1**:517-21, 523-25; **11**:487, 494, 496, 499-500, 502
The Descent of Man (Wharton) **3**:555, 571
The Descent of the Dove (Williams) **1**:521; **11**:485, 502
"Description of a Fight" (Kafka) **2**:301; **29**:208
"Description of a Notation for the Logic of Relatives" (Peirce) **81**:197
"A Description of Himmerland" (Jensen)
See "Himmerlands Beskrivelse"
"Description without Place" (Stevens) **12**:360, 372, 377; **45**:303
"Descriptions of a Battle" (Kafka)
See "Description of a Fight"
"Descriptive Voyage from New York to Aspinwall" (Bell) **43**:91
"El descubrimiento de la circunferencia" (Lugones) **15**:293
Desde el principio hasta el fin (Baroja) **8**:63
"A desejada des gentes" (Machado de Assis) **10**:291
Les désenchantées: Roman des harems turcs contemporains (Loti) **11**:360, 364-65, 367-68
"Deseo" (Villaurrutia) **80**:488
"El deseo sin nombre" (Prado) **75**:195
La desequilibrada (Echegaray) **4**:101
"Le désert" (Loti) **11**:355
The Desert and the Sown (Bell)
See *Syria: The Desert and the Sown*
"Desert Flowers" (Douglas) **40**:73, 76-8, 81-2, 91
Desert Gold (Grey) **6**:177
"The Desert Islander" (Benson) **17**:33
Desert Islands (de la Mare) **4**:81
"Deserted Fortresses" (van Ostaijen) **33**:421
"The Deserted Plantation" (Dunbar) **12**:108, 121
"Deserted Village" (Wen I-to) **28**:412
"The Deserter" (Davis) **24**:203-04, 207
"The Deserter" (Oppenheim) **45**:124
"Le déserteur" (Drieu la Rochelle) **21**:27, 30
Le désespéré (Bloy) **22**:30, 37-9, 45-6, 49, 51, 53
"Désespoir du soleil" (Desnos) **22**:61
"Los desgraciados" (Vallejo) **56**:307, 311-12
La desheredada (Perez Galdos) **27**:248, 250, 261-63, 266, 283, 285, 288
Le déshonneur des poètes (Peret) **20**:185, 191-93, 198, 202-03
"Deshora" (Vallejo) **56**:294
"Desideria" (Johnson) **19**:229
"El desierto" (Quiroga) **20**:217-18
"Desine" (Stephens) **4**:417
"Désir" (Apollinaire) **8**:28; **51**:36
The Desirable Alien (Hunt) **53**:187, 192
"Desire" (Villaurrutia) **80**:488
The Desire and Pursuit of the Whole (Rolfe) **12**:269-71, 274, 276-78, 280, 284
"The Desire named Marx" (Lyotard) **103**:229, 231
"The Desire of Nations" (Markham) **47**:278-79
The Desire of the Moth (Rhodes) **53**:307, 318-20, 324, 327
Desire to Be Loved (Ady)
See *Szeretném, ha szeretnáenek*
Desire under the Elms (O'Neill) **1**:382, 384, 387, 390-91, 393, 400, 403-04; **6**:330; **49**:237-99
"Désirée's Baby" (Chopin) **5**:147, 155-56; **14**:57, 61, 65, 76-7
Le désirs de Jean Servien (France) **9**:40
Desjataja simfonija (Aldanov) **23**:22-3, 25-8
"Desjatiminutnaja droma" (Zamyatin) **8**:553
"Desk" (Tsvetaeva)
See "Stol"
El deslinde: Prolegómenos a la teoría literaria (Reyes) **33**:317-18, 323
Desolación (Mistral) **2**:475-80
"Desolate" (McKay) **7**:456
"A Desolate Shore" (Henley) **8**:110
"Desolation" (Field) **43**:160, 165
"Desolation" (Muir) **87**:231
"Desolation" (Smith) **25**:380, 384-85, 393, 397
Desolation (Mistral)
See *Desolación*
Desolation Is a Delicate Thing (Wylie) **8**:529
"Despair" (Talvik) **87**:319
Despair (Mistral)
See *Desolación*
"Despedida recordando un adiós" (Vallejo) **56**:307, 311
"A Desperate Case" (Premchand) **21**:294
Desperate Remedies (Hardy) **4**:147, 157-58, 160; **10**:215, 217, 225; **18**:100; **48**:71; **53**:71, 77, 84, 93; **72**:237
The Despoiler (Ince) **89**:18
"Despotisms" (Guiney) **41**:221
El desquite (Azuela) **3**:78
Les dessous d'une vie ou la pyramide humaine (Eluard) **41**:150
"Los desterrados" (Quiroga) **20**:212, 218
"Los destiladores de naranja" (Quiroga) **20**:212
Destillationen: Neue Gedichte (Benn) **3**:107, 109
"Destinée arbitraire" (Desnos) **22**:60
"Destino alegre" (Salinas) **17**:363
"Destiny" (Fargue) **11**:201
"Destiny at Drybone" (Wister) **21**:400
The Destiny of Man (Berdyaev) **67**:27, 71
The Destiny of Russia (Berdyaev) **67**:32-33
Destruction (Marinetti) **10**:316
"The Destruction of Jerusalem by the Babylonian Hordes" (Rosenberg) **12**:288, 295, 297, 301, 310
"The Destruction of Personality" (Gorky) **8**:87
The Destruction of Sodom (Garcia Lorca) **49**:97
"Destruction of the Man" (Pirandello)
See "La distruzione dell'uomo"
"The Destructive Character" (Benjamin)
See "Der destruktive Charakter"
"Der destruktive Charakter" (Benjamin) **39**:5, 38, 49
Destry Rides Again (Faust) **49**:35, 47, 57-9, 61
"Detachment and the Writing of History" (Becker) **63**:91, 99, 113
Determinism and Indeterminism in Modern Physics (Cassirer)
See *Determinismus und Indeterminismus in der Modernen Physik*
Determinismus und Indeterminismus in der Modernen Physik (Cassirer) **61**:92
Deti satany (Przybyszewski)
See *Satans Kinder*
Deti vydry (Khlebnikov) **20**:137, 139-41, 144
Les détours du coeur (Bourget) **12**:69
"Detskaja šarmanocka" (Guro) **56**:139
"Detskaya" (Zamyatin) **8**:548
"Detstvo" (Gumilev) **60**:270, 279
Detstvo (Gorky) **8**:73-4, 77-8, 83
Detstvo (Tolstoy) **4**:444-45, 456, 459-60, 469, 473; **11**:464; **17**:377; **28**:398; **79**:324, 365, 379, 395, 415, 445
Detstvo nikity (Tolstoy) **18**:359, 364, 377-78
Deucalion (Ruskin) **63**:251, 254
"La deuda mutua" (Guiraldes) **39**:190
Le Deuil des primeveres (Jammes) **75**:102, 115, 118
Deuil pour deuil (Desnos) **22**:64-5, 71
"Deus noster ignis consumens" (Housman) **7**:353

Deutsche Charaktere und Begebenheiten (Wassermann) **6**:518
Der Deutsche Hinkemann (Toller) **10**:477, 481-82, 485, 487, 491
Der Deutsche Maskenball (Doblin) **13**:167, 175
Deutsche Menschen (Benjamin) **39**:45, 56
"Die Deutsche Revolution" (Sternheim) **8**:368, 377
Das Deutsche Schicksal (Sudermann) **15**:436
Deutscher Adel (Raabe) **45**:166, 194, 200-01
Deutscher Novellenschatz (Heyse) **8**:120, 122
"Deutschland" (Toller) **10**:490
Deux artistes lyriques (Larbaud) **9**:199
Les deux consciences (Lemonnier) **22**:198
Les deux femmes du bourgeois de Bruges (Barrès) **47**:70
Les deux pierrots (Rostand) **37**:286
Les deux soeurs (Bourget) **12**:69
"Deuxième elégie XXX" (Peguy) **10**:418
"Le deuxième livre des masques" (Gourmont) **17**:129-30, 138, 143, 147, 157-58
"Devant le feu" (Nelligan) **14**:392, 399
Devastation (Mistral)
See *Tala*
The Development of Capitalism in Russia (Lenin) **67**:225
The Development of Metaphysics in Persia (Iqbal) **28**:179-80
"The Development of Morality" (Westermarck) **87**:366
"The Development of Philosophy Prior to Hume" (Nishida)
See "Hyumu izen no tetsugaku no hattatsu"
The Development of the Drama (Matthews) **95**:246
Development of the Legend of Œdipus (Rod)
See *Le développment de la légende d'Œdipe dans l'histoire de la littérature Européene*
Le développment de la légende d'Œdipe dans l'histoire de la littérature Européene (Rod) **52**:309
Devenir! (Martin du Gard) **24**:386-87, 392-94, 396-97
"The Devil" (Stephens) **4**:417
"The Devil" (Tolstoy) **4**:482; **11**:463-64, 470-71; **17**:415; **79**:374, 387
"The Devil" (Tsvetaeva) **7**:571
The Devil (Molnar)
See *Az ördög*
The Devil (Neumann) **100**:314-15
The Devil (Papini)
See *Il diavolo*
"The Devil and Daniel Webster" (Benet) **7**:81, 84-5
"The Devil and the Deep Sea" (Kipling) **8**:195
The Devil and the Statue (Melies) **81**:138
The Devil Doctor (Rohmer) **28**:277, 279, 288, 293, 298-99
"The Devil in Iron" (Howard) **8**:131, 135
The Devil in the Hills (Pavese)
See *Il diavolo sulle colline*
The Devil Is Jones (Dent) **72**:38
"The Devil Man" (McCoy) **28**:223
"The Devil Said to Me" (Papini) **22**:284
The Devil to Pay (Heijermans)
See *Eva bonheur*
The Devil to Pay (Sayers) **2**:535; **15**:372-73, 381
"The Devil We Know" (Kuttner) **10**:269
The Devil Within (Radiguet)
See *Le diable au corps*
"Devils" (Douglas) **40**:82, 89, 92
The Devil's Advocate (Frazer) **32**:203
"The Devil's Book" (Yeats) **31**:413-14, 416
The Devil's Bridge (Aldanov)
See *Čortov most*
"The Devil's Church" (Machado de Assis)
See "A igreja do diabo"
The Devil's Comedy (Remizov)
See *Besovskoe deistvo*
The Devil's Dictionary (Bierce) **1**:85, 92, 94, 96; **7**:89, 92-4; **44**:2, 5, 14-16, 28, 32, 37, 39, 50
The Devil's Disciple (Shaw) **3**:378, 381, 396, 398; **9**:414; **21**:306, 327; **45**:210, 212, 214
The Devil's Doll (Hippius)
See *Chortova kukla*
The Devil's Lair and the Midnight Sun (Remizov)
See *Chortov log i polunoshchnoe solntse*
"The Devil's Little Plaything" (Zoshchenko) **15**:500
The Devil's Motor (Corelli) **51**:75
Devils of the Deep (Dent) **72**:21, 23
The Devil's Own Dear Son (Cabell) **6**:76, 78
The Devil's Passkey (Stroheim) **71**:329-330, 332, 339, 341, 358
The Devil's Playground (Dent) **72**:23
Devil's Tor (Lindsay) **15**:225-27, 229-30, 232-34, 236-39
Devjatoe termidora (Aldanov) **23**:16-17, 19-21, 23
Le devoir et l'inquiétude (Eluard) **41**:153
"A Devon Estuary" (Tomlinson) **71**:400
Devonshire Characters and Strange Events (Baring-Gould) **88**:25
"A Devonshire Ditty" (Noyes) **7**:512-13
"The Devoted Friend" (Wilde) **41**:383
"Devotion" (Naidu) **80**:272
"Devushke" (Gumilev) **60**:280
"Devuška" (Zamyatin) **8**:551-52
Devy bog (Khlebnikov) **20**:136, 141
"The Dewpond" (Powys) **9**:366, 372
"Dhoya" (Yeats) **31**:413-14
Di goldgreber (Aleichem) **35**:307
"Di grasso" (Babel) **2**:28; **13**:23-4
Di mishpoke Mashber (Kahanovitsch) **56**:111, 116-121, 123-125, 127, 129-130
"Di ronda alla spiaggia" (Saba) **33**:372
"Di shtot fun di kleyne mentshelek" (Aleichem) **35**:306
"El día que me quieras" (Nervo) **11**:395
Diaário íntimo (Lima Barreto) **23**:156
Le diable au corps (Radiguet) **29**:347-50, 352-57, 361, 364, 367-73, 375-78
Le diable boiteux (Martin du Gard) **24**:395
"Diable—A Dog" (London)
See "Batard"
"Diaboliad" (Bulgakov) **16**:85
Diaboliad, and Other Stories (Bulgakov)
See *D'iavoliada*
The Diabolical Principle and the Dithyrambic Spectator (Lewis) **2**:391; **9**:239
Diabolo (Nezval) **44**:239
Diabolus Amans (Davidson) **24**:180, 186
"A Diagnosis of Death" (Bierce) **44**:45-6
Dialectic and Alienation (Brecht) **13**:53
"A Dialectic Approach to Film Form" (Eisenstein) **57**:165, 181
Dialectical and Historical Materialism (Stalin) **92**:183
"Dialectical Dramatics" (Brecht) **13**:53
"Dialectical Materialism and Psychoanalysis" (Reich) **57**:350
The Dialectical World (Nishida) **83**:343
"Die dialektische Methode" (von Hartmann) **96**:187
"Dialog" (Jozsef) **22**:161-62
"A Dialog and Words" (Guiraldes)
See "Diálogo y palabras"
Dialoghi con Leucò (Pavese) **3**:336, 340
"Diálogo del Amargo" (Garcia Lorca) **7**:300; **49**:78
"Diálogo y palabras" (Guiraldes) **39**:176
Diálogos fantásticos (Martinez Sierra and Martinez Sierra) **6**:285
"Dialogue" (Muir) **87**:231
"Dialogue Between a Past and Present Poet" (Bodenheim) **44**:62
"A Dialogue between an Egoist and His Friend" (Ishikawa) **15**:126
"A Dialogue between Two Women" (Yosano Akiko) **59**:346
Dialogue de l'auteur avec son ombre (Rolland) **23**:261
"A Dialogue from Plato" (Dobson) **79**:5
"Dialogue of Self and Soul" (Stevens) **45**:291
"A Dialogue of Self and Soul" (Yeats) **1**:571; **31**:401, 403, 409-10
"Dialogue of the Bitter One" (Garcia Lorca)
See "Diálogo del Amargo"
Dialogues à Byzance (Benda) **60**:59-60, 64, 79, 85
Dialogues de bêtes (Colette) **5**:167
Dialogues des amateurs (Gourmont) **17**:127, 138, 145-46
Dialogues des Carmélites (Bernanos) **3**:122
"Dialogues for One Voice" (Colette) **16**:128
Dialogues in Limbo (Santayana) **40**:373
Dialogues of the Refugees (Brecht)
See *Flüchtlingsgespräche*
Dialogues with Leucò (Pavese)
See *Dialoghi con Leucò*
Dialstone Lane (Jacobs) **22**:108-10
"The Diamond as Big as the Ritz" (Fitzgerald) **1**:234, 249, 262; **14**:182; **28**:115, 120; **55**:191
"A Diamond Badge" (Welch) **22**:441, 456
Diamond Cuts Diamond (Chekhov) **31**:99
Diamond Jim (Sturges) **48**:286, 291, 294-95, 311, 316, 321
The Diamond Master (Futrelle) **19**:95
The Diamond of Restlessness (Nervo) **11**:403
Le diamont de la reine (Bourget) **12**:69
Diana of Kara-Kara (Wallace)
See *Double Dan*
Diana of the Crossways (Meredith) **17**:257, 259, 263, 265, 278, 281, 291, 297; **43**:256, 259, 290, 296, 299
"Diana Vaughan" (Gourmont) **17**:126
Diaries (Tolstoy)
See *Dnevniki*
Diaries and Letters (Lowndes) **12**:205
The Diaries of Franz Kafka (Kafka)
See *Tagebücher, 1910-1923*
Diario (Hostos) **24**:303
Diario per la fidanzata (Svevo) **35**:364
Diarmuid and Grania (Moore) **7**:482, 498
Diaro Däubler (Barlach) **84**:93
Diary (Artaud)
See *Fragments d'un journal d'enfer*
Diary (Pilnyak) **23**:201
Diary Kept in 1909 (Yeats) **31**:400
The Diary of a Country Priest (Bernanos)
See *Journal d'un curé de campagne*
The Diary of a Drug Fiend (Crowley) **7**:205
"The Diary of a Madman" (Tolstoy)
See *Zapiski sumasshedshego*
"The Diary of a Man of Fifty" (James) **47**:199-200
"The Diary of a Meshumad" (Zangwill) **16**:441
"Diary of a Mystic" (Morgenstern)
See "Tagebuch eines Mystikers"
"The Diary of a Newly-Returned Traveler" (Nagai)
See "Shinkichōsha no nikki"
The Diary of a Pilgrimage (Jerome) **23**:83
Diary of a Provincial Lady (Delafield) **61**:127-30
"The Diary of a Successful Man" (Dowson) **4**:92
The Diary of a War Correspondent (Molnar)
See *A Haditudosito Naploja*
The Diary of a Young Girl (Frank)
See *Het achterhuis*
"Diary of Adam" (Twain) **12**:428
The Diary of Beatrice Webb (Webb and Webb) **22**:426
"The Diary of Mr. Poynter" (James) **6**:212
A Diary of My Times (Bernanos)
See *Les grandes cimetières sous la lune*
The Diary of Virginia Woolf (Woolf) **5**:516; **56**:384

D'iavoliada (Bulgakov) **2**:63; **16**:83-4
Il diavolo sulle colline (Pavese) **3**:338, 343-44
Diccionario de la lengua española (Palma) **29**:263
Dice (Nezval) **44**:240
"Dice, Brassknuckles, and Guitar" (Fitzgerald) **6**:166
The Dice Cup (Jacob)
See *Le cornet à dés*
"Der Dichter" (Huch) **13**:251
Dichter (Walser) **18**:428
"Der Dichter und das Phantasieren" (Freud) **52**:129, 131-32
"Der Dichter und diese Zeit" (Hofmannsthal) **11**:300
"Dichtung und Energie" (Kaiser) **9**:174
"Dick Boyle's Business Card" (Harte) **25**:213
"Dick Turpin's Ride" (Noyes) **7**:515
Der Dicke Mann im Spiegel (Werfel) **8**:478
Dickens (Zweig) **17**:429
Dickens, Dali, and Others (Orwell)
See *Critical Essays*
"The Dickensian" (Chesterton) **6**:109
Dickon (Tey) **14**:451, 459
Dicta and Contradictions (Kraus)
See *Sprüche und Widersprüche*
"The Dictaphone" (Zoshchenko) **15**:510
"Dictator of the Americas" (Kuttner) **10**:268
"Dictatorships Do Not Grow Out of Strong and Successful Governments, but Out of Weak and Helpless Ones" (Roosevelt) **93**:184
"Diction and Poetry" (Shimazaki Toson)
See "Gagen to shika"
"Dictionary Ned" (Warung) **45**:419
"Dictionary of Current Personal Names" (Rohan) **22**:297
Dictionnaire abrégé du Surréalisme (Eluard) **41**:153
"Dictum" (Cullen) **37**:169
"Did Shakespeare Write Bacon?" (Stephen) **23**:326
Der Dieb (Heym) **9**:142-43, 147-50
Diechtungen und Dokumente (Lasker-Schueler) **57**:303, 309, 329
"Died of Starvation" (Harper) **14**:260
"Diego Rivera Discovers Painting" (Reyes) **33**:323
"Dienen" (Kolmar) **40**:178
"Dieppe-Grey and Green" (Symons) **11**:451
"Diergaarde voor kinderen van nu" (van Ostaijen) **33**:412
Dies Indische Lilie (Sudermann) **15**:428, 438
"Dies Irae" (Grahame) **64**:65-6
"Dies irae" (Talvik) **87**:319
An diesem Dienstag (Borchert) **5**:105
"Dieu-donné" (Drummond) **25**:143
Les dieux (Alain) **41**:23-5, 30
Les dieux ont soif (France) **9**:49-50, 52-3
El 19 de marzo y el 2 de mayo (Perez Galdos) **27**:288
"The Difference" (Glasgow) **7**:343-44
Le différend (Lyotard) **103**:158, 166-67, 175-75, 190, 198-99, 201, 206, 211-12, 214, 219, 241, 260-61, 263, 275, 277
The Differend: Phrases in Dispute (Lyotard)
See *Le différend*
"Difficult Death" (Lawrence) **93**:56, 58
The Difficult Man (Hofmannsthal)
See *Der Schwierige*
Diff'rent (O'Neill) **1**:384-85, 387, 393; **6**:324-25; **49**:264
"Digging" (Thomas) **10**:463
"Digitale purpurea" (Pascoli) **45**:152, 156
Digte (Jensen) **41**:301
Digte (Obstfelder) **23**:177, 179, 182
Digte og sange (Bjoernson) **7**:110; **37**:27
"Diktaren och samvetet" (Dagerman) **17**:92
Diktatur der Vernunft (Mann) **9**:329
Dikter (Heidenstam) **5**:250, 253-56
Dikter (Sodergran) **31**:284, 286, 288-91
Dikter på vers och prosa (Strindberg) **8**:419
Dilecta (Ruskin) **63**:255-56
A Dilemma (Huysmans)
See *Un Dilemme*
"The Dilemma of Determinism" (James) **15**:182; **32**:348, 351
"The Dilemma of Diderot" (Becker) **63**:113-14, 117
"The Dilemma of Modern Socialism" (Keynes) **64**:243
The Dilemma of Our Times: An Historical Essay (Laski) **79**:130, 160, 167
"The Dilemma of Segregation" (Locke) **43**:239
Dilemmas (Dowson) **4**:84-5, 89-90
Un Dilemme (Huysmans) **69**:29, 31
"The Dilettant" (Dobson) **79**:2
"The Dilettante" (Mann) **2**:432; **35**:251
"The Dilettante" (Wharton) **3**:555
"A Dill Pickle" (Mansfield) **2**:451, 458; **8**:284
Dílo XXVII-XXVII-XXIX (Nezval) **44**:244
"Dimanche à Marseille" (Jacob) **6**:199
"Dimesjid" (Anwar) **22**:24
"The Diminishing Road" (Noyes) **7**:512
"Diminuendo" (Beerbohm) **24**:115
Diminutive Dramas (Baring) **8**:32, 37, 41, 44
Dimple Hill (Richardson) **3**:356-58
"L'din vzgromozhdennykh" (Khodasevich) **15**:205
Le dindon (Feydeau) **22**:77-8, 81, 84-7, 91-3
"Ding Dong Bell" (de la Mare) **53**:26
Ding Dong Bell (de la Mare) **4**:75; **53**:36, 38, 42
Ding-Gedichte (Rilke) **1**:419
Dingiswayo, Son of Jobe (Vilakazi)
See *UDingiswayo kaJobe*
Dingo (Mirbeau) **55**:281, 285
"Dining-Room Tea" (Brooke) **2**:59-60; **7**:120-21, 123-24
"A Dinner at——" (Henry) **19**:201
Dinner at Eight (Mankiewicz) **85**:114
"Dintele" (Rebreanu) **28**:273
Dionysos (Couperus) **15**:46
"Dionysos in the Crib" (Sikelianos) **39**:408
Dionysus Dithyramben (Nietzsche) **10**:389
"Dionysus in Doubt" (Robinson) **101**:195
Dionysus in Doubt (Robinson) **101**:146
Dionysus in Hades (Faust) **49**:36, 45
"Dipo negoro" (Anwar) **22**:19, 24
Direction (Eisenstein) **57**:154
"Directions for the Use of Poetry" (van Ostaijen) **33**:406
"A Dirge" (Bialik) **25**:50
"The Dirge" (Dunbar) **12**:105
"The Dirge" (Grove) **4**:138
"Dirge" (Naidu) **80**:345
"Dirge for a Righteous Kitten" (Lindsay) **17**:228
"The Dirge of the Feal" (Papadiamantis) **29**:272-74
"The Dirge of the Four Cities" (Sharp) **39**:371-72, 378
"Der Dirigent" (Werfel) **8**:471
"The Dirigible Air-Ship" (Herzl) **36**:141-42
"Dirty Emma" (March) **96**:262, 263-64
"Dirty Negroes" (Roumain)
See "Sales-nègres"
"Dirty Work" (McCoy) **28**:223-24
"Diş ve diş ağrısınedir bilmeyen adam" (Sait Faik) **23**:294
The Disabilities of Black Folk and Their Treatment, with an Appeal to the Labour Party (Casely-Hayford) **24**:132
"Disabled" (Owen) **5**:362, 367, 371; **27**:204, 208, 212, 214, 217-18, 227, 229-30, 237
"The Disappearance of Actor Benda" (Capek) **37**:49, 54
"Disappearance of Marie Severe" (Bramah) **72**:6
"The Disappearing City" (Wright) **95**:369, 400, 405, 408
"A Disappointment" (Pyle) **81**:393
"A Disastrous Lot" (Remizov)
See "Bedovaia dolia"
"Discard" (Fitzgerald) **6**:167
"The Discarded Imagist" (Upward) **85**:380
"The Disciple" (Tsvetaeva)
See "Uchenik"
Le disciple (Bourget) **12**:59-60, 65, 67-8, 70, 72, 76-7
The Disciple (Bourget)
See *Le disciple*
The Disciple (MacDonald) **9**:300
"Discipline" (Lawrence) **93**:44
"The Discipline of Poetry" (Bishop) **103**:5, 23
"Disconsolate Morning" (Roberts) **68**:337
"Discord in Childhood" (Lawrence) **93**:12, 23, 45, 65, 66, 117
"The Discounters of Money" (Henry) **19**:174
"Discouragement" (Hardy) **53**:81
Discours à la nation européenne (Benda) **60**:65
Discours à l'Académie (Barrès) **47**:69
Discours e dicho (Mistral) **51**:168
Discours/figure (Lyotard) **103**:127, 151-58, 166, 169, 219, 226, 260, 263
Discourse/Figure (Lyotard)
See *Discours/figure*
"Discourse on the Tachanka" (Babel) **13**:32
Discourses on Various Philosophical Subjects (Croce) **37**:113
"Discourses with Calypso on Music and Love" (Doblin) **13**:166
Discoursi di religione (Gentile) **96**:85, 87
"Discovered" (Dunbar) **12**:108
"The Discoverers" (Campbell) **9**:32
Discoveries (Yeats) **31**:400
"Discovery" (Sodergran)
See "Upptäckt"
"The Discovery of America" (Fenollosa) **91**:2
"The Discovery of America" (Gumilev)
See "Otkrytie Ameriki"
"The Discovery of the Future" (Wells) **6**:552; **19**:428
"A Discovery of Thought" (Stevens) **12**:378
"Discurso por Virgilio" (Reyes) **33**:323-24
"Discussing Legislation to be Recommended to the Extraordinary Session of the Congress" (Roosevelt) **93**:184
"Discussing the Plan for Reorganization of the Judiciary" (Roosevelt) **93**:184, 186
"Discussion" (Mencken) **13**:363
A Discussion of Human Affairs (Beard) **15**:30
"A Discussion of the Existence or Nonexistence of A Priori Knowledge" (Nishida)
See "Senten chishiki no umu o ronzu"
"Discussions, ou phraser après Auschwitz" (Lyotard) **103**:160, 176
"The Disease of Money-Getting" (Davis) **6**:154
The Disenchanted (Loti)
See *Les désenchantées: Roman des harems turcs contemporains*
Disengaged (James) **11**:339
"A Dish of Orts" (MacDonald) **9**:292
A Dish of Spices (Huysmans)
See *Le drageoir àépices*
The Dishonor of Poets (Peret)
See *Le déshonneur des poètes*
Dishonored Lady (Hecht) **101**:75
"Disillusioned" (de la Mare) **53**:15-7, 27
"Disillusionment" (Mann) **2**:432
"The Disintegration Machine" (Doyle) **7**:226
"The Dismissal of Tyng" (Harper) **14**:260
"Disobedience" (Milne) **88**:243
Disorder and Early Sorrow (Mann) **60**:354
"La disparition d'honoré Subrac" (Apollinaire) **51**:20
"Dispersão" (Sa-Carniero) **83**:397-9, 408-11, 414
Dispersion (Sa-Carniero)
See *Dispersão*
"The Displeasure of the Seleucid" (Cavafy) **2**:87
"The Dissection" (Heym)
See "Die Sektion"
Dissemination of Tales among the Natives of North America (Boas) **56**:80

The Dissenting Opinions of Mr. Justice Holmes (Holmes) **77**:206
"Dissertation on Man" (Garvey) **41**:183
"Dissipation" (Nagai)
See "Hōtō"
"Dissociation des idées" (Gourmont) **17**:127, 141, 153
The Dissolution of Christianity and the Religion of the Future (von Hartmann)
See *Die Selbstersetzung des Christentums und die Religion der Zukunft*
Distances (Bryusov) **10**:90
"Distant Country" (Sharp) **39**:359
Distant Melody (Sa-Carniero)
See *Distante melodia*
Distant Moods in a Blue Evening (Rainis)
See *Tālas noskanas zilā vakarā*
Distante melodia (Sa-Carniero) **83**:399, 401, 413
"The Distillers of Oranges" (Quiroga)
See "Los destiladores de naranja"
"Distinguished Air" (McAlmon) **97**:92, 105, 123
Distinguished Air (Grim Fairy Tales) (McAlmon) **97**:91-92, 105, 107, 110, 112, 118-19
"The Distracted Preacher" (Hardy) **4**:159
"Distrust Between the Sexes" (Horney) **71**:233
"La distruzione dell'uomo" (Pirandello) **4**:350
"A Disturbed Sabbath" (Peretz) **16**:405
"Le dit de arbes" (Gourmont) **17**:129
"Le dit d'un Chevalier" (Moreas) **18**:281
"A Ditch" (Kuprin) **5**:298
The Ditch (Remizov) **27**:334
"Die Dithmarschen" (Liliencron) **18**:217
The Dithyramb of the Rose (Sikelianos) **39**:416, 419
Dithyramber i aftonglans (Ekelund) **75**:95
Dithyrambs in Evening-Luster (Ekelund)
See *Dithyramber i aftonglans*
Ditja Allaxa (Gumilev) **60**:265-6
"Ditsvey shidukhim" (Cahan) **71**:39, 41, 86
Ditte: Daughter of Man (Nexo)
See *Ditte menneskebarn*
Ditte: Girl Alive! (Nexo)
See *Ditte menneskebarn*
Ditte menneskebarn (Nexo) **43**:314-16, 328-30
Ditte: Towards the Stars (Nexo)
See *Ditte menneskebarn*
"Ditty of No Tone" (Riley) **51**:282
El Diván de Tamarit (Garcia Lorca) **49**:116
Divan of the Tamarit (Garcia Lorca)
See *El Diván de Tamarit*
The Diva's Ruby (Crawford) **10**:151, 155
Divers Vanities (Morrison) **72**:364, 379
Les diverses familles spirituelles de la France (Barrès) **47**:45
Divertissements (Gourmont) **17**:127, 129, 137
"Divided" (Baker) **10**:27
Dividends (Adams) **56**:7-8
Divinas palabras (Valle-Inclan) **5**:481, 486
"The Divine Adventure" (Sharp) **39**:355, 359
The Divine Adventure. Iona. By Sundown Shores: Studies in Spiritual History (Sharp) **39**:355, 359, 364, 373-75
"The Divine Afflatus" (Mencken) **13**:363
The Divine Archer (Nervo)
See *El arquero divino*
"The Divine Child" (Sodergran)
See "Gudabarnet"
La Divine Douleur (Jammes) **75**:119
The Divine Fire (Sinclair) **3**:434-35, 437-38, 440-41; **11**:408-09, 411, 413
"Divine Judgement" (Guiraldes)
See "El juicio de Dios"
Divine Justice (Bergelson) **81**:19
"The Divine Milieu" (Teilhard de Chardin)
See "Le milieu divin"
The Divine Mystery (Upward) **85**:375, 377, 379-81, 385-7, 394, 398, 403-9
"A Divine Nativity" (Bishop) **103**:7-8, 19-21
"The Divine Vision" (Baker) **10**:20
The Divine Vision, and Other Poems (Baker) **3**:1-4
Divine Words (Valle-Inclan)
See *Divinas palabras*
"Divinity Student" (Bosman) **49**:14
Division and Reunion, 1829-1889 (Wilson) **79**:485-6, 527
"Divisions on a Ground" (Symons) **11**:434
"Divorce" (Lu Hsun) **3**:302
Un divorce (Bourget) **12**:69-72
Divorce (Williams) **1**:517-18, 521
Divorce: A Domestic Tragedy of Modern France (Bourget)
See *Un divorce*
"Dizzy with Success" (Stalin) **92**:167
"D'javoliada" (Bulgakov)
See "Diaboliad"
Dmitry Merezhkovsky (Hippius) **9**:163, 169
Dnes ještě zapadá slunce nad Atlandtidou (Nezval) **44**:242, 249
"Dnes vesna" (Remizov) **27**:341
Dnevniki (Tolstoy) **79**:415. 420
Dnevniki, 1891-1901 (Bryusov) **10**:83
Dni Turbinykh (Bulgakov) **16**:74, 76, 80-4, 86, 91, 94-5, 110
"Do Not Go Gentle into That Good Night" (Thomas) **8**:461; **45**:362
"Do Not Let Your Pride Fall" (Sodergran)
See "Låt ej din stolthet falla"
"Do Seek Their Meat from God" (Roberts) **8**:325
"Do They Think That I Do Not Know?" (Lawson) **27**:140
"Do You Not Father Me" (Thomas) **45**:362
"Doa" (Anwar) **22**:24
"Dobbin" (Noyes) **7**:515
Dobro v uchenii Tolstovo i Nietzsche: filosofia i propoved' (Shestov) **56**:263, 270, 272-73
"Doc Hill" (Masters) **25**:287
"Doc Mellhorn and the Pearly Gates" (Benet) **7**:81
"Doc Sifers" (Riley) **51**:292
"Doch Noch?" (Kandinsky) **92**:67
Le docteur Ox (Verne) **6**:500, 502
Le docteur Pascal (Zola) **1**:587, 590, 592; **6**:562-66; **41**:411, 414, 421, 424, 450-51, 453
"Doctor" (Robinson)
See "Doctor of Billiards"
The Doctor (Connor) **31**:106, 108, 111-12, 114
The Doctor (Rinehart) **52**:288, 294-96
Doctor and Patient (Mitchell) **36**:271
The Doctor and the Devils (Thomas) **8**:456-57
Doctor Breen's Practice (Howells) **7**:365-66, 376-77, 392; **17**:185; **41**:234
El doctor Centeno (Perez Galdos) **27**:261, 267
"Doctor Chevalier's Lie" (Chopin) **14**:69
Doctor Claudius (Crawford) **10**:138, 142-44, 146, 151, 156
Doctor Faustus Lights the Lights (Stein) **1**:435-37; **48**:232, 264
Doctor Faustus: The Life of the German Composer Adrian Leverkühn as Told by a Friend (Mann)
See *Doktor Faustus: Das Leben des deutschen Tonsetzers Adrian Leverkühn, erzählt von einem Freunde*
Doctor Gion (Carossa)
See *Der Arzt Gion*
"The Doctor, His Wife, and the Clock" (Green) **63**:140, 143, 148, 153-54
Doctor Kerkhoven
See *Etzel Andergast*
"Doctor of Billiards" (Robinson) **101**:150, 153, 157-60, 162
"A Doctor of Medicine" (Kipling) **17**:207
Doctor Warrick's Daughters (Davis) **6**:149, 152
The Doctor's Dilemma (Shaw) **3**:381, 384, 401; **21**:316; **45**:215, 226-27, 244-45, 247, 257
"The Doctor's Duty" (Pirandello)
See "Il dovere del medico"
The Doctor's Secret (Melies)
See *Hydrotherapie Fantastique*
"A Doctor's Visit" (Chekhov) **3**:149, 159-60
"The Doctrine of Chances" (Peirce) **81**:183
The Documents in the Case (Sayers) **2**:530-31; **15**:371, 390-92, 394
The Documents of the Birdsong (Raabe) **45**:204
Documents pour servir de canevas (Roussel) **20**:231, 234
The Dodecalogue of the Gypsy (Palamas)
See *Ho dodekálogos tou gýphtou*
Ho dodekálogos tou gýphtou (Palamas) **5**:377, 379-87
"Dodo" (Schulz) **51**:308
Dodo (Benson) **27**:2-4, 6-8, 12, 18-19
Dodo Wonders (Benson) **27**:5
Dodo's Daughter (Benson) **27**:4-5
Dödsdansen första delen (Strindberg) **1**:446, 460-62; **8**:407, 411, 417; **21**:348, 350-51, 353, 359-61, 368
Den dödsdömde (Dagerman) **17**:88-9, 94-5
Dodsworth (Lewis) **4**:252, 257, 259-60; **13**:338-40, 346, 350-52; **23**:151-52; **39**:234, 240, 254
"A Doer of the World" (Dreiser) **35**:71
"Does a Man Want Much Land?" (Tolstoy) **4**:458
"Does a Moment of Revolt Come Sometime to Every Married Man?" (Fitzgerald) **52**:58
"Does the Inertia of a Body Depend on Its Energy?" (Einstein) **65**:88
"Dog and Duck" (Machen) **4**:283
"The Dog Hervey" (Kipling) **8**:195-96
"A Dog of Flanders" (Ouida) **43**:350
A Dog of Flanders, and Other Stories (Ouida) **43**:357
"The Dog of the Man from the Bak Farm" (Jensen)
See "Bakmandens Hund"
"A Dog Waits His Dead Mistress" (Sterling) **20**:386
"A Dog without a Master" (Soderberg)
See "En herrelös hund"
"The Dogma Is the Drama" (Sayers) **15**:387
"The Dogs" (Symons) **11**:430
"A Dog's Lot" (Remizov)
See "Sobach'ia dolia"
"Dogwood" (Fletcher) **35**:106
Dōhyō (Miyamoto) **37**:296-70, 275
"The Doings of Raffles Haw" (Doyle) **7**:224
"Dois Dedos" (Ramos) **32**:431
Dōke no hana (Dazai Osamu) **11**:174-75, 181-82, 184
Doktor Bürger (Carossa)
See *Die Schicksale Doktor Bürgers*
Doktor Faustus: Das Leben des deutschen Tonsetzers Adrian Leverkühn, erzählt von einem Freunde (Mann) **2**:422-23, 427-28, 430-31, 433-36, 438, 440-43; **8**:258, 264-67, 272; **14**:356; **21**:177, 179, 205; **35**:221-22, 224, 231, 240-41, 265, 270-71; **44**:144-235; **60**:326, 329-30
Doktor Glas (Soderberg) **39**:429-31, 435, 438-39
Dolce far niente (Nezval) **44**:244
"The Doll" (Chesnutt) **39**:97
"The Doll" (Lowell) **8**:237
The Doll (Prus)
See *Lalka*
The Doll: A Happy Story (Hunt) **53**:186, 192
"The Dolls" (Akutagawa Ryunosuke) **16**:21
"The Doll's Ghost" (Crawford) **10**:158-59
"The Doll's House" (Mansfield) **2**:450-51, 454, 458; **8**:280-82, 284, 286-88; **39**:295, 303-04, 307, 319-21, 325, 329-30
"A Doll's House" (Strindberg) **8**:407
A Doll's House (Ibsen)
See *Et dukkehjem*
"Dolly" (Larbaud) **9**:206
The Dolly Dialogues (Hope) **83**:165
"Dolor" (Gonzalez Martinez) **72**:152
"Dolor" (Mistral) **2**:478

"Dolor Oogo" (Quiller-Couch) **53**:291
"Dolores" (Swinburne) **8**:424, 427, 429, 441; **36**:305, 325, 336
Dolorine et les ombres (Bosschere) **19**:52-3, 55, 62-6
"Doloy Shillera!" (Fadeyev) **53**:65-6
"Le dom" (Schwob) **20**:320
Dom Casmurro (Machado de Assis) **10**:280, 282-84, 286-89, 292, 297, 300-02
The Domain of the Ndlambe People (Mqhayi)
See *Izwe lakwandlambe*
Domaine public (Desnos) **22**:62-3, 69
"Domashnie" (Guro) **56**:132
De dömdas ö (Dagerman) **17**:86-8, 92-4
A Dome of Many-Coloured Glass (Lowell) **1**:371-72, 374-75, 378; **8**:224, 234, 235
Domesday Book (Masters) **2**:461-62, 470; **25**:291, 293-94, 296-97, 299, 303, 315-16
Domesday Book and Beyond (Maitland) **65**:253, 258, 260, 264, 269, 272, 275-76, 279, 281, 284, 291
Domestic Breviary (Brecht) **1**:103
Domestic Dramas (Bourget)
See *Drames de famille*
Domestic Happiness (Tolstoy)
See *Semeinoe schaste*
Domesticities: A Little Book of Household Impressions (Lucas) **73**:162, 167, 174
Dometilo Wants To Be a Congressman (Azuela)
See *Domitilo quiere ser diputado*
"Domicilium" (Hardy) **53**:94
The Dominant City (Fletcher) **35**:89-90
"Domination of Black" (Stevens) **12**:372, 376; **45**:307
Dominations and Powers (Santayana) **40**:385
"Domine" (Pirandello) **4**:330
"Domingo" (Villaurrutia) **80**:517
"Dominica in palmis" (Johnson) **19**:253
The Dominion of Dreams (Sharp) **39**:355, 358, 364, 366, 374
"Dominique" (Drummond) **25**:157
Dominique (Marsh) **99**:356-57, 359-63
"Dominique de Gourgues" (Scott) **6**:388-89
The Domino Parlor (Riggs) **56**:215-16, 218
Domitilo quiere ser diputado (Azuela) **3**:77
Domnei (Cabell) **6**:62, 64-5, 67, 69-70, 74
"Domoj!" (Hippius) **9**:167
Domrémy (Peguy) **10**:410-11
"Domus angusta" (Meynell) **6**:294
Don Bravlio (Valera y Alcala-Galiano)
See *Pasarse de listo*
Don Camalèo (Malaparte) **52**:272-73
Don Friolera's Horns (Valle-Inclan)
See *Los cuernos de don Friolera*
"Don Giovanni Explains" (Shaw) **9**:427
Don Giovanni in Sicilia (Brancati) **12**:80-3, 85, 88, 90-1
Don Giovanni involontario (Brancati) **12**:84
Don Gonzalo González de la Gonzalera (Pereda) **16**:365, 367-68, 371, 373-74, 377-82
Don Juan (Flecker) **43**:205-06, 209
Don Juan (Lewisohn) **19**:272, 281-82
Don Juan (Sternheim) **8**:371, 381-82
Don Juan Comes Home (Horvath)
See *Don Juan kommt aus dem Krieg*
Don Juan de España (Martinez Sierra and Martinez Sierra) **6**:274, 278
Don Juan de Marana (Bennett) **5**:46; **20**:29
"Don Juan Explains" (Shaw) **21**:329
Don Juan in Egypt (Gumilev)
See *Don Žuan v Egipte*
Don Juan kommt aus dem Krieg (Horvath) **45**:78, 85, 102, 111
"Don Juan Manuel" (Guiraldes) **39**:190
"Don Juan—In the Russian Manner" (Chekhov) **10**:109
Don Juan's Failure (Baring) **8**:32
Don Juan's Last Night (Rostand)
See *La dernière nuit de Don Juan*
"Don Manuel le paresseux" (Giraudoux) **7**:324
Don Orsino (Crawford) **10**:143-44, 146-48, 155, 157
Don Perlimplín (Garcia Lorca)
See *Amor de Don Perlimplín con Belisa en su jardín*
"Don Quixote" (Dobson) **79**:3
Don Renato (Rolfe) **12**:275-79, 283
Don Rodriguez (Dunsany) **59**:17, 21, 29
Don Segundo Sombra (Guiraldes) **39**:174-75, 177-90, 192-95, 197
Don Tarquinio: A Kataleptic Phantasmatic Romance (Rolfe) **12**:275-79, 283
Don Žuan v Egipte (Gumilev) **60**:265-6
"Dona Benedita" (Machado de Assis) **10**:291
Doña luz (Valera y Alcala-Galiano) **10**:496-97, 505, 507-08
Doña Perfecta (Perez Galdos) **27**:244-46, 249, 252, 254, 256-58, 263, 265-66, 273-74, 285, 288
Doña Rosita la soltera (Garcia Lorca) **1**:314; **7**:292; **49**:76, 88
Doña Rosita the Spinster; or, The Language of Flowers (Garcia Lorca)
See *Doña Rosita la soltera*
El donador de almas (Nervo) **11**:404-05
De donde son los cantantes (Sarduy) **2**:974, 976, 978-80, 983, 985, 987-89
"Dónde y cómo el diablo perdió el poncho" (Palma) **29**:258, 262
Done in the Open (Remington) **89**:301
"The Donkey" (Chesterton) **6**:101
"Donna" (Saba) **33**:370
"La donna è mobile" (Guiraldes) **39**:190
"Donna genovese" (Campana) **20**:83
"Donnaia trava" (Balmont) **11**:39
Les données immédiates de la conscience (Bergson) **32**:8, 12, 20, 27, 31, 40, 44, 51
The Donnellan Lectures (Dunsany) **59**:18
Donner à voir (Eluard) **7**:250, 253-54; **41**:163
"The Don't Care Negro" (Cotter) **28**:42
"Don't Look Now" (Kuttner) **10**:269, 274
"Donten" (Nagai) **51**:88
"Doof" (Schwitters) **95**:344
"Doom and She" (Hardy) **53**:81, 86
"Doom Ferry" (Quiller-Couch) **53**:291
The Doom of Youth (Lewis) **2**:391; **104**:164, 226-27, 231, 237, 239
"A Doom on the Sun" (Thomas)
"The Doom That Came to Sarnath" (Lovecraft) **22**:219, 232
"The Doomdorf Mystery" (Post) **39**:338, 340-41, 344
Doomsday (Talvik)
See *Doomsday*
The Doomswoman (Atherton) **2**:12
The Door (Rinehart) **52**:288-91, 300-01
"The Door in the Wall" (Wells) **6**:541
The Door of Dread (Stringer) **37**:336
The Door with Seven Locks (Wallace) **57**:397-98
A Doorway in Fairyland (Housman) **7**:355
Dope (Rohmer) **28**:282, 293, 295, 301
Dopelleben: Zwei Selbstdarstellungen (Benn) **3**:110
Dopo il divorzio (Deledda) **23**:38-9, 43-4
Dopo la vittoria (Gentile) **96**:144-45
"Dopo una passeggiata" (Saba) **33**:373
"Dopper and Papist" (Bosman) **49**:32
"Dora versus Rose" (Dobson) **79**:26
El Dorado (Torrence) **97**:143-44, 146-48, 156-57, 159, 164
"El dorador" (Lugones) **15**:289
"Dora's Gingerbread" (Montgomery) **51**:199
"Der Dorfdadaist" (Ball) **104**:17
"Dorfgeschichte" (Walser) **18**:419
"La dormeuse" (Valery) **15**:463
Dormez! Je le veux! (Feydeau) **22**:87
Dormir, dormir dans les pierres (Peret) **20**:201
"The Dormouse and the Doctor" (Milne) **88**:240
"Doroga" (Babel) **2**:25, 28; **13**:34
"Dorothy" (Dobson) **79**:5, 8
Dorothy and the Wizard of Oz (Baum) **7**:13, 20, 25, 27
"Dorothy Grumpet, Graduate Lady" (Heyward) **59**:93
The Dorrington Deed-box (Morrison) **72**:364
Los dos augures (Reyes) **33**:324
Dos fanatismos (Echegaray) **4**:105
Dos groyse gevins (Aleichem) **35**:320
Dos madres (Unamuno) **2**:570; **9**:515
"Dos rivales" (Nervo) **11**:394
"Dos Shtraiml" (Peretz) **16**:390
"Dos teppel" (Aleichem) **35**:315, 319
"Doski sud'by" (Khlebnikov) **20**:144
Dostigaev and Others (Gorky) **8**:89
Dostoevski i Nietzsche: Filosofiia Tragedii (Shestov) **56**:263-64, 270-74
Dostoevsky (Berdyaev) **67**:29
Dostoevsky and Nietzsche: The Philosophy of Tragedy (Shestov)
See *Dostoevski i Nietzsche: Filosofiia Tragedii*
Dostojewskij: Tragödie-Mythos-Mystik (Ivanov) **33**:131-32
Dot and Tot in Merryland (Baum) **7**:13
"A Dot on the Map" (Sait Faik)
See "Haritada bir nokta"
A Dot on the Map: Selected Short Stories and Poems (Sait Faik) **23**:298
"Două loturi" (Caragiale) **76**:156, 159, 176
"Double Absence" (Muir) **87**:169
"A Double Buggy at Lahey's Creek" (Lawson) **27**:121, 128, 131, 145
Double Dan (Wallace) **57**:398
"The Double Fifth" (Lu Hsun) **3**:301
A Double Game (Baring) **8**:41
Double Harness" (Hope) **83**:170
Double Life (Rinehart) **52**:281
The Double Life of Mr. Alfred Burton (Oppenheim) **45**:127
"The Double Standard" (Harper) **14**:257, 260-61, 263-64
The Double Traitor (Oppenheim) **45**:134, 137
La double vie de Théophraste Longuet (Leroux) **25**:260
"The Double Vision of Michael Robartes" (Yeats) **11**:528; **93**:341, 368, 369
A Double-Barrelled Detective Story (Twain) **12**:436
"A Double-Dyed Deceiver" (Henry) **19**:190
La doublure (Roussel) **20**:228-30, 234-35, 240, 242, 245, 253-54
"Doubt No More That Oberon" (Millay) **4**:306
"Doubting Makar" (Platonov)
See "Usomnivshiisia Makar"
"Doubts" (Bosschere)
See "Doutes"
Doughty Deeds (Graham) **19**:112
"Doute" (Zola) **21**:456
"Doutes" (Bosschere) **19**:54, 57-9, 63
Les XII filles d'Edmond Grasset (Bloy) **22**:46
"The Dove in Spring" (Stevens) **45**:309-10
"The Dove in the Belly" (Stevens) **45**:306, 309-10
The Dove in the Eagle's Nest (Yonge) **48**:376
"The Dove of Thought" (Heidenstam) **5**:250
"Dove That Swims in Its Own Blood" (Lasker-Schueler) **57**:330
The Dover Road (Milne) **6**:306-09
"Il dovere del medico" (Pirandello) **29**:282, 317, 319
Doves and Sparrowhawks (Deledda)
See *Colombi e sparvieri*
"The Doves Nest" (Mansfield) **8**:280, 282; **39**:303
The Doves' Nest, and Other Stories (Mansfield) **2**:447
Down and Out in Paris and London (Orwell) **2**:498, 504-05, 508-10; **6**:341-42, 351-52; **15**:322, 333, 359-60; **31**:180, 188; **51**:227-28, 236, 250, 252, 254, 261-62,
"Down by the Carib Sea" (Johnson) **19**:210
Down Hill (Sanchez)
See *Barranca abajo*
"Down Home" (Montgomery) **51**:210

"Down Pens" (Saki) **3**:372
"Down the Long Coasts" (Hodgson) **13**:230
"Down the Waterway of Sunset Drove to Shore a Ship of Gold" (Housman) **10**:242
Down There (Huysmans)
See *Là-bas*
"Down to the Capital" (Riley) **51**:284
Down Under Donovan (Wallace) **57**:397
Down Went McGinty (Sturges)
See *The Great McGinty*
Downfall (Mizoguchi) **72**:313, 316-17, 319
"The Downfall of Abner Joyce" (Fuller) **103**:69, 74, 85
The Downfall of Canada (D'Annunzio) **6**:131
"The Downfall of Mulligan's" (Paterson) **32**:380
Downfall of Osen (Mizoguchi) **72**:321
Downstream (Asch)
See *The Return*
Downstream (Huysmans)
See *À vau-l'eau*
"Doznanie" (Kuprin) **5**:303-04
"Dr. Arnold" (Strachey) **12**:395
"Dr. Booker T. Washington to the National Negro Business League" (Cotter) **28**:43, 46
Dr. Bürger (Carossa)
See *Die Schicksale Doktor Bürgers*
"Dr. Burney's Evening Party" (Woolf) **43**:394
Dr. Clinksales (Adams) **56**:9
"Dr. Gowdy and the Squash" (Fuller) **103**:70, 74
Dr. Harmer's Holidays (Pinero) **32**:403-05
"Dr. Johnson's Writings" (Stephen) **23**:305
"Dr. Mejzlík's Case" (Capek)
See "Případ dra Mejzlíka"
Dr. Montessori's Own Handbook: A Manual for Teachers and Parents (Montessori) **103**:289
Dr. North and His Friends (Mitchell) **36**:265-67, 271, 273, 276
Dr. Ox's Experiment (Verne)
See *Le docteur Ox*
"Dr. Pechal's Theory" (Hawthorne) **25**:247
Dr. Rung (Sigurjonsson) **27**:361, 364
"Dr. Scudder's Clinical Lecture" (Masters) **25**:290
Dr. Sevier (Cable) **4**:25-7, 29-31, 35-6
Dr. Thorndyke's Case-Book (Freeman) **21**:58, 61
Dr. Thorndyke's Cases (Freeman)
See *John Thorndyke's Cases*
Dracula (Murnau)
See *Nosferatu, eine Symphonie des Grauens*
Dracula (Stoker) **8**:384-400, 402
"The Draft Convention for Financial Assistance by the League of Nations" (Keynes) **64**:245
"A Draft on the Bank of Spain" (Mitchell) **36**:264
The Draft Program of the Communist International (Trotsky) **22**:365
Le drageoir àépices (Huysmans) **7**:404, 410, 415; **69**:7, 23, 48, 56
"The Dragon" (Akutagawa Ryunosuke) **16**:27
"The Dragon" (Zamyatin) **37**:424, 431
The Dragon (Gregory) **1**:334
The Dragon (Shiel) **8**:362
The Dragon (Zamyatin) **37**:423-24
The Dragon and the Dove (Bridie) **3**:137
"The Dragon and the Poet" (Miyazawa) **76**:280, 291
The Dragon Murder Case (Van Dine) **23**:355, 360
La dragonne (Jarry) **14**:280
"The Drained Cup" (Lawrence) **93**:46, 69
Drake (Noyes) **7**:502-03, 507-08, 512-15
The Drama and the Stage (Lewisohn) **19**:279, 293
"Drama at the Crossroads" (Wen I-to) **28**:421
"Drama Cleansing and Pressing" (Benchley) **55**:3
El Drama de los hijas de Loth (Garcia Lorca) **49**:109
A Drama in Muslin (Moore) **7**:473, 477, 482, 484, 486-87, 489-90, 499
The Drama of Love and Death (Carpenter) **88**:109, 120
"Drama of the Doctor's Window" (Dobson) **79**:5
"A Drama of Youth" (Middleton) **56**:175-76, 182
"The Dramatic Actor and Reality" (Simmel) **64**:339
"The Dramatic Funeral" (Coppee) **25**:121
Dramatic Opinions and Essays (Shaw) **21**:319
"The Dramatic Outlook in America" (Matthews) **95**:228, 262
Dramatic Sonnets, Poems, and Ballads: Selections from the Poems of Eugene Lee-Hamilton (Lee-Hamilton) **22**:190
Dramatis Personae (Yeats) **31**:390
Dramatische Historie (Werfel) **8**:479
Dramatische Legende (Werfel) **8**:479
"The Dramatization of Novels" (Matthews) **95**:228
Un drame dans le monde (Bourget) **12**:69
Die Dramen (Barlach) **84**:73
Drames de famille (Bourget) **12**:68
The Dram-Shop (Zola) **1**:594
Der Dräumling (Raabe) **45**:175, 177, 179, 189, 192, 200
The Dräumling Swamp (Raabe)
See *Der Dräumling*
Draussen vor der Tür (Borchert) **5**:103-04, 106-10
Draw the Fires (Toller)
See *Feuer aus den Kesseln*
The Drawback (Baring) **8**:32
"Drawing of Roses and Violets" (Field) **43**:166
Drawings (Kahanovitsch)
See *Tseykhenungen*
The Drawings of Bruno Schulz (Schulz) **51**:323
"Dray Wara Yow Dee" (Kipling) **17**:208
Drayman Henschel (Hauptmann) **4**:197
"The Dread of Height" (Thompson) **4**:435
"The Dread Skeleton" (Remizov)
See "Ligostai strashnyi"
"The Dread Voyage" (Campbell) **9**:29-30
The Dread Voyage, and Other Poems (Campbell) **9**:29-33
"The Dreadful Dragon of Hay Hill" (Beerbohm) **1**:68; **24**:111
The Dreadful Night (Williams) **89**:360
"A Dream" (Benson) **17**:32
"The Dream" (Bishop) **103**:3-4
"The Dream" (Henry) **19**:170
"Dream" (Riley) **51**:300
The Dream (Bennett) **5**:46
A Dream (Nervo) **11**:403
The Dream (Wells) **6**:553
A Dream and a Forgetting (Hawthorne) **25**:249
"Dream and Madness" (Trakl)
See "Traum und Umnachtung"
Dream and Reality (Berdyaev) **67**:71-2
"A Dream Come True" (Montgomery) **51**:181
Dream Days (Grahame) **64**:54, 59, 63-6, 78-9, 81-2, 87-8, 91-5, 110
The Dream Detective (Rohmer) **28**:282, 285
"The Dream Fiancée" (Chekhov) **31**:96
"A Dream Forgotten" (Csath) **13**:149
"Dream Kitsch" (Benjamin) **39**:10
"Dream Land" (Sharp) **39**:381
The Dream Life of Balso Snell (West) **1**:479, 481-83, 485-90, 492; **14**:468, 470-72, 476-79, 481-82, 485-89; **44**:367, 369, 373, 375, 386, 389-90, 396, 400, 404, 410
"Dream Love" (Baker) **10**:28
"Dream Nocturne" (Villaurrutia) **80**:482
The Dream of a Spring Morning (D'Annunzio)
See *Sogno d'un mattino di primavera*
The Dream of a Woman (Gourmont)
See *Le song d'une femme*
The Dream of an Autumn Sunset (D'Annunzio)
See *Il sogno d'un tramonto d'autunno*
"The Dream of an Hour" (Chopin)
See "The Story of an Hour"
"A Dream of Armageddon" (Wells) **19**:437
"A Dream of Artemis" (Ledwidge) **23**:109, 111, 122-23
"The Dream of Children" (Baker) **10**:21, 27
"The Dream of Eternity" (Soderberg) **39**:436-37, 439
"A Dream of Fear" (Sterling) **20**:378
"A Dream of Italy" (Masters) **2**:471
"A Dream of Kites" (Hearn) **9**:134
"Dream of November" (Gosse) **28**:143
"A Dream of Prayer" (Schreiner) **9**:400
"The Dream of the Higher Magic" (Hofmannsthal) **11**:294
"A Dream of Two Dimensions" (Rutherford) **25**:355
"A Dream of Youth" (Johnson) **19**:253
"Dream on the Wave" (Papadiamantis) **29**:270, 272
Dream Play (Kraus)
See *Traumstück*
The Dream Play (Pirandello) **29**:303
The Dream Play (Strindberg)
See *Ett drömspel*
"Dream River" (Pickthall) **21**:256
Dream Street (Griffith) **68**:169, 173-76, 219
Dream Theater (Kraus)
See *Traumtheater*
"A Dreamer" (Baynton) **57**:4, 9-11, 20-23, 32
"The Dreamer" (Papadiamantis) **29**:272-73
"The Dreamer" (Tolstoy)
See "Aggei Korovin"
The Dreamer (Reymont) **5**:390, 393
Dreamers (Hamsun) **49**:153
Dreamers (Hamsun)
See *Svaermere*
The Dreamers (Kuzmin)
See *Mechtateli*
Dreamers of the Ghetto (Zangwill) **16**:443-45, 447, 452
A Dreamer's Tales (Dunsany) **2**:136; **59**:4, 17, 20, 25, 28-9
Dreaming of Butterflies (Hagiwara Sakutaro)
See *Chō o yumemu*
The Dreaming of the Bones (Yeats) **1**:571; **11**:515
The Dream-Quest of the Unknown Kadath (Lovecraft) **4**:266, 272; **22**:213, 220
"Dreams" (Chesterton) **64**:42
Dreams (Schreiner) **9**:393-96, 400, 402, 404-05
Dreams (Remizov) **27**:334
Dreams and Dust (Marquis) **7**:434-35, 437, 446-47
"The Dreams in the Witch-House" (Lovecraft) **4**:267-68; **22**:209, 219, 224, 238
"Dreams Nascent" (Lawrence) **93**:44
"The Dreams of a Prophet" (Dunsany) **59**:18
"The Dreams of Chang" (Bunin) **6**:45
"The Dreams of Debs" (London) **15**:270-71
"Dreams of Movie Stardom" (Frank) **17**:114, 121
"Dreams of the Sea" (Davies) **5**:199
"Dreams of To-day and Yesterday" (Naidu) **80**:281
"Dreams Old" (Lawrence) **93**:44
"Dreams within Dreams" (Sharp) **39**:380
"Dream-Song" (Middleton) **56**:175
"The Dreamt-Of Place" (Muir) **87**:307
Dreamy Bourgeoisie (Drieu la Rochelle) **21**:39
"A Dreary Story" (Chekhov) **3**:101, 147-48, 159; **10**:100, 107-08, 115; **55**:65; **96**:15
"Dreary Windblown Yellow Meads" (Hartmann) **73**:118
"Dregs" (Vallejo)
See "Heces"
Dregs (Hecht) **101**:36-7, 44, 49, 73

Drei Abhandlungen zur Sexualtheorie (Freud) **52**:115, 119
Drei Einakter (Kaiser) **9**:179-80
Drei Frauen (Musil) **12**:240, 246, 251-53, 261; **68**:288
"Drei Matones" (Peretz) **16**:402
Drei Reden (Sudermann) **15**:431
Die drei Reiherfedern (Sudermann) **15**:418-20, 430, 433-34, 438
Die drei Sprünge des Wang-lun (Doblin) **13**:158, 160, 162, 166-67, 173-74, 180
"Die Drei Stufen der Ethik" (Sudermann) **15**:433
Die Dreigroschenoper (Brecht) **1**:100, 106-09, 114, 122; **6**:36-7; **35**:9, 11-12
Dreiklang (Klabund) **44**:111
Dreimals Sieben Lieder des Pierrot Lunaire (Schoenberg) **75**:290, 292-93, 298, 300, 302, 323, 326, 328, 332, 344-48, 351, 361, 363, 372, 406
Dreiser Looks at Russia (Dreiser) **10**:183
"A Dresden Lady in Dixie" (Chopin) **14**:82
"The Dressing Room" (Herzl) **36**:141
"Dreyfus in Kasrilevke" (Aleichem) **35**:306, 322, 324
The Dreyfus Revolution (Sorel)
See *Revolution Dreyfusienne*
"Die Drie dunklen Könige" (Borchert) **5**:105, 109
"Dried Marjoram" (Lowell) **1**:371; **8**:225
"Drieka and the Moon" (Bosman) **49**:19
The Drift Fence (Grey) **6**:187
The Drift of Pinions (Pickthall) **21**:241, 244, 246, 251, 255-57
"Drifted Back" (Lawson) **27**:125, 148, 150
"Drifting" (Quiroga)
See "A la deriva"
"Drifting Apart" (Lawson) **27**:132, 145
Drifting Away from Marx and Freud (Lyotard)
See *Dérive à partir de Marx et Freud*
The Drifting Clouds (Futabatei)
See *Ukigumo*
"A Driftwood Fire" (Higginson) **36**:167-68
"Drikkevise" (Obstfelder) **23**:177
"Drink" (Anderson) **1**:59; **10**:56; **24**:33-4, 45
"Drinking Dirge" (Belloc) **7**:33
"The Driver" (Peretz) **16**:389
"Drizzle" (Soderberg) **39**:437-38
"A Drizzling Easter Morning" (Hardy) **53**:90-1
Drôle de voyage (Drieu la Rochelle) **21**:18-19, 22, 33-4
Ett drömspel (Strindberg) **1**:446, 449-51, 454, 459-61, 463; **8**:407, 412, 414-16; **21**:350, 353-54, 359; **47**:339, 354, 362, 369, 372-75
Dronning Tamara (Hamsun) **14**:221, 224, 244; **49**:127
A Drop of Ink (Masaoka Shiki) **18**:225-28, 233
"A Drop of Rain and a Speck of Dust" (Sologub)
See "Kaplja i pylinka"
Drops from the Forest (Prishvin)
See *Lesnaia kapel*
Drops of Blood (Sologub) **9**:436-38
"Drops of Dew" (Rohan)
See "Tsuyu dandan"
"Drought" (Tomlinson) **71**:400
"Drought" (Tynan) **3**:505
"Drouth" (Austin) **25**:35
"Drovers" (Grove) **4**:141
"The Drover's Wife" (Lawson) **27**:121, 128-30, 141-43, 148-50, 152
"The Drowsy Day" (Dunbar) **12**:105
"Droyb" (Bergelson) **80**:30,32-3
"The Drug Store" (Fields) **80**:262
"Drugomu" (Annensky) **14**:27
"The Drug-Shop; or, Endymion in Edmonstown" (Benet) **7**:78
The Druid Circle (Van Druten) **2**:574-75
"Drummer Hodge" (Hardy) **53**:77
"Drums" (Bosschere) **19**:63
Drums in the Night (Brecht)
See *Trommeln in der nacht*
The Drums of Fu Manchu (Rohmer) **28**:280, 294-95, 300
"The Drums of the Fore and Aft" (Kipling) **8**:182; **17**:204
"Drunk" (Kahanovitsch)
See "Shiker"
"Drunkard" (Baker) **47**:20
"The Drunkard" (Tagore)
See "Matal"
"The Drunkard's Child" (Harper) **14**:260
The Drunkard's Reformation (Griffith) **68**:186, 214-15
"The Drunken Sailor" (Cary) **29**:65
Drunken Sun (Gladkov) **27**:91
The Dry Little Thorn (Tey) **14**:451, 459
"Dry Loaf" (Stevens) **45**:283
"The Dry Millenium" (Mencken) **13**:363
Dry Valley (Bunin)
See *Sukhodol*
Dryden (Saintsbury) **31**:214
Dryss (Nexo) **43**:329
Du côté de chez Swann (Proust) **7**:519, 521-22, 540, 543-45, 549, 551; **13**:401-02, 404, 406, 410, 421-23; **33**:254, 256, 261-62, 271-72, 274
"Du coton dans les Oreilles" (Apollinaire) **51**:34, 37
"Du fond de la forêt" (Peret) **20**:198
"Du Lehnest Wider eine silberweide" (George) **14**:201
Du poétique (Benda) **60**:65-8
Du sang, de la volupté, et de la mort (Brandon) **47**:54-9, 77
"Du som aldrig gått ut ur dit trädgårdsland" (Sodergran) **31**:288
"Du store Eros" (Sodergran) **31**:295
Du style d'ideés (Benda) **60**:65, 68-70
"Duality" (Baker) **10**:28
DuBarry (Belasco) **3**:85, 90
"Dublin Men" (Stephens) **4**:419
"Dublin Revisited I" (Gogarty) **15**:120
"Dublin Revisited II" (Gogarty) **15**:120
Dubliners (Joyce) **3**:252-54, 259, 266-70, 273-75, 277, 282; **8**:158, 165-67, 169-71; **16**:202, 212, 218-21, 230, 232-33, 237, 240, 244; **35**:139-203; **52**:207, 226, 237, 242
"The Dublin-Galway Train" (Gogarty) **15**:109
"The Duchess at Prayer" (Wharton) **9**:541; **27**:382
"The Duchess of Newcastle" (Woolf) **43**:394
The Duchess of Padua (Wilde) **1**:496; **8**:494; **41**:354, 376
The Duchess of Wrexe (Walpole) **5**:492, 499, 503
La duchesse bleue (Bourget) **12**:65
La duchesse des Folies-Bergère (Feydeau) **22**:92, 94
"A Duck for Dinner" (Stevens) **45**:269
Duck Soup (Mankiewicz) **85**:112, 149, 155
La duda (Echegaray) **4**:101
"Dudh-ka dam" (Premchand) **21**:292, 294
Dudley and Gilderoy (Blackwood) **5**:77
"Due democrazie" (Gentile) **96**:145
"I due mondani" (Brancati) **12**:82
"Due Notice to the FBI" (De Voto) **29**:131
"The Duel" (Chekhov) **3**:160-61, 164; **10**:107-08, 113-14
"The Duel" (Kuprin) **5**:299-300
Duel of Angels (Giraudoux)
See *Pour lucrèce*
Los duendes de la camarilla (Perez Galdos) **27**:276
A Duet, with an Occasional Chorus (Doyle) **7**:240
Duineser Elegien (Rilke) **1**:409, 411, 414, 416-22, 424; **6**:358-61, 363, 365, 367-69; **19**:305, 310, 314, 316
Duino Elegies (Rilke)
See *Duineser Elegien*
Duke Herring (Bodenheim) **44**:73-4
The Duke of Gandia (Swinburne) **8**:434, 444
"Duke of Onions and Duke of Garlic" (Bialik) **25**:53
Et dukkehjem (Ibsen) **2**:223-26, 228-30, 233, 235, 237, 240-41; **8**:143, 146-48, 150-53; **16**:154, 156, 169, 175, 187, 189; **37**:219-64; **52**:143, 155, 158, 162, 184, 191
El dulce daño (Storni) **5**:444, 447-48, 451
"Dulce Et Decorum Est" (Owen) **5**:362, 366-67, 370-71; **27**:208, 210, 212-13, 217-18, 221, 226, 228-30, 236
"The Dulham Ladies" (Jewett) **22**:125, 127, 147
"A Dull Story" (Chekhov)
See "A Dreary Story"
Duma pro Opanasa (Bagritsky) **60**:15-6
"The Dumb Girl" (Peretz) **16**:396
The Dumb Gods Speak (Oppenheim) **45**:133, 136-37
"The Dumb Man" (Anderson) **1**:42
"The Dumb Witness" (Chesnutt) **39**:103
"Dumitru and Sigrid" (Cahan) **71**:12, 28
The Dummy (Mankiewicz) **85**:111
"D'un monstre à Lyon ou l'envie" (Apollinaire) **51**:20
D'un pays lointain (Gourmont) **17**:136
D'un voyage au pays des Tarahumaras (Artaud) **3**:51, 54; **36**:6
"Duna" (Pickthall) **21**:252, 256
"Dunes on the March" (Bishop) **103**:21
The Dungeon (Micheaux) **76**:246
"Der Dunkle" (Benn) **3**:107
"A Dunnet Sheperdess" (Jewett) **22**:135
"The Dunwich Horror" (Lovecraft) **4**:267-68, 270; **22**:213, 233, 235-36, 238, 241
Duo (Colette) **16**:120
"El dúo de la tos" (Alas) **29**:20
"The Duplicity of Hargraves" (Henry) **19**:172, 174
Le dur désir de durer (Eluard) **41**:151
"Durasa" (Tagore) **53**:353
"Der durchgesetzte Baum" (Morgenstern) **8**:306
"Duriesdyke" (Swinburne) **8**:439-40
"During Music" (Sharp) **39**:388
During the Absence of Lanciotto (D'Annunzio)
See *Nell' assenza di Lanciotto*
During the Rains (Nagai)
See *Tsuyu no atosaki*
"During the Springtime Inundation" (Bjoernson) **7**:102
"During Warm Days" (Singer) **33**:386
"During Wind and Rain" (Hardy) **4**:164; **53**:114
The Dusantes: A Sequel to "The Casting Away of Mrs. Lecks and Mrs. Aleshine" (Stockton) **47**:315, 318, 321
"Dusk" (Baker) **10**:13, 26-7
"Dusk" (Coppard) **5**:179
"Dusk" (Saki) **3**:365, 371
Dusk in the Garden (Lugones)
See *Los crepúsculos del jardín*
"Dusky Ruth" (Coppard) **5**:175-76, 180
"Dust" (Baker) **10**:19
"Dust" (Brooke) **2**:54, 59; **7**:121, 124
"Dust" (Fisher) **11**:213
Dust (Hawthorne) **25**:237, 241, 249
"Dust My Broom" (Johnson) **69**:77, 79, 82
Dust of Death (Dent) **72**:21-22
The Dust of Suns (Roussel)
See *La poussière de soleils*
The Dust Which Is God (Benet) **28**:10, 12
"The Dusty Wind" (Platonov) **14**:410
"The Dutch Cheese" (de la Mare) **53**:22
A Dutch Drama (Schendel)
See *Een Hollandsch drama*
"Dutch Graves in Bucks County" (Stevens) **3**:448
A Dutch Tragedy (Schendel)
See *Een Hollandsch drama*
Duty and Anguish (Eluard)
See *Le devoir et l'inquiétude*
Duvet d'ange (Vallette) **67**:328
Dva pastukha i nimfa v khizhine (Kuzmin) **40**:201-03

"Dvadcat' vosem' tysjač pečatnyx znakov" (Pilnyak) **23**:212
Dvádtsat' shesti i odná (Gorky) **8**:72, 74, 77, 81, 89
"2-g noiabria" (Khodasevich) **15**:211-12
Dvenadsat (Blok) **5**:83-5, 88, 92-3, 95, 98
Dvenadtsat stulyev (Ilf and Petrov) **21**:151, 153-54, 157-59
"Dvoe" (Tsvetaeva) **7**:566, 568
"The Dwarf" (Stevens) **45**:281
Dwarf Bamboo (Nagai)
See *Okamezasa*
"The Dweller in the Tomb" (Kuttner) **10**:267
"The Dweller of the Threshold" (Harte) **1**:342
The Dweller on the Threshold (Hichens) **64**:121, 127, 129
Dwellers in the Hills (Post) **39**:339, 343, 347-48
Dyadya Vanya (Chekhov) **3**:149, 154, 156-58, 162, 166, 170-75; **10**:103, 109, 111-12, 114-16; **31**:76, 78-9, 81-2, 84, 86, 92-3, 96, 101-02; **55**:60-2, 74; **96**:15-16, 24, 34-37, 39, 51, 53-54
"Dygdens lön" (Strindberg) **8**:419
"Dying" (Schnitzler) **4**:393, 403-04
"Dying" (Schnitzler)
See "Sterben"
"The Dying Bondman" (Harper) **14**:257, 259
The Dying God (Frazer) **32**:222
"The Dying House" (Higginson) **36**:180
"The Dying of Francis Donne" (Dowson) **4**:85, 88, 93-4
"A Dying Poet" (Anderson) **24**:43
"Dying Race" (Bosman) **49**:13
"The Dying Soldier" (Rosenberg) **12**:287, 312
"Dynamic Theory of History" (Adams) **4**:18; **52**:47
Dynamo (O'Neill) **1**:386-88, 398; **6**:329, 335; **49**:252
The Dynasts: A Drama of the Napoleonic Wars (Hardy) **4**:157-58, 163-64, 167, 170-72, 174; **10**:217, 227, 229; **32**:280-82, 307; **48**:59-60; **53**:71, 75-6, 80, 84-5, 88, 91, 93, 96, 113, 115; **72**:168, 256, 265
Dynevor Terrace; or, The Clue of Life (Yonge) **48**:364-66, 374-75, 388
Dyre rein (Lie) **5**:331
Dyrendal (Bojer) **64**:19, 21, 23
Dyrenes Forvandling (Jensen) **41**:294
Dzhan (Platonov) **14**:406-07, 411-12, 417-18, 424, 429
Dzieci (Prus) **48**:166, 168, 180
"D-Zug" (Benn) **3**:109
E domani lunedi (Pirandello) **29**:292, 294
"E due" (Pirandello) **29**:294
Each in His Own Way (Pirandello)
See *Ciascuno a suo modo*
Each in His Role (Pirandello)
See *Il giuoco delle parti*
Each of Us His Own Part (Pirandello)
See *Il giuoco delle parti*
"The Eagle" (Gumilev)
See "Orë"
The Eagle and His Mate (Tolstoy) **18**:383
"The Eagle and the Mole" (Wylie) **8**:521-22, 527, 533, 535
"The Eagle Hunt" (Apollinaire) **51**:49
"Eagle of Tiberius" (Lee-Hamilton) **22**:191
"The Eagle Speaks" (Scott) **6**:394
"The Eagle That Is Forgotten" (Lindsay) **17**:224, 226, 230, 235-36
The Eagle's Heart (Garland) **3**:194
The Eagle's Nest (Ruskin) **63**:242, 247
"Eagle's Shadow" (Davidson) **24**:194
The Eaglet (Rostand)
See *L'aiglon*
Earl Birber of Bjälbo (Strindberg) **8**:417
Earl Lavender (Davidson) **24**:169, 177, 192
Early Afternoon (Nagai)
See *Hirusugi*
"Early American Music" (Rourke) **12**:318, 330
Early Autumn (Bromfield) **11**:74-5, 85, 87
Early Bardic Literature of Ireland (O'Grady) **5**:353
"Early Beliefs" (Keynes) **64**:207-8
"Early Dawn" (Sodergran)
See "Tidig gryning"
Early Frost (Rilke) **6**:369
The Early Goebbels Diaries 1925-1926 (Goebbels) **68**:92
The Early History of Jacob Stahl (Beresford) **81**:7,12
"The Early History of Malice Aforethought" (Maitland) **65**:282
"Early in the Morning" (Holly) **65**:139, 153
The Early Life of Abraham Lincoln (Tarbell) **40**:433
The Early Life of Mark Rutherford (Rutherford) **25**:359, 362-63
"The Early Novels of Wilkie Collins" (de la Mare) **4**:81
Early One Morning (de la Mare) **4**:78, 81
Early Reminisnces, 1834-1864 (Baring-Gould) **88**:15, 17, 34-5
"Early Sorrow" (Mann)
See *Disorder and Early Sorrow*
"Early Spring" (Guro)
See "Rannyaya vesna"
"Early Spring" (Kandinsky) **92**:75
"An Early Train" (Morley) **87**:127
"Early Twentieth Century Literature" (Saintsbury) **31**:241
The Early Worm (Benchley) **1**:81; **55**:7
"Ears in the Turrets Hear" (Thomas) **8**:459; **45**:364
"The Earth" (Hippius) **9**:159
The Earth (Bryusov) **10**:87
Earth and Her Birds (Noyes) **7**:508
"The Earth Breath" (Baker) **10**:27
The Earth Breath, and Other Poems (Baker) **3**:3-4; **10**:12-13, 19, 26-8
"Earth Deities" (Carman) **7**:139
"Earth, Fire, and Water" (Sharp) **39**:377
"The Earth Gives All and Takes All" (Evans) **85**:31
The Earth Gives All and Takes All (Evans) **85**:23, 31
The Earth Gods (Gibran) **1**:327; **9**:88-9, 91-2, 94
The Earth Horizon (Austin) **25**:29, 38
The Earth Is Waiting (Bosman) **49**:16
"Earth Love" (Davies) **5**:202
Earth Pain (Singer) **33**:385
"Earth to Earth" (Davidson) **24**:164
"The Earth Was Transformed into an Ash-Heap" (Sodergran)
See "Jorden blev förvandlad till en askhög"
Earth Woes (Singer)
See *Earth Pain*
Earthen Pitchers (Davis) **6**:152, 154-55
"Earthgod and the Fox" (Miyazawa) **76**:277, 302
Earthly Paradise (Colette) **5**:173; **16**:115-16
"Earthquake" (Runyon) **10**:432
"The Earthquake Disaster" (Yokomitsu)
See "Shin Sai"
"Earth's Complines" (Roberts) **8**:318
Earth's Enigmas (Roberts) **8**:318, 325
"Earth's Last Citadel" (Kuttner) **10**:269
Earth's Voices. Transcripts from Nature. Sospitra, and Other Poems (Sharp) **39**:361, 379, 381, 387
East and West: The Discovery of America, and Other Poems (Fenollosa) **91**:2
The East End of Europe (Upward) **85**:380, 400-2
The East I Know (Claudel)
See *Connaissance de l'est*
East of Eden (Singer)
See *Chaver Nachman*
East of Mansion House (Burke) **63**:127
East River (Asch)
See *Ist River*
East Wind (Lowell) **8**:228, 231-32, 237
"An East-End Curate" (Hardy) **53**:117
"Easter" (Vilakazi) **37**:410
Easter (Strindberg)
See *Påsk*
"Easter 1916" (Yeats) **11**:522, 541; **18**:446; **31**:401, 420-22; **93**:346, 389, 404
"Easter Bells" (Hansen)
See "Paaskeklokken"
"An Easter Candle" (Caragiale)
See "O facile de Paste"
"The Easter Cantor" (Papadiamantis) **29**:272
"The Easter Egg" (Saki) **3**:366, 372-73
"Easter Eve" (Carman) **7**:139
"Easter in the Country" (Papadiamantis) **29**:273
"Easter Midnight Mass" (Welch) **22**:459
"An Easter Night" (Korolenko) **22**:169
The Easter of the Greeks (Sikelianos) **39**:404, 418
"Eastern Front" (Trakl) **5**:461
"The Eastern Mystery" (Bramah) **72**:6
Eastward (Couperus)
See *Oostwaarts*
"Eastward into Eden" (Williams) **89**:375
"Eastward to Eden" (Williams)
See "Eastward into Eden"
The Easy Chair (De Voto) **29**:131
"Easy Lessons in Law" (Darrow) **81**:74
Easy Living (Sturges) **48**:286-88, 290-91, 294, 301, 309, 312, 321
"The Eater of Souls" (Kuttner) **10**:267
"The Eathen" (Kipling) **8**:193
"Eating Crow" (Harris) **24**:267
L'eau courante (Rod) **52**:309, 312, 316
L'eau profonde (Bourget) **12**:69
"The Eavesdropper" (Carman) **7**:146
"Ebar phirao more" (Tagore) **3**:496
"Ébauche d'un serpent" (Valery) **15**:458-59, 464
"Ebb and Flow" (Dunsany) **2**:136
"Ebbri Canti" (Saba) **33**:374
"Ebb-Tide" (Pickthall) **21**:252
"Ecce homo" (Papini) **22**:281
"Ecce homo" (Unamuno) **2**:568
Ecce homo (Nietzsche) **55**:323, 326-27, 332, 351, 354, 358-59, 364; **10**:389
Ecce Puella (Sharp) **39**:361
"The Eccentric Miss X" (Williams) **89**:384
"The Eccentricities of Reformers" (Higginson) **36**:167
"Eccentrics" (Tolstoy) **18**:377
The Eccentrics (Gorky) **8**:92
L'echange (Claudel) **2**:101; **10**:128, 134
L'echéance (Bourget) **12**:68
"Échelon" (Apollinaire) **51**:34, 36
"Echi mondani" (Svevo) **35**:362
"The Echo" (Stringer) **37**:343
"Echoes" (Baker) **10**:27
"Echoes" (Henley) **8**:108
Echoes from Vagabondia (Carman) **7**:139, 143
"Echoes of the Jazz Age" (Fitzgerald) **6**:169
Die echten Sedemunds (Barlach) **84**:73, 83, 88
"The Eclipse" (Korolenko) **22**:170
"Eclogue of the Downs" (Davidson) **24**:186
Eclogues (Radnoti) **16**:410, 417, 419-21
"Eco" (Villaurrutia) **80**:478
L'Ecole buissoniere (Jammes) **75**:119-20
L'école des femmes (Gide) **5**:229, 243; **12**:145, 147, 159
L'école des indifférents (Giraudoux) **2**:165-66; **7**:324
The Economic Basis of Politics (Beard) **15**:18-19, 25, 30, 33
The Economic Consequences of Mr. Churchill (Keynes) **64**:236, 249, 258-9
The Economic Consequences of the Peace (Keynes) **64**:209, 212-13, 218-19, 236, 240, 242, 247, 249, 260, 264-65, 293-94
"Economic Evolution" (Graham) **19**:121
An Economic Interpretation of the Constitution of the United States (Beard) **15**:17-18, 25, 29, 31-2, 34

"Economic Nationalism" (Innis) **77**:337-8
"Economic Notes on Free Trade II. A Revenue Tariff and the Cost of Living" (Keynes) **64**:244
Economic Origins of Jeffersonian Democracy (Beard) **15**:18, 29, 31-2
"Economic Problems of Socialism in the U.S.S.R." (Stalin) **92**:166, 169-70, 183, 185-6
"Economics as a Philosophical Science" (Collingwood) **67**:156
Economics for Helen (Belloc) **7**:39
Économie libidinale (Lyotard) **103**:127-29, 131, 34, 146, 151, 157, 168, 180, 197, 199, 214, 219, 228-29, 260, 263, 276
Economy and Society: An Outline of Interpretive Sociology (Weber)
See *Wirtschaft und Gesellschaft*
"Economy Program" (Zoshchenko) **15**:499
L'écornifleur (Renard) **17**:302-03, 308, 316
"Ecos de asmodeo" (Valle-Inclan) **5**:478
Ecos del alma (Huidobro) **31**:124, 132
"L'ecrevisse" (Apollinaire) **3**:42
Écrits du temps de la guerre, 1916-1919 (Teilhard de Chardin) **9**:494
Ecrits sur l'art (Eluard) **41**:149, 152
"Ecstasy" (Huysmans) **7**:415; **69**:23
"Ecstasy" (Naidu) **80**:276, 294
Ecstasy (Couperus)
See *Extase*
"Ecuatorial" (Huidobro) **31**:135
L'écume des jours (Vian) **9**:529-34, 536-37
"Eddie" (Schulz) **51**:315
"Edel" (Bourget) **12**:73-4, 76
Eden (Saltus) **8**:346
L'edera (Deledda) **23**:33-4, 36, 41
Edgar Allan Poe (Ewers) **12**:133-34
Edgar Allen Poe (Griffith) **68**:235
Edgewater People (Freeman) **9**:74
Edifices anciens (Bosschere) **19**:61
"Edison" (Nezval) **44**:239-40, 243, 245
"Editha's Christmas Burglar" (Benchley) **55**:3
Edith's Letters (Sodergran) **31**:287
The Editor (Bjoernson)
See *Redaktøren*
Editor Lynge (Hamsun) **2**:204; **14**:221, 237; **49**:127
"Editors" (Middleton) **56**:179
"The Editor's Easy Chair" (Woollcott) **5**:529
"Edmund Gosse" (Woolf) **43**:406
Educated Evans (Wallace) **57**:403, 404
"Educating the Sexes Together" (Anthony) **84**:15
The Education (Cahan) **71**:85
Education and Living (Bourne) **16**:54, 58
Education and Scoiology (Durkheim) **55**:140
"Education of a Stuffed Shirt" (Machado de Assis) **10**:288
"The Education of Audrey" (Mansfield) **39**:318-19
The Education of Children (Adler) **61**:31-3
The Education of Henry Adams (Adams) **4**:5-7, 10-14, 16-21; **52**:1-49
The Education of Henry Adams: A Study in Twentieth-Century Multiplicity (Adams)
See *The Education of Henry Adams*
"Education of the People" (Lawrence) **61**:213, 215
The Education of Uncle Paul (Blackwood) **5**:69-70
"Education without Books" (Eastman) **55**:164
Een Hollandsch drama (Schendel) **56**:238-39
Een lent van vaerzen (Couperus) **15**:45
"Effects of Analogy" (Stevens) **12**:380, 386; **45**:328, 331
The Efficiency Expert (Burroughs) **32**:58
"Effigies" (Muir) **87**:169
"Effigy of a Nun" (Teasdale) **4**:427
"The Eftest Way" (Williams) **89**:371, 395
"L'égalité des sexes" (Eluard) **41**:160
"The Egg" (Anderson)
See "The Triumph of the Egg"
"The Eggs of the Silver Moon" (Chambers) **41**:114
Égi és földi szerelem (Molnar) **20**:166, 168, 175
Egil's Saga (Eddison) **15**:59
Egipetskaya marka (Mandelstam) **2**:400, 408; **6**:260-61, 264
"Eglantina" (Freeman) **9**:73
Eglantine (Giraudoux) **2**:163, 165; **7**:320, 326
"Egle" (Carducci) **32**:91
"L'Eglise habillee de Feuilles" (Jammes) **75**:102, 107, 111, 119
"Eglogue à Francine" (Moreas) **18**:281
The Ego and the Id (Freud)
See *Das Ich und das Es*
"Ego Dominus Tuus" (Yeats) **11**:520, 522, 528; **31**:389, 408-09; **93**:339
"The Ego Machine" (Kuttner) **10**:269
"Ego veličestvo" (Pilnyak) **23**:211
"Egoism" (Keynes) **64**:295
"Egoism in Religion" (Andreas-Salome) **56**:46
The Egoist (Hecht) **101**:31, 39, 48, 70, 73
Egoist (Natsume) **2**:494
Gli egoist (Tozzi) **31**:315, 324, 333
The Egoist: A Comedy in Narrative (Meredith) **17**:255-56, 259-61, 265-67, 269, 272-73, 277-78, 281-82, 284, 286-89, 291, 296-97; **43**:250-306
Egoists (Tozzi)
See *Gli egoist*
Egoists: A Book of Supermen (Huneker) **65**:163, 167, 170, 179, 184-5, 188, 217
"Egolatria" (Papini) **22**:281
"Egoriy" (Esenin) **4**:116
Egotism in German Philosophy (Santayana) **40**:415
"Egy filozófus halálára" (Babits) **14**:39
Egy gazdátlan csónak története (Molnar) **20**:164, 174-75
"Egy lázadó pap" (Herzl) **36**:153
"Egy olasc reformátor" (Herzl) **36**:153
"Egypt" (Douglas) **40**:68, 89
The Egyptian Nights (Bryusov) **10**:88
"Egyptian Sorcery" (Blackwood) **5**:72
The Egyptian Stamp (Mandelstam)
See *Egipetskaya marka*
Egyszer jóllakni (Moricz) **33**:248
Die Ehe (Doblin) **13**:158
"Die eheringe" (Morgenstern) **8**:305
Az éhes város (Molnar) **20**:164, 174-75
Die Ehre (Sudermann) **15**:417, 419-20, 421-22, 424, 426-27, 430, 433, 438
Eidola (Manning) **25**:265, 276-78
"Eidsvoll and Norge" (Grieg) **10**:206
"Eiendomligheter i Obstfelder's Digtning" (Obstfelder) **23**:180
The Eight Hours Day (Webb and Webb) **22**:412
Eight Hundred Leagues on the Amazon (Verne) **6**:502
813 (Mizoguchi) **72**:322
Eight Stanzas to Sri Arunachala (Ramana Maharshi)
See *Arunacala-astakam*
Eight Stories (Lie) **5**:325
Eight Verses on Arunachala (Ramana Maharshi)
See *Arunacala-astakam*
"MDCCCIII" (Hearn) **9**:137
"1867" (Jacob) **6**:198
"1886" (Benn) **3**:110
"1889" (Jacob) **6**:198
"1889-1916" (Jacob) **6**:191
"1870-1871" (Gosse) **28**:138
18 Poems (Thomas) **1**:471, 473; **8**:456, 458, 459; **45**:399, 404
The Eighteen Seconds (Artaud) **36**:34-5, 37-8, 40
"1887" (Housman) **10**:248-49, 257
"Eighteenth-Century Vignette" (Dobson) **79**:12
The Eighth Compartment of the Inferno (Peretz) **16**:392
"The Eighth Deadly Sin" (Huneker) **65**:156, 169, 197
"Eighth Eclogue" (Radnoti) **16**:412, 420
"Eighth Elegy" (Rilke) **1**:413
The Eighth Sin (Morley) **87**:124
Eighty Years and More (1815-1897): Reminiscences of Elizabeth Cady Stanton (Stanton) **73**:243, 258, 264-65, 268
Het Eiland in de Zuidzee (Schendel) **56**:241
Einander (Werfel) **8**:475-78
Einar Elkær (Jensen) **41**:296, 303
Der Einbruch der Sexualmoral (Reich) **57**:347
"Eingeengt" (Benn) **3**:107
"Das Einhorn" (Kolmar) **40**:178
"Einige Psychische Folgen des Anatomischen Geschlechtsunterschieds" (Freud) **52**:109
"Einiges" (Kandinsky) **92**:68
Einkehr (Morgenstern) **8**:304, 310
"Einladung" (Nietzsche) **55**:388-89
Einleitung (Husserl)
See *Die Krisis der europaeischen Wissenschaften und die transzendentale Phänomenologie, Eine Einleitung in die phaenomenologische Philosophie*
Einleitung in die Moralwissenschaft (Simmel) **64**:338, 354
Einsame (Kandinsky) **92**:49
Einsame Menschen (Hauptmann) **4**:192-93, 197, 203
Der einsame Weg (Schnitzler) **4**:387-89, 391
"Einsanes Haus am Hussendeich" (Liliencron) **18**:206
Einstein: Philosopher-Scientist (Einstein)
See *Albert Einstein: Philosopher-Scientist*
Either of One or of No One (Pirandello)
See *O di uno o di nessuno*
"Either/Or" (Luxemburg) **63**:220
Either Someone's or No-One's (Pirandello)
See *O di uno o di nessuno*
"Ek sundarī veśyāprati" (Devkota) **23**:48
Ekatmapanchakam (Ramana Maharshi) **84**:262
"Ekjan Lok" (Tagore) **53**:342
Eksotiske Noveller (Jensen) **41**:294
"El ha-zipor" (Bialik) **25**:51, 62
"Ela" (Zamyatin) **8**:553-54; **37**:430
"An Elaborate Elopement" (Jacobs) **22**:106
"The Elagin Affair" (Bunin)
See "Delo korneta Elagina"
"Elaine" (Knister) **56**:156, 163
"Elaine" (Millay) **4**:316
Elämän koreus (Leino) **24**:371
"Die Elbe" (Borchert) **5**:105
Elder Conklin, and Other Stories (Harris) **24**:253-55, 258, 264-65, 267, 269, 271
"Elder Gods" (Lovecraft) **4**:272
"The Elder Knight" (Sayers) **15**:370
"The Elder Sister" (Hedayat)
See "Abji khanum"
"The Elder Sister" (Pascoli) **45**:145
"The Elder Sister" (Tagore) **3**:485
The Eldest Son (Galsworthy) **1**:303; **45**:52, 54
Eleanor (Ward) **55**:412, 417-18, 420, 422, 426
The Elect Lady (MacDonald) **9**:292
"Elected Silence: Three Sonnets" (Morley) **87**:145
Electra (Baring) **8**:32
Electra (Giraudoux)
See *Electre*
Electra (Hofmannsthal)
See *Elektra*
Electre (Giraudoux) **2**:158, 160-63, 167, 172, 174; **7**:320-22, 329
Electric Function of Sexuality and Anxiety (Reich) **57**:342
"Electricity" (Hippius) **9**:158
"Elegant Appetite" (Hagiwara Sakutaro) **60**:287, 297
"An Elegant Escape" (Stein) **48**:234
"Elegía" (Lugones) **15**:285
"Elegia de abril" (Andrade) **43**:13
"Elegia del Monte Spluga" (Carducci) **32**:111
"Elegie" (Lasker-Schueler) **57**:334
"Elegie des poetischen Ichs" (Werfel) **8**:478
Elegie renane (Pirandello) **29**:310

Elegie romane (D'Annunzio) **6**:136
Elegier (Ekelund) **75**:95
Elegies (Ekelund)
See *Elegier*
Elegies (Jammes) **75**:111
Elegies (Jimenez)
See *Elejías*
Elegies and Laments (Radnoti) **16**:418
"Elegy" (Jammes) **75**:108, 111
"Elegy" (Jozsef) **22**:161-62, 164
"Elegy" (Millay) **4**:306
"Elegy" (Swinburne) **36**:343-44
"Elegy for an 88 Gunner" (Douglas) **40**:55, 71
"Elegy for an Enemy" (Benet) **7**:69
"Elegy, of Icon, Nailless" (Radnoti) **16**:418
"Elegy on the Death of a Hobo" (Radnoti) **16**:418
"Elegy on the Death of the Archpoet" (Gogarty) **15**:109
"Elegy on the Last Judgment" (Fletcher) **35**:106
"Elegy on the Russian Revolution" (Fletcher) **35**:106
Elejías (Jimenez) **4**:213
Elektra (Hauptmann) **4**:208
Elektra (Hofmannsthal) **11**:292-94, 296, 303
"The Element of Ethics, with a View to an Appreciation of Kant's Moral Philosophy" (Moore) **89**:226
"Elemental" (Lawrence) **93**:55
"Elementals" (Blackwood) **5**:71
The Elementary Formes of the Religious Life: A Study in Religious Sociology (Durkheim)
See *Les Formes élémentaires de la vie religieuse: le système totémique en Australie*
Elemente einer phänomenologischen Aufklärung der Erkenntnis (Husserl)
See *Untersuchungen zur Phänomenologie und Theorie der Erkenntnis*
Elementi di scienza politica (Mosca) **75**:124, 126, 130-33, 137-38, 140, 149-50, 153-57, 160, 162-65, 167-68, 171-72, 180, 184, 186
Elements (Mosca)
See *Elementi di scienza politica*
"The Elements and Culture" (Blok) **5**:95
Eléments d'une doctrine radicale (Alain) **41**:13
Elements of a Phenomenological Enlightenment of Knowledge (Husserl)
See *Untersuchungen zur Phänomenologie und Theorie der Erkenntnis*
The Elements of Drawing (Ruskin) **63**:243
"Elements of Haiku" (Masaoka Shiki) **18**:233
Elements of Mathematics (Peirce) **81**:198
Elements of Political Science (Mosca)
See *Elementi di scienza politica*
The Elements of Style (Strunk) **92**:347-56
"The Elements of the Novel" (Futabatei)
See "Shōsetsu sōron"
"Elephant" (Lawrence) **93**:125
"Elephant and Colosseum" (Lowry) **6**:240, 250; **40**:261
"The Elephant Is Slow to Mate" (Lawrence) **93**:82
Élet és irodalem (Babits) **14**:41
Életem regénye (Moricz) **33**:239, 244, 248
Elevación (Nervo) **11**:394, 399-401
Elevation (Nervo)
See *Elevación*
The Elevator (Howells) **7**:387-88
Eleven Stanzas to Sri Arunachala (Ramana Maharshi)
See *Arunakala-padigam*
Eleven Verses on Aruncala (Ramana Maharshi)
See *Arunakala-padigam*
Eleven Years (Undset)
See *Elleve aar*
"The Elf Child" (Markham) **47**:279
"Elfin Skates" (Lee-Hamilton) **22**:191
"The Elf-Queen's Wand" (Sodergran)
See "Alvdrottningens spira"
Elias Portolu (Deledda) **23**:36, 41-2
"Elijah Browning" (Masters) **25**:299
Eline Vere (Couperus) **15**:43, 45-6
The Elinor Glyn System of Writing (Glyn) **72**:140
The Elixir of Life (Hedayat)
See *Ab-i zindigi*
"Eliza Harris" (Harper) **14**:262
Elizabeth and Essex: A Tragic History (Strachey) **12**:397-99, 403-05, 407, 409-12, 414-15, 418-19, 421
Elizabeth and Her German Garden (Elizabeth) **41**:117-18, 121-22, 124, 127, 129-31, 138-39
"Elizabeth Charlotte" (Heyse) **8**:114
"Elizabeth Stock's One Story" (Chopin) **14**:68
Elizabeth the Queen (Anderson) **2**:1-4, 7, 9
Elizabeth Visits America (Glyn) **72**:127, 137-38, 142
"The Elizabethan Clergy" (Baring-Gould) **88**:22
Elizabethan Commentary (Belloc) **18**:26
"The Elizabethan Lumber Room" (Woolf) **43**:400
"Elizabeth's Thanksgiving Dinner" (Montgomery) **51**:200
"Ellen Chesser's Dream of Italy" (Roberts) **68**:337
Elletra (D'Annunzio) **6**:136
Elleve aar (Undset) **3**:523-24
"Ellice Quentin" (Hawthorne) **25**:235
"Ello es el lugar..." (Vallejo) **56**:311, 315
Ellos (Nervo) **11**:394
"Ellos y yo" (Villaurrutia) **80**:499
Elmer Gantry (Lewis) **4**:248-51, 254-55, 257, 259, 261; **13**:332-33, 335, 338, 344, 346-47, 351-52; **23**:136, 139; **39**:224, 234, 246-47, 254
Elmer the Great (Lardner) **14**:294
The Elm-Tree on the Mall (France)
See *L'orme du mail*
"Elogio da vaidade" (Machado de Assis) **10**:291
"The Elopement" (Hardy) **72**:216
"An Eloquence of Grief" (Crane) **11**:163
Elsa of the Fir (Raabe)
See *Else von der Tanne*
Else (Kielland) **5**:275-76
Else von der Tanne (Raabe) **45**:182, 199, 201-02
"Elses Bryllup" (Jensen) **41**:306
Else's Wedding (Jensen)
See "Elses Bryllup"
"Elsie" (McAlmon) **97**:87
Elsie (Kielland)
See *Else*
Elsie and the Child (Bennett) **5**:32, 46
"Elskovshvisken" (Obstfelder) **23**:187
Eltham House (Ward) **55**:421-22, 424, 437, 444
"An Elucidation" (Stein) **48**:242
Elusive Isabel (Futrelle) **19**:95
"Elysium" (Lawrence) **33**:181
Elza pilóta vagy a tökéletes társadalom (Babits) **14**:40, 42
"Elza Ramsey" (Masters) **25**:297
"Emaliol'" (Remizov) **27**:340-41
The Emancipated (Gissing) **3**:235; **24**:220, 233, 235; **47**:139
The Emancipated Women (Prus)
See *Emancypantki*
"Emancipation" (Bell) **43**:88
"Emancipation" (Chopin) **14**:62
Emancipation of Massachusetts (Adams) **80**:5, 8, 10-1, 15, 26, 36, 46, 50-1, 58, 60, 65-6
The Emancipationists (Prus)
See *Emancypantki*
Emancypantki (Prus) **48**:159-60, 163-64, 169, 175, 179
"L'embarquement" (Field) **43**:166
"L'embarquement pour Cythére" (Field) **43**:166-67
"The Embarrassed Eliminators" (Lucas) **73**:174
Embarrassments (James) **2**:272
"Les embaumeuses" (Schwob) **20**:323
"Embers" (Guiraldes)
See "Al rescoldo"
"Embers" (Vallejo)
See "Ascuas"
Embers (Rebreanu)
See *Jar*
Embezzled Heaven (Werfel) **8**:470
"The Emblem" (Muir) **87**:168, 210
"The Emblematics of Meaning" (Bely) **7**:59
"Emblème" (Moreas) **18**:288
"Embryos" (Rozanov) **104**:347
"Emče organa" (Tsvetaeva) **7**:560
Emelina (Dario) **4**:65
"Emelyan and the Empty Drum" (Tolstoy)
See "The Empty Drum"
The Emerald City of Oz (Baum) **7**:21-2, 24, 27
"Emergency Exit" (Coppard) **5**:181
"The Emergency Mistress" (Stockton) **47**:329
"Emerson" (Chapman) **7**:187-88
Emerson, and Other Essays (Chapman) **7**:185-87, 190, 193
"Emerson Sixty Years After" (Chapman) **7**:185
"Emeryt" (Schulz) **51**:309
"The Emigrant" (Jensen) **41**:308
"L'emigrant de Landor Road" (Apollinaire) **51**:60
The Emigrants (Bojer)
See *Vor egen stamme*
L'émigré (Bourget) **12**:69-72
Émigrés (Tolstoy) **18**:360, 373-74, 378
Emile Verhaeren (Zweig) **17**:423
"Emile Zola and His Novels" (Nagai)
See "Emiru Zoru to sono shōsetsu"
"Emile Zola et"L'assomoir (Huysmans) **69**:10
"Emily Brosseau" (Masters) **25**:298
Emily Climbs (Montgomery) **51**:185-88
Emily of New Moon (Montgomery) **51**:185-86, 188-90, 194, 216
"Emily Sparks" (Masters) **25**:287
Emily's Quest (Montgomery) **51**:185, 188-89
Eminent Victorians: Cardinal Manning, Florence Nightingale, Dr. Arnold, General Gordon (Strachey) **12**:391-93, 395-403, 410-11, 413-15, 417-21
"Emiru Zoru to sono shōsetsu" (Nagai) **51**:87
"Emlé-kezés egy nyáréjszakára" (Ady) **11**:18
"Emma" (Lyotard) **103**:260-63, 265-67
Emmanuel Burden (Belloc) **7**:31-2, 41; **18**:25, 32, 34-5
"Emmett Burns" (Masters) **25**:297
"Emotional Monologue" (Bodenheim) **44**:62
O empalhador de passarinho (Andrade) **43**:13-15
"Empédocle" (Schwob) **20**:323
Empédocle (Rolland) **23**:256
Emperor and Galilean (Ibsen)
See *Kejser og Galilaeer*
The Emperor Constantine (Sayers) **15**:382, 387
Emperor Fu Manchu (Rohmer) **28**:279, 281, 294-95, 300
The Emperor Jones (O'Neill) **1**:384-85, 390, 394, 403-04, 406; **6**:324-25, 327-29; **49**:247, 269-70, 286
The Emperor Julian (Ibsen) **8**:150
The Emperor of America (Rohmer) **28**:281
"The Emperor of Ice-Cream" (Stevens) **3**:462, 475; **12**:363-64, 367, 376; **45**:299, 304, 307-08, 310, 344
The Emperor of Portugallia (Lagerloef) **36**:242, 246, 248
"The Emperor's Dream" (Gogarty) **15**:101
"The Emperor's Rhyme" (Milne) **6**:314
The Emperor's Tomb (Roth)
See *Die Kapuzinergruft*
Empire and Communications (Innis) **77**:337, 341, 346, 359, 400, 424
"The Empire Builders" (Rinehart) **52**:282
The Empire Builders (Vian)
See *Les bâtisseurs d'empire; ou, Le schmürz*
"Empire in India and Elsewhere" (Carpenter) **88**:128

"The Empire of the Ants" (Wells) **19**:429, 442
"The Empire Speaks of Britain" (Roberts) **8**:318
The Empress Yang Kwei Fei (Mizoguchi)
See *Yokihi*
"Empty" (Anwar)
See "Hampa"
"The Empty Chair" (Hall and Nordhoff) **23**:59
"Empty Cinema" (van Ostaijen) **33**:421
"An Empty Cup" (Holly) **65**:143
"The Empty Drum" (Tolstoy) **4**:469
Empty Hands (Stringer) **37**:336-37
"The Empty House" (Blackwood) **5**:75
"The Empty House" (Doyle) **7**:223
"The Empty House" (Fletcher) **35**:96
The Empty House, and Other Ghosts (Blackwood) **5**:77
"The Empty Sleeve" (Blackwood) **5**:72
En allemagne (Lemonnier) **22**:200
"En Dieu" (Jammes) **75**:119
"En el agua dormida" (Villaurrutia) **80**:477
"En el día americano" (Reyes) **33**:323
En el puño de la espada (Echegaray) **4**:105
En familia (Sanchez) **37**:311-15, 317-18
"En februarimorgon" (Ekelund) **75**:94
"En Hollande" (Huysmans) **69**:9
Az én kortársaim (Mikszath) **31**:169
En la luna (Huidobro) **31**:138
"En la noche" (Quiroga) **20**:216-17
En ménage (Huysmans) **7**:405-06, 410; **69**:26-30, 47, 52-3, 55
En moder (Nexo) **43**:329
En pilgrimsgang (Bojer) **64**:22
En qué piensas? (Villaurrutia) **80**:471, 474
En rade (Huysmans) **7**:405-06, 413; **69**:8, 11, 25, 30-1, 39, 52-3, 56, 68-70
"En regardant au fond des crevasses" (Barrès) **47**:60
"En regardant un cyclotron" (Teilhard de Chardin) **9**:482
En route (Huysmans) **7**:405-11; **69**:13, 15, 17-18, 22-3, 30, 37-9, 43, 46, 52, 56, 71
"En torno a Galileo" (Ortega y Gasset) **9**:343-44
En torno al casticismo (Unamuno) **2**:559; **9**:508, 514
En torno al estudio de la religión griega (Reyes) **33**:323
En voz baja (Nervo) **11**:393, 400, 403
"The Enameller" (Huysmans) **69**:23
The Enchanted (Giraudoux)
See *Intermezzo*
Enchanted Aisles (Woollcott) **5**:527
The Enchanted April (Elizabeth) **41**:124-25, 129, 132, 137
"The Enchanted Bluff" (Cather) **99**:173, 208, 266
The Enchanted Cottage (Mankiewicz) **85**:149
The Enchanted Cottage (Pinero) **32**:400, 415
The Enchanted Cup (Sologub)
See *Charodjnaja chasha*
"The Enchanted House" (Musil) **12**:252
The Enchanted House (Musil)
See *Die Versuchung der Stillen Veronika*
The Enchanted Island of Yew (Baum) **7**:14
"The Enchanted Kiss" (Henry) **19**:173, 180
"The Enchanted knight" (Muir) **87**:167
"The Enchanted Organ" (Woolf) **43**:402
"An Enchanted Place" (Middleton) **56**:195
"The Enchanted Tailor" (Aleichem) **35**:323
The Enchanted Trousers (Gogarty) **15**:116-17
Enchanted Valleys (Sharp) **39**:372
The Enchanted Woods (Lee) **5**:310, 313
"The Enchanter" (Tsvetaeva) **35**:408, 411-12
"Enchanter's Handmaiden" (Wylie) **8**:536
L'Enchanteur Alcofrisbas (Melies) **81**:22
L'enchanteur pourrissant (Apollinaire) **3**:38-9, 42; **8**:20; **51**:2, 9, 19, 28
"Encher Tempo" (Machado de Assis) **10**:285
"Encirclement" (Lewis) **3**:289
"L'enclume des forces" (Artaud) **36**:20
"An Encounter" (Joyce) **8**:170; **16**:240; **35**:142, 144, 146, 156-58, 162-63, 165, 167, 190, 192, 197-99
"An Encounter" (Khodasevich) **15**:208, 212
"Encounter with a God" (Douglas) **40**:66-7, 73
"An Encounter with a Pickpocket" (Guiney) **41**:209
"Encounter with a Skull" (Rohan)
See "Taidokuro"
Encounters and Diversions (Lucas) **73**:159, 170
Encyclopaedia of the Theatre (Nathan) **18**:316, 322
"The End" (Owen) **27**:203, 227
The End (Tagore)
See *Parisesh*
The End and the Beginning (Rainis)
See *Gals un sākums*
The End of All Men (Ramuz)
See *Présence de la mort*
"End of Another Home Holiday" (Lawrence) **93**:49, 55, 66, 116, 117
"The End of Atlantis" (Khlebnikov)
See "Gibel Atlantidy"
The End of Democracy (Cram) **45**:7, 9-10, 19-21
The End of Everything (Bergelson) **81**:17,19
"The End of General Gordon" (Strachey) **12**:396, 417, 420
The End of Her Honeymoon (Lowndes) **12**:201
The End of Laissez-faire (Keynes) **64**:208, 214, 217, 219, 264
The End of Our Time (Berdyaev) **67**:26
End of the Chapter (Galsworthy) **45**:47
"End of the Chase" (Adams) **56**:8
"The End of the Day" (Scott) **6**:388
"The End of the Episode" (Hardy) **53**:111
The End of the House of Alard (Kaye-Smith) **20**:100-04, 106, 109-11, 113-14, 116
"The End of the Nineteenth Century" (Matthews) **95**:263
"The End of the Old Folks' Home" (Babel) **13**:34
"The End of the Passage" (Kipling)
See "At the End of the Passage"
"The End of the Road" (Belloc) **7**:43
"The End of the Road" (Bromfield) **11**:83
"The End of the Road" (Post) **39**:336
"The End of the Tether" (Conrad) **13**:100; **25**:111; **57**:84
"The End of the Trail" (Carman) **7**:133
The End of the World through Black Magic (Kraus)
See *Untergang der Welt durch die Schwarze Magic*
"The End, the Beginning" (Lawrence) **93**:51
"Das Ende der Welt" (Walser) **18**:421-22
"Das Ende des Siegers" (George) **14**:206
"Endless Anxiety" (Lawrence) **93**:45
"End-of-October Hexameters" (Radnoti) **16**:419
"En-Dor" (Kipling) **8**:201
"Endurance and the Profession" (Lyotard) **103**:167
"Endymion" (Austin) **25**:34
Endymion (Heidenstam) **5**:250, 253
Ene (Obstfelder) **23**:179
"Enemies" (Bergelson) **81**:19
"The Enemies" (Thomas) **8**:455; **45**:409
Enemies (Artsybashev) **31**:9
The Enemies (Gorky) **8**:92
"Enemies of the Republic" (Steffens) **20**:338
The Enemies of Women (Blasco Ibanez)
See *Los enemigos de la mujer*
"The Enemies to Each Other" (Kipling) **8**:195; **17**:207
Los enemigos de la mujer (Blasco Ibanez) **12**:35, 37, 43
An Enemy of the Church (Leino)
See *Kirkon vihollinen*
An Enemy of the People (Ibsen)
See *En folkefiende*
The Enemy of the Stars (Lewis) **2**:389, 391, 396; **9**:243-45, 249-50; **104**:156-57, 168-69, 171-73, 181, 232, 279-80, 288, 298
Enemy Salvoes (Lewis) **104**:274-76
"Enereida" (Vallejo) **3**:531
L'énergie spirituelle (Bergson) **32**:27, 45
"Energumen Capitalism" (Lyotard) **103**:197
Les enfances Pascal (Barrès) **47**:67
"L'enfant de la balle" (Coppee) **25**:120
"L'enfant du Crapaud" (Lemonnier) **22**:198
Enfantines (Larbaud) **9**:196, 198-201, 204, 206-07
"Enfants" (Garneau) **13**:195
Les enfants du Capitaine Grant (Verne) **6**:500; **52**:352
Les enfants humiliés: Journal, 1939-1940 (Bernanos) **3**:128
L'enfer (Barbusse) **5**:14-17
"Enfidaville" (Douglas) **40**:76-7, 88-9
"The Enfranchised Reviewer" (Lucas) **73**:171
Engaged (Gilbert) **3**:208, 210, 218
"Engeki kairyō ronja no kenten ni odoroku" (Mori Ōgai) **14**:381
"Der Engel im Walde" (Kolmar) **40**:178
Der Engel vom westlichen Fenster (Meyrink) **21**:218, 220, 231
"Engine Driver's Wife" (Platonov) **14**:414
Engine Fight Talk (Lewis)
See *One-Way Song*
"The Engineer" (Kornbluth) **8**:216
"The Engineer" (Milne) **88**:260
Engineer Garins Hyperboloid (Tolstoy) **18**:360, 370, 373
The Engineers and the Price System (Veblen) **31**:353, 362, 366
"England" (Campbell) **9**:31
England (Kazantzakis) **33**:164
England: A Dying Oligarchy (Bromfield) **11**:82
"England, All Hail" (Redcam) **25**:330
England and the English (Ford) **39**:124
"England and Yesterday" (Guiney) **41**:208-09
"England, Arise! A Socialist Marching Song" (Carpenter) **88**:77, 106
"England Day by Day" (Dobson) **79**:12
England in 1815 (Halévy)
See *Histoire du peuple anglais au xlxe siècle. iv. Le milieu du siècle, 1841-52*
"England Your England" (Orwell) **2**:498, 502; **51**:266
England Your England (Orwell) **51**:227
England's Antiphon (MacDonald) **9**:288
England's Effort (Ward) **55**:437, 440-42, 445
"England's Ideal" (Carpenter) **88**:63, 98
England's Ideal and Other Papers on Social Subjects (Carpenter) **88**:98
"Engle Ferry" (Rhodes) **53**:316
Der Englische Sender (Kaiser) **9**:181
The English, Are They Human? (Lewis) **2**:392
English at the North Pole (Verne) **6**:501
English Farming and Why I Turned It Up (Bramah) **72**:7-8
"The English Festival of Spoken Poetry" (Thomas)
"The English Flag" (Kipling) **8**:177
English Folk-Songs for Schools (Baring-Gould) **88**:21
The English Girl (Ford) **15**:88; **39**:136
English Law and the Renaissance (Maitland) **65**:265, 287
English Leaves (Lucas) **73**:174
English Literature and Society in the Eighteenth Century (Stephen) **23**:308, 317, 322-24, 329, 336, 339, 345
"English Literature in Our Universities" (Quiller-Couch) **53**:292
English Local Government from the Revolution to the Municipal Corporations Act (Webb and Webb) **22**:399, 412, 416
English Men of Letters (James) **2**:262
English Men of Letters (Stephen) **23**:314
"English Men of Letters and Newspapers and Magazines" (Natsume) **10**:331
The English Novel (Ford) **15**:95; **39**:147
The English Novel (Saintsbury) **31**:242-44
The English People (Orwell) **31**:190; **51**:260
The English Poetic Mind (Williams) **11**:502

English Poets' Ideas of Nature (Natsume) **10**:331
English Poor Law History (Webb and Webb) **22**:415
English Rhetoric and Composition (Fisher) **87**:72
"An English Saint" (Harris) **24**:267
English Tales (Pilnyak) **23**:198
"English Thornton" (Masters) **25**:305
The English Utilitarians (Stephen) **23**:323-24, 328
An Englishwoman's Love Letters (Housman) **7**:353
The Engravings of Eric Gill (Gill) **85**:101
"The Enigma" (Scott) **6**:394
The Enigmatic Man (Hamsun)
See *The Enigmatic One*
The Enigmatic One (Hamsun) **49**:131, 136, 155
Enjoying Life (Barbellion) **24**:75, 77, 80, 84-5
"The Enjoyment of Gloom" (Day) **25**:131
"Enlighten Your Child" (Jozsef) **22**:157, 165
"Enlightenment of Love" (Rohan) **22**:301
"The Enlightment of Modern Japan" (Natsume)
See "Watakushi no kojinshugi"
L'ennemie des lois (Barrès) **47**:44, 63, 78, 90
"L'ennui de vivre" (Bryusov) **10**:93
Enoch Arden (Griffith)
See *After Many Years*
"Enoch Soames" (Beerbohm) **1**:67-8, 71; **24**:102, 107, 118-19
Enone au clair visage, etc. (Moreas) **18**:279, 281, 287-88
Une enquête aux pays du Levant (Barrès) **47**:67
"The Enquiry" (Kuprin)
See "Doznanie"
An Enquiry Concerning the Principles of Natural Knowledge (Whitehead) **97**:197, 199-200
L'enracinement (Weil) **23**:370-71, 375-76, 378, 380-81, 385, 399, 402-03, 405
Enrico IV (Pirandello) **4**:329, 331-40, 347, 349-51, 353, 356-57; **29**:285-86, 298, 302, 304-05, 311, 313, 318-19
Ensayos... (Prado) **75**:205-06
Ensayos (Unamuno) **9**:514
Ensayos didactos (Hostos) **24**:304
"The Ensign Streameth Red, Killed" (Redcam) **25**:330
"Die Entdeckung Dantes in der Romantik" (Auerbach) **43**:62
"Enterrar y callar" (Eluard) **7**:251
Enterrement (Kandinsky) **92**:50
The Entertainment (Delafield) **61**:133
Entertainments (Devkota)
See *Manoranjan*
"Die Entfaltung der Seele durch Lebenskunst" (Key) **65**:238-41
Der entfesselte Wotan (Toller) **10**:482
"Die Entfremdung" (Werfel) **8**:477
L'Enthousiasme (Lyotard) **103**:198
Enthralled (Saltus) **8**:346
An Enthusiast (Somerville & Ross) **51**:338, 340, 344, 353
"An Entire Life" (Pilnyak)
See "Tselaya zhizn"
"Entpersönlichung" (Huch) **13**:243, 245, 247, 253
Entr'actes in the Ravine (Kuzmin) **40**:197
L'entrave (Colette) **1**:192; **5**:167-68; **16**:136, 138
"Entre el zolor y el placer" (Vallejo) **56**:287
Entre naranjos (Blasco Ibanez) **12**:30, 36, 38
"Entre santos" (Machado de Assis) **10**:291
Entretiens (Leautaud) **83**:199, 206-7
Entretiens au bord de la mer (Alain) **41**:30
Entretiens chez le sculpteur (Alain) **41**:30
"Entrevue" (Jacob) **6**:193
Die Entstehung des Doktor Faustus (Mann) **44**:153, 174, 180, 188-90, 192, 210
"Enttäuschung" (Mann) **35**:259
Entwicklung (Benn) **3**:112
L'envers du décor (Bourget) **12**:69
"Envoi" (Lewis) **2**:397
"L'envoi" (Wilde) **41**:367
Envoi à la France (D'Annunzio) **6**:145
"Enya of the Dark Eyes" (Sharp) **39**:372, 377
"Enzio's Kingdom" (Percy) **84**:199, 213, 215-7, 220
Enzio's Kingdom and Other Poems (Percy) **84**:197-8, 201, 213, 228
"The Eolian Harp" (Leino)
See "Tuulikannel"
Épaisseurs (Fargue) **11**:200
"Epaphroditos" (Herzl) **36**:141-42
"L'épave" (Coppee) **25**:120, 126
Les épaves (Sully Prudhomme) **31**:302
Eperdument (Verhaeren) **12**:462
"Epic and Lyric in Contemporary Russia" (Tsvetaeva) **7**:570
Epic of the Forgotten (Vazov)
See *Epopeya na zabravenite*
Epic Voices (Valle-Inclan)
See *Voces de gesta*
"The Epick of San Georgio" (Rolfe) **12**:266
L'epidémie (Mirbeau) **55**:284
Epifanskie shlyuzy (Platonov) **14**:404, 407, 409, 417, 423, 427
Epifany Locks (Platonov)
See *Epifanskie shlyuzy*
Epigrafe (Saba) **33**:366
"Epigrafía callejera" (Baroja) **8**:63
"Epigramas de Boston" (Villaurrutia) **80**:489
"Epilogue" (Cullen) **37**:159
"Epilogue" (Henley) **8**:110
"Epilogue" (Lawrence) **93**:45
"The Epilogue" (Masters) **2**:473; **25**:298-99, 303, 313, 315-16
Epilogue (Halévy)
See *Verla démocratie sociale et vers la guerre*
Epilogue (Martin du Gard) **24**:383, 388, 397-98
"The Epilogue of the Lyricist" (Babits)
See "A lírikus epilógja"
"Epilogue to Eighteenth Century Vignettes" (Dobson) **79**:18
"Epilogue to Fleet Street Eclogues" (Davidson) **24**:186
"An Epilogue to Love" (Symons) **11**:434
Epilogues (Gourmont) **17**:125-27, 130, 136, 138
"Epiphanies" (Joyce) **16**:232
Episcopo and Company (D'Annunzio)
See *Giovanni Episcopo*
"Episode" (Khodasevich) **15**:204, 208, 212
"An Episode at the Dentist's" (Fields) **80**:258
"An Episode in a Lodging House" (Blackwood) **5**:73
"An Episode of Cathedral History" (James) **6**:215
"An Episode of Lawn Tennis" (Fields) **80**:259
Episode of the Wandering Knife (Rinehart) **52**:288, 302-03
"An Episode on the Links" (Fields) **80**:258
Episodes before Thirty (Blackwood) **5**:75, 77
Episodes in the Life of a Seeker (Korolenko) **20**:171
Episodios nacionales (Perez Galdos) **27**:244, 246-49, 252, 256-59, 275-77, 282-83, 286-88
"Epistle Dedicatory" (Shaw) **3**:388
"An Epistle from Corinth" (Percy) **84**:196
"Epistle to Passers-By" (Vallejo) **3**:526
"Epistle to the Pinzons" (Reyes) **33**:318
Epístolas y poemas (Dario) **4**:58-9
"The Epitaph" (Lagerloef) **36**:239
Epitaph (Dreiser) **10**:196
"Epitaph for a Sailor Buried Alive" (Roberts) **8**:315
"An Epitaph (For Amy Lowell)" (Cullen) **37**:164
Epitaph for the Race of Man (Millay) **4**:312, 314, 316; **49**:210, 219
"Epitaph on an Army of Mercenaries" (Housman) **10**:245, 256-57
"Epitaph on John Keats" (Davies) **5**:203
"Epitaph on the Politician Himself" (Belloc) **18**:41
"Epitaphio do Mexico" (Machado de Assis) **10**:279
"Epitaphs" (Villaurrutia) **80**:463, 489, 515
"Epitaphs of the War" (Kipling) **8**:191, 196
"Epithalamium" (Bishop) **103**:6
"Epithalamium" (Gosse) **28**:132
"The Epithalamium" (Housman) **1**:353
"Epithalamium" (Middleton) **56**:173
"Epître" (Moreas) **18**:281
Epochs of Chinese and Japanese Art: An Outline of East Asiatic Design (Fenollosa) **91**:3
Epopeya na zabravenite (Vazov) **25**:453, 455-56, 459
"L'epouse fidèle" (Moreas) **18**:286
Les épreuves (Sully Prudhomme) **31**:300, 302, 304, 306-07
"The Equality of the Sexes" (Eluard)
See "L'égalité des sexes"
L'equarrissage pour tous (Vian) **9**:530-32, 537
"Equilibrium" (Bridie) **3**:139
El equipaje del rey José (Perez Galdos) **27**:287
"L'equitable balance" (Moreas) **18**:288
Er soll dein Herr sein (Heyse) **8**:121
"The Era of Tyrannies" (Halévy) **104**:117
The Era of Tyrannies: Essays on Socialism and War (Halévy)
See *L'Ere des tyrannies: Etudes sur le socialisme et la guerre*
"Era un aire suave" (Dario) **4**:58
"Erasmus" (Robinson) **101**:119, 124
Erasmus of Rotterdam (Zweig)
See *Triumph und Tragik des Erasmus von Rotterdam*
"Erdbeeren" (Roth) **33**:363
"Erde" (Kandinsky) **92**:66
Erdély (Moricz) **33**:234, 238, 242, 247-48
Erdgeist: Earth Spirit (Wedekind) **7**:575, 579-80, 582
Die Erdmordung einer Butterblume (Doblin) **13**:158, 166
L'Ere des tyrannies: Etudes sur le socialisme et la guerre (Halévy) **104**:119-20
"Ere Sleep Comes Down to Soothe the Weary Eyes" (Dunbar) **12**:106, 108, 121-22
Erectheus (Swinburne) **8**:426-27, 441; **36**:300, 313, 324, 332
Ereignis (Kandinsky) **92**:49
Erema (Blackmore) **27**:38, 42
Erewhon; or, Over the Range (Butler) **1**:133-38; **33**:26, 28, 35, 38, 41-2, 44, 46, 49, 51-60, 64, 66-7, 69-76
Erewhon Revisited Twenty Years Later (Butler) **1**:134-35, 137; **33**:28, 38-9, 57-60, 66, 68, 70, 73-6
Erfahrung und Urteil (Husserl) **100**:34, 39-40, 59-60, 70-72, 97
Erfolg: Drei jahre Geschichte einer Provinz (Feuchtwanger) **3**:178-83, 186-88
Éri phyle et Sylves nouvelles (Moreas) **18**:278, 281-82, 284, 288
Eric Brighteyes (Haggard) **11**:245-46
Erik Dorn (Hecht) **101**:31, 35-6, 38-41, 44-5, 47, 55-61, 70-1, 86
Erik XIV (Strindberg) **1**:449; **8**:517
Erindringer (Nexo) **43**:329, 333
Erindringer: Et lille kræ (Nexo)
See *Erindringer*
Erindringer: For Lud og koldt vand (Nexo)
See *Erindringer*
Erindringer: Under aaben himmel (Nexo)
See *Erindringer*
Erindringer: Vejs ende (Nexo)
See *Erindringer*
"Erinna" (Teasdale) **4**:424
Erinnerungen von Ludolf Ursleu dem Jüngeren (Huch) **13**:240-41, 243-45, 247, 251, 253
"Erkaufte Mutter" (Broch) **20**:52
"Erkenntnis" (Borchert) **5**:105

Das Erlebnis des Marschalls vom Bassompierre (Hofmannsthal) **11**:302-04
Erma bifronte (Pirandello) **4**:332; **29**:282, 291, 308
"L'ermite" (Apollinaire) **3**:38, 43; **51**:14, 59-60
Ermyntrude and Esmeralda (Strachey) **12**:413
Ernest Pontifex; or, The Way of All Flesh (Butler)
See *The Way of All Flesh*
Ernesto (Saba) **33**:378
Ernst Barlach: Aus seinen Briefen (Barlach) **84**:71, 76
Ernst Barlach: Leben und Werk in seinen Briefen (Barlach) **84**:69, 71-2, 82, 84, 140
Ein ernstes Leben (Mann) **9**:326-27
"Ero sicut Deus" (Brennan) **17**:56
"Die Eroberung" (Benn) **3**:109
L'eroe (D'Annunzio) **6**:133
"Eröltelt menet" (Radnoti) **16**:412
"Eros" (Lasker-Schueler) **57**:328
Eros (Ivanov) **33**:123
Eros (Verga) **3**:539, 542
Eros and Psyche (Bridges) **1**:129, 132
"Eros and the Poet" (Kraus) **5**:289
"Eros hemlighet" (Sodergran) **31**:289, 295
"Eros Makes the World Anew" (Sodergran)
See "Eros skapar världen ny"
"Eros' Secret" (Sodergran)
See "Eros hemlighet"
"Eros skapar världen ny" (Sodergran) **31**:295
"Eros tempel" (Sodergran) **31**:295
"Eros Turannos" (Robinson) **5**:405, 407, 418-19; **101**:98-103, 109, 113, 127, 129-30, 133-35, 164, 170-72, 180, 191-93
"Eros-Hero" (Papadiamantis) **29**:273
"Um erradio" (Machado de Assis) **11**:291
"The Errand Imperious" (Markham) **47**:291
"Error de cálculo" (Salinas) **17**:358
"The Error of William Van Broom" (Post) **39**:338
Der Erwählte (Mann) **2**:431; **21**:179; **35**:242; **44**:171
Erwartung (Schoenberg) **75**:301-02, 312, 320, 323, 326-28, 331, 340, 358, 363, 371-73, 379
"Es ist ein eigen Ding" (Raabe) **45**:190
Es ist Genug (Kaiser) **9**:193
Es lebe das Leben! (Sudermann) **15**:418-20, 426-27, 433, 438
Es War (Sudermann) **15**:423-24, 430, 438
Esa sangre (Azuela) **3**:76
"Esarhaddon, King of Assyria" (Tolstoy) **4**:469
Esbozos y rasguños (Pereda) **16**:372
"The Escalade" (Andrade) **43**:7
La escalinata de un trono (Echegaray) **4**:102
Escapade (Mankiewicz) **85**:164
"The Escapade of the Rev. Joshua Geer" (Scott) **6**:398
"The Escape" (Gurney) **33**:95, 99, 103
"The Escape" (Mansfield) **8**:284-85
"Escape" (Wylie) **8**:521, 533
"The Escape of Mr. Trimm" (Cobb) **77**:120, 123-4, 127, 133, 136-7
Escape on Venus (Burroughs) **32**:59
The Escaped Cock (Lawrence)
See *The Man Who Died*
"Escapism" (Cather) **99**:216, 281
"L'escaut" (Verhaeren) **12**:468
Escenas montañesas (Pereda) **16**:363-65, 367, 373, 379-82
Esch; or, Anarchy, 1903 (Broch) **20**:46-7, 63, 73
"Eschyle et Aristophane" (Schwob) **20**:327
L'esclusa (Pirandello) **4**:332, 353
A escrava que não é Isaura (Andrade) **43**:10-13, 18
Escrito sobre un cuerpo (Sarduy) **2**:974, 980
"Escritor fracasado" (Arlt) **29**:45
Escritos de juventud (Pereda) **16**:379
"El escuerzo" (Lugones) **15**:293
Esir (Khlebnikov) **20**:136
"Esistono cattolici" (Papini) **22**:281
"Esli" (Hippius) **9**:166
Esoteric Essences of Chinese-English Poetry (Su Man-shu) **24**:458
Espaces (Fargue) **11**:194-95
"Les espaces du sommeil" (Desnos) **22**:60
"Espacio" (Jimenez) **4**:219, 224
"España aparta de mí este cáliz" (Vallejo) **56**:301-02, 305
España, aparta de mí este cáliz (Vallejo) **3**:527, 533-34, 536; **56**:291-92, 299, 304-05, 312, 316
"Especially When the October Wind" (Thomas) **8**:450, 456; **45**:361, 363
"El espejo de agua" (Huidobro) **31**:123, 125, 144
El espejo de la muerte (Unamuno) **9**:513
"El espejo negro" (Lugones) **15**:293
"La Esperanza" (Prado) **75**:211
Esperanza nuestra (Martinez Sierra and Martinez Sierra) **6**:274, 280-81
"Espergesia" (Vallejo) **3**:532; **56**:289
La esposa del vengador (Echegaray) **4**:99
"L'esprit et l'eau" (Claudel) **2**:104, 107; **10**:132-33
"L'esprit nouveau et les poètes" (Apollinaire) **8**:14; **51**:14, 28, 32, 37, 43, 45
Esquisse (Kandinsky) **92**:48
Esquisse Biographique sur Don Bosco (Huysmans) **69**:43
"Esquisses en plein air" (Garneau) **13**:199, 203
Essai d'un discours cohérent sur les rapports de dieu et du monde (Benda) **60**:48, 64, 79
Essai sur la mystique et l'action de l'Inde vivante (Rolland) **23**:26
"Essai sur le roman sentimental et le roman naturalist" (Rostand) **37**:295
"Essais" (Leautaud) **83**:199
Essais (Hostos) **24**:303
Essais de psychologie contemporaine (Bourget) **12**:57-8, 65, 67, 74, 76
"An Essay in Criticism" (Woolf) **43**:414
"An Essay in Equality" (Stringer) **37**:335
An Essay on Comedy and the Uses of the Comic Spirit (Meredith) **17**:266-67, 286-88; **43**:261, 275, 278, 280-81, 292, 301-03
"Essay on Limitation" (Ortega y Gasset) **9**:334
Essay on Man (Cassirer) **61**:48-51, 53, 57, 59, 61, 66-7, 70-1, 73-4, 77, 88-9, 95, 99, 106, 108, 110-11, 115, 118
An Essay on Metaphysics (Collingwood) **67**:102, 104, 106, 134, 136, 138-39, 142, 146, 151, 182, 189, 191, 195
An Essay on Philosophical Method (Collingwood) **67**:104-6, 134, 139, 148, 151, 156, 173, 177, 182-86, 189, 194
Essay on the Art of Writing (Ellis) **14**:142
"An Essay on the Chinese Written Character as a Medium for Poetry" (Fenollosa) **91**:7, 15
"Essay on the Objective of Plastic Art" (Lewis) **104**:204
An Essay on the Restoration of Property (Belloc) **7**:39
Essays (Prado)
See *Ensayos...*
Essays (Yeats) **1**:555; **18**:443
Essays and Introductions (Yeats) **93**:402-05
Essays by James Huneker (Huneker) **65**:199
Essays in Biography (Keynes) **64**:201, 203, 206, 208, 246
Essays in Experimental Logic (Dewey) **95**:28
Essays in Literary Criticism (Santayana) **40**:394
Essays in Little (Lang) **16**:256
"Essays in Old French Poems" (Dobson) **79**:18
Essays in Our Changing Order (Veblen) **31**:362
Essays in Persuasion (Keynes) **64**:203-4, 207, 245
Essays in Radical Empiricism (James) **15**:187; **32**:340
Essays in the Philosophy of Art (Collingwood) **67**:124
Essays in Verse (Sinclair) **11**:407-08
Essays of a Catholic (Belloc) **18**:45
Essays Old and New (Burke) **63**:125
Essays on Architecture and Poetry (Prado)
See *Ensayos...*
Essays on Freethinking and Plainspeaking (Stephen) **23**:302, 310, 313
Essays on Literature and Society (Muir) **87**:183
Essays on Practical Politics (Roosevelt) **69**:178
Essays on the Gita (Aurobindo) **63**:30-2, 34-6
Essays upon the Fine Arts (Sully Prudhomme) **31**:307
"The Essence of National Economic Productivity" (Weber) **69**:320
"The Essence of the Aesthetic" (Croce) **37**:93
"The Essence of the Hindu" (Vivekananda) **88**:379
"The Essence of Tragedy" (Anderson) **2**:6, 10
The Essential Kropotkin (Kropotkin) **36**:221
The Essential Peirce (Peirce) **81**:329
The Essential Robinson (Robinson) **101**:192
"Esta noche, noche buena" (Guiraldes) **39**:176
"Una estación de amor" (Quiroga) **20**:211-12
La estación total (Jimenez) **4**:214, 216
La estafeta romántica (Perez Galdos) **27**:254
"The Estaminet" (Gurney) **33**:112
"La estancia vieja" (Guiraldes) **39**:176
"Estancias nocturnas" (Villaurrutia) **80**:463
El estanque de los lotos (Nervo) **11**:396, 399, 401
"Estas trovas" (Huidobro) **31**:124
The Estate of Poetry (Muir) **87**:204
"Estatua" (Villaurrutia) **80**:489
"Estaunie" (Capek) **37**:52
"Estefanía" (Quiroga) **20**:213
"Ester Primavera" (Arlt) **29**:45-7, 55, 59
Estetica come scienza dell' espressione e linguistica generale (Croce) **37**:80, 93-6, 105, 108-10, 113-19, 121-27, 129, 131
"Esther" (Lasker-Schueler) **57**:336
"Esther" (Obstfelder) **23**:178
Esther (Adams) **4**:9-10, 12, 15, 17, 20; **52**:40
"Esther Kahn" (Symons) **11**:448
Esther Waters (Moore) **7**:474-78, 480-87, 489-90, 495, 499-500
"The Esthetic Significance of the Motion Picture" (Hartmann) **73**:132
"The Esthetic Value of Cubism" (Hartmann) **73**:148
Esthetic Verities (Hartmann) **73**:117, 119
Esthetics and Evolution (Jensen)
See *Æsteik og Udvikling*
"Esthetics, Criticism, and Life" (Bodenheim) **44**:74
Esthétique de la langue française (Gourmont) **17**:126-27, 129, 138, 145-46
"Esthétique du mal" (Stevens) **3**:455-56, 462, 478; **12**:364, 384; **45**:298, 300, 302-04, 345
Estío (Jimenez) **4**:216
Esto perpetua (Belloc) **7**:31; **18**:28
A estranha morte do Professor Antena (Sa-Carniero) **83**:403-5
"Estudio preliminar" (Dario) **4**:66
"Estudios sobre el amor" (Ortega y Gasset) **9**:344
Estudios sobre la degeneración del sistema nervioso (Ramoacn y Cajal) **93**:137, 142
Et folketog (Bojer) **64**:5-6, 8-12, 19, 22, 24
"Et main tenant que c'est la pluie" (Alain-Fournier) **6**:28
"Et Møde" (Jensen) **41**:303
Et nunc manet in te, suivi de journal intime (Gide) **12**:173-74
Et on tuera tous les affreux (Vian) **9**:531-32
"Et voilà" (van Ostaijen) **33**:413
L'étape (Bourget) **12**:69-72
Etapper: Ny raekke (Undset) **3**:520
Etat civil (Drieu la Rochelle) **21**:17, 20, 32
"Etched in Moonlight" (Stephens) **4**:417
L'été, 1914 (Martin du Gard) **24**:381-82, 385, 388, 390, 392, 394, 396-98, 408
"Étendards" (Apollinaire) **51**:35

"The Eternal" (Gumilev)
See "Vechnoe"
"The Eternal Adam" (Verne)
See "L'Eternel Adam"
"Eternal Blue Skies back of the Clouds" (Babits)
See "Órókkék ég a felhők mőgőtt"
The Eternal Bourgeois (Horvath)
See *Der ewige Spießer*
The Eternal City (Caine) **97**:3, 7, 10, 14-15
Eternal Companions (Merezhkovsky) **29**:230, 249
"Eternal Death" (Noguchi) **80**:363
"The Eternal Duel" (Huneker) **65**:196
"The Eternal Fugitive" (Hecht) **101**:36
The Eternal Lover (Burroughs) **32**:57, 79
The Eternal Masculine (Sudermann) **15**:420
"Eternal Nocturne" (Villaurrutia) **80**:486
The Eternal Road (Werfel)
See *Der Weg der Verheissung*
Eternal Slave (Bergelson) **81**:16
The Eternal Strife (Bojer)
See *Den evige krig*
"Eternal Struggle and Honeymoon" (Ady) **11**:20
"Eternal Treasure" (Gurney) **33**:85
"Eternal Truth of Idols" (Bryusov) **10**:80, 88, 91
"L'Eternel Adam" (Verne) **6**:497, 501; **52**:331, 350, 360-61
"L'éternel féminin" (Teilhard de Chardin) **9**:493
Eternidades (Jimenez) **4**:215
Ethan Frome (Wharton) **3**:556-58, 560-61, 563, 566, 568-70, 572, 578-80; **9**:541-43, 551-54; **27**:381-417; **53**:361, 387
Ether and Me (Rogers) **8**:336
"Ethical Fragments" (Croce) **37**:106
"Ethical Principles Underlying Education" (Dewey) **95**:66
Ethical Relativity (Westermarck) **87**:329, 338, 355, 372,-77, 379, 393-94
"Ethics in Relations to Conduct" (Keynes) **64**:288, 290, 292
"The Ethics of Culture" (Locke) **43**:239, 241
"The Ethics of Democracy" (Dewey) **95**:63
"The Ethics of Elfland" (Chesterton) **1**:185; **6**:109
"The Ethics of Greene" (Nishida) **83**:235
"The Ethics of Pig" (Henry) **19**:184
"The Ethics of Plagiarism" (Matthews) **95**:226
"The Ethics of Terminology" (Peirce) **81**:199
The Ethics of the Dust (Ruskin) **63**:255, 293-94, 206, 312-13, 315, 333-35
Ethics: Origin and Development (Kropotkin) **36**:194, 204, 221
"Ethik" (Broch) **20**:56
"Ethiopia" (Harper) **14**:260
Ethiopia Unbound (Casely-Hayford) **24**:131-39
L'étoile au front (Roussel) **20**:227-28, 234, 242-43, 246
L'etoile de bois (Schwob) **20**:323
L'etoile vesper (Colette) **5**:169-70
L'etonnante aventure de la mission Barsac (Verne) **6**:495, 497; **52**:347, 350, 352, 356
"L'étranger" (Sully Prudhomme) **31**:306
Etruscan Places (Lawrence) **2**:368; **48**:121, 149; **93**:56, 76
Études et portraits (Bourget) **12**:65, 74-5
Etudie 1 (Kandinsky) **92**:49
Etudie 2 (Kandinsky) **92**:49
L'étui de nacre (France) **9**:40
Etzel Andergast (Wassermann) **6**:511-12, 519-20
"Euclid" (Millay) **4**:308
Eudoxia (Kuzmin)
See *Komediia o Evdokii iz Geliopoliia*
Eugenics, and Other Evils (Chesterton) **6**:97, 110
"Eulogy of Aphrodite" (Tsvetaeva)
See "Khvala Afrodite"
Eupalinos; ou, L'architecte (Valery) **4**:494-95, 497; **15**:445
Euphorion (Lee) **5**:310, 314
"Euphrasia" (Graham) **19**:137
Europa (Kaiser) **9**:173, 179
Europa (Sternheim) **8**:368, 381
"Europa and the Bull" (Gogarty) **15**:106, 110, 113
"Europa and the Bull" (Torrence) **97**:158
Az Europai irodalom története (Babits) **14**:41-2
Europe after 8:15 (Van Dine) **23**:357
The European (James) **2**:255, 275; **40**:122-23, 150; **47**:205; **64**:157
European Literature in the Nineteenth Century (Croce)
See *Poesia e non poesia: Note sulla letteratura euròpa del secolo decimonono*
European Night (Khodasevich)
See *Evropeyskaya noch'*
Europe's Morning After (Roberts) **23**:238
Eurythmie als sichtbare sprache (Steiner) **13**:459
Eurythmy as Visible Speech (Steiner)
See *Eurythmie als sichtbare sprache*
Éva (Molnar) **20**:164
Eva (Verga) **3**:539, 547
Eva bonheur (Heijermans) **24**:288-89, 292
Evan Harrington; or, He Would Be a Gentleman (Meredith) **17**:261, 266, 276, 284; **43**:259, 280
"Evangelical Beasts" (Lawrence) **93**:98
"Evangelicheskaja cerkov'" (Gumilev) **60**:280
Evangiles (Zola) **6**:562, 564
"The Eve" (Bunin) **6**:56
"Eve" (Obstfelder) **23**:188-89
"Eve" (Stephens) **4**:407
Eve (Baring-Gould) **88**:12, 26-7
Eve (Peguy) **10**:403-04, 409, 418-19
"Eve Blossom" (Schwitters)
See "An Anna Blume"
"The Eve of Revolution" (Swinburne) **8**:445
The Eve of St. Mark (Anderson) **2**:11
The Eve of the Revolution: A Chronicle of the Breach with England (Becker) **63**:64-65, 80, 99, 103
"Evelina's Garden" (Freeman) **9**:63-4
"Eveline" (Joyce) **8**:166, 170; **35**:144, 147, 159, 163, 166-67, 190, 197
Evelyn Innes (Moore) **7**:478, 483, 484, 485, 486, 491, 494, 499
"Evelyn Ray" (Lowell) **8**:227, 232
Evelyn's Husband (Chesnutt) **5**:140
"Evening" (Babel) **2**:22; **13**:33
"Evening" (Devkota) **23**:47
"Evening" (Gray) **19**:145
"Evening" (Gumilev) **60**:269
"Evening" (Lasker-Schueler) **57**:331
Evening Album (Tsvetaeva)
See *Vecherny albom*
"Evening at Ravello" (Scott) **6**:394
"Evening Clouds" (Ledwidge) **23**:116
Evening Dress (Howells) **7**:387
Evening Glow (Hamsun)
See *Aftenrøde*
"Evening Hymn" (Roberts) **68**:305-6, 338
"Evening in England" (Ledwidge) **23**:121
"Evening in February" (Ledwidge) **23**:111
"Evening in the Garden" (Radnoti) **16**:419
"Evening in the MacDonnells" (Ingamells) **35**:137
"Evening in the Mountain" (Anwar)
See "Malam di pegunungan"
"The Evening Land" (Lawrence) **93**:98, 101
"Evening on the Broads" (Swinburne) **36**:320-21, 340, 344-45
"An Evening on the Riviera" (McAlmon) **97**:89, 121
"Evening Promenade" (Sodergran)
See "Aftonvandring"
Evening Songs (Tagore)
See *Sandhya sangit*
Evening Songs (Tagore) **3**:485, 490
"An Evening with Mrs. Hawthorne" (Higginson) **36**:167
"Evening without Angels" (Stevens) **45**:269, 282
"Evening: Woman, Child on Her Back" (Radnoti) **16**:418
"L'eventail" (Capek) **6**:84
"L'eventail" (Sully Prudhomme) **31**:306
"Éventail des saveurs" (Apollinaire) **51**:34-5
"Eventide" (Bryusov) **10**:88
Events and Embroideries (Lucas) **73**:159
Evered (Williams) **89**:359-60, 364, 394
Everest (Brancati) **12**:84
The Everlasting Man (Chesterton) **6**:102, 109
"The Everlasting Sorrow: A Japanese Noh Play" (Noguchi) **80**:387
The Everlasting Struggle (Bojer)
See *Folk ved sj0en*
"Every Lover" (Cullen) **37**:158, 170
Everybody's Autobiography (Stein) **1**:429-30; **6**:412; **28**:313-14, 326; **48**:211, 213-14, 216, 218, 220, 222, 240
"Everyday" (Holly) **65**:138-40, 142, 145, 153
Everyday (Crothers) **19**:75
Everyday Life (Rilke) **6**:370
"Everyman His Own Historian" (Becker) **63**:67, 69-70, 77, 91, 100, 103, 109, 112, 114
Everyman His Own Historian (Becker) **63**:65, 69, 72-4, 89, 98-9, 101, 102
Everyman's Genius (Austin) **25**:28, 33
Everything's Jake (Marquis) **7**:451
"Everywhere there are Moths" (Yokomitsu)
See "Ga wa Dokonidemo Iru"
"Eve's Diary" (Twain) **6**:477; **12**:431
"Eve's Dream" (Frank) **17**:121
The Eves of Spain (Reyes)
See *Las vísperas de España*
Eve's Ransom (Gissing) **3**:223, 227, 230, 232-33; **24**:239
The Evidence for the Resurrection of Jesus Christ (Butler) **33**:70
Den evige krig (Bojer) **64**:5-7, 9-11, 13, 22
"Evil Allures, but Good Endures" (Tolstoy) **11**:463
The Evil Doers of Good (Benavente)
See *Los malhechores del bien*
"The Evil Eye" (Pavese) **3**:340
"The Evil Eye" (Svevo)
See "Il malocchio"
The Evil Kettle (Dunsany) **59**:14, 22
Evil Powers (Lie)
See *Onde magter*
Evil Spells (Balmont) **11**:37
The Evil Spirit (Tolstoy) **18**:382
The Evil That Men Do (Shiel) **8**:361-62
"Evil Wind in the Chaotic World" (Rohan) **22**:298
"The Evil World-Soul" (Lawrence) **93**:73
Evoe (Huch) **13**:241
L'évolution créatrice (Bergson) **32**:6-7, 9-10, 20, 27, 30, 34, 38, 51-2
Evolution of an Intellectual (Murry) **16**:342
"The Evolution of Copyright" (Matthews) **95**:256
The Evolution of Man (Haeckel)
See *Anthropogenie oder Entwickelungs-geschichte des Menschens*
"Evolution of Modesty" (Ellis) **14**:130
"The Evolution of Mystery" (Maeterlinck) **3**:326
"The Evolution of the Cow-Puncher" (Wister) **21**:400-01, 406
Evolution, Old and New (Butler) **1**:133; **33**:29, 42, 44, 49, 52
L'Evolution pédagogique en France (Durkheim) **55**:134, 144
"Evolutionary Love" (Peirce) **81**:273,358,361
Evropeyskaya noch' (Khodasevich) **15**:201-02, 205, 209-10, 212, 214
Der ewige Spießer (Horvath) **45**:76, 83-4, 86, 97, 99, 102
"Ex cathedra" (Machado de Assis) **10**:291
Ex Libris Carissimis (Morley) **87**:146
"Ex ore infantium" (Thompson) **4**:436
Ex Voto (Butler) **33**:29
"The Examination" (Pirandello) **4**:342

"Examination of a Popular Virtue" (Mencken) **13**:363
An Examination of Dogmatic Theology (Tolstoy)
See *Issledovanie dogmaticheskogo bogoslavja*
An Examination of the Charges of Apostasy against Wordsworth (Rutherford) **25**:346
"Examination of the Hero in a Time of War" (Stevens) **12**:383; **45**:269, 290
Examples of the Architecture of Venice (Ruskin) **63**:262-63
"El excelentísimo señor" (Pereda) **16**:367
Except the Lord (Cary) **29**:70, 76, 93, 97-9
"Excerpts from a Diary" (Pilnyak) **23**:216
Exchange (Claudel)
See *L'echange*
"Ex—Ci-Devant" (Tsvetaeva) **35**:394
"Excluded Middle" (Masters) **25**:290
"The Ex-Communists" (De Voto) **29**:131
"Excursion Train" (Lawrence) **93**:50, 67
"The Executioner" (Ball)
See "Der Henker"
Exégèse des lieux communs (Bloy) **22**:30, 48
Exemple de Cézanne (Ramuz) **33**:301
"Exercice" (Apollinaire) **8**:22; **51**:10, 37
Exercice d'un enterré vif (Benda) **60**:62-3, 65, 69
"Exeunt omnes" (Mencken) **13**:363
Exil (Feuchtwanger) **3**:178, 181-83, 188
"The Exile" (Rosenberg) **12**:311
"The Exile" (Sharp) **39**:371
"The Exile" (Tynan) **3**:504
The Exile (Micheaux) **76**:247, 253, 273
"Exiled" (Millay) **4**:306
"Exiled Prisoner" (Wen I-to) **28**:410
L'éxilee (Coppee) **25**:126
"The Exiles" (Davis) **24**:205
Exiles (Joyce) **3**:262, 278; **8**:169; **16**:212, 232, 237, 240; **35**:141, 151; **52**:207
"The Exile's Tear" (Bialik) **25**:50
"Existe un mutilado" (Vallejo) **56**:310
"Existences" (Jammes) **75**:115, 117-18
"Existential Graphs" (Peirce) **81**:187
Exit Laughing (Cobb) **77**:131
"The Exit of Anse Dugmore" (Cobb) **77**:136, 138
"Exit the Professor" (Kuttner) **10**:269
"Exkurs uber den Adel" (Simmel) **64**:322
"Les exodes" (Verhaeren) **12**:471
The Exodus and Wayside Flowers (Nervo) **11**:402
Exotic Japanese Stories: The Beautiful and the Grotesque (Akutagawa Ryunosuke) **16**:21
Exotic Tales (Jensen)
See *Eksotiske Noveller*
Exotics (MacDonald) **9**:292
Exotics and Retrospectives (Hearn) **9**:132
"Expedition to the Dardanelles" (Drieu la Rochelle) **21**:26
Expensive Halo (Tey) **14**:448, 460-61
Ex-People (Gorky)
See *Byvshii lyudi*
"Experience" (Gosse) **28**:132
Experience (MacCarthy) **36**:253
Experience and Judgement (Husserl)
See *Erfahrung und Urteil*
Experience and Nature (Dewey) **95**:30, 34-6, 38, 45-7
"Une expérience fondamentale" (Daumal) **14**:88, 91
"Experience in the West" (Bishop) **103**:18
Experiences Facing Death (Austin) **25**:33
La experiencia literaria (Reyes) **33**:317, 319
Experiment in Autobiography (Wells) **6**:552; **12**:502, 509
"An Experiment in Economy" (Davis) **24**:200
"An Experiment in Luxury" (Crane) **11**:165
"An Experiment in Misery" (Crane) **11**:128, 131, 142, 159, 167; **17**:65-6, 68-9; **32**:164-65, 167
"The Experiment of Professor Rouss" (Capek) **37**:48-9
"Experiments" (Brooke) **2**:51
Experiments (Douglas) **68**:3-5, 10, 33
"Experiments with Alternating Currents of Very High Frequency and Their Application to Methods of Artificial Illumination" (Tesla) **88**:287
"The Expert Detective" (Post) **39**:344
"Expert Dope" (Benchley) **55**:19
"Expiation" (Benson) **27**:17
"Expiation" (Scott) **6**:398
"The Expiation" (Tagore) **3**:483
The Expiation (Griffith) **68**:186
Expiation (Oppenheim) **45**:131-32
"Explained" (Milne) **6**:314; **88**:243
"An Explanation of Beauty" (Nishida)
See "Bi no setsumei"
Les expliots d'un jeune Don Juan (Apollinaire) **51**:28
The Exploding Lake (Dent) **72**:27, 38
Exploits and Opinions of Doctor Faustroll, Pataphysician (Jarry)
See *Gestes et opinions du Dr. Faustroll, pataphysicien, roman néo-scientifique*
The Exploits of Arsène Lupin (Leblanc)
See *Arsène Lupin, gentleman-cambrioleur*
The Exploits of Brigadier Gerard (Doyle) **7**:239
The Exploits of Captain O'Hagan (Rohmer) **28**:285, 295
The Exploits of Danby Croker (Freeman) **21**:57
The Exploits of the Great Aleksander (Kuzmin)
See *The Deeds of Alexander the Great*
Explorations (McAlmon) **97**:86
Explorations (Yeats) **93**:364, 366, 372, 373, 404
The Explorers (Kornbluth) **8**:216
Explorers (Schendel)
See *Avonturiers*
"Exposition coloniale" (Jacob) **6**:191
An Exposition of the Gospels (Tolstoy) **11**:463
"Exposure" (Owen) **5**:360, 364-65, 372; **27**:199, 206, 208, 212-13, 226, 231-32
"Exprés" (Huidobro) **31**:125, 135
"Express Train" (Kraus)
See "Schnellzug"
Expressing Willie (Crothers) **19**:75, 78, 80
"Expression" (Rosenberg) **12**:296-97
"Expression, Etc." (Hulme) **21**:138
Expression in America (Lewisohn) **19**:267-68, 270, 273, 275, 278-81, 283, 289-95
Expression in the Fine Arts (Sully Prudhomme) **31**:299
"L'expression personnelle" (Zola) **6**:561
"Expressionism" (Rosenberg) **12**:310
"Expressionisme in Vlaanderen" (van Ostaijen) **33**:411
"Expropriation" (Kropotkin) **36**:205
"L'extase" (Huysmans) **7**:404
Extase (Couperus) **15**:45
"Extension to Francis Thompson" (Douglas) **40**:87
"External and Internal Relations" (Moore) **89**:241
"The Extinction of Man" (Wells) **19**:429
"The Extra Man" (Grove) **4**:141
"Extract from Work in Progress" (McAlmon) **97**:100
"Extracts from Addresses to the Academy of Fine Ideas" (Stevens) **3**:478; **12**:367
Extracts from Captain Stormfield's Visit to Heaven (Twain) **6**:460-61, 477; **12**:429, 432, 436; **48**:356; **59**:210
"Extracts from Eve's Diary" (Twain) **6**:477
Extramundana (Spitteler) **12**:338, 348
"An Extraordinary Adventure Which Befell Vladimir Mayakovsky in a Summer Cottage" (Mayakovski) **4**:295; **18**:245, 261
Extraordinary Illusions (Melies)
See *Illusions funambulesques*
"Extraordinary Little Cough" (Thomas) **8**:456, 463
"Extreme Unction" (Field) **43**:160
"Extremely Interesting Preface" (Andrade)
See "Prefácio interessantíssimo"
"Eyan kirja" (Leino) **24**:370
"Eya's Book" (Leino)
See "Eyan kirja"
"Eye" (Storni)
See "Ojo"
An Eye for an Eye (Darrow) **81**:64,74,76-7
"The Eye of Allah" (Kipling) **8**:195, 205, 207; **17**:207
The Eye of Osiris (Freeman) **21**:44, 48, 52, 56
The Eye of Siva (Rohmer) **28**:282
"The Eye of the Needle" (Pickthall) **21**:245-46
"The Eyes" (Wharton) **3**:572, 577; **9**:546-47; **27**:408
"The Eyes" (Zamyatin) **37**:431
"Eyes, and Ears, and Walking" (Lowell) **8**:236
"Eyes for the Blind" (Fisher) **87**:74
"The Eyes of Fu Manchu" (Rohmer) **28**:301
The Eyes of Love (Bojer) **64**:21, 23
The Eyes of Max Carrados (Bramah) **72**:5, 7-8
Eyes of My Soul (Palamas) **5**:379-80, 382, 386-87
"Eyes of Pride" (Dowson) **4**:88-9, 92
"The Eyes of the Blind" (Fisher)
See "The Eyes of the Blind"
The Eyes of the Earth (Prishvin) **75**:218
"The Eyes of the Panther" (Bierce) **44**:12, 44-5
"Eyesore" (Tagore)
See "Cokher bali"
"Eye-Witness" (Torrence) **97**:152-53, 155
The Eyewitness (Belloc) **7**:39; **18**:27, 45
"Ezekiel" (Fisher) **11**:213
"Ezekiel Learns" (Fisher) **11**:213
"Ezinkomponi" (Vilakazi) **37**:404, 409-10
Faber; oder, Die verlorenen Jahre (Wassermann) **6**:510, 513
Faber; or, The Lost Years
See *Faber; oder, Die verlorenen Jahre*
Fabian Essays in Socialism (Wallas) **91**:365, 374, 376
Fabian und Sebastian (Raabe) **45**:166, 200-01
"Fabla Salvaje" (Vallejo) **56**:284, 287, 308
"Fable" (Garcia Lorca)
See "Fábula"
"Fable and Round of the Three Friends" (Garcia Lorca)
See "Fábula y rueda de los tres amigos"
"A Fable of Moderns" (Dunsany) **59**:28
Fabled Shore (Macaulay) **44**:124, 132
"The Fables" (Dobson) **79**:20
Fables (La Fontaine)
See *Les fourmis*
Fables (Powys) **9**:366, 370, 374, 377
Fables and Fairy Tales (Tolstoy) **4**:469
Fables for Grown-Up Children (Zamyatin)
See *Tales for Adult Children*
Fables for Parents (Fisher) **87**:105
Fables of Jean De La Fontaine (Marsh) **99**:355-56, 363
"Fabliau of Florida" (Stevens) **45**:297
El fabricante de fantasmas (Arlt) **29**:43-4
"Los fabricantes de carbón" (Quiroga) **20**:212, 215-18
"Fábula" (Garcia Lorca) **49**:91
"Fábula y rueda de los tres amigos" (Garcia Lorca) **1**:317; **49**:82, 121
Fábula y signo (Salinas) **17**:357, 363-65, 368
Un faccioso más y algunos frailes menos (Perez Galdos) **27**:276, 286
"The Face" (Benson) **27**:13, 16-17
"The Face" (de la Mare) **53**:35
"The Face" (Manning) **25**:265, 279
Face, and Other Stories (Mais) **8**:245
Face au drapeau (Verne) **52**:350
"The Face in the Picture" (Tynan) **3**:506
"The Face in the Stream" (Carman) **7**:135
The Face of a Nation (Wolfe) **13**:479
"The Face of Peace" (Eluard) **41**:149

The Face of the Earth (Tomlinson) **71**:400
"The Face of the War" (Wolfe) **13**:492
The Face of the World (Bojer)
See *Verdens ansigt*
La face sombre du Christ (Rozanov) **104**:344, 353
Facelia (Prishvin) **75**:217, 224
"Faces" (Stringer) **37**:343
"Faces in the Street" (Lawson) **27**:122, 132-33, 135-36, 140
Facile (Eluard) **7**:250; **41**:150
Facing the Music (Upward) **85**:380
Die Fackel (Kraus) **5**:285-88, 290-92
"Fact and Idea" (Brennan) **17**:47
"Fact and the Mystic" (Guiney) **41**:207
"The Factory" (Dreiser) **35**:65
"Factory District: Night" (Jozsef) **22**:161
The Factory of the Absolute (Capek)
See *Továrna na absolutno*
The Factory of Youth (Tolstoy) **18**:382
"The Facts" (Lardner) **14**:305
"Facts concerning the Late Arthur Jermyn and His Family" (Lovecraft) **22**:231
"The Facts Concerning the Recent Carnival of Crime in Connecticut" (Twain) **6**:462; **19**:386, 393; **36**:403-04; **48**:352
Facts for Socialism (Webb and Webb) **22**:412
"Facture baroque" (van Ostaijen) **33**:419
La faculté de juger (Lyotard) **103**:176
"Facundo" (Guiraldes) **39**:190
"A Fading of the Sun" (Stevens) **12**:382-83; **45**:275
Fadren (Strindberg) **1**:443-44, 448, 450-51, 453-54, 461-62; **8**:405-07, 409, 411-13, 419-20; **21**:344, 348-49, 356-58, 361-63, 367-69; **47**:338, 341-42, 344-47, 349-51, 355, 358, 360-62, 368-69, 372-76
"Faenza" (Campana) **20**:85
Faery Lands of the South Seas (Hall and Nordhoff) **23**:57, 65-6
"Fafaia" (Brooke) **2**:61
Fahrten (Zweig) **17**:457
"Failing Sight" (Bosman) **49**:16
"Failure" (Brooke) **2**:59
"Failure" (Fletcher) **35**:89
"The Failure" (Wetherald) **81**:409
"The Failure of David Berry" (Jewett) **22**:129
"The Failure of Hope & Wandel" (Bierce) **44**:45
"La Faim" (Huysmans) **69**:24
Faint Perfume (Gale) **7**:280, 283-85
"Fair Day" (Jewett) **22**:147
The Fair Haven (Butler) **1**:134; **33**:29, 36, 41-2, 49, 55-9
"The Fair Lady" (Blok) **5**:94
The Fair Lavinia, and Others (Freeman) **9**:73
Fair Margaret (Crawford) **10**:146, 151, 155
The Fair Prosperina (Devkota)
See *Sundarī Projerpinā*
Fair Rosamund (Field) **43**:154
"The Fairer Hope, a Brighter Morn" (Harper) **14**:260
"Fairfax Hunter" (Fisher) **87**:112
The Fairground Booth (Blok) **5**:99, 100
The Fair-Haired Lady (Leblanc)
See *Arsène Lupin contre Herlock Sholmès*
Fair-Weather Geta (Nagai)
See *Hiyori Geta*
Fairy and Folk Tales of the Irish Peasantry (Yeats) **11**:537, 539
The Fairy Chessman (Kuttner) **10**:265, 269, 274, 276
The Fairy Child (Heyse)
See *Das Feenkind*
"The Fairy Curate" (Gilbert) **3**:212-13
"The Fairy Foster-Mother" (Tynan) **3**:504
"A Fairy Funeral" (Scott) **6**:387
Fairy Garden (Moricz)
See *Tündérkert*
"Fairy Godmothers" (Lee-Hamilton) **22**:191
"The Fairy Goldsmith" (Wylie) **8**:521-22
"The Fairy Isle of Janjira" (Naidu) **80**:306
"Fairy Land" (Lindsay) **17**:241
"A Fairy Tale" (Dobson) **79**:3
"A Fairy Tale" (Lowell) **8**:235
Fairy Tales (Dazai Osamu)
See *Otogi zōshi*
Fairy Tales (Sologub) **9**:447-49
The Fairy, the Bassoon and the Stage-Hand (Kuzmin)
See *Feia, fagot i mashinist*
Fairyland (Mikszath)
See *Tündérvilág*
Fairyland (Moricz)
See *Tündérkert*
Fairyland: Or, the Kingdom of the Fairies (Melies) **81**:122,146,148
The Fairy's Dilemma (Gilbert) **3**:209
"Fairy-Tale" (Bodenheim) **44**:74
Fairy-Tales (Capek) **6**:85
"Faith" (Fletcher) **35**:108
"Faith" (Graham) **19**:112, 119, 131
"Faith" (Rutherford) **25**:341
"Faith and a Doubting World" (Cardozo) **65**:41
"Faith and Reason" (Collingwood) **67**:133
Faith and Reason (Collingwood) **67**:132
"The Faith Cure Man" (Dunbar) **12**:120
"Faith, Hope, and Charity" (Cobb) **77**:141-2
Faith, Hope, and Charity (Cobb) **77**:134
Faith, Hope, and Charity (Horvath)
See *Glaube Liebe Hoffnung*
"The Faith of Men" (London) **9**:262
Faith, Reason and Civilization (Laski) **79**:130, 145, 160
The Faithful Wife (Tagore)
See *Satī*
The Faithful Wife (Undset)
See *Den trofaste hustru*
"The Faithless Bride" (Garcia Lorca)
See "La casada infiel"
"The Faithless Wife" (Garcia Lorca)
See "La casada infiel"
"Fakes" (Apollinaire)
See "Des Faux"
A fáklya (Moricz) **33**:233, 237, 244, 246-47, 249
The Falconer of God (Benet) **28**:6, 9, 12
Falcons of France: A Tale of Youth and the Air (Hall and Nordhoff) **23**:58, 65, 67
"Falk" (Conrad) **13**:102; **57**:60-61, 77
"The Fall" (Muir) **2**:486 **87**:167
The Fall (Sa-Carniero)
See *A queda*
Der Fall Deruga (Huch) **13**:243, 252
Der Fall Maurizius (Wassermann) **6**:511, 517-19
"The Fall of Babbulkund" (Dunsany) **2**:136; **59**:9
"The Fall of King Chris" (Oskison) **35**:280-81
The Fall of Mussolini: His Own Story, by Benito Mussolini (Mussolini)
See *Il tempo del bastone e della carota*
"The Fall of the House of Usher" (Bierce) **1**:84
The Fall of the House of Usher (Epstein)
See *La chute de la maison Usher*
The Fall of the King (Jensen)
See *Kongens Fald*
"Der Fall Wagner: Ern Muskikanten-Problem" (Nietzsche) **10**:391, 393
"Fallen" (Mann)
See "Gefallen"
The Fallen (Gladkov)
See *Izgoi*
"The Fallen Angel" (Lasker-Schueler)
See "Der gefallene Engel"
The Fallen Angel (Mofolo) **22**:253
Fallen Leaves (Rozanov)
See *Opavshie list'ia*
Fallen Leaves: Basketful One (Rozanov)
See *Opavshie list'ia. Korob pervyj*
Fallen Leaves: Basketful Two (Rozanov)
See *Opavshie list'ia. Korob vtoroj*
"A Fallen Yew" (Thompson) **4**:440
The Falling Star's Path (Yosano Akiko) **59**:327
En fallit (Bjoernson) **7**:104, 107, 111, 113; **37**:11, 18-20, 29-30
"Fallmerayer the Stationmaster" (Roth)
See "Stationschef Fallmerayer"
Der falsche Nero (Feuchtwanger) **3**:187
"False and True" (Riley) **51**:303
"The False Coupon" (Tolstoy) **11**:464
False Dawn (Wharton) **3**:559; **9**:550; **53**:383
"The False Heart" (Belloc) **18**:41
False Justice (Hagiwara Sakutaro)
See *Kyomō no seigi*
False Notes (Pirandello)
See *Fuori di chiave*
"False Prophet" (Wylie) **8**:536
The False Sound of the Lute (Natsume)
See *Koto no sorane*
False Witness (Caragiale)
See *Năpastă*
"The Falsehood of Truth" (Daumal) **14**:88
"Fame" (Mew) **8**:294, 298
Fame and the Poet (Dunsany) **59**:3, 13, 26, 29
La familia de León Roch (Perez Galdos) **27**:244, 246, 249, 252, 255-58, 274
"A Familiar Epistle" (Dobson) **79**:2
Die Familie Grossglück (Asch) **3**:66
Familjen paa Gilje (Lie) **5**:323-24, 330
"Une famille d'arbes" (Renard) **17**:302
"The Family" (Pavese) **3**:340
The Family (Sanchez)
See *En familia*
The Family (Shimazaki Toson)
See *Ie*
The Family at Gilje (Lie)
See *Familjen paa Gilje*
"A Family Feud" (Dunbar) **2**:131; **12**:106-07
"The Family Ford" (Fields) **80**:258
"The Family Friend" (Rinehart) **52**:282
Family Happiness (Tolstoy)
See *Semeinoe schaste*
Family Life (Sanchez)
See *En familia*
"Family Life in America" (Benchley) **1**:81; **55**:17
The Family Man (Galsworthy) **45**:52
The Family Mashber (Middleton)
See *Di mishpoke Mashber*
"The Family of Koiwai" (Miyamoto)
See "Koiwaike no ikka"
"Family Portraits" (Hardy) **53**:100
The Family Question in Russia (Rozanov)
See *Semeinyi Vopros v Rossii*
A Family without a Name (Verne) **6**:495-96, 501
"The Famine" (Eastman) **55**:167, 170
Famira kifared (Annensky) **14**:17-18, 21-3, 28
The Famous Box Trick (Melies)
See *Illusions fantasmagorique*
"The Famous Gilson Bequest" (Bierce) **44**:44-5
Famous Imposters (Stoker) **8**:394
"The Fan" (Capek)
See "L'eventail"
Fan (Hudson) **29**:160
Le fanal bleu (Colette) **1**:192; **5**:169-70; **16**:118, 131
"The Fanatics" (Dunbar) **12**:112
Fancies and Goodnights (Collier) **11**:183-85
Fancies versus Fads (Chesterton) **6**:109
Fanciulle (Saba) **33**:373
"Fancy and Fact" (Pyle) **81**:393
"A Fancy from Fontenelle" (Dobson) **79**:3
Fancy's Following (Coleridge) **73**:2, 4-6, 10
"Fancy's Fool" (Montgomery) **51**:181
Fancy's Guerdon (Coleridge) **73**:2, 10, 25
"En fången fågel" (Sodergran) **31**:289
Fangen som sang (Bojer) **64**:20, 22-23
"Fanny" (Quiroga) **20**:213
Fanny and the Servant Problem (Jerome) **23**:88
Fanny Essler (Grove) **4**:142, 144
Fanny's First Play (Shaw) **21**:324
Fanny's Khasonim (Cahan) **71**:43, 44
"Fantasi" (Obstfelder) **23**:177
"Fantasia" (Scott) **6**:387

"Fantasia" (Zangwill) **16**:461
Fantasia of the Unconscious (Lawrence) **2**:346-48; **9**:215-16; **16**:284, 293-94, 306; **61**:296, 212, 215, 234, 264; **93**:18, 29, 64, 84, 116
"Fantasie printaniere" (Norris) **24**:447
"Fantasies" (Mori Ōgai) **14**:371
"Un fantasma" (Gonzalez Martinez) **72**:150, 152
Fantastic Dialogues (Martinez Sierra and Martinez Sierra)
See *Diálogos fantásticos*
Fantastic Fables (Bierce) **1**:87-8, 94; **7**:89; **44**:13, 50
The Fantastic Island (Dent) **72**:23
A Fantastic Tale (Tolstoy) **18**:378, 382
The Fantasticks (Rostand) **37**:280
Fantastics, and Other Fancies (Hearn) **9**:125-26, 134-37
Fantazius Mallare (Hecht) **101**:31, 35, 39, 42, 44, 47, 61, 70-1, 85
Les fantoches (Roumain) **19**:331-32, 338, 340-43, 345
Le fantôme (Gourmont) **17**:138, 153, 155
La fantôme de l'opéra (Leroux) **25**:256, 258, 260
"Un fantóme de nuées" (Apollinaire) **3**:33; **51**:31-2, 55-6
Fantôme d'Orient (Loti) **11**:356
Far and Near Ones (Bryusov)
See *Dalekie i bliskie*
"The Far and the Near" (Wolfe) **4**:519
"Far Away" (Pirandello)
See "Lontano"
Far Away and Long Ago (Hudson) **29**:142-43, 145-46, 156-57, 159, 161-62
"Far Away, Far Away" (Babits)
See "Messze...Messze"
"Far Away the Rachel-Jane" (Lindsay) **17**:227
Far End (Sinclair) **11**:411, 419
Far from the Madding Crowd (Hardy) **4**:147-49, 153, 155-56, 158, 160, 168, 175, 177; **10**:217, 226, 229; **18**:87, 92, 111; **32**:268, 274; **48**:40, 51-3, 71, 73, 79, 84; **53**:84, 97; **72**:159, 220-21, 241
Far Future Calling (Stapledon) **22**:327, 333
"Far in a Western Brookland" (Housman) **10**:247, 252
Far in the Forest (Mitchell) **36**:272
"The Far Island" (Buchan) **41**:73
"Far Known to Sea and Shore" (Housman) **10**:247
Far Off Things (Machen) **4**:278, 280, 285
"Faraghaol" (Sharp) **39**:375
Faraon (Prus) **48**:159-60, 164-66, 169-71, 179
The Far-Away Bride (Benson)
See *Tobit Transplanted*
The Faraway Princess (Rostand)
See *La princesse lointaine*
The Faraway Princess (Rostand)
See *La princesse lointaine*
Farben (Schoenberg) **75**:300
"Le fard des Argonautes" (Desnos) **22**:64
"Farda" (Hedayat) **21**:75
"Farewell" (Ekelund)
See "Afsked"
"Farewell" (Ivanov) **33**:138
"Farewell" (Naidu) **80**:293
"Farewell, Go with God" (Unamuno) **9**:523
Farewell, My Friend (Tagore)
See *Śesher kavitā*
Farewell My Heart (Molnar) **20**:164
Farewell, My Lovely (Chandler) **1**:172, 175-76; **7**:167-68, 172-75, 179
"The Farewell of Paracelsus to Aprilé" (Crowley) **7**:208
A Farewell to Arms (Hecht) **101**:63
Farewell to Autumn (Witkiewicz)
See *Pożegnanie jesieni*
"Farewell to Florida" (Stevens) **12**:367; **45**:269, 275-76, 282, 345-47, 349
"Farewell to Many Cities" (Bishop) **103**:9
Farewell to Mary (Borowski)
See *Pożegnanie z Maria*
Farewell to Poesy, and Other Poems (Davies) **5**:199-200
Farewell to the Theatre (Granville-Barker) **2**:195-96
"Farewell without a Guitar" (Stevens) **45**:345
Farfetched Fables (Shaw) **3**:397; **9**:425
"Färgernas längtan" (Sodergran) **31**:289
Farinet (Ramuz) **33**:308-09
A farkas (Molnar) **20**:159-60, 166, 169
"Der farkishefter shnayder" (Aleichem) **35**:306
"Et farlig frieri" (Bjoernson) **37**:33
The Farm (Bromfield) **11**:77-8, 85-9
The Farm (Tozzi)
See *Il podere*
"Farmer" (Hamsun)
See "Bonde"
"Farmer" (Shimazaki Toson)
See "Nōfu"
"Farmer Finch" (Jewett) **22**:146
Farmer on Kōrboja (Tammsaare)
See *Kōrboja peremees*
"The Farmer's Bride" (Mew) **8**:294, 296-300
A Farmer's Year (Haggard) **11**:241, 245
Farmington (Darrow) **81**:37-8,64,72
Farn mabul (Asch) **3**:67-9
"Faro en la noche" (Storni) **5**:446
Farsa de la enamorada del rey (Valle-Inclan) **5**:483
Farsang (Molnar) **20**:166, 170
The Fascinating Mr. Vanderveldt (Sutro) **6**:420-21
Fascinating Mrs. Francis (Griffith) **68**:244-45, 249
Fascist Socialism (Drieu la Rochelle) **21**:35-7
The Fashionable Adventures of Joshua Craig (Phillips) **44**:258, 262, 265, 275, 277-78, 286
Fashions for Men (Molnar)
See *Úri divat*
Fast and Loose (Sturges) **48**:283, 311
"The Fast Girl" (McAlmon) **97**:101, 120
Fat and Blood (Mitchell) **36**:265
"The Fat Man" (Schwob) **20**:329
"Fata morgana" (Balmont) **11**:36
Fata Morgana (Remizov)
See *Mara*
"The Fatal Cipher" (Futrelle) **19**:96
"The Fatal Eggs" (Bulgakov)
See "Rokovye iaitsa"
The Fatal Force (Crowley) **7**:208
The Fatal Glass of Beer (Fields) **80**:234
Fatal Interview (Millay) **4**:311, 313, 315; **49**:206, 208-10, 213, 219-20, 224, 228, 232
A Fatal Wedding (Garcia Lorca)
See *Bodas de sangre*
Fatalitas! (Leroux) **25**:260
"La fatalité" (Sully Prudhomme) **31**:302
"Fate" (Ledwidge) **23**:116
Fate (Rohan)
See *Unmei*
"Fate and Character" (Benjamin) **39**:41
"Fate and the Artist" (Middleton) **56**:175, 194-95
"Fate o' Women" (Rilke)
See "Frauenschicksal"
"The Fate of Faustina" (Hornung) **59**:112
"The Fate of Humphrey Snell" (Gissing) **24**:226
"The Fate of King Feargus" (Tynan) **3**:503
"The Fate of Mrs. Lucier" (Knister) **56**:156, 163
The Fate of the Jury: An Epilogue to Domesday Book (Masters) **2**:471; **25**:299, 303, 315-16
The Fateful Game of Love (Capek) **6**:84; **37**:50-1, 53
Fateful Journey (Doblin)
See *Schicksalreise*
"The Fates" (Owen) **5**:374
"The Father" (Bjoernson) **7**:112
"Father" (Guest) **95**:205
"The Father" (Smith) **25**:385, 393, 399
Father (Elizabeth) **41**:130, 132
The Father (Strindberg)
See *Fadren*
"Father against Mother" (Machado de Assis)
See "Pai contra mãe"
"Father and Son" (Sait Faik)
See "Baba oğul"
Father and Son: A Study of Two Temperaments (Gosse) **28**:140-41, 146, 148, 150, 155-61, 163-66
"Father Archangel of Scotland" (Graham) **19**:101
Father Brown: Selected Stories (Chesterton) **64**:36
"Father Garasse" (Swinburne) **8**:439
"A Father in Sion" (Evans) **85**:19-20
Father of the Blues (Handy) **97**:66, 68, 79, 81-2
"Father Riley's Horse" (Paterson) **32**:369, 373
Father Sergius (Tolstoy)
See *Otetz Sergii*
"Father, Son" (Csath) **13**:151, 153-54
"Father versus Mother" (Machado de Assis)
See "Pai contra mãe"
"Fatherlands" (Palamas) **5**:383
"Father's Last Escape" (Schulz)
See "Ostatnia ucieczka ojca"
The Father's Tragedy, William Rufus, and Loyalty or Love (Field) **43**:154, 162-62, 171
Fatseliia (Prishvin)
See *Facelia*
Fattige skjaebner (Undset) **3**:522
"Les faulx visaiger" (Schwob) **20**:323
"The Faun" (Sterling) **20**:372, 374
"The Faun" (Tolstoy) **18**:377
"Fauns at Noon" (Symons) **11**:426
"The Faun's Punishment" (Field) **43**:166
Faust (Murnau) **53**:240, 252-54, 262-63, 274-75, 278-80
"Faustina, ein Gespräch über die Liebe" (Wassermann) **6**:514
Faustina Strozzi (Lie) **5**:324
"Faustine" (Swinburne) **8**:425, 442; **36**:311
"Faustus and Helen (II)" (Crane) **5**:191; **80**:199
La faute de l'Abbé Mouret (Zola) **1**:587, 589, 597; **6**:564-65, 567, 569; **21**:416, 421, 425; **41**:412, 451
La faute de Madame Charvet (Lemonnier) **22**:198, 203
"Les faux saulniers" (Schwob) **20**:323
Les faux-monnayeurs (Gide) **5**:213-16, 222-23, 227-30, 234-37, 239, 241-42, 244; **12**:144-51, 153-55, 157-60, 167, 170-72; **36**:85-123
Faville del maglio (D'Annunzio) **40**:7, 12
La favola del figlio cambiato (Pirandello) **29**:319-20
Favola di natale (Betti) **5**:62
"The Favorite" (Apollinaire) **51**:49
"The Fawn" (Millay) **49**:208
Fayvel's Mayses (Bergelson) **81**:30
Fayvel's Tales (Bergelson)
See *Fayvel's Mayses*
Fazio (Belasco) **3**:86
F.D.R.: His Personal Letters (Roosevelt) **93**:181
"Fear" (Frank) **17**:114
"Fear" (Pirandello) **4**:349-50
"Fear" (Symons) **11**:446
"Fear" (Zweig)
See "Angst"
Fear (Wells) **6**:533
"Fear and Death" (Kraus)
See "Todesfurcht"
Fear and Misery of the Third Reich (Brecht)
See *Furcht und Elend des dritten Reiches*
"The Fear Deep in My Blood" (Lasker-Schueler) **57**:328, 334
"The Fear for Thee, My Country" (Markham) **47**:285
"Fear Is Vanishing, Confidence Is Growing, Faith Is Being Renewed in the Democratic Form of Government"

(Roosevelt) **93**:184
"Fear Nocturne" (Villaurrutia) **80**:480
The Fear of the Dead in Primitive Religions (Frazer) **32**:203, 234
"The Fear That Walks by Noonday" (Fisher) **87**:97, 108
A Fearful Joy (Cary) **1**:143; **29**:65-8, 71, 73, 79-80, 84-5, 87, 92, 95-6, 103-04
A Fearful Responsibility, and Other Stories (Howells) **7**:377; **17**:176, 179
"The Feast" (Beerbohm) **24**:121-22
"The Feast" (Gogarty) **15**:114
"The Feast" (Naidu) **80**:273
"Feast Day in Santa Maria Mayor" (Graham) **19**:105
The Feast of Bacchus (Bridges) **1**:124
The Feast of Ortolans (Anderson) **2**:7
"A Feast of Snails" (Baring-Gould) **88**:22
Feasts of Fear and Agony (van Ostaijen)
See *De feesten van angst en pijn*
Feasts of Fear and Pain (van Ostaijen)
See *De feesten van angst en pijn*
"Feather" (Pirandello)
See "Piuma"
The Feather of the Dawn (Naidu) **80**:289, 315
"The Feather Pillow" (Quiroga)
See "El almohadón de pluma"
February (Bagritsky)
See *Fevral*
Fécondité (Zola) **1**:587, 589; **21**:428; **41**:421, 450
Fedor (Brancati) **12**:84
"Fedora" (Chopin) **14**:69
Fedra (D'Annunzio) **6**:137, 142; **40**:9-11
Fedra (Tsvetaeva) **35**:393; **7**:565, 568
Fedra (Unamuno) **9**:516
"Le fée amoureuse" (Zola) **6**:569
"Feed My Sheep" (Eddy) **71**:132
Das Feenkind (Heyse) **8**:114, 119
De feesten van angst en pijn (van Ostaijen) **33**:405-06, 412-14, 418
Feia, fagot i mashinist (Kuzmin) **40**:201
"Feine Pelzmoden" (Schwitters) **95**:351
Feinye skazki (Balmont) **11**:36, 39
Feirtag (Kandinsky) **92**:49
"Feizao" (Lu Hsun) **3**:300-01, 303
"Fekete ország" (Babits) **14**:39
A fekete város (Mikszath) **31**:168, 170-71, 173-74
"Fekete virágot lattál" (Ady) **11**:18, 20
Der Feldzug nach Sizilien (Heym) **9**:145-46
"La felicidad imminente" (Salinas) **17**:368
"Felicita" (Saba) **33**:370
Felicitá dell'infelice (Papini) **22**:287
"The Felicitious Reminiscences of Scourger James" (Warung) **45**:423
"Félise" (Swinburne) **8**:437; **36**:298
Felix: Three Years of a Life (Hichens) **64**:122, 126-31
Fell the Tree-Trunks (Jozsef) **22**:164
Felling (Mistral)
See *Tala*
"Felling a Tree" (Gurney) **33**:97, 103
Fellow Captains (Fisher) **87**:72
A Fellowe and His Wife (Sharp) **39**:365, 372-73, 375
"Fellowship" (Field) **43**:156, 177
"The Fellowship of Caiaphas" (Marquis) **7**:448
"Female Emancipation" (Heyse)
See "Frauenemancipation"
"The Female God" (Rosenberg) **12**:299-300, 307, 309
The Female of the Species (Griffith) **68**:250
The Female of the Species (Sapper) **44**:308, 316, 319-22
Femeninas (Valle-Inclan) **5**:485
"The Feminine" (Hippius)
See "Zhenskoe"
"Femininity" (Freud)
See "Die Weiblichkeit"
Feminism, Feminity, and the Spanish Spirit (Martinez Sierra and Martinez Sierra) **6**:274
Feminism in Spain (Martinez Sierra and Martinez Sierra) **6**:277
"Feminismus" (Benn) **3**:112
La femme assise (Apollinaire) **3**:42; **8**:12, 16; **51**:3, 21, 28
La femme cachée (Colette) **5**:169
La femme d'Henri Vanneau (Rod) **52**:309
Une femme è sa fenêtre (Drieu la Rochelle) **21**:33
La femme pauvre (Bloy) **22**:30-3, 38-9, 45-6, 50-1, 53
"Une femme qui passe" (Campana) **20**:83
"Les femmes" (Apollinaire) **3**:37-8
"Femte natten" (Strindberg) **8**:419-20
"Le fen et l'eau" (Rod) **52**:316
"Fen River" (Lovecraft) **22**:213
"Fences" (Remizov) **27**:334
"Les fenêtres" (Apollinaire) **3**:44; **51**:29-31
"Fenimore Cooper's Literary Offenses" (Twain) **6**:477
Fennel (Jerome) **23**:82
Fenomenal'naia amerikanka (Kuzmin) **40**:201
"Un fenómeno inexplicable" (Lugones) **15**:293
"Die Fensterrose" (Rilke) **1**:410
Fenwick's Career (Ward) **55**:422, 424
"Feodaly a rezidentsiya" (Korolenko) **22**:182
"Fergus and the Druid" (Yeats) **11**:512; **18**:461; **31**:415
Feria d'agosto (Pavese) **3**:336
La feria de los discretos (Baroja) **8**:61
Fermina Márquez (Larbaud) **9**:196, 198, 202, 204, 206-07
"Fern Hill" (Thomas) **1**:470-71, 473, 475; **8**:460-61; **45**:362, 364, 379, 398, 407-08, 412
"Fernando and Elvira" (Gilbert) **3**:213
"The Fernery" (Crane) **2**:119
Fernhurst (Stein) **28**:339-40; **48**:264
"The Ferreira Millions" (Bosman) **49**:10
"Ferroviaria" (Guiraldes) **39**:176
The Ferry (Tagore)
See *Kheya*
"The Ferry of Unfulfillment" (Henry) **19**:173
Ferrying Across (Tagore)
See *Kheya*
"Fessler's Bees" (Riley) **51**:282, 284
"Festal Slaughter" (Csath) **13**:148-49, 155
"Festina lente" (Hamsun) **14**:240, 242
"The Festival" (Lovecraft) **22**:219
"The Festival of Memory" (Naidu) **80**:307
"The Festival of Serpents" (Naidu) **80**:294
The Festival of Steel (Arlt)
See *La fiesta del hierro*
"The Festival of the Sea" (Naidu) **80**:316
"Festnacht und Frühgang" (Liliencron) **18**:206, 215
"The Fête" (Mew) **8**:294, 298, 301
"A Fête Champêtre" (Field) **43**:165-67
Fetes des moutons (Kandinsky) **92**:50
Le feu (Barbusse) **5**:11-14, 17-20
Le feu follet (Drieu la Rochelle) **21**:19, 21-4, 33, 40
Feu la mère de madame (Feydeau) **22**:79, 91, 95
"Feudal" (Liliencron) **18**:209
Feuer aus den Kesseln (Toller) **10**:480, 485, 489, 492
Feuilles dans le Vent (Jammes) **75**:115, 119
"Fever" (Lasker-Schueler) **57**:328
Fever (Talvik)
See *Fever*
Die Fever-Kantate (Toller) **10**:489-90
Fevral (Bagritsky) **60**:16-7, 20
A Few Figs from Thistles (Millay) **4**:306-10, 313-17; **49**:202-03, 205, 216, 220, 223-24, 226, 228
"A Few Hours in Singapore" (Nagai)
See "Shingapōru no sūjikan"
"A Few Opinions" (Caragiale) **76**:166, 170, 173-75
"A Few Reflections on Amateur and Artistic Photography" (Hartmann) **73**:128, 146
"A Few Words about War and Peace" (Tolstoy) **28**:376, 383
"Fey Joan" (Noyes) **7**:515
La fiaccola sotto il moggio (D'Annunzio) **6**:137, 142; **40**:9, 11
"Fiametta" (Bishop) **103**:3-4
"Les fiançailles" (Apollinaire) **3**:36, 39, 43-4; **51**:9, 54, 57, 59-61
Les fiançailles (Maeterlinck) **3**:323
Les fiancés de Loches (Feydeau) **22**:77
"Fiat" (Guro)
See "Da Budet"
Die Fibel: Auswahl erste Verse (George) **14**:204
"The Fiddle" (Riley) **51**:276
"The Fiddle and the Slipper" (Lee-Hamilton) **22**:192
Fiddle O'Dreams (Morrison) **72**:383
"Fiddler Jones" (Masters) **25**:297
"Fidelity" (Lawrence) **93**:53, 113
Fidelity (Glaspell) **55**:241, 244-46
Fidessa (Couperus) **15**:46
"Das Fieber" (Meyrink) **21**:227
"Das Fieberspital" (Heym) **9**:142
"The Field of Honor" (Williams) **89**:386, 393
"The Field of Kulikovo" (Blok) **5**:85
"The Field of Mustard" (Coppard) **5**:180
"The Field of the Potter" (Muir) **87**:180
"Fielding" (Henley) **8**:103
Fields and Woods (Vazov) **25**:450
Fields, Factories and Workshops (Kropotkin) **36**:197, 200-02, 207, 221
Fields of Castile (Machado)
See *Campos de Castilla*
Fields of Victory (Ward) **55**:437, 443
The Fiend's Delight (Bierce) **44**:11-12, 29, 34
"Fientliga stjärnor" (Sodergran) **31**:294
"Las fieras" (Arlt) **29**:45-7, 59
The Fiery Angel (Bryusov)
See *Ognennyi angel*
The Fiery Dawn (Coleridge) **73**:23
The Fiery Menace (Dent) **72**:24
La fiesta del hierro (Arlt) **29**:44
"Fièvre" (Garneau) **13**:195
"Fifteen from Company K" (March) **96**:241, 254
"XV (O, Seeded Grass)" (Fletcher) **35**:93
Fifteen Sonnets of Petrarch (Higginson) **36**:179
"The Fifteenth of April" (Scott) **6**:393
"Fifth Eclogue" (Radnoti) **16**:420
"Fifth Elegy" (Rilke) **1**:412, 420
"The Fifth International" (Mayakovski) **4**:292; **18**:270
"The Fifth of December" (Ivanov) **33**:138
"The Fifth of May" (Ivanov) **33**:138
"The Fifth of October" (Heym)
See "Der Fünfte Oktober"
The Fifth Plague (Remizov)
See *Pjataja jazva*
The Fifth Queen: And How She Came to Court (Ford) **1**:282-83, 288, 291; **15**:85-86, 92, 94; **57**:215, 273
Fifth Queen Crowned (Ford) **57**:232, 260
"Fifth Roman Sonnet" (Ivanov) **33**:138
The Fifth Seal (Aldanov)
See *Načalo konca*
"The Fifth Wheel" (Henry) **19**:172
"Fifty Faggots" (Thomas) **10**:463
"Fifty Grand" (Lardner) **2**:329
Fifty Miles from Boston (Cohan) **60**:170
Fifty Poems in Classical Japanese (Miyazawa) **76**:293
"Fifty Years" (Johnson) **3**:239
"Fifty Years After" (Heidenstam) **5**:255
Fifty Years, and Other Poems (Johnson) **3**:239, 241, 243, 245; **19**:209-11
Fifty-One Tales (Dunsany) **2**:136-37, 140-41; **59**:2-3, 17, 27
Figaro Gets Divorced (Horvath)
See *Figaro läßt sich scheiden*

Figaro läßt sich scheiden (Horvath) **45**:78, 82, 101, 111
"The Fight" (Thomas) **8**:456, 463; **45**:395-96
"The Fight between Jappe and Do Escobar" (Mann) **8**:261
"The Fight for the Crowd" (Monroe) **12**:216
"Fight! O My Young Men" (Lawrence) **93**:68
"Fight with the Great One" (Ady)
See "Harc a nagyúrral"
"Fighters" (Lasker-Schueler)
See "Streiter"
Fightin' Fool (Faust) **49**:35
The Fighting Chance (Chambers) **41**:92, 95-6, 101
The Fighting Littles (Tarkington) **9**:469
The Fighting Man of Mars (Burroughs) **2**:82
La figlia di Iorio (D'Annunzio) **6**:131, 141; **40**:11, 13, 15, 29
"Figs" (Lawrence) **93**:43, 98, 100
"Figura" (Auerbach) **43**:47-8, 55, 78-9, 84
Figuras de la pasion del Señor (Miro) **5**:335-37
"The Figure in the Carpet" (James) **2**:262
The Figure in the Carpet (James) **47**:195, 208
"The Figure of Arthur" (Williams) **1**:519
The Figure of Beatrice: A Study in Dante (Williams) **1**:512, 519; **11**:496, 502
"The Figure of Venus in 'Spring'" (Field) **43**:165-66
"The Figure of Youth as Virile Poet" (Stevens) **12**:362; **45**:346, 349
"Figures" (Hofmannsthal) **11**:294
Figures et choses qui passaient (Loti) **11**:356
Figures of Earth (Cabell) **6**:64-5, 69, 71, 75
Figures of the Passion of Our Lord (Miro)
See *Figuras de la pasion del Señor*
"Figury sna" (Zabolotsky) **52**:376
Un fil à la patte (Feydeau) **22**:77, 86, 93
"Filboid Studge, The Story of a Mouse that Helped" (Saki) **3**:365
Filibuth (Jacob) **6**:191
The Filigree Ball (Green) **63**:140-41
"Filippo's Wife" (Bishop) **103**:26
"Le fille de Lilith" (France) **9**:40, 57
La fille du policeman (Swinburne) **8**:438-41, 443
"Film" (Babits)
See "Mozgófénykép"
Film Form: Essays in Film Theory (Eisenstein) **57**:161
"Film Language" (Eisenstein) **57**:166, 181
The Film Sense (Eisenstein) **57**:159, 161, 194, 197, 199-200
"Films" (Benet) **28**:6
"Filomania" (Papini) **22**:281
Filosofia della practica, economica ed etica (Croce) **37**:80, 82, 93-4, 114, 123-24
La filosofia dell'arte (Gentile) **96**:110, 114, 120-21, 124-25
Filosofia e letterature (Papini) **22**:287
Fimiamy (Sologub) **9**:444
"Fin" (Huidobro) **31**:124
La fin de Antonia (Dujardin) **13**:189-91
La fin de Babylone (Apollinaire) **51**:20, 28
La fin de Chéri (Colette) **5**:163, 168-69; **16**:117, 120, 133, 137
"Fin de fête" (Mew) **8**:297-98
"La fin de la jalousie" (Proust) **7**:538-39
La fin de l'éternel (Benda) **60**:76
"Fin de race" (Graham) **19**:116
Fin de Siecle (Morley) **87**:138
El fin de una raza (Pereda) **16**:364-65
La fin des bourgeois (Lemonnier) **22**:198, 202-03
La fin du monde antique (Sorel) **91**:193, 197, 213, 233, 301, 321-2, 329
"La fin d'une guerre" (Drieu la Rochelle) **21**:27-9
Final Causes (Sully Prudhomme) **31**:309
The Final Count (Sapper) **44**:314, 316, 318-19, 321-22
Final Edition (Benson) **27**:12-13
The Final Entries 1945: Diaries of Joseph Goebbels (Goebbels) **68**:106, 109-10
"The Final Lesson" (Stringer) **37**:342
"Final Soliloquy of the Interior Paramour" (Stevens) **12**:364, 387; **45**:311-12, 345, 348, 350
"Final Song" (George) **14**:215
"Finalities" (Bodenheim) **44**:59
"'Finality' in Freeport" (Glaspell) **55**:245
"The Finances of the Gods" (Kipling) **8**:185, 204
The Financier (Dreiser) **10**:164-65, 167-69, 173, 175-80, 182-87; **18**:53-5, 57, 60-1, 63-6, 68-72; **35**:51-2, 62-3, 65; **83**:90
Financiers (Leino)
See *Pankkiherroja*
"Financing Finnegan" (Fitzgerald) **6**:172
"The Find" (Ledwidge) **23**:116
"The Finding of the Princess" (Grahame) **64**:55, 62, 78-9
"The Finding of Zach" (Dunbar) **12**:108, 120
Der Findling (Barlach) **84**:74, 76, 144
"The Fine" (Belloc) **18**:41
"Fine Feathers" (Coppard) **5**:180
"Fine Fiddle" (Chopin) **5**:145
"Fine Furniture" (Dreiser) **10**:193; **35**:72, 74
Fine Furniture (Dreiser) **35**:71
A Fine Gentleman (Tynan) **3**:505
The Fine Prospect (Horvath)
See *Zur schönen Aussicht*
"A Fine Summer Evening" (Jozsef) **22**:164
The Finer Grain (James) **2**:246, 258
"Finger Man" (Chandler) **7**:172
"The Finger of Mrs. Knox" (Somerville & Ross) **51**:360
"A Finger on the Pulse" (Baring-Gould) **88**:22
"Fingerposts to Religion" (Alexander) **77**:29, 56
"The Fingers" (Remizov) **27**:352-53
Finis terrae (Epstein) **92**:2-3, 11, 13
"The Finish of Patsy Barnes" (Dunbar) **12**:120
Finished (Haggard) **11**:246, 254-55
Finita comoedia (Rolland) **23**:269
"Finlandia" (Guro) **56**:134, 139
Finn and His Companions (O'Grady) **5**:348, 352, 355-56
Finnegans Wake (Joyce) **3**:255, 259-63, 268-77, 280-82; **8**:160-62, 167, 169-70, 172; **16**:208, 227-28, 233, 237, 241; **35**:156-57, 163, 170, 176-77; **52**:197-257
Les fins de l'homme (Lyotard) **103**:160, 176, 200
"Fior di Memoria" (Sharp) **39**:391
Fiorenza (Mann) **14**:341, 350, 354; **60**:330
"The Fir Woods" (Roberts) **8**:314
"Firdausi in Exile" (Gosse) **28**:132, 140
"Fire!" (Jozsef) **22**:160
Fire (Jensen)
See *Det tabte Land*
Fire and Ice (Dent) **72**:27
Fire and Ice (Jensen) **41**:291, 297-98
Fire and Night (Rainis)
See *Uguns un nakts*
"Fire and Sleet and Candlelight" (Wylie) **8**:521
"A Fire at Tranter Sweattey's" (Hardy) **4**:152
The Fire Bird (Porter) **21**:267
"The Fire Builders" (Wetherald) **81**:413
"Fire by Night" (Fisher) **11**:209, 212-13
The Fire Goddess (Rohmer) **28**:281, 286
The Fire in the Flint (White) **15**:473-75, 480-81, 483-86
"Fire in the Heavens" (Brennan) **17**:43
Fire in the Olive Grove (Deledda)
See *L'incendio nell' oliveto*
Fire in the Opera House (Kaiser)
See *Der Brand im Opernhaus*
"The Fire in the Wood" (Welch) **22**:446, 456
The Fire of Egliswyl (Wedekind)
See *Der Brand von Egliswyl*
The Fire of Things (Remizov)
See *Ogon' veshchei*
"Fire Song" (Rhodes) **53**:316
"The Fire Stone" (Miyazawa) **76**:278
The Firebird (Balmont)
See *Zhar-ptitsa*
The Fire-Cantata (Toller)
See *Die Fever-Kantate*
"The Firemen's Ball" (Lindsay) **17**:222, 224-25, 227
"Firenze" (Campana) **20**:85
"Firenze" (Saba) **33**:374
"The Fires of God" (Drinkwater) **57**:142
The Fires of St. Dominic (Zamyatin)
See *Ogni svyatogo Dominika*
Fireside and Sunshine (Lucas) **73**:159, 162, 174
"Fireside Chat Opening Third War Loan Drive" (Roosevelt) **93**:184
Fire-Tongue (Rohmer) **28**:282
"The Fire-Weed" (Wetherald) **81**:411
"Fireworks" (Lowell) **8**:230
"Fireworks" (Nagai)
See "Hanabi"
The Fireworks (Leino)
See *Ilotulitus*
Fir-Flower Tablets (Lowell) **8**:226, 229, 237
The Firing Line (Chambers) **41**:92, 95, 101
The Firm Desire to Endure (Eluard) **7**:260-61
"First" (March) **96**:252
First and Last Things: A Confession of Faith and Rule of Life (Wells) **6**:529; **12**:490; **19**:436
The First Battle (Bryan) **99**:5, 11, 14, 34
"The First Chapter of Spring" (Wen I-to) **28**:414-15
The First Christmas at the 4D Ranch (Adams) **56**:7
The First Common Reader (Woolf)
See *The Common Reader*
"The First Day of an Immigrant" (Grove) **4**:142
"The First Day of Spring" (Knister) **56**:156, 163
The First day of Spring: Stories and Other Prose (Knister) **56**:164
"The First Deer Dance" (Miyazawa) **76**:278, 285
"The First Dime" (March) **96**:265
"First Elegy" (Rilke) **1**:412, 419-20
The First Encounter (Bely)
See *Pervoe svidanie*
"A First Family of Tasajara" (Harte) **25**:223
"First Fig" (Millay) **49**:216
"First Fruit" (Rosenberg) **12**:299
"The First Game" (Lardner) **14**:300-01
The First Gentleman of America (Cabell) **6**:76-7
"The First Idea Is Not Our Own" (Stevens) **3**:448
"First in the North" (Muir) **87**:208
"First in the World" (Eluard) **41**:147
The First Lady Chatterley (Lawrence) **9**:228; **48**:110-12, 119, 138, 146-47, 149
"First Love" (Babel) **2**:28; **13**:22-3, 34
"First Love" (Pavese)
See "Primo amore"
The First Man (O'Neill) **1**:384; **6**:325; **49**:252
"First Manifesto of the Theatre of Cruelty" (Artaud) **36**:11, 28
The First Meetings (Bely)
See *Pervoe svidanie*
The First Men in the Moon (Wells) **6**:524, 533, 539, 542, 544-45, 547, 554; **12**:487-88, 505-06, 510-11, 515; **19**:423, 426, 428-29, 434, 436, 438-39, 441-42, 446-47, 449-50
"First Morning" (Lawrence) **93**:48
"First Night in the Churchyard" (Heidenstam) **5**:249
"The First of Spring" (Thomas) **10**:458
First Person Singular (Benet) **28**:10
First Plays (Milne) **6**:306
"The First Ploughing" (Roberts) **8**:321
"First Poem" (Gurney) **33**:84
First Poems (Garcia Lorca)
See *Primeras canciones*
First Poems (Muir) **87**:152-53
"The First Poet" (London) **39**:270

"The First Rain" (Sikelianos) **39**:421
The First Rescue Party (Capek) **6**:86; **37**:52, 54, 57, 60
"The First Snow" (Scott) **6**:393
"The First Snowfall" (Montgomery) **51**:210-11
"The First Spring Rain" (Ekelund)
See "Det forsta varregnet"
The First Step (Tolstoy) **79**:413, 430
"The First Surveyor" (Paterson) **32**:376
The First Symphony (Bely)
See *Severnaia simfoniia: Pervia geroicheskaia*
The First Terrorists (Tolstoy) **18**:378
"The First Time After" (Fisher) **87**:74
"First Time In" (Gurney) **33**:93, 102
The First Trilogy (Cary) **1**:142
"First Wedding Night" (Pirandello)
See "Prima notte"
First Whisper of "The Wind in the Willows" (Grahame) **64**:88
A First Year in Canterbury Settlement, with Other Essays (Butler) **33**:41, 70
"Fisches Nachtgesang" (Morgenstern) **8**:305, 308
"The Fish" (Brooke) **2**:51, 60; **7**:120-21, 124
"Fish" (Lawrence) **9**:229; **33**:221; **93**:15, 33, 81, 102, 122
A Fish Dinner in Memison (Eddison) **15**:53-4, 56-7, 60, 62
"Fisher lassies" (Montgomery) **51**:203
"A Fisher of Men" (Freeman)
See "The Blue Diamond Mystery"
"A Fisher of Men" (Galsworthy) **45**:32
"The Fisher of Men" (Sharp) **39**:362, 376
"The Fisher of Men" (Zamyatin)
See "Lovets chelovekov"
The Fisher-Maiden (Bjoernson) **7**:105-07; **37**:3, 5-6, 17
"The Fisherman" (Yeats) **18**:446
"The Fisherman and His Soul" (Wilde) **1**:503; **41**:381-82
Fisherman of the Seine (Zweig) **17**:458
"Fishhead" (Cobb) **77**:119-20, 136-7, 141-2
"Fishmonger's Fiddle" (Coppard) **5**:180
"Fishscale Sunrise" (Stevens) **45**:331
"A Fit of Madness" (Harris) **24**:272
"A Fit of the Blues" (Gorky) **8**:85
"The Fitting" (Millay) **49**:219, 228
The Fitzgerald Reader (Fitzgerald) **1**:264
"Five Bulls" (Gumilev)
See "Pjat'bykov"
"Five Cards for Christmastide" (Guiney) **41**:217
Five Fingers (Nezval) **44**:240
Five Great Odes (Claudel)
See *Cinq grandes odes*
"Five Grotesque Pieces" (Stevens) **45**:348
Five Hymns to Arunacala (Ramana Maharshi)
See *Arunacala-pancakam*
The Five Jars (James) **6**:207
"Five Loaves of Bread" (Capek) **37**:44
Five Men and Pompey (Benet) **7**:78
"Five Men at Random" (Mencken) **13**:365
Five Minutes beyond the City (Nezval)
See *Pět minut za městem*
Five O'Clock Tea (Howells) **7**:387
"The Five Orange Pips" (Doyle) **7**:216
Five Orchestral Pieces (Schoenberg) **75**:292
Five Plays (Dunsany) **59**:17, 26
The Five Red Herrings (Sayers) **15**:371, 393
Five Tales (Galsworthy) **1**:294; **45**:49
Five Verses on Arunacala (Ramana Maharshi)
See *Arunacala-pancaratnam*
Five Verses on the One Self (Ramana Maharshi)
See *Ekatmapanchakam*
Five Verses on the Self (Ramana Maharshi)
See *Ekatmapanchakam*
Five Weeks in a Balloon (Verne)
See *Cinq semaines en ballon*
"The Five White Mice" (Crane) **11**:140, 155, 160, 164
Five Women (Musil) **12**:252
"Five Years of It" (Benet) **28**:7
"Five-Foot Lambs" (Gumilev) **60**:271
"Five-pound Notes" (Bosman) **49**:13
"The Five-Storied Pagoda" (Rohan)
See "Gojū no tō"
The Five-Syllables and the Pathetic Whispers (Palamas) **5**:385
"The Fixation of Belief" (Peirce) **81**:177-8,180,183,187,292,355
Fjalla-Eyvindur (Sigurjonsson)
See *Bjærg-Ejvind og hans hustru*
"Le flacon" (Bryusov) **10**:81
"The Flag" (Howe) **21**:113
The Flag (Grieg)
See *Flagget*
A Flag is Born (Hecht) **101**:62
Det flager i byen og på havnen (Bjoernson) **7**:107-08, 114, 117
Flagget (Grieg) **10**:209
Les flamandes (Verhaeren) **12**:458, 460, 462-63, 465-66, 468, 470-71, 473
Les flambeaux noirs (Verhaeren) **12**:460, 462-63, 465-66, 469-70
"The Flame" (Quiroga)
See "La llama"
Flame and Shadow (Teasdale) **4**:425, 427-28, 430
The Flame of Life (D'Annunzio)
See *Il fuoco*
"Flame on the Wind" (Sharp) **39**:371
"Flame-Heart" (McKay) **7**:456-57; **41**:344
"Flames" (Babits)
See "Tüzek"
The Flames (Stapledon) **22**:323, 336-38
Flames: A London Phantasy (Hichens) **64**:119, 121, 126-28, 131
"Flames Flicker" (Radnoti) **16**:419
The Flamethrowers (Arlt)
See *Los lanzallamas*
Flametti oder vom Dandysmus der Armen (Ball) **104**:19-21, 31, 59
The Flaming Circle (Sologub)
See *Plamennyi krug*
The Flaming Terrapin (Campbell) **5**:115-19, 123, 125-26
"Flammonde" (Robinson) **5**:403, 408; **101**:98, 134
The Flamp, the Ameliorator, and the Schoolboy's Apprentice (Lucas) **73**:158
"Flanagan and His Short Filibustering Adventure" (Crane) **11**:125, 160
"Le flâneur des deux rives" (Apollinaire) **51**:19
Flappers and Philosophers (Fitzgerald) **6**:161
A Flash in the Pan (Upward) **85**:380
A Flash of Light: The Way of Man (Griffith) **68**:244, 246-47, 249
"The Flashlight" (Scott) **6**:398
Flaubert (Mann) **9**:327
"Flavia and Her Artists" (Cather) **11**:92, 100-01
"Flavian: A Clerical Portrait" (Guiney) **41**:220
"The Flaw in the Crystal" (Sinclair) **11**:420-21
The Fleas; or, The Dance of Pain (Wedekind)
See *Die Flöhe; oder, Der Schmerzentanz*
Fledermäuse (Meyrink) **21**:232
The Fledgling (Hall and Nordhoff) **23**:56, 71
Fleet Street, and Other Poems (Davidson) **24**:172, 191-92
Fleet Street Eclogues (Davidson) **24**:159, 162, 164, 175-76
Fleeting Moments (Tagore)
See *Kshanikā*
Fleeting Thoughts (Tagore)
See *Kshanikā*
"A Fleeting Wonder" (Davies) **5**:203
"Fleisch" (Benn) **3**:112
"Fleming's Hallucination" (Bierce) **44**:13
"Fletcher McGee" (Masters) **25**:298, 308, 313
"Fleur de cing pierres" (Schwob) **20**:320, 323
"La fleur de Napoléon" (Peret) **20**:201-02
"Fleurs de jadis" (Gourmont) **17**:129
Fleurs d'ennui (Loti) **11**:353, 368
Fleurs d'exil (Loti) **11**:356
"Flick" (Lewis) **3**:288
"Der Fliegende Holländer" (Heym) **9**:142
"Flies" (Quiroga)
See "Las moscas"
The Flies (Azuela)
See *Las moscas*
"Flight" (Brooke) **2**:60
"Flight" (Lasker-Schueler)
See "Weltflucht"
"The Flight" (Roberts) **8**:319
"The Flight" (Scott) **6**:386
"The Flight" (Teasdale) **4**:426
Flight (Bulgakov)
See *Beg*
Flight (White) **15**:475-76, 480, 483-86
"Flight at Sunrise" (McCoy) **28**:226
"Flight from the World" (Lasker-Schueler)
See "Weltflucht"
"The Flight from Womanhood" (Horney) **71**:230, 232, 235
Flight into Darkness (Schnitzler)
See *Flucht in die Finsternis*
"The Flight of Betsey Lane" (Jewett) **1**:361; **22**:147
A Flight of Cranes (Tagore)
See *Balākā*
"Flight of Love" (Lasker-Schueler) **57**:329
A Flight of Swans (Tagore)
See *Balākā*
"The Flight of the Culdees" (Sharp) **39**:376
The Flight of the Eagle (O'Grady) **5**:348-49, 352, 354
The Flight of the Marseillaise (Rostand) **6**:381
The Flight of the Queen (Dunsany) **59**:13, 26
The Flight of the Shadow (MacDonald) **9**:292
"The Flight of the Wild Geese" (Tynan) **3**:503
Flight out of Time (Ball) **104**:39, 71, 75-76
Flight to Arras (Saint-Exupery)
See *Pilote de guerre*
Flight without End (Roth)
See *Die Fluchte ohne Ende*
Flights (Artaud) **36**:37
Flighty Phyllis (Freeman) **21**:54, 56
"Flint and Fire" (Fisher) **87**:73
The Flirt (Tarkington) **9**:460, 467, 473
The Flirt and the Flapper (Glyn) **72**:142
A Floating City (Verne)
See *Une Ville flottante*
Floating Cloud (Hayashi)
See *Ukigumo*
The Floating Clouds (Futabatei)
See *Ukigumo*
The Floating Island (Verne)
See *L'Ile à hélice*
"The Floating Prince" (Stockton) **47**:328-30
The Floating Prince, and Other Fairy Tales (Stockton) **47**:319, 328, 331
The Flock (Austin) **25**:17, 23-8, 31, 33, 36, 40
A Flock of Poor Folk (Miyamoto)
See *Mazushiki hitobito no mure*
"A Flock of Sheep" (Scott) **6**:385
Die Flöhe; oder, Der Schmerzentanz (Wedekind) **7**:584
"The Flood" (Fadeyev) **53**:51, 58
"The Flood" (Nagai)
See "Kōzui"
The Flood (Barlach)
See *Die Sündflut*
The Flood (Zamyatin)
See *Navodnenie*
Flor de mayo (Blasco Ibanez) **12**:30, 35, 41, 43-5, 47, 49
Flor de santidad (Valle-Inclan) **5**:472, 475-76, 485, 489
"Flóra" (Jozsef) **22**:165
Flora MacDonald (Sharp) **39**:374
The Florentine Dagger (Hecht) **101**:31, 70-2, 77
"Florentine Pilgrim" (Service) **15**:413
A Florentine Tragedy (Wilde) **23**:411
Flores de cardo (Prado) **75**:207, 210

Flores de escarcha (Martinez Sierra and Martinez Sierra) **6**:285
Florida Loafing (Roberts) **23**:238
"Floridian Reveries" (Hearn) **9**:133, 135
"Flos florum" (Symons) **11**:451
"Flos mercatorum" (Noyes) **7**:512
"The Flow of Evening" (Bryusov) **10**:88
"Flower Basket" (Nagai)
See "Hanakago"
The Flower beneath the Foot (Firbank) **1**:227, 229, 232
"Flower Days" (Walser) **18**:437
"The Flower Gatherer" (Thomas) **10**:458
"The Flower Girl" (Radiguet) **29**:357
A Flower in the Shade (Nagai)
See *Hikage no hana*
The Flower o' the Vine (Sharp) **39**:361
The Flower of Buffoonery (Dazai Osamu)
See *Dōke no hana*
"Flower of Death: The Kiss" (Ady) **11**:20-1
The Flower of Hell (Nagai)
See *Jogoku no hana*
"Flower of Karma" (Miyazawa) **76**:284, 291
"The Flower of Mending" (Lindsay) **17**:229
"The Flower of Old Japan" (Noyes) **7**:502, 512
Flower of Sanctity (Valle-Inclan)
See *Flor de santidad*
The Flower of the Chapdelaines (Cable) **4**:31
"A Flower on the Ground" (Platonov) **14**:420
"The Flower That Never Fades" (Robinson) **101**:188
"The Flower-Fed Buffaloes" (Lindsay) **17**:235
"The Flowering of the Strange Orchid" (Wells) **19**:429, 442
"The Flowering Past" (Lowry) **6**:238
Flowering Reeds (Campbell) **5**:120, 123-24
Flowering Wilderness (Galsworthy) **45**:42-4, 47, 50
"The Flowering Year" (Naidu) **80**:315
"Flowers" (Lawrence) **93**:98, 101
"Flowers and Poetry" (de la Mare) **4**:81
"Flowers Do Not Live at My Place" (Gumilev)
See "U menja ne zhivut cvety"
"Flowers of Night" (Hippius) **9**:157
Flowers of Passion (Moore) **7**:487, 489-91
"The Flower's Tragedy" (Hardy) **53**:117
Flowing with Mountains and Rivers (Santoka)
See *Sangyo suigyo*
"Der fluch der Erkenntnis" (Mann) **2**:412
"Die Flucht" (Carossa) **48**:25
Die Flucht aus der Zeit (Ball) **104**:3, 5, 10, 13, 15, 22, 24-25, 33, 36, 46-47
Flucht in die Finsternis (Schnitzler) **4**:393
Die Flucht nach Venedig (Kaiser) **9**:173, 181-82
Die Flucht zu Gott (Zweig) **17**:453
Die Fluchte ohne Ende (Roth) **33**:329, 333, 335, 347-55, 362-63
Flüchtlingsgespräche (Brecht) **13**:62-3
"Fluctuat nec mergitur" (Vian) **9**:537
"The Fluctuating Woodlot" (Williams) **89**:374
Das Flug auf der Zeit (Ball) **104**:49
The Flurried Years (Hunt) **53**:191-93, 196
Flush (Woolf) **1**:546; **56**:410
"Flush of Gold" (London) **9**:277
"La flute" (Schwob) **20**:322
A Flute for Mice (Remizov)
See *Myshkina dudochka*
"The Flute-Player of Brindaban" (Naidu) **80**:287
"Flutter-Duck" (Zangwill) **16**:442
"The Fly" (Mansfield) **2**:451; **8**:281-82, 291; **39**:303-05, 318, 324
"The Fly" (Yokomitsu)
See "Hae"
The Fly (Zamyatin) **37**:433
The Flying Fifty-Fifty (Wallace) **57**:397
"Flying Fish" (Carman) **7**:138
"The Flying Fish" (Gray) **19**:147, 157, 165
"The Flying Fish" (Lawrence) **2**:359; **48**:121
Flying Fool (Wallace) **57**:402
"The Flying Gang" (Paterson) **32**:376
The Flying Inn (Chesterton) **1**:178; **6**:98-9, 103-04; **64**:35
The Flying Islands of the Night: A Fantastic Drama in Verse (Riley) **51**:283, 285, 292
The Flying King of Kurio (Benet) **28**:10
Flying Squad (Wallace) **57**:402
"Flypaper" (Musil) **68**:260
"Foam" (Seton) **31**:279
The Fobidden Epic (Spitteler) **12**:340
"Fog Horns" (Gogarty) **15**:108
"Fog Patterns" (Hecht) **101**:38, 47
Foggerty's Fairy (Gilbert) **3**:210
Foggy Harbor (Mizoguchi) **72**:322
La foire sur la place (Rolland) **23**:261, 268, 277, 282
"Fokstrot" (Zabolotsky) **52**:375, 377
Die Folgen der Reformation (Ball) **104**:22, 36, 46-47, 57
Foliage (Davies) **5**:199-200
"Folies-Bergere" (Huysmans) **69**:25
Folk som sjöng och andra essayer (Bengtsson) **48**:12
Folk ved sj0en (Bojer) **64**:23
"Folke filbyter" (Heidenstam) **5**:252, 255
En folkefiende (Ibsen) **2**:219, 222-26, 237; **8**:148-49, 151-52; **16**:154-56, 166, 171, 173, 177, 181, 186, 190-91; **37**:224-25, 239, 241, 243; **52**:141-95
Folk-Lore in the Old Testament (Frazer) **32**:202-03, 223, 234
Folks from Dixie (Dunbar) **2**:130; **12**:106-09, 119-20, 122
Folk-Tales of the Russian People (Remizov) **27**:331, 334
Folkungasagan (Strindberg) **1**:449, 460; **8**:415, 417-18
Folkungaträdet (Heidenstam) **5**:252-53, 255-56
La folle de Chaillot (Giraudoux) **2**:159, 161-63, 168-70; **7**:322-23, 329
Folle Farine (Ouida) **43**:338, 347, 349-50
Following the Color Line (Baker) **47**:4, 15-17, 31-2
Following the Equator (Twain) **6**:455-56, 458; **12**:432; **59**:168
"The Folly of Being Comforted" (Yeats) **18**:446
The Folly of Eustace and Other Stories (Hichens) **64**:126, 128, 131
Foma Gordeyev (Gorky) **8**:68-70, 72, 75, 77, 81, 83, 85-7, 89
"Fonari" (Guro) **56**:147
Fond de cantine (Drieu la Rochelle) **21**:27
Fond de l'eau (Jacob) **6**:193, 202
"La fontaine de jouvence" (Sully Prudhomme) **31**:302
"Fontainebleau" (Teasdale) **4**:427
La fontana de oro (Perez Galdos) **27**:252, 256-57, 265, 282, 288
Food (Hayashi)
See *Meshi*
The Food of the Gods, and How It Came to Earth (Wells) **6**:524-25, 534, 539-40, 544; **12**:514; **19**:426-27, 437-38, 440
"The Fool" (Service) **15**:401
The Fool in Christ, Emanuel Quint (Hauptmann)
See *Der Narr in Christo, Emanuel Quint*
"Fool o' the Moon" (Lowell) **8**:227, 233, 235, 237
The Fool of the World, and Other Poems (Symons) **11**:434-35, 446
"The Foolish Heart" (Cullen) **37**:136, 165
Foolish Notion (Barry) **11**:62, 65
Foolish Wives (Stroheim) **71**:328-332, 334-336, 339-340, 357-359, 361-362, 364, 366, 377
"Fool-Proof" (Eluard) **41**:149
"A Fool's Errand" (Montgomery) **51**:181
Fool's Gold (Fletcher) **35**:89-90
"A Fool's Life" (Akutagawa Ryunosuke)
See "Aru ahō no isshō"
Fools of Fate (Griffith) **68**:245
"Fool's Paradise" (Holly) **65**:149
"The Fool's Prayer" (Vilakazi)
See "Umkhuleko wesiphoxo"
"The Foot of Tucksport" (Coffin) **95**:2
"Footing Up a Total" (Lowell) **8**:231
"A Foot-Note to a Famous Lyric" (Guiney) **41**:207
"A Footnote to the War Books" (Tomlinson) **71**:406
Footprints (Reyes) **33**:322
"Footsloggers" (Ford) **15**:72
Footsteps of Fate (Couperus)
See *Noodlot*
"For a Commemoration on the Death of Arnold Böcklin" (Hofmannsthal) **11**:294
"For a Daughter's Wedding" (Morley) **87**:145
"For a Dead Lady" (Robinson) **5**:418; **101**:99-100, 105, 113, 117, 138
"For a Fatalist" (Cullen) **37**:146
"For a Lady I Know" (Cullen) **37**:148, 153, 160
"For a Lovely Lady" (Cullen) **4**:40
"For a Marriage in Spring" (Carducci) **32**:102
"For a Mouthy Woman" (Cullen) **4**:44
"For a Poet" (Cullen) **37**:154
"For a Skeptic" (Cullen) **37**:146
"For a Virgin" (Cullen) **37**:147, 153
For a Wife's Honor (Griffith) **68**:249
"For All We Have and Are" (Kipling) **8**:201
"For an Atheist" (Cullen) **37**:153
"For an Evolutionist and His Opponent" (Cullen) **37**:164
"For Ann Scott-Moncrieff (1914-1943)" (Muir) **87**:167
"For Auld Lang Syne" (Lawson) **27**:119
For Authors Only, and Other Gloomy Essays (Roberts) **23**:240
"For Balmont" (Tsvetaeva) **7**:571
"For Better" (Evans) **85**:25, 27-8
"For Bread" (Sienkiewicz) **3**:425
"For City Spring" (Benet) **7**:75
"For D. S.'s Album" (Anwar)
See "Buat album D. S."
"For Daughters of Magdalen" (Cullen) **37**:154
"For de Faldne" (Nexo) **43**:315
For Ever (Vilakazi)
See *Noma nini*
"For Hazel Hall, American Poet" (Cullen) **37**:164
"For He Had Great Possessions" (Middleton) **56**:174
"For Herself or Another" (Bryusov) **10**:78
For His Son (Griffith) **68**:250
"For John Keats, Apostle of Beauty" (Cullen) **37**:143
For Love of Gold (Griffith) **68**:150, 185
"For Me" (Peguy)
See "Pour moi"
"For Mirat" (Anwar)
See "Buat Mirat"
"For Miss Gadis Rasid" (Anwar)
See "Buat Gadis Rasid"
"For My Birthday" (Jozsef) **22**:165
"For My Grandmother" (Cullen) **37**:153
"For Paul Laurence Dunbar" (Cullen) **37**:153
"For Radicals" (Bourne) **16**:60-1
For the Beauty of an Idea: Prelude (Sharp) **39**:378, 394
"For the Blood Is the Life" (Crawford) **10**:149, 158-59
For the Crown (Coppee)
See *Pour la couronne*
"For the Faith" (Fuller) **103**:86
For the Flag (Verne)
See *Face au drapeau*
"For the Heroes Are Dipped in Scarlet" (Lawrence) **93**:59, 62, 73-75
For the Homeless (Sologub)
See *Rodine*
"For the Honour of the Gods" (Dunsany) **59**:19
"For the Marriage of Faustus and Helen" (Crane) **2**:111, 119-21, 123-24; **5**:188, 190; **80**:96

"For the Russian Land" (Remizov)
See "Za Russkuiu zemliu"
"For the Sea" (Tsvetaeva) **7**:566
For Thee the Best (Aldanov)
See *Mogila voina*
"For 'Under the Volcano'" (Lowry) **6**:237
"For Whom Do You Write?" (Benda) **60**:89
"For'ard" (Lawson) **27**:139
Forays and Rebuttals (De Voto) **29**:117, 119
Forbidden Fruit (Perez Galdos)
See *Lo prohibido*
Force (Barbusse) **5**:18
"La Force des faibles" (Lyotard) **103**:160
"The Force That through the Green Fuse Drives the Flower" (Thomas) **45**:361-62, 365, 376, 383, 387, 409-10
"Forced March" (Radnoti) **16**:411, 420
Les forces tumultueuses (Verhaeren) **12**:459-60, 464
The Forcing House (Zangwill) **16**:466
The Ford (Austin) **25**:25-6, 33, 35
Fordringsägare (Strindberg) **8**:419
"Forecast" (Lawrence) **93**:45, 67
A Foregone Conclusion (Howells) **7**:364-65, 371, 391-92; **17**:162, 180, 191
Foreign Exchange (Tarkington) **9**:464
Foreign Skies (Gumilev)
See *Chuzhoe nebo*
"The Foreigner" (Jewett) **22**:135, 148-49
The Foreigner (Connor) **31**:105-08, 114, 116
Forel razbyvaet lyod (Kuzmin) **40**:197, 199-200, 202-03, 209, 215-16
The Forerunner (Gibran) **9**:89-92
The Foreshore of England (Tomlinson) **71**:391
"The Forest" (Gumilev) **60**:270
"The Forest" (Walser) **18**:434, 436
"Forest Born" (Pickthall) **21**:253
"Forest Darkness" (Sodergran)
See "Skogsdunkel"
Forest Drip-Drop (Prishvin)
See *Lesnaia kapel*
Forest Flower (Devkota)
See *Van kusum*
"The Forest Lake" (Sodergran)
See "Skogs sjön"
Forest Leaves (Harper) **14**:255
"The Forest Maiden" (Khlebnikov)
See "Lesnaja deva"
Forest Murmurs (Heidenstam) **5**:253
Forest Notes (Lee-Hamilton) **22**:194
"The Forest of Night" (Brennan) **17**:38-9, 41-3, 45, 48, 50, 52-4
Forest of the Hanged (Rebreanu)
See *Padurea spînzuraţilor*
"The Forest of Wild Thyme" (Noyes) **7**:512-13
"The Forest Path to the Spring" (Lowry) **6**:239-41, 245, 247, 254-55
"The Forest Road" (Mew) **8**:298
The Forest Whispers (Korolenko) **22**:169
"Forever" (Balmont)
See "Navek"
"The Forge" (Gray) **19**:157
The Forge (Barea) **14**:44-5, 48-9, 51, 53
The Forge (Hall) **12**:195
A Forge in the Forest (Roberts) **8**:323
The Forged Note: A Romance of the Darker Races (Micheaux) **76**:237-39, 250, 252, 263
"The Forgers" (Scott) **6**:397
"Forget Her" (Wen I-to) **28**:414, 420
The Forging of a Rebel (Barea)
See *La forja de un rebelde*
"Forgive Us Our Righteousness" (Kaye-Smith) **20**:107
"Forgiveness" (Baker) **3**:2
"Forgotten Books" (Lucas) **73**:174
"The Forgotten Grave" (Dobson) **79**:23
The Forgotten Island (Hall) **12**:195
"The Forgotten Man" (Patton) **79**:305
The Forgotten One, and Other True Tales of the South Seas (Hall and Nordhoff) **23**:66
"Forgotten People" (Ingamells) **35**:138
Forgotten People (Ingamells) **35**:124, 129, 134
"Forgotten the Red Leaves" (Douglas) **40**:67, 70
La forja de un rebelde (Barea) **14**:46-8, 51-2
Forjando el porvenir Americano (Hostos) **24**:303
"Forlorn Beauty" (Ingamells) **35**:137
"Form and Content in Art" (Collingwood) **67**:126-27
"Form Destructionist-Sculptor" (McAlmon) **97**:86
"The Form of Poetry" (Wen I-to) **28**:413, 420
"Forma Christi" (Teilhard de Chardin) **9**:493
The Formal and Transcendental Logic (Husserl)
See "Formale und transzendentale Logik"
"Formale und transzendentale Logik" (Husserl) **100**:9, 15-16, 28, 40, 71, 123-25, 154
Formale und transzendentale Logik (Husserl)
See "Formale und transzendentale Logik"
La Formation du Radicalisme Philosophique en Angleterre (Halévy) **104**:108, 110-11, 137
Les Formes élémentaires de la vie religieuse: le système totémique en Australie (Durkheim) **55**:91, 93, 98, 102, 104, 111, 118-19, 121, 140, 143-44, 154
"Forms of the Implicit Love of God" (Weil) **23**:371
"Forms of the Rock in a Night-Hymn" (Stevens) **45**:317
Forró mezok (Moricz) **33**:242
Fors Clavigera: Letters to the Workmen and Labourers of Great Britain (Ruskin) **63**:238, 255-57, 261, 268, 270, 273, 203, 205, 297-99, 311, 318-22, 328-29, 331, 333-35
"The Forsaken" (Lowell) **1**:375; **8**:235
"The Forsaken" (Scott) **6**:387-88, 390, 393, 395, 397
"A Forsaken Garden" (Swinburne) **36**:318-19, 334, 337, 345
"Forschungen eines hundes" (Kafka) **2**:297, 306; **6**:226; **29**:214; **47**:245
Forse che sì forse che no (D'Annunzio) **6**:133-34, 137, 144-45; **40**:5, 7, 11
"Forse un giorno diranno" (Saba) **33**:373
"Det forsta varregnet" (Ekelund) **75**:92-93
The Forsyte Chronicles (Galsworthy) **1**:305
The Forsyte Saga (Galsworthy) **1**:296-98, 300, 302, 305-06; **45**:46-7, 58-62, 67-9
"Forsythe and Forsythe" (Gilman) **37**:213
Fort Sumter (Heyward) **59**:108
Den fortabte generation (Nexo) **43**:330
Fortaellingen om Viga-Ljot og Vigdis (Undset) **3**:518, 524-25
"Forth went the candid man" (Crane) **11**:130
"A Forthcoming Book" (Adams) **56**:8
"The Fortified House" (Heidenstam) **5**:253
"Fortissimo" (Lasker-Schueler) **57**:329, 336
Fortitude (Walpole) **5**:497, 499, 501, 503
"The Fortress" (Remizov)
See "Krepost"
The Fortress (Walpole) **5**:500
"The Fortress Unvanquishable Save for Sacnoth" (Dunsany) **59**:8, 21
Fortuna (Kielland) **5**:279
"Fortunate Love" (Gosse) **28**:131, 151
"Fortunatus Nimium" (Bridges) **1**:126
"Fortune adn the Fifth Card" (Fisher) **87**:72
La fortune des Rougon (Zola) **6**:562-63; **21**:421; **41**:411
"Fortune from America" (Papadiamantis) **29**:272-73
The Fortune Hunter (Phillips) **44**:262, 274
"The Fortune Teller" (Post) **39**:336
Fortunes (Desnos) **22**:69
Fortune's Fool (Hawthorne) **25**:241, 249
Fortune's Fool (Sabatini) **47**:303
The Fortunes of Richard Mahony (Richardson) **4**:371-74, 376, 380-83
"Fortune-Telling" (Tsvetaeva)
See "Gadan'e"
The Forty Days of Musa Dagh (Werfel)
See *Die vierzig Tage des Musa Dagh*
The 47 Ronin (Mizoguchi)
See *Genroku Chushingura*
"Forty Singing Seamen" (Noyes) **7**:510-11
Forty Verses on Existence (Ramana Maharshi)
See *Ulladu Narpadu*
Forty Verses on Reality (Ramana Maharshi)
See *Ulladu Narpadu*
Forty-five Minutes from Broadway (Cohan) **60**:156, 163-4, 166-70, 172
Forty-Two Poems (Flecker) **43**:194
The Forum Exhibition of Modern American Painters, March Thirteenth to March Twenty-Fifth, 1916 (Van Dine) **23**:358
"Förvandling" (Sodergran) **31**:293
"Forward! Forward!" (Carducci)
See "Avanti! Avanti!"
"Forward Observation Post" (Lewis) **3**:289
Das Fossil (Sternheim) **8**:378
The Fossil (Sternheim)
See *Das Fossil*
"Fossils" (Stephens) **4**:407
"Foster the Light" (Thomas) **45**:365
"Foster-Sister" (Coppee) **25**:121
Fotosnimki (Prishvin) **75**:225
"Le fou" (Nelligan) **14**:392
"La foule" (Verhaeren) **12**:469
Les foules de Lourdes (Huysmans) **7**:411; **69**:26, 44-6
"The Foundation" (Balmont)
See "Osnova"
"The Foundation of the General Theory of Relativity" (Einstein) **65**:92, 97
The Foundations (Galsworthy) **1**:295
Foundations of a Philosophy of Right (Gentile) **96**:134-36
The Foundations of Indian Culture (Aurobindo) **63**:30, 34, 36
Foundations of Leninism (Stalin) **92**:183
The Foundations of Sovereignty (Laski) **79**:75-6, 104
"Foundations, Universities, and Research" (Laski) **79**:91
"The Founders" (Gumilev)
See "Osnovateli"
"The Founding and Manifesto of Futurism" (Marinetti)
See "Manifeste du futurisme"
"The Founding of the Company" (Williams) **1**:513
The Foundling (Barlach)
See *Der Findling*
Foundling Mick (Verne) **6**:501
"The Fount of Tears" (Dunbar) **12**:104
The Fountain (O'Neill) **1**:382, 384; **6**:336; **49**:241, 266, 270, 292
"The Fountain Maiden" (Hearn) **9**:138
The Fountain of Blood (Artaud)
See *Le jet de sang*
"Fountain of Castelvecchio" (Pascoli) **45**:141
"The Fountain of God" (Hearn) **9**:134
"The Fountain of Shadowy Beauty" (Baker) **10**:27
The Fountain of Youth (Lee-Hamilton) **22**:188-89, 191-93
The Fountain Pit (Platonov)
See *Kotlovan*
Fountains in the Sand (Douglas) **68**:5, 16, 39, 43-4
Four and Twenty Minds (Papini) **22**:276
Four Chapters (Tagore)
See *Chār adhyāy*
"Four Colloquies" (Guiney) **41**:207
Four Day's Wonder (Milne) **6**:318
The Four Devils (Murnau) **53**:239-40, 275
Four Faultless Felons (Chesterton) **6**:104-05, 108
"Four Forms of Scepticism" (Mead) **89**:195
"The Four Friends" (Milne) **6**:315

The Four Gospels Harmonised and Translated (Tolstoy)
See *Soedinenie I perevod chetyrex evangelij*
The Four Horsemen of the Apocalypse (Blasco Ibanez)
See *Los cuatro jinetes del apocalipsis*
The Four Just Men (Wallace) **57**:397, 402-3, 408-9
The Four Just Men of Cordova (Wallace) **57**:402
"The Four Lost Men" (Wolfe) **13**:492
"The Four Meetings" (James) **2**:247; **64**:157
The Four Men (Belloc) **7**:33; **18**:21, 30-3, 44-5
The Four Million (Henry) **1**:346-48
Four Mystery Plays (Steiner) **13**:438, 444
"Four Nude Studies" (D'Annunzio) **6**:143
Four Phases of Love (Heyse)
See *Novellen*
Four Pieces (Schoenberg) **75**:311
Four Plays for Dancers (Yeats) **93**:341
"Four Poems" (Muir) **87**:260
"Four Poems for Children" (Noyes) **7**:515
Four Poetic Plays (Drinkwater) **57**:139
"Four Portraits" (Bulgakov) **16**:85
The Four Roads (Kaye-Smith)
See *Little England*
Four Saints in Three Acts (Stein) **1**:429-30, 432-33; **6**:411-12; **28**:313, 333; **48**:208-10, 230-33, 248, 264
"Four Sides to a House" (Lowell) **8**:230-31
"The Four Sons of Eve" (Blasco Ibanez) **12**:39
The Four Troublesome Heads (Melies)
See *L'homme de tetes*
Four Years: 1887-1891 (Yeats) **31**:399
Four-and-Twenty Blackbirds (Thomas) **10**:458
"Four-and-Twenty Hours in a Woman's Life" (Zweig)
See "Vierundzwanzig Stunden aus dem Leben einer Frau"
"Fourfold Hackword" (Mayakovski) **18**:269
Les fourmis (Vian) **9**:531-32
"A Four-Point Program for Jewry" (Schoenberg) **75**:408
Four-Square (Fisher) **87**:105
Le fourteen Juillet (Rolland) **23**:257-58, 260
The Fourteen Lines (Palamas) **5**:385
Fourteen Prayers (Jammes)
See *Quatorze Prieres*
Fourteen Red Huts (Platonov) **14**:423, 425
Fourteen Years After (Bromfield) **11**:82
"The Fourteenth of December" (Hippius)
See "Chetvrdnadcati-oye dekabrya"
"Fourth Eclogue" (Radnoti) **16**:414, 420
"Fourth Elegy" (Rilke) **1**:412
The Fourth Magus (Graham) **19**:115
"The Fourth of November" (Ivanov) **33**:138
The Fourth Symphony (Bely)
See *Kubok metelej: Chetviortiia simfoniia*
"The Fox" (Lawrence) **2**:362-63; **9**:216; **48**:117
"The Fox" (Nagai)
See "Kitsune"
"The Fox Hunt" (Roberts) **68**:304
"Foxes and Graves" (Coffin) **95**:16
Le foyer (Mirbeau) **55**:281, 283, 301
"Fra Angelico at Fiesole" (Tynan) **3**:503
"Fra Celeste" (Huch) **13**:249-50
Fra Celeste und andere Erzählungen (Huch) **13**:252
Fra det moderne Amerikas aandsliv (Hamsun) **14**:221, 237-39, 246-47, 250
"Fra det unbevidste sjæleliv" (Hamsun) **49**:167
"Fra' Lucerta" (D'Annunzio) **40**:38
Fråan fjärdingen och svartbächen (Strindberg) **8**:408-09
Los fracasados (Azuela) **3**:77
"A Fragment" (Lewis) **3**:290
"Fragment" (Robinson) **101**:117
"Fragment" (Sodergran) **31**:288, 292
"Fragment av en stämning" (Sodergran) **31**:293
"Fragment d'une confession" (Roumain) **19**:339, 344
"Fragment eines Weitbildes" (Kubin) **23**:100
"Fragment from Verses to Akhmatova" (Tsvetaeva) **35**:386
"Fragment: Not One Corner" (Owen) **27**:211
"Fragment of a Greek Tragedy" (Housman) **10**:259
"A Fragment of a Life Story" (Welch) **22**:440-41
"Fragment of a Mood" (Sodergran)
See "Fragment av en stämning"
"Fragment of an Analysis of a Case of Hysteria" (Freud)
See "Bruchstück einer Hysterie-Analyse"
"Fragment of an Ode to Canada" (Scott) **6**:386, 388, 394
A Fragment of Life (Machen) **4**:280
"A Fragment of Velestino" (Crane) **11**:159
Fragmente: Neue Gedichte (Benn) **3**:107
"Fragmento de una carta" (Pereda) **16**:379
"Fragments" (Hecht) **101**:36
"Fragments" (O'Neill) **6**:337
Fragments (Glyn) **72**:140
Fragments (Wittgenstein)
See *Zettel*
"Fragments du narcisse" (Valery) **4**:492, 496, 499; **15**:458
Fragments d'un journal d'enfer (Artaud) **36**:5
"Fragments from the Song of the Sun" (Palamas) **5**:383
Fragments of a Diary in Hell (Artaud)
See *Fragments d'un journal d'enfer*
Fragments of the Lost Journals of Piero di Cosimo (Sharp) **39**:361, 374
"Fragoletta" (Swinburne) **36**:297
"A Frameup" (Lardner) **2**:331; **14**:291, 307
Framtidens skugga (Sodergran) **31**:285-87, 294
Frana allo scalo nord (Betti) **5**:56, 58, 62, 66-7
La France (Sully Prudhomme) **31**:302
"France Aims to Lead the World in the Air" (Mitchell) **81**:168
"France and England: The Future of Their Intellectual Relations" (Gosse)
See "France et l'angleterre: l'avenir de leurs relations intellectuelles"
La France byzantine (Benda) **60**:59, 62-3, 65, 69
"France et Allemagne" (Verhaeren) **12**:471
"France et l'angleterre: l'avenir de leurs relations intellectuelles" (Gosse) **28**:151
Frances Waldeaux (Davis) **6**:149, 152
"Francesca" (Carpenter) **88**:119
"Francesca" (Lugones) **15**:286
Francesca da Rimini (Crawford) **10**:144-45, 156
Francesca da Rimini (D'Annunzio) **6**:132, 142; **40**:7, 9-10, 29
The Franchise Affair (Tey) **14**:449-50, 452-54, 461-64
"Francie's Fingers" (Wylie) **8**:536
Francis (Klabund) **44**:106
Francis of Assisi (Merezhkovsky) **29**:242
"Franciscan Adventures" (Lewis) **104**:200
François de Voltaire (Brandes) **10**:71
"Françoise" (Tolstoy) **11**:463
"Frank Confessions of a Publisher's Reader" (Morley) **87**:148
Frank Harris on Bernard Shaw (Harris) **24**:266, 272
"Frank Wedekind" (Huneker) **65**:199
Frankenstein (Whale) **63**:339-45, 347-51, 355-56, 358-61, 364-65, 371-73, 375, 377, 380-84
Frankie Kerek (Moricz)
See *Kerek Ferkó*
Den Franske aesthetik i vore dage (Brandes) **10**:60, 70, 74
"Franz Kafka" (Muir) **87**:183
Franz Liszt (Huneker) **65**:165, 170
"Franz Liszt's Work and Being" (Schoenberg) **75**:339
Franz Müllers Drahtfrühling (Schwitters) **95**:323, 325-6, 330
Franziska (Wedekind) **7**:585, 590
"Una frase sulla Mandragola" (Svevo) **35**:363
Fraternity (Galsworthy) **1**:301; **45**:30, 32, 38-9, 44-5, 47-8, 50, 64, 66-7
"Fraternity Village" (Williams) **89**:390
The Fratricides (Kazantzakis) **33**:150, 155, 166
Frau Beate und ihr Sohn (Schnitzler) **4**:396-97
"Frau Brechenmacher Attends a Wedding" (Mansfield) **8**:282; **39**:297, 301, 318
"Die Frau des Richters" (Schnitzler) **4**:403
Die Frau des Steffen Tromholt (Sudermann) **15**:433-34, 437
"Frau Fischer" (Mansfield) **39**:298
"Die Frau im Fenster" (Hofmannsthal) **11**:292, 303
Die Frau Ohne Schatten (Hofmannsthal) **11**:301-03
Frau Sorge (Sudermann) **15**:417-18, 423-24, 427-28, 430, 432-33, 438
Die Frau und die Tiere (Kolmar) **40**:174-75
Frauds Exposed; or, How the People Are Deceived and Robbed, and Youth Corrupted (Comstock) **13**:95-7
"Frauenemancipation" (Heyse) **8**:114, 121
Das Frauenopfer (Kaiser) **9**:173, 180-81, 192
"Frauenschicksal" (Rilke) **6**:357
Fraülein Else (Schnitzler) **4**:393, 396, 398
Fräulein Schmidt and Mr. Anstruther (Elizabeth) **41**:122-23, 132, 136
"Fraülein Schwartz" (Hall) **12**:188
The Freaks (Pinero) **32**:405
Freckles (Porter) **21**:260, 262-64, 271, 276-77
The Fred Allen Show (Allen) **87**:17, 36, 46-7
Fred Allen's Letters (Allen) **87**:16
"Frederick Douglass" (Dunbar) **12**:109, 124
"Frederick Jackson Turner" (Becker) **63**:65, 73
"Free" (Dreiser) **10**:180-81, 197; **35**:56, 69, 71, 74-5
Free Air (Lewis) **4**:248, 251, 256, 259; **13**:338, 351; **23**:139-41
Free, and Other Stories (Dreiser) **35**:71
"Free Fantasia on Japanese Themes" (Lowell) **8**:234
The Free Fishers (Buchan) **41**:39
"Free Joe and the Rest of the World" (Harris) **2**:209-11
Free Men (Gladkov) **27**:93
Free Opinions Freely Expressed on Certain Phases of Modern Social Life and Conduct (Corelli) **51**:66, 73, 82-3
"Free Passage" (Tsvetaeva) **35**:414
"The Free Press" (Belloc) **18**:21
"A Free Press" (Benchley) **55**:26
"Free Topic" (Walser) **18**:427
"Free Will" (Pavese) **3**:340
"Free Will and Its Moral Significance" (Westermarck) **87**:358
"Freedom" (Markham) **47**:285
Freedom and Culture (Dewey) **95**:56-7, 69, 71
Freedom and Responsiblitity in the American Way of Life (Becker) **63**:74-6, 118
Freedom and the Spirit (Berdyaev) **67**:22-5, 27-9
Freedom and the Tragic Life (Ivanov)
See *Dostojewskij: Tragödie-Mythos-Mystik*
Freedom or Death (Kazantzakis)
See *Ho kapetan Michales*
"Freedom, Power, and Values in Our Present Crisis" (Wirth) **92**:378
"Freedom's a Hard-Bought Thing" (Benet) **7**:81
The Freelands (Galsworthy) **45**:45, 47-9, 67
The Freethinker (Strindberg) **1**:452
"A Freeze-Out" (Fitzgerald) **6**:167
Het fregatschip Johanna Maria (Schendel) **56**:237-43
"Frei Simão" (Machado de Assis) **10**:295
Freie Wissenschaft und freie Lehre (Haeckel) **83**:142, 147
Freiheit und Form (Cassirer) **61**:113
Freiwild (Schnitzler) **4**:388, 390
Der Fremde Stadt (Kandinsky) **92**:49
Den fremsynte (Lie) **5**:323-24, 326, 330-32

French Aesthetics at the Present Day (Brandes)
See *Den Franske aesthetik i vore dage*
French Dramatists of the Nineteenth Century (Matthews) **95**:225, 232, 246
"French for Americans" (Benchley) **55**:3
French Leave (Somerville & Ross) **51**:344
French Leaves (Lucas) **73**:173
"French Mons" (Heidenstam) **5**:253
"The French Prisoner of War" (Hedayat)
See "Asir-i faransaui"
French Stories (Nagai)
See *Furansu monogatari*
The French They Are a Funny Race (Sturges)
See *Les Carnets de Major Thompson*
French Ways and Their Meaning (Wharton) **53**:388
Frenzied Fiction (Leacock) **2**:379
Frenzied Fricassee (Hecht) **101**:73
Frescoes: Dramatic Sketches (Ouida) **43**:371
"Fresh Fields" (Gogarty) **15**:109, 114
"Fresh Well Water" (Platonov) **14**:414
"The Freshest Boy" (Fitzgerald) **14**:189
Freshwater (Woolf) **1**:550
"Freud and the Future" (Mann) **2**:428; **44**:196-97, 202, 219-20, 224
The Freud Journal of Lou Andreas-Salomé (Andreas-Salome) **56**:35, 42-43, 56-57
"Freudian Fiction" (Woolf) **43**:408
"Freud's Position in the History of Modern Thought" (Mann) **21**:170
"Freundschaft und Liebe" (Lasker-Schueler) **57**:299, 332
"Freya of the Seven Isles" (Conrad) **1**:203; **57**:84, 100
"Frida; or the Lover's Leap" (Blackmore) **27**:44
Friday's Business (Baring) **8**:34, 36, 43
Das Friedenfest (Hauptmann) **4**:192, 196
Friedli der Kolderi (Spitteler) **12**:338, 348
"The Friedmans' Annie" (Slesinger) **10**:441-42
Friedrich Nietzche (Brandes) **11**:62
Friedrich Nietzsche in seinen Werken (Andreas-Salome) **56**:37, 39, 55
Friedrich und Anna (Kaiser) **9**:173, 179-81
Friedrich und die grosse Koalition (Mann) **2**:436
"A Friend" (Johnson) **19**:243-44, 256
"The Friend" (Milne) **88**:242, 244
Friend Manso (Perez Galdos)
See *El amigo Manso*
"The Friend of Her Youth" (Somerville & Ross) **51**:360, 383
"The Friend of Paul" (Manning) **25**:265, 269, 279
"A Friend of the Family" (Kipling) **8**:196, 204
"Friend to Man" (Kornbluth) **8**:216-17
"Friendless Blues" (Handy) **97**:40
"Friendly Brook" (Kipling) **8**:194, 201, 209
The Friendly Enemy (Van Doren) **18**:404
"The Friendly Foe" (Coleridge) **73**:8
The Friendly Road (Baker) **47**:19, 22, 24, 27
The Friendly Town: A Little Book for the Urbane (Lucas) **73**:158, 165, 170, 173
"Friends" (Caragiale) **76**:165
"Friends" (Johnson) **19**:255-56
"Friends" (Obstfelder) **23**:187-88
"Friends Beyond" (Hardy) **4**:152
"Friends of Tamás Esze" (Ady) **11**:21
"Friends of the People of Faery" (Yeats) **11**:539
"A Friend's Song for Limdisius" (Guiney) **41**:205
"A Friend's Song for Simoisius" (Guiney) **41**:218
"Friends That Fail Not" (Johnson) **19**:257
"Friends - With a Difference" (Coleridge) **73**:25
Friendship (Ouida) **43**:343, 348, 350-52, 354, 357, 364-65, 367, 370, 376
"Friendship and Love" (Lasker-Schueler)
See "Freundschaft und Liebe"
The Friendship of Art (Carman) **7**:139, 143
Friendship Village (Gale) **7**:277, 281-82, 286
Friendship Village Love Stories (Gale) **7**:281-82, 287
"Friendship's Garland" (Butts) **77**:106
Fries der Lauschenden (Barlach) **84**:95
"A Frieze" (Bishop) **103**:4, 6
The Frigate Johanna Maria (Schendel)
See *Het fregatschip Johanna Maria*
"Fright" (Storni)
See "Miedo"
The Frightened Wife and Other Murder Stories (Rinehart) **52**:289-91, 304
"Friso" (Dario) **4**:58, 64
"Frisson d'hiver" (Nelligan) **14**:398
Frithof Saga (Bjoernson) **7**:100
Fritz Kochers Aufsätze (Walser) **18**:416, 422-23, 428
Fritz Schwigerling (Wedekind) **7**:584
Fritzchen in Morituri (Sudermann) **15**:420, 427
"Fro" (Platonov) **14**:410-11, 413, 419, 425
Fro, and Other Stories (Platonov) **14**:423-24
"The Frog Killer" (Vallette)
See "Le tueur de grenouilles"
"Frogs" (Hearn) **9**:129
"Frohe Tage. London Symphony" (Schwitters) **95**:315
Der fröhliche Weinberg (Horvath) **45**:77
Die Fröhliche Wissenschaft (Nietzsche) **10**:388-89, 393-94; **55**:323, 328, 336, 355, 359, 364, 367, 370, 387-92
"Froim grach" (Babel) **13**:34
Fröken Julie (Strindberg) **1**:444-48, 450-51, 453-55, 457, 460-63; **8**:406-07, 411-13, 419; **21**:344, 348, 350, 362-64, 367-68; **47**:334-84
From 1905 (Kahanovitsch)
See *Fun finftn yor*
"From a Berlin Street" (Khodasevich) **15**:209
"From a Dying People" (Ingamells) **35**:121-22
"From a Kentucky Standpoint" (Cotter)
See "On Hearing James W. Riley Read (From a Kentucky Standpoint)"
"From a London Balcony" (Bramah) **72**:9
"From a Lost Anthology" (Pickthall) **21**:246
"From a Play" (Lewis) **3**:287
"From a Surgeon's Diary" (Freeman) **21**:54-5
From a Swedish Homestead (Lagerloef) **36**:238, 242
"From a Train Window" (Millay) **49**:208
"From Absolutism to Experimentalism" (Dewey) **95**:138, 141
From Activity to the Seeing (Nishida)
See *Hataraku mono miru mono e*
From Adam's Peak to Elephanta: Sketches in Ceylon and India (Carpenter) **88**:66, 92-6, 102, 120-1, 126-8, 135-6
"From Afar" (Lasker-Schueler) **57**:332
"From Altar to Chimney-piece" (Butts) **77**:76, 106
From Altar to Chimney-Piece (Butts) **77**:75
From an Old House (Hergesheimer) **11**:277, 283
From Bed to Worse (Benchley) **55**:18
"From Beyond" (Lovecraft) **22**:241
From Col di Tenda to Blocksberg (Heidenstam) **5**:250, 254
"From Cosmos to Cosmogenesis" (Teilhard de Chardin) **9**:482
From Cuba with a Song (Sarduy)
See *De donde son los cantantes*
From Death to Morning (Wolfe) **4**:519, 526-27; **13**:491-92, 495
"From Each according to His Ability" (Henry) **19**:174
"From Far, from Eve and Morning" (Housman) **10**:239
"From France" (Rosenberg) **12**:297
"From Loves's First Fever to Her Plague" (Thomas) **45**:361, 378
"From Man to God" (Papini) **22**:269
From Man to Man (Schreiner) **9**:396-400, 402-03, 405
From Marlowe to Shaw (Ellis) **14**:127
"From Materials on the Ethnography of the Sysol and Vechegda Zyrians: the National Deities (According to Contemporary Beliefs)" (Kandinsky) **92**:117
From Morn to Midnight (Kaiser)
See *Von Morgens bis Mitternachts*
"From My Diary" (Khodasevich) **15**:206
"From My Diary, July, 1914" (Owen) **5**:369, 374
From My Experience: The Pleasures and Miseries of Life on a Farm (Bromfield) **11**:84
"From My Little Corner" (Yosano Akiko)
See "Hitosumi yori"
From My Treasures (Kahanovitsch)
See *Fun meine giter*
From Nine to Nine
See *Zwischen neuen und neuen*
From October to Brest-Litovsk (Trotsky) **22**:364
From Oriental Motifs (Rozanov) **104**:314
From Paris (Yosano Akiko)
See *Parii yori*
"From Paul Verlaine" (Symons) **11**:427
From Rousseau to Proust (Ellis) **14**:119, 127, 142
From Shakespeare to Pope (Gosse) **28**:133, 137
From the Acting to the Seeing (Nishida)
See *Hataraku mono miru mono e*
"From the Beast to the God" (Andreas-Salome) **56**:46
From the Beginning to the End (Baroja)
See *Desde el principio hasta el fin*
"From the Beyond" (Asch) **3**:69
From the Book of Myths (Carman) **7**:137-38
From the Book of Valentines (Carman) **7**:137, 139
"From the Bridge" (Marquis) **7**:434
"From the Cabby's Seat" (Henry) **19**:173
"From the Dark Tower" (Cullen) **4**:45; **37**:149, 155, 159
"From the Desert of the Poet's Life" (Babits)
See "A költőéletének pusztájáról"
From the Earth to the Moon (Verne)
See *De la Terre à la Lune*
From the Eastern Sea (Noguchi) **80**:360, 367, 377
From the Fair (Aleichem)
See *Funem yarid*
From the Fifth Year (Kahanovitsch)
See *Fun finftn yor*
"From the Flowers of Disgust" (Radnoti) **16**:419
From the Four Winds (Galsworthy) **45**:46
"From the Hand of a Child" (Markham) **47**:278
From the Heart of Europe (Matthiessen) **100**:164-66, 192, 203, 207, 209, 213, 218, 232, 234, 238-41, 258
From the Hills of Dream: Mountain Songs and Island Runes (Sharp) **39**:354, 359, 372, 381-82, 387, 391-93
"From the History of God" (Andreas-Salome) **56**:47
From the Home Country (Nezval)
See *Z domoviny*
From the Homeland (Nezval)
See *Z domoviny*
From the Hymns and Wraths (Palamas) **5**:380
"From the Idle Papers of a Confused Contemporary" (Hansen) **32**:253
"From the Letters of the Young Girl Claire Valmont to Rosalie Toutelle Meyer" (Kuzmin) **40**:194
"From the Meadows — The Abbey" (Gurney) **33**:86, 97
"From the Memoirs of a Poznan Tutor" (Sienkiewicz) **3**:430
"From the Month of the Sahara" (Graham) **19**:104
"From the Mouse's Point of View" (Dunsany) **59**:23
"From the Mycenae Papers" (Baring) **8**:37
"From the Night of Forebeing" (Thompson) **4**:435, 440

From the Other Side (Fuller) **103**:59, 61, 63, 65, 86
"From the Same" (Belloc) **18**:41
"From the Sea" (Teasdale) **4**:428
"From the Seacoast" (Tsvetaeva)
See "S morya"
From the Sick-Bed (Tagore)
See *Rogsajyae*
"From the Sun" (Balmont) **11**:42
"From the Tideless Sea" (Hodgson) **13**:237
"From the Unconscious Life of the Mind" (Hamsun) **14**:251
"From the Unconscious Life of the Mind" (Hamsun) **49**:132
"From the Wreck" (Paterson) **32**:373
"From Women's Letters" (Kuprin) **5**:301
From Working Things to Seeing Things (Nishida)
See *Hataraku mono miru mono e*
"From Yasukichi's Notebooks" (Akutagawa Ryunosuke)
See "Yasukichi no techōkara"
"From Yumi-chō: Poems to Eat" (Ishikawa) **15**:129
A Fronded Isle and Other Essays (Lucas) **73**:174
Frondes Aggrestes (Ruskin) **63**:251
"Fronleichnamsprozession" (Heym) **9**:142-43
The Front Page (Hecht) **101**:62-4, 72, 77, 80, 83, 87
"Front the Ages with a Smile" (Masters) **2**:461
"The Front Wave" (Gilman) **9**:102
Frontier Feud (Faust) **49**:41-2, 47
The Frost (Leino)
See *Halla*
"Frost Flowers" (Lawrence) **93**:53, 55
Frost Flowers (Martinez Sierra and Martinez Sierra)
See *Flores de escarcha*
"The Frost Giant's Daughter" (Howard) **8**:131, 134-35
"Frost Rides Alone" (McCoy) **28**:225
"Frost Song" (Pickthall) **21**:247
"A Frosty Morning" (Davidson) **24**:164
"A Froward Child" (de la Mare) **4**:78; **53**:25, 27, 35
Fru Hjelde (Undset) **3**:512, 522
Fru Inger til Østraat (Ibsen) **8**:146; **37**:231
Fru Marta Oulie (Undset) **3**:511-12, 516-17, 522
Fru Waage (Undset) **3**:512
"Fruchtland" (Rilke) **1**:420
"Fruchtlos" (Kolmar) **40**:178
Fruen fra havet (Ibsen) **2**:222-23, 227, 229, 233; **8**:148; **16**:166, 168; **37**:223, 225; **52**:144
Die Frühen Kränze (Zweig) **17**:424
"Früher Apollo" (Rilke) **1**:410
"Früheste Erlebnisse" (Spitteler) **12**:351
"Frühling" (Kandinsky) **92**:67
"Fruhling" (Lasker-Schueler) **57**:299
"Frühling der Seele" (Trakl) **5**:457
Frühlings Erwachen (Wedekind) **7**:574, 577, 580-81, 584, 586, 590-91
"Frühlingstänzerin" (Ball) **104**:12
"Fruit of the Flower" (Cullen) **37**:135
The Fruit of the Tree (Wharton) **3**:558, 562, 571, 579-80; **9**:548, 552; **27**:384-85; **53**:403
The Fruitful Vine (Hichens) **64**:121, 125-27, 129
Fruit-Gathering (Tagore) **3**:481; **53**:338-40, 347
"Fruits" (Lawrence) **93**:98, 101
The Fruits of Culture (Tolstoy) **4**:453; **11**:466
The Fruits of the Earth (Gide)
See *Les nourritures terrestres*
Fruits of the Earth (Grove) **4**:134, 136, 138, 140
Früling in der Schweiz (Huch) **13**:247
Fu Manchu's Bride (Rohmer) **28**:280, 300
Il fu Mattia Pascal (Pirandello) **4**:325-26, 328-29, 342, 354-55; **29**:282, 286, 296-97, 308
Fūchisō (Miyamoto) **37**:268-75
"Fuente Oculta" (Gonzalez Martinez) **72**:146
Las fuerzas extrañas (Lugones) **15**:286, 292-93, 295
La fuga in Egitto (Deledda) **23**:33
"Fugaku hyakkei" (Dazai Osamu) **11**:175-76, 184
La fuggitiva (Betti) **5**:66
The Fugitive (Betti)
See *La fuggitiva*
The Fugitive (Galsworthy) **1**:293-95, 303; **45**:52, 54
The Fugitive (Proust) **13**:425; **33**:272, 287
Fugitive (Tagore)
See *Palātakā*
Fugitive Life (Ady)
See *A menekülaio élet*
"Fugitives" (Moore) **7**:492
Fugitive's Return (Glaspell) **55**:241-42
"The Fugitive's Wife" (Harper) **14**:258-59, 262
"Fühler und Vorhang" (Liliencron) **18**:214
Führmann Henschel (Hauptmann) **4**:194-95
Führung und Geleit (Carossa) **48**:20-1, 27
"La fuite de l'enfance" (Nelligan) **14**:398
"La fuite de temps" (Nelligan) **14**:398
"Fuji" (Lowell) **8**:230
"Fuji at Sunrise" (Fenollosa) **91**:3
"Fukagawa no uta" (Nagai) **51**:88-9, 104
"Fulano" (Machado de Assis) **10**:291
"Fulfillment" (Dreiser) **35**:73-5
The Full Moon (Gregory) **1**:332, 337-38
A Full Moon in March (Yeats) **1**:566, 571
"The Fulness of Time" (Stephens) **4**:409
"Fumes" (Pirandello)
See "Il fumo"
"Fumizukai" (Mori Ōgai) **14**:369, 378-79
"Il fumo" (Pirandello) **4**:327
"Fumo" (Saba) **33**:374
Fun finftn yor (Kahanovitsch) **56**:116-17, 119, 120
Fun meine giter (Kahanovitsch) **56**:118, 120
"The Function of Metaphysics in Civilization" (Collingwood) **67**:190-91
The Function of Reason (Whitehead) **97**:281
The Function of the Orgasm (Reich)
See *Die Funktion Des Orgasmus*
"A Fundamental Experiment" (Daumal)
See "Une expérience fondamentale"
Fundamental Questions of Sociology (Simmel)
See *Grundfragen der Soziologie*
Funem yarid (Aleichem) **35**:319
"A Funeral" (Lucas) **73**:172
"The Funeral" (March) **96**:261
"The Funeral" (Williams) **81**:434
"Funeral Earth" (Bosman) **49**:19-21, 23
"Funeral of the Alpine Guide" (Carducci) **32**:101
"The Funeral of Youth" (Brooke) **2**:54; **7**:121
"Funeral Oration for Leo Reins" (Schwitters)
See "Rede am Grabe Leo Reins"
"The Funeral Procession" (Ishikawa) **15**:130
"A Funeral Toast" (Carducci)
See "Brindisi funebre"
"Funere mersit acerbo" (Carducci) **32**:101
"Fünf Gesänge August, 1914" (Rilke) **1**:412
Funf Orchesterstucke (Schoenberg) **75**:410
"Der Fünfte Oktober" (Heym) **9**:142, 147-48
"Fungi from Yuggoth" (Lovecraft) **4**:266; **22**:213, 241
"Funk" (Service) **15**:401
Die Funktion Des Orgasmus (Reich) **57**:338-39, 341, 349, 356-58, 360
"Funny Darkies" (Stockton) **47**:325
"The Funny Little Fellow" (Riley) **51**:289
"Fuori alla certosa di Bologna" (Carducci) **32**:111
Fuori di chiave (Pirandello) **29**:308, 310
"The Fur Coat" (Soderberg)
See "Pälsen"
"The Fur Coat" (Stephens) **4**:417
The Fur Country; or, Seventy Degrees North Latitude (Verne)
See *Le pays des fourrures*
"The Fur Hat" (Peretz)
See "Dos Shtraiml"
The Fur Trade in Canada: An Introduction to Canadian Economic History (Innis) **77**:337, 370, 374-5, 384, 391, 398-9
Furansu monogatari (Nagai) **51**:87, 98-9, 101-02
"The Fur-Cap" (Peretz)
See "Dos Shtraiml"
Furcht und Elend des dritten Reiches (Brecht) **1**:99, 108; **6**:36; **35**:3
"Furibondo" (Campana) **20**:83
"Die Furie" (Heyse) **8**:116
"The Furies" (Masters) **25**:289
"Furit aestus" (D'Annunzio) **40**:43-5
The Furnace (Macaulay) **7**:426
"The Furnished Room" (Henry) **19**:172, 181, 185, 189-90
Furrows and Boundaries (Ivanov)
See *Borozdy i mezhi*
Fürstin Russalka (Wedekind) **7**:574-75, 586
Further Confessions of Zeno (Svevo) **2**:554; **35**:356-57, 359-61
Further Diary of a Provincial Lady (Delafield) **61**:128
Further Experiences of an Irish R.M. (Somerville & Ross) **51**:335, 342, 354, 358, 362
Further Foolishness: Sketches and Satires on the Follies of the Day (Leacock) **2**:379
Further Impressions of Africa (Roussel)
See *Nouvelles impressions d'Afrique*
Further Reminiscneces, 1864-1894 (Baring-Gould) **88**:34-5
Furusato (Mizoguchi) **72**:313, 315
"The Fury" (Heyse)
See "Die Furie"
Fury Never Leaves Us (Evans) **85**:43
"Fury of Sneezing" (Schwitters) **95**:327
"Füryūbutsu" (Rohan) **22**:294, 298-99, 304
"Fushigi ga kagami" (Mori Ōgai) **14**:379
"Futatabi geki oronjite yo no hyōka ni kotau" (Mori Ōgai) **14**:381
Futatsu no niwa (Miyamoto) **37**:267, 269-70
"Futbol" (Zabolotsky) **52**:378
The Futile Life of Pito Pérez (Romero)
See *La vida inútil de Pito Pérez*
"Futility" (Owen) **5**:362, 370, 372-73; **27**:212, 217-18, 226, 230-33
"The Futility of Energy" (McAlmon) **97**:87
"The Future" (Fletcher) **35**:106, 108
The Future in America: A Search after Realities (Wells) **12**:509-10
The Future of an Illusion (Freud) **52**:120-21, 125, 134, 136
A Future of Ice (Miyazawa) **76**:298
The Future of Man (Teilhard de Chardin)
See *L'avenir de l'homme*
"The Future of Our Culture" (Simmel) **64**:360
The Future of Painting (Van Dine) **23**:358
The Future of the American Negro (Washington) **10**:515
"The Future of the English Language" (Matthews) **95**:271
"The Future of the Novel" (James) **47**:152
The Future of University Hall (Ward) **55**:433
The Future Poetry (Aurobindo) **63**:10, 30-1, 34, 36
"Future Religion" (Lawrence) **93**:73, 75-78
"Future Rome" (Merezhkovsky) **29**:246
"The Future Union of East and WEst" (Fenollosa) **91**:2
"Future War" (Nezval) **44**:249
"!Futurian!" (Khlebnikov) **20**:150-51
"Futurist Anti-Tradition" (Apollinaire)
See "L'anti-tradition futuriste"
"Futurist Political Programme" (Marinetti) **10**:325
"The Futurist Synthetic Theatre" (Marinetti) **10**:318-19
"Futuros" (Salinas) **17**:369-70
"Fuzzy-Wuzzy" (Kipling) **8**:201

Fyodor Dostoevsky: A Critical Study (Murry) **16**:329-30, 343, 354
G F Watts (Chesterton) **6**:101
G. K.'s Weekly (Chesterton) **1**:188
"Ga wa Dokonidemo Iru" (Yokomitsu) **47**:388
Gaa paa! (Lie) **5**:324, 330
"The Gable Window" (Montgomery) **51**:204, 208-09
Gabriel Conroy (Harte) **1**:342; **25**:191-92, 199, 224
"Gabriel Péri" (Eluard) **41**:161, 168
Gabriel Samara, Peacemaker (Oppenheim) **45**:133, 137
Gabriel Schillings Flucht (Hauptmann) **4**:196
Gabriel Tolliver: A Story of Reconstruction (Harris) **2**:211
"Gabriele d'Annunzio I" (Hofmannsthal) **11**:307
"Gabriele d'Annunzio II" (Hofmannsthal) **11**:307
"Gabriel-Ernest" (Saki) **3**:370
"Gadan'e" (Tsvetaeva) **35**:402, 404
"Gadji beri bimba" (Ball) **104**:13-16, 45
The Gadsbys (Kipling)
See *The Story of the Gadsbys*
"Gagen to shika" (Shimazaki Toson) **5**:434
"Gail" (Schulz) **51**:316
Gaily, Gaily (Hecht) **101**:57, 59, 65, 74
Galahad: Enough of His Life to Explain His Reputation (Erskine) **84**:159-67
"Galahad: King Arthur's Men Have Come Again" (Lindsay) **17**:242
"Galamb a kalitkában" (Mikszath) **31**:167, 171
"I galantuomini" (Verga) **3**:546
The Galanty Show (Summers) **16**:434-35
"Galar Dúithche" (Moore) **7**:492
Las galas del difunto (Valle-Inclan) **5**:480
"Galeria póstuma" (Machado de Assis) **10**:291, 294
Galgenlieder (Morgenstern) **8**:304-10
"La galilée" (Loti) **11**:355-56
Galileo (Brecht)
See *Leben des Galilei*
Gallantry (Cabell) **6**:63, 67, 72, 74
"Gallegher" (Davis) **24**:199, 201, 203-06
A Gallery of Children (Milne) **6**:317
A Gallery of Women (Dreiser) **18**:62-8
"The Galley-Slave" (Kipling) **17**:206
"La gallina degollada" (Quiroga) **20**:212, 214
Gallions Reach (Tomlinson) **71**:391, 394, 397-398, 400, 403-405
"The Gallows" (Thomas) **10**:452, 464
Gallows Songs (Morgenstern)
See *Galgenlieder*
"The Gallowsmith" (Cobb) **77**:136, 139
Gallybird (Kaye-Smith) **20**:109
Galpa Guccha (Tagore) **53**:352
Gals un sākums (Rainis) **29**:380, 391-92
The Gambler (Betti)
See *Il giocatore*
"Gambling" (Devkota) **23**:50
"Gambrinous" (Kuprin) **5**:301
The Game (London) **9**:253-54, 261, 265, 277
"A Game in Hell" (Khlebnikov)
See "Igra v adu"
Game of Chess (Giacosa)
See *Il partita a scacchi*
A Game of Chess (Leino)
See *Shakkipeli*
The Game of Life (Hamsun)
See *Livets spil*
The Game of Life (Hamsun) **2**:202; **14**:221, 243-44
The Games of Night (Dagerman)
See *Nattens lekar*
"Gamesters All" (Heyward) **59**:95, 104
"Det gamla huset" (Sodergran) **31**:288
Det gamla och det nya (Strindberg) **8**:408
"Gammelyn, the Dressmaker" (Housman) **7**:361
Gan (Mori Ōgai) **14**:374-75, 380-81, 384-85
Gāndharir āvedan (Tagore) **3**:485
Gandle Follows His Nose (Broun) **104**:98
"Gandytown" (Kornbluth) **8**:217
The Gang (Gladkov)
See *Vataga*
"Gang zum Schützengraben" (Toller) **10**:490
"Gang zur Ruhestellung" (Toller) **10**:490
"The Gangrened People" (Ingamells) **35**:131, 138
"Ganhardine" (Manning) **25**:265
Das Gänsemännchen (Wassermann) **6**:508-09, 517
Le gant rouge (Rostand) **6**:377
The Gaol Gate (Gregory) **1**:334, 336-37
"A Gap" (Caragiale)
See "O lacună"
The Gap in the Curtain (Buchan) **41**:38, 41, 44
"Gapa guzhva" (Babel) **13**:35
"Gaps" (Lyotard) **103**:218-19
The Garbage Wind (Platonov)
See *Musornyi veter*
"Garchooka the Cockatoo" (Ingamells) **35**:137
"The Garden" (Gurney) **33**:95
"Garden" (Tynan) **3**:503
"Garden Abstract" (Crane) **2**:117
"Garden by Moonlight" (Lowell) **8**:231
"Garden Chidings" (Guiney) **41**:207
"A Garden Idyll" (Dobson) **79**:30
"The Garden Lodge" (Cather) **11**:100-01
The Garden Murder Case (Van Dine) **23**:355, 360-61
The Garden of Allah (Hichens) **64**:119-21, 123-29, 131
"The Garden of Cymodoce" (Swinburne) **36**:339
The Garden of Eden (Faust) **49**:45
The Garden of Epicurus (France)
See *Le jardin d'Épicure*
The Garden of Krakonoš (Capek)
See *Krakonošova zahrada*
Garden of Love (Kandinsky)
See *Improvisation 27*
"Garden of Nightingales" (Blok)
See "The Nightingale Garden"
"The Garden of Proserpine" (Swinburne) **36**:305, 337
The Garden of Survival (Blackwood) **5**:71
The Garden of the Prophet (Gibran) **1**:326; **9**:92
"The Garden Party" (Mansfield) **2**:449, 454; **8**:278, 280-81, 283-84, 291; **39**:295, 298, 303-05, 309-10, 316, 326
The Garden Party, and Other Stories (Mansfield) **2**:445-47; **8**:282
"The Garden Seat" (Hardy) **53**:114
"A Garden Story" (Jewett) **22**:147
"The Garden Vigil" (Naidu) **80**:348
"The Gardener" (Kipling) **8**:195, 201, 208-09; **17**:207, 211, 213-14
"The Gardener" (Kolmar) **40**:175
The Gardener (Tagore) **53**:344, 347
"The Gardener's Boy" (Pickthall) **21**:245, 250
Gardens of France (Gonzalez Martinez)
See *Jardines de Francia*
"Gardens of the Sea" (Sterling) **20**:373
Gardens of This World (Fuller) **103**:70, 83, 90, 116
"Gare" (Huidobro) **31**:134-35
"Gare de l'est" (Ady) **11**:15
Gargoyles (Hecht) **101**:31, 35-6, 39-42, 44, 47-8, 70-1
"Garīb" (Devkota) **23**:48
The Garin Death Ray (Tolstoy) **18**:384-85
Garland of Songs (Tagore)
See *Gitimālya*
"Garm, a Hostage" (Kipling) **8**:196
"Garrakeen" (Ingamells) **35**:137
The Garroters (Howells) **7**:367, 387
"Der Garten" (Heym) **9**:142
"Garten in Sommer" (Kolmar) **40**:178
"Die Gärten schliessen" (George) **14**:204
Garth (Hawthorne) **25**:236, 238-39, 241-42, 249-52
Der Gärtner von Toulouse (Kaiser) **9**:181, 192
"Garuda o la cigüeña blanca" (Valera y Alcala-Galiano) **10**:504-05, 508
The Gary Schools (Bourne) **16**:54, 58
Gas II (Kaiser) **9**:184-85, 189, 191
"The Gas Inspector" (Rohmer) **28**:293
"Gasnut rozovye kraski" (Bryusov) **10**:82
"Gaspar Ruiz" (Conrad) **57**:87
The Gaspards of Pine Croft (Connor) **31**:105-06
"I gaspiri" (Lardner) **14**:305-07
"The Gate" (Muir) **2**:484; **87**:167, 216
The Gate (Natsume)
See *Mon*
"The Gate of Delight" (Naidu) **80**:287
"The Gate of the Hundred Sorrows" (Kipling) **8**:176, 185
"Gates of Damascus" (Flecker) **43**:188, 192
The Gates of Doom (Sabatini) **47**:303
"The Gates of Dreamland" (Baker) **3**:3
"The Gates of Paradise" (Sayers) **15**:370
The Gates of Wrath (Bennett) **5**:37, 45; **20**:18
"The Gateway of the Monster" (Hodgson) **13**:236
Gathered Leaves from the Prose of Mary Coleridge (Coleridge) **73**:7-9
"La gatita de Mari-Ramos que halaga con la cola y araña con las manos" (Palma) **29**:256
Gats (Kaiser) **9**:174
The Gaucho War (Lugones)
See *La guerra gaucha*
The Gaudy Empire (Neumann) **100**:316-17
Gaudy Life (Leino)
See *Elämän koreus*
Gaudy Night (Sayers) **2**:528-32, 536; **15**:370-72, 379-82, 387, 390-94
Gauguin und Van Gogh (Sternheim) **8**:379-81
A Gauntlet (Bjoernson)
See *En hanske*
"A gavallérok" (Mikszath) **31**:167, 172-73
The Gaverocks: A Tale of the Cornish Coast (Baring-Gould) **88**:12-4, 24
"Gavon's Eve" (Benson) **27**:17, 19
"A Gay Adventure" (Zoshchenko)
See "A Gay Little Episode"
The Gay Crusader (Connor) **31**:113-14
Gay Hunter (Gibbon) **4**:129-30
"A Gay Little Episode" (Zoshchenko) **15**:499
The Gay Lord Quex (Pinero) **32**:389, 393, 398, 412, 414
The Gay Science (Nietzsche)
See *Die Fröhliche Wissenschaft*
"Gaze on Me" (Gogarty) **15**:101
"Gazetnoe obyavlenie" (Guro) **56**:133
Gde moi dom? (Balmont) **11**:38
Gdziekolwiek ziemia (Borowski) **9**:22
Gea's Easter (Pirandello)
See *Pasqua di Gea*
"Gebet" (Heym) **9**:152
"Gebet" (Lasker-Schueler) **57**:298, 303
"Das Gebet" (Lasker-Schueler) **57**:298
"Gebrauchsanweisung" (Horvath) **45**:95, 105-06, 109-110
Gebrauchslyrik (Brecht) **1**:103
"Gebruiksaanwijzing der lyriek" (van Ostaijen) **33**:417
"Geburt" (Trakl) **5**:456
Die Geburt der Tragödie aus dem Geist der Musik (Nietzsche) **10**:353-54, 359, 366-67, 372, 378, 385, 393-94, 396-98; **18**:340, 342, 344-46, 351; **55**:341, 360, 362
Die Geburt der Venus (Heyse) **8**:119
Gedakht (Kahanovitsch) **56**:109-10, 120
"Gedali" (Babel) **2**:22, 31; **13**:22-3, 32
Gedanken un motiven (Kahanovitsch) **56**:117
Gedenkrede auf Wolfgang Amadé Mozart (Beer-Hofmann) **60**:36
"Gedicht 25" (Schwitters) **95**:296, 326
Gedichte (Huch) **13**:253
Gedichte (Walser) **18**:425
Gedichte, 1902-1943 (Lasker-Schueler) **57**:297
Gedichte aus den Jahren, 1908-1945 (Werfel) **8**:471
Gedichte der Gefangenen (Toller) **10**:489, 491
Gedlöcke (Raabe) **45**:192

"Geese" (Aleichem)
See "Genz"
The Geese of Bützow (Raabe) **45**:193, 203
"Gefallen" (Mann) **35**:259; **44**:153-54
"Der gefallene Engel" (Lasker-Schueler) **57**:317, 328
"Gefangener reicht dem Tod die Hand" (Toller) **10**:491
"Gefangener und Tod" (Toller) **10**:491
"Gefsimanskaja noe" (Shestov) **56**:278
"Gehazi" (Kipling) **8**:191; **17**:196
Geheimnisse des reifen Lebens (Carossa) **48**:20-3, 27-8, 30
"Geheimopfer" (George) **14**:201
Die Geheimwissenschaft im Umriss (Steiner) **13**:446
"Gehemnisse" (Carossa) **48**:21, 25
"Der Gehenkte" (George) **14**:200
"Das Gehirn" (Meyrink) **21**:221
Gehirne (Benn) **3**:109
Der Gehülfe (Walser) **18**:417, 424-25, 428, 431
Geijutsu to dotoku (Nishida) **83**:229
Geisha in Rivalry (Nagai)
See *Udekurabe*
Der Geist der Antike (Kaiser) **9**:174, 179
"Geist und Tat: Franzosen, 1780-1930" (Mann) **9**:327
"Gekept" (Kahanovitsch) **56**:111, 113-14
Der Gelbe Klang (Kandinsky) **92**:27, 48, 83, 140
"Das Gemeine" (Dazai Osamu) **11**:182, 184
"Gemini" (Kipling) **8**:185
"Gemini" (Radnoti) **16**:415
"Gen Oji" (Kunikida) **99**:299, 302-05, 307
"Gendai Nihon no kaika" (Natsume) **10**:347
Gendan (Rohan) **22**:307
The Genealogy of Morals (Nietzsche)
See *Zur genealogie der Moral*
"Gen'ei no tate" (Natsume) **10**:344
"De generaal" (van Ostaijen) **33**:417
"The General" (Akutagawa Ryunosuke) **16**:18
"General Aims and Theories" (Crane) **5**:188; **80**:125, 183
General Besserley's Puzzle Box (Oppenheim) **45**:132
General Besserley's Second Puzzle Box (Oppenheim) **45**:132
General Economic History (Weber) **69**:324, 355, 380
General Impressions (Delafield) **61**:135
A General Introduction to Psychoanalysis (Freud)
See *Vorlesungen zur Einführung in die Psychoanalyse*
"General Joubert" (Kipling) **8**:200
The General Line (Eisenstein)
See *Staroi i novoie*
The General Morphology of Organisms (Haeckel)
See *Generalle Morphologie der Organismen*
"General Sociology" (Weber) **69**:314
General Sociology (Pareto)
See *Trattato di sociologia generale*
"General Son Ba-yu and Three Physicians" (Miyazawa) **76**:293
"The General Theory of Employment" (Keynes) **64**:202, 232
The General Theory of Employment, Interest and Money (Keynes) **64**:199-205, 209-14, 221-30, 235-36, 238-39, 241, 245-46, 248-50, 253-56, 258-60, 263, 265-67, 271-72, 280-87, 293, 296-99, 301, 303, 304
General Theory of Mind as Pure Act (Gentile)
See *Teoria generale dello Spirito come puro atto*
The General Theory of Relativity (Einstein) **65**:111
General Theory of the Neuroses (Freud) **52**:134
General Theory of the Spirit as Pure Act (Gentile)
See *Teoria generale dello Spirito come puro atto*
"General William Booth Enters into Heaven" (Lindsay) **17**:222-24, 227, 230, 235, 237, 247-48
General William Booth Enters into Heaven, and Other Poems (Lindsay) **17**:222-23, 227
Generalle Morphologie der Organismen (Haeckel) **83**:126, 138, 145-7, 149-52
"The General's Bluff" (Wister) **21**:399
The General's Ring (Lagerloef)
See *Löwensköldska ringen*
The General's Tea Party (Vian)
See *Le goûter des généraux*
"Generous Wine" (Svevo)
See "Vino generoso"
La Genèse (Zola) **21**:456
Genesi e struttura della societa (Gentile) **96**:120, 130, 136, 144-45
"Genesis" (Lasker-Schueler) **57**:336
"Genesis" (Swinburne) **8**:437-38; **36**:318
Genesis and Structure of Society (Gentile)
See *Genesi e struttura della societa*
"The Genesis of Cement" (Gladkov) **27**:97
"The Genesis of Self and Social Control" (Mead) **89**:79
Geneviéve (Gide) **12**:147, 159
Genevra's Money (Lucas) **73**:156-57, 159, 162
Gengangere (Ibsen) **2**:218, 220, 223-26, 228-29, 232, 235, 239-40; **8**:142, 144, 148-51; **16**:162, 171-72, 175, 177, 187, 189-90, 193; **37**:223, 225, 232, 242-43; **52**:142-44, 146, 155, 157, 162, 164, 166, 179-80, 183-84, 186-88, 191, 193
"The Genial Epoch" (Schulz)
See "The Age of Genius"
"Das Genie" (Walser) **18**:421
Le génie latin (France) **9**:51
Genio y figura (Valera y Alcala-Galiano) **10**:500-01, 505-08
"The Genital and the Neurotic Character" (Reich) **57**:342
The "Genius" (Dreiser) **10**:165-66, 168-69, 173, 176, 178-79, 182, 184-86, 191, 193, 195, 198, 201; **18**:53, 61-3; **35**:39, 52, 57, 73-4; **83**:3-4, 54
Genius and the Mobocracy (Wright) **95**:394
Genius Loci (Lee) **5**:312-13
"The Genius of Japanese Civilization" (Hearn) **9**:130
"Genkon no shukyo ni tsuite" (Nishida) **83**:230
"Le genou fendu" (Peret) **20**:196
"Genova" (Campana) **20**:84, 86-7
"Genre" (Obstfelder) **23**:177-78
Genroku Chushingura (Mizoguchi) **72**:313, 315, 323, 325
A Gent from Bear Creek (Howard) **8**:137
Gente conocida (Benavente) **3**:93, 96, 98
"The Genteel Artist" (Chandler) **7**:182
The Genteel Tradition at Bay (Santayana) **40**:362
Gentein Aspromonte (Alvaro) **60**:2, 4-6, 8-12
"The Gentle Breeze Fills the Valley" (Miyazawa) **76**:289
"A Gentle Dying" (Kornbluth) **8**:216
The Gentle Grafter (Henry) **19**:170, 178-79, 190, 200
The Gentle Joseph (Kuzmin)
See *Nezhnyi Iosif*
Gentle Julia (Tarkington) **9**:461
"The Gentle Lena" (Stein) **6**:408; **28**:334; **48**:225-27
"The Gentle Savage" (Quiller-Couch) **53**:291
"A Gentleman" (Thomas) **10**:463
A Gentleman Condemned to Death (Feydeau)
See *Un monsieur qui est condamnéà mort*
The Gentleman from Indiana (Tarkington) **9**:452-60, 462-63, 466, 475
"The Gentleman from San Francisco" (Bunin) **6**:43-5, 52-4, 56
"A Gentleman of Athens" (Bradford) **36**:56
"A Gentleman of Bayou Têche" (Chopin) **14**:68
"A Gentleman of Fifty Soliloquizes" (Marquis) **7**:440
"A Gentleman Sharper and Steelman Sharper" (Lawson) **27**:131
"Gentleman, the King!" (Runyon) **10**:425, 432
The Gentleman's Way of Having Fun (Moricz)
See *Úri muri*
Gentlemen at Gyang Gyang (Franklin) **7**:264, 267-71, 273
The Gentlemen from San Francisco, and Other Stories (Bunin)
See *Gospodin iz San-Frantsisko*
Gentlemen Make Merry (Moricz)
See *Úri muri*
"A Gentlemen of the Old School" (Dobson) **79**:5, 26
"Gentlemen of the Press" (Wolfe) **4**:516
Gentlemen Prefer Blondes (Mankiewicz) **85**:111
Gentlemen's Relish (Morley) **87**:140
Gentles, Attend (Morley) **87**:148
The Gentlest Art: A Choice of Letters by Entertaining Hands (Lucas) **73**:168, 173
Gentry Roistering (Moricz)
See *Úri muri*
The Genuine Sedemunds (Barlach)
See *Die echten Sedemunds*
"The Genuine Tabard" (Bentley) **12**:15
"Genz" (Aleichem) **35**:319
"Geoffroy und Garcinde" (Heyse) **8**:114, 121
Geografi og kærlighed (Bjoernson) **7**:112, 114; **37**:15, 17, 19-21, 29
The Geographical History of America; or, The Relation of Human Nature to the Human Mind (Stein) **1**:433-35, 437, 441; **28**:316, 327-28, 330-32, 334-35, 339-40; **48**:212-17, 236, 248
Geography and Love (Bjoernson)
See *Geografi og kærlighed*
Geography and Plays (Stein) **1**:428; **6**:403, 406; **28**:313; **48**:216, 251
"Geography and Some Explorers" (Conrad) **43**:101
The Geography of Witchcraft (Summers) **16**:425, 429-30, 432
"Geography on the Jew's Harp" (Coppard) **5**:178
La geôle (Bourget) **12**:69
"Geological Madrigal" (Harte) **25**:190
"The Geological Spieler" (Lawson) **27**:128, 130, 132
"Geologie" (van Ostaijen) **33**:416, 418-19
"Geology" (van Ostaijen)
See "Geologie"
"Geometric and Mechanical Splendour and Numerical Sensitivity" (Marinetti) **10**:325
"Georg Trakl" (Lasker-Schueler) **57**:336
"George" (Tsvetaeva)
See "Georgii"
"George Ancelys" (Bourget) **12**:73
The George and the Crown (Kaye-Smith) **20**:103
George Bernard Shaw: His Plays (Mencken) **13**:357, 386
"George Bowring" (Blackmore) **27**:44
George Chapman (Swinburne) **36**:310
"George Chapman — The Iliad" (Gurney) **33**:97
George Eliot (Stephen) **23**:340-41
George Geith of Fen Court (Riddell) **40**:331, 334-35
"George Gissing" (Woolf) **43**:404
George Helm (Phillips) **44**:276, 278, 287
"George Lucy's Grandchild" (Rutherford) **25**:346
George MacDonald: An Anthology (MacDonald) **9**:293
"George Thurston" (Bierce) **44**:45
George Washington (Freeman) **11**:223, 225
George Washington (Wilson) **79**:486, 527

George Washington, Jr. (Cohan) **60**:157, 164, 166, 168, 170
George Washington, Vol. I: Young Washington (Freeman) **11**:223
George Washington, Vol. II: Young Washington (Freeman) **11**:223
George Washington, Vol. III: Planter and Patriot (Freeman) **11**:224
George Washington, Vol. IV: Leader of the Revolution (Freeman) **11**:224
George-Lieder (Schoenberg) **75**:327
George's Mother (Crane) **11**:123-27, 131, 137, 147-50, 160, 162, 165, 167; **17**:68-9; **32**:158-59, 163-65
The Georgiad (Campbell) **5**:118, 120, 123
Georgian Poetry (Marsh) **99**:354, 363, 366
"Georgia's Ruling" (Henry) **19**:179, 183
Georgie May (Bodenheim) **44**:71-3
"Georgii" (Tsvetaeva) **7**:567; **35**:392, 411
"Georgine Sand Miner" (Masters) **2**:464
Les Georgiques Chretiennes (Jammes) **75**:102, 107, 114, 119
"Gerächt" (Mann) **35**:259
"Geraldine and Jane" (Woolf) **43**:394
"Geraniums" (Roberts) **8**:316
Der gerettete Alkibiades (Kaiser) **9**:173, 179, 182-83, 185, 190
Das Gerettete Bürgertum (Sternheim) **8**:377
Das Gerettete Venedig (Hofmannsthal) **11**:293, 303
Der Gerichstag (Werfel) **8**:475, 479
German Diary (Goebbels) **68**:112-13
German Garden (Elizabeth)
See *Elizabeth and Her German Garden*
German History (Huch) **13**:247
The German Masquerade Ball (Doblin)
See *Der Deutsche Maskenball*
German Men (Benjamin)
See *Deutsche Menschen*
German Nobility (Raabe)
See *Deutscher Adel*
German Philosophy and Politics (Dewey) **95**:69
"Germans at Meat" (Mansfield) **39**:297, 300
"Germany and the Germans" (Mann) **44**:147, 164
"Germany's Air Traffic Leads the World" (Mitchell) **81**:168
"Germinal" (Baker) **10**:17, 21
Germinal (Zola) **1**:587-90, 593-96; **6**:561-64, 566-70; **21**:421, 423-26, 429-32, 434, 437-42, 452-60; **41**:414-15, 421-22, 425-26, 437-49, 451-54
Gerona (Perez Galdos) **27**:256, 276, 287
Gertrud (Soderberg) **39**:428
Gesakusha no shi (Nagai) **51**:102-03
Gesammelte Aufsätze zur romanischen Philologie (Auerbach) **43**:60
Gesammelte Aufsatze zur Wissenschaftslehre (Weber) **69**:314, 383
Gesammelte Gedichte (Ball) **104**:77
Gesammelte Gedichte (Carossa) **48**:25
Gesammelte Gedichte (Lasker-Schueler)
Gesammelte Schriften (Huch) **13**:253
Gesammelte Werke (Huch) **13**:253
Gesammelte Werke (Lasker-Schueler) **57**:329
Gesammelte Werke (Luxemburg)
See *Collected Works of Rosa Luxemburg*
Die Gesammelten Gedichte (Hofmannsthal) **11**:293, 308
Die gesammelten Gedichte (Zweig) **17**:424
Das Gesamtwerk (Borchert) **5**:105, 109
"Ein Gesang der Toten vor neuem Leben" (Werfel) **8**:478-79
"Gesang des Abgeschiedenen" (Trakl) **5**:457
Gesang vom Kindchen (Mann) **14**:325, 355-56
"Gesang Zur Sonne" (Carossa) **48**:21
"Gesänge" (Benn) **3**:110
Die Geschichte der jungen Rendte Fuchs (Wassermann) **6**:510
Geschichte einer Jugend (Carossa) **48**:34
Die Geschichte von der 1002. Nacht (Roth) **33**:352-55
Geschichten (Walser) **18**:421
Geschichten aus dem Wiener Wald (Horvath) **45**:77, 79-81, 83, 87, 89-90, 92-3, 96-100, 102, 107-10, 112-16, 118
Die Geschichten Jaakobs (Mann) **8**:271
Geschichten vom Fräulein Pollinger (Horvath) **45**:91, 93, 108
Die Geschichten von Garibaldi (Huch) **13**:253
Geschichtsphilosophische Thesen (Benjamin) **39**:3, 5, 19, 26, 36, 52-4, 61
Geschlecht und Charakter. Eine prinzipielle Untersuchung (Weininger) **84**:288, 290, 293, 301-6, 308, 310, 313, 320, 325, 327, 332, 342, 346, 351-3, 355, 358-61, 369, 371-4, 376-7, 379-81, 383-8, 390-2
Geschwister (Sudermann) **15**:429
Die Geschwister Oppermann (Feuchtwanger) **3**:178, 180-81, 183
Die Geschwister Tanner (Walser) **18**:416-17, 423-24, 428, 431
Die Geschwister von Neapel (Werfel) **8**:470, 477, 480-81
Gesichte (Lasker-Schueler) **57**:331
"Gespräch" (Benn) **3**:113
Ein Gespräch (Werfel) **8**:479
"Gespräch über den Dächern" (Borchert) **5**:104
"Gesshützwache" (Toller) **10**:490
Gestalten und gedanken (Brandes) **11**:68
Gestern (Hofmannsthal) **11**:291, 306, 309
Gestes et opinions du Dr. Faustroll, pataphysicien, roman néo-scientifique (Jarry) **2**:283; **14**:274, 276, 278-79, 281-82, 285, 287
Der gestohlene Mond (Barlach) **84**:63, 71, 100-1
"Gethsemane, 1914-18" (Kipling) **8**:196, 200
"Getrennter Liebender Gebet zu einander" (Morgenstern) **8**:310
Get-Rich-Quick Wallingford (Cohan) **60**:156-9, 166, 172
"Getting a Job" (Williams) **89**:363, 382
Getting a Polish (Tarkington) **9**:464
"Getting Americanized" (Fuller) **103**:107
Getting Married (Shaw) **3**:393, 403; **9**:428; **45**:210
The Getting of Wisdom (Richardson) **4**:371, 373, 375-76, 379-80
Getting Too-Loose (March) **96**:237
Getting Toulouse (March) **96**:240
"Das Gewitter" (Trakl) **5**:464
"Gewölke gleich" (Heym) **9**:142-43
Dos gezang fun tol (Asch) **3**:68, 72
Gezang un gebet (Kahanovitsch) **56**:117
"Ghanashyam" (Naidu) **80**:343
Ghare-Bāire (Tagore) **3**:484-85, 491, 494, 497, 499, **53**:334
"The Ghât" (Tagore) **3**:483
"Ghater Katha" (Tagore) **53**:353
Ghetto (Heijermans) **24**:287-88, 291-96, 300
The Ghetto (Wirth) **92**:359, 387-8, 390
Ghetto Comedies (Zangwill) **16**:445, 455-58, 467
Ghetto Tragedies (Zangwill) **16**:441-42, 447, 455
"A Ghetto Wedding" (Cahan) **71**:11, 26, 66, 68, 71
The Ghost (Bennett) **5**:45; **20**:28
"The Ghost at Massingham Mansions" (Bramah) **72**:6
The Ghost Girl (Saltus) **8**:347-48
The Ghost Kings (Haggard) **11**:243
"The Ghost of the Helen of Troy" (Heyward)
See "Gamesters All"
"The Ghost of the Valley" (Dunsany) **59**:25
The Ghost Pirates (Hodgson) **13**:229-30, 232-33, 236-37
"The Ghost Ship" (Middleton) **56**:174-76, 182, 184, 195-96
The Ghost Ship (Lewton) **76**:197-99, 205, 210, 220
The Ghost Ship, and Other Stories (Middleton) **56**:173-74, 176, 192, 194
The Ghost Sonata (Strindberg)
See *Spöksonaten*
"A Ghost Speaks" (Marquis) **7**:436
Ghost Stories of an Antiquary (James) **6**:205, 210, 216
"Ghost Town" (Prado)
See "El pueblo muerto"
"The Ghost Wife" (Eastman) **55**:172
"Ghostkeeper" (Lowry) **6**:254; **40**:261, 268
"The Ghostly Kiss" (Hearn) **9**:136
The Ghostly Tales of Henry James (James) **24**:352
"Ghosts" (Cullen) **4**:43; **37**:146, 148, 157, 168
"Ghosts" (Lawrence) **93**:98
Ghosts (Ibsen)
See *Gengangere*
"Ghosts as Cocoons" (Stevens) **45**:309
"Ghosts Dancing" (Graham) **19**:121
"Ghosts in My Tower" (Stockton) **47**:327
"Ghosts of a Lunatic Asylum" (Benet) **7**:79
"The Ghosts of the Buffaloes" (Lindsay) **17**:226
"Ghosts of the Great White Way" (Runyon) **10**:429
"Ghoul's Wharf" (Bishop) **103**:2
"La giachetta di cuoio" (Pavese) **3**:340
"Giambattista Vico, Discoverer of Esthetic Science" (Croce)
See "Giambattista Vico scorpitore della scienza estetica"
"Giambattista Vico scorpitore della scienza estetica" (Croce) **37**:122
"Giambattista Vico und die Idee der Philologie" (Auerbach) **43**:62-3
Giambi ed epodi (Carducci) **32**:90-1, 97, 100-01, 107-08
The Giant, and Other Stories (Molnar)
See *Az orias es Egyeb Elbeszelesek*
Giant Buddy Holly (Holly) **65**:144, 150
Giant of Mars (Burroughs) **2**:81
Giants in the Earth: A Saga of the Prairie (Rolvaag) **17**:321-27, 330, 332-47
"La giara" (Pirandello) **29**:300
"Giardino autunnale" (Campana) **20**:88
"Gibberish" (Coleridge) **73**:21
"Gibel Atlantidy" (Khlebnikov) **20**:130-31, 139, 144
Gideon Planish (Lewis) **13**:339, 343, 350; **39**:249
Gideon's Band (Cable) **4**:27, 31
"A Gift" (Lowell) **1**:372; **8**:230
"The Gift" (Naidu) **80**:315
"The Gift" (Sinclair) **3**:441
"The Gift of God" (Robinson) **5**:418; **101**:99, 103-04, 134
"The Gift of Harun Al-Rashid" (Yeats) **11**:520; **31**:407; **93**:353
"The Gift of India" (Naidu) **80**:296
"The Gift of the Emperor" (Hornung) **59**:120
"The Gift of the Magi" (Henry) **19**:170, 172
The Gift of the Wise Bees (Sologub)
See *Dar mudrykh pchol*
Giftas (Strindberg) **1**:445, 460; **8**:406-07, 411, 419; **21**:348-49, 352, 365-67
"The Gifted" (Beer-Hofmann)
See "Die Beschenkten"
"Gifts" (Stringer) **37**:341
"The Gifts Demanded" (Fletcher) **35**:107
Gifts of Fortune: With Some Hints to Those about to Travel (Tomlinson) **71**:386, 390-391, 395, 400
"Gifts of Oblivion" (Fisher)
See "Gifts of Oblivion"
I giganta della montagna (Pirandello) **29**:319-20
Gigi (Colette) **5**:169; **16**:115, 128, 137
Le Gigot, sa vie et son oeuvre (Peret) **20**:184, 197
Gilda (Hecht) **101**:76, 89
The Gilded Age (Twain) **6**:457, 462, 467, 476; **12**:430, 432, 437; **19**:355, 359; **36**:358, 407, 409; **48**:335
The Gilded Chair (Post) **39**:339, 347

Giles Corey, Yeoman (Freeman) **9**:63
Gilles (Drieu la Rochelle) **21**:21-2, 30, 34, 36, 40
Gilles de Raíz (Huidobro) **31**:123
Gilles und Jeanne (Kaiser) **9**:173
Gillets Hemlighet, the Secret of the Guild (Strindberg) **8**:406
"Gilui we-chisui be-lashon" (Bialik) **25**:61, 65
"Gimnazye" (Aleichem) **1**:32; **35**:303
"Gin and Goldenrod" (Lowry) **6**:240
"Gina from the Chinatown" (Burke) **63**:130
"Gīne Gīt" (Devkota) **23**:49
Gingertown (McKay) **7**:457, 461; **41**:318, 328-30, 336, 342
Der gingganz (Morgenstern) **8**:307
Ginseng (Prishvin)
See *Zhen'-shen': koren' zhizni*
"La Gioconda" (Field) **43**:166-67
La Gioconda (D'Annunzio) **6**:129-30; **40**:6-8, 10
Gion Festival Music (Mizoguchi) **72**:313-14, 324-25
Gion no Shimai (Mizoguchi) **72**:314, 316, 319, 324, 328, 335
"Giordano Bruno giudicato da Arturo Schopenhauer" (Svevo) **35**:362
"Giorgio Ohnet" (Svevo) **35**:363
Giovani (Tozzi) **31**:314
Giovanni Episcopo (D'Annunzio) **6**:127, 133, 144; **40**:4
"Giovanni Moroni" (Apollinaire) **51**:48
"Gipsy" (Lawrence) **93**:12
Gipsy Ballads (Lorca)
See *Primer romancero gitano*
"The Giraffe" (Gumilev) **60**:264
Girard (Bradford) **36**:62
"Girdab" (Hedayat) **21**:71
"Girgenti" (Percy) **84**:199
"Girl" (Kolmar) **40**:175
The Girl and Her Trust (Griffith) **68**:250
"The Girl and the Habit" (Henry) **19**:173
The Girl at Cobhurst (Stockton) **47**:318, 324-25, 327
"A Girl at Twilight" (Roberts) **68**:337
"Girl Child" (Benet) **7**:75
Girl Crazy (Mankiewicz) **85**:147
A Girl Detective (Wallace) **57**:399
The Girl From Chicago (Micheaux) **76**:273
The Girl from Farris's (Burroughs) **32**:58
The Girl from Hollywood (Burroughs) **32**:58
The Girl from Maxim's (Feydeau)
See *La dame de chez Maxim*
The Girl from the Marsh Croft (Lagerloef) **36**:238
The Girl I Left behind Me (Belasco) **3**:86, 90
"Girl in a Nightgown" (Stevens) **12**:360
"The Girl in the Pink Hat" (Gilman) **9**:113
The Girl of the Golden West (Belasco) **3**:86-7, 90-1
A Girl of the Limberlust (Porter) **21**:261-63, 265, 267, 271-72, 275-76
"Girl on My Mind" (Holly) **65**:148
"The Girl, the Horse, and the Hounds" (Adams) **56**:8
"The Girl the Prince Liked" (Fitzgerald) **52**:59-61
"Girl to Soldier on Leave" (Rosenberg) **12**:288, 293, 299, 312
The Girl Who Stayed at Home (Griffith) **68**:169-70
"The Girl Who Went to Ailey" (Stringer) **37**:329
"The Girl With Talent" (Fitzgerald) **52**:59, 61-2
Girls and Boys (Pinero) **32**:412
"Girls and the Land" (Gilman) **37**:216
"Girl's Letter" (Meynell) **6**:299
"A Girl's Thought" (Rosenberg) **12**:311
"Girolamo Savonarola" (Herzl) **36**:154
The Girondin (Belloc) **18**:27
"Giselheer dem Knaben" (Lasker-Schueler) **57**:320, 331
"Giselheer dem Tiger" (Lasker-Schueler) **57**:320
Gitabitan (Tagore) **53**:337-38
Gitāli (Tagore) **3**:491; **53**:338
"La gitana" (Crowley) **7**:206
"Gitanette" (Colette) **16**:139
Gitanjali (Tagore) **3**:481, 484, 491; **53**:333-35, 341-45, 347
Gitimālya (Tagore) **3**:491; **53**:341
"Le giton" (Apollinaire) **51**:20
Giudizio universale (Papini) **22**:286
Il giuoco delle parti (Pirandello) **29**:283, 301
"Give" (Frank) **17**:114
"Give My Regards to Broadway" (Cohan) **60**:162-3, 165, 167, 172
The Giver of Souls (Nervo) **11**:403
The Givers (Freeman) **9**:73
Giving and Receiving: Essays and Fantasies (Lucas) **73**:159, 162, 170
La glace à trois faces (Epstein) **92**:2
The Glacier (Jensen)
See *Bræen*
"The Glacier Meadows" (Muir) **28**:257
En glad gut (Bjoernson) **7**:101-02, 105-08, 110, 112-13, 117; **37**:3, 5-6, 17, 22-24
Gladiator-at-Law (Kornbluth) **8**:213, 215, 218
"Gladius Dei" (Mann) **2**:429, 432; **14**:350
"Glahn's Death" (Hamsun) **49**:137-45, 162-63, 167
Le glaive et le bandeau (Rod) **52**:325
"Glamorgan" (Thomas) **10**:459
"The Glamour of the Snow" (Blackwood) **5**:74
"Glans en verval van een politiek man" (van Ostaijen) **33**:412
The Glass Cape (Nezval)
See *Skleněný havelok*
The Glass Havelock (Nezval)
See *Skleněný havelok*
The Glass Mender (Baring) **8**:42
"A Glass of Beer" (Stephens) **4**:416, 421
"The Glass of Water" (Stevens) **45**:283
The Glass Slipper (Molnar)
See *Az üvegcipő*
The Glass Wall (Delafield) **61**:133-4
"The Glass Window" (Ishikawa) **15**:126
"Der glaube" (Morgenstern) **8**:306
Glaube Liebe Hoffnung (Horvath) **45**:77, 81, 83, 92, 97-100, 110-12, 115-17
"Glauco" (Saba) **33**:372
"Glaza" (Bryusov) **10**:82
"The Gleaner" (Papadiamantis) **29**:272-73
"Gleba" (Vallejo) **56**:311, 316
"Glenasmole" (Gogarty) **15**:108
Glengarry School Days (Connor) **31**:106-07, 111, 116
The Glimpse (Bennett) **5**:36, 38, 43, 46; **20**:28
"A Glimpse of Tendencies" (Hearn) **9**:130
"Glimpses of New England" (Forten) **16**:147
The Glimpses of the Moon (Wharton) **3**:561, 573, 580; **9**:542-43
Glimpses of Unfamiliar Japan (Hearn) **9**:119, 125, 128-30
Glinda of Oz (Baum) **7**:22, 24-5, 27
"Glinyanyy dom v uyezdnom sadu" (Platonov) **14**:413, 422
"Glissez, M'Sieu Kellee, Glissez" (Williams) **89**:374, 384
The Glittering Gate (Dunsany) **2**:138-39, 143-45; **59**:5-7, 20, 26
"Glocke" (Kandinsky) **92**:67
"Glockenklang" (Raabe) **45**:189
Glockenlieder (Spitteler) **12**:348
Glocken-und Gras-lieder (Spitteler) **12**:350
"The Gloom" (Johnson) **19**:246
La gloria (D'Annunzio) **6**:137; **40**:9
Gloria (Perez Galdos) **27**:244, 246, 249, 252, 254-58, 266, 271-74
"Gloria tropical" (Quiroga) **20**:214, 216-17
"The Gloriosa Lily" (Naidu) **80**:315
"The Glorious Survivors" (Coppard) **5**:177
"The Glory of Grey" (Chesterton) **1**:184
"Glory of Hueless Skies" (Rosenberg) **12**:310
The Glory of the Conquered (Glaspell) **55**:241-43, 246
"The Glory of the Day Was in Her Face" (Johnson) **3**:241
The Glory of the Nightingales (Robinson) **5**:406, 411; **101**:184-85, 189
"The Glory That Was Sion's" (Evans) **85**:15
"Gloucester Harbor" (Guiney) **41**:203, 206
A Glove (Bjoernson)
See *En hanske*
Glück im Winkel (Sudermann) **15**:430
Das Glück von Rothenburg (Heyse) **8**:121
Die gluckliche Hand (Schoenberg) **75**:298, 300, 302, 312, 320-22, 332, 345-46, 363, 369, 371, 410
"Go Down Death" (Johnson) **3**:243; **19**:211
"Go East, Young Man" (Lewis) **4**:257
"The Goat" (Saba)
See "La capra"
"The Goat Paths" (Stephens) **4**:416
Goat Song (Werfel)
See *Bocksgesang*
La gobernadora (Benavente) **3**:97-8, 100
The Goblet of Blizzards (Bely)
See *Kubok metelej: Chetviortiia simfoniia*
"The Goblin Laugh" (Markham) **47**:279
Goblins and Pagodas (Fletcher) **35**:94, 97, 102, 105, 113-14
"God" (Jozsef) **22**:160
"God" (Powys) **9**:369
"God" (Rosenberg) **12**:292, 295, 299, 306
"The God Abandons Antony" (Cavafy) **2**:94-7; **7**:164
"God: An Introduction to the Science of Metabiology" (Murry) **16**:335, 352, 355
"God and Magog" (Marquis) **7**:440
God and Mammon (Davidson) **24**:176, 182
God and My Father (Day) **25**:132, 134, 137
God and Woman (Bojer)
See *Dyrendal*
"God Hear" (Lasker-Schueler)
See "Gott hor"
"God ikh zhizni" (Pilnyak) **23**:203, 211
"The God in the Bowl" (Howard) **8**:131, 134, 136
The God in the Car (Hope) **83**:165
"God Is Good—It Is a Beautiful Night" (Stevens) **3**:460; **12**:387
"God Made Blind" (Rosenberg) **12**:286, 295-96, 299, 309
"God of Battles" (Patton) **79**:299-300
"The God of His Fathers" (London) **9**:273
The God of His Fathers (London) **9**:263, 273-74
The God of Quiet (Drinkwater) **57**:128, 145
"The God of the City" (Heym)
See "Der Gott der Stadt"
"The God of the Gongs" (Chesterton) **6**:100
The God of the Living (Deledda)
See *Il dio dei viventi*
"God of the South Sea" (Wen I-to) **28**:410-11
The God of Vengeance (Asch)
See *Der got fun nekomeh*
God Owns Everything (Pirandello)
See *Padron Dio*
"God Rest Ye, Merry Gentlemen" (Crane) **11**:134, 161
"God Save the King" (Flecker) **43**:192
"God Sees the Truth but Waits" (Tolstoy) **11**:463, 465; **79**:394, 421
"God Send the Regicide" (Lindsay) **17**:226
"God the Invisible King" (Wells) **6**:529
God the Known and God the Unknown (Butler) **1**:134; **33**:50, 56
The God within Him (Hichens) **64**:131
Godan (Premchand) **21**:285-87, 291, 293-97
"God-creation" (Andreas-Salome) **56**:45
"God-Darkness" (Unamuno) **2**:568
"Goddess in the Wood" (Brooke) **2**:59
Goddess of Fire (Burroughs) **32**:59
The Goddess of Sagebrush Gulch (Griffith) **68**:168
"God-Forgotten" (Hardy) **53**:86
"The God-Forgotten Election" (Lawson) **27**:139
Godfrida (Davidson) **24**:180-81

"Godliness" (Anderson) **1**:59; **10**:51, 55; **24**:21, 28, 33-4, 38, 45, 56
"The God-Maker, Man" (Marquis) **7**:446
"Godoleva" (D'Annunzio) **6**:143
"Godolphin Horne Who Was Cursed with the Sin of Pride and Became a Boot-Black" (Belloc) **7**:42; **18**:40
"Gods" (Cullen) **4**:46; **37**:146, 159, 161-62
The Gods (Alain)
See *Les dieux*
The Gods and Mr. Perrin (Walpole)
See *Mr. Perrin and Mr. Traill*
The Gods Are Athirst (France)
See *Les dieux ont soif*
"The Gods Are Coming" (Sodergran)
See "Gudarna komma"
The Gods Arrive (Wharton) **3**:573; **9**:549, 551
"God's Battle-Ground" (Service) **15**:412
"God's Bird" (Tynan) **3**:502
"God's Chastisement Is This Curse" (Bialik) **25**:50
God's Counterpoint (Beresford) **81**:8
"God's Creature" (Hippius) **9**:158-59
The Gods Die, Man Lives On (Babits)
See *Az Istenek halnak, az ember él*
"God's Fool" (Rinehart) **52**:282
"God's Funeral" (Hardy) **53**:88
God's Good Man (Corelli) **51**:68, 76
"God's Lonely Man" (Wolfe) **4**:521
"The Gods of Germany" (Zangwill) **16**:461
The Gods of Mars (Burroughs) **2**:77, 80; **32**:57-8, 66, 68-9
"The Gods of Pegana" (Dunsany) **59**:2
The Gods of Pegana (Dunsany) **2**:136, 141; **59**:7, 17-21, 25, 28-9
Gods of the Lightning (Anderson) **2**:1-3
The Gods of the Mountain (Dunsany) **2**:137, 139, 142-45; **59**:3, 5-6, 9-10, 12, 14
"Gods of the North" (Howard)
See "The Frost Giant's Daughter"
"Gods of War" (Baker) **10**:21
"God's Remembrance" (Ledwidge) **23**:116
Gods, Saints, and Men (Lee-Hamilton) **22**:186, 188-89
"God's Skallywags" (Service) **15**:413
God's Stepchildren (Micheaux) **76**:246-47, 254-56, 267-69
God's Tree (Bunin) **6**:45
God's Trombones: Seven Negro Sermons in Verse (Johnson) **3**:240-41, 243, 245; **19**:206-07, 209, 211, 217, 220
"God's Truce" (Lagerloef) **36**:240
"God's World" (Millay) **4**:307, 316; **49**:208
The God-Seeker (Lewis) **4**:260; **13**:339
"Godt år fór Norge" (Grieg) **10**:206, 208
"Godwin" (Murry) **16**:341
The Goebbels Diaries 1942-1943 (Goebbels) **68**:87
"Goethe" (Murry) **16**:341
Goethe (Croce) **37**:127
Goethe (Simmel) **64**:338
"Goethe and the Eighteenth Century" (Cassirer)
See *Freiheit und Form*
"Goethe and Tolstoi" (Mann) **14**:357; **21**:168, 170, 190; **44**:165
Goethe as Representative of the Bourgeois Age (Mann) **35**:253
Goethe et Beethoven (Rolland) **23**:269
Goethe's "Elective Affinities" (Benjamin)
See *Goethes "Wahlverwandtschaften"*
"Goethes Lezte Nacht in Italien" (George) **2**:150
Goethes "Wahlverwandtschaften" (Benjamin) **39**:3-4, 11-12, 21, 35, 44, 47-8, 59
Gog (Papini) **22**:278-79, 281, 288, 291
Gog and MacGog (Bridie) **3**:134
Gógol and the Devil (Merezhkovsky) **29**:231
"Goin' Back" (Dunbar) **12**:115
"The Going" (Hardy) **53**:93
Going Abroad (Macaulay) **7**:430; **44**:127
"Going Away" (Hagiwara Sakutaro)
See "Ryojō"
"The Going Away of Liza" (Chopin) **14**:69
"Going Blind" (Lawson) **27**:125
"Going for the Milk" (Webb) **24**:473
"Going Home" (Service) **15**:401
Going Home (Dazai Osamu)
See *Kikyōrai*
Going Native (Gogarty) **15**:105, 119
Going to Pieces (Woollcott) **5**:527, 529
"Going to Shrewsbury" (Jewett) **22**:147
"Going West" (Austin) **25**:34
"Gojaste Dezh" (Hedayat) **21**:76
"Gojiingahara no katakiuchi" (Mori Ōgai) **14**:380, 384
"Gojū no tō" (Rohan) **22**:295, 297-98, 300-02, 305
"Gokhale" (Naidu) **80**:314
"The Gold" (Freeman) **9**:72-3
Gold (O'Neill) **1**:385; **6**:327; **49**:252
Gold and Iron (Hergesheimer) **11**:263, 266
"The Gold Axe" (Leroux) **25**:260
"Gold Brocade" (Balmont)
See "Zolotaia parcha"
Gold Coast Land Tenure and the Forest Bill (Casely-Hayford) **24**:132
Gold Coast Native Institutions (Casely-Hayford) **24**:132-35, 137
The Gold Diggers (Aleichem)
See *Di goldgreber*
"The Gold Fish" (Graham) **19**:110, 136
Gold, Frankincense and Myrrh (Cram) **45**:22
Gold in Azure (Bely)
See *Zoloto v lazuri*
A Gold Mine (Matthews) **95**:243
"The Gold Mines" (Vilakazi)
See "Ezinkomponi"
The Gold of Fairnilee (Lang) **16**:264-66
"The Gold Standard" (Adams) **80**:53
"The Golddigger" (Jensen)
See "Guldgraveren"
The Golden Age (Grahame) **64**:54-6, 61-6, 78, 80-2, 87-8, 91-98, 103, 108, 110
The Golden Apple (Gregory) **1**:334
Golden Apples (Rawlings) **4**:360-61, 365
The Golden Arrow (Webb) **24**:464-69, 471, 473-74, 482-84
"The Golden Boat" (Tagore) **53**:340
The Golden Boat (Tagore)
See *Sonar tari*
The Golden Boat (Tagore) **3**:490
The Golden Book of Springfield (Lindsay) **17**:223, 230, 237, 240, 243, 246
"The Golden Bough" (Bishop) **103**:19
"Golden Bough" (Wylie) **8**:530
The Golden Bough (Frazer) **32**:193, 195, 197-98, 200-07, 209-13, 215-16, 219-39, 241-44
The Golden Bowl (James) **2**:246-49, 254, 256, 258, 263-64, 271-74; **11**:321, 326, 332-34, 337, 342, 346; **24**:342, 345; **40**:132-33, 147, 169; **47**:150, 158,161-62, 164, 166-68, 170-71, 173-75, 177, 185-87, 189, 191-95, 201, 207-08
"The Golden Cassia" (Naidu) **80**:280
The Golden Chain (Peretz)
See *Di goldené keyt*
The Golden Doom (Dunsany) **2**:137, 139-40; **59**:6, 9-10, 14
Golden Dragon City (Dunsany) **59**:26, 28
"The Golden Drugget" (Beerbohm) **1**:72; **24**:103
Golden Fleece (Benet) **28**:8, 12
The Golden Fleece (Phillips) **44**:253, 257, 262, 273, 276
"Golden Florins" (Morley) **87**:148
"The Golden Fly" (Zola) **6**:563
"The Golden Head" (Flecker) **43**:188
"The Golden Honeymoon" (Lardner) **2**:329, 335; **14**:291, 293, 296-98, 306, 309
"The Golden Journey to Samarkand" (Flecker) **43**:190, 198-99
The Golden Journey to Samarkand (Flecker) **43**:186, 188, 194-96, 210, 214-15
"The Golden Key" (MacDonald) **9**:294, 298-99, 301, 305-07
The Golden Key; or, The Adventures of Buratino (Tolstoy) **18**:377
The Golden Keys (Lee) **5**:313
Golden Knight (Faust) **49**:36
Golden Morning (Devkota)
See *Sunko bihāna*
Golden Mud (Moricz)
See *Sárarany*
The Golden Peril (Dent) **72**:21
The Golden Pomp: A Procession of English Lyrics from Surrey to Shirley (Quiller-Couch) **53**:291
The Golden Pool (Freeman) **21**:54, 56-7
The Golden Road (Montgomery) **51**:199-200, 213
"Golden Rowan of Menalowan" (Carman) **7**:135, 144
The Golden Scarecrow (Walpole) **5**:498, 503
The Golden Scorpion (Rohmer) **28**:282, 292, 301
"Golden Shoes" (Peretz) **16**:398
The Golden Slipper and Other Problems for Violet Strange (Green) **63**:141, 153-54, 156
The Golden Steed (Rainis)
See *Zelta zirgs*
"Golden Stockings" (Gogarty) **15**:103, 109, 112
The Golden Threshold (Naidu) **80**:271, 278
The Golden Vase (Lewisohn) **19**:273, 278
The Golden Vulture (Dent) **72**:36
"The Golden Wand" (Tagore)
See "Sonar Kathi"
"The Golden Whales of California" (Lindsay) **17**:227, 229, 236
Di goldené keyt (Peretz) **16**:396-97, 400
Der goldene segel (Kandinsky)
See *Einsame*
Der goldene Spiegel (Wassermann) **6**:509, 518
"A Golden-Haired Girl in a Louisiana Town" (Lindsay) **17**:241
Goldmachergeschichten (Meyrink) **21**:231
The Golem (Meyrink)
See *Der Golem*
Der Golem (Meyrink) **21**:217-20, 230-32, 235, 237-38
The Golf Specialist (Fields) **80**:235-6
Una golondrina (Storni) **5**:454
"Golondrinas" (Storni) **5**:453
Goly god (Pilnyak) **23**:196-202, 204-05, 207-08, 210-12, 214-23
A Gólyakalifa (Babits) **14**:40, 42
Gombo zhebes (Hearn) **9**:135
"Gomborskii les" (Zabolotsky) **52**:367
"Gomez" (Kornbluth) **8**:216
"Gompers and Cobb" (Cobb) **77**:132
"Les Goncourts" (Gray) **19**:160
Gondla (Gumilev) **60**:265-6, 268, 275
"Gondola Song" (Nietzsche)
See "Venice"
Gondolat és írás (Babits) **14**:41
The Gondoliers; or, The King of Barataria (Gilbert) **3**:213-15, 217-18
"Gone" (Coleridge) **73**:25
"Gone, Gone Again" (Thomas)
See "Blenheim Oranges"
Gone to Earth (Webb) **24**:465-67, 469-70, 472, 474, 476, 479, 482-84
Gone with the Wind (Mitchell) **11**:371-91
"Goneril, Lear's Daughter" (Capek) **37**:44
La gonfle (Martin du Gard) **24**:394, 404
"Good!" (Mayakovski) **18**:266, 268
"The Good Anna" (Stein) **6**:408; **28**:334; **48**:225-26
"Good Bad Books" (Orwell) **51**:247-48, 267
A Good Bargain (Dunsany) **59**:13, 26
Good Company: A Rally of Men (Lucas) **73**:158, 170, 173
"A Good Conscience" (Kielland) **5**:276
"The Good Cow" (Platonov)
See "Korova"

The Good Day (Raabe) **45**:201
"A Good Deed" (Herzl) **36**:141
The Good Earth (Slesinger) **10**:446
The Good Fairy (Molnar) **20**:167, 169, 171
The Good Fairy (Sturges) **48**:285, 294, 311
The Good Fellow (Mankiewicz) **85**:109
"A Good Fight and the Faith Kept" (Fisher) **87**:74
"Good Fortune" (Nexo)
See "Lykken"
The Good Glory (Pereda) **16**:365
The Good Hope (Heijermans)
See *Op hoop van zegen*
The Good in the Teachings of Tolstoy and Nietzsche: Philosophy and Preaching (Shestov)
See *Dobro v uchenii Tolstovo i Nietzsche: filosofia i propoved'*
"The Good Little Girl" (Milne) **6**:314; **88**:243
"Good Luck" (Gogarty) **15**:100, 103, 109
"Good Luck" (Jewett) **22**:117
Good Luck! (Heijermans) **24**:292
"Good Man, Bad Woman" (Stevens) **45**:344-45
"The Good Man in Hell" (Muir) **87**:167
A Good Man's Love (Delafield)
See *Thank Heaven Fasting*
Good Men and True (Rhodes) **53**:306-07, 311, 317, 321, 324, 326-27
"Good News" (van Ostaijen) **33**:422
Good Old Anna (Lowndes) **12**:202
The Good Palóc People (Mikszath)
See *A jó Palócok*
"A Good Prince" (Beerbohm) **24**:109
"Good Reading" (Caragiale) **76**:174
"The Good Rich Man" (Chesterton) **6**:98
The Good Soldier: A Tale of Passion (Ford) **1**:276-80, 282-90; **15**:70, 74, 78-80, 85-90, 92-4; **39**:112-71; **57**:214, 228, 230, 233-35, 239, 243, 247, 253, 256, 260-61, 266, 273, 278-79, 282, 287-89
The Good Soldier Schweik (Hasek)
See *Osudy dobrého vojáka Švejka za světoné války*
"Good Taste and Common Sense" (Hartmann) **73**:148
"Good Tidings" (Tsvetaeva)
See "Blagaia vest'"
The Good Time (Barlach)
See *Die gute Zeit*
"The Good Town" (Muir) **2**:482; **87**:159, 190
A Good Woman (Bromfield) **11**:77, 85, 87
The Good Woman of Setzuan (Brecht)
See *Der gute Mensch von Sezuan*
"Good Year for Norway" (Grieg)
See "Godt år fór Norge"
"Good-By, Jim" (Riley) **51**:285
"Goodbye" (Lewis) **3**:286
Goodbye (Dazai Osamu) **11**:177, 188
"Good-Bye, Flo" (Cohan) **60**:167
Good-Bye, Mr. Chips (Hilton) **21**:93-8
Goodbye, Stranger (Benson) **17**:21, 24, 28, 30-1
Goodbye to Western Culture (Douglas) **68**:2-4, 9
A Goodbye—A Handkerchief (Nezval) **44**:240, 244
"The Goodly Creatures" (Kornbluth) **8**:216-17
"A Goodly Life" (Bunin) **6**:45
"Good-night, Babette!" (Dobson) **79**:23, 27
"The Goophered Grapevine" (Chesnutt) **5**:135; **39**:70, 72, 84, 95-6, 101, 104
"The Goose Girl" (Millay) **4**:316
The Goose Man
See *Das Gänsemännchen*
"Gooseberries" (Chekhov)
See "Kryžovnik"
Goose-Quill Papers (Guiney) **41**:209-10
Gopa (Valera y Alcala-Galiano) **10**:505
Gora (Tagore)
See *Gorā*
Gorā (Tagore) **3**:494-95, 499
Görbe tükör (Karinthy) **47**:269
Gore i smekh (Khlebnikov) **20**:137
"Gorgeous Dream" (Jozsef) **22**:163
"La Gorgue" (Gurney) **33**:102
Goriashchie zdaniia (Balmont) **11**:30-2, 34-6, 39, 42
Gorila (Rebreanu) **28**:272
The Gorilla (Rebreanu)
See *Gorila*
"Gorod" (Bryusov)
See "V stenax"
"Gorod" (Guro) **56**:134, 142, 147, 149
"Gorodu" (Bryusov) **10**:83
The Goslings (Beresford) **81**:6
"Go-Slow Strike" (Bosman) **49**:13
"The Gospel of Atheism" (Besant) **9**:17-18
"Gospel of Beauty" (Lindsay) **17**:240
"The Gospel of Being" (Balmont) **11**:34
The Gospels in Brief (Tolstoy) **79**:335, 400
Gospels of Anarchy (Lee) **5**:312, 315-16
Gospodin iz San-Frantsisko (Bunin) **6**:43-5, 47
Gospozha Lenis (Khlebnikov) **20**:136, 150
Gösta Berling's saga (Lagerloef) **4**:229, 231-32, 234-42; **36**:229-30, 232-34, 238-39, 241-44, 246-48
"Gosudarevyyamshchiki" (Korolenko) **22**:182
Der got fun nekomeh (Asch) **3**:65-6, 68, 71
"Gotami" (Bunin) **6**:58
The Gothic Bibliography (Summers) **16**:429, 433
The Gothic Quest (Cram) **45**:18-19
The Gothic Quest: A History of the Gothic Novel (Summers) **16**:429-30, 433
The Gothic Renaissance (Jensen)
See *Den gotiske Renaissance*
Den gotiske Renaissance (Jensen) **41**:300-01, 308-09
"Der Gott der Stadt" (Heym) **9**:147
"Der Gott des Morgens" (Ball) **104**:6
"Gott hor" (Lasker-Schueler) **57**:334
Gott und Gottheiten der Arier (Otto) **85**:319
"Gottes Auge" (Borchert) **5**:109
"Gottfried Benn" (Lasker-Schueler) **57**:320
Gottfried Keller (Huch) **13**:253
Die Göttinnen (Mann) **9**:316, 322-23, 325-27
Die götzendämmerung; oder, Wie man mit dem Hammer philosophiert (Nietzsche) **10**:356, 378, 393; **18**:352; **55**:367, 374, 376
"Le gousset" (Huysmans) **7**:406
Le goûter des généraux (Vian) **9**:530, 534, 537-38
"Goutou-Goupatou" (Papadiamantis) **29**:272
Gouverneurs de la rosée (Roumain) **19**:331-33, 335, 338, 345, 347-48
The Governess (Hunt) **53**:191
"Government in Relation to Business" (Wilson) **73**:300; **79**:487
The Governor's Son (Cohan) **60**:162, 164, 166, 169-70
"The Governor's Vrouw" (Erskine) **84**:168
Goya; oder, Der arge Weg der Erkenntnis (Feuchtwanger) **3**:182-83
A gőzoszlop (Molnar) **20**:164, 173
"Graabølle" (Jensen) **41**:308
Grab and Grace; or, It's the Second Step (Williams) **1**:517; **11**:499
"Das grab des Hunds" (Morgenstern) **8**:306
"Gracchus the Huntsman" (Kafka)
See "Der jäger Gracchus"
"Grace" (Joyce) **8**:167, 170; **35**:151, 153-54, 160-61, 164, 167, 190-91, 197
"Grace" (Mistral)
See "La gracia"
Grace in Christianity and Hinduism (Otto)
See *India's Religion of Grace and Christianity*
"Grace of the Way" (Thompson) **4**:438, 440
"La gracia" (Mistral) **2**:478
The Gracie Allen Murder Case (Van Dine) **23**:360
"Graf Mark und die Prinzessin von Nassau-Usingen" (Huch) **13**:249
Der Graf von Charolais (Beer-Hofmann) **60**:27, 32
Der Graf von Ratzburg (Barlach) **84**:98-9, 146
The Grafting (Pirandello)
See *L'innesto*
Grain of Dust (Phillips) **44**:262, 268, 294
"A Grain of Sand" (Harper) **14**:259
"Grain's Way" (Khodasevich) **15**:211, 213
"Gramigna's Lover" (Verga)
See "L'amante di Gramigna"
"Gramigna's Mistress" (Verga)
See "L'amante di Gramigna"
A Grammar of Politics (Laski) **79**:85, 104-6, 132, 144-6, 159, 163, 166, 168
"The Grammar School" (Schendel) **56**:240
"A Grammarian" (Stein) **48**:233
"Grammar—Wireless Imagination—Free Words" (Marinetti) **10**:324
Grammata, Volume I (Palamas) **5**:379
"The Gramophone" (Bosman) **49**:6, 9
El gran Galeoto (Echegaray) **4**:97, 99, 102-05
"La gran metropolis" (Dario) **4**:62
El gran torbellino del mundo (Baroja) **8**:57
"Granatovyi braslet" (Kuprin) **5**:298, 300-01, 304, 307
The Grand Babylon Hotel (Bennett) **5**:23, 37, 43; **20**:26
The Grand Duke; or, The Statutory Duel (Gilbert) **3**:218
"Grand Hymn of Thanksgiving" (Brecht) **1**:114
Le grand jeu (Peret) **20**:183, 185, 187, 196
"The Grand Jury" (Galsworthy) **45**:33
Le grand meaulnes (Alain-Fournier) **6**:12-19, 22-8
"The Grand Old Flag" (Cohan)
See *It's a Grand Old Flag*
"La grand peur des bien-pensants, Edouard Drumont" (Bernanos) **3**:127
"Grand River Marshes" (Masters) **25**:298
Le Grand Saigneur (Vallette) **67**:283
"Le grand Saint Nicholas" (France) **9**:57
The Grand Slam (Andreyev) **3**:28
The Grandchildren of the Ghetto (Zangwill) **16**:447, 463
La grande beuverie (Daumal) **14**:89, 92-5
"La grande epoque" (Larbaud) **9**:206
La grande épreuve des démacraties (Benda) **60**:54, 57, 81
La grande guerre du Sondrebund (Ramuz) **33**:294
"La grande monade" (Teilhard de Chardin) **9**:492
El Grande Oriente (Perez Galdos) **27**:257, 287
"La grande ourse" (Sully Prudhomme) **31**:304
La grande peur dans la montagne (Ramuz) **33**:296, 303-05, 308-10
A grande sombra (Sa-Carniero) **83**:401, 405
Les grandes cimetières sous la lune (Bernanos) **3**:116-17, 127-28
Les grandes époques créatrices (Rolland) **23**:268-69
The Grandfather (Perez Galdos)
See *El abuelo*
"The Grandfather and the Grandson" (Kahanovitsch) **56**:119
"Grandfather's Three Lives" (Day) **25**:131
"Grandfather-Soldier" (Platonov) **14**:419
The Grandissimes (Cable) **4**:24-37
"Grandma's Jewelbox" (Prus)
See "Szkatulka babki"
"Grandmither, Think Not I Forget" (Cather) **11**:93
Grandmother's Trinket Box (Kuzmin) **40**:197
"Les grands jours du poète" (Desnos) **22**:61
Les grands moments du 19e siècle français (Ramuz) **33**:306
"Granella's House" (Pirandello)
See "La casa del Granella"
Grania (Gregory) **1**:332, 334-36
Granite and Rainbow (Woolf) **43**:420
"Granny Magone" (Bierce) **7**:92
Granny Maumee (Torrence) **97**:148-52, 157, 159-61
"Granny's Hut" (Platonov) **14**:420

"Granos de trigo" (Palma) **29**:256
Granville de Vigne (Ouida) **43**:347-48, 364, 366, 369
"Grape Gatherers of Sodom" (Vallette)
See "Les vendanges de Sodome"
"Grape Juice" (Miyazawa) **76**:280
"Grapes" (Knister) **56**:155, 163
"Grapes" (Lawrence) **93**:98, 100, 122
Grass (Pilnyak)
See *Bylyo*
Grass and Tree Stupa (Santoka)
See *Somokuto*
Grass Figures (Hecht) **101**:38
"The Grass in Lohina" (Mikszath)
See "A Lohinai fú"
Grass on the Wayside (Natsume)
See *Michikusa*
"The Grasscutter" (Devkota) **23**:47
"The Grasshopper" (Chekhov) **3**:161
Grasshoppers (Dazai Osamu)
See *Kirigirisu*
Grata compañía (Reyes) **33**:323
Gratia plena (Nervo) **11**:401
"Gratitude" (Akutagawa Ryunosuke) **16**:22
"Das Grauen" (Trakl) **5**:462
De grauwe vogels (Schendel) **56**:238-239
"Grave" (Ivanov) **33**:138
The Grave (Palamas)
See *Ho táfus*
Grave Inscriptions (Nezval) **44**:239
"The Grave of Shaka" (Vilakazi)
See "Phezu kwethuna likaShaka"
"The Grave of the Dog" (Eastman) **55**:171
"The Grave of the Horseman" (Graham) **19**:129
"The Gravedigger" (Carman) **7**:138, 142
"The Grave-Digger" (Gibran) **9**:91
"Graven Image" (Bosman) **49**:5, 7
"A Gravestone" (Anwar)
See "Nisan"
"The Graveyard by the Sea" (Valery)
See "Le cimetière marin"
"The Graveyard of Dead Creeds" (Hardy) **53**:101
The Graveyard of Dreams (Benavente) **3**:94
The Graveyard Rats (Kuttner) **10**:267, 272
"Gravis Dulcis Immutabilis" (Flecker) **43**:188
Gravity and Grace (Weil)
See *La pesanteur et la grâce*
"Gravy Planet" (Kornbluth) **8**:216
"A Gray and Dusty Daylight" (Brennan) **17**:43
Gray Birds (Schendel)
See *De grauwe vogels*
"Gray Days" (Colette) **16**:139
"The Gray Man" (Jewett) **22**:141
"Gray Stones and Gray Pigeons" (Stevens) **45**:275
"The Gray Wolf's Ha'nt" (Chesnutt) **5**:130, 132; **39**:73-4, 95, 104
Graybeal's Guest (Adams) **56**:9
The Great Accident (Williams) **89**:360, 363, 386, 393
"Great Adventure" (Roosevelt) **69**:186
The Great Adventure (Bennett) **5**:27, 43-4
"The Great Adventure of Max Breuck" (Lowell) **8**:231
"The Great American Novel" (Wharton) **9**:549; **53**:388
"The Great and Little Weavers" (Roberts) **8**:321
"Great Aryan Myth" (Belloc) **18**:25
"The Great Aspiration" (Pascoli) **45**:142
"The Great Auk" (Cobb) **77**:129, 137-8
"The Great Auto Mystery" (Futrelle) **19**:89
The Great Betrayal (Benda)
See *La trahison des clercs*
The Great Beyond (Quiroga)
See *Más allá*
"The Great Breath" (Baker) **3**:4; **10**:20, 26
The Great Broxopp (Milne) **6**:308-09
The Great Buddy Holly (Holly) **65**:144
"The Great Circus of the Holy Ghost" (van Ostaijen) **33**:422
The Great Clock (Nezval) **44**:241
The Great Creative Periods (Rolland)
See *Les grandes époques créatrices*
Great Days (Harris) **24**:265, 272, 280
The Great Detective Stories (Van Dine) **23**:360
"A Great Discovery"
See "Daihakken"
The Great Fight (Drummond) **25**:146
The Great French Revolution: 1789-1793 (Kropotkin) **36**:192-93, 197
Great Fugue (Kandinsky) **92**:35
The Great Galeoto (Echegaray)
See *El gran Galeoto*
The Great Garrick (Whale) **63**:339, 378
The Great Gatsby (Fitzgerald) **1**:237-48, 250-56, 258-74; **6**:160-66, 168-70, 173; **14**:147-89; **28**:90, 92, 10 4, 108, 110, 115, 120; **55**:191, 193-99, 201-02, 206-07, 209-11, 214-18, 22 0, 222, 225-29
The Great German War (Huch) **13**:241
The Great God Brown (O'Neill) **1**:384, 395-96, 402, 404, 406; **6**:326-27, 329-31, 335; **49**:252, 257, 285-86, 291, 294
"The Great God Pan" (Machen) **4**:277-79, 284
The Great God Pan and the Inmost Light (Machen) **4**:285
The Great God Success (Phillips) **44**:253, 257, 262, 268, 273, 276-78, 282, 287, 295, 298, 301
"The Great Good Place" (James) **2**:246, 262
"The Great Grey Plain" (Lawson) **27**:140
The Great Highway (Strindberg)
See *Stora landsvägen*
"The Great Homecoming" (Sikelianos) **39**:410, 413-14, 419, 421
The Great Hunger (Bojer)
See *Den store hunger*
The Great Impersonation (Oppenheim) **45**:127-29, 131-32, 135
"The Great Interrogation" (London) **9**:264, 273
"The Great Keinplatz Experiment" (Doyle) **7**:238
"Great Lesson from a Great Man" (Zweig) **17**:458
"The Great Lover" (Brooke) **2**:55-6, 58, 61; **7**:121, 123-26, 130
"The Great Man" (Middleton) **56**:174-76
A Great Man (Bennett) **5**:43, 50-1; **20**:18
The Great McGinty (Sturges) **48**:272-74, 276-77, 282-83, 287-88, 291, 301, 303-04, 309, 311, 313, 317, 319-22
The Great Meadow (Roberts) **68**:295-96, 298-99, 307-9, 312-13, 316-17, 321, 324, 326, 328, 330, 332, 335, 339-42, 360, 363
The Great Men and A Practical Novelist (Davidson) **24**:194
"Great Men and Their Environment" (James) **32**:347
The Great Miss Driver (Hope) **83**:167
The Great Mistake (Rinehart) **52**:287, 299-300, 302
The Great Mistake (Villaurrutia) **80**:458
The Great Moment (Glyn) **72**:129-30, 133-35, 137, 140
The Great Moment (Sturges) **48**:273, 276, 283-85, 291-92, 295-96, 301, 303, 309, 313, 315-17
Great Oaks (Williams) **89**:378, 396-7
Great Possessions (Baker) **47**:25, 27
The Great Prince (Moricz) **33**:250
The Great Prince Shan (Oppenheim) **45**:127
"Great Race" (Lovecraft) **4**:269
"The Great Refusal" (Fisher) **87**:72
The Great Rehearsal (Van Doren) **18**:410
The Great Remedy (Marinetti) **10**:320
"The Great Return" (Carman) **7**:149
The Great Return (Machen) **4**:280, 284-85
"The Great River" (Fletcher) **35**:96
The Great Secret (Oppenheim) **45**:123-24, 128
"The Great Silence" (Zweig) **17**:431
The Great Society: A Psychological Analysis (Wallas) **91**:354, 357, 359-61, 365, 369-70, 372, 379-80, 383, 390-1, 394, 402
The Great South Land (Ingamells) **35**:123-24, 138
"The Great Statue" (Stevens) **3**:448
"The Great Statues" (Bishop) **103**:21
The Great Stone of Sardis (Stockton) **47**:317, 322, 325, 327
A Great Success (Ward) **55**:438
The Great Thousand Years (Cram) **45**:19, 21
Great Trade Route (Ford) **15**:75-6, 87, 89
"Great Types of Modern Business—Politics" (Steffens) **20**:362
"Great Uncle McCarthy" (Somerville & Ross) **51**:356, 360, 380, 385
The Great Valley (Masters) **25**:289, 296, 315
"The Great Visions" (Palamas) **5**:377
"The Great Wall of China" (Kafka) **2**:303
The Great Wall of China, and Other Pieces (Kafka)
See *Beim Bau der Chinesischen Mauer*
The Great Wall of China: Stories and Reflections (Kafka)
See *Beim Bau der Chinesischen Mauer*
The Great War Syndicate (Stockton) **47**:313, 317, 321-22, 325, 328, 331
The Great War Syndicate (Stockton) **47**:314
The Great Well (Sutro) **6**:421-22
"Great White Throne" (Johnson) **3**:243
The Great White Wall (Benet) **28**:3, 6, 9
"The Great Worm" (Gray) **19**:156-57
Great Writers (Woodberry) **73**:368, 377
"The Greater Chopin" (Huneker) **65**:199
The Greater Inclination (Wharton) **3**:551, 555, 566, 570; **9**:540
"Greater Love" (Owen) **5**:358, 360, 363-64, 366-68, 374; **27**:201-03, 206, 208-09, 212, 217, 222, 225, 235-36
"Greater Than Love" (Evans) **85**:24
The Greater Trumps (Williams) **1**:523, 525; **11**:487, 493, 500
"The Greatest Drama Ever Staged" (Sayers) **15**:378, 387
"The Greatest of Australia's Dead" (Warung) **45**:419
The Greatest Question (Griffith) **68**:170
The Grecians (Flecker) **43**:193, 206, 209, 213-14, 217
Le Greco ou le secrét de Tolède (Barrès) **47**:55-6, 58-9, 81
Greed (Stroheim) **71**:331-332, 334-335, 339-343, 347-350, 357, 359-365, 367-368, 374-375, 377
"Greek Easter" (Papadiamantis) **29**:273
Greek Genius, and Other Essays (Chapman) **7**:188, 198
"The Greek Goddess" (Higginson) **36**:182
"Greek Letters" (Grieg) **10**:208
The Greek Passion (Kazantzakis)
See *Ho Christos xanastauronetai*
"Greek Tragedy" (Lardner) **14**:319
The Greek Vase (Baring) **8**:32
"The Greeks Are Coming!" (Lawrence) **93**:62, 71, 73, 75, 78
"Green" (Butts) **77**:106
"Green" (Lawrence) **93**:125
Green Alps (Crowley) **7**:208, 211
Green Apple Harvest (Kaye-Smith) **20**:101-03, 109-10, 114, 118
The Green Archer (Wallace) **57**:398, 402
Green Arras (Housman) **7**:352-53
The Green Bay Tree (Bromfield) **11**:71-5, 77, 81-2, 85, 87
Green Bays: Verses and Parodies (Quiller-Couch) **53**:289-90
"Green Blades of Spears" (Miyazawa) **76**:293
The Green Book of the Bards (Carman) **7**:138
The Green Bough: A Tale of the Resurrection (Austin) **25**:35
"The Green Bowl" (Jewett) **22**:147
The Green Carnation (Hichens) **64**:119-21, 126-28, 130-31
"Green Centuries" (Bishop) **103**:6, 18
The Green Cloister (Scott) **6**:388, 394-95

The Green Cockatoo (Schnitzler)
See *Der Grüne Kakadu*
"The Green Corridor!" (Heidenstam) **5**:251
The Green Death (Dent) **72**:23
"The Green Door" (Henry) **19**:173, 175
The Green Elephant (Baring) **8**:40
The Green Eye of Goona (Morrison) **72**:364
The Green Eyes of Bst (Rohmer) **28**:285
The Green Face (Meyrink)
See *Das Grüne Gesicht*
The Green Fairy Book (Lang) **16**:267, 272
Green Fields and Running Brooks (Riley) **51**:273
Green Fire: A Romance (Sharp) **39**:373-74
"Green Flute" (Hagiwara Sakutaro)
See "Midoriiro no fue"
"The Green Fly and the Yellow Squirrel" (Mikszath)
See "A zöld légy és a sárga mókus"
Green Fruit (Bishop) **103**:4, 15, 26, 45, 47
A Green Garden: Kissing Words (Balmont)
See *Zelënyi vertograd: Slova potseluinye*
Green Ginger (Morrison) **72**:364
"Green Grow the Grasses" (McAlmon) **97**:96, 120, 122
Green Grow the Lilacs (Riggs) **56**:200-03, 205-08, 211, 215-17
Green Hell (Whale) **63**:339
The Green Helmet (Yeats) **18**:442
The Green Helmet, and Other Poems (Yeats) **1**:558, 561; **11**:527-28; **18**:442; **31**:385, 389, 399
The Green Hussar (Molnar)
See *A zöld huszár*
Green Mansions (Hudson) **29**:137-38, 142, 145-47, 149, 151-54, 159-60, 164
The Green Master (Dent) **72**:38
The Green Meadow (Bely) **7**:59
"The Green Mirror" (Woolf) **43**:407-08
The Green Moon (Walpole) **5**:503
The Green Mouse (Chambers) **41**:95
The Green Overcoat (Belloc) **7**:38
"The Green Parrakeet" (Lowell) **8**:235, 237
The Green Ray (Verne)
See *Le Rayon-vert suivi de Dix Heures en chasse*
The Green Ring (Hippius)
See *Zelyonoye kol'tso*
"Green Roads" (Thomas) **10**:464, 470-71
"The Green Room" (de la Mare) **4**:78; **53**:16, 21, 37
"Green Sealing Wax" (Colette) **16**:121, 129, 138
"Green Slates" (Hardy) **53**:117
"Green Symphony" (Fletcher) **35**:94
"Green Thoughts Are" (Rosenberg) **12**:312
"Green Wood" (Pavese) **3**:335
"A Greendown of the Sun" (Jozsef) **22**:163
The Greene Murder Case (Van Dine) **23**:353-54, 359-61
"The Greenest Continent" (Stevens) **45**:269, 271
"The Greenhand Rouseabout" (Lawson) **27**:139
Greenmantle (Buchan) **41**:36-8, 41-2, 53-5, 64, 66-7, 81-3
"The Greeting" (Akutagawa Ryunosuke) **16**:24
"A Greeting" (Dobson) **79**:23
"Greetings to the Optimist" (Dario)
See "Salutación del optimista"
The Greetings to the Sunborn Woman (Palamas) **5**:383
Greifenstein (Crawford) **10**:140, 143-44, 148-49
"Les grenades" (Valery) **15**:468
"Grenadier" (Housman) **10**:257
Grenzen der naturerkenntnis (Steiner) **13**:463
Gretchen (Gilbert) **3**:208
Gretchen's Tochter (Pascoli) **45**:148-49
"La grève des électeurs" (Mirbeau) **55**:291-92
La grève des forgerons (Coppee) **25**:119, 124, 126
"The Grey Eros" (Baker) **10**:19
Grey Face (Rohmer) **28**:278, 285, 295
Grey Granite (Gibbon) **4**:120-23, 125-26, 128-30
"The Grey Mornings" (Tynan) **3**:504
"The Grey Rock" (Yeats) **31**:385
"Grey Rocks and Greyer Sea" (Roberts) **8**:320
"A Grey Sleeve" (Crane) **11**:158, 166
The Grey Stocking (Baring) **8**:31, 40
Grey Weather: Moorland Tales of My Own People (Buchan) **41**:34, 72
The Grey Wig (Zangwill) **16**:455
Grhadāha (Chatterji) **13**:75, 78, 80-1, 83
"Gribiche" (Colette) **16**:127, 129
"Gridale" (Bosschere) **19**:54, 57-8, 63
"Griechische Dramen" (Kaiser) **9**:179
Griechischer Frühling (Hauptmann) **4**:198
"Grief" (Hodgson) **13**:235
"A Grief Ago" (Thomas) **45**:362-63, 376-80
Grief and Laughter (Khlebnikov)
See *Gore i smekh*
"Le grief de l'homme noir" (Roumain) **19**:346
"Grief of Others" (Davies) **5**:201-02
"Grifel' naja oda" (Mandelstam) **2**:403, 409; **6**:260
"Griffey the Cooper" (Masters) **25**:309
"The Griffin and the Minor Canon" (Stockton) **47**:318, 322, 328-32
The Griffin and the Minor Canon (Stockton) **47**:331
"Griggby's Station" (Riley) **51**:292, 300
"Grigia" (Musil) **12**:242, 251-52; **68**:264, 278
The Grim Smile of the Five Towns (Bennett) **5**:42, 46; **20**:17
"Grimace d'artiste" (Sodergran) **31**:287, 291
"The Grimoire" (Summers) **16**:434
The Grimoire, and Other Supernatural Stories (Summers) **16**:434
La gringa (Sanchez) **37**:311-15, 317
"The Grip of the Law" (Cobb) **77**:137
"Griselda" (Hippius) **9**:158
Griselda (Hauptmann) **4**:195
De Grizje Vogels (Schendel)
See *De grauwe vogels*
"Grizzly Papers V" (Bierce) **44**:32
"Grjaduščie gunny" (Bryusov) **10**:93
"Grodek" (Trakl) **5**:461, 464
Der Grosse Krieg in Deutschland (Huch) **13**:244, 247, 251
"Das grosse Lalula" (Morgenstern) **8**:304
Der Grosse Traum (Hauptmann) **4**:205-07
Der Grosse Wurstl (Schnitzler) **4**:396, 402-03
"Grotesque" (Lasker-Schueler) **57**:330
"Grotesque" (Manning) **25**:265, 279
Grotesque Tragedies (Baroja)
See *Las tragedias grotescas*
"Grotesques" (Morgenstern) **8**:304
The Grotto of Humor (Baroja)
See *La caverna del humorismo*
"The Ground God and the Fox" (Miyazawa)
See "Earthgod and the Fox"
"Grounds of Validity of the Laws of Logic: Further Consequences of Four Incapacities" (Peirce) **81**:194,287
A Group of Noble Dames (Hardy) **72**:237
"A Group of Statuary" (Thomas) **10**:458
"Group of Three Persons" (Hagiwara Sakutaro) **60**:294
"Group Psychology and the Analysis of the Ego" (Freud) **52**:112
"The Grove" (Muir) **2**:486; **87**:167, 212
The Grove (Kuzmin)
See *Lesok*
"A Grove and Thoughts" (Miyazawa) **76**:282
"The Grove of Ashtaroth" (Buchan) **41**:34
"Growing Gray" (Dobson) **79**:32
"Growing Old" (Ledwidge) **23**:111
Growing Pains (Carr) **32**:118, 121-29
"Growing Up" (Milne) **88**:244
"Grown-up" (Millay) **49**:224
Growth (Tarkington) **9**:468, 473
The Growth of a Soul (Strindberg) **21**:352
Growth of Indian Mythologies (Boas) **56**:80
"The Growth of 'Lorraine'" (Robinson) **101**:119, 192
The Growth of Love (Bridges) **1**:124
The Growth of Philosophic Radicalism (Halévy)
See *La Formation du Radicalisme Philosophique en Angleterre*
The Growth of the Law (Cardozo) **65**:22, 29, 32, 34-5, 39, 41
Growth of the Soil (Hamsun)
See *Markens grøde*
"The Growtown 'Bugle'" (Jewett) **22**:146
"Grub Street Recessional" (Morley) **87**:143
Grundfragen der Soziologie (Simmel) **64**:318, 326, 334
"Der Gründliche" (Nietzsche) **55**:390-91
Grundlinien einer Erkenntnistheorie der Goetheschen Weltanschauung (Steiner) **13**:455
"Grundmotivet i Obstfelder's Digtning" (Obstfelder) **23**:180
Grundproblem der Erkenntisstheorie (von Hartmann) **96**:198, 203
Grundriss der Axiologie (von Hartmann) **96**:229
Das Grüne Gesicht (Meyrink) **21**:218, 220, 230-31
Der Grüne Kakadu (Schnitzler) **4**:392-93, 402-03
"Der grüne König" (Ball) **104**:17
"La gruta de las maravillas" (Palma) **29**:256
La gruta del silencio (Huidobro) **31**:122, 124, 132
"Gryningen" (Sodergran) **31**:292
"The Gualichu Tree" (Graham) **19**:103
Guard over the Quarantined Ship (Papadiamantis) **29**:271-72
"El guardabosque comediante" (Quiroga) **20**:211
"Guardando il mare" (Pirandello) **29**:310
"The Guardian" (de la Mare) **53**:35, 37
"Guardian Angels" (Johnson) **19**:255
"Guardian of the Law" (Fisher) **11**:212, 213
The Guardian of the Threshold (Steiner)
See *Der Hüter der Schwelle*
Guardians of the Treasure (Sapper) **44**:316
The Guards Came Through (Doyle) **7**:227
The Guardsman (Molnar)
See *A testőr*
Gubijinso (Natsume) **2**:493-96; **10**:329, 345
"Gudabarnet" (Sodergran) **31**:291, 293
"Gudarna komma" (Sodergran) **31**:292
"Guduzhe" (Lu Hsun) **3**:295
"The Guelder Roses" (Lawrence) **93**:116
"Güele" (Guiraldes) **39**:176
"Guenevere" (Teasdale) **4**:424
"Guerdon" (Naidu) **80**:275
La guérison des maladies (Ramuz) **33**:295
The Guermantes Way (Proust)
See *Le côté des Guermantes*
Guermantes' Way (Proust)
See *Le côté des Guermantes*
"Guernica" (Eluard) **41**:164, 166-67
La Guerra Carlista (Valle-Inclan) **5**:474, 486
Guerra e fede (Gentile) **96**:144
La guerra gaucha (Lugones) **15**:291-92
La guerre dans le haut-pays (Ramuz) **33**:310
La guerre de Troie n'aura pas lieu (Giraudoux) **2**:157-61, 163, 165, 172, 174; **7**:322, 327
"The Guess" (Muir) **2**:486
"A Guess at the Riddle" (Peirce) **81**:285
"Guess I'll Have to Telegraph My Baby" (Cohan) **60**:163, 169
"A Guest at Home" (Jewett) **22**:145-46
The Guest of Quesnay (Tarkington) **9**:455, 460
"The Guest of the Peonies" (Nagai)
See "Botan no kyaku"
"The Guests of Mrs. Timms" (Jewett) **22**:147
"The Guests of Phineus" (Benet) **28**:3
"Le guetteur, Mélancolique" (Apollinaire) **51**:13
Guidance and Companionship (Carossa)
See *Führung und Geleit*

A Guide for the Bedeviled (Hecht) **101**:74
Guide to the New World (Wells) **6**:533
Guide to the Principal Pictures in the Academy (Ruskin) **63**:251
A Guide to the Varieties and Rarity of English Regal Copper Coins,Charles II-Victoria, 1671-1860 (Bramah) **72**:7-8
Guidepost (Miyamoto)
See *Dōhyō*
Guiding the Child (Adler) **61**:31-2
"Guignol" (Jarry) **2**:281, 284-85
"El guijarro" (Prado) **75**:211
Guilderoy (Ouida) **43**:366
"Guilt" (Lasker-Schueler) **57**:328
"Guilt by Distinction" (De Voto) **29**:131
The Guiltless (Broch)
See *Die Schuldlosen*
The Guinea Pig (Sturges) **48**:310, 317
"Guinée" (Roumain) **19**:337, 344, 347
"Guinevere" (Gosse) **28**:131
La guirlande des dunes (Verhaeren) **12**:465
"Guistino d'Arienzo" (Jovine) **79**:44
"Gujerat" (Naidu) **80**:340
"Guldgraveren" (Jensen) **41**:307
"The Gull" (Balmont) **11**:34
Gullible's Travels, Etc. (Lardner) **2**:327, 332, 338-39; **14**:304, 313, 316
"Gulmore the Boss" (Harris) **24**:254
"Gul-Mulla" (Khlebnikov) **20**:127
"Gul-Mullah's Trumpet" (Khlebnikov)
See "Truba Gul-Mully"
Gumtops (Ingamells) **35**:122, 128-31, 134
The Gun Runner (Stringer) **37**:336
"Gunga Din" (Kipling) **8**:201; **17**:201, 203
Gunhild (Fisher) **87**:79
Gunman's Gold (Faust) **49**:57-60
Gunnar's Daughter (Undset)
See *Fortaellingen om Viga-Ljot og Vigdis*
Gunner Cade (Kornbluth) **8**:216
"The Guns" (Manning) **25**:279
"Guns as Keys: And the Great Gate Swings" (Lowell) **8**:226, 228, 236
the Gunsaulus Mystery (Micheaux) **76**:246, 262, 272
"Gunsho ni watare" (Kunikida) **99**:294
"Guptadhan" (Tagore) **53**:354
Gurrelieder (Schoenberg) **75**:291-93, 296, 341, 345-47, 372, 394
"Gusev" (Chekhov) **3**:153
Gusla (Vazov) **25**:456
Gustav (Spitteler) **12**:338, 348-50
Gustav III (Strindberg) **8**:418
Gustave Vasa (Strindberg) **1**:449; **8**:517
Der gute Mensch von Sezuan (Brecht) **1**:100-01, 104-05, 113, 116-17; **6**:36-7; **35**:9, 18
"Der Gute Ruf" (Sudermann) **15**:433
"Gute Stunde" (Raabe) **45**:191
Die gute Zeit (Barlach) **84**:98, 132
Gutmanns Reisen (Raabe) **45**:167, 172, 175, 178, 200-01
Gutmann's Travels (Raabe)
See *Gutmanns Reisen*
Gutta Percha Willie (MacDonald) **9**:292
"Guxiang" (Lu Hsun) **3**:295, 298, 302-3
"Guy de Maupassant" (Babel) **2**:28; **13**:18, 34
Guy Domville (James) **2**:261; **11**:318-19; **47**:165
"Guyon" (Sinclair) **11**:407
Guys and Dolls (Runyon) **10**:422-23
"Gwynedd" (Johnson) **19**:242, 244
Gyakkō (Dazai Osamu) **11**:175
"Gyerekkor" (Radnoti) **16**:412
Gyilkosok (Karinthy) **47**:269
Gymnadenia (Undset) **3**:519, 523
"Gymnasium" (Aleichem)
See "Gimnazye"
"Gymnastics" (Higginson) **36**:175
"Gyofukuki" (Dazai Osamu) **11**:173, 182, 186
"Gyogenski" (Mori Ōgai) **14**:380
"The Gypsy" (Thomas) **10**:463
Gypsy (Anderson) **2**:2
Gypsy Balladeer (Garcia Lorca)
See *Primer romancero gitano*
Gypsy Ballads (Garcia Lorca)
See *Primer romancero gitano*
"The Gypsy Christ" (Sharp) **39**:374-75
The Gypsy Girl (Papadiamantis) **29**:271
"The Gypsy Nun" (Garcia Lorca)
See "La monja gitana"
"Gypsy Song" (Babits)
See "Cigánydal"
"The Gyres" (Yeats) **18**:447; **93**:344, 404
Gyubal Wahazar (Witkiewicz) **8**:510-12
"Gyūniko to jagaimo" (Kunikida) **99**:304
"Gyūniku to Bareishō" (Kunikida) **99**:298, 302-03
H. M. S. Pinafore; or, The Lass That Loved a Sailor (Gilbert) **3**:209-10, 214-15, 217-18
Ha (Dazai Osamu) **11**:174, 177, 181-82
Ha! Ha! Among the Trumpets: Poems in Transit (Lewis) **3**:284, 286-87, 289-91
Ha llegado el momento (Villaurrutia) **80**:467
Há uma gôta de sangue em cada poema (Andrade) **43**:7
"Habakuk Jephson's Statement" (Doyle) **7**:234, 238
Habilitation (Weber) **69**:316
"The Habitant" (Drummond) **25**:141, 144, 146-47, 153
The Habitant, and Other French-Canadian Poems (Drummond) **25**:141-43, 148, 151, 155-56
"The Habitant's Jubilee Ode" (Drummond) **25**:154
"An Habitation Enforced" (Kipling) **8**:194
The HAC in Africa (Childers) **65**:53
Hachi no ko (Santoka) **72**:404
"Hachnisini tahath kenafech" (Bialik) **25**:48, 63
"Hackman's Night" (Knister) **56**:162, 165
"Had I a Golden Pound" (Ledwidge) **23**:112, 116
A Haditudosito Naploja (Molnar) **20**:164
Hadji Akhiel (Vazov) **25**:450
Hadji Murád (Tolstoy) **79**:374, 444, 447
"Hadji Murat" (Fadeyev) **53**:58
"Hadjii murád" (Tolstoy)
See "Khadzi murat"
Hadrian (Heyse) **8**:115, 119
Hadrian the Seventh (Rolfe) **12**:266-68, 270, 273-74, 277-80, 282-83
"Haduvig im Kreuzgang" (Huch) **13**:249-50
"Hae" (Yokomitsu) **47**:387, 394
Haendel (Rolland) **23**:280
Haermaendene på Helgeland (Ibsen) **2**:227; **8**:146, 149
"Ha-eynayim ha-re 'eboth" (Bialik) **25**:63
Hafvets stjarna (Ekelund) **75**:95
"A hágár oltára" (Ady) **11**:21
"Hagar und Ismael" (Lasker-Schueler) **57**:316
"The Haggis of Private McPhee" (Service) **15**:399
"Hagomoro" (Noguchi) **80**:400
"Der Hahn von Quakenbrück" (Huch) **13**:252
"Haidebilder" (Liliencron) **18**:206, 213
Der Haidegänger und andere Gedichte (Liliencron) **18**:214
"Haijin Buson" (Masaoka Shiki) **18**:235
"Haiku on Excrement" (Masaoka Shiki) **18**:230-31
"Haiku Wastebasket" (Masaoka Shiki) **18**:229
Haikyo no naka (Mizoguchi) **72**:322
"Hail and Farewell" (Coleridge) **73**:12
"Hail and Farewell" (Gurney) **33**:86
Hail and Farewell: Ave (Moore) **7**:476-80, 482-83, 486, 495-98
Hail the Conquering Hero (Sturges) **48**:269, 272-73, 275-77, 279, 283, 289, 291-92, 294-95, 301-09, 314, 316, 319-23
"Hail Wind!" (Vilakazi)
See "We moya!"
"Le haine emporte tout" (Barrès) **47**:55, 57
"Haircut" (Lardner) **2**:335; **14**:299, 302, 307, 309, 312-13, 317
"A Haircut in Toulouse" (March) **96**:263
The Hairy Ape (O'Neill) **1**:382, 384-85, 394, 400, 402, 404, 406; **6**:324-25, 327, 330; **49**:238, 252, 259-60, 270, 282
The Hairy Arm (Wallace) **57**:395
"Haïta the Shepherd" (Bierce) **7**:88; **44**:12, 44-5
Hakai (Shimazaki Toson) **5**:432-35, 440-41
"Halakah and Aggadah" (Bialik) **25**:60
Halálfiai (Babits) **14**:40, 42
"Halalí" (Huidobro) **31**:134
Halalí (Huidobro)
See *Hallali*
Halb Mähr, halb mehr (Raabe) **45**:188
"Halberdier of the Little Rheinschloss" (Henry) **19**:140
"The Halcyon Birds" (Benet) **28**:2
Halcyone (Glyn) **72**:137
"Haldernablou" (Jarry) **14**:273, 287
Half a Minute's Silence, and Other Stories (Baring) **8**:42
"Half as Much" (Williams) **81**:426
"A Half Day"
See "Hannichi"
"Half Free and Fighting On" (Steffens) **20**:363
"Half Pint Flask" (Heyward) **59**:92-3, 100-01, 105
Half-a-Hero (Hope)
"Half-Crown Bob" (Warung) **45**:419
Half-Crown Bob and Tales of the Rivertime (Warung) **45**:418-19
The Half-Hearted (Buchan) **41**:41-4, 46
"Halfway Down" (Milne) **6**:314; **88**:242
"A halhatatlanság halála" (Babits) **14**:38
"A hall lovai" (Ady) **11**:13, 18
"Hall Marked" (Galsworthy) **45**:33
"Hall of the Missing Footsteps" (Huneker) **65**:169, 196
Halla (Leino) **24**:368, 370
Hallali (Huidobro) **31**:122, 125, 137, 141
"El hallazgo de la belleza" (Lugones) **15**:294
"Hallazgo de la vida" (Vallejo) **56**:287
"Hallowel's Pretty Sister" (Jewett) **22**:146
Hallucinated City (Andrade)
See *Paulicea desvairada*
Halma (Perez Galdos) **27**:250, 257
A Halottak élén (Ady) **11**:17-18, 23, 25
"La halte des heures" (Eluard) **41**:157
Halte Hulde (Bjoernson) **7**:100-01, 103, 112, 116; **37**:8-9, 23, 29, 30-1
"A Halting Sonnet" (Gray) **19**:151
The Hambledon Men (Lucas) **73**:158, 172
Hamlet Had an Uncle (Cabell) **6**:76-7
Hamlet; oder, Die lange Nacht nimmt ein Ende (Doblin) **13**:175-78
Hamlet; or, The Long Night Comes to an End (Doblin)
See *Hamlet; oder, Die lange Nacht nimmt ein Ende*
"The Hammam Name" (Flecker) **43**:190
"The Hammerless Gun" (Pascoli) **45**:155
"Hampa" (Anwar) **22**:24
The Hampdenshire Wonder (Beresford) **81**:3-5,13
Hampshire Days (Hudson) **29**:136, 138, 147, 151
"Hana" (Akutagawa Ryunosuke) **16**:17, 20, 27, 34-5
"Hanabi" (Nagai) **51**:103
"Ha'nacker Mill" (Belloc) **7**:32; **18**:28
"Hanakago" (Nagai) **51**:89
Ha-navi (Asch) **3**:73
"Hanazono no Shisô" (Yokomitsu) **47**:388, 396-97
"The Hand" (Douglas) **40**:86-7, 91-2
"The Hand" (Dreiser) **35**:74-6
"The Hand" (Service) **15**:413
Hand and Ring (Green) **63**:140, 148, 150-52, 155
The Hand and the Glove (Machado de Assis)
See *A mão e a luva*
"The Hand Car" (Akutagawa Ryunosuke)
See "Torokko"
The Hand of Ethelberta (Hardy) **4**:148-49; **10**:215, 217, 226; **18**:86, 100; **53**:110

The Hand of Fu Manchu (Rohmer)
See *The Si-Fan Mysteries*
The Hand of Peril (Stringer) **37**:336
The Hand of the Mandarin Quong (Rohmer) **28**:286
The Hand of the Potter (Dreiser) **10**:171
Handbook of American Indian Languages (Boas) **56**:81
A Handbook to the 37 1/2 Foot Motor Boats of the 200 Class (Lawrence) **18**:179
A Handful of Sand (Ishikawa)
See *Ichiaku no suna*
"The Handicapped—By One of Them" (Bourne) **16**:68-9
"The Handkerchief" (Akutagawa Ryunosuke) **16**:22, 31
The Handling of Words (Lee) **5**:317-18
"Hands" (Anderson) **1**:42, 49, 59, 64; **10**:41, 44-5, 50; **24**:20-1, 24, 28-9, 33-4, 37-8, 44-5, 58
"Hands Across the Void" (Kuttner) **10**:268
"The Hands of God" (Lawrence) **93**:72, 125
The Hands of Orlac (Wiene)
See *Orlacs Hände*
"Handsome Harry" (Howe) **21**:107
"The Handsome Lady" (Coppard) **5**:177
A Handy Guide for Beggars (Lindsay) **17**:241
"A Handy Guy like Sande" (Runyon) **10**:437
Hang On to Love (Riggs)
See *The Domino Parlor*
"Die Hängenden Gärten" (George) **2**:149; **14**:202, 205-06
"A Hanging" (Orwell) **31**:194; **51**:250-52, 255, 261
"The Hanging Gardens" (George)
See "Die Hängenden Gärten"
The Hanging Gardens (Schoenberg)
See *Das Buch der hangenden Garten*
"Hanging in Heaven" (Hagiwara Sakutaro)
See "Hanging in Heaven"
"The Hangman" (Ball)
See "Der Henker"
Hangman's Holiday (Sayers) **15**:379
"Hangman's Oak" (Millay) **49**:210
Hangover House (Rohmer) **28**:284, 296
"Hangover Reflections" (Talvik) **87**:319
"Hania" (Sienkiewicz) **3**:426
"Hank's Woman" (Wister) **21**:382, 391, 393-95, 398
"Hannah Thomburn" (Lawson) **27**:140
"Hannichi" (Mori Ōgai) **14**:384
"Hannukah Money" (Aleichem)
See "Khanike-gelt"
Hanrahan's Oath (Gregory) **1**:333
Hans Alienus (Heidenstam) **5**:250, 253-54
Hans Lange (Heyse) **8**:119
"Han-shan and Shihte"
See "Kanzan jittoku"
En hanske (Bjoernson) **7**:111, 114; **37**:14, 17, 19, 29
"La hanul lui Mînjoală" (Caragiale) **76**:157, 159
"Hap" (Hardy) **53**:103, 117
Happe-Chair (Lemonnier) **22**:198, 200, 202
"Happiness" (Chekhov) **31**:96
"Happiness" (Owen) **27**:207, 235-36
"Happiness" (Zoshchenko) **15**:491
Happiness in a Corner (Sudermann) **15**:420
The Happiness of the Family (Dazai Osamu)
See *Katei no kōfuku*
"Happy and Unhappy Theologians" (Yeats) **11**:539
The Happy Boy (Bjoernson)
See *En glad gut*
"The Happy Children" (Machen) **4**:284
Happy Days, 1880-1892 (Mencken) **13**:378, 385, 387-88, 395, 397
Happy Dispatches (Paterson) **32**:381-82
The Happy End (Hergesheimer) **11**:263, 266
The Happy End (Williams) **89**:365
Happy Ending: The Collected Lyrics of Louise Imogen Guiney (Guiney) **41**:212, 214-15, 219, 229
"Happy Endings" (Hall and Nordhoff) **23**:64
"Happy Family" (Lu Hsun) **3**:301
"The Happy Fatalist" (Scott) **6**:389, 393
"Happy Home" (Khodasevich)
See "A Happy Little House"
The Happy Hypocrite (Beerbohm) **1**:68, 70, 74; **24**:98, 100, 110-11, 126-27
"Happy Jack" (March) **96**:260
"Happy Life" (Davies) **5**:199
"The Happy Life" (Webb) **24**:473
"The Happy Little Cripple" (Riley) **51**:292-93
"A Happy Little House" (Khodasevich) **15**:197, 206, 208, 210-11
A Happy Man (Moricz)
See *A boldog ember*
"The Happy Prince" (Wilde) **1**:503; **8**:492; **41**:389
The Happy Prince, and Other Tales (Wilde) **1**:504; **41**:376
"The Happy Townland" (Yeats) **11**:527
The Happy-Go-Lucky Morgans (Thomas) **10**:451, 458
"Har gaat og higet" (Obstfelder) **23**:177
"The Harbinger" (Henry) **19**:173
"Harbor Dawn" (Crane) **80**:83, 127, 136, 140, 166, 209
"The Harbor-Master" (Chambers) **41**:102
"The Harbour" (Belloc) **18**:40
"Harboured" (Graham) **19**:112
"Harc a nagyúrral" (Ady) **11**:15, 18
"Hard, from Hand to Mouth" (Caragiale) **76**:181
Hard Labor (Pavese)
See *Lavorare stanca*
A Hard Woman (Hunt) **53**:186, 191, 197
"The Hare Ivanych" (Remizov) **27**:352-53
"La Hareng saur" (Huysmans) **69**:7, 23, 25
"Haritada bir nokta" (Sait Faik) **23**:293
"Hark, From the Tomb!" (Cobb) **77**:116, 134
"Harlem" (Benet) **28**:8
"Harlem" (Dunbar) **2**:128
Harlem (Thurman) **6**:445-46, 448-49, 451
"The Harlem Dancer" (McKay) **7**:455, 457, 462
Harlem: Negro Metropolis (McKay) **7**:470-71; **41**:328, 330, 335
"Harlem Shadows" (McKay) **7**:457, 462
Harlem Shadows (McKay) **7**:457, 462, 467; **41**:316, 328, 336, 343
"Harlem Wine" (Cullen) **37**:150-51
"The Harlot's House" (Wilde) **8**:492; **41**:397
Harmer John (Walpole) **5**:496
"Harmon Whitney" (Masters) **25**:309
Harmonielehre (Schoenberg) **75**:296, 316, 319, 329, 358
Harmonium (Stevens) **3**:444, 448, 453, 455, 458-62, 466-69, 476-77; **12**:355-56, 363-64, 366-67, 370, 376, 382, 384-85; **45**:268-69, 273-75, 277, 280-82, 295, 297-99, 317-18, 332, 338, 346, 349, 351-52
"Harmony" (Lardner) **2**:334, 337; **14**:319-20
"The Harmony of Virtue" (Aurobindo) **63**:29, 35-6
"Harnack and the Apostolic Creed" (Andreas-Salome) **56**:45
"Harold Arnett" (Masters) **25**:309
"Harp" (Hardy) **10**:234
"The Harp Song of the Dane Women" (Kipling) **8**:191, 208
Harper of Heaven: A Record of Radiant Living (Service) **15**:411
"The Harping of Cravetheen" (Sharp) **39**:372, 377
"The Harp-Weaver" (Millay)
See "The Ballad of the Harp-Weaver"
The Harp-Weaver, and Other Poems (Millay) **4**:309-10, 316; **49**:208, 213-15, 218, 220-21, 232
"Harriet Waage" (Undset) **3**:522
"Harrigan" (Cohan) **60**:163
"Harry Carey Goodhue" (Masters) **25**:312
"Harry the Actor" (Bramah) **72**:13
"Harsh World That Lashest Me" (Cullen) **4**:45, 50; **37**:144-45, 160, 165
Hartmann, Düring, and Lange (Vaihinger) **71**:420
"Hartrott and Hitler" (Zweig) **17**:458
Haru (Shimazaki Toson) **5**:431-32, 435-36
"Haru no tori" (Kunikida) **99**:302-06
"Haru to Shura" (Miyazawa) **76**:291, 299
Haru to shura (Miyazawa) **76**:279-83, 287, 293, 297, 299
"Haru wa Basha ni Notte" (Yokomitsu) **47**:388, 396
"Harvard Indifference" (Broun) **104**:83
Harvard Memorial Biographies (Higginson) **36**:167, 170-71
"The Harvest" (Scott) **6**:385, 393
The Harvest (Grove) **4**:133
Harvest (Ward) **55**:444, 446
"Harvest Hymn" (Naidu) **80**:303
The Harvest Moon (Thomas) **97**:139
"The Harvest of Diamonds" (Coffin) **95**:11
"The Harvest of the Sea" (McCrae) **12**:210
"Harvest Slumber Song" (Campbell) **9**:30
The Harvester (Porter) **21**:261-62, 264, 271-72, 276
The Harvesters (Pavese)
See *Paesi tuoi*
The Harvesters (Symons) **11**:433
"The Harvests" (Mistral)
See "Les moissons"
"The Harvests of Sodom" (Vallette)
See "Les vendanges de Sodome"
"Has She Forgotten?" (Riley) **51**:303
"Has the Christian Religion Done Ought for Woman?" (Stanton) **73**:259
"Has Your Soul Sipped" (Owen) **5**:369; **27**:218
Hashire merosu (Dazai Osamu) **11**:176, 183-84
"Hashish" (Quiroga) **20**:211
"The Hashish Man" (Dunsany) **2**:136; **59**:20
Hasidism (Peretz) **16**:397
Hassan (Flecker) **43**:195-202, 205, 207-10, 217
Die hässliche Herzogin (Feuchtwanger) **3**:178-79, 182, 186
"Hasta el día en que vuelva" (Vallejo) **3**:533
Hastenbeck (Raabe) **45**:165-66, 171-72, 179, 182, 185, 187, 201
"Hastió" (Machado) **3**:307
A Hasty Bunch (McAlmon) **97**:87-89, 99, 113-15, 117-18, 121
"The Hat" (Bennett) **5**:46
"The Hat and the Post" (Powys) **9**:378
Hat holdas rózsakert (Babits) **14**:40
Hataraku mono miru mono e (Nishida) **83**:235, 237, 251, 254, 278, 282, 290, 311, 313
"Hateful Kuma Eats His Lunch" (Miyazawa) **76**:302
"The Hateful Word" (Welch) **22**:456
"The Haters" (Coffin) **95**:16
"Hatred of Metaphor and Simile" (Bodenheim) **44**:61
A hattyú (Molnar) **20**:160-62, 166, 170-71, 178
"Haunted" (Lowell) **8**:234
The Haunted (O'Neill) **1**:388; **6**:331
The Haunted Bookshop (Morley) **87**:118, 121, 124, 127, 129, 140, 146-8
Haunted Castle (Murnau)
See *Schloß Vogelöd*
The Haunted Chair (Leroux) **25**:260
"The Haunted Chamber" (Chopin) **5**:153; **14**:62
"The Haunted Island" (Blackwood) **5**:80
Haunted Lady (Rinehart) **52**:302
The Haunted Mirror (Roberts) **68**:324, 326
"The Haunted Oak" (Dunbar) **2**:131; **12**:104, 124, 126-27
Haunted Ocean (Dent) **72**:23
"The Haunted Ones" (Quiroga)
See "Los perseguidos"
"The Haunted Palace" (Roberts) **68**:306, 325, 348, 351
"The Haunted Valley" (Bierce) **1**:91; **44**:45

The Haunted Woman (Lindsay) **15**:221, 225-28, 230-34, 237
The Haunted Woods (Lee) **5**:312
"The Haunter" (Hardy) **53**:101
"The Haunter of the Dark" (Lovecraft) **4**:274; **22**:221, 228, 241
"The Haunting of Low Fennel" (Rohmer) **28**:286
Hauntings (Lee) **5**:320
"Das Haupt des heiligen Johannes auf der Schüssel" (Liliencron) **18**:214
Das Haus am Meer (Zweig) **17**:452
Das Haus des Alchimisten (Meyrink) **21**:231-32
Die Hauspostille (Brecht) **1**:97-8, 114, 118
Haute solitude (Fargue) **11**:200-01
Have His Carcase (Sayers) **15**:389
Have You Anything to Declare? (Baring) **8**:37, 42, 44
"Have You Ever Been Lonely" (Holly) **65**:150
"Have You Ever Made a Just Man?" (Crane) **11**:130
"A Haven" (Swinburne) **36**:344
"The Hawk" (Yeats) **93**:341, 364
Hawthorne (James) **11**:321
Hawthorne and His Circle (Hawthorne) **25**:240
Hawthorne and Lavender (Henley) **8**:108-09
"Hay and Hell and Booligal" (Paterson) **32**:369
"Hay un lugar que yo me sé" (Vallejo) **56**:308
"Haymaking" (Thomas) **10**:461, 464
"Hayvanca gülen adam" (Sait Faik) **23**:294
"Haz de tus pies" (Storni) **5**:449
A Hazard of New Fortunes (Howells) **7**:368, 372, 376, 378, 384-85, 390, 393, 395, 397-400; **17**:178, 186-88; **41**:269
"He" (Lovecraft) **22**:218
"He Abjures Love" (Hardy) **10**:221
"He Also Serves" (Henry) **19**:175
"He and She" (Peretz) **16**:389
He and She (Crothers) **19**:74-7, 79, 84
He asálleute zoé (Palamas) **5**:377, 379-80, 383-85
He Came Down from Heaven (Williams) **1**:512, 518-19; **11**:485, 497, 502
He Chews to Run (Rogers) **71**:326
"He Hoes" (Coffin) **95**:15
"He Is White" (Hippius) **9**:163
"He Never Expected Much" (Hardy) **53**:117
He phlogéra tou basilá (Palamas) **15**:379-82, 384-85, 387-88
He phonissa (Papadiamantis) **29**:268, 270-72, 275-77
"He Remembered" (Chekhov) **96**:35
"He Revisits His First School" (Hardy) **53**:114
He Sent Forth a Raven (Roberts) **68**:300, 311-13, 324-25, 335, 338, 360, 364-65
"He Sings the Epistle" (Pirandello)
See "Canta l'epistola"
He, the One Who Gets Slapped (Andreyev)
See *Tot, kto poluchaet poshchechiny*
"He, to Her" (Hardy) **53**:94
"He Understood" (Chekhov) **96**:33
"He who finds a horseshoe" (Mandelstam)
See "Nashedshij podkovu"
"He who found a Horseshoe" (Mandelstam)
See "Nashedshij podkovu"
He Who Must Die (Kazantzakis) **5**:263-64
He Who Says No (Brecht) **1**:104
He Who Says Yes (Brecht) **1**:104
"Head and Bottle" (Thomas) **10**:467
"Head and Shoulders" (Fitzgerald) **6**:160
"The Head and the Bottle" (Sait Faik) **23**:298
Head in Green Bronze, and Other Stories (Walpole) **5**:504
"The Head of the District" (Kipling) **8**:185, 197, 208; **17**:205
"The Head of the Family" (Chekhov) **3**:149
The Head of the Firm (Riddell) **40**:335
"Head Up Like a Deer's" (Coffin) **95**:15
"The Head-Hunter" (Henry) **19**:184
The Headless Men (Dent) **72**:21, 23
"The Headless Mummies" (Rohmer) **28**:282
"Heads and Bellies" (Yokomitsu)
See "Atama Narabi ni Hara"
"Heady Wine" (Svevo)
See "Vino generoso"
"The Heal-All" (Roberts) **8**:318
"Healing" (Lawrence) **93**:57, 58
"Healing and Psychics" (Zoshchenko) **15**:512
"Health" (Thomas) **10**:463
A Health Book for the Tailoring Trade (Adler) **61**:23
"The Health of Our Girls" (Higginson) **36**:175
"The Heap of Rags" (Davies) **5**:203
A Heap o'Livin (Guest) **95**:205, 208, 220
"Hear O Israel" (Peretz) **16**:396
Hear Us O Lord from Heaven Thy Dwelling Place (Lowry) **6**:237, 240-41, 248, 250, 254-55
"Hear Yaroslavna" (Tsvetaeva) **35**:394
"Hear Yaroslavna, Mourning Her Loved One" (Tsvetaeva) **35**:394
Hearken unto the Voice (Werfel) **8**:470
"The Hearse-Horse" (Carman) **7**:139, 142
The Heart (Mann) **9**:315
Heart (Natsume) **2**:495; **10**:334
"Heart, Crown and Mirror" (Apollinaire)
See "Coeur, couronne et miroir"
The Heart of a Dog (Bulgakov)
See *Sobach'e serdtse*
"The Heart of a Mother" (Tynan) **3**:502
The Heart of a Peacock (Carr) **32**:118
Heart of Darkness (Conrad) **1**:200, 202, 205, 207, 210, 212, 217-18, 220-22; **6**:119-20, 122-24; **13**:99-142; **25**:85-6, 89, 110-11; **43**:133, 135, 137-38, 144-45; **57**:42, 53-54, 61, 66, 85, 87, 100, 103, 108-10, 112, 115, 118, 120
The Heart of England (Thomas) **10**:449, 466
Heart of Europe (Cram) **45**:10, 18, 20
"Heart of God" (Lindsay) **17**:234
The Heart of Happy Hollow (Dunbar) **12**:107-09, 119-20
Heart of Man and Other Papers (Woodberry) **73**:361, 365-68, 371, 378
The Heart of Maryland, and Other Plays (Belasco) **3**:84-5, 90
The Heart of Paddy Whack (Crothers) **19**:74, 77
The Heart of Penelope (Lowndes) **12**:201
The Heart of Princess Osra (Hope) **83**:172
The Heart of Rome (Crawford) **10**:150
"The Heart of Sourdough" (Service) **15**:404
"The Heart of Spring" (Yeats) **31**:414-17, 419
The Heart of the Ancient Wood (Roberts) **8**:318, 323-24
"Heart of the Blues" (Handy) **97**:51
"The Heart of the Swamp" (Marquis) **7**:448
Heart of the West (Henry) **1**:348; **19**:181, 191
The Heart of the West (Henry) **1**:348, **19**:181, 191
The Heart That Knows (Roberts) **8**:324
"Heartbeat" (Holly) **65**:137-38, 140-43, 152
Heartbreak House (Shaw) **3**:385-86, 390-93, 397-98, 402, 404, 406-07; **9**:421-22
"Hearts and Crosses" (Henry) **19**:190
"Heart's Blood" (Gladkov) **27**:91-2
"Heart's Desire" (Stringer) **37**:335
"Heart's Desmesne" (Gray) **19**:148, 157
The Heart's Highway (Freeman) **9**:72
Heart's Kindred (Gale) **7**:283
"Hearts More Transparent Than a Vessel" (Khlebnikov)
See "Serdtsa, prozrachney, chem sosud"
Hearts of the World (Griffith) **68**:138, 170, 233
Heartsease; or, The Clue of Life (Yonge) **48**:374-75, 388
The Heartsnatcher (Vian)
See *L'arrache-coeur*
"Heat in the City" (Roberts) **8**:321
"Heathen Chinee" (Harte)
See "Plain Language from Truthful James"
Heathen Days, 1890-1936 (Mencken) **13**:385, 387, 397
"Heaven" (Anwar)
See "Sorga"
"Heaven" (Brooke) **2**:55; **7**:122, 124, 129
Heaven—And Earth (Murry) **16**:341-42, 351, 356-57
Heavenly and Earthly Love (Molnar)
See *Égi és földi szerelem*
"The Heavenly Choir" (Hecht) **101**:87
The Heavenly City of the Eighteenth-Century Philosophers (Becker) **63**:60, 63-6, 72, 81-2, 84-5, 87-93, 95, 97-8, 100-101, 107, 109, 111, 113-14, 117
Heavenly Words (Hippius)
See *Nebesnye slova*
Heavenwards (Horvath)
See *Himmelwärts*
The Heavy Lyre (Khodasevich) **15**:200, 202, 204, 206, 208, 210, 212-14
Das Hebraeland (Lasker-Schueler) **57**:300, 303, 319-325
Hebraische Balladen (Lasker-Schueler) **57**:298, 304, 316, 332, 333
Hebrew Ballads (Lasker-Schueler)
See *Hebraische Balladen*
"The Hebrew Father's Prayer" (Campbell) **9**:31-2
"Hebrews in Summer Hotels—How They Are Treated—A Strange but Strictly True Illustration" (Cahan) **71**:85
"Hecate" (Manning) **25**:277
"Heces" (Vallejo) **3**:531
Hector Servadac: Travels and Adventures Through the Solar System (Verne)
See *Hector Servadac: Voyages et aventures à travers le monde solaire*
Hector Servadac: Voyages et aventures à travers le monde solaire (Verne) **6**:500, 502-03; **52**:336, 352
"He'd Come Back" (Lawson) **27**:148
Hedda Gabler (Ibsen) **2**:220, 223, 226-27, 229-35, 237-38, 241; **8**:142, 144, 148-49, 151; **16**:187; **52**:159
"Heddon's Month" (Johnson) **19**:244
"Hedebonden" (Jensen) **41**:308
The Hedge and the Horse (Belloc) **18**:25
"Hedge Island, a Retrospect and a Prophecy" (Lowell) **8**:236
"Hedger" (Gurney) **33**:104
The Heel of Achilles (Delafield) **61**:127
"Heels and Head" (Stephens) **4**:412, 417
"Hegel, Mary, Freud" (Jozsef) **22**:157
"Hegel's Conception of Nature" (Alexander) **77**:58
"Hegeso sírja" (Babits) **14**:38
"The Hegira" (Graham) **19**:110, 131
Hegira, a Hatchment (Graham) **19**:111
Heibon (Futabatei) **44**:90, 100
Der Heidegänger (Liliencron) **18**:212
Heidegger and "the Jews" (Lyotard)
See *Heidegger et "les juifs"*
Heidegger et "les juifs" (Lyotard) **103**:199, 202-04, 249-52, 254, 260, 263, 267, 269-70
"A Heifer without Blemish" (Evans) **85**:22
"The Height of Land" (Scott) **6**:386, 389-90, 394-96
Das Heilige (Otto) **85**:311-2, 314-5, 317-323, 328, 329, 332, 334-5, 337-42, 344-5, 349, 354, 358, 361, 365-6, 370-1
Die heilige Johanna der Schlachthöfe (Brecht) **1**:99, 101, 112-13; **6**:34-7; **13**:52
Die Heilung durch den Geist: Franz Anton Mesmer, Mary Baker Eddy, Sigmund Freud (Zweig) **17**:426
Heimat (Sudermann) **15**:417, 419-20, 422, 424-28, 433, 438
"Die Heimat der Toten" (Heym) **9**:146
"Heimlich zur Nacht" (Lasker-Schueler) **57**:307
"Heimliche Landschaft" (Carossa) **48**:21, 24
"Un heimlicher Teich" (Liliencron) **18**:214
"Heir and Serf" (Marquis) **7**:436
The Heir of Redclffe (Yonge) **48**:364-65, 371, 374, 376-81, 383-88

"The Heir of the McHulishes" (Harte) **25**:213
"The Heiress and the Architect" (Hardy) **4**:152
"An Heiress from Red Horse" (Bierce) **7**:88; **44**:44
"An Heiress of Red Dog" (Harte) **25**:193
Heirs and Assigns (Cabell) **6**:76-8
"Heirs of Time" (Higginson) **36**:179
"Der heisse Soldat" (Meyrink) **21**:220, 225
Hekher fun der erd (Kahanovitsch) **56**:117
Helbeck of Bannisdale (Ward) **55**:411-12, 416-18, 421-22, 431, 441
Held in Bondage (Ouida)
See *Granville de Vigne*
"Helen, After Illium" (Stringer) **37**:332
Helen of Memphis (Bromfield) **11**:84
"Helen of Troy" (Masters) **25**:288
"Helen of Troy" (Teasdale) **4**:424
Helen of Troy (Lang) **16**:250-51, 256, 258
Helen of Troy, and Other Poems (Teasdale) **4**:424, 426, 428-29
Helen Vardon's Confession (Freeman) **21**:52, 59
Helen with the High Hand (Bennett) **5**:29
"Helena" (Capek) **6**:84
Helena (Machado de Assis) **10**:282, 292, 298
Helena's Path (Hope) **83**:167
Hélène de sparte (Verhaeren) **12**:464, 479-82
"Helen's Babies" (Orwell) **51**:249
Helen's Husband (Verga)
See *Il marito di Elena*
"Helgi of Lithend" (Manning) **25**:275
"Helian" (Trakl) **5**:461, 463-64, 466
Heliga Birgittas pilgrimsfärd (Heidenstam) **5**:250, 253, 255
Héliogabale; ou, L'anarchiste couronné (Artaud) **3**:54, 62
Helkavirsiä (Leino) **24**:367-71, 373-78
Hell Below (Dent) **72**:24
Hell Flowers (Nagai)
See *Jogoku no hana*
"The Hell Screen" (Akutagawa Ryunosuke)
See "Jigokuhen"
Hellenic Religion of the Suffering God (Ivanov) **33**:123
"Hellhound on My Trail" (Johnson) **69**:77
Hello Broadway (Cohan) **60**:166, 168, 171-2
Hello Out There (Whale) **63**:378
Hello, Sister! (Stroheim)
See *Walking Down Broadway*
"Hell's Stepsons" (McCoy) **28**:223
Héloïse and Abélard (Moore) **7**:479, 483, 486, 494, 497-99
"Héloïse et Abélard" (Artaud) **36**:4
The Helpmate (Sinclair) **3**:434, 440; **11**:408-09, 411-12
"Den hemliga liljan" (Ekelund) **75**:95
"Hemmelig ve" (Hamsun) **14**:248
"The Hemp" (Benet) **7**:69, 78
Hempfield (Baker) **47**:23, 27-30
Hemsöborna (Strindberg) **1**:460; **8**:409-11, 419
"The Hen" (Dunsany) **59**:3
"Hendecasyllabics" (Swinburne) **36**:299
"Hendecasyllables" (Moore) **7**:487
"Der Henker" (Ball) **104**:7-11, 15-16, 58, 71-73, 75-76
Der Henker von Brescia (Ball) **104**:25
"Henley's Criticism" (Woolf) **43**:401
Henriette (Coppee) **25**:121
"Henry" (Bunin) **6**:51
"Henry A. Harper" (Campbell) **9**:32
"Henry Adams Once More" (Becker) **63**:117
Henry Brocken (de la Mare) **4**:77
Henry for Hugh (Ford) **15**:87, 89-90
Henry Gross and His Dowsing Rod (Roberts) **23**:240
"Henry I to the Sea, 1120" (Lee-Hamilton) **22**:194
Henry IV (Pirandello)
See *Enrico IV*
Henry James: A Critical Study (Ford) **39**:116, 119
"Henry James, Jr." (Howells) **17**:167
Henry James: The Major Phase (Matthiessen) **100**:160, 182-84, 186, 201-03, 205, 238, 242, 276, 282
Henry, King of France (Mann)
See *Die Vollendung des königs Henri Quatre*
"The 'Henry Porcher' Bolter" (Warung) **45**:421-26
"Henry Tripp" (Masters) **25**:298
"The Hens" (Roberts) **68**:297, 336
"Hens and Hounds and Hants and Wars" (Coffin) **95**:12
"Hephæstus" (Stringer) **37**:331-32
Hephzibah Guinness (Mitchell) **36**:264
Heptalogia (Swinburne) **36**:312
"Her Arms" (Tagore) **3**:490
"Her Bush Sweetheart" (Baynton) **57**:10
"Her Eyes" (Bialik) **25**:50
"Her Eyes" (Robinson) **5**:400
"Her Eyes Say Yes, Her Lips Say No" (Symons) **11**:435
"Her Fabled Mouth" (Rosenberg) **12**:311
"Her Father" (Hardy) **53**:100
Her Father's Daughter (Porter) **21**:266-67, 277
"Her First Appearance" (Davis) **24**:205
"Her First Ball" (Mansfield) **2**:458; **8**:283-84; **39**:295, 298, 303, 322
"Her Housekeeper" (Gilman) **37**:213, 216
Her Husband's Affairs (Hecht) **101**:78
Her Infinite Variety: A Feminine Portrait Gallery (Lucas) **73**:173
"Her Letters" (Chopin) **14**:70
"Her Lover" (Gorky)
See "Boles"
"Her Majesty the Dust" (Bryusov) **10**:88
Her Mountain Lover (Garland) **3**:192-93
"Her Music" (Belloc) **18**:40
Her Only Way (Bradford) **36**:63
Her Privates We (Manning) **25**:266-75
Her Serene Highness (Phillips) **44**:262, 273, 277
Her Son's Wife (Fisher) **87**:75
"Her Virginia Mammy" (Chesnutt) **39**:80, 97, 99
"Hera die Braut" (Spitteler) **12**:350
Heracles (Couperus) **15**:46
Heraclitus (Aurobindo) **63**:30
Los heraldos negros (Vallejo) **3**:526-27, 530-32, 534; **56**:288-89, 292-99, 301, 303-04
"Heraldry" (Muir) **87**:209
Herb O'Grace: Poems in War-Time (Tynan) **3**:506-07
L'herbe rouge (Vian) **9**:529, 532, 537
"Herbst" (Lasker-Schueler) **57**:300, 305
"Der Herbst des Einsamen" (Trakl) **5**:456
Herbstfeuer (Huch) **13**:251
Herceg, hátha megjön a tél is (Babits) **14**:39
"Herd Instinct and its Bearing on the Psychology of Civilized Man" (Trotter) **97**:172, 183
"Here" (Eluard) **7**:260
Here Are Ladies (Stephens) **4**:410, 417, 420-21
Here Come the Clowns (Barry) **11**:59-65, 67
"Here, If Forlorn" (Gurney) **33**:98
"Here in this Spring" (Thomas) **45**:377
Here Is Your War (Pyle) **75**:228-29, 234, 236, 241, 244, 249-50, 258-59, 261
Here Today and Gone Tomorrow (Bromfield) **11**:78, 82
"Hereditary Memories" (Hearn) **9**:134
"Heredity" (Graham) **19**:129
"Herefords in the Wilderness" (Grove) **4**:142
Here-Lies (Artaud) **3**:58
"Here's to the Mice" (Lindsay) **17**:226
"L'Hérésiarque" (Apollinaire) **3**:40; **51**:20
L'hérésiarque et cie (Apollinaire) **3**:39-40; **8**:12, 16; **51**:2, 7, 19-20, 28, 47, 49
"Heresy" (Akutagawa Ryunosuke) **16**:27
The Heretic of Soana (Hauptmann)
See *Der Ketzer von Soana*
"De heretico comburendo" (Graham) **19**:101
Heretics (Chesterton) **1**:178; **6**:101, 106
"Heriot's Ford" (Kipling) **8**:200
"Heritage" (Cullen) **4**:40-1, 43-6, 48-53; **37**:139-42, 144-45, 148, 150-53, 158-59, 161-62
"The Heritage of Dedlow Marsh" (Harte) **25**:223
The Heritage of Hatcher Ide (Tarkington) **9**:469, 473
The Heritage of Quincas Borba (Machado de Assis)
See *Quincas Borba*
The Heritage of the Desert (Grey) **6**:176-77, 181-83, 185
The Heritage of the Kurts (Bjoernson)
See *Det flager i byen og på havnen*
Les héritiers Rabourdin (Zola) **6**:566-67
Herland (Gilman) **9**:108-10, 115; **37**:177, 183, 185, 187-88, 200-05
"La hermana agua" (Nervo) **11**:395, 398, 400, 402-03
"Hermann Cohen, 1842-1918" (Cassirer) **61**:120
Hermann Hesse, His Life and Work (Ball)
See *Hermann Hesse, sein Leben und sein Werke*
Hermann Hesse, sein Leben und sein Werke (Ball) **104**:36
"El hermano de Atahualpa" (Palma) **29**:256
El hermano Juan o el mundo es teatro (Unamuno) **9**:516-17, 521
"Hermaphroditus" (Swinburne) **8**:442; **36**:294, 297-98, 315, 320, 323
"Hermes" (Schwob) **20**:320
"The Hermetic Chateau" (Vallette)
See "Le chateau hermetique"
Hermione and Her Little Group of Serious Thinkers (Marquis) **7**:437, 443, 445-46, 451
"The Hermit" (Apollinaire)
See "L'ermite"
"The Hermit" (Gorky) **8**:76
"The Hermitage at the Center" (Stevens) **45**:306, 310
"Hermosa entre las hermosas" (Palma) **29**:262
Hernando de Soto (Graham) **19**:111, 123, 125
The Herne's Egg (Yeats) **31**:407
The Hero (D'Annunzio)
See *L'eroe*
The Hero and the Nymph (Aurobindo) **63**:4
"A Hero Closes a War" (Griggs) **77**:192, 194
"The Hero of Redclay" (Lawson) **27**:126, 131, 150-51
The Hero of Santa Maria (Hecht) **101**:37, 43, 73
Hero Tales from American History (Roosevelt) **69**:177, 188, 206
"The Heroes" (Baker) **10**:20
The Heroes (Verhaeren)
See *Les héros*
"Heroic Love" (Baker) **10**:28
"Heroic Poem in Praise of Wine" (Belloc) **18**:28, 42
"Heroics" (Wylie) **8**:536
Heroines of Fiction (Howells) **41**:277
"The Herons" (Kolmar) **40**:177
"The Herons" (Ledwidge) **23**:118, 120
"Der Heros" (Hauptmann) **4**:201
Les héros (Verhaeren) **12**:465, 468
Herr Arne's Hoard (Lagerloef)
See *Arne's Treasure*
Herr Bengts Hustru (Strindberg) **8**:406; **47**:364
"Hr. Jesper" (Jensen) **41**:308
Herr Puntila and His Servant Matti (Brecht)
See *Herr Puntila und sein Knecht Matti*
Herr Puntila und sein Knecht Matti (Brecht) **1**:100, 104, 107, 109; **6**:37-8; **35**:22
"En herrelös hund" (Soderberg) **39**:428, 436, 437
"The Herring" (Huysmans)
See "La Hareng saur"
"The Herring Weir" (Roberts) **8**:314
Herself Surprised (Cary) **1**:140-41, 143-45, 148;

29:64, 67-9, 71, 73, 77, 80, 84, 88, 91-2, 101
"Hershel Toker" (Bergelson) **81**:20
"Hertha" (Swinburne) **8**:426, 429, 437-38; **36**:318
Herzgewachse (Schoenberg) **75**:290, 292
"Hesitant Ode" (Radnoti) **16**:416, 420
"The Hesitating Veteran" (Bierce) **44**:22
"Hesitation Blues" (Handy) **97**:69
Hesper (Garland) **3**:192
"Hesperia" (Swinburne) **36**:332, 339
"Hesperides" (Torrence) **97**:152
Hesperides (Torrence) **97**:151-53, 155, 157-58, 165
"Hester Dominy" (Powys) **9**:362, 364, 369, 375
Hester's Mystery (Pinero) **32**:412
"Hét kracjár" (Moricz) **33**:234, 241, 245, 248-49
Hetty Wesley (Quiller-Couch) **53**:296
"Hetzjagd" (Liliencron) **18**:209-10, 212
Heu-Heu; or, The Monster (Haggard) **11**:250
L'heure de la noce (Bloy) **22**:43
Les heures (Verhaeren) **12**:470, 473
"Les heures claires" (Verhaeren) **12**:464, 467
"Les heures d'aprés-midi" (Verhaeren) **12**:464, 467, 471
"Les heures du soir" (Verhaeren) **12**:464, 467
"Les heures mornes" (Verhaeren) **12**:461
Le hevre sexuelle (Vallette) **67**:268, 306
"He-Who-Intones-the-Epistle" (Pirandello)
See "Canta l'epistola"
"Hey, Good Lookin" (Williams) **81**:423
"Hey, Rub-a-Dub-Dub!" (Dreiser) **10**:194
Hey Rub-a-Dub-Dub: A Book of the Mystery and Wonder and Terror of Life (Dreiser) **10**:190, 194, 196; **18**:54, 58, 60; **35**:48; **83**:55, 85
"The Heyday of the Blood" (Fisher) **87**:73
"Hiball" (McKay) **41**:342
"Hibon naru Bonjin" (Kunikida) **99**:294, 303
"Hiccups"
See "Kitsugyaku"
Hidalla; oder, Sein und haben (Wedekind) **7**:575-76
The Hidden Force (Couperus)
See *De stille kracht*
"A Hidden Life" (MacDonald) **9**:304
A Hidden Life, and Other Poems (MacDonald) **9**:291, 300
The Hidden Paths (Gonzalez Martinez)
See *Los senderos ocultos*
"The Hidden Pool" (Sterling) **20**:380
"Hidden Riches" (Tagore)
See "Guptadhan"
"Hidden Spring" (Gonzalez Martinez)
See "Fuente Oculta"
The Hidden Woman (Colette) **16**:118
Hide and Seek (Morley) **87**:120
"The Hiding of Black Bill" (Henry) **19**:182
"The Hiding-Away of Blessed Angus" (Tynan) **3**:504
La hiedra (Villaurrutia) **80**:468
"Hierarchie" (van Ostaijen) **33**:412
Hièroglyphes (Gourmont) **17**:127
"Hieroglyphics" (Machen) **4**:281-83
Higan sugi made (Natsume) **10**:330
"Higginson's Dream" (Graham) **19**:129
"The Higgler" (Coppard) **5**:180-81
"The High Cost of Prejudice" (Locke) **43**:238-39, 241
"High Fashion Furs" (Schwitters)
See "Feine Pelzmoden"
The High Hand (Futrelle) **19**:95
"The High Hills" (Gurney) **33**:93-4, 99, 103
"High Noon at Midsummer on the Campagna" (Sharp) **39**:391
The High Place (Cabell) **7**:68, 72, 75, 77
"High Talk" (Yeats) **93**:351
"High Tea at Mckeown's" (Somerville & Ross) **51**:335
"High Tide at Malahide" (Gogarty) **15**:108
High Tor (Anderson) **2**:4, 6, 8, 10-11
High Trumps (Couperus)
See *Hooge troeven*
The High Window (Chandler) **1**:172; **7**:168, 173-74, 180
"High Yaller" (Fisher) **11**:206, 208-09, 212, 214
"The Higher Abdication" (Henry) **19**:189-90
"Higher Education" (Vilakazi)
See "Imfundo ephakeme"
The Higher Learning in America (Veblen) **31**:343, 346-47, 349, 353, 362, 366, 372-74, 376
"The Higher Pragmatism" (Henry) **19**:181
"The Highly-Prized Pajamas" (McAlmon) **97**:100, 121
"A High-Toned Old Christian Woman" (Stevens) **3**:446; **45**:344
"A Highway Pimpernel" (Davidson) **24**:164
"The Highwayman" (Dunsany) **59**:20
"The Highwayman" (Noyes) **7**:511-15
Highways and Byways in Sussex (Lucas) **73**:157, 162, 170, 173
Hiihtajan virsia (Leino) **24**:368
La hija del capitán (Valle-Inclan) **5**:481, 486
"El hijo" (Quiroga) **20**:214, 219, 221
El hijo de carne yel hijo de hierro (Echegaray) **4**:101
El hijo de Don Juan (Echegaray) **4**:96-7, 100-02, 105
El hijo santo (Miro) **5**:338
Hikage no hana (Nagai) **51**:86, 97
"Hilary Maltby and Stephen Braxton" (Beerbohm) **1**:67, 71; **24**:102
Hilda Lessways (Bennett) **5**:25-6, 29, 34, 40-2, 47; **20**:21
"Hildebrand" (Campbell) **9**:30
"Das hilflose Europa; oder, Reise vom Hundertstenins Tausendste" (Musil) **12**:258
"The Hill" (Brooke) **2**:55; **7**:121
"The Hill" (Masters) **25**:298, 307, 313
"The Hill" (Muir) **87**:254
The Hill of Dreams (Machen) **4**:277-83, 286
The Hill of Lies (Mann)
See *Ein ernstes Leben*
"The Hill of St. Sebastien" (Drummond) **25**:151
The Hill of Vision (Stephens) **4**:406-08, 410, 419-20
"Hill One Hundred: Outline for an Unwritten Novel" (Lewis) **2**:399
"The Hill Tarn" (Sharp) **39**:368
"Hillbilly Philosophy" (Fletcher) **35**:106, 111
"Hillcrest" (Robinson) **5**:407-08; **101**:113-14, 130, 134, 193
"Hills" (Kandinsky) **92**:72
"The Hills" (MacDonald) **9**:303
Hills and the Sea (Belloc) **18**:28, 45
The Hills Beyond (Wolfe) **4**:515-16, 520, 525; **13**:486, 495
The Hills Were Joyful Together (Mais) **8**:240-50
Hillsboro People (Fisher) **87**:72
"The Hillsboro Shepherd" (Fisher) **87**:73
"Hillsboro's Good Luck" (Fisher) **87**:73
"Hill-Side Tree" (Bodenheim) **44**:58
"The Hill-Wind" (Sharp) **39**:361-62, 374
"The Hilton's Holiday" (Jewett) **1**:361
"Him with His Tail in His Mouth" (Lawrence) **61**:219
"Himalya" (Fenollosa) **91**:3
Himmelwärts (Horvath) **45**:78, 101, 111
Himmerland People (Jensen) **41**:306, 309
Himmerland Stories: Third Collection (Jensen) **41**:306
"Himmerlands Beskrivelse" (Jensen) **41**:308
Himmerlandshistorier (Jensen) **41**:294, 296
Himmlische und irdische Liebe (Heyse) **8**:121
"Himno a la luna" (Lugones) **15**:289
"Himno a los voluntarios de la República" (Vallejo) **3**:533; **56**:312-13
"Himnusz Iriszhez" (Babits) **14**:39
Hin und Her (Horvath) **45**:78, 101, 111
A Hind in Richmond Park (Hudson) **29**:144, 164
Hind Swarajo; or, Indian Home Rule (Gandhi) **59**:38-9, 46, 54, 71
The Hindered Hand (Griggs) **77**:146, 148-9, 167-71, 176-7
The Hindoo Dagger (Griffith) **68**:250
Hindu Mysticism: Six Lectures on the Development of Indian Mysticism (Dasgupta) **81**:91-3
"Hingabe" (Lasker-Schueler) **57**:299
Hinkemann (Toller)
See *Der Deutsche Hinkemann*
"Hinter Baumen berg ich mich" (Lasker-Schueler) **57**:310
Hints on Writing and Speech Making (Higginson) **36**:170
"Hints to Those about to Travel" (Tomlinson) **71**:395, 401
Hiob (Roth) **33**:329-30, 350, 362-63
"Hiouen-Thrang" (Hearn) **9**:126
Hippolytus (Howe) **21**:109
Hips and Haws (Coppard) **5**:177
"Hiraki-bumi" (Yosano Akiko) **59**:333
Hired Guns (Faust) **49**:44
"The Hired Man on Horseback" (Rhodes) **53**:307, 316, 328
"Hiroshige" (Noguchi) **80**:368
Hiroshige (Noguchi) **80**:368
"Hirten-und Preisgedichte" (George) **2**:149
"Hirusugi" (Nagai) **51**:99
Hirusugi (Nagai) **51**:105
"His Ally" (Benet) **28**:5
"His Bad Angel" (Davis) **24**:202
"His Blood" (Lasker-Schueler) **57**:329
"His Chance in Life" (Kipling) **8**:185
"His Country, After All" (Lawson) **27**:121
"His Father's Mate" (Lawson) **27**:129
His Father's Son (Matthews) **95**:253, 272-7
His Fellow Men (Dunsany) **59**:17, 20, 27
His Girl Friday (Hecht) **101**:62
His Honour, and a Lady (Duncan) **60**:194-5, 207, 209, 211, 213-5, 217-8
His Hour (Glyn) **72**:128-29, 137, 139
His House in Order (Pinero) **32**:395-96, 398, 400, 405, 414
"His Immortality" (Hardy) **10**:234
"His Last Bow: The War Service of Sherlock Holmes" (Doyle) **7**:231, 238
His Majesty (Granville-Barker) **2**:197
"His Majesty Kneeb Piter Komandor" (Pilnyak) **23**:220
"His Majesty the King of France" (Milne) **6**:314
His Majesty's Embassy (Baring) **8**:40-1
"His Masterpiece" (Paterson) **32**:380
"His New Mittens" (Crane) **11**:128
His Own People (Tarkington) **9**:460
"His Pa's Romance" (Riley) **51**:292
"His People" (Graham) **19**:115, 129
"His Phoenix" (Yeats) **93**:349, 350
"His Private Honour" (Kipling) **8**:193, 198, 204
His Proper Self (Benavente) **3**:94
His Religion and Hers: A Study of the Faith of Our Fathers and the Work of Our Mothers (Gilman) **9**:102-03; **37**:177
"His Return" (Graham) **19**:129, 131
His Royal Happiness (Duncan) **60**:233, 244, 249
His Sainted Grandmother (Dunsany) **59**:23
"His Visitor" (Hardy) **53**:101
"His Wedded Wife" (Kipling) **8**:202
His Widow's Husband (Benavente) **3**:93
"His Wife's Deceased Sister" (Stockton) **47**:312, 317, 320
"Hish" (Dunsany) **2**:145
Histoire comique (France) **9**:43-4, 47, 53
Histoire contemporaine (France) **9**:42, 48-9
Histoire de mes pensées (Alain) **41**:7, 10, 26, 28, 30
Histoire di Soldat (Schoenberg) **75**:326
Histoire du peuple anglais au xlxe siècle. iv. Le milieu du siècle, 1841-52 (Halévy) **104**:106-10, 111-12, 116, 118-20, 122, 125-27

"Histoire d'une famille vertueuse, d'une hotte et d'un calcul" (Apollinaire) **51**:20
Histoire naturelle (Peret) **20**:197, 202
Histoires magiques (Gourmont) **17**:136-37, 151
Histoires naturelles (Renard) **17**:303-04, 308, 310-11
Histology of the Nervous System (Ramoacn y Cajal) **93**:137, 142
Historia amoris (Saltus) **8**:345, 347, 352, 356
"Historia como sistema" (Ortega y Gasset) **9**:341-42
"La historia de Don Sandalio" (Unamuno) **2**:558
Historia de Roca (Lugones) **15**:291
Historia de Sarmiento (Lugones) **15**:291
Historia de un amor turbio (Quiroga) **20**:207, 209, 211
"Historia de una excomunión" (Palma) **29**:262
Histórias de meia-noite (Machado de Assis) **10**:295
Histórias incompletas (Ramos) **32**:427
Historias romanticas (Machado de Assis) **10**:285
"The Historic Basis of Socialism" (Webb and Webb) **22**:412
"The Historic Home of Grout" (Vilakazi) **37**:410
A Historic Portrait (Nezval)
See *Historický obraz*
"Historical Fiction" (Sabatini) **47**:306
An Historical Manual of English Prosody (Saintsbury) **31**:239
Historical Materialism and the Economics of Karl Marx (Croce) **37**:121, 123
Historical Mysteries (Lang) **16**:254
The Historical Nights' Entertainment (Sabatini) **47**:300, 303
"The Historical Theories of Professor Loria" (Croce)
See "La teorie storiche del professor Loria"
Historical-Philosophical Fragment (Benjamin)
See *Geschichtsphilosophische Thesen*
"Historicity of Things" (Alexander) **77**:58
Historický obraz (Nezval) **44**:245
Die Historie von König David (Beer-Hofmann) **60**:36
"Historieläraren" (Soderberg) **39**:428, 437
Historietter (Soderberg) **39**:438
"History" (Lawrence) **93**:18
"History as a System" (Ortega y Gasset)
See "Historia como sistema"
"History as Literature" (Roosevelt) **69**:186, 202, 205, 265, 268
History as Literature and Other Essays (Roosevelt) **69**:188-89
History, Its Theory and Practice (Croce)
See *Teoria e storia della storiografia*
"The History of a Dedication" (Tsvetaeva) **7**:571
"The History of a Jackaroo in Five Letters" (Paterson) **32**:380
"History of a Literary Radical" (Bourne) **16**:46-7
The History of a Literary Radical, and Other Essays (Bourne) **16**:48, 54
History of a Man Reforged (Zoshchenko) **15**:504
History of American Art (Hartmann) **73**:117, 122, 133-34, 140-46
History of Anthony Waring (Sinclair) **11**:411
"A History of Chemistry" (Peirce) **81**:235,328
A History of Criticism and Literary Taste in Europe (Saintsbury) **31**:221-22, 225-27, 233-34, 236-38, 246, 248-49
The History of David Grieve (Ward) **55**:406, 409-13, 421, 425, 432
A History of Elizabethan Literature (Saintsbury) **31**:232
History of England (Belloc) **7**:39
History of England in the Nineteenth Century (Halévy)
See *Histoire du peuple anglais au xlxe siècle. iv. Le milieu du siècle, 1841-52*
The History of English Law Before the Time of Edward I (Maitland) **65**:262-64, 270-72, 274, 276, 279, 282, 284, 292
History of English Literature (Lang) **16**:258
A History of English Prose Rhythm (Saintsbury) **31**:221-22, 224, 231, 235-36, 239-40
A History of English Prosody (Saintsbury) **31**:221, 228, 235-36, 238-39
The History of English Thought in the Eighteenth Century (Stephen) **23**:306, 316, 318-19, 321-23, 326-29, 338, 342
The History of European Literature (Babits)
See *Az Europai irodalom története*
History of German Aesthetics since Kant (von Hartmann) **96**:222
The History of Human Marriage (Westermarck) **87**:325, 334, 337-38, 340, 342-43, 356, 360, 390
A History of Indian Philosophy (Dasgupta) **81**:88,90,93-5,97,99
History of Ireland: Critical and Philosophical (O'Grady) **5**:349, 351, 354-55
The History of Ireland: Cuculain and His Contemporaries (O'Grady) **5**:350, 353-54
History of Ireland: The Heroic Period (O'Grady) **5**:347-48, 350, 352-54, 357
History of Italian Philosophy (Gentile) **96**:83
The History of Mr. Polly (Wells) **6**:536-37, 539, 543, 545, 547-48, 553; **12**:506-07; **19**:428, 440, 452
The History of My Contemporary (Korolenko)
See *Istoria moego sovremennika*
A History of Myself (Dreiser) **18**:51
A History of Nineteenth Century Literature (Saintsbury) **31**:222, 245
"The History of Photogen and Nycteris" (MacDonald) **9**:305
History of Roca (Lugones)
See *Historia de Roca*
History of Sarmiento (Lugones)
See *Historia de Sarmiento*
History of Scotland from the Roman Occupation (Lang) **16**:270
"History of Six Empty Houses" (Nezval) **44**:240
A History of the American People (Wilson) **79**:486, 500, 527
A History of the Borgias (Rolfe)
See *Chronicles of the House of Borgia*
The History of the Civil War in the U.S.S.R. (Stalin) **92**:157
History of the English People in the Nineteenth Century (Halévy)
See *Histoire du peuple anglais au xlxe siècle. iv. Le milieu du siècle, 1841-52*
A History of the French Novel (Saintsbury) **31**:232, 235-36, 241-42
The History of the Knight d'Alessio (Kuzmin)
See *Istorya rytsaria d'Alessio*
History of the Moral Ideas (Westermarck) **87**:328
History of the Naval War of 1812 (Roosevelt) **69**:176, 182, 185, 197, 224, 240-42, 250-51, 276
History of the Realm of Naples (Croce) **37**:100
The History of the Russian Revolution to Brest-Litovsk (Trotsky)
See *Istoriya Russkoi Revolyutsii*
The History of the Standard Oil Company (Tarbell) **40**:422-24, 426-27, 430-31, 433, 436-39, 441
History of the United States of America during the Administrations of Thomas Jefferson and James Madison (Adams) **4**:2, 4, 6, 9, 13, 16-17, 20-1; **52**:4, 13-14, 18-19, 31
The History of Trade Unionism (Webb and Webb) **22**:412, 417-18, 429-30
The History of Witchcraft and Demonology (Summers) **16**:423-24, 428-31
History of Woman Suffrage (Anthony) **84**:5, 9, 17, 26, 33
History of Woman Suffrage (Stanton) **73**:242, 245, 262, 264, 271-72, 274
A History of Wood Engraving (Woodberry) **73**:377
"History Subsumed under the General Concept of Art" (Croce) **37**:101
"The History Teacher" (Soderberg)
See "Historieläraren"
Hit the Line Hard (Rhodes) **53**:307, 317
"Hitching Bertha to the Sled" (Knister) **56**:161
"Hitler" (Lewis) **2**:392; **9**:241, 248
Hitler (Lewis) **104**:191-98, 201, 211-12, 214, 231-32, 237-42, 245-46, 280-81
The Hitler Cult (Lewis) **104**:154, 192-94, 198, 212-14, 225, 232, 241-42
Hitohabune (Shimazaki Toson) **5**:439
"Hitosumi yori" (Yosano Akiko) **59**:345, 347
"Hiver à boire" (Huidobro) **31**:125
"Hiver sentimental" (Nelligan) **14**:398
"Un Hivernage dans les glaces" (Verne) **52**:349
Hiyori Geta (Nagai) **51**:95
Hjulet (Jensen) **41**:291, 294, 296, 301-03
"The Hoardings" (Fletcher) **35**:89
"The Hoax" (Svevo)
See "Una burla riuscita"
The Hoax (Svevo)
See *Una burla riuscita*
Hobbes (Stephen) **23**:340
The Hobby Horse (Pinero) **32**:395, 398, 404, 412-13
"Hoboe" (Kandinsky) **92**:67
"Hoboes That Pass in the Night" (London) **9**:281
Hobohemia (Lewis) **23**:127
"Der Hochzeit der Sobeïde" (Hofmannsthal) **11**:292, 303
Hochzeit des Figaro (Horvath) **45**:78
"Die Hochzeit des Theseus" (Spitteler) **12**:339
"Hochzeitsvorbereitungen auf dem Lande" (Kafka) **47**:233
"Hod Putt" (Masters) **25**:298
"Hodel" (Aleichem) **1**:32; **35**:314
Hodos Chameliontos (Yeats) **11**:521; **31**:394
The Hogarth Essays (Woolf) **1**:530
Das hohe Lied (Sudermann) **15**:423-25, 427-28, 430, 437-38
Hōjō Katei (Mori Ōgai) **14**:376, 378-79
"Hōkyōnin no shi" (Akutagawa Ryunosuke) **16**:19
"Hold, Hard, These Ancient Minutes in the Cuckoo's Mouth" (Thomas) **8**:459; **45**:362
"Holderlin's Journey" (Muir) **87**:201, 260-65
"Holding Her Down" (London) **9**:281
"The Holdout" (Lardner) **14**:320
"The Hole in the Mahogany Panel" (Post) **39**:336
The Hole in the Wall (Morrison) **72**:359-60, 363, 365, 369-71, 373, 377, 379, 384-85, 395
"A Holiday" (Grahame) **64**:59-60, 62, 78, 88
A Holiday (Andreyev) **3**:20, 28
Holiday (Barry) **11**:48-56, 60-6, 68
Holiday, and Other Poems (Davidson) **24**:172, 175, 191
"Holiday at Hampton Court" (Davidson) **24**:191
"Holiday in Reality" (Stevens) **12**:361; **45**:335
"Holiday Memory" (Thomas) **45**:399
Hölle Weg Erde (Kaiser) **9**:173-75, 180-81, 191-92
"Hollow Harbour" (van Ostaijen) **33**:421-22
"The Hollow Nut" (Colette) **16**:128
"The Hollow Wood" (Thomas) **10**:457
"Holly Hop" (Holly) **65**:150
Holly in the Hills (Holly) **65**:149
"The Holly Wreath" (March) **96**:241, 249, 262
"Hollywood on the Moon" (Kuttner) **10**:267
"The Holm Oak" (Ivanov) **33**:137

"Holmesiana; or, About Detective Stories" (Capek) **37**:47
Holmes-Pollock Letters (Holmes) **77**:217
Holnapp reggel (Karinthy) **47**:269, 273
"The Holy Caravan" (Ady) **11**:15
The Holy City (Lagerloef)
See *Jerusalem 2: I det heliga landet*
The Holy Flower (Haggard) **11**:246, 254
"The Holy Island" (Somerville & Ross) **51**:357, 362, 381, 384
"The Holy Man" (Akutagawa Ryunosuke) **16**:27
"Holy Morning" (Roberts) **68**:348, 352
"Holy Mountain" (Mayakovski) **18**:270
"Holy Night" (Remizov)
See "Sviatoi vecher"
Holy Orders: The Tragedy of a Quiet Life (Corelli) **51**:66, 75-6
The Holy Sinner (Mann)
See *Der Erwählte*
"The Holy Six" (Thomas) **45**:391, 409
"Holy Spring" (Thomas) **8**:460
The Holy Spring (Raabe) **45**:200
"Holy Stove" (Gilman) **9**:96
"A Holy Terror" (Bierce) **7**:88; **44**:12, 44-5
The Holy Terror (Wells) **6**:550, 553; **12**:504; **19**:437
"The Holy Time" (Stephens) **4**:412
A Holy Tradition of Working: Passages from the Writings of Eric Gill (Gill) **85**:101
The Holy War (Tynan) **3**:506
"Holy Well" (Coffin) **95**:16
"Das Holz für morgen" (Borchert) **5**:105-06, 109
"Homage a Goya" (Huysmans) **69**:30
"The Homage of Death" (Field) **43**:160
Homage to Catalonia (Orwell) **2**:499, 503, 507, 510; **6**:349-53; **15**:322-23, 330, 333, 343, 355, 359-60, 362; **31**:179, 190, 192; **51**:219, 228, 252, 254, 256, 261
"Homage to Hemingway" (Bishop) **103**:12, 16
"El hombre a quien le dolía el pensamiento" (Nervo) **11**:394
"El hombre del árbol" (Lugones) **15**:293
el hombre del buho. Misterio de una vocación (Gonzalez Martinez) **72**:154
"Hombre en la orilla" (Salinas) **17**:357
"El hombre muerto" (Quiroga) **20**:210, 212, 214-15, 217-23
El hombre negro (Echegaray) **4**:102
"Un hombre pasa" (Vallejo) **56**:311
"Hombre pequeñito" (Storni) **5**:445
El hombre y la gente (Ortega y Gasset) **9**:356
El hombrecito (Benavente) **3**:98
Los hombres de pro (Pereda) **16**:363, 365, 368, 371, 373, 377
Hombres e ideas (Hostos) **24**:303
"Home" (Dunbar) **2**:128
"Home" (Heidenstam) **5**:249, 255
"Home" (Ledwidge) **23**:116
"Home" (Percy) **84**:202
"Home" (Thomas) **10**:460
"Home and State" (Lagerloef) **36**:245
The Home and the World (Tagore)
See *Ghare-Bāire*
Home Country (Pyle) **75**:233
"Home Creatures" (Guro)
See "Domashnie"
Home Fires in France (Fisher) **87**:72
"Home in the Pyrenees" (Rostand) **6**:381
The Home: Its Work and Influence (Gilman) **37**:182, 187, 198
Home Rhymes (Guest) **95**:208, 211
"Home Sickness" (Moore)
See "Galar Dúithche"
"Home, Sweet Home" (Benson) **27**:17
Home, Sweet Home (Griffith) **68**:217, 248
Home, Sweet Home (Riddell) **40**:334-35
"Home There's No Returning" (Kuttner) **10**:269-70
"Home Thoughts from Abroad" (Lewis) **3**:290
Home to Harlem (McKay) **7**:455-58, 464-69; **41**:317-18, 320-22, 325, 328-29, 334-40
"Homecoming" (Bosman) **49**:17
"Homecoming" (Platonov) **14**:410-12, 414-15, 420
The Homecoming (Hecht) **101**:73
The Homecoming (O'Neill) **1**:387-88; **6**:331
"The Home-Coming of 'Rastus Smith" (Dunbar) **2**:133
"The Homecoming of the Sheep" (Ledwidge) **23**:116-18, 120
"Homeland" (Ivanov) **33**:138
"Homeless Russia" (Esenin) **4**:113
The Home-Maker (Fisher) **87**:78, 84
"Homenaje" (Nervo) **11**:395
"Homer" (Carducci) **32**:86
"Homer Again" (Carducci) **32**:86
"Homer Marsh Dwells in His House of Planks" (Bosschere)
See "Homère Mare"
"Homère Mare" (Bosschere) **19**:53-4, 57-8, 63-4
Homero en Cuernavaca (Reyes) **33**:317
"The Homesick Woman" (Papadiamantis) **29**:270
"Homesickness" (Tsvetaeva) **7**:565; **35**:397
"Homesickness in the Land of Sunlight" (Ady) **11**:14
The Homesteader (Micheaux) **76**:237-41, 243-45, 249-54, 263, 265-66, 269, 271-72
"Home-Thoughts" (McKay) **41**:344
"Hometown" (Lu Hsun)
See "Guxiang"
Hometown (Dazai Osamu)
See *Kokyō*
Hometown (Mizoguchi)
See *Furusato*
"Homeward!" (Mayakovski) **4**:292; **18**:258, 260
Homeward: Songs by the Way (Baker) **3**:3-6, 9-10; **10**:12, 18, 26-8
"Homilía por la cultura" (Reyes) **33**:323
Homing with the Birds (Porter) **21**:265-66, 278
L'homme à cheval (Drieu la Rochelle) **21**:22, 34, 40
L'homme a la tete de caoutchouc (Melies) **81**:123
L'homme couvert de femmes (Drieu la Rochelle) **21**:18-19, 32-3
Un homme d'affaires (Bourget) **12**:68
L'homme de chair et l'homme reflet (Jacob) **6**:191
L'homme de cristal (Jacob) **6**:202
"L'homme de quarante ans" (Bosschere) **19**:59
L'homme de tetes (Melies) **81**:138
"L'homme double" (Schwob) **20**:323
L'homme en amour (Lemonnier) **22**:198, 202
"L'homme et la coquille" (Valery) **15**:468
"L'homme gras" (Schwob) **20**:323
Un homme libre (Barrès) **47**:35-6, 46-7, 49-50, 61-2, 73, 76, 78, 85-91, 93, 95, 97
"L'homme voilé" (Schwob) **20**:321, 323
Homo Sapiens (Przybyszewski) **36**:280-82, 284, 290
"Homo sum" (Sully Prudhomme) **31**:302
"Homogenic Love" (Carpenter) **88**:90-1
Homogenic Love and Its Place in a Free Society (Carpenter) **88**:97
"Hone" (Hayashi) **27**:104
Honest People (Deledda)
See *Anime oneste*
"An Honest Woman" (Gilman) **9**:113
Honey (Mankiewicz) **85**:114
Honey from beyond the Pale (Prishvin) **75**:220
"Honeybunch" (Tolstoy) **18**:377, 382
Honeycomb (Richardson) **3**:345-47, 356, 358
"A Honeycombe" (Stephens) **4**:416
Honeyflow (Williams) **89**:367, 371, 398
"Honeymoon" (Lawrence) **93**:67
"Honeymoon" (Mansfield) **8**:284; **39**:304
The Honeymooners (Cohan) **60**:170
Honey-Paw (Leino)
See *Mesikammen*
The Honeysuckle (D'Annunzio)
See *Le chèvrefeuille*
L'honneur du nom (Bourget) **12**:69
Honor (Sudermann)
See *Die Ehre*
The Honor of Thieves (Griffith) **68**:248
"The Honorary Member" (Dunsany) **59**:28
The Honour of the Name (Green) **63**:149
"The Honours of War" (Kipling) **17**:209
Hooge troeven (Couperus) **15**:46
"The Hooligan" (Esenin) **4**:117
Hoopla! Such Is Life! (Toller)
See *Hoppla, wir Leben!*
A Hoosier Holiday (Dreiser) **10**:169; **35**:55-6, 72
"Hope" (Prado)
See "La Esperanza"
Hope (Graham) **19**:119
"Hope Abandoned" (Davies) **5**:199
"Hope against Hope" (Benson) **17**:32
Hope against Hope, and Other Stories (Benson) **17**:32
"Hope for the Unattainable" (Tagore)
See "Durasa"
"The Hope of My Heart" (McCrae) **12**:210
"The Hope of Pessimism" (Gissing) **24**:247-48
"The Hope of the Poor Destitute" (Bialik) **25**:49
The Hope That Is Ours (Martinez Sierra and Martinez Sierra)
See *Esperanza nuestra*
Hopelessly (Storni)
See *Irremediablemente*
Hopes and Fears; or, Scenes from the life of a Spinster (Yonge) **48**:365-67, 372, 381-82, 387-88
"Hoppity" (Milne) **88**:250
Hoppla, wir Leben! (Toller) **10**:477, 480, 482, 484-85, 488
La hora inútil (Gonzalez Martinez) **72**:148
"Horace the Haymow" (Knister) **56**:163
"Horace to Leuconoë" (Robinson) **5**:400
Horacker (Raabe) **45**:160, 166, 169-70, 172, 174, 176-79, 201
Horae solitariae (Thomas) **10**:449
Horas de sol (Martinez Sierra and Martinez Sierra) **6**:279, 285
Las horas doradas (Lugones) **15**:286, 288
Las horas solitarias (Baroja) **8**:63
The Horatians and the Curiatians (Brecht) **6**:37
La horda (Blasco Ibanez) **12**:29-30, 34-5, 38, 40, 42, 47
Hordubal (Capek) **6**:86-8; **37**:50, 54, 59-60
Horedströmninger i det nittende aahundredes literatur (Brandes) **10**:61-2, 65-74
Höret die Stimme (Werfel) **8**:479-80, 482
Horizon carré (Huidobro) **31**:124-26, 130, 137
El horizonte económico en los albores de Grecia (Reyes) **33**:323
The Horn of Wanza (Raabe)
See *Das Horn von Wanza*
Das Horn von Wanza (Raabe) **45**:164-67, 176-79, 194, 202
Hōrōki (Hayashi) **27**:103, 105-06
The Horoscope of Man (Upward) **85**:390
"The Horror at Red Hook" (Lovecraft) **22**:221-24
"The Horror from the Mound" (Howard) **8**:128
"The Horror Horn" (Benson) **27**:9, 13, 16
The Horror Horn, and Other Stories: The Best Horror Stories of E. F. Benson (Benson) **27**:13
"The Horror of the Heights" (Doyle) **7**:224-25
"The Horse Dealer" (Jensen)
See "Prangeren"
"The Horse Fair at Opdorp" (Verhaeren) **12**:472
Horse Feathers (Mankiewicz) **85**:112, 149, 155
The Horse of Diomedes (Gourmont)
See *Le pèlerin du silence*
"The Horse of the Invisible" (Hodgson) **13**:236
"The Horse of the Plains" (Remington) **89**:299, 304
"The Horse, the Lamb, and the Rabbit" (Mikszath)
See "A ló, bárányka és a nyúl"

"The Horse Thief" (Benet) **28**:5-6, 8
"The Horse-Dealer's Daughter" (Lawrence) **2**:362; **33**:202
"A Horseman in the Sky" (Bierce) **1**:88; **7**:88-9; **44**:6, 12, 44-7
Horsemen of the Apocalypse (Kandinsky) **92**:62
"The Horses" (Muir) **2**:489; **87**:174
"Horses" (Stephens) **4**:421
Horses and Men (Anderson) **1**:44, 46; **10**:36, 45
The Horse's Mouth (Cary) **1**:140-41, 143-49; **29**:64-5, 67-73, 76-8, 80-1, 84, 88-9, 91-2, 101, 103, 109
"The Horses of Death" (Ady)
See "A hall lovai"
The Horses of the Conquest (Graham) **19**:109, 124
"Horses of the Plains" (Remington)
See "The Horse of the Plains"
"Horses on the Camargue" (Campbell) **5**:123
"Horseshoes" (Lardner) **14**:291, 317, 319
"Horses—One Dash" (Crane) **11**:140, 154-55, 160, 162, 164
"The Horsethieves" (Kuprin) **5**:298, 300
Les hors-nature (Vallette) **67**:280, 303, 324-27
Horst Wessel (Ewers) **12**:139
Hortense a dit: "Je m'en fous!" (Feydeau) **22**:82, 88
Hortense Said: "I Don't Give a Damn!" (Feydeau)
See *Hortense a dit: "Je m'en fous!"*
Die Hose (Sternheim) **8**:367-69, 371-72, 374-75, 379
"Hoshi" (Kunikida) **99**:302, 304
"Hospital Barge at Cérisy" (Owen) **5**:374; **27**:212, 226
"Hospital Outlines" (Henley)
See "In Hospital"
The Hospital Window (Ishikawa) **15**:129
"Höst" (Sodergran) **31**:288
The Hostage (Claudel)
See *L'otage*
Hostages of Life (Sologub) **9**:434
"Höstens dagar" (Sodergran) **31**:286, 288
"The Hostile Sea" (Kuzmin)
See "Vrazhdebnoe more"
"Hostile Stars" (Sodergran)
See "Fientliga stjärnor"
Hostile Valley (Williams) **89**:394, 399
"The Hosting of the Sidhe" (Yeats) **31**:407
"Hosts and Guests" (Beerbohm) **1**:67; **24**:103
"Hot Potatoes" (Bennett) **5**:46
"The Hot Summer" (Remizov)
See "Zharkoe leto"
"Hot Tamale Alley" (Cohan) **60**:169
"Hôtel" (Apollinaire) **51**:61
"The Hotel" (Monroe) **12**:216-17
"Hotel at Alpena, Michigan" (Masters) **25**:300
L'Hôtel du Libre-Echange (Feydeau) **22**:77-80, 89, 91
Hotel Haywire (Sturges) **48**:286, 291, 312
Hotel Paradiso (Feydeau)
See *L'Hôtel du Libre-Echange*
"Hotel Room in Chartres" (Lowry) **6**:254
Hotel Savoy (Roth) **33**:333-34, 346-47, 362-63
Hotel Universe (Barry) **11**:49-50, 52-7, 59-61, 64-8
"Die Hoteltreppe" (Werfel) **8**:477
"Hot-Foot Hannibal" (Chesnutt) **39**:71, 95-6, 107
"Hōtō" (Nagai) **51**:98-9
"The Hottest Coon in Dixie" (Dunbar) **12**:122
"The Hound" (Lovecraft) **4**:270, 272
"Hound of Heaven" (Thompson) **4**:434-38, 440-41
The Hound of the Baskervilles (Doyle) **7**:220, 230, 236, 238
"The Hounds of Fate" (Saki) **3**:366-70, 372
"The Hour and the Man" (Rhodes) **53**:315
"The Hour before Dawn" (Yeats) **31**:407
The Hour of God (Aurobindo) **63**:27
"The Hour of Magic" (Davies) **5**:201
Hour of Smiles (Allen) **87**:24
The Hour of the Dragon (Howard)
See *Conan the Conqueror*
"The Hour of the King" (Baker) **10**:28
"The Hour of Victory" (Hippius) **9**:159
The Hour-Glass (Yeats) **11**:513; **31**:408-09, 411
"The Hours" (Bishop) **103**:28, 50
"Hours in a Library" (Woolf) **43**:409, 415, 426
Hours in a Library (Stephen) **23**:301-02, 306, 309, 312-14, 317, 329, 337, 341, 346
"The House" (Douglas) **40**:75-6
"The House" (de la Mare) **53**:36, 38
"The House among the Laurels" (Hodgson) **13**:236
"House and Home" (Tynan) **3**:502-03
"House and Man" (Thomas) **10**:463
"The House at Old Pimen" (Tsvetaeva) **7**:571
The House at Pooh Corner (Milne) **6**:318, 320-22; **88**:229, 231-2, 234, 237, 286-61
The House Behind the Cedars (Chesnutt) **5**:133-34; **39**:75-6, 78-9, 84-5, 88-9, 92, 96-7, 99
The House Behind the Cedars (Micheaux) **76**:262, 269
The House by the Medlar-Tree (Verga)
See *I malavoglia*
"The House by the Side of the Road" (Fields) **80**:262
The House by the Stable (Williams) **1**:517-18; **11**:499
"House City I" (van Ostaijen) **33**:422
House Divided (Williams) **89**:365, 402
House for a Mistress (Nagai)
See *Mekake taku*
The House in Demetrius Road (Beresford) **81**:9,11,13
The House in Dormer Forest (Webb) **24**:465, 467, 469, 473-74, 476-78, 484
The House in Haarlem (Schendel)
See *Een Hollandsch drama*
"The House in the Wood" (Manning) **25**:278
The House of a Hundred Lights: A Psalm of Experience after Reading a Souplet of Bidpai (Torrence) **97**:143, 145, 151, 153, 156-57, 164
The House of All Sorts (Carr) **32**:117, 125-26
The House of Atreus (Hauptmann) **4**:208
"The House of Beauty" (Sharp) **39**:372
The House of Bernarda Alba (Garcia Lorca)
See *La casa de Bernarda Alba*
House of Cards (Babits)
See *Kártyavár*
A House of Children (Cary) **1**:144; **29**:66-8, 79-80, 83-4, 87, 92, 103-04, 109
"The House of Clocks" (Green) **63**:143
The House of Cobwebs, and Other Stories (Gissing) **3**:228; **24**:220
The House of Danger (Wallace) **57**:402
"The House of Darkness" (Hedayat) **21**:81
A House of Darkness (Griffith) **68**:215
"The House of Euripides" (Manning) **25**:265, 269
"The House of Fahy" (Somerville & Ross) **51**:382
The House of Liliecrona (Lagerloef)
See *Liljecronas hem*
The House of Many Mirrors (Hunt) **53**:186, 192
The House of Martha (Stockton) **47**:325
The House of Mirth (Wharton) **3**:551-54, 558, 560, 562, 565-66, 571-76, 579-80; **9**:542, 545-46, 548, 550-52; **27**:384, 394; **53**:361, 391, 393
The House of Mourning (Werfel) **8**:471
"The House of Offence" (Austin) **25**:26
"The House of Orchids" (Sterling) **20**:372
The House of Orchids, and Other Poems (Sterling) **20**:372-74, 378, 385-86
A House of Pomegranates (Wilde) **41**:376
The House of Souls (Machen) **4**:277
"The House of Sounds" (Shiel) **8**:359, 361
"The House of Stene" (Grove) **4**:138
The House of Sun-Goes-Down (De Voto) **29**:126
The House of the Aizgorri (Baroja)
See *La casa de Aizgorri*
"The House of the Dead" (Apollinaire) **3**:38
"The House of the Dead" (Apollinaire)
See "La maison des mortes"
The House of the Four Winds (Buchan) **41**:38, 41, 44-6, 74
"The House of the Fox" (Villaurrutia) **80**:459
The House of the Octopus (Williams) **1**:517; **11**:498-99
"The House of the Titans" (Baker) **3**:6-7, 11
The House of the Titans, and Other Poems (Baker) **10**:17, 22
The House of the Trees and Other Poems (Wetherald) **81**:408,413
The House of the Whispering Pines (Green) **63**:140, 152
The House of Usna (Sharp) **39**:360, 370-72, 377-78, 380
The House of Women (Bromfield) **11**:75-6
"The House on the Beach" (Meredith) **17**:287
The House on the Borderland, and Other Novels (Hodgson) **13**:229-33, 235-36
"The House on the Hill" (Robinson) **5**:400, 414; **101**:197
The House on the Hill (Pavese)
See *La casa in collina*
The House on the Water (Betti)
See *La casa sull'acqua*
"The House Party" (Butts) **77**:75, 81
"The House Surgeon" (Kipling) **8**:195
"The House that Jack Built" (Allen) **87**:62
"The House to the Man" (Fletcher) **35**:112
"The House Was Quiet and the World Was Calm" (Stevens) **3**:454; **12**:361
"The House with a Mezzanine" (Chekhov)
See "An Artist's Story"
"The House with an Attic" (Chekhov)
See "An Artist's Story"
The House with Closed Shutters (Griffith) **68**:186
"The House with the Brick-Kiln" (Benson) **27**:19
The House with the Echo (Powys) **9**:366
The House with the Green Shutters (Brown) **28**:13-38
"The House with the Maisonette" (Chekhov)
See "An Artist's Story"
"The House with the Mezzanine" (Chekhov) **10**:114-15
The House Without a Key (Biggers) **65**:3-5, 8-9, 13
"A House without Love Is not a Home" (Williams) **81**:435
"Household Adjustment" (Addams) **76**:2
"Household Art" (Dobson) **79**:3
Household Bread (Renard)
See *Le pain de ménage*
"The Houseless Dead" (Lawrence) **93**:58
Housemates (Beresford) **81**:6
"The Housewife" (Galsworthy) **45**:33
"How a Little Girl Danced" (Lindsay) **17**:229
How About Europe? (Douglas) **68**:9, 38, 43-4
"How Annandale Went Out" (Robinson) **5**:402; **101**:100
"How Are You Sanitary?" (Harte) **25**:189
"How Bateese Came Home" (Drummond) **25**:142, 145, 153
"How Beastly the Bourgeois Is" (Lawrence) **93**:128
How Britain Is Striding forward in the Air (Mitchell) **81**:168
"How Can You Refuse Him now" (Williams) **81**:434-5
"How Dasdy Came Through" (Chesnutt) **39**:99
"How Do Concepts Arise from Precepts?" (Dewey) **95**:96
How Far the Promised Land? (White) **15**:481-82
"How Fear Departed from the Long Gallery" (Benson) **27**:19
"How Gilbert Died" (Paterson) **32**:369

"How He Captured Saragossa" (Doyle) **7**:233
How He Lied to Her Husband (Shaw) **3**:393, 400; **9**:414
"How Hefty Burke Got Even" (Davis) **24**:201
"How I Became an Author" (Bengtsson) **48**:12
"How I Shot a Policeman" (Paterson) **32**:380
"How I Went to the Mines" (Harte) **25**:219
"How I Wrote Certain of My Books" (Roussel) **20**:239, 251-52
How I Wrote Certain of My Books (Roussel)
See *Comment j'ai écrit certains de mes livres*
"How I Wrote my First Books" (Holley) **99**:314, 341
"How It Strikes a Contemporary" (Woolf) **43**:415-16
"How It Was Done in Odessa" (Babel)
See "How Things Were Done in Odessa"
How Italy Is Mobilizing a Sky Army (Mitchell) **81**:168
"How John Quit the Farm" (Riley) **51**:301
"How Labor Is Organized" (Baker) **47**:7
"How Lin McLean Went East" (Wister) **21**:390, 394, 398, 406
"How Love Came to Professor Guildea" (Hichens) **64**:122
"How Lucy Backslid" (Dunbar) **12**:122
"How Much Land Does a Man Need?" (Tolstoy) **79**:437
"How Muster-Master Stoneman Earned His Breakfast" (Warung) **45**:421, 425-26
"How Naked, How Without a Wall" (Millay) **49**:227
How New Will the Better World Be? (Becker) **63**:64, 72, 74-5, 84, 118
"How Order No. 6 Went Through" (Remington) **89**:307
"How Oswald Dined with God" (Markham) **47**:285
"How Pearl Button Was Kidnapped" (Mansfield) **2**:454; **39**:308, 319
"How Plash-Goo Came to the Land of None's Desire" (Dunsany) **59**:9
"How Russia Seeks to Dominate the Air" (Mitchell) **81**:168
"How Santa Claus Came to Simpson's Bar" (Harte) **25**:193, 201, 222
"How Schleiermacher Rediscovered Religion" (Otto) **85**:315
"How Seamus Commara Met the Banshee" (Benchley) **55**:18
"How Shall I Word It?" (Beerbohm) **24**:102
"How Shall My Animal" (Thomas) **45**:377, 399
"How Should One Read a Book?" (Woolf) **43**:383, 403, 407, 409-11
"How Steelman Told His Story" (Lawson) **27**:121, 130
"How Sweet to Be a Cloud" (Milne) **88**:254
"How the Brigadier Slew the Fox" (Doyle) **7**:233
"How the Brigadier Triumphed in England" (Doyle) **7**:233
How the Circus Came to Tea (Blackwood) **5**:77
"How the Favourite Beat Us" (Paterson) **32**:373
"How the Great Guest Came" (Markham) **47**:285
How the Old Woman Got Home (Shiel) **8**:360
How the Other Half Lives (Riis) **80**:418-20, 422-3, 425-8, 433, 435-7, 440
"How the Poor Die" (Orwell) **51**:228, 256, 261-62
How the Revolution Armed Itself (Trotsky)
See *Kak voorzhalas Revolyutsiya*
"How the Spark was Nearly Extinguished" (Lenin) **67**:219
How They Do It (Capek) **37**:46
"How They Took the Town of Lungtungpen" (Kipling) **8**:176
"How Things Were Done in Odessa" (Babel) **13**:34
"How to Avoid a Slump" (Keynes) **64**:244
"How to be a Poet" (Thomas)
How to Beat the Boer: A Conversation in Hades (Harris) **24**:266
"How to Become a Pillar of the Establishment" (Machado de Assis)
See "Teoria do medalhão"
How to Become an Author (Bennett) **5**:46
"How to Begin at the Top and Work Down" (Cobb) **77**:125
"How to Catch Unicorns" (Benet) **28**:6
How to Compose Tanka (Yosano Akiko) **59**:323-6
"How to Kill" (Douglas) **40**:70, 76, 78, 90-2
"How to Make Our Ideas Clear" (Peirce) **81**:183,187,205,216,241,292
"How to Make the Best of Life" (Bennett) **5**:49
How to Obtain Knowledge of Higher Worlds (Steiner) **13**:445
How to Pay for the War: A Radical Plan for the Chancellor of the Exchequer (Keynes) **64**:221, 246, 251, 269, 285
How to Read the Gospels (Tolstoy) **79**:335
How to Seduce Women (Marinetti)
See *Come si seducono le donne*
"How to Serve the Cow" (Gandhi) **59**:52
"How to Watch Football" (Benchley) **55**:3
How to Write (Stein) **1**:427, 435, 441; **6**:415; **28**:330, 340; **48**:250, 253, 255
"How to Write a Novel" (Nagai)
See "Shôsetsu sakuhô"
"How to Write Poetry" (Hagiwara Sakutaro) **60**:299
How to Write Short Stories—With Samples (Lardner) **2**:325; **14**:303, 306-07
"How Tom Snored" (Barbellion) **24**:79
How We Elect Our Presidents (Rogers) **71**:325
How We Think (Dewey) **95**:27, 132
"Howard Lamson" (Masters) **2**:464
Howard Pyle's Book of Pirates (Pyle) **81**:404-6
Howdy, Honey, Howdy (Dunbar) **12**:124
"Howdy, Neighbor!" (Benchley) **55**:17
"Howells Discussed at Avon-by-the-Sea" (Crane) **11**:159
"Howells James" (Fuller) **103**:76, 116
Howling at the Moon (Hagiwara Sakutaro)
See *Tsuki ni hoeru*
"Howling Dog" (Hagiwara Sakutaro) **60**:300-02
Höxter und Corvey (Raabe) **45**:192, 196, 200
Hoyptshtet (Kahanovitsch) **56**:118
The Hraun Farm (Sigurjonsson)
See *Bóndinn á Hrauni*
"Huai-chiu" (Lu Hsun)
See "Huaijiu"
"Huaijiu" (Lu Hsun) **3**:299, 302-03
Hubert's Arthur (Rolfe) **12**:271, 276-79
Hudson River Bracketed (Wharton) **3**:562-63, 573; **9**:549, 551
Huellas (Reyes) **33**:316
"Hügel" (Kandinsky) **92**:67
Hugh Wynne, Free Quaker (Mitchell) **36**:262-63, 267, 272, 274-76
"Hughey's Dog" (Paterson) **32**:381
Hughie (O'Neill) **6**:336
"Hughley Steeple" (Housman) **10**:247
Hugo (Bennett) **5**:37, 43
Hugo von Hoffmansthal and His Time: The European Imagination (Broch) **20**:77-8
"Huguenin's Wife" (Shiel) **8**:363
Les huit coups de l'horloge (Leblanc) **49**:196-97
Huite jours chez M. Renan (Barrès) **47**:75, 78
The Human Age (Lewis) **2**:391, 394-95; **9**:239-40, 242, 246-48; **104**:181, 278
Human, All Too Human: A Book for Free Spirits (Nietzsche)
See *Menschliches, Allzumenschliches: Ein Buch für freie Geister*
Human Being (Morley) **87**:128, 146
The Human Chord (Blackwood) **5**:71, 73-4, 77
The Human Cycle (Aurobindo) **63**:18, 30, 32, 34, 36, 51, 54, 56
"Human Document" (Zola) **6**:561
The Human Drift (London) **9**:267
the Human Fly (Melies) **81**:147
"The Human Fold" (Muir) **87**:167
"Human Grief" (Trakl)
See "Menschliche Trauer"
The Human Inheritance. The New Hope. Motherhood (Sharp) **39**:361, 379-80, 387
The Human Interest: A Study in Incompatibilities (Hunt) **53**:191
"Human Lost" (Dazai Osamu) **11**:178, 184, 191; **22**:184, 191
Human Nature and Conduct (Dewey) **95**:36, 60, 137
"Human Nature and Human History" (Collingwood) **67**:155, 185
"Human Nature Can Change" (Horney)
See "The Flight from Womanhood"
Human Nature in Politics (Wallas) **91**:354-5, 357-60, 362-3, 365, 368-70, 374-6, 378-9, 390-4, 402, 404
Human Odds and Ends (Gissing) **3**:228
Human Poems (Vallejo)
See *Poemas humanos, 1923-1938*
Human Shows, Far Phantasies, Songs, and Trifles (Hardy) **53**:117
"Human Studies" (Nishida)
See "Ningengaku"
Human Toll (Baynton) **57**:3-6, 11-12, 19, 23, 25-26, 28, 30-37
Human Work (Gilman) **9**:105; **37**:176
"Humanism and the Present" (Mandelstam) **6**:268
"Humanism and the Religious Attitude" (Hulme) **21**:132, 138
"Humanitad" (Wilde) **8**:495
"Humayun to Zobeida" (Naidu) **80**:285
A Humble Romance, and Other Stories (Freeman) **9**:60, 62-3, 65, 67, 74, 76
Les humbles (Coppee) **25**:119-21, 124-26
Humbug (Delafield) **61**:127
"L'hume qui tue les femmes" (Lemonnier) **22**:198
"Hume's Law of Causation" (Nishida)
See "Hyumu no ingaho"
La humilde verdad (Martinez Sierra and Martinez Sierra) **6**:279
"Humiliation" (Blok) **5**:85
The Humiliation of the Father (Claudel)
See *Le père humiliè*
"Humility" (Service) **15**:412
El humo dormido (Miro) **5**:335, 341, 345
Humor and Humanity: An Introduction to the Study of Humor (Leacock) **2**:378
"Humor and Irony" (Mann) **44**:220
"Humoresque" (Hecht) **101**:36
The Humours of the Court (Bridges) **1**:124
"Humpty Dumpty" (Kuttner) **10**:266, 271
Humpty Dumpty (Hecht) **101**:48, 57-8, 60, 73
"The Hunchback in the Park" (Thomas) **45**:399
"Die Hundeblume" (Borchert) **5**:104
"Hunden" (Obstfelder) **23**:179
The Hundred Sonnets of Robert David (Nezval) **44**:241
"The Hundred Tales"
See "Hyakumonogatari"
A Hundred Years of Trent Bridge (Lucas) **73**:174
Hundreds and Thousands: The Journals of Emily Carr (Carr) **32**:119-21, 123-25, 128-29
Hundreds...of Pages of the Secret Book of Gabriele d'Annunzio Tempted by Death (D'Annunzio)
See *Cento e cento e cento e cento pagine del libro segreto di Gabriele d'Annunzio tentato di morire*
The Hundredth Man (Stockton) **47**:315, 318, 321
"Hundstage" (Lasker-Schueler) **57**:317
"Huneker" (Mencken) **13**:365
"Hunger" (Cullen) **37**:155
"The Hunger" (Huysmans)
See "La Faim"
"Hunger" (Stephens) **4**:417, 421

Hunger (Hamsun)
See *Sult*
"Hunger and Thirst" (Bishop) **103**:5
The Hunger Pastor (Raabe)
See *Der Hungerpastor*
"A Hunger-Artist" (Kafka)
See "Ein Hungerkünstler"
"Ein Hungerkünstler" (Kafka) **29**:214; **47**:216
Der Hungerpastor (Raabe) **45**:160-62, 164, 169-70, 174, 177-81, 187, 191-98, 200
"The Hungrey Stones" (Tagore) **3**:483, 485
The Hungry City (Molnar)
See *Az éhes város*
"Hungry Eyes" (Bialik)
See "Ha-eynayim ha-re 'eboth"
The Hungry Heart (Phillips) **44**:256, 258-59, 262, 265, 275, 277-79, 281
"The Hungry Man Was Fed" (Davis) **24**:200
"The Hungry Stones" (Tagore)
See "Kshudhita Pashan"
"The Hunt after Happiness" (Prishvin) **75**:215-16
The Hunted (O'Neill) **1**:387, 388; **6**:331
The Hunter (Reyes)
See *El cazador*
"The Hunter Gracchus" (Kafka)
See "Der jäger Gracchus"
The Hunter Usa Gali (Khlebnikov)
See *Okhotnik Usa-Gali*
"Hunting Horns" (Apollinaire) **3**:39
"Hunting the King" (Lee-Hamilton) **22**:187, 189
The Hunting Trips of a Ranchman (Roosevelt) **69**:175, 177, 187, 251, 277-78
Huntingtower (Buchan) **41**:38, 41, 46, 49, 74-5
Huntsman, What Quarry? (Millay) **49**:219-20, 222-23, 233
The Huntsmen are Up in America (Bishop) **103**:32-3
The Hurdy-Gurdy (Guro)
See *Sharmanka*
Hurrah for My Owner (Valle-Inclan)
See *Viva mi dueño: El ruedo Ibérico II*
"The Hurricane" (Crane) **5**:186, 189
The Hurricane (Hall and Nordhoff) **23**:62, 66
"Hurry Kane" (Lardner) **14**:307, 314, 317, 319-20
A Husband (Svevo)
See *Un marito*
The Husband in Love with His Wife (Giacosa)
See *Il marito amante della moglie*
The Husband's Story (Phillips) **44**:256-60, 262, 265-66, 268, 275-79, 281
Hushove (Vazov) **25**:453
Der Hüter der Schwelle (Steiner) **13**:438, 443, 457, 459
"The Huxter" (Thomas) **10**:463
"Hvepsen" (Obstfelder) **23**:177, 182
"Hverrestens-Ajes" (Jensen) **41**:308
Hyacinth Halvey (Gregory) **1**:334-35, 337
Hyakuchū jisshu (Masaoka Shiki) **18**:221, 226
"Hyakumonogatari" (Mori Ōgai) **14**:379, 385
"The Hyborian Age" (Howard) **8**:136
"Hyde Park at Night, before the War" (Lawrence) **93**:69
"Hydrangea" (Nagai)
See "Ajisai"
"Hydro Poles on a Moonlight Night" (Miyazawa) **76**:293
Hydrotherapie Fantastique (Melies) **81**:122
"Hyenas" (Kolmar) **40**:177
"Hygeia at the Solito" (Henry) **19**:191
"Hylas" (Middleton) **56**:184
"A Hymn at Night" (Coffin) **95**:4
"Hymn for a Spring Festival" (Howe) **21**:113
"Hymn from a Watermelon Pavilion" (Stevens) **12**:376
"Hymn in Contemplation of Sudden Death" (Sayers) **15**:370
"The Hymn of Abdul Hamid" (Davidson) **24**:164, 186
"Hymn of Breaking Strain" (Kipling) **8**:201
"Hymn of Man" (Swinburne) **8**:426, 437; **36**:318
"Hymn of the Great Return" (Sikelianos)
See "The Great Homecoming"
"Hymn to Artemis Orthia" (Sikelianos) **39**:421
Hymn to Athena (Palamas) **5**:379, 382, 386
"Hymn to Beauty" (Merezhkovsky) **29**:246
"Hymn to Indra, Lord of Rain" (Naidu) **80**:316, 343
"A Hymn to Iris" (Babits)
See "Himnusz Iriszhez"
"Hymn to Life" (Palamas) **5**:386
"Hymn to Priapus" (Lawrence) **9**:213; **93**:16, 18, 88-93
"Hymn to Proserpine" (Swinburne) **8**:435, 441; **36**:295, 313, 317, 322, 327-29, 337
Hymn to Satan (Carducci)
See *Inno a Satana*
Hymn to the Mother (Aurobindo) **63**:6
"Hymn to the Scholar" (Mayakovski) **4**:292
"Hymn to the Sun" (Fletcher) **35**:89
"Hymn to the Valiant" (Palamas) **5**:380
"Hymne" (Heym) **9**:142
Hymnen (George) **2**:149-50; **14**:196, 203-04, 210-12
"Hymns in a Man's Life" (Lawrence) **93**:124
"Hymns—Ancient and Padded" (Baring-Gould) **88**:22
"Hymnus" (Kandinsky) **92**:67
"Hyōhakusha no uta" (Hagiwara Sakutaro) **60**:315
Hyōtō (Hagiwara Sakutaro) **60**:295, 298-9, 315-6
"Hyperion" (Crane) **2**:115
Hyperthvleana (Gogarty) **15**:113-14
"The Hypnotised Township" (Lawson) **27**:132
"The Hypnotist" (Bierce) **44**:45
L'hystérique (Lemonnier) **22**:198, 200, 202
"Hyumu izen no tetsugaku no hattatsu" (Nishida) **83**:223, 235
"Hyumu no ingaho" (Nishida) **83**:223, 235
"I" (Bryusov) **10**:87
"I" (Leino)
See "Minä"
"I" (Mayakovski) **18**:245-46
"I" (Sodergran)
See "Jag"
I (Mayakovski)
See *Ya*
I Am a Camera (Van Druten) **2**:575-76
I Am a Cat (Natsume)
See *Wagahai wa neko de aru*
"I Am Going to Speak of Hope" (Vallejo)
See "Voy a hablar de la esperanza"
"I Am in Love with Life" (Redcam) **25**:331
"I Am Sad" (Lasker-Schueler) **57**:335
"I Am the Way" (Meynell) **6**:303
"I Am Writer" (Stephens) **4**:420
"I and E" (Khlebnikov)
See "I i E"
I and I (Lasker-Schueler)
See *Ich und Ich*
I and the World (Morgenstern)
See *Ich und die Welt*
I and the World of Objects (Berdyaev)
See *Solitude and Society*
"I and Thou" (Nishida)
See "Watakushi to nanji"
"I Arise Enfeebled from My Bed" (Khodasevich) **15**:209
"I Asked of God" (Montgomery) **51**:209
"I Bear Witness" (Mayakovski) **18**:258
"I, being born a woman and distressed" (Millay) **49**:232
"I Believe" (Austin) **25**:36
"I Believe in My Sister" (Sodergran)
See "Ja tror på min syster"
"I Believe, Sang the Guns" (Khlebnikov) **20**:129
"I Built Myself a House of Glass" (Thomas) **10**:464
"I bygden er det uro" (Bjoernson) **7**:117
"I Cannot Be Silent" (Tolstoy) **11**:463; **79**:412, 430
"I Cannot Know" (Radnoti)
See "Nem tudhatom"
"I Cannot Tell in the Dark" (Tsvetaeva) **35**:394
"I Can't Breathe" (Lardner) **2**:335; **14**:307, 311
"I Can't Help It if I'm Still in Love with You" (Williams) **81**:423,445
"I Choose April" (Bjoernson) **7**:110
"I Climbed into the Tousled Hayloft" (Mandelstam) **2**:409
I de dage: Fortoelling om Norske nykommere i Amerika (Rolvaag) **17**:320, 337
I de dage: Riket grundlaegges (Rolvaag) **17**:320, 337
"I Didn't Get Over" (Fitzgerald) **6**:172
"I Don't Care if Tomorrow never Comes" (Williams) **81**:428
I Don't Cheat on My Husband (Feydeau)
See *Je ne trompe pas mon mari*
"I Dreamed My Genesis" (Thomas) **8**:454, 458; **45**:361-62
I due cavrioli (Pascoli) **45**:148
"I due farciulli" (Pascoli) **45**:151
"I Fellowed Sleep" (Thomas) **45**:361
"I Find the Real American Tragedy" (Dreiser) **83**:82-8
I Follow Saint Patrick (Gogarty) **15**:105, 118
"I Got the Blues" (Handy) **97**:54
"I Guess I Was Just a Fool" (Holly) **65**:149
"I Guess It Doesn't Matter Anymore" (Holly) **65**:145-46, 150-51
"I Had Scarcely Fallen Asleep" (Fletcher) **35**:106
"I Had to Tramp through Solar Systems" (Sodergran)
See "Till fots fick jag gå genom solsystemen"
I Hate Actors (Hecht) **101**:74
"I Have a Rendezvous with Life" (Cullen) **4**:41
"I Have a Thing to Tell You" (Wolfe) **13**:493
"I Have Been Taught" (Muir) **87**:241
"I Have Been through the Gates" (Mew) **8**:296-97, 299-300
"I Have Believed That I Prefer to Live" (Wylie) **8**:530
"I Have Embraced You" (Toller)
See "Ich habe euch umarmt"
"I Have Every Right to Speak Where There May Be a Clear Issue Between Candidates for a Democratic Nomination Involving Principles, or a Clear Misuse of My Own Name" (Roosevelt) **93**:184
"I Have Lived in the Underworld Too Long" (Rosenberg) **12**:299, 311
"I Have Longed to Move Away" (Thomas) **45**:362
"I Have Loved Hours at Sea" (Teasdale) **4**:428
I Have Neither Father, Nor Mother (Jozsef) **22**:164
I Have This to Say (Hunt)
See *The Flurried Years*
"I Heard Immanuel Singing" (Lindsay) **17**:225
"I i E" (Khlebnikov) **20**:131, 139
"I, in My Intricate Image" (Thomas) **8**:454, 459; **45**:362, 382, 405
I Juliet (Rolland) **23**:252
"I Kiss Miss-Kisses" (Ady) **11**:14
"I Know" (Lasker-Schueler)
See "Ich weiss"
"I Know I Am But Summer" (Millay) **49**:215
"I Laid My Mother Away" (Williams) **81**:423
I Left My Grandfather's House: An Account of His First Walking Tour (Welch) **22**:458, 460
"I Lie Somewhere by the Side of the Road" (Lasker-Schueler) **57**:335
"I Live in the Heart of the Young" (Ady)
See "Ifjú szivekben élek"
"I Look into My Glass" (Hardy) **4**:152; **53**:111, 114
"I Love" (Mayakovski) **4**:299; **18**:241

"I Love Life" (Sigurjonsson) **27**:364
"I Love My Bonny Bride" (Roberts) **68**:348, 350-51
"I Love You" (Eluard) **7**:261
"I Loved" (Saba)
See "Amai"
"I. M.: Margaritae Soroi" (Henley) **8**:110
"I Make This in a Warring Absence" (Thomas) **45**:362, 399, 405
"I Mavromantilou" (Papadiamantis) **29**:272
"I Met Me Ould Love" (Stringer) **37**:334
"I Napoleon" (Herzl) **36**:154
"I Never Ast No Favours" (Kornbluth) **8**:217
"I Never Saw That Land Before" (Thomas) **10**:467
"I Once Had" (Saba)
See "Avevo"
"I Pharmakolytria" (Papadiamantis) **29**:272
I Played, I Danced (Rainis)
See *Spēlēju, dancoju*
I Pose (Benson) **17**:17, 19, 20, 22, 24, 26-8, 30
I Remember Mama (Van Druten) **2**:573
"I rose up as my custom is" (Hardy) **53**:101
I Salute You, Free Latvia! (Rainis)
See *Sveika, brīvā Latvija!*
"I Saw a Tree" (Sodergran)
See "Jag såg ett träd"
"I Saw the Light" (Williams) **81**:423-4,441
I Saw Three Ships (Quiller-Couch) **53**:296
"I See" (Obstfelder)
See "Jeg ser"
"I See America Dancing" (Duncan) **68**:75
"I See Phantoms of Hatred and of the Heart's Fullness and of the Coming Emptiness" (Yeats) **11**:535
"I See the Boys of Summer" (Thomas) **45**:361, 386-87
"I Shall Never See You Again" (Masters) **25**:298
I Should Have Stayed Home (McCoy) **28**:211-13, 222, 232, 237
"I snova" (Bryusov) **10**:81
"I Still Live" (Eluard) **7**:262
"I Thought I Stood" (Schreiner) **9**:394
"I to My Perils" (Housman) **10**:247, 258
"I, Too, Have Lived in Arcadia": A Record of Love and of Childhood (Lowndes) **12**:204
I Æventyrland (Hamsun) **49**:128
I Walked with a Zombie (Addams) **76**:192, 194-98, 200, 202, 204-05, 210, 218, 230
"I Want to Know Why" (Anderson) **1**:42, 46, 50, 54, 58, 61; **10**:33
"I Wanted to Come to Broadway" (Cohan) **60**:169
I Was a German (Toller)
See *Eine jugend in Deutschland*
"I Was Born in Virginia" (Cohan) **60**:168
"I Was Washing Outside in the Darkness" (Mandelstam) **2**:409
I Will Not Rest (Rolland)
See *Quinze ans de combat, 1919-1934*
"I Will Not Serve" (Huidobro)
See "Non serviam"
I Will Not Weep (Esenin) **4**:115
"I Will Put Chaos into Fourteen Lines" (Millay) **49**:226
"I Wish I Could See a Woman of Carthago" (Leino)
See "Tahtoisin nähdä mä Kartagon naisen"
"I Wonder" (Montgomery) **51**:204
I Would Be Private (Macaulay) **44**:123
I Wrote The Uprising (Rebreanu) **28**:270
"Ia izyskannost' Russkoi medlitel'noi rechi" (Balmont) **11**:42
"Ia mech'toiu lovil" (Balmont) **11**:35
"Ia ne ishchu garmonii v prirode" (Zabolotsky) **52**:380
"Ia tol'ko devochka" (Tsvetaeva) **35**:389
Iaiá Garcia (Machado de Assis)
See *Yayá Garcia*
Iambics and Epodes (Carducci)
See *Giambi ed epodi*
Íamboi kai anápaestoi (Palamas) **5**:379, 380, 382, 384, 387
Iambs and Anapaests (Palamas)
See *Íamboi kai anápaestoi*
Iasen' (Balmont) **11**:38, 40, 42
Iberian Ring (Valle-Inclan)
See *El ruedo Ibérico*
"I—Brasil" (Sharp) **39**:371
"Ibsen et les critiques Français" (Gourmont) **17**:126
"Ibsen Is Dead" (Ady) **11**:24
"Ibsen the Playwright" (Matthews) **95**:246
Ice (Jensen)
See *Bræen*
The Ice Land (Hagiwara Sakutaro)
See *Hyōtō*
"The Ice Palace" (Fitzgerald) **1**:262; **6**:169
"The Iceberg" (Roberts) **8**:321, 326-27
The Iceburg, and Other Poems (Roberts) **8**:318, 321
An Iceland Fisherman (Loti)
See *Pêcheur d'Islande*
The Iceman Cometh (O'Neill) **1**:389-90, 392, 398-402, 405-06; **6**:332, 336; **49**:247, 249, 252, 260
"Ich habe euch umarmt" (Toller) **11**:490
"Ich liebe dich" (Lasker-Schueler) **57**:305
"Ich liege wo am wegrand" (Lasker-Schueler) **57**:313-14
"Ich raume auf" (Lasker-Schueler) **57**:314
Ich raume' auf! Meine Anklage gegen meine Verleger (Lasker-Schueler) **57**:321
"Ich saume liebentlang" (Lasker-Schueler) **57**:300
"Ich schlafe in der Nacht" (Lasker-Schueler) **57**:318
Das Ich über der Natur (Doblin) **13**:174
Das Ich und das Es (Freud) **52**:91
Ich und die Welt (Morgenstern) **8**:309
Ich und Du (Morgenstern) **8**:306, 311
Ich und Ich (Lasker-Schueler) **57**:294
"Ich weiß im Wald ein kleines Haus" (Raabe) **45**:190
"Ich weiss" (Lasker-Schueler) **57**:328
"Ich werde gegangen" (Schwitters) **95**:296
Ichiaku no suna (Ishikawa) **15**:123, 125, 127
Ichiya (Natsume) **10**:329
Iconoclasts: A Book of Dramatists (Huneker) **65**:157-59, 163, 165, 167, 170, 179, 185, 188, 217
I'd Rather Be Right (Cohan) **60**:161
"Ida" (Bunin) **6**:45
Ida Elisabeth (Undset) **3**:519, 521, 523
Idalia (Ouida) **43**:338, 341-42, 344, 353, 357, 370, 375
La idea de principio en Leibniz y la evolución de la teoría deductiva (Ortega y Gasset) **9**:355
"Idea de teatro" (Ortega y Gasset) **9**:355
"The Idea of a Pure Logic" (Husserl) **100**:39
"The Idea of Fate in Ancient Tragedy" (Brandes) **11**:70
The Idea of History (Collingwood) **67**:93, 107-8, 124, 127-28, 138-39, 146, 151, 153, 156, 182, 184-92
The Idea of National Interest (Beard) **15**:23
The Idea of Nature (Collingwood) **67**:139, 142, 144, 151, 182, 184-85
"The Idea of Order at Key West" (Stevens) **3**:455; **12**:376; **45**:269, 275, 277-78, 282, 290, 297, 306, 326, 328, 334, 348
The Idea of Phenomenology (Husserl) **100**:121
"The Idea of Preexistence" (Hearn) **9**:119, 130
The Idea of Principle in Leibniz and the Evolution of Deductive Theory (Ortega y Gasset)
See *La idea de principio en Leibniz y la evolución de la teoría deductiva*
The Idea of the Holy (Otto)
See *Das Heilige*
"The Idea of the Theater" (Ortega y Gasset)
See "Idea de teatro"
"The Idea of Value" (Alexander) **77**:62-4
"Ideal" (Flecker) **43**:206
"The Ideal" (Sterling) **20**:383
"L'ideal" (Sully Prudhomme) **31**:301
An Ideal Content (Rolfe) **12**:283
"An Ideal Craftsman" (de la Mare) **4**:78; **53**:21, 27, 42
"An Ideal Family" (Mansfield) **39**:304
The Ideal Giant (Lewis) **2**:386; **104**:257
An Ideal Husband (Wilde) **1**:497-98, 504, 506, 508; **8**:489, 494; **23**:411-12, 415, 420, 435, 438, 445; **41**:397
The Ideal of Human Unity (Aurobindo) **63**:30-2, 36, 51, 54
The Ideal of the Karmayogin (Aurobindo) **63**:28
Ideal Passion (Woodberry) **73**:364
"Idealism" (Gourmont) **17**:149
"Idealism and Materialism" (Lovecraft) **22**:210
Idéalisme (Gourmont) **17**:156
"Ideals and Doubts" (Holmes) **77**:262
Ideas (Husserl)
See *Jarbuch fuer Philosophie un Phaenomenologische Forschung*
"Ideas and Ideals as Sources of Power in the Modern World" (Wirth) **92**:375
Ideas and Opinions (Einstein) **65**:133
Ideas concerning Pure Phenomenology (Husserl)
See *Ideen I*
Ideas I (Husserl)
See *Ideen I*
Ideas III (Husserl)
See *Die Phaenomenologie und die Fundamente de Wissenschaften*
"Ideas of a Flower Garden" (Yokomitsu)
See "Hanazono no Shisô"
Ideas of Good and Evil (Yeats) **1**:576; **31**:385
"Ideas of the New Rural Society" (Baker) **10**:24
"Ideas sobre la novela" (Ortega y Gasset) **9**:344-46
"Ideas y creencias" (Ortega y Gasset) **9**:338
IdeasII (Husserl)
See *Phaenomenologie Untersuchungen zur Konstitution*
"Idee der Phänomenologie" (Husserl)
See *Ideen I*
L'idée fixe (Valery) **4**:494
Idée Fixe (Valery)
See *L'idée fixe*
Idee und Gestalt (Cassirer) **61**:52
Ideen (Husserl)
See *Jarbuch fuer Philosophie un Phaenomenologische Forschung*
Ideen I (Husserl) **100**:10, 49, 80, 89-90, 97, 119-20, 123, 154-55
Ideen II (Husserl)
See *Phaenomenologie Untersuchungen zur Konstitution*
Ideen III (Husserl)
See *Die Phaenomenologie und die Fundamente de Wissenschaften*
Ideen zu einer reinen Phaenomenologie und phaenomenologische n Philosophie (Husserl) **100**:10, 19, 25, 45, 59
Les idées du jour (Gourmont) **17**:138
Les idées et les âges (Alain) **41**:3, 28, 30
"Idéis de canário" (Machado de Assis) **10**:290-91
"Identités" (Eluard) **41**:156
"Ideological Aspects of Social Disorganization" (Wirth) **92**:378
Ideologie and Utopie (Mannheim) **65**:295, 301-02, 307-08, 312, 319, 321-22, 333, 338
Ideology and Utopia (Mannheim)
See *Ideologie and Utopie*
"The Ides of March" (Cavafy) **2**:88
"The Ides of March" (Hornung) **59**:112, 114, 119-21
"Un idilio" (Quiroga) **20**:213
"Idilio muerto" (Vallejo) **56**:294
"Idillio maremmano" (Carducci) **32**:96, 102-03, 110-11

"Idiom of the Hero" (Stevens) **45**:283
"The Idiot" (Crane) **5**:189
"An Idiot" (Riley) **51**:292
"L'idiote aux cloches" (Nelligan) **14**:392
Idiot's Delight (Sherwood) **3**:410-14, 416
Idle Days in Patagonia (Hudson) **29**:135, 138-40, 143, 145, 156-58, 162
"Idle Days on the Yann" (Dunsany) **59**:20-21
"An Idle Fellow" (Chopin) **14**:69
The Idle Thoughts of an Idle Fellow (Jerome) **23**:77, 80, 86-7, 90
"Idleness" (Tozzi)
See "Ozio"
"The Idolator" (Williams) **89**:399
Idolatry (Hawthorne) **25**:230, 232-33, 238, 241-42, 248, 250-52
Les idoles (Rolland) **23**:262
"Idols" (Rolland) **23**:254-55
"An Idyl" (Quiroga)
See "Un idilio"
"Idyl of a French Snuffbox" (Hearn) **9**:125, 134, 136
"The Idyl of Melool Woodpile" (Warung) **45**:419
"The Idyl of Red Gulch" (Harte) **1**:343; **25**:191
"Idyl of the Anchorite" (Lee-Hamilton) **22**:186
"Idyll" (Hofmannsthal) **11**:294
"An Idyll of Dandaloo" (Paterson) **32**:372, 377
"The Idyll of the Carp" (Dobson) **79**:27
"Idyll of the Maremma" (Carducci)
See "Idillio maremmano"
An Idyll of the Shops (Hecht) **101**:73
"Une idylle pendant le siège" (Coppee) **25**:126
Une idylle tragique (Bourget) **12**:72
"An Idyllic Home" (Peretz) **16**:405-06
Ie (Shimazaki Toson) **5**:431-38, 441
"If" (Kipling) **8**:186
"If" (Pirandello)
See "Se ..."
If (Dunsany) **2**:144; **59**:12-3, 17, 26
"If at Your Window" (Hichens) **64**:130
"If Dead Indeed" (Cavafy) **2**:91
If Five Years Pass (Garcia Lorca)
See *Así que pasen cinco años*
"If I Could Know" (Muir) **87**:231
If I Had Money (Tarkington) **9**:464
"If I had Possession over Judgement Day" (Johnson) **69**:76
If I May (Milne) **6**:316
"If I Should Ever by Chance" (Thomas) **10**:452, 455
"If I Were a Man" (Gilman) **9**:113, 115
"If I Were a Man: How I Would View the Modern Feminine Tendencies" (Tarbell) **40**:442
"If I Were Four-and-Twenty" (Yeats) **93**:366
"If I Were King" (Milne) **88**:241
If I Were King (Sturges) **48**:285, 291, 295, 312, 316
"If I Were Rothschild" (Aleichem)
See "Ven ikh bin Roytshild"
"If I Were Tickled by the Rub of Love" (Thomas) **45**:361, 383
"If It Were Only Yesterday" (Rinehart) **52**:291
"If It's Ever Spring Again" (Hardy) **53**:81
"If Love Be Staunch" (Cullen) **37**:170
"If Love Should Faint" (Gosse) **28**:151
"If My Head Hurt a Hair's Foot" (Thomas) **45**:365, 377, 379
"If Not Higher" (Peretz) **16**:406
"If Only" (Bishop) **103**:14, 18, 33
"If only—1867-1900" (Bishop) **103**:13
If Shakespeare Lived Today (Dunsany) **59**:3, 13, 26
"If So the Man You Are" (Lewis) **2**:397-98; **104**:174
"If Some Day" (Chopin) **5**:153
If the Sun Didn't Rise Again (Ramuz)
See *Si le soleil ne revenait pas*
"If the Vicious Spiral of Inflation Ever Gets Under Way, the Whole Economic System Will Stagger" (Roosevelt) **93**:184
"If Thou Would'st Know the Source" (Bialik) **25**:48
"If Truth in Hearts That Perish" (Housman) **10**:249, 251
"If Washington Should Come to Life" (Cohan) **60**:168
"If We Must Die" (McKay) **7**:457, 461, 463, 467-68; **41**:318-19, 345
"If You Are on Fire" (Rosenberg) **12**:311
"If You Should Go" (Cullen) **37**:145, 154, 167
"If You Were Dead" (Naidu) **80**:288
"If You Would Know" (Bialik) **25**:50
"If You'll Be a Baby to Me" (Williams) **81**:434,438
If You're Only Human (Biggers) **65**:2
Ifigenia cruel (Reyes) **33**:316-17, 320-22
"Ifjú szivekben élek" (Ady) **11**:17
"Ignat" (Bunin) **6**:45
"Ignoble Martyr" (Davis) **6**:154
Igra (Gumilev) **60**:264
"Igra v adu" (Khlebnikov) **20**:131
"A igreja do diabo" (Machado de Assis) **10**:290-91
Így írtok ti (Karinthy) **47**:268, 271, 273
"Ihalempi" (Leino) **24**:376
Ihicus; or, The Adventures of Nevzorov (Tolstoy) **18**:370, 373, 378
"Ijul'skaja groza" (Platonov) **14**:425
"Ika Loch's Brothel" (van Ostaijen)
See "Het bordeel van Ika Loch"
"Ikkai no tsuchi" (Akutagawa Ryunosuke) **16**:20
Ikrek hava: Napló a gyerekkorról (Radnoti) **16**:412
"Iku-Turso" (Leino) **24**:368, 370
"Ikyō no koi" (Nagai) **51**:98-9
"Il borgo" (Saba) **33**:370, 376-77
"Il bove" (Carducci) **32**:87, 91, 95, 101
"Il bove" (Pascoli) **45**:152
"Il buon vecchio e la bella fanciulla" (Svevo) **2**:545
"Il canto dell' amore" (Carducci) **32**:108
"Il ciocco" (Pascoli) **45**:143, 149, 152
"Il ciuchino" (Tozzi) **31**:325
"Il compagno dei taglialegna" (Pascoli) **45**:154
"Il comune rustico" (Carducci) **32**:111
Il conte rosso (Giacosa) **7**:305, 308-09, 313
Il crepuscolo dei filosofi (Papini) **22**:268-69, 280-81, 283
"Il croce e la croce" (Papini) **22**:280
Il delirio (D'Annunzio) **6**:144
"Il demonio tentato" (Papini) **22**:280
Il diavolo (Papini) **22**:284, 286, 289, 291
"Il dilettantismo" (Svevo) **35**:363
Il diluvio (Betti) **5**:61
Il dio dei viventi (Deledda) **23**:40
Il diritti dell' anima (Giacosa) **7**:308, 311, 313
"Il était une boulangère" (Peret) **20**:199, 201
"Il fanciullino" (Pascoli) **45**:150, 155
Il ferro (D'Annunzio)
See *Le chèvrefeuille*
Il filo (Giacosa) **7**:310
"Il focolare" (Pascoli) **45**:143
Il fratello d'armi (Giacosa) **7**:305-07, 309, 313
Il fuoco (D'Annunzio) **6**:129, 133-34, 140-41, 144; **40**:5, 18, 29, 46-51
Il gattopardo (Lampedusa) **13**:291-305, 307, 311-16, 318-21
"Il gelsomino notturno" (Pascoli) **45**:154, 156
Il giocatore (Betti) **5**:54, 60, 65
"Il giorno dei morti" (Pascoli) **45**:143
Il guidizio universale (Papini) **22**:286
Il ladro in casa (Svevo) **35**:370
Il lampo (Pascoli) **45**:154
"Il libro" (Pascoli) **45**:147, 149, 156
Il libro ascetico dell Giovane Italia (D'Annunzio) **6**:145
Il libro ascetico della Giovane Italia (D'Annunzio) **40**:19
Il libro delle vergini (D'Annunzio) **6**:133, 137
"'Il libro di Don Chisciotte' di E. Scarfoglio" (Svevo) **35**:362-63
"Il malocchio" (Svevo) **35**:369
Il marito amante della moglie (Giacosa) **7**:307, 309, 313
Il marito di Elena (Verga) **3**:548
"Il mendico" (Saba) **33**:373
Il Metodo della Pedagogia Scientifica applicato all' educazione infantile nelle Case dei Bambini (Montessori) **103**:289-90, 293, 302, 316
Il mio fiume (Papini) **22**:280
"Il mio ozio" (Svevo) **2**:541; **35**:345, 352
"Il mistero" (Verga) **3**:546
"Il monumento storico" (Jovine) **79**:44
"Il nonno" (Deledda) **23**:35
Il nostro padrone (Deledda) **23**:35-6
"Il nunzio" (Pascoli) **45**:156
Il paese delle vacanze (Betti) **5**:62
Il partita a scacchi (Giacosa) **7**:305-09, 313
Il pastore sepolto (Jovine) **79**:44, 59, 61
"Il penseroso" (Yeats) **18**:447
Il piacere (D'Annunzio) **6**:128, 131, 133, 137, 140, 143-44; **40**:4, 15-20, 26-31
Il piccolo Berto (Saba) **33**:370
Il pitota cieco (Papini) **22**:274, 280-81
Il più forte (Giacosa) **7**:306, 308, 311
"Il plebiscito" (Carducci) **32**:90
"Il pleut" (Apollinaire) **51**:33-4
Il podere (Tozzi) **31**:314-17, 319-24, 328-29, 333-34
"Il pubblico" (Svevo) **35**:363-64
Il quartetto tactile (Marinetti) **10**:320
"Il Quod Visum Placet" (Gill) **85**:53
"Il reverendo" (Verga) **3**:543, 546
"Il ritorno" (Campana) **20**:83
"Il ritorno del figlio" (Deledda) **23**:35
Il Ritorno del Giullare (Pascoli) **45**:146, 148
Il secreto dell' uomo solitario (Deledda) **23**:40-1
"Il signor Nella e Napoleone" (Svevo) **35**:362
"Il sogno" (Dowson) **4**:85
Il sogno d'un tramonto d'autunno (D'Annunzio) **6**:137; **40**:8
"Il sonno di Odisseo" (Pascoli) **45**:142, 154
Il tamburo di fuoco (Marinetti) **10**:317
"Il teatro di varietà" (Marinetti) **10**:317-19
Il tempo del bastone e della carota (Mussolini) **96**:281-82
Il tragico quotidiano (Papini) **22**:274, 280-81
"Il transito" (Pascoli) **45**:142
Il trionfo d'amore (Giacosa) **7**:305-07, 309, 313
Il trionfo della morte (D'Annunzio) **6**:128, 131, 133, 138, 140-41, 143-44; **40**:3-4, 13, 28-9, 39-40
Il vecchio con gli stivali (Brancati) **12**:83, 85-7, 93
Il vecchio della montagna (Deledda) **23**:36, 38, 40
Il vecchio e i fonciulli (Deledda) **23**:40
Il vecchione (Svevo) **35**:336-38, 345, 349, 352, 354
Il vento notturno (Betti) **5**:56
"Il vetro rotto" (Saba) **33**:374
Il viale degli dei (Papini) **22**:281
"Il vischio" (Pascoli) **45**:155
"Il vulture del sole" (D'Annunzio) **40**:43
"Il y a" (Apollinaire) **3**:45; **51**:20, 36
Ile (O'Neill) **1**:396
L'Ile à hélice (Verne) **52**:331, 350, 359
"Ile de la liberté" (Schwob) **20**:323
L'Île de pingouins (France) **9**:45, 49-51, 53
L'ile mystérieuse (Verne) **6**:491, 499-500, 503; **52**:330, 343-44, 350
L'Île Vierge (Lemonnier) **22**:199, 203
"Ilia Isaakovich and Margarita Prokofievna" (Babel) **13**:32
"The Ilicet" (Carman) **7**:136
"Ilicet" (Swinburne) **36**:305, 323
Ilja Muromietis (Rainis) **29**:386, 393
"Ilks" (Zamyatin) **8**:553
"I'll never Get out of this World Alive" (Williams) **81**:419,424

"Ill Omens" (Akutagawa Ryunosuke)
See "Kyō"
Az illés szekerén (Ady) **11**:13, 17, 21-2, 25
"The Illinois State Mews" (Lindsay) **17**:241
"The Illinois Village" (Lindsay) **17**:240
Illion: An Epic in Quantitative Hexametres (Aurobindo) **63**:36
"An Illiterate but Interesting Woman" (McAlmon) **97**:88
The Illiterate Digest (Rogers) **8**:332, 336
Illness (Klabund) **44**:105
"The Illness of Signor Lambert" (Doyle) **7**:216
"Illuminating Episodes in the Lives of Hon. General Poynyard and His Bride" (Wylie) **8**:528
Illuminations (Benjamin) **39**:16
"Illusion" (Baker) **10**:28
"Illusion" (Sterling) **20**:379
"The Illusion of Historic Time" (Meynell) **6**:294
Les Illusions du progres (Sorel) **91**:188, 193, 198, 200, 219, 224-5, 227, 295, 316, 332
Illusions fantasmagorique (Melies) **81**:138
Illusions funambulesques (Melies) **81**:138
The Illusions of Progress (Sorel)
See *Les Illusions du progres*
Illusive Village (Martinez Sierra and Martinez Sierra)
See *Aldea ilusoria*
"Illusory Psychology" (Dewey) **95**:94
"Illustrations of the Logic of Science" (Peirce) **81**:195,300,303
"Illustrations of the Poetic as a Sense" (Stevens) **3**:477
"L'illustre estinto" (Pirandello) **29**:282
"The Illustrious Deceased" (Pirandello)
See "L'illustre estinto"
The Illustrious Prince (Oppenheim) **45**:136
Ilotulitus (Leino) **24**:372
Las ilusiones del Doctor Faustino (Valera y Alcala-Galiano) **10**:500, 502, 505-08
Ilya of Murom (Rainis)
See *Ilja Muromietis*
"I'm a Fool" (Anderson) **1**:42, 46, 50, 58; **10**:36, 43, 45
"I'm a Yankee Doodle Dandy" (Cohan) **60**:172
Im alten Eisen (Raabe) **45**:166, 171, 174, 177-79, 196, 200-03
"Im Anfang" (Lasker-Schueler) **57**:303-4, 316,334
"I'm Changin' All Those Changes" (Holly) **65**:148
Im dickicht der städte (Brecht) **1**:108, 112, 119; **6**:35
"I'm Gonna Love You Too" (Holly) **65**:138, 140, 153
"I'm Gonna Set My Foot Down" (Holly) **65**:148
Im Grafenschloss (Heyse) **8**:121
Im Kampf um Gott (Andreas-Salome) **56**:28, 40, 42, 48
"Im Mai, im Mai Schrie der Kuckuck" (Borchert) **5**:105, 108-09
Im Paradiese (Heyse) **8**:115, 119
I'm Putting Things in Order! (Lasker-Schueler)
See *Ich raume' auf! Meine Anklage gegen meine Verleger*
Im Schlaraffenland (Mann) **9**:319, 323, 326-29
"Im Schnee, im sauberen Schnee" (Borchert) **5**:105
"I'm so Lonesome I Could Cry" (Williams) **81**:422,426,438,444
"I'm Still Not Patriarch" (Mandelstam) **2**:409
"I'm the Last Poet of the Village" (Esenin) **4**:117
"I'm to Marry a Nobleman" (Cohan) **60**:171
"Im Wald" (Kandinsky) **92**:69
Im Zwielicht (Sudermann) **15**:429, 432
The Image, and Other Plays (Gregory) **1**:333-36
"An Image from a Past Life" (Yeats) **93**:390, 391
"The Image in the Mirror" (Sayers) **15**:379
The Image in the Sand (Benson) **27**:17
Image of Josephine (Tarkington) **9**:469
The Image of the City, and Other Essays (Williams) **11**:497
"The Image of the Lost Soul" (Saki) **3**:371
"Image on the Heart" (Fitzgerald) **6**:167
"Imagen española de la muerte" (Vallejo) **56**:302
"Images" (Muir) **87**:237-38
"Images I" (Muir) **87**:279
Images of Good and Evil (Symons) **11**:431-32, 435, 446
"Imaginación, inspiración, evasión" (Garcia Lorca) **49**:90, 93, 109
Imaginary Letters (Butts) **77**:83, 103-4
"Imaginary Ministers" (Mikszath)
See "Képzeletbeli miniszterek"
Imaginary Sonnets (Lee-Hamilton) **22**:188-89, 191, 193-94
Imaginary Woman (Tagore)
See *Mānasī*
"Imagination" (Coleridge) **73**:11
Imagination (MacDonald) **9**:292
The Imagination, and Other Essays (MacDonald) **9**:288
"Imagination as Value" (Stevens) **45**:291
"Imagination, Inspiration, Evasion" (Garcia Lorca)
See "Imaginación, inspiración, evasión"
Imaginations and Reveries (Baker) **10**:17
An Imaginative Man (Hichens) **64**:122, 126-28, 131
"Imagined America—How a Young Russian Pictured It" (Cahan) **71**:85
Imago (Spitteler) **12**:335, 339, 341-42, 348-49, 351-53
"The Imam Bara" (Naidu) **80**:342
"Imatran tarina" (Leino) **24**:369
"Imenie Belokonskoe" (Pilnyak) **23**:211, 213
"Imfundo ephakeme" (Vilakazi) **37**:403
"Imifula yomhlaba" (Vilakazi) **37**:404
Imihobe nemibongo yokufundwa ezikolweni (Mqhayi) **25**:324
"Imitation" (Dobson)
See "Ballade of Imitation"
"Imitation" (Gurney) **33**:97
Imitation of Life (Sturges) **48**:286, 294
"The Immaculate Devil" (Gladkov) **27**:92
L'immaculée conception (Eluard) **41**:152
"Immagini del viaggio e della montagna" (Campana) **20**:84
"Les Immatériaux" (Lyotard) **103**:172-73, 235-40
Immaturity (Shaw) **3**:400-01; **9**:422; **21**:329
The Immigrant Press and Its Control (Park) **73**:185
The Immigrant Woman (Papadiamantis) **29**:271, 273
"Los Immigrantes" (Quiroga) **20**:212, 216-17
"Immigrants" (Quiroga)
See "Los Immigrantes"
The Immigrant's Daughter (Sanchez)
See *La gringa*
The Immoralist (Gide)
See *L'immoraliste*
L'immoraliste (Gide) **36**:86, 93, 103, 110
"The Immortal" (Pickthall) **21**:250, 252
"An Immortal" (Sharp)
See "The Unborn Child"
"The Immortal Free Spirit of Man" (Kazantzakis) **33**:163
The Immortal Hour (Sharp) **39**:370, 377, 379-80
Immortal Longings (Williams) **89**:395
"Immortal Man" (Doblin)
See "Der unsterbliche Mensch"
The Immortal Moment: The Story of Kitty Tailleur (Sinclair) **11**:409
"Immortality" (Kaye-Smith) **20**:108
"The Immortals" (Rhodes) **53**:316
"The Immortals" (Rosenberg) **12**:294, 302, 312
"L'immortel" (Svevo) **35**:363
Immortelle maladie (Peret) **20**:201
"Immutable" (Naidu) **80**:315
"Imogayu" (Akutagawa Ryunosuke) **16**:35
Impatient Maiden (Whale) **63**:339, 383
"The Impenitent Thief" (Graham) **19**:112
"Impenitentia ultima" (Dowson) **4**:87
An Imperative Duty (Howells) **7**:370; **17**:185
An Imperative Play (Howells) **7**:393
"An Impercipient at a Cathedral Service" (Hardy) **32**:281
"An Imperfect Conflagration" (Bierce) **44**:40, 45
An Imperfect Mother (Beresford) **81**:8
"Imperial Delhi" (Naidu) **80**:295
Imperial Germany and the Industrial Revolution (Veblen) **31**:342, 346, 362
"The Imperial Kailyard" (Graham) **19**:121-22
Imperial Orgy (Saltus) **8**:355
The Imperial Palace (Bennett) **5**:38
"Imperial Panorama" (Benjamin) **39**:39
Imperial Purple (Saltus) **8**:344, 346-50, 352, 354-55
"Imperial Sentiment in Canada" (Duncan) **60**:215, 239
Imperialism: The Highest Stage of Capitalism (Lenin) **67**:225-26
The Imperialist (Duncan) **60**:175-7, 180-1, 183, 195, 197-8, 201-3, 207-11, 215-9, 222-4, 233-4, 238-9, 241-2, 244-5, 247, 249
Imperium in Imperio (Griggs) **77**:146, 150-5, 162, 164, 166, 168-71, 175, 182-6, 190-1
L'impero in provincia (Jovine) **79**:44, 65
"Impi ja pajarin poika" (Leino) **24**:368, 377
Impious Tales (Zamyatin) **37**:432
"Implacable" (Nervo) **11**:398-99
"Impophoma yeVictoria" (Vilakazi) **37**:402
The Importance of Being Earnest (Wilde) **1**:495, 498-500, 503-09; **8**:494, 498, 500; **23**:406-52; **41**:388
"The Importance of Being Oscar" (Leverson) **18**:201
"The Importance of Individuals" (James) **32**:333
"Important People" (Milne) **6**:314
"Important—Einstein's Universe" (Rhodes) **53**:315-16
"The Imported Bridegroom" (Cahan) **71**:12, 16-19, 27, 42, 64, 67-68, 71
The Imported Bridegroom and Other Tales of the New York Ghetto (Cahan) **71**:9, 13, 21, 26, 28-29, 39, 86
The Imposition of Sexual Morality (Reich) **57**:350
The Impossible (Howells) **7**:387-88
"The Impossible Fact" (Morgenstern) **8**:305
An Impossible Voyage (Melies) **81**:147
Los impostores joviales (Baroja) **8**:63
L'imposture (Bernanos) **3**:118, 120, 122-5
"Impoverished" (Bergelson)
See *Yordim*
Impresiónes y Paisajes (Garcia Lorca) **49**:119
Impresiones y recuerdos (Gamboa) **36**:71-2
Impression III (Concert) (Kandinsky) **92**:37
Impression of Russia (Brandes)
See *Intryk fra Rusland*
"Impressionas of Wolf Baiting" (Chekhov)
See "Na volchey sadke"
Impression-Moscow (Kandinsky) **92**:140
Impressions (Sully Prudhomme) **31**:307
Impressions and Comments (Ellis) **14**:106-07, 110, 112-14, 116, 123, 127
Impressions and Landscapes (Garcia Lorca)
See *Impresiónes y Paisajes*
Impressions and Opinions (Moore) **7**:474, 490-91
Impressions d'Afrique (Roussel) **20**:226-31, 234-35, 237-39, 241-44, 246-47, 249, 251
"The Impressions of a Cousin" (James) **47**:200
Impressions of Africa (Roussel)
See *Impressions d'Afrique*
"Impressions of Europe, 1913-1914" (Bourne) **16**:46, 52
Impressions of Italy (Bourget)
See *Sensations d'Italie*

Impressions of Japanese Architecture and the Allied Arts (Cram) **45**:9, 14, 18
Impressions of Poland (Brandes) **10**:60-1
"Impressions of Prague" (Muir) **87**:296
Impressions of Soviet Russia (Dewey) **95**:69
"Impromptu" (Scott) **6**:394
"Improving the Lives of the Rich" (Day) **25**:131
Improvisation 6 (Kandinsky) **92**:78
Improvisation 7 (Kandinsky) **92**:62, 73, 76
Improvisation 8 (Kandinsky) **92**:73
Improvisation 20 (Kandinsky) **92**:73
Improvisation 22 (Kandinsky) **92**:73, 140
Improvisation 25 (Kandinsky) **92**:73
Improvisation 27 (Kandinsky) **92**:62, 73
Improvisation 28a (Kandinsky) **92**:73, 97
Improvisation 30 (Kandinsky) **92**:73
"Improvisation on an Old Song" (Scott) **6**:389
"Improvisation on the Sickness of America" (Andrade)
See "Improviso do mal da América"
Improvisation without Title (Kandinsky) **92**:38
"Improviso do mal da América" (Andrade) **43**:17, 23
"Impudence" (Davies) **5**:201
"The Impudent Lady's Maid" (Williams) **89**:383
"An Impulse" (Guro)
See "Poryv"
"Impulsive Dialogue" (Bodenheim) **44**:60, 62
"In a Backwater" (Graham) **19**:105
In a Backwoods Town (Bergelson) **81**:30
"In a Carnival Night" (Asch) **3**:67
"In a Castle" (Lowell) **1**:375; **8**:235
"In a Closed Bowl" (Guro)
See "V zakrytoi chashe"
"In a Closed Chalice" (Guro)
See "V zakrytoi chashe"
"In a Concentrated Thought a Sudden Noise Startles" (Rosenberg) **12**:299-300
"In a Dark Hour" (Bjoernson) **37**:27
"In a Distant Valley" (Balmont) **11**:41
"In a Eweleaze near Weatherbury" (Hardy) **4**:152
"In a Far Country" (London) **9**:263, 267-68, 273; **15**:257-58, 276
In a Garden (Barry) **11**:47, 49-50, 52-5, 59-60, 64, 66
In a German Pension (Mansfield) **2**:447-48, 451; **8**:281, 283, 285; **39**:293, 297-98, 300, 318, 327
"In a German Tramp" (Graham) **19**:109, 112
"In a Gothic Cathedral" (Carducci)
See "In a Gothic Church"
"In a Gothic Church" (Carducci) **32**:88, 96
"In a Grove" (Akutagawa Ryunosuke)
See "Yabu no naka"
"In a Latticed Balcony" (Naidu) **80**:346
In a Low Voice (Nervo)
See *En voz baja*
"In a Monastery Garden" (Pickthall) **21**:245, 250
"In a Music Hall" (Davidson) **24**:188
In a Music Hall, and Other Poems (Davidson) **24**:160-62
"In a Restless Hour" (Radnoti) **16**:419, 420
"In a Rosary" (Swinburne) **36**:345
In a Sanctuary (Pirandello) **29**:297
"In a Strange City" (Baker) **10**:21
"In a Time of Dearth" (Lowell) **8**:236
"In a Time of Flowers" (Naidu) **80**:346
"In a Township of Asia Minor" (Cavafy) **7**:154
In a Vision (Peretz) **16**:396-97
"In a Wet Season" (Lawson) **27**:119
In a Winter City (Ouida) **43**:339, 348
"In a Wood" (Hardy) **53**:81
"In a Workingman's Rooming House" (Anderson) **1**:38
"In After Days" (Dobson) **79**:20
In an Age of Iron (Nexo) **43**:334
"In an Auction Room" (Morley) **87**:124
"In an Iris Meadow" (Carman) **7**:137
"In an Underground Prison" (Bryusov) **10**:80
"In and Out of Old Nachitoches" (Chopin) **14**:61, 82
"In April Once" (Percy) **84**:199, 228
In April Once (Percy) **84**:196
"In Bad Company" (Korolenko) **22**:170, 183
In Bad With Sinbad (Stringer) **37**:336
"In Barracks" (Ledwidge) **23**:118
In Black and White (Kipling) **8**:185, 188
"In Borrowed Plumes" (Jacobs) **22**:105
In Boundlessness (Balmont)
See *V bezbrezhnosti*
"In Business" (Morrison) **72**:362
"In Camp" (Ledwidge) **23**:118
In Candidum (Ekelund) **75**:95
"In Captivity" (Remizov)
See "V plenu"
In Chancery (Galsworthy) **1**:293-94; **45**:46, 69
In Chancery (Pinero) **32**:409, 412
"In Church" (Montgomery) **51**:210
In Colonial Times (Freeman) **9**:72
"In Conclusion" (Benchley) **55**:21
"In Connerama" (Baker) **3**:3
"In Country Sleep" (Thomas) **8**:461; **45**:362, 409
"In Dark New England Days" (Jewett) **22**:129
"In Death Valley" (Markham) **47**:278
In Death's Foreranks (Ady) **11**:22
"In Defence of the Bush" (Paterson) **32**:369-70
"In Defense of Harriet Shelley" (Twain) **12**:431, 438
"In Defense of Pat Garrett" (Rhodes) **53**:314-15, 324
In Defense of Women (Mencken) **13**:383
"In der Strafkolonie" (Kafka) **2**:293, 304, 306; **6**:222-23, 226; **13**:280, 284; **29**:170-71, 213-14; **47**:222; **53**:202-236
In Distances Drawn Apart (Balmont)
See *V razdvinutoi dali*
In Divers Tones (Roberts) **8**:313, 316-17, 319-20, 325, 327
"In Dreams throughout the Night" (Chopin) **5**:153
"In Due Season" (McCrae) **12**:211
"In Dull Devonshire" (Powys) **9**:366, 369
"In England" (Johnson) **19**:254
"In Excelsis" (Lowell) **8**:234, 237
In Fairyland (Vazov) **25**:453
In Fairy-Tale Land (Hamsun)
See *I Æventyrland*
"In Flanders Fields" (McCrae) **12**:208-11
In Flanders Fields, and Other Poems (McCrae) **12**:208
"In Florida" (Forten) **16**:150
"In freien viereck mit den Gelben Steinen" (George) **14**:213
"In Front of a Cathedral" (Carducci)
See "Davanti una cattedrale"
"In Front of Prince Silence" (Ady)
See "Jó csöndherceg előtt"
In Full Voice (Mayakovski) **18**:244
In God's Land (Nexo)
See *Midt i en jærntid*
In God's Way (Bjoernson)
See *På Guds veje*
"In Gokhale's Garden" (Naidu) **80**:340
In Good Earth (Powys) **9**:374
"In Green Ways" (Stephens) **4**:412, 416
"In Grenada" (Scott) **6**:394
"In Half Delight of Shy Delight" (Rosenberg) **12**:313
In Harbor (Huysmans)
See *En rade*
"In Haying Time" (Montgomery) **51**:204
"In His Image" (Bryan) **99**:16, 134
In His Image (Futabatei)
See *Sono omokage*
In His Own Image (Rolfe) **12**:266-68, 274, 282-83
"In His Twenty-Fifth Year" (Cavafy) **7**:152
In Honour's Name (Kuprin)
See *Poedinok*
"In Horatium" (Babits) **14**:39
"In horis æternum" (Aurobindo) **63**:9
"In Hospital" (Henley) **8**:97, 106-07, 109-10
"In Houses" (Balmont) **11**:30
In Job's Balances (Shestov)
See *Na vesakh Iova*
"In Kropfsberg Keep" (Cram) **45**:5
"In le Havre" (Lowry) **6**:254
"In Leinster" (Guiney) **41**:207
"In Letters of Fire" (Leroux) **25**:260
"In Love for Long" (Muir) **87**:189, 256
In Maremma (Ouida) **43**:342, 347, 352, 356, 366-67, 375-76
"In Memoriam" (Grove) **4**:138
"In Memoriam" (Leautaud) **83**:199, 207
In Memoriam (Leautaud) **83**:186, 190, 197, 204
"In memoriam Herman van den Reeck" (van Ostaijen) **33**:413
"In Memorium" (de la Mare) **4**:81
"In Memory" (Johnson) **19**:244, 256
"In Memory of Ann Jones" (Thomas)
See "After the Funeral: In Memory of Anne Jones"
"In Memory of Annensky" (Gumilev) **60**:269
"In Memory of Col. Charles Young" (Cullen) **37**:154
"In Memory of Eva Gore-Booth and Con Markiewicz" (Yeats) **31**:420
"In Memory of Katherine Mansfield" (Murry) **16**:352
"In Memory of L. H. W." (Fisher) **87**:73
"In Memory of Major Robert Gregory" (Yeats) **1**:566; **11**:525; **31**:422
"In Memory of the Actor, Mitlerwurzer" (Hofmannsthal) **11**:294
"In Merioneth" (Johnson) **19**:239
"In Michigan" (Masters) **25**:289
In Mizzoura (Thomas) **97**:126-27, 134-36, 140
In Montibus Sanctis (Ruskin) **63**:251
"In Mount Holly" (Fletcher) **35**:106
In Mr. Knox's Country (Somerville & Ross) **51**:335, 340, 342, 345, 348, 354, 359-60, 362
"In My Craft or Sullen Art" (Thomas) **45**:360, 363
In My End Is My Beginning (Baring) **8**:42-3
"In My Estates" (Kahanovitsch) **56**:125
"In New New England" (Fisher) **87**:73
"In New York" (Percy) **84**:199
"In Notre Dame" (Roberts) **8**:314
"In November" (Scott) **6**:393
"In Nunhead Cemetery" (Mew) **8**:297, 301
"In Odessa" (Babel) **2**:36
In Old Plantation Days (Dunbar) **12**:107, 109, 111, 119-20, 122
In Order to Live on This Earth (Eluard)
See *Pour vivre ici*
In Orpheus' Footsteps (Radnoti) **16**:419
In Our Town (Runyon) **10**:436
In Paradise (Heyse)
See *Im Paradiese*
"In Paris" (Bunin) **6**:56
In Person (Cather) **99**:281
"In Petrovsky Park" (Khodasevich) **15**:212
In Phanta's Schloss (Morgenstern) **8**:305, 307, 309
"In Planting Time" (Montgomery) **51**:208
In Polish oif der Kay (Peretz) **16**:400
"In Praise of Aphrodite" (Tsvetaeva)
See "Khvala Afrodite"
"In Praise of Gulmohur Blossoms" (Naidu) **80**:293
"In Praise of Henna" (Naidu) **80**:291, 344
"In Praise of Leisure" (Capek) **37**:46
"In Praise of Newspapers" (Capek) **37**:47
"In Praise of Walking" (Stephen) **23**:345
"In principis" (Claudel) **10**:123
"In Prison" (Remizov)
See "V sekretnoi"
"In Quest of the Dingue" (Chambers) **41**:102
"In Romney Marsh" (Davidson) **24**:164, 176, 182

In Russian and French Prisons (Kropotkin) **36**:208
"In Sabine" (Chopin) **5**:145; **14**:58, 70
"In Salutation to My Father's Spirit" (Naidu) **80**:272, 314
"In Salutation to the Eternal Peace" (Naidu) **80**:310
"In schönen Frülingstagen" (Raabe) **45**:188
In Search of Lost Time (Proust)
See *A la recherche du temps perdu*
In Search of Myself (Grove) **4**:135, 138-39
"In Search of Socks" (Mayakovski) **18**:269
In Search of the Supreme (Gandhi) **59**:60, 62
In Search of the Unknown (Chambers) **41**:95, 100, 102, 113-14
"In Shadow" (Crane) **2**:119
"In Shadow" (Jewett) **22**:116, 126, 140
In shturm (Aleichem)
See *Der mabl*
"In Spite of Death" (Cullen) **4**:46; **37**:155, 159, 162, 164
In Spring (Obstfelder)
See *Om Våren*
"In Springtime" (Andreyev) **3**:20
In Such Days (Bryusov) **10**:90
"In Tenebris (I)" (Hardy) **53**:103
"In Tenebris II" (Hardy) **10**:224; **53**:102, 109
"In the Abyss" (Pirandello) **4**:350
"In the Abyss" (Wells) **12**:511; **19**:435, 441
"In the Afternoon" (Roberts) **8**:314, 316
In the Arena (Tarkington) **9**:456, 460, 466
"In the Art Gallery" (Stringer) **37**:328
"In the Avu Observatory" (Wells) **19**:429
"In the Backwoods" (Zamyatin)
See *Na kulichkakh*
"In the Bar at Night" (Hagiwara Sakutaro) **60**:291
"In the Basement" (Babel) **2**:28; **13**:20, 35
"In the Basement" (Peretz) **16**:405
"In the Bay" (Swinburne) **8**:426-27; **36**:332
"In the Bazars of Hyderabad" (Naidu) **80**:346
"In the Beginning" (Bishop) **103**:26
"In the Beginning" (Lasker-Schueler) **57**:334
"In the Beginning" (Thomas) **8**:458; **45**:361, 387
In the Beginning (Douglas) **68**:3, 6, 9, 17, 29, 32-3, 43
"In the Beyond" (Hippius) **9**:157
In the Black Square (Kandinsky) **92**:32
"In the Cage" (Masters) **2**:461
"In the Carquinez Woods" (Harte) **25**:212
"In the Caucasus" (Tolstoy) **18**:378
"In the Change of Years" (Leverson) **18**:200-01
"In the Cities" (Lawrence) **93**:73
"In the City of Execution" (Bialik)
See "Be 'ir ha-haregah"
"In the City of Slaughter" (Bialik) **25**:50, 59, 65
"In the College" (Bosschere) **19**:59, 63
"In the Cornfield" (Bialik) **25**:50
"In the Country Churchyard: To the Memory of My Father" (Scott) **6**:385, 393
"In the Crowd" (Sologub) **9**:446
"In the Crowd at Goodwood" (Thomas) **10**:459
"In the Dark" (Kuprin)
See "V potmakh"
"In the Dark" (Lawrence) **61**:182; **93**:55
In the Darkest Night; or, The Surrealist Bluff (Artaud)
See *A la grande nuit; ou, le bluff surréaliste*
"In the Darkness" (Jensen) **41**:306-07
In the Days of the Comet (Wells) **6**:539, 548; **12**:490; **19**:425-26, 440, 450-53
In the Days of the Messiah (Aleichem)
See *Moshiekhs tsaytn*
"In the Days When the World Was Wide" (Lawson) **27**:132, 140
In the Days When the World Was Wide, and Other Verses (Lawson) **27**:136
"In the Dead Town" (Peretz) **16**:390
"In the Deep of the Forest" (Kuprin) **5**:298
In the Desert and Wilderness (Sienkiewicz)
See *W pustyni i puszczy*
"In the Dordogne" (Bishop) **103**:5
"In the Droving Days" (Paterson) **32**:370
"In the Dusk" (Ledwidge) **23**:120, 122
"In the Flower of Age" (Colette) **16**:135
"In the Fog" (Davis) **24**:205
In the Fog (Andreyev) **3**:26
In the Footsteps of the Lincolns (Tarbell) **40**:433, 436
"In the Forest" (de la Mare) **53**:34
"In the Forest" (Naidu) **80**:294
In the Frame of Don Cristóbal (Garcia Lorca)
See *Retablillo de Don Cristóbal*
In the Gallery (Kafka) **47**:233
In the Gates of the North (O'Grady) **5**:352-53, 356
"In the Gold Mines" (Vilakazi)
See "Ezinkomponi"
"In the Granary" (Warung) **45**:418
"In the Gray Cabins of New England" (Davis) **6**:154
In the Great Steep's Garden (Roberts) **68**:326
"In the Green Tree" (Lewis) **3**:288
In the Grip of Life (Hamsun)
See *Livet ivold*
In the Hands of God (Babits)
See *Isten kezében*
In the Heart of the Rhodope (Vazov) **25**:450, 452
"In the House of Dreams" (Scott) **6**:385, 393, 397
"In the House of Idiedaily" (Carman) **7**:133
"In the Interests of the Brethren" (Kipling) **8**:196, 201
"In the Isle of Dogs" (Davidson) **24**:164, 183, 192
In the Jungle of Cities (Brecht)
See *Im dickicht der städte*
In the Land of Cockaigne (Mann)
See *Im Schlaraffenland*
In the Land of the Unfrightened Birds (Prishvin)
See *V Kraiu Nepugannykh Ptits*
"In the Land of Time" (Dunsany) **2**:136
In the Land of Youth (Stephens) **4**:414, 418, 420-21
"In the Manner of Verlaine" (Ekelund)
See "Verlaine stamning"
"In the Mediterranean" (Ledwidge) **23**:115-16
"In the Mermaid Cafeteria" (Morley) **87**:142
"In the Middle of the Night" (Quiroga) **20**:221
"In the Midst of Life" (Cullen) **37**:165
In the Midst of Life (Bierce) **1**:84, 86-9, 94; **7**:88-9; **44**:7, 10-13, 17, 39, 43-6, 49, 50
"In the Midst of the Large City" (Morgenstern)
See "Inmitten der grossen Stadt"
"In the Mist" (Pascoli) **45**:142
"In the Month of Athyr" (Cavafy) **2**:87
"In the Morning" (Dunbar) **12**:124
In the Morning of Time (Roberts) **8**:318, 323-25
In the Mountain Gorge (Bergelson) **81**:16
In the Mountains (Elizabeth) **41**:131, 136
In the Name of Time (Field) **43**:175
"In the Night" (Roberts) **68**:336
"In the Night" (Tagore)
See "Nisithe"
"In the Night Watches" (Roberts) **8**:326
In the Outer Skerries (Strindberg) **8**:410; **47**:335
In the Palace of the King: A Love Story of Old Madrid (Crawford) **10**:148, 151, 156
"In the Park" (Guro)
See "V parke"
"In the Pavilion" (Rinehart) **52**:282
"In the Penal Colony" (Kafka)
See "In der Strafkolonie"
In the Quarter (Chambers) **41**:87-90, 94, 114
"In the Ravine" (Chekhov) **96**:34, 37
"In the Redbrush" (Williams) **89**:374, 384
"In the River" (Chekhov)
See "V ovrage"
In the Roar of the Sea (Baring-Gould) **88**:24
In the Ruins (Mizoguchi)
See *Haikyo no naka*
"In the Rukh" (Kipling) **17**:202
"In the Same Boat" (Kipling) **8**:191
In the Saxon Park (Prus) **48**:156
In the Seven Woods (Yeats) **1**:558; **11**:527
"In the Seventh Shop" (Cahan) **71**:87
In the Shadow of the Glen (Synge) **6**:425-26, 428-29, 431-33, 439-42; **37**:348, 351, 362-63, 367, 377-79, 382-83, 386, 388-89
"In the Shadows" (Ledwidge) **23**:116
"In the Sierra Madre with the Punchers" (Remington) **89**:301
In the Snare (Sabatini) **47**:300, 303
"In the Sphere of the Holy" (Otto) **85**:335
"In the Steppe" (Gorky)
See "V Stepi"
"In the Street of Beautiful Children" (Burke) **63**:125
"In the Streets of Cyprus" (Burke) **63**:125
"In the Streets of Rich Men" (Burke) **63**:125
"In the Swamp" (Talvik) **87**:319
In the Swamp (Brecht)
See *Im dickicht der städte*
"In the Sweatshop" (Cahan) **71**:88
In the Sweet Dry and Dry (Morley) **87**:120
"In the Tarumensian Woods" (Graham) **19**:101
"In the Tavernas" (Cavafy) **2**:98
In the Teeth of Evidence (Sayers) **15**:373, 379
"In the Time of Prince Charley" (London) **9**:273
"In the Trenches" (Rosenberg) **12**:312
"In the Trenches" (Vazov)
See "V okopa"
"In the Tube" (Benson) **27**:17
"In the Tules" (Harte) **25**:222
"In the Tunnel" (Harte) **25**:191
"In the Twilight of the Gods" (Talvik) **87**:319
"In the Two Lights" (Stephens) **4**:417
"In the Valley" (Noguchi) **80**:364
"In the Valley of the Sorceress" (Rohmer) **28**:286
In the Vanguard of the Dead (Ady)
See *A Halottak élén*
"In the Vast House" (Welch) **22**:462
In the Victory Wreath (Raabe) **45**:202
In the Village of Viger (Scott) **6**:386
In the Wake of King James (O'Grady) **5**:352
"In the White Giant's Thigh" (Thomas) **1**:469, 473; **8**:461; **45**:362
"In the Wild" (Hedayat)
See "Zir-i buta"
"In the Wilde Awe and Wisdom of the Night" (Roberts) **8**:318, 320-21
"In the Wineshop" (Lu Hsun)
See "Zai jiulou shang"
"In the Withaak's Shade" (Bosman) **49**:7, 19
"In the Womb" (Baker) **10**:27
"In the Woods" (Akutagawa Ryunosuke) **16**:28-31
"In the Woods" (Shimazaki Toson) **5**:439
In the World of the Obscure and the Uncertain (Rozanov)
See *V mire neiasnogo i nereshennogo*
In the World of the Unclear and the Unresolved (Rozanov)
See *V mire neiasnogo i nereshennogo*
In the Wrong Paradise (Lang) **16**:256
"In the Year 2889" (Verne) **52**:350
In the Year of Jubilee (Gissing) **3**:222, 227, 231-32, 234; **24**:220, 230-31, 238-39, 243-44, 248
In the Zone (O'Neill) **6**:329
In This Our Life (Glasgow) **2**:178, 183-85, 191; **7**:336-37, 341-42
In This Our World (Gilman) **9**:96-7, 100, 102; **37**:176
"In This Way, Kissing" (Stein) **48**:235
"In Those Days" (Kunikida)
See "Ano jibun"
"In Time of Revolt" (Brooke) **2**:59
"In Time of 'The Breaking of Nations'" (Hardy) **72**:168

"In Town" (Dobson) **79**:36
"In Transport" (Remizov)
See "Po etapu"
"In Trust" (Wharton) **3**:554
"In Two Moods" (Korolenko) **22**:170
"In Ulster" (Guiney) **41**:207
"In Vain" (Anwar)
See "Sia-Sia"
"In Valleys Green and Still" (Housman) **10**:247-48
In vino veritas (Blok) **5**:84
"In War" (Rosenberg) **12**:291, 294-95, 297, 303, 312
In War Time (Mitchell) **36**:262, 264-67
"In Which Pooh Invents a New Game and Eeyore Joins In" (Milne) **6**:321
In Wicklow and West Kerry (Synge) **6**:432, 439; **37**:356
"In Winter" (Scott) **6**:394
In Youth Is Pleasure (Welch) **22**:438-42, 446, 451-58, 461
"Ina mia" (Anwar) **22**:24
"The Inarticulate" (Lyotard) **103**:266
"In-Between Ladies" (McAlmon) **97**:101
L'incalco (Tozzi) **31**:332-34
"Incantation by Laughter" (Khlebnikov)
See "Zaklyatie smekhom"
"Incarnate Devil" (Thomas) **45**:372, 379, 383, 400
"The Incarnate One" (Muir) **87**:190, 213
L'incendie (Rod) **52**:312
"L'incendie terrestre" (Schwob) **20**:323
L'incendio nell' oliveto (Deledda) **23**:37, 42
Incense (Sologub)
See *Fimiamy*
"The Incense Bearers" (Gurney) **33**:104
"Incident" (Cullen) **4**:49; **37**:140, 142, 145-46, 149, 153, 160
The Incident at Sakai, and Other Stories (Mori Ōgai) **14**:375
"The Incident in Basseynaya Street" (Tolstoy) **18**:378
"An Incident on the Volga" (Zoshchenko) **15**:499, 506
Incidental Numbers (Wylie) **8**:527
"The Incineration of Dictionary Ned" (Warung) **45**:419
Inclinations (Firbank) **1**:227, 229
"Include Me Out" (Service) **15**:412
"Incognita" (Dobson) **79**:26
La incógnita (Perez Galdos) **27**:263
"Incolor" (Villaurrutia) **80**:477
"The Incomparable Beauty of Modern Dress" (Beerbohm) **24**:108
The Incomparable Max (Beerbohm) **1**:74
Incomplete Stories (Ramos)
See *Histórias incompletas*
"L'inconsolable" (Roussel) **20**:228, 230, 240, 245
Incredible Adventures (Blackwood) **5**:70, 73, 75, 77
The Incredible Adventures of Dennis Dorgan (Howard) **8**:132
The Incredible Borgias (Klabund) **44**:104
The Incredulity of Father Brown (Chesterton) **6**:102
"Incurable" (Heyse)
See "Unheibar!"
"Incurable" (Johnson) **19**:246
"Incurable" (Zangwill) **16**:441
L'Inde, sans les Anglais (Loti) **11**:361
"The Indefinite Huntress" (McAlmon) **97**:95-96, 123
The Indefinite Huntress and Other Stories (McAlmon) **97**:89, 94, 118
"Independence" (Milne) **6**:314; **88**:243
The Independence of Triangles (Witkiewicz) **8**:510
"The Independent Candidate: A Story of Today" (Howells) **7**:391
"An Independent Thinker" (Freeman) **9**:76
"Independent Thomas" (Lindsay) **17**:241
Les Indes Noires (Verne) **6**:500; **52**:350, 357
"India, China and Ourselves" (Carpenter) **88**:128
The India Rubber Men (Wallace) **57**:402
"India, the Holy Land" (Vivekananda) **88**:381
Indian Boyhood (Eastman) **55**:161-62, 167-70, 173-74, 177-78, 180-87
Indian Currency and Finance (Keynes) **64**:217, 218, 240, 252
"Indian Dancers" (Naidu) **80**:291
"Indian Day" (Lewis) **3**:290
The Indian Fighter (Hecht) **101**:80
"The Indian Gipsy" (Naidu) **80**:293
The Indian Giver (Howells) **7**:387
Indian Heroes and Great Chieftains (Eastman) **55**:163, 165, 172-73, 176
Indian Idealism (Dasgupta) **81**:97
"The Indian Lily" (Sudermann)
See "Die Indische Lilie"
The Indian Lily, and Other Stories (Sudermann)
See *Dies Indische Lilie*
"An Indian Love Song" (Naidu) **80**:276, 291
"An Indian Love Song from the North" (Naidu)
See "A Love Song from the North"
Indian Massacre (Ince) **89**:9
Indian Scout Caraft and Lore (Eastman)
See *Indian Scout Talks: A Guide Book for Boy Scouts and Campfire Girls*
Indian Scout Talks: A Guide Book for Boy Scouts and Campfire Girls (Eastman) **55**:164, 166, 173
"Indian Summer" (Knister) **56**:164
"Indian Summer" (Kunikida)
See "Koharu"
"Indian Summer" (Remizov) **27**:352
"Indian Summer" (Stringer) **37**:327
Indian Summer (Howells) **7**:367, 372, 381-82, 392; **17**:178, 183; **41**:256, 263, 269, 286
Indian Summer (Thomas) **97**:140
"The Indian Summer of a Forsyte" (Galsworthy) **1**:298; **45**:46, 58
"The Indian Summer of Dry Valley Johnson" (Henry) **19**:178
"The Indian to His Love" (Yeats) **18**:462
The Indian Today: The Past and Future of the First American (Eastman) **55**:169, 173, 178
"The Indian upon God" (Yeats) **18**:462
"Indian Weavers" (Naidu) **80**:275
"Indiana" (Crane) **2**:112; **80**:83, 88, 128, 136, 140, 166, 182, 201-4, 212
"Indians and an Englishman" (Lawrence) **61**:233
India's Religion of Grace and Christianity (Otto) **85**:314, 319
Indícious de ouro (Sa-Carniero) **83**:411-3
"The Indictment" (Dazai Osamu) **11**:183-84
"Indifference" (Hippius) **9**:159
"L'indifférent" (Field) **43**:165-66
"The Indigent Harlequin" (Guro)
See "Nishchii Arlekin"
"The Indigo Bird" (Wetherald) **81**:410
"The Indigo Glass in the Grass" (Stevens) **45**:283, 297
"Die Indische Lilie" (Sudermann) **15**:428, 430
Indische Reisebilder (Haeckel) **83**:146-7
Indische Reisebriefe (Haeckel) **83**:147
"An Indiscreet Journey" (Mansfield) **8**:282; **39**:320
The Indiscretion of the Duchess (Hope) **83**:165
"Indiscriminate Attacks on the Literary World" (Masaoka Shiki)
See "Bunkai yatsu atari"
"Individual Art" (Sodergran) **31**:287
"Individual Powers" (Bryan) **99**:5, 34
Individual Psychology in the School (Adler)
See *Individualpsychologie in der Schule*
Individualism, Old and New (Dewey) **95**:36
"Un individualista" (Svevo) **35**:363
Individualpsychologie in der Schule (Adler) **61**:11
L'indocile (Rod) **52**:312
Industrial Democracy (Webb and Webb) **22**:412, 429-30
The Industrial Revolution (Beard) **5**:17, 34, 37
"Industrialism" (Anderson) **10**:48
"Industrialism and Cultural Values" (Innis) **77**:341, 369
Inediti (Campana) **20**:82-4, 87
"Inefable ausencia" (Lugones) **15**:292
The Inevitable (Couperus) **15**:45
"The Inevitable Hour" (Pickthall) **21**:253
"L'infaillibilité" (Apollinaire) **51**:20
Infância (Ramos) **32**:419, 424, 428, 431, 435-36, 438-40
The Infant Prodigy (Mann)
See *Das Wunderkind*
"Infanta Marina" (Stevens) **3**:449; **45**:348
"The Infanta's Ribbon" (Bishop) **103**:3
"The Infantry Officer" (Drieu la Rochelle) **21**:26
Infants of the Spring (Thurman) **6**:447-51
An Infected Family (Tolstoy) **79**:382
"Inferior Religions" (Lewis) **9**:234; **104**:153, 299
Inferior Religions (Lewis) **104**:288-89
Inferiorità (Svevo) **2**:552-53; **35**:352-53
Inferiority (Svevo)
See *Inferiorità*
"Das infernalische Abendmahl" (Heym) **9**:142
Inferno (Barbusse)
See *L'enfer*
Inferno (Strindberg) **8**:406-07, 411; **21**:351-52, 367; **47**:373
"Los ínfimos" (Lugones) **15**:288
"The Influence of Art in Religion" (Carpenter) **88**:61
"The Influence of France on English Poetry" (Gosse) **28**:151
The Influence of Women—And Its Cure (Erskine) **84**:184
"The Informal Execution of Soupbone Pew" (Runyon) **10**:428, 435
Ingen går fri (Dagerman) **17**:89, 96
L'ingénue libertine (Colette) **5**:171
"An Ingènue of the Sierra" (Harte) **25**:213
"Ingerid Sletten" (Bjoernson) **7**:117
"The Inglorius End" (Zoshchenko) **15**:505
"The Ingrate" (Dunbar) **2**:128, 131; **12**:120
"An Inhabitant of Carcosa" (Bierce) **44**:44-5; **7**:88
"An Inhabitant of the Soil" (Jensen)
See "En Beboer af Jorden"
"Inheritance" (Baker) **10**:18, 26
The Inheritor (Benson) **27**:17
"The Inheritors" (Conrad) **13**:101
The Inheritors (Ford) **15**:67-8, 72-3, 90-1, 93; **57**:273
Inheritors (Glaspell) **55**:234-42, 247-49, 260-61, 267, 271, 273-76
The Inhuman (Lyotard) **103**:260, 263-64, 266-68
Initials Only (Green) **63**:147, 152
"The Initiation" (Crowley) **7**:208
Initiation and Its Results: A Sequel to "The Way of Initiation" (Steiner) **13**:435
"The Initiation of Pine Tree Jack" (Warung) **45**:418
"Initium" (Garcia Lorca) **49**:119, 122
"Inkelekele yakwaXhoza" (Vilakazi) **37**:407
Inkondlo kaZulu (Vilakazi) **37**:397-98, 401-02, 407
"Inland" (Millay) **4**:306
"Inmitten der grossen Stadt" (Morgenstern) **8**:309
"The Inmost Light" (Machen) **4**:279
"The Inn of Gentle Death" (Verhaeren) **12**:472
"The Inn of Terror" (Leroux) **25**:260
The Inn of Tranquillity: Studies and Essays (Galsworthy) **45**:32-4, 36, 51, 54
An Inn on the Harbor (Betti)
See *Un albergo sul porto*

"Innanzi, innanzi!" (Carducci) **32**:90
The Inner Gardens (Nervo)
See *Los jardines interiores*
"The Inner Temple" (Coffin) **95**:17
The Innermost Man (Platonov)
See *Sokrovennyi chelovek*
Die Innerste (Raabe) **45**:165
L'innesto (Pirandello) **29**:285
"The Innkeeper's Handkerchiefs" (Coppard) **5**:178
Inno a Satana (Carducci) **32**:84, 92, 97-9, 105, 108
"L'innocence et l'expérience" (Peguy) **10**:416
The Innocence of Father Brown (Chesterton) **6**:102
Innocencies (Tynan) **3**:507
Innocent Birds (Powys) **9**:365, 367, 370, 373-74, 376
Innocent: Her Fancy and His Fact (Corelli) **51**:75
"Innocent Man" (Knister) **56**:162
"The Innocent One" (Mann)
See "Die Unschuldige"
"Innocent Song" (Jozsef) **22**:155
The Innocent Village (Romero)
See *El pueblo inocente*
L'innocente (D'Annunzio) **6**:127-28, 133, 135, 138; **40**:4, 17-18, 28-9
The Innocents (Broch) **20**:60, 67
The Innocents (Lewis) **4**:251, 256, 259
The Innocents Abroad; or, The New Pilgrim's Progress (Twain) **6**:453-59, 475; **12**:424, 426, 430-31, 436-37; **19**:358, 363; **36**:352, 355, 358, 361, 371-72, 379, 382; **48**:330-32, 334; **59**:210
"Inochi no tetsugaku" (Nishida) **83**:329
"Inochi o Kezuru" (Yosano Akiko) **59**:337
Inoniya (Esenin) **4**:109-10, 112
"Inqomfi" (Vilakazi) **37**:397, 402, 407
"The Inquest" (Davies) **5**:199
La inquietud del rosal (Storni) **5**:444, 447, 453
"Inquietude" (Sully Prudhomme) **31**:302
Las inquietudes de Shanti Andía (Baroja) **8**:49, 54, 62
"Inquirendo" (Guiney) **41**:208
Inquiries and Opinions (Matthews) **95**:233, 266
Inquiries concerning the Phenomenology and Theory of Knowledge (Husserl)
See *Untersuchungen zur Phänomenologie und Theorie der Erkenntnis*
The Inquiry (Betti)
See *Ispezione*
An Inquiry into the Good (Nishida)
See *Zen no kenkyu*
Insatiablilty (Witkiewicz)
See *Nienasycenie*
"Inscription for a Mirror in a Deserted Dwelling" (Benet) **28**:12
"The Insect" (Ball)
See "Das Insekt"
The Insect Comedy (Capek)
See *Ze života hmyzu*
Insect Life (Capek)
See *Ze života hmyzu*
The Insect Play (Capek)
See *Ze života hmyzu*
Insect Story (Capek)
See *Ze života hmyzu*
Insects (Capek)
See *Ze života hmyzu*
Insegnamenti sociali della economia contemporanea (Sorel) **91**:296-301, 303, 305
"Das Insekt" (Ball) **104**:9, 71, 74
"Insensibility" (Owen) **5**:366; **27**:201, 208, 212, 217-18, 226-27, 229, 237
Inside Benchley (Benchley) **55**:16-17
Inside the Lines (Biggers) **65**:2
"Inside the Whale" (Orwell) **6**:353; **15**:324, 333, 342, 348; **51**:221, 224-25, 235, 241, 257, 263-64, 268
Inside the Whale, and Other Essays (Orwell) **51**:228
The Insidious Dr. Fu Manchu (Rohmer)
See *The Mystery of Dr. Fu Manchu*
"An Insincere Wish Addressed to a Beggar" (Coleridge) **73**:26
"La insolación" (Quiroga) **20**:215, 218, 221
Insolación (Alas) **29**:7
"The Insoluble Problem" (Chesterton) **6**:100
"The Insolvent Bank" (Premchand)
See "Bank ka diwala"
"Insomnia" (Davidson) **24**:164
"Insomnia" (Lardner) **14**:307
"Insomnia" (Thomas) **10**:459
Insomnia (Tsvetaeva) **7**:563
"Insomnie" (Roumain) **19**:334, 339
"Insônia" (Ramos) **32**:431
"L'insonnia in una notte d'estate" (Saba) **33**:373
"Inspection" (Caragiale) **76**:159
"Inspection" (Owen) **5**:367; **27**:206, 208, 211-12, 217-18, 224, 229-30
Inspector French and the Cheyne Mystery (Crofts) **55**:83, 85-6, 88
Inspector French and the Starvel Tragedy (Crofts) **55**:82-3, 86, 88
"Inspector French's Greatest Case" (Crofts) **55**:83, 86-8
The Inspector General (Caragiale) **76**:163
"Inspector General with a Kicking Out" (Bulgakov) **16**:84
"Inspector General with an Ejection" (Bulgakov)
See "Inspector General with an Ejection"
"Inspiration" (Andrade) **43**:9
"The Inspiration" (Post) **39**:344
"The Inspiration of Mr. Budd" (Sayers) **15**:379
The Inspiration of Poetry (Woodberry) **73**:377
"Inspired Goose" (Gladkov) **27**:91-2
"Inspired People" (Platonov) **14**:414
Instant de recueillement (Loti) **11**:356
"Instantanées" (Schwob) **20**:323
"Instinct" (Lasker-Schueler) **57**:328-29
The Instinct of Workmanship (Veblen) **31**:342, 346, 350-51, 353, 355, 362
The Instincts of the Herd in Peace and War (Trotter) **97**:176, 180, 183, 185, 187, 190, 192
Instruction in Thirty Verses (Ramana Maharshi)
See *Upadesa Saram*
"Instructions for Use" (Horvath)
See "Gebrauchsanweisung"
Instructions païennes (Lyotard) **103**:159-65, 168
Insurekcja (Reymont) **5**:398
Insurgent Mexico (Reed) **9**:381, 383, 385-91
The Insurrection (Reymont)
See *Insurekcja*
Insurrections (Stephens) **4**:406-09, 411, 415, 419, 421
"Intaba kandoda" (Mqhayi) **25**:322
"Integrity" (Erskine) **84**:183
"Inteligencia" (Jimenez) **4**:214
Intellect and Ideas in Action: Selected Correspondence of Zinaida Hippius (Hippius) **9**:169
"The Intellectual Mutt and Jeff" (Knister) **56**:153
"Intellectuals are Target" (Cobb) **77**:132
"An Intelligent Woman's Guide to Socialism" (Shaw) **3**:392
"The Intelligentsia and the People" (Blok) **5**:95
The Intelligentsia's Spiritual Crisis (Berdyaev)
See *Solitude and Society*
"Intensidad y altura" (Vallejo) **56**:316
Intentions (Wilde) **1**:496, 504; **8**:493, 497
Inter Arma (Gosse) **28**:151
"The Interceptor" (Muir) **87**:178
The Intercessor, and Other Stories (Sinclair) **11**:412
Los intereses creados (Benavente) **3**:96-7, 99, 101
"Interest as Related to Training of the Will" (Dewey) **95**:59
Interieur (Kandinsky) **92**:50
Intérieur (Maeterlinck) **3**:322, 327
"Interim" (Millay) **4**:306-07, 313; **49**:201, 207
Interim (Richardson) **3**:356-58
"Interior" (Bishop) **103**:26
"Interior" (Villaurrutia) **80**:477
Interior (Maeterlinck)
See *Intérieur*
"The Interlopers" (Saki) **3**:374
"An Interlude" (Bishop) **103**:4, 26
"Interlude" (Bodenheim) **44**:59
"Interlude" (Garcia Lorca) **49**:80
"The Interlude" (Pickthall) **21**:254
"Interlude: On Jargon" (Quiller-Couch) **53**:301
"The Intermediate Sex" (Carpenter) **88**:91-2
The Intermediate Sex (Carpenter) **88**:72, 75, 99, 122, 145
Intermediate Types among Primitive Folk (Carpenter) **88**:72, 92, 123
Intermedios (Baroja) **8**:63
Intermezzi (Baroja)
See *Intermedios*
"Intermezzo" (van Ostaijen) **33**:412
"Intermezzo" (Zangwill) **16**:461
Intermezzo (Giraudoux) **2**:157-59, 167-68, 173; **7**:321-22, 326-29
Intermezzo (Schnitzler)
See *Zwischenspiel*
Intermezzo di rime (D'Annunzio) **6**:136, 143; **40**:38
"An International Episode" (James) **11**:321; **40**:150, 162; **64**:157
The International Jew: The World's Foremost Problem (Ford) **73**:59, 71, 93-7, 99-106
"The International Jew: The World's Problem" (Ford) **73**:96
"International Prejudices" (Stephen) **23**:326
"Interplanetary Man" (Stapledon) **22**:336
Una interpretación de la historia universal, en torno a Toynbee (Ortega y Gasset) **9**:350-51
"Interpretation" (Nietzsche) **55**:388
The Interpretation of Dreams (Freud)
See *Die Traumdeutung*
An Interpretation of Genesis (Powys) **9**:363, 373
An Interpretation of Universal History (Ortega y Gasset)
See *Una interpretación de la historia universal, en torno a Toynbee*
Interpretations of Literature (Hearn) **9**:123
Interpretations of Poetry and Religion (Santayana) **40**:339, 351, 394, 397, 400, 412
"The Interpreters" (Swinburne) **36**:347
The Interpreters (Baker) **3**:5; **10**:12, 17, 19, 22-3, 25-6
"The Interrogation" (Muir) **87**:205
Interrogation (Drieu la Rochelle) **21**:17, 32, 40
"An Interrupted Fox Hunt" (Adams) **56**:8
An Interrupted Life: The Diaries of Etty Hillesum, 1941-1943 (Hillesum)
See *Het verstoorde leven: Dagboek van Etty Hillesum, 1941-1943*
"An Interview" (Colette) **16**:139
Interviews imaginaires (Gide) **36**:99
"Intés az őrzőkhöz" (Ady) **11**:18
Intimate Journals (Benjamin) **39**:47
Intimate Notebooks (Nathan) **18**:314
The Intimate Strangers (Tarkington) **9**:465
"An Intimate Talk with the People of the United States on Banking" (Roosevelt) **93**:183, 185
Intimate Things (Capek) **37**:46
"Intimates" (Lawrence) **93**:53
Les intimités (Coppee) **25**:119, 122
"Into a Contemporary's Passport" (Radnoti) **16**:419
"Into a Line" (Hippius) **9**:158-59
"Into Her Lying Down Head" (Thomas) **45**:378

"Into Thirty Centuries Born" (Muir) **87**:231
Intolerance (Griffith) **68**:137-38, 140, 152-53, 156-57, 166-68, 170-73, 182, 184, 187-96, 198, 200-1, 203-12, 214, 217, 220-33, 235, 239-43
"Intoxication" (Premchand) **21**:294
L'intreuse (Maeterlinck) **3**:317, 320, 322, 331-32
"Intrigue" (Crane) **11**:130
"The Introducers" (Wharton) **27**:414
Introducing Irony (Bodenheim) **44**:57, 59, 64, 68
"Introduction" (Apollinaire) **51**:22-3
"Introduction à la méthode de Léonard de Vinci" (Valery) **4**:489-90, 495; **15**:461, 463
L'Introduction a l'Economie Moderne (Sorel) **91**:205, 209, 332
"Introduction à une étude du politique selon Kant" (Lyotard) **103**:164, 167
Introduction au "Livre de Ruth" (Claudel) **2**:104
Introduction aux études de philologie romane (Auerbach) **43**:56-7
"Introduction on the American Negro in Art" (Heyward) **50**:101
Introduction to Mathematics (Whitehead) **97**:197
Introduction to Metaphysics (Bergson) **32**:27, 44-5
Introduction to Moral Philosopy (Simmel)
See *Einleitung in die Moralwissenschaft*
Introduction to Our Epoch (Jensen)
See *Introduktion till vor Tidsalder*
"Introduction to Poïetics" (Valery) **15**:451
Introduction to Sally (Elizabeth) **41**:125
An Introduction to the English Historians (Beard) **15**:17
"An Introduction to The Heritage of Henry Adams" (Adams) **80**:16, 24, 70
"Introduction to the Method of Leonardo da Vinci" (Valery)
See "Introduction à la méthode de Léonard de Vinci"
Introduction to the Philosophy of Moral (Simmel)
See *Einleitung in die Moralwissenschaft*
Introduction to the Science of Sociology (Park) **73**:181, 183, 186, 189, 193-96, 212-13
An Introduction to the Study of American Literature (Matthews) **95**:252, 256-8
An Introduction to the Study of Browning (Symons) **11**:426, 450
Introduction to the Study of Romance Philology (Auerbach)
See *Introduction aux études de philologie romane*
The Introduction to the Theory of Pure Form in the Theatre (Witkiewicz) **8**:511
"Introduction to these Paintings" (Lawrence) **93**:64
"Introductory Essay on Coleridge" (Swinburne) **36**:309
"Introductory Lecture" (Housman) **10**:253, 255
Introductory Lectures on Psychoanalysis (Freud)
See *Vorlesungen zur Einführung in die Psychoanalyse*
"Introductory Note to The Castle" (Muir) **87**:180
Introductory Notes on Lying-In Institutions (Nightingale) **85**:242
Introduktion till vor Tidsalder (Jensen) **41**:294
The Intruder (Blasco Ibanez)
See *El intruso*
The Intruder (D'Annunzio)
See *L'innocente*
The Intruder (Maeterlinck)
See *L'intreuse*
The Intrusions of Peggy (Hope) **83**:169
El intruso (Blasco Ibanez) **12**:29-30, 42-3, 47
Intryk fra Rusland (Brandes) **10**:59-61
Intuition and Reflection in Self-Consciousness (Nishida)
See *Jikaku ni okeru chokkan to hansei*
"L'intuition philosophique" (Bergson) **32**:24
Les intuitions pré-Chrétiennes (Weil) **23**:378, 392
"L'intuizione pura e il carattere lirico dell' arte" (Croce) **37**:95-6, 114-15
"Intus" (Gonzalez Martinez) **72**:149
"Intus" (Sully Prudhomme) **31**:302
"Invaders" (Douglas) **40**:80-1, 88
"The Invaders" (Milne) **88**:241
"The Invalid" (Gumilev)
See "Bol'noi"
La invasion de la mer (Verne) **6**:502
The Invasion of Compulsory Sex Morality (Reich) **57**:350
L'invendable (Bloy) **22**:45
"Inventar la verdad" (Villaurrutia) **80**:488
"Invention and Imagination" (Matthews) **95**:234
Inventions, Researches, and Writings of Nikola Tesla (Tesla) **88**:287
An Investigation of Dogmatic Theology (Tolstoy)
See *Issledovanie dogmaticheskogo bogoslavja*
"Investigations of a Dog" (Kafka)
See "Forschungen eines hundes"
Investigations on Hegel (Croce) **37**:113
"Investments Abroad" (Keynes) **64**:244
"Invictus" (Henley) **8**:97, 104, 106-08
"Invierno en la batalla de Tervel" (Vallejo) **3**:536
"Invincible" (Naidu) **80**:313
"Invisible Ancient Enemy of Mine" (Rosenberg) **12**:299
The Invisible Event (Beresford) **81**:7,10-2
Invisible Landscapes (Masters) **25**:300, 316
Invisible Links (Lagerloef) **4**:235; **36**:238-39, 241
The Invisible Man (Wells) **6**:523, 534, 539, 542-45, 547; **12**:487-88, 506; **19**:421, 424-25, 435, 438-39, 441, 446
The Invisible Man (Whale) **63**:338-42, 360, 384-87
The Invisible Voices (Shiel) **8**:363
Invitación a la muerte (Villaurrutia) **80**:458, 464, 468, 471, 474, 480, 495-6
"An Invitation" (Field) **43**:154
"Invitation" (Nietzsche)
See "Einladung"
"Invitation to a Voyage" (Gumilev)
See "Priglashenie v puteshestvie"
"Invitation to a Young but Learned Friend" (Flecker) **43**:188
Invitation to Death (Villaurrutia)
See *Invitación a la muerte*
"Invocation" (Benet) **7**:71, 73, 82, 85
"Invocation" (Bierce) **7**:88, 90-1, 97; **44**:13
"Invocation" (Coleridge) **73**:12-13
"Invocation" (Naidu) **80**:308
"Invocation and Promise" (Heidenstam) **5**:250
"Invocation de la momie" (Artaud) **36**:17-18
"Invocation of the Mummy" (Artaud)
See "Invocation de la momie"
"Invocation to Spring" (Masters) **2**:471
"Invocation to the Moon" (Lawrence) **93**:55, 58-60
"Invulnerable" (Benet) **28**:5
Inward Ho! (Morley) **87**:125
I-nzuzo (Mqhayi) **25**:320, 325-27
Iola Leroy; or, Shadows Uplifted (Harper) **14**:255, 257-58, 263
Iolanthe; or, The Peer and the Peri (Gilbert) **3**:214-15, 218-19
Iolaus: An Anthology of Friendship (Carpenter) **88**:72, 75, 109
Iole (Chambers) **41**:95
Iom-Kipour (Korolenko) **22**:169
Ion (Rebreanu) **28**:267-68, 270-73
"Iona" (Sharp) **39**:375
"Ionitch" (Chekhov)
See "Ionych"
"Ionych" (Chekhov) **3**:153, 166; **10**:111, 115
Iorio's Daughter (D'Annunzio)
See *La figlia di Iorio*
"Iov i Magdalina" (Remizov) **27**:355
The Ipané (Graham) **19**:108-09, 112, 121
Iphigénie (Moreas) **18**:280, 284, 288
Iphigenie in Aulis (Hauptmann) **4**:208-09
"Ipissimus" (Lee-Hamilton) **22**:189, 194
"Ippansha no jiko gentei" (Nishida) **83**:251
"Ippongi Plain" (Miyazawa) **76**:285
"Iram dhāt al-'imād" (Gibran) **9**:89
Le ire di Giuliano (Svevo) **35**:370
"Ireland" (Johnson) **19**:229-31
Ireland (Baker) **10**:22
"Ireland and the Hour" (O'Grady) **5**:351
"Ireland Long Ago" (Tynan) **3**:505
Ireland, with Other Poems (Johnson) **19**:229-30, 232, 241, 244
"Ireland's Dead" (Johnson) **19**:230, 246
"Irene" (Middleton) **56**:174, 181, 184
Irene innocente (Betti) **5**:63
Irene the Innocent (Betti)
See *Irene innocente*
Iris (Pinero) **32**:390-91, 393-94, 397, 400-01, 404-05, 414
"An Irish Airman Foresees His Death" (Yeats) **1**:566; **31**:422
"The Irish Cliffs of Moher" (Stevens) **45**:312
An Irish Cousin (Somerville & Ross) **51**:328, 337-38, 343, 348, 361, 366, 372, 378
"An Irish Face" (Baker) **3**:3; **10**:21
Irish Fairy Tales (Stephens) **4**:414, 418-21
Irish Folk-History Plays, first series: Kincora. Grania. Dervorgilla (Gregory) **1**:332, 334
Irish Folk-History Plays, second series: The Canavans. The White Cockade. The Deliverer (Gregory) **1**:334
Irish Impressions (Chesterton) **1**:178
Irish Memories (Somerville & Ross) **51**:340, 360
Irish Poems (Stringer) **37**:340
The Irish R. M. (Somerville & Ross) **51**:332, 334, 337-49, 351, 353-60, 362, 374, 376, 378-80
The Irish R.M. and His Experiences (Somerville & Ross) **51**:383
Irodalmi problé mák (Babits) **14**:41
Iron and Smoke (Kaye-Smith) **20**:114
The Iron Dish (Riggs) **56**:199-200, 205
"The Iron Fan" (Huneker) **65**:198
The Iron Heel (London) **9**:254, 260-63, 265, 270, 272, 278-79; **15**:260-61, 269, 271-72, 276
"The Iron Horse" (Riley) **51**:277
"The Iron Mask" (Lang) **16**:254
"Iron Mills" (Davis)
See "Life in the Iron Mills"
The Ironing Board (Morley) **87**:138
"Irony" (Lowell) **8**:233-34
The Irony of Life: The Polanetzki Family (Sienkiewicz)
See *Rodzina połanieckich*
Irradiations—Sand and Spray (Fletcher) **35**:91-2, 94, 96-7, 100-01, 104-05, 107, 113-15
Irralie's Bushranger (Hornung) **59**:113
"Irrande moln" (Sodergran) **31**:288
"The Irrational Element in Poetry" (Stevens) **45**:282
The Irrational Knot (Shaw) **3**:379-80, 401; **9**:422
"Der Irre" (Heym) **9**:142-43, 148-51
Irremediablemente (Storni) **5**:444, 447-48, 451
"Is England Decadent?" (Middleton) **56**:192
"Is It a Crime for a United States Citizen to Vote?" (Anthony) **84**:54
"Is It All for Nothing?" (Davis) **6**:154
"Is Knowledge Possible?" (Dewey) **95**:31
"Is Life Worth Living?" (James) **32**:335, 348-49
"Is My Team Ploughing" (Housman) **10**:247

"Is the Republican Party Breaking Up?" (Baker) **47**:13
"Is the Theatre Literature?" (Caragiale) **76**:173
"Is the Ux Extinct?" (Chambers) **41**:102
"Is Woman's Suffrage a Failure?" (Tarbell) **40**:444
"Isa" (Anwar) **22**:24
"Isaac and Archibald" (Robinson) **5**:401, 404, 413, 418; **101**:100, 111-13, 119, 130, 133, 140-41, 192-93
"Isaac and Rebecca" (Harris) **24**:264
Isabel Clarendon (Gissing) **3**:230, 236-37; **24**:220
Isabelle (Gide) **5**:214-15, 222; **12**:145, 148, 159, 177; **36**:110
Isadora Speaks (Duncan) **68**:55
"Isaiah" (Crowley) **7**:208
"Isaiah Beethoven" (Masters) **25**:298-99
"Isanalwana" (McCrae) **12**:211
Isanatori (Rohan) **22**:295, 299, 302
"Isandlwana" (Mqhayi) **25**:322
Isaotta Guttadauro ed altre poesie (D'Annunzio) **6**:136, 143
"I'se Jes' er Little Nigger" (Cotter) **28**:42
"Ishiki no mondai" (Nishida) **83**:242
Isidro (Austin) **25**:33, 38
"Isis and Osiris" (Musil) See "Isis und Osiris"
"Isis und Osiris" (Musil) **12**:250; **68**:271
Iskander (Couperus) **15**:45
"Iskusstvo pri svete sovesti" (Tsvetaeva) **7**:562
La isla desierta (Arlt) **29**:54
"The Island" (Coffin) **95**:14
"The Island" (Milne) **6**:314; **88**:244
"The Island" (Muir) **2**:483
"An Island" (Robinson) **5**:402
Island and Sea (Babits) See *Sziget és tenger*
The Island of Dr. Moreau (Wells) **6**:534-35, 538, 540-43, 545, 547, 554-55; **12**:488, 506, 511-12; **19**:420-21, 424, 428-31, 433-36, 438-39, 441-42, 444-50
The Island of Fu Manchu (Rohmer) **28**:280, 294, 300
The Island of Sheep (Buchan) **41**:38, 41, 53-8, 67
"The Island of Statues" (Yeats) **11**:517
"The Island of the Blest" (Gosse) **28**:132
The Island Pharisees (Galsworthy) **1**:296-97, 299, 304; **45**:39-41, 46, 48, 67, 69
"An Island Tale" (Muir) **87**:239
Island Tales (London) See *On the Makaloa Mat*
The Island Within (Lewisohn) **19**:271-72, 277-78, 281-82, 288-89
"The Islanders" (Kipling) **8**:180; **17**:212
Islanders (Zamyatin) See *Ostrovityane*
"Isle Iranim" (Fletcher) **35**:106
The Isle of Lies (Shiel) **8**:362, 364
Isle of the Dead (Lewton) **76**:200, 202, 210, 212-13, 215-16, 227, 231, 233
Isle of Thorns (Kaye-Smith) **20**:94, 97, 102, 109, 113
The Isles of Gold (Mistral) See *Lis isclo d'or*
Isn't Life Wonderful (Griffith) See *Isn't Life Wonderful?*
Isn't Life Wonderful? (Griffith) **68**:153, 169-70, 178
L'isola meravigliosa (Betti) **5**:61
"The Isolate" (Lu Hsun) **3**:303
"Isolde's Mother" (Huneker) **65**:169
"i-Sonate mit Urlauten" (Schwitters) See "Ursonate"
Ispezione (Betti) **5**:54-5
"Ispoved" (Tolstoy) **4**:450, 475-76, 480, 482; **11**:458, 460-63, 465, 469, 474; **79**:322, 324, 327, 333, 335, 338, 350, 363-4, 374, 384, 386, 411, 417, 424-6, 428, 431-3, 435-6, 442-7, 452-3, 455, 460-2
Ispoved (Gorky) **8**:76-7, 81-2, 86-7
Ispoved' khuligana (Esenin) **4**:109, 111, 117
Israel (Lewisohn) **19**:272
Issledovanie dogmaticheskogo bogoslavja (Tolstoy) **11**:463; **79**:335, 431
"Issues of Pragmaticism" (Peirce) **81**:200
"Das ist die Jungfrau im Wald" (Raabe) **45**:190
"Das ist die Zeit" (Ball) **104**:6, 16
Ist River (Asch) **3**:69, 72
Az Isten háta mögött (Moricz) **33**:237, 242, 244, 247, 249
Isten kezében (Babits) **14**:39
Az Istenek halnak, az ember él (Babits) **14**:40
"The Isthmus of Karelia" (Leino) See "Karjalan kannas"
Istoki (Aldanov) **23**:22-4
Istoria moego sovremennika (Korolenko) **22**:173, 175-76, 178, 183-84
"Istoriia moei golubiatni" (Babel) **2**:28; **13**:26
Istoriya Russkoi Revolyutsii (Trotsky) **22**:353, 355, 357, 361, 364-69, 381-82, 386-87, 389-91
Istorya rytsaria d'Alessio (Kuzmin) **40**:198-99, 201-02
"It";/and Other Stories (Glyn) **72**:140, 142
It Can't Be Serious (Pirandello) See *Ma non è una cosa seria*
It Can't Happen Here (Lewis) **4**:250, 255, 258, 261; **13**:350; **39**:232, 249
"It Couldn't Be Done" (Guest) **95**:208
It Depends What You Mean: An Improvisation for the Glockenspiel (Bridie) **3**:141
"It Feels Good as It Is" (Stevens) **3**:448
It Happened in Florida (Cabell) **6**:76-7
"It Happened That" (Hedayat) See "Dast-i bar qaza"
It Is Enough (Kaiser) See *Es ist Genug*
It Is I (Bryusov) **10**:95
"It Is near Toussaints" (Gurney) **33**:110-12
"It Is Parallels That Are Deadly" (Dreiser) See "Tabloid Tragedy"
It Is So, If You Think So (Pirandello) See *Cosí è (se vi pare)*
"It Is the Sinners' Dust-Tongued Bell" (Thomas) **8**:459
"It Is Winter" (Gurney) **33**:112
It Isn't This Time of Year at All! An Unpremeditated Autobiography (Gogarty) **15**:106, 120
"It Must Be Abstract" (Stevens) **45**:285, 298, 340
It Must Be Your Tonsils (Roberts) **23**:240
"It Must Change" (Stevens) **45**:298
"It Must Give Pain" (Stevens) **45**:298
"It Must Give Pleasure" (Stevens) **45**:298, 341, 351
It Needs to Be Said (Grove) **4**:134, 136-40
"It Seems a Lie" (Villaurrutia) **80**:458
It Seems To Me (Broun) **104**:82
"It Takes a Heap o'Livin't make a House a Home" (Guest) **95**:211
It Takes All Kinds (Bromfield) **11**:82
"It Walks by Night" (Kuttner) **10**:267
"It Was a Gentle Breeze" (Dario) See "Era un aíre suave"
It Was a Nightmare (Ford) **15**:93
"It Was a Soft Air" (Dario) See "Era un aire suave"
"It Was Summer" (Jozsef) **22**:160
It Was the Nightingale (Ford) **57**:210, 236-37, 242-43, 273, 275, 279-80, 282, 286
L'Italia e Libia (Mosca) **75**:172
Italian Backgrounds (Wharton) **3**:552
Italian Fantasies (Zangwill) **16**:445, 451, 461
Italian Hours (James) **47**:208
Italian Journeys (Howells) **7**:377
Italian Night (Horvath) See *Italienische Nacht*
Italian Novellas (Merezhkovsky) **29**:230
"Italian Painter" (Radnoti) **16**:418
"The Italian Queen" (Quiroga) See "La reina Italiana"
"An Italian Reformer" (Herzl) See "Egy olasc reformátor"
"Italian Sunshine" (Babel) **2**:32
Italian Villas and Their Gardens (Wharton) **3**:552
Italienische Nacht (Horvath) **45**:76-7, 81, 89, 91, 94, 96-9, 104, 107, 113-16
"Italija" (Vazov) **25**:458
"Itching Heels" (Dunbar) **12**:110
"Iterumne" (Roberts) **8**:319
"Ithaca" (Cavafy) **2**:88, 94-5; **7**:153, 155, 163
"Ithaca" (Joyce) **3**:280
Ithaka (Benn) **3**:109, 114
"L'itinéraire" (Drieu la Rochelle) **21**:32
It's a Free Country (Williams) **89**:390
It's a Gift (Fields) **80**:228, 231
It's a Grand Old Flag (Cohan) **60**:160, 163, 165, 168, 170, 173
It's a Great Life (Rinehart) **52**:282
It's a Wonderful World (Mankiewicz) **85**:163
"It's All Very Complicated" (McAlmon) **97**:100
It's Hard to Be a Jew (Aleichem) See *Shver tsu zayn a yid*
It's in the Bag (Allen) **87**:55
"It's Not I Who Shouts" (Jozsef) **22**:164
"It's So Easy" (Holly) **65**:153
It's Too Late Now (Milne) **88**:253
"Its Walls Were as of Jasper" (Grahame) **64**:79, 94
Ityala lamawele (Mqhayi) **25**:321, 323-24, 326-27
"Itylus" (Swinburne) **36**:327, 329
"¡Una mariposa?" (Lugones) **15**:292
"Iunomu poetu" (Bryusov) **10**:95
"IV Internatsional" (Mayakovski) **18**:257
Ivalyo (Vazov) **25**:455
Ivan Aleksandar (Vazov) **25**:457
Ivan Groznyi (Eisenstein) **57**:157-61, 164, 166-67, 179, 191-92, 197, 199-201
Ivan Groznyi: Boyarskii Zagovor (Eisenstein) **57**:157, 159-60, 168, 198
"Ivan Ivanivich and the Devil" (Hippius) **9**:163
"Ivan Lande" (Artsybashev) **31**:4-5, 8, 10
Ivan Moscow (Pilnyak) **23**:212
Ivan Sudarev's Stories (Tolstoy) **18**:379
"Ivan the Fool" (Tolstoy) **4**:469
Ivan the Terrible (Tolstoy) **18**:361-63, 375, 383
Ivan the Terrible, Part I (Eisenstein) See *Ivan Groznyi*
Ivan the Terrible, Part II: The Boyars' Plot (Eisenstein) See *Ivan Groznyi: Boyarskii Zagovor*
Ivan Vasil'evich (Bulgakov) **16**:95-6
Ivanov (Chekhov) **55**:64, 66; **96**:15
"The Ivanov Family" (Platonov) See "Homecoming"
"Ivanovy" (Zabolotsky) **52**:371, 375
Ivory Apes and Peacocks (Huneker) **65**:161, 165, 170, 185, 193, 198, 203, 205-06, 218
The Ivory Child (Haggard) **11**:246, 250-51, 254-55
The Ivory Door (Milne) **6**:319; **88**:253
The Ivory Tower (James) **2**:251, 256-58, 260, 275; **47**:165
"L'ivresse" (Verhaeren) **12**:469
Ivy (Deledda) See *L'edera*
The Ivy (Villaurrutia) **80**:458
"Ivy Day in the Committee Room" (Joyce) **8**:158, 166; **35**:142, 144, 151, 156, 160, 164-65, 167, 190, 196-97
"Iz ada izvedënnye" (Bryusov) **10**:81
Izawa Ranken (Mori Ōgai) **14**:376, 378
Izbrannye proizvedeniaa v shesti tomakh (Eisenstein) **57**:190, 197
Izgoi (Gladkov) **27**:90
"Izinsimbi zesonto" (Vilakazi) **37**:404, 410
Iznanka poèzii (Annensky) **14**:24
Izwe lakwandlambe (Mqhayi) **25**:326
J. Poindexter, Colored (Cobb) **77**:117-18, 127
"Ja, hvordan?" (Nexo) **43**:331
"Ja tror på min syster" (Sodergran) **31**:293

"Ja, vi elsker dette landet" (Bjoernson) **7**:110
Jaákobs Traum (Beer-Hofmann) **60**:28, 30-1, 33, 35-7
Jaana Rönty (Leino) **24**:372
Jacaranda in the Night (Bosman) **49**:3, 12, 24, 30
"J'accuse" (Zola) **1**:591
"Jack Dunn of Nevertire" (Lawson) **27**:134
Jack Liverpool (London) **9**:259
"The Jack Rabbit Drive" (McAlmon) **97**:98, 120, 122
"Jack Rose" (Bodenheim) **44**:59
"Jack the Giant Killer" (Roberts) **68**:306
The Jackdar (Gregory) **1**:334
The Jacket (London) **15**:260-61
"Jackie" (Smith) **25**:390
"The Jack-Rabbit" (Stevens) **12**:367
Jacob (Kielland) **5**:277
"Jacob and the Indians" (Benet) **7**:81
Jacob Stahl (Beresford) **81**:2,6,10,12
The Jacob Street Mystery (Freeman) **21**:58-9
Les Jacobites (Coppee) **25**:127
Jacob's Dream (Beer-Hofmann)
See *Jaákobs Traum*
Jacob's Ladder (Housman) **7**:360
Jacob's Ladder (Schoenberg)
See *Jakobsleiter*
Jacob's Room (Woolf) **1**:527-29, 531-33, 536, 538-39, 542-43, 545; **5**:508, 516; **20**:397, 409, 425, 428-29; **43**:420; **56**:359-60; **101**:297
"Jacques de la Cloche" (Lang) **16**:254
"Jacques l'égoïste" (Giraudoux) **3**:324
"The Jade Elegy" (Fletcher) **35**:106
"Jag" (Sodergran) **31**:288
"Jag såg ett träd" (Sodergran) **31**:289
Die Jagd nach Liebe (Mann) **9**:323, 325-27
"Der jäger Gracchus" (Kafka) **47**:235
"El jahad" (Graham) **19**:129
"Jahr" (George) **14**:210
Das Jahr der Schönen Täuschungen (Carossa) **48**:28-30, 34
Der Jahr der Seele (George) **2**:149, 151; **14**:196, 200-02, 204, 206, 209-12, 215-16
"Jailbird" (Gale) **7**:285
Jakob von Gunten (Walser) **18**:415, 417-18, 420-21, 424-25, 428-29, 431-34
Jakobsleiter (Schoenberg) **75**:303, 311-12, 315, 323, 337, 347, 349-52, 361, 363, 366, 369, 398, 401, 411
"Jaldabaoth" (Benet) **28**:8
"Jamaica Marches On" (Redcam) **25**:330
"Jamaican Rose" (Rohmer) **28**:286
"Jambalaya" (Williams) **81**:423,444
"James and Maggie" (Lawson) **27**:132
James Burnham and the Managerial Revolution (Orwell) **31**:190
The James Family: A Group Biography (Matthiessen) **100**:238
"James James" (Milne) **6**:313
"James Pethel" (Beerbohm) **24**:100-01
James Shore's Daughter (Benet) **3**:80-1
"James Thomson" (Noyes) **7**:506
"Jamiol" (Sienkiewicz) **3**:430
Jan Compagnie (Schendel) **56**:237-43
"Jan in Mourning" (Nezval) **44**:240
"Jane" (Rinehart) **52**:282
Jane Field (Freeman) **9**:63, 68-9
Jane Mecom (Van Doren) **18**:410
"Jane Mollet's Box" (Powys) **9**:372
Jane Oglander (Lowndes) **12**:200
"The Janeites" (Kipling) **8**:195-96
Jane's Career (De Lisser) **12**:95-100
"Jang terampas dan jang luput" (Anwar) **22**:24
Janika (Csath) **13**:147
"Janko the Musician" (Sienkiewicz) **3**:425-27
Janmadinay (Tagore)
See *Janmadine*
Janmadine (Tagore) **3**:488; **53**:343
"Janmadine, No. 5" (Tagore) **3**:489
"January, 1939" (Thomas) **8**:459; **45**:365
"January Thaw" (Cobb) **77**:140
"Jap Miller" (Riley) **51**:292
Japan: An Attempt at Interpretation (Hearn) **9**:123, 126, 128-32
Japan and American (Noguchi) **80**:377
Japanese Art (Hartmann) **73**:117, 122
Japanese Fairy Tales (Hearn) **9**:128
"The Japanese Hokku Poetry" (Noguchi) **80**:388
Japanese Hokkus (Noguchi) **80**:388
The Japanese Letters of Lafcadio Hearn (Hearn) **9**:123
"The Japanese Noh Play" (Noguchi) **80**:396
Japanese Prints (Fletcher) **35**:95, 105, 115
"Japonerías del estío" (Huidobro) **31**:124
Japoneries d'automne (Loti) **11**:361
"The Jar" (Pirandello)
See "La giara"
Jar (Rebreanu) **28**:271-72
Jarbuch fuer Philosophie un Phaenomenologische Forschung (Husserl) **100**:10, 29-30, 33, 38-40, 49, 75, 77-78, 125, 134, 146-47
"Jardín" (Villaurrutia) **80**:477
"Le jardin d'Antan" (Nelligan) **14**:392
Le Jardin de Bérénice (Barrès) **47**:35-6, 41, 49-50, 60, 97-8
Le jardin d'Épicure (France) **9**:42
Le jardin des rochers (Kazantzakis) **2**:317; **5**:270; **33**:150
Le jardin des supplices (Mirbeau) **55**:281-86, 288, 295, 301, 303-04, 310, 313
"Jardin sentimental" (Nelligan) **14**:398-99
Un jardin sur l'Oronte (Barrès) **47**:60-1, 66-7, 75
Jardines de Francia (Gonzalez Martinez) **72**:148
Los jardines interiores (Nervo) **11**:400, 402
Jardines lejanos (Jimenez) **4**:213, 223
"Járkálj csak, halálraitélt!" (Radnoti) **16**:411
"Jasbo Brown" (Heyward) **59**:95
Jasbo Brown (Heyward) **59**:106
"Jashūmon" (Akutagawa Ryunosuke) **16**:18
The Jasmine Farm (Elizabeth) **41**:129, 132
"Jason" (Field) **43**:156
"Jason and Medea" (Lewis) **3**:287
Jason Edwards, an Average Man (Garland) **3**:192
"Jasper's Song" (Pickthall) **21**:245
Játék a kastélyban (Molnar) **20**:161, 166, 170, 178
"Jaufré Rudel" (Carducci) **32**:90, 101
"La jaula de pájaro" (Valle-Inclan) **5**:478
Jaunais spēks (Rainis) **29**:392
Jaune bleu blanc (Larbaud) **9**:199, 208
Java Head (Hergesheimer) **11**:261-65, 269, 271, 276, 281, 283, 285-86
"Javanese Dancers" (Symons) **11**:445, 451
Javid-namah (Iqbal) **28**:182, 191, 204
Jayhawker (Lewis) **4**:257
Jāzeps un vina brāli (Rainis) **29**:380-81, 386, 393
Je ne mange pas de ce pain-là (Peret) **20**:195, 198, 202
"Je ne parle pas français" (Mansfield) **2**:448, 453; **8**:280-82, 285-86, 291-92; **39**:293, 303, 313
Je ne trompe pas mon mari (Feydeau) **22**:79, 83
Je sublime (Peret) **20**:184-85, 187, 196, 202
The Jealous Wife (Belasco) **3**:86
"Jealousy" (Brooke) **2**:59; **7**:122
"Jealousy" (Dreiser)
See "The Shadow"
"Jealousy" (Lasker-Schueler) **57**:328
Jealousy (Artsybashev) **31**:9, 11
Jean Barois (Martin du Gard) **24**:382-83, 385-87, 390-95, 398, 402-04, 412
"Jean Cocteau" (Stein) **6**:403; **48**:254-55
"De Jean Coste" (Peguy) **10**:408
"Jean de Noarrieu" (Jammes) **75**:109, 112, 117-18
"Jean Desprez" (Service) **15**:401
Jean Huguenot (Benet) **7**:80
Jean Maquenem (Bourget)
See *Le retour*
Jean Santeuil (Proust) **7**:528, 533-34, 536, 539; **13**:415-18, 420-21, 429; **33**:262, 271
Jean-Christophe (Rolland) **23**:249-53, 256, 259-63, 270-71, 276-79, 282-85
Jean-Luc persécuté (Ramuz) **33**:294-95, 302, 306
Jeanne d'Arc (Melies) **81**:146
Jeanne d'Arc (Peguy) **10**:407-08, 410
La "Jeanne d'Arc" de M. Anatole France (Lang)
See *The Maid of France*
"Jeanne de Courtisols" (Bourget) **12**:73
Jeanne de Piennes (Rolland) **23**:256
Jeanne of the Marshes (Oppenheim) **45**:135
"Jeanne: Relapse et sainte" (Bernanos) **3**:127
Jedermann (Hofmannsthal) **11**:295-98, 301, 303
"Jeff Brigg's Love Story" (Harte) **1**:342
"Jefferson Howard" (Masters) **25**:312
Jefta und Seine Tochter (Feuchtwanger) **3**:182-83, 186
"Jeg ser" (Obstfelder) **23**:177, 180, 189
"Jeli il pastore" (Verga) **3**:547
"Jeli, the Shepard" (Verga)
See "Jeli il pastore"
Jen Sheng: The Root of Life (Prishvin)
See *Zhen'-shen': koren' zhizni*
"Jener" (Benn) **3**:107
Jennie Gerhardt (Dreiser) **10**:163-65, 167, 173, 177, 181-82, 186-87, 198-200; **18**:53, 63-6; **35**:35-7, 40-1, 43, 46-8, 65, 74; **83**:3, 36, 54
Jennifer Lorn (Wylie) **8**:523-25, 527-28, 530-31, 537-38
Jenny (Undset) **3**:510, 512, 516-18, 521-22
"Jens" (Jensen) **41**:307
Jenseits des Lustprinzips (Freud) **52**:101, 109, 132, 134
Jenseits von gut und Böse: Vorspiel einer Philosophie der zukunft (Nietzsche) **10**:355, 360, 362, 385-86, 388-90, 393; **18**:342, 351; **55**:333, 337, 368, 374, 376
Jeptha and His Daughter (Feuchtwanger)
See *Jefta und Seine Tochter*
Jeremy (Walpole) **5**:498
Jeremy and Hamlet (Walpole) **5**:498
Jeremy at Crale (Walpole) **5**:498
Jerome, a Poor Man (Freeman) **9**:61, 63, 69-72, 74
"Jerry Bundler" (Jacobs) **22**:99
Jerry of the Islands (London) **9**:267
"Jerusalem" (Douglas) **40**:76
"Jerusalem" (Lasker-Schueler) **57**:300, 333
"Jérusalem" (Loti) **11**:355-56, 362
Jerusalem (Lagerloef)
See *Jerusalem 1: I Dalarne*
Jerusalem 1: I Dalarne (Lagerloef) **4**:229-32, 234-35, 238-39, 241; **36**:230-31, 238-41, 243-48
Jerusalem 2: I det heliga landet (Lagerloef) **36**:230-31, 238-39, 241, 243
Jerusalem: I det heliga landet (Lagerloef) **4**:231
The Jervaise Comedy (Beresford) **81**:11
"Jeshurun Waxed Fat" (Williams) **89**:372
Jess (Haggard) **11**:239
"Jesse James: American Myth" (Benet) **28**:11
The Jest (Cabell) **6**:61
The Jester (Gregory) **1**:337
"The Jesters" (Marquis) **7**:434
"The Jesters of the Lord" (Manning) **25**:265, 269
Jests of Death and Life (Pirandello)
See *Beffe della morte e della vita*
"A Jesuit" (Graham) **19**:101, 136
"Jesus" (Anwar)
See "Isa"
Jésus (Barbusse) **5**:14, 18
Jesus: Man of Genius (Murry) **16**:355
"Jesus the Jew" (Andreas-Salome) **56**:30, 31, 44-46
Jesus, the Son of Man (Gibran) **1**:326; **9**:82, 86, 91-2, 94

Jesus the Unknown (Merezhkovsky) **29**:242
"Jesus und der Aser-Weg" (Werfel) **8**:477
Le jet de sang (Artaud) **3**:53, 61; **36**:20-4, 30, 32-3
"Jet d'eau" (Apollinaire) **8**:12
"Jetsam" (Dunsany) **59**:19
"La Jeune Belgique" (Sharp) **39**:365
Le jeune Européen (Drieu la Rochelle) **21**:17-18
La jeune fille neu (Jammes) **75**:115, 118
La jeune fille Violaine (Claudel) **2**:106; **10**:128
La jeune parque (Valery) **4**:487-91, 495, 501; **15**:447-49, 455, 458-64
"Jeunes filles" (Sully Prudhomme) **31**:299
La jeunesse d'un clerc (Benda) **60**:62, 71
"The Jew" (Rosenberg) **12**:292, 295, 307
"The Jew and Trans-National America" (Bourne)
See "Trans-National America"
A Jew in Love (Hecht) **101**:63, 87, 90
The Jew of Rome (Feuchtwanger)
See *Die Söhne*
The Jewel of Seven Stars (Stoker) **8**:385-86, 394, 399
The Jeweled Casket and the Two Urashima
See *Tamakushige futari Urashima*
"The Jeweller's Shop in Wartime" (Howe) **21**:113
"Jewels of Gwahlur" (Howard) **8**:133
"The Jewess" (Kuprin) **5**:301
"Jewish Cemetery" (Garcia Lorca) **1**:317
"Jewish History in the United States" (Ford) **73**:60, 62
Jewish Influences in American Life (Ford) **73**:93
"Jewish Massacres and the Revolutionary Movement in Russia" (Cahan) **71**:30
The Jewish State: An Attempt at a Modern Solution of the Jewish Question (Herzl)
See *Der Judenstaat, Versuch einer modernen Lösung der Judenfrage*
"Jewish Trinity" (Zangwill) **16**:447
The Jewish Widow (Kaiser)
See *Die Jüdische Witwe*
"The Jewish Woman" (Kolmar) **40**:175, 178
"The Jews" (Markham) **47**:285
The Jews (Belloc) **18**:36, 42, 45, 47
The Jews, Are They Human? (Lewis) **2**:392; **104**:225, 232, 241, 245, 247
The Jews of Zindorf
See *Die Juden von Zirndorf*
"Jezebel" (Crowley) **7**:208
"Jigokuhen" (Akutagawa Ryunosuke) **16**:18, 27, 32-3, 35
"Jiisan baasan" (Mori Ōgai) **14**:378, 380
Jikaku ni okeru chokkan to hansei (Nishida) **83**:226, 250, 290
The Jilt (Griffith) **68**:245
"Jim" (Harte) **25**:191
"Jim" (Riley) **51**:292
"Jim and Arabel's Sister" (Masters) **25**:288
Jim Maitland (Sapper) **44**:309, 317
"Jim Smiley and His Jumping Frog" (Twain)
See "The Celebrated Jumping Frog of Calaveras County"
Jimbo (Blackwood) **5**:69-70, 73
"The Jimmyjohn Boss" (Wister) **21**:377, 383, 385
The Jimmyjohn Boss, and Other Stories (Wister) **21**:377, 391, 405
"Jimsella" (Dunbar) **12**:106, 108-09, 120, 122, 124
"A Jingle or Drowsy Chime" (Brennan) **17**:50
"Jingles and Croons" (Johnson) **3**:243-44
Jingling in the Wind (Roberts) **68**:298, 300, 324, 360, 362
"Jingo, Counter Jingo and Us" (Locke) **43**:240, 243
"Jinny" (Harte) **25**:223
Jinny the Carrier (Zangwill) **16**:449, 462, 464
"Jinshin no giwaku" (Nishida) **83**:231
J'irai cracher sur vos tombes (Vian) **9**:528, 536
Jiu San (Dent) **72**:25-26
"Jivanmukta" (Aurobindo) **63**:9
"Jivitra O Mrita" (Tagore) **53**:354
"Jó csöndherceg előtt" (Ady) **11**:15, 17
A jó Palócok (Mikszath) **31**:170
Joan and Peter: The Story of an Education (Wells) **6**:527-28, 532; **12**:495, 507
"Joan Miró" (Eluard) **41**:149
"Joan of Arc" (Tynan) **3**:502-03
Joan of Arc (Belloc) **7**:39
Joan of Arc (Merezhkovsky) **29**:242
Joan of Arc (Peguy)
See *Jeanne d'Arc*
Joan of Lorraine (Anderson) **2**:9, 11
Joanna Godden (Kaye-Smith) **20**:99, 103, 109-11, 113-18
The Job (Lewis) **4**:248, 251, 256-57, 259; **13**:343, 350; **23**:132; **39**:217, 234, 241
"Job and Magdalene" (Remizov)
See "Iov i Magdalina"
Job le pauvre (Bosschere) **19**:60, 62-5
Job: The Story of a Simple Man (Roth)
See *Hiob*
Jobb mint otthon (Moricz) **33**:242-43
"Jobs in the Sky" (Slesinger) **10**:441, 445-46
Jocelyn (Galsworthy) **45**:46
Joe (Molnar)
See *Jozsi*
"Joe Turner Blues" (Handy) **97**:41-42
Joe Wilson and His Mates (Lawson) **27**:121, 126, 129, 131-32, 152
"Joe Wilson's Courtship" (Lawson) **27**:121, 126-28, 131, 143-45, 147, 152
"Joey" (Tomlinson) **71**:395
"The Jogo Blues" (Handy) **97**:54, 68-69
Jogoku no hana (Nagai) **51**:87, 91
Johan Wilhelm (Leino) **24**:371
The Johanna Maria (Schendel)
See *Het fregatschip Johanna Maria*
"Johannes" (Spitteler) **12**:339
Johannes (Sudermann) **15**:418, 420, 422, 424, 436
"An Johannes Molzahn" (Schwitters) **95**:301
Johannisfeuer (Sudermann) **15**:420, 427, 431
John (Barry) **11**:46-8, 50, 66
"John Anderson" (Douglas) **40**:91
John Andross (Davis) **6**:149, 151-52, 154
"John Archer's Nose" (Fisher) **11**:214
John Barleycorn (London) **9**:257-59, 266, 268-70; **15**:261; **39**:288
"John Bartine's Watch" (Bierce) **44**:45
"John Bottom" (Khodasevich) **15**:206
"John Brown" (Lindsay) **17**:226, 230
"John Brown" (Robinson) **5**:407; **101**:117, 130
"John Brown's Body" (Benet) **7**:73, 77-8
John Bull (Shaw) **3**:384
John Bull's Other Island (Shaw) **9**:412; **21**:327, 338; **45**:247
John Bunyan (Rutherford) **25**:341, 346
John Burnet of Barns (Buchan) **41**:34
"John Carter" (Agee) **1**:15
John Carter of Mars (Burroughs) **2**:81
John Christopher (Rolland)
See *Jean-Christophe*
"John Cobbler" (de la Mare) **53**:23
John Company (Schendel)
See *Jan Compagnie*
"John Crowe Ransom: Tennesseean" (Stevens) **45**:327
"John Davidson: Realist" (Flecker) **43**:210
John Dawn (Coffin) **95**:5, 8
"John Delavoy" (James) **40**:133
"John Donne's Satue" (Bishop) **103**:4
John Dough and the Cherub (Baum) **7**:19-21
John Ermine of the Yellowstone (Remington) **89**:300-2,304, 307-8, 310-12
"John Evereldown" (Robinson) **5**:401, 403, 416; **101**:111, 198
John Gabriel Borkman (Ibsen) **2**:220, 229, 234, 236-37; **8**:148-49; **37**:241, 258; **52**:142
John Gayther's Garden (Stockton) **47**:320, 324, 326
John Glayde's Honour (Sutro) **6**:422
"John Henry Blues" (Handy) **97**:40
John Herring (Baring-Gould) **88**:24, 26-7
"John Keats" (Sikelianos) **39**:418
John Keats (Lowell) **1**:377, 380; **8**:225-27, 231
John Knox and the Reformation (Lang) **16**:270
John Knox: Portrait of a Calvinist (Muir) **87**:195
"John L. Sullivan, the Strong Boy of Boston" (Lindsay) **17**:227
"John Lamar" (Davis) **6**:151-53
John Macnab (Buchan) **41**:38, 41, 44-5, 47, 49, 51
John March, Southerner (Cable) **4**:25-7, 31, 34-5
John Meade's Woman (Mankiewicz) **85**:117
John Mistletoe (Morley) **87**:128
"John Mortonson's Funeral" (Bierce) **7**:91; **44**:13, 45, 50
"John Norton" (Moore) **7**:490
John Pierpoint Morgan (Sternheim) **8**:375
John Randolph (Adams) **4**:16-17
John Sherman (Yeats) **31**:415
John Sherwood, Ironmaster (Mitchell) **36**:274
"John Silence" (Blackwood) **5**:69
John Silence, Physician Extraordinary (Blackwood) **5**:69-70, 73-5, 77-8
John Smith—Also Pocahontas (Fletcher) **35**:106, 110
John the Baptist (Sudermann)
See *Johannes*
"John the Untalented and Helen the Wise" (Platonov) **14**:420
John the Weeper (Bunin) **6**:45
John Thomas and Lady Jane (Lawrence) **9**:228; **48**:124, 127-29, 135, 139, 147
John Thorndyke's Cases (Freeman) **21**:44, 48, 51
John Webster and the Elizabethan Drama (Brooke) **2**:56, 59; **7**:123
"John Wesley's Place in History" (Wilson) **79**:489
"John Who Lost a Fortune by Throwing Stones" (Belloc) **7**:42
"Johnnie Courteau" (Drummond) **25**:151, 154
Johnnie Courteau, and Other Poems (Drummond) **25**:142-43, 156
Johnny (Csath)
See *Janika*
"Johnny Appleseed" (Lindsay) **17**:229, 236, 240
Johnny Bear (Seton) **31**:259
"Johnny Pye and the Fool-Killer" (Benet) **7**:81, 84-5
"Johnsonham, Jr." (Dunbar) **2**:133
"La joie" (Verhaeren) **12**:469
La joie (Bernanos) **3**:118, 120-22, 124-25
Joie dans le ceil (Ramuz)
See *Terre du ciel*
Le joie de vivre (Zola) **41**:413, 451, 453
"La 'Joie de vivre' di Emile Zola" (Svevo) **35**:363
Jókai Mór élete és kora (Mikszath) **31**:169, 171
The Joke and Its Relation to the Unconscious (Freud)
See *Der Wit und seine Beziehung zum Unbewussten*
"The 'Jola'" (Zamyatin) **8**:558
"La jolie rousse" (Apollinaire) **8**:13-14, 20, 28; **51**:10, 37, 61-2
"The Jolly Company" (Brooke) **2**:59; **7**:121
"The Jolly Corner" (James) **2**:262, 275; **11**:345
"The Jolly Dead March" (Lawson) **27**:139
A Jolly Fellowship (Stockton) **47**:316
Jonah and the Whale (Bridie) **3**:136
"Jonan" (Kunikida) **99**:299, 303-04
Jónás Könyre (Babits) **14**:40, 42
Jonatans rejse (Hansen) **32**:248, 251, 256, 260
"Jonathan" (Heym) **9**:142, 148
Jonathan Swift (Murry) **16**:346, 357
"Jonathan Swift Somers" (Masters) **25**:314
Jonathan's Journey (Hansen)
See *Jonatans rejse*
"Jones's Alley" (Lawson) **27**:130
"Jones's Karma" (Sinclair) **11**:421

"Joney" (Riley) **51**:292
"Le jongleur de Notre Dame" (France) **9**:47, 53
La jongleuse (Vallette) **67**:272, 281, 286, 292-302, 335-37
"Jordan's End" (Glasgow) **7**:342-44
"Jorden blev förvandlad till en askhög" (Sodergran) **31**:285, 293
Jørgine (Jensen) **41**:306, 308
Jornada en sonetos (Reyes) **33**:321
"Jornada régia" (Valle-Inclan) **5**:478
"El jorobadito" (Arlt) **29**:45-7
"A jóság dala" (Babits) **14**:39
José Antonio Paez (Graham) **19**:111
Joseph and His Brothers (Mann)
See *Joseph und seine Brüder*
Joseph and His Brothers (Rainis)
See *Jāzeps un vina brāli*
"Joseph and Mary" (Flecker) **43**:194
"Joseph Conrad" (Woolf) **43**:406
Joseph Conrad: A Personal Remembrance (Ford) **15**:73; **39**:120
Joseph der Ernährer (Mann) **2**:418, 421; **8**:271-72; **44**:146
Joseph Fouché (Zweig) **17**:427, 429, 445
Joseph Furphy (Franklin) **7**:268
Joseph in Ägypten (Mann)
See *Joseph und seine Brüder*
"A Joseph in Egypt" (Csath) **13**:146, 149
Joseph Kerkhovens dritte Existenz (Wassermann) **6**:512, 518-19
Joseph Schur (Bergelson) **81**:30
Joseph the Provider (Mann)
See *Joseph der Ernährer*
Joseph und seine Brüder (Mann) **2**:418, 425, 433, 435; **8**:254, 257, 267-68, 271-72; **14**:331; **35**:217, 222; **44**:62-3, 165, 172, 174, 185, 188, 197, 202
"Josephine, die Sängerin oder Das Volk der Mäuse" (Kafka) **2**:303. 305; **13**:276
"Josephine the Chanteuse" (Kafka)
See "Josephine, die Sängerin oder Das Volk der Mäuse"
"Josephine the Singer, or the Mouse Folk" (Kafka)
See "Josephine, die Sängerin oder Das Volk der Mäuse"
"Josephine the Songstress" (Kafka)
See "Josephine, die Sängerin oder Das Volk der Mäuse"
"Joseph's House" (Evans) **85**:28-9
Josephus (Feuchtwanger)
See *Der jüdische Krieg*
"Joshi no tettei shita bokuritsu" (Yosano Akiko) **59**:348
Joshua Craig (Phillips)
See *The Fashionable Adventures of Joshua Craig*
Josiah Allen on the Woman Question (Holley) **99**:330
Josiah Allen's Wife as a P.A. and P.I.: Samantha at the Centennial (Holley) **99**:323, 336
"Jossel Bers and Jossel Schmaies" (Peretz) **16**:389
"Josua Qualen" (Liliencron) **18**:217
Les joues en feu (Radiguet) **29**:347, 349, 352, 355
"Un jour" (Jammes) **75**:113, 117-18, 120
Jour de fete (Kandinsky) **92**:48
Journal (Forten)
See *The Journal of Charlotte L. Forten: A Free Negro in the Slave Era*
Journal (Garneau) **13**:196-204
Journal, 1889-1939 (Gide) **5**:230, 234; **12**:164, 177
Journal, 1912-1935 (Larbaud) **9**:200
Journal, 1942-1949 (Gide) **5**:230, 234; **12**:164, 177
Journal à rebours (Colette) **5**:169
"Le journal de la Chambre" (Barrès) **47**:53
Le Journal d'En Route (Huysmans) **69**:15
Le journal des faux-monnayeurs (Gide) **5**:214; **12**:145, 149-50, 153-56, 158-59; **36**:86-7, 89-90, 95, 97-9, 101, 107, 110, 113, 116, 120
Journal d'un curé de campagne (Bernanos) **3**:118-20, 122-6, 128
"Journal d'un délicat" (Drieu la Rochelle) **21**:40
Journal d'un homme trompé (Drieu la Rochelle) **21**:40
"Journal d'une apparition" (Desnos) **22**:62
Le journal d'une femme de chambre (Mirbeau) **55**:281-82, 285, 287-88, 295, 298-99, 310, 312-13
Journal intime (Loti) **11**:367
Journal intime (Sully Prudhomme) **31**:307-09
Journal litteraire (Leautaud) **83**:185-6, 190, 193, 195, 197, 206-7, 209
Journal of a Clerk (Tozzi)
See *Ricordi di un impiegato*
The Journal of a Disappointed Man (Barbellion) **24**:74-9, 81-92
Journal of a Vagabond (Hayashi)
See *Hōrōki*
The Journal of Charlotte L. Forten: A Free Negro in the Slave Era (Forten) **16**:145-48
The Journal of Gamaliel Bradford, 1883-1932 (Bradford) **36**:55-8, 69
"Journal of Henry Luxulyan" (Symons) **11**:436, 449
The Journal of Jules Renard (Renard) **17**:305-15, 317
Journal of Katherine Mansfield (Mansfield) **39**:325
The Journal of My Other Self (Rilke) **19**:300-01, 305, 325
The Journal of Saint-Demy Garneau (Garneau)
See *Journal*
Journal of the Counterfeiters (Gide)
See *Le journal des faux-monnayeurs*
"Journalism for Women" (Bennett) **5**:46
The Journals of André Gide, 1889-1939 (Gide) **5**:217, 219, 230, 234; **12**:157-59, 165; **36**:97, 107
The Journals of Arnold Bennett (Bennett) **5**:50-1
The Journals of Denton Welch (Welch)
See *The Denton Welch Journals*
Une journée parlementaire (Barrès) **47**:55
"Journées de lecture" (Proust) **7**:535-36
"The Journey" (Lewis) **3**:289
"Journey" (Millay) **4**:306
"A Journey" (Wharton) **3**:551, 555
"The Journey Back" (Muir) **87**:167
"Journey Day" (Fletcher) **35**:107
The Journey of Sir John Fairfax in Turkey and Other Remarkable Countries (Kuzmin) **40**:194
"The Journey of the King" (Dunsany) **59**:18
The Journey of the Soul (Dunsany) **59**:23
A Journey Round My Skull (Karinthy)
See *Utazás a koponyám körül*
"Journey to an Unknown Destination" (Tagore)
See "Niruddesh yatra"
A Journey to Faremido (Karinthy)
See *Utazás Faremidóba*
A Journey to Faremido (Karinthy)
See *Utazás Faremidóba*
Journey to Jerusalem (Anderson) **2**:11
A Journey to the Center of the Earth (Verne)
See *Voyage au centre de la terre*
A Journey to the Moon (Verne) **6**:491
Journey to the Morea (Kazantzakis) **5**:267-68
"The Journeyman Baker" (Huysmans) **69**:25
Journeys and Places (Muir) **87**:180
Journey's End (Whale) **63**:339-41, 345, 378-80
Les jours et les nuits: Roman d'un déserter (Jarry) **14**:274, 278-82, 286-87
The Jovial Imposters (Baroja)
See *Los impostores joviales*
"Joy" (Stephens) **4**:417
Joy (Bernanos)
See *La joie*
"Joy and Pleasure" (Rohan) **22**:296
"Joy in Russia" (Bely) **7**:50
Joy in the Sky (Ramuz)
See *Terre du ciel*
"The Joy of Being Poor" (Service) **15**:402
The Joy of Life: An Anthology of Lyrics Drawn Chiefly from the Works of Living Poets (Lucas) **73**:158, 173
"The Joy of Little Things" (Service) **15**:402
The Joy of Living (Sudermann)
See *Es lebe das Leben!*
"The Joy of the Spring Time" (Naidu) **80**:294
The Joyful Wisdom (Nietzsche)
See *Die Fröhliche Wissenschaft*
The Joyous Season (Barry) **11**:55-7, 60, 64-5, 67
"Joys of the Road" (Carman) **7**:133
Joyū nana (Nagai) **51**:87
"Joyū nana kōgai" (Nagai) **51**:87
Joyzelle (Maeterlinck) **3**:323
Jozsi (Molnar) **20**:166
JSprach unv Mythos: Ein Beitrag zum Problem der Götternamen (Cassirer) **61**:46-7, 49, 77-78, 85-8, 98, 107
Ju lin Wai Shih (Liu) **15**:246
"Juan Darién" (Quiroga) **20**:213, 220, 222
Juan Martín el Empecinado (Perez Galdos) **27**:256, 287
Juana (Kaiser) **9**:173, 179
Juana de Ashaje (Nervo) **11**:403
Juanita la larga (Valera y Alcala-Galiano) **10**:500-01, 507-09
"Jubal the Selfless" (Strindberg) **21**:367
"Jubilate" (Hardy) **53**:100
Jubilean (Mayakovski) **18**:244
"Jubilee Year" (Mayakovski) **18**:258
"Jubilo" (Williams) **89**:386, 393, 401, 403
Jud Süss (Feuchtwanger) **3**:178-81, 186-87
"Judas" (Heym) **9**:142
"Judas and Jesus" (Ady) **11**:20
Les Judas de Jésus (Barbusse) **5**:18
Der Judas des Leonardo (Perutz) **60**:370
"Judas Iscariot" (Cullen) **37**:146, 154
Judas Iscariot and Others (Andreyev) **3**:25-6
"The Judas Tree" (Welch) **22**:441, 456
Jude the Obscure (Hardy) **4**:150, 153-54, 159-60, 165, 172, 176-77; **10**:217-23, 227-31; **18**:117; **32**:270, 274-81, 309-10; **48**:40, 46, 63-5, 67, 69, 71, 79; **53**:71, 74, 81, 83, 92, 96, 99, 102-03; **72**:157-289
Juden auf Wanderschaft (Roth) **33**:336
Die Juden von Zirndorf (Wassermann) **6**:509-10, 513-14
Das Judengrab (Huch) **13**:248
Der Judenstaat, Versuch einer modernen Lösung der Judenfrage (Herzl) **36**:128-31, 135-38, 141-49, 155-58, 160
Judge for Yourself (Allen) **87**:11
Judge Priest Turns Detective (Cobb) **77**:134
Judge Sári (Moricz)
See *Sári bíró*
Judgement at Chelmsford (Williams) **1**:518; **11**:498
Judgement Day (Johnson) **19**:207, 209
"The Judgement of Eve" (Sinclair) **3**:434, 440; **11**:408, 411
"The Judgement of God" (Remizov)
See "Sud Bozhii"
"Judges" (Evans) **85**:26-7
"The Judge's House" (Stoker) **8**:394
"The Judge's Wife" (Schnitzler)
See "Die Frau des Richters"
"The Judgment" (Kafka)
See "Das Urteil"
"Judgment Day" (Korolenko) **22**:170
"Judgment Hour" (Adams) **56**:7-8
"Judgment Night" (Kuttner) **10**:276
"The Judgment of Dungara" (Kipling) **8**:185; **17**:205-06
"A Judgment of Paris" (Dunbar) **12**:120
"Judicieux dans le différend" (Lyotard) **103**:176
Der jüdische Krieg (Feuchtwanger) **3**:178, 181, 183-85, 187
Die Jüdische Witwe (Kaiser) **9**:171, 173, 175,

179-81, 183, 185, 190
Judith (Bennett) **5**:32, 46
Judith (Giraudoux) **2**:158, 161, 163, 165, 167, 172, 174; **7**:321-23, 328
Judith of Bethulia (Griffith) **68**:185, 213, 215-16, 218-21
Judith Paris (Walpole) **5**:500, 502
"Judy's Service of Gold Plate" (Norris) **24**:447
Juego peligroso (Villaurrutia) **80**:471, 475
Un juez rural (Prado) **75**:192-95, 204-05, 207-08, 210-11
"Jug blagoslovennyj" (Kuprin) **5**:303
"A Jug of Syrup" (Bierce) **44**:6, 45
"Jugend" (Kraus) **5**:285
Die Jugend des königs Henri Quatre (Mann) **9**:317, 326
Eine jugend in Deutschland (Toller) **10**:478
Jugend ohne Gott (Horvath) **45**:75, 79, 83-7, 93-4, 103-04, 120
"Jugendschriften" (Nietzsche) **55**:389
The Juggler (Vallette)
See *La jongleuse*
El juguete rabioso (Arlt) **29**:42, 45, 51-5
Juhana herttuan ja Catharina Jagellonican lauluja (Leino) **24**:371
"El juicio de Dios" (Guiraldes) **39**:176
"Le juif latin" (Apollinaire) **51**:20
La Juive (Crowley) **7**:211
"Juleaften" (Obstfelder) **23**:182, 188-89
Julia Bride (James) **2**:275
"Julian at Eleusis" (Johnson) **19**:245
"Julian at Nicodemia" (Cavafy) **7**:158
Julian the Apostate (Merezhkovsky) **29**:225-27, 229-31, 233, 241, 247-48
Julie de Carneilhan (Colette) **5**:172
Juliette au pays des hommes (Giraudoux) **2**:165; **7**:325
Juliette in the Land of Men (Giraudoux)
See *Juliette au pays des hommes*
Julius Le Vallon (Blackwood) **5**:71-2, 77
"July" (Dobson) **79**:31, 36
"July Storm" (Platonov) **14**:413
"Jumalien keinu" (Leino) **24**:377
Jumbo (Hecht) **101**:63
"June" (Riley) **51**:300
June Moon (Lardner) **2**:339; **14**:294, 307, 313
"June Rains" (Nezval) **44**:241
"A June Song" (Stringer) **37**:328
"June Sunset" (Naidu) **80**:272, 280, 295
Der junge David (Beer-Hofmann) **60**:27-8, 30, 33
Der Junge Joseph (Mann) **2**:418; **8**:271-72
Der junge Medardus (Schnitzler) **4**:386, 389
Jungenderrinnerungen und Bekenntnisse (Heyse) **8**:120, 122-23
Die Jungfern vom Bischofsberg (Hauptmann) **4**:196
"Jungfruns död" (Sodergran) **31**:291
"The Jungle" (Lewis) **3**:286-87, 290
The Jungle Books (Kipling) **8**:178, 186, 196-97, 200-01, 205, 208; **17**:202, 203
Jungle Tales of Tarzan (Burroughs) **32**:62, 75
Der jüngste Tag (Horvath) **45**:78, 102, 112
"Jūnigatsu yōka" (Dazai Osamu) **11**:176
The Junius Pamphlet (Luxemburg)
See *Juniusbroschure*
Juniusbroschure (Luxemburg) **63**:165, 176, 202, 227
Junjo shokyoku shu (Hagiwara Sakutaro) **60**:315
"Juno's Lover" (Khlebnikov)
See "Lyubovnik yunony"
"Junsui Shōsetsu Ron" (Yokomitsu) **47**:394
Junta de sombras (Reyes) **33**:323
"Jupiter Doke, Brigadier-General" (Bierce) **44**:44-5
Jupiter poverżennyi (Bryusov) **10**:85
Jupiter's Thunderbolts (Melies) **81**:122
Jurgen (Cabell) **6**:62-3, 65-75, 77
Jurie Steyn's Post Office (Bosman) **49**:8, 13-14, 17
"Jurisprudence" (Cardozo) **65**:35, 37, 39
"A Jury of Her Peers" (Glaspell) **55**:250-51, 254-55, 262-64, 266
"Jus primae noctis" (van Ostaijen) **33**:407
"Just a Good Man" (Runyon) **10**:429
"Just Before Dawn" (Fields) **80**:255, 259
Just Gaming (Lyotard)
See *Au juste*
Just Glad Things (Guest) **95**:211
"Just like Little Dogs" (Thomas) **8**:463; **45**:392
"A Just Man in Sodom" (Evans) **85**:34
"The Just of Droom Avista" (Kuttner) **10**:267
Just So Stories (Kipling) **8**:194-95, 200
The Just Vengeance (Sayers) **15**:382, 387-88
"La justa proporción de las cosas" (Quiroga) **20**:211
"Justice" (Bryan) **99**:6, 34
Justice (Bromfield) **11**:81
Justice (Galsworthy) **1**:301, 303, 305; **45**:30-2, 48, 51-5
La justice (Sully Prudhomme) **31**:300, 302, 304, 306-07
Justice and Smile (Dazai Osamu)
See *Seigi to bishō*
Justice Denied in Massachusetts (Millay) **4**:316, 321
The Justice of the Duke (Sabatini) **47**:303
Le justicier (Bourget) **12**:69
"Justo José" (Guiraldes) **39**:190
Juudit (Tammsaare) **27**:373, 377-79
"Juvenilia" (Nietzsche)
See "Jugendschriften"
Juvenilia (Carducci) **32**:86, 99-100, 108
Juvenilia (Lee) **5**:311, 315
Juvenilia (Tsvetaeva)
See *Yunosheskie stikhi*
Juventud, egolatría (Baroja) **8**:63
"Južnoslavjanska solidarnost" (Vazov) **25**:455
"Juzovskij zavod" (Kuprin) **5**:302
"K" (Khlebnikov) **20**:149-50
"K" (Rinehart) **52**:281, 283, 288, 295
"K bol'šoj medvedice" (Bryusov) **10**:82
K. P. Kavafes: Anekdota peza keimena (Cavafy) **7**:162
"K samomu sobe" (Bryusov) **10**:96
"K sčastlivym" (Bryusov) **10**:93
K sinei zvezde (Gumilev) **60**:260, 262, 273, 275
K zvezdam (Andreyev) **3**:19-20
Ka (Khlebnikov) **20**:127, 136, 141-43
"Ka no yō ni" (Mori Ōgai) **14**:379-80
"Kaa's Hunting" (Kipling) **8**:205
"Kabala práctica" (Lugones) **15**:293
Kabala sviatosh (Bulgakov) **2**:65; **16**:76, 96-7
"Kabar dari laut" (Anwar) **22**:22
Das Kabinett des Dr. Caligari (Wiene) **56**:326-55
"Kaeru no shi" (Hagiwara Sakutaro) **60**:311
"Kaeru yo" (Hagiwara Sakutaro) **60**:313
Kafan (Premchand) **21**:293
"Der Kaffee ist undefinierbar" (Borchert) **5**:108-09
"Käfig" (Kandinsky) **92**:67
"The Kafir Drum" (Bosman) **49**:4, 29
A Kafū Anthology (Nagai)
See *Kafū shū*
Kafū shū (Nagai) **51**:101
Kai Lung Beneath the Mulberry Tree (Bramah) **72**:7, 9, 11
The Kai Lung Omnibus (Bramah) **72**:7
Kai Lung Unrolls His Mat (Bramah) **72**:7, 9-11
Kai Lung's Golden Hours (Bramah) **72**:4, 7, 9-10
"Kaijin" (Mori Ōgai) **14**:383
"Kaika no satsujin" (Akutagawa Ryunosuke) **16**:36
Kains alter (Hansen) **32**:251
Kairokō (Natsume) **10**:329, 344
The Kaiser and English Relations (Benson) **27**:10
"Der Kaiser und die Hexe" (Hofmannsthal) **11**:292
Das Kaiserreich (Mann) **9**:319-20, 325, 327
"Kak delat' stikhi?" (Mayakovski) **18**:243
"Kak tsarstvo belogo snega" (Bryusov) **10**:96
"Kak vo logočke" (Khlebnikov) **20**:147
Kak voorzhalas Revolyutsiya (Trotsky) **22**:364
Kakekomi uttae (Dazai Osamu) **11**:176
Kaki (Hayashi) **27**:105
Kaki no ha (Santoka) **72**:414, 418
"Kakspaari ja üksainus" (Tammsaare) **27**:369, 373
"Kalechina-Malechina" (Remizov) **27**:351
"Kaleva" (Leino) **24**:376
"Kali the Mother" (Naidu) **80**:316
Kalkhas (Chekhov) **96**:60
Kallmunz (Kandinsky) **92**:49
"The Kallyope Yell" (Lindsay) **17**:230, 237, 244
"Kalnā kāpējs" (Rainis) **29**:380
Kamakura (Noguchi) **80**:380
"Kamen'" (Gumilev) **60**:279
Kamen (Mori Ōgai) **14**:371-72, 383
Kamen' (Mandelstam) **2**:401, 403, 406-09; **6**:257, 259, 262, 265-66
"Kamennaya baba" (Khlebnikov) **20**:132
"Kami no tsuru" (Dazai Osamu) **11**:178
Kamienny świat (Borowski) **9**:22-5
Kaminingyo haru no sayaki (Mizoguchi) **72**:322
"Kamizelka" (Prus) **48**:161, 172, 176
Der Kammersänger (Wedekind) **7**:585
Kammersymphonie (Schoenberg) **75**:292
Der Kampf um den Entwickelungs—Gedanken (Haeckel) **83**:147
"Der Kampf um Rom" (Huch) **13**:253
Kamraterna (Strindberg) **1**:447-48, 453; **8**:406; **47**:364
"Kan speilet tale?" (Obstfelder) **23**:177, 187
"The Kanaka Surf" (London) **9**:267
"Kanashi Tsukio" (Hagiwara Sakutaro) **60**:292
Kanashiki gangu (Ishikawa) **15**:125-27, 132
Kanashimi no Daika (Yokomitsu) **47**:394-95
Kanga Creek: An Australian Idyll (Ellis) **14**:113, 127
Kangaroo (Lawrence) **2**:371; **9**:217; **33**:184, 202, 205; **48**:102, 117; **93**:33, 58, 97
Kangastuksia (Leino) **24**:368-69
"Kangokusho no ura" (Nagai) **51**:88, 101
"Kanhaya" (Naidu) **80**:316
"Kankaku-Katsudô" (Yokomitsu) **47**:387, 390
"Kankal" (Tagore) **53**:354
"Kanraku" (Nagai) **51**:88, 100-01
Kanraku (Nagai) **51**:88, 101-02
"Kansas" (Becker) **63**:63-4, 113
Kantisch-Friessche Religionsphilosophie (Otto) **85**:315, 339
"Kanto rinrigaku" (Nishida) **83**:220, 235
"Kant's Ethics" (Nishida)
See "Kanto rinrigaku"
"Kanzan jittoku" (Mori Ōgai) **14**:384
Kanzlist Krahler (Kaiser) **9**:173-74, 191
"Kapetan Elia" (Kazantzakis) **33**:155
Ho kapetan Michales (Kazantzakis) **2**:318-20; **5**:260, 262-63, 268; **33**:146-48, 150, 155, 163-64
"Kapitany" (Gumilev) **60**:278
"Kaplja i pylinka" (Sologub) **9**:448
Kappa (Akutagawa Ryunosuke) **16**:18, 28, 36
Kaptejn Mansana (Bjoernson) **7**:104, 116
"Kapuanska dolina" (Vazov) **25**:458
Kaputt (Malaparte) **52**:264, 266-68, 271-75
Die Kapuzinergruft (Roth) **33**:338-40, 352-54, 363
Karácsonyi Madonna (Babits) **14**:40
"Kārairu hakubutsukan" (Natsume) **10**:344
"Karanje Village" (Lewis) **3**:289-90
"Karawane" (Ball) **104**:13-15, 18
"Der Kardinal Napellus" (Meyrink) **21**:232
"Karen" (Kielland) **5**:278
"Karenoshō" (Akutagawa Ryunosuke) **16**:23, 34
"Karjalan kannas" (Leino) **24**:371
Karjalan kuningas (Leino) **24**:372
Karl den XII:s levnad (Bengtsson) **48**:2, 5-6, 8-12
Karl Ludwig's Window (Saki) **3**:376

"Kärlek" (Sodergran) **31**:284, 290
Karleken och Aktenskapet (Key) **65**:242
"Karl-Yankel" (Babel) **13**:34
"Karma" (Lasker-Schueler) **57**:329, 330
Karmabhumi (Premchand) **21**:283-86
Karolinerna (Heidenstam) **5**:250-56
"Karos, the God" (Upward) **85**:387
Kártyavár (Babits) **14**:40, 42
Kashcheeva Tsep' (Prishvin) **75**:214-17, 220-21
"Kashima no onna" (Nagai) **51**:96
Kasimir und Karoline (Horvath) **45**:77, 81, 83, 88-90, 96-100, 106, 108-10, 112-16
Kāśīnāth (Chatterji) **13**:80
"Kaspar Hauser" (Lang) **16**:254
"Kasrilevker Srayfes" (Aleichem) **35**:315
"Kasrilevker Tramvay" (Aleichem) **35**:315
Die Kassette (Sternheim) **8**:370, 374, 378-79
"Katánghy levelei" (Mikszath) **31**:169
"Katánghy's Letters" (Mikszath)
See "Katánghy levelei"
"Katarynka" (Prus) **48**:156, 161, 176
Kate Bonnet (Stockton) **47**:322-23, 325
Kate Fennigate (Tarkington) **9**:469
Katei no kōfuku (Dazai Osamu) **11**:176
Katharine Lauderdale (Crawford) **10**:146, 148-50, 153, 155
Katherine Christian (Walpole) **5**:502
Katherine Mansfield, and Other Literary Studies (Murry) **16**:341, 356-57
Katherine Mansfield: Short Stories (Mansfield) **39**:310
"Kathleen" (Morley) **87**:120, 124
"Katisje's Patchwork Dress" (Smith) **25**:390
"Katzen und Pfauen" (Ball) **104**:13-14, 18
Der Katzensteg (Sudermann) **15**:423-24, 427, 430, 433, 437-38
Der kaukasische Kreidekreis (Brecht) **1**:100-01, 104-05, 107-09, 113, 116-18; **6**:32, 37; **35**:5, 18
"Kawagiri" (Kunikida) **99**:293, 299, 302-04
"Kaw-Liga" (Williams) **81**:419,423
Kayakalp (Premchand) **21**:283-84, 286
"Kayar" (Premchand) **21**:289, 291, 294
Kazalarskata carica (Vazov) **25**:453, 455, 457
"Kazennaia dacha" (Remizov) **27**:340
"Keats" (Stringer) **37**:342
Keats and Shakespeare: A Study of Keats' Poetic Life from 1816 to 1820 (Murry) **16**:334, 350, 355
"Keen" (Millay) **49**:215
"Keep a Pluggin' Away" (Dunbar) **12**:110
"Keep Innocency" (de la Mare) **4**:73
Keep the Aspidistra Flying (Orwell) **2**:502-05, 509-11; **6**:342, 348, 350-52; **31**:191, 199; **51**:241, 247, 249, 254, 265-66
The Keeper of the Bees (Porter) **21**:274, 276
"A Keeper of the Doors" (Evans) **85**:21,26
Keeper of the Keys (Biggers) **65**:4, 8, 16
"Keeping His Promise" (Blackwood) **5**:79
Keeping Up Appearances (Macaulay) **7**:430; **44**:122, 125
"Keesh, the Son of Keesh" (London) **9**:274
"Die Kegelbahn" (Borchert) **5**:109
Keith Douglas: A Prose Miscellany (Douglas) **40**:94
Kejser og Galilaeer (Ibsen) **8**:149-50, 155; **16**:189
"The Kelpie Riders" (Carman) **7**:135, 138
The Kempton-Wace Letters (London) **9**:264-65; **39**:262
"Ken" (Mew) **8**:295
"The Kenju Wood" (Miyazawa) **76**:277
The Kennel Murder Case (Van Dine) **23**:360
"Kenny" (Bromfield) **11**:83
The Kentons (Howells) **7**:372-73, 375; **17**:185
"Kepada kawan" (Anwar) **22**:23
"Kepada pluki's Affandi" (Anwar) **22**:22, 25
Le képi (Colette) **16**:121, 129
The Képi (Colette)
See *Le képi*
"Kept-the-Faith" (Bryan) **99**:84
"Képzeletbeli miniszterek" (Mikszath) **31**:173
"The Kerchief" (Quiller-Couch) **53**:292
Kerek Ferkó (Moricz) **33**:238
Keresztülkasul az életemen (Babits) **14**:41
"Kerfol" (Wharton) **9**:547
Kerikil tadjam dan jang terampas dan jang putus (Anwar) **22**:18
Kerkhoven's Third Existence
See *Joseph Kerkhovens dritte Existenz*
"La Kermesse de Rubens" (Huysmans) **69**:8
"Kerry" (Pickthall) **21**:252
"Kerry's Kid" (Rohmer) **28**:282
"Kesabaran" (Anwar) **22**:24
"Keskiyön kuoro" (Leino) **24**:371
A két koldusdiák (Mikszath) **31**:168
Két választás Magyarországon (Mikszath) **31**:172-73
"Kettle Song" (Gurney) **33**:98
Der Ketzer von Soana (Hauptmann) **4**:198, 204
"Kew Gardens" (Woolf) **56**:359
Kew Gardens (Woolf) **20**:397
The Key (Aldanov)
See *Ključ*
Key Largo (Anderson) **2**:5-7, 10
"Key of Mysteries" (Bryusov) **10**:87
"The Key of the Field" (Powys) **9**:366
"The Key to Grief" (Chambers) **41**:102
"Key to Health" (Gandhi) **59**:51
"Key West: An Island Sheaf" (Crane) **2**:117, 121; **5**:189; **80**:139
Key-Escape-Cave (Aldanov) **23**:24
The Keys of the Kingdom (Strindberg) **1**:448
Keys to Heaven (Strindberg) **8**:413
"Khadzhi-Tarkhan" (Khlebnikov) **20**:131
"Khadzi murat" (Tolstoy) **4**:482-83; **11**:463-64, 469
"Khalani maZulu" (Vilakazi) **37**:402, 407
Khaled: A Tale of Arabia (Crawford) **10**:143-44, 146, 148, 151, 157-58
"Khanike-gelt" (Aleichem) **35**:312, 319
"Khansky polon" (Tsvetaeva) **35**:403-04, 411
"Khat" (Dreiser) **35**:71
Kheya (Tagore) **53**:341
"Khleb" (Tolstoy) **18**:363, 372, 374-75
Kholstomér (Tolstoy) **11**:464
Khorovod vremën: Vseglasnost' (Balmont) **11**:37
Khozyain i rabotnik (Tolstoy) **4**:476, 483; **11**:463, 469, 471; **79**:374, 446
"Khvala Afrodite" (Tsvetaeva) **7**:560; **35**:411
Ki kérdezett? (Karinthy) **47**:269
Ki látott engem? (Ady) **11**:18, 23
"The Kicking Twelfth" (Crane) **11**:140
"Kiddie-Kar Travel" (Benchley) **55**:3, 13, 17
The Kidnap Murder Case (Van Dine) **23**:360
"Kidnappers" (Yeats) **11**:538
"Kienast" (Walser) **18**:437
Kievskie tipy (Kuprin) **5**:302, 304
Kif (Tey) **14**:460-61
"Kikai" (Yokomitsu) **47**:391, 393, 397-98
Kikyōrai (Dazai Osamu) **11**:191
"Kildharn's Oak" (Hawthorne) **25**:235
"Killed at Resaca" (Bierce) **44**:8, 12, 44-5, 47
"Killer in the Rain" (Chandler) **7**:176, 183
"Killing" (Soderberg) **39**:437
"Killing His Bear" (Crane) **11**:163
"The Killing of Julius Caesar" (Twain) **12**:425
"Kilns" (Gurney) **33**:87
Kim (Kipling) **8**:180, 185-86, 188, 192, 197, 199, 201, 204-06, 208; **17**:208, 209, 211-13
"Kimi Shinitamô koto nakare" (Yosano Akiko) **59**:331-4, 336-9
"Kimmo's Revenge" (Leino) **24**:376
"Kimura Sakae-kun no omoide" (Nishida) **83**:215
"Kin to Sorrow" (Millay) **49**:201
Kincaid's Battery (Cable) **4**:27, 29, 31
Kincora (Gregory) **1**:334
"Das Kind" (Beer-Hofmann) **60**:24-6
"The Kind Ghosts" (Owen) **5**:363, 371-72, 374
"A Kind of Story" (Walser) **18**:432
Ein Kind unserer Zeit (Horvath) **45**:75, 78-9, 83, 85-8, 93, 102-04, 113-15
Die kinder Abrahams: Novellen aus America (Asch) **3**:69
Kinder der welt (Heyse) **8**:155-17, 119
"Der Kinder Sünde, der Väter Fluch" (Heyse) **8**:113
Die Kinder von Finkenrode (Raabe) **45**:171, 182, 200, 203
Eine Kindheit (Carossa) **48**:16-20, 27, 29-30, 34
"Kindliness" (Brooke) **2**:54
Kindness in a Corner (Powys) **9**:366-67
The Kindred of the Wild (Roberts) **8**:315
The Kinds of Poetry (Erskine) **84**:160
"The King" (Babel) **2**:33, 36; **13**:14
"The King" (Grieg)
See "Kongen"
"The King" (Kipling) **17**:197
The King (Bjoernson)
See *Kongen*
King Alfred's Neat Herd (Baring) **8**:32
A King and a Few Dukes (Chambers) **41**:88
King Argimenes and the Unknown Warrior (Dunsany) **2**:137, 139, 142-43; **59**:6-7, 9-10
King Arthur (Pyle)
See *The Story of King Arthur and His Knights*
"King Christmas" (Lee-Hamilton) **22**:191
"King Cophetua's Queen" (Tynan) **3**:503
"King David" (Benet) **7**:78-9
"King David in His Tomb" (Bialik) **25**:66
"King Essarhadon" (Tolstoy) **11**:463
"King George the Fourth" (Beerbohm) **24**:109
King Haber (Neumann) **100**:315
King Hunger (Andreyev) **3**:20-1, 26
The King in the Golden Mask, and Other Writings (Schwob)
See *Le roi au masque d'or, et autres nouvelles*
The King in the Square (Blok)
See *Korol na ploshchadi*
The King in Yellow (Chambers) **41**:87-90, 94, 101-02, 104, 107-08, 113-14
King Jasper (Robinson) **101**:105, 107, 128, 134, 184-85, 188
King John of Jingalo (Housman) **7**:353
"King John's Christmas" (Milne) **6**:314
King Kull (Howard) **8**:136
"King Lear" (Swinburne) **36**:309
King Leopold's Soliloquy (Twain) **6**:477; **12**:436
The King Maiden (Tsvetaeva)
See *Tsar-devitsa*
King Maximilian (Remizov) **27**:335
King Nicolo; or, Such is Life; Such is Life (Wedekind)
See *König Nicolo; oder, So ist das Leben*
The King of Alsander (Flecker) **43**:193, 210, 216-17
The King of Elfland's Daughter (Dunsany) **59**:4-5, 17, 21-2, 25
The King of Folly Island and Other People (Jewett) **22**:145, 147-48
"The King of Harlem" (Garcia Lorca) **1**:317
The King of Karelia (Leino)
See *Karjalan kuningas*
"The King of Mamozekel" (Roberts) **8**:323
The King of Schnorrers: Grotesques and Fantasies (Zangwill) **16**:442, 444-45, 447-49, 455-57, 462-64, 467
The King of Spain (Bodenheim) **44**:71
"The King of the Cats" (Benet) **7**:81
King of the Delta Blues Singers (Johnson) **69**:94
King of the Delta Blues Singers: Volume II (Johnson) **69**:94
The King of the Golden Isles (Dunsany) **59**:13
The King of the Great Clock Tower (Yeats) **11**:514
"The King of the World" (Coppard) **5**:175-76
"The King of Ys" (Carman) **7**:138
"King Solomon" (Remizov)
See "Tsar' Solomon"

"King Solomon and the Queen of Sheba" (Lindsay) **17**:225
King Solomon's Mines (Haggard) **11**:237-38, 241-47, 249-52, 254, 256-57
King Sverre (Bjoernson)
See *Kong Sverre*
"The King That Was Not" (Dunsany) **59**:18
The King Was in His Counting House (Cabell) **6**:76-7
The King with Two Faces (Coleridge) **73**:7, 10, 12, 22-3, 27
"The Kingbird" (Seton) **31**:267
The Kingdom Come (George)
See *Das Neue Reich*
"The Kingdom of All-Souls" (Woodberry) **73**:363
The Kingdom of All-Souls, and Two Other Poems (Woodberry) **73**:363
"The Kingdom of Cards" (Tagore) **3**:485
The Kingdom of God (Martinez Sierra and Martinez Sierra)
See *El reino de Dios*
The Kingdom of God and the Son of Man (Otto) **85**:320
"The Kingdom of Heaven Is within Us" (Tolstoy) **11**:463; **79**:336-7, 412, 427
The Kingdom of the Blind (Oppenheim) **45**:134-35
The Kingdom of the Fairies (Melies)
See *Fairyland: Or, the Kingdom of the Fairies*
"The Kingfisher" (Davies) **5**:203
"The Kings" (Guiney) **41**:204, 207-08, 221-22
"Kings" (Quiroga)
See "Reyes"
Kings and the Moon (Stephens) **4**:416-17, 420
The King's Breakfast (Milne) **6**:309; **88**:241
"The King's Daughter" (Swinburne) **36**:299
"The King's Favor" (Crane) **11**:167
The King's Flute (Palamas)
See *He phlogéra tou basilá*
The King's Henchman (Millay) **4**:310-14, 318
"The King's Messenger" (Crawford) **10**:158
The King's Minion (Sabatini) **47**:306
The King's Mirror (Hope) **83**:170
Kings of England: A History for Young Children (Yonge) **48**:369
"Kings of the Night" (Howard) **8**:137
King's Stork (Babits)
See *A Gólyakalifa*
The King's Threshold (Yeats) **31**:386
Kingsblood Royal (Lewis) **4**:260; **13**:338-40, 343, 350; **39**:247, 250
"Kinsey Keene" (Masters) **25**:312
The Kinsey Report (Kinsey) **91**:42
"Kinship" (Roberts) **8**:318, 326
The Kinship of Nature (Carman) **7**:139, 143
Kiparisovy larets (Annensky) **14**:17-20
Kipps: The Story of a Simple Soul (Wells) **6**:525-26, 536-37, 539-40, 543, 545, 547-48, 553; **12**:495, 506, 509; **19**:428, 440
"Kir lanulea" (Caragiale) **76**:156, 159, 170-71
"Das kirchlein" (Morgenstern) **8**:305
Kirigirisu (Dazai Osamu) **11**:176
Kirkon vihollinen (Leino) **24**:372
"Kirmak-i-Shab Taab" (Iqbal) **28**:198
"Kirsten's Last Journey" (Jensen)
See "Kirstens sidste Rejse"
"Kirstens sidste Rejse" (Jensen) **41**:307
"A kis csizmák" (Mikszath) **31**:167
Kis hármaskönyu (Molnar) **20**:173-74
"The Kiss" (Babel) **2**:29; **13**:26
"The Kiss" (Chekhov) **10**:100
"The Kiss" (Chesnutt) **39**:97
"A Kiss" (Dobson) **79**:32
"The Kiss" (Soderberg) **39**:438
"A Kiss and Good-Bye" (Hichens) **64**:130
The Kiss before the Mirror (Whale) **63**:339 341, 384
A Kiss for Cinderella (Barrie) **2**:43
Kiss of Death (Hecht) **101**:75
"The Kiss of Moses" (Peretz) **16**:395
"The Kiss of the Unborn" (Sologub) **9**:447
The Kiss of the Unborn, and Other Stories (Sologub) **9**:445
Kiss Tomorrow Good-Bye (McCoy) **28**:210, 212-13, 222, 233-37
"Kisses in the Train" (Lawrence) **93**:17, 70
"Kissless Living in Kisses" (Ady) **11**:20
Kit and Kitty (Blackmore) **27**:28-9, 35-7, 39, 43, 45
Kit Brandon (Anderson) **1**:42, 55, 57; **10**:43
Kit O'Brien (Masters) **2**:467-69
Kitajskaja povest' (Pilnyak) **23**:212
Kitchen Fugue (Kaye-Smith) **20**:112
Kitchener's Mob: The Adventures of an American in Kitchener's Army (Hall and Nordhoff) **23**:55
"The Kith of the Elf-Folk" (Dunsany) **59**:20
"Kitsugyaku" (Mori Ōgai) **14**:384
"Kitsune" (Hearn) **9**:129
"Kitsune" (Nagai) **51**:88
"Kitty" (Frank) **17**:109
Kitty Alone: A Story of Three Fires (Baring-Gould) **88**:26-7
Kitty Foyle (Morley) **87**:126, 132, 134, 137-8, 140, 147
Kitty's Choice; or, Berrytown (Davis) **6**:152
Kivesjärvelaiset (Leino) **24**:368-69
Kivilágos kivirradtig (Moricz) **33**:237, 244, 247, 250
Kjaerlighedens komedie (Ibsen) **2**:227; **8**:146; **37**:242, 258; **52**:153, 156, 192-93
"Klage" (Trakl) **5**:464
Klange (Kandinsky) **92**:66-9, 71-2, 91-2
"Klare morgen og vaate kveld" (Rolvaag) **17**:347
"Klasszikus álmok" (Babits) **14**:39
Klawitter (Kaiser) **9**:181
Klee Wyck (Carr) **32**:116-17, 121, 124-25, 130
"Der Kleiderschrank" (Mann) **14**:347
"Klein Sterbelied" (Lasker-Schueler) **57**:320
"Kleine Aster" (Benn) **3**:112
"Kleine Ballade" (Liliencron) **18**:213
"Die Kleine Berlinerrin" (Walser) **18**:419
"Kleine Geschichte" (Morgenstern) **8**:309
Der kleine Herr Friedemann (Mann) **2**:431; **35**:209-10, 213, 251; **60**:340
"Kleine Reise hach Brasilien" (Zweig) **17**:457
Die kleine Stadt (Mann) **9**:314-15, 322, 324-25, 327-29
Kleine Stucke fur Kammerorchester (Schoenberg) **75**:410
"Das kleine Welttheater" (Hofmannsthal) **11**:292
De kleine zielen (Couperus) **15**:44-7
Kleines Organon für das Theatre (Brecht) **1**:106; **13**:45, 59, 65; **35**:8
"Kleist in Thun" (Walser) **18**:437
Klesh (Dunsany) **2**:143
Kleyne mentshelekh mit kleyne hasoges (Aleichem) **35**:305
Ključ (Aldanov) **23**:24
De kloge jomfruer (Undset) **3**:517, 522
"De kloke jomfruer" (Rolvaag) **17**:347
"Klondike" (Robinson) **101**:115
Klop (Mayakovski) **4**:292, 299, 302; **18**:243, 246, 248, 254, 262-63
Kloster Lugau (Raabe) **45**:165-66, 172, 198, 201
Klusā grāmata (Rainis) **29**:392
Kmoryu-okeanu (Remizov) **27**:334, 338
"Der Knabe Herakles" (Hauptmann) **4**:201
"The Knack of Politics" (Guiraldes)
See "La Politiquería"
The Knacker's ABC (Vian)
See *L'equarrissage pour tous*
Knave of Hearts (Symons) **11**:434, 439
"Kneeb Piter Komandor" (Pilnyak) **23**:211
"Knee-Deep in June" (Ritchie) **51**:286
"The Knees of the Gods" (Hornung)
See "The Ides of March"
Knickerbocker Holiday (Anderson) **2**:8
Knick-Knacks and Traditions and Historical Articles (Palma)
See *Cachivaches y tradiciones y artículos históricas*
"Knie" (Morgenstern) **8**:305
"The Knife" (Douglas) **40**:76, 86
"The Knife That Killed Po Hancy" (Stockton) **47**:324, 327
Kniga skazok (Sologub) **9**:447
"The Knight Errant" (Guiney) **41**:205, 221, 227
Knight of Black Art (Melies) **81**:123
The Knight of the Maypole (Davidson) **24**:182
"The Knight Whose Armour Didn't Squeak" (Milne) **88**:241
Knight without Armour (Hilton) **21**:92
"Knight-Errant" (Burke) **63**:131
"Knight-in-Armour" (Milne) **88**:260
Kniha apokryfů (Capek) **37**:44
Knives from Syria (Riggs) **56**:203, 207
"The Knock at the Manor Gate" (Kafka) **29**:186
"Knocked Up" (Lawson) **27**:140
Knockout (Sapper) **44**:316, 319-22
Knockout (Sternheim) **8**:375
"The Knot-Hole" (Fisher) **87**:105
"Knotting" (Grahame) **64**:62
"Know Deeply, Deeper than Love" (Lawrence) **93**:54
"Know Deeply, Know Thyself More Deeply" (Lawrence) **93**:53, 55
"Knowledge" (Coleridge) **73**:12
"Knowledge" (Lasker-Schueler) **57**:329-30
"Knowledge and the Relativity of Feeling" (Dewey) **95**:58
"Knowledge as Idealization" (Dewey) **95**:94
"The Knowledge Experience Again" (Dewey) **95**:152
Knox om pax (Crowley) **7**:206
Knut der Herr (Liliencron) **18**:213, 216
Knut the Lord (Liliencron)
See *Knut der Herr*
Kochel (Kandinsky) **92**:49
Kōfu (Natsume) **10**:329
"Kôgao no shi" (Yosano Akiko) **59**:334-7, 339
"Kogda opuskaetsja štora" (Bryusov) **10**:92
"Kogda sižu odin i v komnate temno" (Bryusov) **10**:92
"Koharu" (Kunikida) **99**:296
"Kohtupaev" (Talvik) **87**:319, 321
"Koi wo koi suru hito" (Hagiwara Sakutaro) **60**:313
"Koide shidō" (Hagiwara Sakutaro) **60**:315
"Koiteki chokkan" (Nishida) **83**:330
"Koiwai Farm" (Miyazawa) **76**:300
"Koiwaike no ikka" (Miyamoto) **37**:267-68
Kōjin (Natsume) **2**:491-92; **10**:329, 331-32, 334, 336-38, 345
Kokoro (Hearn) **9**:123, 128-30
Kokoro (Natsume) **2**:491-93; **10**:330-32, 336-37, 346
Kokyljen (Hansen) **32**:250
Kokyō (Dazai Osamu) **11**:191
Kol Nidre (Schoenberg) **75**:311, 317, 347
Kolchan (Gumilev) **60**:260, 262, 269-71, 282
Kolesno vremeni (Kuprin) **5**:304
Kollege Crampton (Hauptmann) **4**:194
"Kolniyatch" (Beerbohm) **24**:102
Kolportage (Kaiser) **9**:181
"A költőéletének pusztájáról" (Babits) **14**:39
"Kolumb prichalivayet k beregu" (Ilf and Petrov) **21**:157
"Kolymen-Gorod" (Pilnyak) **23**:211
"Kolyvushka" (Babel) **13**:35
De komedianten (Couperus) **15**:47
Komediantka (Reymont) **5**:390, 392-93, 395-96
Komedii (Kuzmin) **40**:202
Komediia o Aleksee cheloveke Bozh'em (Kuzmin) **40**:190, 202-03
Komediia o Evdokii iz Geliopoliia (Kuzmin) **40**:200, 202
"Kometa" (Schulz) **5**:420, 422, 424, 429; **51**:311, 316

"Komm in den totgesagten Park und Schau" (George) **2**:150
"Komm l'atrébate" (France) **9**:57
Kommandørens døtre (Lie) **5**:325-26, 329, 331
"Komoro naru kojo no hotri" (Shimazaki Toson) **5**:439
"Komu skazaten'ki" (Khlebnikov) **20**:147
Konarmiia (Babel) **2**:20-3, 25-32, 34-5, 37; **13**:15-18, 20-30, 32-40
"Kon'bled" (Bryusov) **10**:83, 91
"Koncert na vokzale" (Mandelstam) **6**:267
Konerne ved vandposten (Hamsun) **2**:206; **14**:224, 237, 250-51; **49**:130, 135, 145, 159, 161
Kong Eystejn (Bjoernson) **37**:29
Kong Sverre (Bjoernson) **7**:110, 113, 116; **37**:18, 29
"Kongen" (Grieg) **10**:208
Kongen (Bjoernson) **7**:104, 111-12, 115-16; **37**:11, 19-20, 29-32
Kongens Fald (Jensen) **41**:293-94, 296, 306, 309-13
Kongs emnerne (Ibsen) **2**:227; **8**:149; **52**:186
König Hahnrei (Kaiser) **9**:171, 173, 179, 181
König Nicolo; oder, So ist das Leben (Wedekind) **7**:585
Könige und Baueren (Liliencron) **18**:213
Königliche Hoheit (Mann) **2**:429; **8**:253-54; **14**:354, 356; **35**:243; **60**:333
"Königseid!" (Raabe) **45**:188
"A könnytelenek könnyei" (Babits) **14**:39
"Das Konservative Denken" (Maitland) **65**:310
Konstantin Strobel (Kaiser) **9**:174
"Konstruktion der Historischen Wirklichkeit" (Broch) **20**:57
"Konstruktionen in der Analyse" (Freud) **52**:137
"Konzert" (Toller) **10**:490
Konzert (Lasker-Schueler) **57**:332, 334
"Kopai" (Tagore) **53**:342
Der Kopf (Mann) **9**:319-20, 323, 325-26, 328-29
"En kopp te" (Soderberg) **39**:428
Die Koralle (Kaiser) **9**:172-74, 184, 189-90
Kõrboja peremees (Tammsaare) **27**:372-73
"Kore" (Manning) **25**:277
"Korf's Clock" (Morgenstern) **8**:305
"Die korfsche Uhr" (Morgenstern) **8**:306
Kormchie zvezdy (Ivanov) **33**:117
"Das kornfeld" (Morgenstern) **8**:310
Korni japonskogo solnca (Pilnyak) **23**:212
"Korochun" (Remizov) **27**:352
Korol na ploshchadi (Blok) **5**:99
"Korova" (Platonov) **14**:419, 425-26
Korset (Obstfelder) **23**:177-78, 181-82, 187, 190-91
Koster (Gumilev) **60**:268, 270
Koster dorozhnyi (Sologub) **9**:444
"Kostroma" (Remizov) **27**:352
"Kot Bot" (Guro) **56**:138
"Kot Kotofeich" (Remizov) **27**:352
"Kot Vat" (Guro) **56**:138
Kotik Letaev (Bely) **7**:47-9, 52, 55-6, 61, 66
Kotik Letaev's Crime (Bely) **7**:52
Kotlovan (Platonov) **14**:410, 415-16, 421-24, 429
Koto no sorane (Natsume) **10**:329
"Kouta" (Leino) **24**:368-69, 373, 376
"Kōzui" (Nagai) **51**:87
"Krag, the Kootenay Ram" (Seton) **31**:259, 261, 269, 271, 278-79
"Die Krähen fliegen abends nach Hause" (Borchert) **5**:104
Krakatit (Capek) **6**:83, 85, 91, 93-4; **37**:46, 49-50, 52-4, 56-7, 59, 61, 68, 72
Krakonošova zahrada (Capek) **37**:51
"Krasnaja bavarija" (Zabolotsky) **52**:367-68, 375, 378-79
Krasnoye derevo (Pilnyak) **23**:213, 217
Krasnyi smelch (Andreyev) **3**:16, 18, 23, 27
Krauklītis (Rainis) **29**:393
"Krawang-Bekasi" (Anwar) **22**:24
"Kreide und Russ" (Kandinsky) **92**:68
Der Kreidekreis (Klabund) **44**:103, 106, 109
"Kreisrichter" (Heyse) **8**:113
Kreitserova sonata (Tolstoy) **4**:449-50, 453, 457, 463, 468-69, 476, 480-83; **11**:463, 469-70, 478; **17**:415; **28**:394-95, 397, 401; **44**:353; **79**:334, 337, 347, 370, 374, 387, 411, 412, 419, 447
"Krepost" (Remizov) **27**:340, 347, 349
"Krest" (Gumilev) **60**:279
Krestovye sestry (Remizov) **27**:330-31, 333, 342, 347
The Kreutzer Sonata (Tolstoy)
See *Kreitserova sonata*
"Der Kreuzgang" (Raabe) **45**:190
Křídla (Nezval) **44**:249
"Der Krieg" (Heym) **9**:145, 147, 152
Kriegsnovellen (Liliencron) **18**:213, 216
Krilya (Kuzmin) **40**:191, 195-200, 202-06, 215
Kringen (Hansen) **32**:251
"Krishna" (Baker) **10**:20
Krisis (Husserl)
See *Die Krisis der europaeischen Wissenschaften und die transzendentale Phänomenologie, Eine Einleitung in die phaenomenologische Philosophie*
Die Krisis der europaeischen Wissenschaften und die transzendentale Phänomenologie, Eine Einleitung in die phaenomenologische Philosophie (Husserl) **100**:10, 42-43, 60, 69, 71, 111-12, 114, 119, 121, 129, 132, 135, 147, 151
"Kristen trosbekännelse" (Sodergran) **31**:289
Kristin Lavransdatter (Undset) **3**:512-19, 521, 524
Kristuslegender (Lagerloef) **4**:232; **36**:230
Krisztus vagy Barabas (Karinthy) **47**:269
Kritik (Ball)
See *Zur Kritik der deutschen Intelligenz*
Kritische Grudlegung des Transcendentalen Realismus (von Hartmann) **96**:198
"Krjaži" (Zamyatin) **8**:552
Eine Krone für Zion (Kraus) **5**:286
Kronika z konce století (Nezval) **44**:244
Kroniki tugodniowe (Prus) **48**:176
Krug chtenija (Tolstoy) **44**:330
"Krysolov" (Tsvetaeva) **7**:556, 558, 561-62; **35**:374-77, 398, 414-15
"Kryžovnik" (Chekhov) **3**:168
Krzyżacy (Sienkiewicz) **3**:422, 424-27, 429
Kshanikā (Tagore) **3**:490; **53**:338, 340-42, 350-51
"Kshudhita Pashan" (Tagore) **53**:356-58
"Księga" (Schulz) **5**:424; **51**:309, 315-16
"Kto sozdan iz kamnia, kto sozdan iz gliny" (Tsvetaeva) **35**:391
"Kubiki" (Remizov) **27**:339, 341
Kubok metelej: Chetviortiia simfoniia (Bely) **7**:46, 50, 57-8
"Kuda idet Angliya?" (Trotsky) **22**:352
Kuhle Wampe (Brecht) **13**:63
"Kukkha. Rozanovy pis'ma" (Remizov) **27**:334, 350
Különös házasság (Mikszath) **31**:170-72, 174
"Eine Kulturfrage" (Musil) **12**:236
"Kumo" (Nagai) **51**:99
"Kumo" (Shimazaki Toson) **5**:439
"Kung I-chi" (Lu Hsun) **3**:295, 301, 303
Kunjinī (Devkota) **23**:50
Kunshō (Nagai) **51**:98
Die kunst der rezitation und deklamation (Steiner) **13**:442
"De Künstler und die Zietkrankheit" (Ball) **104**:36
Das Kunstwerk im Zeitalter seiner technischen Reproduzierbarkeit (Benjamin) **39**:8, 19, 24, 27, 30-1, 51, 54
"Der Kuntsenmakher" (Peretz) **16**:402
"Kuny" (Zamyatin) **8**:553
"Kupón" (Capek) **37**:49
"Kuranty liubvi" (Kuzmin) **40**:216
"Kuresaare vanad" (Tammsaare) **27**:369
Kuriyama daizen (Mori Ōgai) **14**:378
"Kuroi fūkin" (Hagiwara Sakutaro) **60**:314
Kuruc (Ady) **11**:22
Kurymushka (Prishvin) **75**:214, 216
"Kusamakura" (Shimazaki Toson) **5**:434
Kusamakura (Natsume) **2**:491, 494-95; **10**:329, 332, 341-45
"Kusum" (Premchand) **21**:289-90
"Kval" (Obstfelder) **23**:177
Kvinnororelsen (Key) **65**:226, 234, 237-38
Kwaidan (Hearn) **9**:123, 125, 131
Kwakiutl Culture as Reflected in Mythology (Boas) **56**:81
"Kyō" (Akutagawa Ryunosuke) **16**:36
Kyomō no seigi (Hagiwara Sakutaro) **60**:294
L. N. Tolstoy and His Epoch (Lenin) **67**:208
"A la ciencia" (Gonzalez Martinez) **72**:149
A La Conquete du Pole (Melies) **81**:122,140
De la division du travail social:étude sur l'organisation des sociétés supérieures (Durkheim) **55**:91, 100-04, 106-09, 115, 120, 126, 128, 130-33, 142-43, 146-47
"L.A. Nocturne: Los Angeles" (Villaurrutia) **80**:519
"'La protectora' y 'La libertadora'" (Palma) **29**:263
De la Terre à la Lune (Verne) **52**:330, 345, 347, 349, 355
De la traduction (Larbaud)
See *Sous l'invocation de St. Jérôme*
Lábadozó szél (Radnoti) **16**:418-19
Là-bas (Huysmans) **7**:406-10, 413, 415; **69**:10-13, 17-18, 21-22, 29, 31, 37, 39, 44-5, 47, 53-6
Laberinto (Jimenez) **4**:212, 216
El laberinto de las sirenas (Baroja) **8**:63
"Lablon'ka" (Remizov) **27**:339
"Labor" (Bryan) **99**:5, 34
"Labor and the Angel" (Scott) **6**:393, 397
Une laborantine (Bourget) **12**:69
Le laboratoire central (Jacob) **6**:191-92, 197-98, 202
Laboremus (Bjoernson) **7**:112, 114; **37**:19, 22, 29
Laborers in the Vineyard (Papini)
See *Gli operai della vigna*
Labor's Poem (Martinez Sierra and Martinez Sierra)
See *El poema del trabajo*
"The Labour of Night" (Brennan) **17**:39, 41, 54, 56, 60
"Labrie's Wife" (Scott) **6**:398
"The Labyrinth" (Muir) **2**:482; **87**:264, 266-67
Labyrinth (Jimenez)
See *Laberinto*
The Labyrinth (Muir) **87**:159, 167, 220-25
The Labyrinth of the Sirens (Baroja)
See *El laberinto de las sirenas*
"The Lacework Kid" (Runyon) **10**:432
Lachende Wahrheiten (Spitteler) **12**:339
"Lachrymae Christi" (Crane) **2**:117, 120-21; **5**:188-91
"The Lacking Sense" (Hardy) **53**:81, 86
"Lacquer Prints" (Lowell) **8**:230
"Lacustrine" (Bacovia) **24**:69
"The Lad" (Tsvetaeva) **7**:567
The Lad and the Lion (Burroughs) **2**:79
Laddie (Porter) **21**:261-62, 266, 271-74
"The Ladies" (Kipling) **8**:201
Ladies and Gentlemen (Belloc) **7**:42; **18**:40
Ladies and Gentlemen (Cabell) **6**:68, 76
Ladies and Gentlemen (Cobb) **77**:133
Ladies and Gentlemen in Victorian Fiction (Delafield) **61**:132
Ladies Letter Writer (Benavente)
See *Cartas de mujeres*
The Ladies' Man (Drieu la Rochelle)
See *L'homme couvert de femmes*
"The Ladies of St. James's" (Dobson) **79**:5, 23, 26
"The Ladies of the Lake" (Chambers) **41**:114
Ladies Whose Bright Eyes (Ford) **15**:76, 78, 87, 89, 93; **39**:128; **39**:128

"Ladies Wild" (Benchley) **55**:13
"Ladomir" (Khlebnikov) **20**:126-27, 129, 132-33, 139, 143
Ladro di galline (Jovine) **79**:44, 61, 65
"A Lady" (Lowell) **1**:375; **8**:235
The Lady Aristocrat (Zoshchenko) **15**:491
Lady Baltimore (Wister) **21**:376-79, 384, 404-05
"Lady Barbarina Lemon" (James) **64**:157
Lady Bountiful (Pinero) **32**:398, 403-04, 413
Lady Charing Is Cross (Tey) **14**:459
Lady Chatterley's Lover (Lawrence) **2**:345-46, 348, 350-51, 353-54, 356, 364-67, 370-72; **9**:217-19, 227-29; **16**:284-85, 312; **33**:188, 193-96, 203, 206-07; **48**:90-150; **61**:186, 192, 197, 210; **93**:14, 43, 62, 84, 97, 127
Lady Connie (Ward) **55**:421, 426, 437-38, 446
The Lady Eve (Sturges) **48**:270, 274, 281, 283, 287-88, 290-92, 294-96, 301, 303-04, 309, 312-13, 316, 318-19, 321
"Lady Evelyn" (Gray) **19**:151
"Lady Ferry" (Jewett) **22**:118, 149
"A Lady from Red Horse" (Bierce) **44**:45
The Lady from the Sea (Ibsen)
See *Fruen fra havet*
Lady Gregory's Journal (Gregory) **1**:334
"Lady Hester Stanhope" (Strachey) **12**:392
"The Lady in Fetters" (Sologub) **9**:436
"The Lady in Hosea" (Sharp) **39**:375
The Lady in the Lake (Chandler) **1**:172, 175-76; **7**:173, 175, 180
Lady Inger of Østraat (Ibsen)
See *Fru Inger til Østraat*
"A Lady of Bayou St. John" (Chopin) **14**:70
The Lady of Challant (Giacosa)
See *La dame de Challant*
A Lady of Rome (Crawford) **10**:150, 155
The Lady of the "Aroostook" (Howells) **7**:364, 371, 376-77, 392; **17**:176, 178; **41**:234, 266
The Lady of the Hillside (Coleridge) **73**:8
"The Lady of the Lattice" (Rohmer) **28**:277
The Lady of the Shroud (Stoker) **8**:387, 394, 399
The Lady on the Drawing Room Floor (Coleridge) **73**:23
"The Lady, or the Tiger?" (Stockton) **47**:312, 316, 319, 322-24, 327-28, 330-31
The Lady, or the Tiger? and Other Stories (Stockton) **47**:314, 320
A Lady Quite Lost (Stringer) **37**:336
Lady Rose's Daughter (Ward) **55**:412, 415, 422, 424-25
Lady Windermere's Fan (Wilde) **1**:495, 497, 502-04, 506, 508; **8**:494; **23**:409, 411-12, 420, 427-28, 435
"Lady with a Little Dog" (Chekhov)
See "The Lady with the Dog"
"The Lady with the Dog" (Chekhov) **3**:149, 153, 155; **10**:111-13, 115; **55**:68
"The Ladybird" (Lawrence) **9**:216
"The Lady's Maid" (Mansfield) **2**:448; **8**:282, 285-86; **39**:303, 320
"The Lady's Maid's Bell" (Wharton) **3**:578
A Lady's Virtue (Crothers) **19**:75
"Lae Souci" (Drummond) **25**:143
"Laeta" (Ivanov) **33**:138
Lafcadio's Adventures (Gide)
See *Les caves du Vatican*
Lagar (Mistral) **2**:479
De l'age divin a l'age ingrat (Jammes) **75**:119
De låghåriga merovingerna och andra essayer (Bengtsson) **48**:6, 12
"Lago biasa" (Anwar) **22**:19
The Lagoon's Regrets (Palamas) **5**:379
"Una lágrima en mayo" (Salinas) **17**:363
Lagrimas de cera (Machado de Assis) **10**:279
"Lágrimas de Xerxes" (Machado de Assis) **10**:290-91
"Lagu siul" (Anwar) **22**:19
Là-haut (Rod) **52**:309, 311, 315
The Lair of the White Worm (Stoker) **8**:386, 395, 399, 402
"The Lake" (Hecht) **101**:38
The Lake (Moore) **7**:476, 478, 481-84, 486
"Lake Boats" (Masters) **25**:298
"The Lake Isle of Innisfree" (Yeats) **1**:553-54, 579; **11**:508, 512; **18**:442, 445
"The Lake Laughed" (Ady) **11**:15
Lake Lyrics (Campbell) **9**:29-30
"The Lake of Gaube" (Swinburne) **36**:324, 340-41, 346-47
Lakes of Autumn (Kuzmin)
See *Osennie ozera*
"Lakshmi, the Lotus-Born" (Naidu) **80**:316
"Lal of Kilrudden" (Carman) **7**:138
Lalazar (Remizov) **27**:348
Lalka (Prus) **48**:157-59, 162-64, 167-75, 177-81
Lalli (Leino) **24**:371
"Un lambeau de Patrie" (Verhaeren) **12**:471
Lambkin's Remains (Belloc) **7**:31, 38; **18**:27, 32
"The Lame Boy and the Fairy" (Lindsay) **17**:227
The Lame Squire (Tolstoy) **18**:359, 373, 377
Lame-Hulda (Bjoernson)
See *Halte Hulde*
"Lament" (Cullen) **37**:168
"Lament" (Millay) **4**:306, 308
"Lament" (Remizov)
See "Placha"
"Lament" (Thomas) **8**:461; **45**:379, 388, 402
"Lament" (Trakl)
See "Klage"
Lament for Ignacio Sánchez Mejías (Garcia Lorca)
See *Llanto por Ignacio Sánchez Mejías*
"A Lament for My Disappointed Love" (Lu Hsun) **3**:297
Lament for the Death of a Bullfighter (Garcia Lorca)
See *Llanto por Ignacio Sánchez Mejías*
The Lament for the Ruin of Russia (Remizov) **27**:331, 333, 335, 347, 349
"Lamentación de primavera" (Villaurrutia) **80**:477
"Lamentations" (Evans) **85**:48
Das Lamm des Armen (Zweig) **17**:453
"Lammas" (Davidson) **24**:163, 175, 180, 186, 188-89
"Lamorack and the Queen Morgause of Orkney" (Williams) **1**:512
"Lamorna Cove" (Davies) **5**:201
The Lamp and the Bell (Millay) **4**:311-12
The Lamp of Marvels: Spiritual Exercises (Valle-Inclan)
See *La lampara maravillosa: Ejer cicios espirituales*
"The Lamp of Poor Souls" (Pickthall) **21**:245, 250-51
The Lamp of Poor Souls, and Other Poems (Pickthall) **21**:241, 244-45, 255-56
"The Lamp That Was Kept Alight" (Lu Hsun) **3**:302
La lampara maravillosa: Ejer cicios espirituales (Valle-Inclan) **5**:475, 477-79, 485
La lampe de psyché (Schwob) **20**:323
"The Lanawn Shee" (Ledwidge) **23**:123
"Lance Jack" (Lewis) **3**:288
Lancelot (Robinson) **5**:404-06, 408-09, 417; **101**:95, 113, 115, 130, 134, 188
"Lancer" (Housman) **10**:257
"The Land" (Kipling) **8**:191
"Land" (Lewis) **4**:257
The Land (Gibbon) **4**:126
"The Land beyond the Blow" (Bierce) **44**:8, 14, 50
"The Land Ironclads" (Wells) **19**:438
"The Land Is Cleared" (Fletcher) **35**:107
The Land of Always-Night (Dent) **72**:22
"The Land of Biscay" (Housman) **10**:247
The Land of Fear (Dent) **72**:21, 23
The Land of Heart's Desire (Yeats) **11**:509, 511, 526; **31**:386, 412
The Land of Journeys' Ending (Austin) **25**:23-4, 26-8, 31-3, 36, 38, 40-1
The Land of Little Rain (Austin) **25**:17, 23, 25-6, 28, 30-1, 33, 36, 38-9, 41-4
The Land of Long JuJu (Dent) **72**:22
"The Land of Rascals" (Esenin) **4**:109
The Land of Terror (Burroughs) **2**:81; **32**:58
The Land of Terror (Dent) **72**:17, 37
"The Land of the Dead" (Heym)
See "Die Heimat der Toten"
"The Land of the Giants" (Benet) **28**:6
The Land of the Mist (Doyle) **7**:225, 235
The Land of the Sun (Austin) **25**:31
"The Land Surveyor" (Zamyatin)
See "Zemlemer"
"The Land That Is Not" (Sodergran) **31**:285
The Land That Is Not (Sodergran)
See *Landet som icke är*
The Land That Time Forgot (Burroughs) **2**:78-9; **32**:58, 72-3
"The Land Within" (Webb) **24**:473
"Ein landarzt" (Kafka) **2**:306; **13**:284
"Lande's Death" (Artsybashev)
See "Ivan Lande"
Landet som icke är (Sodergran) **31**:285-87
"The Landing Steps' Tale" (Tagore)
See "Ghater Katha"
"The Landless Farmer" (Jewett) **22**:117
The Landlord at Lion's Head (Howells) **7**:393, 400; **17**:162, 165, 178, 184; **41**:286
"Landlord for a Generation" (Dazai Osamu) **11**:180-81, 183
A Landlord's Morning (Tolstoy) **4**:474; **11**:459; **28**:367; **79**:445
Landmarks (Lucas) **73**:159
Landmarks in French Literature (Strachey) **12**:390, 394, 401, 413-14
Landmarks in Russian Literature (Baring) **8**:31, 43
The Land's End (Hudson) **29**:138, 151
"The Landscape" (Masters) **25**:298
Landscape and Figure Composition (Hartmann) **73**:122, 149
"The Landscape Chamber" (Jewett) **22**:148
"Landscape I" (Andrade) **43**:7
"The Landscape Inspector" (Miyazawa) **76**:300
"Landscape of a Dead Love" (Storni)
See "Paisaje del amor muerto"
"Landscape of the Urinating Multitudes (Battery Place Nocturne)" (Garcia Lorca)
See "Paisaje de la multitud que orina"
"Landscape of the Vomiting Multitudes (Coney Island Dusk)" (Garcia Lorca)
See "Paisaje de la multitud que vomita"
"Landscape with Boat" (Stevens) **12**:360; **45**:278, 334
Landscape with Church (Kandinsky) **92**:147
"Landscape with Figures I" (Douglas) **40**:82, 89-91
"Landscape with Figures II" (Douglas) **40**:71, 83, 89-91, 93
"Landscape with Figures III" (Douglas) **40**:83, 89-91
"A Landscape-Painter" (James) **47**:199
Landscapes and Portraits (Colette)
See *Paysages et portraits*
"Landschaft" (Trakl) **5**:460
Landslide (Betti)
See *Frana allo scalo nord*
Landstrykere (Hamsun) **14**:241, 246-47; **49**:130, 134, 144, 146
"The Lane That Ran East and West" (Blackwood) **5**:72
Langage cuit (Desnos) **22**:59-60, 72
Die Lange Lange Strasse lang (Borchert) **5**:108
Den lange Rejse (Jensen) **41**:291-99, 302
De l'Angelus de l'Aube a l'Angelus de soir (Jammes) **75**:107, 113-15, 117
Langour (Storni)
See *Languidez*
"Langston Hughes" (Roumain) **19**:334

Language (Kraus)
See *Die Sprache*
"Language and Culture" (Mandelstam) **6**:264, 268
Language and Myth (Cassirer)
See *JSprach unv Mythos: Ein Beitrag zum Problem der Götternamen*
"The Language of Flowers or Stars" (Radiguet) **29**:357
"The Language of Trees" (Renard) **17**:311
"Lánguidamente su licor" (Vallejo) **56**:310
Languidez (Storni) **5**:444, 447-48, 451-52
A Lantern to See By (Riggs) **56**:203-205, 215-16
"Lanterns" (Guro)
See "Fonari"
Lanterns on the Levee: Reflections of a Planter's Son (Percy) **84**:200-1, 204-16, 218, 222-3, 226-30, 233, 238-41
Los lanzallamas (Arlt) **29**:38, 41-2, 45, 47-54, 57-8
Lao Ts'an yu-chi (Liu) **15**:246-52
Laodameia (Babits) **14**:41
Laodamia (Annensky) **14**:17, 22
A Laodicean; or, The Castle of the De Stancys (Hardy) **4**:149, 159; **10**:217, 227; **18**:100; **48**:38
"Lapis Lazuli" (Yeats) **18**:459-60, 463, 459-60, 463; **31**:408
"A Lapse of Judgment" (Tagore) **3**:498-99
"Lapsed Crisis" (Knister) **56**:155
The Lar (Raabe)
See *Der Lar*
Der Lar (Raabe) **45**:166, 200-01
"Larch Barden" (Gale) **7**:284
"Larches" (Gurney) **33**:103
The Larder of the Sun (Prishvin) **75**:219
The Lardners and the Laurelwoods (Kaye-Smith) **20**:113, 116
Larenopfer (Rilke) **6**:358
"Large Red Man Reading" (Stevens) **12**:360; **45**:300
A Larger History of the United States (Higginson) **36**:166
"The Larger Life" (Bryan) **99**:108
"Larghetto" (Coleridge) **73**:25
Largo lamento (Salinas) **17**:359
"The Lark" (Service) **15**:401
"The Lark" (Vilakazi)
See "Inqomfi"
"The Larks" (Rosenberg) **12**:306
"Larks" (Tynan) **3**:505
Larramee's Ranch (Faust) **49**:56-8, 60
"Le larron" (Apollinaire) **3**:36, 43; **51**:48
"The Lascar's Walking-Stick" (Tomlinson) **71**:383
"The Last Aboriginal" (Sharp) **39**:388
The Last Address (Lowry)
See *Lunar Caustic*
Last and First Men: A Story of the Near and Far Future (Stapledon) **22**:311-12, 315-25, 327-28, 333-34, 336-38, 342-45
"The Last Asset" (Wharton) **3**:554; **9**:547
"The Last Ballad" (Davidson) **24**:164
The Last Ballad, and Other Poems (Davidson) **24**:163, 191-92
The Last Barrier (Roberts) **8**:322, 326
The Last Book of Wonder (Dunsany) **59**:17, 20-1, 29
"The Last Centaur" (Heyse)
See "Der Letzte Centaur"
Last Chapter (Pyle) **75**:250-52
"The Last Circle" (Hippius)
See "Posledny krug"
"The Last Confessional" (Drinkwater) **57**:124
"The Last Day" (Benchley) **55**:3, 17
"The Last Day" (Wen I-to) **28**:417, 420
"The Last Day of Shraft" (Somerville & Ross) **51**:358, 383
"The Last Days" (Sterling) **20**:375
The Last Days of Mankind (Kraus)
See *Die letzten Tage der Menschheit*
"The Last Days of Pekin" (Loti)
See "Les derniers jours de Pékin"
The Last Days of Shylock (Lewisohn) **19**:271, 273, 278
The Last Days—Pushkin (Bulgakov)
See *Posledniye dni*
"The Last Debut" (Kuprin)
See "Poslednii deb i st"
Last Diaries (Tolstoy) **44**:343
A Last Diary (Barbellion) **24**:78-9, 81, 83-6, 88-9, 91
The Last Diet of the Republic (Reymont) **5**:397
The Last Ditch (Hunt) **53**:186-87, 192
"The Last Dream of Bwona Khubla" (Dunsany) **59**:21
"Last Ear" (Coffin) **95**:14
"The Last Epos; or, Novel for Maids" (Capek) **37**:47
Last Essays (Conrad) **43**:101
Last Essays (Croce)
See *Ultima saggi*
"The Last Fair Deal Gone Down" (Johnson) **69**:84
"The Last Fantasy of James Achanna" (Sharp) **39**:366
"Last Farewell" (Miyazawa) **76**:279
"The Last Faun" (Guiney) **41**:207
"The Last First Night" (Leverson) **18**:200, 202
"The Last Flight of Father" (Schulz)
See "Ostatnia ucieczka ojca"
"The Last Frontier" (Fletcher) **35**:106
"The Last Furrow" (Markham) **47**:279
"The Last Generation" (Flecker) **43**:193, 212-13
"The Last Gleeman" (Yeats) **11**:539
"The Last Godchild" (Papadiamantis) **29**:273
The Last Harvest (Tagore)
See *Chaitāli*
"The Last Hermit of Warkworth" (Coleridge) **73**:4
The Last Inspection (Lewis) **3**:285-88
The Last Joy (Hamsun) **2**:202-05
The Last Joy (Hamsun)
See *Den sidste glaede: Skildringer*
"The Last Judgment" (Capek)
See "Poslední soud"
"Last Judgment" (Fletcher) **35**:109
Last Judgment (Kandinsky) **92**:62
The Last Judgment (Kraus)
See *Weltgericht*
"The Last Laugh" (Owen) **27**:212, 217, 223
The Last Laugh (Murnau)
See *Der letzte Mann*
"The Last Leaf" (Henry) **19**:172, 192, 196
"The Last L'Envoi" (Rhodes) **53**:316
Last Letters to a Friend (Macaulay) **44**:132
"Last Looks at the Lilacs" (Stevens) **3**:445, 452; **45**:348
Last Love Poems of Paul Eluard (Eluard) **7**:261-62
The Last Man (Murnau)
See *Der letzte Mann*
"The Last Meeting" (March) **96**:252
Last Men in London (Stapledon) **22**:317, 320, 322, 327, 333-34, 338
"Last Message" (Bryan) **99**:129
"Last Message" (Mitchell) **81**:164
The Last Miracle (Shiel) **8**:359, 361-62
"The Last Monster" (Sterling) **20**:386
"The Last Music" (Johnson) **19**:232
"Last Night" (Cram) **45**:3
"Last Night" (Holly) **65**:143
The Last Night (Bagritsky)
See *Poslednyaya noch*
The Last Night of Don Juan (Rostand)
See *La dernière nuit de Don Juan*
The Last Octave (Tagore)
See *Shesh saptak*
The Last of Chéri (Colette)
See *La fin de Chéri*
"Last of Summer" (Stringer) **37**:340
"The Last of the Belles" (Fitzgerald) **1**:255; **6**:170
The Last of the Knights (Strindberg) **8**:417
"The Last of the Legions" (Benet) **7**:81
"The Last of the Light Brigade" (Kipling) **8**:208
The Last of the Plainsmen (Grey) **6**:176, 181
"The Last of the Udege Tribe" (Fadeyev)
See *Posledniy iz Udege*
The Last of the Vikings (Bojer)
See *Den siste viking*
"The Last Oracle" (Swinburne) **8**:427
The Last Orphic Dithyramb (Sikelianos)
See *The Dithyramb of the Rose*
"Last Poems" (Tagore)
See "Śesh lekhā"
Last Poems (Housman) **1**:353-56, 358; **10**:240-41, 251
Last Poems (Lawrence) **93**:20, 26, 35, 55-58, 61, 62, 70-78, 83, 97, 103, 104, 113, 124
Last Poems (Thomas) **10**:451, 455
"Last Poems: I" (Housman) **10**:255
"Last Poems: IV" (Housman) **10**:255
"Last Poems: XVI" (Housman) **10**:255
"Last Poems: XX—The Night Is Freezing Fast" (Housman) **10**:251-52, 262
"Last Poems: XXV" (Housman) **10**:251
"Last Poems: XXVI" (Housman) **10**:251
"Last Poems: XXVII" (Housman) **10**:251
"Last Poems: XXX" (Housman) **10**:251-52
"Last Poems: XL" (Housman) **1**:356
Last Poems and Plays (Yeats) **1**:561, 563, 580; **18**:443, 445, 447, 463; **31**:398, 403, 421
The Last Poems of Elinor Wylie (Wylie) **8**:534
"The Last Portage" (Drummond) **25**:143-45, 157
The Last Post (Ford) **1**:280, 282, 284; **15**:74, 78, 81, 88; **39**:136; **57**:204-90
The Last Puritan (Santayana) **40**:364-66, 385, 388, 390, 394, 408, 414
"The Last Ray" (Korolenko) **22**:171
The Last Refuge (Fuller) **103**:59, 62-65, 69, 83, 88, 108, 116
The Last Revolution (Dunsany) **59**:17, 24, 27
"The Last Ride" (Campbell) **9**:29, 31
The Last Robin (Wetherald) **81**:413
The Last Romantics (Baroja)
See *Los últimos románticos*
"The Last Rose" (Davidson) **24**:164
The Last Septet (Tagore)
See *Shesh saptak*
"The Last Serenade" (Middleton) **56**:184
The Last Sheaf (Thomas) **10**:458
A Last Sheaf (Welch) **22**:441, 445, 456-59
The Last Ships (Ady)
See *Az utolsó hajók*
Last Songs (Ledwidge) **23**:110, 112, 120, 122
"The Last Supper" (Bryusov) **10**:88
"The Last Supper" (Service) **15**:412
"The Last Supper" (Sharp) **39**:362, 370, 376
The Last Temptation of Christ (Kazantzakis)
See *Ho teleutaios peirasmos*
The Last Thirty Days of Christ (Hartmann) **73**:111, 117
"The Last Trolley" (Gumilev) **60**:261
The Last Tycoon (Fitzgerald) **1**:239-41, 243-45, 247-48, 250, 253-54, 259, 261, 263-64, 266, 270, 272; **6**:162, 167; **28**:104; **55**:191-203, 206-11, 213-29, 231
"The Last Voyage" (Williams) **1**:514
The Last Voyage (Smith) **25**:388
"The Last War" (Muir) **2**:489; **87**:159, 175, 231
The Last Will of an Eccentric (Verne)
See *Le Testament d'un excentrique*
"The Last Word" (Bialik) **25**:60
"Last Words" (Crane) **11**:128
Last Words on Evolution: A Popular Restrospect and Summary (Haeckel) **83**:131
"Last Words to Miriam" (Lawrence) **93**:43, 45, 64, 70
Last Writings (Nishida) **83**:334
"The Last Years" (Davies) **5**:209
"A Lasting Visage" (Stevens) **3**:448
"Låt ej din stolthet falla" (Sodergran) **31**:290

"Late at Night" (Mansfield) **39**:303
"Late Autumn" (Hagiwara Sakutaro) **60**:287
"Late Autumn" (Wen I-to) **28**:410
"Late Chrysanthemum" (Hayashi)
See "Bangiku"
Late Harvest (Douglas) **68**:8, 10-11, 29, 32-3, 36
"A Late Lark Twitters" (Henley) **8**:108
Late Lyrics and Earlier with Many Other Verses (Hardy) **53**:91, 94, 100, 113, 115, 117
The Late Mattia Pascal (Pirandello)
See *Il fu Mattia Pascal*
"The Late Mr. Wells" (Mencken) **13**:384
The Late Mrs. Null (Stockton) **47**:313, 315, 318, 321, 324
Late Repentance (Giacosa)
See *La tardi ravveduta*
"The Late Swallow" (Muir) **87**:229
Later Collected Verse (Service) **15**:413
The Later D. H. Lawrence (Lawrence) **2**:356
Later Days (Davies) **5**:206-07
Later Lyrics (Howe) **21**:113
Later Poems (Carman) **7**:137, 143, 147
Later Poems (Yeats) **1**:553
"The Later Poetry of W. B. Yeats" (Sharp)
See "The Shadowy Waters"
Later Soliloquies (Santayana) **40**:345
Later Years (Einstein)
See *Out of His Later Years*
"The Latest Freed Man" (Stevens) **12**:362; **45**:269, 283, 336
Le latin mystique (Gourmont) **17**:126-27, 129-31, 135, 138, 144, 152, 157
Latitudes (Muir) **2**:481; **87**:163
"Lattenzun mit Zwischen raum" (Morgenstern) **8**:305
Latter-Day Psalms (Stapledon) **22**:322
"Latteria" (Saba) **33**:374
"De l'attitude critique devant la poésie" (Daumal) **14**:98
Laudi del cielo, del mare, della terra e degli eroi (D'Annunzio) **6**:136, 139, 144; 40;20, 40-1
Laudin und die Seinen (Wassermann) **6**:513, 517-18
"The Laugh in the Desert" (Prado)
See "La risa en el desierto"
Laugh It Off If You Can (Chekhov) **31**:99
The Laugh of Death (Dent) **72**:21, 23
Laughing Anne (Conrad) **1**:199
"The Laughing Funeral" (McAlmon) **97**:122
Laughing Gas (Dreiser) **18**:59, 61
The Laughing Lady (Sutro) **6**:421-22
The Laughing Woman (Tey) **14**:451, 458-59
"The Laughing-Mill" (Hawthorne) **25**:235
"Laughter" (Beerbohm) **1**:75; **24**:115
"Laughter" (Hecht) **101**:36
Laughter (Bergson)
See *Le rire*
Laughter (Mankiewicz) **85**:112
"Laughter and Tears" (Ady) **11**:20
Laughter, Not for a Cage (Franklin) **7**:268
"The Laughter of Peterkin" (Sharp) **39**:376
The Laughter of Peterkin (Sharp) **39**:359
"The Laughter of Scathach" (Sharp) **39**:376
"Laughter of the Dead" (Kuttner) **10**:267
"The Laughter of the English" (Marquis) **7**:436
"Laughter of the Gods" (Merezhkovsky) **29**:246
The Laughter of the Gods (Dunsany) **59**:3, 6, 11-12
"Laulu suuresta tammesta" (Leino) **24**:368
"Launcelot and the Four Queens" (Roberts) **8**:313, 319, 328-29
"The Laundry Song" (Wen I-to) **28**:410
Launzi (Molnar) **20**:167-69
Laura Ruthven's Widowhood (Davidson) **24**:193
Laurence Albani (Bourget) **12**:69
"Laurencis" (Lasker-Schueler) **57**:304
Les lauriers sont coupés (Dujardin) **13**:183-86, 188-89
"Laus Veneris" (Swinburne) **8**:430; **36**:298, 312-13, 318, 320, 329, 332-33, 337
Laus Veneris, and Other Poems and Ballads (Swinburne)
See *Poems and Ballads*
Laus vitae (D'Annunzio) **40**:42, 45
"Lausanne: In Gibbon's Old Churchyard" (Hardy) **53**:100
"Lauter Diamant" (Lasker-Schueler) **57**:298
"Lavandare" (Pascoli) **45**:154-56
"Laventie" (Gurney) **33**:112
Lavorare stanca (Pavese) **3**:334-35, 339-40
"The Law" (Muir) **87**:178
Law and Authority (Kropotkin) **36**:223
"Law and Literature" (Cardozo) **65**:46
Law and Literature and Other Essays and Addresses (Cardozo) **65**:41
"Law in Science and Science in Law" (Holmes) **77**:287, 321
"Law Lane" (Jewett) **22**:125
"The Law of Causation in Hume" (Nishida)
See "Hyumu no ingaho"
The Law of Civilization and Decay: An Essay on History (Adams) **80**:3, 5, 11-2, 14-7, 26-7, 30-3, 35-7, 41, 43-4, 46-8, 53, 55, 64-9, 71
"The Law of Life" (London) **9**:273-74
The Law of Parallels in the History of Religions (Otto) **85**:320
"The Law of Real Property" (Maitland) **65**:274
The Law of the Four Just Men (Wallace) **57**:402
"The Law of the Jungle" (Kipling) **17**:212
The Law of the Savage (Artsybashev) **31**:10-11
"The Law of the Yukon" (Service) **15**:402, 404
"The Law of Value and Automony" (Otto)
See "Wertgesetz und Autonomie"
A Law unto Herself (Davis) **6**:152
"The Laws of God, the Laws of Man" (Housman) **10**:247
Lawson (Lawson)
See *Selected Verse*
The Lawsuit of the Twins (Mqhayi)
See *Ityala lamawele*
A Laxative for Baby (Feydeau)
See *On purge bébé*
"Lay" (Sayers) **15**:370
The Lay Anthony (Hergesheimer) **11**:260, 263-65, 274, 279, 284-85
"The Lay Cuadrivium" (Quiroga)
See "Cuadrivio laico"
Lay of Opanas (Bagritsky)
See *Duma pro Opanasa*
"A Layman's View of an Art Exhibition" (Roosevelt) **69**:266
"A Layman's Views on Scientific Nomenclature" (Roosevelt) **69**:177
Lazare (Zola) **41**:450
Lazarillo de Tormes (Mann) **2**:424
Lazarine (Bourget) **12**:69
"Lazaro" (Prado) **75**:191-92
"Lazarus" (Robinson) **101**:111
Lazarus (Andreyev) **3**:18, 23
Lazarus (Pirandello)
See *Lazzaro*
Lazarus Laughed (O'Neill) **1**:383, 386, 388, 398, 402; **6**:329, 331, 335; **49**:283, 286
"The Lazarus of Empire" (Campbell) **9**:31
"The Lazo" (Graham) **19**:133
"Lazurnye berega" (Kuprin) **5**:303
Lazurnye gory (Sologub) **9**:443
"Lazybones" (Grove) **4**:141
"Lazybones" (Williams) **89**:371
Lazzaro (Pirandello) **29**:318-20
Lead (Bacovia) **24**:64
"The Leaden-Eyed" (Lindsay) **17**:230, 235, 244
"A Leader" (Baker) **10**:28
"The Leaders of the Crowd" (Yeats) **93**:346, 389, 402
"The Leader's Return" (Tsvetaeva)
See "Vozrashchenie vozhdia"
"A Leaf from the Devil's Jest Book" (Markham) **47**:279
"Leafless April" (Wetherald) **81**:408
"The League of Old Men" (London) **9**:264
The League of the Weak (Asch)
See *Der bund der schwachen*
The League of Youth (Ibsen)
See *De unges forbund*
"The Lean Year" (Roberts) **68**:338
"The Leaning Tower" (Woolf) **43**:395, 399, 425
"Lear, Tolstoy, and The Fool" (Orwell) **51**:248, 260
"Learnin'" (Fisher)
See "The South Lingers On"
Learning, and Other Essays (Chapman) **7**:196
"Learning the Game" (Holly) **65**:147, 151
"The Least of These" (Quiller-Couch) **53**:291
"Leastrygonians" (Kuprin) **5**:297
"The Leather Jacket" (Pavese)
See "La giachetta di cuoio"
"A Leather Worker" (Guiraldes)
See "Trenzador"
The Leatherwood God (Howells) **7**:370, 391, 393; **17**:178, 184
Leave Her to Heaven (Williams) **89**:364, 366, 372, 390, 402
The Leavenworth Case: A Lawyer's Story (Green) **63**:134-41, 143-44, 146-52, 157
"Leaves" (Manning) **25**:265
"Leaves" (Scott) **6**:395
"Leaves" (Tynan) **3**:504
Leaves (Dazai Osamu)
See *Ha*
Leaves and Fruit (Gosse) **28**:147
"Leaves from a Young Person's Notebook" (Welch) **22**:456
Leaves from Iris' Wreath (Babits)
See *Levelek Irisz koszorújából*
Leaves from My Life (Cahan)
See *Bleter fun Mein Leben*
Leaves from the Diary of an Impressionist (Hearn) **9**:133, 135
Leaving the Hermitage (Rohan)
See *Shutsuro*
Lebedinaia pesnia (Chekhov) **31**:80
Lebediny stan (Tsvetaeva) **7**:559-61, 565; **35**:394-95, 402-04, 409-11, 416
Leben des Galilei (Brecht) **1**:100, 105, 107-10, 113; **6**:33, 37-8; **13**:42-70; **35**:3, 18-19
"Das Leben des Grafen Federigo Confalonieri" (Huch) **13**:253
"Leben und Lüge" (Liliencron) **18**:210, 213, 216
Lebensabriss (Mann) **2**:416; **14**:356
Lebensanschauung: Vier metaphysische Kapitel (Simmel) **64**:338, 351
"Lebensgeschichte in Begegnungen" (Schoenberg) **75**:349
Lebensrückblick: Grundriß einiger Lebenser innerungen (Andreas-Salome) **56**:26, 54
"Lebensweisheitspielerei" (Stevens) **45**:315, 349
Die Lebenswunder (Haeckel) **83**:127, 138, 142, 147
Lecciones de derecho constitucional (Hostos) **24**:304
Une leçon de morale (Eluard) **41**:151
Leçons de la guerre (Bourget) **12**:69
Leçons de sociologie: Physique des moeurs et du droit (Durkheim) **55**:135
"Lecture on Ethics" (Wittgenstein) **59**:271, 305-6
"A Lecture on Modern Poetry" (Hulme) **21**:144, 147
"Lectures" (Claudel) **10**:123
Lectures and Conversations on Aesthetics, Psychology, and Religious Belifes (Wittgenstein) **59**:250
Lectures d'enfance (Lyotard) **103**:260, 263, 267, 269
Lectures from Childhood (Lyotard)
See *Lectures d'enfance*
Lectures from Colombo to Almora (Vivekananda) **88**:381
Lectures in America (Stein) **1**:441; **6**:415;

28:315; **48**:212, 214, 216, 233, 236, 252, 255
Lectures on Conditioned Reflexes (Pavlov) **91**:123
Lectures on Ethics (Wittgenstein) **59**:266
"Lectures on Religious Belief" (Wittgenstein) **59**:307
Lectures on the Consciousness of Inner Time (Husserl)
See *Vorlesungen zur Phänomenologie des innern Zeitbewusstseins*
Lectures on the Phenomenology of Time-Consciousness (Husserl)
See *Vorlesungen zur Phänomenologie des innern Zeitbewusstseins*
Lectures on the Work of the Main Digestive Glands (Pavlov)
See *The Work of the Digestive Glands*
Lectures on Three Hundred Tanka (Yosano Akiko) **59**:324
Lectures on Time-Consciousness (Husserl)
See *Vorlesungen zur Phänomenologie des innern Zeitbewusstseins*
Lectures pour une ombre (Giraudoux) **2**:163; **7**:317
"Leda" (Gray) **19**:158
"Leda and the Swan" (Gogarty) **15**:104-07, 110, 113
"Leda and the Swan" (Yeats) **1**:572; **11**:519, 532; **31**:397, 420; **93**:390-92, 402
La Leda senza cigno (D'Annunzio) **40**:7, 11
Leda without Swan (D'Annunzio)
See *La Leda senza cigno*
"Ledjanaja tjur'ma" (Annensky) **14**:29
"Ledoxod" (Pilnyak) **23**:212
Lee (Drinkwater)
See *Robert E. Lee*
Lee: A Dramatic Poem (Masters) **25**:295
Lee and the Ladies (Freeman) **11**:232
The Lee Shore (Macaulay) **7**:421, 428; **44**:120
Lee the American (Bradford) **36**:47, 53-4, 65-8
"Leech Gatherer" (Thompson) **4**:439
Lee's Dispatches (Freeman) **11**:225
Lee's Lieutenants: A Study in Command (Freeman) **11**:221-22, 224-26, 228-29
"Leetle Bateese" (Drummond) **25**:151-52, 157
"Leffingwell" (Robinson) **101**:111
"Left" (Runyon) **10**:437
"The Left Bank" (Huysmans) **69**:23
"Left Behind" (Howe) **21**:113
"The Left Leg" (Powys) **9**:370, 376
"Left March" (Mayakovski) **18**:247
"Left Wings and the C3 Mind" (Lewis) **104**:232
Left Wings Over Europe: or, How to Make a War About Nothing (Lewis) **104**:212, 231, 237, 239-42
"Legacies" (Wetherald) **81**:411
"Legend" (Crane) **2**:119-20; **5**:190
"Legend" (Grove) **4**:144
"The Legend of Florus" (Korolenko) **22**:172
The Legend of Leonara (Barrie) **2**:41
"The Legend of Mirth" (Kipling) **17**:196
"A Legend of Old Egypt" (Prus)
See "Z legend dawnego Egiptu"
"A Legend of Porcelain" (Lowell) **1**:371, 373; **8**:226, 230
"The Legend of Saamstadt" (Harte) **25**:212, 225
"Legend of the Christmas Rose" (Lagerloef) **36**:240
The Legend of the Conquering Jew (Zangwill) **16**:448
"A Legend of the Dawn" (Dunsany) **2**:136; **59**:25
The Legend of the Great Inquisitor (Rozanov)
See *Legenda o Velikon inkvizitore*
Legend of the Lost (Hecht) **101**:80
"The Legend of the Telegraph" (Herzl) **36**:142
"The Legend of the Three and the Four" (Bialik)
See "Agadat sheloshah ve'arba'ah"
Legenda o Velikon inkvizitore (Rozanov) **104**:307, 309, 313, 330, 382
"Legendary" (Talvik) **87**:319-20
La legénde d'Antonia (Dujardin) **13**:189-91
Legende eines Lebens (Zweig) **17**:452-53
Die Legende vom heiligen Trinker (Roth) **33**:339, 341-42, 344
"Legende von Vincent und Paul" (Sternheim) **8**:379-80
Legendem om Babel (Bengtsson) **48**:5, 12
Legends (Lowell) **1**:371, 373, 375; **8**:224-27, 230, 237
Legends (Strindberg) **8**:411
"Legends and Lays" (George)
See "Sagen und Sänge"
Legends in September (Hansen) **32**:260
Legends of Tsarevets (Vazov) **25**:454
"A Legionary of Life" (Redcam) **25**:330
The Legitimate Wife (Villaurrutia) **80**:458
"Legkedvesebb könyveim" (Mikszath) **31**:174
Légy jó mindhalálig (Moricz) **33**:237, 240, 242-44, 247, 249
Lehrstücken (Brecht) **1**:98, 116
"Leibniz's New Essays concerning the Human Understanding" (Dewey) **95**:95
"Leichen in Priesterwald" (Toller) **10**:490
"Das Leid und diese last" (George) **14**:211
Das Leid von Bernadette (Werfel) **8**:469-70, 472-73, 476-77, 480
Das Leilende Weib (Sternheim) **8**:378
"Leili" (Naidu) **80**:271
Leimonarium (Remizov)
See *Limonar: Lug dukhovnyi*
"Leipzig" (Hardy) **4**:152
Leith Sands, and Other Short Plays (Tey) **14**:459
"The Lemnian" (Buchan) **41**:34
Lemon Verbena and Other Essays (Lucas) **73**:174
De l'emploi du génitif absolu en sanscrit (Saussure) **49**:339
Lemuel Barker (Howells) **7**:366-67
"Lemury" (Balmont) **11**:36
Lena and the Geese (Griffith) **68**:233
"Length of Days—To the Early Dead in Battle" (Meynell) **6**:302
"The Lengthening Shadow of Lee" (Freeman) **11**:230
"La lengua" (Quiroga) **20**:210
Leninism (Stalin) **92**:158, 219, 223, 227
"Leninism or Marxism?" (Luxemburg) **63**:204, 221
"Lenoch ka" (Kuprin) **5**:306
"El león" (Quiroga) **20**:213
Leonarda (Bjoernson) **7**:104-05, 111, 114; **37**:11, 17, 19, 29
Leonardo da Vinci (Lucas) **73**:164
"Leonardo da Vinci and a Memory of His Childhood" (Freud) **52**:130
Leonardo's Judas
See *Der Judas des Leonardo*
Léonie est en avance (Feydeau) **22**:79
Leonora (Bennett) **5**:24, 26, 38, 40-1, 47; **20**:26
The Leopard (Lampedusa)
See *Il gattopardo*
"The Leopard Lady" (Sayers) **15**:373
The Leopard Man (Lewton) **76**:192, 195-96, 203-04, 209-10, 230-31
"Lepanto" (Chesterton) **1**:178, 180, 186; **6**:98, 109
"Lepbenslauf des heiligen Wonnebald Púuck" (Huch) **13**:249, 252
"The Leper" (Swinburne) **8**:430, 436, 442; **36**:299, 314, 318
The Lepers (Housman) **7**:359
"La lèpre" (Apollinaire) **51**:21
"Les" (Gumilev) **60**:281
Lesbia Brandon (Swinburne) **8**:437-43, 445; **36**:317
"Lese Majesty of the Law" (Williams) **89**:375
Leshy (Chekhov) **3**:156-57, 161-62, 164-65; **10**:109; **31**:78, 81, 101-02; **96**:15, 34-36
"Leslie Stephen" (Woolf) **43**:409, 424
Leslie Stephen (MacCarthy) **36**:259
Leslie Stephen (Maitland) **65**:276
Lesnaia kapel (Prishvin) **75**:219, 224
"Lesnaja deva" (Khlebnikov) **20**:131, 139
"Lesnaya toska" (Khlebnikov) **20**:126, 132
Lesok (Kuzmin) **40**:202
"Less Than Daintily" (Stephens) **4**:417
"The Lesser Children: A Threnody at the Hunting Season" (Torrence) **97**:143-44, 152, 164-68
The Lesser Evil (Griffith) **68**:186
"Lesson" (Cullen) **37**:167
"The Lesson" (Scott) **6**:389, 393
"A Lesson from the Aquarium" (Dreiser) **35**:65
"The Lesson of Balzac" (James) **47**:154
"The Lesson of Landscape" (Meynell) **6**:294
"The Lesson of the Master" (James) **2**:247, 254, 259; **11**:321; **40**:133
The Lesson of the Master (James) **47**:195, 206, 208
The Lessons of October (Trotsky)
See *1917 Uroki Oktyabrya*
"Lestnica" (Bryusov) **10**:92
"Lestnitsa" (Tsvetaeva)
See "Poèma lestnitsy"
"Let It Be Forgotten" (Teasdale) **4**:425
"Let Me Feel Your Pulse" (Henry) **19**:170
Let Me Lie (Cabell) **6**:73, 78
"Let My People Go" (Johnson) **19**:209
"Let No Charitable Hope" (Wylie) **8**:530, 536
Let Us Be Gay (Crothers) **19**:79-80, 82
"Let Us Die Young" (Heidenstam) **5**:249
"Let Us Follow Him" (Sienkiewicz) **3**:426, 430
"Let Us Forget" (Riley) **51**:303
"Let Us Now Praise Famous Men" (Agee) **1**:3-7, 9-12, 14, 16-19; **19**:18-19, 24-6, 28-9, 33-7, 39-43, 45-8
"Let Us Talk, Let Us Laugh" (Lawrence) **93**:68
"Leto" (Zabolotsky) **52**:375
Letras de la Neuva España (Reyes) **33**:317, 319, 323
Let's Be Like the Sun (Balmont)
See *Budem kak solntse*
Let's Be the Victors (Yosano Akiko)
See *Yucrshocrsha to nare*
"Let's Have Some Rotten Eggs! Review No. 1" (Mayakovski) **18**:269
"Let's Play King" (Lewis) **4**:257
"A Letter" (Babel) **2**:27; **13**:14, 21, 33
"The Letter" (Muir) **87**:169
"The Letter" (Owen) **5**:369, 371; **27**:212, 229, 236
"Letter Addressed to Miss Mary Robinson" (Lee-Hamilton) **22**:188
"Letter from a Girl to Her Own Old Age" (Meynell) **6**:291, 295, 300, 302
Letter from an Unknown Woman (Ophuls) **79**:173, 175, 180-2, 185-6, 189, 193, 197, 199-201, 204, 207, 212, 215, 219-20, 223-6, 228-32, 244, 248, 258-64, 266
Letter from an Unknown Woman (Zweig) **17**:429, 454-55
"A Letter from John Keats to Fanny Brawne" (Percy) **84**:198
"A Letter from Lesbos" (Carman) **7**:137, 149
"Letter from Paris to Comrade Kostrov on the Nature of Love" (Mayakovski) **4**:299; **18**:246, 248, 262
"Letter from Tomi" (Babits)
See "Level Tomiból"
A Letter of Introduction (Howells) **7**:387
"The Letter of the Lord Chandos" (Hofmannsthal)
See "Ein Brief"
"Letter on Lautréamont" (Artaud) **36**:5
"A Letter That Was Not Written" (Beerbohm) **24**:103, 123
"A Letter to a Dyspeptic" (Higginson) **36**:175
Letter to a Hostage (Saint-Exupery)
See *Lettre à un otage*
Letter to a Priest (Weil)
See *Lettre à un religieux*

"A Letter to a Young Contributor" (Higginson) **36**:176-77
A Letter to a Young Poet (Woolf) **43**:388, 391
A Letter to American Teachers of History (Adams) **4**:8, 17-18; **52**:14, 41-2
"Letter to His Father" (Kafka)
See "Letter to My Father"
Letter to His Father (Kafka)
See *Brief an den Vater*
"Letter to His Wife" (Radnoti) **16**:411, 420
"Letter to My Father" (Kafka) **2**:300; **6**:227; **29**:213
"Letter to V-" (Wylie) **8**:536
"Lettera ad un amico pianista studente al Conservatorio di..." (Saba) **33**:372
Lettere algi vomini di Papa Celestino VI (Papini) **22**:290
"The Letters" (Wharton) **3**:553
Letters (Hardy) **72**:261
Letters (Harte) **1**:344
Letters (Lewis) **104**:228-29, 231, 245
Letters (Muir) **28**:250
Letters (Yeats) **93**:368, 399, 400
Letters and Diaries (Coleridge) **73**:10
Letters and Drawings of Bruno Schulz: with Selected Prose (Schulz) **51**:323
Letters and Religion (Chapman) **7**:188, 191
Letters from America (Brooke) **2**:52; **7**:122, 129
Letters from America (Rolvaag) **17**:335, 338
Letters from Bohemia (Hecht) **101**:74
Letters from China and Japan (Dewey) **95**:68
Letters from Colette (Colette) **5**:173; **16**:116
Letters from England (Capek) **6**:85
Letters from Italy (Capek) **6**:85
Letters from Julia (Stead) **48**:193
Letters from Prison: Including Poems and a New Version of "The Swallow-Book" (Toller)
See *Briefe aus dem Gefangnis*
"Letters from the Caucasus" (Stalin) **92**:226
"Letters from the Earth" (Twain) **6**:485
Letters From Westbork (Hillesum)
See *Denkende hart van de barak*
Letters Home (Howells) **41**:256
"Letters in the Wind" (Dazai Osamu) **11**:187
The Letters of A. E. Housman (Housman) **1**:358
Letters of a Self-Made Diplomat to His President (Rogers) **8**:332, 336
"Letters of Advice" (Dobson) **79**:26
The Letters of Ambrose Bierce (Bierce) **44**:10
The Letters of Frederic Willia Maitland (Maitland) **65**:276
Letters of Gertrude Bell (Bell) **67**:13
The Letters of James Agee to Father Flye (Agee) **1**:6; **19**:48
Letters of James Huneker (Huneker) **65**:198
The Letters of James Joyce (Joyce) **52**:244, 247-49
The Letters of John Middleton Murry to Katherine Mansfield (Murry) **16**:358
The Letters of Katherine Mansfield (Mansfield) **8**:281
The Letters of Lincoln Steffens (Steffens) **20**:339-41, 344
The Letters of Olive Schreiner, 1876-1920 (Schreiner) **9**:395
The Letters of Oscar Wilde (Wilde) **41**:372
"Letters of Silvia and Aurelia" (Leverson) **18**:200
Letters of Sri Aurobindo, second series (Aurobindo) **63**:33
The Letters of Thomas Mann (Mann) **44**:220, 224
The Letters of Thomas Wolfe (Wolfe) **61**:313-15
Letters of Vachel Lindsay (Lindsay) **17**:246
The Letters of Virginia Woolf (Woolf) **5**:517-18; **43**:421
The Letters of Virginia Woolf, Vol. VI, 1936-1941 (Woolf) **5**:517
Letters of Wallace Stevens (Stevens) **45**:272, 285-87, 289-91, 341, 352
Letters on the Christian Religion (von Hartmann) **96**:222
Letters on Yoga (Aurobindo) **63**:48
Letters to a Friend (Macaulay) **44**:132, 134
Letters to a Tanka Poet (Masaoka Shiki) **18**:225-26
Letters to a Tanka Poet, No. 13 (Masaoka Shiki) **18**:226
Letters to a Writer (Zoshchenko) **15**:501
"Letters to Contemporaries" (Goebbels) **68**:98
Letters to Dead Authors (Lang) **16**:254, 256
Letters to Felice (Kafka)
See *Brief an Felice und andere korrespondenz aus der verlobungszeit*
Letters to Garnett (Conrad) **43**:133
"Letters to John Cornstalk" (Lawson) **27**:132
Letters to Lady Welby (Peirce) **81**:206
Letters to the Amazon (Gourmont)
See *Lettres à l'amazone*
Letters to the Sphinx from Oscar Wilde, with Reminiscences of the Author (Leverson) **18**:200-01
Letters to the Women of Spain (Martinez Sierra and Martinez Sierra) **6**:274, 277
"Lettre à Bernard Grasset" (Ramuz) **33**:299, 301
"Lettre à ceux qui m'accusent" (Rolland) **23**:262
"Lettre à la jeunesse" (Zola) **6**:560
Lettre à un otage (Saint-Exupery) **2**:520-22; **56**:222, 227
Lettre à un religieux (Weil) **23**:382, 391, 403-04
"Lettre autobiographique" (Bourget) **12**:67, 76
Lettre aux Anglais (Bernanos) **3**:128
"Lettre d'un mobile breton" (Coppee) **25**:124
"Lettre-Océan" (Apollinaire) **8**:28; **51**:33-4, 55
Lettres à Jacques Doucet (Jacob) **6**:194
Lettres à l'amazone (Gourmont) **17**:137, 141, 150
Lettres a ma mere (Leautaud) **83**:205
Lettres à sa fiancée (Bloy) **22**:46
Lettres à Sergio Solmi sur la philosophie de Kant (Alain) **41**:11
Lettres à ses pairs (Colette) **16**:116
Lettres à sixtine (Gourmont) **17**:138
Lettres de la vagabonde (Colette) **16**:116
Lettres de ma chaumière (Mirbeau) **55**:280, 286
Lettres de Rodez (Artaud) **36**:5
Lettres d'un satyre (Gourmont) **17**:137, 153
"Lettres d'un Soldat" (Stevens) **45**:297
Letty (Pinero) **32**:391, 393, 397, 399, 405, 414
"Letzer Abend im Jahr" (Lasker-Schueler) **57**:300, 312, 320
"Der Letzte Centaur" (Heyse) **8**:114, 116, 121
"Letzte Fernsicht" (Morgenstern) **8**:305
Der letzte Mann (Murnau) **53**:238-41, 250-54, 274
Das letzte Recht (Raabe) **45**:182
Der letzte Sommer (Huch) **13**:248
Die letzten Tage der Menschheit (Kraus) **5**:282-85, 289-90, 292-94
"Leukothea" (Douglas) **40**:63
Leurs figures (Barrès) **47**:42, 55, 60, 62, 64, 76, 79, 81, 93, 99-100
"Die Leute von Seldwyla" (Huch) **13**:250
Leutnant Gustl (Schnitzler) **4**:385, 393, 396, 398, 400
"Lev" (Zamyatin) **8**:553
"Lev Tolstoy and Culture" (Ivanov) **33**:130
"La leva" (Pereda) **16**:363-64, 379-80
"Levadi" (Bialik) **25**:63
"Levél a Hitveshez" (Radnoti) **16**:412
"Level Tomiból" (Babits) **14**:39
Levelek Irisz koszorújából (Babits) **14**:38
"The Levelled Churchyared" (Hardy) **53**:100
Levia gravia (Carducci) **32**:86, 91, 102, 108
Levinsky (Cahan)
See *The Rise of David Levinsky*
"Levski" (Vazov) **25**:456
"Lewis Carroll" (de la Mare) **4**:81
"La ley natural" (Lugones) **15**:294
"Leyendas del antiguo Oriente" (Valera y Alcala-Galiano) **10**:504
"Lezioni su Stendhal" (Lampedusa) **13**:314-16, 318-19
"Li grihet" (Mistral) **51**:139
"Li meissoun" (Mistral)
See "Les moissons"
"Liaison" (Lawrence) **93**:43
"The Liar" (James) **24**:327; **47**:199-200
The Liar (Hansen)
See *Løgneren*
"Libellus de Generatione" (Collingwood) **67**:183
Liber Aleph: The Book of Wisdom or Folly (Crowley) **7**:210
"Liberalism and Industry" (Keynes) **64**:243
"Liberalism and Labour" (Keynes) **64**:219-20, 245
Liberalism and Social Action (Dewey) **95**:36, 69
"Liberalism—a Way Station" (Becker) **63**:72
Liberation (Sa-Carniero)
See *O resgate*
"The Liberation of the Other Three" (Warung) **45**:420
"I liberi cristiani" (Papini) **22**:281
"Liberté" (Eluard) **7**:257, **41**:151, 161, 168
La liberté ou l'amour! (Desnos) **22**:57-8, 66-7, 69, 71-2, 74
"La liberté pour quoi faire" (Bernanos) **3**:121
"Liberty" (Crane) **80**:159
"Liberty" (Eluard)
See "Liberté"
Liberty (Bennett) **5**:46
"Liberty for All" (Khlebnikov) **20**:135
"Liberty Hall" (Lardner) **14**:312
Liberty in the Modern State (Laski) **79**:90, 93, 105, 126, 144
Liberty Jones (Barry) **11**:60, 62-5
Libidinal Economy (Lyotard)
See *Économie libidinale*
El libro de la fuerza, de la bondad y del ensueño (Gonzalez Martinez) **72**:148, 150
El libro de los paisajes (Lugones) **15**:286, 288, 291
Libro de poemas (Garcia Lorca) **1**:308, 318; **7**:296-98; **49**:119-20
El libro fiel (Lugones) **15**:286, 288
El libro talonario (Echegaray) **4**:101, 105
Librussa (Sternheim) **8**:368
"Licciu papa" (Verga) **3**:543
"Lice" (Akutagawa Ryunosuke) **16**:27
Licenza (D'Annunzio) **40**:7
"A Lickpenny Lover" (Henry) **19**:180, 193
"Lída" (Capek) **37**:51
"L'idéal de M. Gindre" (Rod) **52**:316
Lidice (Mann) **9**:326
The Lie (Andreyev) **3**:18
A Lie (Nervo) **11**:403
"The Lie of the Land" (Lee) **5**:313
"Lie Thee Down, Oddity!" (Powys) **9**:372
"Liebe blue grave Nacht" (Borchert) **5**:109
Liebelei (Ophuls) **79**:173, 175-6, 184, 187, 198, 215-6, 234-9, 243, 271
Liebelei (Schnitzler) **4**:385-88, 390-97
"Ein Liebeslied" (Lasker-Schueler) **57**:299-300, 326, 328, 330, 335-36
Der Liebestrank (Wedekind) **7**:584
"Das Lied" (George) **2**:148, 154; **14**:203
"Lied" (Kandinsky) **92**:67
"Ein Lied" (Lasker-Schueler) **57**:301, 336
"Ein Lied an Gott" (Lasker-Schueler) **57**:303
"Das Lied des Gesalbten" (Lasker-Schueler) **57**:302, 307
"Das Lied des Spielprinzen" (Lasker-Schueler) **57**:320
"Das Lied des Spielprinzen" (Lasker-Schueler) **57**:304
"Das Lied Meines Lebens" (Lasker-Schueler) **57**:313, 336
"Das lied vom blonden Korken" (Morgenstern) **8**:306

"lied voor mezelf" (van Ostaijen) **33**:419
"Lieder" (George) **2**:151, 154
"Lieder der Gefangenen" (Toller) **10**:490, 491
"Lieder der Völker" (Raabe) **45**:189
Lieder des Pierrot lunaire (Schoenberg)
See *Dreimals Sieben Lieder des Pierrot Lunaire*
"Lieder von Traum und Tod" (George) **2**:154
"Liens" (Apollinaire) **51**:29, 32, 37, 61-2
"Les liens spirituels de la France et de l'Espagne" (Barrès) **47**:55
"Lieschen" (Herzl) **36**:143
Lieutenant Bones (Wallace) **57**:402
"Le lieutenant des Tirailleurs" (Drieu la Rochelle) **21**:27, 30
Lieutenant Gustl (Schnitzler)
See *Leutnant Gustl*
"Lieutenant-Captain Rybnikov" (Kuprin) **5**:298-99
Le lieutenant-colonel de Maumort (Martin du Gard) **24**:398, 412
The Lieutenant's Last Fight (Ince) **89**:9
"Life" (Anwar)
See "Penghidupan"
"Life" (Davies) **5**:209
"Life" (Dunbar) **2**:129, **12**:106
"Life" (Hecht) **101**:36
"Life" (Lawrence) **61**:231; **93**:45
"Life" (Mistral)
See "Vida"
"Life" (Naidu) **80**:316
"Life" (Sodergran)
See "Livet"
"Life" (Stringer) **37**:339
Life (Bojer)
See *Liv*
A Life (Svevo)
See *Una vita*
Life Among the Abandoned Farmers (Cobb) **77**:127
"The Life and Adventures of Matthew Pavlichenko" (Babel)
See "The Life Story of Pavlichenko"
The Life and Adventures of Santa Claus (Baum) **7**:13
The Life and Death of Harriet Frean (Sinclair) **3**:437-38, 442; **11**:410-12, 414, 422
The Life and Death of the Mayor of Casterbridge: A Story of a Man of Character (Hardy)
See *The Mayor of Casterbridge: The Life and Death of a Man of Character*
Life and Gabriella (Glasgow) **2**:181, 185; **7**:343, 345
Life and Habit (Butler) **1**:133, 135; **33**:27, 29, 35, 44, 49, 52, 55, 64, 66-7
Life and I: An Autobiography of Humanity (Bradford) **36**:53-4, 57, 64
Life and Letters (Conrad) **43**:132, 136
The Life and Letters of Charles Lamb (Lucas) **73**:158, 161-63, 173
The Life and Letters of Lafcadio Hearn (Hearn) **9**:122, 124
"Life and Lie" (Liliencron)
See "Leben und Lüge"
Life and Literature (Babits)
See *Élet és irodalem*
Life and Myself (Papini)
See *Il tragico quotidiano*
"Life and the Novelist" (Woolf) **20**:419
The Life and Times of Mór Jókai (Mikszath)
See *Jókai Mór élete és kora*
The Life and Work of Composer Foltýn (Capek)
See *Život a dílo skladatele Foltýna*
The Life and Work of Jesus (Otto) **85**:322
The Life and Works of Thomas Hardy (Hardy) **53**:99, 110, 112, 115
"Life, Art, and America" (Dreiser) **83**:55
"Life as Revealed by Fiction" (Bosman) **49**:11
"The Life Beyond" (Brooke) **2**:59
The Life Convict (Lie) **5**:329
A Life Disturbed (Hillesum)
See *Het verstoorde leven: Dagboek van Etty Hillesum, 1941-1943*
The Life Divine (Aurobindo) **63**:13-17, 24, 30-7, 40-4, 56
"Life Everlastin'" (Freeman) **9**:61, 76
The Life Everlasting: A Reality of Romance (Corelli) **51**:68, 70
"The Life Heavens" (Aurobindo) **63**:9
The Life I Gave Thee (Pirandello)
See *La vita che ti diedi*
The Life I Gave You (Pirandello)
See *La vita che ti diedi*
Life Immutable (Palamas)
See *He asálleute zoé*
"Life in the Iron Mills" (Davis) **6**:150-57
"Life Is a Dream" (Unamuno) **2**:568
"Life Is Motion" (Stevens) **12**:379
Life Is My Song (Fletcher) **35**:101, 104-07
"A Life Lesson" (Riley) **51**:289, 298
Life Lines (Key)
See *Lifslinjer*
The Life of Abraham Lincoln (Tarbell) **40**:427, 433
The Life of Albert Gallatin (Adams) **4**:2, 16-18, 20-1
Life of Arseniev (Bunin) **6**:46
"The Life of Birds" (Higginson) **36**:175, 186
Life of Bishop Patteson (Yonge) **48**:377
The Life of Cesar Borgia of Grance (Sabatini) **47**:303
The Life of Charles XII, King of Sweden 1697-1781 (Bengtsson)
See *Karl den XII:s levnad*
The Life of Don Quixote and Sancho, according to Miguel de Cervantes Saavedra (Unamuno)
See *Vida de Don Quixote y Sancho, según Miguel de Cervantes Saavedra, explicada y comentada por Miguel de Unamuno*
The Life of Edward II, King of England (Brecht) **6**:35-6
The Life of Francis Place (Wallas) **91**:352, 355, 396, 402
The Life of Galileo (Brecht)
See *Leben des Galilei*
The Life of George Cabot Lodge (Adams) **4**:14, 19
The Life of Governeur Morris (Roosevelt) **69**:176, 197, 200, 254
The Life of Henry Fawcett (Stephen) **23**:340
"The Life of Irony" (Bourne) **16**:60
Life of Jesus (Papini)
See *Storia di Cristo*
The Life of Joan of Arc (France)
See *Vie de Jeanne d'Arc*
Life of Johan Picus, Earl of Mirandula (More) **11**:183-85
Life of John Coleridge Patteson, Missionary Bishop of the Melanesian Islands (Yonge)
See *Life of Bishop Patteson*
The Life of Klim Samgin (Gorky) **8**:75, 87-8
"Life of Ma Parker" (Mansfield) **2**:448, 451; **8**:282, 285-87; **39**:303, 305, 309, 311
The Life of Man (Andreyev)
See *Zhizń chelovieka*
The Life of Matvey Kozhemyakin (Gorky) **8**:75, 86-7
The Life of Monsieur de Molière (Bulgakov)
See *Zhizn gospodina de Mol'era*
The Life of Nancy (Jewett) **22**:140
The Life of Oharu (Mizoguchi)
See *Saikaku Ichidai Onna*
"The Life of Pavlichenko" (Babel)
See "The Life Story of Pavlichenko"
The Life of Philip Henry Gosse F. R. S. (Gosse) **28**:156-57, 164
The Life of Pico della Mirandula (More)
See *Life of Johan Picus, Earl of Mirandula*
Life of Picus (More)
See *Life of Johan Picus, Earl of Mirandula*
The Life of Reason; or, The Phases of Human Progress (Santayana) **40**:343-44, 346, 350, 366, 373, 376, 382-83, 388, 401-06, 414, 416
Life of Scott (Buchan)
See *Sir Walter Scott*
The Life of Sir James Fitzjames Stephen (Stephen) **23**:340
"The Life of the Bee" (Maeterlinck)
See "La viè des abeilles"
The Life of the Insects (Capek)
See *Ze života hmyzu*
"The Life of the Magi" (Henry) **19**:184, 190-91, 199-201
Life of Thomas Hart Benton (Roosevelt) **69**:176, 197-98, 200-01, 253-54
Life of Vasily Fiveysky (Andreyev) **3**:23
"The Life of Vergie Winters" (Bromfield) **11**:82, 86
Life of W. W. Story (James) **11**:321
Life of William Congreve (Gosse) **28**:144-45
"Life on a Battleship" (Stevens) **45**:290
Life on the Mississippi (Twain) **6**:455, 458, 468, 473-74; **12**:429-30; **19**:353, 355, 358-59, 363, 377-78, 382-83, 386; **36**:355, 366, 369, 371, 373, 384, 409; **48**:336-37; **59**:196, 205, 210-11
"The Life on the Table" (Stringer) **37**:343
"The Life Story of Pavlichenko" (Babel) **13**:33
"A Life Term" (Riley) **51**:282
Life with Father (Day) **25**:134-37
Life with Mother (Day) **25**:135
Life-Histories of Northern Animals: An Account of the Mammals of Manitoba (Seton) **31**:254-56, 262, 267, 271
Life—Literature—Yoga: New Letters with Questions (Aurobindo) **63**:33
"Life's a Funny Proposition After All" (Cohan) **60**:167
A Life's Assize (Riddell) **40**:334
Life's Handicap (Kipling) **8**:184; **17**:202
Life's Little Ironies (Hardy) **53**:75; **72**:237
"Life's Meaning" (Tolstoy) **79**:427
A Life's Morning (Gissing) **3**:222, 225-26, 230, 232, 234, 237; **24**:220, 222, 230, 233
"Life's Tragedy" (Dunbar) **12**:104, 124
"Liffey Bridge" (Gogarty) **15**:108
"Lifne'aron ha-sefarim" (Bialik) **25**:64
Lifslinjer (Key) **65**:226-27
"Lift Every Voice and Sing" (Johnson) **3**:241
"Lift Thy Head" (Bjoernson) **7**:110
Lifted Masks (Glaspell) **55**:241-42
"Der ligger et land" (Bjoernson) **7**:110
"Lighea" (Lampedusa) **13**:296-97, 302
"Light" (Gray) **19**:156
Light and Airy Things (Saba)
See *Cose leggere e vaganti*
Light and Darkness (Natsume)
See *Meian*
Light and Serious Verse (Carducci)
See *Levia gravia*
Light and Twilight (Thomas) **10**:451
Light and Wandering Things (Saba)
See *Cose leggere e vaganti*
"Light Becomes Where No Sun Shines" (Thomas)
See "Light Breaks Where No Sun Shines"
The Light Beyond (Oppenheim) **45**:131
Light Beyond the Darkness (Harper) **14**:263
"Light Breaks Where No Sun Shines" (Thomas) **8**:450, 458; **45**:361, 365
"A Light Breath" (Bunin)
See "Light Breathing"
"Light Breathing" (Bunin) **6**:57
"Light! For the Stars Are Pale" (Johnson) **19**:246
The Light from the East (Carpenter) **88**:123
"A Light in France" (Runyon) **10**:432

"The Light in Mother's Eyes" (Montgomery) **51**:210
A Light in the Window (Rinehart) **52**:296
"Light Lady" (Cullen) **37**:164
"The Light o' the Moon" (Lindsay) **17**:224
The Light of the Star (Garland) **3**:192
The Light of Western Stars (Grey) **6**:177, 179, 182
Light on a Dark Horse (Campbell) **5**:120-21
"The Light Princess" (MacDonald) **9**:291, 304-06
Light Shining through Darkness (Tolstoy) **11**:466; **79**:408
The Light that Came (Griffith) **68**:247
The Light That Failed (Kipling) **8**:180, 187, 199; **17**:198, 210
"Light Transcendent" (Remizov)
See "Svet nerukotvorennyi"
The Light under the Bushel (D'Annunzio)
See *La fiaccola sotto il moggio*
Light Woman (Gale) **7**:284
"Light Woven into Wavespray" (McAlmon) **97**:116, 121
"A Lighted Cigar That Is Smoking" (Apollinaire)
See "Paysage"
The Lighted Way (Oppenheim) **45**:125, 132
Light-Fingered Gentry (Phillips) **44**:254, 262, 264, 268, 274, 277-78, 283, 286
The Lighthouse (Woolf)
See *To the Lighthouse*
Lighthouse (Woolf)
See *To the Lighthouse*
"The Lighthouse Keeper of Aspinwall" (Sienkiewicz) **3**:425, 430
"Lightning" (Lawrence) **93**:12, 80
Lights in the Valley (Bodenheim) **44**:65, 73
Lights of Bohemia (Valle-Inclan)
See *Luces de bohemia*
"The Lights of Cobb and Co." (Lawson) **27**:134
Lights on Yoga (Aurobindo) **63**:33
"Lights Out" (Thomas) **10**:451, 455, 464
Lights Out (Gale) **7**:284
The Light-Shadowed (Sikelianos)
See *Alafroiskiotos*
"Ligostai strashnyi" (Remizov) **27**:355
"Like a bit of Rock Cliff" (Sait Faik)
See "Bir kaya parcası Gibi"
"Like a Bull" (Radnoti) **16**:419
"Like a Wolf on the Fold" (Rinehart) **52**:282, 291
"Like Brother and Sister" (Gonzalez Martinez) **72**:145
"Like Decorations in a Nigger Cemetery" (Stevens) **12**:372, 381; **45**:283, 285, 330
"Like Hebredian" (Gurney) **33**:88
"Like the Touch of Rain" (Thomas) **10**:454
A Likely Story (Howells) **7**:387
"Li'l Gal" (Dunbar) **12**:124, 126
Lilac Blossom (Raabe) **45**:191
"Lilacs" (Chopin) **14**:70
"Lilacs" (Lowell) **8**:227, 229-30, 234, 237
"Lilacs and Hummingbirds" (Scott) **6**:394-95
"Lilacs for First Love" (Knister) **56**:163
Liliane und Paul (Mann) **9**:327
"Lilie der Aue" (George) **14**:206
Liliecrona's Home (Lagerloef)
See *Liljecronas hem*
Liliom (Molnar) **20**:158-61, 165, 167, 170, 173, 178
"Lilith" (Brennan) **17**:39-41, 43-4, 47, 50, 54, 57-60
"Lilith" (Rod) **52**:316
Lilith (Gourmont) **17**:127, 130-31, 133, 137
Lilith (MacDonald) **9**:292-95, 298-300, 302, 304, 306-07, 311
Lilith (Sterling) **20**:376, 378, 380
Liljecronas hem (Lagerloef) **36**:237, 242, 246, 248
"Lille Ahasverus" (Jensen) **41**:303
Lille Eyolf (Ibsen) **2**:222, 234; **8**:149; **16**:166
"Lillgubben" (Sodergran) **31**:287, 291
Lilli (Reymont) **5**:390
Lillian (Bennett) **5**:32; **20**:26
"Lillian Morris" (Sienkiewicz) **3**:430
"Lillian's Business Adventure" (Montgomery) **51**:200
Liluli (Rolland) **23**:260-61
A Lily among Thorns (Martinez Sierra and Martinez Sierra)
See *Lirio entre espinas*
"The Lily of St. Leonards" (Lawson) **27**:140
"The Lily of St. Pierre" (Runyon) **10**:424-25, 432
"Limbo" (Lee) **5**:319
Limbo, and Other Essays (Lee) **5**:313
Limehouse Nights (Burke) **63**:121, 123-24, 127-29, 131
"Limehouse Rhapsody" (Rohmer) **28**:286
"Limestone and Water" (Gogarty) **15**:109
The Limestone Tree (Hergesheimer) **11**:274
"Liminary" (Brennan) **17**:43
The Limit (Leverson) **18**:188-91, 193-94, 199
"Limitations of Medicine" (Dowson) **4**:93
Limits and Rewards (Kipling) **8**:196
"Limits of Political Economy" (Dewey) **95**:140
Limonar: Lug dukhovnyi (Remizov) **27**:334, 346, 350-51, 354-56
Limping Hulda (Bjoernson)
See *Halte Hulde*
"Lin McLean" (Wister) **21**:385
"Lin McLean's Honey-Moon" (Wister) **21**:406
"A Lina" (Saba) **33**:372
Linamenti (Croce) **37**:95
Un linceul n'a pas de poches (McCoy)
See *No Pockets in a Shroud*
"Lincoln" (Bell) **43**:88
"Lincoln" (Dunbar) **12**:104
"Lincoln" (Fletcher) **35**:96, 100, 105-06
Lincoln (Drinkwater)
See *Abraham Lincoln*
Lincoln, and Other Poems (Markham) **47**:287
Lincoln Steffens Speaking (Steffens) **20**:339, 360
Lincoln, the Man (Masters) **2**:466-67, 470
"Lincoln, the Man of the People" (Markham) **47**:281, 286, 292
Linda Condon (Hergesheimer) **11**:262-64, 266, 269, 271, 273, 286
"The Lindby Marksman" (Jensen)
See "Lindby-Skytten"
"Lindby-Skytten" (Jensen) **41**:307
"Line and Colour" (Babel)
See "Colour and Line"
"The Line of Least Resistance" (Rhodes) **53**:327
The Line of Love (Cabell) **7**:67
"The Line Which Found Its Fisherman" (Sait Faik)
See "Balikcisini bulan olta"
"The Lineage of English Literature" (Quiller-Couch) **53**:292
The Linen-Measurer (Tolstoy) **4**:458
"Lines" (Harper) **14**:260
"Lines" (Noguchi) **80**:363
"Lines and Squares" (Milne) **88**:252
"Lines in Memory of Edmund Morris" (Scott) **6**:387, 394
Lines Long and Short (Fuller) **103**:59, 61, 63, 65, 75, 85, 90, 106-07
Lines of Life (Key)
See *Lifslinjer*
Lines of White on a Sullen Sea (Griffith) **68**:247
"Lines on a Monument" (Scott) **6**:389
"Lines on the Death of Dr. P. P. Quimby, Who Healed with the Truth hat Christ Taught in Contradistinction to All Isms" (Eddy) **71**:105
"Lines on the Death of Edward John Trelawny" (Swinburne) **36**:347
"Lines on Various Fly-Leaves" (Guiney) **41**:209
"Lines to a Don" (Belloc) **18**:41
"Lines to a Well Known Tune" (Palamas) **5**:385
"Lines to an Old-Fashioned Icon" (Vazov) **25**:453
"Lines Written in an Album" (Rosenberg) **12**:310
"Lines Written in Dejection" (Yeats) **31**:389
"Lines Written on a Sleepless Night" (Annensky) **14**:20
"Lingard and the Stars" (Robinson) **101**:111
Lingéres légères (Eluard) **41**:151
Linit Bath Club Revue (Allen) **87**:37, 52
"The Link" (George)
See "Die Spange"
The Link (Strindberg) **1**:445-46, 448; **8**:407
"Links" (Apollinaire)
See "Liens"
Links (Heijermans) **24**:292
A l'intérieur de la vie (Eluard) **41**:157
"De l'inutilité du théâtre au théâtre" (Jarry) **2**:278, 281; **14**:272
Liolà (Pirandello) **4**:325, 340-42, 353, 356-57; **29**:301, 320
"The Lion" (Quiroga)
See "El león"
The Lion and the Fox: The Role of the Hero in the Plays of Shakespeare (Lewis) **2**:391, 399; **9**:241; **104**:173, 186, 201, 210-13, 276-81
"The Lion and the Lamb" (Wylie) **8**:536
"The Lion and the Unicorn" (Kuttner) **10**:274
The Lion and the Unicorn (Orwell) **2**:498; **15**:342; **31**:190; **51**:227
"Lion of St. Mark" (Lawrence) **93**:20
"Lions in Sweden" (Stevens) **45**:269-70, 282
The Lion's Share (Bennett) **20**:24
The Lion's Skin (Sabatini) **47**:303
Lipikā (Tagore) **3**:491-92, 497
"Lipschitz" (Stein) **48**:254
Liricheskie dramy (Blok) **5**:99-100
"A lírikus epilógja" (Babits) **14**:39
Lirio entre espinas (Martinez Sierra and Martinez Sierra) **6**:275, 278, 287
Lirismos (Gonzalez Martinez) **72**:147-48, 155
Lis isclo d'or (Mistral) **51**:136, 139, 145, 148, 150, 166
Lis Oulivado (Mistral) **51**:152, 166
"Lisette and Eileen" (Robinson) **101**:111
"Lisheen Races, Second-Hand" (Somerville & Ross) **51**:331, 343, 350, 357-58, 360, 381, 383
"Lispet, Lispett & Vaine" (de la Mare) **53**:17
"Lispeth" (Kipling) **8**:205, 207
"Listen" (Mayakovski) **4**:294
Listen, Little Man! (Reich) **57**:338-39
"Listen, Lord" (Johnson) **19**:211
"Listen to Me" (Holly) **65**:138-43
"The Listener" (Blackwood) **5**:73, 79-80
The Listener (Bromfield) **11**:82
The Listener, and Other Stories (Blackwood) **5**:77
"The Listeners" (de la Mare) **53**:28
The Listeners, and Other Poems (de la Mare) **4**:74
Listener's Lure: An Oblique Narration (Lucas) **73**:158, 172-73
Listrigony (Kuprin) **5**:302-03
Listy z podróży do Ameryki (Sienkiewicz) **3**:427
"Le lit la table" (Eluard) **7**:251
"Litanies de la rose" (Gourmont) **17**:129
"Les Litanies de Satan" (Talvik) **87**:319
"A Litany" (Swinburne) **36**:299
"Litany for Dictatorships" (Benet) **7**:74
"The Litany of the Dark People" (Cullen) **4**:43, 46; **37**:155, 159, 162
"The Litany of the Heroes" (Lindsay) **17**:229
Litauische Geschichten (Sudermann) **15**:438-39
Literarische Gleichnisse (Spitteler) **12**:338, 348, 350
Das literarische Werk (Schwitters) **95**:315, 329
"Literary Booms" (MacCarthy) **36**:252
Literary Criticism (Natsume)
See *Bungaku hyōron*
Literary Diary (Prishvin) **75**:218
Literary Diary, 1889-1907 (Hippius)
See *Literaturny dnevnik, 1889-1907*

The Literary Discipline (Erskine) **84**:157
"Literary Drama" (Symons) **11**:454
Literary Essays (Roosevelt) **69**:255
Literary Essays (Woodberry) **73**:365
Literary Essays and Memoirs (Khodasevich) **15**:208
Literary Exiles (Rozanov) **104**:318
The Literary Fallacy (De Voto) **29**:122, 125, 127, 131
"The Literary Fop" (Chandler) **7**:172
Literary Friends and Acquaintance (Howells) **17**:162
Literary Geography (Sharp) **39**:387
Literary Language and Its Public in Late Latin Antiquity and in the Middle Ages (Auerbach)
See *Literatursprache und Publikum in der lateinischen Spätantike und im Mittelalter*
Literary Lapses (Leacock) **2**:378, 382
Literary Memoirs of the Nineteenth Century (Woodberry) **73**:365
"The Literary merit of Our Latter-Day Drama" (Matthews) **95**:234, 244
Literary Problems (Babits)
See *Irodalmi problé mák*
"Literary Psychology" (Santayana) **40**:394
Literator (Babits) **14**:41
Literatur; oder, Man wird doch da sehn (Kraus) **5**:286
Literatur und Lüge (Kraus) **5**:285
Literature and Lie (Kraus)
See *Literatur und Lüge*
Literature and Life (Howells) **7**:373
Literature and Life (Peretz) **16**:390
Literature and Revolution (Trotsky)
See *Lituratura i revolyutsiya*
"Literature and Society" (Bergelson) **81**:30
Literature and the Irish Language (Moore) **7**:476
Literature and the Nation (Tolstoy) **18**:377
Literature at Nurse; or, Circulating Morals (Moore) **7**:477, 490-91
"Literature in the New Century" (Matthews) **95**:234, 266
Literature of Northern Europe (Gosse) **28**:144-45
The Literature of the French Emigrés (Brandes) **10**:60
Literature; or, We'll See About That (Kraus)
See *Literatur; oder, Man wird doch da sehn*
Literaturny dnevnik, 1889-1907 (Hippius) **9**:161
"Literaturnym prokuroram" (Tsvetaeva) **7**:559
Literatursprache und Publikum in der lateinischen Spätantike und im Mittelalter (Auerbach) **43**:54-7, 59, 63, 68, 72
Lithuania (Brooke) **2**:60; **7**:128
"Un litigio original" (Palma) **29**:262
The Littel Ottleys (Leverson) **18**:197, 202
Litteratörer och militärer (Bengtsson) **48**:6, 12
"Littérature" (Valery) **15**:458
"Littérature et poésie" (Jacob) **6**:191
Little Apple
See *Wohin rollst du, Äpfelchen. . .*
"The Little Apple Tree" (Remizov)
See "Yablonka"
"Little Baby" (Holly) **65**:138, 147
"The Little Barrel" (Remizov)
See "Bochenochek"
"The Little Bear" (Remizov) **27**:352
"The Little Beauty That I Was Allowed" (Wylie) **8**:530
"Little Big Horn Medicine" (Wister) **21**:399
"The Little Bird" (Remizov)
See "Ptichka"
"The Little Bird Melancholy" (Morgenstern)
See "Vöglein Schwermut"
"The Little Birds Who Won't Sing" (Chesterton) **6**:109
"The Little Black Bag" (Kornbluth) **8**:217, 221
"The Little Black Book" (McCoy) **28**:224
"The Little Black Hen" (Milne) **88**:242
"Little Blue Eyes and Golden Hair" (Campbell) **9**:30
"Little Blue-Ribbons" (Dobson) **79**:3
"The Little Boots" (Mikszath)
See "A kis csizmák"
"A Little Boy in the Morning" (Ledwidge) **23**:111, 118, 120, 122
A Little Boy Lost (Hudson) **29**:163
"Little Brothers of the Ground" (Markham) **47**:278
"Little Brown Baby" (Dunbar) **12**:110, 122, 124
"A Little Child Shall Lead Them" (Harper) **14**:257
"A Little Cloud" (Joyce) **8**:171; **35**:145, 149, 156, 164, 167, 194, 197
"The Little Cock" (Remizov)
See "Petushok"
The Little Comedy, and Other Stories (Schnitzler) **4**:403
"The Little Devil" (Remizov)
See "Chortik"
The Little Devil (Khlebnikov)
See *Chortik*
"The Little Donkey" (Tozzi)
See "Il ciuchino"
The Little Dream (Galsworthy) **1**:303; **45**:34, 51
"A Little Duck Bathes" (Radnoti) **16**:418
The Little Duke; or, Richard the Fearless (Yonge) **48**:376-77
"Little Elegy" (Wylie) **8**:530-31
"The Little Elephant" (Remizov)
See "Slonenok"
"Little Emma" (Csath) **13**:151, 154-55
Little England (Kaye-Smith) **20**:96-8, 101-03, 109, 114-15
A Little English Gallery (Guiney) **41**:208-09
The Little Eohippus (Rhodes)
See *Bransford in Arcadia; or, The Little Eohippus*
Little Essays (Santayana) **40**:350, 414
Little Essays of Love and Virtue (Ellis) **14**:124, 141
Little Eyolf (Ibsen)
See *Lille Eyolf*
"Little Fable" (Kafka) **47**:242
"The Little Fan" (Pirandello)
See "Il ventaglino"
"The Little Fauns to Proserpine" (Pickthall) **21**:243
A Little Flutter (Bramah) **72**:7
"Little Foxes" (Kipling) **8**:202-04
"A Little Free Mulatto" (Chopin) **14**:61, 82
"Little French Mary" (Jewett) **22**:137
"The Little General" (Muir) **87**:189
"The Little Girl" (Mansfield) **2**:454; **39**:293, 301-03, 329
The Little Girl, and Other Stories (Mansfield) **2**:447
The Little Golden Calf (Ilf and Petrov)
See *Zolotoi telenuk*
"The Little Governess" (Mansfield) **2**:458; **8**:276, 282; **39**:298-302, 304
"Little Haly" (Riley) **51**:282
Little Hearts (Pickthall) **21**:242, 244-45, 247, 250, 257
Little Herr Friedemann (Mann)
See *Der kleine Herr Friedemann*
"The Little Hill" (Millay) **4**:316; **49**:207, 222
The Little Hunchback (Arlt)
See "El jorobadito"
"The Little Hut" (Pirandello) **4**:349
"Little Ivory Figures Pulled with a String" (Lowell) **8**:234
Little Johnny Jones (Cohan) **60**:157, 159, 162, 164, 166-71
A Little Journey (Crothers) **19**:74, 77
"A Little Kansas Leaven" (Fisher) **87**:74
The Little Karoo (Smith) **25**:376-79, 381-82, 384, 386-87, 389, 392-93, 397, 402
The Little Knight (Sienkiewicz) **3**:427
"Little Lac Grenier" (Drummond) **25**:150, 157
The Little Lady of the Big House (London) **9**:257-58, 267, 280
A Little Less Than Gods (Ford) **15**:78, 89
"A Little Letter" (Bialik) **25**:58
"Little Lizzy" (Mann) **2**:429
"The Little Maid at the Door" (Freeman) **9**:64, 72
"Little Man" (Storni)
See "Hombre pequeñito"
The Little Man, and Other Stories (Galsworthy) **45**:32-3
The Little Manx Nation (Caine) **97**:6
Little Mary (Barrie) **2**:43
The Little Master (Natsume)
See *Botchan*
"The Little Milliner" (Scott) **6**:398
The Little Millionaire (Cohan) **60**:166, 168, 171
The Little Minister (Barrie) **2**:42-3, 47
Little Miss Marker (Runyon) **10**:423
"The Little Mistress" (Coppard) **5**:181
"The Little Monk" (Remizov) **27**:351, 355
Little Nelly Kelly (Cohan) **60**:159, 165
"Little Next Door" (Rhodes) **53**:316
"The Little Ninny" (McAlmon) **97**:120
Little Novels of Sicily (Verga)
See *Novelle rusticane*
"Little O'Grady and the Grindstone" (Fuller) **103**:74
"Little Old Man" (Sodergran)
See "Lillgubben"
"Little Old Scaffold" (Wister) **21**:385
A Little Organum for the Theater (Brecht)
See *Kleines Organon für das Theatre*
Little Orphan (Moricz)
See *Árvácska*
"Little Orphant Annie" (Riley) **51**:286, 292, 297
"The Little People" (Howard) **8**:137
"Little People" (Machen) **4**:279
"The Little People" (Rhodes) **53**:316
Little People with Little Minds (Aleichem)
See *Kleyne mentshelekh mit kleyne hasoges*
Little Pierre (France)
See *Le petit Pierre*
"De Little Pikaninny's Gone to Sleep" (Johnson) **3**:243
Little Plays (Sutro) **6**:421
Little Plays of St. Francis (Housman) **7**:354, 356, 359-61
"The Little Portress" (Mew) **8**:299-300
"Little Priest of the Bogs" (Blok) **5**:84
The Little Prince (Saint-Exupery)
See *Le petit prince*
"Little Rain" (Roberts) **68**:302, 336
"A Little Ramble" (Walser) **18**:437
The Little Raven (Rainis)
See *Kraukl̄ītis*
"Little Recipes from Modern Magic" (Apollinaire) **51**:49
"The Little Red Kitten" (Hearn) **9**:135
"The Little Red Mouth" (Douglas) **40**:94
"The Little Regiment" (Crane) **11**:167
The Little Regiment, and Other Episodes of the American Civil War (Crane) **17**:73
The Little Round Loaf (Prishvin)
See *Za volshebnym kolobkom*
"A Little Sermon on Success" (Benchley) **55**:15
"Little Sheik" (McKay) **41**:329
The Little Sister (Chandler) **1**:173; **7**:168, 174, 180
"The Little Sister of the Prophet" (Pickthall) **21**:248, 256-57
"The Little Soldier" (Platonov) **14**:420
"Little Soldiers" (Nezval) **44**:249
"A Little Song" (Scott) **6**:385
"Little Sonnet to Little Friends" (Cullen) **37**:165
Little Stories for Big Men (Peretz) **16**:390
"The Little Story" (Bierce) **44**:45
"Little Story" (Morgenstern)
See "Kleine Geschichte"

The Little Tales of Smethers, and Other Stories (Dunsany) **59**:17, 27-8
"A Little Talk about Literature" (Corelli) **51**:81
"The Little Theater of the World; or, The Fortunate Ones" (Hofmannsthal)
See "Das kleine Welttheater"
"Little Things" (Stephens) **4**:416
Little Things (Ellis) **14**:106
Little Tich (Rohmer) **28**:293, 295
Little Tiger (Hope) **83**:181
"The Little Tike" (Williams) **89**:383
"Little Tin Gods on Wheels" (Hartmann) **73**:131
"Little Tobrah" (Kipling) **17**:207
A Little Tour in France (James) **47**:182
A Little Trilogy (Gladkov) **27**:91-2
Little Waif (Moricz)
See *Arvácska*
"Little Warhorse" (Seton) **31**:280
"A Little While" (Teasdale) **4**:429
The Little White Bird (Barrie) **2**:48
"The Little Wife" (March) **96**:237-38, 249, 252, 259, 265
The Little Wife, and Other Stories (March) **96**:235, 237, 254
The Little World (Benson) **17**:21, 23, 34
"The Little World Left Behind" (Lawson) **27**:121
"Littoral Zone" (Hagiwara Sakutaro) **60**:308
Liturtura i revolyutsiya (Trotsky) **22**:364-65, 379-81, 387-88
Liturgiia krasoty (Balmont) **11**:36, 39
The Liturgy of Beauty (Balmont)
See *Liturgiia krasoty*
"Liubor" (Bryusov) **10**:95-6
Liudi lunnogo sveta (Rozanov) **104**:314, 398
"Liv" (Obstfelder) **23**:177, 179, 182, 190-91
Liv (Bojer) **64**:18, 23
The Lively Lady (Roberts) **23**:229, 232-33, 235-36, 239
"Liverpool Street" (Davidson) **24**:191
The Lives and Times of Archy and Mehitabel (Marquis) **7**:440-43, 446-47
Lives of Game Animals (Seton) **31**:262, 268
Lives of the British Saints (Baring-Gould) **88**:21
Lives of the Hunted: A True Account of the Doings of Five Quadrupeds and Three Birds (Seton) **31**:270, 272, 275
Lives of the Saints (Baring-Gould) **88**:21, 36
"Livet" (Sodergran) **31**:290
Livet ivold (Hamsun) **2**:202, 204; **14**:221, 224-45; **49**:127
Livets spil (Hamsun) **14**:243; **49**:127
Living Alone (Benson) **17**:17-20, 22, 24, 27-9
"Living and Dead" (Tagore)
See "Jivitra O Mrita"
The Living City (Wright) **95**:400, 402, 408
The Living Corpse (Tolstoy)
See *Zhivoy trup*
The Living Dead (Burroughs) **32**:59
Living Faces (Hippius)
See *Zhivye litsa*
The Living Fire Menace (Dent) **72**:20
The Living Mask (Pirandello)
See *Enrico IV*
Living My Life (Goldman) **13**:217, 222, 224
The Living of Charlotte Perkins Gilman (Gilman) **37**:191, 198, 200
"Living on Other Planets" (Stapledon) **22**:335
"Living or Dead" (Tagore) **3**:485
Living Portraits (Hippius)
See *Zhivye litsa*
The Living Thoughts of Thoreau (Dreiser) **83**:14
Living Together (Huysmans)
See *En ménage*
Living Together (Sutro) **6**:422
The Living Torch (Baker) **3**:8; **10**:17
"Living Waves" (Ruskin) **63**:320, 322
"A Living Word about a Living Man" (Tsvetaeva) **7**:571
Le livre de Christophe Columb (Claudel) **10**:34
Le livre de la pitié et de la mort (Loti) **11**:356
Le livre de mon ami (France) **9**:38, 40, 47, 51
Le livre de Monelle (Schwob) **20**:322-25, 328-29
Le Livre de Saint Joseph (Jammes) **75**:119
Le livre des masques (Gourmont) **17**:126-28, 130, 133, 137-38, 143, 145, 147, 157-58
Le livre ouvert, 1938-1940 (Eluard) **7**:248, 250, 257; **41**:156-57, 159-60
"Les livres" (Verhaeren) **12**:469
Les livres des litanies (Gourmont) **17**:137
Les Livres des quatrains (Jammes) **75**:119
Livsslaven (Lie) **5**:323-24
"A Liz Town Humorist" (Riley) **51**:284, 292
"Lizards" (D'Annunzio)
See "Lucertole"
"Lizerunt in the Mean Streets" (Morrison) **72**:353, 356-57, 362, 386-87, 390
Lizzie Borden: A Study in Conjecture (Lowndes) **12**:203
La llaga (Gamboa) **36**:71, 73, 77
"La llama" (Quiroga) **20**:213
El llamado del mundo (Prado) **75**:211
Llana of Gathol (Burroughs) **2**:81; **32**:60
"Llanto por Ignacio Sánchez Mejías" (Machado) **3**:310
Llanto por Ignacio Sánchez Mejías (Garcia Lorca) **1**:308-09, 312-14, 317, 323; **7**:290, 299; **49**:87, 94, 111, 113, 116
Llaregyb, a Piece for Radio Perhaps (Thomas) **45**:367
"La lluvia de fuego" (Lugones) **15**:293
"A ló, bárányka és a nyúl" (Mikszath) **31**:167
Lo, the Poor Indian (Adams) **56**:8
"The Loaded Dog" (Lawson) **27**:128, 131-32
"The Loading" (Knister) **56**:155
"The Loafing Negro" (Cotter) **28**:42
"Lob" (Thomas) **10**:452, 454, 460, 463-65
"Lobo, King of the Currumpaw" (Seton) **31**:259, 262, 266, 271-73
Lobo, Rag, and Vixen (Seton) **31**:271
La loca de la casa (Perez Galdos) **27**:247, 255, 268
"Local Colour" (Bosman) **49**:12
"Local Objects" (Stevens) **45**:309
"Loch Torridon" (Swinburne) **36**:347-48
The Lock (Tolstoy) **18**:377
"The Lock Keeper" (Gurney) **33**:82, 87-8, 95, 99
"The Locked Box" (Marquis) **7**:437
"Locked Doors" (Rinehart) **52**:302
The Locket (Masters) **2**:471
"The Locket that was Baked" (Montgomery) **51**:200
"Lockhart's Criticism" (Woolf) **43**:414
Lock-Out (Vallejo) **56**:312
El loco dios (Echegaray) **4**:100-03
Locrine (Swinburne) **8**:432, 434
Locus solus (Roussel) **20**:226-28, 230, 234, 236-37, 239, 241-42, 246-50, 254
"Lodeinikov" (Zabolotsky) **52**:365
"Lodge Faith and Works, 5837" (Kipling) **8**:196
"The Lodger" (Carman) **7**:135
The Lodger (Lowndes) **12**:201-05
"The Lodging House" (McAlmon) **97**:91, 107, 123
"The Lodging House Fire" (Davies) **5**:198, 200
Lodsen og hans hustru (Lie) **5**:323-24, 326, 330-31
Loengselens baat (Rolvaag) **17**:332-33, 338-40, 345
Loftur the Magician (Sigurjonsson)
See *Løgneren*
The Log of a Cowboy (Adams) **56**:2-8, 10-6, 19-21, 23-4
"Log of a Voyage, 1935" (Tomlinson) **71**:400-402
Logbook of the Coiners (Gide)
See *Le journal des faux-monnayeurs*
Logic (Gentile)
See *Sistema di logica*
Logic as the Science of the Pure Concept (Croce)
See *Logica come scienzo del concetto puro*
"Logic of Judgements of Practice" (Dewey) **95**:152
"The Logic of Mathematics in Relation to Education" (Peirce) **81**:198
"The Logic of Place and the Religious World-View" (Nishida)
See "Bashoteki ronri to shuyoteki sekaikan"
"The Logic of Science" (Peirce) **81**:193,237
The Logic of the Humanities (Cassirer)
See *Zur Logik der Kulturwissenschaften: Fünf Studien*
"The Logic of the Place of Nothingness and the Religious Worldview" (Nishida)
See "Bashoteki ronri to shuyoteki sekaikan"
"The Logic of the Universe" (Peirce) **81**:274
Logic: The Theory of Inquiry (Dewey) **95**:27, 181, 185
Logica come scienzo del concetto puro (Croce) **37**:80, 88, 93-5, 122-24
Logical Investigations (Husserl)
See *Logische Untersuchungen*
Logical Survey (Husserl)
See *Logische Untersuchungen*
Logische Untersuchungen (Husserl) **100**:9-11, 18, 29-32, 34, 37-40, 44-45, 47-49, 52, 56-57, 77, 92, 101, 103, 121-22, 124, 145-47, 154
Løgneren (Hansen) **32**:249-54, 257, 264
Løgneren (Sigurjonsson) **27**:364-65
"Logos" (Bialik) **25**:50
"Logutka" (Tolstoy) **18**:377
"A Lohinai fú" (Mikszath) **31**:167
La Loi de la Civilisation et de la Decadence (Adams)
See *The Law of Civilization and Decay: An Essay on History*
"Loin du pigeonnier" (Apollinaire) **51**:34-5
"Les lois" (Verhaeren) **12**:469
Loiterer's Harvest (Lucas) **73**:159, 162, 170
Loitering (Natsume) **2**:454
"Loka" (Chopin) **14**:70
"Lokator poddasza" (Prus) **48**:176
"Lokmanya Tilak" (Naidu) **80**:340
Lola Montes (Ophuls) **79**:175-6, 186-7, 193, 212-3, 227, 235, 244, 247
"London" (Aleichem) **35**:308-10
"London" (Grieg) **10**:206
"London at Night" (Fletcher) **35**:89
"London Excursion" (Fletcher) **35**:94, 103, 114
"London Hospital" (Morrison) **72**:375
London Lamps (Burke) **63**:124
London Lavender (Lucas) **73**:162
A London Life (James) **47**:207
"London Miniatures" (Thomas) **10**:459
London Nights (Symons) **11**:427-29, 431-32, 439, 445-46, 450-51
The London Programme (Webb and Webb) **22**:412
London River (Tomlinson) **71**:383-384, 386, 389, 391, 400
The London Spy (Burke) **63**:125, 127
London Street Games (Douglas) **68**:10-11, 16
London Tower (Natsume)
See *Rondon tō*
London Town (Morrison)
See *To London Town*
London Types (Henley) **8**:106
"London Voluntaries" (Henley) **9**:97-8, 106, 109-10
The Londoners: An Absurdity (Hichens) **64**:119, 121, 128-29, 131
"Londres" (Verhaeren) **12**:466
"The Lone Charge of William B. Perkins" (Crane) **11**:161
"A Lone Star" (Bialik) **25**:50
The Lone Star Ranger (Grey) **6**:178, 183, 187-88
"Lone Swan" (Wen I-to) **28**:410
The Lone Swan (Su Man-shu) **24**:458-60
The Lonedale Operator (Griffith) **68**:168

The Loneliest Mountain, and Other Poems (Davies) **5**:209
"Loneliness" (Anderson) **1**:59; **24**:25, 34, 37-8, 49, 51, 59
"Loneliness" (Iqbal) **28**:186
"Loneliness" (Schulz) **5**:429; **51**:311
Loneliness (Andreyev) **3**:18
"The Loneliness of the City" (Dreiser) **35**:64
"A Lonely Character" (Hagiwara Sakutaro)
See "Sabishii jinkaku"
"Lonely City" (van Ostaijen) **33**:421
"The Lonely God" (Stephens) **4**:409, 420
"The Lonely Hunter" (Sharp) **39**:394
The Lonely Lady of Dulwich (Baring) **8**:36, 42
Lonely Lives (Hauptmann)
See *Einsame Menschen*
Lonely O'Malley (Stringer) **37**:335
"The Lonely Star" (Hergesheimer) **11**:278-79
The Lonely Villa (Griffith) **68**:150, 168, 199, 241
The Lonely Way (Schnitzler)
See *Der einsame Weg*
"The Loner" (Lu Hsun)
See "Guduzhe"
"Lonesome" (Dunbar) **2**:128
"Lonesome Ben" (Chesnutt) **39**:95, 98
"Lonesome Tears" (Holly) **65**:149
The Lonesome West (Riggs) **56**:204, 215, 217
"Long Ago" (Dunbar) **12**:115
Long Ago (Field) **43**:154-55, 159-60, 163-64, 169, 171, 178-79
The Long Arm (Oppenheim) **45**:131
Long Day's Journey into Night (O'Neill) **1**:395, 398-407; **6**:333-37; **49**:245-46, 249, 252, 287, 295
Long Distance Wireless Photography (Melies) **81**:140
"The Long Exile" (Tolstoy)
See "God Sees the Truth but Waits"
A Long Gay Book (Stein) **1**:428; **28**:313, 315, 328, 331-32, 338; **48**:264
"Long Gone Lonesome Blues" (Williams) **81**:423,428,444
The Long Goodbye (Chandler) **1**:170, 172-76; **7**:168-70, 174-75, 181-82
"The Long Hill" (Teasdale) **4**:425
The Long Journey (Jensen)
See *Den lange Rejse*
Long Live the King! (Rinehart) **52**:283
Long, Long Ago (Woollcott) **5**:527, 529
"The Long Porter's Tale" (Dunsany) **59**:21
"The Long Race" (Robinson) **5**:412
The Long Road (Gray) **19**:143, 147, 158, 165
The Long Road of Woman's Memory (Addams) **76**:15
"The Long Run" (Wharton) **9**:547
The Long Ships (Bengtsson)
See *Röde Orm, sjöfarare i västerled*
The Long Ships: A Saga of the Viking Age (Bengtsson)
See *Röde Orm, hemma i österled*
The Long Steps (Tammsaare)
See *Pikad sammud*
The Long Voyage Home (O'Neill) **3**:330
A Long Way From Home (McKay) **7**:470-71; **41**:325, 328, 335, 343, 345
"A Long Way Round to Nirvana" (Santayana) **40**:389
"Long Wolf" (Graham) **19**:131
"The Long-haired Merovingians" (Bengtsson) **48**:4
Longing (Ishikawa)
See *Akogare*
"Longing for Colors" (Sodergran)
See "Färgernas längtan"
"Long-Legged Fly" (Yeats) **11**:532
Une longue réflexion amoureuse (Eluard) **41**:151
"Lontano" (Pirandello) **29**:310
"Look at Me" (Holly) **65**:138, 141
Look Back on Happiness (Hamsun)
See *Den sidste glaede: Skildringer*
Look Homeward, Angel (Wolfe) **4**:506-07, 509-11, 513-14, 516, 521-27, 530-31, 535-36, 538; **13**:467, 469-70, 472, 474-76, 479, 482, 484, 486-90, 493-95; **29**:394-434; **61**:280-1, 283-6, 289-92, 299, 301, 310, 315-6, 318
"A Look into the Gulf" (Markham) **47**:278
Look! We Have Come Through! (Lawrence) **2**:367; **9**:213; **16**:310; **33**:181; **48**:121; **61**:181; **93**:3, 6, 7, 9, 11, 14, 18, 19, 24, 43, 47, 54, 72, 79, 88, 89, 97, 98, 102, 108, 115, 121, 122
"Looking Across the Fields and Watching the Birds Fly" (Stevens) **45**:312-13
"Looking at the Sea" (Pirandello)
See "Guardando il mare"
Looking Back (Douglas) **68**:9-11, 13, 16, 26, 35-6, 44-6
"Looking Back Eight Years" (Fitzgerald) **52**:58
"Looking Back on The Spanish War" (Orwell) **51**:224, 226, 237, 255, 269
"Looking Back to the Past" (Lu Hsun) **3**:301
"Looking Down on the White Heads of My Contemporaries" (Howe) **21**:110
"The Looking Glass" (de la Mare) **53**:36
"The Looking Glass" (Machado de Assis)
See "O espelho"
The Looking Glass (March) **96**:235, 237-38, 250-51, 259, 264, 266
"Looking There" (Gurney) **33**:97-8
"The Loom" (Masters) **25**:298
The Loom of Destiny (Stringer) **37**:334-35
The Loom of Dreams (Symons) **11**:431, 435
The Loom of Years (Noyes) **7**:502
"Looney, the Mutt" (Marquis) **7**:437
"The Loop" (Masters) **25**:288-89
Lorca: El poeta y su pueblo (Barea) **14**:47
Lorca: The Poet and His People (Barea)
See *Lorca: El poeta y su pueblo*
Lorca's Theatre (Garcia Lorca) **1**:309
"The Lord" (Muir) **87**:168
The Lord (Sa-Carniero)
See *O Lord*
Lord Adrian (Dunsany) **59**:17, 22-23, 26
Lord Alistair's Rebellion (Upward) **85**:380
"Lord Arthur Savile's Crime: A Study of Duty" (Wilde) **8**:492; **23**:435-36; **41**:359-60, 362, 397
"Lord Bajron" (Pilnyak) **23**:213
Lord Chumley (Belasco) **3**:88
"Lord Douglas" (Lawson) **27**:147
"Lord Finchley" (Belloc) **7**:42
"The Lord Fish" (de la Mare) **53**:28
"The Lord Gives" (Ady)
See "Ad az isten"
Lord Jim (Conrad) **1**:196, 200-01, 203, 205, 208-09, 212, 218-19, 221-22; **6**:113-117, 119, 122-23; **13**:117; **25**:89, 103, 111; **43**:94-150; **57**:39, 42-43, 58, 66, 69, 80, 94, 115
The Lord of Fontenelle (Harte) **25**:212
The Lord of Labraz (Baroja)
See *El mayorazgo de Labraz*
"The Lord of Life" (Lucas) **73**:171, 174
The Lord of Misrule (Noyes) **7**:503, 507
"Lord of My Heart's Elation" (Carman) **7**:147
The Lord of the Harvest (Housman) **7**:359
"Lord of the Jackals" (Rohmer) **28**:277, 286
"Lord of the Lions" (Kuttner) **10**:267
The Lord of the Sea (Shiel) **8**:358-59, 361, 363-64
Lord Ormont and His Aminta (Meredith) **17**:269, 290-94; **43**:290, 296
The Lord Peter Omnibus (Sayers) **15**:377
Lord Peter Views the Body (Sayers) **2**:531; **15**:370, 379
Lord Raingo (Bennett) **5**:32-3, 36, 38, 40, 42
"Lord Winton's Adventure" (Post) **39**:343
Lords and Commons (Pinero) **32**:398, 412
"The Lord's Arrival" (Ady) **11**:15
"The Lord's Bread" (Leino)
See "Luojan leipa"
The Lords of the Ghostland (Saltus) **8**:344-45, 347-48, 353, 356
"Lord's Prayer" (Lawrence) **93**:63
"The Lord's Prayer in B" (Huneker) **65**:196
Lorenz Scheibenhart (Raabe) **45**:189
"Lorenzo Givstiniani's Mother" (Meynell) **6**:295
Lorna Doone (Blackmore) **27**:23, 25-6, 28, 30-3, 36-8, 40-7
Lorraine (Chambers) **41**:88, 91
Das Los des Ossian Balvesen (Kaiser) **9**:181
Losango cáqui (Andrade) **43**:14
Lose with a Smile (Lardner) **2**:329, 338; **14**:307
"Loss in the West" (Bishop) **103**:18
"Lost" (Paterson) **32**:369
"Lost Anchors" (Robinson) **5**:407
"The Lost Blend" (Henry) **1**:349; **19**:180
Lost Borders (Austin) **25**:23, 26, 31, 36, 40
"The Lost Boy" (Wolfe) **4**:516, 521; **13**:477, 493
"The Lost Castle" (Sayers) **15**:370
"The Lost Centaur" (Grahame) **64**:81
"The Lost Child" (Benet) **7**:75
"Lost City" (Bosman) **49**:17
"Lost Corner" (Fletcher) **35**:110
"The Lost Decade" (Fitzgerald) **6**:162, 172
Lost Diaries (Baring) **8**:32, 37, 41, 44
"The Lost Dryad" (Carman) **7**:138, 149
Lost Ecstacy (Rinehart) **52**:288
"The Lost Elixir" (Dobson) **79**:3
Lost Face (London) **9**:266
"The Lost Galleon" (Harte) **25**:189
The Lost Galleon, and Other Tales (Harte) **25**:189
"The Lost Ghost" (Freeman) **9**:72
The Lost Giant (Dent) **72**:25-26
The Lost Girl (Lawrence) **2**:346, 348, 371; **9**:213-14, 216, 221, 227; **16**:286; 48;104, 108, 121; **93**:97
"Lost Hearts" (James) **6**:213, 215-16
Lost Horizon (Hilton) **21**:92-5, 97-100, 102
"The Lost Horseman" (Ady) **11**:13
"The Lost House Key" (van Ostaijen)
See "De verloren huissleutel"
"The Lost Jewels" (Tagore)
See "Manihara"
"The Lost Lady" (Post) **39**:336
A Lost Lady (Cather) **1**:152-54, 158, 162-63; **11**:95-9, 101-03, 111; **31**:30, 47-8, 59; **99**:167, 201, 207, 209, 228, 274-78
A Lost Lady of Old Years (Buchan) **41**:34
The Lost Land (Jensen)
See *Det tabte Land*
A Lost Leader (Oppenheim) **45**:132
Lost Lectures (Baring) **8**:34, 44
"The Lost Legion" (Kipling) **17**:204
A Lost Letter (Caragiale)
See *O scrisoare pierdută*
"A Lost Lover" (Jewett) **22**:118, 133, 137, 145-46
Lost Man's Lane: A Second Episode in the Life of Amelia Butterworth (Green) **63**:148, 152, 154, 156
Lost Morning (Heyward) **59**:103, 106
"Lost Mr. Blake" (Gilbert) **3**:213
The Lost Oasis (Dent) **72**:22
"Lost on Dress Parade" (Henry) **19**:173
Lost on Du Corrig (O'Grady) **5**:349, 354
Lost on Venus (Burroughs) **32**:59, 75
"The Lost Ones" (Ledwidge) **23**:116, 120
"The Lost Orchard" (Pickthall) **21**:254
Lost Paradise (Coffin) **95**:22
"The Lost Phoebe" (Dreiser) **10**:181; **35**:69, 71-2, 74-6
The Lost Princess (MacDonald) **9**:292, 294, 300-02
The Lost Princess of Oz (Baum) **7**:22-3, 25
"The Lost Race" (Howard) **8**:137
"The Lost Radium" (Futrelle) **19**:96
The Lost Silk Hat (Dunsany) **2**:140; **59**:6, 10, 26, 29
The Lost Soul (MacDonald) **9**:291
"The Lost Stick" (Lucas) **73**:170
"A Lost Story" (Norris) **24**:449

"The Lost Thrill" (Riley) **51**:303
"The Lost Track" (de la Mare) **4**:78; **53**:15, 17
"The Lost Tram" (Gumilev)
See "Zabludivshijsja tramvaj"
The Lost Valley, and Other Stories (Blackwood) **5**:77
The Lost Valley of Iskander (Howard) **8**:136
The Lost Viol (Shiel) **8**:361-62
"The Lost Wine" (Valery)
See "Le vin perdu"
Lost Wolf (Faust) **49**:53
The Lost World (Doyle) **7**:224-25, 239
"Lost Years" (Lee-Hamilton) **22**:190
The Lost Zoo (A Rhyme for the Young, but Not Too Young) (Cullen) **4**:44; **37**:138, 159
"Lot No. 249" (Doyle) **7**:238
"Lothaw" (Harte) **1**:342; **25**:192
Lotta fino all'alba (Betti) **5**:59-60, 65
Lotte in Weimar (Mann) **2**:431; **8**:255, 271; **21**:177; **35**:240, 257; **44**:145, 172; **60**:329
"Lotterisvensken" (Nexo) **43**:329
The Lottery (Aleichem)
See *Dos groyse gevins*
"The Lotus" (Naidu) **80**:287, 294
The Lotus Pond (Nervo) **11**:403
"Lou cant dou soulèu" (Mistral) **51**:139
"Lou parangoun" (Mistral) **51**:166
Lou pouèma dóu Rose (Mistral) **51**:141, 148, 152, 163, 166
"Lou prègo-diéu" (Mistral) **51**:140
"Lou saume de la penitènci" (Mistral) **51**:140
Lou tresor dóu Felibrige (Mistral) **51**:148, 152
Louis de Gonzague (Peguy) **10**:411, 414
"Louisa" (Freeman) **9**:65
Louise de la Vallière, and Other Poems (Tynan) **3**:501-04, 506
"Loukatut" (Leino) **24**:371
Les loups (Rolland) **23**:257-58, 260, 281
Lourdes (Zola) **1**:588; **6**:564; **21**:426; **41**:422, 438
"Louse Hunting" (Rosenberg) **12**:287, 289, 292, 297, 302, 306-07, 310
"Love" (Baker) **10**:28
"Love" (Bodenheim) **44**:64
"Love" (Brooke) **7**:122
"Love" (Dreiser)
See *Chains*
"Love" (Hagiwara Sakutaro)
See "Airen"
"Love" (de la Mare) **4**:81
"Love" (Sodergran)
See "Kärlek"
Love (Elizabeth) **41**:125, 127, 137
Love among the Artists (Shaw) **3**:379-81, 394, 401; **9**:422-23; **21**:323; **45**:209
"Love among the Haystacks" (Lawrence) **16**:309; **33**:206
"Love among the Thinkers" (Benchley) **1**:81
"Love and Death" (Naidu) **80**:287
"Love and Death" (Papini)
See "Amore e morte"
Love and Death (Aurobindo) **63**:4, 36
Love and Ethics (Key) **65**:229
Love and Geography (Bjoernson)
See *Geografi og kærlighed*
"Love and Hate for Poetry" (Miyazawa) **76**:295
"Love and Honour" (Belloc) **18**:40
Love and Life in Norway (Bjoernson)
See *Synnøve Solbakken*
Love and Lore (Saltus) **8**:346-47, 354
"Love and Lust" (Rosenberg) **12**:309
Love and Marriage (Key) **65**:225, 227, 229, 237-38
Love and Mr. Lewisham (Wells) **6**:536, 540-41, 548; **12**:487-88; **19**:450
"Love and Sorrow" (Dunbar) **12**:104
"Love and the Price of Grain" (Strindberg) **21**:366
Love and the Soul Maker (Austin) **25**:23, 35
Love at Arms (Sabatini) **47**:303
Love at Second Sight (Leverson) **18**:194, 196, 199, 202-03
Love Before Breakfast (Sturges) **48**:312
"The Love Boat" (Fitzgerald) **6**:166
"Love Bodhisattva" (Rohan)
See "Füryūbutsu"
"Love by the Highway" (Roberts) **68**:348, 351
"Love Comfortless" (Tynan) **3**:506
Love Conquers All (Benchley) **1**:76-7, 81
"Love Declared" (Thompson) **4**:440
Love Eternal (Haggard) **11**:256
Love, Freedom, and Society (Murry) **16**:344, 357
Love Goes Visiting (Jarry)
See *L'amour en visites*
Love Has No Resurrection, and Other Stories (Delafield) **61**:133
"Love in a Cottage Is Best" (Dunbar) **12**:122
"Love in a Foreign Land" (Nagai)
See "Ikyō no koi"
Love in Dian's Lap (Thompson) **4**:435
"Love in Harvest" (Roberts) **68**:304, 337
"Love in the Snow" (Papadiamantis) **29**:270, 273
"Love in the Valley" (Meredith) **17**:253, 256, 277, 283
"Love in Vain" (Johnson) **69**:82
"Love in Youth" (Harris) **24**:263
Love Insurance (Biggers) **65**:4
Love Is a Golden Book (Tolstoy) **18**:382
Love Is More Powerful than Death (Rainis)
See *Mīla stiprāka par nāvi*
"Love Is Stronger Than Death" (Merezhkovsky) **29**:249
"Love Lament" (Radnoti) **16**:419
"Love Letter" (Sait Faik)
See "Sevgiliye mektup"
"Love Letters Made Easy" (Lardner) **14**:312
"The Love Nest" (Lardner) **2**:337; **14**:293, 299, 307, 313
The Love Nest (Sherwood) **3**:418
The Love Nest, and Other Stories (Lardner) **14**:307
"Love Newborn" (Roberts) **68**:337
"Love of All" (Babits)
See "Mindenek szerelme"
"The Love of Antelope" (Eastman) **55**:171, 174
Love of Brothers (Tynan) **3**:506
The Love of Don Perlimplín for Belisa in His Garden (Garcia Lorca)
See *Amor de Don Perlimplín con Belisa en su jardín*
The Love of Landry (Dunbar) **2**:129; **12**:107, 112, 118-19, 122-23
"Love of Life" (London) **15**:262
Love of Life, and Other Stories (London) **9**:262, 266
Love of One's Neighbor (Andreyev)
See *Lyubov k blizhnemu*
The Love of Parson Lord, and Other Stories (Freeman) **9**:68, 72
The Love of Sumako the Actress (Mizoguchi) **72**:315, 324
"The Love of the Saints" (Lee) **5**:315
Love of the World (Ramuz)
See *L'amour du monde*
"Love Omnipotent" (Naidu) **80**:308
"Love Omnipresent" (Naidu) **80**:353
"Love on a Farm" (Lawrence) **93**:12, 46, 49, 65, 128
"Love on the Bon Diru" (Chopin) **14**:58
"Love Poem in the Forest" (Radnoti) **16**:419
"Love Poem on Istenhegy" (Radnoti) **16**:419
Love Poems (Davies) **5**:204
Love Poems (Storni)
See *Poemas de amor*
Love Poems, and Others (Lawrence) **2**:343; **93**:2, 3, 22, 43, 45, 46, 70
"The Love Potion" (Bosman) **49**:7
"Love Song" (Wylie) **8**:530
"A Love Song from the North" (Naidu) **80**:291, 315
Love Songs (Teasdale) **4**:425-26, 428, 430-31
Love Sonnets of a Cave Man, and Other Verses (Marquis) **7**:446
Love Stories (Rinehart) **52**:281-82
Love, the Fiddler (Osbourne) **93**:132
"Love Thy Neighbor" (Bjoernson) **7**:110
Love Thy Neighbor (Allen) **87**:40, 55, 62
"The Love Tree" (Cullen) **37**:155, 160, 169
"Love Which Is Brother to Death" (Hearn) **9**:134
"Love Whispers" (Obstfelder)
See "Elskovshvisken"
Love without Love (Pirandello)
See *Amori senza amore*
"Loved I Not Honor More" (Rhodes) **53**:310-11
"A Love-letter" (Dobson) **79**:8
"Loveliest of Trees" (Housman) **10**:250-51, 259
"The Lovely Lady" (Lawrence) **16**:290
The Lovely Lady (Austin) **25**:33
"The Lovely Myfanwy" (de la Mare) **53**:22
"A Lovely Woman" (Davies) **5**:199
Love—Or a Name (Hawthorne) **25**:241
"Love-o'-Women" (Kipling) **8**:188, 200
"The Love-Philtre of Ikey Schoenstein" (Henry) **19**:190, 200
"A Lover" (Coppard) **5**:179
"The Lover" (Kolmar) **40**:175
The Lover (Martinez Sierra and Martinez Sierra) **6**:279
"Lover Loquitur" (Guiney) **41**:206
"The Lover of Love" (Hagiwara Sakutaro)
See "Koi wo koi suru hito"
"Lovers" (Field) **43**:169
"The Lovers" (Roberts) **68**:304, 337
Lover's Breast Knot (Tynan) **3**:502, 506
"Lovers Embracing" (Fletcher) **35**:95
Lover's Gift (Tagore) **53**:347
Lovers of Louisiana (Cable) **4**:25-6, 29
"The Lovers of Orelay" (Moore) **7**:478, 487, 493
Lovers' Saint Ruth's, and Three Other Tales (Guiney) **41**:209
"The Lover's Song" (Yeats) **31**:398
"Love's Apotheosis" (Dunbar) **12**:122
Love's Blindness (Glyn) **72**:139
Love's Comedy (Ibsen)
See *Kjaerlighedens komedie*
"Love's Coming" (Davies) **5**:201
Love's Coming of Age (Carpenter) **88**:66, 72, 92, 98, 127-8, 132, 142
Love's Cross-Currents (Swinburne) **8**:438-39, 441-43, 445
Love's Cruel Enigma (Bourget)
See *Cruelle énigme*
Love's Dance of Death (Przybyszewski) **36**:289
"Love's Hero-World" (Markham) **47**:285
"Love's House" (Manning) **25**:278
"Love's Last Leave" (Hunt) **53**:200
"Love's Made a Fool of You" (Holly) **65**:137-38, 141, 144, 148, 152-53
"Love's Morning Star" (Garvey) **41**:198
"Love's Mortality" (Middleton) **56**:191
The Loves of Pelleas and Etarre (Gale) **7**:277, 281-82
"The Loves of the Age of Stone" (Gray) **19**:156
"Love's Phases" (Dunbar) **12**:122
Love's Pilgrim (Beresford) **81**:10
"Love's Remorse" (Muir) **87**:190
Love's Shadow (Leverson) **18**:187-89, 194, 196, 202
"Love's Tangle" (Cotter) **28**:43
"Love's Way" (Cullen) **37**:167
"Lovesick Blues" (Williams) **81**:420,422,436
"A Lovesong" (Lasker-Schueler)
See "Ein Liebeslied"
"Lovets chelovekov" (Zamyatin) **8**:542, 544, 548, 552, 558-60; **37**:419, 428, 431
Love—What I Think of It (Glyn)
See *The Philosophy of Love*
"The Loving and the Scornful Maid" (Pyle) **81**:391
"Low Tide" (Huysmans) **69**:25
"Low Tide" (Millay) **4**:306; **49**:226

"Low Tide on Grand Pré" (Carman) **7**:141, 146
Löwensköldska ringen (Lagerloef) **4**:235
The Lower Depths (Gorky)
  See *Na dne*
"The Loyal Minister of Art" (Wen I-to) **28**:408, 415
Loyalties (Galsworthy) **1**:294-95, 303; **45**:45, 51-2
"Lübeck als geistige Lebensform" (Mann) **60**:363
"Lucerne" (Tolstoy) **28**:367
"Lucertole" (D'Annunzio) **40**:37
Luces de bohemia (Valle-Inclan) **5**:476-77, 480-83, 486
"Lucha eterna" (Gonzalez Martinez) **72**:148
La lucha por la vida (Baroja) **8**:52, 55, 61-2
Lucia in London (Benson) **27**:9, 14
Lucian, Plato, and Greek Morals (Chapman) **7**:189, 193
"Luciana" (Ramos) **32**:431
Lucia's Progress (Benson) **27**:9
Lucidor (Hofmannsthal) **11**:302
La luciérnaga (Azuela) **3**:75-6, 78, 80, 82-3
"Lucifer" (Lawrence) **93**:104, 113
Lucifer (Santayana) **40**:372, 400
"Lucila Strindberg" (Quiroga) **20**:213
Lucinda (Hope) **83**:170
Lucio's Confession (Sa-Carniero)
  See *A confissão de Lúcio*
"The Luck of Roaring Camp" (Harte) **25**:189, 194, 197-98, 203-04, 207-08, 210, 212-14, 221-23
The Luck of Roaring Camp, and Other Sketches (Harte) **25**:189, 197, 203-04, 207, 214-15
The Luck of the Strong (Hodgson) **13**:237
The Luck of the Vails (Benson) **27**:17-18
Luck of the Year: Essays, Fantasies, and Stories (Lucas) **73**:159
Luck, or Cunning, as the Main Means of Organic Modifications? (Butler) **1**:133; **33**:27, 29, 42, 50, 52-3
"The Luck Piece" (Cobb) **77**:141-2
Lucky Kristoffer (Hansen)
  See *Lykkelige Kristoffer*
Lucky Larribee (Faust) **49**:38
The Lucky One (Milne) **6**:306, 308
Lucky Peter's Travels (Strindberg)
  See *Lycko-Pers resa*
"Lucrère" (Schwob) **20**:323
"Lucubratio Ebria" (Butler) **33**:35, 49, 65
"Lucy" (de la Mare) **4**:78; **53**:27
Lucy Church, Amiably (Stein) **1**:430; **28**:315, 322, 324, 332-33; **48**:237
Lucy Gayheart (Cather) **1**:154-55, 158, 163; **11**:99, 107-09, 113-15; **99**:211
Les ludions (Fargue) **11**:199-200
"Ludovitje" (Smith) **25**:380, 384-85
"Luella Miller" (Freeman) **9**:72
"Lueurs des Tirs" (Apollinaire) **51**:36
"The Luftbad" (Mansfield) **39**:324
"Lugares. I" (Villaurrutia) **80**:478
"Lui et elle" (Lawrence) **93**:55
"Luis de Camões" (Campbell) **5**:124
"Luis de Torres" (Ingamells) **35**:137
"Luis G. Urbina" (Reyes) **33**:318
Luisa (Giacosa) **7**:305, 310, 313
"Luke Havergal" (Robinson) **5**:418; **101**:123, 129, 133, 135, 164, 172-74, 193-94, 198
"Luke the Poor" (Chekhov) **96**:34
"The Lull" (Saki) **3**:372
"Lullaby" (Dunbar) **12**:106
"Lullaby" (Jozsef) **22**:165
"Lullaby" (Middleton) **56**:190
"Lulú" (Valera y Alcala-Galiano) **10**:504
Lulu (Wedekind) **7**:576, 578, 582, 590
"Lulu Gay" (Stevens) **45**:344
"Lulu Morose" (Stevens) **45**:344
"Il lume dell'altra casa" (Pirandello) **29**:292-93
Lumíe di Sicilia (Pirandello) **4**:325; **29**:297, 317
Luminous Depths (Capek)
  See *Zářivé hlubiny*
"Luna" (Hippius) **9**:161
Luna benamor (Blasco Ibanez) **12**:43
"Luna de los amores" (Lugones) **15**:289
La luna e i falo (Pavese) **3**:336-38, 342-44
"La luna roja" (Arlt) **29**:44
Lunar Caustic (Lowry) **40**:274
Lunar Caustic (Lowry) **6**:240-41, 254
"Lunaria" (Ekelund) **75**:95
Lunario sentimental (Lugones) **15**:287, 292
"Lundi rue Christine" (Apollinaire) **3**:44; **51**:30-1, 55
Lundy's Lane, and Other Poems (Scott) **6**:386, 388, 394
"La lune de pluie" (Colette) **16**:128, 130-33
Lūnī (Devkota) **23**:50
Lunnye muravyi (Hippius) **9**:161, 163
"Luojan leipa" (Leino) **24**:368, 376
La lupa. In portinaio. Cavalleria Rusticana. Drammi (Verga) **3**:539, 545, 547
"The Lure" (Ledwidge) **23**:116, 121
"Lure of Souls" (Rohmer) **28**:277
"The Lurking Fear" (Lovecraft) **4**:268, 271; **22**:220
"Lusisti Satis" (Grahame) **64**:63
"The Lusitania" (Rosenberg) **12**:301
"Lust" (Brooke) **2**:55, 60
"Lust" (Hecht) **101**:36
"Luste" (Valery) **4**:498
"The Lute Song" (Naidu) **80**:334
Luther (Huch) **13**:247
Luthers Glaube: Briefe an einan Freud (Huch) **13**:253
Le luthier de Crémone (Coppee) **25**:119, 127
De l'utilite du pragmatisme (Sorel) **91**:194, 307
"Lutsiferi laulud" (Talvik) **87**:322
"La lutte contre la multitude" (Teilhard de Chardin) **9**:492
"La lutte contre les evidences" (Shestov) **56**:277
"Lux in tenebris" (Tynan) **3**:505
"Lux in tenebris lucet" (Sienkiewicz) **3**:430
De Luxe (Bromfield) **11**:78, 82
Le luxe des autre (Bourget) **12**:67
"Luz lunar" (Prado) **75**:194, 208
"La lycanthropia" (Lugones) **15**:293
Lycko-Pers resa (Strindberg) **1**:460; **8**:407, 412; **47**:369
Lydia Bailey (Roberts) **23**:234, 240
"Lydia und Mäxchen" (Doblin) **13**:166
"Lying in the Grass" (Gosse) **28**:132, 142
Lying Lips (Micheaux) **76**:270
Lykkelige Kristoffer (Hansen) **32**:248, 251, 256-60
"Lykken" (Nexo) **43**:333
"Lyn Dyer's Dream" (Rhodes) **53**:316
"The Lynching" (McKay) **7**:461
"The Lynching of Jube Benson" (Dunbar) **2**:131; **12**:108-09, 120
"The Lynching of Nigger Jeff" (Dreiser)
  See "Nigger Jeff"
"The Lynn of Dreams" (Sharp) **39**:374
"Lyra Elegantiarum" (Dobson) **79**:9
"The Lyre Degenerate" (Campbell) **9**:33
Lyric Life (Sikelianos) **39**:417, 420
"A Lyric of the Dawn" (Markham) **47**:278-79
The Lyric Year (Millay) **4**:305
Lyrical Dramas (Blok)
  See *Liricheskie dramy*
The Lyrical Poems of Hugo von Hofmannsthal (Hofmannsthal) **11**:294
"Lyrics" (Roberts) **8**:320-21
Lyrics and Sonnets (Wetherald) **81**:409,413
"Lyrics for Households of Two or More" (Morley) **87**:142
Lyrics of a Lowbrow (Service) **15**:411
Lyrics of Love and Laughter (Dunbar) **2**:131; **12**:109, 124
Lyrics of Lowly Life (Dunbar) **12**:106, 108-09, 121-22
Lyrics of Sunshine and Shadow (Dunbar) **12**:109, 124
Lyrics of the Hearthside (Dunbar) **12**:109, 122, 124
Le lys rouge (France) **9**:41-2, 47, 53
Lysbeth (Haggard) **11**:243, 246
Lyubasha's Tragedy (Gladkov) **27**:91-3
Lyubov k blizhnemu (Andreyev) **3**:22
"Lyubovnik yunony" (Khlebnikov) **20**:130
Lyudi (Zoshchenko) **15**:507-08
M. le Cure d'Ozeron (Jammes) **75**:119
M. Lecoq (Green) **63**:149
"Ma conversion" (Claudel) **10**:130
Ma Fille Bernadette (Jammes) **75**:114, 116-17, 119
Ma non è una cosa seria (Pirandello) **29**:282, 301, 318
Maaliskuun lauluja (Leino) **24**:373
"Ma'ame Pélagie" (Chopin) **14**:61
Maan parhaat (Leino) **24**:372
Der mabl (Aleichem) **35**:306
"Maboroshi" (Kunikida) **99**:303-04
Maboroshi no tate (Natsume) **10**:329
Macaire (Henley) **8**:98-100, 102, 107-08
"Mac-American" (Reed) **9**:383
MacDonough's Wife (Gregory) **1**:332-33, 336-37
The Macedonian (Butts) **77**:96
"Macedonian Sonnets" (Vazov)
  See "Makedonski soneti"
Der Mäcen (Liliencron) **18**:210, 212, 216
The MacHaggis (Jerome) **23**:82
"The Machine" (Yokomitsu)
  See "Kikai"
The Machine (Heijermans) **24**:293
"La machine à parler" (Schwob) **20**:323
"Machine Politics in New York City" (Roosevelt) **69**:177
The Machine to Kill (Leroux) **25**:258
"Machine-Age Romance" (McAlmon) **97**:121
Machines and Wolves (Pilnyak)
  See *Mashiny i volki*
The Machine-Wreckers (Toller)
  See *Die Maschinenstürmer*
Macht und Mensch (Mann) **9**:329
"Macquarie Harbour" (Ingamells) **35**:127
"Macquarie's Mate" (Lawson) **27**:119, 129, 132
Macunaíma: O herói sem nenhum caráter (Andrade) **43**:16-19, 22-41, 43-4
Mad (Symons) **11**:437
Mad Grandeur (Gogarty) **15**:119
"The Mad Idler" (Peretz)
  See "Der meshugener batlen"
The Mad Professor (Sudermann)
  See *Der tolle Professor*
"The Mad Talmudist" (Peretz)
  See "Der meshugener batlen"
A Mad Tour (Riddell) **40**:334
Mad Wednesday (Sturges)
  See *The Sin of Harold Diddlebock*
Madam Sapphira (Saltus) **8**:346
Madame Adonis (Vallette) **67**:299, 303, 310-11, 315
Madame 'Alaviya (Hedayat)
  See *Alaviyeh Khanom*
Madame Butterfly (Belasco) **3**:85, 87-8, 90
Madame Butterfly (Giacosa) **7**:311, 313-15
"Madame Celestin's Divorce" (Chopin) **14**:57
Madame Chrysanthême (Loti) **11**:353-54, 356, 361, 366-67
Madame de . . . (Ophuls) **79**:174, 176, 180-82, 187-90, 192-5, 197-8, 216, 235, 237, 244, 247
Madame de Lydone, assassin (Vallette) **67**:284
"Madame de Mauves" (James) **2**:246, 248; **40**:151
Madame de Treymes (Wharton) **3**:554, 558, 562, 567; **9**:548; **53**:362
Madame Death (Vallette)
  See *Madame la Mort*
"Madame Déliceuse" (Cable) **4**:32
Madame Delphine (Cable) **4**:24, 47
Madame d'Ora (Jensen) **41**:291, 294, 296, 300, 303
Madame Dorthea (Undset) **3**:521, 524

"Madame La Fleurie" (Stevens) **12**:364-65; **45**:311, 349
"Madame La Gimp" (Runyon) **10**:432
Madame la Mort (Vallette) **67**:270, 275
Madame Lupar (Lemonnier) **22**:198
"Madame Martel's Christmas Eve" (Chopin) **14**:70
Madame Roland (Tarbell) **40**:427
Madame Salome (Raabe) **45**:192, 196
"Madame Tussaud's" (Beerbohm) **24**:116
Madame Yuki (Mizoguchi)
See *Yuki Fujin Ezu*
Madcaps (Kuzmin)
See *Venetian Madcaps*
"Mädchen am Ofen" (Raabe) **45**:189
"Das Mädchen von Dobrowlany" (Carossa) **48**:24
"Das Mädchen von Treppi" (Heyse) **8**:113, 119, 121
Die Mädchenfeinde (Spitteler) **12**:338, 347-51
"Madeleine" (Alain-Fournier) **6**:19
"Madeleine" (Hedayat)
See "Madlin"
Madeleine Férat (Zola) **6**:561-62, 567
"Madeleine in Church" (Mew) **8**:294-98, 301
Madelon (Freeman) **9**:63-4, 69, 71
"Mademoiselle" (Dowson) **4**:87
Mademoiselle Annette (Rod) **52**:309, 311, 316, 323
Mademoiselle Coeur-Briśe (West)
See *Miss Lonelyhearts*
Mademoiselle Fifi (Lewton) **76**:203, 210
"Mademoiselle Joan" (Davis) **6**:152
"Mademoiselle's Campaigns" (Higginson) **36**:171, 175
Madero: Biografia novelada (Azuela) **3**:76
Madge o' the Pool (Sharp) **39**:375
La madia (D'Annunzio) **6**:137
"Madlin" (Hedayat) **21**:72
"The Madman" (Gibran) **9**:82
"The Madman" (Heym)
See "Der Irre"
The Madman and the Nun, and Other Plays (Witkiewicz) **8**:506-08, 513-15
The Madman Divine (Echegaray)
See *El loco dios*
The Madman, His Parables and Poems (Gibran) **1**:325-26; **9**:85, 89-91
Madman or Saint (Echegaray)
See *Ó locura ó santidad*
A Madman's Defense (Strindberg)
See *Le plaidoyer d'un fou*
"Madman's Song" (Wylie) **8**:521
"Madness" (Kolmar) **40**:177
"Madness" (Premchand)
See "Unmad"
"The Madness of Bald Eagle" (Eastman) **55**:170, 174
"The Madness of John" (Gibran) **1**:327
"The Madness of King Goll" (Yeats) **11**:512; **18**:461-62
"The Madness of Much Power" (Phillips) **44**:277
"Madonna Naturo" (Sharp) **39**:388
"Madonna of the Evening Flowers" (Lowell) **8**:227, 231
"The Madonna of the Future" (James) **2**:246-47
"A Madonna of the Streets" (Service) **15**:401
"A Madonna of the Trenches" (Kipling) **8**:194-96, 200
"Madonna with Two Angels" (Scott) **6**:394
The Madras House (Granville-Barker) **2**:192, 194-97, 199-200
"La madre" (Carducci) **32**:96
"Le madre" (Svevo) **35**:336, 345
La madre (Deledda) **23**:32-4, 37, 39, 41-2
Madre Isla (Hostos) **24**:303
"Madre mia" (Hodgson) **13**:235
"Madrid" (Roumain) **19**:346
"A Madrigal" (Dobson) **79**:3
Madrigal (Martinez Sierra and Martinez Sierra) **6**:277
"Madrigal sombrío" (Villaurrutia) **80**:488
The Madwoman of Chaillot (Giraudoux)
See *La folle de Chaillot*
The Maecenas (Liliencron)
See *Der Mäcen*
A Maelstrom (Lie)
See *En malstrom*
"Maelzel's Chessplayer" (Bierce) **44**:16
"The Maenad" (Ivanov) **33**:127
Mafarka il futurista (Marinetti) **10**:315, 324
"Mafeking Road" (Bosman) **49**:19-21, 31
Mafeking Road (Bosman) **49**:2-3, 5-9, 11-12, 17-20
"A Magazine of the '60s" (Benet) **28**:7
Magda (Sudermann)
See *Heimat*
"The Magdalen" (Field) **43**:166
"Magdalina" (Tsvetaeva) **35**:393
Magdolna é egyeb elbeszélések (Molnar) **20**:174
Magellan (Zweig) **17**:427, 429, 442, 457
Maggie: A Girl of the Streets (Crane) **11**:121-23, 125-26, 128-29, 131, 134-35, 137, 140-41, 144, 147-50, 152-53, 157-58, 160-62, 164-67; **17**:65, 68-9, 73, 80; **32**:133, 139, 158, 163-66, 168
"The Magi" (Yeats) **18**:446; **31**:385; **93**:341, 342
"Magic" (Johnson) **19**:256
"Magic" (Yeats) **1**:582
"The Magic Arrows" (Eastman) **55**:172
"The Magic Casket" (Freeman) **21**:58
The Magic Chair (Karinthy) **47**:271
"The Magic Egg" (Stockton) **47**:325, 327
"The Magic Flute" (Carman) **7**:149
"The Magic House" (Scott) **6**:385, 389, 397
The Magic House, and Other Poems (Scott) **6**:385-86, 388-89, 391, 393-96
The Magic Lantern (Melies) **81**:140
The Magic Lantern (Tsvetaeva)
See *Volshebny fonar*
The Magic Mountain (Mann)
See *Der Zauberberg*
The Magic of Oz (Baum) **7**:25
"The Magic of Spring" (Naidu) **80**:346
"The Magic Origin of Moorish Designs" (Westermarck) **87**:334
"The Magic Pill" (Pyle) **81**:381,389
"The Magic Ring" (Grahame) **64**:79
The Magic Ring (Platonov) **14**:420
Magic: The Flesh and Blood of Poetry (Peret)
See *La parole est è péret*
"The Magic Veimeer" (Huneker) **65**:161
The Magic Word: Studies in the Nature of Poetry (Lewisohn) **19**:294-95
The Magical Monarch of Mo (Baum) **7**:14
"The Magician" (Peretz)
See "Der Kuntsenmakher"
The Magician (Frank)
See *Der Magier*
"The Magician Dies" (Csath) **13**:147
"The Magician's Daughter" (Stockton) **47**:328-29
"The Magician's Garden" (Csath) **13**:148, 152
The Magician's Garden, and Other Stories (Csath) **13**:150-51, 155
Magick in Theory and Practice (Crowley) **7**:210-13
La Magie en Poitou: Gilles De Rais (Huysmans) **69**:40
Der Magier (Frank) **81**:102
Magische Trilogie (Werfel) **8**:479
The Magistrate (Pinero) **32**:393, 396, 398, 400, 406, 408-09, 411-12
Magna (Gale) **7**:285
"Magnetism" (Fitzgerald) **55**:206
"Magnets" (Cullen) **37**:158
Magnhild (Bjoernson) **7**:104, 116; **37**:11
"Magnificat" (Claudel) **2**:108; **10**:133
"Magnificat" (Symons) **11**:429
The Magnificent Ambersons (Tarkington) **9**:454, 456-57, 459-61, 463, 467, 472, 474
"Magnolia" (Fletcher) **35**:111
Magpie's Tales (Tolstoy) **18**:358
A magunk szerelme (Ady) **11**:18, 23, 25
"A magyar költő" (Herzl) **36**:150
"The Magyar Poet" (Herzl)
See "A magyar költő"
"Mahabharata" (Tagore) **3**:497
Mahadevbhaini Diary (Gandhi) **59**:73
"Mahamaya" (Tagore) **53**:353
Mahārānā Pratāp (Devkota) **23**:51
Maharashi's Gospel (Ramana Maharshi) **84**:257
The Mahatna (Tolstoy) **18**:383
Mahēś (Chatterji) **13**:78-9, 81
Mahogany (Pilnyak)
See *Krasnoye derevo*
"The Mahratta Ghats" (Lewis) **3**:287, 289-90
Mahua (Tagore) **3**:493
Maia (D'Annunzio) **6**:136, 138
"Maiakovskomu" (Tsvetaeva) **35**:416
"The Maid" (Papadiamantis) **29**:272-73
The Maid (Heijermans)
See *De meid*
"The Maid and the Son of the Boyar" (Leino)
See "Impi ja pajarin poika"
The Maid at Arms (Chambers) **41**:94
Maid in Waiting (Galsworthy) **45**:47, 49, 63
"Maid Most Dear" (Rhodes) **53**:328
The Maid of France (Lang) **16**:258-59, 271-72
"The Maid of Saint Phillippe" (Chopin) **14**:70
The Maid of Sker (Blackmore) **27**:28, 31, 36-41
"Maiden Form" (Ingamells) **35**:121
The Maiden Tribute of Modern Babylon (Stead) **48**:186, 189-91, 193-96, 198, 200
Maiden Voyage (Welch) **22**:435-47, 452, 454-58, 460-61
"Maidens and Heroes" (Musil) **68**:263
"The Maiden's Death" (Sodergran)
See "Jungfruns död"
The Maidens' God (Khlebnikov)
See *Devy bog*
The Maidens of the Rocks (D'Annunzio)
See *Le vergini delle rocce*
The Maiden's Progress: A Novel in Dialogue (Hunt) **53**:186-87, 191, 197
The Maids of Paradise (Chambers) **41**:91
"Maidstone Comfort" (Gilman) **37**:216
"Maihime" (Mori Ōgai) **14**:369, 372-73, 378-81, 384-85
"Maihime" (Nagai)
See "Opera no maihime"
"Mailied" (George) **2**:150
"Mailman Bring Me No More Blues" (Holly) **65**:138-41
"The Main Deep" (Stephens) **4**:417
The Main Line (Belasco) **3**:88
The Main Literary Currents in the Nineteenth Century (Brandes)
See *Horedströmninger i det nittende aahundredes literatur*
La main passe (Feydeau) **22**:78, 92-3
Main Street (Anderson) **1**:36
Main Street: The Story of Carol Kennicott (Lewis) **4**:246-55, 257, 259-60; **13**:326-30, 332-33, 335-40, 343-53; **23**:125-54; **39**:203-06, 208, 210, 214, 216-17, 219-21, 223, 232, 234-35, 239-47, 249-54
Mainā (Devkota) **23**:51
Maine Ballads (Coffin) **95**:4
Mainly on the Air (Beerbohm) **1**:68
"Mains" (Garneau) **13**:196
The Mainsprings of Russia (Baring) **8**:43
"Maintaining Freedom of the Seas" (Roosevelt) **93**:188
Main-Travelled Roads (Garland) **3**:190-94, 196-97, 199, 201-02
"Mais n'te promène donc pas toute nue!" (Feydeau) **22**:77, 79
Maisa Jons (Lie) **5**:325
"La maison" (Desnos) **22**:73
La Maison à vapeur: Voyage à travers l'Inde septentrionale (Verne) **52**:350
La maison dans la forêt (Alain-Fournier) **6**:28

La maison de Claudine (Colette) **1**:191; **5**:164-66, 169; **16**:118, 128
"La maison des mortes" (Apollinaire) **51**:28, 60
"La maison fermée" (Claudel) **2**:108; **10**:133
La maison mystérieuse (Jacob) **6**:193
Maître du monde (Verne) **6**:497, 501; **52**:347, 350, 353-54
"Maître Zacharius:" (Verne) **52**:349, 361
"La maîtresse maternelle" (Moore) **7**:487
La maîtrise du monde et le règne de Dieu (Teilhard de Chardin) **9**:491
"Die Maiwiese" (Huch) **13**:248-50
La maja desnuda (Blasco Ibanez) **12**:29-30, 35-6, 50
Majesteit (Couperus) **15**:43-4, 46
Majesty (Couperus)
See *Majesteit*
The Major (Connor) **31**:105-06, 114-16
Major Barbara (Shaw) **3**:384, 392, 397-98, 406-07; **45**:243, 249
Major Problems of Philosophy (Simmel) **64**:338
Majors and Minors (Dunbar) **2**:127-28, 130; **12**:103, 108, 121-22, 125, 127
"The Major's Tale" (Bierce) **44**:45
"Majutah" (Fisher)
See "The South Lingers On"
"Maka" (Remizov) **27**:339
"Makapan's Caves" (Bosman) **49**:3, 6, 9-10, 19, 29
"Makar Chudra" (Gorky) **8**:73
"Makar's Dream" (Korolenko)
See "Son Makara"
Make Believe (Milne) **6**:309
Make Bright the Arrows (Millay) **4**:317
"Make of Your Voice a Dawn" (Bodenheim) **44**:64
Make Way for Lucia (Benson) **27**:14
"Make-Believe" (Williams) **89**:398
"Makedonski soneti" (Vazov) **25**:456
A Maker of History (Oppenheim) **45**:127-128, 133
"The Maker of Moons" (Chambers) **41**:102, 107
The Maker of Moons (Chambers) **41**:88, 90, 94, 100, 104, 106-08, 114
Makers of Literature (Woodberry) **73**:367
The Makers of Miracles (Housman) **7**:356
"Maketa Otto" (Yokomitsu) **47**:395
"Making a Change" (Gilman) **9**:113; **37**:213-14
"Making a Man of Rayburn" (Heyward)
See "The Winning Loser"
The Making of a Bigot (Macaulay) **7**:421, 426-27; **44**:132
"The Making of a Red" (Benchley) **55**:2
The Making of Americans: Being a History of a Family's Progress (Stein) **1**:427-31, 433-34, 438, 440. 442; **6**:404, 406-07, 409-11, 414-15; **28**:312-13, 315, 318-20, 327-28, 331-33, 335-36, 338-41; **48**:211, 233, 242, 246, 248, 253, 264
The Making of Americans: The Hersland Family (Stein)
See *The Making of Americans: Being a History of a Family's Progress*
The Making of an American (Riis) **80**:435
The Making of Doctor Faustus (Mann)
See *Die Entstehung des Doktor Faustus*
The Making of Personality (Carman) **7**:136, 139
The Making of Religion (Lang) **16**:260
"The Making of the Magic Mountain" (Mann) **21**:197
"The Making of Thieves in New York" (Riis) **80**:440
"The Making of Viola" (Thompson) **4**:435-36
"Making Pictures" (Lawrence) **48**:122
Makov tsvet (Hippius) **9**:161, 167, 169
The Makropoulos Affair (Capek)
See *Věc Makropulos*
The Makropoulos Secret (Capek)
See *Věc Makropulos*
"Makt" (Sodergran) **31**:294
"Le mal de siècle" (Kazantzakis) **5**:272
Mal giocondo (Pirandello) **29**:309-10
"De mala bebida" (Guiraldes) **39**:190
Mala hierba (Baroja) **8**:48, 61
Mala yerba (Azuela) **3**:75, 77
Malabar Farm (Bromfield) **11**:83-4, 89
"Malam di pegunungan" (Anwar) **22**:23
"Malaria" (Verga) **3**:543, 546
I malavoglia (Pirandello) **29**:320
I malavoglia (Verga) **3**:538, 541, 543-46, 548
Malay Waters (Tomlinson) **71**:400
Malbone (Higginson) **36**:168-71, 184, 186
"Mal'čik iz trall" (Pilnyak) **23**:213
Malcolm (MacDonald) **9**:292
La maldición (Azuela) **3**:76
Un mâle (Lemonnier) **22**:197-98, 200-02
"The Male Coquette" (Davidson) **24**:186
"Male Diary" (Radnoti) **16**:418
"A Male Magdalene" (Holley) **99**:323
Maledetti toscani (Malaparte) **52**:273, 276
"La maledizione di Pudelaggio" (Lardner) **14**:305
El maleficio de la mariposa (Garcia Lorca) **1**:318; **7**:291, 300; **49**:106-07
"Der Maler" (Walser) **18**:428
"Malfuta, o della fondazione di un villaggio" (Jovine) **79**:44
Los malhechores del bien (Benavente) **3**:94, 96-7
Le malheur passe (Maeterlinck) **3**:323
"Les malheurs d'un dollar" (Peret) **20**:185, 201
La malhora (Azuela) **3**:76, 78
Malign Fiesta (Lewis) **2**:390-91, 393, 398
Mālinī (Tagore) **3**:492
"Malinovaya shashka" (Khlebnikov) **20**:136
"Mallard's Vacation" (Gale) **7**:284
Mallare (Hecht)
See *Fantazius Mallare*
Mallarmé entre Nosotros (Reyes) **33**:317
Mallarmè et l'idée de décadence (Gourmont) **17**:151
"Mallarmé's Blumen" (Ball) **104**:54
"Mallarmé's Flowers" (Ball)
See "Mallarmé's Blumen"
"Malos agüeros" (Valle-Inclan) **5**:478
"Malourène" (Apollinaire) **51**:61
La malquerida (Benavente) **3**:93, 97, 101
En malstrom (Lie) **5**:325
The Maltese Parrot (Allen) **87**:61
"Malva" (Gorky) **8**:68, 73
"Mama" (Jozsef) **22**:164
Mamá (Martinez Sierra and Martinez Sierra) **6**:277, 280
"Mama, Rimma, and Alla" (Babel) **13**:32
"Mamai" (Zamyatin) **8**:544-47, 552, 555-56; **37**:424, 431
Mamba's Daughters (Heyward) **59**:86-94, 101, 103, 105-06
Les mamelles de Tirésias (Apollinaire) **8**:13-15, 19-25, 27; **51**:10, 19, 21-8
"Mamina" (Vilakazi) **37**:409
"Mamma" (Lardner) **2**:338
"A mamma" (Saba) **33**:369, 372
Mammon and His Message (Davidson) **24**:174-75, 184-85
"Mammon and the Archer" (Henry) **19**:172
"Mamouche" (Chopin) **5**:142
"Man" (Mayakovski) **4**:291, 293; **18**:241, 246-47, 250-51, 261, 265-67, 270
"A Man" (Roberts) **68**:305, 337
"A Man" (Tagore)
See "Ekjan Lok"
Man (Ivanov) **33**:127
The Man (Stoker) **8**:394
"The Man against the Sky" (Robinson) **5**:406-07, 410, 415; **101**:113, 117, 134-35, 148, 166-67, 169, 173-74, 193
The Man against the Sky (Robinson) **101**:97, 110, 133-34
"A Man and a Woman" (Stringer) **37**:328
"Man and Bat" (Lawrence) **9**:230; **93**:55, 102
"Man and Crisis" (Ortega y Gasset)
See "En torno a Galileo"
"Man and Dog" (Thomas) **10**:463
"Man and His Brother" (Muir) **87**:197
Man and Maid (Glyn) **72**:139
Man and People (Ortega y Gasset)
See *El hombre y la gente*
"Man and Personal Relations" (Delafield) **61**:134
Man and Society in an Age of Reconstruction (Mannheim)
See *Mensch und Gesellschaft im Zeitalter des Umbaus*
"A Man and Some Others" (Crane) **11**:128, 154, 160, 164, 167
Man and Superman: A Comedy and a Philosophy (Shaw) **3**:378-79, 386, 388, 390, 392, 396-98, 400-01; **9**:416-17, 425-29; **21**:300-41; **45**:210, 214-15, 217, 240-41, 243, 245, 259
The Man and the Moment (Glyn) **72**:140-41
"The Man and the Snake" (Bierce) **44**:12, 44-5, 48; **7**:88-9
"Man and Woman" (Eddy) **71**:170-171
Man and Woman: A Study of Human Secondary Sexual Characters (Ellis) **14**:102, 105, 110-12, 114, 123, 132
"The Man at the Next Table" (Chambers) **41**:104
Man, Beast, and Virtue (Pirandello)
See *L'uomo, la bestia, e la virtù*
The Man Born to Be King: A Play-Cycle on the Life of Our Lord and Savior, Jesus Christ, Written for Broadcasting (Sayers) **2**:531; **15**:376, 382, 384-88
Man Burnt to Ashes (Bryusov) **10**:87
A Man Called White (White) **15**:479, 485-86
"Man Carrying Thing" (Stevens) **12**:360
A Man Could Stand Up (Ford) **1**:280, 284; **15**:73-4, 78, 80-1; **57**:204-290
Man Covered with Women (Drieu la Rochelle) **21**:38-9
A Man Divided (Stapledon) **22**:316-17, 323
The Man Farthest Down (Park) **73**:200
"A Man for a Father" (Coffin) **95**:2
"The Man from Athabaska" (Service) **15**:401
The Man from Glengarry (Connor) **31**:105-07, 116-17
The Man from Home (Tarkington) **9**:464-65
"The Man from Ironbark" (Paterson) **32**:372-73
"The Man from Kilsheelan" (Coppard) **5**:176
"The Man from Snowy River" (Paterson) **32**:369, 372-74, 378
The Man from Snowy River, and Other Verses (Paterson) **32**:378
The Man from the Norlands (Buchan)
See *The Island of Sheep*
A Man from the North (Bennett) **5**:22-3, 38, 40
"A Man Greatly Gifted" (Sayers) **15**:370
"The Man Higher Up" (Henry) **19**:184
The Man I Love (Mankiewicz) **85**:111
"The Man in a Case" (Chekhov)
See "Čelovek v futljare"
"The Man in a Shell" (Chekhov)
See "Čelovek v futljare"
"The Man in the Crow's Nest" (Hulme) **21**:137
The Man in the Iron Mask (Whale) **63**:339, 378
The Man in the Lower Ten (Rinehart) **52**:281, 284, 288-90, 299, 303-04
"Man in the Moon" (Baring-Gould) **88**:7
"The Man in the Pub" (Sait Faik)
See "Birahanedeki adam"
The Man in the Queue (Tey) **14**:448, 451, 454, 460-61, 464
"Man Intolerant" (Roberts) **68**:304-5, 338
"Man Is More than Homo Species" (Lawrence) **93**:38
Man Is Strong (Alvaro)
See *L'uomo è forte*
The Man Jesus (Austin) **25**:21, 23, 31, 33, 35
Man of a Hundred Faces (Leroux) **25**:260
The Man of Bronze (Dent) **72**:17, 19, 33, 37, 39
The Man of Destiny (Shaw) **9**:413
A Man of Devon (Galsworthy) **45**:32, 46

"A Man of Forty" (Bosschere) **19**:63
"A Man of Ideas" (Anderson) **1**:55; **24**:24, 30, 35
The Man of Last Resort; or, the Clients of Randolph Mason (Post) **39**:337, 339-40
"A Man of Leisure" (Gissing) **24**:248
A Man of Mark (Hope) **83**:169
"A Man of Plot" (Williams) **89**:394
The Man of Promise (Van Dine) **23**:348-50, 358
The Man of Property (Galsworthy) **1**:292-94, 297-99, 301-02, 305; **45**:26, 32-3, 38, 40-4, 46, 48, 57, 59, 61, 63-4, 69-70
"Man of the Earth" (Roberts) **68**:337
"The Man of the House" (Tynan) **3**:502
"A Man of the Outskirts" (Bagritsky)
See "Chelovek predmestya"
The Man of the World (Lewis) **104**:159, 162, 186, 188, 201
"The Man of the Year Million" (Wells) **12**:510; **19**:424-25, 434
"The Man of Tyre" (Lawrence) **93**:55, 60-62, 72, 74, 76
The Man on Horseback (Drieu la Rochelle)
See *L'homme à cheval*
"A Man on the Beach" (Harte) **25**:223
"The Man on the Bench" (Dreiser) **35**:65
"The Man on the Dump" (Stevens) **3**:462; **45**:283
The Man on the Flying Trapeze (Fields) **80**:240
"The Man on the Ground" (Howard) **8**:128
"The Man on the Moor" (Sharp) **39**:377
"The Man on the Stairs" (Summers) **16**:434
"The Man out of the Nose" (Bierce) **44**:45
The Man Outside (Borchert)
See *Draussen vor der Tür*
"The Man Overboard" (Bierce) **44**:45
"Man Overboard!" (Crawford) **10**:157-59
Man Possessed (Benet) **28**:8-9, 12
The Man Shakespeare and His Tragic Life Story (Harris) **24**:259, 261-62, 264, 270-71, 277, 279
"Man Sometimes Helps" (Coffin) **95**:16
"The Man That Came to Buy Apples" (Somerville & Ross) **51**:384
"The Man That Corrupted Hadleyburg" (Twain) **6**:462, 469, 477; **12**:427-28, 432, 436; **19**:393; **59**:181-2
The Man That Corrupted Hadleyburg, and Other Stories and Essays (Twain) **12**:436
"Man the Ungrown" (Carpenter) **88**:87
"The Man to the Angel" (Baker) **10**:21
"The Man under the Stone" (Markham) **47**:278
Der man vun Notzeres (Asch) **3**:67-70
The Man Who Ate the Phoenix (Dunsany) **59**:17, 27-8
"The Man Who Became a Woman" (Anderson) **1**:44, 46; **10**:45
The Man Who Came Back from the Dead (Leroux) **25**:260
"The Man Who Could Work Miracles" (Wells) **12**:488
"The Man Who Couldn't Sleep" (Capek)
See "Muž, který nemohl spát"
The Man Who Couldn't Sleep (Stringer) **37**:336
The Man Who Died (Lawrence) **2**:356-57, 360, 367, 371-72; **16**:284, 322; **33**:206; **48**:121, 125; **61**:269; **93**:57, 97-8, 103-4
The Man Who Died Twice (Robinson) **5**:406
"The Man Who Discovered the Use of a Chair" (Noyes) **7**:515
"The Man Who Doesn't Know What a Tooth or a Toothache Is" (Sait Faik)
See "Diş ve diş ağrısınedir bilmeyen adam"
"The Man Who Dreamed of Fairyland" (Yeats) **1**:578; **11**:508
"The Man Who Fell in Love With the Cooperative Stores" (Benson) **17**:32
"The Man Who Forgot" (Lawson) **27**:130
The Man Who Had Everything (Bromfield) **11**:85
"The Man Who Killed" (Stringer) **37**:341
"The Man Who Killed His Passionate Self" (Hedayat) **21**:80
The Man Who Knew Coolidge: Being the Soul of Lowell Schmaltz, Constructive and Nordic Citizen (Lewis) **4**:251, 254-55; **13**:332-33, 338; **39**:215, 240
"The Man Who Knew Gods" (Day) **25**:131
"The Man Who Knew How" (Sayers) **15**:379
"Man Who Knew Lincoln" (Tarbell) **40**:433
The Man Who Knew Too Much (Chesterton) **1**:181; **6**:103-04, 108
"A Man Who Loves Love" (Hagiwara Sakutaro)
See "Koi wo koi suru hito"
The Man Who Made Friends with Himself (Morley) **87**:138-9, 144-5
The Man Who Missed the Bus (Benson) **17**:32
The Man Who Owns Broadway (Cohan) **60**:157, 164, 166, 172
"The Man Who Played upon the Leaf" (Blackwood) **5**:72
The Man Who Shook the Earth (Dent) **72**:19
"The Man Who Was" (Kipling) **8**:182, 195, 199
"The Man Who Was Away" (Paterson) **32**:372
The Man Who Was Thursday (Chesterton) **1**:178, 180, 184, 187; **6**:99, 102, 105-08; **64**:27-52
"The Man Who Went Too Far" (Benson) **27**:17
"The Man Who Would Be King" (Kipling) **8**:182-83, 198, 204, 207; **17**:205, 208
"The Man Whom the Trees Loved" (Blackwood) **5**:71, 75
"The Man Whose Pharynx Was Bad" (Stevens) **3**:447
A Man with a Heart (Sutro) **6**:422
"A Man with a View" (Woolf) **43**:408
The Man with the Black Feather (Leroux) **25**:256, 260
"The Man with the Blue Guitar" (Stevens) **3**:448, 461, 468, 474-75, 477; **12**:374, 381-82, 384; **45**:269-70, 276-77, 282-83, 285, 292-95, 297-98, 316, 322, 324-25, 327, 334, 346, 350
The Man with the Blue Guitar, and Other Poems (Stevens) **12**:376, 382-83
"The Man with the Copper Fingers" (Sayers) **15**:379
"The Man with the Flower in His Mouth" (Pirandello) **4**:349-50
"The Man with the Hoe" (Markham) **47**:275-76, 279-82, 285-86, 288-90, 292, 294-95
The Man with the Hoe, and Other Poems (Markham) **47**:278, 287
"The Man with the Idiot Smile" (Sait Faik)
See "Hayvanca gülen adam"
"The Man with the Package" (Borowski) **9**:22
The Man with the Rubber Head (Melies)
See *L'homme a la tete de caoutchouc*
"The Man with the Shaven Skull" (Rohmer) **28**:282
"The Man with the Tortoise" (Carman) **7**:143
"The Man with the Twisted Lip" (Doyle) **7**:231, 241
"The Man with the Watches" (Doyle) **7**:238
"A Man with Two Lives" (Bierce) **44**:45
"The Man without a Soul" (Burroughs)
See *The Mucker*
"The Man without a Temperament" (Mansfield) **2**:453; **8**:276, 282; **39**:293, 303-04
"A Man Without Character" (Musil) **68**:261
The Man without Qualities (Musil)
See *Der Mann ohne Eigenschaften*
"Manacled" (Crane) **11**:129
Manalive (Chesterton) **1**:178, 184, 187; **6**:103-04, 108; **64**:35
"Mañana" (Huidobro) **31**:124
"Manas" (Doblin) **13**:162
Mānasī (Tagore) **3**:484-85, 490; **53**:350
"A Manchester Poem" (MacDonald) **9**:301
"Mandalay" (Kipling) **8**:178, 201
"Mandarin Oranges" (Akutagawa Ryunosuke) **16**:31
"Mandarin's Jade" (Chandler) **7**:176
Mandelstam: The Complete Critical Prose and Letters (Mandelstam) **6**:269
"The Mandolin" (Lee-Hamilton) **22**:192
"The Mandolin, the Carnation and the Bamboo" (Apollinaire)
See "La mandoline, l'oeillet et le bambou"
"La mandoline, l'oeillet et le bambou" (Apollinaire) **51**:33
"Månens hemlighet" (Sodergran) **31**:285-86, 291
Mangalsutra (Premchand) **21**:299
Mangan (Dazai Osamu) **11**:176
"The Mangel-Bury" (Gurney) **33**:98, 103
"Manhattan" (Anderson) **10**:49
"Manhattan" (Fletcher) **35**:100
The Manhood of Humanity (Korzybski) **61**:140-2, 159, 169
"The Man-Hunter" (Zamyatin) **8**:543
"Manifest li héraire de l'ecole Symboliste" (Moreas) **18**:275
"Manifeste du futurisme" (Marinetti) **10**:318, 324-25
"Manifeste en langage clair" (Artaud) **36**:4
"Manifeste pour un théâtre avorté" (Artaud) **36**:25-6
Manifestes (Huidobro) **31**:123, 126
"Manifesto" (Lawrence) **2**:367; **33**:181-83; **93**:4, 53, 54, 107, 109, 128
"Manifesto" (Thomas)
See "Poetic Manifesto"
"Manifesto for an Aborted Theatre" (Artaud)
See "Manifeste pour un théâtre avorté"
"A Manifesto to Both Officials and Commoners" (Su Man-shu) **24**:455
"Manihara" (Tagore) **53**:356-57
"Mankind" (Ingamells) **35**:131
Mankind in the Making (Wells) **6**:525, 536-37, 552; **12**:489
"The Manly Art" (Runyon) **10**:429
"The Man-Made World" (Gilman) **9**:104
"Der Mann auf der Flasche" (Meyrink) **21**:222-23, 232
Mann ist Mann (Brecht) **1**:107, 109, 112, 119-20; **6**:34, 36; **13**:48
Der Mann Moses und die monotheistische Religion (Freud) **52**:92-4, 120, 133
Der Mann ohne Eigenschaften (Musil) **12**:230-39, 241-43, 246-48, 250-62; **68**:260-61, 263-67, 269-75, 277-90
Le mannequin d'osier (France) **9**:42
"The Manner of Men" (Kipling) **17**:208, 213
Mannerhouse (Wolfe) **4**:521; **13**:483-84
Manon Lescaut (Nezval) **44**:241
Manon Lescaut (Sternheim) **8**:378
"The Manor Farm" (Thomas) **10**:452, 454, 457, 460, 463
Manoranjan (Devkota) **23**:52
"Las manos" (Prado) **75**:191
A Man's a Man (Brecht)
See *Mann ist Mann*
"A Man's Death" (Palamas)
See "Thánatos tou palikariú"
Man's Genesis (Griffith) **68**:169
A Man's House (Drinkwater) **57**:149
"A Man's Job" (Heyward) **59**:93
"Man's Place in Nature" (Teilhard de Chardin)
See "La place de l'homme dans la nature"
"Man's Prospects" (Stapledon) **22**:336
A Man's Woman (Norris) **24**:423, 425, 448-49
A Man's World (Crothers) **19**:70-1, 73-9, 81, 83
"Mansion on the Hill" (Williams) **81**:419,430
Mansoul; or, The Riddle of the World (Doughty) **27**:56-60, 65, 69-70
The Man-Stealers (Shiel) **8**:361-62
The Mantle of Elijah (Zangwill) **16**:445, 462-64
"The Man-Trap" (Sapper) **44**:307
Mantrap (Lewis) **4**:256; **13**:335, 338, 351
"Mantsin laulu" (Leino) **24**:369, 376

A Manual of Piety (Brecht)
See *Die Hauspostille*
Manual of the Mother Church (Eddy) **71**:98, 114, 120, 144-145, 151-154, 156
"Manual of the Perfect Short Story Writer" (Quiroga) **20**:219
Manuale d'economie politique (Pareto)
See *Manuale di economie politica*
Manuale di economie politica (Pareto) **69**:99, 113, 130
Manucure (Sa-Carniero) **83**:413
"Manuel" (George) **14**:209
"Manuel Comnenus" (Cavafy) **2**:87
Manuel of Political Economy (Pareto)
See *Manuale di economie politica*
"Manus animam pinxit" (Thompson) **4**:440
A Manuscript Found under a Bed (Tolstoy) **18**:360, 378
The Manxman (Caine) **97**:3, 10, 14-16, 26
"Many Are Called" (Robinson) **5**:407; **101**:136
Many Cargoes (Jacobs) **22**:97, 99-100, 102, 104-05
Many Cities (Belloc) **7**:36
Many Dimensions (Williams) **11**:487, 493, 496, 500
Many, Many Women (Stein) **1**:428; **48**:264
Many Marriages (Anderson) **1**:35-6, 39, 44-5, 48, 53, 55, 57; **10**:34-8, 41-4; **24**:46
Many Minds (Van Doren) **18**:393-95, 405
"Many Soldiers" (Masters) **25**:309, 314
"Many Swans" (Lowell) **1**:371, 373; **8**:226, 230
Many Thousands Gone (Bishop) **103**:12-14, 16-7, 24-5, 33, 47
"Many Waters" (Bunin)
See "Vody mnogie"
"Las manzanas verdes" (Lugones) **15**:292
A mão e a luva (Machado de Assis) **10**:293, 297-99
The Map of Love (Thomas) **1**:472-73; **8**:455-56, 458-60; **45**:360, 373, 399, 408, 411, 413
"The Maple" (Roberts) **8**:319
Mapp and Lucia (Benson) **27**:9
"The Mappined Life" (Saki) **3**:369, 373
"Maquillage" (Symons) **11**:427
"El mar" (Jimenez) **4**:226
"Mar" (Villaurrutia) **80**:489
"Mara" (Bunin) **6**:52
Mara (Remizov) **27**:331, 334, 348
"The Maracot Deep" (Doyle) **7**:226
"Marasya Poisoned Herself" (Mayakovski) **18**:269
Marathon (Heym) **9**:147
Mårbacka (Lagerloef) **4**:238, 241; **36**:234-35, 237, 239, 242
Marbleface (Faust) **49**:56-7, 59-60
Marcel Proust et Jacques Rivière: Correspondence, 1914-1922 (Proust) **33**:279
Marcel Proust: Selected Letters, 1880-1903 (Proust) **13**:428, 430
Marcela: A Mexican Love Story (Azuela)
See *Mala yerba*
Marcella (Ward) **55**:406-08, 410-13, 420-21, 424, 437, 441
"March" (Gurney) **33**:87
"The March" (Kuprin)
See "Pokhod"
The March of Literature from Confucius' Day to Our Own (Ford) **15**:87, 93
"The March of Progress" (Chesnutt) **5**:140
"March of the Red International" (Nezval) **44**:250
"The March of Trivia" (Allen) **87**:28, 54
March to Quebec: Journals of the Members of Arnold's Expedition (Roberts) **23**:236, 239
Marcha triunfal (Dario) **4**:56, 59
"La marchande des journaux" (Coppee) **25**:120
La marchanta (Azuela) **3**:76
Das Märchen (Schnitzler) **4**:388
Das Märchen der 672. Nacht, und andere Erzahlungen (Hofmannsthal) **11**:302-03
"Marching" (Rosenberg) **12**:288, 297, 302
Marching in Mexico (Patton) **79**:303
Marching Men (Anderson) **1**:35, 38, 40, 44, 48, 55-7; **10**:32-3, 36-7, 42, 44, 50; **24**:30
"The Marching Morons" (Kornbluth) **8**:219-21
"Marching Song" (Toller)
See "Marschlied"
"Marching to Zion" (Coppard) **5**:175
The Marchioness Rosalinda (Valle-Inclan)
See *La marquesa Rosalinda*
"Marcia notturna" (Saba) **33**:372
Marco Millions (O'Neill) **1**:385; **6**:329, 331-32; **49**:260
"Marcus Curtius" (Gogarty) **15**:101
Mardi Gras (Kandinsky) **92**:48
Mare nostrum (Blasco Ibanez) **12**:31-2, 35, 38, 43, 50
"Mare Ships" (Esenin) **4**:115-16
"Mares árticos" (Huidobro) **31**:136
Marevo (Balmont) **11**:38
"Margaret Fuller Black" (Masters) **25**:314
Margaret Ogilvy (Barrie) **2**:47
"Margery" (Sinclair) **11**:407
"Margery of the Fens" (Symons) **11**:426
Margherita Spoletina (Heyse) **8**:119
"Margot" (Soderberg) **39**:427
Margret Howth: A Story of To-Day (Davis) **6**:147, 150-53, 155
"I mari del sud" (Pavese) **3**:339, 341
Maria (Asch) **3**:68-70, 72
Maria (Babel)
See *Mariia*
"María Abascal" (Palma) **29**:262
"Maria Cora" (Machado de Assis) **10**:296
María Luisa (Azuela) **3**:75, 77
"Maria Moroni" (Heyse) **8**:114
Maria Stuart (Zweig) **17**:429, 442, 457
Maria Stuart i Skotland (Bjoernson) **7**:100, 103, 109, 111, 113-14, 116; **37**:8, 18, 29
"Maria Vetsera" (Khlebnikov)
See "Mariya Vechora"
"Maria Who Made Faces and a Deplorable Marriage" (Belloc) **18**:39
"Maria-Fly" (de la Mare) **53**:16, 23, 27
Le Mariage Basque (Jammes) **75**:119
Le mariage de Barillon (Feydeau) **22**:89
Le mariage de Loti (Loti) **11**:351, 353-54, 356, 359-61, 365-67
"Marian Drury" (Carman) **7**:135, 139, 146
Marian Pineda (Garcia Lorca)
See *Mariana Pineda*
"Mariana" (Machado de Assis) **10**:291, 296
Mariana (Echegaray) **4**:96, 98, 101, 103
Mariana Pineda (Garcia Lorca) **1**:320; **7**:291-93, 296, 300; **49**:72, 75-6, 85, 105, 107, 109, 111
Marianela (Perez Galdos) **27**:244, 249-50, 256
Marianna Sirca (Deledda) **23**:36-7, 39
Maria's Adventure (Svevo)
See *L'avventura di Maria*
"Marico Revisited" (Bosman) **49**:7, 9
"Marie" (Apollinaire) **3**:37, 39; **51**:9, 21
Marie (Haggard) **11**:243, 246, 255
Marie Antoinette (Belloc) **7**:39
"Marie Vaux of the Painted Lips" (Service) **15**:412
"Marie von Nazareth" (Lasker-Schueler) **57**:308, 326
"An Mariechen" (Khodasevich) **15**:209
Marie-Magdeleine (Maeterlinck) **3**:323, 331
Marietta: A Maid of Venice (Crawford) **10**:148, 151
The Marihuana Pipe (Valle-Inclan)
See *La pipa de kif*
Mariia (Babel) **2**:23-4; **13**:30-1
"Marinera" (Huidobro) **31**:125
"Marino" (Huidobro) **31**:125, 144
"Un marino" (Pereda) **16**:380
Marino Faliero (Swinburne) **8**:432-33
Mario and the Magician (Mann)
See *Mario und der Zauberer*
Mario und der Zauberer (Mann) **44**:145, 173, 206; **60**:354
"Marion" (Heyse) **8**:113, 119, 121
Marion Darche (Crawford) **10**:143-44, 146, 150
The Marionette (Muir) **2**:486; **87**:194
"Mariposa" (Millay) **4**:315
Mariquita y Antonio (Valera y Alcala-Galiano) **10**:506, 508
"The Marital Garland of a Hundred and Eight Verses to Sri Arunacha la" (Ramana Maharshi)
See "Arunacala-aksara-mana-malai"
Un marito (Svevo) **35**:353, 370
"Mariya Vechora" (Khlebnikov) **20**:130, 139
"Marizibill" (Apollinaire) **3**:36; **51**:53, 55-6
"Marjatan poika" (Leino) **24**:371
"The Mark" (Coffin) **95**:14
"Mark of the Monkey" (Rohmer) **28**:286
"The Mark on the Shutter" (MacCarthy) **36**:256
"The Mark on the Wall" (Woolf) **56**:381
The Mark on the Wall (Woolf) **1**:527; **56**:359
Mark Only (Powys) **9**:360-62, 365, 369, 375-76
Mark Rutherford's Deliverance (Rutherford) **25**:335, 340, 342-43, 345, 350-51, 355-56, 360-64
"Mark Twain and His Recent Works" (Stockton) **47**:326
Mark Twain at Work (De Voto) **29**:121
Mark Twain's America (De Voto) **29**:115-16, 118, 121, 124, 127, 130-31
Mark Twain's Autobiography (Twain) **6**:460; **12**:437-38; **19**:385; **36**:373, 382; **59**:211
"The Marked Tree" (Chesnutt) **39**:99, 103
Markens grøde (Hamsun) **2**:202, 204-08; **14**:221-22, 224-26, 228-31, 235, 237, 240-41, 243, 248; **49**:129-30, 134-35, 145, 151-55
"Marker's Hobbies" (Williams) **89**:383
"The Market" (Babits)
See "A Vásár"
"The Market" (Nezval)
See "Tržnice"
"Market Day" (Webb) **24**:472
Market Place in Tunis (Kandinsky) **92**:34
"Market Square" (Milne) **88**:243
Markiza dezes (Khlebnikov) **20**:136
"Marklake Witches" (Kipling) **17**:207
Marlowe (Chandler) **7**:175
"The Marmozet" (Belloc) **18**:39
The Marne (Wharton) **3**:572
"The Maroons of Jamaica" (Higginson) **36**:176
"The Maroons of Surinam" (Higginson) **36**:176
Der Marques de Bolibar (Perutz) **60**:367-68, 370
El marqués de Lumbría (Unamuno) **9**:511, 515
La marquesa Rosalinda (Valle-Inclan) **5**:472-73, 486
The Marquis de Bolibar
See *Der Marques de Bolibar*
The Marquis of Keith (Wedekind)
See *Der Marquis von Keith*
The Marquis of Lossie (MacDonald) **9**:292, 308
The Marquis of Montrose (Buchan) **41**:60
Der Marquis von Keith (Wedekind) **7**:580, 582, 585, 590
"Une Marquise" (Dobson) **79**:5, 22
La Marquise de Sade (Vallette) **67**:268-69, 274, 292, 295, 297, 299, 303, 324-26, 335-36
Marquise Desaix (Khlebnikov)
See *Markiza dezes*
"Marrakech" (Orwell) **6**:345; **51**:256
"Marriage" (Carpenter) **88**:72
"Marriage" (Drummond) **25**:146
Marriage (Doblin)
See *Die Ehe*
Marriage (Wells) **6**:525-26, 529, 531, 539; **12**:495-96, 508
"Marriage à la mode" (Mansfield) **8**:282-85; **39**:303-04
Marriage by Capture (Stringer) **37**:336
"A Marriage by Proxy" (Cahan) **71**:28, 68
Marriage Ceremonies in Morocco (Westermarck) **87**:334

"Le marriage d'André Salmon" (Apollinaire)
See "Poème lu au mariage d'André Salmon"
Marriage Is No Joke (Bridie) **3**:131
"Marriage Made Easy" (Lardner) **14**:312
"The Marriage of a Geologist" (Carducci) **32**:102
"Marriage of Bacchus and Ariadne" (Field) **43**:165-66
"The Marriage of Phaedra" (Cather) **11**:100
The Marriage of William Ashe (Ward) **55**:414-15, 420-22, 424-25, 437, 441
"The Marriage Plate" (Ouida) **43**:376
The Marriage Proposal (Chekhov)
See *Predlozhenie*
"Marriage—For One" (Dreiser) **10**:181; **35**:71-4
"Married" (Dreiser) **35**:56, 72-3
Married (Strindberg)
See *Giftas*
Married II (Strindberg) **47**:366
Married Life (Lie)
See *Et samliv*
The Married Lover (Colette)
See *Duo*
"A Married Man's Story" (Mansfield) **2**:451; **8**:281-82, 292; **39**:303
"The Marring of Malyn" (Carman) **7**:135
The Marrow of Tradition (Chesnutt) **5**:133-34, 138-40; **39**:69, 76-7, 79, 82, 84, 87-8, 92, 94, 96-9
"The Marry Month of May" (Henry) **19**:180
The Marrying of Ann Leete (Granville-Barker) **2**:193-97
Mars Child (Kornbluth) **8**:216
Mars His Idiot (Tomlinson) **71**:398, 406
"Mars Jeems's Nightmare" (Chesnutt) **39**:94-6, 99, 105-06
Mars; or, The Truth about War (Alain)
See *Mars ou la guerre jugée*
Mars ou la guerre jugée (Alain) **41**:2-3, 5, 10, 16, 25
Der Marsch nach Hause (Raabe) **45**:182, 190
"Marschlied" (Toller) **10**:480, 490
The Marsden Case (Ford) **15**:88, 93; **39**:148
Marseille (Kandinsky) **92**:49-50
"Marsh Fire" (Grove) **4**:142
A Marsh Island (Jewett) **1**:359, 367, 369; **22**:135, 138
"Marsh Rosemary" (Jewett) **22**:125, 129, 133, 146
"The Marshal President" (Goebbels) **68**:99
"Marshall's Mate" (Lawson) **27**:140
"The Marshland" (Akutagawa Ryunosuke) **16**:27
Marshlands (Gide)
See *Paludes*
"De marsj van de hete zomer" (van Ostaijen) **33**:418
"Marstube" (Kornbluth) **8**:215
"Marsyas" (Carman) **7**:149
"Marsyas" (Masters) **25**:289
"Marsyas" (Roberts) **8**:320
Marsyas, or on the Margin of Literature (Capek) **6**:85; **37**:46-7
Marta Gruni (Sanchez) **37**:314
"Marta Riquelme" (Hudson) **29**:141, 155-56
Martes de carnaval (Valle-Inclan) **5**:486
Martha (Stockton)
See *The House of Martha*
"Martha and Mary" (Capek) **37**:44
Marthe (Huysmans) **7**:404, 407, 410; **69**:7-9, 23, 26, 43
Marthe and the Madam (Bosschere)
See *Marthe et l'enragé*
Marthe et l'enragé (Bosschere) **19**:59, 61, 63-6
Marthe, histoire d'une fille (Huysmans)
See *Marthe*
Martin Birck's Youth (Soderberg) **39**:426-28, 439
Martin Eden (London) **9**:255, 257, 260, 263, 265, 268-70, 273, 275-77; **15**:255-56, 260-61, 271-72, 277
Martin Hewitt, Investigator (Morrison) **72**:363, 370
Martin Luther (Moore) **7**:486-87
"Martin Luther on Celibacy and Marriage" (Brandes) **10**:61
Martin Paz (Verne) **6**:490
"Martina sull'albero" (Jovine) **79**:44
"Martinique Sketches" (Hearn) **9**:133
"Martin's Close" (James) **6**:206, 212-13
"Martirio de Santa Olalla" (Garcia Lorca) **49**:92, 112
"Martwy sezon" (Schulz) **5**:423; **51**:307-08, 315
"The Martyr" (Akutagawa Ryunosuke)
See "Hōkyōnin no shi"
"The Martyr" (Sodergran)
See "Martyren"
"The Martyr of Alabama" (Harper) **14**:260, 263
The Martyr of Alabama, and Other Poems (Harper) **14**:263
"Martyrdom of Saint Eulalia" (Garcia Lorca)
See "Martirio de Santa Olalla"
The Martyrdom of Saint Sebastian (D'Annunzio)
See *Le martyre de Saint-Sébastien*
Le martyre de Saint-Sébastien (D'Annunzio) **6**:136-37; **40**:10-11
"Martyren" (Sodergran) **31**:292, 294
The Martyr's Idyl, and Shorter Poems (Guiney) **41**:207-08, 214
"Maruja" (Harte) **25**:213, 223
"The Marvel" (Douglas) **40**:75-6, 87, 92
The Marvellous Shoemaker's Wife (Garcia Lorca)
See *La zapatera prodigiosa*
The Marvelous Land of Oz (Baum) **7**:14, 20-3, 25, 27
The Marvelous Life of Joseph Balzamo, The Count Cagliostro (Kuzmin) **40**:194
"Marx" (Murry) **16**:341
Marxism and Linguistics (Stalin) **92**:183, 321, 323, 326
Marxism and the National and Colonial Question (Stalin) **92**:154
"Marxism and the National Question" (Stalin)
See "The National Question and Social Democracy"
"Marxism Is a Weapon, a Method of Firearm Quality—So Use This Method Knowledgeably!" (Mayakovski) **18**:269
"Mary" (Cohan) **60**:159
"Mary" (Mansfield) **39**:293
Mary (Asch)
See *Maria*
"Mary and Gabriel" (Brooke) **7**:122
"Mary and Martha" (Jewett) **22**:147
"Mary and Veronica" (Ady) **11**:20
Mary Anerley (Blackmore) **27**:28, 36-8, 42, 47
"Mary at the Feet of Christ" (Harper) **14**:260
Mary Baker Eddy (Toller)
See *Mary Baker Eddy; oder, Wunder in Amerika*
Mary Baker Eddy (Zweig) **17**:442
Mary Baker Eddy; oder, Wunder in Amerika (Toller) **10**:483
"Mary Button's Principles" (Gilman) **37**:213
"The 'Mary Gloster'" (Kipling) **8**:191
Mary Magdalen (Saltus) **8**:343, 346, 348-49, 352
Mary Magdalene (Maeterlinck)
See *Marie-Magdeleine*
Mary, Mary (Stephens)
See *The Charwoman's Daughter*
"Mary of Egypt" (Remizov) **27**:355
Mary of Magdala (Heyse) **8**:118-19
"Mary of Nazareth" (Lasker-Schueler)
See "Marie von Nazareth"
Mary of Scotland (Anderson) **2**:4-6, 8
Mary Oliver (Sinclair) **3**:434-35, 437-38, 440-42; **11**:411, 413-17, 419-20, 422
"Mary Postgate" (Kipling) **8**:195; **17**:213
Mary Rose (Barrie) **2**:43-4, 49
"Mary Shepherdess" (Pickthall) **21**:243, 245, 250
"Mary Smith" (Tarkington) **9**:467
Mary Stuart (Drinkwater) **57**:125-26, 130-31, 133, 138, 141-44
Mary Stuart (Swinburne) **8**:432-33
Mary Stuart in Scotland (Bjoernson)
See *Maria Stuart i Skotland*
Mary, the Queen of Scots (Zweig)
See *Maria Stuart*
Mary the Third (Crothers) **19**:75, 77, 80-1, 84
"Mary Tired" (Pickthall) **21**:245, 250
"Mary's a Grand Old Name" (Cohan) **60**:168, 170, 172
Mary's Neck (Tarkington) **9**:469
"Mary's Son" (Leino)
See "Marjatan poika"
Mary's Tuesday (Kuzmin)
See *Vtornik Meri*
Marzio's Crucifix (Crawford) **10**:139-41, 143-44, 146, 148, 150, 152
"Märztag" (Liliencron) **18**:213
Más allá (Quiroga) **20**:213-14
"Más que lento" (Villaurrutia) **80**:477
Masaroa (Mofolo) **22**:248
"Máscaras" (Guiraldes) **39**:176, 185
Mascarilla y trébol (Storni) **5**:445, 447, 449-50, 452
"La maschera dimenticata" (Pirandello) **4**:351
Maschere nude (Pirandello) **29**:282, 295, 300, 308, 315, 318-20
Die Maschinenstürmer (Toller) **10**:475, 477, 479, 481, 483, 487, 491-93
"El masgad" (Graham) **19**:105
The Mashber Family (Kahanovitsch)
See *Di mishpoke Mashber*
Mashiny i volki (Pilnyak) **23**:199-201, 212, 214-17, 219
"Masjid-i-Qurtuba" (Iqbal) **28**:199
"The Mask" (Chambers) **41**:101, 103-06, 108, 110, 114
"The Mask" (Chekhov) **55**:65
The Mask
See *Kamen*
Mask and Clover (Storni)
See *Mascarilla y trébol*
The Mask of Fu Manchu (Rohmer) **28**:280, 286, 300
"The Masked Face" (Hardy) **53**:89, 91
Die Masken Erwin Reiners (Wassermann) **6**:509-10
"Maskers" (van Ostaijen) **33**:418
"Masks" (Guiraldes)
See "Máscaras"
"The Masks" (Hedayat)
See "Suratak-ha"
Masks (Bely) **7**:49, 52
Masks (Leino)
See *Naamioita*
The Masque of Kings (Anderson) **2**:6-8
"The Masque of Queen Bersabe" (Swinburne) **8**:445; **36**:299
The Masque of Snow (Blok)
See *Snezhnye maski*
"The Masque of the Magi" (Flecker) **43**:194
"The Masque of the Months" (Dobson) **79**:19, 23
"The Masquer in the Street" (Quiller-Couch) **53**:291
The Masquerade (Micheaux) **76**:248
"Mass" (Heym)
See "Die Messe"
"Mass at Dawn" (Campbell) **5**:122-23
The Mass Psychology of Fascism (Reich) **57**:338-39, 344, 350, 360, 369, 380-81
The Mass Strike, The Political Party, and the Trade Unions (Luxemburg) **63**:184, 186, 214
The Massacre (Fadeyev)
See *Razgrom*
The Massarenes (Ouida) **43**:361-62, 369, 372

Masse Mensch (Toller) **10**:474-77, 479-81, 483, 485, 487-89, 491-92
"The Massed, Angered Forces of Common Humanity Are on the March" (Roosevelt) **93**:184
Massenpsychologie: Schriften aus dem Nachlass (Broch) **20**:68-70
Massenstreik, Partei und Gewerkschaft (Luxemburg)
See *The Mass Strike, The Political Party, and the Trade Unions*
"The Masses" (Jozsef) **22**:161-62
Masses and Men (Toller)
See *Masse Mensch*
Die Massnahme (Brecht) **1**:104, 109, 121; **6**:33, 36; **13**:57; **35**:20
"Mastarmasay" (Tagore) **53**:355-56
"The Master" (Robinson) **5**:411
The Master (Zangwill) **16**:441-43, 445, 461-64
"Master and Guest" (Coleridge) **73**:4, 11, 21
Master and Man (Tolstoy)
See *Khozyain i rabotnik*
The Master and Margarita (Bulgakov)
See *Master i Margarita*
Master Author (Raabe)
See *Meister Autor*
The Master Builder (Ibsen)
See *Bygmester Solness*
Master Builders (Zweig)
See *Baumeister der Welt*
Master i Margarita (Bulgakov) **2**:64-7, 69-71, 73; **16**:77-9, 81-7, 89-91, 93, 99, 100, 104-05, 107-11
"Master Kao" (Lu Hsun) **3**:301
The Master Mason's House (Grove)
See *Maurermeister Ihles Haus*
The Master Mind of Mars (Burroughs) **32**:58, 63
"A Master of Cobwebs" (Huneker) **65**:156
A Master of Craft (Jacobs) **22**:108-10
The Master of Hestviken (Undset) **3**:514, 516, 519, 521, 524
"The Master of Hollow Grange" (Rohmer) **28**:286
The Master of Man (Caine) **97**:8, 10-11, 15
The Master of Mrs. Chilvers (Jerome) **23**:88
"The Master of Mystery" (London) **9**:274
The Master of the Day of Judgment
See *Der Meister des Jüngsten Tages*
The Master of the House (Hall) **12**:188, 190, 196
"The Master of the Isles" (Carman) **7**:135
The Master of the Mill (Grove) **4**:136, 138-40, 145
Master of the Revels (Marquis) **7**:451
"Master of the Scud" (Carman) **7**:138, 144
Master of the World (Verne)
See *Maître du monde*
Mäster Olof (Strindberg) **1**:452; **8**:406, 408, 412, 417, 419
"The Master Poisoner" (Bodenheim) **44**:74
The Master Poisoner (Hecht) **101**:37, 73
The Master Rogue (Phillips) **44**:262, 273-74, 277
"Master Zacharias" (Verne)
See "Maître Zacharius:"
The Master-Christian: A Question of the Time (Corelli) **51**:66, 68, 75
A Masterpiece of Diplomacy (Howells) **7**:388
Masterpieces of Tanka on Love (Hagiwara Sakutaro) **60**:303
Masters of the Dew (Roumain)
See *Gouverneurs de la rosée*
"Mastro-don Gesualdo" (Svevo) **35**:363
Mastro-Don Gesualdo (Verga) **3**:543-44, 548-49
Mat' (Gorky) **8**:72, 75-7, 81, 84-6, 88, 90-1
Mat' syra zemlya (Pilnyak) **23**:202, 212-13
"The Matador of the Five Towns" (Bennett) **5**:42, 46; **20**:33, 35
"Matal" (Tagore) **53**:351
"A Match" (Swinburne) **36**:315
The Mate (Schnitzler) **4**:387
The Mate of Susie Oaks" (Williams) **89**:384, 392, 400
"The Mate of the Daylight" (Jewett) **22**:117
The Mate of the Daylight, and Friends Ashore (Jewett) **1**:367; **22**:137
Matelot (Loti) **11**:364, 366-67
"Le matelot d'Amsterdam" (Apollinaire) **51**:20
Mater Dei (Sikelianos)
See *The Mother of God*
"Materialism" (Sodergran) **31**:285
Materialism and Empirio-Criticism (Lenin) **67**:200, 202-3, 223, 245
"The Materialist Today" (Lovecraft) **22**:210
Materials for a Novel (Pilnyak) **23**:204-08, 214
materials for a Theory of the Proletariat (Sorel)
See *Materiaux d'une theorie du proletariat*
"The Materials for English Legal History" (Maitland) **65**:281
Materiaux d'une theorie du proletariat (Sorel) **91**:184, 201, 332
"Maternity" (Tynan) **3**:503
"Mateship" (Lawson) **27**:132
"Mateship in Shakespeare's Rome" (Lawson) **27**:132
Mathias Sandorf (Verne) **6**:502
Matière et mémoire (Bergson) **32**:20, 27, 38, 42, 44, 48
Le matin (Rolland) **23**:261
"Matinees-Wednesday and Saturdays" (Benchley) **55**:13
Matka (Witkiewicz) **8**:507, 512-13, 515
"Matri delectissimae" (Henley) **8**:102, 108-09
"Matricide" (Csath) **13**:146, 149, 151, 153, 155
Matter and Memory (Bergson)
See *Matière et mémoire*
A Matter of Honour (Dunsany) **59**:28
"A Matter of Interest" (Chambers) **41**:113-14
"The Matter of Manner" (Bierce) **44**:31
A Matter of Millions (Green) **63**:148, 151
"A Matter of Principle" (Chesnutt) **5**:131-32; **39**:70, 80, 90-1, 93, 100
"Matthew Arnold's New Poems" (Swinburne) **8**:440; **36**:314
Matthew Porter (Bradford) **36**:63
Matthias at the Door (Robinson) **5**:411, 415; **101**:105, 108, 184-85
"Mattie and Her Sweetman" (McKay) **41**:329
"Mattinata" (Carducci) **32**:90
"Die Mauer" (Borchert) **5**:109
"Maulša's Granddaughter" (Khlebnikov)
See "Vnučka Maluši"
"Maundy Thursday" (Owen) **27**:216
Maunu tavast (Leino) **24**:372
"Maupassant" (Babel)
See "Guy de Maupassant"
Maurermeister Ihles Haus (Grove) **4**:142-44
Maurice Guest (Richardson) **4**:370-73, 375-81
The Maurizius Case
See *Der Fall Maurizius*
The Mausoleum Book (Stephen) **23**:342-43
Les mauvais bergers (Mirbeau) **55**:281, 283
Un mauvais rêve (Bernanos) **3**:121, 124
"Max Brod's Book on Kafka" (Benjamin) **39**:16
Max Carrados (Bramah) **72**:5, 8, 13
Max Carrados Mysteries (Bramah) **72**:8
Max in Verse (Beerbohm) **1**:71-2
"Max Liebermann and Some Phases of Modern German Art" (Huneker) **65**:161
Maximilian (Masters) **25**:296
"Maximus" (Lawrence) **93**:72, 74
Max's Nineties: Drawings, 1892-1899 (Beerbohm) **1**:74
Maxwell Drewitt (Riddell) **40**:334-35
"May" (Ledwidge) **23**:117
"May 17, 1940" (Grieg) **10**:208
"May 23" (Thomas) **10**:463
"May Day" (Fitzgerald) **1**:241; **6**:169-71; **55**:191
"May Day" (Teasdale) **4**:429
"May Day Eve" (Blackwood) **5**:81
"May Janet" (Swinburne) **36**:299
"Maya" (Sharp) **39**:374
Māyāvinī Sarsī (Devkota) **23**:51
"Maybe Baby" (Holly) **65**:145
"Mayday" (Davidson) **24**:163
De Mayerling a Sarajevo (Ophuls) **79**:173
"The Mayfield Miracle" (Heyward) **59**:93
The Mayflower (Blasco Ibanez)
See *Flor de mayo*
The Mayor of Casterbridge (Hardy)
See *The Mayor of Casterbridge: The Life and Death of a Man of Character*
The Mayor of Casterbridge: The Life and Death of a Man of Character (Hardy) **4**:149, 153, 157, 159, 174-75, 177; **10**:217, 220-21, 227; **18**:100, 102; **32**:265-327; **48**:38, 40, 59, 63-4, 67, 69; **72**:209-10, 237
El mayorazgo de Labraz (Baroja) **8**:60-1
"A mayse mit a nozir un mit a tsigele" (Kahanovitsch) **56**:109
Mayselakh in ferzn (Kahanovitsch) **56**:117
Mayses far yidishe kinder (Aleichem) **35**:305
"The Maysville Minstrel" (Lardner) **2**:337; **14**:307
Maytime (Heijermans) **24**:292
"Mazeppa" (Campbell) **5**:123
Mazushiki hitobito no mure (Miyamoto) **37**:266
"McAndrew's Hymn" (Kipling) **8**:191; **17**:197
"McCluskey's Nell" (Service) **15**:412
"McDermott" (Marquis) **7**:437
"McEwen of the Shining Slave Makers" (Dreiser) **10**:197, 199-200; **35**:71, 75
McLeod's Folly (Bromfield) **11**:82
McTeague (Norris) **24**:416-18, 420, 422-28, 432-35, 440-41, 444-48
"Me" (Anwar)
See "Aku"
"Me and the Devil" (Johnson) **69**:82, 86
"Me and the Devil Blues" (Johnson)
See "Me and the Devil"
Me eum esse (Bryusov) **10**:81, 84, 86, 95-6
"Me viene, haydías, un gana uberrima, política" (Vallejo) **56**:307
Mea (Bryusov) **10**:90
"Meadowlarks" (Teasdale) **4**:429
The Meaning and the Task of a Modern University (Otto) **85**:323
"The Meaning of Art" (Bely) **7**:60
The Meaning of Creative Work (Berdyaev)
See *The Meaning of Creativity*
The Meaning of Creativeness (Berdyaev)
See *The Meaning of Creativity*
The Meaning of Creativity (Berdyaev) **67**:24, 26, 30, 32-3, 73-4, 80
"The Meaning of 'Ethical Neutrality' in Sociology and Economics" (Weber) **69**:318, 320
The Meaning of History (Berdyaev) **67**:26, 30, 32-3
The Meaning of Holy Writ (Huch) **13**:247
"The Meaning of Insurgency" (Baker) **47**:14
"The Meaning of Life" (Adler) **61**:34
The Meaning of Relativity (Einstein) **65**:91, 105
The Meaning of the Creative Act (Berdyaev)
See *The Meaning of Creativity*
The Meaning of Truth (James) **32**:340, 357
"The Means Massacre" (Coffin) **95**:2
The Means to Prosperity (Keynes) **64**:210
"Measles" (Kuprin) **5**:301
Measure of Justice (Bergelson)
See *Midas Hadin*
The Measurement of Variable Quantities (Boas) **56**:82
The Measures Taken (Brecht)
See *Die Massnahme*
"Meat and Potatoes" (Kunikida)
See "Gyūniku to Bareishō"
"The Mechanic" (Zoshchenko) **15**:499
"The Mechanical Optimist" (Stevens) **3**:448
"The Mechanism of Social Consciousness" (Mead) **89**:168, 170-1
Mechtateli (Kuzmin) **40**:195, 199

"Mechtildes, die goede meid" (van Ostaijen) **33**:412
"La medaglie" (Pirandello) **4**:330
"Medallions" (Jozsef) **22**:160, 164
"The Meddler" (Williams) **89**:398
"Medea" (Bryusov) **10**:88
"Medea" (Cullen)
See "The Medea: A New Version"
"The Medea: A New Version" (Cullen) **4**:51; **37**:138, 170
The Medea, and Some Poems (Cullen) **4**:43, 47, 49, 51; **37**:138, 145, 156-60, 163, 166, 169
"Medea da Carpi" (Lee) **5**:320
"Medicine" (Lu Hsun)
See "Yao"
"The Medicine Man" (Gissing) **24**:248
The Medicine Man (Hichens) **64**:131
"Médieuses" (Eluard) **41**:159
Médieuses (Eluard) **41**:150, 159
"Mediocre Men and Superior Individuals" (Rohan) **22**:296
Mediocrity (Futabatei)
See *Heibon*
Meditacion de Europa (Ortega y Gasset) **9**:356
Meditaciones del Quixote (Ortega y Gasset) **9**:341, 345, 347-48, 354
"Meditation" (Radnoti) **16**:418
"Meditation at Perugia" (Scott) **6**:386, 389, 394
"Meditation Celestial and Terrestrial" (Stevens) **3**:463
"A Meditation in Time of War" (Yeats) **93**:389, 402
Meditation on Europe (Ortega y Gasset)
See *Meditacion de Europa*
"Meditation under Stars" (Meredith) **17**:277
Méditations (Bryusov) **10**:92
Meditations (Kafka)
See *Betrachtung*
Meditations (Nietzsche) **10**:393
Meditations cartesiennes (Husserl) **100**:40, 71, 90, 97-98, 120, 122-24
Méditations esthétiques: Les peintres cubistes (Apollinaire) **3**:42; **8**:14-15, 19, 28; **51**:9, 14, 30, 38, 45, 49
"Meditations in a Cemetery" (Bodenheim) **44**:59
"Meditations in Time of Civil War" (Yeats) **11**:518, 533-36; **18**:442, 459; **31**:401, 420-22; **93**:341, 364, 401
Meditations of a Non-Political Man (Mann)
See *Betrachtungen eines Unpolitischen*
"Meditations on Quixote" (Ortega y Gasset)
See *Meditaciones del Quixote*
Mediterranee (Saba) **33**:366, 368-70, 374
"Medlars and Sorb-Apples" (Lawrence) **93**:26, 80, 96, 98-100
"Medley" (Naidu) **80**:348
"Medusa" (Percy) **84**:203
Medved (Chekhov) **31**:80
The Meeker Ritual (Hergesheimer) **11**:267
"A Meeting" (Graham) **19**:115, 130-31
"The Meeting" (Kornbluth) **8**:220
"A Meeting" (Markham) **47**:279
"Meeting" (Pirandello)
See "Convegno"
"The Meeting" (Roberts) **68**:306
The Meeting (Reymont)
See *Spotkanie*
"Meeting a Moscow Acquaintance in the Detachment" (Tolstoy) **4**:474
Meeting at Night (Bridie) **3**:141
"The Meeting at the Mixed Club" (Apollinaire) **51**:49
"Meeting in the Mountains" (Lawrence) **9**:221; **93**:54
"Meeting Mother" (Csath) **13**:149, 153
A Meeting with Despair (Hardy) **48**:60
"Meeting-House Hill" (Lowell) **1**:380; **8**:227, 229-30, 237
Meetings with Remarkable Men (Gurdjieff) **71**:187, 190, 193-194, 197-198, 201
Még egyszer (Ady) **11**:19
Még mindig így írtok ti (Karinthy) **47**:268
"Megillath ha-'esh" (Bialik) **25**:49-50, 54, 56, 59-60, 64-6
Mehalah: A Story of the Salt Marshes (Baring-Gould) **88**:12, 14-5, 20, 23-8. 30, 32-6
Meian (Natsume) **2**:493-95; **10**:332-36, 338, 346
De meid (Heijermans) **24**:287-88
Le meilleur choix de poèmes est celui que l'on fait pour soi (Eluard) **41**:152
"Mein blaues Klavier" (Lasker-Schueler) **57**:298, 327, 336
Mein blaues Klavier (Lasker-Schueler) **57**:297, 299, 305-6, 322, 324, 327, 334
"Mein bleicher Bruder" (Borchert) **5**:109
"Mein Drama" (Lasker-Schueler) **57**:311, 326, 329
"Mein Herz ruht mude" (Lasker-Schueler) **57**:302
Mein Kampf (Hitler) **53**:120-83
Mein Lebensgang (Steiner) **13**:446
"Mein Schaffen und mein Werk" (Spitteler) **12**:352
"Mein stilles Lied" (Lasker-Schueler) **57**:305, 311-13, 319, 324, 330, 335-36
"Mein Tanzlied " (Lasker-Schueler) **57**:313
"Mein Volk" (Lasker-Schueler) **57**:298, 322-25, 332-33
Mein Weg als Deutscher und Jude (Wassermann) **6**:517
"Meine Andacht" (Lasker-Schueler) **57**:297, 299
Meine Wunder (Lasker-Schueler) **57**:309, 327, 330-31
Meister Autor (Raabe) **45**:166, 176, 179, 203
Der Meister des Jüngsten Tages (Perutz) **60**:368-69
"Meister Leonhard" (Meyrink) **21**:232
Mējdidi (Chatterji) **13**:80
Mekake taku (Nagai) **51**:105
Melancholie (Morgenstern) **8**:304-05, 310
"Melancholy" (Bely) **7**:50
"Melancholy" (Thomas) **10**:455, 462
Melancholy (Leino)
See *Melankolia*
"Melancolía" (Lugones) **15**:285
"Mélancolie du cinéma" (Desnos) **22**:65
"Mélancolique villégiature de Mme. de Breyves" (Proust) **7**:538
"Melanctha—Each One as She May" (Stein) **1**:427, 430, 433, 437, 440; **6**:405, 408, 410, 413; **28**:306, 311-12, 324, 336; **48**:225-29, 245, 253, 255, 263
Melankolia (Leino) **24**:372
Melannippe the Philosopher (Annensky) **14**:17, 21
Meleager (Heyse) **8**:115
"La mélinite: Moulin Rouge" (Symons) **11**:445
Mélissa (Kazantzakis) **5**:268
Melkii bes (Sologub) **9**:433-38, 441-42, 444-45, 449
Mellem slagene (Bjoernson) **7**:100, 102, 106, 112-13, 116; **37**:8, 23, 29
"Meloči" (Guro) **56**:139
Melodier i skymning (Ekelund) **75**:94-95
Melodies in Twilight (Ekelund)
See *Melodier i skymning*
"Melodies of the Day" (Peretz) **16**:396
Le Melomane (Melies) **81**:123,138
Le Melomaniac (Melies)
See *Le Melomane*
Melomaniacs (Huneker) **65**:156-58, 169-70, 195, 216
The Melting Pot (Zangwill) **16**:445, 452, 466-69
"The Melting Pot Begins to Smell" (Fuller) **103**:102, 107-08
Melting Snow (Nagai)
See *Yukige*
"Melusine" (Moreas) **18**:286
A Member of the Third House (Garland) **3**:192
Members of the Family (Wister) **21**:377-78, 405
"Memento" (Morgenstern) **8**:310
"Memnon" (Roberts) **8**:313, 328-30
Memoir (Yokomitsu)
See *Oboegaki*
Memoir of Prosper Mérimée (Guiney) **41**:209
Mémoire sur le sytème primitif des voyelles dans les langues indo-européennes (Saussure) **49**:303-05, 332-34, 339, 341
"Mémoires de Benjamin Péret" (Peret) **20**:191
Mémoires de Dirk Raspe (Drieu la Rochelle) **21**:30, 35, 37-9
"Mémoires de l'espion" (Jacob) **6**:191
"Mémoires d'un poèms" (Valery) **15**:465
Memoirs (Anderson) **1**:51, 61; **10**:42, 44; **24**:27, 29, 54
Memoirs (Bryan) **99**:34-35
The Memoirs of a Billiard-Marker (Tolstoy) **4**:445; **11**:464
Memoirs of a Madman (Tolstoy)
See *Zapiski sumasshedshego*
Memoirs of a Man of Action (Baroja)
See *Las memorias de un hombre de acción*
Memoirs of a Midget (de la Mare) **4**:71-4, 77-8, 80; **53**:27-8, 35
Memoirs of a Napoleonic Officer (Barrès)
See *Les souvenirs d'un officier de la grande armée*
Memoirs of a Napoleonic Officer (Barrès)
See *Les souvenirs d'un officier de la grande armée*
Memoirs of a Native (Romero)
See *Apuntes de un lugareño*
Memoirs of a Revolutionist (Kropotkin) **36**:190-91, 208, 225
Memoirs of a Young Rakehell (Apollinaire) **8**:25
Memoirs of Dirk Raspe (Drieu la Rochelle)
See *Mémoires de Dirk Raspe*
The Memoirs of God (Papini)
See *Le memorie d'Iddio*
The Memoirs of Martynov (Hippius) **9**:163
Memoirs of Mistral (Mistral)
See *Mes origines*
Memoirs of My Dead Life (Moore) **7**:478, 480, 493, 496-97, 499
Memoirs of Sarah Bernhardt (Bernhardt)
See *My Double Life: Memoirs of Sarah Bernhardt*
The Memoirs of Sherlock Holmes (Doyle) **7**:216, 220, 238
Memoirs of World War I: From Start to Finish of Our Greatest War (Mitchell) **81**:161-2
Memorable Body (Eluard) **7**:260-61
Memoranda de Parliamento (Maitland) **65**:282
"Memoranda for a Sonnet Sequence" (Morley) **87**:123
"Memorandum" (Ingamells) **35**:131
"Memorandum" (Lyotard) **103**:276
"Memorandum by the Treasury on the Indemnity Payable by the Enemy Powers for Reparation and Other Claims" (Keynes) **64**:242
"Memorandum Confided by a Yucca to a Passion-Vine" (Lowell) **1**:371, 373, 375
Memorial de Ayres (Machado de Assis) **10**:285, 292, 295
"A Memorial of Marxism: For Pierre Souyri" (Lyotard) **103**:201, 218
"Memorial Service" (Mencken) **13**:365
"Memorial Verse" (Naidu) **80**:340
Memorias de un cortesano de 1815 (Perez Galdos) **27**:287
Las memorias de un hombre de acción (Baroja) **8**:49, 53, 63
Memórias do cárcere (Ramos) **32**:428-29, 434-37
Memórias pósthumas de Braz Cubas (Machado de Assis) **10**:280-89, 292, 294, 299-300, 303-07
"Le memorie dei fratelli Goncourt" (Svevo) **35**:363
Le memorie d'Iddio (Papini) **22**:280-81

"Memories" (Galsworthy) **45**:33
"Memories" (Holly) **65**:149
"Memories" (Matthews) **95**:253-4
Memories (Ford) **39**:165
Memories (MacCarthy) **36**:254
Memories and Notes (Hope) **83**:174
"Memories of Christmas" (Thomas) **45**:399
"Memories of Kimura Sakae" (Nishida)
See "Kimura Sakae-kun no omoide"
"Memories of Mariposa" (Sienkiewicz) **3**:430
Memories of My Life (Bernhardt) **75**:9
"Memories of Shiko" (Nishida)
See "Shiko no omide"
"Memories of Yamamoto Chosui" (Nishida)
See "Yamamoto Chosui-kun no omoide"
"Memories Roused by a Roman Theatre" (Patton) **79**:304
"Memory" (Benet) **7**:75, 79
"A Memory" (Brooke) **2**:53
"Memory" (Coleridge) **73**:25
"Memory" (Devkota)
See "Samjhanā"
"Memory" (Gumilev) **60**:264, 270-3
"Memory" (Gurney) **33**:94
"A Memory" (Pascoli) **45**:145
Memory Hold-the-Door (Buchan) **41**:59, 63, 66, 77-8, 81, 84
"The Memory of a Summer Night" (Ady)
See "Emlé-kezés egy nyáréjszakára"
The Memory of Certain Persons (Erskine) **84**:168, 171-2, 174
"Memory of Hills" (Ingamells) **35**:127, 131
Memory of Hills (Ingamells) **35**:121, 129, 137
"A Memory of June" (McKay) **7**:468
"The Memory of Martha" (Dunbar) **12**:112
"A Memory of the Players in a Mirror at Midnight" (Joyce) **3**:255
"The Memphis Blues" (Handy) **97**:38-45, 50-51, 55-56, 59, 62-63, 67-70
Memsahib (Duncan)
See *The Simple Adventures of a Memsahib*
Men against the Sea (Hall and Nordhoff) **23**:60-3, 66, 69-70
Men and Ideas: Essays (Wallas) **91**:356
"Men and Wheat" (Torrence) **97**:158
Men and Women (Belasco) **3**:88
Men imorgen (Grieg) **10**:206, 209
"Men Improve with the Years" (Yeats) **1**:566
"Men in New Mexico" (Lawrence) **93**:103
"The Men in the Storm" (Crane) **11**:131, 167; **17**:65-6, 68-9
Men Like Gods (Wells) **6**:539-40, 548, 553; **19**:428, 437, 439, 441, 452-53, 428, 437, 439, 441, 452-53
Men livet lever (Hamsun) **49**:130
"Men Made Out of Words" (Stevens) **45**:343
"Men of Aquino" (Johnson) **19**:243
"Men of Assisi" (Johnson) **19**:243
"The Men of Forty Mile" (London) **9**:268
Men of the Deep Waters (Hodgson) **13**:237
"The Men Who Made Australia" (Lawson) **27**:136
"The Men Who Made the Money Trust" (Phillips) **44**:277
"The Men who Pushed the Forest Down" (Coffin) **95**:2
"Men with Broken Hearts" (Williams) **81**:434
"Men with Goats Thrashing" (Lowry) **6**:238
"Men with Pasts" (Gorky) **8**:71
Men without Art (Lewis) **2**:385, 390-94, 399; **9**:239, 243, 249; **104**:165, 172, 178, 188-89, 202, 254-58, 296
Men without Merry (Doblin)
See *Pardon wird nicht gegeben*
Men, Women, and Ghosts (Lowell) **1**:372; **8**:226, 228, 235
Men, Women, and Guns (Sapper) **44**:306
"The Menace of Darwinism" (Bryan) **99**:150
"The Menace of Love" (Naidu) **80**:287
Le ménage du Pasteur Naudié (Rod) **52**:310, 315
Menagerie (Khlebnikov) **20**:142-43
Menahem Mendel, the Dreamer (Aleichem) **1**:29-30; **35**:306-08, 310, 327
"Menalcas" (Agee) **19**:42
A Mencken Chrestomathy (Mencken) **13**:395-96
"Mendacity" (Coppard) **5**:178
"Mendel Breines" (Peretz) **16**:399
Le mendiant ingrat (Bloy) **22**:45, 50
Mendicant Rhymes (Housman) **7**:353
Mendizábal (Perez Galdos) **27**:283
A menekülaio élet (Ady) **11**:18, 23
"Menelaus and Helen" (Brooke) **2**:54, 59; **7**:122, 125
Le meneur de louves (Vallette) **67**:283, 299
"Den menneskelige natur" (Grieg) **10**:208
"Menoschen und Schickesale aus dem Risorgimento" (Huch) **13**:253
Mensch und Gesellschaft im Zeitalter des Umbaus (Mannheim) **65**:303, 314, 333
Mensch Wanderer (Morgenstern) **8**:305-06, 310
Menschenkenntnis (Adler) **61**:8, 11, 28, 32-3
"Menschliche Trauer" (Trakl) **5**:461
Menschliches, Allzumenschliches: Ein Buch für freie Geister (Nietzsche) **10**:355, 357, 362, 367, 372, 387-89, 393; **18**:342-43
"Menses" (Millay) **49**:222
Menší růžová zahrada (Nezval) **44**:239, 245
Mensonges (Bourget) **12**:59, 67, 72-3
"Los mensú" (Quiroga) **20**:212, 214-15, 219
La menta del bambino (Montessori) **103**:317, 319-20, 324
"Mental Cases" (Owen) **5**:362, 367, 370-72; **27**:202, 208, 212, 214-15, 217, 227, 229-30
Mental Efficiency (Bennett) **5**:39
Mental Healers (Zweig)
See *Die Heilung durch den Geist: Franz Anton Mesmer, Mary Baker Eddy, Sigmund Freud*
"A Mental Suggestion" (Chopin) **14**:70
"A Mephistophelian" (Hearn) **9**:136
"The Merchantman and the Market-Haunters" (Davidson) **24**:164
"Merchants from Cathay" (Benet) **28**:3, 5
Merchants of Disaster (Dent) **72**:20-21
The Merchants of Nations (Papadiamantis) **29**:271
"The Merchant's Wife" (Lewis) **3**:287
The Mercy of Allah (Belloc) **7**:38, 40; **18**:45
"The 'Mercy' of God" (Dreiser) **35**:71, 74
A Mere Accident (Moore) **7**:473, 484-86, 489-90
Mere Man (Thomas) **97**:139
"Mère Pochette" (Jewett) **22**:137
"Merely Mary Ann" (Zangwill) **16**:465
"Mergui Isles" (Kolmar) **40**:179
"Meriggio" (D'Annunzio) **40**:43-5
"The Merino Sheep" (Paterson) **32**:381
"A Meritorious Villainous Bakerman" (Lindsay) **17**:240
"Merknut znaki zodiaka" (Zabolotsky) **52**:366
"Merkwaardige aanval" (van Ostaijen) **33**:412, 418
"Merle" (Renard) **17**:311
"Le merle et la jeune fille" (Bosschere) **19**:59
Merlette (Gourmont) **17**:127-28
"Merlin" (Muir) **87**:188
"Merlin" (Robinson) **101**:95
Merlin (Heyse) **8**:117-19
Merlin: A Poem (Robinson) **5**:403; **101**:111, 113, 115-16, 130, 134, 188-89, 192
"Merlin et la vieille femme" (Apollinaire) **3**:34, 43
The Mermaid (Melies) **81**:123
Merope (D'Annunzio) **6**:136
The Merovingians (Liliencron) **18**:208
"Die Merowinger" (Liliencron) **18**:216
The Merry Adventures of Robin Hood of Great Renown in Nottinghamshire (Pyle) **81**:385,391,394-400
"Merry Folk" (Sudermann) **15**:428
The Merry Frolics of Satan (Melies) **81**:122
"The Merry Guide" (Housman) **10**:247, 252
"The Merry Maid" (Millay) **4**:307
"The Merry Policeman" (Stephens) **4**:417
The Merry Widow (Stroheim) **71**:329-332, 336-340, 357, 361-362, 366
The Merry Wives of Westminster (Lowndes) **12**:205
Merry-Go-Round (Schnitzler)
See *Reigen*
Merry-Go-Round (Stroheim) **71**:330-332, 339, 374
"Mersa" (Douglas) **40**:74, 76
"Mertvecy osveščennye gazom" (Bryusov) **10**:82
"Merveilles de la guerre" (Apollinaire) **8**:17, 28-9; **51**:36
Mes apprentissages (Colette) **5**:171; **16**:118, 129, 133
Mes cahiers (Barrès) **47**:48, 51, 56, 61, 63, 65, 67-8, 76, 92, 98
Mes haines (Zola) **6**:567; **41**:407
Mes origines (Mistral) **51**:142-46
Mescal: A New Artificial Paradise (Ellis) **14**:112
Meshi (Hayashi) **27**:107
"Der meshugener batlen" (Peretz) **16**:401
"Der meshulekh" (Peretz) **16**:389-90, 399
Mesikammen (Leino) **24**:372
"The Mesmeric Mountain" (Crane) **11**:148
"Mesopotamia, 1917" (Kipling) **8**:200
"A Mess of Pottage" (Dunbar) **2**:30; **12**:111
"A Message from the Deep Sea" (Freeman) **21**:59
Message in the Bottle (Karinthy) **47**:271
The Message of Kafka (Hedayat)
See *Piyam-e Kafka*
"The Message of St. John" (Baker) **10**:28
The Message of the East (Iqbal)
See *Payam-i mashriq*
"Message to Young Writers" (Tolstoy) **18**:372
Messalina of the Suburbs (Delafield) **61**:127
"Messalina Prepares a Festival" (Bishop) **103**:26
"Messaline au Cirque" (Swinburne) **8**:440
"Die Messe" (Heym) **9**:142, 144-45
La messe là-bas (Claudel) **10**:123
"La messe sur le monde" (Teilhard de Chardin) **9**:481-82
"The Messenger" (Chambers) **41**:88, 102
"The Messenger" (Lovecraft) **4**:266
"The Messenger" (Peretz)
See "Der meshulekh"
The Messiah (Merezhkovsky) **29**:242
"Messidor" (Swinburne) **36**:318
Messingkauf Dialogues (Brecht) **35**:20
"Messze...Messze" (Babits) **14**:39
Il mestiere di vivere: Diario, 1935-1950 (Pavese) **3**:340
"Město věží" (Nezval) **44**:246
"Mesu ni tsuite" (Dazai Osamu) **11**:175
"Mesure de la France" (Drieu la Rochelle) **21**:18, 27, 32
Metafizyka dwuglowego dielecia (Witkiewicz) **8**:512, 514
"Metamorphoses" (Kolmar) **40**:176
"Metamorphoses of M" (Bishop) **103**:5, 16
"Metamorphosis" (Dazai Osamu)
See "Gyofukuki"
"The Metamorphosis" (Dobson) **79**:27, 30
"Metamorphosis" (Stevens) **45**:281
Metamórphosis (Gamboa) **36**:74-6
The Metamorphosis (Kafka)
See *Die verwandlung*
"Metamorphosis of Capitalism" (Drieu la Rochelle) **21**:36-7
"La metamúsica" (Lugones) **15**:293
"Metaphor as Degeneration" (Stevens) **3**:473; **12**:364
"Metaphors of a Magnifico" (Stevens) **12**:360
Metaphysics of a Two-Headed Calf (Witkiewicz)
See *Metafizyka dwuglowego dielecia*
"Metaphysics of Being" (Artaud) **36**:17
"Metaphysics of Youth" (Benjamin) **39**:3
"Metempsicosis" (Lugones) **15**:285

"The Meteor" (Bradford) **36**:63
Meteor (Capek)
See *Provětroň*
"Method and Metaphysics" (Collingwood) **67**:184
"Method of Composition with Twelve Tones Related Only to One Another" (Schoenberg)
See "Composition with Twelve Tones"
"The Methodist Spirit: A Tribute" (Riis) **80**:439
"Eine Methodologische Novelle" (Broch) **20**:55
"Methods in Social Anthropology" (Westermarck) **87**:335
"The Methods of Ethnology" (Boas) **56**:98
"Methods of Montage" (Eisenstein) **57**:181
"Methods of Science" (Peirce) **81**:291
Methods of Social Study (Webb and Webb) **22**:415, 424
Métiers divins (Bosschere) **19**:52-5, 63-4
"El metro de doce" (Nervo) **11**:400
"The Metropolis and Mental Life" (Simmel) **64**:360, 362
"Metropolitan Melancholy" (Stevens) **45**:347
Metropolitan Symphony (Mizoguchi) **72**:322
"Mettus Curtius" (Field) **43**:165-66
"Les meules qui brûlent" (Verhaeren) **12**:467
"Le meunier" (Verhaeren) **12**:466-67
"The Mexican" (London) **9**:262; **15**:262
"Mexican Interval" (McAlmon) **97**:94, 96-97, 121
"Mexican Quarter" (Fletcher) **35**:105, 107
"Mexico" (Mayakovski) **18**:259
Mexico in a Nutshell, and Other Essays (Reyes) **33**:322
"Mexico's Epitaph" (Machado de Assis)
See "Epitaphio do Mexico"
The Mezentian Gate (Eddison) **15**:53-5, 57, 60, 62
"Mezzogiorno alpino" (Carducci) **32**:91, 103, 112
"The Mezzotint" (James) **6**:212
Mezzotints in Modern Music (Huneker) **65**:157, 165, 170, 177, 188, 199, 215
"Mgnovenija" (Bryusov) **10**:81
Mhendu (Devkota) **23**:50
M'hijo el dotor (Sanchez) **37**:311-17
Mhudi: An Epic of South African Native Life a Hundred Years Ago (Plaatje) **73**:220-39
Mi caballo, mi perro y mi rifle (Romero) **14**:434, 444
Mi diario (Gamboa) **36**:71-2
"Mi religión" (Unamuno) **2**:560; **9**:513
Mi religión y otros ensayos (Unamuno) **9**:514
"Mi triste ansia" (Jimenez) **4**:214
"Mi verso" (Nervo) **11**:400
"A mia moglie" (Saba) **33**:373, 377
Miau (Perez Galdos) **27**:248, 250, 257, 263
Micah Clarke (Doyle) **7**:217, 220, 224, 226-27, 234, 239
"Michael" (Baker) **10**:17, 21, 25
Michael (Goebbels) **68**:88, 91, 103-04, 108, 111-13, 115-16, 118-20, 125
Michael and Mary (Milne) **88**:247
"Michael Angelo" (Lawrence) **93**:45
Michael Angelo (Shaw) **3**:381
"Michael Angelo's Sonnets" (Chapman) **7**:185
Michael, Brother of Jerry (London) **9**:267
"Michael Clancy, the Great Dhoul, and Death" (Yeats) **31**:416, 418
Michael Kramer (Hauptmann) **4**:194-95, 197
Michael O'Halloran (Porter) **21**:271, 274, 276
Michael Robartes and the Dancer (Yeats) **1**:559; **11**:522, 528; **31**:421; **93**:339, 340, 344, 362, 389, 391, 398
Michael Strogoff, the Courier of the Czar (Verne)
See *Michel Strogoff, Moscow-Irkowtsk*
"Michael Trevanion" (Rutherford) **25**:361
Michael Unger (Huch)
See *Vita somnium breve*
"Michaelmas" (Davidson) **24**:163, 186, 193
"Michałko" (Prus) **48**:162, 172, 177
Michel Strogoff, Moscow-Irkowtsk (Verne) **6**:502
Michel-Ange (Rolland) **23**:282
Michelangelo (Brandes) **11**:66
Michelangelo (Papini)
See *Vita di Michelangelo*
Michelangelo's Nose (Ball)
See *Die Nase des Michelangelo*
"A mi-chemin" (Peret) **20**:196-97
"Michigan Avenue" (Hecht) **101**:38
Michikusa (Natsume) **2**:492-93; **10**:338, 346
"Miching Mallecho" (Williams) **89**:393
"The Microbe" (Belloc) **18**:39
Mid-American Chants (Anderson) **1**:36, 46-7, 50, 56-7, 61; **10**:37, 41, 45, 47-50
"Mid-American Prayer" (Anderson) **10**:47
Midaregami (Yosano Akiko) **59**:323, 326, 332, 341-5
Midas Hadin (Bergelson) **81**:31
Mid-Channel (Lewisohn) **19**:269, 271-73, 277, 281, 287-88, 290
Mid-Channel (Pinero) **32**:395, 397-98, 400-02, 405, 410, 414-15
"En middag" (Kielland) **5**:275
"Midday in the Alps" (Carducci)
See "Mezzogiorno alpino"
"Middle Age Phrases for a Historical Study" (Twain) **48**:357
"The Middle Ages" (Gumilev) **60**:271
The Middle Kingdom (Morley) **87**:140
"The Middle of the World" (Lawrence) **61**:227; **93**:59, 124
The Middle Parts of Fortune (Manning)
See *Her Privates We*
The Middle Span (Santayana) **40**:385
"The Middle Toe of the Right Foot" (Bierce) **7**:88; **44**:15, 44-5, 49
The Middle Years (James) **11**:321; **24**:314
"Middle-Aged" (Bennett) **5**:46
Middle-Class Illusions (Drieu la Rochelle)
See *Rêveuse bourgeoisie*
"Middleton's Peter" (Lawson) **27**:131
"Middleton's Rouseabout" (Lawson) **27**:140
"Midget Car" (Fields) **80**:259
The Midlander (Tarkington) **9**:458, 460, 467-68, 474
"Mid-Night" (Howe) **21**:106
"Midnight" (Villaurrutia) **80**:477
"Midnight Dance" (Nagai)
See "Butō"
"Midnight in India" (Lewis) **3**:290
"Midnight in Moscow" (Mandelstam) **2**:409
"Midnight in Russia" (Steffens) **20**:355
"Midnight Mass" (Machado de Assis) **10**:288, 306
"Midnight Rendezvous" (Rohmer) **28**:286
"The Midnight Service" (Bialik) **25**:50
"Midnight Shift" (Holly) **65**:151
Midnight Sketches (Crane) **11**:134, 163
"The Midnight Song" (Leino)
See "Keskiyön kuoro"
The Midnight Sun (Remizov)
See *Polunoshchnoe solntse*
"Midoriiro no fue" (Hagiwara Sakutaro) **60**:291
"Midsommerfesten" (Hansen) **32**:249, 251
"Midsummer Customs in Morocco" (Westermarck) **87**:334
"Midsummer Day" (Davidson) **24**:163
"The Midsummer Feast" (Hansen)
See "Midsommerfesten"
"Midsummer Frost" (Rosenberg) **12**:311-12
"A Midsummer Holiday" (Swinburne) **36**:321
"Midsummer in the Forest" (Liliencron) **18**:206
"A Midsummer Night's Dream" (Hartmann) **73**:119
"Midsummer Sport" (Heidenstam) **5**:251
"A Midsummer Trip to the Tropics" (Hearn) **9**:133
Midt i en jærntid (Nexo) **43**:330
Midwinter (Buchan) **41**:39
"Midwinter Night's Dream" (Coppard) **5**:179
"Miedo" (Storni) **5**:452
"El miedo a la muerte" (Nervo) **11**:395
"I miei amici" (Papini) **22**:280
Míg új a szerelem (Moricz) **33**:243-44
"Might, Majesty, and Dominion" (Graham) **19**:122, 136
Mightier Than the Sword (Ford)
See *Portraits from Life*
The Mighty Atom (Corelli) **51**:66, 68, 82
"The Mighty Hundred Years" (Markham) **47**:284
"Migration from Curses' City" (Ady) **11**:14
"Mihan-Parast" (Hedayat) **21**:74
Mihatenu yume (Nagai) **51**:105
Mik (Gumilev) **60**:262
The Mikado; or, The Town of Titipu (Gilbert) **3**:215, 217-19
"Mikan" (Akutagawa Ryunosuke) **16**:20
"Mike" (Thomas) **10**:459
Mike Fletcher (Moore) **7**:484-86, 489-90
Mikhalaki (Vazov) **25**:450
Miklós Radnóti: The Complete Poetry (Radnoti) **16**:421
"Mikusha Nalymov" (Tolstoy) **18**:367, 377
Mīla stiprāka par nāvi (Rainis) **29**:393
Un milagro en Egipto (Echegaray) **4**:101
The Milan Grill Room: Further Adventures of Louis, the Manager, and Major Lyson, the Raconteur (Oppenheim) **45**:131
"Mildred Lawson" (Moore) **7**:484-85
Mileposts I (Tsvetaeva)
See *Vyorsty I*
Mileposts II (Tsvetaeva)
See *Vyorsty II*
Milestones (Bennett) **5**:44, 46
"Le milieu divin" (Teilhard de Chardin) **9**:481, 483-84, 486, 488-89, 492, 494-95
"Le milieu mystique" (Teilhard de Chardin) **9**:492, 500
"Militarism and Theology" (Strachey) **12**:400
The Military Tales (Tolstoy) **4**:445
Military Tricks (Valle-Inclan)
See *Baza de espadas: El ruedo Ibérico III*
"The Milkmaid's Song" (Pyle) **81**:390
"Milkweed" (Stringer) **37**:343
"The Mill" (Robinson) **5**:406, 413; **101**:159, 192, 197
"The Mill at Naul" (Gogarty) **15**:110
"The Mill Pond" (Thomas) **10**:450
"The Miller" (Smith) **25**:377, 382, 386, 397
The Miller of Old Church (Glasgow) **2**:180; **7**:333, 340
"The Miller of Ostend" (Post) **39**:339
"Millie" (Mansfield) **2**:451; **39**:301, 319
Million Dollar Legs (Mankiewicz) **85**:112. 155-6
"The Millionaire" (Artsybashev) **31**:7
The Millionaire (Micheaux) **76**:266
The Millionaire of Yesterday (Oppenheim) **45**:132
"A Millionaire's Girl" (Fitzgerald) **52**:59-62
The Millionairess (Shaw) **3**:393; **45**:220
"Millions" (Aleichem)
See "Milyonen"
"The Mill-Water" (Thomas) **10**:452
Milly and Olly (Ward) **55**:409
"Milton" (Muir) **87**:156, 168, 172
Milton (Belloc) **18**:33, 45
Milton (Macaulay) **7**:423
"Milyonen" (Aleichem) **35**:306, 308, 310-11
Mimes (Schwob) **20**:320, 322-23
Mimesis: Dargestellte Wirklichkeit in der abendländischen Literatur (Auerbach) **43**:47-51, 53-9, 62-8, 70-3, 75-85
Mimesis: The Representation of Reality in Western Literature (Auerbach)
See *Mimesis: Dargestellte Wirklichkeit in der abendländischen Literatur*
"Mimi" (Bennett) **5**:46
Mimma Bella: In Memory of a Little Life (Lee-Hamilton) **22**:192-93
Mimoletnoe (Rozanov) **104**:348, 397, 399, 401
"Mimosa" (Leverson) **18**:200-01

"Mimsy Were the Borogoves" (Kuttner) **10**:268, 272-74
"Min lyra" (Sodergran) **31**:292
"Min själ" (Sodergran) **31**:290
"Min Svanesang" (Nexo) **43**:315
"Minä" (Leino) **24**:370
Minawa-shû (Mori Ōgai) **14**:369
Mince Pie (Morley) **87**:120
"The Mind" (Tagore)
See *Mānasī*
The Mind and Society (Pareto)
See *Trattato di sociologia generale*
"Mind and the Symbol" (Mead) **89**:101
Mind at the End of Its Tether (Wells) **6**:548, 553; **12**:507
Mind Energy (Bergson)
See *L'énergie spirituelle*
"The Mind of Fu Manchu" (Rohmer) **28**:292, 301
The Mind of J. G. Reeder (Wallace) **57**:402
The Mind of Light (Aurobindo) **63**:20
The Mind of Primitive Man (Boas) **56**:63, 74, 79, 92, 94
"The Mind of the Maker" (Sayers) **2**:534; **15**:374, 376, 383, 390, 395
"Mind Over Motor" (Rinehart) **52**:280
Mind, Self, and Society (Mead) **89**:50, 64, 71-2, 75, 100, 102, 104, 106-7, 147, 158-9, 161-3, 165, 172
"The Mind Speaks" (Davies) **5**:209
The "Mind the Paint" Girl (Pinero) **32**:393, 405, 413, 415
"Mind versus Mill-Stream" (Howe) **21**:107
"Mind Your Own Business" (Williams) **81**:423,429
"Mindenek szerelme" (Babits) **14**:39
A minden-titkok verseiből (Ady) **11**:18, 23
"The Mind-Reader" (Herzl) **36**:140, 143
The Mind's Creation (Tagore)
See *Mānasī*
The Mind's Creation (Tagore)
See *Mānasī*
"Mind's Eye Trouble" (Benchley) **55**:7, 8
"The Mindworm" (Kornbluth) **8**:216
"The Mine at Falun" (Hofmannsthal)
See "Das Bergwerk zu Falun"
"Mine Enemy's Dog" (Williams) **89**:371
"Mine Host" (McCrae) **12**:208, 211
Mine the Harvest (Millay) **49**:215, 222-23, 226, 232
Mine-Haha (Wedekind) **7**:586
"Los mineros salieron de la mina..." (Vallejo) **56**:311, 316
"Miners" (Owen) **5**:361, 363, 366, 369, 374; **27**:201, 212, 227
"Minerva's Owl" (Innis) **77**:337
"Minetta Lane, New York" (Crane) **11**:142
"Ming Tseuen and the Emergency" (Bramah) **72**:9
"A Mingled Yarn" (Tomlinson) **71**:403
A Mingled Yarn (Tomlinson) **71**:400, 403
"Mingo: A Sketch of Life in Middle Georgia" (Harris) **2**:209
"Mîngol'ă's Inn" (Caragiale)
See "La hanul lui Mînjoală"
Miniaturen (Brandes) **11**:68
Miniatures of French History (Belloc) **7**:40
"The Minister's Books" (Benet) **7**:81
The Minister's Charge; or, The Apprenticeship of Lemuel Barker (Howells) **7**:370, 372, 376, 393, 395, 397, 399; **17**:185; **41**:256, 268-69, 286
"The Minister's Oath" (Hawthorne) **25**:247-48
The Ministry of Art (Cram) **45**:13, 21
"Miniver Cheevy" (Robinson) **5**:418; **101**:98, 112-13, 128, 138, 198
Minna and Myself (Bodenheim) **44**:56, 58, 64, 68
"Minor Litany" (Benet) **7**:79
The Minor Pleasures of Life (Macaulay) **44**:126
Minor Poets of the Caroline Period (Saintsbury) **31**:236
Minorities (Lawrence) **18**:177
Minority Report: H. L. Mencken's Notebooks (Mencken) **13**:385, 388
"Minsk" (Ramos) **32**:431
The Mint (Lawrence) **18**:135-38, 142-43, 145-49, 155-56, 160-61, 163-66, 171, 174, 177-82
"Mint Julep Night" (Morley) **87**:141
"Minuta" (Tsvetaeva) **7**:560
Minute Logic (Peirce) **81**:199,372
Minute Particulars (Bishop) **103**:2, 4-5, 9, 18-19, 21
"Minutely Hurt" (Cullen) **37**:156
Les minutes de sable mémorial (Jarry) **2**:279, 281, 284; **14**:272-73, 276, 281
"The Minx" (Leverson) **18**:199
Mío Cid Campeador (Huidobro) **31**:121, 123, 131, 138-41, 143
"Mirabeau Bridge" (Apollinaire)
See "Le pont Mirabeau"
"The Miracle" (Beresford) **81**:6
"The Miracle" (Remizov)
See "Chudo"
"The Miracle" (Rinehart) **52**:282
"Miracle" (Wen I-to) **28**:413
"A Miracle Demanded" (Cullen) **37**:156
"Miracle des trois dames" (Alain-Fournier) **6**:19, 28
Miracle in the Rain (Hecht) **101**:80
The Miracle Man (Cohan) **60**:162
"A Miracle of Bethlehem" (Flecker) **43**:192
The Miracle of Morgan's Creek (Sturges) **48**:268, 272, 275-76, 279, 283, 285, 288, 291-92, 295, 301-09, 313-14, 316, 321, 323
"The Miracle of Purun Bhagat" (Kipling) **8**:208; **17**:212
"The Miracle of Saint Jubanus" (Kipling) **8**:196, 200, 202
Miracle of the Bells (Hecht) **101**:80
"The Miracle of the Boy Linus" (Sologub) **9**:436
"The Miracle of the Stigmata" (Harris) **24**:267-68, 273
Miracle Plays: Our Lord's Coming and Childhood (Tynan) **3**:502, 504
"The Miracle Worker" (Peretz) **16**:398
Miracles (Alain-Fournier) **6**:19, 28
The Miracles of Antichrist (Lagerloef)
See *Antikrists mirakler*
The Miracles of Our Lord (MacDonald) **9**:288
Miraculous Bird (Nervo)
See *Pájaro milaroso*
"Mirage" (Carman) **7**:143
"Mirage" (Graham) **19**:136
"The Mirage" (Tolstoy) **18**:378
Mirage (Balmont)
See *Marevo*
Mirage (Masters) **2**:468-69; **25**:293-94
Mirages (Graham) **19**:129, 136
"Miragoane" (Roumain) **19**:344-45
"Mirahuano" (Graham) **19**:129, 136
"Miramar" (Carducci) **32**:103-05
"Miranda's Supper" (Wylie) **8**:531
"Mircath" (Sharp) **39**:376
Mirèio (Mistral) **51**:112, 121-22, 124, 135-39, 142-43, 147-51, 152-58, 160-61, 163, 166-72
Mirele (Bergelson) **81**:15
Mirely ou le petit trou pas cher (Apollinaire) **51**:18
Miriam's Schooling (Rutherford) **25**:341, 345, 355-56, 361-62
"Miroir" (Apollinaire) **8**:18
"Le miroir d'un moment" (Eluard) **41**:154
"Mirovoe koltso" (Balmont) **11**:36
"The Mirror" (Machado de Assis)
See "O espelho"
"The Mirror" (Rosenberg) **12**:311
"The Mirror in the Front Hall" (Cavafy) **7**:163
The Mirror of a Mage (Huidobro)
See *Cagliostro*
The Mirror of Kong Ho (Bramah) **72**:5, 7, 9-11
"The Mirror Of Madmen" (Chesterton) **64**:41
The Mirror of Maids (Kuzmin)
See *Zerkalo dev*
"The Mirror of St. John" (Palamas) **5**:386
The Mirror of the Past (Beerbohm) **24**:115, 118-19
The Mirror of the Sea (Conrad) **25**:74; **43**:102; **57**:39, 71
Mirrors (Hippius)
See *Zerkala*
"The Mirrors of Tuzun Thune" (Howard) **8**:136-37
Mirskonca (Khlebnikov) **20**:135-36, 142, 150
Mis filosofías (Nervo) **11**:394
"Misa de primavera" (Lugones) **15**:294
Misalliance (Shaw) **3**:387, 393; **9**:428
"The Misanthrope" (Lu Hsun)
See "Guduzhe"
"Misbehavior" (Soderberg)
See "Oskicket"
"Miscellanea Ethica" (Keynes) **64**:290-92
Miscellaneous Essays (von Hartmann) **96**:209
Miscellaneous Notes (Yosano Akiko)
See *Zakkicho*
Miscellaneous Papers (Machado de Assis)
See *Papéis avulsos*
Miscellaneous Poems (Harper) **14**:255
Miscellaneous Writings (Eddy) **71**:95, 99
Miscellanies (Wilde) **41**:367
Mischief (Williams) **89**:394
The Mischief-Maker (Oppenheim) **45**:128
"A Misdeal" (Somerville & Ross) **51**:385
Misericordia (Perez Galdos) **27**:248-50, 267, 283
"Misery" (Chekhov) **3**:152
"Mishka" (Gray) **19**:148-50, 152, 157
Di mishpokhe Karnovski (Singer) **33**:387, 393-94, 396, 401-02
Misinforming a Nation (Van Dine) **23**:358
La misión de la universidad (Ortega y Gasset) **9**:344
"Miss Anstruther's Letters" (Macaulay) **44**:124
"Miss Becky's Pilgrimage" (Jewett) **22**:147
"Miss Betty" (Stoker) **8**:394
Miss Bretherton (Ward) **55**:405, 409
"Miss Brill" (Mansfield) **2**:458; **8**:282-86; **39**:296, 303-04, 321, 324
Miss Brown (Lee) **5**:309, 311, 314-15, 318
Miss Brown of the X.Y.O. (Oppenheim) **45**:133, 135
"Miss Christian Jean" (Graham) **19**:137
"Miss Cow Falls Victim to Mr. Rabbit" (Harris) **2**:213
"Miss Cynthie" (Fisher) **11**:205-06, 208, 210, 212, 214
"Miss Daisy" (March) **96**:259
"Miss Dorothy Phillips, mi esposa" (Quiroga) **20**:207, 214
"Miss Dorothy Phillips, My Wife" (Quiroga)
See "Miss Dorothy Phillips, mi esposa"
"Miss Duveen" (de la Mare) **4**:78; **53**:27, 41
"Miss Ella" (Fitzgerald) **52**:62-5
"Miss Furr and Miss Skeene" (Stein) **48**:252-53, 255
Miss Gascoyne (Riddell) **40**:334
Miss Hobbs (Jerome) **23**:83
"Miss Jemima" (de la Mare) **4**:78; **53**:16, 22
Miss Julie (Strindberg)
See *Fröken Julie*
"Miss Kate-Marie" (Roberts) **68**:336
"Miss Knight" (McAlmon) **97**:91, 106, 123
Miss Knight and Others (McAlmon) **97**:123
Miss Lonelyhearts (West) **1**:478-79, 481-91, 493; **14**:468, 470-76, 479, 481-90, 492; **44**:365-419
Miss Lulu Bett (Gale) **7**:277-87
Miss Mapp (Benson) **27**:9
"Miss Mary Pask" (Wharton) **3**:577
"Miss McEnders" (Chopin) **14**:61, 68, 81
Miss Mehaffy (Bromfield) **11**:82
"Miss Miller" (de la Mare) **53**:27
"Miss Mix" (Harte) **1**:342

"Miss Ogilvy Finds Herself" (Hall) **12**:188
Miss Oyu, the Madonna (Mizoguchi)
See *Oyusama*
"Miss Padma" (Premchand) **21**:289-90
Miss Peck's Promotion (Jewett) **1**:360
Miss Pinkerton (Rinehart) **52**:301-02
Miss Pym Disposes (Tey) **14**:449, 452-53, 462, 464
Miss Richard's Boy (Holley) **99**:326
"Miss T" (de la Mare) **4**:74
"Miss Tempy's Watcher's" (Jewett) **22**:125, 137, 147, 149
"Miss Witherwell's Mistake" (Chopin) **14**:68
Missbrukad Kvinnokraft och Naturenliga arbetsomraden for kvinnor (Key) **65**:242, 244
"Missing" (de la Mare) **53**:14-5, 17-8, 21, 27, 34, 37
Missing (Ward) **55**:437, 441-43, 446
"The Missing All" (Bishop) **103**:15, 18
"The Missing Idol" (Hecht) **101**:87
"The Missing Necklace" (Futrelle) **19**:96
"Missing Page Thirteen" (Green) **63**:143
"The Mission of the Trees" (Scott) **6**:386, 390, 393, 397
Mission of the University (Ortega y Gasset)
See *La misión de la universidad*
"The Missionary" (Bosman) **49**:23
"Missis Flinders" (Slesinger) **10**:441, 444-45
Mississippi (Kaiser) **9**:181
Mist (Unamuno)
See *Niebla*
"Mist on Meadows" (Gurney) **33**:88
"Mist on the Meadow" (March) **96**:259
"A Mistake" (Prus)
See "Omyłka"
Mister Antonio (Tarkington) **9**:464-65
Mister Bow Wow (Hedayat)
See *Vagh vagh sahab*
Mister Johnson (Cary) **1**:144, 146, 148; **29**:67-8, 70, 72, 77-8, 80, 82-5, 92, 97, 101-02, 104-05, 107
"Mr. Kempe" (de la Mare) **4**:80; **53**:13-5, 17, 26-7, 36
Misteria-Buff (Mayakovski) **4**:291-92, 295-98, 301-03; **18**:241-43, 247, 253-54, 271
Misterio de una vocación (Gonzalez Martinez) **72**:154
"Mist-Green Oats" (Knister) **56**:155, 158, 160-61, 165
Místicas (Nervo) **11**:398, 400, 403
The Mistress (Betti)
See *La padrona*
Mistress Branican (Verne) **6**:501; **52**:359
"The Mistress' Home" (Nagai)
See "Shōtaku"
Mistress of a Foeigner (Mizoguchi) **72**:325
"Mistress of Death" (Howard) **8**:138
The Mistress of Husaby (Undset) **3**:510
Mistress of Mistresses (Eddison) **15**:52-5, 57, 59-60, 62
Mistress of the House (Martinez Sierra and Martinez Sierra)
See *El ama de la casa*
"The Mistress of Vision" (Thompson) **4**:435, 438
"Misty Night" (Nagai)
See "Oboroyo"
Misused Womanpower (Key)
See *Missbrukad Kvinnokraft och Naturenliga arbetsomraden for kvinnor*
Mit dem Kopf durch die Wand (Horvath) **45**:101, 111
Mit dem linken Ellenbogen (Liliencron) **18**:216
"Mit der Pinasse" (Liliencron) **18**:215
"Mit leichter Brise segeln" (Broch) **20**:52
Mitch Miller (Masters) **2**:461-62, 467-69, 471-72; **25**:291, 293-94, 315-16
"Mitchell on Matrimony" (Lawson) **27**:128, 131, 150-52
"Mitchell on the 'Sex,' and Other 'Problems'" (Lawson) **27**:150, 152
Mithraic Emblems (Campbell) **5**:117-18, 120, 123
Mitina lyubov' (Bunin) **6**:45-6, 51
"Mito" (Pavese) **3**:339
Mitre Court (Riddell) **40**:333
Mitrofan i Dormidolski (Vazov) **25**:450
Mitsou (Colette) **1**:191; **16**:129
Die Mittagsgöttin (Werfel) **8**:476-77, 479
Mitya's Love (Bunin)
See *Mitina lyubov'*
"Mityzacja rzeczywistości" (Schulz) **5**:423; **51**:308
Mixed Brands (Adams) **56**:8
Mixed Relations (Jacobs) **22**:101
Mixed Vintages: A Blend of Essays Old and New (Lucas) **73**:170
"M'liss" (Harte) **25**:192, 197, 199, 217-18
"MM. Burke et Hare, assassins" (Schwob) **20**:323
"Mme. de Sévigné" (Woolf) **43**:402
"Moabit" (Borchert) **5**:109
"Moanin' the Blues" (Williams) **81**:428
The Mob (Blasco Ibanez)
See *La horda*
The Mob (Galsworthy) **1**:303; **45**:52
"Mobled King" (Beerbohm) **24**:102
Mockery Gap (Powys) **9**:365-66, 376
"The Mocking-Bird" (Bierce) **7**:89; **44**:12, 44-5
Mod dagningen: Skildringer fra Rusland (Nexo) **43**:317, 330
"A Model Millionaire: A Note of Admiration" (Wilde) **8**:492; **41**:359
Models for Beginners in Composition (Schoenberg) **75**:319
Moder Lea (Bojer) **64**:5, 7, 10, 12-13, 22
"Moderatucoli" (Carducci) **32**:106-07
"The Modern Actor" (Gray) **19**:151
Modern American Prose (Van Doren) **18**:405
Modern American Sculpture (Hartmann) **73**:134
"Modern Art and Its Philosophy" (Hulme) **21**:131, 147
"Modern Children" (Aleichem) **1**:31
A Modern Comedy (Galsworthy) **1**:302; **45**:46-7, 70
Modern Democracy (Becker) **63**:64, 66
The Modern Drama (Lewisohn) **19**:273
"The Modern Essay" (Woolf) **43**:409
"Modern Fiction" (Woolf) **20**:397, 419, 430; **43**:384, 390, 406, 415-16; **101**:318
A Modern Hero (Bromfield) **11**:77, 85, 88
Modern History: the Rise of a Democratic, Scientific, and Industrialized V=Civilization (Becker) **63**:80, 109
Modern Icelandic Plays (Sigurjonsson) **27**:362
"A Modern Idyll" (Harris) **24**:254, 280
A Modern Instance (Howells) **7**:364-66, 372, 375-77, 380-82, 384, 392, 395-97; **17**:162, 178, 180-82, 185, 189, 191; **41**:233-34, 247, 252, 262-63, 265-66, 270, 275, 277
"A Modern King Lear" (Addams) **76**:94
"Modern Love" (Meredith) **17**:253
Modern Love, and Poems of the English Roadside, with Poems and Ballads (Meredith) **17**:253-54, 261, 272, 282-83, 285, 289, 291; **43**:277
A Modern Lover (Moore) **7**:473, 477, 484-86, 489, 496
"The Modern Magic" (Chesterton) **1**:182
"The Modern Man and Nature" (Fuller) **103**:112
"Modern Moses, or 'My Policy' Man" (Bell) **43**:89, 91, 93
"The Modern Mother" (Meynell) **6**:300
"The Modern Novel" (Knister) **56**:153
Modern Painters: Their Superiority in the Art of Landscape Painting to the Ancient Masters (Ruskin) **63**:238-40, 244, 251, 253-58, 262-63, 268-72, 275, 278, 284, 291-92, 303-9, 312, 316-18, 321-22, 330
"Modern Painting" (Apollinaire) **51**:41
Modern Painting (Moore) **7**:482, 491
Modern Painting (Van Dine) **23**:357
"Modern Philosopher" (Heyward) **59**:95
"A Modern Poem" (Moore) **7**:487
"Modern Poetry" (Crane) **80**:86
Modern Psalm (Schoenberg) **75**:311, 347-48
Modern Science: A Criticism (Carpenter) **88**:127
Modern Science and Anarchism (Kropotkin) **36**:211
"The Modern Scrooge" (Chesterton) **6**:109
"The Modern Soul" (Mansfield) **2**:456; **39**:298-300
"The Modern Speaks" (Stringer) **37**:341-42
"The Modern Theme" (Ortega y Gasset)
See "El tema de nuestro tiempo"
A Modern Theory of Ethics: A Study of the Relations of Ethics and Psychology (Stapledon) **22**:309, 314, 322
The Modern Traveller (Belloc) **7**:31, 38, 42; **18**:39-40
A Modern Utopia (Wells) **6**:524-25, 536, 553; **12**:514; **19**:437-38, 451-53
The Modern Woman (Martinez Sierra and Martinez Sierra) **6**:274
The Modern Writer (Anderson) **24**:36
Moderne geister (Brandes) **11**:68
Det moderne gjennembruds maend (Brandes) **10**:74
Modes of Thought (Whitehead) **97**:282, 298
Moeti oa bochabela (Mofolo) **22**:246-49, 253, 257-58
"Moeurs littéraires" (Jacob) **6**:191
Mogila voina (Aldanov) **23**:18-19, 23
Mogreb-el-Acksa (Graham) **19**:101-02, 112, 114-15, 134
Mohammed (Hartmann) **73**:110, 116, 134
"Moi predki" (Kuzmin) **40**:198
Moi universitety (Gorky) **8**:74, 77
Moi współcześni (Przybyszewski) **36**:288
"Moia zhizn" (Esenin) **4**:116
Moine (Kandinsky) **92**:49
Les moines (Verhaeren) **12**:458, 460, 462-63, 465-66, 468, 473
"Moines en défilade" (Nelligan) **14**:393, 397
"Les moissons" (Mistral) **51**:135, 145, 147, 163, 171
"Moj Puškin" (Tsvetaeva) **7**:562, 571
Molière: His Life and Works (Matthews) **95**:246
"El molino" (Miro) **5**:335
"Molitva" (Tsvetaeva) **35**:402, 407-08
"Molla's Heart Attack" (Rolvaag) **17**:347
Mollentrave on Women (Sutro) **6**:419
"Molly Trefusis" (Dobson) **79**:2
"Moloch" (Kuprin) **5**:298, 304-06
Molodaya gvardiya (Fadeyev) **53**:54-5
Molodets (Tsvetaeva) **7**:556, 562; **7**:556-57, 562, 566; **35**:375, 379, 402, 410, 413-15
"Mom Bi: Her Friends and Enemies" (Harris) **2**:211
"A Moment" (Coleridge) **73**:3, 11-12
"The Moment" (Korolenko) **22**:172
The Moment (Bryusov) **10**:90
Moment (Sa-Carniero)
See *Apice*
The Moment and Other Essays (Woolf) **43**:388, 394
"The Moment Has Come" (Villaurrutia) **80**:458
Moments of Being (Woolf) **5**:517; **101**:276-77
Momentum catastrophicum (Baroja) **8**:63
Mon (Natsume) **2**:491-93; **10**:329, 331, 339, 341, 345, 347-48
"Mon âme" (Roussel) **20**:228, 230, 234-35, 240, 244-45
"Mon amie" (Bourne) **16**:47
"Mon Dieu m'a dit" (Gray) **19**:155
Mon Faust (Valery) **4**:496-97; **15**:450, 461
Mon frère Yves (Loti) **11**:353-54, 359, 361-62, 364, 366
"Mon plus secret conseil" (Larbaud) **9**:198-202, 207
"Monad and Multitude" (Gosse) **28**:142
The Monarch of Dreams (Higginson) **36**:186
Monarch, the Big Bear of Tallac (Seton) **31**:261, 279
Monarchy (Belloc) **18**:44

Mondaufgang (Kandinsky) **92**:49
"Monday or Tuesday" (Woolf) **101**:300
Monday or Tuesday (Woolf) **1**:528, 531, 534, 537; **20**:409
"Le monde s'arme" (Verhaeren) **12**:471
Der Mondreigen von Schlaraffs (Huch) **13**:247-49
Moneda falsa (Sanchez) **37**:311
Monetary Reform (Keynes)
See *A Tract on Monetary Reform*
"Money" (Capek) **37**:51
"Money" (Tolstoy) **79**:333
Money & Morals (Gill) **85**:77, 80
Money and Other Stories (Capek)
See *Trapné provídky*
"Money for Hanukka" (Aleichem)
See "Khanike-gelt"
The Money-Spinner (Pinero) **32**:388, 399, 412-13
"Mongan's Frenzy" (Stephens) **4**:414
"The Mongols" (Roosevelt) **69**:264
"Monisch" (Peretz) **16**:389, 391, 400, 403
"Monism as the Bond Between Religion and Science" (Haeckel) **83**:136, 146
Der Monismus als Band zwischen Religion und Wissenschaft (Haeckel) **83**:135, 147
"La monja de la llave" (Palma) **29**:262
"La monja gitana" (Garcia Lorca) **49**:113, 119
"The Monk" (Papadiamantis) **29**:272
The Monk and the Hangman's Daughter (Bierce) **1**:84, 89; **7**:90; **44**:9, 13, 29-31, 39
"The Monk Erasmus" (Zamyatin) **37**:430
"Monk Lewis" (Lovecraft) **4**:269
Monk of Fife (Lang) **16**:252, 265
Monk Vendt (Hamsun)
See *Munken Vendt*
"Monk Wakes an Echo" (Shiel) **8**:363
"The Monkey" (Khodasevich) **15**:205, 208, 211-12
Monkey Business (Hecht) **101**:62, 78, 80
Monkey Business (Mankiewicz) **85**:112, 149, 155
"The Monkey Island" (Dazai Osamu)
See "Sarugashima"
"The Monkey-Masked Clown" (Dazai Osamu)
See "Sarumen kanja"
"The Monkey's Cousin" (Stephens) **4**:417
"The Monkey's Paw" (Jacobs) **22**:99, 103, 106-07, 109-10, 112
Monks Are Monks (Nathan) **18**:310-11, 316
"The Monk's Walk" (Dunbar) **12**:106
Monna Vanna (Maeterlinck) **3**:323, 325, 327-29, 331
"Le monocle de mon oncle" (Stevens) **3**:448-49, 451, 455-56; **12**:357, 364, 367, 373-74; **45**:281, 299, 304, 309, 328, 338, 340
Monograph on the Medusa (Haeckel) **83**:145
Monograph on the Radiolaria (Haeckel) **83**:137
Le monologue intérieur: Son apparition, ses origines, sa place dans l'oeuvre de James Joyce et dans le roman contemporain (Dujardin) **13**:184, 186-87, 189
"Monologue of a Mother" (Lawrence) **93**:22
Monologues (Middleton) **56**:179, 192, 195
"Monotonía" (Jimenez) **4**:225
"Mons angelorum" (Pickthall) **21**:249
"Mons univers" (Teilhard de Chardin) **9**:493
Un monsieur (Graham) **19**:111, 114
Monsieur Beaucaire (Tarkington) **9**:453-55, 459-60, 465-66
Monsieur chasse! (Feydeau) **22**:77-8, 83, 91
Monsieur Goes Hunting! (Feydeau)
See *Monsieur chasse!*
"Monsieur Henri": A Foot-Note to French History (Guiney) **41**:207-08
Monsieur Jonquelle, Prefect of Police of Paris (Post) **39**:343-45
Monsieur Ouine (Bernanos) **3**:120, 122, 124-26
Un monsieur qui est condamnéà mort (Feydeau) **22**:88
"Monsieur Teste" (Valery) **4**:488, 502; **15**:450
Monsieur Venus (Vallette) **67**:269, 272-74, 279, 285-92, 295-99, 303, 315, 318, 324-26, 330-31, 335
Monsieur Vernet (Renard) **17**:316
The Monster (Crane) **11**:165, 167; **17**:76-8, 81; **32**:165
The Monster (Saltus) **8**:347, 351
The Monster, and Other Stories (Crane) **11**:136, 140-41
The Monster Men (Burroughs) **32**:57
Monstre gai (Lewis) **2**:390, 393, 398; **9**:246; **104**:178
"The Monstrous Little Voice" (Williams) **89**:375
"Monsunen" (Jensen) **41**:303
Le mont analogue (Daumal) **14**:87, 89-94, 96-8
Mont Saint Michel and Chartres: A Study in Thirteenth Century Unity (Adams) **4**:4-6, 8, 11-12, 15, 18, 20-1; **52**:2, 4, 7, 9, 13, 15, 27-8, 35, 40, 46-7
"Montage of Attractions" (Eisenstein) **57**:197
La montagne ensorcelée (Roumain) **19**:331-33, 343, 345
"Montaigne" (Murry) **16**:341
"Montaigne" (Woolf) **56**:408
La montálvez (Pereda) **16**:368, 370, 372, 378
"La montaña" (Nervo) **11**:396
Montana Rides! (Faust) **49**:57-8
"Las montañas del oro" (Lugones) **15**:285
"A Monte Flat Pastoral" (Harte) **25**:217
"El monte negro" (Quiroga) **20**:212
Montes de Oca (Perez Galdos) **27**:257
"Montes the Matador" (Harris) **24**:261, 263-64, 267-68
Montes the Matador, and Other Stories (Harris) **24**:258, 271
La montespan (Rolland) **23**:257
The Montessori Method (Montessori)
See *Il Metodo della Pedagogia Scientifica applicato all' educazione infantile nelle Case dei Bambini*
A Montessori Mother (Fisher) **87**:72
"A Month After" (Murry) **16**:352
"The Monthly Wage Earners" (Quiroga)
See "Los mensú"
"Montrachet le Jardin" (Stevens) **45**:269, 295
Montrose (Buchan) **41**:59-63
"Montserrat" (Symons) **11**:435
"The Monument" (Coffin) **95**:15
"The Monument Maker" (Hardy) **53**:101
"Monument to a Hero" (Bosman) **49**:17
"Mood" (Cullen) **4**:45; **37**:149, 160, 162
Mood Indigo (Vian)
See *L'écume des jours*
"Moods" (Fletcher) **35**:96
Moods, Cadenced and Declaimed (Dreiser) **10**:190, 196; **18**:51-2
Moods, Songs and Doggerels (Galsworthy) **45**:34
"Moon" (Artaud) **3**:52
"The Moon" (Hippius)
See "Luna"
"The Moon" (Thomas) **10**:459
"Moon" (Unamuno) **2**:568
"The Moon and Shiseishin" (Hagiwara Sakutaro) **60**:297
The Moon and the Bonfires (Pavese)
See *La luna e i falo*
The Moon Ants (Hippius)
See *Lunnye muravyi*
"Moon Dial" (Carman) **7**:134-35
The Moon Endureth (Buchan) **41**:34-5, 37, 41, 73
A Moon for the Misbegotten (O'Neill) **1**:393, 398, 401-02, 405-06; **6**:336; **49**:247, 282
"The Moon in Letters" (Bierce) **44**:15
The Moon is Red (Rohmer) **28**:284
The Moon Maid (Burroughs) **2**:78-9, 81; **32**:58, 72-3
"Moon Night" (Noguchi) **80**:363
Moon of Madness (Rohmer) **28**:283-84
The Moon of Much Gladness, Related by Kai Lung (Bramah) **72**:7, 11
"The Moon of Skulls" (Howard) **8**:130
The Moon of the Caribbees (O'Neill) **6**:330
Moonbeams from the Larger Lunacy (Leacock) **2**:379
Moon-Calf (Lewis) **23**:148
"The Moon-Child" (Sharp) **39**:355, 392-93
"Moondreams" (Holly) **65**:147
"Moonlight" (Apollinaire)
See "Clair de lune"
"Moonlight" (Prado)
See "Luz lunar"
The Moonlight (Cary) **29**:67-8, 71-2, 74-5, 80, 84-7, 92, 104
"Moonlight on the Snow" (Crane) **17**:71, 74
Moonlight People (Rozanov)
See *Liudi lunnogo sveta*
"Moonlit Night" (Hagiwara Sakutaro) **60**:296-7
"The Moonlit Road" (Bierce) **44**:13, 44-5, 49
"Moonrise from Iona" (Sharp) **39**:388
Moons of Grandeur (Benet) **28**:7
"Moon's Revenge" (Carducci) **32**:101
Moonshine and Clover (Housman) **7**:355
"Moonshine Lake" (Bulgakov) **16**:85
"Moorawathimeering" (Ingamells) **35**:134, 136
"The Moorland Peasant" (Jensen)
See "Hedebonden"
The Moors and the Fens (Riddell) **40**:335
"Mōpasan no sekizō o hai-su" (Nagai) **51**:99
"The Mopper-Up" (McCoy) **28**:226
"Mora Montravers" (James) **40**:140; **47**:201
A Moral Alphabet (Belloc) **7**:38-9, 42; **18**:39
"The Moral Content of the Christian Doctrine of Life after Death" (Westermarck) **87**:361
"Moral Eduction" (Montessori) **103**:286
"The Moral Element in Literature" (Stephen) **23**:333
"Moral Emotion" (Westermarck) **87**:361
"La moral en el arte" (Valera y Alcala-Galiano) **10**:499
"The Moral Fibrature" (Andrade) **43**:7
"The Moral Obligation to Be Intelligent" (Erskine) **84**:163
The Moral Obligation to Be Intelligent (Erskine) **84**:157, 175
Moral Order and Progress (Alexander) **77**:30, 49, 61-5
"The Moral Philosopher and the Moral Life" (James) **32**:349
"Moral Philosophy and the Moral Life" (James) **32**:349
Moral Social (Hostos) **24**:303-04, 306-09, 311
"Moral Theory and Practice" (Dewey) **95**:96
"La morale du cinéma" (Desnos) **22**:65
"Moralità... fanfullarda" (Carducci) **32**:107
"La moralité" (Zola) **6**:561
Morality and Criminality (Kraus)
See *Sittlichkeit und Kriminalität*
"Morality and the Novel" (Lawrence) **48**:132
The Morality of Women (Key) **65**:237
"Morals, Not Art or Literature" (Comstock) **13**:92
Morals of the City of Pests (Molnar)
See *Pesti Erkolcsok*
Moran of the Lady Letty (Norris) **24**:418, 427
"Morbidezza" (Symons) **11**:427
"Der Mord lügt" (Borchert) **5**:109
"Mordecai and Cocking" (Coppard) **5**:177
"Mordmaschine 43" (Schwitters) **95**:320
"Mordred" (Campbell) **9**:30
More (Beerbohm) **1**:66-7; **24**:98, 115-16
"A More Ancient Mariner" (Carman) **7**:142
More Beasts—For Worse Children (Belloc) **7**:42; **18**:39
More Books on the Table (Gosse) **28**:152
More Collected Verse (Service) **15**:413
"More Democracy or Less? An Inquiry" (Dreiser) **10**:194-95
More Essays of Love and Virtue (Ellis) **14**:114
More Guys and Dolls (Runyon) **10**:429
More Limehouse Nights (Burke)
See *Whispering Windows*
More Pages from a Journal (Rutherford) **25**:348

More Pansies (Lawrence) **93**:52, 53, 59, 104, 117
More Peers (Belloc) **7**:38, 42; **18**:28, 40
More People (Masters) **25**:316
More Poems (Housman) **10**:241-42, 245, 252, 255
"More Poems: XXX" (Housman) **10**:252
"More Poems: XXXI" (Housman) **10**:252
"More Songs for Meller" (Benchley) **55**:13, 17
More Spook Stories (Benson) **27**:19
More Stately Mansions (O'Neill) **1**:400, 405
More Tales of the Uneasy (Hunt) **53**:197, 200
"More Than a Fool's Song" (Cullen) **4**:43, 50
"More Than Just a House" (Fitzgerald) **6**:167
Morgan Bible (Evans) **85**:30
"Morgen" (Toller) **10**:490
"Morgenfahrt" (Morgenstern) **8**:309
Die Morgenröt: Gedanken über die moralische vorurteile (Nietzsche) **10**:355, 367, 393; **18**:339, 342, 351
"Morgiana Dances" (Benet) **28**:5
"Die Morgue" (Heym) **9**:142, 144, 146
Morgue und andere Gedichte (Benn) **3**:104, 106, 112
Morir por no despertar (Echegaray) **4**:101
Morituri (Sudermann) **15**:420, 437
"Moriturus" (Millay) **49**:226
"Mormon Lilies" (Muir) **28**:250
"Morning" (Baker) **10**:12
"Morning" (Mayakovski) **18**:246
"Morning" (Talvik) **87**:320
"Morning" (Toller)
See "Morgen"
Morning (Campbell) **9**:32
"Morning After" (Morley) **87**:145
"Morning and Evening" (Carman) **7**:137
Morning Face (Porter) **21**:277
"A Morning in February" (Ekelund)
See "En februarimorgon"
"Morning in the Northwest" (Stringer) **37**:341
"The Morning of a Landed Proprietor" (Tolstoy)
See *A Landlord's Morning*
"The Morning of Acmeism" (Mandelstam) **6**:264
"Morning Ride" (Morgenstern)
See "Morgenfahrt"
"Morning Sea" (Cavafy) **7**:163
"Morning Shadows" (Artsybashev) **31**:7
"Morning Song" (Carducci)
See "Mattinata"
Morning Songs (Tagore)
See *Prabhat sangit*
Morning Songs (Tagore)
See *Prabhat sangit*
"Morning Spirits" (Bialik) **25**:58
"Morning Twilight" (Johnson) **19**:246
"A Morning Walk" (Chopin) **14**:69
"The Morning Walk" (Milne) **88**:242
The Morning Watch (Agee) **1**:1, 4-5, 16, 18; **19**:19, 24, 29, 36-7, 39, 41
"Morning Window" (Guro) **56**:142
"The Morning-Glory (A Dramatic Fragment)" (Noguchi) **80**:396
Mornings in Florence (Ruskin) **63**:297
Mornings in Mexico (Lawrence) **2**:344, 351, 356-57; **93**:14
"Morocco" (Loti)
See "Au Maroc"
Morocco the Most Holy (Graham)
See *Mogreb-el-Acksa*
"Moroz" (Korolenko) **22**:181-82
"Morphine" (Bulgakov) **16**:91
"Morris" (Murry) **16**:341
"Mors" (Carducci) **32**:84
La morsa (Pirandello) **29**:317
Morsamor (Valera y Alcala-Galiano) **10**:504-05, 507-08
"Morshchinka" (Remizov) **27**:352
Morskoe svechenie (Balmont) **11**:38
Le mort (Lemonnier) **22**:198, 200, 202-03
A mort (Vallette) **67**:298, 327
"La mort d'Antinous" (Vallette) **67**:277
"La mort de Baldassare Silvande" (Proust) **7**:538
"La mort de Balzac" (Mirbeau) **55**:309-13
La mort de Tintagiles (Maeterlinck) **3**:320-21, 332
"Le mort de Venise" (Barrès) **47**:65
"La mort d'odjigh" (Schwob) **20**:322-23
"La Mort du Poete" (Jammes) **75**:113, 120
Mortadello; or, The Angel of Venice (Crowley) **7**:206
"Mortal Combat" (Coleridge) **73**:14
"Una morte" (Svevo)
See "La morte"
"La morte" (Svevo) **2**:542
"La morte" (Verhaeren) **12**:466
La morte del cervo (D'Annunzio) **40**:14
Morten hin røde (Nexo) **43**:329-30, 332, 334
Morten in Red (Nexo)
See *Morten hin røde*
"I morti amici" (Saba) **33**:374
"Le mortis" (Vallette) **67**:278, 316-19
"The Mortis" (Vallette)
See "Le mortis"
Mortomley's Estate (Riddell) **40**:334-35
Mosada (Yeats) **11**:506
"Las moscas" (Quiroga) **20**:214
Las moscas (Azuela) **3**:77, 79
"Mosche cocchiere" (Carducci) **32**:107
Moscow (Asch) **3**:67-8
Moscow (Bely) **7**:49
The Moscow Eccentric (Bely) **7**:52
Moscow Is Threatened by the Enemy (Tolstoy) **18**:379
Moscow Lady (Kandinsky) **92**:147
Moscow under the Blow (Bely) **7**:52
"Moses" (Muir) **87**:268
Moses (Carpenter) **88**:62
Moses (Hartmann) **73**:116
Moses (Rosenberg) **12**:287-89, 291-92, 295, 297-301, 304-11, 313
Moses: A Story of the Nile (Harper) **14**:255, 257, 259-64
"Moses and Joshua" (Lasker-Schueler) **57**:332, 336
Moses and Monotheism (Freud)
See *Der Mann Moses und die monotheistische Religion*
Moses in Red: The Revolt of Israel as a Typical Revolution (Steffens) **20**:343, 346, 349, 355-57
Moses; or, From the Wilderness to the Promised Land (Strindberg) **8**:418
Moses und Aron (Schoenberg) **75**:302-03, 305-06, 309-315, 333-37, 347-48, 350-51, 365, 371, 394-404, 409, 411
Moshiekhs tsaytn (Aleichem) **35**:306
"The Mosi Fair" (Caragiale) **76**:169
"Mōsō" (Mori Ōgai) **14**:379-80
"Mosque of the Caliph" (Dobson) **79**:18
Mosquee (Kandinsky) **92**:49
"Mosquito" (Lawrence) **93**:33, 55, 101
Most (Nezval) **44**:238, 245, 250
"A Most Extraordinary Case" (James) **40**:115
The Most General Ideals of Life (Prus)
See *Najogólniejsze ideały zyciowe*
"Most Primitive Emotion" (Hagiwara Sakutaro) **60**:297
"Mosza azul" (Machado de Assis) **10**:279
"Mot betalming" (Strindberg) **47**:366
The Mote and the Beam (Plaatje) **73**:220
"The Mote in the Middle Distance" (Beerbohm) **24**:116-17, 120-21
"Motetts of William Byrd" (Gurney) **33**:98
"The Moth That God Made Blind" (Crane) **5**:194-95
Moth-Eaten Clothing (Palma)
See *Ropa apolillada*
"Mother" (Anderson) **1**:59; **10**:33; **24**:24, 31, 33, 35, 58
"The Mother" (Campbell) **9**:29-31
"A Mother" (Galsworthy) **45**:32
"Mother" (Guest) **95**:205
"A Mother" (Joyce) **35**:144, 151, 153, 164, 167, 196-97
"A Mother" (Kolmar) **40**:175, 177
"Mother" (Lasker-Schueler)
See "Mutter"
"The Mother" (Manning) **25**:278
"Mother" (Platonov) **14**:420
"The Mother" (Svevo)
See "Le madre"
The Mother (Asch)
See *Di muter*
The Mother (Aurobindo) **63**:33
The Mother (Brecht)
See *Die Mutter*
The Mother (Capek) **37**:53, 57
Mother (Witkiewicz)
See *Matka*
"Mother and Daughter" (Lawrence) **2**:363; **16**:290
"Mother and Music" (Tsvetaeva) **7**:571
The Mother and the Father (Howells) **7**:388
The Mother and the Law (Griffith) **68**:166, 188, 190
Mother Courage and Her Children (Brecht)
See *Mutter Courage und ihre Kinder*
Mother Earth, and Other Stories (Pilnyak)
See *Mat' syra zemlya*
Mother Goose in Prose (Baum) **7**:13
"The Mother Hive" (Kipling) **17**:209
"A Mother in Egypt" (Pickthall) **21**:243, 245, 251
Mother India (Aurobindo) **63**:7
"Mother is Gone" (Williams) **81**:434
"Mother Love" (Palma)
See "Amor de madre"
Mother Mary (Mann)
See *Mutter Marie*
"The Mother Mourns" (Hardy) **53**:86, 117
"Mother Night" (Johnson) **3**:241
"The Mother of Dante" (Sikelianos) **39**:418
The Mother of God (Sikelianos) **39**:407, 414, 418, 420
The Mother of Us All (Stein) **28**:341; **48**:231-32, 248, 257
"Mother to a Baby" (Coleridge) **73**:11
"Mother to Child" (Gilman) **9**:100
"Mother to Dinner" (Slesinger) **10**:441-42, 444-45
"Motherhood" (Anderson) **1**:42
"Motherhood" (Sharp) **39**:379, 388
The Mothering Heart (Griffith) **68**:247
Motherland (Tolstoy) **18**:379
Motherliness and Education for Motherhood (Key) **65**:234
Motherlove (Strindberg) **21**:348
The Mother-of-Pearl Box (France)
See *L'étui de nacre*
"The Mothers" (Bishop) **103**:71
"Mothers" (Gilman) **9**:97
"The Mothers" (Kraus)
See "Die Mütter"
Mothers and Children (Fisher) **87**:72
"A Mother's Counsel" (Lucas) **73**:171
Mother's Marvel (Evans) **85**:12
"Mothers of Immigrants—Unofficial Function of the Barge Office Matron" (Cahan) **71**:85
"The Mother's Portrait" (Heyse)
See "Bild der Mutter"
The Mother's Recompense (Wharton) **3**:567; **9**:548, 550-51
"A Mother's Tale" (Agee) **1**:16
Mothers to Men (Gale) **7**:282
"The Mother's Tragedy" (Crowley) **7**:204
"A Mother's Vision" (Peretz) **16**:397
Moths (Machado de Assis)
See *Phalenas*
Moths (Ouida) **43**:351-52, 354, 356, 364, 366, 369, 373
Moths of the Limberlust (Porter) **21**:261-62
"The Moth-Signal" (Hardy) **48**:60; **53**:100

Mothwise (Hamsun)
See *Svaermere*
The Motion Menace (Dent) **72**:21
"The Motive for Metaphor" (Stevens) **12**:360; **45**:299
"Los motivos de la conducta" (Reyes) **33**:323
"Motivos de mar" (Storni) **5**:450
"Motke Arbel and His Romance" (Cahan) **71**:37, 39, 85
Motke ganev (Asch) **3**:65-6, 68, 71
Motl Peysi dem khazns (Aleichem) **1**:23, 29-30; **35**:307, 319
Motl, the Son of Peysi the Cantor (Aleichem)
See *Motl Peysi dem khazns*
A Motley (Galsworthy) **45**:32-3
Motley, and Other Poems (de la Mare) **4**:74-5, 79
"The Motor" (Guiney) **41**:221
Mottel ben Peisi, the Cantor (Aleichem)
See *Motl Peysi dem khazns*
Mottke the Vagabond (Asch)
See *Motke ganev*
Mouchette (Bernanos)
See *Nouvelle histoire de Mouchette*
"Moufflou" (Ouida) **43**:357
"Le moulin" (Verhaeren) **12**:466
"The Mound" (Lovecraft) **22**:238
Mount Analogue (Daumal)
See *Le mont analogue*
"Mount Derision" (Stephens) **4**:420
"Mount Ida" (Noyes) **7**:502
Mount Music (Somerville & Ross) **51**:340, 344, 352-54, 358, 378
Mountain Blood (Hergesheimer) **11**:263-65, 279, 285-86
"The Mountain Chapel" (Thomas) **10**:452, 463
"The Mountain Christ" (Crowley) **7**:208
"A Mountain Gateway" (Carman) **7**:143
The Mountain Giants (Pirandello)
See *I giganta della montagna*
"Mountain Lion" (Lawrence) **9**:230; **93**:128
The Mountain Lovers (Sharp) **39**:355, 358-59, 365, 367-68, 373-74, 378-79, 396
Mountain Meadow (Buchan)
See *Sick Heart River*
The Mountain Monster (Dent) **72**:19, 21-22
The Mountain of Light (Couperus)
See *De berg van licht*
"The Mountain of the Signs" (Artaud) **36**:30
The Mountain Railway (Horvath)
See *Die Bergbahn*
The Mountain School-Teacher (Post) **39**:343, 347
"The Mountain Sweep Stakes" (Fields) **80**:259-60
Mountain Time (De Voto) **29**:126
"The Mountain Tomb" (Yeats) **31**:411
Mountain Torrents (Giacosa)
See *Aquazzoni in montagna*
"The Mountain Whippoorwill" (Benet) **7**:78
"The Mountaineer" (Rainis)
See "Kalnā kāpējs"
"The Mountains" (Muir) **87**:188
The Mountains (Wolfe) **13**:483
The Mountains of California (Muir) **28**:240, 242, 245, 247, 254, 256-59, 262
Mountains, Sea, and Giants (Doblin)
See *Berge, Meere, und Giganten*
The Mountebanks (Gilbert) **3**:219
Mourir de ne pas mourir (Eluard) **7**:247; **41**:150, 154, 160
"The Mourner's Bench" (Masters) **25**:299
"Mournin' for Religion" (Masters) **25**:299
Mourning Becomes Electra (O'Neill) **1**:385-88, 391-93, 395, 397-98, 400-01, 403-05; **6**:327, 329, 331, 334; **49**:247, 249, 252, 255, 257, 269, 285-86, 295
Mourning Becomes Mrs. Spendlove, and Other Portraits Grave and Gay (Gogarty) **15**:120
"Mourning City" (van Ostaijen) **33**:422
Mourning for the Dead (Esenin) **4**:116
"Mourning the Death of the Empress Dowager" (Masaoka Shiki) **18**:232
"The Mouse" (Coppard) **5**:176
"The Mouse" (Saki) **3**:365
"Mouse and Cat" (Bennett) **5**:46
"The Mouse and the Woman" (Thomas) **45**:372-73, 390
The Mouses Trap (Howells) **7**:387
"The Mouse-Trap" (Slesinger) **10**:446
"Moustaches" (Devkota) **23**:50
Le moutardier du pape (Jarry) **14**:273
"Move It on Over" (Williams) **81**:419,423
"Movement Is Life" (Duncan) **68**:70
Movements of Thought in the Nineteenth Century (Mead) **89**:52, 70-1
"The Movers" (Howells) **7**:363
Moving Forward (Ford) **73**:32
"Moving Landscape With Falling Rain" (Bishop) **103**:9
"Moving Landscape With Rain" (Bishop) **103**:3
"The Moving Picture Crew" (McAlmon) **97**:89
Moving the Mountain (Gilman) **9**:108-10, 115
"Mowing" (Roberts) **8**:327
"Moxon's Master" (Bierce) **44**:6, 13, 15, 16, 45-6
"Mozart, 1935" (Stevens) **45**:296
"Mozgófénykép" (Babits) **14**:39
Mqhayi of the Mountain of Beauty (Mqhayi)
See *U-Mqhayi Wase-Ntab'ozuko*
Mr. and Mrs. Daventry (Harris) **24**:255, 257-58, 269
"Mr and Mrs Dove" (Mansfield) **8**:282, 284; **39**:304, 322
"Mr. and Mrs. Fix-It" (Lardner) **14**:307, 312
Mr. and Mrs. Nevill Tyson (Sinclair) **3**:437; **11**:408-09
Mr. Antiphilos, Satyr (Gourmont)
See *Lettres d'un satyre*
Mr. Apollo (Ford) **15**:87, 89-90, 93
Mr. Belloc Objects (Wells) **12**:498
Mr. Bennett and Mrs. Brown (Woolf) **1**:527, 536; **20**:393, 403; **43**:386, 388-89, 400; **101**:295
Mr. Blettsworthy on Rampole Island (Wells) **6**:532, 553
Mr. Bolfry (Bridie) **3**:131-32, 137, 139
"Mr. Bosphorus and the Muses" (Ford) **57**:277
"Mr. Brinks' Day Off" (Crane) **11**:165
Mr. Britling Sees It Through (Wells) **6**:528, 532, 548; **12**:501, 506-07
"Mr. Burnshaw and the Statue" (Stevens) **45**:276
"Mr. Charles" (Schulz) **5**:422
Mr. Clutterbuck's Election (Belloc) **18**:27, 32, 35
"Mr. Cornelius Johnson, Office Seeker" (Dunbar) **12**:120
"Mr. Crump" (Handy)
See "The Memphis Blues"
Mr. Dickens Goes to the Play (Woollcott) **5**:520
Mr. Dooley in Peace and War (Dunne) **28**:53-4, 56, 66, 70
Mr. Dooley in the Hearts of His Countrymen (Dunne) **28**:53, 56
Mr. Dooley Says (Dunne) **28**:55, 82
Mr. Faithful (Dunsany) **59**:17, 22-4, 26
Mr. Fleight (Ford) **15**:89, 93
"Mr. Flood's Party" (Robinson) **5**:411; **101**:111, 133, 138-39, 179, 193
"Mr. Frisbie" (Lardner) **14**:307
Mr. George Jean Nathan Presents (Nathan) **18**:296
Mr. Gillie (Bridie) **3**:135-36, 142
Mr. Grex of Monte Carlo (Oppenheim) **45**:131
Mr. Hodge and Mr. Hazard (Wylie) **8**:524, 527, 529-30, 532, 538
"Mr Howells as a Critic" (Matthews) **95**:265
Mr. Huffam (Walpole) **5**:504
"Mr. Humphreys and His Inheritance" (James) **6**:212, 216
Mr. Incoul's Misadventure (Saltus) **8**:342, 345-46, 348, 350, 352, 355
Mr. Ingleside (Lucas) **73**:159, 162, 173
Mr. Isaacs: A Tale of Modern India (Crawford) **10**:138-39, 141-44, 146, 148-49, 151, 155, 157-58
"Mr. J. M. Keynes Examines Mr. Lloyd George's Pledge" (Keynes) **64**:243
"Mr. Jones" (Wharton) **3**:578; **9**:547
Mr. Jorkens Remembers Africa (Dunsany) **59**:27-8
Mr. Justice Raffles (Hornung) **59**:114
"Mr. Keynes's Lecture" (Keynes) **64**:246
"Mr. Keynes's Plan. Control of Boom and Slump" (Keynes) **64**:246
"Mr. Lightfoot in the Green Isle" (Coppard) **5**:180
"Mr. Mandragon, the Millionaire" (Chesterton) **6**:109
"Mr. Masthead, Journalist" (Bierce) **44**:45
"Mr. Maximilian Morningdew's Advice" (Hawthorne) **25**:247
Mr. Meeson's Will (Haggard) **11**:240
Mr. Mirakel (Oppenheim) **45**:131-33, 137
"Mr. Mori" (Akutagawa Ryunosuke) **16**:27
"Mr. Palmer's Party" (Slesinger) **10**:445
"Mr. Pamirs the Scholar Takes a Walk" (Miyazawa) **76**:300
"Mr. Peebles' Heart" (Gilman) **9**:113, 115
"Mr. Pennybaker at Church" (Roberts) **68**:336
Mr. Perrin and Mr. Traill (Walpole) **5**:496, 502-03
"Mr. Pim and the Holy Crumb" (Powys) **9**:378
Mr. Pim Passes By (Milne) **6**:308, 310, 318; **88**:249
Mr. Polton Explains (Freeman) **21**:62
"Mr. Ponting's Alibi" (Freeman) **21**:58
Mr. Pottermack's Oversight (Freeman) **21**:53, 59, 62
Mr. Price (Witkiewicz) **8**:512
Mr. Prohack (Bennett) **5**:29, 37, 43, 50-1
"Mr. Reginald Peacock's Day" (Mansfield) **39**:301, 304
"Mr. Rockefeller's Prayer" (Gilman) **9**:96
Mr. Skeffington (Elizabeth) **41**:131-32
"Mr. Smellingscheck" (Lawson) **27**:121
Mr. Standfast (Buchan) **41**:38, 41-2, 48, 50, 54, 57-8, 64, 66-7, 73, 77, 80
"Mr. Swiddler's Flip-Flap" (Bierce) **44**:45
"Mr. Symons' Essays" (Woolf) **43**:403
Mr. Tasker's Gods (Powys) **9**:364-65, 369, 373, 376
"Mr. Tolman" (Stockton) **47**:327
Mr. Waddington of Wyck (Sinclair) **3**:435; **11**:411, 414
"Mr. Wells and the New History" (Becker) **63**:116
Mr. Weston's Good Wine (Powys) **9**:362, 364-67, 370-71, 373-76, 378
"Mr. Winkelburg" (Hecht) **101**:42
Mr. Witt's Widow (Hope) **83**:171
"Mračnoj pavilikoj" (Bryusov) **10**:82
"Mrs. Alfred Uruguay" (Stevens) **45**:289
"Mrs. Amworth" (Benson) **27**:13, 17, 19
"Mrs. Andrews' Control" (Benson) **27**:19
"Mrs. Bathurst" (Kipling) **8**:192, 195, 200, 209; **17**:207
"Mrs. Bonny" (Jewett) **22**:116
Mrs. Cliff's Yacht (Stockton) **47**:317-18, 321, 325
Mrs. Dalloway (Woolf) **1**:527-33, 535-39, 541-42, 544-45; **5**:506-10, 515-16; **20**:390-432; **43**:397-98, 408; **56**:358, 367, 371, 374; **101**:212, 238, 294
Mrs. Dalloway's Party (Woolf) **20**:421
Mrs. Dukes' Million (Lewis) **104**:181, 278, 299
"Mrs. Fairfax" (Rutherford) **25**:346
Mrs. Farrell (Howells) **17**:184
Mrs. Fiske: Her Views on Actors, Acting, and the Problems of Production (Woollcott) **5**:520
Mrs. Gailey (Kaye-Smith) **20**:113, 116
Mrs. Gainsborough's Diamonds (Hawthorne) **25**:235, 238, 241

"Mrs. Hannah" (Peretz) **16**:405
Mrs. Hjelde (Undset)
See *Fru Hjelde*
"Mrs. Laneham" (Knister) **56**:155
Mrs. Leffingwell's Boots (Thomas) **97**:134-36, 139
Mrs. Lenine (Khlebnikov)
See *Gospozha Lenis*
Mrs. Marta Oulie (Undset)
See *Fru Marta Oulie*
Mrs. Mason Protests (Hope) **83**:167
"Mrs. Merrill's Duties" (Gilman) **37**:213
"Mrs. Packletide's Tiger" (Saki) **3**:365
Mrs. Parkington (Bromfield) **11**:86
"Mrs. Powers' Duty" (Gilman) **37**:213
Mrs. Reynolds (Stein) **28**:332, 334-36; **48**:249, 264
"Mrs. Ripley's Trip" (Garland) **3**:190
"Mrs. Suffrin's Smelling-Bottle" (Hawthorne) **25**:247
"Mrs. Van Bartan" (Post) **39**:337
Mrs. Warren's Profession (Shaw) **3**:384, 405; **9**:412, 414; **21**:306-07, 333, 337-38; **45**:243
"M'sieu Smit" (Drummond) **25**:142
"Mt. Pisgah's Christmas Possum" (Dunbar) **2**:133; **12**:111
Mu no jikakuteki gentei (Nishida) **83**:251, 362
"Mučeniki nauki" (Zamyatin) **8**:553
Much Ado about Me (Allen) **87**:50, 57
The Mucker (Burroughs) **2**:78-9, 81; **32**:57-8
Mud Flats (Platonov) **14**:406-07
"Mud-Hen" (Lindsay) **17**:240
"Mudrost'" (Zoshchenko) **15**:511
"Muere en el mar el ave que volvó de buque" (Unamuno) **9**:510
"Muerte de Antoñito el Camborio" (Garcia Lorca) **7**:300; **49**:82, 113
La muerte de cisne (Gonzalez Martinez) **72**:148, 150
"La muerte de Isolda" (Quiroga) **20**:211
"La muerte de la emperatriz de China" (Dario) **4**:68
"La muerte de la señorita Clementina" (Lugones) **15**:293
"La muerte del canario" (Quiroga) **20**:211
"La muerte del poeta" (Huidobro) **31**:124
"Muerte en el frío" (Villaurrutia) **80**:484
"Muerto de amor" (Garcia Lorca) **49**:119
"Muerto y resucitado" (Nervo) **11**:394
Los muertos (Sanchez) **37**:311-12, 314-16, 318
Los muertos mandan (Blasco Ibanez) **12**:30, 35, 43, 50
Mufti (Sapper) **44**:311-12, 323
"Muime Chriosd" (Sharp) **39**:376
"La muiron" (France) **9**:57
La mujer (Ramoacn y Cajal) **93**:146
"La mujer del César" (Pereda) **16**:367
La mujer del héroe (Martinez Sierra and Martinez Sierra) **6**:278
La mujer domada (Azuela) **3**:76
La mujer legítima (Villaurrutia) **80**:466
Muktadhārā (Tagore) **3**:492
La mulata de Córdoba (Villaurrutia) **80**:459
"The Mulatto Woman of Cordoba" (Villaurrutia) **80**:459
The Mulatto Woman of Cordoba (Villaurrutia) **80**:459
Muldskud (Nexo) **43**:329
"The Mullenville Mystery" (Hawthorne) **25**:247
La multiple splendeur (Verhaeren) **12**:459-60, 464
"Mumbo" (Herzl) **36**:141
A Mummer's Wife (Moore) **7**:474, 478, 480-82, 484-86, 488-90, 498
"Mummia" (Brooke) **2**:59
Munā Madan (Devkota) **23**:48-9, 51
"El mundo de siete pozos" (Storni) **5**:446, 450
Mundo de siete pozos (Storni) **5**:445-47, 449-52
El mundo es ansí (Baroja) **9**:49, 62
El mundo visto a los ochenta años (Ramoacn y Cajal) **93**:146
Mundos (Benson) **17**:23, 25-6
Munera pulveris (Ruskin) **63**:242-46, 253, 267-68, 281, 298
"The Municipal Gallery Revisited" (Yeats) **18**:463; **31**:423
"A Municipal Report" (Henry) **19**:172, 176, 183, 188-91, 198-201
Munken Vendt (Hamsun) **14**:221-24, 241, 244; **49**:127-28
Le Mur du Pacifique (Lyotard) **103**:160
"Murder" (Bennett) **5**:46
"The Murder" (Chekhov) **3**:160
"Murder" (Csath) **13**:149
"Murder" (Kolmar) **40**:177
Murder at Monte Carlo (Oppenheim) **45**:131
The Murder Book of Mr. J. G. Reeder (Wallace)
See *The Mind of J. G. Reeder*
"A Murder during the Age of Enlightenment" (Akutagawa Ryunosuke)
See "Kaika no satsujin"
Murder Mirage (Dent) **72**:22
Murder Must Advertise (Sayers) **2**:530-31; **15**:371, 379, 382, 387, 393-94
Murder, My Sweet (Chandler) **7**:175
Murder of a Buttercup (Doblin)
See *Die Erdmordung einer Butterblume*
"The Murder of Amy Robsart" (Sabatini) **47**:300
The Murder of Delicia (Corelli) **51**:66, 81
"The Murder of the Innocents" (Higginson) **36**:174
"Murder on Belpoggio Street" (Svevo)
See *L'assassinio di via Belpoggio*
"The Murderer" (Kuprin) **5**:297, 301
The Murderess (Papadiamantis)
See *He phonissa*
"The Murderous Attack" (Capek) **37**:54
"Murgh-i ruh" (Hedayat) **21**:75
Murillo (Rilke) **6**:369
"Murka" (Remizov) **27**:339
"The Murmuring Forest" (Korolenko) **22**:172
Muro antártico (Vallejo) **56**:309
"Musa consolatrix" (Machado de Assis) **10**:279
Les musardises (Rostand) **6**:381; **37**:282-84, 286, 289-90
Musashi Myamoto (Mizoguchi) **72**:315
"Musashino" (Kunikida) **99**:295, 302, 304
Musashino (Kunikida) **99**:298-99
"The Muse of Brotherhood" (Markham) **47**:284
"The Muse of the Incommunicable" (Sterling) **20**:386
"Le muse qui est la grâce" (Claudel) **2**:108; **10**:133
"Les muses" (Claudel) **10**:132
"The Muse's Tragedy" (Wharton) **3**:553, 555; **9**:540, 547
"Museum Feet" (Benchley) **55**:13
"The Musgrave Ritual" (Doyle) **7**:227
"Music" (Gibran) **9**:90
"Music" (de la Mare) **53**:38
"Music" (Sterling) **20**:379, 384
Music (Molnar)
See *Muzsika*
Music and Its Lovers (Lee) **5**:316
"Music and Nietzsche" (Mann) **44**:174
"Music in Venice" (Symons) **11**:437
"The Music Maker" (Bosman) **49**:18-19
"The Music of Erich Zann" (Lovecraft) **4**:266, 270; **22**:209, 221
"The Music of Landscape and the Fate of Montage Counterpoint at a New Stage" (Eisenstein) **57**:199-200
"The Music of the Future" (Huneker) **65**:215
Music of the Wild, with Reproductions of the Performers, Their Instruments, and Festival Halls (Porter) **21**:262
"Music of Tomorrow" (Mencken) **13**:363
"The Music on the Hill" (Saki) **3**:365, 368-70
"Music on Water" (Ledwidge) **23**:117, 122
"The Musical Box" (Hardy) **53**:101
"The Musical Club Concert" (Benchley) **55**:3
A Musical Companion (Erskine) **84**:184
"Musical Life" (Lee) **5**:310
"Musical Moon" (Cohan) **60**:168
"Musical Qualities in Basho's Haiku" (Hagiwara Sakutaro) **60**:306
A Musical Tour Through Eighteenth-Century Europe (Rolland)
See *Voyage musical à travers l'Europe du XVIII siècle*
A Musical Tour Through the Land of the Past (Rolland)
See *Voyage musical aux pays du passé*
Music-Hall (van Ostaijen) **33**:405, 411, 422
Music-Hall Sidelights (Colette) **16**:129
"The Musician" (Remizov)
See "Muzykant"
"The Musician of Saint Merry" (Apollinaire)
See "Le musicien de Saint-Merry"
"The Musicians" (Csath) **13**:148
Musicians of the Past (Rolland)
See *Musiciens d'autrefois*
Musicians of Today (Rolland)
See *Musiciens d'aujourd'hui*
"Le musicien de Saint-Merry" (Apollinaire) **3**:44-5; **8**:25-6, 28; **51**:6, 31-2, 35
Musiciens d'aujourd'hui (Rolland) **23**:267
Musiciens d'autrefois (Rolland) **23**:267
Musik (Wedekind) **7**:582
"Die Musik kommt" (Liliencron) **18**:207, 213-15
The Musketeers of Pig Alley (Griffith) **68**:168, 197
Musornyi veter (Platonov) **14**:404-05, 407, 414, 418
"Must One Recognize the Existence of Natural law, and If So, in What Sense?" (Westermarck) **87**:366
"Must We Occupy Ourselves with an Examination of the Ideal of a Future System?" (Kropotkin) **36**:204
Musti (Leino) **24**:372
"Mutabile Semper" (Grahame) **64**:88
"Mutability" (Brooke) **2**:58
Mutant (Kuttner) **10**:266
"The Mute" (Peretz) **16**:405
Di muter (Asch) **3**:69, 72
Der Mutige Seefahrer (Kaiser) **9**:181
"Mutiliation" (Lawrence) **93**:55
The Mutiny (Van Doren) **18**:410
Mutiny in January (Van Doren) **18**:410
The Mutiny of the Elsinore (London) **9**:257, 259, 267
Mutiny on the Bounty (Hall and Nordhoff) **23**:59-60, 62-3, 66-71
"Die Mütter" (Kraus) **5**:290
"Mutter" (Lasker-Schueler) **57**:307, 318
Die Mutter (Brecht) **6**:33, 36-7; **13**:63, 65; **35**:3
Eine Mutter (Kolmar) **40**:184
Mutter Courage und ihre Kinder (Brecht) **1**:99-100, 104-05, 107-09, 113, 117, 119-20; **6**:37-8; **13**:64-5; **35**:1-29
Mutter Marie (Mann) **9**:315, 326
"Den Müttern" (Toller) **10**:490
Mutual Aid: A Factor of Evolution (Kropotkin) **36**:192-95, 197, 200-03, 221
"Muž, který nemohl spát" (Capek) **37**:54
"The Muzhik" (Gumilev) **60**:276
"The Muzhiks" (Chekhov) **10**:112
Muzsika (Molnar) **20**:164, 173-74
"Muzykant" (Remizov) **27**:340
"The M'Villin" (Rohmer) **28**:286
My (Zamyatin) **8**:542-43, 545-50, 552-55, 557-58; **37**:417-19, 422-25, 427-30, 432-34, 436-44, 446-47
"My Ancestors" (Kuzmin)
See "Moi predki"
My Ántonia (Cather) **1**:151, 153, 156-59, 162-63, 165, 167; **11**:92-8, 102, 104-07, 112, 114; **31**:24-69; **99**:204, 207-09, 211, 213, 228-31, 241, 265, 267-68, 274-75, 281, 285
My Apprenticeships (Colette)
See *Mes apprentissages*
My Apprenticeship (Gorky) **8**:77

My Apprenticeship (Webb and Webb) **22**:414-15, 419, 423
"My Army, O, My Army!" (Lawson) **27**:122, 133
"My Banker" (Rhodes) **53**:316
My Battle (Hitler)
See *Mein Kampf*
"My Bay'nit" (Service) **15**:399
"My Beautiful Mother" (Lasker-Schueler) **57**:333
"My Big Brother" (Premchand) **21**:287
My Birds (Davies) **5**:206
"My Birthday" (Gibran) **9**:85
"My Blue Piano" (Lasker-Schueler)
See "Mein blaues Klavier"
My Blue Piano (Lasker-Schueler)
See *Mein blaues Klavier*
"My Blush" (Lasker-Schueler) **57**:328
"My Boy Jack" (Kipling) **8**:200
My Brilliant Career (Franklin) **7**:264, 266-74
"My Brother Paul" (Dreiser) **10**:181; **35**:71
My Brother Yves (Loti)
See *Mon frère Yves*
My Career Goes Bung (Franklin) **7**:267-68, 270-74
My Childhood (Gorky)
See *Detstvo*
"My Cicely" (Hardy) **4**:152
"My Cicely" (Hardy) **53**:117
"My Closet Companions" (Bengtsson) **48**:13
"My Coffin Steed" (Ady) **11**:14
My Confessional: Questions of Our Day (Ellis) **14**:116-17, 127
My Contemporaries (Mikszath)
See *Az én kortársaim*
"My Country, Right or Left" (Orwell) **15**:355
"My Country Tish of Thee" (Rinehart) **52**:281
"My Countrymen" (Gibran) **1**:328
My Creator (Dreiser) **10**:197
"My Creed" (Campbell) **9**:32
"My Creed" (Guest) **95**:205
My Days and Dreams (Carpenter) **88**:62, 65-6, 70, 90, 117-9, 126
My Dear Miss Aldrich (Mankiewicz) **85**:163
"My Dear One Is Ill" (Radnoti) **16**:418
"My Descendants" (Yeats) **11**:534-35
"My Discovery of America" (Mayakovski) **4**:292
My Disillusionment in Russia (Goldman) **13**:215
My Double Life: Memoirs of Sarah Bernhardt (Bernhardt) **75**:12, 39, 41
"My Drama" (Lasker-Schueler)
See "Mein Drama"
My Dream World (Kubin) **23**:95
"My Early Beliefs" (Keynes) **64**:245, 289, 295
"My Efforts" (Walser) **18**:427
My Evolution (Schoenberg) **75**:338-39
"My Father" (Bialik)
See "Avi"
"My Father" (Runyon) **10**:435
"My Father He Was a Fisherman" (Pickthall) **21**:252
"My Father Joins the Fire Brigade" (Schulz) **51**:316
My Father: The Rev. William Stead (Stead) **48**:199
"My Fathers Came from Kentucky" (Lindsay) **17**:227
"My Father's Grave" (Masaoka Shiki) **18**:232
My Faust (Valery)
See *Mon Faust*
"My Favorite Books" (Mikszath)
See "Legkedvesebb könyveim"
"My Favorite Murder" (Bierce) **1**:88; **7**:88-9, **44**:14, 29, 32-3, 40, 44-5, 51
"My Fellow-Traveller" (Gorky) **8**:73
My Few Last Words (Baring-Gould) **88**:23
"My First Article" (Frank) **17**:108, 114
"My First Fee" (Babel) **13**:27
"My First Goose" (Babel) **2**:22; **13**:22, 33
"My First Honorarium" (Babel)
See "Pervy gonorar"
"My First Impression of Paris" (Yosano Akiko) **59**:346-7
My First Summer in the Sierra (Muir) **28**:243, 245, 247-48, 259, 264
"My Flag" (Cohan) **60**:169
My Flight from Siberia (Trotsky) **22**:364
My Four Weeks in France (Lardner) **14**:290
My Friend, Julia Lathrop (Addams) **76**:70
"My Friend Meurtrier" (Coppee) **25**:121
"My Friend of the Left" (Goebbels) **68**:98
"My Friends" (Service) **15**:404
My Friend's Book (France)
See *Le livre de mon ami*
My Garden (Davies) **5**:206
"My Grandmother's Leg" (Williams) **89**:402
"My Grandmother's Love Letters" (Crane) **2**:119-20; **5**:188; **80**:200
"My Haiku" (Masaoka Shiki) **18**:230
My Haiku (Masaoka Shiki)
See *Wa ga haiku*
My Hates (Zola)
See *Mes haines*
"My Heart" (Roberts) **68**:336
My Heart and My Flesh (Roberts) **68**:297-300, 309-10, 313, 326, 329, 335, 339, 342, 360-64
"My Hero Bares His Nerves" (Thomas) **45**:380
"My Hope" (Sodergran) **31**:286
My Host the World (Santayana) **40**:385
"My House" (Yeats) **11**:534-35
My Ireland (Dunsany) **59**:15-6
My Island Home (Hall and Nordhoff) **23**:66
"My Job as a Father" (Guest) **95**:209
My Kid the Doctor (Sanchez)
See *M'hijo el dotor*
My Lady (Wallace) **57**:398
"My Lady Brandon and the Widow Jim" (Jewett) **22**:136
"My Lady Comes" (Davies) **5**:201
"My Lady Loves Her Will" (Dunsany) **59**:11
My Lady's Garter (Futrelle) **19**:90, 95
"My Lady's Lips Are Like de Honey" (Johnson) **19**:210
My Larger Education: Being Chapters from My Experience (Washington) **10**:525
"My Library" (Service) **15**:412
"My Life" (Chekhov) **3**:152, 155-56, 160; **10**:108, 111, 114; **55**:65
"My Life" (Esenin)
See "Moia zhizn"
My Life (Duncan) **68**:49, 51, 57-8, 75, 78
My Life (Ellis) **14**:120, 123-24, 127-29
My Life (Trotsky) **22**:389
My Life and Hard Times (Mankiewicz) **85**:114
My Life and Loves (Harris) **24**:263, 271-73, 275-80
My Life and Times (Jerome) **23**:83, 86
My Life and Work (Ford) **73**:101
My Life as a Teacher (Erskine) **84**:185
My Life as German and Jew
See *Mein Weg als Deutscher und Jude*
My Life in Architecture (Cram) **45**:12-13, 18, 21
"My Life in Literature" (Erskine) **84**:185
My Life in Music (Erskine) **84**:168
"My Light with Yours" (Masters) **25**:298
"My Literary Experience—To the Beginning Author" (Fadeyev) **53**:58
My Literary Passions (Howells) **7**:398
My Little Chickadee (Fields) **80**:222, 231, 241, 245
"My Little Girl" (Holly) **65**:144
My Lives and How I Lost Them (Cullen) **4**:51; **37**:159
My Lord Duke (Hornung) **59**:113
"My Lord the Elephant" (Kipling) **8**:197
"My Lost City" (Fitzgerald) **6**:172
My Love Burns (Mizoguchi)
See *My Love Has Been Burning*
My Love Has Been Burning (Mizoguchi) **72**:315, 324
"My Love's on a Faraway Island" (Anwar)
See "Tjintaku djauh dipulau"
"My Lyre" (Sodergran)
See "Min lyra"
My Mark Twain (Howells) **7**:370
"My Mate" (Service) **15**:399
My Miracles (Lasker-Schueler)
See *Meine Wunder*
My Mortal Enemy (Cather) **1**:154; **11**:95, 97-8, 101-02; **99**:201, 209, 220, 252-53, 274-76, 281
"My Mother" (Jozsef) **22**:164
"My Mother" (Ledwidge) **23**:109
My Mother's House (Colette)
See *La maison de Claudine*
My Neighbours (Evans) **85**:5,24
"My Night" (Riley) **51**:302
"My Ninety Acres" (Bromfield) **11**:86
"My Old Home" (Lu Hsun)
See "Guxiang"
"My Old Man" (Lardner) **2**:329
My Old Man (Runyon) **10**:430, 435-36
My Opinions and Betsy Bobbet's (Holley) **99**:309-14, 318-19, 324, 326-27, 331, 334-35, 341, 343-45
"My Origins" (Bagritsky)
See "Proiskhozhdeniye"
"My Outdoor Study" (Higginson) **36**:175
My Own Fairy Book (Lang) **16**:264, 272
My Own Story (Pankhurst) **100**:323, 325
"My Pal" (Service) **15**:412
"My Path" (Esenin) **4**:115
"My Pedagogic Creed" (Dewey) **95**:66
"My People" (Lasker-Schueler)
See "Mein Volk"
My People (Evans) **85**:2-3, 5, 10, 12, 15, 17, 19, 29, 32, 36-7, 43-50
My Poetic (Palamas) **5**:385
"My Poetry" (Bialik) **25**:65
"My Poetry" (Noguchi) **80**:362
"My prishli" (Gumilev) **60**:280
"My Pushkin" (Tsvetaeva)
See "Moj Puškin"
"My Quiet Song" (Lasker-Schueler)
See "Mein stilles Lied"
"My Readers" (Gumilev) **60**:263-4
"My Religion" (Unamuno)
See "Mi religión"
My Religion (Tolstoy)
See "V chiom moya vera"
My Remarkable Uncle, and Other Sketches (Leacock) **2**:378
My Reminiscences (Tagore) **53**:339
My Road (Tolstoy) **18**:371
"My Roomy" (Lardner) **2**:338; **14**:305, 318-20
"My Roses" (Nietzsche) **55**:390
"My School Days Are Over" (Fields) **80**:259
My Son the Doctor (Sanchez)
See *M'hijo el dotor*
"My Song" (Brooke) **2**:58
"My Soul" (Roussel)
See "Mon âme"
"My Soul" (Sodergran)
See "Min själ"
"My Standpoint"
See "Yo ga tachiba"
My Star Predominant (Knister) **56**:158-59, 165
My Story (Caine) **97**:2, 4-5, 12-13
My Story (Rinehart) **52**:300
My Struggle (Hitler)
See *Mein Kampf*
"My Subconscious" (Benchley) **55**:17
"My Sunday at Home" (Kipling) **8**:192, 202, 204; **17**:207
"My Table" (Yeats) **11**:534-35; **18**:459
My Talks with Dean Spanley (Dunsany) **59**:22, 24, 26, 29
My Ten Years in a Quandary, and How They Grew (Benchley) **1**:77; **55**:5-6, 14, 18
"My Thanks to Freud" (Andreas-Salome) **56**:29
My Theory of Soul Atoms (Hartmann) **73**:111, 119

"My Translataphone" (Stockton) **47**:325, 328
"My Travelling Companion" (Gorky)
See "My Fellow-Traveller"
"My Universe" (Noguchi) **80**:379
My Universities (Gorky)
See *Moi universitety*
"My Views on Anarchism" (Dagerman) **17**:93
"My Views on Chastity and Sutteeism" (Lu Hsun) **3**:296
My Wayward Pardner; or, My Trials with Josiah, America, the Widow Bump, and Etcetery (Holley) **99**:309
My Wife Ethel (Runyon) **10**:436-37
My Wonder (Lasker-Schueler)
See *Meine Wunder*
"My Work on the Novel Cement" (Gladkov) **27**:93
My Year in a Log Cabin (Howells) **41**:253
"My Youngsters Don't Worry Me" (Guest) **95**:211
My Youth in Vienna (Schnitzler) **4**:401-02
"Mylo Jones's Wife" (Riley) **51**:300-01
Myricae (Pascoli) **45**:146, 148, 153-54, 156
Mys guron (Kuprin) **5**:303
Myself Bettina (Crothers) **19**:73
Myself When Young (Richardson) **4**:374-75
Myshkina dudochka (Remizov) **27**:349
Mysl (Andreyev) **3**:17
Le mystère de la chambre jaune (Leroux) **25**:255-58, 260
La mystère de la charité de Jeanne d'Arc (Peguy) **10**:404-05, 408-09, 412-13, 416
Le mystère des saints innocents (Peguy) **10**:405, 409, 412
Le mystère en pleine lumière (Barrès) **47**:67-8
Mystères de Marseille (Zola) **6**:567
Mysterier (Hamsun) **2**:202-04, 206-08; **14**:221, 227-28, 235, 237, 245, 247-48; **49**:127, 131-35, 138, 142, 145-46, 153-55, 157, 159, 161-63, 167
Mysteries (Hamsun)
See *Mysterier*
Mysteries Lyrical and Dramatic (Crowley) **7**:208
"Mysteriet" (Sodergran) **31**:285, 294
"The Mysterious Case of My Friend Browne" (Hawthorne) **25**:246
"The Mysterious Chamber" (Twain) **6**:462
"The Mysterious Destruction of Mr. Ipple" (Bennett) **5**:46
"Mysterious Disappearances" (Bierce) **44**:14, 45
The Mysterious Island (Verne)
See *L'ile mystérieuse*
"The Mysterious Lily" (Ekelund)
See "Den hemliga liljan"
The Mysterious Mr. Sabin (Oppenheim) **45**:128, 132-35, 137
"The Mysterious Rabbit" (Remizov)
See "Tainstvennyi zaichik"
Mysterious Stories (Nervo)
See *Místicas*
"The Mysterious Stranger" (Twain) **59**:182, 186
The Mysterious Stranger (Twain) **6**:460, 466, 486; **12**:432, 434, 436-37, 442, 449; **19**:387; **36**:361, 363-64, 378, 392, 399, 411; **48**:344; **59**:168, 170
"The 'Mysterious Stranger' Defense" (Post) **39**:344
"Mysterium der Liebe" (Carossa) **48**:25
"Mystery" (Baker) **10**:26
"The Mystery" (Dunbar) **12**:105
"The Mystery" (Sodergran)
See "Mysteriet"
"Mystery" (Sterling) **20**:380
Mystery at Geneva (Macaulay) **7**:427; **44**:119, 125
The Mystery at the Blue Villa (Post) **39**:339, 343
The Mystery in Palace Gardens (Riddell) **40**:334-35
"The Mystery of a Derelict" (Hodgson) **13**:237
The Mystery of Angelina Frood (Freeman) **21**:58-9, 62
The Mystery of Choice (Chambers) **41**:88, 90, 94, 102, 106, 113-14
"The Mystery of Dave Regan" (Lawson) **27**:131
The Mystery of Dr. Fu Manchu (Rohmer) **28**:276-77, 279-80, 288, 290, 293-94, 296, 298-99, 301
"A Mystery of Heroism" (Crane) **11**:163
"The Mystery of Hoo Marsh" (Freeman) **21**:57
"The Mystery of Justice" (Maeterlinck) **3**:326
Mystery of Mary Stuart (Lang) **16**:270
The Mystery of the Charity of Joan of Arc (Peguy)
See *La mystère de la charité de Jeanne d'Arc*
"The Mystery of the Four Husbands" (Leroux) **25**:260
The Mystery of the Hasty Arrow (Green) **63**:148, 150, 152-53
The Mystery of the Holy Innocents (Peguy)
See *Le mystère des saints innocents*
"The Mystery of the Paneled Room" (Rohmer) **28**:283
"The Mystery of the Poisoned Dish of Mushrooms" (Bramah) **72**:6
The Mystery of the Yellow Room (Leroux)
See *Le mystère de la chambre jaune*
The Mystery of Thirty-One New Inn (Freeman) **21**:43-5, 50-3, 56
Mystery on Happy Bones (Dent) **72**:31
"A Mystery Play" (Scott) **6**:395
Mystery under the Sea (Dent) **72**:19
Mystery-Bouffe (Mayakovski)
See *Misteria-Buff*
"Mystic" (Lawrence) **93**:26
"Mystic and Cavalier" (Johnson) **19**:244-45
"Mystic Garden and Middling Beast" (Stevens) **45**:270
Mystic Trees (Field) **43**:155-56, 160-61, 169
"The Mystic Turned Radical" (Bourne) **16**:60
"The Mystical Milieu" (Teilhard de Chardin)
See "Le milieu mystique"
Mysticism at the Dawn of the Modern Age (Steiner)
See *Die Mystik im Aufgange des neuzeitlichen Geisteslebens und ihr Vehältnis zu modernen Weltschauung*
Mysticism East and West (Otto) **85**:314, 319, 324, 327
Mysticism in Relation to the Modern World-Conception (Steiner) **13**:445
"Le mysticisme bien tempéré" (Gourmont) **17**:126
Mystics of the Renaissance and Their Relation to Modern Thought (Steiner) **13**:436
"The Mystic's Prayer" (Sharp) **39**:394
Die Mystik im Aufgange des neuzeitlichen Geisteslebens und ihr Vehältnis zu modernen Weltschauung (Steiner) **13**:441, 448
"Myten som Kunstform" (Jensen) **41**:309
"The Myth" (Muir) **87**:167, 276
"Myth" (Pavese)
See "Mito"
"Myth of America" (Crane) **80**:85
A Myth of Shakespeare (Williams) **1**:518
The Myth of the State (Cassirer) **61**:62, 65-6, 69-70, 110, 112, 114, 117, 119
Myth, Ritual, and Religion (Lang) **16**:260-61
"The Mythical Journey" (Muir) **87**:208
Mythical Thought (Cassirer)
See *Philosophie der symbolischen Formen*
Mythical Thought (Cassirer)
See *Philosophie der symbolischen Formen*
"Die mythische Erbschaft der Dichtung" (Broch) **20**:69
Mythologies (Yeats) **31**:418
"The Mythologization of Reality" (Schulz)
See "Mityzacja rzeczywistości"
Mythology and Folk-Tales of the North American Indians (Boas) **56**:81
"Mythos" (van Ostaijen) **33**:418-19
"Mythus und Religion in Wundts Völkerpsychologie" (Otto) **85**:314
"Na arca" (Machado de Assis) **10**:291
Na bolshoi doroge (Chekhov) **31**:80
Na dne (Gorky) **8**:70-1, 78-9, 81, 88, 92
Na drogach duszy (Przybyszewski) **36**:290
"Na Kamennyx otrogax Pierii" (Mandelstam) **6**:267
"Na krasnom kone" (Tsvetaeva) **7**:560-62, 568; **35**:386, 390-91, 404, 410-11, 415-16
Na kulichkakh (Zamyatin) **8**:546, 551, 557-58; **37**:427, 430-31
"Na plotakh" (Gorky) **8**:68, 80, 85
Na polu chwały (Sienkiewicz) **3**:427
"Na rynke" (Zabolotsky) **52**:371, 375, 377-78
"Na střes nom sude" (Shestov) **56**:277
"Na večernem asfal'te" (Bryusov) **10**:92
Na vesakh Iova (Shestov) **56**:248, 258, 276-80
"Na volchey sadke" (Chekhov) **96**:33
"Na zare tumannoy yunosti" (Platonov) **14**:422, 425
Naamioita (Leino) **24**:371
"Naboth's Vineyard" (Benson) **27**:17
"Naboth's Vineyard" (Post) **39**:339
Naboth's Vineyard (Somerville & Ross) **51**:329, 338, 343, 351, 360-61, 370-72
Načalo konca (Aldanov) **23**:17, 22-3
"Nach dem Ball" (Liliencron) **18**:208
"Nach der Lese" (George) **14**:210
Nachala i kontsy (Shestov) **56**:248, 260
"Nachgelassene Gedichte" (Borchert) **5**:109
Nachlass (Schoenberg) **75**:331-33
"Nachmittag" (George) **14**:210
"Ein Nachmittag" (Heym) **9**:149
"Die Nacht" (Heym) **9**:142
"Die Nacht" (Trakl) **5**:457
Die Nacht (Kandinsky) **92**:38
"Die Nacht, die Nacht ist still und mild" (Raabe) **45**:188
Nachtasyl (Gorky) **8**:71
"Nächte" (Schwitters) **95**:296
"Nächte" (Toller) **10**:491
Die Nachte der Tino von Baghdad (Lasker-Schueler) **57**:327
"Nachtergebung" (Trakl) **5**:457
Nachts (Kraus) **5**:291
"Nachts schlafen die Ratten doch" (Borchert) **5**:109
Nachts unter der steinernen Brücke (Perutz) **60**:370
"Nacimiento de Cristo" (Garcia Lorca) **49**:94
"Nad ovragom" (Pilnyak) **23**:211, 213
Nada menos que todo un hombre (Unamuno) **2**:564; **9**:511, 515, 517-19
Nada the Lily (Haggard) **11**:241, 246, 257
Nadobnisie i koczkodany (Witkiewicz) **8**:513
Nagelaten gedichten (van Ostaijen) **33**:414, 416, 418
"Die Nähe" (Morgenstern) **8**:306-07
Naibedya (Tagore)
See *Naivedya*
La naissance du jour (Colette) **5**:164-66; **16**:125; 129, 133
"La Naissance du Poete" (Jammes) **75**:113
"Naive Song to the Wife" (Radnoti) **16**:416
Naivedya (Tagore) **3**:491
Naivedya (Tagore) **53**:341-41
Najogólniejsze ideały zyciowe (Prus) **48**:166
Naked (Pirandello)
See *Vestire gli ignudi*
Naked Life (Pirandello)
See *La vita nuda*
Naked Masks (Pirandello)
See *Maschere nude*
Naked on Roller Skates (Bodenheim) **44**:72-4
The Naked Year (Pilnyak)
See *Goly god*
"Nakhes fun kinder" (Aleichem) **35**:307
"Nakhutore" (Bunin) **6**:58
Nakimushi kozō (Hayashi) **27**:105

"Nam Bok the Unveracious" (London) **9**:254, 274
"The Name" (Pavese) **3**:340
"The Name and Nature of Poetry" (Housman) **1**:356; **10**:243, 245, 258-59
"A Name in the Plaza" (Hearn) **9**:133
"The Name on the Stone" (Hearn) **9**:134
"The Name-Day" (Saki) **3**:374
"The Name-Day Party" (Chekhov) **3**:152, 169; **10**:107
"Nameless" (Obstfelder)
See "Navnløs"
"Nameless and Immortal" (Heidenstam) **5**:249
"The Nameless City" (Lovecraft) **22**:226, 232
"The Nameless Quest" (Crowley) **7**:204
The Nameless Thing (Post) **39**:347
"The Nameless Wish" (Prado)
See "El deseo sin nombre"
"Names in a Tree" (Coffin) **95**:16
"Namiki" (Shimazaki Toson) **5**:432
Nan Yar? (Ramana Maharshi) **84**:260
Nana (Zola) **1**:585, 587-88, 590, 596; **6**:563, 569; **21**:415-17, 428-29, 434-35, 449; **41**:414-15; 436, 439, 442-44, 447-49
"Nana del caballo grande" (Garcia Lorca) **49**:114
"Nancy" (Wylie) **8**:521, 536
"Nancy Hanks" (Monroe) **12**:216
"The Nancy's Pride" (Carman) **7**:135
Naniwa Elegy (Mizoguchi)
See *Naniwa Hika*
Naniwa Hika (Mizoguchi) **72**:304-05, 314-15, 320, 325, 328
"Nanon" (Roussel) **20**:227
Não (Sa-Carniero) **83**:405, 411
"The Nap" (de la Mare) **53**:17, 27, 33
A nap árnyéka (Moricz) **33**:243
Năpastă (Caragiale) **76**:155, 157-59
"Napoleon" (Sternheim) **8**:368
Napoleon (Merezhkovsky) **29**:242
Napoleón en Chamartín (Perez Galdos) **27**:287
The Napoleon of Notting Hill (Chesterton) **1**:178, 184, 187; **6**:102-05, 109; **64**:34-5, 38
"Napoleon Shave-Tail" (Wister) **21**:386
Når den ny vin blomstrer (Bjoernson) **37**:14, 19, 29
Når vi døde vågner (Ibsen) **2**:219, 222, 226-27, 229, 233-34, 236-37, 239; **8**:149, 152, 154-55; **16**:168
"Narcisse parle" (Valery) **15**:450
"Narcissism" (Stevens) **45**:286
"Narcissism as Double Directionality" (Andreas-Salome) **56**:56
"Narcissus" (Carpenter) **88**:62
"Narcissus" (Flecker) **43**:188
"Narcissus Bay" (Welch) **22**:441, 456, 462
"The Narcissus Cantata" (Valery) **4**:496-97
"Narcissus Speaks" (Valery)
See "Narcisse parle"
Nārīr Mūlya (Chatterji) **13**:80-1
"Narky" (Rohmer) **28**:286, 296
"Narodnyj dom" (Zabolotsky) **52**:378
"Narodnyj dom II" (Zabolotsky) **52**:379
Der Narr in Christo, Emanuel Quint (Hauptmann) **4**:197-99, 201, 204
Narraciones (Garcia Lorca) **7**:297
Narration (Stein) **1**:427; **48**:214, 221
The Narrative of Arthur Gordon Pym (Verne) **6**:501
Narrenweisheit; oder, Tod und Verkïarung des Jean-Jacques Rousseau (Feuchtwanger) **3**:182-83, 186
"The Narrow Door" (Mew) **8**:294, 296
The Narrow Place (Muir) **87**:167
"Nascent" (Lawrence) **93**:44
Die Nase des Michelangelo (Ball) **104**:4, 21, 25
"Nashedshij podkovu" (Mandelstam) **2**:405, 409; **6**:260-61, 266
"Nashtanir" (Tagore) **3**:499
"Nastoyashchee" (Khlebnikov) **20**:133, 144
"Nastuplenie" (Gumilev) **60**:282-4
"Nasturtiums" (Naidu) **80**:334
"Natalie" (Bunin) **6**:56-7
Natasqua (Davis) **6**:152
Nathaniel Hawthorne and His Wife (Hawthorne) **25**:240
"Die Nation als Ideal und Wirklichkeit" (Musil) **12**:258
"The National Being" (Baker) **10**:15
The National Being: Some Thoughts on an Irish Polity (Baker) **10**:22-3
"National Bulletin" (Bryan) **99**:147
National Episodes (Perez Galdos)
See *Episodios nacionales*
"National Legislative Program" (Bryan) **99**:147
"The National Letters" (Mencken) **13**:362, 364, 393-94
"The National Policy" (Drummond) **25**:142, 153
"National Polity" (Nishida) **83**:333
"The National Question and Autonomy" (Luxemburg) **63**:202, 225
"The National Question and Social Democracy" (Stalin) **92**:183
"National Self-sufficiency" (Keynes) **64**:221, 244
The National Value of Art (Aurobindo) **63**:28-9
"National Winter Garden" (Crane) **5**:195; **80**:115
"Die Nationale Kurzwelle" (Roth) **33**:336
"Nationale Musik" (Schoenberg) **75**:333
The Nationalization of Health (Ellis) **14**:110, 116
The Nationalizing of Business, 1878-1898 (Tarbell) **40**:428-29, 438
"National-Mindedness and International-Mindedness" (Mead) **89**:104
"Native Country" (Tolstoy) **18**:377
"Native Dada" (Lardner) **2**:339
Native Labour in South Africa (Plaatje) **73**:221
"The Native Land" (Blok) **5**:94-5
"Native Land" (Heidenstam) **5**:249
The Native Land of the Cranes (Prishvin)
See *Crane Homeland*
Native Life in South Africa (Plaatje) **73**:221, 225-27, 231, 234
"Native of Winby" (Jewett) **22**:122, 136
"Native Poetry of New Spain" (Reyes) **33**:318
Natsuksa (Shimazaki Toson) **5**:439
"Natten" (Obstfelder) **23**:177
Nattens lekar (Dagerman) **17**:88-94
"Nätter" (Strindberg) **8**:419
"Nätternas" (Strindberg) **8**:419
Natural History (Renard)
See *Histoires naturelles*
The Natural History of Creation (Haeckel)
See *Natürliche Schöpfungs-geschichte*
The Natural History of the Ten Commandments (Seton) **31**:272, 276
"Natural Law" (Holmes) **77**:243
"A Natural Obstacle" (Strindberg) **8**:407
"Natural Science and Historical Science" (Nishida)
See "Shizenkagaku to rekishigaku"
"Natural Selection in Literature" (Adams) **80**:12
"Natural Selection in Morals" (Alexander) **77**:66
"Natural Theology" (Lang) **16**:256
"Naturaleza" (Mistral) **2**:478
Naturalism and Religion (Otto)
See *Naturalistische und religiöse Weltansicht*
Naturalismen i England (Brandes) **11**:62, 72
"The Naturalist at Law" (Freeman) **21**:58
The Naturalist in La Plata (Hudson) **29**:134, 139-40, 144, 154
A Naturalist of Souls (Bradford) **36**:53, 56, 65
Naturalistische und religiöse Weltansicht (Otto) **85**:315
"Nature" (Mistral)
See "Naturaleza"
Nature (Rozanov) **104**:338
"The Nature and Aims of a Philosophy of History" (Collingwood) **67**:120, 156
"The Nature and Reality of Objects of Perception" (Moore) **89**:241
"The Nature and Tragedy of Culture" (Simmel)
See "On the Concept and Tragedy of Culture"
Nature in Downland (Hudson) **29**:136, 146-47, 161
"Nature in the Raw" (Adams) **56**:8, 22
"The Nature of a Crime" (Ford) **15**:91
"The Nature of Gothic" (Ruskin) **63**:290
"The Nature of Man" (Grieg)
See "Den menneskelige natur"
The Nature of Peace and the Terms of Its Perpetuation (Veblen) **31**:342-43, 346, 357-58, 362
The Nature of the Judicial Process (Cardozo) **65**:21-2, 29, 32, 35, 39, 41, 43-5
Nature Poems, and Others (Davies) **5**:199-200, 207, 209
"Nature Theater" (Trakl)
See "Naturtheater"
"Nature's Place in Canadian Culture" (Lewis) **2**:399
"Nature's Questioning" (Hardy) **53**:81
Natürliche Schöpfungs-geschichte (Haeckel) **83**:126, 131, 138, 147
"Naturtheater" (Trakl) **5**:462
Le naufrage (Coppee) **25**:126
Les naufragés du "Jonathan" (Verne) **6**:497
The Naulahka (Kipling) **8**:185; **17**:203, 205
La nausée (Vian) **9**:536
"Navacerrada, abril" (Salinas) **17**:364
Navajātak (Tagore) **3**:488-89; **53**:336
The Naval War of 1812 (Roosevelt)
See *History of the Naval War of 1812*
La nave (D'Annunzio) **6**:137, 141-42; **40**:9, 11-12, 19
"Navek" (Balmont) **11**:40
"The Navel" (Remizov)
See "Pupochek"
"La navidad" (Quiroga) **20**:213
Navidad (Martinez Sierra and Martinez Sierra) **6**:282, 287-88
"Le navire" (Verhaeren) **12**:475
"Navnløs" (Obstfelder) **23**:175, 177
Navodnenie (Zamyatin) **8**:544-45, 548, 553-54, 558; **37**:424, 431
"Naya vivah" (Premchand) **21**:292-93
The Nazarene (Asch)
See *Der man vun Notzeres*
Nazareth (Housman) **7**:359
Nazarín (Perez Galdos) **27**:250, 283
"Ne me tangito" (Mew) **8**:299
"Ne pas manger de raisin sans le laver" (Peret) **20**:201
"Ne sam borec" (Vazov) **25**:455
"Ne za mnoj" (Hippius) **9**:167
"Neanderthal" (Masters) **25**:290
"Neap-tide" (Swinburne) **36**:340, 344
The Near and the Far (Myers) **59**:123-4, 126, 128-34, 136, 143, 150
"Near Lanivet, 1872" (Hardy) **53**:79
"A Near View of the Sierra" (Muir) **28**:258
"Near White" (Cullen) **37**:152
"Near-White" (McKay) **41**:329
"Die Nebel" (Carossa) **48**:24
Nebeneinander (Kaiser) **9**:174-75, 181, 191
Nebesnye slova (Hippius) **9**:162-63
Nebesye verblyuzhata (Guro) **56**:133, 135, 146
Nebo goluboe (Sologub) **9**:444
"Nebraskans' Bitter Fight for Life" (Crane) **11**:159
"Nebulosa thulé" (Lugones) **15**:285
"Necessary Angel" (Stevens) **12**:386
The Necessary Angel: Essays on Reality and the Imagination (Stevens) **3**:456; **12**:386; **45**:279-80, 285-90, 296, 298, 331, 337, 339, 347, 353
Les nécessités de la vie et les conséquences des rêves (Eluard) **7**:253, 256; **41**:153
The Necessity of Belief (Gill) **85**:54, 56, 68, 75, 80-2

"The Necessity of Communism" (Murry) **16**:338, 348-49
The Necklace of Stars (Benavente)
 See *El collar de estrellas*
Necrophilia (Crowley) **7**:211
"Nedda" (Verga) **3**:541, 546-47
Nedda (Jovine) **79**:46
Nederlaget: Et skuespill om Pariser-komunen (Grieg) **10**:207, 209
"Ned's Psalm of Life for the Negro" (Cotter) **28**:42
"The Need for a Recovery of Philosophy" (Dewey) **95**:34
The Need for Roots (Weil)
 See *L'enracinement*
"Needs Must" (Strindberg) **21**:367
Der Neffe des Herren Bezenval (Spitteler) **12**:349, 351
"Nég Créol" (Chopin) **5**:145; **14**:61, 82
"Negations" (Stevens) **45**:297
"Negative Gravity" (Stockton)
 See "A Tale of Negative Gravity"
"Negative Information" (Douglas) **40**:90
"A Neglected Argument for the Reality of God" (Peirce) **81**:172,199,247,259,274,349-50,354-6
"Negotium Perambulans" (Benson) **27**:9, 13, 16, 19
The Negro and His Music (Locke) **43**:245-46
"Negro Contributions to America" (Locke) **43**:235
"The Negro Group" (Locke) **43**:239, 241
The Negro in America (Locke) **43**:235, 239
"The Negro in the Low-Country" (Heyward) **59**:88
"Negro Love Song" (Cotter) **28**:42
"A Negro Love Song" (Dunbar) **12**:122, 124, 126
"The Negro Question" (Bryan) **99**:117
The Negro Question (Cable) **4**:30-1
Negro Tales (Cotter) **28**:47
"The Negro Woman" (Cotter) **28**:42
"A Negro Writer to His Critics" (McKay) **41**:336
The Negroes in America (McKay) **41**:331-32, 335
"The Negro's Contribution to American Culture" (Locke) **43**:239
"The Negro's Educational Creed" (Cotter) **28**:43
"The Negro's Ten Commandments" (Cotter) **28**:44
"The Negro's Tragedy" (McKay) **41**:318
"La neige" (Verhaeren) **12**:466
Neighborhood Stories (Gale) **7**:281, 283
"The Neighbor's Children" (Webb) **24**:473
"The Neighbor's Landmark" (Jewett) **22**:124, 140
"Neighbour Rosicky" (Cather) **11**:98
Neighbours (Gale) **7**:283
"Neistovye rěci" (Shestov) **56**:278
Neizdannaja proza (Bryusov) **10**:85
"Neko" (Hagiwara Sakutaro) **60**:309, 313
"Neko no shigai" (Hagiwara Sakutaro) **60**:300-1, 315
"Nekrasivaya devochka" (Zabolotsky) **52**:367
"Nel regno della pietra" (Deledda) **23**:41
"Nell' annuale della fondazione di Roma" (Carducci) **32**:106
Nell' assenza di Lanciotto (D'Annunzio) **6**:133
"Nella sera della domenica di Pasqua" (Saba) **33**:369, 372
Nell'Anno Mille e schemi di altri drammi (Pascoli) **45**:146-49
"Nelse Hatton's Revenge" (Dunbar) **12**:109, 111
"Nelse Hatton's Vengeance" (Dunbar)
 See "Nelse Hatton's Revenge"
"Nelson's Year" (Noyes) **7**:513
Nem mondhatom El Senkinek (Karinthy) **47**:268
"Nem tudhatom" (Radnoti) **16**:410, 416
"Nemesis" (Lawrence) **93**:24
Némésis (Bourget) **12**:69
Nemesis (Thomas) **97**:138, 140
"The Nemesis of Fire" (Blackwood) **5**:71, 73-4, 78
The Nemesis of Mediocrity (Cram) **45**:16, 21
"Neobkhodimost" (Korolenko) **22**:175
Neologismos y americanismos (Palma) **29**:260
NepācdmīŚākuntala (Devkota) **23**:48, 50-2
"Neputevyj" (Zamyatin) **8**:552
"Nerina" (Heyse) **8**:121
"Neroždënnaja povest" (Pilnyak) **23**:212
Nerto (Mistral) **51**:131-32, 136-39, 142, 148, 152, 156
"Nerval, le nyctalope" (Daumal) **14**:96
"Nervazón de angustia" (Vallejo) **56**:294
The Nerve Meter (Artaud)
 See *Le pèse-nerfs*
Nervometer (Artaud)
 See *Le pèse-nerfs*
"Nervous" (Walser) **18**:437
"A Nervous Breakdown" (Chekhov)
 See "An Attack of Nerves"
The Nervous Character (Adler)
 See *Über den nervösen Charakter*
"Nervous Gust of Anguish" (Vallejo)
 See "Nervazón de angustia"
"The Nervous People" (Zoshchenko) **15**:504
"Nervus Erotis" (Lasker-Schueler) **57**:302, 328
Neshomeh yesere (Cahan) **71**:42-43
"A Nest of Hepaticas" (Scott) **6**:393, 397
"A Nest of Singing Birds" (de la Mare) **53**:26
"A Net to Snare in the Moonlight" (Lindsay) **17**:224
"Net vozrata" (Hippius) **9**:161
The Nether World (Gissing) **3**:222-25, 227-29, 231-36; **24**:220-21, 230, 233, 240, 242-43, 248; **47**:103, 114, 134
Nets (Kuzmin)
 See *Seti*
Nets to Catch the Wind (Wylie) **8**:521-22, 527, 532, 534, 537
Nettles (Lawrence) **93**:20
"Der neue Advokat" (Kafka) **53**:225
Neue Gedichte (Huch) **13**:253
Neue Gedichte (Rilke) **1**:409-11, 415-16, 418-20, 422; **6**:358-59, 364, 368; **19**:303-07
"Der Neue Heilige" (Huch) **13**:249
Neue Novellen (Heyse) **8**:113
Das Neue Reich (George) **2**:148-49, 152, 154; **14**:194, 196, 202-04, 207, 212
"Neue Romantik" (Mann) **9**:331
Der Neuen Gedichte Anderer Teil (Rilke) **1**:419
"Neumestnye rifmy" (Hippius) **9**:164
Neurosis and Human Growth (Horney) **71**:227, 235, 239, 245, 251, 257, 261, 265, 267, 269
The Neurotic Constitution (Adler)
 See *Über den nervösen Charakter*
The Neurotic Personality of Our Time (Horney) **71**:220, 226, 257-262
"The Neurotic's Conception of the World" (Adler) **61**:15
"Neutral Tones" (Hardy) **4**:152, 164; **10**:233; **18**:113; **53**:76, 116-17
Neuyomny Buben (Remizov) **27**:331, 333, 342
"Nevada Gas" (Chandler) **7**:183
"Nevada's Dead Towns" (Muir) **28**:250
"Nevasta" (Rebreanu) **28**:273
"Der Neve Roman von d'Annunzio" (Hofmannsthal) **11**:307
"Never Been so Lonesome" (Williams) **81**:428
Never Despair (Reymont)
 See *Nil desperandum*
Never Fail Blake (Stringer)
 See *The Shadow*
Never Give a Sucker an Even Break (Fields) **80**:226, 232, 244
"Never Say Die" (Marquis) **7**:437
Never Say Die (Sturges) **48**:312
"Nevicata" (Carducci) **32**:102
Nevicata (Pascoli) **45**:154
"Nevol'nich'ja" (Gumilev) **60**:278
"Nevolnichy bereq" (Khlebnikov) **20**:133
"The New Accelerator" (Wells) **12**:488, 511; **19**:434, 437
"The New Administration" (Post) **39**:343
"The New Advocate" (Kafka)
 See "Der neue Advokat"
The New American Credo (Nathan) **18**:316
The New Art of Projecting Concentrated Non-Dispersive Energy through the Natural Media (Tesla) **88**:332
"The New Baby in Our Home" (Guest) **95**:211
"A New Ballad of Tannhäuser" (Davidson) **24**:163, 175
New Ballads (Davidson) **24**:163, 165, 176
"The New Biography" (Woolf) **20**:423; **43**:401; **56**:381
New Blood (Thomas) **97**:140
"The New Boots" (Hardy) **53**:117
The New Born (Tagore)
 See *Navajātak*
"The New Boy" (Middleton) **56**:175-76, 182
"New Bridge" (Gogarty) **15**:108
New Cautionary Tales (Belloc) **7**:42; **18**:40
The New Colony (Pirandello)
 See *La nuova colonia*
New Comedies: The Bogie Men. The Full Moon. Coats. Damer's Gold. MacDonough's Wife (Gregory) **1**:332
The New Cook (Ince) **89**:9
New Cosmopolis (Huneker) **65**:168, 170
"A New Counterblast" (Higginson) **36**:175
"The New Country House" (Chekhov)
 See "The New Villa"
"The New Dawn" (Middleton) **56**:174
"A New Defense of Poetry" (Woodberry) **73**:362, 378
The New Deliverance (Witkiewicz)
 See *Nowe wyzwolenie*
A New Dictionary of Quotations (Mencken) **13**:387
"New Dresses" (Mansfield) **39**:329
"The New Dynasty" (Twain) **36**:387
New Earth (Hamsun) **14**:221-22
"New Elements" (Peirce) **81**:199
New Elements of Geometry Based on Benjamin Peirce's Work & Teachings (Peirce) **81**:198
The New Elements of Mathematics by Charles S. Peirce (Peirce) **81**:206
The New Empire (Adams) **80**:12, 38, 46, 64
"The New Endymion" (Gosse) **28**:139
"New England" (Robinson) **101**:111, 138, 143-48, 150-54, 156
"New England Fallen" (Lovecraft) **4**:265
A New England Nun, and Other Stories (Freeman) **9**:60, 63, 65, 67, 70, 74
"New England Victorian Episodes" (McAlmon) **97**:101
"The New Englander" (Anderson) **1**:36
New Evidence in Regard to the Instability of Human Types (Boas) **56**:82
The New Flag (Fuller) **103**:69, 85, 106
The New Freedom (Wilson) **79**:487
New Fruits of the Earth (Gide) **12**:166
"The New Gentry" (Baring-Gould) **88**:22
The New Ghetto (Herzl) **36**:133-34, 136
The New Golden Bough (Frazer) **32**:207, 216, 234
New Ground (Hamsun)
 See *Ny jord*
New Grub Street (Gissing) **3**:222-25, 227-29, 231-36; **24**:215-16, 220, 222-24, 227-28, 230-31, 233-37, 243-45, 247; **47**:102-12, 114, 116, 120-25, 127, 129-31, 133-39, 141-44
The New Hamlet (Dazai Osamu)
 See *Shin Hamuretto*
New Harlequinade (Baroja)
 See *Nuevo tablado de Arlequín*
"New Heaven and Earth" (Lawrence) **2**:350; **33**:181-82; **93**:4, 19, 109
New Himmerland Stories (Jensen) **41**:306, 308
"The New Hope" (Sharp) **39**:380

New Hope for Britain (Stapledon) **22**:314, 322
The New Humpty Dumpty (Ford) **15**:93
A New Idealism (Sinclair) **11**:418
"New Koide Road" (Hagiwara Sakutaro)
See "Koide shidō"
New Lamps for Old (Aurobindo) **63**:26
The New Land (Vazov)
See *Nova zemya*
New Leaf Mills (Howells) **7**:370; **17**:176, 178, 184
The New Leviathan (Collingwood) **67**:124, 136-39, 142, 151-53, 156-57, 165, 167, 184, 195
New Liberties for Old (Becker) **63**:64, 72-3
A New Life (Shimazaki Toson)
See *Shinsei*
"New Love" (Middleton) **56**:189
The New Machiavelli (Wells) **6**:525-26, 529, 537, 539, 552; **12**:492
"The New Marriage" (Premchand)
See "Naya vivah"
"The New Medusa" (Lee-Hamilton) **22**:187-88
The New Medusa, and Other Poems (Lee-Hamilton) **22**:186-89, 192-93
"A New Melody" (Peretz) **16**:397
The New Middle Ages (Berdyaev) **67**:30, 32-4
The New Minnesinger (Field) **43**:155-56, 164, 170, 178, 182
"The New Mistress" (Housman) **10**:251-52
New Moon (Radnoti)
See *Újhold*
"The New Nationalism" (Roosevelt) **69**:246-48
The New Negro (Locke) **43**:222-25, 229-30, 235, 242
"The New Note in Southern Literature" (Heyward) **59**:89
The New Old Nick of Hell's Bottom (Tammsaare)
See *Põrgupõhja uus Vanapagan*
"The New Painting" (Apollinaire) **51**:41
"The New Parishioner" (Jewett) **22**:117
A New Pattern for a Tired World (Bromfield) **11**:84
New People (Hippius)
See *Novye lyudi*
"New Pinions" (Stephens) **4**:420
"New Plays for Old" (Benchley) **55**:18, 22
New Poems (Bridges) **1**:132
New Poems (Davies) **5**:198-200, 208-09
New Poems (Heidenstam)
See *Nya dikter*
New Poems (Lawrence) **93**:6, 22, 28, 29, 43, 47, 67, 113
New Poems (Rilke)
See *Neue Gedichte*
New Poems (Thomas) **1**:466
New Poems (Thompson) **4**:434-35, 438
New Poems (Tynan) **3**:504
New Poems: Eighty Songs at Eighty (Markham) **47**:292
"The New Poet" (Gurney) **33**:95, 98
"New Poetry" (Lowell) **1**:377
"The New Poetry and Mr. A. E. Housman's Shropshire Lad" (Flecker) **43**:211
"The New Psychology" (Dewey) **95**:58, 95, 98-9
"The New Railway" (Liliencron) **18**:207
The New Revelation (Doyle) **7**:225
The New Revelations of Being (Artaud)
See *Les nouvelles révélations de l'être*
New Rhymes (Carducci)
See *Rime nuove*
The New Russia (Singer) **33**:386
"New Salem Hill" (Masters) **25**:302, 316
"The New Situation" (Anthony) **84**:21
"A New Song of Spring Gardens" (Dobson) **79**:2
The New Spirit (Ellis) **14**:102, 106, 108, 110, 114, 122-23, 131-35, 142
"The New Spirit and the Poets" (Apollinaire)
See "L'esprit nouveau et les poètes"
The New Spoon River (Masters) **2**:463, 472-73; **25**:294, 296-97, 299, 311, 313, 316
New Stories (Bergelson) **81**:23
New Strength (Rainis)
See *Jaunais spēks*
The New System (Bjoernson)
See *Det ny system*
"A New System of Alternating Current Motors and Transformers" (Tesla) **88**:268, 282, 296
The New Temple (Bojer)
See *Det nye tempel*
A New Testament (Anderson) **1**:35, 37, 56; **10**:45, 47; **24**:43
"A New Theme" (Baker) **3**:2; **10**:21
"New Traits of the New American" (Davis) **6**:154
"The New Trinity" (Markham) **47**:292
"New Verse" (Mandelstam) **6**:265
New Verse (Merezhkovsky) **29**:248
New Verses (Ady)
See *Új versek*
"The New Villa" (Chekhov) **3**:159
New Ways in Psychoanalysis (Horney) **71**:208, 210, 219-220, 222, 224
"New Wine" (Fuller) **103**:108
The New Word (Upward) **85**:376-7, 379-80, 385-7, 394, 399-400, 403-8
"A New World" (Baker) **10**:27
The New World (Jensen)
See *Den ny Verden*
The New World (Masters) **2**:470; **25**:300-01, 315
The New World and the New Book (Higginson) **36**:177
New World Lyrics and Ballads (Scott) **6**:386, 388, 390, 393, 395, 397
New Writings by Swinburne (Swinburne) **8**:439
"The New Year" (Remizov)
See "Novyi god"
"The New Year" (Thomas) **10**:454
"New Year Presents" (Palamas) **5**:386
"New Year's Bells" (Dreiser)
See "When the Old Century Was New"
"New Year's Chimes" (Thompson) **4**:438
"New Year's Day" (Davidson) **24**:162
"New Year's Day" (Wharton) **9**:550
"New Year's Eve" (Gurney) **33**:93
"New Year's Eve" (Lawrence) **93**:18
"A New Year's Eve" (Swinburne) **36**:347
"New Year's Greetings" (Tsvetaeva)
See "Novogodnee"
"The New Year's Sacrifice" (Lu Hsun)
See "Zhufu"
"New York" (Baker) **10**:21
"New York as a Historic Town" (Matthews) **95**:257
"New York by Campfire Light" (Henry) **19**:174
"New York City" (Bodenheim) **44**:69
"The New York Gold Conspiracy" (Adams) **4**:18
"New York Harbor" (McAlmon) **97**:120, 122
The New York Hat (Griffith) **68**:226
"New York Letter" (Matthews) **95**:269
New York Madness (Bodenheim) **44**:73
New York Nocturnes (Roberts) **8**:321
New York Nocturnes (Stringer) **37**:340
"New York: Office and Denunciation" (Garcia Lorca)
See "Nueva York: Oficina y denuncia"
New York Quartet (Wharton)
See *Old New York*
"New York Sleepwalking" (McAlmon) **97**:100
"A New Yorker a Hundred Years Hence" (Morley) **87**:128
New Zrinyiad (Mikszath)
See *Uj Zrinyiász*
The Newer Ideals of Peace (Addams) **76**:7, 12, 22-3, 37, 84-5, 108
"Newer Shades and Shadows" (Mikszath)
See "Ujabb fény és árnyképek"
"A New-Fashioned Flavoring" (Montgomery) **51**:199-200
The Newly-Married Couple (Bjoernson)
See *De nygifte*
"Newman's Littlemore: A Few Addenda" (Guiney) **41**:220
"Newport and Rome" (Howe) **21**:106
"News" (Coleridge) **73**:12
"The News" (Vazov) **25**:454
"The News and the Weather" (Stevens) **45**:272, 281
"News for the Delphic Oracle" (Yeats) **1**:573; **31**:411
"News from the Sea" (Anwar)
See "Kabar dari laut"
News from Venus (Herzl) **36**:131, 140
"News of Paris—Fifteen Years Ago" (Fitzgerald) **6**:172
News of the Sun (Ingamells) **35**:129
"A Newspaper Ad" (Guro)
See "Gazetnoe obyavlenie"
Newspaper Days (Dreiser) **10**:191; **35**:60-1, 63, 67
Newspaper Days, 1899-1906 (Mencken) **13**:385, 387-88, 397
"The Newspaper in Economic Development" (Innis) **77**:337
"A Newspaper Puff" (Pyle) **81**:393
"Newspaper Readers" (Tsvetaeva)
See "Chitateli gazet"
"New-Year Glad Rags" (Bosman) **49**:13
The Next Religion (Zangwill) **16**:445, 451
Next Time We Love (Sturges) **48**:286, 294, 312
"Next to Reading Matter" (Henry) **19**:172
"The Next War" (Owen) **5**:368; **27**:212, 227
"Nezdeshnii vecher" (Tsvetaeva) **35**:384-85
Nezhnyi Iosif (Kuzmin) **40**:190, 195, 197, 199
"Nezhuzhashchie" (Balmont) **11**:41
Neznakomka (Blok) **5**:84, 86, 92, 94, 99
"Nezrelost'" (Zabolotsky) **52**:376
"Ngoba . . . sewuthi" (Vilakazi) **37**:404
"Ni la leve zozobra" (Villaurrutia) **80**:477, 516
"Niani" (Machado de Assis) **10**:279
"Nice" (Jacob) **6**:199
"De Nice Leetle Canadienne" (Drummond) **25**:142
"The Nice Old Man and the Pretty Girl" (Svevo)
See "La novella del buon vecchio e della bella fanciulla"
The Nice Old Man and the Pretty Girl, and Other Stories (Svevo)
See *La novella del buon vecchio e della bella fanciulla*
Nice People (Crothers) **19**:74-5, 77, 80
Nichiren shōnin tsuji zeppō (Mori Ōgai) **14**:382
Nichirin (Yokomitsu) **47**:394-95
Nicholas (Khlebnikov)
See *Nikolay*
Nicholas Crabbe; or, The One and the Many (Rolfe) **12**:273-75, 278-80
Nicht der Mörder, der Ermordete ist schuldig (Werfel) **8**:477, 479, 481-82
"Nick the Saint" (Remizov)
See "Nikola Ugodnik"
"Nicodemus" (Robinson) **5**:417
Nicodemus (Robinson) **101**:105
"Nicotine Alley" (Allen) **87**:60
"Le nid brisé" (Sully Prudhomme) **31**:308
El nida ajeno (Benavente) **3**:98
Nie wieder Friede (Toller) **10**:480, 484
Niebla (Unamuno) **2**:558-59, 561-62, 564-67, 571; **9**:511, 513, 515-19
Nieblas (Palma) **29**:255
Nienasycenie (Witkiewicz) **8**:507, 516-18
Nietzsche (Andreas-Salome)
See *Friedrich Nietzsche in seinen Werken*
"Nietzsche contra Wagner: Aktenstücke eines Psychologen" (Nietzsche) **10**:372
Nietzsche in Basel (Ball) **104**:41-43, 45
"Nietzsche in Basel: A Polemic" (Ball) **104**:57
"Nietzsche in the Light of Our Experience" (Mann) **44**:165
"Nietzscheism and Realism" (Lovecraft) **22**:210

"Nigger Jeff" (Dreiser) **10**:181, 197, 199-200; **35**:60, 70-1, 75
"Nigger Lover" (McKay) **41**:329
The Nigger of the "Narcissus" (Conrad) **1**:201-02, 213, 218, 221; **6**:112, 118-19; **13**:117-19, 136, 141; **25**:111; **43**:112, 114, 129, 133, 135-36, 144; **57**:40, 43, 66
"Niggers" (Graham) **19**:108-09, 112, 120-22
"Night" (Baker) **10**:26
"Night" (Bosschere) **19**:54
"Night" (Bunin) **6**:59
"Night" (Esenin) **4**:114
"Night" (Mayakovski) **18**:246
"Night" (Montgomery) **51**:204
"Night" (Rosenberg) **12**:313
"Night" (Scott) **6**:394
"Night" (Symons) **11**:435
Night and Day (Rosenberg) **12**:294-95
Night and Day (Woolf) **1**:527-29, 531-32, 536, 542; **5**:510; **20**:397-98, 409, 423; **56**:371
"Night and Morning" (Dunsany) **2**:136
"Night and Storm" (Roberts) **68**:337
"Night and the Pines" (Scott) **6**:391, 393-94
"Night and Wind" (Symons) **11**:426
A Night at an Inn (Dunsany) **2**:137, 140, 142-44; **59**:3, 5, 10, 14
A Night at the Opera (Mankiewicz) **85**:117
The Night before Christmas (Howells) **7**:387-88
"Night before the Soviets" (Khlebnikov)
See "Nochyu pered sovetomi"
"Night Calls" (Ivanov) **33**:138
"The Night Cometh" (McCrae) **12**:209, 211
The Night Cometh (Bourget)
See *Le sens de la mort*
Night Dances (Sologub)
See *Nochnyi plyaski*
Night Flight (Saint-Exupery)
See *Vol de nuit*
The Night Flower (Faust) **49**:36
The Night Horseman (Faust) **49**:44, 46-7, 49-51
"Night Hymns on Lake Nipigon" (Scott) **6**:393
"A Night in a Trench" (Khlebnikov)
See "Noch v okope"
A Night in Acadie (Chopin) **5**:142, 144-46, 157; **14**:57-8, 60
Night in Bombay (Bromfield) **11**:79, 86
"A Night in Cordoba" (Scott) **6**:398
"A Night in June" (Scott) **6**:391, 393-94
"A Night in March" (Scott) **6**:393
"A Night in New Arabia" (Henry) **19**:175
"Night in Persia" (Khlebnikov) **20**:150
"Night in State Street" (Monroe) **12**:216
A Night in the Luxembourg (Gourmont)
See *Une nuit au Luxembourg*
"A Night in the Oak Grove" (Miyazawa) **76**:280
"Night in the Old Home" (Hardy) **53**:100
"Night in the Pastures" (Montgomery) **51**:208
"Night in the Slums" (Jozsef) **22**:155, 164
"A Night in the Winter's Month of Pus" (Premchand)
See "Pus-ki-rat"
Night Is Darkest (Bernanos)
See *Un mauvais rêve*
"The Night Is Freezing Fast" (Housman)
See "Last Poems: XX—The Night Is Freezing Fast"
"The Night Journey" (Brooke) **2**:58
"Night Journey" (Noyes) **7**:515
The Night Land (Hodgson) **13**:230-35, 237
"Night Lodgings" (Kuprin) **5**:298
"Night Message" (Rhodes) **53**:317
"The Night of Acacias" (Nezval)
See "Noc akátů"
"Night of Creation" (Beresford) **81**:6
The Night of Loveless Nights (Desnos) **22**:61, 67
"The Night of Martyrdom" (Naidu) **80**:341
"A Night of Questionings" (Hardy) **53**:101
A Night of Serious Drinking (Daumal)
See *La grande beuverie*
"Night of the Great Season" (Schulz)
See "Noc wielkiego sezonu"
"The Night of Varamin" (Hedayat)
See "Shab-ha-yi Varamin"
"Night on Hungerford Bridge" (Middleton) **56**:184
"A Night on the Galactic Railway" (Miyazawa) **76**:281
Night over Taos (Anderson) **2**:1, 3
"Night Piece" (Coppard) **5**:178
"A Night Poem" (Welch) **22**:458
The Night Refuge (Gorky)
See *Nachtasyl*
"The Night Search" (Khlebnikov)
See "Nochnoi obysk"
"Night Songs" (Lawrence) **93**:69
Night Tales of Shimbashi (Nagai)
See *Shimbashi yawa*
"Night Train" (Hagiwara Sakutaro)
See "Yogisha"
"The Night Violet" (Blok) **5**:91
"Night Visions" (Tolstoy) **18**:377
"The Night Visitor" (Bennett) **5**:46
"Night Wanderers" (Davies) **5**:204
"The Night Wind" (Apollinaire) **3**:38
Night Wind (Betti)
See *Il vento notturno*
"The Night-Born" (London) **9**:266; **15**:261-62
"The Night-Doings at 'Deadman's'" (Bierce) **44**:45, 49; **7**:98
"Nightfall" (Crowley) **7**:208
"Nightfall" (Vilakazi)
See "Ukuhlwa"
"Nightfall in the City of Hyderabad" (Naidu) **80**:290
"The Nighthawk" (Miyazawa) **76**:302
"The Nighthawk Star" (Miyazawa) **76**:278
"The Nightingale Garden" (Blok) **5**:85, 92
The Nightingale of Wittenberg (Strindberg) **8**:418
"Nightingales" (Bridges) **1**:129
Nightingales (Robinson)
See *The Glory of the Nightingales*
"Nightmare" (Toller)
See "Alp"
The Nightmare Has Triplets (Cabell) **6**:76-7
"Nightmare of Peace" (Muir) **87**:175
"Nightpiece" (Joyce) **16**:227
"Nights" (Toller)
See "Nächte"
Nights and Days (Bryusov)
See *Nochi i dni*
Nights in Town (Burke) **63**:123, 125-27
The Nights of Phemius (Palamas) **5**:385
Nights with Uncle Remus: Myths and Legends of the Old Plantation (Harris) **2**:211, 212
"Nightsong" (Trakl) **5**:468
"Nightsong of Lord Culverin on the Drawbridge of Castle Querulous" (Morley) **87**:145
"The Night-Washers" (Carman) **7**:142
"Nihilism" (Johnson) **19**:243
"Nihon bunka no mondai" (Nishida) **83**:242
"Nihon kokumin asa no uta" (Yosano Akiko) **59**:335-7
Nihonbashi (Mizoguchi) **72**:321
Nihyakutōka (Natsume) **10**:329
Nikiphóros Phokás (Kazantzakis) **33**:171
Nikita's Childhood (Tolstoy)
See *Detstvo nikity*
"Nikola Ugodnik" (Remizov) **27**:355
Nikolay (Khlebnikov) **20**:127, 136, 150
Nikon Stavokolemy (Prishvin) **75**:215
Nil desperandum (Reymont) **5**:397-98
Nils Holgerssons underbara resa genom Sverige (Lagerloef) **4**:232, 234, 238; **36**:238, 241-46
"Nimrod" (Schulz) **5**:421-22
"Nina" (Artsybashev) **31**:7
"Nine Brasenose Worthies" (Buchan) **41**:59
"Nine O'Clock To-Morrow" (Bennett) **5**:46
Nine Plays by Eugene O'Neill (O'Neill) **49**:249
"Nine Prisoners" (March) **96**:241, 244, 248, 252, 254
The Nine Tailors: Changes Rung on an Old Theme in Two Short Touches and Two Full Peals (Sayers) **2**:530-31, 535; **15**:371, 378, 381-84, 387, 389-90, 393
The Nineteen (Fadeyev)
See *Razgrom*
"1900" (Jacob) **6**:198
1905 (Trotsky) **22**:361, 386-87
"1905-1908" (Brooke) **2**:51
"1908" (Brennan) **17**:56
1913 (Sternheim) **8**:368, 372, 378
"1914" (Owen) **5**:371
1914, and Other Poems (Brooke) **2**:55-6, 58, 61; **7**:120-21, 125, 127, 129
1917 Uroki Oktyabrya (Trotsky) **22**:364-65
1918 (Tolstoy) **18**:359, 365, 371-72, 374, 379
"Nineteen Hundred and Nineteen" (Yeats) **11**:534-36; **18**:454; **31**:401, 408; **93**:364, 399, 400
1921-1925 (Mandelstam) **2**:408; **6**:265
"1928 Story" (Agee) **19**:33
1930 Diary (Yeats) **18**:454
"1943" (Anwar) **22**:21-2
"1909" (Apollinaire) **51**:59-60
Nineteen Eighty-Four (Orwell) **2**:498, 500-01, 504-06, 508-12; **6**:340-42, 344-45, 348, 350-51, 353-54; **15**:296-367; **31**:179-80, 182, 187-89, 191-93, 195, 197-98, 200, 202, 208; **51**:235, 259, 264-65; **51**:223-29, 240, 243, 248-49, 252
1984 (Orwell)
See *Nineteen Eighty-Four*
"1915" (Apollinaire) **51**:35
"Nineteen Miscellaneous Poems Written during My Sojourn in Japan, No. 2" (Su Man-shu) **24**:457
"Nineteen Miscellaneous Poems Written during My Sojourn in Japan, No. 3" (Su Man-shu) **24**:457
"1969" (Hardy) **53**:110-11
"Nineteen Thirty-One" (Rhodes) **53**:316
The Nineteenth Century: An Utopian Retrospect (Ellis) **14**:111, 114, 134
99 Fables (March) **96**:258
"Ninety-Eight" (Johnson) **19**:230
"La ninfa" (Dario) **4**:60, 67
Ninfeas (Jimenez) **4**:216
Ningen shikkaku (Dazai Osamu) **11**:172-75, 177, 179, 185-88, 191
"Ningengaku" (Nishida) **83**:326
"Nino Diablo" (Hudson) **29**:155
Ninth Avenue (Bodenheim) **44**:70, 74
"Ninth Elegy" (Rilke) **1**:413, 415, 420
The Ninth Thermidor (Aldanov)
See *Devjatoe termidora*
"The Ninth Wave" (Sharp) **39**:362
The Ninth Wave (Van Doren) **18**:396-97
"Niobe" (Palamas) **5**:386
Niobe (Rolland) **23**:256
"Nipona" (Huidobro) **31**:124
Nirjharer svapnabhanga (Tagore) **3**:496; **53**:339-40
"Niruddesh yatra" (Tagore) **53**:340
"Nirvana" (Aurobindo) **63**:9
"Nisan" (Anwar) **22**:18
"Nishchii Arlekin" (Guro) **56**:133-34
Nishida Kitaro zenshu (Nishida) **83**:234, 323
Nishida's Complete Works (Nishida)
See *Nishida Kitaro zenshu*
"Nisithe" (Tagore) **53**:355, 357
Niskrti (Chatterji) **13**:73, 80-1
"Nisshin kokumin no shinwa" (Yosano Akiko) **59**:337
"Niwatori" (Mori Ōgai) **14**:384
"Niwatori" (Hagiwara Sakutaro) **60**:309, 313
"Niwatori" (Shimazaki Toson) **5**:439
"Die Nixe" (Liliencron) **18**:214
"N'Jawk" (Flecker) **43**:213
Nje nempela (Vilakazi) **37**:405
No and Yes (Eddy) **71**:165
No Boundaries (Kuttner) **10**:269
"No Coward's Song" (Flecker) **43**:191, 199

"No Crime in the Mountains" (Chandler) **7**:173
"No Door" (Wolfe) **4**:527; **13**:492, 495
No Enemy (Ford) **15**:87-9, 92-3; **57**:282
"No Gumption" (Knister) **56**:161
"No Lilies for Lisette" (Service) **15**:412
No Longer Human (Dazai Osamu)
See *Ningen shikkaku*
No Love Lost: A Romance of Travel (Howells) **7**:370, 391
"No Man's Land" (Davidson) **24**:186
No Man's Land (Sapper) **44**:307
'No Mean City' (Rhodes) **53**:311
"No More Masterpieces" (Artaud) **3**:49
"No More of This Trapped Gazing" (Muir) **87**:260
No More Parades (Ford) **1**:280-82, 284; **15**:73-4, 78, 80-2; **39**:140-41; **57**:204-90
No More Peace! (Toller)
See *Nie wieder Friede*
"No More the Senator" (Bishop) **103**:26
"No, No Food Shall I Find Today" (Khodasevich) **15**:209
No One Knows How It Happens (Pirandello) **4**:339
No Painted Plumage (Powys)
See *Fables*
"No Place for a Woman" (Lawson) **27**:121, 152
No Pockets in a Shroud (McCoy) **28**:211-12, 221-23, 237
No Poems (Benchley) **55**:6-7, 18
"No Possom, No Sop, No Taters" (Stevens) **3**:448; **45**:299
"No Second Troy" (Yeats) **11**:528; **18**:446; **31**:385, 401; **93**:348-49
"No Sinecure" (Hornung) **59**:42
"No Still Path" (Lowry) **6**:238
No Swank (Anderson) **24**:43
"No Woman Born" (Kuttner) **10**:269
Noah an' Jonah an' Cap'n John Smith (Marquis) **7**:437, 439
"Noah Built the Ark" (Johnson) **3**:245; **19**:209
"The Nobel Rider and the Sound of Words" (Stevens) **12**:372, 386; **45**:274, 283, 296, 325, 338, 341
The Nobility of Labor (Liliencron) **18**:208
"Nobody Knows" (Anderson) **24**:20, 24, 30, 33-4, 51, 54
"Nobody's Lookin' but de Owl and de Moon" (Johnson) **19**:210
Nobody's Man (Oppenheim) **45**:130
Nobuko (Miyamoto) **37**:266-69, 272, 274-75
"Noc akátů" (Nezval) **44**:247
"Noc wielkiego sezonu" (Schulz) **5**:422; **51**:308, 314, 324
Les noces Corinthiennes (France) **9**:40
"Les noces d'ary" (Schwob) **20**:319
"Noces d'or" (Rod) **52**:316
"Noch v okope" (Khlebnikov) **20**:132, 137
"Noch' yu" (Korolenko) **22**:176
"Noche" (Villaurrutia) **80**:477-8
La noche del sábado (Benavente) **3**:97, 99
"Noche terrible" (Arlt) **29**:45-7
"Nochebuena" (Vallejo) **3**:532; **56**:293
Nochi i dni (Bryusov) **10**:78, 84
"Nochnoi obysk" (Khlebnikov) **20**:127, 133, 137, 144-45
Nochnyi plyaski (Sologub) **9**:439-40
"Noch'temnaia" (Remizov) **27**:353
"Nochyu pered sovetomi" (Khlebnikov) **20**:126-27, 133, 144-45
"Nocturna en que nada se oye" (Villaurrutia) **80**:463, 484
"Nocturnal Beacon" (Storni)
See "Faro en la noche"
"Nocturnal Beacon" (Storni)
See "Faro en la noche"
"Nocturne" (Burke) **63**:126
"Nocturne" (Coppard) **5**:177
"Nocturne" (Cullen) **37**:164, 168
"Nocturne" (Hecht) **101**:36
"Nocturne" (Lowry) **6**:238
"Nocturne" (Middleton) **56**:173
"Nocturne" (Mistral)
See "Nocturno"
"Nocturne" (Obstfelder) **23**:182, 188
"Nocturne" (Sodergran) **31**:288
"Nocturne" (Symons) **11**:427
Nocturne (D'Annunzio)
See *Notturno*
"Nocturne: Death Speaks" (Villaurrutia) **80**:479, 519
"Nocturne: Dream" (Villaurrutia) **80**:519
"Nocturne: Imprisoned" (Villaurrutia) **80**:519
"Nocturne in Which Nothing is Heard" (Villaurrutia) **80**:463, 484, 519
"Nocturne of the Void" (Garcia Lorca)
See "Nocturno del hueco"
"A Nocturne of Trysting" (Roberts) **8**:321
"Nocturno" (Anwar) **22**:22
"Nocturno" (Guiraldes) **39**:185, 190
"Nocturno" (Jimenez) **4**:226
"Nocturno" (Mistral) **2**:479
"Nocturno" (Villaurrutia) **80**:481
"Nocturno amor" (Villaurrutia) **80**:481
"Nocturno de la alcoba" (Villaurrutia) **80**:482
"Nocturno de la estatua" (Villaurrutia) **80**:463, 482
"Nocturno de los ángeles" (Villaurrutia) **80**:506
"Nocturno de los avisos" (Salinas) **17**:358
"Nocturno del hueco" (Garcia Lorca) **49**:94
"Nocturno en que habla la muerte" (Villaurrutia) **80**:479
"Nocturno eterno" (Villaurrutia) **80**:481
"Nocturno grito" (Villaurrutia) **80**:463
"Nocturno mar" (Villaurrutia) **80**:481
"Nocturno solo" (Villaurrutia) **80**:480
"Nocturnos" (Villaurrutia) **80**:463
Nocturnos (Villaurrutia) **80**:463, 480
"Nod" (de la Mare) **53**:28
"Nōfu" (Shimazaki Toson) **5**:439
Noh, or Accomplishment: A Study of the Classical Stage of Japan (Fenollosa) **91**:5
Noir et blanc n. 1 (Kandinsky) **92**:50
Noir et blanc no. 2 (Kandinsky) **92**:50
Noir et blanc no. 3 (Kandinsky) **92**:50
Noir et blanc no. 4 (Kandinsky) **92**:50
The Noise of Time (Mandelstam)
See *Shum vremeni*
The Noises of the Town (Remizov) **27**:331, 334
The Noises That Weren't There (Williams) **11**:495
Noizement-les-Vierges (Martin du Gard) **24**:396
"Nojabr" (Annensky) **14**:26
Nokh Alemen (Bergelson) **81**:24,30
Noli me tangere (Kaiser) **9**:174
Noma nini (Vilakazi) **37**:401
"The Nomads of Beauty" (Ivanov) **33**:123
"No-Man's-Land" (Buchan) **41**:37, 73
"Les nombres" (Verhaeren) **12**:469
"Nomenclature of Deserted Things" (van Ostaijen) **33**:421
"Nómina de huesos" (Vallejo) **56**:287
"Non blandula illa" (Gogarty) **15**:101
"Non dolet" (Gogarty) **15**:100, 103, 111
"Non dolet" (Swinburne) **36**:318
"Non Omnis Moriar" (Stringer) **37**:341
Non possumus (Benda) **60**:67-9
Non Sequitur (Coleridge) **73**:4, 6, 24
"Non serviam" (Huidobro) **31**:126, 134, 137
Non si sa come (Pirandello) **4**:339; **29**:301
"Non sum qualis eram bonae sub regno Cynarae" (Dowson) **4**:85-6; **4**:86, 88, 91
"Non voglio esser più quel che sono" (Papini) **22**:280
Non-Combatants (Macaulay) **7**:421-22, 426
None but the Brave (Schnitzler)
See *Leutnant Gustl*
"None Have Seen the House of the Lord" (Rosenberg) **12**:308
"None of That" (Lawrence) **93**:21
"Nonentity" (Lawrence) **93**:48, 49
Nonindifferent Nature (Eisenstein) **57**:196-200, 202
A Nonsense Anthology (Wells) **35**:420
Nonsense Novels (Leacock) **2**:377-79
"Nonsense Poetry" (Orwell) **51**:247-48
Noodlot (Couperus) **15**:42-3, 45
"Noon" (Khodasevich) **15**:204, 208, 212
Noored hinged (Tammsaare) **27**:370, 373
"Nor Iron Bars" (Powys) **9**:366
Nora (Ibsen)
See *Et dukkehjem*
"Nora Criona" (Stephens) **4**:406, 416
"Nora on the Pavement" (Symons) **11**:445
Norge i vare hjerter (Grieg) **10**:207-09
"Norma y paraíso de los negros" (Garcia Lorca) **49**:122
"Normal Madness" (Santayana) **40**:373
"Normaltive und psychologische Ethik" (Westermarck) **87**:364
The Norman Church (Milne) **6**:319
Norne-Gæst (Jensen) **41**:295
Norse Tales and Sketches (Kielland) **5**:278
Norte y Sur (Reyes) **33**:323
"The North" (Zamyatin) **8**:544, 555-56; **37**:424, 427, 431
North Against South (Verne) **6**:501
North America, Continent of Conjecture (McAlmon) **97**:93-94, 110-11
"North and South" (McKay) **41**:318-19
"North Carolina Blues" (Villaurrutia) **80**:484
"A North Dakota Surveying Party" (McAlmon) **97**:88
"North Labrador" (Crane) **2**:119; **80**:114
"The North Sea" (Benjamin) **39**:57-8
"The North Shore Watch" (Woodberry) **73**:363, 369
The North Shore Watch (Woodberry) **73**:367
The North Wall (Davidson) **24**:193
Northern Heroic (Bely)
See *Severnaia simfoniia: Pervia geroicheskaia*
A Northern Night (Sharp) **39**:374, 397
"Northern Pines" (Stringer) **37**:341
"A Northern Suburb" (Davidson) **24**:164, 186, 191
Northern Symphony (Bely)
See *Severnaia simfoniia: Pervia geroicheskaia*
"A Northern Vigil" (Carman) **7**:146
A Northern Voice for the Dissolution of the Union (Stockton) **47**:331
Northwest Passage (Roberts) **23**:230, 232-36, 239-44
Norway in Our Hearts (Grieg)
See *Norge i vare hjerter*
"Norwegian Mountains" (Gumilev) **60**:271
Nos actes nous suivent (Bourget) **12**:69
"The Nose" (Akutagawa Ryunosuke)
See "Hana"
"A Nose" (de la Mare) **53**:23
Nosferatu, A Symphony of Horror (Murnau)
See *Nosferatu, eine Symphonie des Grauens*
Nosferatu, eine Symphonie des Grauens (Murnau) **53**:240, 250, 253-55, 257-60, 262, 265, 271-72, 274-75, 278-86
"Nostalgia" (Jimenez)
See "Nostaljia"
Nostalgia (Deledda)
See *Nostalgie*
Nostalgia de la muerte (Villaurrutia) **80**:460, 464, 476, 478-80, 484, 486-7, 489, 501, 505-6, 516
"Nostalgia de la nieve" (Villaurrutia) **80**:484
"Nostalgias" (Villaurrutia) **80**:480
"Nostalgias imperiales" (Vallejo) **3**:531, 535
Nostalgie (Deledda) **23**:34
"La nostalgie du front" (Teilhard de Chardin) **9**:481, 492
"Nostaljia" (Jimenez) **4**:225
I nostri sogni (Betti) **5**:61-2
Nostromo (Conrad) **1**:196, 200-03, 205-06, 209-11, 215-16, 218, 221; **6**:118-123; **13**:114, 117; **25**:70-116; **43**:116; **57**:83
"Not All Is Lost" (Zoshchenko) **15**:515

Not Alone Lost (McAlmon) **97**:93, 97, 118
"Not Because They Shuttered Up and Closed the Bakers'" (Tsvetaeva) **35**:394
Not by Strange Gods (Roberts) **68**:325-26, 348
"Not Fade Away" (Holly) **65**:137, 144, 146, 151-52
Not Honour More (Cary) **1**:148; **29**:76, 79, 93, 97-8
"Not Ideas about the Thing but the Thing Itself" (Stevens) **3**:472, 478; **12**:387; **45**:302, 317
"The Not Impossible Him" (Millay)
See "To the Not Impossible Him"
Not Long Ago (Vazov) **25**:450
"Not Memory, Nor Magic" (Radnoti) **16**:420
Not on the Screen (Fuller) **103**:70, 90
"Not Only I" (Hardy) **53**:101
Not Peace but a Sword (Merezhkovsky) **29**:231
"Not Sacco and Vanzetti" (Cullen) **37**:158
"Not So Far as the Forest" (Millay) **49**:228
"Not So—The Chronicler Lies, Saying Igor Returned Home" (Tsvetaeva) **35**:394
Not That I Would Boast (Beerbohm) **1**:68
Not That It Matters (Milne) **6**:316
Not the Murderer (Werfel)
See *Nicht der Mörder, der Ermordete ist schuldig*
Not This August (Kornbluth) **8**:214, 216, 221
"Not to Be Realized" (Stevens) **3**:448
"Not to Strike Back" (Jozsef) **22**:160
Not under Forty (Cather) **1**:156
"Not With Libations" (Millay) **49**:234-35
"Not Worthy of a Wentforth" (March) **96**:260
"A Notable Collection of Relics for Oxford" (Guiney) **41**:220
"Notas sobre la inteligencia Americana" (Reyes) **33**:318, 325
"Notas sobre 'Martín Fierro' y el gaucho" (Guiraldes) **39**:189
"Note conjointe sur Monsieur Descartes et la philosophie Cartésienne" (Peguy) **10**:415
Note et digression (Valery) **4**:494
"Note for the Jacket of Bête Noire" (Douglas) **40**:83
"A Note on Folklore" (Rourke) **12**:323
"Note on Moonlight" (Stevens) **45**:314
"A Note on Paul Bourget" (Ellis) **14**:132-33
"Note on Realism" (Anderson) **24**:50
"Note on the Theory of the Economy of Research" (Peirce) **81**:352
"Note sur Monsieur Bergson et la philosophie Bergsonienne" (Peguy) **10**:415, 419
"Note to Fan-jen" (Su Man-shu) **24**:457
Notebook (Anderson) **1**:56; **10**:38
Notebooks (Chekhov) **10**:112
Notebooks (James) **64**:157
Notebooks (Twain) **36**:416-17
Notebooks (Valery) **4**:499
Notebooks, 1914-1916 (Wittgenstein) **59**:258, 265-6, 298
The Notebooks of F. Scott Fitzgerald (Fitzgerald) **6**:167-68
The Notebooks of Henry James (James) **24**:343; **40**:167, 169; **47**:165, 171, 202
The Notebooks of Malte Laurids Brigge (Rilke)
See *Die Aufzeichnungen des Malte Laurids Brigge*
Note-Books of Samuel Butler (Butler) **1**:137; **33**:30, 41-2, 50, 53, 58-9
The Notebooks of Simone Weil (Weil)
See *Cahiers*
The Noted Sword (Mizoguchi) **72**:315
Notes (Korolenko) **22**:173
"Notes for 1946" (Anwar)
See "Tjatetan th. 1946"
Notes forUnderstanding Our Century (Drieu la Rochelle)
See *Notes pour comprendre le siècle*
Notes from a Diary (Gorky) **8**:74
"Notes from Outside Sources" (Fenollosa) **91**:23
"Notes générales sur la marche de l'œuvre" (Zola) **41**:451
"Notes in a Brittany Convent" (Mew) **8**:300
Notes of a Camp-Follower on the Western Front (Hornung) **59**:113
"Notes of a Cavalryman" (Gumilev)
See "Zapisky kavalerista"
Notes of a Madman (Tolstoy)
See *Zapiski sumasshedshego*
Notes of a Publicist under Sentence of Death (Korolenko)
See *Present Customs*
Notes of a Son and Brother (James) **11**:321
The Notes of a Young Doctor (Bulgakov)
See *Zapiski iunogo vracha*
Notes on a Cellar-Book (Saintsbury) **31**:249
"Notes on Albert Durer" (Holmes) **77**:309, 311
"Notes on an Elizabethan Play" (Woolf) **43**:405
"Notes on D. H. Lawrence" (Woolf) **43**:397, 421
Notes on Democracy (Mencken) **13**:369, 387-88
Notes on Hospitals (Nightingale) **85**:200
"Notes on Language and Style" (Hulme) **21**:140, 147-48
Notes on Life and Letters (Conrad) **1**:196
"Notes on Logic" (Wittgenstein) **59**:292
Notes on matters Affecting the Health, Efficiency, and Hospital Administration of the British Army (Nightingale) **85**:235, 241, 278
"Notes on Nationalism" (Garneau) **13**:203
Notes on Novelists, with Some Other Notes (James) **2**:248
Notes on Nursing (Nightingale) **85**:215, 240-1, 254, 256-7, 259, 273
Notes on Poems and Reviews (Swinburne) **36**:305, 307, 310, 329
"Notes on Pre-Columbian Art" (Peret) **20**:198-200
Notes on Religion (Chapman) **7**:188, 191
Notes on Some Pictures of 1868 (Swinburne) **36**:305
"Notes on the Article of N. I. Bukharin 'On the Theory of the Imperialistic State'" (Lenin) **67**:230
"Notes on the Construction of Sheepfolds" (Ruskin) **63**:260, 261, 264
"Notes on the Cuffs" (Bulgakov) **16**:85
"Notes on the Designs of the Old Masters in Florence" (Swinburne) **8**:441
Notes on the District of Menteith (Graham) **19**:112
"Notes on the Greatness and Decadence of Europe" (Valery) **4**:493
"Notes on the Novel" (MacCarthy) **36**:252
"Notes on the Novel" (Ortega y Gasset) **9**:339
"Notes on the Petty Bourgeois Mentality" (Gorky) **8**:87
"Notes on the Text of Shelley" (Swinburne) **36**:320
Notes on the Turner Collection (Ruskin) **63**:257
"Notes on Writing Weird Fiction" (Lovecraft) **22**:231
Notes pour comprendre le siècle (Drieu la Rochelle) **21**:31, 34-5, 39
Notes sur André Gide (Martin du Gard) **24**:394, 396
Notes sur des oasis et sur Alger (Jammes) **75**:117
"Notes sur le Salon de 1877: portraits et natures mortes" (Huysmans) **69**:6
"Notes to Account of My First Wound" (Holmes) **77**:310
"Notes to Be Left in a Cornerstone" (Benet) **7**:80
"Notes toward a Metaphysic" (Collingwood) **67**:184-85
Notes toward a Supreme Fiction (Stevens) **3**:448, 453, 455-56, 460, 462, 468, 472-74, 477-78; **12**:360-61, 368, 374, 377-79, 385, 387; **45**:269-70, 278, 283-85, 290, 294, 298-300, 319, 323, 325, 327-28, 336, 338-39, 342-44, 347, 349, 351
"Notes Towarda Theory of Painting" (Lewis) **104**:211
"Nothin' to Say" (Riley) **51**:282, 284, 300
"Nothin' to Say, My Daughter" (Riley) **51**:284
"Nothing and Something" (Harper) **14**:257, 260
"Nothing at All" (Stephens) **4**:408
"Nothing but Gingerbread Left" (Kuttner) **10**:268
"Nothing Endures" (Cullen) **37**:136, 147, 165
"Nothing Happens in Brooklyn" (Runyon) **10**:429, 436
Nothing Sacred (Hecht) **101**:61, 63, 73
Nothing So Strange (Hilton) **21**:98-9
Nothing to Pay (Evans) **85**:5, 12, 30
Notorious (Hecht) **101**:75-7
The Notorious Elinor Lee (Micheaux) **76**:248
The Notorious Mrs. Ebbsmith (Pinero) **32**:387, 389-91, 393-96, 398, 401, 403, 405, 409, 411-12, 414
Notre Dame (Mandelstam) **6**:259
"Notre jeunesse" (Peguy) **10**:404, 408, 411, 415
"Notre patrie" (Peguy) **10**:408, 411, 414
"Notre vie" (Eluard) **41**:161
"Notre-Dame" (Mayakovski) **18**:258
"The Not-Returning" (Gurney) **33**:97-8, 104
"Notruf" (Sudermann) **15**:433
"La notte" (Campana) **20**:84-6
"Notte d'estate" (Saba) **33**:374
"Nottingham Hunt" (Cram) **45**:4, 11-12
I notturni (Campana) **20**:85
Notturno (D'Annunzio) **6**:134, 145; **40**:7-8, 12
"Notturno teppista" (Campana) **20**:83, 88
"Noubousse" (Apollinaire) **51**:61
Noughts and Crosses (Quiller-Couch) **53**:290
Nouka-Dubi (Tagore) **3**:499
Les nourritures terrestres (Gide) **5**:214, 218, 227, 229, 233-34, 244; **12**:143, 146-47, 150, 153, 166, 168, 171-72, 176-77, 180-81; **36**:94, 97, 106, 122
Les nourritures terrestres (Larbaud) **9**:205
Nous autres (Barbusse) **5**:13
Nous autres (Zamyatin)
See *My*
Nous autres Français (Bernanos) **3**:127
"Nous sommes" (Eluard) **41**:147, 158
"Nouveau sermon nègre" (Roumain) **19**:334, 337, 346-47
"Un nouveau thèologien" (Peguy) **10**:415
Nouveaux contes à ninon (Zola) **1**:585; **6**:568
Nouveaux essais de psychologie contemporaine (Bourget) **12**:65, 74
Les nouveaux pastels (Bourget) **12**:68
Le nouvelle della Pescara (D'Annunzio)
See *San Pantaleone*
Nouvelle histoirē de Mouchette (Bernanos) **3**:119, 123, 125
La nouvelle journée (Rolland) **23**:261
Une nouvelle manière en peinture (Zola) **41**:436
Nouvelles et morceaux (Ramuz) **33**:295
Nouvelles impressions d'Afrique (Roussel) **20**:228, 230-31, 234-35, 240, 246-47, 253
Nouvelles pages de critique et le doctrine (Bourget) **12**:74
Les nouvelles révélations de l'être (Artaud) **3**:54, 60; **36**:6
"A nova Califórnia" (Lima Barreto) **23**:169-72
Nova zemya (Vazov) **25**:455, 457
Novale (Tozzi) **31**:319, 321-22
"The Novel" (Bierce) **44**:16, 30, 43
"The Novel" (Grove) **4**:134
"The Novel" (Lawrence) **33**:188
"The Novel" (Mencken) **13**:365
"The Novel Démeublé" (Cather) **99**:213
Novel for a Young Man (Klabund) **44**:105-06
A Novel Fragment (Welch) **22**:458
Novel Notes (Jerome) **23**:83
A Novel of Thank You (Stein) **28**:332-33; **48**:264
"The Novel of the Black Seal" (Machen) **4**:279, 284
"The Novel of the White Powder" (Machen) **4**:280, 284

"The Novel with a 'Purpose'" (Norris) **24**:432
La novela de don Sandalio, jugador de ajedrez (Unamuno)
See "La historia de Don Sandalio"
Novelas de la primera época (Perez Galdos) **27**:276
Novelas españolas contemporáneas (Perez Galdos) **27**:247-49, 257, 259-60, 276
Novelas y cuentos completos (Vallejo) **56**:308
"Novelist's Allegory" (Galsworthy) **45**:33
A Novelist's Tour round the World (Blasco Ibanez)
See *La vuelta al mundo de un novelista*
"La novella del buon vecchio e della bella fanciulla" (Svevo) **35**:333, 335-37, 343, 349, 351-52, 365
La novella del buon vecchio e della bella fanciulla (Svevo) **2**:541
Novelle per un anno (Pirandello) **4**:327, 329; **29**:301
Novelle rusticane (Verga) **3**:543, 546, 548
Novelle valdostane (Giacosa) **7**:305
Novellen (Beer-Hofmann) **60**:24
Novellen (Heyse) **8**:113
Novelletter (Kielland) **5**:275-76, 279
The Novels and Tales of Henry James (James) **40**:145
"The Novels of E. M. Forster" (Woolf) **43**:405
The Novels of Swinburne (Swinburne) **36**:314
"The Novels of Thomas Hardy" (Woolf) **43**:404
"The Novel—What It Is" (Crawford) **10**:144, 148, 152
"Novel-Writing and Novel-Reading" (Howells) **7**:389
"November" (Davidson) **24**:191
"November 8" (Hippius) **9**:159
November, 1918 (Doblin) **13**:171, 175
"November Blue" (Meynell) **6**:299
"November by the Sea" (Lawrence) **93**:83
"November Eves" (Flecker) **43**:190, 199
"November Third" (Miyazawa) **76**:280, 298, 300-302
"Novembre" (Pascoli) **45**:154, 156
"La novia de Corinto" (Nervo) **11**:394
"La novia imposible" (Lugones) **15**:286, 289, 292
"Novissima polemica" (Carducci) **32**:107
"Novodevichy Monastery" (Ivanov) **33**:139
"Novogodnee" (Tsvetaeva) **35**:396-99
Novye lyudi (Hippius) **9**:160
"Novyi god" (Remizov) **27**:340, 349
"Novyj byt" (Zabolotsky) **52**:375
"Now" (Thomas) **8**:454
"Now and in the Hour of Our Death" (Rilke) **6**:369
"Now and Then" (Lardner) **2**:337
Now He Gives Up (Hansen)
See *Nu opgiver han*
"Now It Is Spring" (Remizov)
See "Dnes vesna"
"Now Little by Little We Depart" (Esenin) **4**:115
"Now That I Am Awake" (Bryusov) **10**:81
"Now That Your Eyes Are Shut" (Wylie) **8**:528, 533-34
"Now the Day Is Over" (Baring-Gould) **88**:15
Now We Are Six (Milne) **6**:309, 317; **88**:229
"Now We Know" (Mais) **8**:245, 247
"Now We're One" (Holly) **65**:147
Now With His Love (Bishop) **103**:2-5, 16-8
"Nowadays" (Dunsany) **59**:18
Nowaki (Natsume) **2**:491; **10**:345
Nowe wyzwolenie (Witkiewicz) **8**:513
Nowhere at Home: Letters from Exile of Emma Goldman and Alexander Berkman (Goldman) **13**:223
"Les noyades" (Swinburne) **8**:442
"Noyau de comète" (Peret) **20**:190
Nu opgiver han (Hansen) **32**:251, 260
"Nu Vaagner alle smaa vover" (Obstfelder) **23**:177
"Nuances of a Theme by Williams" (Stevens) **45**:285, 297
"Las nubes" (Nervo) **11**:394
Nubes del estío (Pereda) **16**:379
Nude in Mink (Rohmer) **28**:281
"Nuestra juventud" (Baroja) **8**:63
"Nuestro amor" (Villaurrutia) **80**:487
Nuestro padre San Daniel (Miro) **5**:335, 337-40
"Nuestro primer cigarro" (Quiroga) **20**:211
Nuestros hijos (Sanchez) **37**:312-15, 318
Nueva burguesía (Azuela) **3**:78
"Nueva York: Oficina y denuncia" (Garcia Lorca) **49**:81-2, 120
Nuevas canciones (Machado) **3**:305
"Los nueve monstruos" (Vallejo) **3**:531, 533
"Los nueve monstruos" (Vallejo) **3**:531, 533; **56**:290, 306, 312
Nuevo tablado de Arlequín (Baroja) **8**:63
Nugget (Moricz)
See *Sárarany*
Nuggets and Dust Panned Out in California (Bierce) **44**:11, 34
Une nuit au Luxembourg (Gourmont) **17**:130, 133, 135, 137-40, 144, 146, 151-52, 154
"La nuit blanche" (Kipling) **8**:191
"Nuit blanche" (Lowell) **8**:237
"Nuit dans le port" (Larbaud) **9**:205
"La nuit d'Avril, 1915" (Apollinaire) **8**:28
"Nuit Rhénane" (Apollinaire) **51**:53
"Nuits partagées" (Éluard) **41**:149, 155, 158
Numa e ninfa (Lima Barreto) **23**:167-68
"No. 2, The Pines" (Beerbohm) **1**:67; **24**:103, 123
Number 6 (Kandinsky)
See *Improvisation 6*
"No. 13: The Elpit-Rabkommun Building" (Bulgakov) **16**:83-4
Number 25 (Kandinsky)
See *Improvisation 25*
No. 26 Jayne Street (Austin) **25**:25-6, 30, 33, 35
Number 28a (Kandinsky)
See *Improvisation 28a*
No. Fifty-Five (Bromfield) **11**:82
A Number of People (Marsh) **99**:362, 365
"Number Three on the Docket" (Lowell) **8**:230
Numquid et tu (Gide) **12**:144, 152
"Nun ist die Welt dein Haus..." (Raabe) **45**:190
The Nun's Curse (Riddell) **40**:334-35
"Nuns of the Perpetual Adoration" (Dowson) **4**:85, 88
Nuori nainen (Leino) **24**:372
"Nuori Nietzsche" (Leino) **24**:371
La nuova colonia (Pirandello) **4**:345; **29**:301, 318-20
Nuove odi barbare (Carducci) **32**:87
Nuove poesie (Carducci) **32**:83, 107
Nuovi versi alla Lina (Saba) **33**:373
The Nuptial Flight (Masters) **2**:467-69; **25**:293
Nuptial Song (Valle-Inclan) **5**:485
"Nuralkamar" (Lugones) **15**:293
"The Nürnberg Stove" (Ouida) **43**:350
"The Nurse" (Williams) **89**:396
"The Nurse or Attendant" (Machado de Assis)
See "O infemeiro"
"The Nursery" (Meynell) **6**:298
"The Nursery" (Zamyatin)
See "Detskaya"
"Nursery Chairs" (Milne) **88**:242
Nursery Tales (Dazai Osamu) **11**:186
"Nursing the Sick" (Nightingale) **85**:258
"Nutmeg Burley" (Williams) **89**:402
"Nuvole" (Pirandello) **29**:310
Ny jord (Hamsun) **2**:204; **14**:220, 222-23, 226-27, 240; **49**:133-35, 153, 155, 162, 167-68
Det ny system (Bjoernson) **7**:104, 113; **37**:19
Den ny Verden (Jensen) **41**:290, 300-01, 303
Nya dikter (Heidenstam) **5**:253-55
Det nye tempel (Bojer) **64**:23
De nygifte (Bjoernson) **37**:18, 23, 29
"The Nymph" (Dario)
See "La ninfa"
"A Nympholept" (Swinburne) **8**:428, 445; **36**:321, 340-42, 347
Nymphs of the Valley (Gibran)
See *'Ar' is al-muruj*
A nyugtalanság völgye (Babits) **14**:39
"O alienista" (Machado de Assis) **10**:290-91
"O Basileus Klaudios" (Cavafy) **7**:162
"O Black and Unknown Bards" (Johnson) **19**:210, 216
"O Carib Isle!" (Crane) **5**:189; **80**:127
"O caso de vara" (Machado de Assis) **10**:285, 298
"O Child of Uranus" (Carpenter) **88**:145
"O chizhe, kotoryi lgal, i o diatle liubitele istiny" (Gorky) **8**:73
"O cônego" (Machado de Assis) **10**:291
"O Cover Your Pale Legs" (Bryusov) **10**:96
"O, Deine Hande" (Lasker-Schueler) **57**:320
O di uno o di nessuno (Pirandello) **29**:299
"O dicionário" (Machado de Assis) **10**:291
"O espelho" (Machado de Assis) **10**:290, 293, 296
"O facile de Paste" (Caragiale) **76**:157-59, 170
O fixador dos instantes (Sa-Carniero) **83**:401
"O Florida, Venereal Soil" (Stevens) **12**:367
"O Germanii" (Tsvetaeva) **35**:388
"O Gott" (Lasker-Schueler) **57**:304
"O Graves" (Palamas) **5**:386
O homem dos sonhos (Sa-Carniero) **83**:404
"O ich mocht aus der Welt" (Lasker-Schueler) **57**:305
O incesto (Sa-Carniero) **83**:401
"O infemeiro" (Machado de Assis) **10**:280, 291
"O kuu" (Natsume) **10**:338
"O lacună" (Caragiale) **76**:156
"O Let Not Virtue Seek" (Bishop) **103**:7, 19
"O, Life's But a Dance" (Dobson) **49**:37
"O Light, Resplendence, Sun-Eyed Morning!" (Radnoti) **16**:418
"O Literature, Revolution and Entropy" (Zamyatin)
See "O literature, revolyutsii i entropii"
"O literature, revolyutsii i entropii" (Zamyatin) **8**:556-57; **37**:429, 441, 444, 446-47
Ó locura ó santidad (Echegaray) **4**:97, 100-04, 106
O Lord (Sa-Carniero) **83**:400
"O Make Me a Mask" (Thomas) **45**:400
"O malých poměrech" (Capek) **37**:59
"O matuška, gde ty" (Bryusov) **10**:81
"O Mensch! Gib acht!" (Nietzsche) **10**:389
"O mina solbrandsfärgade toppar" (Sodergran) **31**:285
"O Miracle of Fishes! The Long Dead Bite!" (Thomas) **45**:365
"O My Peaks Tinged with the Sun's Fire" (Sodergran)
See "O mina solbrandsfärgade toppar"
"O net, ne stan" (Annensky) **14**:32
O noapte furtunoasă (Caragiale) **76**:155, 161-62, 164, 168, 177-78, 180
"O nową sztukę" (Przybyszewski) **36**:290
"O Peace of Ancient Prisons" (Radnoti) **16**:419
"O Pioneers" (Bishop) **103**:18
O Pioneers! (Cather) **1**:150-51, 153, 156-59, 162-65, 167; **11**:92, 94-8, 102, 104, 107, 110-13; **31**:24-5, 27-9, 33, 35, 37, 47, 59, 62; **99**:183, 207-08, 245, 257, 267-68, 281
"O poesia poesia" (Campana) **20**:83
O poezii (Mandelstam) **2**:410; **6**:265
O ponimanii (Rozanov) **104**:313, 344, 350, 382
"O relógio do hospital" (Ramos) **32**:431
"O reparatie" (Caragiale) **76**:156
O resgate (Sa-Carniero) **83**:399
O scrisoare pierdută (Caragiale) **76**:155-56, 158-60, 162-65, 182, 184
"O segrêdo de Augusta" (Machado de Assis) **10**:295
"O segrêdo do bonzo" (Machado de Assis) **10**:290-91
"O Solitary of the Austere Sky" (Roberts) **8**:318
"O Thou That Achest" (Brennan) **17**:53

O věcech obecných čili ZOON POLITIKON (Capek) **37**:59
Oaha (Wedekind) **7**:576
"An Oak" (Fletcher) **35**:95
Oak and Ivy (Dunbar) **2**:128; **12**:106, 108, 121-23, 127
"Oak and Olive" (Flecker) **43**:189, 192, 205
"Oak Leaves" (Austin) **25**:34
"Oak Leaves Are Hands" (Stevens) **12**:362; **45**:290
The Oakdale Affair (Burroughs) **32**:58
"Oath by Laughter" (Khlebnikov) **20**:128
"The Oath by the Styx" (Sikelianos) **39**:408
Obasute (Dazai Osamu) **11**:175
"Obelisk" (Balmont) **11**:40
"The Oberiu Manifesto" (Zabolotsky) **52**:379
Oberland (Richardson) **3**:349, 352, 357-58
Oberlins drei Stufen und Sturreganz (Wassermann) **6**:510, 513
Oberlin's Three Stages
See *Oberlins drei Stufen und Sturreganz*
"Obervogelsang" (Schwitters) **95**:315
"Obeschaite!" (Guro) **56**:133
El obispo leproso (Miro) **5**:335, 338-41
Obiter Scripta (Santayana) **40**:366, 369, 406, 408
"The Objective of International Price Stability Rejoinder to Hayek" (Keynes) **64**:259
"'Objectivity' in Social Science and Social Policy" (Weber) **69**:317-18, 382
"Oblako v shtanakh" (Mayakovski) **4**:291, 293-94, 297-98, 301; **18**:241-42, 245-48, 250-51, 255, 257, 261-62, 265-67, 270
L'oblat (Huysmans) **7**:406, 409-11; **69**:15, 43-5
The Oblate (Huysmans)
See *L'oblat*
"The Oblation" (Swinburne) **36**:318
"Oblegči nam stradanija, Bože!" (Bryusov) **10**:93
Das obligate Rezitativ (Schoenberg) **75**:300
The Oblique Plane (Reyes)
See *El plano oblicuo*
"Oblivion" (Sterling) **20**:373
"Oblivion's Sea" (Dunsany) **59**:27
Oboegaki (Yokomitsu) **47**:386
"Oboroyo" (Nagai) **51**:89
"Oborvanec" (Gumilev) **60**:279
Obras Completas (Garcia Lorca) **49**:89
Obras completas (Huidobro) **31**:127
Obras completas (Miro) **5**:343
Obras completas (Nervo) **11**:399
Obras completas (Pereda) **16**:380
Obras completas de Mário de Andrade (Andrade) **43**:13
Obras completas de Mário de Sá-Carneiro (Sa-Carniero) **83**:409
"El obrero" (Storni) **5**:452
The O'Brien Girl (Cohan) **60**:165
Obručenie daši (Bryusov) **10**:86
L'obscur à Paris (Bosschere) **19**:66-8
The Obscurantists (Tolstoy) **18**:382
Obscure Destinies (Cather) **1**:154; **11**:95, 98, 107-08
"Obsequies of the Dead" (McAlmon) **97**:87
"Observation Post: Forward Area" (Lewis) **3**:290
"Observe How Myanoshita Cracked in Two" (Millay) **4**:316
The Obsession (Tolstoy) **18**:378
Obshchestvo pochetnykh zvonarey (Zamyatin) **8**:558; **37**:419
Obstinate (Kandinsky) **92**:32
"The Obvious Secret" (Ivanov) **33**:138
Obyčejnýživot (Capek) **37**:50, 54, 57, 59-60
"Occasional Licenses" (Somerville & Ross) **51**:384
"An Occasional Poem" (Jozsef) **22**:162
"Occasional Poems, No. 1" (Su Man-shu) **24**:456
"Occasional Poems, No. 4" (Su Man-shu) **24**:457
"Gli occhiali" (Pirandello) **29**:310
Occidentaes (Machado de Assis) **10**:279
Occult Happenings (Mann)
See *Okkulte Erlebnisse*
Occupe-toi d'Amélie (Feydeau) **22**:77, 79, 81, 84, 87, 94-5
Occupied City (van Ostaijen)
See *Bezette stad*
"An Occurrence at Brownville" (Bierce) **44**:44-5
"An Occurrence at Owl Creek Bridge" (Bierce) **1**:84, 87, 95; **7**:88, 92, 95; **44**:6, 12, 29, 32-3, 44-5, 47, 50-1
"An Occurrence Up a Side Street" (Cobb) **77**:119, 133, 136, 140-1
"The Ocean and Japanese Literature" (Rohan) **22**:302
"Océan de terre" (Apollinaire) **8**:29; **51**:37
"The Ocean Liner" (Monroe) **12**:216
"The Ocean of Sex" (Carpenter) **88**:107
"Ocean of the Full Moon" (Devkota)
See "Pūrnimāko jaladhi"
"Ocean Oneness" (Aurobindo) **63**:8
"Ocean Sunsets" (Sterling) **20**:386
"Ocean-Letter" (Apollinaire)
See "Lettre-Océan"
Ocharovaniia zemli (Sologub) **9**:444
Ocher (Storni)
See *Ocre*
Ochre (Storni)
See *Ocre*
Ocre (Storni) **5**:444, 447, 448, 450, 452
"Octaves" (Robinson) **101**:99, 119, 123, 193
"October" (Dunbar) **12**:106, 121
"October" (Percy) **84**:198
"October" (Thomas) **10**:453-55
"October, Afternoon" (Radnoti) **16**:419
October, and Other Poems (Bridges) **1**:124
October Ferry to Gabriola (Lowry) **6**:244-47, 250-51, 254; **40**:260-61
"October Island" (March) **96**:259
October Island (March) **96**:238, 251, 259, 264, 267
"October Night" (Jensen)
See "Oktobernat"
"October on the Neva" (Khlebnikov)
See "Oktyabr na neve"
"An October Ride" (Jewett) **22**:140
October: Ten Days that Shook the World (Eisenstein)
See *Oktyabre*
"October Tragedy" (Bishop) **103**:5-6
The Octopus (Norris) **24**:417-18, 420-32, 435-40, 442, 444, 449-52
"The Octopush" (Crane) **11**:159
"Óda a bűnhöz" (Babits) **14**:39
"Oda a los ganados y las mieses" (Lugones) **51**:289-90
"Oda a Salvador Dali" (Garcia Lorca) **1**:314
"Óda a szépségről" (Babits) **14**:39
"Oda a Walt Whitman" (Garcia Lorca) **1**:308
Uma oda de anacreonte (Machado de Assis) **10**:279
Odas seculares (Lugones) **15**:286, 288, 291
Odd Craft (Jacobs) **22**:102
Odd John: A Story between Jest and Earnest (Stapledon) **22**:311, 322-23, 325-31, 334, 337-38, 344
The Odd Women (Gissing) **3**:232-33; **24**:216-17, 230-31, 233-34, 239, 247; **47**:117, 139
"Odds Bodkins" (Lardner) **14**:308
"Ode" (Apollinaire) **8**:21
"Ode" (Bishop) **103**:6
"Ode" (Gray) **19**:158
"Ode" (Jozsef) **22**:162, 164
Ode aux poètes catalans (Mistral) **51**:150, 168
"Ode for the Keats Centenary" (Scott) **6**:386-88, 394
"Ode of the Virgin Mary" (Sikelianos) **39**:404
"Ode on a White Porcelain Vase" (Shimazaki Toson) **5**:431
"Ode on Melancholy" (Cullen) **4**:53
"Ode on Melancholy" (Owen) **27**:210
"Ode on the Coronation" (Carman) **7**:137
"Ode on the Coronation of Edward VII" (Davidson) **24**:187
"Ode on the Death of the Prince Imperial" (Carducci) **32**:103-04
"Ode on the Insurrection in Candia" (Swinburne) **36**:308
"Ode secrète" (Valery) **4**:491
"Ode to a Beggar Girl" (Moore) **7**:487
"Ode to a Dead Body" (Moore) **7**:487
"Ode to Alexander II" (Vazov) **25**:453
"Ode to Austrian Socialists" (Benet) **7**:74
"Ode to Autumn" (Masters) **2**:471
"An Ode to Beauty" (Babits)
See "Óda a szépségről"
"An Ode to Drowsihood" (Roberts) **8**:313-14, 319
"Ode to Ethiopia" (Dunbar) **12**:105, 109, 121, 125
"Ode to Fame" (Masters) **25**:296
"Ode to Ferrara" (Carducci) **32**:102, 104
"Ode to H. H. the Nizam of Hyderabad" (Naidu) **80**:314
"Ode to India" (Naidu) **80**:334
Ode to Napoleon (Schoenberg) **75**:302, 317-18, 347-48
"Ode to Psyche" (Crane) **2**:123
"Ode to Rhyme" (Carducci)
See "Alla rima"
"Ode to Rome" (Carducci)
See "Roma"
"Ode to Salvador Dali" (Garcia Lorca)
See "Oda a Salvador Dali"
"Ode to Silence" (Millay) **4**:306, 310, 316
"An Ode to Sin" (Babits)
See "Óda a bűnhöz"
"Ode to the Bourgeois Gentleman" (Andrade) **43**:7
Ode to the Catalans (Mistral)
See *Ode aux poètes catalans*
"Ode to the Mediterranean" (Santayana) **40**:340
"Ode to the Setting Sun" (Thompson) **4**:435
"Ode to the Springs of Clitumnus" (Carducci)
See "Alle fonti del Clitumno"
"Ode to Walt Whitman" (Benet) **7**:74
"Ode to Walt Whitman" (Garcia Lorca)
See "Oda a Walt Whitman"
"Oderzhimy" (Gumilev) **60**:279
Odes of Horace (Marsh) **99**:355, 363
Odes to the Sacrament (Garcia Lorca) **1**:314
Das Odfeld (Raabe) **45**:164, 169, 172, 177, 179, 182-83, 185, 198
Odi barbare (Carducci) **32**:84-7, 91-2, 97, 99, 101-02, 108-09
Odi navali (D'Annunzio) **6**:136
"Odin" (Zamyatin) **8**:551-52
The Odin Field (Raabe)
See *Das Odfeld*
Ödipus und die Sphinx (Hofmannsthal) **11**:292
Odna lyubov' (Sologub) **9**:444
Odnoetazhnaya Amerika (Ilf and Petrov) **21**:152, 154-58
Odoriko (Nagai) **51**:98
"The Odor-Organ" (Morgenstern) **8**:305
"The Odour of Chrysanthemums" (Lawrence) **9**:220
Odyseia (Kazantzakis) **2**:312-14, 317-23; **5**:261-64, 267-68, 272; **33**:148, 152-53, 155, 163, 166, 168, 170, 173-74
Odysseus (Kazantzakis) **33**:171
"The Odyssey" (Lewis) **3**:287
The Odyssey: A Modern Sequel (Kazantzakis)
See *Odyseia*
"The Odyssey of 'Erbert 'Iggins" (Service) **15**:399
"An Odyssey of the North" (London) **9**:274; **15**:257, 262
Oedipe (Gide) **36**:99; **5**:232
"Oedipus" (Muir) **2**:482; **87**:167
Oedipus and the Sphinx (Hofmannsthal)
See *Ödipus und die Sphinx*
Oedipus tyrannos (Giraudoux) **2**:167

"Oeillet" (Apollinaire) **8**:12
L'oeuvre (Zola) **1**:589; **6**:566, 569; **41**:413-14, 422, 424, 435, 442
Oeuvres complètes (Apollinaire) **51**:19-20
Oeuvres complètes (Artaud) **36**:31
Oeuvres complètes (Bourget) **12**:69-70
Oeuvres completes de Vilfredo Pareto (Pareto) **69**:155
Oeuvres, vol. I (Sully Prudhomme) **31**:301
Of a World That Is No More (Singer) **33**:387, 402
Of All Things (Benchley) **1**:81; **55**:2, 6
"Of Cruelty" (Gurney) **33**:88
"Of Demetrius Soter, 162-150 B.C." (Cavafy) **7**:157
"Of Ghosts and Goblins" (Hearn) **9**:129
"Of Hartford in a Purple Light" (Stevens) **45**:281
"Of History" (Valery) **4**:493
Of Kings and the Crown (Huch)
See *Von den Königen und der Krone*
"Of Kings' Treasuries" (Ruskin) **63**:313
"Of Mere Being" (Stevens) **45**:287
"Of Modern Poetry" (Stevens) **3**:459; **45**:269, 277-78, 296, 302, 325, 349-50
"Of Mutability" (Hofmannsthal) **11**:294
Of My Possessions (Kahanovitsch)
See *Fun meine giter*
Of Old Proteus (Raabe) **45**:201
Of One Blood, or The Hidden Self (Hopkins) **28**:175-76
"Of Poor B. B." (Brecht) **1**:103, 115
"Of Queens' Gardens" (Ruskin) **63**:291-94, 312-15
"Of Sensuous Activity" (Yokomitsu)
See "Kankaku-Katsudô"
"Of Souls" (Hearn) **9**:129
Of the Almighty, and Others (Rilke)
See *Vom liebe Gott und Andres*
"Of the Best Stories" (Lucas) **73**:171
Of the Categories (Alexander)
See *Space, Time, and Deity*
Of the Fifth Year (Kahanovitsch)
See *Fun finftn yor*
"Of the Futility of the 'Theatrical' in the Theater" (Jarry)
See "De l'inutilité du théâtre au théâtre"
"Of the Golden Age" (Guiney) **41**:207
Of the Mind (Tagore)
See *Mānasī*
Of This (Mayakovski) **18**:243-44, 248
Of Time and the River (Wolfe) **4**:507-08, 511-16, 518-21, 523, 525, 527-28, 531-32, 536-39; **13**:467-68, 470, 472-75, 479, 490, 492, 494-96; **29**:405, 409, 412; **61**:280-319
Of Us Now Living: A Novel of Australia (Ingamells) **35**:124
"Of Women" (Dazai Osamu)
See "Mesu ni tsuite"
"Of Women's Novels" (Matthews) **95**:276
Off on a Comet! (Verne)
See *Hector Servadac: Voyages et aventures à travers le monde solaire*
"Off Pelorus" (Roberts) **8**:316
"Off Riviere du Loup" (Scott) **6**:388
"Off Shore" (Swinburne) **36**:346
Off the Arm (Marquis) **7**:446
"Off the Turnpike" (Lowell) **8**:230
"Off to the Country" (Fields) **80**:258, 260
Off-Color Sauce (Palma)
See *Tradiciones en salsa verde*
"Offen" (Kandinsky) **92**:66
"The Offended Man" (Capek) **37**:51
"The Offensive" (Douglas) **40**:87
"The Offensive 2" (Douglas) **40**:83
"The Offering of Plebs" (Bosschere)
See "L'offre de plebs"
An Offering of Swans, and Other Poems (Gogarty) **15**:100-01, 103, 114
Offerings (Tagore)
See *Naivedya*
"L'offre de plebs" (Bosschere) **19**:52, 54-5, 58-9, 63-4
Offret (Strindberg) **8**:408
"Off-Shore" (Tomlinson) **71**:400
"Ofilire" (Rebreanu) **28**:273
"Ofort" (Zabolotsky) **52**:377-78
"L'oganisation matrimoniale australienne" (Durkheim) **55**:91
Ognennyi angel (Bryusov) **10**:79-81, 83-5, 87, 90-1, 96
Ognennyi kon' (Gladkov) **27**:89-90
Ognennyi stolp (Gumilev) **60**:260, 262, 268-73, 276
Ogni svyatogo Dominika (Zamyatin) **8**:543, 546-47, 558; **37**:429, 432
Ogniem i mieczem (Sienkiewicz) **3**:422-24, 426-27, 429-30
Ogon' veshchei (Remizov) **27**:349
"Ogon'ki" (Korolenko) **22**:180
"Ograda" (Hippius) **9**:156
"Oh Boy!" (Holly) **65**:143, 145, 148
"Oh death shall find me" (Brooke) **7**:124
"Oh, for a Little While Be Kind" (Cullen) **4**:40; **37**:153, 167-68
"Oh l'anima vivente" (Campana) **20**:83
"Oh, Little Town of Houffalice" (Patton) **79**:307
"Oh, Love! Oh, Fire!" (Somerville & Ross) **51**:335, 357, 384
"Oh No, It Is Not Your Figure" (Annensky)
See "O net, ne stan"
"Oh, See How Thick the Gold Cup Flowers" (Housman) **10**:249
"Oh To Be in 'Bartlett' Now that April's Here" (Morley) **87**:146
"Oh Whistle and I'll Come to You, My Lad" (James) **6**:206, 209, 211-13, 215
"Oh, Who Is That Young Sinner with the Handcuffs on His Wrist?" (Housman) **10**:245
"Oh, You Wonderful Girl" (Cohan) **60**:168
"O'Halloran's Luck" (Benet) **7**:75, 81
Oharu (Mizoguchi)
See *Saikaku Ichidai Onna*
The Ohio Lady (Tarkington) **9**:464
Ohio Pastorals (Dunbar) **12**:132
Ein ohne Männer (Horvath) **45**:78, 80, 82, 112
"Ohrensausen" (Meyrink) **21**:223
"L'oie bleue" (Vian) **9**:532
The Oil Islands (Feuchtwanger)
See *Die Petroleuminseln*
"Oil of Dog" (Bierce) **1**:88; **44**:29, 32-3, 40, 45, 51
"Un oiseau a fienté sur mon veston salaud" (Peret) **20**:184
L'oiseau bleu (Maeterlinck) **3**:322, 324, 329, 331
"Un oiseau chante" (Apollinaire) **3**:35; **51**:36
"Oisin" (Yeats) **93**:347
"O-Jii-San" (Pickthall) **21**:246
"Ojo" (Storni) **5**:452
"Los ojos" (Garcia Lorca) **49**:120
"Los ojos de la reina" (Lugones) **15**:286
Okamezasa (Nagai) **51**:86, 94-5
Okay: An American Novel (Pilnyak) **23**:208-09
"Oke of Okehurst" (Lee) **5**:320
Okhotnik Usa-Gali (Khlebnikov) **20**:127, 136, 150
"Okitsu yagoemon no isho" (Mori Ōgai) **14**:378, 380
Okkulte Erlebnisse (Mann) **44**:162
"Oktobernat" (Jensen) **41**:306
Oktobertag (Kaiser) **9**:180-81, 186
"Oktyabr na neve" (Khlebnikov) **20**:136, 150
Oktyabre (Eisenstein) **57**:152-53, 161, 163, 165-70, 172-73, 175, 178, 186-87, 189-91, 196
Ôkubo dayori (Nagai) **51**:104
"Okume" (Shimazaki Toson) **5**:439
Ola Hansson (Przybyszewski) **36**:286
Olav Audunssøn i Hestviken (Undset) **3**:513
The Old Adam (Bennett) **5**:37
"Old Age" (Akutagawa Ryunosuke)
See "Rōnen"
"Old Age" (Bodenheim) **44**:59
Old Age and Youth (Deledda)
See *Il vecchio e i fonciulli*
"The Old Age of Queen Maeve" (Yeats) **11**:512
"The Old Age Pensioner" (Schulz)
See "Emeryt"
"Old Ancestor Envy" (Ady) **11**:15
The Old and the New (Eisenstein)
See *Staroi i novoie*
The Old and the New (Strindberg)
See *Det gamla och det nya*
The Old and the Young (Pirandello)
See *I vecchi e i giovani*
"Old Autumn" (Davies) **5**:203
"Old 'Barge' Bill" (Davies) **5**:198
"Old Battleship" (Flecker) **43**:189
"The Old Beauty" (Cather) **11**:109
The Old Beauty and Others (Cather) **1**:155, 160; **11**:107
"The Old Bell-Ringer" (Korolenko) **22**:169-70
Old Blastus of Bandicoot (Franklin) **7**:267-68, 270, 274
Old Bush Songs (Paterson) **32**:374
"The Old Cabin" (Dunbar) **12**:114
Old Calabria (Douglas) **68**:3, 5, 7, 9-11, 16, 25, 27, 39, 43-5
Old Cambridge (Higginson) **36**:170
"Old Chartist" (Meredith) **17**:254
"Old Christmas" (Lovecraft) **4**:265; **22**:241
Old Clothing (Palma)
See *Ropa vieja*
"The Old Comedies" (Matthews) **95**:228
The Old Country (Aleichem) **1**:22; **35**:313
Old Creole Days (Cable) **4**:24, 26-7, 29-33
The Old Dark House (Whale) **63**:340-42, 351, 355-58, 360, 379, 383-84, 388
"Old Dibs" (Osbourne) **93**:132
"The Old Disorder in Europe" (Becker) **63**:116
"The Old Doll's House" (Runyon) **10**:434
"Old Earth" (Johnson) **3**:243
"Old Engine .007" (Kipling) **17**:209
Old English (Galsworthy) **1**:303; **45**:52
"The Old Farm" (Masters) **25**:316
Old Fogy (Huneker) **65**:165-67, 188, 205
The Old Folk of the Centuries (Dunsany) **59**:17, 22-3, 26
"Old Folks" (Mikszath)
See "Az öregek"
"Old Folks Christmas" (Lardner) **14**:314
"The Old Folks of Mäetaguse" (Tammsaare)
See "Kuresaare vanad"
"The Old Fool in the Wood" (Noyes) **7**:515
"An Old Friend" (Riley) **51**:294
Old Friends (Lang) **16**:256
Old Friends and New (Jewett) **1**:359, 361, 367; **22**:118
"The Old Front Gate" (Dunbar) **12**:104
"Old Furniture" (Hardy) **53**:106
"Old Garbo" (Thomas) **8**:456, 463; **45**:393-94, 396, 398
"The Old Garden" (Stringer) **37**:328
"Old Garfield's Heart" (Howard) **8**:128
"Old Gen" (Kunikida)
See "Gen Oji"
"The Old Gestures" (Knister) **56**:155
"The Old Gods" (Muir) **87**:167, 203
"Old Gongh" (Gray) **19**:156
Old Heidelberg (Stroheim) **71**:338
"The Old Horse Player" (Runyon) **10**:429, 437
"The Old House" (Sodergran)
See "Det gamla huset"
"An Old Hungarian Portrait" (Babits)
See "Régi magyar arckép"
Old Indian Days (Eastman) **55**:163, 167-72, 174
Old Iron (Raabe)
See *Im alten Eisen*
"Old Japanese Songs" (Hearn) **9**:129
"The Old Jimmy Woodser" (Lawson) **27**:134
Old Junk (Tomlinson) **71**:383, 386, 400-402
"Old King Cole" (Robinson) **101**:111
The Old King's Tale (Dunsany) **59**:14

The Old Ladies (Walpole) **5**:496-97, 501
"The Old Lady Counts Her Injuries" (Slesinger) **10**:445
"Old Lady Pingree" (Freeman) **9**:74
The Old Lady Shows Her Medals (Barrie) **2**:41
Old Lady Thirty-One (Crothers) **19**:71-2, 77
"The Old Lag" (Freeman) **21**:44, 51, 54, 59
Old Lamps for New (Lucas) **73**:170
"Old Loving-Kindness" (Williams) **89**:396
"The Old Lutheran Bells at Home" (Stevens) **3**:472
"The Old Maid" (Gumilev)
See "Staraja deva"
"The Old Maid" (Robinson)
See "Aunt Imogen"
The Old Maid (Wharton) **9**:550
The Old Maids' Club (Zangwill) **16**:444, 462
"The Old Malign" (Ady)
See "Az ős kaján"
"Old Man" (Bodenheim) **44**:62
"The Old Man" (Slesinger) **10**:446
"Old Man" (Thomas) **10**:454, 463, 465
"The Old Man and the Old Woman" (Platonov) **14**:419
"An Old Man Asleep" (Stevens) **45**:302
Old Man in New World (Stapledon) **22**:322, 332-33
"Old Man Murtrie" (Marquis) **7**:437
The Old Man of the Mountain (Deledda)
See *Il vecchio della montagna*
"The Old Man with a Wen" (Dazai Osamu) **11**:186
"Old Mandarin" (Morley) **87**:146
"An Old Man's Confessions" (Svevo)
See "Le confessioni del vegliardo"
"The Old Man's Wife" (Slesinger) **10**:446
"Old Martinmas Eve" (Gurney) **33**:94, 103
"The Old Men of the Twilight" (Yeats) **31**:417
"Old Miss" (Handy) **97**:44
"The Old Mole" (Luxemburg) **63**:220
"Old Mrs. Crosley" (Gilman) **37**:215
"Old Mrs. Harris" (Cather) **11**:98, 107-08
"The Old Neighborhood" (Dreiser) **35**:71, 74-6
Old Nests (Raabe)
See *Alte Nester*
Old New York (Wharton) **3**:558-59, 574, 580; **9**:550-51
Old Offenders and a Few Old Scores (Hornung) **59**:113
The Old, Old Man (Svevo)
See *Il vecchione*
"Old, Old, Old Andrew Jackson" (Lindsay) **17**:236
"Old Olives at Bordighera" (Scott) **6**:394
"An Old Pain" (Ledwidge) **23**:119
"Old Pardon, the Son of Reprieve" (Paterson) **32**:373-74, 376
"Old Paul and Old Tim" (Gilbert) **3**:212
Old People and the Things That Pass (Couperus)
See *Van oude menschen de dingen de voorbigaan*
"Old Pipes and the Dryad" (Stockton) **47**:323, 327, 329
"An Old Priest Is My Mother's Uncle" (Babits)
See "Anyám nagybátyja réji pap"
"The Old Ranch" (Guiraldes)
See "La estancia vieja"
"The Old Ringer" (Korolenko)
See "The Old Bell-Ringer"
"Old Rogaum and His Theresa" (Dreiser) **35**:72
Old Secret (Gladkov)
See *Staraya sekretnaya*
"Old Sedan Chair" (Dobson) **79**:2, 18
The Old Self and the Young Self (Beerbohm) **24**:111
"The Old Servant" (Sienkiewicz) **3**:426
Old Shellover (de la Mare) **4**:82
"The Old Shepherd's Prayer" (Mew) **8**:299-300
"The Old Ships" (Flecker) **43**:191, 193-94, 198-99
The Old Soak (Marquis) **7**:440, 446-47, 450-51
The Old Soak's History of the World, with Occasional Glances at Baycliff, L.I., and Paris, France (Marquis) **7**:437, 446, 450
"An Old Song" (Thomas) **10**:452, 463
"Old Sorority Sister" (March) **96**:248
"The Old South" (Fletcher) **35**:98
"Old Spring" (Lasker-Schueler) **57**:328-29, 336
Old Square No. 4 (Babel)
See *Staraja ploščad', 4*
"Old Step-Mother Nature" (Benchley) **55**:6
"The Old Stone Cross" (Yeats) **31**:411
"An Old Story" (Cullen) **37**:165, 168
"An Old Story" (Robinson) **5**:400; **101**:197
"An Old Sweetheart of Mine" (Riley) **51**:291, 297, 302
"The Old Swimmin' Hole" (Riley) **51**:276-78
The Old Swimmin' Hole, and 'Leven More Poems (Riley) **51**:277
Old Tales (Bojer) **64**:16
"Old Tar" (Mansfield) **39**:319
"The Old Telegraph Station, Strangways" (Ingamells) **35**:137
Old Testament Plays (Housman) **7**:358
"Old Thought" (Gurney) **33**:103
"The Old Tibetan Carpet" (Lasker-Schueler)
See "Der alte Tibetteppich"
"An Old Time Christmas" (Dunbar) **12**:120
"Old Times on the Mississippi" (Twain) **6**:466, 471; **19**:358, 384-85
The Old Town (Riis) **80**:434
"Old Trails" (Robinson) **101**:102-03, 134
"Old Trees" (Gosse) **28**:132
"The Old Vicarage, Grantchester" (Brooke) **2**:54-6, 58, 60-1; **7**:121, 123-27, 129
"The Old Warship Ablaze" (Flecker) **43**:191
Old Wives for New (Phillips) **44**:255-57, 260, 262, 265-66, 268, 275-78
"Old Wives' Tale" (Benchley) **55**:11
The Old Wives' Tale (Bennett) **5**:22-4, 26-30, 32-6, 38, 40-4, 47-50; **20**:17-20, 24, 26-7, 29-30, 32-5, 39-40
The Old Wives' Tale (Woolf) **1**:533
"The Old Woman" (Bosschere) **19**:54, 63
"An Old Woman" (Webb) **24**:466, 473
"The Old Woman and the Statue" (Stevens) **45**:276, 282, 348
The Old Woman Izergil (Gorky) **8**:73
"The Old Woman of Iron" (Platonov) **14**:413, 420
The Old Woman of the Movies, and Other Stories (Blasco Ibanez) **12**:39
The Old Woman Remembers, and Other Irish Poems (Stringer) **37**:333
Old World Traits Transplanted (Park) **73**:211
"The Oldest Drama" (McCrae) **12**:211
"Old-Fashioned Roses" (Riley) **51**:300-01
Old-Fashioned Roses (Riley) **51**:285
Old-Fashioned Tales (Gale) **7**:284
The Old-Fashioned Way (Fields) **80**:223
Old-New Land (Herzl)
See *Altneuland*
The Oldster (Svevo)
See *Il vecchione*
"The Old-Time Religion" (Bryan) **99**:153
Oldtown Days (Higginson) **36**:171
Old-World Idylls (Dobson) **79**:21, 38
"Ole Stormoen" (Bjoernson) **37**:33
"Ole Underwood" (Mansfield) **39**:301, 319
Olesya (Kuprin) **5**:301
"Olga" (Gumilev) **60**:272
"Olive and Camilla" (Coppard) **5**:181
Oliver Cromwell (Buchan) **41**:39, 51, 59, 62-3
Oliver Cromwell (Drinkwater) **57**:127-28, 130-31, 141-42
Oliver Cromwell (Roosevelt) **69**:243, 254
"Oliver Goldsmith" (Woolf) **43**:401
Oliver Goldsmith (Thomas) **97**:134
Oliver Wiswell (Roberts) **23**:235-36, 240, 243-44
Olivier (Coppee) **25**:120, 126
Olli suurpää (Leino) **24**:372
"Ollie McGee" (Masters) **25**:308
Olton, Tides, Loyalties (Drinkwater) **57**:148
Olya (Remizov) **27**:348-49
"Olympia" (Molnar) **20**:166
"The Olympians" (Grahame) **64**:56
"Om" (Baker) **3**:4; **10**:21
"Om Modern drama och modern theater" (Strindberg) **47**:336, 362
Om Våren (Obstfelder) **23**:192
L'ombilic des limbes (Artaud) **3**:51-2; **36**:16, 21, 25, 29, 32-3, 57
"L'ombre" (France) **9**:57
Ombre de mon amour (Apollinaire) **8**:14; **51**:8, 10, 13
L'ombre s'étend sur la montagne (Rod) **52**:309-10, 312
"El Ombú" (Hudson) **29**:155-56
Omens of the Earth (Tsvetaeva) **35**:410
"An Ominous Babe" (Crane) **11**:128
"Ommi" (Yokomitsu) **47**:394
"Omnia Vincit Amor" (Morley) **87**:140
Omoidasu (Natsume) **10**:330
Omoide (Dazai Osamu) **11**:174-75, 178, 186
"Omyłka" (Prus) **48**:181-84
"On a Certain Critic" (Lowell) **8**:237
"On a Country Road" (Swinburne) **36**:345
"On a Dead Child" (Middleton) **56**:174, 190
"On a Dead Hostess" (Belloc) **7**:33
"On a décidé de faire la nuit" (Garneau) **13**:195
"On a Door Knocker" (Rosenberg) **12**:311
"On a Fan that Belonged to the Marquise de Pompadour" (Dobson) **79**:6, 36
On a Field of Azure (Remizov)
See *V pole blakitnom*
"On a Great Election" (Belloc) **18**:28
"On a Great Name" (Belloc) **7**:43
"On a Grecian Colonnade in a Park" (Lovecraft) **4**:266
"On a Lost Manuscript" (Belloc) **18**:25
"On a Midsummer Eve" (Hardy) **53**:111
"On a Mountain" (Bierce) **44**:30
"On a New England Village Seen by Moonlight" (Lovecraft) **4**:266; **22**:241
"On a New List of Categories" (Peirce) **81**:185,195,240
"On a Path in the Field" (Shimazaki Toson) **5**:439
"On a Picture" (Gray) **19**:148, 150, 153-54, 156-57
"On a Picture of a Black Centaur by Edmund Dulac" (Yeats) **31**:407
"On a Political Prisoner" (Yeats) **31**:421; **93**:389
"On a Red Steed" (Tsvetaeva)
See "Na krasnom kone"
"On a Return from Egypt" (Douglas) **40**:60, 62, 68, 91
"On a Singing Girl" (Wylie) **8**:536
"On a Small Scale" (Capek)
See "O malých poměrech"
"On a Sudden Departure" (Coleridge) **73**:27
"On a Two-Hundredth Birthday" (Gurney) **33**:97
"On a Wedding Anniversary" (Thomas) **45**:402
"On Account of a Hat" (Aleichem) **35**:323
On achève bien les chevaux (McCoy)
See *They Shoot Horses, Don't They?*
"On Acrocorinth" (Sikelianos) **39**:420
"On Amaryllis, a Tortoyse" (Pickthall) **21**:256
"On an Antique Littoral (Percy) **84**:203
"On Approaching Forty" (Mankiewicz) **85**:116
"On Babies" (Jerome) **23**:87
On Baile's Strand (Gregory) **1**:336
On Baile's Strand (Yeats) **1**:561; **11**:512, 514, 527; **31**:408, 412; **93**:342, 364
"On Beautiful Clarity" (Kuzmin) **40**:192, 216
"On Behalf of Some Irishmen Not Followers of Tradition" (Baker) **3**:9; **10**:13, 18, 21
"On Being an American" (Mencken) **13**:365
"On Being Hard Up" (Jerome) **23**:87
"On Being Human" (Wilson) **79**:502
"On Being Idle" (Jerome) **23**:87
"On Being Ill" (Woolf) **43**:394; **101**:260

"On Being in a Hurry" (Morley) **87**:127
"On Being in Love" (Jerome) **23**:87
"On Being in the Blues" (Jerome) **23**:87
"On Being Religious" (Lawrence) **93**:45
"On Being Shy" (Jerome) **23**:87
"On Being Told That Her Second Husband Has Taken His First Lover" (Slesinger) **10**:445
"On belyj" (Hippius) **9**:167
On Birthdays (Tagore)
See *Janmadine*
"On Blackwell Pier" (Morrison) **72**:372
"On Cape LeForce" (Montgomery) **51**:203, 209
"On Cats and Dogs" (Jerome) **23**:87
On Certainty (Wittgenstein) **59**:239, 242, 244-9, 261, 275-6, 279
"On Christianity" (Riis) **80**:443
"On Clerk Maxwell's Influence" (Einstein)
See "Clerk Maxwell's Influence on the Evolution of the Idea of Physical Reality"
"On Contemporary Poetry" (Khlebnikov) **20**:149
On Dark Ground (Raabe) **45**:200
"On Dialectical and Historical Materialism" (Stalin) **92**:184, 186
"On dirait Qu'une ligne" (Lyotard) **103**:169
"On Dress and Deportment" (Jerome) **23**:87
"On Duty by the Cannon" (Toller)
See "Gesshützwache"
"On Dying Considered as a Dramatic Situation" (Guiney) **41**:209
"On Eating and Drinking" (Jerome) **23**:87
"On Embarkation" (Lewis) **3**:287
"On Environmental Values" (Ingamells) **35**:128
"On Filling an Inkwell" (Morley) **87**:127
"On Finding Things" (Lucas) **73**:160
On Forgotten Paths (Rolvaag) **17**:336
"On Foscombe Hill" (Gurney) **33**:97
"On Furnished Apartments" (Jerome) **23**:87
"On Getting On in the World" (Jerome) **23**:87
"On Going" (Cullen) **37**:164, 168
On Gray (Kandinsky) **92**:35
"On Great Men" (Rohan) **22**:301
"On Greenhow Hill" (Kipling) **17**:204, 208
"On Hearing James W. Riley Read (From a Kentucky Standpoint)" (Cotter) **28**:43
"On Heaven" (Ford) **15**:69, 72
On Heaven, and Poems Written on Active Service (Ford) **15**:70-1
"On Herodias' Frenzy" (Remizov) **27**:354
On Himself (Aurobindo) **63**:50
On Humor (Pirandello)
See *L'umorismo*
"On Impressionism—I" (Ford) **57**:261
"On Inns" (Belloc) **18**:25
"On Insanity" (Tolstoy) **79**:370
"On Interpreting Haiku" (Hagiwara Sakutaro) **60**:304
"On Irony" (Belloc) **18**:32
On Job's Balances (Shestov)
See *Na vesakh Iova*
"On Juhu Sands" (Naidu) **80**:313
"On Lac Sainte Irénée" (Pickthall) **21**:255
"On Language" (Shimazaki Toson) **5**:432
"On Language as Such and on the Language of Men" (Benjamin) **39**:40
"On Leaving School" (Douglas) **40**:59
"On Leaving Winchester" (Guiney) **41**:208, 216
"On Leprechauns" (Wolfe) **4**:520
On Life (Tolstoy) **44**:328-29; **79**:337, 410-1, 413, 427
"On Literary Criticism" (Bierce) **44**:16
"On Literary Technique" (Valery) **4**:495
On Literature (Natsume) **10**:331-32
"On Loneliness at Twenty-Three" (Wolfe) **4**:516
"On Looking at a Copy of Alice Meynell's Poems Given to Me Years Ago by a Friend" (Lowell) **1**:379; **8**:231, 238
"On Love" (Ortega y Gasset)
See "Estudios sobre el amor"
"On Lullabies" (Garcia Lorca) **7**:302
"On Lying" (Belloc) **18**:25
"On Lying in Bed" (Chesterton) **1**:184
"On Making Values Explicit" (Wirth) **92**:372
On Many Roads (Morgenstern)
See *Auf vielen Wegen*
"On Memory" (Jerome) **23**:87
"On modern Drama and Modern Theatre" (Strindberg)
See "Om Modern drama och modern theater"
"On My Friendly Critics" (Santayana) **40**:346
"On My Return" (Bialik) **25**:50
"On My Songs" (Owen) **27**:210
"On Narcissism: An Introduction" (Freud)
See "Zur Einführung des Narzissmus"
"On Not Knowing Greek" (Woolf) **43**:405; **101**:204
"On Official Duty" (Chekhov) **3**:152
On Overgrown Paths (Hamsun)
See *Paa gjengrodde stier*
"On Painting the Portrait of a Harpsichord Player, Poem 2" (Su Man-shu) **24**:457
On Party Organization and Party Literature (Lenin) **67**:205
"On Philosophy and Its Study" (Westermarck) **87**:364
"On Physical Reality" (Einstein) **65**:132
"On Pisgah Height" (Bialik) **25**:50
On Poems of Walt Whitman: A Representative Egalitarian Writer (Natsume) **10**:331
"On Poetry" (Davidson) **24**:175
"On Poetry" (Khlebnikov) **20**:151
"On Point of View in the Arts" (Ortega y Gasset) **9**:349
On Political Things; or, Zoon Politicon (Capek)
See *O věcech obecných čili ZOON POLITIKON*
"On Ponus Ridge" (Carman) **7**:139
On purge bébé (Feydeau) **22**:77, 79, 82
"On Purpose" (Sudermann) **15**:428
"On Quantity" (Peirce) **81**:198
"On Reading Aloud" (Lucas) **73**:171, 174
"On Receiving News of the War" (Rosenberg) **12**:295, 301
"On Rein's Critique of the Monist Theory of the Mind" (Westermarck) **87**:358
"On Re-Reading Novels" (Woolf) **43**:410-11, 426
"On Rest" (Belloc) **18**:25
"On Rest" (Gurney) **33**:80, 112
"On Rhythm" (Hagiwara Sakutaro) **60**:305
"On Running after One's Hat" (Chesterton) **6**:109
"On Sacramental Things" (Belloc) **7**:38
"On Saying Little at Great Length" (Benchley) **55**:13
"On Seeing a Piece of Our Artillery Brought into Action" (Owen) **27**:212
"On Slaughter" (Bialik)
See "'Al ha-shehitah"
On Social Differentiation: Sociological and Psychological Investigations (Simmel)
See *Uber soziale Differenzierung*
"On Some Current Conceptions of the Term 'Self'" (Dewey) **95**:96
"On Some Motifs of Baudelaire" (Benjamin)
See "Über einige Motive bei Baudelaire"
"On Some Questions of the History of Bolshevism" (Stalin) **92**:280
"On sonne" (Peret) **20**:196-97
On Strange Soil (Singer) **33**:386
"On Subject Matter and War Poetry" (Fletcher) **35**:112-13
"On Synthesism" (Zamyatin) **8**:558
"On Teaching One's Grandmother How to Suck Eggs" (Guiney) **41**:209-10
"On the 101st Mile" (Bergelson) **81**:19
"On the Algebra of Logic" (Peirce) **81**:197
On the Art of Writing (Quiller-Couch) **53**:292, 296
"On the Asylum Road" (Mew) **8**:296, 298
"On the Bank of the Rup-Narain" (Tagore) **53**:347
"On the Bank of the Tone" (Shimazaki Toson) **5**:439
"On the Banks of the Tisza" (Ady)
See "A Tisza-Parton"
"On the Bearing of Esthetics and Ethics upon Logic" (Peirce) **81**:291
On the Boiler (Yeats) **31**:407-08, 412
"On the Boy Scout Movement" (Riis) **80**:437
"On the Brighton Road" (Middleton) **56**:182, 184
"On the Building of Springfield" (Lindsay) **17**:240
"On the Butchery" (Bialik) **25**:50
"On the Causes of the Color of the Water in the Rhine and Facts and Considerations on the Strata of Mont Blanc" (Ruskin) **63**:238, 255
"On the Causes of the Present Decline and the New Currents of Contemporary Russian Literature" (Merezhkovsky) **29**:236, 246
"On the City Wall" (Kipling) **8**:176; **17**:208
"On the Cliffs" (Swinburne) **36**:324, 339, 341
"On the Concept and Tragedy of Culture" (Simmel) **64**:339, 341, 360, 362
"On the Concept of History" (Peirce) **81**:362,364
On the Concept of History (Benjamin) **39**:10
"On the Contradictions of Marxism" (Weil) **23**:400
"On the Creek" (Roberts) **8**:316-17
On the Darwinian Hypothesis of Sexual Selection (Douglas) **68**:43
"On the Death of a Metaphysician" (Santayana) **40**:341
"On the Death of Claude Debussy" (Scott) **6**:387, 389
"On the Death of Francis Thompson" (Noyes) **7**:503
"On the Death of the Actor, Hermann Miller" (Hofmannsthal) **11**:294
"On the Definition of Logic" (Peirce) **81**:203
"On the Departure Platform" (Hardy) **53**:117
On the Division of Labor in Society (Durkheim)
See *De la division du travail social:étude sur l'organisation des sociétés supérieures*
"On the Downs" (Swinburne) **36**:318
"On the Economic Significance of Culture" (Innis) **77**:340
"On the Edge" (Fisher) **87**:73
On the Edge (de la Mare) **4**:78; **53**:23, 27, 35, 39
"On the Electrodynamics of Moving Bodies" (Einstein) **65**:86, 95, 106
"On the Epistemology of Social Science" (Simmel) **64**:352
"On the Farm" (Bunin)
See "Nakhutore"
On the Field of Glory (Sienkiewicz)
See *Na polu chwały*
"On the French Spoken by those Who Do Not Speak French" (Matthews) **95**:227
"On the Future of Poetry" (Dobson) **79**:32
"On the Gate" (Kipling) **8**:196
"On the Genesis of the Castration Complex in Women" (Horney) **71**:231
"On the Ghost in 'Macbeth'" (Natsume) **10**:332
"On the Gravestone of a Spanish Peasant" (Jozsef) **22**:163
"On the Great Wall" (Kipling) **8**:194
"On the Gulf Shore" (Montgomery) **51**:209
On the Herpetology of the Grand Duchy of Baden (Douglas) **68**:38, 43
On the High Road (Chekhov)
See *Na bolshoi doroge*
"On the Highway" (Chekhov)
See *Na bolshoi doroge*
"On the Hill" (Roberts) **68**:303

"On the Himalayas' Staircase" (Sodergran)
See "På Himalayas trappor"
"On the Holy Trinity" (Gray) **19**:157
"On the Intersection of Social Circles" (Simmel) **64**:317
"On the Island of Khalka" (Tolstoy) **18**:378
"On the Labor of Death" (Morgenstern)
See "Vom Tagewerk des Todes"
On the Last Things (Weininger)
See *Über die letzten Dinge*
"On the Logic of Drawing History from Ancient Documents, Especially from Testimonies" (Peirce) **81**:198,352
"On the Logical Conception of Mind" (Peirce) **81**:203
"On the Loneliness of Priests" (Guiney) **41**:220
"On the Makaloa Mat" (London) **9**:267
On the Makaloa Mat (London) **9**:258
"On the Marriage of a Virgin" (Thomas) **45**:402
"On the Massacre" (Bialik) **25**:49
"On the Massacre of the Christians in Bulgaria" (Wilde) **8**:487
"On the Materialistic Conception of History" (Croce)
See "Sulla concezione materialistica della storia"
"On the Method for an Ethnographically-Based Society..." (Westermarck) **87**:364
"On the Method of Theoretical Physics" (Einstein) **65**:68, 95, 100
"On the Mimetic Faculty" (Benjamin) **39**:40
"On the Mountainside" (Roberts) **68**:348-51
"On the Mutual Relations of Physiology and Medicine in Questions of Digestion" (Pavlov) **91**:150
"On the Nature of Poetry" (Douglas) **40**:60, 80
"On the Nature of the Word" (Mandelstam) **6**:270
"On the New Arts; or, The Risk in Artistic Production" (Strindberg) **1**:463
"On the Novel 'Aylwin'" (Natsume) **10**:332
"On the One-Directionality of Time and Its Ethical Significance" (Weininger) **84**:328
"On the Origin of Christianity" (Andreas-Salome) **56**:46
On the Other Side of the Latch (Duncan) **60**:197
"On the Outskirts of the City" (Jozsef) **22**:164
"On the Plaza" (Carman) **7**:143
"On the Porch" (Agee) **1**:17
"On the Prairie" (Hamsun) **14**:242
"On the Psychology of Money" (Simmel) **64**:352
"On the Pure Novel" (Yokomitsu)
See "Junsui Shōsetsu Ron"
"On the Question of Form" (Kandinsky)
See "Über die Formfrage"
On the Racecourse (Gregory) **1**:338
"On the Rafts" (Gorky)
See "Na plotakh"
"On the Reefs" (Talvik) **87**:319
"On the Religious Affect" (Andreas-Salome) **56**:47
"On the Republic" (Mann) **44**:165
"On the Restoration of Idealism" (Cram) **45**:14
"On the River" (Andreyev) **3**:20
"On the River" (Dunbar) **12**:121
"On the Road" (Akutagawa Ryunosuke) **16**:27
"On the Road" (Korolenko) **22**:169
"On the Road Home" (Stevens) **3**:452, 471; **12**:362; **45**:269, 283
"On the Road to the Sea" (Mew) **8**:296
On the Rocks (Shaw) **3**:399
On the Scrap-Iron (Raabe)
See *Im alten Eisen*
"On the Sense of Responsibility" (Otto) **85**:322
On the Sick-Bed (Tagore)
See *Rogsajyae*
"On the Significance of Militant Materialism" (Lenin) **67**:203
"On the Soul that Suffered from Being its Body" (Vallejo)
See "El alma que sufrió de ser su cuerpo"
"On the South Coast" (Noyes) **7**:513
"On the South Coast" (Swinburne) **36**:342, 344
On the Spiritual in Art (Kandinsky)
See *Über das Geistige in der Kunst*
On the Spot (Wallace) **57**:399, 401-2, 404
"On the Spur" (Graham) **19**:129
On the Stage—and Off: The Brief Career of a Would-Be Actor (Jerome) **23**:79, 86-7, 90
"On the Stairs" (Cavafy) **2**:98
"On the Stairs" (Morrison) **72**:353, 376
On the Stairs (Fuller) **103**:60-63, 65, 74, 86-89, 114
"On the Structure of Things" (Eisenstein) **57**:196-97
"On the Surgical Method of Incestigation of the Secretory Phenomena of the Stomach" (Pavlov) **91**:150
"On the Tears of the Great" (Belloc) **18**:25
On the Theory of Governments and Parliamentary Government: Historical and Social Studies (Mosca)
See *Sulla teorica dei governi e sul governo parlamentare*
"On the Third Dimension in Art" (Simmel) **64**:339
"On the Tower" (Teasdale) **4**:424
On the Track and Over the Sliprails (Lawson) **27**:121, 126, 129-30, 150, 152
"On the Trail" (Carman) **7**:141
"On the Trapeze" (Nezval) **44**:241
"On the Truth and Lie in Extra-moral Sense" (Nietzsche)
See "Über Warheit und Lüge im aussermoralischen Sinn"
"On the Use and Disadvantage of History for Life" (Nietzsche) **10**:354
On the Variety of Lines of Descent Represented in a Population (Boas) **56**:82
"On the Waterfront" (Benet) **28**:9
"On the Way to Golconda" (Naidu)
See "At Twilight: On the Way to Golconda"
"On the Way to Kew" (Henley) **8**:102
"On the Way to Rest Quarters" (Toller)
See "Gang zur Ruhestellung"
"On the Way to the Mission" (Scott) **6**:388, 393, 395, 397
"On the Way to the Trenches" (Toller)
See "Gang zum Schützengraben"
"On the Weather" (Jerome) **23**:87
On the White Stone (France) **9**:48
"On the Wide Heath" (Millay) **49**:209, 222, 227
On These I Stand: An Anthology of the Best Poems of Countee Cullen (Cullen) **4**:43-4, 51; **37**:140, 143, 145, 150, 163
"On Trades" (Peretz) **16**:389
"On Trained Nursing for the Sick Poor" (Nightingale) **85**:258
"On Translation" (Belloc) **18**:25
"On Troy" (Gogarty) **15**:113
"On Two Ministers of State" (Belloc) **18**:42
On Ultimate Things (Weininger)
See *Über die letzten Dinge*
On Understanding (Rozanov)
See *O ponimanii*
"On Unknown People" (Belloc) **7**:40
"On Vanity and Vanities" (Jerome) **23**:87
On Viol and Flute (Gosse) **28**:131, 139, 143, 151
"On Wenlock Edge" (Housman) **10**:247
"'On with the Dance!' A Review" (Bierce) **44**:45
On Writing: Critical Studies on Writing as an Art (Cather) **1**:156
On Yoga I: The Synthesis of Yoga (Aurobindo) **63**:20, 32-6
De Oñate a la Granja (Perez Galdos) **27**:276
"Onbeduidende polka" (van Ostaijen) **33**:418
"Onbewuste avond" (van Ostaijen) **33**:419
"Once Aboard the Whaler" (Williams) **89**:384
Once Again (Ady)
See *Még egyszer*
Once Again (Tagore)
See *Punascha*
"Once at the Angelus" (Dobson) **79**:27
Once in a Blue Moon (Hecht) **101**:63
"Once in the Night" (Tolstoy) **18**:368
Once in the Saddle (Rhodes) **53**:319, 328-29
"Once More" (Galsworthy) **45**:32
"Once More on the Structure of Things" (Eisenstein) **57**:196, 199
Once on a Time (Milne) **6**:318; **88**:228
Once There Lived (Andreyev) **3**:26
Once upon a Time (Crothers) **19**:74
Onde magter (Lie) **5**:325
Ondine (Giraudoux) **2**:158-59, 161, 168, 173-74; **7**:321-23, 328-29
"One Afternoon" (Riley) **51**:282
"One and Many" (Howe) **21**:113
"One Block from Fifth Avenue" (Cobb) **77**:136
"One Boaster" (Lindsay) **17**:240
One Brown Girl and ... (Redcam) **25**:331-32
"One Dash—Horses" (Crane)
See "Horses—One Dash"
"One Day" (Yosano Akiko) **59**:325
One Day (Douglas) **68**:41
One Day and Another (Lucas) **73**:154, 159, 170, 174
"One Day I Told My Love" (Cullen) **37**:170
One Day More (Conrad) **1**:195-96, 199
"One Day We Play a Game" (Cullen) **37**:169
"One Evening" (Apollinaire) **3**:37, 39
One Exciting Night (Griffith) **68**:137-39
"One Foot in Eden" (Muir) **2**:483; **87**:215
One Foot in Eden (Muir) **87**:161, 168, 170, 172, 174, 193-94, 208, 235, 237, 256, 285
"One Generation" (Bodenheim) **44**:65
One Handful of Sand (Ishikawa)
See *Ichiaku no suna*
"One Hundred and Three" (Lawson) **27**:140
"150,000,000" (Mayakovski) **4**:290-91, 295, 297; **18**:242-43, 246-47, 262-63, 268
152 proverbes mis au goût du jour (Eluard) **41**:153
One Hundred Poems in Classical Japanese (Miyazawa) **76**:287, 293
One Hundred Thousand (Tolstoy) **18**:382
"One Hundred Views of Mount Fuji" (Dazai Osamu)
See "Fugaku hyakkei"
"One in a Darkness" (Coffin) **95**:16
"The One in Rags" (Gumilev)
See "Oborvanec"
"1 January 1924" (Mandelstam) **2**:409
"One Kind of Officer" (Bierce) **44**:45
"The One Lost" (Rosenberg) **12**:299, 309
One Love (Sologub)
See *Odna lyubov'*
One Man in His Time (Glasgow) **2**:181; **7**:346
"One Man's Fortune" (Dunbar) **2**:128, 133; **12**:108, 120, 123
One More River (Galsworthy)
See *Over the River*
One More River (Whale) **63**:339-42, 358, 378, 387
"One Night" (Roberts) **8**:319
"One Night" (Verhaeren) **12**:472
One Night (Natsume)
See *Ichiya*
One, None, and a Hundred Thousand (Pirandello)
See *Uno, nessuno e centomila*
"One of Cleopatra's Nights" (Dunsany) **59**:10
One of Cleopatra's Nights (Hearn) **9**:127
One of Life's Slaves (Lie)
See *Livsslaven*
One of My Sons (Green) **63**:148, 152
One of Our Conquerors (Meredith) **17**:265, 269, 276, 286, 296-97; **43**:277, 290-91, 296, 299
One of Ours (Cather) **1**:151-52, 154, 156, 158; **11**:93, 101, 103; **31**:27, 59; **99**:204, 209, 274
"One of the Girls in Our Party" (Wolfe) **4**:519
"One of the Missing" (Bierce) **44**:44-5, 47-8

"One of the Shepherds" (Montgomery) **51**:209
"One of Their Gods" (Cavafy) **7**:154, 157
"One of Twins" (Bierce) **44**:13, 45-6
"One Officer, One Man" (Bierce) **44**:44-5
"One Person" (Wylie) **8**:529-30, 532, 534-36, 538
"The One Pill Box" (Hearn) **9**:125, 136
One Springtime (Raabe)
See *A Springtide*
"One Summer Evening" (Carpenter) **88**:118
"One Summer Night" (Bierce) **44**:45, 50-1
"I (The Spattering of the Rain)" (Fletcher) **35**:93
"The One Thing" (Knister) **56**:153, 155-56, 163
One Third Off (Cobb) **77**:127
1001 Afternoons in Chicago (Hecht) **101**:31, 35, 38-9, 42, 47-8, 53, 70
"One Trip Abroad" (Fitzgerald) **6**:169, 171
"One Warm Saturday" (Thomas) **8**:456, 462-63; **45**:396-97
One Way to Heaven (Cullen) **4**:49, 51; **37**:136, 157, 171-72
"The One Who Has Lost" (Gumilev)
See "Oderzhimy"
"One Word" (Benn) **3**:114
One-Horse Farm (Coffin) **95**:22
One-Smoke Stories (Austin) **25**:31, 36
One-Storied America (Ilf and Petrov)
See *Odnoetazhnaya Amerika*
One-Way Song (Lewis) **2**:397-98; **9**:241
One-Way Street (Benjamin) **39**:8, 10-11, 39, 44-5, 47-8, 53, 56, 58, 63
"An ongelevgter bris" (Aleichem) **35**:306
De Ongelv kkige (Couperus) **15**:47
"The Onion" (Schwitters)
See "Die Zweibel"
"Onirocritique" (Apollinaire) **8**:20; **51**:19
Onkel Moses (Asch) **3**:66, 68-9, 71-2
"Only a Boche" (Service) **15**:399
"Only a Jockey" (Paterson) **32**:369
"Only a Nigger" (Twain) **6**:473
"Only a Subaltern" (Kipling) **8**:198; **17**:208
The Only Jealousy of Emer (Yeats) **11**:514; **31**:412
Only love (Balmont)
See *Tol'ko liubov*
"An Only Son" (Jewett) **22**:125
"Only the Dead Know Brooklyn" (Wolfe) **4**:519; **13**:484, 495
"Only the Master Shall Praise" (Oskison) **35**:280-81
"Only the Polished Skeleton" (Cullen) **4**:44; **37**:164-65
"Only the Sea Has Come" (Jozsef) **22**:160
The Only Thing (Glyn) **72**:139
"The Only Way" (Montgomery) **51**:209
Onna no kettō (Dazai Osamu) **11**:176, 186
"The Onondaga Madonna" (Scott) **6**:393
Ønsket (Sigurjonsson) **27**:362, 364-65
"Onward, Christian Soldiers" (Baring-Gould) **88**:15, 19-20
Onze chapîtres sur Platon (Alain) **41**:3
Les onze mille verges (Apollinaire) **3**:38; **8**:25; **51**:18, 20, 28
Oostwaarts (Couperus) **15**:47
Op hoop van zegen (Heijermans) **24**:284-86, 288-89, 292, 296-300
Op. I (Sayers) **15**:370, 395
"Op in My 'Ansom" (Cohan) **60**:167
"Der Opal" (Meyrink) **21**:221-22, 231
"Opalčenite na Šipka" (Vazov) **25**:456
Opasnaia predostorozhnost' (Kuzmin) **40**:201-03
Opavshie list'ia (Rozanov) **104**:304, 318, 345, 351, 353-54, 356-57, 361, 384, 386-89, 392-94, 396-98
Opavshie list'ia. Korob pervyj (Rozanov) **104**:355
Opavshie list'ia. Korob vtoroj (Rozanov) **104**:317, 355
"The Open Boat" (Crane) **11**:125, 127, 136, 139-41, 146, 148, 158, 160, 162-64, 167; **17**:65-7, 78, 82; **32**:150, 165
The Open Boat, and Other Tales of Adventure (Crane) **11**:125, 127-29, 137
Open Confession to a Man from a Woman (Corelli) **51**:68, 83
"The Open Conspiracy" (Wells) **12**:502; **19**:453, 453
The Open Door at Home: A Trial Philosophy of National Interest (Beard) **15**:22-4
"Open Letter" (Yosano Akiko)
See "Hiraki-bumi"
An Open Letter to a Non-Pacifist (Macaulay) **44**:123
An Open Letter to the Intimate Theatre (Strindberg) **47**:340
"An Open Letter to the Moon" (Guiney) **41**:210
Open Letter to the Waka Poets (Masaoka Shiki)
See *Utayomi ni atauru sho*
Open Letters (Strindberg) **1**:460
The Open Mind (Bernanos)
See *Monsieur Ouine*
The Open Road: A Little Book for Wayfarers (Lucas) **73**:158, 165, 168, 170, 173
The Open Sea (Masters) **25**:296-98, 315
"The Open Secret" (Carpenter) **88**:53, 56
"Open the Door, Richard!" (Dagerman) **17**:93
"Open Time" (Guiney) **41**:205
Open Water (Stringer) **37**:330, 339-43
"The Open Window" (Saki) **3**:365, 373
An Open-Eyed Conspiracy (Howells) **17**:184
The Opening of the Eyes (Stapledon) **22**:317-18, 322
"Opera" (Remizov) **27**:340, 349
L'opéra au dix-septième siècle (Rolland) **23**:267
L'opéra au dix-septième siècle en Italie (Rolland) **23**:267
"Opera Dancer" (Nagai)
See "Opera no maihime"
Opera in Italy in the Seventeenth Century (Rolland)
See *L'opéra au dix-septième siècle en Italie*
"Opera no maihime" (Nagai) **51**:99
Gli operai della vigna (Papini) **22**:281, 288
"The Operation" (Hunt) **53**:190
The Operation (Henley) **8**:97
"Das Opfer" (Kolmar) **40**:178
"Das Opfer" (Werfel) **8**:477
Opgang (Bergelson) **81**:30
"Ophelia" (Heym) **9**:143, 145-47
Ophis kai krinos (Kazantzakis) **5**:272
"An Opinion Concerning a Proposed National Park Site" (Miyazawa) **76**:300
Opinion or Insight? (Schoenberg) **75**:342
Opinions (Holley)
See *My Opinions and Betsy Bobbet's*
Les opinions de Jérome Coignard (France) **9**:41-2
"Opium" (Csath) **13**:147, 150, 152
Opium, and Other Stories (Csath)
See *The Magician's Garden, and Other Stories*
"The Opium Smoker" (Symons) **11**:439
Opium Smokers (Reymont) **5**:392
"Oppel and the Elephant" (Miyazawa) **76**:289
The Oppermanns (Feuchtwanger)
See *Die Geschwister Oppermann*
"Opportunity" (Guest) **95**:205
The Optimist (Delafield) **61**:125-6
"The Optimist's Salutation" (Dario)
See "Salutación del optimista"
"Opus 728" (Miyazawa) **76**:293
"Opus 739" (Miyazawa) **76**:296
"Opus 1063" (Miyazawa) **76**:284, 290, 296
"Opus 1087" (Miyazawa) **76**:291
Opus Posthumous (Stevens) **3**:459, 467; **45**:274, 278-79, 283, 286-87, 289, 291-92, 317, 336, 345
L'or des mers (Epstein) **92**:11
"Or Ever the Knightly Years Were Gone" (Henley) **8**:102
"L'ora di Barga" (Pascoli) **45**:156
Ora et labora (Heijermans) **24**:286, 292, 296, 298-300
"Oracion al despertar" (Prado) **75**:202
"The Oracle" (Coppard) **5**:179
"The Oracle" (Paterson) **32**:381
"Oracles" (Apollinaire) **8**:22; **51**:34
Oraisons mauvaises (Gourmont) **17**:138
"The Oral and Written Literature of the Nguni" (Vilakazi) **37**:405
Oral Tradition (Sikelianos)
See "Agraphon"
"Orang berdua" (Anwar) **22**:18
"The Orange Grove" (Lewis) **3**:288-89, 292
"L'orangeade" (Apollinaire) **51**:20
"The Orange-Distillers" (Quiroga)
See "Los destiladores de naranja"
"An Oration" (Douglas) **40**:72, 88
Oration on the Downfall of the Russian Land (Remizov)
See *The Lament for the Ruin of Russia*
The Orator (Wallace) **57**:402
"Orazio Cima" (Svevo) **35**:369
Orbs of Pearl (Sologub)
See *Zhemchuzhnye zvetila*
"The Orchard" (Bosschere) **19**:54, 56, 63
"The Orchard in Moonlight" (Scott) **6**:394
The Orchard of Tears (Rohmer) **28**:277, 283, 293-94, 296
"The Orchards" (Thomas) **6**:455; **45**:375, 398
"An Orchestral Violin" (Dowson) **4**:92
"The Orchid" (Lindsay) **17**:240
"Orchideen" (Meyrink) **21**:218
Orchideëon (Couperus) **15**:45
Orchids (Couperus)
See *Orchideëon*
"Ordalii" (Balmont) **11**:40
"The Ordeal" (Davidson) **24**:163
Ordeal (Tolstoy) **18**:359, 364-66, 377-81
"The Ordeal at Mt. Hope" (Dunbar) **12**:107, 109, 120
"Ordeal by Beauty" (Cram) **45**:9
The Ordeal of Richard Feverel: A History of Father and Son (Meredith) **17**:256, 260-62, 265-66, 269, 273, 275-77, 279-81, 283-86, 289-90, 297; **43**:251-52, 255-56, 258-59
"Order and Disorder of Love" (Eluard) **7**:260
"An Ordinary Evening in New Haven" (Stevens) **3**:455, 470, 477; **12**:362, 365, 373-74, 378-79; **45**:285, 300, 311, 337
"The Ordinary Hairpins" (Bentley) **12**:15
An Ordinary Life (Capek)
See *Obyčejnýživot*
"An Ordinary Man" (Tolstoy) **18**:370
"An Ordinary Song" (Anwar)
See "Lago biasa"
"Ordinary Women" (Stevens) **12**:357, 366
L'ordination (Benda) **60**:65, 73
Az ördög (Molnar) **20**:156-59, 165, 167, 170, 172, 178
"Orë" (Gumilev) **60**:278
Ore paniche (D'Annunzio) **40**:8
"Ore que dessus ma tête" (Moreas) **18**:288
"Az öregek" (Mikszath) **31**:167
"Orfano" (Pascoli) **45**:156
"The Organ and the Vitriol" (Artaud) **3**:52
"Organ Grinder" (Artaud) **3**:52
"Organ-Grinder" (Prus)
See "Katarynka"
Organic Architecture (Wright) **95**:376
"Organism, Community, and Environment" (Mead) **89**:101
"The Organist from Ponikla" (Sienkiewicz) **3**:430
The Organization of Thought (Whitehead) **97**:197
"Organizational Questions of the Russian Social Democracy" (Luxemburg)
See "Leninism or Marxism?"
"Orgie" (Lasker-Schueler) **57**:328
"Orgy" (Lasker-Schueler)
See "Orgie"
Az orias es Egyeb Elbeszelesek (Molnar) **20**:164

Orient and Occident (Bely) **7**:51
"Orient Ode" (Thompson) **4**:435, 438
Oriental Motifs (Rozanov) **104**:306
"Orientation of Hope" (Locke) **43**:225
The Origin and Development of Moral Ideas (Westermarck) **87**:325, 334, 336, 338, 342, 354, 358-59, 362-66, 370, 372-74, 384-85, 393-94, 397
Origin and Development of Religious Belief (Baring-Gould) **88**:32
The Origin of German Tragic Drama (Benjamin)
See *Ursprung des deutschen Trauerspiels*
"The Origin of Marriage" (Westermarck) **87**:334, 356
The Origin of Russian Communism (Berdyaev) **67**:60
"The Original Follies" (Fitzgerald) **52**:59-60
"The Original Place" (Muir) **87**:307
Origines de l'opèra Allemand (Rolland) **23**:267
Les origines du théatre lyrique (Rolland) **23**:266
The Origins and the Development of the Incest Taboo (Durkheim)
See "L'oganisation matrimoniale australienne"
Origins of a Master Craftsman (Platonov)
See *Proiskhozhdenie mastera*
The Origins of German Opera (Rolland)
See *Origines de l'opèra Allemand*
The Origins of Opera (Rolland)
See *Les origines du théatre lyrique*
The Origins of the Modern Lyric Theater: History of the Opera in Europe Before Lully and Scarlatti (Rolland) **23**:256
"Orilla" (Salinas) **17**:359
"Orion" (Roberts) **8**:313-14, 318-20, 328-30
Orion, and Other Poems (Roberts) **8**:313, 316, 319-20, 325, 328-30
The Orissers (Myers) **59**:123-26, 129-30, 132, 136, 150, 152-3
"Orjade Koor" (Talvik) **87**:322
"Orjan poika" (Leino) **24**:369-70, 376
"Orkan" (Obstfelder) **23**:177, 186, 188-89
Orlacs Hände (Wiene) **56**:338
Orlando (Woolf) **1**:530-31, 533, 538-39, 544, 546, 550; **5**:516; **20**:428-29; **43**:382, 387, 409, 417; **56**:358-412; **101**:207, 225, 227
Orlóff and His Wife (Gorky) **8**:71
Orm og tyr (Hansen) **32**:250-51, 257, 260-61
L'orme du mail (France) **9**:42, 48, 51
Ormen (Dagerman) **17**:85, 88, 92-4
"Oro mío" (Jimenez) **4**:226
"Órókkék ég a felhők mőgőtt" (Babits) **14**:40
Oros son triunfos (Pereda) **16**:372
The Orphan Angel (Wylie) **8**:524, 527-30, 532, 534, 537-38
Orphan Island (Macaulay) **7**:427, 429; **44**:118-20, 125, 133
"Orphanhood" (Bialik) **25**:66
Orphans (Rilke) **6**:370
Orphans of the Storm (Griffith) **68**:137, 149, 169-70, 176-77, 206, 214, 239
"Orpheus" (Ball) **104**:54
"Orpheus" (Rilke) **1**:418
Orpheus (Crowley) **7**:208-09
"Orpheus and Eurydice" (Bryusov) **10**:80, 88
"Orpheus and Eurydice" (Noyes) **7**:505
"Orpheus and Oisin" (Sharp) **39**:377
Orpheus in Mayfair (Baring) **8**:42
Orphic (Sikelianos) **39**:419
Orphic Songs (Campana)
See *Canti orfici*
Orsino (Rolland) **23**:256
"Orta or the One Dancing" (Stein) **48**:235
Orthodoxy (Chesterton) **6**:102, 106, 109; **64**:31-2, 34
The O'Ruddy (Crane) **11**:137, 143, 162, 166-67
"Orxidei i mimozy" (Bryusov) **10**:82
"Az ős kaján" (Ady) **11**:16
Osaka Elegy (Mizoguchi)
See *Naniwa Hika*
"Osan" (Dazai Osamu) **11**:187
"Osayo" (Shimazaki Toson) **5**:439
"Osborne's Revenge" (James) **47**:199
Oscar Wilde: An Idler's Impressions (Saltus) **8**:348
Oscar Wilde: His Life and Confessions (Harris) **24**:262, 268-69, 271
Osennie ozera (Kuzmin) **40**:189, 191, 215-16
Osennii son (Guro) **56**:133, 147
Oshibka smerti (Khlebnikov) **20**:136
"Oskicket" (Soderberg) **39**:428
"Oslepitel'noe" (Gumilev) **60**:279-80
"Osnova" (Balmont) **11**:41
"Osnovateli" (Gumilev) **60**:279
"Ossi di seppia" (Saba) **33**:374
Ost (Dent) **72**:73
"Ostatnia ucieczka ojca" (Schulz) **5**:423, 427-28; **51**:309-10, 315
"Die Oste" (Morgenstern) **8**:305, 310
"Osterhas" (Raabe) **45**:188
"An Ostracised Race in Ferment" (Baker) **47**:13
"Ostros nocturnos" (Villaurrutia) **80**:480
Ostrovityane (Zamyatin) **8**:542-45, 548, 552, 558; **37**:417, 419-20, 422-23, 427-31
Osudy dobrého vojáka Švejka za světové války (Hasek) **4**:181-90
"Oswald Spengler and the Theory of Historical Cycles" (Collingwood) **67**:182-83
Őszi utazás (Molnar) **20**:175, 177
L'otage (Claudel) **2**:99, 101, 105-06; **10**:120-21, 128
"Oterma and Katerma" (Leino) **24**:376
Otetz Sergii (Tolstoy) **4**:476, 480, 482; **11**:464, 471, 473; **17**:415; **79**:387
"The Other" (Thomas) **10**:451, 459, 462-63
"The Other Fellow" (Guest) **95**:205
The Other Girls (Holley) **99**:316
"The Other Gods" (Lovecraft) **4**:273
"The Other Half: How It Lives and Dies in New York" (Riis) **80**:416, 426, 443
"The Other House" (James) **47**:206
The Other House (James) **24**:343
"The Other Oedipus" (Muir) **87**:172
The Other One (Colette)
See *La seconde*
"Other People's Books" (Lucas) **73**:171
Other People's Lives (Milne) **88**:246
Other People's Point of View (Pirandello)
See *La ragione degli altri*
Other Provinces (Van Doren) **18**:395-96, 405
"The Other Side" (Lardner) **2**:329
The Other Side (Kubin)
See *Die andere Seite*
"The Other Side of a Mirror" (Coleridge) **73**:11
The Other Son (Pirandello)
See *L'altro figlio*
"The Other Two" (Wharton) **3**:555; **9**:546-47
"The Other Wing" (Blackwood) **5**:79
"The Other Woman" (Anderson) **1**:42
"The Other Woman" (Davis) **24**:199
"Other's" (Lyotard) **103**:274, 277, 279
"Others I Am Not the First" (Housman) **10**:247
"An Otherworldly Evening" (Tsvetaeva)
See "Nezdeshnii vecher"
Othmar (Ouida) **43**:352-54, 358
"Otkrytie Ameriki" (Gumilev) **60**:282
"L'otmika" (Apollinaire) **51**:20
"Ōtō" (Dazai Osamu) **11**:171, 174
Otogi zōshi (Dazai Osamu) **11**:174, 176-77
"Otomi no teiso" (Akutagawa Ryunosuke) **16**:20
"Otomi's Virginity" (Akutagawa Ryunosuke)
See "Otomi no teiso"
"Otoño regular" (Huidobro)
See *Automne régulier*
Otravlennaja tunika (Gumilev) **60**:265-6, 275
"Otravlennyj" (Gumilev) **60**:279
El otro (Unamuno) **9**:516
"Otro clima" (Machado) **3**:311
Otrochestvo (Tolstoy) **4**:444-45, 459-60, 473; **11**:464; **17**:374; **79**:379-80, 413, 449
"Otrok" (Tsvetaeva) **35**:404-05
"Otshel'nik" (Balmont) **11**:40
The Otter's Children (Khlebnikov)
See *Deti vydry*
Ottilie (Lee) **5**:310, 314, 319
"Où es-tu" (Peret) **20**:188
"Ouedéme a calentar la tinta..." (Vallejo) **56**:311
"Ought Women to Learn the Alphabet?" (Higginson) **36**:170-71, 175, 178-79
"Ouija" (Patton) **79**:305-6
"Ou-pa Carel's" (Smith) **25**:389
Our Air Force (Mitchell) **81**:157
"Our Androcentric Culture" (Gilman) **37**:201
"Our Canal" (Monroe) **12**:216
Our Children (Sanchez)
See *Nuestros hijos*
"Our Country" (Howe) **21**:113
"Our Cultural Humility" (Bourne) **16**:46
Our Daily Bread (Grove) **4**:134, 136, 138, 140, 142
"Our Duty to Dependent Races" (Harper) **14**:263
Our English Cousins (Davis) **24**:202, 208
"Our Eunuch Dreams" (Thomas) **45**:361, 366, 372, 377
Our Father San Daniel (Miro)
See *Nuestro padre San Daniel*
"Our First Cigar" (Quiroga)
See "Nuestro primer cigarro"
"Our Foundation" (Khlebnikov) **20**:147
Our Friend the Charlatan (Gissing) **3**:233; **24**:228, 235; **47**:141
Our Gang and He (Ishikawa) **15**:129
"Our Garden" (Anwar)
See "Taman"
Our Great Experiment in Democracy: A History of the United States (Becker)
See *The United States: An Experiment in Democracy*
"Our Greatest Want" (Harper) **14**:264
"Our Hero" (Service) **15**:399
"Our Hired Girl" (Riley) **51**:292
Our Inner Conflicts (Horney) **71**:226, 234, 257, 261-262
"Our Lady" (Coleridge) **73**:13
Our Lady of Lies (Bourget)
See *Mensonges*
Our Lady of Poverty (Housman) **7**:359
"Our Lady of Sparta" (Sikelianos) **39**:407
"Our Lady of Twilight" (Noyes) **7**:512
"Our Lady's Exile" (Tynan) **3**:504
"Our Latent Loyalty" (Duncan) **60**:211
"Our Learned Fellow-Townsman" (Gissing) **24**:248
Our Life and Letters (France)
See *La vie littéraire*
"Our Lord and St. Peter" (Lagerloef) **36**:240
Our Lord God's Chancellory (Raabe) **45**:200
"Our Love" (Villaurrutia) **80**:488
"Our Man, Our Worry and Concern" (Doblin)
See "Unsere Sorge, der Mensch"
"Our March" (Mayakovski) **18**:247-48
"Our Martyred Soldiers" (Dunbar) **12**:121
"Our Mother Pocahontas" (Lindsay) **17**:236
"Our Motherland" (Peguy)
See "Notre patrie"
Our Mr. Wrenn: The Romantic Adventures of a Gentle Man (Lewis) **4**:246, 248, 251-52, 256, 259; **13**:325, 351; **39**:229, 234, 241
Our National Parks (Muir) **28**:245, 247, 259
"Our Neighbors, the Ancients" (Roosevelt) **69**:268
"Our New Horse" (Paterson) **32**:376
Our New Prosperity (Baker) **47**:5-6
"Our Orders" (Howe) **21**:113
"Our Own Have Nots" (Orwell) **15**:353
"Our Own Movie Queen" (Fitzgerald) **52**:57-60, 64
Our Own People (Bojer)
See *Vor egen stamme*
Our Partnership (Webb and Webb) **22**:415, 421, 424, 426
Our Power and Our Glory (Grieg)
See *Våar aere og vår makt*

"Our Prophet's Criticism of Contemporary Arabian Poetry" (Iqbal) **28**:188
"Our Shameless Past" (Benet) **28**:7
Our Slovak Kinfolk (Mikszath)
See *A tót atyafiak*
Our Social Heritage (Wallas) **91**:359, 361, 365, 370, 372, 390, 394, 402, 404
"Our Story" (Stockton) **47**:312, 319, 323, 327
Our Women (Bennett) **5**:32
Our Writers (Papini)
See *Scittori nostri*
"Our Youth" (Baroja)
See "Nuestra juventud"
L'ours (Kandinsky) **92**:50
L'ours et la lune (Claudel) **10**:123-24
Ourselves (Crothers) **19**:74-5, 77
"Ourselves and Our Buildings" (Khlebnikov) **20**:150-51
"Ourselves and the Future" (Stapledon) **22**:338
"Out Back" (Lawson) **27**:133, 140
"Out in the Dark" (Thomas) **10**:452, 455-57, 464, 471
"Out o' doors" (Montgomery) **51**:209
"Out of Boredom" (Gorky)
See "Boredom"
Out of Dust (Riggs) **56**:215, 218
Out of His Later Years (Einstein) **65**:123, 131-34
Out of Mulberry Street (Riis) **80**:435
"Out of Nowhere into Nothing" (Anderson) **1**:35; **10**:33-4; **24**:46
"Out of Pompeii" (Campbell) **9**:32
Out of Soundings (Tomlinson) **71**:394
"Out of the Deep" (de la Mare) **4**:78; **53**:16, 18-9, 27, 38
Out of the Earth (Bromfield) **11**:84
Out of the East (Hearn) **9**:128-30
"Out of the Night That Covers Me" (Henley) **8**:102
Out of the Question (Howells) **7**:370, 387
"Out of the Rose" (Yeats) **31**:415
Out of the Sea (Marquis) **7**:451
"Out of the Sighs" (Thomas) **45**:362, 383
"Out of the Storm" (Hodgson) **13**:236
Out of the World and in It (Bergelson) **81**:19
"Out to Old Aunt Mary's" (Riley) **51**:292
An Outback Marriage (Paterson) **32**:382
"The Outcast" (Benson) **27**:16
"Outcast" (McKay) **7**:462
"The Outcast" (Peretz) **16**:399
The Outcast (Lagerloef) **36**:238, 241-42
The Outcast (Pirandello)
See *L'esclusa*
The Outcast (Vazov) **25**:450
An Outcast of the Islands (Conrad) **1**:203, 221; **6**:118-19; **13**:113; **25**:84, 111; **43**:95, 115, 133
"The Outcasts of Poker Flat" (Harte) **1**:340, 344; **25**:192-93, 197-98, 200, 211-12, 214, 222-23
"An Outdoor Litany" (Guiney) **41**:214
"Out-foxed" (Adams) **56**:8
"The Outgoing of the Tide" (Buchan) **41**:73
Outland (Austin) **25**:33-4
"The Outlaw" (Capek) **37**:53
The Outlaw (Moricz)
See *Betyár*
The Outlaw (Strindberg) **1**:452; **21**:345
The Outlaw of Torn (Burroughs) **32**:58
The Outlet (Adams) **56**:2, 4, 6, 22
"An Outline Classification of the Sciences" (Peirce) **81**:199
"Outline of a Philosophy of History" (Collingwood) **67**:183
"Outline of Great Books" (Erskine) **84**:178
The Outline of History (Wells) **6**:529-30, 537, 540, 551-53; **12**:497-99, 501, 504, 506, 514, 516-17
An Outline of Humor (Wells) **35**:426
An Outline of Occult Science (Steiner)
See *Die Geheimwissenschaft im Umriss*
An Outline of Russian Literature (Baring) **8**:41, 43
An Outline of Sanity (Chesterton) **6**:110
"An Outline of the Actress Nana" (Nagai)
See "Joyū nana kōgai"
"Outlines (II: Dr. Bentley)" (Woolf) **43**:402
Outlines in Local Color (Matthews) **95**:272
Outlines of a Critical Theory of Ethics (Dewey) **95**:59, 64, 97
Outlines of a Philosophy of Art (Collingwood) **67**:124-27, 139, 181
"The Outlook for Intelligence" (Valery) **4**:503
"The Outlook for Literature" (Roberts) **8**:327
The Outpost (Prus)
See *Placówka*
The Outpost of Progress (Conrad) **1**:202
Outre-mer (Bourget) **12**:61, 64, 75
The Outside (Glaspell) **55**:233, 236, 247, 249, 257, 259, 269
"Outside Eden" (Muir) **87**:161, 172, 307
Outside Looking In (Anderson) **2**:2
"Outside of Wedlock" (Stevens) **45**:348
"Outside the Charterhouse of Bologna" (Carducci)
See "Fuori alla certosa di Bologna"
"The Outsider" (Lovecraft) **4**:266-68, 270-71; **22**:211
Outsiders (Chambers) **41**:91, 95
"Outsitters" (Mayakovski) **4**:289
"Outward Bound" (Dobson) **79**:30
Over Bemerton's: An Easy-Going Chronicle (Lucas) **73**:159, 162, 170, 173, 175
"Over de höje fjelde" (Bjoernson) **7**:101, 110, 118
"Over Glistening Gravel" (Lasker-Schueler)
See "Uber glitzernden Kies"
Over Here (Guest) **95**:211
"Over My Cell" (Toller)
See "Über meiner Zelle"
Over Prairie Trails (Grove) **4**:133, 136-37, 140-41
"Over Sir John's Hill" (Thomas) **1**:473; **8**:461; **45**:362-64, 377
"Over St. John's Hill" (Thomas)
See "Over Sir John's Hill"
"Over the Grave of Shaka" (Vilakazi)
See "Phezu kwethuna likaShaka"
"Over the Hills" (Coleridge) **73**:13
"Over the Hills" (Thomas) **10**:455, 465
"Over the Lofty Mountains" (Bjoernson)
See "Over de höje fjelde"
"Over the Ravine" (Pilnyak)
See "Nad ovragom"
Over the River (Galsworthy) **45**:47, 49, 66
"Over There" (Cohan) **60**:161, 165-6, 171, 173
Over ævne, I (Bjoernson) **7**:111, 114-16; **37**:11-12, 15, 19-21, 29-32, 35
Over ævne, II (Bjoernson) **7**:112, 115-16; **37**:19-22, 29-30
"Overconfidence" (Pyle) **81**:393
"The Overflow" (Fadeyev)
See "The Flood"
"The Overgrown Pasture" (Lowell) **1**:372; **8**:235
"Overheard Fragment of a Dialogue" (Leverson) **18**:199
Overlooked (Baring) **8**:32, 36, 40, 42
Overshadowed (Griggs) **77**:146-7, 176-81
"An Oversight of Steelman's" (Lawson) **27**:121
"Oversoul" (Baker) **10**:20
"Overtones" (Percy) **84**:202
Overtones: A Book of Temperaments (Huneker) **65**:157, 159, 170
"Ovid among the Goths" (Bradford) **36**:56
"Owatari Bridge" (Hagiwara Sakutaro)
See "Ōwatari-bashi"
"Ōwatari-bashi" (Hagiwara Sakutaro) **60**:315
"Owen Ahern and His Dancers" (Yeats) **31**:403
Owen Glen (Williams) **89**:389, 402
"Oweneen the Sprat" (Somerville & Ross) **51**:357, 381-82
"The Owl" (Thomas) **10**:460
"The Owl in the Sarcophagus" (Stevens) **12**:364; **45**:295, 300
Owl's Clover (Stevens) **3**:464, 472, 477; **45**:269, 276-77, 282-83, 285, 288
Owl's Pentecost (Raabe) **45**:201
Own Your Own Home (Lardner) **2**:332, 338-39; **14**:304
"The Ox" (Gray) **19**:157
"Ox Wagons on Trek" (Bosman) **49**:20
"The Oxen" (Hardy) **53**:88-9, 91
Oxford (Thomas) **10**:449, 458
The Oxford Book of English Verse (Quiller-Couch) **53**:300
"Oxford Nights" (Johnson) **19**:243, 248
Oxford University and the Cooperative Movement (Baker) **10**:22
"The Oxford Voice" (Lawrence) **93**:128
"Az Oxigén" (Herzl) **36**:152
"The Ox-Pull at the Fair" (Coffin) **95**:17
"The Oxygen" (Herzl)
See "Az Oxigén"
"Oye a tu masa" (Vallejo) **56**:286-87, 311
Oyf vos badarfn yidn a land (Aleichem) **35**:306
The Oyster (Hayashi)
See *Kaki*
Oyuki the Virgin (Mizoguchi)
See *Oyuki Ugetsu*
Oyuki Ugetsu (Mizoguchi) **72**:316, 325
Oyusama (Mizoguchi) **72**:315, 325, 336, 339
"Ozème's Holiday" (Chopin) **14**:70
"Ozio" (Tozzi) **31**:325
Ozma of Oz (Baum) **7**:13, 21, 23, 25, 27
"P. C., X, 36" (Beerbohm) **24**:105
På Guds veje (Bjoernson) **7**:105, 107-08, 114, 117
"På Himalayas trappor" (Sodergran) **31**:293
På Storhove (Bjoernson) **7**:112; **37**:17, 19, 22, 29
Paa gjengrodde stier (Hamsun) **14**:247-48; **49**:128
Paa glemte veie (Rolvaag) **17**:344, 347
"Paa Memphis Station" (Jensen) **41**:304, 306
"Paaskeklokken" (Hansen) **32**:249, 251
Paavo Kontio, lakitieteen tohtori (Leino) **24**:372
Paavo Kontio, LL. D. (Leino)
See *Paavo Kontio, lakitieteen tohtori*
"Păcat" (Caragiale) **76**:157-59, 170
"The Pace of Youth" (Crane) **11**:128, 142, 158
The Pace That Kills (Saltus) **8**:346
Pachín González (Pereda) **16**:379
Pacific Wall (Lyotard)
See *Le Mur du Pacifique*
"The Pacifist" (Post) **39**:339
"The Pacifist" (Williams) **89**:385
"The Pacing Mustang" (Seton) **31**:280
A Packet for Ezra Pound (Yeats) **11**:520; **93**:372
Pacsirtaszó (Moricz) **33**:238
"Pacto primero" (Jimenez) **4**:214
"Padre Ignazio" (Wister) **21**:386
"Un padre nuestro" (Nervo) **11**:400
Padron Dio (Pirandello) **29**:310
La padrona (Betti) **5**:55, 58
Padurea spînzuraţilor (Rebreanu) **28**:267, 272
Paesi tuoi (Pavese) **3**:340, 342-44
"Pāgal" (Devkota) **23**:48, 52
"Pagan Marjorie" (Noyes) **7**:515
Pagan Papers (Grahame) **64**:63, 72, 80-1, 91, 94, 97
Pagan Poems (Moore) **7**:487-91
"Pagan Prayer" (Cullen) **4**:40, 43, 46; **37**:146, 152-53, 159, 161
The Pagan Review (Sharp) **39**:367, 372, 391, 397
"Pagan Salute" (Radnoti) **16**:418
Pagan Salute (Radnoti)
See *Pogány köszöntő*
Une page d'amour (Zola) **1**:587; **6**:563, 569; **41**:413
"Une page du folklore breton" (Roussel) **20**:227
"Page of a Tale" (Stevens) **3**:450, 472
The Pageant of Georgy the Bold (Remizov)
See *Deistvo o Georgii Khrabrom*

A Pageant of Life (Bradford) **36**:62
"Pageant of Siena" (Lee-Hamilton) **22**:187
Pages choisies (Roussel) **20**:241
Pages de critique et le doctrine (Bourget) **12**:74
Pages from a Journal (Rutherford) **25**:340-41, 344, 346, 352, 361
"Page's Road Song" (Percy) **84**:199
Página dum suicida (Sa-Carniero) **83**:405
Páginas escogidas (Baroja) **8**:57
Páginas intimas (Hostos) **24**:303
Pagine sparse (Croce) **37**:113
Las pagodas ocultas (Huidobro) **31**:124, 132-33
"Pagodes souterraines" (Loti) **11**:353
"The Pahty" (Dunbar) **12**:108, 121-22
"Pai contra mãe" (Machado de Assis) **10**:293
"Pain" (Baker) **10**:21
"Pain" (Gurney) **33**:94, 105
"The Pain" (Smith) **25**:376, 380-82, 384-85, 387, 393-94, 398
"Pain" (Teasdale) **4**:428
Le pain de ménage (Renard) **17**:316
Le pain dur (Claudel) **2**:106; **10**:129
The Pain Is Great (Jozsef) **22**:165
"A Painful Case" (Joyce) **8**:166; **16**:232; **35**:144, 147, 149, 151, 153, 161, 164, 167, 191, 195-97
Painful Stories (Capek)
See *Trapné provídky*
The Painted Lady (Griffith) **68**:226, 244, 247-51
The Painted Veil (Huneker) **65**:170, 185-87, 195-97, 205, 209-11, 213, 219
"A Painter's Holiday" (Carman) **7**:143
The Painters of Japan (Morrison) **72**:384
Painting with Troika (Kandinsky) **92**:147
"The Paintspreader" (Musil) **68**:261
"Painuva päivä" (Leino) **24**:371
A Pair of Blue Eyes (Hardy) **4**:148-49, 156, 158-59; **10**:217, 225, 227; **18**:92; **32**:268; **48**:38, 71, 74; **53**:95, 110-12; **72**:162
"País de ensueño" (Gonzalez Martinez) **72**:149
"Paisaje" (Huidobro) **31**:124
"Paisaje de la multitud que orina" (Garcia Lorca) **49**:80
"Paisaje de la multitud que vomita" (Garcia Lorca) **49**:80, 121
"Paisaje del amor muerto" (Storni) **5**:445
"Paisajes" (Lugones) **15**:289
"La paix et le salut" (Larbaud) **9**:206
"El pájaro azul" (Lugones) **15**:295
Pájaro milaroso (Nervo) **11**:394
"El pájaro verde" (Valera y Alcala-Galiano) **10**:504, 508
Los pajaros errantes (Prado) **75**:191, 195, 202, 206, 211-12
A Pál utcai fiúk (Molnar) **20**:161-64, 174, 176, 178
"Palabra" (Villaurrutia) **80**:488
La palabra del viento (Gonzalez Martinez) **72**:148, 150
"Palace" (Apollinaire)
See "Palais"
"The Palace of Pan" (Swinburne) **36**:343
The Palace of Sadness (Martinez Sierra and Martinez Sierra)
See *El palacío triste*
"The Palace of the Sun" (Dario)
See "El palacio del sol"
The Palace of Truth (Gilbert) **3**:208-09, 212
Palace Plays (Housman) **7**:357
Palace Scenes: More Plays of Queen Victoria (Housman) **7**:358
"El palacio del sol" (Dario) **4**:67
El palacío triste (Martinez Sierra and Martinez Sierra) **6**:277
"Palais" (Apollinaire) **51**:58-9, 61
Das Palais Bourbon, Bilder aus dem französischen Parlamentsleben (Herzl) **36**:134, 140
Le Palais des 1001 Nuits (Melies) **81**:121-2
"Le palais du Tonnerre" (Apollinaire) **8**:28
"The Palanquin-Bearers" (Naidu) **80**:273
Palas et Chéri-Bibi (Leroux) **25**:260
Palātakā (Tagore) **3**:491-92
"Palau" (Benn) **3**:107, 109
Palavik (Talvik) **87**:317, 319, 321
The Pale Ape, and Other Pulses (Shiel) **8**:363
"Pale Horse" (Bryusov) **10**:91
Paleface: The Philosophy of the "Melting Pot" (Lewis) **2**:391; **104**:163-64, 201, 226, 231, 233-34, 236-37, 239, 242, 246
Palicio (Bridges) **1**:124
"The palimpsest" (Morley) **87**:126
"Palimpsesto" (Dario) **4**:58
"Pâline" (Apollinaire) **51**:61
"Palingenesis" (Gosse) **28**:142
"Palinoidia" (Ivanov) **33**:140
"Pallas" (Benn) **3**:112
Pallī-Samāj (Chatterji) **13**:78-9, 81
The Palm Beach Story (Sturges) **48**:270-71, 275, 280, 283, 287-88, 290-92, 294-96, 299, 301, 303, 304-05, 309, 316, 318, 324
"The Palm Tree" (Palamas) **5**:383-84, 387
Palma Kunkel (Morgenstern) **8**:307
La palma rota (Miro) **5**:337
"Palmas y guitarras" (Vallejo) **56**:286-87
"Palmetto and the Pine" (Bryan) **99**:5, 35
Palmström (Morgenstern) **8**:304-05, 307, 310
Palmy Days (Thomas) **97**:138, 140
Palmyre Veulard (Rod) **52**:309
"Palomides before His Christening" (Williams) **1**:514
"Palomnik" (Gumilev) **60**:269, 280
"Pälsen" (Soderberg) **39**:428, 437, 439
"Paltān" (Devkota) **23**:52
"The Paltry Nude Starts on a Spring Voyage" (Stevens) **12**:356-57, 376; **45**:297, 307
Paludes (Gide) **36**:108-09; **5**:215, 223; **12**:143, 167-71, 178
"Pampas" (Graham) **19**:101
"Pampassange" (Obstfelder) **23**:177, 188
"Pan" (Huneker) **65**:196
"Pan" (Ledwidge) **23**:112
"Pan" (Schulz) **5**:421-22; **51**:308
"Pan" (Sikelianos) **39**:418
Pan (Hamsun)
See *Pan, af løitnant Thomas Glahns papirer*
Pan, af løitnant Thomas Glahns papirer (Hamsun) **2**:202; **14**:221, 224, 226-28, 235, 237, 242-43, 247-48; **49**:127-28, 131, 133, 137-45, 147-50, 153, 159, 162, 164, 166-68
"Pan Apolek" (Babel) **2**:22-3, 27-8, 32; **13**:20
"Pan in America" (Lawrence) **61**:239
"Pan in the Catskills" (Carman) **7**:143, 150
"Pan Karol" (Schulz)
See "Pan"
Pan Michael (Sienkiewicz)
See *Pan Wołodyjowski*
"El pan nuestro" (Vallejo) **56**:288
"Pan the Fallen" (Campbell) **9**:33
Pan Wołodyjowski (Sienkiewicz) **3**:422-25, 427-29
Pandit Maśī (Chatterji) **13**:80
"Pandora" (James) **64**:157-58, 187
Pandora Lifts the Lid (Marquis) **7**:437
Pandora Lifts the Lid (Morley) **87**:124-5
Pandora no hako (Dazai Osamu) **11**:179, 188
Pandora's Box (Dazai Osamu)
See *Pandora no hako*
Pandora's Box (Wedekind)
See *Die Büchse der Pandora*
"Pane nero" (Verga) **3**:546
"Panico" (D'Annunzio) **40**:38, 41, 45
Pankkiherroja (Leino) **24**:372
"Panorama ceigo de Nueva York" (Garcia Lorca) **1**:308
Panorama de la religión griega (Reyes) **33**:323
Panpipes (Sologub)
See *Svirel'*
Pan's Garden (Blackwood) **5**:70-1, 77
Pansies (Lawrence) **2**:372; **48**:112; **93**:20, 25-27, 34, 53, 68-70, 72, 83
Pantagruel (Jarry) **14**:273
"Panteismo" (Carducci) **32**:90, 101
"Panthea" (Wilde) **8**:495
Pantheism (Carducci)
See "Panteismo"
"Pantheism and Theism" (Higginson) **36**:170
"Panthera" (Hardy) **4**:173
"La panthere" (Vallette) **67**:276
Pantomima (Nezval) **44**:238, 245
Pantomime (Nezval)
See *Pantomima*
"Pantomime and the Poetic Drama" (Symons) **11**:454
"The Pantomime Man" (Middleton) **56**:191
The Pantomime Man (Middleton) **56**:190, 192
"Pantomina" (Lugones)
See "El pierrot"
"Paolo" (Zola) **21**:456
Paolo il caldo (Brancati) **12**:80-1, 83, 86, 88-91
"Paolo Uccello's Battle Horses" (Bishop) **103**:3
"Paolo Ucello" (Pascoli) **45**:147
El papa del mar (Blasco Ibanez) **12**:47-8
Papa La Fleur (Gale) **7**:284
Papá o el diario de Alicia Mir (Huidobro) **31**:123
Papéis avulsos (Machado de Assis) **10**:295
Papeletas lexicográficas (Palma) **29**:255, 260
"The Paper Crane" (Dazai Osamu)
See "Kami no tsuru"
Paper Doll's Whisper of Spring (Mizoguchi)
See *Paper Doll's Whisper of Spring*
"Paper Fishes" (Lowell) **8**:230
"Paper Pills" (Anderson) **1**:59, 64-5; **10**:32-3, 50, 55; **24**:24, 30, 33-4, 45, 57
The Paper Rose Sacrilege (Valle-Inclan) **5**:486
"Papers" (Aleichem) **35**:308, 310
Papers on Acting (Matthews) **95**:243
Papers on Playmaking (Matthews) **95**:243
La papesse du diable (Desnos) **22**:57
"The Papineau Gun" (Drummond) **25**:142, 147
"Papirosnyy korobok" (Bagritsky) **60**:16-7
Paprika (Stroheim) **71**:332-334, 339
Par ce demi-clair matin (Peguy) **10**:409, 411
Par la fenêtre (Feydeau) **22**:82, 89-90
Par la révolution, la paix (Rolland) **23**:273
Par la taille (Jarry) **14**:273
"Para que no cantes" (Valle-Inclan) **5**:478
"Para un libro" (Gonzalez Martinez) **72**:154
"The Parable of the Doorkeeper" (Kafka) **2**:307
"The Parable of the Old Man and the Young" (Owen) **27**:205-06, 208, 211-12, 226
Parables (Fletcher) **35**:105
Parables (MacDonald) **9**:302
Parables and Paradoxes (Kafka) **29**:219
"Parábola de huésped sin nombre" (Gonzalez Martinez) **72**:152
"Parábola de los viajeros" (Gonzalez Martinez) **72**:152
"Parábola del sol, del viento y de la luna" (Gonzalez Martinez) **72**:152
Parabolas (Kuzmin) **40**:191, 197
Parábolas y otros poemas (Gonzalez Martinez) **72**:148, 150-52
Paracelsus (Schnitzler) **4**:393
"A Parade of the Pyatigorsk Autumns" (Khlebnikov)
See "Shestvie oseney pyatigorska"
Parade's End (Ford) **1**:280, 282, 284-90; **15**:81-4, 86, 93-4; **39**:124, 137, 143, 165; **57**:204-90
The Paradine Case (Hecht) **101**:75
Paradisæblerne (Hansen) **32**:251
Paradise (Kandinsky) **92**:62
Paradise Found (Upward) **85**:380
"Parado en una piedra" (Vallejo) **56**:285
"Paradoks" (Korolenko) **22**:176
"A Paradox" (Korolenko) **22**:170
The Paradoxes of Legal Science (Cardozo) **65**:32-3, 44
The Paradoxes of Mr. Pond (Chesterton) **1**:181; **6**:104-05, 108; **64**:35
"El paraíso de buen tono" (Lugones) **15**:294
"Paralipomènes d'Ubu" (Jarry) **2**:272

"The Paralle" (Bishop) **103**:4
"Paraphrase" (Crane) **2**:120
Le parc d'Achtyrka (Kandinsky) **92**:49
Parched Lives (Ramos)
See *Vidas sêcas*
"The Pardah Nashin" (Naidu) **80**:292
"Pardon" (Howe) **21**:113
"Le Pardon" (Rod) **52**:316
Pardon wird nicht gegeben (Doblin) **13**:166, 171, 175
Parece mentira (Villaurrutia) **80**:466
"Parentage" (Meynell) **6**:295, 300
"Parenticide" (Bierce) **1**:96
La parfum de la dame en noir (Leroux) **25**:255-58
Pargiters (Woolf) **56**:410
Parii yori (Yosano Akiko) **59**:346
Parinīta (Chatterji) **13**:80
Paris (Zola) **1**:592, 597, 426; **6**:562-66; **41**:421-22
"Paris, abril, modelo" (Salinas) **17**:365
Paris Bound (Barry) **11**:48-52, 54, 56, 64-7
"Paris, Capital of the Nineteenth Century" (Benjamin) **39**:10, 24, 27, 43, 48, 59
Paris clair-obscur (Bosschere) **19**:66-8
Paris de ma fenêtre (Colette) **5**:169
Paris France (Stein) **1**:433, 442; **28**:313; **48**:250-51, 253-55
Paris Gazette (Feuchtwanger)
See *Exil*
Paris Nights (Bennett) **20**:24
"Paris, October, 1936" (Vallejo) **3**:527
"The Paris of the Second Empire in Baudelaire" (Benjamin) **39**:49
Parisesh (Tagore) **53**:336, 342
"A Parisian Idyll" (Moore) **7**:487
Parisian Sketches (Huysmans)
See *Croquis Parisiens*
La Parisina (D'Annunzio) **40**:10-11
Park: A Fantastic Story (Gray) **19**:143-44, 146-47, 156, 158-59, 162-65
"Parker Adderson, Philosopher" (Bierce) **44**:12, 44-5
"Parliament and Government in a Reconstructed Germany" (Weber) **69**:344
Parliamentary Government in England (Laski) **79**:145
"Parliamentary Regime in Italy" (Pareto) **69**:151
The Parlor Car (Howells) **7**:387; **17**:185
"Parmi les noirs" (Roussel) **20**:241
Parmiles cendres (Verhaeren) **12**:472
Parnassus on Wheels (Morley) **87**:117, 121, 124, 127, 129, 140, 146-8
"Parnell" (Johnson) **19**:230, 244
"Parnell and His Island" (Moore) **7**:477
"Parochial Theme" (Stevens) **45**:283
A Parody Anthology (Wells) **35**:420
Parole (Saba) **33**:366, 370-71, 374
Parole e sangue (Papini) **22**:280-81
La parole est è péret (Peret) **20**:190-92, 198, 200-01
"Paroles des rochers" (Desnos) **22**:62
Paroles d'un révolté (Kropotkin) **36**:221
"The Parricide" (Howe) **21**:113
"Parson Ford's Confessional" (Warung) **45**:418
"Parsondes" (Valera y Alcala-Galiano) **10**:501, 504-05, 508
"The Parson's Cows" (Soderberg) **39**:437-38
Parsons' Pleasure (Morley) **87**:122
Partage de midi (Claudel) **2**:99-101, 105-08; **10**:127, 129, 132-34
"Parted" (Dunbar) **12**:110, 114
"A Partial Solution to the Labour Problem" (Taylor)
See "A Piece-Rate System, Being a Step Toward a Partial Solution of the Labor Problem"
Partida (Sa-Carniero) **83**:397-9, 401, 409
"La partie de plaisir" (Alain-Fournier) **6**:19
"Parting" (Baker) **10**:27
"Parting" (Kolmar)
See "Abschied"
"Parting" (Lasker-Schueler)
See "Abschied"
"Parting" (Thomas) **10**:463
Parting (Tsvetaeva) **7**:557
Parting Friends (Howells) **7**:387
"Parting Gift" (Wylie) **8**:533
"Parting Hymn" (Forten) **16**:147, 150
Partiti e sindacati nella crisi del regime parlamentare (Mosca) **75**:169
"Partly from the Greek" (Belloc) **18**:41
"The Partners" (Chesnutt) **39**:98
The Partridge (Hansen)
See *Aferhønen*
Parts of a World (Stevens) **3**:452, 457, 477; **12**:360, 376, 382-83; **45**:269, 283, 297, 332
"The Party" (Chekhov)
See "The Name-Day Party"
"The Party" (Dunbar)
See "The Pahty"
"A Party" (Welch) **22**:458
"The Party at Jack's" (Wolfe) **4**:527; **13**:495
The Party Dress (Hergesheimer) **11**:274, 276
Party Organization and Party Literature (Lenin)
See *On Party Organization and Party Literature*
The Party System of the House of Commons (Belloc) **18**:44
"Les pas" (Valery) **15**:460
El pasado (Baroja) **8**:49
Pasado amor (Quiroga) **20**:208, 214
Pasado inmediato, y otros ensayos (Reyes) **33**:323
El pasajero: claves líricas (Valle-Inclan) **5**:476-77
Pasando y pasando (Huidobro) **31**:137
Pasarse de listo (Valera y Alcala-Galiano) **10**:507-08
Pascal's Mill (Williams) **89**:394
Pascarèl (Ouida) **43**:342, 345, 366, 374-76
The Pascarella Family (Werfel)
See *Die Geschwister von Neapel*
Pascua florida (Martinez Sierra and Martinez Sierra) **6**:279
Pascual Aguilera (Nervo) **11**:403-04
Pasenow; or, Romanticism (Broch) **20**:46-7, 62-3, 73
"El paseo de los amigos" (Huidobro) **31**:132
"Paseo matinal" (Lugones) **15**:289
"Pasha Tumanov" (Artsybashev) **31**:10
"La pasión" (Quiroga) **20**:213
Påsk (Strindberg) **1**:449, 459-60; **8**:407, 415; **47**:372
Pasó por Aquí (Rhodes) **53**:311-13, 319, 321, 324-27
"Los pasos lejanos" (Vallejo) **3**:531; **56**:288
Pasqua di Gea (Pirandello) **29**:310
Pasquala Ivanovitch (Loti) **11**:353
"The Pass" (Csath) **13**:146, 154
"Passage" (Crane) **2**:115, 120; **5**:190
"Passage" (Drinkwater) **57**:149
Passage de Carmencita (Loti) **11**:356
Passage de sultan (Loti) **11**:356
Passage d'enfant (Loti) **11**:356
Passage du poète (Ramuz) **33**:295
"A Passage in the Life of Mr. John Oakhurst" (Harte) **1**:341
A Passage in the Night (Asch) **3**:72
Le passant (Coppee) **25**:119, 122, 124, 126-27
"Le passant de Prague" (Apollinaire) **3**:38; **51**:20, 29
"Passer mortuus est" (Millay) **4**:306
Passer Mortuus Est (Millay) **49**:217
"The Passerby of Prague" (Apollinaire)
See "Le passant de Prague"
"Passeri a sera" (Pascoli) **45**:152
"Passeur" (Chambers) **41**:88
Passing Along (Huidobro)
See *Pasando y pasando*
Passing By (Baring) **8**:35, 40-3
"Passing by Kamata" (Su Man-shu) **24**:456
"Passing by San Guido" (Carducci)
See "Davanti San Guido"
"The Passing Freight" (Dreiser) **18**:51
Passing Judgements (Nathan) **18**:322
"The Passing of Arthur" (Owen) **5**:372
"The Passing of Caoilte" (Ledwidge) **23**:117
"The Passing of Danny Deever" (Kipling) **17**:197
"Passing of Edward" (Middleton) **56**:175
"The Passing of Grandison" (Chesnutt) **39**:70, 81, 91, 93
"The Passing of Peg-Leg" (Adams) **56**:13
"Passing of Père Pierre" (McCrae) **12**:209, 211
"The Passing of Political Economy" (Innis) **77**:339
"The Passing of Summer" (Noguchi) **80**:364
The Passing of the Third Floor Back, and Other Stories (Jerome) **23**:78, 82-3, 87-90
"The Passing Show" (Bierce) **7**:90
"Passing Visit to Helen" (Lawrence) **93**:17, 69
A Passing World (Lowndes) **12**:205
Passings and Greetings (Palamas) **5**:385
"The Passion Considered as an Uphill Bicycle Race" (Jarry) **14**:274
"La passion de Notre Dame" (Peguy) **10**:416
The Passion Flower (Benavente)
See *La malquerida*
Passion Flowers (Howe) **21**:106-07, 109, 111
"The Passion for Perpetuation" (Barbellion) **24**:79
"Passion of Brother Hilarion" (Sharp) **39**:362
"The Passion of Jesus" (Quiroga)
See "La pasión"
"The Passion of Pablo Picasso" (Bishop) **103**:3
The Passionate Friends (Wells) **6**:526, 528, 539; **12**:493
"A Passionate Pilgrim" (James) **2**:246-47
The Passionate Puritan (Mander) **31**:148-50, 153, 158, 160
"The Passionate Student to His Junior Bursar" (Morley) **87**:141
The Passionate Year (Hilton) **21**:91-2
"Passions and Ancient Days" (Cavafy) **7**:162
"The Past" (Glasgow) **7**:342
"The Past" (Lu Hsun)
See "Huaijiu"
"Past and Present" (Naidu) **80**:293
"Past Carin'" (Lawson) **27**:134, 140
"Past Days" (Swinburne) **36**:342, 344-45
"Past Noon" (Nagai)
See "Hirusugi"
"Past the Panes" (Sterling) **20**:386
"Pastel" (Symons) **11**:427
Pastels (Bourget) **12**:68
Pastels, and Other Rhymes (Baring) **8**:41
Le pasteur pauvre (Rod) **52**:325
"Pastiche a la Villon" (Talvik)
See "Pastiche a la Villon"
Pastiches et mélanges (Proust) **7**:535
"The Pastons and Chaucer" (Woolf) **43**:402; **56**:380
"The Pastor Caballero" (Stevens) **3**:449
Pastor Hall (Toller) **10**:481, 483
Pastor Naudier's Young Wife (Rod)
See *Le ménage du Pasteur Naudié*
Pastor Sang (Bjoernson)
See *Over ævne, I*
"Pastoral" (Millay) **4**:306
"The Pastoral Loves of Daphnis and Chloe" (Moore) **7**:498
"A Pastoral Nun" (Stevens) **12**:362
The Pastoral Symphony (Gide)
See *La Symphonie pastorale*
"Pastorale" (Crane) **2**:119
Pastorale (Kandinsky) **92**:34
Pastorales (Jimenez) **4**:213, 216, 223-24
Los pastores (Martinez Sierra and Martinez Sierra) **6**:274-75, 278, 284, 287
"The Pastor's Daughter" (Smith) **25**:379, 385, 399
The Pastor's Wife (Elizabeth) **41**:119, 122-24, 132, 134, 136-37

"Pastramă trufanda" (Caragiale) **76**:159, 170
"Las pataguas" (Prado) **75**:211
"Pataphysics and the Revelation of Laughter" (Daumal) **14**:86
Patches of Sunlight (Dunsany) **59**:17
"Patchwork" (Moore) **7**:492
The Patchwork Girl of Oz (Baum) **7**:21, 25, 28
The Patent (Pirandello)
See *La patente*
Patent 119 (Tolstoy) **18**:383
La patente (Pirandello) **29**:297, 317-18
Le pater (Coppee) **25**:119, 127
"Paternity" (Benet) **28**:5
"The Path" (Thomas) **10**:454, 459, 463
The Path of the Conquistadors (Gumilev)
See *Put' konkvistadorov*
The Path of the King (Buchan) **41**:37-8
"The Path of the Law" (Holmes) **77**:232, 235-6, 252, 287, 321, 329
Path of Velvet (Gourmont) **17**:134
The Path to Home (Guest) **95**:208
The Path to Rome (Belloc) **7**:32, 34, 39-41; **18**:28, 30-1, 33, 44-6
Pathēr dābrmī (Chatterji) **13**:77-8, 81-3
"Pathos" (Eisenstein) **57**:199
The Pathos of Distance (Huneker) **65**:164-65, 170, 185, 218
Paths and Crossroads (Bryusov) **10**:77, 87
The Paths and the Roads of Poetry (Eluard)
See *Les sentiers et les routes de la poésie*
"Paths Leading Away from Judaism" (Peretz) **16**:405
"Patience" (Anwar)
See "Kesabaran"
"Patience" (Lowell) **8**:233
Patience; or, Bunthorne's Bride (Gilbert) **3**:209, 211, 214-16, 219
Patience Sparhawk and Her Times (Atherton) **2**:12-14
"Patraput, No. 3" (Tagore) **3**:489
"Patria" (Pascoli) **45**:156
Patria (Tey) **14**:459
"The Patriarch" (Colette) **16**:118, 120
"Patriarch Papinianus" (Soderberg) **39**:437-38
"Patriarchal Poetry" (Stein) **28**:340; **48**:238, 248-49
"Patricia, Edith, and Arnold" (Thomas) **8**:456, 463; **45**:396
The Patrician (Galsworthy) **1**:300; **45**:45, 47, 49-50, 66-7, 70
"La patrie aux soldats morts" (Verhaeren) **12**:471
Patrins, to Which Is Added an Inquirendo into the Wit & Other Good Parts of His Late Majesty King Charles the Second (Guiney) **41**:209-11, 219
The Patriot (Neumann) **100**:313
The Patrioteer (Mann)
See *Der Untertan*
"Patriotism and Government" (Tolstoy) **79**:429
"Patriotism Incorporated" (van Ostaijen)
See "De trust de vaderlandsliefde"
The Patrol of the Sun Dance Trail (Connor) **31**:105-06
"The Patron and the Crocus" (Woolf) **43**:415
"A Patron of Art" (Davis) **24**:200
The Pattern of Life (Adler) **61**:18, 31-2
"The Pattern that Gulls Weave" (March) **96**:252, 265
"Patterns" (Lowell) **1**:379; **8**:224, 229-31, 235
Patterns of Culture (Benedict) **60**:94, 97, 100-4, 107-11, 116-17, 122-28, 130-31, 133-41, 143-48, 150-53
The Patton Papers (1885-1940) (Patton) **79**:286-7
"Paudeen" (Yeats) **93**:352-53
Paul I (Merezhkovsky) **29**:231
Paul among the Jews (Werfel)
See *Paulus unter den Juden*
"Paul and Virginia" (Csath) **13**:148
"Paul Blecker" (Davis) **6**:151
Paul Faber (MacDonald) **9**:292
"Paul Farlotte" (Scott) **6**:398
Paul Gauguin (Fletcher) **35**:110
Paul Kelver (Jerome) **23**:78, 81, 83, 86, 89-90
Paul Lange and Tora Parsberg (Bjoernson)
See *Paul Lange og Tora Parsberg*
Paul Lange og Tora Parsberg (Bjoernson) **37**:19, 28-9, 31-3
Paul les oiseaux (Artaud) **36**:32-3
Paul Patoff (Crawford) **10**:143-44, 151, 155
"Paul Revere" (Benchley) **55**:3
Paul Schippel, Esq. (Sternheim)
See *Bürger Schippel*
The Paul Street Boys (Molnar)
See *A Pál utcai fiúk*
Paul the Bird-Like (Artaud)
See *Paul les oiseaux*
Paula, ein Fragment (Beer-Hofmann) **60**:36-9
Paul-Augustine (Merezhkovsky) **29**:242
Paulicea desvairada (Andrade) **43**:5, 7, 8-13, 16-20
Pauline, and Other Poems (Stringer) **37**:327, 330
"Pauline Barrett" (Masters) **2**:474
"Pauline Gueble" (Tolstoy) **18**:382
"Paul's Case" (Cather) **11**:92, 101
Paulus (Asch) **3**:68-70
Paulus unter den Juden (Werfel) **8**:473, 479
"Pauper" (Devkota)
See "Garīb"
Pause (Carr) **32**:123, 125-28
Pause (Rohmer) **28**:293
"Le pauvre chemisier" (Larbaud) **9**:200
Le pauvre de Monsieur Pascal (Barrès) **47**:67
Pávatollak (Babits) **14**:41
Pavements and Pastures (Burke) **63**:127
"Pavlovna in London" (Flecker) **43**:189
"Pavlovo Sketches" (Korolenko) **22**:170
The Pawns Count (Oppenheim) **45**:134-36
"Pax Christi" (Johnson) **19**:243
Payam-i mashriq (Iqbal) **28**:182, 196-97
"The Payment" (Strindberg) **8**:81, 85 **21**:367
Le pays des fourrures (Verne) **6**:490, 500
"Paysage" (Apollinaire) **51**:33-4
"Paysage fauve" (Nelligan) **14**:396, 398
"Paysage II" (Garneau) **13**:195
Paysages et portraits (Colette) **16**:131
"Paysages spirituels" (Gourmont) **17**:129
"Les paysans" (Verhaeren) **12**:468
Paz en la guerra (Unamuno) **2**:558, 561, 564; **9**:513, 515-16
"La paz, la avispa, el taco, las vertients" (Vallejo) **56**:287
"Peace" (Brooke) **7**:125, 128-30
"Peace" (Gibran) **9**:85
"Peace" (Ivanov) **33**:138
"Peace" (Lawrence) **93**:98, 101
"Peace" (Yeats) **93**:349
Peace and Bread in Time of War (Addams) **76**:6-8, 34, 46
Peace in Friendship Village (Gale) **7**:277, 281, 283
Peace in War (Unamuno)
See *Paz en la guerra*
"The Peace Maker" (Eastman) **55**:171
The Peace of the Augustans (Saintsbury) **31**:224, 240-41
Peace with Honour (Milne) **88**:253
"Peacefulness" (Radnoti) **16**:418
"The Peacemaker" (Noyes) **7**:513
"Peach" (Lawrence) **93**:55, 98-100
"The Peaches" (Thomas) **8**:455, 463; **45**:393, 397
"Peaches, Peaches" (Knister) **56**:163-64
Peacock Feathers (Babits)
See *Pávatollak*
Peacock Pie (de la Mare) **4**:71, 74; **53**:28
"The Peacock's Vision" (Tagore) **3**:488
"Pear-Blossom" (Lawrence) **93**:119
"The Pearl" (Naidu) **80**:272
The Pearl Cannon (Hedayat)
See *Tup-i murvari*
"The Pearl Diver" (Benet) **28**:6
The Pearl Lagoon (Hall and Nordhoff) **23**:58, 65, 71
Pearl Maiden (Haggard) **11**:243
"The Pearl-Handled Cane" (Hippius) **9**:163
"Pearls" (Singer) **33**:386
Pearls (Gumilev)
See *Zhemchuga*
Pearls and Other Stories (Singer) **33**:385
"The Peasant" (Devkota) **23**:47
"The Peasant Yagafar" (Platonov) **14**:420
"The Peasants" (Chekhov) **3**:168; **10**:100, 117
"The Peasants" (Lewis) **3**:289
The Peasants (Reymont)
See *Chłopi*
"The Peasant's Confession" (Hardy) **4**:152
La peau (Malaparte) **52**:267-75
"The Pebble" (Prado)
See "El guijarro"
"El pecado original" (Alas) **29**:20, 22
Una peccatrice (Verga) **3**:540-41, 547
"Pécheresse" (Mew) **8**:299
"Péchés d'artistes " (Benda) **60**:60
Pêcheur d'Islande (Loti) **11**:353-54, 358, 360-62, 364, 366-67
"Pecksniffiana" (Stevens) **45**:283
"La pecorella smarrita" (Pascoli) **45**:154
Pedagogia (Gentile)
See *Sommario di pedagogia*
Pedagogical Anthropology (Montessori) **103**:284-85
Peder Victorious: A Tale of the Pioneers Twenty Years Later (Rolvaag) **17**:323-24, 326-27, 329, 332-34, 337, 345-46
"The Pedlar" (Mew) **8**:297
"The Pedlar" (Scott) **6**:398
"The Pedlar's Song" (Gurney) **33**:87
Pedro de Valdivia, Conqueror of Chile (Graham) **19**:106, 111, 123-25
Pedro Sánchez (Pereda) **16**:365, 367-68, 370-71, 374, 378-79, 382
"A Peep into the Past" (Beerbohm) **24**:108
Peer Gynt (Ibsen) **2**:225-28, 231-33, 235-36, 238-39; **8**:141-42, 146, 148-50, 155; **16**:154, 169, 171, 193; **37**:223, 225, 239, 242, 252, 256-58; **52**:146, 153, 163
Peers (Belloc) **7**:38
"Pegasus at the Plow" (Rhodes) **53**:316
"The Pegging-Out of Overseer Franke" (Warung) **45**:418, 420
"Peggy Sue" (Holly) **65**:138-44
"Peggy Sue Got Married" (Holly) **65**:147
Les peintres cubistes (Apollinaire)
See *Méditations esthétiques: Les peintres cubistes*
"Pekarnja" (Zabolotsky) **52**:375, 378
"Peking Street Scene" (Lu Hsun) **3**:302
"Un pelado" (Graham) **19**:109, 129
"Pelagea" (Coppard) **5**:178
"Pelang" (Drummond) **25**:142
Le pèlerin du silence (Gourmont) **17**:127, 137
Le pèlerin passioné (Moreas) **18**:275-76, 278-79, 281-83, 285-88, 290
"Les pèlerins piémontais" (Apollinaire) **51**:21, 29
"The Pelican" (Wharton) **3**:551, 555, 571; **9**:540-41
The Pelican (Strindberg) **1**:456; **8**:415
The Pelicans (Delafield) **61**:124, 127
"Pelino Viera's Confession" (Hudson) **29**:156
La pelle (Malaparte)
See *La peau*
Pelle: Apprenticeship (Nexo)
See *Pelle erobreren*
Pelle: Boyhood (Nexo)
See *Pelle erobreren*
Pelle: Daybreak (Nexo)
See *Pelle erobreren*
Pelle erobreren (Nexo) **43**:309-18, 320, 322-23, 327-33
Pelle the Conqueror (Nexo)
See *Pelle erobreren*

Pelle: The Great Struggle (Nexo)
See *Pelle erobreren*
Pelleas und Melisande (Schoenberg) **75**:298, 331
"Pellegrinaggio" (D'Annunzio) **40**:37
Pellucidar (Burroughs) **2**:81; **32**:58, 77
Pembroke (Freeman) **9**:61, 63-5, 69-71, 74
"The Pen" (London) **9**:281; **39**:279-80
Pen and Ink (Matthews) **95**:225
The Pen of My Aunt (Tey) **14**:459
"Pen, Pencil, and Poison" (Wilde) **8**:493; **41**:359
"Penalosa" (Rhodes) **53**:307, 315-16
"Penance" (McCrae) **12**:210
Peñas arriba (Pereda) **16**:367, 369, 373, 378-79, 381-84
"The Pencil Seller" (Service) **15**:402
Pendant la guerre (Gourmont) **17**:153
Pendant l'orage (Gourmont) **17**:138
"A Pen-Drawing of Leda" (Field) **43**:166, 168
"The Penduline Tit" (Remizov)
See "Remez-pervaia ptashka"
"The Pendulum" (Henry) **19**:173, 180
"Pene" (Balmont) **11**:40
Penek (Bergelson) **81**:20
Penelope Brandling (Lee) **5**:315
"Penelope in Doubt" (Muir) **87**:302-03
"Penerimaan" (Anwar) **22**:16
"The Penetrative Powers of the Price System" (Innis) **77**:339
"Penghidupan" (Anwar) **22**:18
Penguin Island (France)
See *L'Île de pingouins*
"Peniel" (Campbell) **9**:32
Le pénitencier (Martin du Gard) **24**:394
"The Penitent" (Millay) **4**:306-07
"Penitent Art" (Santayana) **40**:388, 394
Les pénitents en maillots roses (Jacob) **6**:198-99, 201-02
"The Pennant Pursuit" (Lardner) **14**:300-01
The Pennycomequicks (Baring-Gould) **88**:12-4
Penrod (Tarkington) **9**:453, 455, 459, 467, 470, 472, 474
Penrod and Sam (Tarkington) **9**:455, 459, 471
The Penrose Mystery (Freeman) **21**:59, 61
Pensaci, Giacomino! (Pirandello) **4**:326; **29**:282, 285, 297, 301
Pensamiento de los jardines (Gonzalez Martinez) **72**:148
Pensamientos escogidos (Ramoacn y Cajal) **93**:146
"La pensée" (Sully Prudhomme) **31**:308
"La pensée est une et indivisible" (Peret) **20**:189-90, 192-93
Pensees des jardins (Jammes) **75**:119-20
"Pensez" (Eluard) **7**:251
"I pensionati della memoria" (Pirandello) **29**:293
"The Pensioner" (Ingamells) **35**:138
"The Pensioners of Memory" (Pirandello)
See "I pensionati della memoria"
"Pensions for Poets" (Middleton) **56**:192
"The Pensive Prisoner" (Flecker) **43**:190, 194
"Pentheus" (Flecker) **43**:213
Penultimate Words (Shestov)
See *Nachala i kontsy*
"Penumbra" (Lowell) **8**:234
"El peón" (Quiroga) **20**:212
"People" (Benet) **28**:6
"The People" (Yeats) **31**:407; **93**:350
The People (Glaspell) **55**:236
"A People and Destiny" (Gibran) **9**:85
People by the Sea (Bojer)
See *Vor egen stamme*
The People from the Forest (Raabe) **45**:192, 199-200
"The People in the Black Circle" (Howard) **8**:133, 135-36
"People Marching" (Borowski) **9**:21
The People of Hemsö (Strindberg)
See *Hemsöborna*
"People of the Abyss" (Morrison) **72**:383
The People of the Abyss (London) **9**:257, 265, 270, 272; **15**:260
The People of the Mist (Haggard) **11**:243, 251
People You Didn't Expect to Meet (Allen) **87**:51, 53
"People's Blessing" (Bialik)
See "Birkath 'am"
"A People's Constitution" (Bryan) **99**:147
"A People's Theatre" (Yeats) **93**:364, 366
Pepel' (Bely) **7**:46, 50
Pepita Jiménez (Valera y Alcala-Galiano) **10**:495-502, 506-08
"Pepita's Wedding" (Heidenstam) **5**:253-54
Pepper & Salt; Or, Seasoning for Young Folk (Pyle) **81**:392
"Pequena história da república" (Ramos) **32**:434
"Pequeño responso a un héroe de la República" (Vallejo) **56**:313
Per Amica Silentia Lunæ (Yeats) **11**:522; **31**:388, 404, 411; **93**:338, 339, 341
"Per Giuseppe Monti e Gaetano Tognetti" (Carducci) **32**:99
"Per iter tenebricosum" (Gogarty) **15**:112
Per la più grande Italia (D'Annunzio) **6**:145
"Per le nozze di mia figlia" (Carducci) **32**:102
Per le vie (Verga) **3**:543
"Per un critico" (Svevo) **35**:362-63
La perception du changement (Bergson) **32**:17, 24
"Perceptional Activities" (Yokomitsu)
See "Kankaku-Katsudô"
The Perch and the Goldfishes (Leino)
See *Ahven ja kultakalat*
"Perchatki" (Remizov) **27**:339
"Perdjurit djaga malam" (Anwar) **22**:23
"The Perdu" (Roberts) **8**:318
"Le Père François" (Lewis) **104**:200
Le père humiliè (Claudel) **2**:105-06; **10**:123-24
"Père Lalemant" (Pickthall) **21**:242, 245, 250, 256
"Pered vesnoi" (Guro) **56**:132, 142-43
Pered voskhodom solntsa (Zoshchenko) **15**:496-97, 502, 505-06, 511-14
La peregrinación de Bayoán (Hostos) **24**:303-04, 306
Peregrinations (Lyotard) **103**:218-20
"Peregrine" (Wylie) **8**:531, 533, 536
"Perekopsky entuziazm" (Mayakovski) **18**:258
Perennial (Gogarty) **15**:105
"Peresvet" (Balmont) **11**:40
Pereulochki (Tsvetaeva) **7**:557; **35**:410-12
"Perevorot v Vladivostoke" (Khlebnikov) **20**:133
"Perfect Grief" (Symons) **11**:446
The Perfect Wagnerite (Shaw) **3**:380
"The Perfect Widow" (Lucas) **73**:171
The Perfecting of a Love (Musil)
See "Vollendung der Liebe"
"Perfection" (Gogarty) **15**:103
Perfervid; or, The Career of Ninian Jamieson (Davidson) **24**:159-60, 168-69, 176-77, 192-93
Perfidy (Hecht) **101**:80, 90-1
"Perfume" (Gosse) **28**:132
The Perfume of Eros (Saltus) **8**:347
The Perfume of the Lady in Black (Leroux)
See *La parfum de la dame en noir*
Perfumed Death (D'Annunzio)
See *La pisanelle ou la mort parfumée*
"Perhaps: A Dirge" (Wen I-to) **28**:417, 420
Peril (Osbourne) **93**:132
The Peril and Preservation of the Home (Riis) **80**:435
Peril in the North (Dent) **72**:27
"A Perilous Road" (Lindsay) **17**:248
"The Perishing of the Pendragons" (Chesterton) **1**:186
Perlas negras (Nervo) **11**:398, 400, 402
Les perles mortes (Mirbeau) **55**:303
"Perlhuhn" (Morgenstern) **8**:305
"Perlite English Boy" (Smith) **25**:390
Perlycross (Blackmore) **27**:27-9, 31, 33, 37-9, 43-7
"Perman taru" (Leino) **24**:369
The Permanent Horizon (Lewisohn) **19**:274
"The Permissionaire" (Fisher) **87**:73
Permit Me Voyage (Agee) **1**:2, 4, 9-10, 13-15; **19**:17, 23-4, 40
Perpetual Light (Benet) **28**:7
The Perplexed Husband (Sutro) **6**:420
"Perplext" (Naidu) **80**:315
"El perro rabioso" (Quiroga) **20**:210
Perronik the Fool (Moore) **7**:498
"Le perroquet" (Nelligan) **14**:392
"Perry Chumly's Eclipse" (Bierce) **44**:45
"Los perseguidos" (Quiroga) **20**:218, 210-11, 220-21
"Persetudjuan dengan Bung Karno" (Anwar) **22**:20, 23, 26
"Perseus" (Heyse) **8**:116
Perseus the Deliverer (Aurobindo) **63**:4-5
"A Persian Long Song" (Naidu) **80**:344
"A Persian Lute Song" (Naidu) **80**:344
"Persian Miniature" (Gumilev) **60**:272
A Persian Pearl, and Other Essays (Darrow) **81**:74
Persian Pictures (Bell)
See *Safar Nameh. Persian Pictures. A Book of travel*
Persimmon Leaves (Santoka)
See *Kaki no ha*
"The Person in Question" (Gray) **19**:145, 156, 160-62, 165
A Person of Some Importance (Osbourne) **93**:132
"Personal Letter" (March) **96**:252, 254-55, 258, 264-65
"Personal Liberty" (Rhodes) **53**:316
Personal Pleasures (Macaulay) **44**:126
Personal Recollections of Joan of Arc (Twain) **6**:455, 457, 460, 466, 471-72, 486; **12**:431-32, 436, 438; **48**:342-43
A Personal Record (Conrad) **1**:206; **13**:105; **25**:98; **43**:102, 136, 138, 144; **57**:39, 110
"A Personal View of Science" (Valery) **15**:460
"Personalities" (Woolf) **43**:401
Personally Conducted (Stockton) **47**:329
Persons and Places: The Background of My Life (Santayana) **40**:396, 412, 414-15
"Perspectives Are Precipices" (Bishop) **103**:3-4, 7-8, 17, 21
Perspectives on Life: Four Chapters in Metaphysics (Simmel)
See *Lebensanschauung: Vier metaphysische Kapitel*
Pervaja simfonija (Bely) **7**:58
"The Pervasion of Rouge" (Beerbohm) **24**:96
"Pervigilium" (Flecker) **43**:186
Pervoe svidanie (Bely) **7**:47, 66
"Pervy gonorar" (Babel) **13**:26
"Pervyye studencheskiye gody" (Korolenko) **22**:177
"La pesadilla" (Gonzalez Martinez) **72**:152
La pesanteur et la grâce (Weil) **23**:367
"Los pescadores de vigas" (Quiroga) **20**:216
"Peschera" (Zamyatin) **8**:543-46, 552, 555-56; **37**:424-27, 431
Le pèse-nerfs (Artaud) **3**:51, 56-7; **36**:5
"Pesn miryazya" (Khlebnikov) **20**:136
"Pesni goroda" (Guro) **56**:132, 144
Pesni mstitelia (Balmont) **11**:32, 37, 42
"Pesnia starika razboinika" (Esenin) **4**:116
"Pesnja" (Hippius) **9**:164
Pesnya sudby (Blok) **5**:99-100
"The Pessimist of Plato Road" (Gissing) **24**:247
"La peste" (Schwob) **20**:323
Pesti Erkolcsok (Molnar) **20**:164
Pět minut za městem (Nezval) **44**:249
Pete (Caine) **97**:14
Peter and Alexis (Merezhkovsky) **29**:226-27, 229-31, 233, 241
"Peter and John" (Wylie) **8**:538
"Peter and Paul" (Wylie) **8**:531

Peter and Wendy (Barrie) **2**:48
"Peter Anderson and Co." (Lawson) **27**:133
Peter Ashley (Heyward) **59**:103, 109-10
The Peter Hille Book (Lasker-Schueler)
See *Das Peter Hille Buch*
Das Peter Hille Buch (Lasker-Schueler) **57**:327
"Peter Ibbetson" (Jewett) **22**:121
Peter Pan (Barrie) **2**:39, 43-4, 46, 48-9
"Peter Quince at the Clavier" (Stevens) **3**:448, 452, 455, 461, 465; **12**:356, 365, 376; **45**:281, 291, 322, 347
"Peter Rugg the Bostonian" (Guiney) **41**:207
"Peter Schroeder" (Harte) **25**:224
Peter Stuyvesant (Matthews) **95**:243-4
Peter the Czar (Klabund) **44**:102, 104
Peter the First (Tolstoy) **18**:359-64, 370-71, 373-75, 379, 383
Peter the Great (Tolstoy) **18**:361
"Peter Waydelin" (Symons) **11**:448
Peterburg (Bely) **7**:47-9, 51-5, 62-5
Peter's Day (Tolstoy) **18**:371, 375
"Petersburg" (Khodasevich) **15**:206
Petersburg (Asch) **3**:67-8
Petersburg Diary (Hippius) **9**:155
"Petersburg Stanzas" (Mandelstam) **2**:403
Le Petit Ami (Leautaud) **83**:186, 188-91, 193, 195-9, 202-7, 209-11
"La petit auto" (Apollinaire) **3**:42; **51**:21, 35-6
Le petit bonhomme (France) **9**:38
Le petit homme de Dieu (Lemonnier) **22**:199
Le petit Pierre (France) **9**:46
Le petit prince (Saint-Exupery) **2**:517, 519, 521-23; **56**:221-35
"Petit, the Poet" (Masters) **2**:466; **25**:304, 313
"Petite mise en perspective de la décadence et de quelques combats minoritaires àу mener" (Lyotard) **103**:161, 165
Les petites villes à pignons (Verhaeren) **12**:465
"Petitie" (Caragiale) **76**:156
De petits faits vrais (Bourget) **12**:69
Petits spectacles (Vian) **9**:537
The Petrified Forest (Sherwood) **3**:410-14, 418
"Petrográd" (Hippius) **9**:155
"Petrol Shortage" (Muir) **2**:489; **87**:241
Die Petroleuminseln (Feuchtwanger) **3**:181
"Pétrone" (Schwob) **20**:323
The Petty Demon (Sologub)
See *Melkii bes*
"Petunias-That's for Remembrance" (Fisher) **87**:73
"Petushok" (Remizov) **27**:334, 339-41
"Un Peu d'Amour" (Chambers) **41**:113-14
The Peyote Dance (Artaud) **36**:29-30
"The Peyote Rite" (Artaud)
See "Le rite du peyotl"
Pferdewechsel (Kaiser) **9**:181, 192
Pfister's Mill (Raabe)
See *Pfisters Mühle*
Pfisters Mühle (Raabe) **45**:166-67, 170, 172, 174, 176-77, 196
"Die Pflanzen des Dr. Cinderella" (Meyrink) **21**:222
Die Pforte der Einweihung (Steiner) **13**:438, 442-43, 446, 456-58
Die Phaenomenologie und die Fundamente de Wissenschaften (Husserl) **100**:112, 119
Phaenomenologie Untersuchungen zur Konstitution (Husserl) **100**:80-88, 99
"Phaethon" (Campbell) **9**:32
Phalenas (Machado de Assis) **10**:279
Phālgunī (Tagore) **3**:486, 491
Le phanérogame (Jacob) **6**:191
Phänomenolgoie des sittlichen Bewusstseins (von Hartmann) **96**:206
Phantastes: A Faerie Romance (MacDonald) **9**:291-92, 294-95, 297-99, 301-04, 306-08, 310-11
"Phantasy" (Sharp) **39**:354
The Phantom (de la Mare) **4**:79
Phantom (Murnau) **53**:252, 262
The Phantom City (Dent) **72**:23
"The Phantom Fleet" (Noyes) **7**:502
"Phantom Gold" (Dreiser) **35**:71, 74
"The Phantom Horsewoman" (Hardy) **53**:111
The Phantom Journal and Other Essays and Diversions (Lucas) **73**:174
"A Phantom Lover" (Lee) **5**:320
The Phantom Lover (Kaiser)
See *Oktobertag*
"The Phantom Motor" (Futrelle) **19**:90, 96
"A Phantom of Clouds" (Apollinaire)
See "Un fantóme de nuées"
The Phantom of the Opera (Leroux)
See *La fantôme de l'opéra*
"The Phantom 'Rickshaw" (Kipling) **8**:176, 199
The Phantom Rival (Molnar) **20**:167, 169
The Phantom Shield (Natsume)
See *Maboroshi no tate*
Phantom Wires (Stringer) **37**:336
"Phantoms" (Kunikida)
See "Maboroshi"
Phantoms (Andreyev) **3**:26
Pharais: A Romance of the Isles (Sharp) **39**:355, 359-62, 365-68, 373-75, 378-79, 387, 394, 396
The Pharao (Prus)
See *Faraon*
"Pharao und Joseph" (Lasker-Schueler) **57**:329-30, 336
"Pharaoh" (Kielland) **5**:275-76
The Pharaoh and the Priests (Prus)
See *Faraon*
"Pharaoh and the Sergeant" (Kipling) **8**:193
"La Pharmacienne" (Fisher) **87**:74
The Pharmacist (Fields) **80**:235-6
"The Pharmacist's Wife" (Giraudoux) **7**:324
Pharoah (Prus)
See *Faraon*
Phases of an Inferior Planet (Glasgow) **2**:189; **7**:339
"Phases of Fiction" (Woolf) **1**:531; **43**:405-06, 421, 425, 427
"Phases of State Legislation" (Roosevelt) **69**:177
"The Phases of the Moon" (Yeats) **11**:528; **31**:406; **93**:358
"Phædra" (Swinburne) **8**:431; **36**:298-99, 322
Le phénix (Eluard) **7**:260-61; **41**:151-52, 158
The Phenomenal American Girl (Kuzmin)
See *Fenomenal'naia amerikanka*
Le phénomène humain (Teilhard de Chardin) **9**:477, 479-80, 483, 485-89, 495-96, 498, 500
La Phénoménologie (Lyotard) **103**:152, 226
"Phenomenology" (Husserl) **100**:121
"Phenomenology and Anthropology" (Husserl) **100**:134
Phenomenology and the Foundations of the Sciences (Husserl)
See *Die Phaenomenologie und die Fundamente de Wissenschaften*
The Phenomenology of Internal Time-Consciousness (Husserl)
See *Vorlesungen zur Phänomenologie des innern Zeitbewusstseins*
Phenomenology of Linguistic Form (Cassirer)
See *Philosophie der symbolischen Formen*
Phenomenology of Linguistic Form (Cassirer)
See *Philosophie der symbolischen Formen*
The Phenomenon of Man (Teilhard de Chardin)
See *Le phénomène humain*
"Phezu kwethuna likaShaka" (Vilakazi) **37**:407
The Philadelphia Story (Barry) **11**:60-1, 65, 67-8
The Philanderer (Shaw) **3**:380; **9**:412-14; **21**:311, 323, 327, 329
"The Philanthropist and the Peaceful Life" (Fisher) **87**:72
"Philanthropy from the Point of View of Ethics" (Mead) **89**:38
"Philhellene" (Cavafy) **2**:97
Philippe II (Verhaeren) **12**:464, 479-82
"Philiströsität, Realismus, Idealismus der Kunst" (Broch) **20**:55-6
"Phillipa's Foxhunt" (Somerville & Ross) **51**:335
Philoctéte (Gide) **5**:232; **12**:144
"Philologie der Weltliteratur" (Auerbach) **43**:63, 71
"The Philopena" (Stockton) **47**:329
"Phil-O-Rum Juneau" (Drummond) **25**:151
Philosophenbuch (Nietzsche) **8**:346
"The Philosopher" (Anderson) **1**:59; **24**:32, 35, 45, 49
Philosopher or Dog? (Machado de Assis)
See *Quincas Borba*
"Philosopher That Failed" (Lucas) **73**:159
"The Philosopher's Progress" (Crowley) **7**:208
The Philosopher's Stone (Artaud) **36**:35
"The Philosophers' Stone (Humorous Short Story)" (Herzl)
See "A bölcsek köve (humoristicus novella)"
"The Philosophes" (Becker) **63**:116
"The Philosophical Basis of Ethics" (Mead) **89**:47
"Philosophical Conceptions and Practical Results" (James) **32**:357, 359
Philosophical Essays (Nishida) **83**:252
"The Philosophical Foundations of Mathematics" (Nishida)
See "Sugako no tetsugakuteki kisozuke"
The Philosophical Grammar (Wittgenstein)
See *Philosophiche Grammatik*
Philosophical Investigations (Wittgenstein)
See *Philosophische Bemerkungen*
Philosophical Notebooks (Lenin) **67**:210
Philosophical Studies (Moore) **89**:182, 185, 204-6, 240-2
Philosophical Tales (Herzl) **36**:140, 142
Philosophiche Grammatik (Wittgenstein) **59**:239-40, 242, 298, 305
"Philosophie als strenge Wissenschaft" (Husserl) **100**:10, 121, 123, 145-47, 149
Philosophie der Arithmetik (Husserl) **100**:2, 9, 11, 36-39
Die Philosophie der Aufklärung (Cassirer) **61**:67
Die Philosophie der Freiheit (Steiner) **13**:438-40, 443, 446, 449
Philosophie der symbolischen Formen (Cassirer) **61**:38, 48-9, 59, 74, 77-9, 81-91, 94-5, 97-9, 107-9, 115
Die Philosophie des Als Ob (Vaihinger) **71**:409, 412, 421, 424
Philosophie des Geldes (Simmel) **64**:318-20, 324, 327, 330, 338, 352, 357, 359-61
Die Philosophie des Unbewussten (von Hartmann) **96**:150, 153-54, 187, 203, 206-07, 215, 218-19, 224-31
"Philosophies" (Stringer) **37**:341
Philosophische Bemerkungen (Wittgenstein) **59**:214, 216, 222-29, 234, 236, 238-44, 246, 254-55, 259-61, 264, 267-68, 27286-87, 289, 293-94, 297, 300, 305, 308-10
Philosophische Kultur (Simmel) **64**:320
"Philosophy" (Dunbar) **12**:104
"Philosophy and Art" (Brennan) **17**:47, 55
Philosophy and Living (Stapledon) **22**:322
The Philosophy and Opinions of Marcus Garvey; or, Africa for the Africans (Garvey) **41**:187, 190-91, 194, 199
"Philosophy as a Rigorous Science" (Husserl)
See "Philosophie als strenge Wissenschaft"
Philosophy as Rigorous Science (Husserl)
See "Philosophie als strenge Wissenschaft"
"Philosophy as Strict Science" (Husserl)
See "Philosophie als strenge Wissenschaft"
Philosophy Four (Wister) **21**:377-78, 380, 384
Philosophy in State Examinations (Vaihinger) **71**:416
"Philosophy in the Light of Contemporary Events" (Mann) **44**:220
Philosophy of Arithmetic (Husserl)
See *Philosophie der Arithmetik*

Philosophy of Art (Gentile)
See *La filosofia dell'arte*
The Philosophy of "As If" (Vaihinger)
See *Die Philosophie des Als Ob*
The Philosophy of Conflict, and Other Essays in War-Time (Ellis) **14**:112
The Philosophy of Disenchantment (Saltus) **8**:342, 345, 348-49, 351-53, 355
Philosophy of Freedom (Berdyaev) **67**:27, 78
The Philosophy of Friedrich Nietzsche (Mencken) **13**:386, 389
The Philosophy of G. E. Moore (Moore) **89**:195
The Philosophy of History (Collingwood) **67**:134
Philosophy of Inequality (Berdyaev) **67**:30, 32
The Philosophy of Love (Glyn) **72**:138, 142
The Philosophy of Money (Simmel)
See *Philosophie des Geldes*
Philosophy of Practice (Croce)
See *Filosofia della practica, economica ed etica*
"A Philosophy of Progress" (Collingwood) **67**:182-83, 192
"The Philosophy of Relative Existences" (Stockton) **47**:327
The Philosophy of Religion (Otto)
See *Kantisch-Friessche Religionsphilosophie*
The Philosophy of Spiritual Activity (Steiner)
See *Die Philosophie der Freiheit*
The Philosophy of Symbolic Forms (Cassirer)
See *Philosophie der symbolischen Formen*
The Philosophy of the Act (Mead) **89**:52, 62-6, 70-2, 74, 78, 91-2, 160-2
Philosophy of the Beautiful (von Hartmann) **96**:222
The Philosophy of the Enlightenment (Cassirer)
See *Die Philosophie der Aufklärung*
The Philosophy of the Marquise (Lowndes) **12**:200
Philosophy of the Practical: Economic and Ethic (Croce)
See *Filosofia della practica, economica ed etica*
Philosophy of the Present (Mead) **89**:52, 64, 72, 78, 81, 90, 165
"The Philosophy of the Short Story" (Matthews) **95**:226, 228
Philosophy of the Spirit (Croce) **37**:80-1, 93-4, 97-8, 121-23
The Philosophy of the Unconscious (von Hartmann)
See *Die Philosophie des Unbewussten*
Philosophy, Poetry, History (Croce) **37**:127
"Phoenix" (Lawrence) **93**:71, 77, 78, 114, 128
"The Phoenix" (Strindberg) **21**:366
The Phoenix (Eluard)
See *Le phénix*
Phoenix (Lawrence) **48**:112, 121, 132, 140, 147; **61**:253, 269; **93**:43
Phoenix II (Lawrence) **48**:136, 141, 146; **61**:269
"The Phoenix on the Sword" (Howard) **8**:131-33, 135
"Phonograph Blues" (Johnson) **69**:80
"Phonographs" (Villaurrutia) **80**:477-8
"The Photograph" (Bradford) **36**:63
"The Photographer's Wife" (Colette) **16**:128-30, 132
"A Photographic Enquete" (Hartmann) **73**:130
"Phrases and Philosophies for the Use of the Young" (Wilde) **23**:425
Phroso (Hope) **83**:165
"Phyllida" (Marquis) **7**:436
"Physic" (de la Mare) **53**:27
"Physical Courage" (Higginson) **36**:175
The Physical Phenomena of Mysticism (Summers) **16**:433
"The Physical Thing" (Mead) **89**:90
"The Physician as Educator" (Adler) **61**:23
"The Physician's Duty" (Pirandello)
See "Il dovere del medico"
"Physics and Reality" (Einstein)
See "Physik and Realitat"
"Physics of Poetry" (Eluard)
See "Physique de la poésie"
Physics of Poetry (Eluard)
See *Physique de la poésie*
"Physik and Realitat" (Einstein) **65**:92, 94, 97, 101
"Physiological Surgery of the Digestive Canal" (Pavlov) **91**:150
Physiologie de l'amour moderne (Bourget) **12**:67, 74
The Physiology of Love (Gourmont)
See *Physique de l'amour*
"Physique de la poésie" (Eluard) **7**:254; **41**:149
Physique de la poésie (Eluard) **41**:164
Physique de l'amour (Gourmont) **17**:128, 130, 133, 135, 137, 142, 146, 152, 153
Il piacere dell'onestà (Pirandello) **4**:335, 340; **29**:285, 296-97, 318
I piaceri (Brancati) **12**:87-9
"Piano" (Lawrence) **93**:17, 67, 117, 127
"The Piano" (Williams) **89**:371
"Pianto antico" (Carducci) **32**:101
Piave (Brancati) **12**:84
La piave (D'Annunzio) **40**:10
"Piazza" (Campana) **20**:85
Pícaro (Hall and Nordhoff) **23**:57, 65
"Piccadilly Circus at Night" (Lawrence) **93**:23
Pickle the Spy; or, The Incognito of Prince Charles (Lang) **16**:252, 269-70
"Pickman's Model" (Lovecraft) **4**:266, 269-70; **22**:221, 223-24
"Pick-Up on Noon Street" (Chandler) **7**:176
"A Picnic among the Ruins" (Howe) **21**:107
The Picture (Tolstoy) **18**:377
"The Picture in the House" (Lovecraft) **4**:266, 271; **22**:223, 225-26, 241
"A Picture in the Snow" (Welch) **22**:456
The Picture of Dorian Gray (Wilde) **1**:496-98, 500-04, 507-08; **8**:488-92, 494, 496, 499-500, 503; **23**:420, 435-37; **41**:347-403
"A Picture of Flowers and Birds: July" (Miyazawa) **76**:293
"The Picture of Gysbert Jonker" (Bosman) **49**:19-20
"The Picture of Lenin" (Gladkov) **27**:95
A Picture of Madame Yuki (Mizoguchi)
See *Yuki Fujin Ezu*
Picture with a Circle (Kandinsky) **92**:135
"Pictures" (London) **9**:281
"Pictures" (Mansfield) **2**:451; **8**:284, 286; **39**:304, 321, 324
"Pictures" (Woolf) **43**:394
Pictures and Songs (Tagore) **3**:490
"Pictures from Life's other Side" (Williams) **81**:424
Pictures of a Provincial Journey (Peretz) **16**:389
"Pictures of the Floating World" (Miyazawa) **76**:302
Pictures of the Floating World (Lowell) **1**:373-74; **8**:228, 234
Picturesque Showcase (Baroja)
See *Vitrina pintoresca*
"A Picturesque Transformation" (Hawthorne) **25**:247
"A Piece of Chalk" (Chesterton) **1**:184; **6**:109
"A Piece of Coffee" (Stein) **48**:252
"A Piece of Red Calico" (Stockton) **47**:313, 327
"A Piece of Steak" (London) **15**:262
"The Piece That Got Me Fired" (Broun) **104**:83
"A Piece-Rate System, Being a Step Toward a Partial Solution of the Labor Problem" (Taylor) **76**:339, 355, 372, 374-75, 378, 382, 399
Pieces of Hate (Broun) **104**:98
"The Pied Piper" (Tsvetaeva)
See "Krysolov"
The Pied Piper of Hamelin (Raabe) **45**:194
"Piedmont" (Carducci)
See "Piemonte"
"Piedra negra sobre una piedra blanca" (Vallejo) **56**:304
Piedra y cielo (Jimenez) **4**:218
"Le piege a revenant" (Vallette) **67**:277
"Piemonte" (Carducci) **32**:90, 95, 103, 105
Piensa mal... ¿y acertarás? (Echegaray) **4**:100
Pierre et Luce (Rolland) **23**:262
"El pierrot" (Lugones) **15**:289
Pierrot lunaire (Schoenberg)
See *Dreimals Sieben Lieder des Pierrot Lunaire*
The Pierrot of the Minute (Dowson) **4**:91
"A Pietá" (Field) **43**:166-67
"Pieta" (Liliencron) **18**:205
"Pieter Marinus" (Pickthall) **21**:250, 252
"Le piéton de Paris" (Fargue) **11**:201
Pietro Ghisleri (Crawford) **10**:141, 143-44, 148, 150, 155
"Piffingcap" (Coppard) **5**:175
The Pigeon (Galsworthy) **1**:295; **45**:36, 52
"Pigeon in a Cage" (Mikszath)
See "Galamb a kalitkában"
"Pigeons" (Bagritsky) **60**:16
"The Pigeons of St. Marks" (Service) **15**:413
"Piger" (Obstfelder) **23**:177
"Piggy Bank" (Kuttner) **10**:268
Pikad sammud (Tammsaare) **27**:370, 373
"Un pilar soportando consuelos. . ." (Vallejo) **56**:307
"The Pilaster" (Roberts) **68**:303
"Pilatus" (Heym) **9**:142-43
Pilgerfahrten (George) **2**:149-50; **14**:196, 203-04, 212
"Pilgrim" (Devkota)
See "Yātrī"
"The Pilgrim" (Gumilev)
See "Palomnik"
"The Pilgrim" (Lowry) **6**:237
"The Pilgrim" (Naidu) **80**:272
The Pilgrim of the East (Mofolo)
See *Moeti oa bochabela*
"A Pilgrim on the Gila" (Wister) **21**:385, 399
"Pilgrim Sons" (Fuller) **103**:106
"Pilgrimage" (D'Annunzio)
See "Pellegrinaggio"
"The Pilgrimage" (Remizov) **27**:352
"Pilgrimage" (Stevens) **12**:387
A Pilgrimage (Bojer)
See *En pilgrimsgang*
The Pilgrimage (Noguchi) **80**:361, 381-2
Pilgrimage (Richardson) **3**:347-50, 352-61
The Pilgrimage of Bayoán (Hostos)
See *La peregrinación de Bayoán*
The Pilgrimage of Eternity (Iqbal)
See *Javid-namah*
Pilgrimage to Jasna Gora (Reymont) **5**:390
Pilgrimages (George)
See *Pilgerfahrten*
"The Pilgrims" (McCrae) **12**:211
Pilgrims in a Foreign Land (Evans) **85**:9-10, 31
"The Pilgrim's Packets" (Stockton) **47**:326-27
Pilgrim's Way (Buchan)
See *Memory Hold-the-Door*
Pillangó (Moricz) **33**:243
The Pillar of Fire (Gumilev)
See *Ognennyi stolp*
"The Pillar of Words" (Hergesheimer) **11**:278
"The Pillars of Sion" (Evans) **85**:26
The Pillars of Society (Ibsen)
See *Samfundets støtter*
Pillars of the Community (Ibsen)
See *Samfundets støtter*
The Pillars of the House; or, Under Wode, Under Rode (Yonge) **48**:375-78
"Pillow of Grass" (Shimazaki Toson)
See "Kusamakura"
The Pilot and His Wife (Lie)
See *Lodsen og hans hustru*
Pilot Elza; or, The Perfect Society (Babits)
See *Elza pilóta vagy a tökéletes társadalom*

Pilot Stars (Ivanov)
See *Kormchie zvezdy*
Pilote de guerre (Saint-Exupery) **2**:517-23, 526; **56**:221, 229-30, 232
Los pilotos de altura (Baroja) **8**:57
Le Pilul du Diable (Melies) **82**:120,122
"Pinched" (London) **9**:281; **39**:279
"The Pine Trees and the Sky" (Brooke) **2**:59; **7**:122
"Pink Melon Joy" (Stein) **48**:254
"El pino de la corona" (Jimenez) **4**:224
"The Pioneers" (Fletcher) **35**:110
Pioneers on Parade (Franklin) **7**:267-68
La pipa de kif (Valle-Inclan) **5**:476-77, 486
"Pipacsok a buzában" (Mikszath) **31**:167
"The Pipe" (Akutagawa Ryunosuke) **16**:17
"The Pipe" (Chekhov) **55**:63
Pipe All Hands (Tomlinson) **71**:397
The Pipe of Kiff (Valle-Inclan)
See *La pipa de kif*
Pipefuls (Morley) **87**:120
"The Piper" (Montgomery) **51**:210-11
"The Piper of Arll" (Scott) **6**:385-89, 393-96, 399
"Piper, Play!" (Davidson) **24**:164
Pipers and a Dancer (Benson) **17**:22-4, 29-30
"The Piper's Son" (Kuttner) **10**:274
Pipes O' Pan at Zekesbury (Riley) **51**:285
"The Pipes of Pan" (Carman) **7**:149
"The Pipes of Pan" (Roberts) **8**:314
Pipes of Pan (Carman) **7**:138, 142, 149-50
"Il pipistrello" (Pirandello) **29**:284
Pipistrello, and Other Stories (Ouida) **43**:376
"Pippo Spano" (Mann) **9**:315
"The Pirate Way" (Montgomery) **51**:206
"Pirates" (Benson) **27**:19
The Pirates of Penzance; or, The Slave of Duty (Gilbert) **3**:208-10, 216, 218-19
Pirates of Venus (Burroughs) **2**:81; **32**:59, 75
Pirate's Purchase (Williams) **89**:378, 398
"A piros harangok" (Mikszath) **31**:167
The Pisan Woman (D'Annunzio)
See *La pisanelle ou la mort parfumée*
La pisanelle ou la mort parfumée (D'Annunzio) **6**:136-37, 142; **40**:10-11
Pisma (Sienkiewicz) **3**:421
The Pit (Norris) **24**:418, 421-28, 432, 444, 449-52
Pitcairn's Island (Hall and Nordhoff) **23**:60-2, 66, 69-71
The Pit-Prop Syndicate (Crofts) **55**:83, 86
Pitseng (Mofolo) **22**:246, 248-50, 253, 257
"Pittsburgh" (Dreiser) **35**:65
"Pity" (Baker) **10**:19, 21, 26
"Pity" (Davies) **5**:202
"Pity Me" (Wylie) **8**:536
"Pity Me Not" (Millay) **49**:215
"The Pity of the Leaves" (Robinson) **101**:111, 117, 129
"The Pity of the Leaves" (Robinson) **5**:418
"Pity the Deep in Love" (Cullen) **37**:155, 168
Più che l'amore (D'Annunzio) **6**:137, 139; **40**:9, 11
"Piuma" (Pirandello) **29**:284
"Piuma al vento" (Lugones) **15**:292
Piyam-e Kafka (Hedayat) **21**:76
Pjataja jazva (Remizov) **27**:330-31, 334, 336, 342, 344-45, 347
"Pjat'bykov" (Gumilev) **60**:278
La place de l'étoile: Antipoème (Desnos) **22**:72
"La place de l'homme dans la nature" (Teilhard de Chardin) **9**:489
"A Place in Venice" (Bennett) **5**:46
"The Place of Pain" (Shiel) **8**:363
"Place of Refuge" (Brecht) **6**:39
The Place of Science in Modern Civilization (Veblen) **31**:362
"The Place of Storms" (Hodgson) **13**:230
"The Place of the Gods" (Benet)
See "By the Waters of Babylon"
The Place of the Lion (Williams) **1**:524; **11**:486-87, 494, 496, 500, 502
"Places" (Hardy) **53**:97
"Places" (Teasdale) **4**:425
"Places of My Infancy" (Lampedusa) **13**:293
"Placha" (Remizov) **27**:338
Placówka (Prus) **48**:157, 162, 166-67, 172-73, 177, 181
"Plague of Florence" (Lee-Hamilton) **22**:186
"The Plaid Dress" (Millay) **49**:223
Le plaidoyer d'un fou (Strindberg) **1**:448, 462; **8**:406-08; **21**:335; **47**:350, 364
"The Plain" (Obstfelder)
See "Sletten"
"Plain Fishing" (Stockton) **47**:326
"Plain Language from Truthful James" (Harte) **25**:191, 200, 217
"The Plain Man" (Galsworthy) **45**:33
The Plain Man and His Wife (Bennett) **5**:28
Plain Tales (Kipling)
See *Plain Tales from the Hills*
Plain Tales from the Hills (Kipling) **8**:175-76, 184-85, 187, 202, 205; **17**:202-03, 207-08
Les plaines (Verhaeren) **12**:465
"Plaint" (Remizov) **27**:352, 354-55
"A Plaint to Man" (Hardy) **53**:88
Plainte contre inconnu (Drieu la Rochelle) **21**:18
Le Plaisir (Ophuls) **79**:174, 208-11, 227
Le plaisir de rompre (Renard) **17**:316
Les plaisirs et les jours (Proust) **7**:518, 534, 538-39; **13**:412, 415-16, 423; **33**:262
Plamennyi krug (Sologub) **9**:443
Plan of War (Lewis) **104**:201
"Plan or Perish" (Laski) **79**:153
"Planes of Personality" (Lowell) **8**:236
"The Planet on the Table" (Stevens) **3**:472; **12**:365, 368; **45**:281, 349
"Planeterna" (Sodergran) **31**:294
"The Planets" (Sodergran)
See "Planeterna"
"Plangôn et Bacchis" (Schwob) **20**:323
El plano oblicuo (Reyes) **33**:316, 322
"The Planted Heel" (Quiller-Couch) **53**:291
"The Planter of Malata" (Conrad) **57**:87
"Planting Bulbs" (Tynan) **3**:503
"Planting the Poplar" (Guiney) **41**:218, 229
"The Plaque" (Ishikawa) **15**:130
"Platen, Tristan, and Don Quixote" (Mann) **8**:255
Platkops Children (Smith) **25**:389-90
"Plato" (Holmes) **77**:311
"Plato in London" (Johnson) **19**:252-53
"Platonic Love in Some Italian Poets" (Santayana) **40**:390
"Platonic Narrative" (Bodenheim) **44**:74
Platonism and the Spiritual Life (Santayana) **40**:361
Platonov (Chekhov) **3**:163; **31**:99-101
"The Plattner Story" (Wells) **6**:545; **12**:488
Plavaiushchie-puteshestvuiushchie (Kuzmin) **40**:194, 216
"The Play"
See "Asobi"
A Play (Stein) **48**:264
"Play and Earnest" (Pyle) **81**:394
The Play of Everyman (Hofmannsthal)
See *Jedermann*
A Play without a Title (Chekhov)
See *Platonov*
Play without a Title (Garcia Lorca)
See *Comedia sin título*
Playback (Chandler) **1**:173; **7**:181-82
The Playboy of the Western World (Synge) **6**:425-32, 434-42; **37**:344-95
The Played-Out Man (Papini)
See *Un uomo finito*
"Player on Pan's Pipes" (Yeats) **31**:408
The Player Queen (Yeats) **1**:571; **31**:408
"The Players" (Matthews) **95**:228
The Playground of Europe (Stephen) **23**:326
"Playgrounds for City Schools" (Riis) **80**:440
"A Play-House in the Waste" (Moore)
See "San n-Diothramh Dubh"
The Playhouse of Pepys (Summers) **16**:427, 431
"Playing Cards Drawing" (Lindsay) **17**:241
Playing with Fire (Strindberg) **1**:463; **8**:413
Playing with Love (Schnitzler)
See *Liebelei*
Plays (Davidson) **24**:159
Plays, Acting, and Music (Symons) **11**:429, 442
Plays by Philip Barry (Barry) **11**:47
Plays for a Negro Theater (Torrence) **97**:157, 163
Plays for Dancers (Yeats) **1**:557, 561
Plays for Earth and Air (Dunsany) **59**:17, 24, 26, 28
Plays for Puritans (Shaw) **21**:302
Plays of Gods and Men (Dunsany) **2**:137; **59**:17, 26, 29
Plays of Near and Far (Dunsany) **59**:12, 26
Plays of the Natural and the Supernatural (Dreiser) **18**:59; **83**:6
Plays Pleasant (Shaw)
Plays: Pleasant and Unpleasant (Shaw) **3**:383; **9**:413
The Play's the Thing (Molnar)
See *Játék a kastélyban*
Playwrights on Playmaking (Matthews) **95**:240
"Plea" (Guest) **95**:206
A Plea for Better Manners
See *D. H. Lawrence and Maurice Magnus: A Plea for Better Manners*
"A Plea for Culture" (Higginson) **36**:170
"A Plea for Farce" (Matthews) **95**:228
Plea for Liberty: Letters to the English, the Americans, the Europeans (Bernanos)
See *Lettre aux Anglais*
"A Plea for Romantic Fiction" (Norris) **24**:449
"The Plea for Shorter Novels" (Fuller) **103**:74, 86, 88
"A Plea for Straight Photography" (Hartmann) **73**:128, 147
A Plea for Time (Innis) **77**:342
Pleas of the Crown for the County of Gloucester, 1221 (Maitland) **65**:249, 260, 265, 274
"A Pleasant Evening" (Chambers) **41**:88, 102
The Pleasant Memoirs of the Marquís de Bradomín (Valle-Inclan)
See *Sonatas: Memoirs of the Marquis de Bradomin*
Pleasant Valley (Bromfield) **11**:83-4
"Pleasure" (Nagai)
See "Kanraku"
Pleasure (Nagai)
See *Kanraku*
"Pleasure from One's Children" (Aleichem)
See "Nakhes fun kinder"
The Pleasure of Honesty (Pirandello)
See *Il piacere dell'onestà*
Pleasure of Honor (Pirandello)
See *Il piacere dell'onestà*
The Pleasure of Parting (Renard)
See *Le plaisir de rompre*
Pleasure of Ruins (Macaulay) **44**:124, 126, 129
Pleasure Trove (Lucas) **73**:170
Pleasures and Regrets (Proust)
See *Les plaisirs et les jours*
Pleasures and Speculations (de la Mare) **4**:81
"Plebiscitum" (Carducci)
See "Il plebiscito"
"Plegaria" (Villaurrutia) **80**:516
"La Plegaría de la Noche en la Selva" (Gonzalez Martinez) **72**:145
Plenitud (Nervo) **11**:399-401, 403
Plenitude (Nervo)
See *Plenitud*
"Plennyj dux" (Tsvetaeva) **7**:562
Pleureuses (Barbusse) **5**:14, 16, 20
Plias Irodiady (Remizov) **27**:348
Pliashushchii demon (Remizov) **27**:349
"Pliaska atomov" (Balmont) **11**:36
"The Pliocene Skull" (Harte) **25**:189
"Ploughing on Sunday" (Stevens) **3**:472; **45**:282

Ploughman of the Moon: An Adventure into Memory (Service) **15**:411
The Ploughman's Progress (Kaye-Smith) **20**:113
"The Plowman" (Knister) **56**:155, 164
"Plowman Without a Plow" (Coffin) **95**:18
Pluck and Luck (Benchley) **1**:77
"La pluie" (Verhaeren) **12**:466
Plum Pudding (Morley) **87**:124
"The Plum Tree by the House" (Gogarty) **15**:101, 104
The Plumed Serpent (Lawrence) **2**:346, 355-57, 359, 371; **33**:216; **48**:102, 104, 110, 115-17, 120-22, 125, 131, 133; **93**:21, 50, 96, 97, 103, 104
"Plummets to Circumstance" (Lowell) **8**:236
The Plum-Tree (Phillips) **44**:253-54, 262, 274, 276, 278, 282-83, 285-86
"Pluralism and Ideological Peace" (Locke) **43**:228
A Pluralistic Universe (James) **15**:157, 162, 171, 175; **32**:337, 339, 350
"Plus de sang" (Coppee) **25**:124
Le plus jeune (Eluard) **7**:245
The Plutocrat (Tarkington) **9**:461, 463, 468, 473
"Po etapu" (Remizov) **27**:347
Po karnizam (Remizov) **27**:348
Po nebu polunochi (Platonov) **14**:405, 414
"Po' Sandy" (Chesnutt) **5**:130, 134, 136-37; **39**:104-05
Po zvezdam (Ivanov) **33**:118, 127
"P'oasis" (Desnos) **22**:59
Pobeda smerti (Sologub) **9**:434, 439-40
Pobediteli (Bagritsky) **60**:16
La pobra gente (Sanchez) **37**:314
Pobrecito Juan (Martinez Sierra and Martinez Sierra) **6**:277-78
Pocket Philosophies (Bennett) **5**:31
Pocket Stories (Capek)
See *Tales from Two Pockets*
"The Pocket-Hunter's Story" (Austin) **25**:26
Pod igoto (Vazov) **25**:449-51, 453-59
Pod severnym nebom (Balmont) **11**:32, 35, 42
"Poder" (Schwob) **20**:319-20
El poder de la impotencia (Echegaray) **4**:101
"Podivuhodny kouzelnik" (Nezval) **44**:238-39, 250
"Podolie" (Apollinaire) **51**:61
Podstrizhennymi glazami (Remizov) **27**:349, 356, 358-59
"Poe and His Polish Contemporary" (Huneker) **65**:196
Poedinok (Kuprin) **5**:296-98, 304-06
"Poem" (Forten) **16**:150
"Poem" (Gray) **19**:145, 150-51, 153, 157
"The Poem as Icon" (Stevens) **45**:316
A Poem Entitled "The Day and the War": Delivered on January 1, 1864, at Platt's Hall at the Celebration of the First Anniversary of President Lincoln's Emancipation Proclamation (Bell) **43**:93
A Poem Entitled "The Triumph of Liberty": Delivered April 7, 1870 at Detroit Opera House, on the Occasion of the Fifteenth Amendment to the Constitution of the United States (Bell) **43**:90-2
"A Poem for Max 'Nordau" (Robinson) **5**:400
"Poem in October" (Thomas) **1**:470-71, 473; **8**:460-61; **45**:362-363, 365, 372, 377, 399, 404-05
"Poem of Autumn" (Dario)
See "Poema de otoño"
The Poem of David (Hecht) **101**:73
A Poem of Gardens (D'Annunzio)
See *Poema pardisiaco*
"A Poem of God's Mercy" (Lowry) **6**:237
Poem of the Cante Jondo (Garcia Lorca)
See *Poema del cante jondo*
The Poem of the Deep Song (Garcia Lorca)
See *Poema del cante jondo*
"Poem of the End" (Tsvetaeva)
See "Poèma kontsa"
"Poem of the Hill" (Tsvetaeva)
See "Poèma gory"
"Poem of the Mountain" (Tsvetaeva)
See "Poèma gory"
The Poem of the Rhone (Mistral)
See *Lou pouèma dóu Rose*
"Poem of the Staircase" (Tsvetaeva)
See "Poèma lestnitsy"
"Poem on His Birthday" (Thomas) **1**:473; **8**:461; **45**:362, 402
"The Poem That Took the Place of a Mountain" (Stevens) **3**:473
"Poem to Be Read and Sung" (Vallejo)
See "Poema para ser leído y cantado"
"Poem Written at Morning" (Stevens) **45**:332
"Poema de otoño" (Dario) **4**:62
"Poema de un día" (Machado) **3**:306-07
Poema del cante jondo (Garcia Lorca) **1**:309, 312, 317, 321-22; **7**:299-300; **49**:72, 89-91, 116
El poema del trabajo (Martinez Sierra and Martinez Sierra) **6**:285-86
"Poema doble del lago Eden" (Garcia Lorca) **49**:120
"Poèma gory" (Tsvetaeva) **7**:557-58, 561, 565-67; **35**:412-13
"Poèma kontsa" (Tsvetaeva) **35**:374, 381, 398, 405, 411-13, 415; **7**:556-58, 561, 564-66
"Poèma lestnitsy" (Tsvetaeva) **35**:415
"El poema para mi hija" (Huidobro) **31**:124
"Poema para ser leído y cantado" (Vallejo) **56**:300
Poema pardisiaco (D'Annunzio) **6**:136
Poemas (Nervo) **11**:400, 402
Poemas árticos (Huidobro) **31**:125, 132-33, 137, 144
Poemas de amor (Storni) **5**:450-52
"Poemas de las madres" (Mistral) **2**:476
Poemas humanos, 1923-1938 (Vallejo) **3**:526-27, 529-31, 533, 535-36; **56**:284-88, 290, 292, 296, 299, 300-01, 304, 311-12, 315-16, 318, 320-21
Poemas místico (Guiraldes) **39**:186
Poemas solariegos (Lugones) **15**:291
Poemas solitarios (Guiraldes) **39**:186
Poemas sueltos (Garcia Lorca) **49**:119, 123
"Poème" (Jacob) **6**:191
"Le poème à Florence" (Desnos) **22**:61
"Poème lu au mariage d'André Salmon" (Apollinaire) **8**:16, 20; **51**:61
Poèmes (Eluard) **41**:153
Poèmes d'un riche amateur (Larbaud) **9**:197, 200, 205
Poèmes légendaires de Flandre et de Brabant (Verhaeren) **12**:472
Les Poemes Mesures (Jammes) **75**:115
Poèmes politiques (Eluard) **41**:151, 162
Poèmes pour la paix (Eluard) **41**:150, 153-54
"Poèmes, suivis de pour la musique" (Fargue) **11**:194, 195, 199, 200
Poemetti (Pascoli) **45**:146, 156
Poemi conviviali (Pascoli) **45**:146, 149, 153
Poems (Balmont) **11**:37
Poems (Brooke) **2**:50-1; **7**:120-21
Poems (Drinkwater) **57**:142
Poems (Garcia Lorca)
See *Libro de poemas*
Poems (Gray) **19**:158, 164
Poems (Harper) **14**:255, 259, 262-63
Poems (Harte) **25**:190
Poems (Heidenstam)
See *Dikter*
Poems (Henley) **8**:109-10
Poems (Holley) **99**:326
Poems (Johnson) **19**:228-29, 232
Poems (Kraus)
See *Worte in Versen*
Poems (de la Mare) **4**:74, 78
Poems (MacDonald) **9**:291, 300, 304
Poems (Manning) **25**:275-78
Poems (Meynell) **6**:291-92, 294
Poems (Morley) **87**:144
Poems (Naidu)
See *The Sceptered Flute: Songs of India*
Poems (Nervo)
See *Poemas*
Poems (Owen) **5**:359; **27**:199, 206
Poems (Roberts) **8**:321
Poems (Rosenberg) **12**:296
Poems (Sodergran)
See *Dikter*
Poems (Swinburne) **36**:325
Poems (Symons) **11**:439
Poems (Tagore) **3**:481
Poems (Thomas) **10**:450, 455
Poems (Thompson) **4**:435
Poems (Torrence) **97**:155, 157-58
Poems (Unamuno)
See *Poesías*
Poems (Vazov) **25**:453
Poems (Wilde) **8**:487, 492
Poems (Yeats) **11**:508, 511
Poems, 1913 (Brennan) **17**:39-41, 43-4, 48-50, 52-6, 59
Poems, 1912-1924 (O'Neill) **6**:337
Poems, 1913-1956 (Brecht) **1**:122
Poems, 1917-1918 (Murry) **16**:354
"Poems about America" (Mayakovski) **18**:258
Poems about Moscow (Tsvetaeva) **7**:563; **35**:385
Poems and Ballads (Quiller-Couch) **53**:290-91
Poems and Ballads (Swinburne) **8**:423-24, 427, 429, 431, 434, 436-39, 442, 446; **36**:294-95, 297-98, 300-01, 306-08, 310, 312, 314, 317-19, 321-22, 324-25, 327-30, 341, 343
Poems and Ballads, second series (Swinburne) **8**:426
Poems and Ballads, third series (Swinburne) **8**:428
The Poems and Dramas (Sharp) **39**:372
Poems and Lyrics of the Joy of Earth (Meredith) **17**:256
Poems and Portraits (Marquis) **7**:435, 437, 447
Poems and Songs (Bjoernson)
See *Digte og sange*
Poems and Songs (Middleton) **56**:173-75, 191
Poems and The Spring of Joy (Webb) **24**:472
Poems and Transcripts (Lee-Hamilton) **22**:186, 188-89, 192
Poems and Translations (Synge) **6**:435
Poems by Ivor Gurney (Gurney) **33**:86-8
"Poems for Basuki Resobowo" (Anwar)
See "Sadjak buat Basuki Resobowo"
Poems for Men (Runyon) **10**:437
Poems from France (Mew) **8**:301
Poems from the Book of Hours (Rilke)
See *Das Stundenbuch*
Poems from the Chinese (Lewis) **3**:287
Poems from the Divan of Hafiz (Bell) **67**:13
Poems from the Norwegian of Sigbjørn Obstfelder (Obstfelder) **23**:188
Poems Here at Home (Riley) **51**:280-81, 285
Poems in Prose (Przybyszewski) **36**:282
Poems, Letters, and Memories of Philip Sidney Nairn (Eddison) **15**:59
"Poems of 1912-13" (Hardy) **53**:92-5, 99, 101, 105, 111
Poems of a Multimillionaire (Larbaud)
See *A. O. Barnabooth, ses oeuvres complètes, c'est-à-dire: Un conte, ses poèmes, et son journal intime*
Poems of Adoration (Field) **43**:155, 160, 169
The Poems of Alice Meynell (Meynell) **6**:301
Poems of American Patriotism (Matthews) **95**:257
Poems of Conformity (Williams) **1**:516-17, 521; **11**:483
"The Poems of Dante Gabriel Rossetti" (Swinburne) **36**:311
The Poems of Duncan Campbell Scott (Scott) **6**:385
The Poems of Ernest Dowson (Dowson) **4**:85

The Poems of General George S. Patton, Jr. (Patton) **79**:307
"Poems of Krishna" (Naidu) **80**:342
"The Poems of Our Climate" (Stevens) **45**:283
Poems of Patriotism (Guest) **95**:206
Poems of People (Masters) **25**:300, 316
The Poems of St. John of the Cross (Campbell)
See *San Juan de la Cruz*
Poems of the Night (Nezval)
See *Básně noci*
Poems of the Past and Present (Hall) **12**:195
Poems of the Past and Present (Hardy) **4**:154; **53**:71, 86, 102
"Poems of the War" (Howe) **21**:113
Poems of Two Friends (Howells) **7**:363, 391
The Poems of Wilfred Owen (Owen) **5**:361
Poems on Children (Thompson) **4**:435-36
Poems on Miscellaneous Subjects (Harper) **14**:255-58, 262
Poems, Scots and English (Buchan) **41**:72
Poems to Akhmatova (Tsvetaeva)
See "Stikhi K Akhmatovoi"
Poems to Blok (Tsvetaeva)
See *Stikhi K Blok*
"Poems to Bohemia" (Tsvetaeva)
See "Stikhi k Chekhii"
"Poems to Eat" (Ishikawa) **15**:125, 131
"Poems With Rhythms" (Stevens) **45**:269
"Poems without Titles, No. 6" (Su Man-shu) **24**:457
"Poe's Helen" (Woolf) **43**:402
"Poesía" (Jimenez) **4**:221
"La poesia" (Pascoli) **45**:156
"Poesía" (Villaurrutia) **80**:478-9
La poesia (Croce) **37**:95, 97, 107, 110, 113, 126-27, 131
La poesía (Huidobro) **31**:133
La poesia di Dante (Croce) **37**:127
Poesia e non poesia: Note sulla letteratura euròpa del secolo decimonono (Croce) **37**:92, 127, 131
Poesía y prosa (Huidobro) **31**:126
Poesías (Unamuno) **2**:562-63, 568; **9**:510
Poesías (Valera y Alcala-Galiano) **10**:499-500
Poesías completas (Machado) **3**:313-14
Poesie (Carducci) **32**:85
Poésie critique (Desnos) **22**:63
Poesie dell'adoloscenza e giovanili (Saba) **33**:372
"La poésie doit avoir pour but la vérité pratique" (Eluard) **41**:162
Poésie et pensée abstraite (Valery) **15**:468
Poésie et vérité (Eluard) **7**:249; **41**:162
"Poésie ininterrompue" (Eluard) **7**:245-46, 248-52, 257, 260; **41**:151, 153
Poésie involontaire et poésie intentionelle (Eluard) **41**:151-52
Poesie scritte durante la guerra (Saba) **33**:369, 373
Poésies complètes (Garneau) **13**:197, 204
Les poésies d'André Walter (Gide) **12**:176
"Poesies diverses" (Jammes) **75**:119
"Poesy" (Sterling) **20**:383
"The Poet" (Chekhov) **3**:168
"The Poet" (Cullen) **37**:155
"The Poet" (Dunbar) **12**:124
"The Poet" (Esenin) **4**:116
"Poet" (Khlebnikov) **20**:132
"The Poet" (Markham) **47**:282
"The Poet" (Muir) **87**:231
"The Poet and Criticism" (Tsvetaeva) **35**:406
"The Poet and His Book" (Millay) **4**:306
"The Poet and His Book" (Millay) **49**:213
"The Poet and His Song" (Dunbar) **12**:105-06, 121
"The Poet and the Critics" (Dobson) **79**:3
The Poet and the Lunatics (Chesterton) **1**:181; **6**:104, 108; **64**:35
The Poet and the Moorish Woman (Roussel) **20**:228
"The Poet and the Peasant" (Henry) **19**:195-96
"The Poet and This Time" (Hofmannsthal) **11**:311-12
"The Poet and Time" (Tsvetaeva)
See "Poèt i vremja"
The Poet Assassinated (Apollinaire)
See *Le poète assassiné*
"The Poet from Baalbeck" (Gibran) **9**:87
"Poèt i vremja" (Tsvetaeva) **7**:562, 570; **35**:400, 410
"The Poet III" (Rosenberg) **12**:299-300
Poet in New York (Garcia Lorca)
See *Poeta en Nueva York*
"Poèt o kritike" (Tsvetaeva) **7**:562, 570; **35**:410, 413
"A Poet on Criticism" (Tsvetaeva)
See "Poèt o kritike"
The Poet Passes (Ramuz)
See *Passage du poète*
"The Poet to Death" (Naidu) **80**:316
"The Poet to His Beloved" (Vallejo)
See "El poeta a su amada"
"The Poet to His Childhood" (Meynell) **6**:291
"El poeta à las musas" (Dario) **4**:59
"El poeta a su amada" (Vallejo) **56**:294
Poeta en Nueva York (Garcia Lorca) **1**:308, 312, 314, 317-19, 322-23; **7**:297-99; **49**:77, 80-3, 85, 87-8, 93-5, 111, 119-22
Le poète assassiné (Apollinaire) **3**:32-3, 38, 42; **8**:12, 14, 16, 19, 21; **51**:3, 5, 19-21, 29, 47-8
Le Poete et l'oiseau (Jammes) **75**:118
"Le Poete et sa Femme" (Jammes) **75**:104, 113, 119-20
Le Poete Rustique (Jammes) **75**:119-20
Poetes d'aujourd'hui (1800-1900) (Leautaud) **83**:185
Poetic Art (Claudel)
See *Art poétique*
The Poetic Bus-Driver (Erskine) **84**:160
"Poetic Evidence" (Eluard) **41**:144
"The Poetic Image of Don Luis de Góngora" (Garcia Lorca) **7**:302; **49**:90
"Poetic Images" (Kunikida)
See "Shisō"
"Poetic Manifesto" (Thomas) **45**:402
Poetic Meditations (Garvey) **41**:198
Poetic Remains of the Swallow's Mausoleum (Su Man-shu) **24**:457
Poetical Works (Johnson) **19**:245
Poetical Works (Lang) **16**:258
The Poetical Works of James Madison Bell (Bell) **43**:90-1, 93
The Poetical Works of Rupert Brooke (Brooke) **7**:123
The Poetical Works of William Henry Drummond (Drummond) **25**:146
Poetics (Artaud) **3**:51
"Poetry" (Villaurrutia) **80**:478-9
Poetry: An Introduction to the Criticism and to the History of Poetry and Literature (Croce)
See *La poesia*
"Poetry and Grammar" (Stein) **28**:322-23, 330; **48**:236
"Poetry and Painting" (Bishop) **103**:3, 6, 8
"Poetry and Patriotism in Ireland" (Johnson) **19**:233, 241, 254
Poetry and Poets (Lowell) **8**:237
"Poetry and Prose" (Hagiwara Sakutaro) **60**:299
"Poetry and the Novel" (Yokomitsu) **47**:391
"Poetry and the Tradition" (Yeats) **31**:404
"Poetry and Verse" (Bierce) **44**:33
"Poetry as Witchcraft" (Balmont) **11**:31
Poetry at Present (Williams) **11**:497
"Poetry Black, Poetry White" (Daumal) **14**:91
"Poetry in Prose" (de la Mare) **4**:81
"Poetry Is a Destructive Force" (Stevens) **3**:470; **45**:283
The Poetry of Architecture (Ruskin) **63**:243, 253-54, 258, 274-80, 282
"The Poetry of Barbarism" (Santayana) **40**:388
"The Poetry of Blake" (Strachey) **12**:392, 395
"The Poetry of Catalogues" (Lucas) **73**:174
The Poetry of Life (Carman) **7**:139
"The Poetry of Nature" (Roberts) **8**:327
The Poetry of Search and the Poetry of Statement, and Other Posthumous Essays on Literature, Religion, and Language (Sayers) **2**:533
"Poetry of the Present" (Lawrence) **48**:140; **93**:52
Poetry Package (Morley) **87**:144
"Poetry, Prose, and Oratory: Value of This Triple Distinction for Literary Criticism" (Croce) **37**:110
"The Poets" (Douglas) **40**:86
"The Poet's Allegory" (Middleton) **56**:175, 187
"Poets and Critics" (Middleton) **56**:192
Poets and Their Art (Monroe) **12**:218
"The Poet's Chart" (Guiney) **41**:207-08
The Poets' Corner (Beerbohm) **24**:98, 115, 119
"The Poet's Death Is His Life" (Gibran) **9**:84
"A Poet's Holiday" (Middleton) **56**:190
"Poets in This War" (Douglas) **40**:81-2, 88, 95
A Poet's Life: Seventy Years in a Changing World (Monroe) **12**:221
"The Poet's Love Song" (Naidu) **80**:315
The Poet's Mission (Hagiwara Sakutaro) **60**:309-10
Poets of Modern France (Lewisohn) **19**:293
A Poet's Pilgrimage (Davies) **5**:206-07
"The Poets Share" (Caragiale) **76**:169
"The Poet's Thought" (Montgomery) **51**:207
"The Poets, Tomorrow. . ." (Gonzalez Martinez) **72**:147
"A Poet's Wife" (Meynell) **6**:303
"Poètu" (Annensky) **14**:27
"Poètu" (Bryusov) **10**:87-90, 92, 96-7
"Poety" (Tsvetaeva) **35**:393
"Poezd zhizni" (Tsvetaeva) **35**:392
Pogány köszöntő (Radnoti) **16**:413-14, 418
"Poggfred" (Liliencron) **18**:206, 211-12, 215-16
Pogrom (Werfel) **8**:482
Poil de carotte (Renard) **17**:302-04, 306-08, 312-13, 316
Point and Line to Plane: A Contribution to the Analysis of the Pictorial Elements (Kandinsky)
See *Punkt und Linie zur Fläche*
Un point c'est tout (Peret) **20**:188, 202
"A Point in Morals" (Glasgow) **7**:343-44
"Point of Honour" (Meynell) **6**:290
"The Point of View" (James) **2**:247
The Point of View for My Work as an Author (Hansen) **32**:252
"A Point to Be Remembered by Very Eminent Men" (Beerbohm) **24**:103
Pointed Roofs (Richardson) **3**:345-46, 350-52, 355-58
Pointing the Way (Griggs) **77**:146, 149-51
"Poison" (Mansfield) **2**:448; **8**:284
Poison (Kielland) **5**:279
The Poison Belt (Doyle) **7**:225, 239-40
"The Poisoned One" (Gumilev)
See "Otravlennyj"
The Poisoned Tunic (Gumilev)
See *Otravlennaja tunika*
"The Poisoners" (Hearn) **9**:127
"Poisson" (Eluard) **7**:250
"Poisson d'Avril" (Somerville & Ross) **51**:358, 378, 382-83
Pokahontas (Liliencron) **18**:208, 216
"Poker-Talk" (Matthews) **95**:227
"Pokhod" (Kuprin) **5**:304
"Pokrovennaia" (Remizov) **27**:341
"Poland" (Machado de Assis)
See "Polonia"
"The Polano Plaza" (Miyazawa) **76**:290
The Polar Treasure (Dent) **72**:23
Poldekin (Tarkington) **9**:465
The Pole Jump (Lewis) **104**:210-11
Polemiche religiose (Papini) **22**:281, 286
"Une polémique sur les moeurs Grecques" (Gourmont) **17**:126
"Poles" (Stephens) **4**:420

Police!!! (Chambers) **41**:102, 113-14
"A Police Petruchio" (Williams) **89**:374, 384
"The Policeman's Prophecy" (Dunsany) **59**:28
"The Policy of the Closed Door" (Somerville & Ross) **51**:358
Polikushka (Tolstoy) **4**:445, 450, 458, 474; **11**:464; **79**:334
Polite Farces (Bennett) **5**:27
"Politeness" (Milne) **88**:242
Political Economy and the Modern State (Innis) **77**:346
The Political Economy of Art (Ruskin) **63**:243-45, 249, 251
Political Fairy Tales (Sologub)
See *Političeskie skazčki*
Political Parties: A Sociological Study of the Oligarchial Tendencies of Modern Democracy (Michels)
See *Zur Soziologie des Parteiwesens in der modernen Demokratie*
The Political Prisoner (Pavese)
See *Il carcere*
"Political Reform" (Addams) **76**:2
Political Theories of the Middle Age (Maitland) **65**:250, 253, 278
"Political Thought in Islam" (Iqbal) **28**:203
Političeskie skazčki (Sologub) **9**:436, 447-48
"Politicians (Opus 1053)" (Miyazawa) **76**:283, 289
"Politics and the English Language" (Orwell) **15**:307, 348; **51**:240, 252, 257, 259-61, 264-65, 268-69
"Politics as a Vocation" (Weber) **69**:294, 345
"The Politics of Artistic Expression" (Lewis) **104**:289
The Politics of "King Lear" (Muir) **87**:167
"Politics vs. Literature: An Examination of 'Gulliver's Travels'" (Orwell) **15**:348; **51**:242, 259
"Politik" (Mann) **21**:185
"Politik in Österreich" (Musil) **12**:259
"La Politiquería" (Guiraldes) **39**:176
Politiques de la Philosophie (Lyotard) **103**:161
Politische Novelle (Frank) **81**:102
Polly Oliver (Coppard) **5**:181
Les polonais (Jarry) **14**:272
"Polonia" (Machado de Assis) **10**:279
"Poltarnees, Beholder of Ocean" (Dunsany) **59**:26
"Poltava" (Heidenstam) **5**:251
Polunoshchnoe solntse (Remizov) **27**:338
"Los polvos de la condesa" (Palma) **29**:256
Polya i gori (Vazov) **25**:456
"Polydore" (Chopin) **5**:142; **14**:70
"Polyn" (Pilnyak) **23**:203, 211, 213
"Pomegranate" (Lawrence) **93**:98-101
"Pomegranate Flower" (Rohmer) **28**:277, 286
"Pomegranate Seed" (Wharton) **3**:577; **9**:547
"Pomegranates" (Valery)
See "Les grenades"
Pomes Penyeach (Joyce) **3**:255; **16**:227-28
Pomme d'anis ou l'Histoire d'une jeune fille infirme (Jammes) **75**:105, 115, 118-19
The Pomp of Mr. Pomfret (Tey) **14**:459
"Pompe Funebre" (Chambers) **41**:88
"Pompeii" (Lowry)
See "Present Estate of Pompeii"
Pompeji, Komödie eines Erdbebens (Horvath) **45**:78, 82, 101, 112
The Pomps of Satan (Saltus) **8**:347, 355
The Pond (Bromfield) **11**:83
The Pond (Remizov)
See *Prud*
Pongo and the Bull (Belloc) **18**:35
The Ponson Case (Crofts) **55**:85-6
"Le pont des soupirs" (Peret) **20**:201
"Le pont Mirabeau" (Apollinaire) **3**:33-4, 36-7, 39, 41; **51**:7, 9, 14, 29
Pontifex, Son and Thorndyke (Freeman) **21**:53, 59
Pony Tracks (Remington) **89**:294-5, 304, 306
"Poodle" (Lardner) **2**:338
The Poodle Springs Story (Chandler) **1**:172; **7**:182
"The Pool" (Bialik) **25**:58-9
"The Pool" (Manning) **25**:278
"The Pool in the Desert" (Duncan) **60**:209
The Pool in the Desert (Duncan) **60**:193, 209
The Pool of Memory: Memoirs (Oppenheim) **45**:131
"The Pool of the Black One" (Howard) **8**:133, 135-36
The Pool of Vishnu (Myers) **59**:133-4, 137, 139, 144, 150, 156-7
"Pool Shootin' Roy" (Runyon) **10**:437
"The Poor" (Simmel) **64**:336
Poor Blue Beard (Villaurrutia) **80**:458
"The Poor Boy" (Peretz) **16**:401
The Poor Cousin (Barlach)
See *Der arme Vetter*
"A Poor Defenceless Widow" (Grove) **4**:141
"A Poor Devil" (Tolstoy) **79**:326
Poor Folk (Moricz)
See *Szegény emberek*
Poor Fortunes (Undset)
See *Fattige skjaebner*
"Poor Girl" (Benet) **28**:9
"Poor Harlequin" (Guro)
See "Nishchii Arlekin"
Poor Mamma! (Housman) **7**:357
"The Poor Man" (Coppard) **5**:177, 180
The Poor Man (Benson) **17**:20, 22, 24, 26, 29, 31
The Poor Man and the Lady (Hardy) **10**:225; **14**:176
The Poor Man of God (Kazantzakis) **5**:262-63; **33**:147-49
"A Poor Mexican" (Graham)
See "Un pelado"
"Poor Miss Tox" (Dobson) **79**:3
"Poor Pierrot" (Masters) **25**:298
"Poor Poll" (Bridges) **1**:132
"The Poor Relation" (Robinson) **101**:130, 133-34, 193
"Poor Rhymes" (Khodasevich) **15**:206
"Poor Romeo!" (Beerbohm) **24**:110
"Poor Saint" (Papadiamantis) **29**:272
"Poor Salieri" (Eisenstein)
Poor Tom (Muir) **2**:486; **87**:194
Poor White (Anderson) **1**:35-6, 39, 44, 48, 54-7, 61; **10**:32-3, 36, 38-44, 48, 50; **24**:44
A Poor Wise Man (Rinehart) **52**:283, 288
"Poor Working Girl" (Fitzgerald) **52**:59-60
The Poorhouse (Gregory) **1**:336
"Pope as a Moralist" (Stephen) **23**:328
The Pope of the Sea (Blasco Ibanez)
See *El papa del mar*
"Poppies among the Wheat" (Mikszath)
See "Pipacsok a buzában"
"Poppies of the Red Year (A Symphony in Scarlet)" (Fletcher) **35**:94
"Poppy" (Radnoti) **16**:419
"The Poppy" (Thompson) **4**:435-36
The Poppy (Mizoguchi) **72**:315
Popular Allegories (Villaurrutia) **80**:458
A Popular History of Witchcraft (Summers) **16**:430
The Popular Theater (Nathan) **18**:296
"Popularising Science" (Wells) **19**:446
Popularity (Cohan) **60**:157
Por que se ama (Benavente) **3**:94
Por tierras de Portugal y de España (Unamuno) **9**:514
Le porche du mystère de la deuxieme vertu (Peguy) **10**:405, 409, 412
The Porcupine (Robinson) **5**:403; **101**:185
Põrgupõhja uus Vanapagan (Tammsaare) **27**:372, 374-76
Porgy (Heyward) **59**:84-6, 88, 90-101, 103-06
Porgy and Bess (Heyward) **59**:92, 100, 104-05
"pornographisches i-gedicht" (Schwitters) **95**:315
"Pornography and Obscenity" (Lawrence) **33**:208
"Port of Call: Brazil" (Lewis) **3**:290
Port of Seven Seas (Sturges) **48**:285, 291, 312
Port of Seven Seas (Whale) **63**:339
"The Portable Phonograph" (McAlmon) **97**:98
The Portable Woollcott (Woollcott) **5**:525
The Portal of Initiation (Steiner)
See *Die Pforte der Einweihung*
La porte étroite (Gide) **5**:213-16, 218, 222-23, 227-29, 237-39, 243, 245-46; **12**:144, 147-49, 151-53, 157-62, 164, 167-68, 171, 173-74, 177-79; **36**:86, 93, 100, 102, 122
La porte fermée (Bosschere) **19**:52-5, 57-9, 62-5
The Portent: A Story of the Inner Vision of the Highlanders, Commonly Called the Second Sight (MacDonald) **9**:291-92
"Portepeefähnrich Schadius" (Liliencron) **18**:216
"Les portes de l'opium" (Schwob) **20**:321
"Les porteuses" (Hearn) **9**:138
"Pórtico" (Dario) **4**:56
The Portico of the Mystery of the Second Virtue (Peguy)
See *Le porche du mystère de la deuxieme vertu*
The Portion of Labor (Freeman) **9**:67, 70, 72
Les portiques (Larbaud) **9**:205
"A Portrait" (Field) **43**:166
"Portrait" (Alain-Fournier) **6**:28
"The Portrait" (Chekhov) **3**:146
"The Portrait" (Davies) **5**:202
"Portrait" (Garneau) **13**:195
"Portrait" (Millay) **49**:222
"Portrait" (Percy) **84**:198
"The Portrait" (Tolstoy) **18**:377
"Portrait" (Villaurrutia) **80**:477
"The Portrait" (Wharton) **3**:551; **9**:540
"Portrait of a Baby" (Benet) **7**:69
Portrait of a Dictator, F. S. Lopez (Graham) **19**:111
The Portrait of a Generation, Including the Revolving Mirror (McAlmon) **97**:92-94, 118
"Portrait of a Lady" (Day) **25**:131
The Portrait of a Lady (James) **2**:246, 255-56, 259, 262, 264-66, 269; **11**:326, 328, 331-32, 335, 337, 342; **40**:97-172; **47**:161, 167, 171-74, 177-78, 185-86, 188, 190, 201, 208; **64**:171-73, 179
"Portrait of a Lover" (Cullen) **37**:155, 168
Portrait of a Man with Red Hair (Walpole) **5**:497
"Portrait of a Mathematician" (Morley) **87**:146
Portrait of a Paladin (Huidobro)
See *Mío Cid Campeador*
"Portrait of a Philosopher" (Fisher) **87**:73
"The Portrait of a Saint" (Bradford) **36**:56
Portrait of America: Letters (Sienkiewicz)
See *Listy z podróży do Ameryki*
Portrait of an American (Coffin) **95**:20
"A Portrait of Bascom Hawke" (Wolfe) **4**:526-27; **13**:493; **61**:313, 319
"A Portrait of Carl Van Vechten" (Stein) **48**:210
"Portrait of Eliane at Fourteen" (Larbaud) **9**:198
"Portrait of Herwarth Walden" (Schwitters) **95**:342
Portrait of Mabel Dodge at the Villa Curonia (Stein) **28**:306; **48**:241
Portrait of Madame Yuki (Mizoguchi)
See *Yuki Fujin Ezu*
The Portrait of Mr. W. H. (Wilde) **8**:493-94, 499; **41**:359, 371, 375-77, 381, 389, 398
"Portrait of Mrs. C: Aetatis suae 75" (Bishop) **103**:27-8
"Portrait of Rudolf Blümner" (Schwitters) **95**:342-3
Portrait of the Artist as a Young Dog (Thomas) **1**:471-73; **8**:455-56, 462-63; **45**:389, 391-93, 395-96, 398, 408, 412
A Portrait of the Artist as a Young Man (Joyce) **3**:252, 254, 256, 262, 267-79, 282; **8**:161-63, 171; **16**:201-46; **35**:143-44, 156-

57, 161-63, 165-66, 169-70, 176, 194; **52**:206-07, 212, 224-26, 235, 237-39, 242
"Portrait with Background" (Gogarty) **15**:109
"Portraits" (Gurney) **33**:98
Portraits and Jewels of Mary Stuart (Lang) **16**:270
Portraits and Prayers (Stein) **48**:209, 249, 254
"Portraits and Repitition" (Stein) **48**:249
Portraits de famille (Alain) **41**:30
Portraits from Life (Ford) **1**:288; **15**:76
Portraits I (MacCarthy) **36**:251-53
Portraits in Miniature, and Other Essays (Strachey) **12**:399-400, 404
Portraits of American Women (Bradford) **36**:67
Portraits of the Confederacy (Bradford) **36**:46
Portraits of Women (Bradford) **36**:52, 66, 68
Die Portugiesin (Musil) **12**:242, 246, 251-52
The Portuguese Lady (Musil)
See *Die Portugiesin*
"The Portuguese Nun" (Teasdale) **4**:424
"El porvenir" (Dario) **4**:59
"Poryv" (Guro) **56**:133
Posedlost (Nezval) **44**:244
"Poseidon" (Dunsany) **59**:28
"Posición de América" (Reyes) **33**:318-19, 325
"The Position of America" (Reyes)
See "Posición de América"
The Position of America, and Other Essays (Reyes) **33**:318
"The Position of Judaism" (Zangwill) **16**:462
"Position of the Flesh" (Artaud)
See "Positions de la chair"
"Positions de la chair" (Artaud) **36**:4, 17
"Positions et propositions" (Claudel) **10**:130
"The Positive Critique of the Materialist Conception of History" (Weber) **69**:308
"Posle koncerta" (Annensky) **14**:27
Posle Rossii (Tsvetaeva) **7**:557, 560-61; **35**:388, 391-94, 400, 404, 406, 415-16
Poslednaya liubov' (Zabolotsky) **52**:374
"Poslední soud" (Capek) **37**:49
Poslednie stikhi, 1914-1918 (Hippius) **9**:154
Poslednie stranicy iz dnevnika ženščing (Bryusov) **10**:84
"Poslednii deb i st" (Kuprin) **5**:303
Posledniy iz Udege (Fadeyev) **53**:46, 51-55
Posledniye dni (Bulgakov) **2**:65; **16**:97, 110
"Posledny krug" (Hippius) **9**:159, 163, 165
Poslednyaya noch (Bagritsky) **60**:16-7
Posolon (Remizov) **27**:334, 338, 346, 350-52, 354-56
Le possédé (Lemonnier) **22**:198, 202
The Possessed (Ewers)
See *Die Besessenen*
Possession (Bromfield) **11**:72-5, 85, 87
Possession: A Peep-Show in Paradise (Housman) **7**:354-55
"Possession for Year and Day" (Maitland) **65**:282
"Possessions" (Crane) **2**:117, 120-21; **5**:188, 191
"Posson Jone'" (Cable) **4**:32
"The Post Office" (Hearn) **9**:126
The Post Office (Tagore)
See *Dākghar*
Post-Adolescence: A Selection of Short Fiction (McAlmon) **97**:89-91, 100, 102, 115, 118-20, 122
"Post-Bellum—Pre-Harlem" (Chesnutt) **39**:94
"A Postcard from the Volcano" (Stevens) **45**:282
Postcard Poems (Nezval) **44**:239
"Postcards" (Radnoti) **16**:414, 420
Posthumous Papers of a Living Author (Musil) **68**:260-63, 265
Posthumous Poems (Annensky) **14**:19-20
Posthumous Reminiscences of Braz Cubas (Machado de Assis)
See *Memórias pósthumas de Braz Cubas*
Post-Liminium (Johnson) **19**:233-34, 236, 238, 241, 254-55
The Postmodern Condition (Lyotard)
See *La condition postmoderne*
The Postmoderne Explained to Children (Lyotard)
See *Le Postmoderne expliqué aux enfants*
Le Postmoderne expliqué aux enfants (Lyotard) **103**:224
"Postponement" (Hardy) **72**:238-39
Postscript (Tagore)
See *Punascha*
Postscript to Adventure (Connor) **31**:109-11
"The Pot" (Aleichem)
See "Dos teppel"
"Potato Diggers" (Coffin) **95**:17
"The Potato Harvest" (Roberts) **8**:314, 316, 327
"Potato Picking" (McAlmon) **97**:98, 120, 122
"The Potatoes' Dance" (Lindsay) **17**:225, 239
Potatoes in the Field and Garden Culture (Prishvin) **75**:214
Pot-bouille (Zola) **1**:589; **6**:559, 563-65, 570; **21**:421; **41**:412, 415
Potop (Sienkiewicz) **3**:422-24, 427-29
"Potowatomis Datter" (Jensen) **41**:303-04
Potterism (Macaulay) **7**:422, 425-30; **44**:116-18, 122, 125, 132-33
"Potyra" (Machado de Assis) **10**:279
Pour en finir avec le jugement de dieu (Artaud) **3**:58
Pour la couronne (Coppee) **25**:125-28
Pour Lénine (Sorel) **91**:293
Pour lucrèce (Giraudoux) **2**:159, 172-73
"Pour Milo" (Schwob) **20**:319
"Pour moi" (Peguy) **10**:414
Pour un herbier (Colette) **5**:169
"Pour un rêve de jour" (Desnos) **22**:61
Pour une nouvelle culture (Nizan) **40**:325
"Pour vivre ici" (Eluard) **41**:152, 169
Pour vivre ici (Eluard) **41**:154
Pourquoi je ne suis pas feministe (Vallette) **67**:303, 309
La poussière de soleils (Roussel) **20**:226-28, 231, 234-35, 242-43, 246
Pouvoir tout dire (Eluard) **7**:255; **41**:152
"Poverty" (Zoshchenko) **15**:506
"Poverty's Lot" (Wetherald) **81**:409
Povest' nepogašennoj luny (Pilnyak) **23**:202, 212
"Povest nepogashennoy luny" (Pilnyak) **23**:203, 217, 219
Povest' o dvukh zveriakh: Ikhnelat (Remizov) **27**:349
"Povest o Petre i Fevronii" (Remizov) **27**:349
"Powassan's Drum" (Scott) **6**:387, 390
The Powder of Sympathy (Morley) **87**:123
"Power" (Crowley) **7**:208
"Power" (Sodergran)
See "Makt"
Power (Feuchtwanger)
See *Jud Süss*
Power (Gladkov) **27**:91
Power (Stringer) **37**:337
The Power and the Glory (Sturges) **48**:273-74, 276, 283-85, 290-96, 311, 316, 320-21
"The Power behind the Throne" (Phillips) **44**:277
Power in Men (Cary) **29**:65
"The Power of a Curse" (Premchand) **21**:287
The Power of a Lie (Bojer)
See *Troens magt*
The Power of Creative Work Is Inexhaustible (Tolstoy) **18**:379
Power of Darkness (Tolstoy) **4**:453-54; **11**:466, 469; **79**:374
The Power of Faith (Bojer)
See *Troens magt*
The Power of the Dead (Maeterlinck)
See *La puissance des morts*
The Power of the Keys (Shestov)
See *Vlast' klyuchei: Potestas clavium*
"The Power of the Pen" (Corelli) **51**:81, 83
"Power Song" (Jozsef) **22**:160
"Power-feeling and Machine-age Art" (Lewis) **104**:210
The Power-House (Buchan) **41**:38, 40-1, 53, 65, 67-8, 70-1
"Powhatan's Daughter" (Crane) **2**:124; **5**:186; **80**:81, 83
Pożegnanie jesieni (Witkiewicz) **8**:507
Pożegnanie z Maria (Borowski) **9**:21-3
"Poželtevšij berezovy list, kaplja, i nižnee nebo" (Sologub) **9**:448
"Pozëmka" (Pilnyak) **23**:211
"Pozhar" (Remizov) **27**:338, 341, 348
"Poznámka k Franzi Kafkovi" (Muir)
See "Poznámka k Franzi Kafkovi"
pppppp (Schwitters) **95**:350
Prabhat sangit (Tagore) **53**:339-40
Prabhat sangit (Tagore) **3**:490
"Prachka" (Khlebnikov) **20**:133
Practical Agitation (Chapman) **7**:187-88, 191, 193, 196
Practical Deductions (Nightingale) **85**:242
A Practical Novelist (Davidson) **24**:159-60
The Practice and Theory of Individual Psychology (Adler)
See *Praxis und Theorie der Individualpsychologie*
"The Practiced Hand" (March) **96**:251, 259
"Praeludium" (Henley) **8**:109
En praests dagbog (Obstfelder) **23**:176, 178-84, 186, 189, 191-93
Praeterita (Ruskin) **63**:254-56, 269-72, 291, 298-6, 318, 321-22
Pragmatism (Papini)
See *Pragmatismo*
Pragmatism: A New Name for Some Old Ways of Thinking (James) **15**:148, 162-63, 177, 187; **32**:337, 340, 351, 357, 359
Pragmatism as a Principle and Method of Right Thinking (Peirce) **81**:290,291
Pragmatismo (Papini) **22**:271, 283, 287
"The Pragmatist Account of Truth and Its Misunderstanders" (James) **32**:357
The Prague Pedestrian (Nezval)
See *Pražský chodec*
"Prague, When You Are in Danger" (Nezval) **44**:249
"Prague with Fingers of Rain" (Nezval)
See "Praha s prsty deště"
Prague with Fingers of Rain (Nezval)
See *Praha s prsty deště*
"Praha s prsty deště" (Nezval) **44**:248
Praha s prsty deště (Nezval) **44**:241, 245-46, 249
"The Prairie Battlements" (Lindsay) **17**:226
The Prairie Child (Stringer) **37**:338
"The Prairie Farmer" (Rhodes) **53**:316
Prairie Folks (Garland) **3**:192-93, 196
The Prairie Mother (Stringer) **37**:338
Prairie Songs: Being Chants Rhymed and Unrhymed of the Level Lands of the Great West (Garland) **3**:197
The Prairie Wife (Stringer) **37**:336-38
"Praise for an Urn" (Crane) **2**:117, 120; **5**:188-89
"Praise of Dionysus" (Gosse) **28**:139
"Praise of Her Own Beauty" (Naidu) **80**:317
Praises of the Sky, of the Sea, of the Earth, and of Heroes (D'Annunzio)
See *Laudi del cielo, del mare, della terra e degli eroi*
Prakovszky, a siket kovács (Mikszath) **31**:167
Prakovszky, the Deaf Smithy (Mikszath)
See *Prakovszky, a siket kovács*
Pramithas (Devkota)
See *Prometheus*
Prancing Nigger (Firbank) **1**:229-30
"Prangeren" (Jensen) **41**:308
Prāntik (Tagore) **3**:487, 489; **53**:343
"Prapamjat'" (Gumilev) **60**:272, 276, 280
"Das Präparat" (Meyrink) **21**:221, 225, 232
Der Präsident (Kaiser) **9**:174, 181
"Pravda večnaja kumirov" (Bryusov) **10**:81, 91
Praxis und Theorie der Individualpsychologie (Adler) **61**:2-3, 18

Pray and Work (Heijermans)
See *Ora et labora*
"Prayer" (Anwar)
See "Doa"
"The Prayer" (Hunt) **53**:190
"Prayer" (Jammes) **75**:110
"A Prayer" (Joyce) **3**:255
"Prayer" (Lasker-Schueler) **57**:332, 334-36
"Prayer" (Lawrence) **93**:59
"A Prayer" (Montgomery) **51**:209
"A Prayer" (Pickthall) **21**:243
"Prayer" (Service) **15**:412
"A Prayer" (Tsvetaeva)
See "Molitva"
The Prayer (Coppee)
See *Le pater*
"A Prayer for My Daughter" (Yeats) **1**:556; **11**:523, 531; **31**:389, 421-22; **93**:340, 363, 389, 392, 401
"A Prayer for My Son" (Yeats) **1**:580
"The Prayer of Islam" (Naidu) **80**:341
"The Prayer of the Flowers" (Dunsany) **59**:27
"The Prayer of Women" (Sharp) **39**:354, 373, 398
"Prayer on Waking" (Prado)
See "Oracion al despertar"
"The Prayer to the Virgin" (Adams) **4**:15
"A Prayer—For These" (Thomas) **10**:464
"Pražký chodec" (Nezval) **44**:246
Pražský chodec (Nezval) **44**:249
"The Precept of Silence" (Johnson) **19**:244, 246
"Preciosa and the Wind" (Garcia Lorca)
See "Preciosa y el aire"
"Preciosa y el aire" (Garcia Lorca) **7**:290; **49**:91, 97
Precious Bane (Webb) **24**:466-68, 471-73, 475-80, 483-84
The Precious Stones of the Bible (Ellis) **14**:127
Précision (1930-1937) (Benda) **60**:88-9
The Preconceptions of Economic Science (Veblen) **31**:351
"The Predicate in Moral Judgements" (Westermarck) **87**:363
Predlozhenie (Chekhov) **31**:80
"Préface à la vie d'un bureaucrate" (Roumain) **19**:339-41, 343, 345
"Preface on Bosses" (Shaw) **3**:393
Preface to a Life (Gale) **7**:282-83, 285
"Preface to a Novel" (Lowry) **40**:225
"Preface to Preludes and Symphonies" (Fletcher) **35**:100, 104
Prefaces (James) **2**:268
Prefaces (Marquis) **7**:437, 440
Prefaces to Shakespeare (Granville-Barker) **2**:195, 198
"Prefácio interessantíssimo" (Andrade) **43**:2, 7, 10-11, 17-19
"The Prefectural Engineer's Statement Regarding Clouds" (Miyazawa) **76**:300-01
"Le pregunté al poetia..." (Villaurrutia) **80**:515
Prejudices (Mencken) **13**:361, 379, 381, 386-87, 393-94
Prejudices, first series (Mencken) **13**:360
Prejudices, second series (Mencken) **13**:362
Prejudices, third series (Mencken) **13**:365, 395
Prekrasayia sabinianki (Andreyev) **3**:22
"Prelude" (Baker) **10**:26, 28
"Prelude" (Benet) **7**:73
"Prelude" (Mansfield) **2**:446, 450-58; **8**:275, 277, 280-82, 287, 291-93; **39**:293-95, 298, 301-04, 306-07, 314, 318-19, 321-22, 324-26, 329
"Prélude" (Mirbeau) **55**:292
"Prelude" (Pirandello) **29**:310
"Prelude" (Service) **15**:409
"A Prelude and a Song" (Stephens) **4**:406, 409-10, 419-20
Prelude to Adventure (Walpole) **5**:503
"A Prelude to Life" (Symons) **11**:436, 447-49
"Prelude to Objects" (Stevens) **45**:283
Prelude to Waking (Franklin) **7**:264-70
Preludes (Meynell) **6**:290, 292, 298-99
Preludio e canzonette (Saba) **33**:370, 373
Preludio e fughe (Saba) **33**:366, 370, 374
Preludios (Gonzalez Martinez) **72**:147-48, 154
Premashram (Premchand) **21**:284-85, 297
"The Premature Senility of Film" (Artaud) **36**:39
"Pre-Memory" (Gumilev)
See "Prapamjat'"
The Premier and the Painter (Zangwill) **16**:444, 462, 464
"Le Premier Pas" (Hornung)
See "The Ides of March"
"Premier Plan" (Nezval) **44**:239
Première anthologie vivante de la poésie du passé (Eluard) **41**:152
"Première du monde" (Eluard) **7**:247, 259
Les premières armes du Symbolisme (Moreas) **18**:285
Premières vues anciennes (Eluard) **41**:152
"Prem-ki holi" (Premchand) **21**:293
"Prendimiento de Antoñito el Camborio" (Garcia Lorca) **49**:92, 112-13
"Pre-Raphaelitism" (Ruskin) **63**:262, 310
Presagios (Salinas) **17**:357, 359, 361, 363-66
The Presbyterian Child (Hergesheimer) **11**:283
"Presence" (Roberts) **8**:321
Présence de la mort (Ramuz) **33**:295, 297-98, 300
"A Present" (Andreyev) **3**:20
"The Present" (Khlebnikov)
See "Nastoyashchee"
"The Present Age" (Harper) **14**:259, 263
The Present Age from 1914 (Muir) **87**:163
"Present at a Hanging" (Bierce) **44**:45
"The Present Condition of Jamaica and Jamaicans" (Redcam) **25**:331
Present Customs (Korolenko) **22**:173
"The Present Dilemma in Philosophy" (James) **15**:181
"Present Estate of Pompeii" (Lowry) **6**:240
"The Present Meeting of East and WEst" (Fenollosa) **91**:2
"The Present Need of a Philosophy" (Collingwood) **67**:193
"The Present Position of Minority Groups in the United States" (Wirth) **92**:377
"The Present State of the Age of Repression" (Ishikawa) **15**:129
"Presentimento" (Villaurrutia) **80**:477
Preserving Mr. Panmure (Pinero) **32**:411-12
President (Molnar) **20**:171
President Fu Manchu (Rohmer) **28**:280, 300
"The President Reports on the Home Front" (Roosevelt) **93**:184
"President Roosevelt Is Magificently Right" (Keynes) **64**:210
Press On (Lie)
See *Gaa paa!*
Prester John (Buchan) **41**:34-6, 38, 41, 44, 49
The Pretender: A Story of the Latin Quarter (Service) **15**:398
The Pretenders (Ibsen)
See *Kongs emnerne*
"Pretending" (Beerbohm) **24**:116, 126
"Le prêtre" (Teilhard de Chardin) **9**:493
The Pretty Lady (Bennett) **5**:38, 42, 44, 47, 48; **20**:22-4, 27-8
"Pretty Poll" (de la Mare) **53**:14-5, 17
"The Pretty Redhead" (Apollinaire)
See "La jolie rousse"
"Pretty Words" (Wylie) **8**:530, 536
Preussische Wappen (Kolmar) **40**:184
"Prevalent Design" (Lewis) **104**:210
"The Prevention of Literature" (Orwell) **6**:344; **15**:309; **31**:181; **51**:243, 259, 266
A Previous Engagement (Howells) **7**:387
"Pri dverjav" (Pilnyak) **23**:211
"Pri soli" (Saba) **33**:373
"Priblizheniia" (Balmont) **11**:36
"The Price for Civilization Must Be Paid in Hard Work and Sorrow and Blood" (Roosevelt) **93**:184
"The Price of a Soul" (Bryan) **99**:52
"The Price of Admiralty" (Lowndes) **12**:201
"The Price of Leadership" (Murry) **16**:342
The Price of Love (Bennett) **5**:26, 36, 50
"The Price of Milk" (Premchand)
See "Dudh-ka dam"
"The Price of Realism" (Symons) **11**:454
"The Price of the Harness" (Crane) **11**:134, 161
The Price of Unhappiness (Yokomitsu)
See *Kanashimi no Daika*
The Price She Paid (Phillips) **44**:262, 268, 275
"The Price Was High" (Fitzgerald) **6**:167
"Pridah" (Bialik) **25**:53, 59
Pride (Gladkov) **27**:91
The Pride of Bear Creek (Howard) **8**:137
A Pride of Sonnets (Morley) **87**:145
"The Pride of the Cities" (Henry) **19**:174
Pride of the Yankees (Mankiewicz) **85**:147, 158, 163
"Pridvornyi iuvelir" (Remizov) **27**:341-42, 349
"La prière" (Sully Prudhomme) **31**:306
"Prière du soir" (Nelligan) **14**:399
"Prière impromptue 3" (van Ostaijen) **33**:413
"Priere pour Aller au Paradis avec les Anes" (Jammes) **75**:114
"Prière pour nous autres charnels" (Peguy) **10**:405-06
"Priest of the Temple of Serapis" (Cavafy) **2**:89
"The Priestly Prerogative" (London) **9**:273-74
"Priezd v derevnju" (Guro) **56**:136-37, 145
I prigioni (Saba) **33**:373, 375
Prigionieri (Marinetti) **10**:317
"Priglashenie v puteshestvie" (Gumilev) **60**:279
Prikliuchenie (Tsvetaeva) **7**:568; **35**:390, 394, 410
"Prikliucheniia obez'iany" (Zoshchenko)
See "Adventures of a Monkey"
Prim (Perez Galdos) **27**:282
Prima del Ballo (Svevo) **35**:369
The Prima Donna (Crawford) **10**:151, 155
"Prima notte" (Pirandello) **29**:282, 292
"Primal Memories" (Gumilev)
See "Prapamjat'"
"Primal Sonata" (Schwitters)
See "Ursonate"
"Primal Sound" (Rilke) **1**:423
The Primate of the Rose (Shiel) **8**:364
"Primavera" (Carducci) **32**:103
"La primavera" (Jimenez) **4**:225
"Primavera" (Saba) **33**:374
"Primavera de agosto" (Prado) **75**:211
Primavera en otoño (Martinez Sierra and Martinez Sierra) **6**:277-78
"Primavere elleniche" (Carducci) **32**:86, 91, 96, 101, 108, 110
"Prime" (Lowell) **8**:227, 234
"Prime Salted" (Caragiale)
See "Pastramă trufanda"
A Primer of French Literature (Saintsbury) **31**:228
Primer romancero gitano (Garcia Lorca) **1**:309-10, 313-15, 317-20; **7**:291-93, 297-300; **49**:69, 77-8, 80, 82, 85, 89, 92, 95-9, 111-13, 116, 119
"Primera invitación a los amigos" (Huidobro) **31**:133
Primeras canciones (Garcia Lorca) **1**:312; **49**:91
Las primeras letras de Leopoldo Lugones (Lugones) **15**:294
Primeros poemas (Villaurrutia) **80**:499
Primi poemetti (Pascoli) **45**:149
Primitive Art (Boas) **56**:63, 68-69, 98
"A Primitive Like an Orb" (Stevens) **3**:454, 478; **12**:387; **45**:292, 295-96, 300, 347
"Primo amore" (Pavese) **3**:340
Primo vere (D'Annunzio) **6**:133, 136; **40**:13, 36-7
"The Primrose Dance: Tivoli" (Symons) **11**:445
"Prince Alberic and the Snake Lady" (Lee) **5**:319
The Prince and the Pauper (Twain) **6**:455, 457, 462, 466, 471, 476, 480; **12**:431, 436;

36:352, 369, 379-80, 402,409; **48**:327-37, 339-52, 355-61; **59**:168, 170, 172, 182, 203
Prince Charles Edward Stuart (Lang) **16**:270
"Prince Charlie's Weather-Vane" (Lee-Hamilton) **22**:192
"Prince Hassak's Match" (Stockton) **47**:328-29, 331
Prince Jali (Myers) **59**:123, 127-28, 131, 134, 136, 150, 154
"The Prince of Peace" (Bryan) **99**:14, 17, 22, 31, 43-44, 52, 86, 150
A Prince of Sinners (Oppenheim) **45**:132
A Prince of the Captivity (Buchan) **41**:41-2, 44-5, 54, 58, 67, 80
"The Prince of the Fairies" (Davidson) **24**:164
The Prince of the Hundred Soups (Lee) **5**:311, 314, 319
The Prince of the Mountains (Rebreanu)
See *Craişortil*
Prince Prigio (Lang) **16**:264-66, 268
Prince Reuveni (Bergelson) **81**:23
Prince Ricardo of Pantouflia: Being the Adventures of Prince Prigio's Son (Lang) **16**:264-66, 268
"The Prince Who Was a Thief" (Dreiser) **35**:71
Prince Zaleski (Shiel) **8**:358-61
La princesa Bebé (Benavente) **3**:97, 99-100
"La princesa Bizantina" (Quiroga) **20**:211
"A Princess" (Graham) **19**:104, 131
The Princess Aline (Davis) **24**:200, 202-03
The Princess and Curdie (MacDonald) **9**:290, 294, 298, 300, 302, 305-06, 311
The Princess and the Butterfly (Pinero) **32**:389, 398, 405, 413, 415
The Princess and the Goblin (MacDonald) **9**:289-90, 292, 294-95, 298-300, 305-06
The Princess Casamassima (James) **2**:255, 269-70; **11**:325, 327-29, 336-38, 342; **24**:343; **47**:158-59, 177, 180, 183-85, 205, 208
The Princess Far-Away (Rostand)
See *La princesse lointaine*
Princess Fish (Raabe)
See *Prinzessin Fisch*
Princess Ida; or, Castle Adamant: A Respectable Operatic Per-version of Tennyson's "Princess" (Gilbert) **3**:214, 216-17
The Princess Maleine (Maeterlinck)
See *La princesse Maleine*
"Princess Mymra" (Remizov)
See "Tsarevna Mymra"
Princess Napraxine (Ouida) **43**:352-54, 358, 366-67
The Princess Nobody (Lang) **16**:264
"A Princess of Egypt" (Marquis) **7**:448
"The Princess of Kingdom Gone" (Coppard) **5**:175
A Princess of Mars (Burroughs) **2**:77, 80; **32**:56-8, 63-9
"The Princess of the Golden Isles" (Saltus) **8**:346
"The Princess of the Sun" (Saltus) **8**:346
The Princess Priscilla's Fortnight (Elizabeth) **41**:122-23
Princess Russalka (Wedekind)
See *Fürstin Russalka*
The Princess Who Liked Cherry Pie (Tey) **14**:459
The Princess Yang (Mizoguchi)
See *Yokihi*
The Princess Yang Kwei Fei (Mizoguchi)
See *Yokihi*
The Princess Zoubaroff (Firbank) **1**:227
La princesse des tenebres (Vallette) **67**:302-6
La princesse lointaine (Rostand) **6**:372-78, 380; **37**:283, 286-88, 290-91, 293, 295-99, 303-04
La princesse Maleine (Maeterlinck) **3**:317, 319, 325
La princesse Phénissa (Gourmont) **17**:130-31
"Princeton in the Nation's Service" (Wilson) **79**:529
Principia Ethica (Moore) **89**:176, 181, 204-5, 209, 213-5, 217, 225-6, 240, 251-2, 254, 269, 277-9
Principia Mathematica (Whitehead) **97**:196-97, 210, 238, 290
Principio (Sa-Carniero) **83**:405
"Los principios de moral" (Lugones) **15**:292
The Principle of Relativity (Einstein) **65**:91, 97-8
The Principle of Relativity (Whitehead) **97**:197
The Principles of Art (Collingwood) **67**:97, 124-25, 127, 138-41, 151, 156, 171-73, 175, 178, 180-81, 194
The Principles of Nationalities (Zangwill) **16**:461
The Principles of Poetry (Hagiwara Sakutaro)
See *Shi no genri*
The Principles of Psychology (James) **15**:139, 142, 178-80, 183-86, 188, 190, 192; **32**:332, 334, 338-40, 343, 347, 350-51, 359-63
"Principles of Research" (Einstein) **65**:73
The Principles of Scientific Management (Taylor) **76**:337, 350, 359, 361, 379, 382, 384, 386, 394-95, 406, 409-12, 419, 421-23, 427
"Prinkin' Leddie" (Wylie) **8**:521
The Print of My Remembrance (Thomas) **97**:140
"Printemps" (Éluard) **41**:158
Printemps (Kandinsky) **92**:50
"Printemps et cinématographe mêlés" (Jacob) **6**:198-99
"Printemps: Journal d'un convalescent" (Zola) **21**:456
Prinzen aus Genieland (Herzl) **36**:132
Prinzessin Fisch (Raabe) **45**:167, 176-77, 179, 196, 199
"Případ dra Mejzlíka" (Capek) **37**:49
"Případ Selvinuv" (Capek) **37**:49
"Prishchepa" (Babel) **2**:27; **13**:21
Le prisme (Sully Prudhomme) **31**:306
Prison Memoirs (Ramos)
See *Memórias do cárcere*
"A Prisoner" (Baker) **3**:9
"The Prisoner" (Douglas) **40**:63-5, 85, 89
"Prisoner and Death" (Toller)
See "Gefangener und Tod"
Prisoner in Fairyland: The Book That "Uncle Paul" Wr ote (Blackwood) **5**:70-1
Prisoner of Grace (Cary) **1**:140, 147-48; **29**:68-9, 73, 76-8, 92, 96-9, 107, 109
"The Prisoner of the Caucasus" (Tolstoy) **79**:394, 421
"Prisoner of the Sands" (Saint-Exupery) **2**:516
The Prisoner of Zenda (Hope) **83**:164-6, 169-71, 173-8, 181-2
"A Prisoner Shakes Hands with Death" (Toller)
See "Gefangener reicht dem Tod die Hand"
The Prisoner Who Sang (Bojer)
See *Fangen som sang*
Prisoners (Molnar)
See *Rabock*
The Prisoners of Hartling (Beresford) **81**:9
"The Prisoners of the Pitcher-Plant" (Roberts) **8**:323
The Prisoners' Poems (Toller)
See *Gedichte der Gefangenen*
"The Prisoners' Songs" (Toller)
See "Lieder der Gefangenen"
La prisonnière (Proust) **7**:549; **33**:258, 272-73, 287
Prisons, Politics and Punishments (Carpenter) **88**:72
"A Private" (Thomas) **10**:463
"Private Eye" (Kuttner) **10**:276
"A Private History of a Campaign That Failed" (Twain) **6**:466; **19**:385-86
Private Inquiry (Upward) **85**:380
"Private Jones" (Lewis) **3**:285, 288
The Private Life of an Eminent Politician (Rod)
See *La vie privée de Michel Teissier*
The Private Life of Helen of Troy (Erskine) **84**:158-9, 161-7, 183
Private Lives of Chinese Scholars (Liu)
See *Ju lin Wai Shih*
The Private Papers of Henry Ryecroft (Gissing) **3**:224-26, 230, 232-33, 236-37; **24**:218, 222, 226-27, 230, 249; **47**:123, 137-38
"Private Properties" (Carpenter) **88**:98
Private Theatricals (Howells) **7**:383; **17**:189
The Private Tutor (Bradford) **36**:63
Private View (de la Mare) **4**:81
The Privateer (Tey) **14**:450, 460
"The Private's Story" (Crane) **11**:166
"The Prize" (Muir) **87**:176
"Pro aris" (Rolland) **23**:255
Pro aris et focis (Davis) **6**:154
Pro domo et mundo (Kraus) **5**:291
"Pro domo suo" (Bryusov) **10**:81
"Pro eto" (Mayakovski) **18**:257-58
"Pro patria" (Drummond) **25**:145
"Pro rege nostro" (Henley) **8**:106
Das Problem des Homosexualitat (Adler) **61**:11
A Problem in Greek Ethics (Carpenter) **88**:143
"The Problem of Cell Thirteen" (Futrelle) **19**:91-3, 95-7
The Problem of Cell Thirteen (Futrelle)
See *The Thinking Machine*
"Problem of Consciousness" (Nishida)
See "Ishiki no mondai"
The Problem of Homosexuality (Adler)
See *Das Problem des Homosexualitat*
"The Problem of Increasing Human Energy" (Tesla) **88**:287, 317
"The Problem of Japenese Culture" (Nishida)
See "Nihon bunka no mondai"
Problem of Knowledge (Cassirer) **61**:63
"A Problem of Life" (Bjoernson) **7**:103
"The Problem of Man" (Haeckel) **83**:154
"The Problem of Minority Groups" (Wirth) **92**:372
"The Problem of Old Harjo" (Oskison) **35**:280-81
"The Problem of Our Laws" (Kafka)
See "Zur Frage unserer Gesetze"
The Problem of Rebirth (Aurobindo) **63**:21
"The Problem of Sociology" (Simmel) **64**:354, 359
The Problem of Sovereignty (Laski) **79**:76-7, 104
"The Problem of Space, Ether, and the Field of Physics" (Einstein) **65**:70
The Problem of Style (Murry) **16**:347, 348, 351, 355, 358
"The Problem of the Stolen Rubens" (Futrelle) **19**:96
"The Problem of Unemployment" (Keynes) **64**:244
Probleme der Lyrik (Benn) **3**:111
Probleme der Seschichtsphilosophie (Simmel) **64**:312, 314, 338, 354, 357
Probleme der Sozialphilosphie (Michels) **88**:150
Le problème du style (Gourmont) **17**:126-27, 130, 138, 142-43, 148, 150, 155
Problemi di estetica e contributi all storia dell' estetica italiana (Croce) **37**:115-16, 119, 124
Problems in Social Philosophy (Michels)
See *Probleme der Sozialphilosphie*
"The Problems of Islam" (Andreas-Salome) **56**:46
Problems of Leninism (Stalin)
See *Leninism*
"The Problems of Marriage" (Horney) **71**:233-235
"Problems of Minority Groups in the United States" (Wirth) **92**:377
Problems of Neurosis: A Book of Case Histories (Adler) **61**:32
Problems of Russian Religious Consciousness (Berdyaev) **67**:24

Problems of Staple Production in Canada (Innis) **77**:337
Problems of the Philosophy of History (Simmel)
See *Probleme der Seschichtsphilosophie*
"Proč nejsem komunistou" (Capek) **37**:59
Le proces de Socrate (Sorel) **91**:193, 205, 209, 213-4, 233, 291, 295, 321, 329
Process and Reality (Whitehead) **97**:211, 214, 219-20, 237-38, 241-42, 271, 279-82,284-85, 287-88, 296-98, 300-02, 346, 348, 356
"A Process in the Weather of the Heart" (Thomas) **45**:361
The Process of Real Freedom (Cary) **29**:65
"Procession of the Flowers" (Higginson) **36**:175
A Procession of the People (Bojer)
See *Et folketog*
Processions (Gibran) **9**:90-1
"Procházky" (Nezval) **44**:247
"Prochožij" (Zabolotsky) **52**:378
Le procuateur de Judée (France) **9**:47-8, 52-4
The Procurator of Judea (France)
See *Le procuateur de Judée*
The Prodigal Parents (Lewis) **4**:251; **13**:350; **23**:136
"The Prodigal Son" (Gumilev)
See "Bludnyj syn"
"The Prodigal Son" (Johnson) **19**:220
The Prodigal Son (Caine) **97**:3, 7
"Prodigals" (Dobson) **79**:8
"Proditoriamente" (Svevo) **2**:541; **35**:345
"Proem" (Crane) **5**:187-88
"Proem" (Jozsef) **22**:160
"Proem" (Miyazawa) **76**:281
"Proem: To Brooklyn Bridge" (Crane) **80**:81, 83, 87, 93, 97, 103, 126, 139-40, 143-4, 157, 162, 172, 176, 187
Proemio (D'Annunzio) **40**:11
Profane Proses (Dario)
See *Prosas profanas, y otros poemas*
"The Professional Instinct" (Glasgow) **7**:343
"Professions for Women" (Woolf) **56**:410
The Professor (Kielland)
See *Professoren*
"The Professor and the Mermaid" (Lampedusa) **13**:293, 295
Professor Bernhardi (Schnitzler) **4**:387-88, 390, 397-98, 401
Professor Unrat (Mann) **9**:322-25, 327, 329, 331
Professoren (Kielland) **5**:279
The Professor's House (Cather) **1**:153-54, 156-58, 163; **11**:95, 97-9, 102, 107, 109, 111; **31**:26-7, 48-9, 54; **99**:219-20, 241, 245, 252-53, 268, 274-75, 281
"The Professor's Sister" (Hawthorne) **25**:249
"Profit" (Platonov) **14**:409
"Profit from My Experience" (Zweig) **17**:458
The Profitable Reading of Fiction (Hardy) **48**:51
The Profligate (Pinero) **32**:387-89, 393, 397-401, 412-13
De Profundis (Przybyszewski) **36**:290
"Program of the Coming Philosophy" (Benjamin) **39**:4
"Progress" (Graham) **19**:104, 116, 129, 135
Progress and Power (Becker) **63**:81-2, 92, 99, 114-15
"The Progress of the Gold Coast Native" (Casely-Hayford) **24**:132
"The Progressive" (Vazov) **25**:454
Lo prohibido (Perez Galdos) **27**:250, 252, 257, 285
"La prohibition de l'inceste et ses origines" (Durkheim) **55**:91
La proie et l'ombre (Roumain) **19**:331, 338-43, 345
Proiskhozhdenie mastera (Platonov) **14**:409, 423
"Proiskhozhdeniye" (Bagritsky) **60**:17
"Prolegomena to an Apology for Pragmatism" (Peirce) **81**:199-200
Prolegomena zur reinen Logik (Husserl) **100**:9, 39
"Prolog" (Bryusov)
See "Gasnut rozovye kraski"
"Prolog for a Monument to Goldoni" (Giacosa) **7**:309
"Prologue" (Henley) **8**:110
"Prologue" (Thomas)
See "Author's Prologue"
"Prologue to an Adventure" (Thomas) **45**:412
A Prologue to "King Lear," Marshall, and The Violet (Molnar)
See *Szinház: Előjáték Lear Királyhoz, Marshall, Az ibolya*
The Prologue to Life (Sikelianos) **39**:404, 418
"Prologue to Lyrical Life" (Sikelianos) **39**:412-13, 416-18
"Prologue to Women in Love" (Lawrence) **93**:68
Prologues and Addresses-of-Mourning (Hofmannsthal) **11**:294
"The Prologues and Epilogues" (Dobson) **79**:20
"Prologues to What Is Possible" (Stevens) **3**:450; **45**:280, 312, 315
Promenade à cheval (Kandinsky) **92**:48
Promenade gracieuse (Kandinsky) **92**:50
Promenades littéraires (Gourmont) **17**:127, 130, 136, 138, 145-46, 148-50, 158
Promenades of an Impressionists (Huneker) **65**:170, 188, 217
Promenades philosophiques (Gourmont) **17**:127, 130, 136
"La promesse du merle" (Bosschere) **19**:58-9
Le Prométhée mal enchaîné (Gide) **5**:215, 235; **12**:171-72, 178; **36**:108-09
"Prometheus" (Muir) **87**:230
Prometheus (Devkota) **23**:48, 50-2
Prometheus and Epimetheus (Spitteler)
See *Prometheus und Epimetheus*
Prometheus der Dulder (Spitteler) **12**:340, 349-50
Prometheus Illbound (Gide)
See *Le Prométhée mal enchaîné*
Prometheus Misbound (Gide)
See *Le Prométhée mal enchaîné*
"Prometheus' Punishment" (Capek) **37**:45
Prometheus the Firegiver (Bridges) **1**:124, 130, 132
"Prometheus Unbound" (Yeats) **93**:342
Prometheus und Epimetheus (Spitteler) **12**:335-39, 342, 347-50, 352
Promethidenlos (Hauptmann) **4**:205
"Promise" (Baker) **3**:6
"Promise!" (Guro)
See "Obeschaite!"
"Promise and Fulfillment" (Dunbar) **12**:106
The Promise of Air (Blackwood) **5**:72
"The Promised Land" (Fisher) **11**:210, 212, 214
The Promised Land (Reymont)
See *Ziemia obiecana*
"The Promisers" (Owen) **5**:374
"Promotion" (Guest) **95**:207
"Un pronóstico cumplido" (Palma) **29**:262
Pronounced Rose (Kandinsky) **92**:36
"Proof of an External World" (Moore) **89**:195, 244
"Proof of the Pudding" (Henry) **19**:183
"Proof Positive" (Capek) **37**:49
"Proofs of Holy Writ" (Kipling) **8**:205
Propeller Island (Verne)
See *L'Ile à hélice*
A Proper Impropriety (Thomas) **97**:139
"Property Under Socialism" (Wallas) **91**:374, 376
"The Prophet" (Bosman) **49**:19-23, 29
"The Prophet" (Lawrence) **93**:44
"Prophet" (Pickthall) **21**:254
The Prophet (Asch)
See *Ha-navi*
The Prophet (Gibran) **1**:325-29; **9**:82-7, 89-94
"The Prophet and the Country" (Kipling) **8**:202
"The Prophet Lost in the Hills at Evening" (Belloc) **18**:41
The Prophet of Berkeley Square: A Tragic Extravaganza (Hichens) **64**:128
A Prophet of Joy (Bradford) **36**:62-3
The Prophet of the Russian Revolution (Merezhkovsky) **29**:231
The Prophet Unarmed (Trotsky) **22**:376
"Propheta gentium" (Johnson) **19**:243
"Prophets, Ancient and Modern" (Housman) **7**:359
"Die Prophezeiung an Alexander" (Werfel) **8**:478
La propia estimación (Benavente) **3**:94
Les propos d'Alain (Alain) **41**:3
A propos de l'Assommoir (Rod) **52**:309
Propos de littérature (Alain) **41**:27
Propos d'exil (Loti) **11**:353
"A Propos of Lady Chatterley's Lover" (Lawrence) **48**:55, 102, 108, 112, 122, 130, 132, 149
"Propos sans suite" (Roumain) **19**:340, 345
Propos sur le bonheur (Alain) **41**:3, 21-2, 29
Propos sur le christianisme (Alain) **41**:3
Propos sur l'éducation (Alain) **41**:9, 29
"The Proposal" (Chekhov)
See *Predlozhenie*
Die Prosa (Barlach) **84**:116
"Prosa fetida" (Campana) **20**:83
Prosa II (Hofmannsthal) **11**:308
Prosas profanas, y otros poemas (Dario) **4**:57-63, 65
Prosas profanos, and Other Poems (Dario)
See *Prosas profanas, y otros poemas*
"Proščanie" (Zabolotsky) **52**:367
"Prose and Rhyme" (Dobson)
See "Ballade of Prose and Rhyme"
The Prose of Christopher Brennan (Brennan) **17**:46
The Prose of Osip Mandelstam: The Noise of Time. Theodosia. The Egyptian Stamp (Mandelstam) **6**:259
The Prose of Rupert Brooke (Brooke) **7**:126
Prose Papers (Drinkwater) **57**:139, 142
"The Prose Poem of Roast Meat" (Huysmans) **69**:25
"Prosëlki" (Pilnyak) **23**:211
Proserpina (Ruskin) **63**:251, 254
Proses moroses (Gourmont) **17**:127
"A Prospect of the Sea" (Thomas) **45**:390, 409, 412-13
"The Prospector" (Service) **15**:404
The Prospector (Connor) **31**:106-11, 114, 116
A Prospectus on Reasoning (Peirce) **81**:291
"Prosperity" (Coleridge) **73**:9
"The Prosperity of England. Mr. Keynes's Reassuring Picture" (Keynes) **64**:244
"The Protected" (Remizov)
See "Pokrovennaia"
"Protect-Your-Men" (Williams) **89**:396
Protée (Claudel) **10**:123, 127
"A Protégée of Jack Hamlin's" (Harte) **25**:203
Protesilaj umeršij (Bryusov) **10**:84
"Protest" (Cullen) **37**:164
The Protestant Ethic and the Spirit of Capitalism (Weber)
See *Die protestantische Ethik und der "Geist" des Kaptialismus*
Die protestantische Ethik und der "Geist" des Kaptialismus (Weber) **69**:293, 318, 324-25, 327-28, 333-35, 355-57, 365, 378
"Protestations" (Stringer) **37**:329
"Protiv verkhoglyadstva" (Fadeyev) **53**:58, 63, 65
Protractatus (Wittgenstein) **59**:289
Proud Destiny (Feuchtwanger)
See *Waffen für Amerika*
"The Proud Farmer" (Lindsay) **17**:240
"The Proud Heart" (Cullen) **37**:165
The Proud Sheriff (Rhodes) **53**:317, 319, 327, 330
"Proud Songsters" (Hardy) **10**:225

Provence (Ford) **15**:87; **57**:283
"A Provence Rose" (Ouida) **43**:350
Proverbs in Porcelain (Dobson) **79**:8, 11, 22, 27, 36-7
Provětroň (Capek) **6**:86-8, 91; **37**:50, 54, 59-60
"Providence" (Lovecraft) **4**:266
"A Providential Intimation" (Bierce) **44**:45
"A Providential Match" (Cahan) **71**:12, 24-26, 37, 39-40, 68, 71, 86-88
"The Provider" (Guiney) **41**:209
The Provincial Lady in War-Time (Delafield) **61**:129-31, 136
A Provincial Tale (Zamyatin)
See *Uezdnoe*
Provinciales (Giraudoux) **2**:159, 163; **7**:324-25
The Provincials (Zamyatin)
See *Uezdnoe*
"Provoda" (Tsvetaeva) **35**:399-400, 404
La próxima (Huidobro) **31**:123, 138
Proza (Tsvetaeva) **35**:383
Der Prozess (Kafka) **2**:290, 294-96, 300, 303, 306-07; **6**:219-20, 224-28; **13**:261, 263, 275; **29**:167-222; **47**:211-12, 222-24, 226, 244-47, 255, 257-58, 262; **53**:203, 205, 232
"Die Prozession" (Werfel) **8**:476
Prud (Remizov) **27**:333, 338, 341, 346, 349
The Prude's Progress (Jerome) **23**:77
Die Prüfung der Seele (Steiner) **13**:438, 443, 457
Prunella (Housman) **7**:353
"The Prussian Officer" (Lawrence) **9**:220
The Prussian Officer, and Other Stories (Lawrence) **2**:343, 354
"Przygoda Stasia" (Prus) **48**:156, 162, 182
"A Psalm" (Bulgakov) **16**:85
"Psalm" (Ivanov) **33**:138-39
"Psalm" (Trakl) **5**:462-63
"Psalm for Man's Voice" (Babits)
See "Zsoltár férfihangra"
"Psalm of Experience" (Torrence) **97**:146
"Psalm of Life" (Forten) **16**:150
A Psalm of Montreal (Butler) **33**:59
The Psalmody of Persia (Iqbal)
See *Zabur-i ajam*
Psalms and Songs (Lowry) **6**:254
"Psalms of Rapture" (Radnoti) **16**:418
"The Pseudo-Believer" (Lewis) **104**:188
Psicología de Don Quijote y el quijotismo (Ramoacn y Cajal) **93**:146
Psikheya (Tsvetaeva) **35**:410
"Psikhologiia tvorchestva" (Zamyatin) **37**:429
"Psychanalyse et peinture" (Lyotard) **103**:229
"Psyche" (Hippius) **9**:155, 158
Psyche (Couperus) **15**:46
Psyche (De Lisser) **12**:95
Psyche (Tsvetaeva)
See *Psikheya*
"Psyche and the Pskyscraper" (Henry) **1**:352; **19**:179
Psyche's Task: A Discourse Concerning the Influence of Superstition on the Growth of Institutions (Frazer) **32**:203, 206, 229
"The Psychiatrist" (Machado de Assis) **10**:289, 306
"A Psychical Invasion" (Blackwood) **5**:73, 78
"The Psychical Mallards" (Benson) **27**:19
"Psychical Research" (Brooke) **7**:124
"The Psychical Secretion of the Salivary Glands (Complex Nervous Phenomena in the Work of the Salivary Glands)" (Pavlov) **91**:150
Psychoanalysis and the Unconscious (Lawrence) **2**:347, 359; **9**:215-16; **16**:292; **61**:207, 215, 221-3, 225; **93**:18, 84, 110
"Psycho-Analysis in Relation to Sex" (Ellis) **14**:112
"The Psychoanalyzed Girl" (McAlmon) **97**:114, 116, 118, 120
"The Psychogenesis of a Case of Homosexuality in a Woman" (Freud)
See "Über die Psychogenese eines Falles von Weiblicher Homosexualität"
"Psychological and Ethnological Studies on Music" (Simmel)
See "Psychologische und Ethnologische Studien uber Musik"
"Psychological Peculiarities of the Prophets" (Weber) **69**:331
"A Psychological Shipwreck" (Bierce) **44**:45
"Psychological Studies of Elementary Logic" (Husserl) **100**:38
"Psychological Types in the Cultures of the Southwest" (Benedict) **60**:107, 139, 147, 150-51
"Psychologie nouvelle" (Gourmont) **17**:138
"Psychologische und Ethnologische Studien uber Musik" (Simmel) **64**:332, 339-40
"Psychology" (Mansfield) **2**:458; **8**:275, 280; **39**:293
Psychology (Dewey) **95**:58, 131
"Psychology as Philosophic Method" (Dewey) **95**:95
"The Psychology of Belief" (James) **32**:362
"The Psychology of Creativity" (Zamyatin)
See "Psikhologiia tvorchestva"
"The Psychology of Kant" (Dewey) **95**:58
The Psychology of Social Development (Aurobindo)
See *The Human Cycle*
The Psychology of the Unconscious (Lawrence) **93**:18
"El psychón" (Lugones) **15**:293
"Psychopathic Characters on the Stage" (Freud) **52**:131
"Psychopompos" (Lovecraft) **4**:265-66
"Psykologisk Literatur" (Hamsun) **49**:147
"Ptaki" (Schulz) **5**:423-24; **51**:308, 314-15
"Ptica" (Gumilev) **60**:279
"Ptichka" (Remizov) **27**:339
Ptitsy v vozdukhe (Balmont) **11**:37
"The Pub with No Beer" (Paterson) **32**:377
The Public (Garcia Lorca)
See *El público*
The Public and Its Problems (Dewey) **95**:34, 134-5
"The Public as Art Critic" (Flecker) **43**:210-11
The Public Papers and Addresses of Franklin D. Roosevelt (Roosevelt) **93**:170, 176, 178, 180, 183, 184
The Public Papers of Woodrow Wilson (Wilson) **79**:484, 491, 496
"Public Recreation and Social Morality" (Addams) **76**:37
El público (Garcia Lorca) **49**:88, 105, 117
La puce à l'oreille (Feydeau) **22**:78, 93
La puchera (Pereda) **16**:363-65, 372-73, 378
Puck (Ouida) **43**:347, 354, 364, 371, 375
"Puck of Pook's Hill" (Kipling) **8**:187
"Pueblo" (Villaurrutia) **80**:477
El pueblo inocente (Romero) **14**:432-34, 441-43
"El pueblo muerto" (Prado) **75**:194, 208-09, 211
"La puerta" (Gonzalez Martinez) **72**:150
Pugacev (Esenin) **4**:109-10, 112
"The Pug-Nosed Fox" (Somerville & Ross) **51**:336, 348, 358
La puissance des morts (Maeterlinck) **3**:323
"Le puissance spirituelle de la matière" (Teilhard de Chardin) **9**:482
Le puits de Sainte Claire (France) **9**:40, 42
Pull Devil, Pull Baker (Benson) **17**:22, 25-6, 32
"Pullman Sleeper" (Fields) **80**:258
"La pulperia" (Graham) **19**:133
"The Pulpit" (Roberts) **68**:336
Pulpit and Press (Eddy) **71**:96
The Pulse of Life (Lowndes) **12**:201
"Pulvis et umbra" (Carman) **7**:133, 141, 149
"El puñal" (Lugones) **15**:286
Punascha (Tagore) **53**:336, 342-43
Punch and Judy (Baring) **8**:44
Punch, Brothers, Punch, and Other Sketches (Twain) **6**:476
Punch Vodka (Aldanov)
See *Punševaja vodka*
"Puncovaja krov'" (Kuprin) **5**:303
"Pundari" (Hearn) **9**:138
"Punishment" (Tagore) **3**:498-99
"The Punishment of Prometheus" (Capek)
See "Prometheus' Punishment"
Punkt und Linie zur Fläche (Kandinsky) **92**:25-6, 81-2, 87, 108
Punševaja vodka (Aldanov) **23**:23, 27-8
A puntes un lugareño (Romero) **14**:434, 441-43
Puntila (Brecht)
See *Herr Puntila und sein Knecht Matti*
"Puntjak" (Anwar) **22**:23
"The Pupil" (James) **24**:350; **47**:199-200, 206; **64**:165
"Pupochek" (Remizov) **27**:339
Puppet (Prus)
See *Lalka*
"The Puppet behind the Curtain" (Hedayat)
See "Arusak-i pust-i parda"
The Puppet Show (Blok)
See *Balaganchik*
The Puppet Show of Memory (Baring) **8**:34, 36-7
The Puppet-Booth (Fuller) **103**:63, 65, 85, 88
"Le pur concept" (Moreas) **18**:280, 286
Le pur et l'impur (Colette) **5**:172; **16**:118, 122-23, 129, 136
Purabi (Tagore) **3**:493
"Purakurichi" (Rohan) **22**:299
The Purchase of the North Pole (Verne)
See *Sans dessus dessous*
The Pure and Impure (Colette)
See *Le pur et l'impur*
"Pure as the Driven Snow, or As Ye Snow So Shall Ye Sweep" (Allen) **87**:65
The Pure Evil (Dent) **72**:22
Pure Gold (Moricz)
See *Sárarany*
Pure Gold (Rolvaag)
See *To tullinger: Et billede fra ida*
"The Pure Good of Theory" (Stevens) **45**:285, 299
The Pure in Heart (Werfel)
See *Barbara; oder, Die Frömmigkeit*
"The Pure Theory of Money. A Reply to Dr. Hayek" (Keynes) **64**:303
"The Purgation of Christianity" (Murry) **16**:342
Purgatory (Yeats) **1**:571; **31**:412
"Puritanism as a Literary Force" (Mencken) **13**:358, 383
"Pūrnimāko jaladhi" (Devkota) **23**:48-9
Purple and Fine Women (Saltus) **8**:346, 349
"Purple Anemones" (Lawrence) **93**:94
The Purple Cloud (Shiel) **8**:359-60, 362, 364
"The Purple Emperor" (Chambers) **41**:102, 113-14
"Purple Grackles" (Lowell) **8**:227, 234, 237
The Purple Land (Hudson) **29**:138-40, 142, 146-49, 155
The Purple Murder Case (Van Dine) **23**:355
"The Purse of Aholibah" (Huneker) **65**:197
"The Pursued" (Quiroga)
See "Los perseguidos"
"The Pursuit of Beauty" (Woolf) **43**:408
"The Pursuit of Diarmid and Grainne" (Tynan) **3**:503
Purumūla (Mori Ōgai) **14**:382
"Purun Bhagat" (Kipling)
See "The Miracle of Purun Bhagat"
"Der purzelbaum" (Morgenstern) **8**:306
"Pushkin" (Zoshchenko) **15**:499
"Pushkin and Pugachev" (Tsvetaeva) **7**:572; **35**:414
"Pushkin and Scriabin" (Mandelstam) **6**:270
"Pus-ki-rat" (Premchand) **21**:292
Pustur svet (Vazov) **25**:453
"Put Down Two and Carry One" (Somerville & Ross) **51**:335
Put' konkvistadorov (Gumilev) **60**:260, 262, 267-70, 278

Put out of the Way (Davis) **6**:154
Pūt, vējini! (Rainis) **29**:386, 393
"Puti i pereput ya" (Bryusov) **10**:83
The Putrescent Enchanter (Apollinaire)
See *L'enchanteur pourrissant*
"Putting a Town on the Map" (McAlmon) **97**:88
"Putting Literature Into the Drama" (Matthews) **95**:244
"Puzzle" (Villaurrutia) **80**:477
The Puzzle Lock (Freeman) **21**:58
"The Puzzler" (Kipling) **8**:202
"Puzzo di cristianucci" (Papini) **22**:281
"Pygmalion" (Herzl) **36**:141
"Pygmalion" (Meynell) **6**:291
Pygmalion (Kaiser) **9**:177-78, 181, 192
Pygmalion (Shaw) **3**:384, 399-400, 402, 406
Pygmalion: A Romance in Five Acts (Shaw) **45**:207-65
"Pygmalion and Galatea" (Stringer) **37**:328
Pygmalion and Galatea (Gilbert) **3**:210
Pyhä kevät (Leino) **24**:368
"Pyhät on pihlajat pihalla" (Leino) **24**:373
"Pyotr and Fevroniya" (Remizov)
See "Povest ó Petre i Fevronii"
La pyramide humaine (Eluard) **7**:250
The Pyre (Gumilev)
See *Koster*
"La pythie" (Valery) **4**:491, 499; **15**:458
"Pytka" (Bryusov) **10**:81
"Qafan" (Premchand) **21**:296
"Qaziva-hi namak-i turki" (Hedayat) **21**:75
"Qaziya-hi khar dajjal" (Hedayat) **21**:75
Q.E.D. (Stein)
See *Things As They Are*
"The Quade Sense of Humor" (Heyward) **59**:92-3
"Quaker Hill" (Crane) **5**:186; **80**:82-4, 89, 106, 143, 147, 171-2, 186, 191, 201, 203
"The Quality of Mercy" (Oskison) **35**:280
The Quality of Mercy (Howells) **7**:376, 378-79, 385, 397; **17**:178, 184
Quality Street (Barrie) **2**:43, 48
Quand j'etais jeune (Vallette) **67**:308
Quand'ero matto (Pirandello) **29**:291
Quando si è qualcuno (Pirandello) **4**:345-46; **29**:298
"Le quart d'une vie" (Peret) **20**:195-96
Quase (Sa-Carniero) **83**:399, 406
Quasi un racconto (Saba) **33**:374
"Les quat' saisons" (Fargue) **11**:201
Quatorze Prieres (Jammes) **75**:110-11, 114, 118
Quatrains of the Philosopher 'Omar Khayyam (Hedayat) **21**:82
"Les quatre journées de Jean Gourdon" (Zola) **6**:569
Quatre-vingt-un chapîtres sur l'esprit et les passions (Alain) **41**:3
Qué es filosofía? (Ortega y Gasset) **9**:354
"Que font les olives" (Peret) **20**:184
"Qué me da...?" (Vallejo) **3**:533; **56**:311
"Lo que pudo no ser" (Huidobro) **31**:133
Que sais-je? (Sully Prudhomme) **31**:307
Que Viva Mexico! (Eisenstein) **57**:190
"Que vlo-ve?" (Apollinaire) **51**:21, 28
A queda (Sa-Carniero) **83**:399
The Queen and the Rebels (Betti)
See *La regina e gli insorti*
"The Queen and the Slave" (Stringer) **37**:328
Queen Christina (Strindberg) **8**:418
"Queen Elizabeth's Day" (Davidson) **24**:163
Queen Kelly (Stroheim) **71**:330, 333, 340, 357, 361-365
Queen Lucia (Benson) **27**:4, 9-10
The Queen Mother and Rosamond (Swinburne) **8**:423, 432-33, 436
"Queen of Hearts" (Holly) **65**:145
Queen of Hearts (Villaurrutia) **80**:479
The Queen of Rapa Nui (Prado)
See *La reina de Rapa Nui*
Queen of Scots (Tey) **14**:451, 458-59
The Queen of the Air (Ruskin) **63**:243, 307, 310, 312, 315, 320
"Queen of the Ballroom" (Holly) **65**:149
"Queen of the Black Coast" (Howard) **8**:133, 135
Queen Ortruda (Sologub) **9**:436-38
The Queen Pédauque (France)
See *La rôtisserie de la reine Pédauque*
Queen Sheba's Ring (Haggard) **11**:241, 246, 250
Queen Tamara (Hamsun)
See *Dronning Tamara*
The Queen versus Billy (Osbourne) **93**:132
Queen Victoria (Strachey) **12**:392-93, 395-98, 400, 403-04, 406-07, 409, 412-15, 417, 419, 421
"Queen Victoria's Jubilee" (Twain) **12**:438
Queen Zixi of Ix (Baum) **7**:13, 21
"Queens" (Synge) **6**:435
The Queen's Comedy: A Homeric Fragment (Bridie) **3**:134-35, 137-40
The Queen's Enemies (Dunsany) **2**:140, 143; **59**:6, 10-12, 14, 21
The Queen's Husband (Sherwood) **3**:416, 418
"The Queen's Museum" (Stockton) **47**:329
"Queens of Beauty" (Sharp) **39**:377
The Queens of Kungahälla (Lagerloef) **36**:233
The Queen's Progress: Palace Plays, second series (Housman) **7**:357
"The Queen's Rival" (Naidu) **80**:293
"The Queen's Servant" (Williams) **1**:514
"The Queen's Song" (Flecker) **43**:188, 193
The Queen's Treasure (Freeman) **21**:56
"The Queen's Twin" (Jewett) **22**:124, 130, 135, 142
"Queer" (Anderson) **24**:24, 35-7, 45, 53, 59
"The Queer Feet" (Chesterton) **6**:100
Quelques hommes (Jammes) **75**:119
Quelques témoignages (Bourget) **12**:74
Quer Durch (Toller) **10**:477-78
"La quercia caduta" (Pascoli) **45**:156
"The Quest" (Crowley) **7**:208
"The Quest" (Naidu) **80**:343
The Quest (Baroja)
See *La busca*
The Quest for Certainty (Dewey) **95**:30, 41, 133
"The Quest for Sorrow" (Leverson) **18**:202
The Quest for Winter Sunshine (Oppenheim) **45**:131
"The Quest of Silence" (Brennan) **17**:38, 41, 54
"The Quest of the Queen's Tears" (Dunsany) **59**:20
The Quest of the Sacred Slipper (Rohmer) **28**:282-83
The Quest of the Spider (Dent) **72**:17
"Quest of the Star Stone" (Kuttner) **10**:267
Questa sera si recita a soggetto (Pirandello) **4**:336, 348, 352; **29**:298, 306, 320
"Qu'est-ce qui se passe" (Apollinaire) **8**:22
"Qu'est-ce qu'on peut pour" (Garneau) **13**:195
"Question" (Grove) **4**:144
"The Question" (Howe) **21**:113
"Question" (Tagore) **3**:488
"The Question of High Wages" (Keynes) **64**:246
A Question of Memory (Field) **43**:172-73, 176
"The Question of Nationality and Autonomy" (Luxemburg)
See "The National Question and Autonomy"
"Questions Are Remarks" (Stevens) **45**:302
"Questions Concerning Certain Faulties of Man" (Peirce) **81**:194,286
Questions de poésie (Valery) **15**:468
"Questions de théâtre" (Jarry) **2**:285; **14**:271-72, 277
"The Questions of the Human Heart" (Nishida)
See "Jinshin no giwaku"
"Qui est-ce" (Peret) **20**:200
"Qui Renovat Juventutem Meam" (Field) **43**:160
"Quia imperfectum" (Beerbohm) **1**:73
The Quick and the Dead (Bradford) **36**:56-7, 64
"The Quick-Lunch Counter" (Benet) **28**:6
"Quiet" (Coppard) **5**:179
Quiet Cities (Hergesheimer) **11**:275
"Quiet Fireshine" (Gurney) **33**:98
The Quiet Guard (Kuzmin)
See *Tikhii strazh*
Quiet Harmony (Kandinsky) **92**:32
"The Quiet House" (Mew) **8**:294, 298
"The Quiet Light" (Field) **43**:156
"Quiet Lines, Head Bowed" (Radnoti) **16**:418
"Quiet Mogens" (Jensen)
See "Den stille Mogens"
Quiet Please (Cabell) **6**:78
"Quiet Rain" (Nagai)
See "Ame Shōshō"
The Quiet Sentinel (Kuzmin)
See *Tikhii strazh*
"The Quiet Woman" (Coppard) **5**:176
"Quietly" (Pirandello) **4**:354
"Quimera lunar" (Lugones) **15**:289
Quincas Borba (Machado de Assis) **10**:281-83, 287, 292
"Quince" (Radnoti) **16**:419
Quince presencias (Reyes) **33**:324
"De Quincey's Autobiography" (Woolf) **43**:404
"The Quincunx" (de la Mare) **53**:37
Quinten metsys (Bosschere) **19**:61
The Quintessence of Ibsenism (Shaw) **3**:380; **9**:414; **45**:12-13
Quinze ans de combat, 1919-1934 (Rolland) **23**:273-74
Quisante (Hope) **83**:166
"Quisque sous manes" (Johnson) **19**:256
"Quite Early One Morning" (Thomas) **45**:366
Quite Early One Morning (Thomas) **45**:409
"Quite Forsaken" (Lawrence) **93**:19
The Quiver (Gumilev)
See *Kolchan*
Quo Vadis (Sienkiewicz) **3**:422-27, 429, 431
R. E. Lee (Freeman) **11**:218-20, 222-26, 228-29, 231-33
R. U. R. (Capek) **6**:81-4, 88-90, 92, 94; **37**:40-3, 46, 52-3, 56-9, 61-2, 64-5, 67-9, 72
Rab oroszlán (Moricz) **33**:243
Rabagas (Caragiale) **76**:163
"The Rabbi" (Babel) **2**:30; **13**:32, 38
"Rabbi Eliezer's Christmas" (Cahan) **71**:11, 28
Rabbi Esra (Wedekind) **7**:586
"La rabbiata" (Heyse)
See "L'arrabiata"
"The Rabbi's Son" (Babel) **2**:22, 23, 27, 29; **13**:20, 32, 38
"The Rabbit" (Millay) **49**:227
"A Rabbit as King of the Ghosts" (Stevens) **3**:450; **12**:362
"The Rabbits" (Milne) **88**:249
"The Rabbit's Revenge" (Dazai Osamu) **11**:186
Rabble in Arms (Roberts) **23**:229-30, 232-33, 235-36, 238-39, 241-44
"Die Raben" (Trakl) **5**:456
The Rabid Toy (Arlt)
See *El juguete rabioso*
Rabock (Molnar) **20**:164
Racconti (Lampedusa) **13**:293, 295, 301
Race and Democratic Society (Boas) **56**:94
"The Race at Left Bower" (Bierce) **44**:45
The Race for Wealth (Riddell) **40**:329, 331, 335
Race, Language, and Culture (Boas) **56**:63, 66, 105, 106
"The Race Welcomes Dr. W. E. B. Du Bois as Its Leader" (Cotter) **28**:43
The Races of Mankind (Benedict) **60**:119
Rachel rechtet mit Gott (Zweig) **17**:440, 457
Rachel Strives with God (Zweig)
See *Rachel rechtet mit Gott*
"Racial Decadence" (Roosevelt) **69**:268
"Radi" (Borchert) **5**:105, 109
"Radiance" (Bialik) **25**:58
Radiances (Hippius)
See *Siyaniya*
"Radiant Fatherhood" (Steffens) **20**:357
The Radiant Road (Wetherald) **81**:408,413

"The Radio of the Future" (Khlebnikov) **20**:150-51
Rafael Narizokh Becomes a Socialist (Cahan) See *Rafoel naarizokh iz gevorn a sotsialist*
The Raffle (Dunsany) **59**:23, 28
Raffles (Hornung) **59**:112, 114
"Raffles and Miss Blandish" (Orwell) **15**:332, 362; **51**:222, 239, 248
Rafoel naarizokh iz gevorn a sotsialist (Cahan) **71**:38-39, 41, 85-86
"The Raft" (Lee-Hamilton) **22**:186-89
"The Raft-Builders" (Dunsany) **59**:27
"Rafuiala" (Rebreanu) **28**:273
"Un ragazzo" (Tozzi) **31**:325
"Ragazzo al buio" (Jovine) **79**:44
Ragged Lady (Howells) **17**:185
"The Ragged Stocking" (Harper) **14**:260
"The Raggedy Man" (Riley) **51**:286, 288, 292
"Raggylug, the Story of a Cottontail" (Seton) **31**:259, 262-63, 270-73, 276-77
La ragione degli altri (Pirandello) **29**:284, 299, 303, 318
Ragotte (Renard) **17**:304
"The Raid" (Bulgakov) **16**:85
"The Raid" (Tolstoy) **4**:445, 474; **11**:464; **79**:445
"Raider of the Spaceways" (Kuttner) **10**:267
"Raiders' Dawn" (Lewis) **3**:289
Raiders' Dawn, and Other Poems (Lewis) **3**:286-87, 289-91
The Raids of the Cimbri (Jensen) See *Cimbrernes Tog*
"Räikkö Räähkä" (Leino) **24**:369-70, 376
"Räikkö the Wretch" (Leino) See "Räikkö Räähkä"
"Rail and Raid" (Davidson) **24**:191
"Railroad" (Csath) **13**:154
The Railroad and the Churchyard (Bjoernson) **7**:103; **37**:23
"Railroads and the Popular Unrest" (Baker) **47**:13
Railways as Public Agents: A Study in Sovereignty (Adams) **80**:13
"Rain" (Gumilev) **60**:269
"The Rain" (Meynell) **6**:295
"Rain" (Obstfelder) See "Regn"
"Rain" (Thomas) **10**:459, 467
"Rain Patter" (Percy) **84**:198
Rainbow (Baum) **7**:23
The Rainbow (Lawrence) **2**:350-51, 353, 357-61, 366, 369, 371-73; **9**:212-13, 215-16, 219, 222, 226-27; **16**:295, 300, 306, 312-13, 317-18, 322; **33**:178, 182, 188, 193, 196-97, 199-200, 202, 204, 206-09, 211, 214-15, 217, 224, 226, 228; **48**:99-101, 104, 113-14, 117, **48**:121, 125, 130, 132, 134, 142; **61**:180-277
The Rainbow Trail (Grey) **6**:183
Rainbow Valley (Montgomery) **51**:212-13, 215
"Raining in My Heart" (Holly) **65**:146
The Rains Came: A Novel of Modern India (Bromfield) **11**:82-3, 86
"Rainshower" (Miyazawa) **76**:294
"A Rainy Day in April" (Ledwidge) **23**:121
"The Rainy Moon" (Colette) See "La lune de pluie"
"A Rainy Morning" (Wetherald) **81**:409
La raiz rota (Barea) **14**:48
Raja Yoga (Vivekananda) **88**:351, 381
Rajah Amar (Myers) **59**:134, 150
The Rajah's Sapphire (Shiel) **8**:361
"A Rajput Love Song" (Naidu) **80**:292
The "Rake" (Dreiser) **83**:83-5
The Rake's Progress (Wharton) **3**:552
"Raksha Bandham" (Naidu) **80**:295
"The Rakshasas" (Aurobindo) **63**:8
Raktakarabī (Tagore) **3**:486
Rakubaishu (Shimazaki Toson) **5**:439
Ralentir travaux (Eluard) **41**:152
The Rally (D'Annunzio) See *La ricossa*
"Ralph Waldo Emerson" (Higginson) **36**:167
The Ralstons (Crawford) **10**:146, 148-50, 153, 155
"Rama's Reformation" (Chatterji) See "Ramer sumati"
"Ramblin' Man" (Williams) **81**:443
"Rambling Round Evelyn" (Woolf) **43**:394
"The Rambling Sailor" (Mew) **8**:298
"Ramer sumati" (Chatterji) **13**:75, 80-1
"Rameses II" (Lindsay) **17**:227
Ramsey Milholland (Tarkington) **9**:455
Ramuntcho (Loti) **11**:356, 361, 364, 366-67
Ramuz-i-bekhudi (Iqbal) **28**:182-84, 201
Ranald Bannerman's Boyhood (MacDonald) **9**:292
Ranch Life and the Hunting Trail (Roosevelt) **69**:175, 206, 251-52, 277-79
The Ranch on the Beaver (Adams) **56**:7
Rancor (Riggs) **56**:204, 208, 215, 217
Random Harvest (Hilton) **21**:97-8
A Random Itinerary (Davidson) **24**:159-60
Rangabhumi (Premchand) **21**:282, 285-87, 296-97
"Rank and File" (Noyes) **7**:503
"Rannyaya vesna" (Guro) **56**:132, 136
The Ransom of John Ringgold (Adams) **56**:22
"Die Rantzow und die Pogwisch" (Liliencron) **18**:213, 216
"The Rantzows and Pogwisch's" (Liliencron) See "Die Rantzow und die Pogwisch"
"El rápido Paris-Orán" (Miro) **5**:337
"Rapids at Night" (Scott) **6**:393, 395, 397
"Rapisardiana" (Carducci) **32**:107
"Le rappel" (Vian) **9**:533-35
Le rapport d'Uriel (Benda) **60**:71, 73
Raquel, the Jewess of Toledo (Feuchtwanger) See *Spanische Ballade*
"El raquero" (Pereda) **16**:364, 380
Rarahu; or, The Marriage of Loti (Loti) See *Le mariage de Loti*
"Los raros" (Dario) **4**:62
"Die Raschhoffs" (Sudermann) **15**:433
Rascoala (Rebreanu) **28**:269-71, 273
The Rash Act (Ford) **15**:79, 87, 89-90
"Rashōmon" (Akutagawa Ryunosuke) **16**:17, 24, 32-4
Rashomon, and Other Stories (Akutagawa Ryunosuke) **16**:19
"Rasplēsnutoe vremja" (Pilnyak) **23**:212
Rasputin; or, The Conspiracy of the Empress (Tolstoy) **18**:373, 382
"Rasskaz o samom glavnom" (Zamyatin) **8**:545, 547-48, 553-54; **37**:424, 429, 431
"Rasskaz o tom, kak odin Russkii grazhdanin poekhal v Evropu omalazhivat'sya" (Zoshchenko) **15**:510
Rasskazy (Babel) **13**:13
Rasskazy (Remizov) **27**:346
"Rasstavanie" (Tsvetaeva) **35**:407
"The Rat" (Robinson) **101**:158
Rat and Devil: Journal Letters of F.O. Matthiessen and Russell Cheney (Matthiessen) **100**:209-10, 212, 215-16, 239-40, 249-58, 261, 285-86
"Rat Hunters" (Quiroga) See "Los cazadores de ratas"
"The Ratcatcher" (Tsvetaeva) See "Krysolov"
"The Ratcatcher's Daughter" (Housman) **7**:355, 360-61
"The Rathskeller and the Rose" (Henry) **19**:182
"A Rational Anthem" (Bierce) **44**:5, 40
The Rational Hind (Williams) **89**:394-5
"Rationality, Activity and Faith" (James) **32**:348
"Rats" (James) **6**:216
"Rats" (Lawson) **27**:119
"The Rats" (Trakl) **5**:466
The Rats (Hauptmann) See *Die Ratten*
"The Rats in the Walls" (Lovecraft) **4**:266, 270; **22**:215
Die Rätsel der Philosophie (Steiner) **13**:440-41
"Die Ratten" (Trakl) **5**:456
Die Ratten (Hauptmann) **4**:196, 204
"Rattle-Snake Mountain Fable I" (Bodenheim) **44**:74
Raucho: Momentos de una juventud contemporánea (Guiraldes) **39**:175, 177-78, 182-83, 186, 190
Rāvan-Jatāyu-Yuddha (Devkota) **23**:48
"Rave On" (Holly) **65**:137-39, 142, 148, 153
Raven's Brood (Benson) **27**:17, 19
"The Ravines" (Tolstoy) **18**:367-68
Raw Material (Fisher) **87**:77
Raymond Chandler Speaking (Chandler) **1**:170; **7**:169
Le Rayon-vert suivi de Dix Heures en chasse (Verne) **52**:352
"Razglednica I" (Radnoti) **16**:412
"Razglednica II" (Radnoti) **16**:412
"Razglednica IV" (Radnoti) **16**:412
Razglednicák (Radnoti) **16**:410-12, 420
"Razgovor o Dante" (Mandelstam) **2**:404, 409-10; **6**:265, 268, 270
Razgrom (Fadeyev) **53**:45-8, 51-5, 57-63, 68
"Razin's Boat" (Khlebnikov) See "Ustrug Razina"
"Razluka" (Tsvetaeva) **35**:411
Razón de amor (Salinas) **17**:357, 359-63, 365, 367-69
La razón de la sinrazón (Perez Galdos) **27**:268
Razskaz o semi povieshennykh (Andreyev) **3**:17-18, 23, 26-7
"Reaction" (Manning) **25**:278
"The Reader" (Woolf) **43**:424
Reader (Lyotard) **103**:277
A Reader's History of American Literature (Higginson) **36**:178
"Reading" (Woolf) **43**:409
"Reading in Wartime" (Muir) **87**:167
Reading, Writing, and Remembering (Lucas) **73**:166
Readings of Poetry (Croce) **37**:113
"Ready Teddy" (Holly) **65**:138-39, 141
Real and Imaginary Portraits (Reyes) See *Retratos reales e imaginarios*
The Real Charlotte (Somerville & Ross) **51**:329-33, 338-41, 343-44, 346-54, 357, 359-63, 365, 372, 374, 376-77, 379, 386-89, 391-92
The Real Dope (Lardner) **2**:332; **14**:303-04
The Real Motive (Fisher) **87**:72
"Real News" (Benchley) **55**:19
"The Real Romance" (Hawthorne) **25**:246-47
The Real Situation in Russia (Trotsky) **22**:365
"The Real Thing" (Wolfe) **4**:516
"The Real Things of Life" (Rogers) **71**:297-99
Real Utopias (Strindberg) **21**:348-49
The Real Woman (Hichens) **64**:131
"La realidad" (Quiroga) **20**:213
Realidad (Perez Galdos) **27**:250, 263, 267-68
La realidad y el delirio (Echegaray) **4**:104
"Realism" (Cahan) **71**:24, 83
"Realism in Religion" (Andreas-Salome) See "Der Realismus in der Religion"
"Realism in the Modern Spanish Novel" (Barea) **14**:49
"Der Realismus in der Religion" (Andreas-Salome) **56**:36, 44, 45
"The Realists" (Yeats) **31**:385
Realities of Yesterday and Today (Tozzi) See *Realtà diieri e di oggi*
"Reality" (Quiroga) See "La realidad"
"The Reality of Dream" (Pirandello) See "La realtà del sogno"
The Realm of Essence (Santayana) **40**:368, 380
The Realm of Matter (Santayana) **40**:368, 371
"The Realm of Resemblance" (Stevens) **12**:361
The Realm of Spirit (Santayana) **40**:380, 382
The Realm of the Spirit and the Realm of Caesar (Berdyaev) **67**:60
"The Realm of the Ultimate Pole" (Davidson) **24**:194

"The Realm of the Unreal" (Bierce) **44**:45-6
Realms of Being (Santayana) **40**:368, 376, 380, 382-83, 406-07, 416
"La realtà del sogno" (Pirandello) **29**:284
Realtà diieri e di oggi (Tozzi) **31**:318
"Reaping" (Lowell) **8**:230
Reason and Beauty in the Poetic Mind (Williams) **11**:484, 502
"Reason and Religion" (Tolstoy) **79**:428
Reason in Art (Santayana) **40**:344, 366
Reason in Common Sense (Santayana) **40**:403
Reason in Religion (Santayana) **40**:350
Reason in Science (Santayana) **40**:380
Reason in Society (Santayana) **40**:344, 383
The Reason of Others (Pirandello)
See *La ragione degli altri*
The Reason Why (Glyn) **72**:137
"Reb Jossel" (Peretz) **16**:389
Reb Shloyme nogid (Asch) **3**:71
"The Rebel" (Belloc) **18**:41
"The Rebel" (Middleton) **56**:173
"The Rebel" (Stephens) **4**:407
La rebelion de las masas (Ortega y Gasset) **2**:337, 341, 343-44, 350-51
Rebellion (Drinkwater) **57**:139, 142, 144
Die Rebellion (Roth) **33**:333-35, 340, 346, 350-51
Rebellion in the Backlands (Cunha)
See *Os sertões*
"A Rebellious Priest" (Herzl)
See "Egy lázadó pap"
The Rebels (Neumann) **100**:314-15
"Rebels of the Moon" (Huneker) **65**:169
"Rebirth" (Bergelson) **81**:20
"Rebirth" (Kipling) **8**:200
"Rebirth" (Muir) **87**:197
"Rebuilding the International" (Luxemburg) **63**:220
Recapture (Sturges) **48**:310, 316-17
"Recent Italian Comedy" (Howells) **17**:179
"Recent Minor Poetry" (Higginson) **36**:183
"Recent Theories of Consciousness" (Vaihinger) **71**:416, 419
"Recessional" (Kipling) **8**:179, 191, 193, 201; **17**:198
"Recessional" (Masters) **25**:298
"Recessional" (Roberts) **8**:318
Rechts und Links (Roth) **33**:335-36, 363
Rechtssoziologie (Weber) **69**:339, 342, 347-48
La rechute (Bourget) **12**:69
"Recieved Payment" (Williams) **89**:375, 383
"Reciprocity" (Drinkwater) **57**:124
"Récit secret" (Drieu la Rochelle) **21**:35
Recitativ (Babits) **14**:39
"Recitative" (Crane) **2**:120-21
Recitative (Babits)
See *Recitativ*
Récits et elegies (Coppee) **25**:126
Reckless (Riggs) **56**:204, 206
The Reckless Moment (Ophuls) **79**:173, 239-43, 253-5, 257-8
"The Reckoning" (Wharton) **9**:547
The Reckoning (Chambers) **41**:94
"A Recluse" (de la Mare) **53**:16, 21-3, 25, 27, 34, 36, 39-41
The Recluse (Hedayat)
See *Buf-e kur*
"Recognition" (Rhodes) **53**:316
"A Recollection" (Bishop) **103**:4, 16, 26
Recollections (Dazai Osamu)
See *Omoide*
Recollections (Gorky) **8**:74
Recollections (Tolstoy) **44**:339, 342
Recollections of Andreev (Gorky) **8**:74
Recollections of Ludolf Ursleu the Younger (Huch)
See *Erinnerungen von Ludolf Ursleu dem Jüngeren*
Recollections of My Life (Ramoacn y Cajal) **93**:151
Recollections of Rossetti (Caine) **97**:13
Recollections of Tolstoy (Gorky) **8**:74
Recommencements (Bourget) **12**:68
"Recompense" (Gurney) **33**:85
"Recompense" (Percy) **84**:200
"Reconciliation" (Baker) **3**:2; **10**:17
"Reconciliation" (Lasker-Schueler) **57**:331, 336
"The Reconciliation" (Montgomery) **51**:180
Reconquista (Gamboa) **36**:71-3, 77
"Reconstruction" (Anthony) **84**:22
"Reconstruction in Europe. An Introduction" (Keynes) **64**:243
Reconstruction in Philosophy (Dewey) **95**:32, 68
"La recontre au cercle mixte" (Apollinaire) **51**:20
"Record" (Capek)
See "Rekord"
"Record" (Sharp) **39**:372
"Record at Oak Hill" (Roberts) **68**:348, 350
Record of an Honest Man (Kunikida)
See *Azamuzakaru no ki*
Recordações do escrivão Isaías caminha (Lima Barreto) **23**:156-57, 159-60, 163, 166-69
"The Recovery" (Chopin) **14**:69
"The Recovery" (Wharton) **9**:541
Recovery (Tagore)
See *Ārogya*
"Recovery of Family Life" (Davis) **6**:154
"The Recruit" (Housman) **10**:250
The Rector (Crothers) **19**:73
The Rector of Wyck (Sinclair) **11**:414
"Recuerdo" (Millay) **49**:209
Recuerdos de España (Palma) **29**:260
Recuerdos de mi vida (Ramoacn y Cajal) **93**:138, 141, 142, 146
"The Recurrence" (Muir) **2**:485; **87**:167, 210
Recusant Poets (Guiney) **41**:217, 221, 223-24
"Red Autumn in Valvins" (Brennan) **17**:54
The Red Badge of Courage: An Episode of the American Civil War (Crane) **11**:121, 124-27, 129, 131-41, 143-51, 153, 157-67; **17**:65-6, 71-5, 78-9, 81-3; **32**:132-90
"Red Bean" (Wen I-to) **28**:411
"The Red Bells" (Mikszath)
See "A piros harangok"
"The Red Blanket" (Miyazawa) **76**:278
"Red Bredbury's End" (Symons) **11**:426, 428, 451
"The Red Candle" (Wen I-to) **28**:414
Red Candle (Wen I-to) **28**:408-11, 419-20
Red Cavalry (Babel)
See *Konarmiia*
The Red Count (Giacosa)
See *Il conte rosso*
"The Red Cow Group" (Morrison) **72**:353
Red Dawn (Baroja)
See *Aurora roja*
"Red Dog Clarion" (Harte) **25**:191
The Red Drops (Obstfelder)
See *De røde dråber*
"The Red Drummer" (Coffin) **95**:16
Red Eve (Haggard) **11**:243, 246
The Red Fairy Book (Lang) **16**:263-64, 272
"Red Geranium and Godly Migononette" (Lawrence) **93**:74
Red Hair (Glyn) **72**:142
"Red Hand" (Reed) **9**:388
"Red Handed" (Cobb) **77**:127
"Red Hanrahan's Curse" (Yeats) **31**:416-17
The Red House Mystery (Milne) **6**:311, 318
Red Hugh's Captivity (O'Grady) **5**:351-52, 354
Red Hunters and the Animal People (Eastman) **55**:163, 167-70, 172-73, 175
The Red Lamp (Rinehart) **52**:292, 301, 303-04
The Red Laugh (Andreyev)
See *Krasnyi smelch*
Red Likker (Cobb) **77**:129, 134
The Red Lily (France)
See *Le lys rouge*
Red Men and White (Wister) **21**:373, 377, 390, 396, 399-400, 405
The Red Mill (Molnar)
See *A vörös malom*
"The Red Mist" (Rohmer) **28**:282
"The Red Moon" (Arlt)
See "La luna roja"
"Red Nails" (Howard) **8**:128, 133-34, 136
Red Oleanders (Tagore)
See *Raktakarabī*
Red Orm (Bengtsson)
See *Röde Orm, sjöfarare i västerled*
Red Oval (Kandinsky) **92**:35
The Red Poppy (Hippius)
See *Makov tsvet*
Red Poppy (Natsume)
See *Gubijinso*
The Red Poppy (Sologub)
See *Alyi mak*
The Red Priest (Lewis) **2**:393
The Red Republic (Chambers) **41**:88, 91, 101
"The Red Retreat" (Service) **15**:401
"The Red Room" (Wells) **19**:446-48
The Red Room (Strindberg)
See *Röda Rummet*
Red Shadows (Howard) **8**:130, 137
Red Sky in the Morning (Coffin) **95**:5-7, 9
"Red Slippers" (Lowell) **8**:230
The Red Snow (Dent) **72**:18, 21
Red Spider (Baring-Gould) **88**:25-7, 30-2
The Red Spider (Dent) **72**:38
"Red Story" (Capek)
See "Červená povídka"
The Red Terrors (Dent) **72**:23
The Red Thumb Mark (Freeman) **21**:43-4, 50-2, 54-7, 62
The Red Triangle (Morrison) **72**:364
"The Red Wind" (Johnson) **19**:230, 244
"Red Wolf" (Lawrence) **93**:103
Red Wolf (Carman) **7**:138, 140
Redaktøren (Bjoernson) **7**:104, 106, 111-13; **37**:11, 18-19, 30
Redatr Lynge (Hamsun) **49**:162, 167-68
"Rede am Grabe Leo Reins" (Schwitters) **95**:345
"Die Rede Gabriele d'Annunzios" (Hofmannsthal) **11**:307
"Redemption" (Evans) **85**:38
"The Red-Haired Man's Wife" (Stephens) **4**:407, 419
"The Rediscovery of the Unique" (Wells) **6**:538; **19**:436, 436
Red-light District (Mizoguchi)
See *Akasen Chitai*
"The Red-Lipped Guest" (Sologub) **9**:447
"Redoble fúnebre a los escombros de durango" (Vallejo) **56**:291
Redoute (Kandinsky) **92**:50
"Redruff" (Seton) **31**:266, 270-71, 273, 277
Reed Anthony, Cowman (Adams) **56**:3-4, 6, 10, 22-3
"The Reed Flute" (Chekhov)
See "Svirel'"
"The Reed Pipe" (Chekhov)
See "Svirel'"
"The Reed-Player" (Scott) **6**:393, 397
Reeds and Mud (Blasco Ibanez)
See *Caños y barro*
Reeds in the Wind (Deledda)
See *Canne al vento*
"Reedy River" (Lawson) **27**:140
The Reef (Wharton) **3**:555-56, 567, 572, 576; **9**:541, 552-54; **27**:384-85; **53**:362
Re-Enter Dr. Fu Manchu (Rohmer) **28**:280, 295, 300-01
"Referred to the Author" (Morley) **87**:123, 143
"The Refiner's Gold" (Harper) **14**:260
"The Reflecting Well" (Sodergran)
See "Den speglande brunnen"
"Reflections" (Lowell) **8**:233-34
Reflections (Villaurrutia)
See *Reflejos*
Reflections of a Non-Political Man (Mann)
See *Betrachtungen eines Unpolitischen*
The Reflections of Ambrosine (Glyn) **72**:127

"Reflections on Communication and Culture" (Park) **73**:198
"Reflections on Gandhi" (Orwell) **51**:258
"Reflections on Poetry" (Desnos)
See "Réflexions sur la poésie"
Reflections on the Death of a Porcupine, and Other Essays (Lawrence) **2**:357; **9**:219; **61**:219
Reflections on the Revolution of Our Time (Laski) **79**:160
Reflections on the World Today (Valery)
See *Regards sur le monde actuel*
Reflections on Violence (Sorel)
See *Reflexions sur la violence*
Reflejos (Villaurrutia) **80**:460, 476
"Reflex Action and Theism" (James) **32**:347-48
"The Reflex Arc Concept of Psychology" (Dewey) **95**:59
"Réflexions sur la poésie" (Desnos) **22**:64, 69
Reflexions sur la violence (Sorel) **91**:173, 176-8, 183-4, 188, 190, 193, 195, 199, 204-5, 209-10, 213-4, 219, 225, 233, 257, 263, 267, 272-4, 277, 291-3, 295-6, 301, 303, 305, 307-8, 311, 322, 332, 336, 344
The Reform of Education (Gentile)
See *Riforma della dialettica*
"Reform or Revolution?" (Luxemburg) **63**:219, 220
Reforma Gentile (Gentile) **96**:135
"The Reformer" (Dreiser) **10**:194
"Refranero limeño" (Palma) **29**:262
"Refuge" (Baker) **3**:4
"The Refugee" (Fisher) **87**:74
"The Refugees" (Muir) **87**:267
The Refugees (Doyle) **7**:220, 224
"The Refugees Born for a Land Unknown" (Muir) **87**:241
"A Refusal to Mourn the Death, by Fire, of a Child in London" (Thomas) **1**:470, 472; **45**:360, 362-63, 365, 376, 408
"The Refutation of Idealism" (Moore) **89**:185, 216, 240, 251, 269, 273
"Regarding an American Village" (Bodenheim) **44**:69
Regards et jeux dans l'espace (Garneau) **13**:194-95, 198-201, 204
Regards sur le monde actuel (Valery) **4**:493
Regeneration (Haggard) **11**:241
Regeneration (Svevo)
See *Rigenerazione*
"The Regeneration of Lord Ernie" (Blackwood) **5**:70
"Die Regennacht" (Raabe) **45**:188-89
The Regent (Bennett) **5**:29, 43, 51
The Regent (Strindberg) **8**:417
La Regenta (Alas) **29**:2-12, 14-22, 26-34
"Régi magyar arckép" (Babits) **14**:39
La regina e gli insorti (Betti) **5**:54-7, 62, 66
Regina landa (Azuela) **3**:78
Regina; or, The Sins of the Fathers; Regine (Sudermann)
See *Der Katzensteg*
Reginald (Saki) **3**:369, 374
Reginald in Russia, and Other Stories (Saki) **3**:369
"The Region November" (Stevens) **12**:378
The Region of the Summer Stars (Williams) **1**:515-16, 519; **11**:489-91
The Register (Howells) **7**:387
Les règles de la méthode sociologique (Durkheim) **55**:91, 101-02, 105, 113-14, 116, 127, 134, 141
Reglos y consejos (Ramoacn y Cajal) **93**:142, 146
"Regn" (Obstfelder) **23**:186, 189
Le règne de l'esprit malin (Ramuz) **33**:293-96
"Règnes" (Eluard) **41**:160
"El regreso de Anaconda" (Quiroga) **20**:212-14
"Regret" (Chopin) **5**:153; **14**:61-2, 69
"Regret" (Patton) **79**:299
"Regret Not Me" (Hardy) **53**:101
"Regrets" (Santoka) **72**:411
A Regulator of the Century (Benda)
See *Un régulier dans le siécle*
Un régulier dans le siécle (Benda) **60**:63, 71
"Das Reh" (Raabe) **45**:191
The Rehearsal (Baring) **8**:32
Rehearsal (Morley) **87**:125
Das Reich Gottes in Böhmen (Werfel) **8**:473, 479
Reigen (Schnitzler) **4**:386, 388, 390-91, 394, 398-400
The Reign of Gilt (Phillips) **44**:253, 261-62, 273-74, 287, 290, 299
The Reign of the Evil One (Ramuz)
See *Le règne de l'esprit malin*
La reina de Rapa Nui (Prado) **75**:194-95, 197, 203, 211
"La reina Italiana" (Quiroga) **20**:213
"La reina maga" (Prado) **75**:194, 208
"Reincarnation" (Graham) **19**:112
"Reincarnation" (Sterling) **20**:384
Reincarnations (Stephens) **4**:415, 420-21
El reino de Dios (Martinez Sierra and Martinez Sierra) **6**:274-75, 278-79, 281-82, 284, 287
La rèino Jano (Mistral) **51**:148, 152
Reise des Humors und des Beobachtungsgeistes (Barlach) **84**:100
Die Reise nach dem Glück (Heyse) **8**:121
Der Reisepass (Frank) **81**:102-5
Reishō (Nagai) **51**:88-9, 92
Reitendes Paar (Kandinsky) **92**:49
Reiter (Cheveaux arabes) (Kandinsky) **92**:50
Reiter in deutscher Nacht (Ewers) **12**:136
Reitergeschichte (Hofmannsthal) **11**:302-05
"A Reiver's Neck-Verse" (Swinburne) **8**:427
Reja Sil'vija (Bryusov) **10**:78, 85-6
"A Rejoinder" (Keynes) **64**:303
Rejouer le politique (Lyotard) **103**:164
Rejse på Island (Hansen) **32**:251
"The Rejuvenation of Major Rathborn" (London) **9**:273
Reka igrayet (Korolenko) **22**:174
"Reka Potudan" (Platonov) **14**:413, 418, 420
"Rekishi" (Nishida) **83**:328-30
"Rekishi sono mama to rekishibanare" (Mori Ōgai) **14**:381
"Rekord" (Capek) **37**:48
Rektor Kleist (Kaiser) **9**:173-74, 179, 182
"The Relation of Art and Life" (James) **2**:252
"The Relation of Art and the Artist" (James) **2**:252
"The Relation of Currency Inflation to Prices" (Keynes) **64**:241
"The Relation of the Poet to Day-Dreaming" (Freud)
See "Der Dichter und das Phantasieren"
Relations (Kandinsky) **92**:83
"Relations and Connectives in Pure Experience" (Nishida) **83**:307
"The Relations between Poetry and Painting" (Stevens) **3**:457; **45**:296, 298, 330, 333
"The Relations of Theory to Practice in Education" (Dewey) **95**:101
"The Relationship of Thought and Its Subject-Matter" (Dewey) **95**:28
"The Relationship to the Text" (Schoenberg)
See "Das Verhaltnis zum Text"
Relatives (Moricz)
See *Rokonok*
"Relativity for Ladies" (Rhodes) **53**:316
"Relax Is All" (Slesinger) **10**:441-42
"Release" (Lawrence) **93**:17
"The Relenting of Sardinac" (Dunsany) **59**:20
"A Relic" (Beerbohm) **24**:102, 117
"The Relic" (Belloc) **7**:40
"Relics" (Swinburne) **8**:441
"Relieving Guard" (Harte) **25**:190
Religiia i kul'tura (Rozanov) **104**:307, 309, 347
Religio Journalistici (Morley) **87**:125
"Religion" (Andrade) **43**:7
"Religion" (Zola) **21**:456
Religion and Civilization (Rozanov)
See *Religiia i kul'tura*
"Religion and Culture" (Andreas-Salome) **56**:46, 48
Religion and Culture (Rozanov)
See *Religiia i kul'tura*
Religion and Individual Psychology (Adler)
See *Religion und Individualpsychologie*
"Religion and Morality" (Tolstoy) **79**:428
Religion and Philosophy (Collingwood) **67**:119, 139, 148-49, 155
"Religion and the Theatre" (Betti) **5**:60
Religion in the Making (Whitehead) **97**:197-98, 219-20, 237, 247, 308
"Religion not the Crying Need of India" (Vivekananda) **88**:379
The Religion of Man (Tagore) **53**:335
"The Religion of Slaves" (Iqbal) **28**:182
Religion of the Spirit (von Hartmann) **96**:212
Religion und Individualpsychologie (Adler) **61**:28
"La religione sta de sè" (Papini) **22**:281, 286
Religious Consciousness (von Hartmann) **96**:212
Religious Essays (Otto) **85**:314
"The Religious Work of Vladimir Solov'yov" (Ivanov) **33**:131
Le réliquaire (Coppee) **25**:119, 122
Réliquas de casa velha (Machado de Assis) **10**:285
The Reluctant Dragon (Grahame) **64**:55, 58, 64
"Reluctant Foreword" (Bodenheim) **44**:58
The Reluctant Tragedian (Chekhov)
See *Tragik ponevole*
"The Reluctant Voyagers" (Crane) **32**:180
"El remanso" (Guiraldes) **39**:185, 190
"The Remarkable Case of Davidson's Eyes" (Wells) **12**:510; **19**:434, 434
"The Remarkable Hero" (Chandler) **7**:172
"The Remarkable Wreck of the Thomas Hyke" (Stockton) **47**:312, 314, 318, 320, 327
"Remarks on Bertrand Russell's Theory of Knowledge" (Einstein) **65**:92
Remarks on Colour (Wittgenstein) **59**:239, 296
"Remarks on Frazer's The Golden Bough" (Wittgenstein) **59**:307
"Remarks on Poetry" (Valery) **15**:452
"Remarks on the Article of N. I. Bukharin 'The Imperialistic Robber State'" (Lenin) **67**:231
Remarks on the Foundations of Mathematics (Wittgenstein) **59**:267, 310-11
"Remarks on the Predicates of Moral Judgements" (Westermarck) **87**:363
"Remarks on the Present State of Meteorological Science" (Ruskin) **63**:282
"Remarks to the Back of a Pew" (Benet) **28**:2, 5
"The Rembrandt" (Wharton) **3**:571; **9**:541
Rembrandt (Simmel) **64**:338
"Rembrandt to Rembrandt" (Robinson) **5**:407, 409, 411, 413, 417; **101**:130, 192
"The Remedy: Geography" (Pirandello)
See "Rimedio: La geografia"
Remember Last Night (Whale) **63**:339
Remember the Night (Sturges) **48**:286, 291, 295, 312, 316
"Remembering Chrysanthemum" (Wen I-to) **28**:417
"Remembering Poem" (Radnoti) **16**:415
"A Remembrance" (Carman) **7**:137
"Remembrance" (Esenin)
See "Vospominanie"
"A Remembrance" (Meynell) **6**:292, 294
Remembrance of Things Past (Proust)
See *A la recherche du temps perdu*
"Remembrance of Things to Come" (Peret) **20**:198
"Remembrances" (Dazai Osamu) **11**:181
"Remembrances" (Moreas) **18**:280-81, 285
"Remembrances of the Past" (Lu Hsun)
See "Huaijiu"

Remeslo (Tsvetaeva) **7**:557-58, 560-61, 566; **35**:381, 386, 390-92, 394, 404, 406, 410-12, 416
"Remez-pervaia ptashka" (Remizov) **27**:353, 355
"Reminder" (Lawrence) **93**:64
"A Reminder to the Watchers" (Ady)
See "Intés az őrzőkhöz"
"Reminiscences" (Bosman) **49**:7
"Reminiscences" (Kandinsky)
See "Rückblicke"
Reminiscences (Conrad) **25**:76
Reminiscences (Gorky) **8**:82
Reminiscences (Howe) **21**:110, 114
"Reminiscences of Childhood" (Thomas) **45**:399
"Reminiscences of My Primary School Days" (Hagiwara Sakutaro) **60**:294
"Reminiscences of Yeats" (Gogarty) **15**:120
"Reminiscing" (Holly) **65**:137-38, 141
Reminiscing (Holly) **65**:147-48, 150
"Remnants" (Bergelson)
See "Droyb"
"The Remount Officer" (Babel) **2**:27; **13**:21
"Renaissance" (Gosse) **28**:131
"The Renaissance at Charleroi" (Henry) **19**:200
Renaissance Fancies and Studies (Lee) **5**:315
The Renaissance in India (Aurobindo) **63**:30
The Renaissance of Motherhood (Key) **65**:235, 237, 242
"Renan" (MacCarthy) **36**:253
"Renascence" (Heidenstam) **5**:254
"Renascence" (Lawrence) **93**:48
"Renascence" (Millay) **4**:306-10, 313-14, 316, 318-19; **49**:200-03, 207-08, 210, 213-14, 216, 231
Renascence, and Other Poems (Millay) **4**:306-07, 322; **49**:200-01, 230
"The Rendezvous" (Colette) **16**:126
"Le rendezvous" (Sully Prudhomme) **31**:300-01
René Auberjonois (Ramuz) **33**:311-12
Renée (Zola) **6**:567
"The Renegade" (Osbourne) **93**:132
"Renegades of the Rio" (McCoy) **28**:223
"Renewal" (Roberts) **8**:318
"Renewal of Strength" (Harper) **14**:260
"The Renewal of Youth" (Baker) **3**:4-5
Renkanki (Rohan) **22**:307
"Renouncement" (Meynell) **6**:292, 300, 302-03
"Renunciation" (Bodenheim) **44**:65
"The Renunicant" (Balmont)
See "Samorazvenchannyi"
"The Repairer of Reputations" (Chambers) **41**:101, 103-09, 114
"Repayment in Gratitude" (Akutagawa Ryunosuke) **16**:31
"Repeated Theme" (Huysmans) **69**:23
Repel (Dent) **72**:21
"Repercussions of the Mind" (Papadiamantis) **29**:272
"A Repertory Theatre" (Graham) **19**:137
Répétitions (Eluard) **41**:150
"Repetitions of a Young Captain" (Stevens) **12**:383; **45**:285, 299
Replenishing Jessica (Bodenheim) **44**:70, 73-4
"Replies to an Enquiry" (Thomas) **45**:372, 375
"Replies to the Objections" (Marinetti) **10**:324
"Répliques au Réverénd Père Foisset" (Roumain) **19**:342
"The Reply of a Physiologist to Psychologists" (Pavlov) **91**:84
"Reply to A. C. H." (Bodenheim) **44**:74
"Reply to Criticisms" (Einstein) **65**:126
"Reply to Dr. Aginsky" (Benedict) **60**:143
"A Reply to My Critics" (Moore) **89**:201, 204-6, 208, 244-5
Reply to the Synod's Edict of Excommunication (Tolstoy) **79**:429, 439
"Report on Knowledge" (Lyotard) **103**:169, 227
"A Report to an Academy" (Kafka)
See "Ein Beriht für eine Akademie"
Report to Greco (Kazantzakis) **33**:151-52, 154, 163-64, 166, 170
"The Reporter Who Made Himself King" (Davis) **24**:203
"The Reportorial Dance Marathon" (Benchley) **55**:19
"Repose of Rivers" (Crane) **2**:120; **80**:182
Représentations individuelles et représentations collectives (Durkheim) **55**:100, 117
Representative Irish Tales (Yeats) **11**:537-38
"The Reproach of a Goddess" (Stringer) **37**:328
The Reprobate (James) **11**:339-40
The Reproducible Work of Art (Benjamin)
See *Das Kunstwerk im Zeitalter seiner technischen Reproduzierbarkeit*
"Reptiles" (Lawrence) **93**:98, 102
The Republic: Conversations on Fundamentals (Beard) **15**:25, 33
The Republic of Letters in America: The Correspondence of John Peale Bishop & Allen Tate (Bishop) **103**:48
"The Republic of the Southern Cross" (Bryusov)
See "Respublika južnogo kresta"
The Republic of the Southern Cross, and Other Stories (Bryusov) **10**:78, 87
A Reputed Changeling; or, Three Seventh Years Two Centuries Ago (Yonge) **48**:377
"Requesting Cooperation in the Taking of the Unemployment Census" (Roosevelt) **93**:184
"Requiem" (Gurney) **33**:107
"Requiem aeternam dona eis" (Pirandello) **4**:330
"Requiém del espadón" (Valle-Inclan) **5**:478
Requiem den gemordeten Brüdern (Toller) **10**:489-90
"Requiem for a Twentieth-Century Outlaw: In Memoriam Charles, 'Pretty Boy' Floyd" (Fletcher) **35**:102
Requiem for the Murdered Brothers (Toller)
See *Requiem den gemordeten Brüdern*
Requiem für einen Freund (Borchert) **5**:108
"Requiem Mass" (Roth) **33**:354
"Requiem of Karl von Kalckreuth" (Rilke) **6**:358
"Requiescam" (Cullen) **37**:160, 165
"Requital" (Howe) **21**:113
Resa a discrezione (Giacosa) **7**:307, 310, 313
"The Rescue" (Field) **43**:165-66
The Rescue (Conrad) **1**:203, 214, 218; **6**:121
The Rescue of Broken Arrow (Faust) **49**:38
The Research Magnificent (Wells) **6**:528; **12**:508
"The Residence at Whitminster" (James) **6**:212-13
"Resident of the State" (Platonov) **14**:424
"The Residue under the Will" (Adams) **56**:8
"Resignation" (Lasker-Schueler) **57**:319
The Resistible Rise of Arturo Ui (Brecht)
See *Der aufhaltsame aifstieg des Arturo ui*
"Resolve" (Sodergran) **31**:287
"The Resources of San Miniato al Tedesco" (Carducci)
See "Le risorse di San Miniato al Tedesco"
"Respectability" (Anderson) **1**:59; **24**:34, 45, 49, 57
"A Respectable Woman" (Chopin) **14**:70, 72
"The Respite" (Colette) **16**:135
El resplandor de la hoguera (Valle-Inclan) **5**:486
"Responsibilities" (Matthiessen)
See "The Responsibilities of the Critic"
Responsibilities, and Other Poems (Yeats) **1**:566; **11**:528; **18**:442, 446; **31**:389, 420
"The Responsibilities of the Critic" (Matthiessen) **100**:163, 196, 211, 227, 232, 239, 284, 288, 290, 293-94
Responsibilities of the Critic: Essays and Reviews (Matthiessen) **100**:161-62, 209, 211-12, 229, 232
"Respublika južnogo kresta" (Bryusov) **10**:78, 81, 83-4
"Ressurection" (Bishop) **103**:16
Ressurreição (Machado de Assis) **10**:282, 287, 297-301, 304-05
"Rest" (Symons) **11**:433, 435
"The Restaurant of Many Orders" (Miyazawa) **76**:289
The Restaurant of Many Orders (Miyazawa) **76**:283
Restless Guests (Raabe)
See *Unruhige Gäste*
The Restlessness of Shanti Andía (Baroja)
See *Las inquietudes de Shanti Andía*
The Restoration (Griffith) **68**:250
The Restoration Theatre (Summers) **16**:427, 431
"El resucitador y el resucitado" (Nervo) **11**:395
Resume (Pareto) **69**:137
"A Resumed Identity" (Bierce) **44**:13, 45
"Resurgam" (Carman) **7**:139
"Resurgam" (Gonzalez Martinez) **72**:148
"Resurgam" (Pickthall) **21**:257
"Resurrection" (Lawrence) **61**:269
Resurrection (Machado de Assis)
See *Ressurreição*
Resurrection (Tolstoy)
See *Voskresenie*
The Resurrection (Yeats) **1**:568; **31**:403, 408; **93**:342
"Resurrection Mystery" (Sodergran)
See "Uppståndelsemysterium"
"The Resurrection of Jesus" (Harper) **14**:260
The Resurrection of Jimber-Jaw (Burroughs) **2**:79
The Resurrection of the Gods (Merezhkovsky)
See *The Romance of Leonardo da Vinci*
"The Resurrection of the Negro" (Garvey) **41**:184
Retablillo de Don Cristóbal (Garcia Lorca) **9**:292; **49**:107-08
Retablo de la avaricia, la lujuria, y la muerte (Valle-Inclan) **5**:483
Retaliation (Blok)
See *Vozmezdie*
A Retelling of the Tales from the Provinces (Dazai Osamu) **11**:183-85
"The Reticence of Lady Anne" (Saki) **3**:365
"La rétine des vertébrés" (Ramoacn y Cajal) **93**:137
"The Retired Man" (Schulz)
See "Emeryt"
"Retorno" (Gonzalez Martinez) **72**:152
Retouches à mon retour de l'U.R.S.S. (Gide) **12**:152
Le retour (Bourget) **12**:67
Le retour d'Alsace (Giraudoux) **7**:317
Le Retour de l'Enfant prodigue (Gide) **12**:144
Retour de l'U.R.S.S. (Gide) **12**:152
"La Retraite de M. Bougran" (Huysmans) **69**:55
La retraite sentimentale (Colette) **1**:192
Retratos reales e imaginarios (Reyes) **33**:316, 322
"Retread" (Bromfield) **11**:83
"The Retreat" (van Ostaijen)
See "De aftocht"
Retreat from Love (Colette) **16**:120
"Retribution" (Blok) **5**:88-90, 94
"Retribution" (Harper) **14**:260, 263
"Retribution" (Zoshchenko) **15**:505
Retribution (Blok)
See *Vozmezdie*
"A Retrieved Reformation" (Henry) **19**:172-73, 200
"Retrospect" (Brooke) **2**:53, 61; **7**:124-25
"Retrospection" (Quiller-Couch) **53**:289
Retrospection and Introspection (Eddy) **71**:91, 129-130, 132-135
"The Return" (Bishop) **103**:4, 8, 17
"The Return" (Conrad) **13**:101, 113
"Return" (Gumilev)
See "Vozvrashchenie"
"The Return" (Kipling) **8**:201
"The Return" (de la Mare) **53**:28

"Return" (Lawrence) **93**:17
"Return" (Liliencron) **18**:208
"The Return" (Muir) **2**:485; **87**:157
"The Return" (Noyes) **7**:512
"The Return" (Palamas) **5**:383-84
"The Return" (Sikelianos)
See "The Great Homecoming"
The Return (Asch) **3**:71
The Return (Bely)
See *Vozvrat: Tretiia simfoniia*
The Return (de la Mare) **4**:71, 73-5, 77; **53**:36-8
Return from Cormoral (Dent) **72**:22, 38
Return from the U.S.S.R. (Gide)
See *Retour de l'U.R.S.S.*
Return Home (Esenin) **4**:110
"The Return of a Private" (Garland) **3**:190
"The Return of Anaconda" (Quiroga)
See "El regreso de Anaconda"
The Return of Buck Gavin (Wolfe) **13**:482
The Return of Bulldog Drummond (Sapper) **44**:316, 318, 320-22
The Return of Don Quixote (Chesterton) **6**:103-05, 109
The Return of Dr. Fu Manchu (Rohmer)
See *The Devil Doctor*
The Return of Kai Lung (Bramah) **72**:7, 9-11
The Return of Kai Lung (Bramah)
See *The Moon of Much Gladness, Related by Kai Lung*
"The Return of Odysseus" (Muir) **87**:304
The Return of Olga from America (Svevo) **35**:369
The Return of Peter Grimm (Belasco) **3**:87, 90-1
"Return of Returns" (Lawrence) **93**:55
The Return of Sherlock Holmes (Doyle) **7**:220, 238
Return of Sumuru (Rohmer) **28**:281
The Return of Tarzan (Burroughs) **2**:79-80; **32**:57, 60, 62, 79
"The Return of the Chiff-Chaff" (Hudson) **29**:142, 161
"The Return of the Nances" (Knister) **56**:155
The Return of the Native (Carossa) **48**:37
The Return of the Native (Hardy) **4**:147-49, 153-55, 158, 162-63, 166, 174-75; **10**:216, 226-28; **18**:92, 97, 100, 102, 111, 116; **32**:274-75, 277, 280-81, 288, 300, 306, 312, 317, 323; **48**:36-89; **53**:83-4; **72**:159, 162, 178, 195, 211, 268, 276, 279
"The Return of the Prodigal" (Wolfe) **4**:516
"Return of the Sea" (Bishop) **103**:21
"Return of the Swallows" (Gosse) **28**:138
The Return of Ulysses (Bridges) **1**:123-24, 132
"Return to Connecticut" (Bishop) **103**:9
Return to Japan (Hagiwara Sakutaro) **60**:294
The Return to Pellucidar (Burroughs) **32**:58
Return to Yesterday (Ford) **1**:276; **15**:93
Returning to Emotion (Bodenheim) **44**:71
"Returning to My Parents' Home" (Hagiwara Sakutaro) **60**:298
Returning Wave (Prus) **48**:157
"Returning We Hear the Larks" (Rosenberg) **12**:291, 294, 305, 307-08, 310-12
"Reuben Bright" (Robinson) **101**:111, 119, 132-33, 137-38, 193
"Reunion" (Lardner) **14**:307
"Reunion" (Robinson) **5**:412
Reunion in Vienna (Sherwood) **3**:411-12, 415-16, 418
La rêve (Zola) **1**:587, 589; **6**:564-65; **41**:412, 451
"Rêve d'artiste" (Nelligan) **14**:392, 397
"Rêve de Watteau" (Nelligan) **14**:396
"Rêve d'une nuit d'hôpital" (Nelligan) **14**:395
"Rêve fantasque" (Nelligan) **14**:394
"Le Reveil de l'ame francaise, le Mystere de la Charite de Jeanne de'Arc" (Sorel) **91**:241
"The Reveille" (Harte) **25**:190
"Reveillé" (Housman) **10**:250
"La révélation" (Jacob) **6**:193
"The Revelation" (Montgomery) **51**:209
"Revelation and Concealment in Language" (Bialik)
See "Gilui we-chisui be-lashon"
"Revelation and Decline" (Trakl) **5**:465, 468
"Revelations" (Mansfield) **8**:284-85; **39**:304
The Revelations of Death (Shestov) **56**:250
The Revellers (Housman) **7**:359
"A Revenant" (de la Mare) **4**:78; **53**:27, 36
"The Revenant" (Woodberry) **73**:373
"Revenants des enfants" (Manning) **25**:277
"Revenge" (Lasker-Schueler) **57**:328, 334
"A Revenge" (Symons) **11**:426
Revenge (De Lisser) **12**:95, 99
The Revenge for Love (Lewis) **2**:386-89, 391-92, 394, 399; **9**:245-46, 248, 250; **104**:148-49, 151, 214-19, 295
"Revenge Is Sour" (Orwell) **51**:254, 256
"The Revenge of the Adolphus" (Crane) **11**:161
"The Rev. E. Kirk" (Davidson) **24**:186
"Reverie on the Fifteenth of August" (Papadiamantis) **29**:270, 272
Reveries over Childhood and Youth (Yeats) **11**:517; **93**:338
"The Reverse Side of Poetry" (Annensky) **14**:24
Rêveuse bourgeoisie (Drieu la Rochelle) **21**:20, 22, 33-4, 40
"Review of the Progress of the War—Fireside Chat Opening Fifth War Loan Drive" (Roosevelt) **93**:184
Reviewing (Woolf) **43**:407, 413, 415
Reviews and Critical Papers (Johnson) **19**:239
A Revision of the Treaty: Being a Sequel to "The Economic Consequences of the Peace" (Keynes) **64**:245
"Revival" (Fisher)
See "The South Lingers On"
"The Revolt" (Stringer) **37**:342
"Revolt and Submission" (Shestov) **56**:250
Revolt in Aspromonte (Alvaro)
See *Gentein Aspromonte*
Revolt in the Desert (Lawrence) **18**:129-31, 134, 139-40, 142, 156, 168, 170, 175
"The Revolt of Capital" (Day) **25**:131, 137
The Revolt of Modern Democracy against Standards of Duty (Adams) **80**:13
"The Revolt of 'Mother'" (Freeman) **9**:61-2, 64-6, 74, 78-9
The Revolt of the Angels (France)
See *La révolte des anges*
The Revolt of the Birds (Post) **39**:347
The Revolt of the Butcher (Artaud)
See *La Révolte du Boucher*
"A Revolt of the Gods" (Bierce) **44**:40, 45
"The Revolt of the Home Gods" (Dunsany) **59**:18
The Revolt of the Machines (Tolstoy)
See *Bunt mašin*
The Revolt of the Masses (Ortega y Gasset)
See *La rebelion de las masas*
"The Revolt of the Oyster" (Marquis) **7**:437
"The Revolt of the Philistines" (Middleton) **56**:192
Revolt on Slope 3018 (Horvath)
See *Revolte auf Côte 3018*
La révolte (Rolland) **23**:261, 268, 277
Revolte auf Côte 3018 (Horvath) **45**:80, 92, 96, 106
La révolte des anges (France) **9**:45, 47, 49, 52-3
La Révolte du Boucher (Artaud) **36**:38
La revolución de julio (Perez Galdos) **27**:283
"Revolution" (Nezval) **44**:250
Revolution (Beresford) **81**:8
Revolution, and Other Essays (London) **9**:265
"The Revolution Betrayed" (Trotsky) **22**:360, 365, 369, 373-74, 376-78, 389
Revolution Dreyfusienne (Sorel) **91**:188, 334
"Revolution in Revon" (Schwitters)
See "Causes and Outbreak of the Great and Glorious Revolution in Revon"
The Revolution in Tanner's Lane (Rutherford) **25**:337-38, 341-42, 344-46, 349, 353, 355, 358, 360-61
"The Revolutionary" (Lawrence) **93**:98, 101
"A Revolutionary Relic" (Dobson) **79**:3, 17-8
"Revolutionary Socialist Organization" (Luxemburg)
See "Leninism or Marxism?"
Revolutionary Tales (Artsybashev) **31**:6-7
"The Revolutionist's Handbook" (Shaw) **3**:388-89, 397
"The Revolutionists Stop for Orangeade" (Stevens) **3**:446, 463
Revolving Lights (Richardson) **3**:356-58
"Revolyutsiya" (Mayakovski) **18**:256
"Revulsion" (Nagai)
See "Akkan"
"The Reward" (Post) **39**:336, 344
Reward (Mqhayi)
See *I-nzuzo*
"The Reward of Virtue" (Strindberg) **21**:365-66
Rewards and Fairies (Kipling) **8**:194, 200
Rewards of Wonder (Gurney) **33**:94, 96-7, 102
"Rex Doloris" (Sayers) **15**:395
"El rey burgués" (Dario) **4**:60, 66-7
"Reyerta" (Garcia Lorca) **49**:71, 74, 90, 112
"Reyes" (Quiroga) **20**:213
Rezánov (Atherton) **2**:15
R.F.C. H.Q. (Baring) **8**:40
R.G. Collingwood: Essays in the Philosophy of History (Collingwood) **67**:182
"A Rhapsodist at Lord's" (Lucas) **73**:171, 174
"A Rhapsody" (Zangwill) **16**:461
Rhea Silvia (Bryusov)
See *Reja Sil'vija*
Rhineland Elegies (Pirandello)
See *Elegie renane*
"Rhineland Night" (Apollinaire)
See "Nuit Rhénane"
Rhoda Fleming: A Story (Meredith) **17**:258-59, 261, 265, 275, 279-80; **43**:259
"Rhodos" (Gumilev) **60**:280
"Rhoecus Seeks for His Soul" (March) **96**:248
"The Rhondda" (Lewis) **3**:287
"A Rhyme for All Zionists" (Lindsay) **17**:227
"Rhyme for My Tomb" (Service) **15**:412
"A Rhymed Letter" (Leino)
See "Runokirje"
"Rhymed Life of St. Patrick" (Tynan) **3**:504
"A Rhymer's Epilogue" (Stringer) **37**:334
Rhymes (Jimenez)
See *Rimas*
Rhymes à la mode (Lang) **16**:261
"Rhymes and Rhythms" (Henley) **8**:96-7, 110
Rhymes and Rhythms (Carducci)
See *Rime e ritmi*
Rhymes For My Rags (Service) **15**:411, 413
Rhymes of a Rebel (Service) **15**:411
Rhymes of a Red Cross Man (Service) **15**:399-402, 406, 413
Rhymes of a Rolling Stone (Service) **15**:399, 413
Rhymes of a Roughneck (Service) **15**:411-13
Rhymes of Childhood (Riley) **51**:285
Rhymes of the Firing Line (Runyon) **10**:437
Rhymes to Be Traded for Bread (Lindsay) **17**:223, 239, 248
Rhyming Poems (Lawrence) **93**:64, 66-68
"Rhythm" (Lardner) **14**:307
"Rhythm in Tanka" (Hagiwara Sakutaro) **60**:306
The Rhythm of Life, and Other Essays (Meynell) **6**:290, 292-93, 295-96
The Ribbon (Feydeau)
See *Le ruban*
Rice and a Carriage (Blasco Ibanez)
See *Arroz y tartana*
Rice Bowl (Santoka)
See *Hachi no ko*
"Rice Pudding" (Milne) **6**:314
"Rice-Farming Episode" (Miyazawa) **76**:289
Riceyman Steps (Bennett) **5**:29, 32, 35-6, 38, 40, 42-3; **20**:25, 27, 40-1

"The Rich Boy" (Fitzgerald) **1**:241, 255, 261-62; **6**:169-70; **14**:173, 175
The Rich Man (Schendel)
See *De Rijke Man*
A Rich Man's Daughter (Riddell) **40**:335
Richard Cable (Baring-Gould) **88**:12
"Richard Cory" (Robinson) **5**:403, 406, 408, 416-18; **101**:98, 111, 119, 128, 136, 150, 153, 157, 159-62, 197-98
Richard Jefferies (Thomas) **10**:451
Richard of Bordeaux (Tey) **14**:449, 451, 453, 458-60
Richard Strauss und Hugo von Hofmannsthal: Breifwechsel (Hofmannsthal) **11**:311
"Richard Wagner in Bayreuth" (Nietzsche) **10**:354, 359, 387
Richelieu (Belloc) **18**:28
"Riches" (Schnitzler) **4**:403
"Riches in Custody" (Tagore)
See "Sampatti-Samarpan"
The Riches of the Great Khan (Blasco Ibanez)
See *Las riquezas del Gran Kan*
Ricordi di un impiegato (Tozzi) **31**:317-24, 326, 332-33
La ricossa (D'Annunzio) **40**:21
"The Riddle" (de la Mare) **4**:78; **53**:27, 36
The Riddle, and Other Stories (de la Mare) **4**:73, 78; **53**:13, 16, 27, 36, 38
The Riddle of the Sands (Childers) **65**:50-2, 54-61
The Riddle of the Universe (Haeckel) **83**:127, 131, 142, 152, 160
"The Riddle Solved" (Tagore) **3**:485
Riddles of Philosophy (Steiner)
See *Die Rätsel der Philosophie*
"The Ride" (Woodberry) **73**:371, 374
Ride the Pink Horse (Hecht) **101**:75
A Ride through Kansas (Higginson) **36**:172
The Rider of Dreams (Torrence) **97**:148, 152, 157, 160-62
Rider of the Night (Ewers)
See *Reiter in deutscher Nacht*
Riders of the Purple Sage (Grey) **6**:176-80, 182-84, 187-88
Riders to the Sea (Synge) **6**:425-32, 435, 439-42; **37**:348, 351, 353-55, 365, 378-79, 383, 390
"Rides of an Adjutant" (Liliencron)
See "Adjutantentrite"
"Riding Down from Bangor" (Orwell) **51**:249
"Riding in Mist" (Galsworthy) **45**:33
"The Riding of Ninemileburn" (Buchan) **41**:73
"Riduzioni drammatiche" (Svevo) **35**:363-64
Rienzi (Giacosa) **7**:305
"Riez Bailleul — 'Riez Bailleul in Blue Tea-Time'" (Gurney) **33**:100
Riforma della dialettica (Gentile) **96**:83
Rīgas ragana (Rainis) **29**:393
Rigby's Romance (Furphy) **25**:173-74, 177, 182-83
Rigenerazione (Svevo) **35**:346, 352, 354
Right and Left (Roth)
See *Rechts und Links*
"Right and Might" (Johnson) **19**:230
"The Right Eye of the Commander" (Harte) **25**:222
"Right Here at Home" (Riley) **51**:281
"The Right of Way" (Davis) **24**:202
The Right to Heresy: Castellio against Calvin (Zweig)
See *Castellio gegen Calvin; oder, Ein Gewissen gegen die Gewalt*
"The Right to Work" (Baker) **47**:8
"Righteous Anger" (Stephens)
See "A Glass of Beer"
"A Righteous Faith for a Just and Durable Peace" (Dulles) **72**:79
"The Righteous Kitten" (Lindsay) **17**:230
The Rights of Health (Sanchez)
See *Los derechos de la salud*
Rights of the Soul (Giacosa)
See *Il diritti dell' anima*
"The Rights of Youth" (Woolf) **43**:408
De Rijke Man (Schendel) **56**:239
Riley Farm-Rhymes (Riley) **51**:300-01
Rilla of Ingleside (Montgomery) **51**:211
Rimas (Jimenez) **4**:223-24
Rime e ritmi (Carducci) **32**:101-02, 105, 108-09
Rime nuove (Carducci) **32**:86, 91, 101, 106, 108-09
"Rimedio: La geografia" (Pirandello) **29**:284
"Rimorsi" (Papini) **22**:280
"The Ring" (Gumilev) **60**:270
"The Ring" (Muir) **87**:167
"The Ring" (Warung)
See "The Secret Society of the Ring"
Ein Ring (Heyse) **8**:121
The Ring and the Book (Shaw) **3**:384
The Ring and the Book (Tagore) **3**:491
"The Ring and the Castle" (Lowell) **1**:371, 373; **8**:225, 230
Ring for Nancy (Ford) **15**:79
The Ring Is Closed (Hamsun)
See *Ringen sluttet*
The Ring Lardner Reader (Lardner) **14**:302
The Ring of the Löwenskölds (Lagerloef) **4**:239; **36**:241-42, 248
"The Ring of Thoth" (Doyle) **7**:238
"A Ring of Worlds" (Balmont)
See "Mirovoe koltso"
Ringen sluttet (Hamsun) **14**:232, 241-42; **49**:130-31, 136, 145, 161
"Der Ringende" (Toller) **10**:490
"Der Ringer" (George) **14**:201
The Ringer (Wallace) **57**:398-99, 402
"Ringsend" (Gogarty)
See "Aphorism"
"Ringtail" (Fisher) **11**:209, 212
Rinkitink in Oz (Baum) **7**:21-2, 25, 27
Rio Grande (Adams) **56**:9
Rio Grande (Thomas) **97**:140
"Rio Grande's Last Race" (Paterson) **32**:369, 374
"The Riot at Amalfi" (Herzl) **36**:141
Rip Tide (Benet) **28**:4, 8, 10
"Ripe Figs" (Chopin) **14**:82-3
The Ripening Seed (Colette) **16**:121
"Ripulitura difficile" (Papini) **22**:281
Las riquezas del Gran Kan (Blasco Ibanez) **12**:43
Le rire (Bergson) **32**:20, 27
"La risa en el desierto" (Prado) **75**:194, 208-09, 211
The Rise and Fall of Free Speech in America (Griffith) **68**:138, 189, 213, 222-23
The Rise and Fall of the City Mahogonny (Brecht)
See *Aufstieg und Fall der Stadt Mahagonny*
"Rise, Ebony Moon" (Ady) **11**:15
The Rise of American Civilization (Beard) **15**:21-2, 30-2, 37
The Rise of David Levinsky (Cahan) **71**:2, 5-7, 9-11, 13, 15-16, 18-21, 23-24, 29, 33, 36-37, 40, 44-45, 47-48, 54-57, 62-63, 67-68, 70-72, 79-80, 83, 86-88
The Rise of European Liberalism (Laski) **79**:161
The Rise of Silas Lapham (Howells) **7**:364-66, 370, 372, 375-76, 378, 381-86, 392, 395, 397, 399; **17**:167-72, 178, 182, 185-87; **41**:231-87
"The Rise of Silas Needham" (Howells) **41**:267
The Rise of the Russian Empire (Saki) **3**:362, 373
"The Rise of the Short Story" (Harte) **25**:201, 219
"The Rise of the Tide" (Guiney) **41**:207
"The Rise of Theatricals" (Rourke) **12**:318, 322, 330
"The Risen Lord" (Lawrence) **48**:121; **61**:269
Risifi's Daughter: A Drama (Green) **63**:135
The Rising of the Court (Lawson) **27**:129, 132
The Rising of the Moon (Gregory) **1**:334-38
"The Rising of the Storm" (Dunbar) **12**:108
Rising of the Tide: The Story of Sabinsport (Tarbell) **40**:428, 441, 443
The Rising Sun (Heijermans) **24**:290, 292-93
A Rising Wind: A Report of the Negro Soldier in the European Theater of War (White) **15**:478-79
"Le risorse di San Miniato al Tedesco" (Carducci) **32**:111
"Risposta a Benedetto" (Papini) **22**:281
"Ristimine" (Talvik) **87**:321
"Rita's Marriage" (Bosman) **49**:11
"Le rite du peyotl" (Artaud) **36**:5-7, 29
Rite of Saturn (Crowley) **7**:212
Rites of Eleusis (Crowley) **7**:211-13
"Ritornello" (Huysmans) **69**:23
"Der Ritter der sich verschlief" (George) **14**:205
"Ritual" (Benet) **28**:2
Ritual and Belief in Morocco (Westermarck) **87**:334
"Ritual for Birth and Naming" (Torrence) **97**:158
"Ritual for the Body's Passing" (Torrence) **97**:158
"Rituals for the Events of Life" (Torrence) **97**:152
Ritzy (Glyn) **72**:141
Rivage (Jacob) **6**:193, 202
"The Rival Beauties" (Jacobs) **22**:106
"The Rival Celestial" (Benet) **28**:3
"A Rival of Fallopius" (Lee-Hamilton) **22**:188
"The Rival Singers" (Guiney) **41**:206
Rivalry (Nagai)
See *Udekurabe*
"The Rivals" (Colette) **16**:135
"The Rivals" (Johnson) **19**:210
"The River" (Crane) **5**:187, 190; **80**:83, 103, 127, 140, 142, 146-7, 166, 170, 210
"The River at Play" (Korolenko) **22**:170
"River Driftwood" (Jewett) **22**:120
"River Mist" (Kunikida)
See "Kawagiri"
River Mist and Other Stories (Kunikida) **99**:293, 304
"The River of Life" (Kuprin) **5**:298-99
"The River of Rivers in Connecticut" (Stevens) **3**:472
"The River Potudan" (Platonov)
See "Reka Potudan"
"River Roses" (Lawrence) **93**:93
The River Sumida (Nagai)
See *Sumidagawa*
"The River Town" (Scott) **6**:393
"The Rivers of the World" (Vilakazi)
See "Imifula yomhlaba"
Rivers to the Sea (Teasdale) **4**:424-25, 428-29
The Rivet in Grandfather's Neck (Cabell) **6**:67, 70, 74
"Riviera" (Bishop) **103**:3, 9
"Rizpah, the Daughter of Ai" (Harper) **14**:260
"The Road" (Babel)
See "Doroga"
"The Road" (Muir) **87**:174, 188
The Road (London) **9**:272, 280; **15**:260-61, 272; **39**:279-80
"Road and Rail" (Davidson) **24**:172
"The Road at My Door" (Yeats) **11**:535-36
The Road Away from Revolution (Wilson) **79**:489
The Road Back (Whale) **63**:339-40, 383-84
"Road Discontinued" (Williams) **89**:369, 372, 402
The Road Leads On (Hamsun)
See *Men livet lever*
"The Road of Casualty" (Williams) **89**:376, 378
Road Sign (Miyamoto)
See *Dōhyō*
"The Road to Avignon" (Lowell) **1**:372
"The Road to Brody" (Babel) **2**:27
The Road to Calvary (Tolstoy) **18**:357, 366, 370-77
"The Road to Elysium and Hades" (Sodergran)
See "Vägen till Elysium och Hades"

"The Road to Emmaus" (Ivanov) **33**:127
"The Road to England" (Higginson) **36**:167
The Road to France (Verne) **6**:501
"The Road to Gundagai" (Paterson) **32**:376
The Road to Mandalay (Mankiewicz) **85**:109
The Road to Oxiana (Byron) **67**:85-86, 88-89
The Road to Oz (Baum) **7**:21, 24-8
The Road to Rome (Sherwood) **3**:410-12, 414-17
The Road to the Open (Schnitzler)
See *Der Weg ins Freie*
The Road to the Temple (Glaspell) **55**:242-43, 267
The Road to Wigan Pier (Orwell) **2**:502, 505-11; **6**:350-52; **15**:322, 325, 333, 355, 358-60; **31**:188; **51**:219, 227, 236, 248, 250, 252-57, 261-62
The Road to Yesterday (Montgomery) **51**:180-81
"Road-Kids and Gay Cats" (London) **9**:281
"Roads" (Thomas) **10**:452, 464, 469
"Roads of Destiny" (Henry) **1**:347; **19**:180, 200
Roadside (Riggs) **56**:200, 203-07, 215-17
A Roadside Harp (Guiney) **41**:204-05, 207-08, 210, 213-14
Roadside Meetings (Garland) **3**:197
"The Roaring Days" (Lawson) **27**:133, 137-38
"La roba" (Verga) **3**:546
The Robber (Capek) **6**:83
"The Robber Girl" (Kolmar) **40**:175
"The Robbers" (Akutagawa Ryunosuke) **16**:22-3
"Robbie's Statue" (Lawson) **27**:139
"Robecq Again" (Gurney) **33**:86, 112
Robert (Gide) **5**:243; **12**:145, 147, 159
Robert Browning (Chesterton) **1**:178; **6**:101
Robert E. Lee (Drinkwater) **57**:127-30, 133, 141-42, 146, 148
Robert E. Lee: An Interpretation (Wilson) **79**:488
Robert Elsmere (Ward) **55**:396-97, 399, 401-02, 404-07, 409-10, 412-13, 417-18, 421-23, 425-36
Robert Emmet: A Survey of His Rebellion and of His Romance (Guiney) **41**:218, 220
Robert Falconer (MacDonald) **9**:290, 292, 295-96, 309-10
"Robert Fulton Tanner" (Masters) **25**:308, 314
"Robert Gould Shaw" (Dunbar) **12**:106
Robert Johnson: The Complete Recordings (Johnson) **69**:94
Robert Louis Stevenson (Chesterton) **6**:101
"Robert Malthus. Centenary Allocution" (Keynes) **64**:246
Robert Peckham (Baring) **8**:33, 36, 42-3
"Robert the Bruce" (Muir) **87**:210
Robespierre (Belloc) **7**:31, 39
Robin Hood (Pyle)
See *The Merry Adventures of Robin Hood of Great Renown in Nottinghamshire*
"The Robing of the King" (Baker) **3**:4
"The Robin's Vesper" (Pyle) **81**:390
"Robinson Crusoe" (Woolf) **43**:400, 405, 426
La robla (Pereda) **16**:373
Robur le conquérant (Verne) **6**:495, 497, 501-02; **52**:346, 350, 353
Robur the Conqueror (Verne)
See *Robur le conquérant*
"Robustezza!" (Davies) **5**:199
"Le roc" (Verhaeren) **12**:469
Les roches blanches (Rod) **52**:310
The Rock (Stevens) **3**:449, 453, 474, 478; **12**:368, 370, 383; **45**:302, 316-18
The Rock and the River (Connor) **31**:114-15, 117
"Rock Around with Ollie Vee" (Holly) **65**:148
The Rock Garden (Kazantzakis)
See *Le jardin des rochers*
Rock Sinister (Dent) **72**:27
"Rock-a-Bye Rock" (Holly) **65**:148
"The Rocket" (Tolstoy) **18**:377, 382
The Rocket (Pinero) **32**:409
"The Rocket of 1955" (Kornbluth) **8**:216
The Rocking Horse (Morley) **87**:120, 124
The Rocky Road to Dublin (Stephens) **4**:415, 419
"The Rod of Justice" (Machado de Assis)
See "O caso de vara"
Röda Rummet (Strindberg) **1**:460; **8**:408-11, 419; **21**:349, 353
De røde dråber (Obstfelder) **23**:178-79, 192
Röde Orm, hemma i österled (Bengtsson) **48**:5-7, 9-10, 12
Röde Orm, sjöfarare i västerled (Bengtsson) **48**:3-5, 12-13
"Roderich von der Leine" (Raabe) **45**:190
Roderick Hudson (James) **2**:246, 255, 262; **11**:317-18, 325, 328; **40**:108-09, 115-16, 134; **47**:205-06
Rodin in Rime (Crowley)
See *Chaplet of Verse*
Rodine (Sologub) **9**:443
"Rodney" (Cotter) **28**:44
Rodney Stone (Doyle) **7**:216-17, 220, 239
"Rodomontade" (Stevens) **45**:286
Rodopio (Sa-Carniero) **83**:401
Rodzina połanieckich (Sienkiewicz) **3**:422-23, 425-26, 428-30
Roger Fry (Woolf) **43**:417; **56**:380; **101**:297-98
Roggen und Weizen (Liliencron) **18**:213
Rogsajyae (Tagore) **3**:488-89; **53**:343
Rogue Herries (Walpole) **5**:499-500
"Rogues in the House" (Howard) **8**:133, 135
The Rogue's March (Hornung) **59**:113
"Roi au masque d'or" (Schwob) **20**:323
Le roi au masque d'or, et autres nouvelles (Schwob) **20**:321, 323, 326, 329
"Le roi boit" (France) **9**:57
Le roi bombance (Marinetti) **10**:310, 316
Le roi Candaule (Gide) **5**:213, 215; **12**:144
Le roi de Béotie (Jacob) **6**:191
Rok 1794 (Reymont) **5**:390, 392-93, 395, 397, 399
Rokonok (Moricz) **33**:247, 250
"Rokovye iaitsa" (Bulgakov) **2**:64; **16**:73, 79-80, 83-5, 92-3, 100-03, 109-11
Roland Blake (Mitchell) **36**:265-68, 271
"The Role of Aggression in Civilization: Some Thoughts and Objections Regarding Freud's Death Instinct and Drive for Destruction" (Horney)
See "The Problems of Marriage"
Rolf in the Woods (Seton) **31**:263-64
"Roll Up at Talbragar" (Lawson) **27**:132, 134
The Roll-Call (Bennett) **20**:22, 24
"The Roll-Call on the Reef" (Quiller-Couch) **53**:303
Rolling Down the Lea (Gogarty) **15**:120
"The Rolling English Road" (Chesterton) **6**:98
"A Rolling Stone" (Chekhov) **31**:96
"Roma" (Carducci) **32**:91, 103-04
"Romagna" (Pascoli) **45**:155
Roman Bartholow (Robinson) **5**:413; **101**:105, 108
Roman Canon Law in the Church of England (Maitland) **65**:251, 259, 266
Le roman comique d'un musicien au XVII siécle (Rolland) **23**:267
Le roman de l'énergie nationale (Barrès) **47**:42-3
Le Roman de Lievre (Jammes) **75**:104-05, 115, 117-18
Roman der Stiftsdame (Heyse) **8**:119
Roman Diary (Ivanov) **33**:140
"Roman Diary of 1944" (Ivanov) **33**:138
Le roman d'un enfant (Loti) **11**:362, 367
Le roman d'un Spahi (Loti) **11**:352-55, 353, 359-60, 365-66
Le roman éxperimental (Zola) **1**:595; **6**:560, 566; **41**:444, 449, 451
"Roman Fever" (Wharton) **3**:571
The Roman Gravemounds (Hardy) **48**:59
"Roman Holiday" (Kuttner) **10**:268
Roman Holiday (Hecht) **101**:78-80
Roman Holidays (Howells) **7**:373
Roman Law and the British Empire (Innis) **77**:342
"Le roman réaliste et la roman piétiste" (Bourget) **12**:67
"The Roman Road" (Grahame) **64**:55, 66, 95
"A Roman Round-Robin" (Dobson) **79**:3, 31
A Roman Singer (Crawford) **10**:143-44, 146-48, 150
Roman Sonnets (Ivanov) **33**:136, 138
"Romance" (Artaud) **3**:52
"Romance" (Valera y Alcala-Galiano) **10**:504
Romance (Ford) **1**:283, 288; **15**:70, 73, 90-1, 93; **57**:282
"Romance against Romanticism" (Matthews) **95**:265
"Romance and Realism" (Ouida) **43**:371
"Romance and Reality" (Kielland) **5**:275-76
"Romance and Sally Byrd" (Glasgow) **7**:343
"Romance and the Modern Stage" (Dunsany) **59**:19, 24
"A Romance at Sea" (McAlmon) **97**:101
"Romance at the Baillie Galleries" (Rosenberg) **12**:294
"Romance de la Guardia Civil Española" (Garcia Lorca) **7**:290, 297; **49**:69, 71, 97, 119
"Romance de la pena negra" (Garcia Lorca) **49**:96-7, 113-14
Romance de lobos (Valle-Inclan) **5**:472-74, 486
"Romance del emplazado" (Garcia Lorca) **49**:90, 112-13
"Romance du vin" (Nelligan) **14**:391, 393, 400
"Romance for a Demoiselle Lying in the Grass" (Stevens) **45**:347
"A Romance in Oil" (Adams) **56**:8
"Romance in the Roaring Forties" (Runyon) **10**:423-24
Romance Island (Gale) **7**:277, 281-82
"The Romance of a Busy Broker" (Henry) **19**:173, 190
The Romance of a Plain Man (Glasgow) **2**:176, 180; **7**:333, 340, 348-50
The Romance of a Queen (Glyn)
See *Three Weeks*
The Romance of a Spahi (Loti)
See *Le roman d'un Spahi*
"The Romance of Digestion" (Benchley) **55**:13, 16
The Romance of Leonardo da Vinci (Merezhkovsky) **29**:226, 228-31, 233-34, 241, 249
The Romance of Sorcery (Rohmer) **28**:285
"The Romance of the First Radical" (Lang) **16**:265
"Romance of the Spanish Civil Guard" (Garcia Lorca)
See "Romance de la Guardia Civil Española"
The Romance of the Swag (Lawson) **27**:131
A Romance of Two Worlds (Corelli) **51**:66-7, 72, 79, 82-3
"Romance sonámbulo" (Garcia Lorca) **7**:300; **49**:72, 78, 96, 113
Romancero (Lugones) **15**:286
"Romancero gitano" (Machado) **3**:310
Romancero gitano (Garcia Lorca)
See *Primer romancero gitano*
The Romancers (Rostand)
See *Les romanesques*
Romancers del Río Seco (Lugones) **15**:291
Romances, canciones, y poesias (Valera y Alcala-Galiano) **10**:500
Romances de Coral Gables (Jimenez) **4**:225
Romances gitanos (Jimenez) **4**:214
"Romances históricos" (Garcia Lorca) **7**:290
Romances of the Río Seco (Lugones)
See *Romancers del Río Seco*
Romances sordos (Reyes) **33**:321
Les romanesques (Rostand) **6**:375-78, 383; **37**:280, 282, 286-87, 291, 295, 298-99, 303
"The Romanian Letters and Arts in the Second Half of the 19th Century" (Caragiale)

76:168
"The Romanian Nation" (Caragiale) **76**:169
The Romantic (Sinclair) **3**:435; **11**:413
Romantic Adventure (Glyn) **72**:132
"The Romantic Adventures of a Milkmaid" (Hardy) **4**:172; **10**:217
The Romantic Age (Milne) **6**:308
Romantic Ballads and Poems of Phantasy (Sharp) **39**:352, 371-72, 378-79, 381, 388
The Romantic Comedians (Glasgow) **2**:182-84, 186, 189-90; **7**:337, 341, 343, 346-47
Romantic Comedies (Molnar) **20**:171-72
A Romantic Farce (Davidson) **24**:182
Romantic Flowers (Gumilev)
See *Romanticheskie tsvety*
"Romantic Ireland's Dead and Gone" (Yeats) **31**:385
The Romantic Movement in English Poetry (Symons) **11**:434, 447
The Romantic School in France (Brandes)
See *Den romantiske skole i Frankrig*
The Romantic School in Germany (Brandes)
See *Den romantiske skole i Tydskland*
Romantic Young Lady (Martinez Sierra and Martinez Sierra)
See *Sueño de una noche de agosto*
Romanticheskie tsvety (Gumilev) **60**:260, 262, 269
"Romanticism and Classicism" (Hulme) **21**:131-32, 136, 140, 147
"Romanticism in Spanish Poetry" (Vallejo) **56**:295
The Romanticists (Merezhkovsky) **29**:231
Romantics (Rostand)
See *Les romanesques*
Die Romantik (Huch) **13**:245, 254
Romantisches Drama (Werfel) **8**:479
Den romantiske skole i Frankrig (Brandes) **11**:62, 72
Den romantiske skole i Tydskland (Brandes) **10**:60, 62, 72
Roman-Tsarevich (Hippius) **9**:155, 161-62, 169
The Romany Stain (Morley) **87**:125
I romanzi della rosa (D'Annunzio) **6**:137-38
"Rome" (Howe) **21**:106
Rome (Zola) **41**:421-22; **1**:587, 589; **6**:564; **41**:421-22
"Romeo and Juliet" (Capek) **37**:45
El romero alucinado (Gonzalez Martinez) **72**:148, 150
"Das römische Bad" (Sudermann) **15**:432
Römisches Reich deutscher Nation (Huch) **13**:253
Ronald Standish (Sapper) **44**:317
"Ronda de la vida riendo" (Huidobro) **31**:126
La Ronde (Ophuls) **79**:173-4, 176, 180, 192, 215-6, 227, 234, 238, 271-3
Die Rondköpfe und die Spitzköpfe (Brecht) **1**:104; **6**:31, 37
Rondon tō (Natsume) **10**:328-29, 344
"Rōnen" (Akutagawa Ryunosuke) **16**:33
"Le rongeur maudit" (Bosschere) **19**:67
The Roofing Feast (Strindberg) **1**:460
"The Roofs of Marseilles" (Nezval) **44**:240, 243
"The Rooinek" (Bosman) **49**:4-6, 9, 20-1, 29
Room 13 (Wallace) **57**:402
Room Forty-Five (Howells) **7**:387
"The Room in the Tower" (Benson) **27**:13, 16
A Room of One's Own (Woolf) **1**:530, 534, 544; **20**:394, 394; **43**:395-97, 402, 423; **56**:371, 376, 386, 390-391; **101**:204, 307, 326
"Roosevelt" (Lindsay) **17**:236
Roosevelt and Hopkins, an Intimate History (Sherwood) **3**:419
Roosevelt: The Story of a Friendship (Wister) **21**:380, 385
"Rooster" (Hagiwara Sakutaro)
See "Rooster"
The Root and the Flower (Myers) **59**:131, 134-7, 142, 147, 150, 152-3, 155-7
The Root of Life—Ginseng (Prishvin)
See *Zhen'-shen': koren' zhizni*
"The Roots of American Culture" (Rourke) **12**:318, 322, 330-31
The Roots of American Culture, and Other Essays (Rourke) **12**:318, 322-23, 329-32
Ropa apolillada (Palma) **29**:258
Ropa vieja (Palma) **29**:258-59
The Rope (O'Neill) **6**:336; **49**:252, 260, 264
Rope and Faggot: A Biography of Judge Lynch (White) **15**:476-78, 480
Rory and Bran (Dunsany) **59**:22, 24, 26
Rosa (Hamrick) **49**:128-29, 133-34, 141, 144, 153, 159
"Rosa Alchemica" (Yeats) **31**:414; **93**:339
"La rosa de oro" (Valle-Inclan) **5**:478
Rosa i krest (Blok) **5**:85, 97-8, 100
Rosa Luxemburg Speaks (Luxemburg) **63**:201
Rosa mundi (Crowley) **7**:206
"La rosa y la espina" (Lugones) **15**:293
Le Rosaire au soleil (Jammes) **75**:119
Rosamond, Queen of the Lombards (Swinburne) **8**:433-34, 436
Rosamunde Floris (Kaiser) **9**:176, 180-81, 185, 192
Rosario de sonetos líricos (Unamuno) **2**:562; **9**:510, 514
"A Rosary" (Davidson) **24**:179
Rosary of Lyric Sonnets (Unamuno)
See *Rosario de sonetos líricos*
"Rosas del calvario" (Lugones) **15**:285
Rosaura (Guiraldes) **39**:175-77, 182, 186, 190
"Roscoe Purkapile" (Masters) **25**:304
"Rose" (Unamuno) **2**:568
"The Rose" (Yeats) **93**:346
Die Rose (Walser) **18**:421-22
The Rose (Yeats) **1**:558, 569; **18**:442; **31**:394
The Rose and the Cross (Blok)
See *Rosa i krest*
"The Rose and the Rock" (Stringer) **37**:328
Rose Bernd (Hauptmann) **4**:195, 197
Rose Briar (Tarkington) **9**:465
"La rose de Hildesheim ou les trésors des rois mages" (Apollinaire) **3**:38; **51**:20
Rose Deeprose (Kaye-Smith) **20**:111
"The 'Rose Delima'" (Drummond) **25**:151
"The Rose Garden" (James) **6**:210
"Rose Kissed Me To-day" (Dobson) **79**:37
"The Rose of Dixie" (Henry) **19**:174
Rose of Dutcher's Coolly (Garland) **3**:192-94, 198
"A Rose of Glenbogie" (Harte) **25**:199, 213
"The Rose of Hildesheim" (Apollinaire)
See "La rose de Hildesheim ou les trésors des rois mages"
"The Rose of Hope" (Scott) **6**:398
"The Rose of Shadows" (Yeats) **31**:416
The Rose of the Rancho (Belasco) **3**:85, 90
"The Rose of the World" (Yeats) **1**:558, 574
"The Rose of Tuolumne" (Harte) **25**:191, 200
A Rose of Yesterday (Crawford) **10**:150
"Rose Pink" (Gale) **7**:277
La rose publique (Eluard) **7**:248, 250, 256; **41**:150
"The Rose Tree" (Yeats) **31**:421; **93**:389
"Roseamond" (Apollinaire)
See "Rosemonde"
The Rose-Bearer (Hofmannsthal)
See *Der Rosenkavalier*
"Rose-Leaves" (Dobson) **79**:32, 35
"Rosemary" (Millay) **4**:306
"Rosemonde" (Apollinaire) **51**:58-9, 61
"Rosen" (Obstfelder) **23**:179
Rosen (Sudermann) **15**:430
"Rosenaltaret" (Sodergran) **31**:292
Rosenda (Romero) **14**:434-35
Der Rosenkavalier (Hofmannsthal) **11**:296, 301, 311
"Roser" (Obstfelder) **23**:190
"Roses" (Obstfelder)
See "Roser"
"Roses" (Sodergran) **31**:294
"The Rosicrucian" (Crowley) **7**:204, 208
Rosmersholm (Ibsen) **2**:223-25, 227, 229-32, 235, 241-42; **8**:144, 148, 151; **16**:158, 162, 166-68, 173, 177, 187, 193; **37**:223, 225; **52**:143-44
Rossetti and His Circle (Beerbohm) **1**:68; **24**:104, 115, 119
"Rosso malpelo" (Verga) **3**:539, 548
Rossum's Universal Robots (Capek)
See *R. U. R.*
The Rosy Shorelines (Papadiamantis) **29**:270-72
"Rosy-Checked Death" (Yosano Akiko)
See "Kôgao no shi"
"Rothenberger's Wedding" (Graham) **19**:136
La rôtisserie de la reine Pédauque (France) **9**:41-2, 51, 53, 55
"Rotting Clam" (Hagiwara Sakutaro) **60**:296
Rotting Hill (Lewis) **2**:391, 393; **9**:242
Rouen (Peguy) **10**:410-11
"Rouge et bleue" (Tsvetaeva) **35**:389, 407
"Rouge ou noire" (Sully Prudhomme) **31**:302
The Rough Rider, and Other Poems (Carman) **7**:139, 143
The Rough Riders (Roosevelt) **69**:203, 243, 257
Rough-Hewn (Fisher) **87**:77
Roughing It (Twain) **6**:455, 457-58, 471, 476; **12**:426, 430, 435, 437, 452; **36**:355, 358, 371, 379; **48**:344, 358
Les Rougon-Macquart (Zola) **1**:585-88, 594; **6**:559-61, 563-65, 567-70; **21**:421
Les rouilles encagées (Peret) **20**:186
A Roumanian Diary (Carossa)
See *Tagebuch im Kriege*
Round about the Congress (Horvath)
See *Rund um den Kongreß*
A Round Dance of the Times: All Voices (Balmont)
See *Khorovod vremën: Vseglasnost'*
The Round Heads and the Pointed Heads (Brecht)
See *Die Rondköpfe und die Spitzköpfe*
"A Round of Visits" (James) **2**:275
"Round the Lake" (Papadiamantis) **29**:270
Round the Moon (Verne)
See *Autour de la lune*
Round the Red Lamp: Being Facts and Fancies of Medical Life (Doyle) **7**:216, 219
Round the World in Eighty Days (Verne)
See *Le tour du monde en quatre-vingt jours*
Round Up (Lardner) **2**:327, 333-34; **14**:297-98, 307
"The Roundel" (Swinburne) **8**:439-40; **36**:315
The Roundheads and the Peakheads (Brecht)
See *Die Rondköpfe und die Spitzköpfe*
"Rounding the Cape" (Campbell) **5**:117
Roundsman Of The Lord (Broun) **104**:98
"Rousseau" (Murry) **16**:341
Roussequ, Kant, Goethe: Two Essays (Cassirer) **61**:68
The Rout (Fadeyev)
See *Razgrom*
"The Rout of the White Hussars" (Kipling) **8**:202
"Rouwstad" (van Ostaijen) **33**:418
"The Rover" (Pickthall) **21**:252
The Rover (Conrad) **1**:209, 218; **6**:114; **25**:111
The Roving Critic (Van Doren) **18**:391-92, 405
Roving East and Roving West (Lucas) **73**:157
"A Row of Horse Stalls" (Knister) **56**:156, 161
"The Rowan Tree Fire" (Esenin) **4**:115
"Roy Rene" (Cram) **45**:3
Royal Blossom; or, Trisevyene (Palamas)
See *Trisévgene*
"A Royal Command" (Somerville & Ross) **51**:335
Royal Dream (Heijermans) **24**:293
The Royal Family of Broadway (Mankiewicz) **85**:114, 164
The Royal Game (Zweig)
See *Schachnovelle*

Royal Highness (Mann)
See *Königliche Hoheit*
"Royal Palm" (Crane) **5**:189
"The Royal Tombs of Golconda" (Naidu) **80**:314
The Royal Vagabond (Cohan) **60**:171
"Royalist Songs" (Cram) **45**:12
"Rozanov's Letters" (Remizov)
See "Kukkha. Rozanovy pis'ma"
"Rozhanitsa" (Remizov) **27**:353-54
Rózsa Sándor a lovát ugratja (Moricz) **33**:243, 247, 251
Rózsa Sándor összevonja a szemöldökét (Moricz) **33**:243, 247, 251
Rrose Sélavy (Desnos) **22**:58-60
"Rubaiyst of Doc Sifers" (Riley) **51**:292
Le ruban (Feydeau) **22**:77, 83, 92
"The Rubber Check" (Fitzgerald) **6**:167
"El rubí" (Dario) **4**:60
The Rubicon (Benson) **27**:3, 8
Rubruk v mongolii (Zabolotsky) **52**:373
Ruch der Hirten (George) **14**:196
Rückblick (Liliencron) **18**:208, 215
"Rückblicke" (Kandinsky) **92**:37, 81
Die rückkehr vom Hades (Mann) **9**:320
Rudder Grange (Stockton) **47**:316, 319, 322
Ruddigore; or, The Witch's Curse (Gilbert) **3**:213, 216
Rude Assignment (Lewis) **2**:391; **9**:242-43; **104**:157, 171-72, 177, 180, 209, 214, 225-27, 230, 240, 242, 274, 276, 282
"A Rude Awakening" (Chopin) **14**:70
Rudimental Divine Science (Eddy) **71**:92
Rue (Housman) **7**:353
"Rue Barrée" (Chambers) **41**:88, 94
"The rue de la Chine" (Huysmans) **69**:25
El ruedo Ibérico (Valle-Inclan) **5**:485, 487-89
Der Ruf des Lebens (Schnitzler) **4**:386, 389
"Le ruffian" (Moreas) **18**:286
"Rugg" (Soderberg) **39**:437, 439
The Rugged Path (Sherwood) **3**:416, 418-19
"The Rugged Way" (Dunbar) **12**:104
"Ruin" (Garcia Lorca)
See "Ruina"
"Ruina" (Garcia Lorca) **49**:94
Ruine (Kandinsky) **92**:50
La ruine du monde antique (Sorel)
See *La fin du monde antique*
Ruined Abbeys of Great Britain (Cram) **45**:9
"The Ruined Maid" (Hardy) **4**:154
"Ruines" (Nelligan) **14**:392
"Ruins" (Bergelson) **81**:19
"The Ruins" (Tomlinson) **71**:381
"Ruit hora" (Carducci) **32**:87
"Rule by Machines" (Capek) **37**:70
"The Rule of Phase Applied to History" (Adams) **4**:17-18; **52**:27, 41
"The Rulers" (Patton) **79**:302
Rulers of Kings (Atherton) **2**:14
The Rulers of the Mediterranean (Davis) **24**:201
Rules and Counsels for the Scientific Investigator (Ramoacn y Cajal)
See *Reglos y consejos*
"The Rules of Existential Graphs" (Peirce) **81**:199
"Rules of Illative Transformation" (Peirce) **81**:187
The Rules of Sociological Method (Durkheim)
See *Les règles de la méthode sociologique*
The Ruling Class (Mosca)
See *Elementi di scienza politica*
The Ruling Passion (Riddell) **40**:335
Rum Island (Schendel)
See *Rumeiland*
Rumbin Galleries (Tarkington) **9**:469
The Rumbledump (Raabe)
See *Der Schüdderump*
Rumeiland (Schendel) **56**:241
"Rumori" (Brancati) **12**:86
Run, Melos! (Dazai Osamu)
See *Hashire merosu*
Run, Sheep, Run (Bodenheim) **44**:73-4
"Runagate Niggers" (March) **96**:235, 265
The Runagates Club (Buchan) **41**:41, 44
The Runaway, and Other Stories (Tagore)
See *Palātakā*
Rund um den Kongreß (Horvath) **45**:76, 81, 100-02, 104-06
Rundt Kap det Gode Haab: Vers fra sjøen (Grieg) **10**:205, 207-08
"The Rune of Age" (Sharp) **39**:398
"The Rune of the Passion of Women" (Sharp) **39**:398
Runes of Women (Sharp) **39**:397-98
"Runes on Weland's Sword" (Kipling) **8**:191
"The Runnable Stag" (Davidson) **24**:178, 182
The Runner (Connor) **31**:114-17
"The Running Away of Chester" (Montgomery) **51**:212
"Running for Office" (Cohan) **60**:169-71
"Runokirje" (Leino) **24**:371
"Run-Out Harbor" (Coffin) **95**:15
Runyon First and Last (Runyon) **10**:428, 435
"Rupert Brooke" (Verhaeren) **12**:471
"Rupert Brooke and the Intellectual Imagination" (de la Mare) **4**:81
Rupert of Hentzau (Hope) **83**:170
"Ruptura sin palabras" (Salinas) **17**:365
The Rural Community (Baker) **10**:22
"Rural Enchantment" (Khlebnikov)
See "Selskaya ocharovannost"
Rural England (Haggard) **11**:245
A Rural Judge (Prado)
See *Un juez rural*
"The Rural Pan" (Grahame) **64**:77-8
"Rus'" (Zamyatin) **8**:553; **37**:427
Rusia en 1931. Reflexiones al pie del Kremlin (Vallejo) **56**:219-92, 299
"Rusija" (Vazov) **25**:455
Ruskin Family Letters (Ruskin) **63**:320
Ruskin's Letters from Venice: 1851-52 (Ruskin) **63**:262
Ruskin's Philosophy (Collingwood) **67**:125, 127
Russell Cheney, 1881-1945, A Record of His Work (Matthiessen) **100**:258
"Russell Kincaid" (Masters) **25**:299
Russet Mantle (Riggs) **56**:201, 209, 216
"Russia" (Balmont) **11**:41
"Russia" (Vazov)
See "Rusija"
Russia in the Whirlwind (Remizov)
See *Vzvikhrennaia Rus*
Russia in Writ (Remizov) **27**:333-34
Russia Laughs (Zoshchenko) **15**:491
The Russian Character (Tolstoy) **18**:379
Russian Diary (Barlach)
See *Russisches Tagebuch*
The Russian Nile (Rozanov) **104**:384
The Russian People (Baring) **8**:43
"The Russian Point of View" (Woolf) **43**:415, 422
"The Russian Religious Idea" (Berdyaev) **67**:24
The Russian Revolution (Luxemburg) **63**:202, 215, 221, 228
"The Russian Tragedy" (Luxemburg) **63**:220
"Russians" (Douglas) **40**:90-1
Russisches Tagebuch (Barlach) **84**:93
"The Rustic Commune" (Carducci)
See "Il comune rustico"
"Rustic Country" (Hall) **12**:195
"Rustic Friendship" (Khlebnikov)
See "Selskaya druzhba"
"Rusya" (Bunin) **6**:57
"Ruth and Delilah" (Ady) **11**:20
"Ruth and Naomi" (Harper) **14**:260
"The Rutherford Shows" (Williams) **89**:374
Rutland (Lie) **5**:324, 330
"Ru'ya'" (Gibran) **9**:88
"Ryojō" (Hagiwara Sakutaro) **60**:311
Les rythmes souverains (Verhaeren) **12**:459-60, 464, 475
"S morya" (Tsvetaeva) **35**:411
"S ognenoi past'iu" (Remizov) **27**:348
"S P" (Apollinaire) **51**:34
"S. S. Atlas" (Graham) **19**:109
S. S. Glencairn (O'Neill) **6**:329; **49**:238
"Sábado" (Storni) **5**:451
"Sabala Fairy Tale" (Sienkiewicz) **3**:430
Sabatai Zewi (Wassermann) **6**:513
"Sabato Santo" (Carducci) **32**:102
Sabbatai zewi (Asch) **3**:66-7
"The Sabbath Breaker" (Zangwill) **16**:441
"Sabina" (Quiller-Couch) **53**:291
The Sabine Women (Andreyev)
See *Prekrasayia sabinianki*
Die Sabinerrinnen (Heyse) **8**:119
"Un sabio" (Pereda) **16**:367
"Sabishii jinkaku" (Hagiwara Sakutaro) **60**:314
El sabor de la tierruca (Pereda) **16**:362-63, 367, 374, 378, 381-82
"Šabos-naxmu" (Babel) **2**:32
"Sac au dos" (Huysmans) **7**:405; **69**:24
"Sacco and Vanzetti" (Broun) **104**:83
"Sack of Prato" (Lee-Hamilton) **22**:186, 188
"Sacrament" (Cullen) **37**:154, 169
The Sacrament as Manifestation of the Holy (Otto) **85**:323
"Le sacre coeur" (Mew) **8**:296, 299
Sacred and Profane Love (Bennett) **5**:32, 38, 41, 43-4; **20**:28
Sacred & Secular & c (Gill) **85**:79, 90-1
"Sacred Are the Mountain Ashes in the Yard" (Leino)
See "Pyhät on pihlajat pihalla"
Sacred Blood (Hippius)
See *Svyataya krov*
"Sacred Emily" (Stein) **48**:237
The Sacred Fount (James) **2**:258, 261, 270; **11**:320, 348; **24**:345, 358; **40**:133, 141, 148; **47**:195-99
"Sacred Love" (Kuprin) **5**:298
The Sacred Pipe: Black Elk's Account of the Seven Rites of the Oglala Sioux (Black Elk) **33**:4, 8-9
"Sacred, Voluptuous Hollows Deep" (Rosenberg) **12**:311
"The Sacred Way" (Sikelianos) **39**:406, 410, 419, 421
Las sacrificadas (Quiroga) **20**:212
"Sacrifice" (Hansen) **32**:249
"The Sacrifice" (Kolmar)
See "Das Opfer"
"Sacrifice" (Manning) **25**:278
"The Sacrifice" (Remizov)
See "Zhertva"
Sacrifice (Benavente)
See *Sacrificios*
Sacrifice (Tagore)
See *Vāsarjan*
Le sacrifice impérial (Jacob) **6**:193, 202
"The Sacrifice of Love" (Premchand)
See "Prem-ki holi"
"The Sacrifice of the Maidens" (Roberts) **68**:324, 348-49, 351
"A Sacrifice unto Sion" (Evans) **85**:37
The Sacrificed (Quiroga)
See *Las sacrificadas*
Sacrificios (Benavente) **3**:98
La Sacrifiée (Rod) **52**:310, 314-15
Sacrilege (Valle-Inclan) **5**:486
Sad Airs (Jimenez)
See *Arias tristes*
The Sad End of Policarpo Quaresma (Lima Barreto)
See *Triste fim de Policarpo Quaresma*
The Sad Geraniums (Borchert)
See *Die Traurigen Geranien, und andere Geschichten aus dem Nachlass*
"Sad Moonlit Night" (Hagiwara Sakutaro)
See "Sad Moonlit Night"
"The Sad Mother" (Tynan) **3**:504
"The Sad Queen" (Sharp) **39**:376, 378
"A Sad Story" (Chekhov) **3**:112
"Sad Strains of a Gay Waltz" (Stevens) **45**:269, 275, 296

Sad Toys (Ishikawa)
See *Kanashiki gangu*
Sadakichi Hartmann, Critical Modenist: Collected Art Writings (Hartmann) **73**:110
"The Saddest Man" (Marquis) **7**:437
"Sadgati" (Premchand) **21**:298
"Sadjak buat Basuki Resobowo" (Anwar) **22**:23
Sadok sudei (Guro) **56**:132
Safar Nameh. Persian Pictures. A Book of travel (Bell) **67**:13, 16
Safer Ha-agadah (Bialik) **25**:53, 60
"Safety" (Brooke) **7**:129
"Safety Second" (Benchley) **55**:14
"The Saga of Perma" (Leino)
See "Perman taru"
The Saga of the Folkungs (Strindberg)
See *Folkungasagan*
"A Saga of the Seas" (Grahame) **64**:87
Sagas of Vaster Britain (Campbell) **9**:32
"The Sage" (Robinson) **101**:119
"Sagen und Sänge" (George) **2**:149; **14**:201, 205-06
La sagesse et la destinée (Maeterlinck) **3**:318, 325-26, 329
Saggi di critica del Marxismo (Sorel) **91**:332
"Saggio sullo Hegel" (Croce) **37**:84
"A Saghalinian" (Korolenko) **22**:170
"Saghan tamisráprati" (Devkota) **23**:48
"Sag-i vilgard" (Hedayat) **21**:74
Sagor (Strindberg) **47**:369
Sagra del Signore della nave (Pirandello) **29**:317, 320
"Sahaj Path" (Tagore) **3**:496
"The Sahara" (Loti)
See "Le désert"
"The Sahara of Bozart" (Mencken) **13**:363
"Sahashi jingorō" (Mori Ōgai) **14**:376
"A Sahibs' War" (Kipling) **8**:200; **17**:207
"Said the Young-Young Man to the Old-Old Man" (Stephens) **4**:408, 420
"Saigo no ikku" (Mori Ōgai) **14**:380
Saikaku Ichidai Onna (Mizoguchi) **72**:293, 306-07, 310, 313, 319-20, 323, 336, 339, 342-43, 346, 348-51
"Sail" (Dent) **72**:28-30
"The Sail of Ulysses" (Stevens) **45**:313-14, 327, 329
"Sailing after Lunch" (Stevens) **3**:462; **45**:269, 275, 282
"Sailing of the Swallow" (Swinburne) **8**:426-27
"Sailing to America" (Roberts) **68**:306
"Sailing to Byzantium" (Yeats) **1**:567-69, 579, 581-82; **11**:520, 529, 533; **18**:445-47, 449, 451-54, 456, 458-60, 462-63; **31**:398, 402-03, 410, 423; **93**:344
"Saillant" (Apollinaire) **51**:34
"Sailor" (Davies) **5**:198
Sailor Thieves (Dunsany) **2**:143
"The Sailor's Song" (Dunbar) **12**:105
"The Sailor's Sweetheart" (Scott) **6**:394
Sails and Mirage (Sterling) **20**:386
"A Saint about to Fall" (Thomas) **8**:450; **45**:399
A Saint, and Others (Bourget)
See *Pastels*
"The Saint and the Goblin" (Saki) **3**:371
Saint Augustine (Papini)
See *San't Agostino*
"Saint Catherine of Siena" (Meynell) **6**:295, 300
"Saint Deseret" (Masters) **2**:461
Saint Emmanuel the Good, Martyr (Unamuno)
See *San Manuel Bueno, mártir*
"Saint Francis and Lady Clare" (Masters) **25**:298
"St. Frideswide's Day in Oxford" (Guiney) **41**:220
"Snt. George" (Beerbohm) **24**:105
Saint George and the Dragon (Heidenstam) **5**:253
"Saint Georges" (Verhaeren) **12**:466
Saint Helena: Little Island (Aldanov)
See *Svjataja Elena: Malen' kij ostrov*
"Saint Jerome in the Desert" (Field) **43**:167
Saint Joan (Shaw) **3**:389, 394-95, 398, 402, 406; **9**:416-17; **45**:238
"Saint Julien l'hospitalier" (Schwob) **20**:323
"Saint Katherine of Alexandria" (Field) **43**:165-66
"Saint Margaret's Island" (Ady) **11**:15
Saint Matorel (Jacob) **6**:191
St. Mawr (Lawrence) **2**:356-57, 361-63, 373-74; **9**:219; **33**:203; **48**:121, 125, 142
Saint Olaf (Bojer) **64**:22
"Le saint satyre" (France) **9**:52-3
"Saint Sebastian" (Field) **43**:165-67
"Saint Sebastian" (Gray) **19**:154, 157
Sainte Lydwine de Schiedam (Huysmans) **7**:408, 411; **69**:7, 16, 40-1, 43, 46, 69
"Sainte-Nitouche" (Robinson) **5**:400
Saint-Louis (Rolland) **23**:256-57
"The Saints" (Bishop) **103**:5, 7-8, 19, 21
"Saints and Lodgers" (Davies) **5**:200
Saints and Revolutionaries (Stapledon) **22**:315, 322
Saints and Sinners (Bradford) **36**:68-9
"Saints and Their Bodies" (Higginson) **36**:171, 174-75
Les saints du paradis (Gourmont) **17**:129
Saints in Sussex (Kaye-Smith) **20**:101, 107-08
Saint's Progress (Galsworthy) **1**:300; **45**:47-8, 64
Saison en astrologie (Fargue) **11**:201
"Les saisons" (Apollinaire) **3**:34; **51**:36
Saisons choisies (Huidobro) **31**:122-23
"Sakai jiken" (Mori Ōgai) **14**:380
"Sakazuki" (Mori Ōgai) **14**:369-70
"Lo Sakhmod" (Peretz) **16**:393-94
The Sal Hepatica Review (Allen) **87**:37
The Salad Bowl Review (Allen) **87**:37
"Salamanca" (Unamuno) **2**:568
"The Salamander" (Heyse)
See "Der Salamander"
"Der Salamander" (Heyse) **8**:114, 116
"Salem Campground" (Fletcher) **35**:107
"The Salem Horror" (Kuttner) **10**:267
Salesman of the Sun (Vallette)
See *Le vendeur du soleil*
"Sales-nègres" (Roumain) **19**:334, 338, 346-47
"La Salle à manager" (Jammes) **75**:119
Sällskap för en eremit (Bengtsson) **48**:6, 12
Sally (Elizabeth)
See *Introduction to Sally*
"Salome" (Apollinaire) **8**:16
"Salomé" (Huidobro) **31**:124
Salomé (Wilde) **1**:494, 497-98, 503-04, 506, 508; **8**:494, 500; **23**:411, 435-37, 450; **41**:377
Salon de Bruxelles (Lemonnier) **22**:201
Salon de Paris (Lemonnier) **22**:201
"Salonique" (Apollinaire) **51**:61
"Salt" (Babel) **2**:27; **13**:14, 14
"Salt" (Roberts) **8**:316
"Saltbush Bill" (Paterson) **32**:373
"Salted Meat and Cucumber" (Dagerman) **17**:93
Salted with Fire (MacDonald) **9**:292
Salthaven (Jacobs) **22**:99, 108
Saltimbank (Heijermans) **24**:292
"Saltimbanques" (Apollinaire) **3**:33, 36
"Les Saltimbanques" (Lewis) **104**:285
Saltwater Farm (Coffin) **95**:3
Le salut par les Juifs (Bloy) **22**:32-3, 39
"Salutación angélica" (Vallejo) **56**:301, 311
"Salutación del optimista" (Dario) **4**:61
"Salutaris hostia" (Pickthall) **21**:245
Salutary Lesson (Griffith) **68**:247
"Salutation" (Baker) **10**:21
Salutation paysanne (Ramuz) **33**:297
"Salutatory" (Howe) **21**:112
Salute to Adventurers (Buchan) **41**:38
Salute to Bazarada, and Other Stories (Rohmer) **28**:282, 286
The Salvaging of Civilization (Wells) **6**:553
"El salvaje" (Quiroga) **20**:212-14
Salvation (Asch)
See *Der tehillim yid*
"Salvation by Starvation" (Graham) **19**:121
"Salvation Gap" (Wister) **21**:373
"The Salvation of a Forsyte" (Galsworthy) **45**:32
"The Salvation of Nature" (Davidson) **24**:194
Salvation through the Jews (Bloy)
See *Le salut par les Juifs*
Salvatores Dei (Kazantzakis) **2**:313-14, 319; **33**:150, 165-66, 170, 172-73
Samantha among the Brethren (Holley) **99**:322, 326, 335, 345
Samantha among the Colored Folks (Holley) **99**:322
Samantha at Saratoga (Holley) **99**:320, 326, 345
Samantha at the Centennial (Holley)
See *Josiah Allen's Wife as a P.A. and P.I.: Samantha at the Centennial*
Samantha at the St. Louis Exposition (Holley) **99**:337, 345
Samantha at the World's Fair (Holley) **99**:318, 323
Samantha on the Race Problem (Holley) **99**:326, 344
Samantha on the Race Problem (Holley)
See *Samantha on the Race Problem*
Samantha on the Woman Question (Holley) **99**:309, 313, 334
Samantha Rastles (Holley) **99**:344
Samantha vs. Josiah (Holley) **99**:345
La Samaritaine (Rostand) **6**:374, 377-78, 380; **37**:283, 286, 291-92, 296, 299-300, 303
Samfundets støtter (Ibsen) **2**:224-27, 235; **8**:143, 146, 148, 150-51; **16**:154-56, 169, 172, 175; **37**:225, 232-33, 241-43, 249, 257-58, 260; **52**:142, 144-45, 163, 191
"Samhallsmoderlighet" (Key) **65**:243
"Samjhanā" (Devkota) **23**:49
Et samliv (Lie) **5**:325
"Samooborona" (Zangwill) **16**:447
"Samorazvenchannyi" (Balmont) **11**:40
"Sampatti-Samarpan" (Tagore) **53**:354
"Samson" (Lindsay) **17**:230
"Samson" (Peret) **20**:183
Samuel (London) **9**:257
"Samuel Butler et Al." (Masters) **25**:290
Samuel Johnson (Stephen) **23**:307, 340
Samuel, the King-Maker (Housman) **7**:360
Samum (Strindberg) **8**:419
"San Antonio" (Guiraldes) **39**:176
San Cristóbal de la Habana (Hergesheimer) **11**:266, 271, 283
"San Francisco" (Austin) **25**:35
"San Francisco Falling" (Markham) **47**:286
San Gabriel de Valdivias, communidad indígena (Azuela) **3**:78
"The San Gabriel Mountains" (Muir) **28**:250
San Gloria (Redcam) **25**:330
"San Jose" (Graham) **19**:135
San Juan de la Cruz (Campbell) **5**:124
San Manuel Bueno, mártir (Unamuno) **2**:561; **9**:515-19, 523, 525-26
"San n-Diothramh Dubh" (Moore) **7**:494
San Pantaleone (D'Annunzio) **6**:131-33, 137, 143; **6**:131-33, 137, 143; **40**:8
"San Sebastian" (Hardy) **4**:152
"San Vigilio" (Heyse) **8**:125
Sanatorium pod klepsydra (Schulz) **5**:426-29; **51**:307, 309, 311, 313, 315-17, 323-24
"Sanatorium under the Sign of the Hourglass" (Schulz) **51**:317-19, 325
Sanatorium under the Sign of the Hourglass (Schulz)
See *Sanatorium pod klepsydra*
Sanatorium under the Water Clock (Schulz)
See *Sanatorium pod klepsydra*
Sancho's Master (Gregory) **1**:333-34
"Sancta syluarum" (Johnson) **19**:244
The Sanctification of the Name (Asch) **3**:72

"Sanctity Will Out" (Bernanos)
See "Jeanne: Relapse et sainte"
"The Sanctuary" (Benson) **27**:16
"Sanctuary" (Douglas) **40**:80-1
"Sanctuary" (Dreiser) **35**:71-2, 75
"Sanctuary" (Guiney) **41**:218, 221-22, 225
"The Sanctuary" (Naidu) **80**:288, 335
Sanctuary (Wharton) **27**:384
Sand and Foam: A Book of Aphorisms (Gibran) **1**:326; **9**:89
"Sand-between-the-Toes" (Milne) **6**:316; **88**:241
Sanders of the River (Wallace) **57**:397-98, 402-3
"The Sandhill Crane" (Austin) **25**:34
Sandhya sangit (Tagore) **53**:339
Sándor Rózsa Frowns (Moricz)
See *Rózsa Sándor összevonja a szemöldökét*
Sándor Rózsa Jumps His Horse (Moricz)
See *Rózsa Sándor a lovát ugratja*
Sándor Rózsa Puckers His Brow (Moricz)
See *Rózsa Sándor összevonja a szemöldökét*
Sándor Rózsa Spurs His Horse (Moricz)
See *Rózsa Sándor a lovát ugratja*
Sandra Belloni (Meredith) **43**:279, 288, 293; **17**:256, 269, 279, 286, 288, 290, 296-97
"Sandridge" (Masters) **25**:316
"The Sandshore in September" (Montgomery) **51**:209
"The Sandwich Islands" (Twain) **12**:439
"Sandymount" (Gogarty) **15**:103
Sanetomo, the Minister of the Right (Dazai Osamu)
See *Udaijin Sanetomo*
Le sang du pauvre (Bloy) **22**:39
Le sang et les roses (Lemonnier) **22**:199
"Der Sänger" (Huch) **13**:248
Sängerin, Die Nacht (Kandinsky) **92**:49
La Sanglante Ironie (Vallette) **67**:271, 275
"Sangre real" (Lugones) **15**:294
Sangre y arena (Blasco Ibanez) **12**:29-30, 33-5, 37, 43, 45, 47, 50
Sangsu (Williams) **89**:375
Sangyo suigyo (Santoka) **72**:414, 418
Sanin (Artsybashev) **31**:2-9, 11, 15-16, 19-21
Sanine (Artsybashev)
See *Sanin*
The Sanity of Art (Shaw) **21**:319
Sankt Hans fest (Kielland) **5**:279
Sankt Thomas (Raabe) **45**:182
"Sans âge" (Eluard) **7**:255
Sans dessus dessous (Verne) **52**:331, 355, 357-58, 360
"Sans tomates pas d'artichauts" (Peret) **20**:184
Sanshirō (Natsume) **2**:491, 496; **10**:329, 339, 345
"Sanshō dayū" (Mori Ōgai) **14**:378, 380-81, 384
Sansho Dayu (Mizoguchi) **72**:293, 296-98, 300-03, 315, 320, 324, 326, 328, 336-38
Sansho the Bailiff (Mizoguchi)
See *Sansho Dayu*
San't Agostino (Papini) **22**:281, 287
Sant' Ilario (Crawford) **10**:143-44, 147-48, 155
"A 'Sant' Imagine" (Field) **43**:167
Santa (Gamboa) **36**:71, 74-7
"Santa Claus in the Bush" (Paterson) **32**:373
"The Santa Fé Trail" (Lindsay) **17**:222, 224, 227, 230, 248
Santa Juana de Castilla (Perez Galdos) **27**:274
Santa Lucia (Austin) **25**:33
"Santa Lucía y San Lázaro" (Garcia Lorca) **49**:93
"Santa Susanna" (Howe) **21**:108
"Santander: Antaño y hogaño" (Pereda) **16**:380
"Santo Domingo Corn Dance" (Riggs) **56**:200
"Santoral" (Vallejo) **56**:315
"Santorin" (Flecker) **43**:191
São Bernardo (Ramos) **32**:419-35, 438
"The Sapling" (Coppard) **5**:178-79
"A Sapphic Dream" (Moore) **7**:487
"Sapphics" (Swinburne) **36**:299, 328
Sapphira and the Slave Girl (Cather) **1**:155-56, 158; **11**:107, 109, 116-17; **99**:211, 220
"Sappho" (Moore) **7**:487
"Sappho" (Muir) **87**:267
"Sappho" (Roberts) **8**:328, 330
"Sappho" (Stringer) **37**:332
"Sappho" (Teasdale) **4**:424, 428
Sappho (Carman) **7**:137, 139
Sappho in Leucadia (Stringer) **37**:332, 342
Sappho in Levkas and Other Poems (Percy) **84**:198, 228
"Sappho's Tomb" (Stringer) **37**:329, 342
"Sara Coleridge" (Woolf) **43**:402
"The Saracen's Head" (Chesterton) **6**:98
Saracinesca (Crawford) **10**:139-40, 143-44, 146-48, 155, 157
Sāradotsab (Tagore) **3**:486
Sarah Bernhardt (Baring) **8**:33
"Sarah Byng Who Could Not Read and Was Tossed into a Thorny Hedge by a Bull" (Belloc) **7**:42
"Sarah Dewitt" (Masters) **25**:297
"Sarah Gwynn" (Moore) **7**:491
"Sarah Holzmann" (Herzl) **36**:141
Sarah Orne Jewett (Matthiessen) **100**:167, 218-21, 238, 241, 258
Sarah Orne Jewett Letters (Jewett) **22**:146-47
Sarah Simple (Milne) **88**:253
Sárarany (Moricz) **33**:236, 241-42, 246-47, 249
"Sarastro" (Werfel) **8**:478
The Sardonic Arm (Bodenheim) **44**:57, 64, 69
Sári bíró (Moricz) **33**:238
"Sarugashima" (Dazai Osamu) **11**:181
"Sarumen kanja" (Dazai Osamu) **11**:178
"Sarvodaya" (Gandhi) **59**:55
"Sarzano" (Campana) **20**:85
"Sasha" (Kuprin) **5**:297
"Sashok" (Prishvin) **75**:214
Sata ja yksi laulua (Leino) **24**:368
"Satan Makatrig" (Zangwill) **16**:441
"Satan, the Major and the Court Chaplain" (Soderberg) **39**:438
Satan the Waster (Lee) **5**:312, 316
Satan's Invisible World Displayed; or, Despairing of Democracy: A Study of Greater New York (Stead) **48**:188
Satans Kinder (Przybyszewski) **36**:290
Satī (Tagore) **3**:492
The Satin Slipper (Claudel)
See *Le soulier de satin*
Satire and Fiction (Lewis) **2**:385; **104**:188, 207, 246
A Satire Anthology (Wells) **35**:420
"A Satire of the Sea" (Post) **39**:336
"Satires of Circumstance" (Hardy) **53**:80
Satires of Circumstance (Hardy) **53**:71, 75, 84
Sátiro o el poder de las palabras (Huidobro) **31**:123
Satische Gedichte (Benn) **3**:107, 109
"Satsujin jiken" (Hagiwara Sakutaro) **60**:312
"Saturday" (Storni)
See "Sábado"
"Saturday Evening" (Csath) **13**:149
"Saturday Evening in Jerusalem" (Douglas) **40**:76
"Saturday Night at the Crossroads" (Grove) **4**:141-42
"Saturday Night: Horses Going to Pasture" (Fletcher) **35**:90
"Saturday's Child" (Cullen) **4**:49; **37**:135, 152, 163
Saturday's Child (Hall) **12**:190
Saturday's Children (Anderson) **2**:2
"Sauce for the Gander" (Rinehart) **52**:282
Saül (Gide) **5**:232; **12**:172
Saunterer's Rewards (Lucas) **73**:174
Savage Pellucidar (Burroughs) **2**:81; **32**:58, 69
A Savant's Vendetta (Freeman)
See *The Uttermost Farthing*
"Savany" (Balmont) **11**:40
Save Me the Waltz (Foulkes) **52**:51-6, 63-5, 70-1, 73-7
Saved (Howells) **7**:387-88; **17**:178
"Saved by Faith" (Harper) **14**:260
Saverìo el cruel (Arlt) **29**:43-4, 54
"Saving and Spending" (Keynes) **64**:244
The Saving Salt (Adams) **56**:9
"Saving the Day" (Griggs) **77**:194
The Saviors of God (Kazantzakis)
See *Salvatores Dei*
Savitri: A Legend and a Symbol (Aurobindo) **63**:25, 30, 35-6, 38, 47-9, 55
Sāvitrī-Satyavān (Devkota) **23**:48-9
"Savonarola" (Heym) **9**:142-43
Savva (Andreyev) **3**:19-20, 26
"Sawdust and Sin" (Grahame) **64**:65-6
Sawdust and Sixguns (Faust) **49**:38-9
"Saxon Epitaph" (Pickthall) **21**:256
Saxon Studies (Hawthorne) **25**:234, 239-40
"Say It Softly" (Lasker-Schueler) **57**:331-32
Say It with Oil—A Few Remarks about Wives (Lardner) **14**:291, 311-12
"Say, Lad, Have You Things to Do" (Housman) **10**:247
"Say Now Shibboleth" (Rhodes) **53**:314
"Say Then that Life Is Grim" (McAlmon) **97**:97
Sayings (Upward) **85**:389
"Sayonara" (Hearn) **9**:129
"Sbírka známek" (Capek) **37**:54
Sbornik stikhotvorenii (Balmont) **11**:35, 39
Scala di Giacobbe (Papini) **22**:281
The Scallop and the Clergyman (Artaud)
See *La Coquille et le Clergyman*
Scalpel (McCoy) **28**:210, 212-13, 222, 237
"Scandal" (Cather) **11**:92
"A Scandal in Bohemia" (Doyle) **7**:216, 231, 241
Scandale de la vérité (Bernanos) **3**:127
The Scapegoat (Caine) **97**:7, 14, 21, 26
The Scarab Murder Case (Van Dine) **23**:355, 360
Scaramouch in Naxos (Davidson) **24**:159, 169, 184
Scaramouche (Sabatini) **47**:302, 304
Scaramouche: A Romance of the French Revolution (Sabatini) **47**:301-03, 305-07
"Scarcely Disfigured" (Eluard)
See "A peine défigurée"
"The Scarecrow" (Roberts) **68**:348, 350
The Scarecrow of Oz (Baum) **7**:25, 27
Scarface (Hecht) **101**:61-3, 88
The Scarlet Car (Davis) **24**:208
"The Scarlet Citadel" (Howard) **8**:133, 135
The Scarlet Plague (London) **9**:258, 267
A Scarlet Sword (Hippius)
See *Aly mech*
"The Scarlet Thread" (Futrelle) **19**:96
"The Scatter Skies Unsown" (Jozsef) **22**:161
"Scatterbrain, madman, soarer" (Guro)
See "Vetrogon, sumasbrod, letatel"
Scattered and Dispersed (Aleichem)
See *Tsezeyt un tseshpreyt*
Scattering of the Seed (Khodasevich) **15**:202
"The Scavenger" (Hecht) **101**:36
Scences of the Seige of Sebastopol (Tolstoy)
See *Sebastopol Sketches*
Scéne (Kandinsky) **92**:50
"A Scene at Lake Manitou" (Scott) **6**:394
Scenes and Characters; or, Eighteen Months at Beechcroft (Yonge) **48**:375
Scenes and Portraits (Manning) **25**:264, 268-69, 276
Scènes de la vie cosmopolite (Rod) **52**:316
Scènes et doctrines du nationalisme (Barrès) **47**:65, 70, 81
Scenes from the Drama of European Literature (Auerbach) **43**:59
Scenes from the Life of Cleopatra (Butts) **77**:96
Scenes from the Mesozoic (Day) **25**:133, 137
"Scent of Irises" (Lawrence) **93**:43
"Scent of the Rose" (Palamas) **5**:385

"Scented Leaves from a Chinese Jar" (Upward) **85**:391
The Sceptered Flute: Songs of India (Naidu) **80**:276, 333
Scepticism and Animal Faith (Santayana) **40**:345, 352, 367, 381, 406, 409
"Scepticism of the Instrument" (Wells) **19**:436
"The Sceptics" (Carman) **7**:142
Schachnovelle (Zweig) **17**:440-44, 446-48, 454-55, 457-58
Die schallmühle (Morgenstern) **8**:305
"The Schartz-Metterklume Method" (Saki) **3**:373
"Schaukelstuhl" (Morgenstern) **8**:304
"Schauspielerin" (Mann) **9**:315-16
"The Scheldt" (Verhaeren)
See "L'escaut"
"Schematic Plan of Studies and Work of the Institute of Art Culture" (Kandinsky) **92**:26
"Scherzo" (Sodergran) **31**:287
"Schicksal" (Morgenstern) **8**:306
"Schicksal und Wille" (Schnitzler) **4**:395
Die Schicksale Doktor Bürgers (Carossa) **48**:20, 22, 27-9
Schicksalreise (Doblin) **13**:163-64
"Das Schiff" (Heym) **9**:148
"Schiff 'Erde'" (Morgenstern) **8**:306
Schimmen van Schoonheid (Couperus) **15**:47
"Das Schlachtschiff Téméraire" (Liliencron) **18**:215
"Der Schlaf" (Trakl) **5**:457
"Schlaflied fur Miriam" (Beer-Hofmann) **60**:25, 32, 36
Die Schlafwandler (Broch) **20**:46-50, 54, 57-8, 62-6, 68, 70-3, 75, 77
Der Schleier der Beatrice (Schnitzler) **4**:386, 388-89, 393
Schloß Vogelöd (Murnau) **53**:262
Das Schloss (Kafka) **2**:289-91, 294-96, 298, 301, 306-08, 310; **6**:219-20, 225-27; **13**:261; **29**:171, 177, 179, 209, 214; **47**:211-13, 217, 220, 222-24, 226-29, 235-42, 245-50, 255-62
Schluck und Jau (Hauptmann) **4**:194
Schmetterlinge (Spitteler) **12**:335, 338, 348, 350
"Schmetterlingsgedanken" (Liliencron) **18**:216
Die Schmetterlingsschlacht (Sudermann) **15**:420, 426
Der Schnellmaler; oder, Kunst und Mammon (Wedekind) **7**:583
"Schnellzug" (Kraus) **5**:285
Scholar Gipsies (Buchan) **41**:34
"The Scholars" (Yeats) **31**:417
The Scholar's Italian Book (Flecker) **43**:193, 213-14
The School and Society (Dewey) **95**:60
"The School as Social Center" (Dewey) **95**:66
"School Days" (Lasker-Schueler) **57**:330
The School for Rogues (Baroja)
See *La feria de los discretos*
School for the Indifferent (Giraudoux)
See *L'école des indifférents*
"The School for Witches" (Thomas) **1**:466; **45**:391
The School for Wives (Gide)
See *L'école des femmes*
"School Girls" (Baring-Gould) **88**:22
"A School Story" (James) **6**:206
"The Schoolboy's Tragedy" (Davidson) **24**:193
"Schoolfellows" (Stephens) **4**:417
"The Schooling of Richard Orr" (Coffin) **95**:2
"The Schoolmaster" (Smith) **25**:386, 389, 395, 399
"The Schoolmaster's Dissipation" (Oskison) **35**:280-81
"The Schoolmistress" (Chekhov) **3**:152
The Schoolmistress (Pinero) **32**:396, 398, 406, 409-12
"The Schoolroom of Poets" (Benet) **28**:6
"Schopenhauer als Erzieher" (Nietzsche) **10**:354-55, 360-61, 366-67
"Schopenhauer as Educator" (Nietzsche)
See "Schopenhauer als Erzieher"
"Schöpsoglobin" (Meyrink) **21**:225
Schriften (Benjamin) **39**:3
"Schubert" (Gurney) **33**:87
Der Schüdderump (Raabe) **45**:160, 163-66, 169, 174, 176, 178, 192, 194, 199-201
Die Schuldlosen (Broch) **20**:51-5, 64-5, 69
Das Schwalbenbuch (Toller) **10**:478, 483, 489-91
"Schwalbensiziliane" (Liliencron) **18**:214
Die schwärmer (Musil) **12**:232, 234, 242-45, 252, 261-62
"Schwarze Visionen II" (Heym) **9**:143
Schweiger (Werfel) **8**:466, 473
Die schweigsame Frau (Zweig) **17**:453
Schweik in the Second World War (Brecht) **1**:104
Die Schwestern (Wassermann) **6**:509
Die Schwestern und der Fremde (Frank) **81**:102
Der Schwierige (Hofmannsthal) **11**:296, 298, 300-01, 304
"Science" (Grove) **4**:133
"Science and Fiction" (Stapledon) **22**:336
Science and Health with Key to the Scriptures (Eddy) **71**:91, 93-99, 103, 106-107, 109, 111-114, 116, 126, 133, 135, 138-139, 142, 151, 153, 158, 165, 167-168
"Science and Literature" (Stapledon) **22**:334-36
"Science and Religion" (Mead) **89**:106
Science and Sanity (Korzybski) **61**:142, 144-5, 148-9, 151, 159, 162-3, 165, 167-73
Science and the Modern World (Whitehead) **97**:197-99, 206, 211, 220, 240, 282, 317-22, 324-31
"Science as a Vocation" (Weber) **69**:302, 318, 339-41
"The Science of Criticism" (James) **47**:152
The Science of Ethics (Stephen) **23**:308, 312, 323, 328-29, 337
The Science of Life (Wells) **6**:536
The Science of Living (Adler) **61**:32
A Scientific Book of Synonyms in the English Language (Peirce) **81**:205
Scientific Management (Taylor)
See *The Principles of Scientific Management*
"Scientific Method and Moral Sciences" (Mead) **89**:47, 110
Scientific Pedagogy as Applied to Child Education in the Children's House (Montessori)
See *Il Metodo della Pedagogia Scientifica applicato all' educazione infantile nelle Case dei Bambini*
"Sciroco" (Campana) **20**:85
Scittori nostri (Papini) **22**:274
"The Scope of Fiction" (Dreiser) **35**:68-9
"The Scorn of Women" (London) **9**:277
"The Scorpion of Friar Gomez" (Palma)
See "El alacrán de Fray Gómez"
"Scotland, 1941" (Muir) **2**:488; **87**:205
"Scots of the Riverina" (Lawson) **27**:132
A Scots Quair (Gibbon) **4**:121-24, 126-27, 130
"The Scot's Tongue" (Buchan) **41**:72
Scott and Scotland: The Predicament of the Scottish Writer (Muir) **87**:163
Scottish Stories (Graham) **19**:104
"Scottsboro, Too, Is Worth Its Song (A Poem to American Poets)" (Cullen) **37**:150, 158, 160
The Scoundrel (Hecht) **101**:61
The Scourge of God (Zamyatin)
See *Bich Bozhy*
"Scrammy 'And" (Baynton) **57**:5,6,9-11, 23, 31
Scrap Book (Saintsbury) **31**:226, 230
The Screaming Man (Dent) **72**:26-27
"The Screaming Skull" (Crawford) **10**:153-54, 157-59
"The Screech Owl" (Wetherald) **81**:410
"The Scribbling Mania" (Hall and Nordhoff) **23**:64
"The Scroll of Fire" (Bialik)
See "Megillath ha-'esh"
"Scrub" (Millay) **49**:225
Un scrupule (Bourget) **12**:68
"The Sculptor's Funeral" (Cather) **11**:92, 101-02; **99**:266
La sculpture anversoise (Bosschere) **19**:61
"The Scythe" (Rebreanu)
See "Coasa"
"The Scythians" (Blok)
See "Skify"
"Scythians?" (Zamyatin) **8**:555; **37**:441
"Se ..." (Pirandello) **29**:284
se vi pare (Pirandello)
See *Cosíe (se vi pare)*
"The Sea" (Lawrence) **93**:4
"The Sea" (Nezval) **44**:241
Sea and Sardinia (Lawrence) **93**:86
The Sea and the Jungle (Tomlinson) **71**:380, 382-383, 385-388, 391, 393, 397, 400-401, 404-405
"The Sea Bird" (Douglas) **40**:71
"The Sea Borders" (Gurney) **33**:97, 101
The Sea Bride (Williams) **89**:360, 363, 375, 385
"The Sea by the Wood" (Scott) **6**:393, 397
"Sea Constables" (Kipling) **8**:195
"A Sea Cycle" (Hall) **12**:194
"The Sea Fit" (Blackwood) **5**:75
Sea Gleams (Balmont)
See *Morskoe svechenie*
"Sea gulls" (Montgomery) **51**:209
The Sea Lady (Wells) **6**:532-33; **12**:487; **19**:426, 426
"Sea Love" (Mew) **8**:296-97, 300
The Sea Mystery: An Inspector French Detective Story (Crofts) **55**:83, 86
"Sea Nocturne" (Villaurrutia) **80**:481
Sea of San Juan: A Contemplation (Salinas)
See *El contemplado*
"The Sea Raiders" (Wells) **12**:511; **19**:429, 435, 442, 429, 435, 442
"The Sea Song" (Montgomery) **51**:209
"The Sea Spirit" (Kolmar) **40**:175
"Sea Surface Full of Clouds" (Stevens) **3**:467; **12**:360, 366, 376, 380; **45**:281-82, 285-86, 311, 332, 338, 340
The Sea Tower (Walpole) **5**:501
Sea Vd. breve (Villaurrutia) **80**:467
Sea Wife (Anderson) **2**:1
The Sea Wolf (London) **9**:253-57, 260-61, 264, 273, 276, 281; **15**:262, 264-65, 267-69, 271-72; **39**:262, 271, 288
"Sea-Blue and Blood-Red" (Lowell) **1**:378; **8**:226, 236
The Seaboard Parish (MacDonald) **9**:292
"The Sea-Farmer" (London) **9**:257
The Seagull (Chekhov)
See *Chayka*
"Seagulls" (Dazai Osamu) **11**:186
"Sea-Gulls at Fresh Pond" (Higginson) **36**:179
"The Sea-Gull's Song" (Pyle) **81**:389
The Sea-Hawk (Sabatini) **47**:303, 305-06
"Sealed" (Benet) **28**:7
"A Sealed House" (Garneau) **13**:204
"The Sea-Madness" (Sharp) **39**:375, 396
"A Seamark" (Carman) **7**:138
"The Seamstress" (Colette) **16**:128
"The Search" (Guiney) **41**:207
A Search for America (Grove) **4**:135-36, 139-40
Search the Sky (Kornbluth) **8**:215
"The Searcher of the End House" (Hodgson) **13**:236
"Seas of Loneliness" (Noguchi) **80**:379
"Seascape" (Eluard) **7**:261
"Sea-Shell Murmurs" (Lee-Hamilton) **22**:189
"Seaside" (Brooke) **2**:58
"A Season of Love" (Quiroga)
See "Una estación de amor"
Seasoned Timber (Fisher) **87**:89
The Seasons of Love (Kuzmin) **40**:190
"The Sea-Swallows" (Swinburne) **8**:436; **36**:299

"Sea-Things" (Ingamells) **35**:128
"Seaton's Aunt" (de la Mare) **4**:75, 80
"Seaton's Aunt" (de la Mare) **53**:18-9, 21, 27, 29, 33, 35-7, 40-1
Seaward Lackland (Symons) **11**:450
The Seaweed and the Cuckoo-Clock (Powys) **9**:374
"Seaweed from Mars" (Bodenheim) **44**:60, 68, 74
"Sebastian Cabot" (Campbell) **9**:31
Sebastian im Traum (Trakl) **5**:548
Sebastian Strome (Hawthorne) **25**:236, 238, 240-42, 247, 249
Sébastien Roch (Mirbeau) **55**:279-81, 283-84, 289, 292-95
"Sebast'jan" (Bryusov) **10**:92
"Sebastopol in December, in May, and in August" (Tolstoy) **79**:325
Sebastopol Sketches (Tolstoy) **79**:334, 392, 445
"Secession" (Kandinsky) **92**:18
Sechs kleine Geschicten (Walser) **18**:429
Sechuana Proverbs and their European Equivalents (Plaatje) **73**:221-23
Sechuana Reader in International Phonetics (Plaatje) **73**:221-22, 230
Second April (Millay) **4**:306-07, 309, 314, 317; **49**:201, 205, 207-08, 222, 232-33
A Second Book (Mandelstam)
See *Vtoraya kniga*
A Second Book of Reflections (Annensky) **14**:19, 24
"Second Canzonette" (Gumilev) **60**:279
"The Second Choice" (Dreiser) **35**:56, 72, 75
"The Second Coming" (Yeats) **1**:572; **11**:518, 523, 525, 530-32, 540, 556; **18**:447; **31**:399, 407-08, 420-21; **93**:337-408
The Second Common Reader (Woolf) **5**:507; **43**:380, 387-88, 409, 421, 425
"Second Eclogue" (Radnoti) **16**:419-20
"Second Elegy" (Rilke) **1**:412-13, 419-20
"Second Fig" (Millay) **49**:216
"The Second Generation" (Crane) **11**:161
The Second Generation (Phillips) **44**:255-57, 262-65, 274, 276, 278, 289-91, 299
The Second Jungle Book (Kipling) **8**:178, 196, 200-01, 205-06, 208
"The Second Missouri Compromise" (Wister) **21**:373, 399
The Second Mrs. Tanqueray (Pinero) **32**:386-90, 392-93, 395-401, 403, 405, 409, 411-15
"Second Night" (Bennett) **5**:46
"The Second of November" (Khodasevich)
See "2-g noiabria"
Second Overture (Anderson) **2**:7
"Second Political Manifesto" (Marinetti) **10**:325
The Second Post: A Companion to The Gentlest Art (Lucas) **73**:168, 173
Second String (Hope) **83**:181
Second String Quartet (Schoenberg) **75**:379
The Second Symphony (Bely)
See *Vtoraia simfoniia: Dramaticheskaia*
Second Thoughts on James Burnham (Orwell) **31**:183
Second Threshold (Barry) **11**:58, 60, 63-5, 67-8
The Second Twenty Years at Hull-House (Addams) **76**:101-03
"Second-Class Gods" (Herzl) **36**:132
La seconde (Colette) **5**:170; **16**:120
La seconde vie de Michel Teissier (Rod) **52**:310, 313
"The Secret" (Baker) **10**:27
"The Secret" (Naidu) **80**:335
"The Secret" (Rinehart) **52**:302-03
The Secret Agent (Conrad) **1**:199, 201-02, 207, 212, 218-19, 221; **6**:118-24; **13**:117; **25**:84, 86, 89, 111; **43**:113; **57**:39
Secret Agent Number One (Faust) **49**:36
The Secret, and Other Stories (Milne) **6**:319
The Secret Battalion (Laski) **79**:145
"The Secret Cause" (Machado de Assis)
See "A causa secreta"
The Secret City (Walpole) **5**:496, 499, 503
Le Secret de Wilhelm Storitz (Verne) **52**:356, 359
"The Secret Garden" (Saint-Exupery) **2**:521
The Secret Glory (Machen) **4**:277, 280
The Secret History of the American Revolution (Van Doren) **18**:408-10
"Secret Journal, and Other Writings" (Drieu la Rochelle)
See "Récit secret"
"Secret Landscape" (Carossa)
See "Heimliche Landschaft"
The Secret Life (Granville-Barker) **2**:195, 197
"The Secret of a Train" (Chesterton) **6**:109
The Secret of Childhood (Montessori) **103**:301
"Secret of Dunstan's Tower" (Bramah) **72**:6
"The Secret of Far Eastern Painting" (Fletcher) **35**:114
"The Secret of Father Brown" (Chesterton) **1**:189
"The Secret of Kralitz" (Kuttner) **10**:267
"The Secret of Macarger's Gulch" (Bierce) **44**:13, 44-5
"The Secret of the Flying Saucer" (Rohmer)
See "The Mind of Fu Manchu"
"The Secret of the Growing Gold" (Stoker) **8**:394
The Secret of the League (Bramah)
See *What Might Have Been: The Story of a Social War*
"The Secret of the Moon" (Sodergran)
See "Månens hemlighet"
The Secret of the Night (Leroux) **25**:260
"The Secret of the Ruins" (Rohmer) **28**:283
The Secret of the Solitary Man (Deledda)
See *Il secreto dell' uomo solitario*
The Secret of the Three (Merezhkovsky) **29**:242-43
The Secret of the Veda (Aurobindo) **63**:30-1, 34, 36
The Secret of the West (Merezhkovsky) **29**:242
The Secret of William Storitz (Verne)
See *Le Secret de Wilhelm Storitz*
Secret Places of the Heart (Wells) **6**:553
The Secret Power: A Romance of the Time (Corelli) **51**:75, 77-8
The Secret Rivers (Macaulay) **7**:422
"The Secret Rose" (Yeats) **18**:446
"The Secret Sharer" (Conrad) **1**:203, 219, 221-22; **6**:120-22; **13**:103-04, 112, 118; **43**:100-01, 104, 107; **57**:38-122
"The Secret Society of the Ring" (Warung) **45**:417, 421-22, 425-26
"Secret Suffering" (Hamsun)
See "Hemmelig ve"
Secret World (Kubin) **23**:95
"Secret Worship" (Blackwood) **5**:70, 73, 78-9
"Secreta Silvarum" (Brennan) **17**:39
"Secretly at Night" (Lasker-Schueler) **57**:331
"El secreto de Don Juan" (Lugones) **15**:292
Secrets of the Courts of Europe (Upward) **85**:380
Secrets of the Earth (Prishvin) **75**:218
The Secrets of the Heart (Gibran) **1**:327-28; **9**:83
The Secrets of the Self (Iqbal)
See *Asrar-i khudi*
"Sectionalism Is Dead" (Bryan) **99**:120
Secular Passion (Toller)
See *Weltliche Passion*
Secum sola (Bourget) **12**:67
"The Sedative" (Williams) **89**:399
Sedemunds (Barlach)
See *Die echten Sedemunds*
"Ein See" (Benn) **3**:111
"See Where Capella with Her Golden Kids" (Millay) **4**:316
Seed of Adam (Williams) **1**:517; **11**:498
The Seed of McCoy (London) **9**:262-63
"Seed Time" (Sapper) **44**:307
"Seeds" (Anderson) **1**:42
"Seed-time and Harvest" (Bosman) **49**:10, 19
"Seeing" (Eluard) **41**:149
"Seeing People Off" (Beerbohm) **24**:116
Seeing Things at Night (Broun) **104**:98
"Seeing, We See Not" (Bourne) **16**:62
"Seek Not, O Maid" (Dobson) **79**:37
"The Seeker" (Yeats) **31**:407, 415
Seeland (Walser) **18**:419
Der Seelen Erwachen (Steiner) **13**:438, 443, 457, 459
"Seelenlärm" (Broch) **20**:52
Seen and Unseen or, Monologues of a Homeless Snail (Noguchi) **80**:360
"Seepferdchen und Flugfische" (Ball) **104**:13-15
"The Seer" (Baker) **10**:27
"See-Saw" (Mansfield) **39**:303
See-Saw (Biggers) **65**:2
Seespeck (Barlach) **84**:62-6, 75, 94, 100-1, 116
Segelfoss by (Hamsun) **2**:205; **14**:222, 226-27; **49**:129, 152-54
Segelfoss Town (Hamsun)
See *Segelfoss by*
"Los seghidores" (Graham) **19**:103-04, 133
La segunda casaca (Perez Galdos) **27**:276, 287
Seguro azar (Salinas) **17**:359, 363-64
"Seh qatreh khun" (Hedayat) **21**:71-2, 76, 80
"Sehen" (Kandinsky) **92**:68
"Sehnsucht" (Kolmar) **40**:178
Sei fenblasen (Huch) **13**:247, 252
Sei personaggi in cerca d'autore (Pirandello) **4**:326-27, 329-30, 336, 338, 349-50, 352-53, 356; **29**:283-86, 291, 295-96, 298-300, 302, 304-08, 311, 313, 316, 318-20
Sei poesie della vecchiaia (Saba) **33**:370
Seigi to bishō (Dazai Osamu) **11**:178
Seine Hoheit (Herzl) **36**:132
"Seine k. und k. apostolische Majestät" (Roth) **33**:336
Seis relatos porteños (Guiraldes) **39**:175-76
"Sekai no jiko doitsu to renzoku" (Nishida) **83**:330
"Die Sektion" (Heym) **9**:149
Die Selbstersetzung des Christentums und die Religion der Zukunft (von Hartmann) **96**:206, 210
Ein Selbsterzähltes Leben (Barlach) **84**:92, 105
"Selbstgespräch" (Werfel) **8**:478
Select Conversations with an Uncle Now Extinct, and Two Other Reminiscences (Wells) **12**:487
Select Passages from the Works of Bracton and Azo (Maitland) **65**:275
Selected Criticism, 1916-1957 (Murry) **16**:345
Selected Essays (Belloc) **7**:39; **18**:25
Selected Essays (Maitland) **65**:253, 257
Selected Essays (Murry) **16**:356
Selected Essays, 1934-1943 (Weil) **23**:395-96
Selected Journalism (Duncan) **60**:211-2, 216
Selected Letters (Wolfe) **13**:482
Selected Letters of George Edward Woodberry (Woodberry) **73**:370
Selected Letters of Malcolm Lowry (Lowry) **6**:249
Selected Pages (Roussel) **20**:239
Selected Poems (Baker) **10**:17
Selected Poems (Bishop) **103**:2-4, 8-9, 19, 21, 48
Selected Poems (Bodenheim) **44**:68, 73
Selected Poems (Campbell) **5**:122
Selected Poems (Douglas) **40**:58, 71, 85
Selected Poems (Gogarty) **15**:102, 104
Selected Poems (Lowry) **6**:237
Selected Poems (Masters) **25**:316
Selected Poems (McKay) **41**:318-19, 344
Selected Poems (Percy) **84**:201, 228
Selected Poems (Robinson) **101**:66
Selected Poems (Sterling) **20**:374
Selected Poems (Fletcher) (Fletcher) **35**:105
Selected Poems (Ingamells) (Ingamells) **35**:127, 129
The Selected Poems of Bliss Carman (Carman) **7**:147
Selected Poems of Byron (Su Man-shu) **24**:458, 461

The Selected Poems of Marjorie Pickthall (Pickthall) **21**:258
Selected Poems of Vachel Lindsay (Lindsay) **17**:239
Selected Poetry and Critical Prose (Roberts) **8**:326
Selected Short Stories of Lewis Sinclair (Lewis) **4**:257
Selected Stories (Coppard) **5**:181
Selected Stories (Peretz) **16**:402
Selected Stories (Seton) **31**:277-78
Selected Tales (Morrison) **72**:383
Selected Verse (Lawson) **27**:135
Selected Works of Alfred Jarry (Jarry) **14**:273-74
Selected Writings of Benjamin Nathan Cardozo (Cardozo) **65**:32-3, 44
Selected Writings of Gertrude Stein (Stein) **48**:249, 251
Selected Writings of Guillaume Apollinaire (Apollinaire) **51**:39
Selected Writings of Juan Ramon Jimenez (Jimenez)
See *Antolojía poética (1898-1953)*
The Selected Writings of Lafcadio Hearn (Hearn) **9**:131
Selections form the Correspondence of Theodore Roosevelt and Henry Cabot Lodge (Roosevelt) **69**:197
"The Selector's Daughter" (Lawson) **27**:131, 150
"Self Criticism" (Cullen) **37**:156, 159
"Self Defense" (Zangwill) **16**:447
"Self Examination" (Griggs) **77**:192-3
The Self over Nature (Doblin)
See *Das Ich über der Natur*
"Self Portrait" (Wylie) **8**:522
"Self Realization as the Moral Ideal" (Dewey) **95**:96
Self Sacrifice (Howells) **7**:387
Self-Analysis (Horney) **71**:210, 217, 222, 231, 260-61, 263
The Self-Aware Determination of Radical Negativity (Nishida)
See *Mu no jikakuteki gentei*
Self-Condemned (Lewis) **2**:390-91, 393-96, 398-99; **9**:240, 246, 248, 250; **104**:189-91, 219, 232
"The Self-Conscious Determination of Nothingness" (Nishida)
See *Mu no jikakuteki gentei*
"The Self-Determination of the Universal" (Nishida)
See "Ippansha no jiko gentei"
"Self-Discipline" (Baker) **10**:26
Self-enquiry (Ramana Maharshi)
See *Vicara-sangraham*
"Self-Haunted Girl" (Roberts) **68**:304
"Self-Image" (Santoka) **72**:410
"The Selfish Giant" (Wilde) **8**:492
"The Selfishness of Amelia Lamkin" (Freeman) **9**:74
Self-Knowledge (Berdyaev) **67**:82
"Self-Love, Other-Love, and Dialectic" (Nishida) **83**:329
"The Self-Made Man" (Kunikida)
See "Hibon naru Bonjin"
"Self-Portrait" (Evans) **85**:25
"Self-Portrait" (Lewis) **39**:215
"Self-Ridicule" (Santoka) **72**:410
"Self-Righteousness" (Wetherald) **81**:410
Self's the Man (Davidson) **24**:180-82, 184
A Self-Told Life (Barlach)
See *Ein Selbsterzähltes Leben*
"The Self-Unconscious" (Hardy) **53**:110
"The Self-Unseeing" (Hardy) **4**:164; **10**:234
"Selina's Parable" (de la Mare) **53**:16-7
"The Selons-Rose" (Bosman) **49**:8
"Selskaya druzhba" (Khlebnikov) **20**:131
"Selskaya ocharovannost" (Khlebnikov) **20**:131
"The Selvin Case" (Capek)
See "Případ Selvinuv"
"Sem' besov" (Remizov) **27**:340
Sem' zemnyx soblaznov (Bryusov) **10**:86
"La semaine pâle" (Peret) **20**:184
"Semangat" (Anwar) **22**:25
Semeinoe schaste (Tolstoy) **4**:445, 451, 457, 474, 481-82; **11**:464, 469-70; **17**:412; **79**:374, 387, 389
Semeinyi Vopros v Rossii (Rozanov) **104**:310, 313
"Semi" (Hearn) **9**:129
"Semiramis" (Valery) **4**:496-97
"The Semi-Sentimental Dragon" (Zangwill) **16**:465
Las señales furtivas (Gonzalez Martinez) **72**:148, 151
Senator North (Atherton) **2**:14-15
"Senator Upjohn" (March) **96**:264
"Sence You Went Away" (Johnson) **19**:210
"Send Round the Hat" (Lawson) **27**:131
La senda dolorosa (Baroja) **8**:57
Sendas perdidas (Azuela) **3**:76
Sender Blank (Aleichem) **1**:28; **35**:320
El sendero (Guiraldes) **39**:186
Los senderos ocultos (Gonzalez Martinez) **72**:145, 147-49, 151
"The Sending of Dara Da" (Kipling) **8**:185
"Sendja di pelabuhan ketjil" (Anwar) **22**:22
"The Send-Off" (Owen) **5**:370; **27**:208, 212, 217, 224, 230, 232-33
"Sengiyakholma" (Vilakazi) **37**:410-13
"Sengiyokholwa-ke" (Vilakazi) **37**:410-13
"A senhora do Galvão" (Machado de Assis) **10**:291
Senilità (Svevo) **2**:540-43, 545-50; **35**:332-38, 342-46, 348-49, 351, 354-56, 365-69
"Senility" (Anderson) **1**:36
Señjuti (Tagore) **3**:487, 489
"Senna Hoy" (Lasker-Schueler) **57**:329
"S'ennuyer" (Peret) **20**:196
Señora Ama (Benavente) **3**:93, 100
Señora Carrar's Rifles (Brecht) **6**:36
"La señorita Leona" (Quiroga) **20**:213
Le sens de la mort (Bourget) **12**:66, 69
Le sens de la vie (Rod) **52**:310, 313, 315, 317, 321-25
"La sensation artistique" (Verhaeren) **12**:477, 479
"Sensations and Images" (Alexander) **77**:49
Sensations de nouvelle-France (Bourget) **12**:75
Sensations d'Italie (Bourget) **12**:75
The Sense of Beauty (Santayana) **40**:376, 392, 400, 414
The Sense of the Past (James) **2**:251, 258; **47**:165
"The Sensible Thing" (Fitzgerald) **14**:182
"The Sensitive Plant" (Meynell) **6**:291
"Sensual Ecstasy" (Lasker-Schueler) **57**:328, 329
La sensualidad pervertida (Baroja) **8**:51, 55, 61, 63
The Sensualists (Hecht) **101**:74
"Senten chishiki no umu o ronzu" (Nishida) **83**:226
Sentences and Paragraphs (Davidson) **24**:179
Les sentiers et les routes de la poésie (Eluard) **41**:152, 161
"The Sentiment of Rationality" (James) **32**:340, 348, 351
"A Sentimental Cellar" (Saintsbury) **31**:230
Sentimental Novellas (Zoshchenko) **15**:490, 504
"A Sentimental Rebellion" (Huneker) **65**:197
"A Sentimental Romance" (Kuprin) **5**:301
Sentimental Tommy: The Story of His Boyhood (Barrie) **2**:45, 47-8
The Sentimental Traveller (Lee) **5**:312-13
Les sentiments de Critias (Benda) **60**:60
"Sentiments filiaux d'un parricide" (Proust) **7**:538
"The Sentry" (Lewis) **3**:290
"The Sentry" (Owen) **27**:203, 212, 217
"A Sentry at Night" (Anwar)
See "Perdjurit djaga malam"
"Senza Fine" (Scott) **6**:394
"The Separated East" (Fenollosa) **91**:2
"The Separated Lovers Pray to Each Other" (Morgenstern)
See "Getrennter Liebender Gebet zu einander"
"The Separated West" (Fenollosa) **91**:2
"Separation" (Bialik)
See "Pridah"
"Separation" (Tsvetaeva)
See "Razluka"
"Separation" (Tsvetaeva)
See "Rasstavanie"
Separation (Tsvetaeva) **35**:415-16
La séparation des races (Ramuz) **33**:295
Separation of Races (Ramuz)
See *La séparation des races*
"Les sept epées" (Apollinaire) **51**:19, 59
"Les sept femmes de la Barbe-Bleue" (France) **9**:57
Les sept femmes de la Barbe-Bleue, et autres contes merveilleux (France) **9**:53, 57-8
"Sept poémes d'amour en guerre" (Eluard) **7**:251
Les sept princesses (Maeterlinck) **3**:317, 326, 332
"September" (Belloc) **18**:41
"September" (Ledwidge) **23**:112
"September 1913" (Yeats) **31**:420-21; **93**:346
The September Lyre (Sodergran)
See *Septemberlyran*
"September Mist" (Hansen)
See "Septembertaagen"
Septemberlyran (Sodergran) **31**:283-88, 290-93
"Septembertaagen" (Hansen) **32**:249, 251
"El sepulturero" (Miro) **5**:345-46
"Sequel to Experience and Thought" (Nishida)
See "Zoku keiken to shisaku"
"A Sequel to the 'Cadian Ball" (Chopin) **14**:64
"Sequel to the Pied Piper of Hamelin" (Cotter) **28**:40, 43
"Sequelula to The Dynasts" (Beerbohm) **24**:112
"Sequence" (Wylie) **8**:531
The Sequence (Glyn) **72**:131
Serafino Gubbio, Cameraman (Pirandello) **4**:343
The Seraphic Visions (Housman) **7**:359
"Serdtsa, prozrachney, chem sosud" (Khlebnikov) **20**:144
"Serebrianye lozhki" (Remizov) **27**:340, 349
La serena disperazione (Saba) **33**:369, 373
"Serenade" (Carducci)
See "Serenata"
"Serenade" (Davidson) **24**:164
"Serenade" (Gurney) **33**:94-5
Serenade (Schoenberg) **75**:290-91
"Sérénade triste" (Nelligan) **14**:392
"Serenata" (Carducci) **32**:90
The Serene Blockhead (Ilf and Petrov) **21**:153
Serenidad (Nervo) **11**:394, 399-401, 403
"A sereníssima República" (Machado de Assis) **10**:290-91
"Serenity" (Coffin) **95**:4
Serenity (Nervo)
See *Serenidad*
"The Serf" (Campbell) **5**:120, 124, 126
Sergeant Michael Cassidy (Sapper) **44**:317
"The Sergeant's Private Madhouse" (Crane) **11**:161
"The Sergeant's Weddin'" (Kipling) **8**:178
"Sergeiu Efron-Durnovo" (Tsvetaeva) **7**:567
Série blême (Vian) **9**:531
The Serious Game (Soderberg)
See *Den allvarsamma leken*
A Serious Thing (Gogarty) **15**:116-17
"Le serment de John Glover" (Roussel) **20**:254
"Sermón sobre la muerte" (Vallejo) **3**:533; **56**:311, 320
"Sermons" (Lindsay) **17**:235
"Le serpent" (Valery)
See "Ébauche d'un serpent"
The Serpent (Sologub)
See *Zmii*

Serpent and Bull (Hansen)
See *Orm og tyr*
Serpent and Lily (Kazantzakis)
See *Ophis kai krinos*
Serpent Eyes (Sologub)
See *Zmeinye ochi*
"The Serpent in Literature" (Hudson) **29**:163
The Serpent in the Wilderness (Masters) **25**:316
"The Serpent Trains" (Khlebnikov)
See "Zmei poezda"
"The Serpent's Crown" (Guiney) **41**:207
Serres chaudes (Maeterlinck) **3**:319, 324-25, 329
Os sertões (Cunha) **24**:141-54
"A Servant of the People" (Premchand) **21**:294
A servant of the Public (Hope) **83**:167
"La serviette des poétes" (Apollinaire) **51**:20
The Servile State (Belloc) **7**:38-40; **18**:26, 28, 33, 44-7
"Servitude" (Gurney) **33**:105
Śēs praśna (Chatterji) **13**:78-9, 81-3
Sesame and Lilies (Ruskin) **63**:243, 245, 247-48, 251, 253, 291-95, 298, 312-14, 330, 334
Sésame et les lys (Proust) **7**:534
"Śesh lekhā" (Tagore) **3**:489; **53**:343
Śesher kavitā (Tagore) **3**:495
Sestry (Bryusov) **10**:83
Set in Authority (Duncan) **60**:184-7, 209-10
Set My People Free (Heyward)
See *Charleston, 1820*
A Set of Six (Conrad) **1**:196
"Séta bölcső-helyem körül" (Ady) **11**:18
Sete canções de declínio (Sa-Carniero) **83**:401, 413-4
Seti (Kuzmin) **40**:189, 191, 196-200, 215-16
"Setiembre" (Vallejo) **3**:531
"The Setting of Antares" (Sterling) **20**:386
"The Setting Sun" (Leino)
See "Painuva päivä"
The Setting Sun (Dazai Osamu)
See *Shayō*
Settlers of the Marsh (Grove) **4**:132-34, 136, 140, 142
"Settling Accounts" (Rebreanu)
See "Rafuiala"
"Settling on the Land" (Lawson) **27**:128, 130
Une seule pensée (Eluard) **7**:249
Seva sadan (Premchand) **21**:286, 296
Sevastopol (Tolstoy)
See *Tales of Sevastopol*
"Sevastopol in August, 1855" (Tolstoy) **4**:474; **11**:464
"Sevastopol in December 1854" (Tolstoy) **4**:474; **11**:464
"Sevastopol in May, 1855" (Tolstoy) **4**:474; **11**:464
"The Seven Candles of Blessing" (Peretz) **16**:390
Seven Days (Rinehart) **52**:283
Seven Days in Which the World Was Robbed (Tolstoy) **18**:360, 373
"The Seven Days of Mourning" (Bialik)
See "Shivah"
The Seven Deadly Sins (Brecht)
See *Die sieben Todsünden der Kleinburger*
"Seven Demons" (Remizov)
See "Sem' besov"
"Seven Farthings" (Moricz)
See "Hét kracjár"
"VII (Flickering of Incessant Rain)" (Fletcher) **35**:93
Seven for a Secret (Webb) **24**:465, 467-69, 472, 474-77, 480-81, 484
Seven Keys to Baldpate (Biggers) **65**:2, 4, 9
Seven Keys to Baldpate (Cohan) **60**:158-59, 162, 166
The Seven Lamps of Architecture (Ruskin) **63**:238, 243, 251, 253, 256-57, 259, 262-63, 265, 270, 318, 320, 323, 326-27
The Seven Madmen (Arlt)
See *Los siete locos*
Seven Men (Beerbohm) **1**:67-8, 72, 74; **24**:101, 103, 107, 111, 114-18
Seven Modern Comedies (Dunsany) **59**:17, 23, 26, 28-9
"Seven Negro Sermons in Verse" (Johnson) **3**:240
The Seven of Hearts (Leblanc)
See *Arsène Lupin, gentleman-cambrioleur*
"Seven Pennies" (Moricz)
See "Hét kracjár"
Seven Pillars of Peace (Stapledon) **22**:332
The Seven Pillars of Wisdom (Lawrence) **18**:128-30, 132-43, 145-48, 150-82
"The Seven Policemen" (Bennett) **5**:46
The Seven Princesses (Maeterlinck)
See *Les sept princesses*
"The Seven Sages" (Yeats) **31**:403
"Seven Seals" (Lawrence) **93**:17
The Seven Seas (Kipling) **8**:178
Seven Sins (Rohmer) **28**:282, 293-94
Seven Sleepers of Ephesus (Coleridge) **73**:5-7, 12, 22
"The Seven Swords" (Apollinaire)
See "Les sept epées"
"Seven Things" (Carman) **7**:133
The Seven Who Were Hanged (Andreyev)
See *Razskaz o semi povieshennykh*
"The Seven Wives of Bluebeard" (France)
See "Les sept femmes de la Barbe-Bleue"
The Seven Wives of Bluebeard, and Other Marvellous Tales (France)
See *Les sept femmes de la Barbe-Bleue, et autres contes merveilleux*
"Seven Years of Plenty" (Peretz)
See "Zibn Gite Yor"
Seventeen (Tarkington) **9**:453-55, 457, 461, 467, 473
1780-1895 (Saintsbury)
See *A History of Nineteenth Century Literature*
Seventeenth-Century Opera (Rolland)
See *L'opéra au dix-septième siècle*
The Seventh Commandment (Heijermans)
See *Het zevende gebod*
The Seventh Day (Lasker-Schueler)
See *Der siebente Tag*
"The Seventh Dream" (Pickthall) **21**:254
"Seventh Eclogue" (Radnoti) **16**:410, 412, 420-21
"Seventh Elegy" (Rilke) **1**:412-13, 415, 420
The Seventh Man (Faust) **49**:44, 46, 49, 51
"The Seventh Pawn" (Benet) **28**:6
The Seventh Ring (George)
See *Der Siebente Ring*
The Seventh Sense (Roberts) **23**:240
The Seventh Victim (Lewton) **76**:204-05, 210
Seventy Poems from the Underworld (Nezval) **44**:241
"Sever" (Zamyatin) **8**:552-53
Severn and Somme (Gurney) **33**:81-2, 85-6, 90, 92, 94-6, 101, 105-10, 112
Severnaia simfoniia: Pervia geroicheskaia (Bely) **7**:57
Severo Torelli (Coppee) **25**:127
"Sevgiliye mektup" (Sait Faik) **23**:294, 298
Sewanee (Percy) **84**:205
"The Sewing of the Wedding Gown" (Peretz) **16**:388-89, 391
Sex and Character: A Fundamental Investigation (Weininger)
See *Geschlecht und Charakter. Eine prinzipielle Untersuchung*
"Sex Love" (Carpenter) **88**:72
"Sex, Religion, and Business" (Day) **25**:137
Sex-Pol: Essays 1929-1934 (Reich) **57**:350, 387
"Sexto" (Guiraldes) **39**:176
Sexual Behavior in the Human Female (Kinsey) **91**:58, 68
Sexual Behavior in the Human Male (Kinsey) **91**:41, 44, 46, 68-70
Sexual Ethics (Michels) **88**:150
The Sexual Hour (Vallette)
See *Le hevre sexuelle*
Sexual Maturity, Abstinence and Conjugal Morality (Reich) **57**:350
The Sexual Revolution (Reich) **57**:338-39, 349-50, 356, 360
The Sexual Struggle of Youth (Reich) **57**:348, 350, 354
"S.G.L.L." (Hedayat) **21**:81
"Shabbes nakhamu" (Babel) **13**:33
Shabbethai zebi (Asch)
See *Sabbatai zewi*
"The 'Shabbles-Goy'" (Peretz) **16**:402
"Shab-ha-yi Varamin" (Hedayat) **21**:71
"Shabos nahamu" (Babel)
See "Shabbes nakhamu"
"Shack Dye" (Masters) **25**:309
The Shackle (Colette)
See *L'entrave*
Shade and Light (Hedayat) **21**:67
Shade from a Palm (Gumilev) **60**:263
"The Shade of Helen" (Lang) **16**:251
The Shade of the Sun (Moricz)
See *A nap árnyéka*
"The Shades of Spring" (Lawrence) **2**:354
"The Shadow" (Dreiser) **10**:181; **35**:71-4
The Shadow (Stringer) **37**:336-37
The Shadow Flies (Macaulay) **7**:427; **44**:122-23, 125, 127-28
"The Shadow Kingdom" (Howard) **8**:132
"The Shadow Line" (Conrad) **6**:121; **13**:112; **57**:40, 42-43, 60, 77, 82-83, 101
Shadow of a Bird (Ishikawa)
See *Chōei*
The Shadow of a Crime (Caine) **97**:10, 13
The Shadow of a Dream (Howells) **7**:393, 399
Shadow of Fu Manchu (Rohmer) **28**:278-80, 284, 295, 300-01
"The Shadow of Lilith" (Brennan) **17**:54, 56
The Shadow of the Cathedral (Blasco Ibanez)
See *La catedrál*
"The Shadow of the Cross" (McCrae) **12**:210
"The Shadow of the Future" (Sodergran) **31**:283, 294
Shadow of the Future (Sodergran)
See *Framtidens skugga*
The Shadow of the Glen (Synge)
See *In the Shadow of the Glen*
The Shadow of the Sun (Moricz) **33**:250
The Shadow of the Tower (Babits)
See *A torony arnyéka*
The Shadow of the Wolf (Freeman) **21**:56
The Shadow on the Dial, and Other Essays (Bierce) **1**:91; **44**:14, 17, 39
"The Shadow on the Wall" (Freeman) **9**:72
The Shadow on the Wall (Coleridge) **73**:23
"The Shadow out of Time" (Lovecraft) **4**:267-69; **22**:215, 225-26, 230, 239
"The Shadow over Innsmouth" (Lovecraft) **22**:241
Shadow Verses (Bradford) **36**:62
"Shadowed Souls" (Sharp) **39**:388
"Shadows" (Lawrence) **93**:77
"Shadows" (Quiller-Couch) **53**:291
Shadows (Lawrence) **2**:368; **93**:55-57
"Shadows in the Moonlight" (Howard) **8**:133, 135
"Shadows in Zamboula" (Howard) **8**:133, 136
Shadows of Beauty (Couperus)
See *Schimmen van Schoonheid*
Shadows of Ecstasy (Williams) **1**:525; **11**:487-88, 493, 496-97, 500
Shadows on the Rock (Cather) **1**:154, 156-57, 159, 163-65; **11**:95-6, 98-9, 107; **99**:172, 175, 183, 211, 256, 281, 284-85
Shadowy Dawn (Verhaeren) **12**:469
The Shadowy Third, and Other Stories (Glasgow) **7**:342-43
"The Shadowy Waters" (Sharp) **39**:378, 397
The Shadowy Waters (Yeats) **1**:557, 560-61, 571; **11**:512, 526-27, 529; **31**:386, 410
"Shadrack O'Leary" (Robinson) **101**:112

"Shaheen" (Iqbal) **28**:198
"Shaka, Son of Senzangakhona" (Vilakazi)
See "UShaka kaSenzangakhona"
"The Shakers" (Rourke) **12**:318, 330
Shakes versus Shav (Shaw) **3**:397
"Shakespeare" (Murry) **16**:341
Shakespeare As a Playwright (Matthews) **95**:246
"Shakespeare Explained" (Benchley) **55**:8
Shakespeare in Art (Hartmann) **73**:117, 122
"The Shakespeare Memorial" (Chesterton) **1**:186
"Shakespeare, Moliere, and Modern English Comedy" (Matthews) **95**:228
"Shakespeare the Man" (Stephen) **23**:313
"Shakespeare's Final Period" (Strachey) **12**:392
Shakespeare's Workmanship (Quiller-Couch) **53**:294
Shakkipeli (Leino) **24**:372
"Shall God Be Said to Thump the Clouds" (Thomas) **45**:364, 379
Shall I Slay My Brother Boer? (Stead) **48**:194
"Shall We Join the League?" (Dewey) **95**:68
"Shallow Philosophy in Deep Places" (Mayakovski) **18**:258
Shallow Soil (Hamsun)
See *Ny jord*
"Shaman i Venera" (Khlebnikov) **20**:126, 131, 134
"The Shame of Minneapolis" (Steffens) **20**:335-37, 342, 345
The Shame of Motley (Sabatini) **47**:303
The Shame of the Cities (Steffens) **20**:333, 339, 341-42, 345, 351-52, 360-65
"A Shameful Affair" (Chopin) **14**:61, 69-70, 72
"The Shamelessness of St. Louis" (Steffens) **20**:335
"The Shamraken Homeward Bounder" (Hodgson) **13**:235, 237
"The Shamrock and the Palm" (Henry) **19**:172
Shamrocks (Tynan) **3**:501-04
Shandygaff (Morley) **87**:117, 148
Shanghai (Yokomitsu)
See *Shanhai*
Shanhai (Yokomitsu) **47**:396-97
"Shantung" (Lindsay) **17**:227
"The Shanty-Keeper's Wife" (Lawson) **27**:121
Shanwalla (Gregory) **1**:333
"The Shape of Fear" (Williams) **89**:398
The Shape of Terror (Dent) **72**:25, 38
The Shape of Things to Come (Wells) **19**:437, 439, 441
Shapes of Clay (Bierce) **7**:97; **44**:2, 4, 11, 13
Shapes That Pass (Hawthorne) **25**:240
"Shared Nights" (Eluard)
See "Nuits partagées"
Sharmanka (Guro) **56**:132-36, 138-39, 141-43, 146-48
Sharp Gravel (Anwar)
See *Kerikil tadjam dan jang terampas dan jang putus*
Sharp-calm Pink (Kandinsky) **92**:32
"Sharper Than a Ferret's Tooth" (Somerville & Ross) **51**:358
Sharps and Flats (Tagore) **3**:490
"Shatrang-ké-khilāri" (Premchand) **21**:296
The Shaving of Shagpat: An Arabian Entertainment (Meredith) **17**:259, 262; **43**:278, 280
Shawm (Pirandello)
See *Zampogna*
Shayō (Dazai Osamu) **11**:172-73, 176-77, 179-80, 184-89
She (Haggard) **11**:238, 241, 243-49, 251, 255-57
She (Peretz) **16**:396
She and Allan (Haggard) **11**:255-56
"She dwelt among untrodden ways" (Hardy) **53**:94
"She Goat" (Lawrence) **93**:33
"She Is Overheard Singing" (Millay) **4**:306-07
"She Looks Back" (Lawrence) **93**:54
"She of All Time, All" (Eluard)
See "Celle de toujours, toute"
"She Said as Well to Me" (Lawrence) **33**:182; **93**:14, 52, 54, 55
"She, to Him" (Hardy) **53**:94
"She Was a Sinner" (Mew) **8**:299
"She Was Rosa" (Platonov) **14**:414
"She Was the Spring" (Coffin) **95**:17
She Who Sleeps (Rohmer) **28**:283-84
A Sheaf of Verses (Hall) **12**:195
Sheaf of Wheat (Moricz)
See *Búzakalász*
The Shearer's Colt (Paterson) **32**:382
"The Sheath" (Wen I-to) **28**:409
"The Sheaves" (Robinson) **5**:407; **101**:145, 199-200
"Sheba's Love-Pearls" (Rohmer) **28**:286
The She-Dragoon (Jarry)
See *La dragonne*
"Sheener" (Williams) **89**:386
"The Sheep" (Saki) **3**:369
The Sheepfold (Housman) **7**:353, 355
"Sheeps and Lambs" (Tynan) **3**:505
"A Shell" (Manning) **25**:265, 279
"The Shell" (Stephens) **4**:407
"The Shell above the City" (van Ostaijen) **33**:421
The Shell and the Clergyman (Artaud)
See *La Coquille et le Clergyman*
"Shell in Rock" (Roberts) **68**:336
"Shelley" (Murry) **16**:341
"Shelley" (Santayana) **40**:390
The Sheltered Life (Glasgow) **2**:177-78, 183-86, 189-90; **7**:341-43, 345-47
"The Shepherd Boy" (Pickthall) **21**:245, 250-51
"Shepherd, Lead Us" (Fisher)
See "The South Lingers On"
"A Shepherd-Boy" (Field) **43**:165-67
"The Shepherdess" (Meynell) **6**:302
"Shepherds' Hymn" (Crashaw)
See "Necessary Angel"
Shepherds in Sackcloth (Kaye-Smith) **20**:114
"The Shepherd's Interval" (Roberts) **68**:348-50
A Shepherd's Life (Hudson) **29**:138, 140-41, 149-51
Sheridan: Military Narrative (Hergesheimer) **11**:275
"The Sheridans" (Mansfield) **39**:295
"The Sheriff of Gullmore" (Post) **39**:337
"The Sheriff's Children" (Chesnutt) **5**:130-31; **39**:82-3, 99
"Sherwood" (Noyes) **7**:502, 512
The Sherwood Anderson Reader (Anderson) **24**:43
Shesh saptak (Tagore) **53**:336
"Shesto chuvstvo" (Gumilev) **60**:272, 274, 279
Shestov Anthology (Shestov) **56**:276
"Shestvie oseney pyatigorska" (Khlebnikov) **20**:137
"Sheumas, a Memory" (Sharp) **39**:375
The Shewing-Up of Blanco Posnet (Shaw) **3**:381; **21**:337
Shi no genri (Hagiwara Sakutaro) **60**:294-6
Shibue chūsai (Mori Ōgai) **14**:376, 378-79
"A Shield of Phantom" (Natsume)
See "Gen'ei no tate"
The Shifting of the Fire (Ford) **15**:67
"Shikagari" (Kunikida) **99**:302-03
"Shiker" (Kahanovitsch) **56**:111, 113, 115
"Shiko no omide" (Nishida) **83**:218
A Shilling for Candles (Tey) **14**:451, 461, 463
Shimbashi yawa (Nagai) **51**:89, 104
Shin Hamuretto (Dazai Osamu) **11**:176, 179, 183-84, 186
Shin Heike Monogatari (Mizoguchi) **72**:296, 302
"Shin Sai" (Yokomitsu) **47**:386
"Shingapōru no sūjikan" (Nagai) **51**:99
Shining Deeps (Capek)
See *Zářivé hlubiny*
Shining Ferry (Quiller-Couch) **53**:296
"The Shining Pyramid" (Machen) **4**:284
"The Shining Slave Makers" (Dreiser)
See "McEwen of the Shining Slave Makers"
"Shinkichōsha no nikki" (Nagai) **51**:88
Shinkobunrin (Kunikida) **99**:294
Shinsei (Shimazaki Toson) **5**:432, 435-37
Shinyū Kōkan (Dazai Osamu) **11**:177
"The Ship" (Heym)
See "Das Schiff"
"The Ship" (Hodgson) **13**:230
The Ship (D'Annunzio)
See *La nave*
The Ship (Jensen)
See *Skibet*
"Ship from Thames" (Ingamells) **35**:127
"The Ship of Death" (Lawrence) **48**:121; **61**:239; **93**:14, 51, 55, 56, 58, 71-77, 98, 113, 127, 128
The Ship of Death, and Other Poems (Lawrence) **2**:368; **93**:22
The Ship Sails On (Grieg)
See *Skibet gaar videre*
"The Ship That Found Herself" (Kipling) **8**:193; **17**:209
"A Shipping Parish" (Tomlinson) **71**:382, 384
"The Ships of St. John" (Carman) **7**:135
"Ships That Pass in the Night" (Dunbar) **12**:105-06
"A Shipwreckollection" (Bierce) **44**:45
"The Shirt" (France) **9**:47
"Shishiphush" (Borchert) **5**:103, 108
"Shisō" (Kunikida) **99**:302, 304
"Shit on the Spirit" (Artaud)
See "Chiote à l'esprit"
"Shit to the Spirit" (Artaud)
See "Chiote à l'esprit"
"Shiv and the Grasshopper" (Kipling) **17**:196
"Shivah" (Bialik) **25**:53
"Shizenkagaku to rekishigaku" (Nishida) **83**:241
Shizuka (Mori Ōgai) **14**:383
"The Shock" (Kuttner) **10**:269
Shocks (Blackwood) **5**:77
The Shoemakers (Witkiewicz)
See *Szewcy*
The Shoemaker's Prodigious Wife (Garcia Lorca)
See *La zapatera prodigiosa*
"The Shoes of Happiness" (Markham) **47**:285
The Shoes of Happiness and Other Poems (Markham) **47**:287
Shokoku-banashi (Dazai Osamu) **11**:176-77
"Shōnen no Hiai" (Kunikida) **99**:295
"Shoon of the Dark" (Hodgson) **13**:235
Shoot (Pirandello)
See *Si gira*
Shoot The Works (Broun) **104**:98
"Shooting an Elephant" (Orwell) **6**:344; **15**:333; **31**:194; **51**:250, 256, 261-62
Shooting an Elephant, and Other Essays (Orwell) **51**:227, 250
"The Shooting of Dan McGrew" (Service) **15**:402, 404-05, 410-11
"The Shooting of Shinroe" (Somerville & Ross) **51**:383
The Shooting Party (Chekhov) **3**:159
"Shop Girl" (Bodenheim) **44**:69
"A Shop in St. Louis, Missouri" (March) **96**:260
Shop Management (Taylor) **76**:340, 342-45, 356, 360-61, 406, 413, 418
"The Shore House" (Jewett) **22**:116
"A Short History of England" (March) **96**:265
Short History of England (Chesterton) **6**:102
A Short History of English Literature (Saintsbury) **31**:218, 236, 238
A Short History of French Literature (Saintsbury) **31**:228
Short History of Scotland (Lang) **16**:270
"A Short Sentimental Journey" (Svevo)
See *Corto viaggio sentimentale e altri racconti inediti*

Short Songs of Pure Feelings (Hagiwara Sakutaro)
See *Junjo shokyoku shu*
Short Stories (Pirandello) **4**:341
Short Stories for a Morning (Giraudoux)
See *Les contes d'un matin*
Short Stories in Prose and Verse (Lawson) **27**:129-30, 133
"The Short Story" (Bierce) **44**:25, 43
Short Takes (Runyon) **10**:425, 430, 432, 436
Short Tales (Bunin) **6**:56-7
"A Short Trip Home" (Fitzgerald) **1**:255
A Short View of Russia (Keynes) **64**:219
Short Vindication (Vanbrugh)
See *Life and Habit*
"Shortening Their Lives" (Yosano Akiko)
See "Inochi o Kezuru"
Shorter Poems (Bridges) **1**:131
The Shorter Tales (Conrad) **57**:80
"Shôsetsu sakuhô" (Nagai) **51**:107
"Shōsetsu sōron" (Futabatei) **44**:78-80, 91-2
"Shōtaku" (Nagai) **51**:89
"Should the Negro Be Encouraged to Seek Cultural Equality?" (Locke) **43**:236
The Shoulders of Atlas (Freeman) **9**:70-1
Shouts and Murmurs (Woollcott) **5**:521, 527
"The Show" (Owen) **5**:359, 365, 370-71, 373-74; **27**:200-01, 208-09, 212, 226-27
"'Show Mr. and Mrs. F. to Number -'" (Fitzgerald) **52**:56
The Show Piece (Tarkington) **9**:469, 474
Showboat (Whale) **63**:339, 342, 378
Showcase (Holly) **65**:148-50
The Show-Off (Mankiewicz) **85**:114
"The Shrine of St. Edward the Confessor" (Guiney) **41**:220
A Shropshire Lad (Housman) **1**:353-56, 358; **10**:239, 241, 245-46, 249, 252-55, 259-61
"A Shropshire Lad: XI" (Housman) **10**:249
"A Shropshire Lad: XV" (Housman) **10**:249
"A Shropshire Lad: XXX" (Housman) **10**:252
"A Shropshire Lad: XXXI" (Housman) **10**:252
"A Shropshire Lad: XLI" (Housman) **10**:255
"A Shropshire Lad: XLII" (Housman) **10**:247, 249, 252
"A Shropshire Lad: L" (Housman) **10**:252
"A Shropshire Lad: LV" (Housman) **10**:252
"A Shropshire Lad: LX" (Housman) **10**:252
"A Shropshire Lad: LXI" (Housman) **10**:252
"The Shroud" (Millay) **49**:201
"The Shroud of Color" (Cullen) **4**:38-41, 45, 49-50, 53; **37**:135, 142, 144, 146, 152, 159-60, 164
Shrove Tuesday (Valle-Inclan)
See *Martes de carnaval*
"Shtreiml" (Peretz) **16**:392
"Shukuhai" (Nagai) **51**:88, 101-02
"Shulamite" (Lasker-Schueler)
See "Sulamith"
"Shule, Shule, Shule, Agrah!" (Sharp) **39**:392
Shum vremeni (Mandelstam) **6**:260-61, 264
"Les shumit" (Korolenko) **22**:176
"The Shunned House" (Lovecraft) **4**:266; **22**:241
"Shun'ya" (Hagiwara Sakutaro) **60**:313
"Shut-In" (Pickthall) **21**:250
Shutsuro (Rohan) **22**:303, 306
"Shūzan zu" (Akutagawa Ryunosuke) **16**:20, 27, 33
Shver tsu zayn a yid (Aleichem) **35**:320
Die shwarze Galeere (Raabe) **45**:182
"Shylock" (Svevo) **35**:363
"Shyness" (Jerome) **23**:77
Si gira (Pirandello) **29**:301
Si le grain ne meurt (Gide) **36**:107; **5**:219, 243-44; **12**:146, 148, 174
Si le soleil ne revenait pas (Ramuz) **33**:302
"Siamo noi hegeliani?" (Croce) **37**:123
"Siao sin" (Papini) **22**:281
"Sia-Sia" (Anwar) **22**:19
"The Siberian Carriers" (Korolenko) **22**:170
"Sibyl" (Baker) **10**:17
The Sibyl (Sikelianos) **39**:405, 408, 415, 419
"Sic Transit" (McCrae) **12**:211
"Sicilian Actors" (Symons) **11**:453
"Sicilian Cyclaments" (Lawrence) **93**:14, 55, 58, 122-24
"Sicilian Limes" (Pirandello) **4**:354
Sicilian Limes (Pirandello)
See *Lumíe di Sicilia*
The Sicily Campaign (Heym)
See *Der Feldzug nach Sizilien*
"The Sick Child" (Colette) **5**:170; **16**:129
"Sick 'Em" (Lardner) **14**:320
Sick Heart River (Buchan) **41**:40-1, 43, 45, 47, 50, 53, 57-8, 73
"The Sick Man" (Stringer) **37**:328
"The Sick Man and the Birds" (Dobson) **79**:11
Sick Russia (Merezhkovsky) **29**:231
"The Sickness of the Age" (Kazantzakis)
See "Le mal de siècle"
"Sick-Nursing and Health-Nursing" (Nightingale) **85**:258
Sidestreets (Tsvetaeva)
See *Pereulochki*
Sido (Colette) **5**:164-66; **16**:118, 135
Den sidste glaede: Skildringer (Hamsun) **14**:223, 231-32; **49**:128-29, 155
"Sie lächelt" (Sudermann) **15**:432
Sieben Jahre: Chronik der Gedanken und Vorgange (Mann) **9**:329
"Sieben schizophrene Sonette" (Ball) **104**:16
Die sieben Todsünden der Kleinburger (Brecht) **6**:30
Der Siebente Ring (George) **2**:147-49, 154, 250-52; **14**:202, 204-06, 210, 212, 214
Der siebente Tag (Lasker-Schueler) **57**:329-30
"Sieg des Sommers" (George) **14**:211
Siege (Millay) **49**:217
Le siège de Montoue (Rolland) **23**:256
The Siege of Beszterce (Mikszath)
See *Beszterce ostroma*
"The Siege of London" (James) **40**:162; **64**:157-58
"Siegesfest" (Liliencron) **18**:214
Siegfried (Giraudoux) **2**:157-58, 160, 165, 167-68; **7**:320-22, 327-28
Siegfried et le Limousin (Giraudoux) **2**:163, 165; **7**:317, 325, 327
Siegfried von Kleist (Giraudoux)
See *Siegfried et le Limousin*
Siempre en ridículo (Echegaray) **4**:101
"Siena" (Swinburne) **8**:429; **36**:318
Het sienjaal (van Ostaijen) **33**:405, 411-15, 419
La siepe (Pascoli) **45**:154
Siesta (Hamsun) **14**:248
"La sieste" (Desnos) **22**:73
El 7 de julio (Perez Galdos) **27**:257
Los siete locos (Arlt) **29**:38-42, 45-7, 50-4, 57-8
Los siete sobre Deva (Reyes) **33**:324
"Sieur George" (Cable) **4**:28, 32
The Si-Fan Mysteries (Rohmer) **28**:277, 279, 286-87, 293, 298-99
Sigh No More (Lawrence) **93**:52
Sight and Song (Field) **43**:152-55, 164-68
Sight Unseen (Rinehart) **52**:289, 292, 301, 303
"The Sign" (Manning) **25**:265
"The Sign" (Masters) **2**:465; **25**:298
"The Sign" (Zamyatin) **37**:430
The Sign of Four (Doyle) **7**:215-16, 220, 231, 234-37
"The Sign of the Golden Shoe" (Noyes) **7**:512
The Sign of the Prophet Jonah (Bridie)
See *Jonah and the Whale*
Signa (Ouida) **43**:342, 345, 347, 349-50, 364, 366-67
The Signal (van Ostaijen)
See *Het sienjaal*
Les signes parmi nous (Ramuz) **33**:295
"Significance" (Rosenberg) **12**:311
"The Significance of the Blues" (Handy) **97**:61
"Significations" (Jacob) **6**:194
"Signing the Pledge" (Harper) **14**:260
Signora Ava (Jovine) **79**:43, 45-6, 50, 58-9, 61-2, 65
La Signora di tutti (Ophuls) **79**:197, 237-8, 243-5, 247-52
"The Sign-Post" (Thomas) **10**:454, 463
"Signs and Tokens" (Hardy) **4**:170
Signs and Wonders (Beresford) **81**:6,9
Signs of Earth (Tsvetaeva)
See *Zemnye primety*
"Signs of the Times" (Dunbar) **12**:108
"Siguiriya gitana" (Garcia Lorca) **49**:89
Sigurd Jerusalem-Farer (Bjoernson) **37**:23
Sigurd Jorsalfar (Bjoernson) **37**:29
Sigurd Slembe (Bjoernson) **7**:100, 103, 105-06, 109, 111, 113, 116; **37**:18-20, 23, 29-32
Sigurd the Bastard (Bjoernson)
See *Sigurd Slembe*
Sigurd the Crusader (Bjoernson) **37**:10
"Sigurd the Proud" (Lagerloef) **36**:240
Sigurd's Return (Bjoernson) **37**:9
Sigurd's Second Flight (Bjoernson) **37**:9
"Silas Jackson" (Dunbar) **2**:128; **12**:120
Silberne Saiten (Zweig) **17**:424
"The Silence" (Fletcher) **35**:109
"Silence" (Freeman) **9**:64
"Silence" (Lawrence) **93**:17, 57, 125
"Silence" (Maeterlinck) **3**:318
"Silence" (Masters) **2**:464; **25**:298, 315
"Le silence" (Verhaeren) **12**:466
Le silence (Rod) **52**:310, 314
Silence, and Other Stories (Andreyev) **3**:18, 26
Silence, and Other Stories (Freeman) **9**:63, 71-2
Silence Farm (Sharp) **39**:372-74, 378, 387
"The Silence of Love" (Naidu) **80**:307
"Silencio" (Lugones) **15**:289
Silencio de muerte (Echegaray) **4**:101
"Silent Bees" (Balmont)
See "Nezhuzhashchie"
"Silent Bontche" (Peretz) **16**:395
"Silent Bontche" (Peretz)
See "Bontsye Shvayg"
"The Silent Eaters" (Garland) **3**:199
"The Silent Land" (Chambers) **41**:88, 107
"The Silent Lover" (Middleton) **56**:183
"The Silent One" (Gurney) **33**:88, 93, 102, 104
"Silent Samuel" (Dunbar) **12**:120
The Silent South, Together with the Freedman's Case in Equity and the Convict Lease System (Cable) **4**:30-1
Silent System (Matthews) **95**:243
A Silent Witness (Freeman) **21**:48, 57
The Silent Witness (Post) **39**:345
Silénter (Gonzalez Martinez) **72**:147, 149, 155
"Silentium" (Mandelstam) **2**:403
"A Silhouette" (Graham) **19**:129, 133
"Silhouette of a Serpent" (Valery)
See "Ébauche d'un serpent"
Silhouettes (Symons) **11**:426-28, 431-32, 445-46, 450-51
Silhouettes of American Life (Davis) **6**:151-52, 154
"Silk o' the Kine" (Sharp) **39**:372-73, 377
"Silver" (de la Mare) **53**:28
The Silver Box (Galsworthy) **1**:293, 300, 303; **45**:31, 33, 41-3, 45-6, 50-3, 55
The Silver Domino; or, Side Whispers, Social and Literary (Corelli) **51**:73
The Silver Dove (Bely) **7**:48-51, 54
"Silver Filigree" (Wylie) **8**:531, 533
The Silver Fox (Somerville & Ross) **51**:330, 340, 345, 359, 372, 378
"The Silver Key" (Lovecraft) **4**:266-67
The Silver Mask (Walpole) **5**:502
"The Silver Pageant" (Crane) **11**:142
The Silver Poppy (Stringer) **37**:335, 337
The Silver Spoon (Galsworthy) **1**:298; **45**:46-7, 70
"Silver Spoons" (Remizov)
See "Serebrianye lozhki"
The Silver Stair (Williams) **1**:517, 521
The Silver Stallion (Cabell) **6**:68, 71, 75-6
The Silver Thorn (Walpole) **5**:504

Silverpoints (Gray) **19**:141-44, 147-48, 150-58, 160, 162
Silversködarna (Bengtsson) **48**:6, 12
"Silverspot" (Seton) **31**:270-71, 273
Silvertip's Roundup (Faust) **49**:46-7
"Silvia" (Marquis) **7**:434
Silvia im Stern (Hofmannsthal) **11**:306
"Silvina y Montt" (Quiroga) **20**:207
"Simaetha" (Manning) **25**:265
Simfonija (1-aga) (Bely)
See *Severnaia simfoniia: Pervia geroicheskaia*
Simfonija (2-aja) (Bely)
See *Vtoraia simfoniia: Dramaticheskaia*
"Simian Civilization" (Bosman) **49**:15
"Similiar Cases" (Gilman) **9**:96-7, 102; **37**:176
Simo hurtta (Leino) **24**:372
"Simome, poème champêtre" (Gourmont) **17**:129-30
Simon Dale (Hope) **83**:165
Simon le pathétique (Giraudoux) **2**:166; **7**:320, 324-25
"Simon Legree" (Lindsay) **17**:225-26, 235, 241
"Simon Mage" (Apollinaire) **51**:20-1
Simon the Cyrenian (Torrence) **97**:149, 151-52, 160-62
"Simon the Cyrenian Speaks" (Cullen) **37**:143-44, 146, 154
Simon the Sensitive (Giraudoux)
See *Simon le pathétique*
Simone (Feuchtwanger) **3**:182
Simone (Gourmont) **17**:137, 142
Simonsen (Undset) **3**:522
"The Simoom" (Quiroga)
See "El simún"
Simoon (Strindberg) **1**:448
Simpatías y diferencias (Reyes) **33**:316, 322
The Simple Adventures of a Memsahib (Duncan) **60**:184, 187, 193-6, 207, 209, 212-4, 218, 244, 247, 249-56
"The Simple Art of Murder" (Chandler) **7**:171, 176-77
The Simple Case of Susan (Futrelle) **19**:95
The Simple Life Limited (Ford) **15**:93
"The Simple Lifers" (Rinehart) **52**:281
"The Simple Purposes and the Solid Foundation of Our Recovery Program" (Roosevelt) **93**:184
"Simple Simon" (Coppard) **5**:176
"The Simple Truth" (Cullen) **37**:157, 170
"Simples" (Joyce) **3**:256
The Simpleton of the Unexpected Isles (Shaw) **3**:393
"Simplification of Life" (Carpenter) **88**:98
"Simplify Me When I'm Dead" (Douglas) **40**:68, 72, 91
"Simson" (Heym) **9**:142
"The Simulators" (Chekhov) **3**:151
Simultaneità (Marinetti) **10**:319
"Simultanéités" (Apollinaire) **3**:35; **51**:36
Simultaneity (Marinetti)
See *Simultaneità*
"El simún" (Quiroga) **20**:214, 216-17
"Sin" (Caragiale)
See "Păcat"
"The Sin" (Jozsef) **22**:161
Sin amor (Azuela) **3**:77
Sin and Original Guilt (Otto) **85**:314
The Sin of Harold Diddlebock (Sturges) **48**:282-283, 285, 289, 291, 309, 313
"Sin razón, pero consado" (Quiroga) **20**:211
"Since Then" (Lawson) **27**:140
"Sincerities" (Benet) **28**:2
Sinclair Lewis (Van Doren) **18**:398
"The Sin-Eater" (Sharp) **39**:362, 373, 396
The Sin-Eater, and Other Tales (Sharp) **39**:354-55, 364, 373, 379, 395
"Sinfire" (Hawthorne) **25**:240
"Sinfonía en gris mayor" (Dario) **4**:58
"Sing the Baby to Sleep, Marietta" (McAlmon) **97**:115
"Sing the Epistle" (Pirandello)
See "Canta l'epistola"
"The Singer" (Benn) **3**:114
"The Singers in a Cloud" (Torrence) **97**:152, 155
"Singing" (Balmont)
See "Pene"
The Singing Bone (Freeman) **21**:44, 48, 50-2, 56, 58
"Singing Children" (Pickthall) **21**:245
Singing Guns (Faust) **49**:35, 45, 47, 56-7, 60-1
"The Singing Lesson" (Mansfield) **8**:280; **39**:303
"A Singing Lesson" (Swinburne) **36**:343
"Singing on My Way to Yodoe" (Su Man-shu) **24**:456
The Singing Sands (Tey) **14**:452
"The Singing Skyscrapers" (Benet) **28**:6
"The Singing Spirit" (Eastman) **55**:167
"Singolare avventura di Francesco Maria" (Brancati) **12**:86
Singolare viaggio di avventura (Brancati) **12**:84-5
"Sinie okory" (Khlebnikov) **20**:133
"Sininen risti" (Leino) **24**:368, 370, 376
Sinister Madonna (Rohmer) **28**:281
The Sinister Man (Wallace) **57**:396, 402
The Sinister Ray (Dent) **72**:36
"Sink" (Trakl) **5**:468
"The Sink of Iniquity" (Frank) **17**:121
Sinking and Swimming (Nagai)
See *Ukishizumi*
Der Sinn des Lebens (Adler) **61**:18, 28
"Sinnenrausch" (Lasker-Schueler) **57**:302
"The Sinner" (Asch) **3**:67
"The Sinner" (Kolmar) **40**:177
"The Sinner" (Smith) **25**:377, 379, 387, 393, 399
The Sinner (Singer)
See *Yoshe Kalb*
"Sinners" (Lawrence) **93**:55
Sinners in Paradise (Whale) **63**:339
Sino al contine (Deledda) **23**:35, 39
"The Sins of Prince Saradine" (Chesterton) **1**:186; **6**:100
The Sins of Séverac Bablon (Rohmer) **28**:281-83
"The Sins of the Children, the Curse of the Fathers" (Heyse)
See "Der Kinder Sünde, der Väter Fluch"
The Sins of the Fathers (Cram) **45**:20, 22
"Le sionisme" (Gourmont) **17**:126
"Sioux Mythology" (Eastman) **55**:162
Sir Bengt's Wife (Strindberg)
See *Herr Bengts Hustru*
"Sir C. Frazer e la magia" (Papini) **22**:281
"Sir Galahad" (Masters) **25**:298
Sir George Tressady (Ward) **55**:410, 421-22, 424
Sir Gibbie (MacDonald) **9**:292, 294, 309
"Sir Jesper" (Jensen)
See "Hr. Jesper"
Sir John Magill's Last Journey: An Inspector French Case (Crofts) **55**:82-3, 86
"Sir Lancelot" (Campbell) **9**:29-31
Sir Nigel (Doyle) **7**:221, 238-39
"Sir Oswald Mosley's Manifesto" (Keynes) **64**:244
Sir Quixote of the Moors (Buchan) **41**:33
Sir Walter Raleigh (Buchan) **41**:59
Sir Walter Scott (Buchan) **41**:45, 59-63
"Siramour" (Desnos) **22**:67-8, 72
Siren Land (Douglas) **68**:3, 5, 10, 29, 39, 43-5
"Sirène-Anémone" (Desnos) **22**:72
The Sirens Wake (Dunsany) **59**:18
Sirius (Kaye-Smith) **20**:109-10
Sirius: A Fantasy of Love and Discord (Stapledon) **22**:316, 322-23, 326, 329-30, 337-38, 344
"Sis' Becky's Pickaninny" (Chesnutt) **5**:130; **39**:72, 94-5, 99, 106
"Sishutirtha" (Tagore) **3**:489
"The Siskin Who Lied and the Truth-Loving Woodpecker" (Gorky)
See "O chizhe, kotoryi lgal, i o diatle liubitele istiny"
Siste kapitel (Hamsun) **14**:228, 241; **49**:155
Den siste viking (Bojer) **64**:16-19, 21-25
Sistema di logica (Gentile) **96**:118, 123
Sister Béatrice (Maeterlinck)
See *Soeur Béatrice*
Sister Carrie (Dreiser) **10**:163-65, 169, 171, 173-74, 176-77, 181-82, 184-85, 187, 191-92, 199-200; **18**:54, 59, 63-4; **35**:37-41, 48-50, 54-9, 62-3, 65, 74; **83**:3-4, 15, 19, 36, 41, 54, 98
"Sister Helen" (Kipling) **8**:188
"Sister Mary of the Plague" (Lee-Hamilton) **22**:188-89, 194
"Sister Mary van der Deck" (Lee-Hamilton) **22**:192
"Sister, My Sister" (Sodergran)
See "Syster, min syster"
"The Sister of Compassion" (Sharp) **39**:361-62
"The Sister of Percivale" (Williams) **1**:512
"The Sister of the Baroness" (Mansfield) **39**:301
Sister Songs (Thompson) **4**:435-36, 440
Sister Teresa (Moore) **7**:482, 484-86, 491, 494, 498
"Sister Water" (Nervo)
See "La hermana agua"
"The Sister-in-Law" (D'Annunzio) **6**:144
"Sisters" (Bergelson) **81**:19
"The Sisters" (Campbell) **5**:117
"The Sisters" (Joyce) **8**:166, 169-70; **35**:142, 144-46, 156-57, 159, 161-63, 166-67, 169, 190-92, 197
"The Sisters" (Lowell) **1**:379; **8**:227, 235, 237
"The Sisters" (Smith) **25**:379, 399
The Sisters (Conrad) **13**:113
The Sisters (Tolstoy) **18**:365, 374, 379-80
The Sisters: A Tragedy (Swinburne) **8**:434, 444; **36**:343
Sisters of the Cross (Remizov)
See *Krestovye sestry*
Sisters of the Gion (Mizoguchi)
See *Gion no Shimai*
"The Sisters, the Lightnings" (Khlebnikov)
See "Syostry-molnii"
"The Sisters Three and the Kilmaree" (Stockton) **47**:330
"Sit and Stand and Kill and Die" (Jozsef) **22**:160, 164
Sitting On The World (Broun) **104**:98
Das sittliche Bewusstsein (von Hartmann) **96**:228-29
Sittlichkeit und Kriminalität (Kraus) **5**:285, 290
"La situation des bonnes au Mexique" (Jacob) **6**:191
"Sivriada geceleri" (Sait Faik) **23**:293, 298
"Sivriada Nights" (Sait Faik)
See "Sivriada geceleri"
"S.I.W." (Owen) **5**:367, 371; **27**:206, 212, 217-19, 222-23, 225, 229
"Siwash" (London) **9**:277
"Six Boys in the Sun" (Coffin) **95**:17
Six Characters in Search of an Author (Pirandello)
See *Sei personaggi in cerca d'autore*
"Six Discordant Songs" (Stevens) **45**:281
"Six février" (Peret) **20**:195
Six French Poets (Lowell) **1**:372, 377; **8**:228-29, 235
La 628-E-8 (Mirbeau) **55**:281, 287, 301, 309-11, 313
Six Lectures on the Reconstruction of Religious Thought in Islam (Iqbal) **28**:190, 195, 197, 204
"Six More Miles to the Graveyard" (Williams) **81**:419
"Six Nuns" (Mayakovski) **18**:258
"Six O'Clock in Princes Street" (Owen) **5**:374; **27**:226
The Six of Calais (Shaw) **3**:393

"The Six Pillars of Peace" (Dulles) **72**:79-80
Six Stories (Guiraldes)
See *Seis relatos porteños*
"Six Years After" (Mansfield) **39**:305
Six-Acre Rose Garden (Babits)
See *Hat holdas rózsakert*
"Sixes and Sevens" (Bosman) **49**:11
A Sixfoot Sickbed (Masaoka Shiki) **18**:227-28
"Sixpence" (Mansfield) **2**:454
1601; or, Conversation as It Was by the Fireside in the Time of the Tudors (Twain) **6**:476; **12**:436; **48**:349, 357, 360
"Sixteen and the Unknown Soldier" (March) **96**:241, 254
"Sixteen Dead Men" (Yeats) **93**:389
Sixteen Self Sketches (Shaw) **45**:215
"The Sixth" (Guiraldes)
See "Sexto"
The Sixth Beatitude (Hall) **12**:188-89
"Sixth Eclogue" (Radnoti) **16**:412, 414
"Sixth Elegy" (Rilke) **1**:413
"The Sixth of August" (Ivanov) **33**:138
"Sixth Sense" (Gumilev)
See "Shesto chuvstvo"
"The Sixth Sense" (Soderberg) **39**:438
The Sixth Sense (Nervo) **11**:403
Sixtine: Roman de la vie cérébrale (Gourmont) **17**:127-29, 133, 137, 144, 147, 151, 156
"Sixty and Six; or, A Fountain of Youth" (Higginson) **36**:179
Sixty Seconds (Bodenheim) **44**:71-2
"Sixty-First on the Moon" (Lindsay) **17**:241
Siyaniya (Hippius) **9**:162-63, 167
"The Skaters" (Fletcher) **35**:94, 115
"Skazaniye o flore" (Korolenko) **22**:175
"Skazka o kamennom veke" (Khlebnikov) **20**:126
Skeeters Kirby (Masters) **2**:467-69; **25**:293
"The Skeleton" (Tagore)
See "Kankal"
Skeleton Men (Burroughs) **2**:81
"Sketch for a New Weltanschauung" (Hulme) **21**:121
"The Sketch in Indian Ink" (Soderberg) **39**:436-37
"A Sketch of Individual Development" (MacDonald) **9**:305
A Sketch of My Life (Mann) **60**:357, 360-61, 363
Sketches and Moments (Caragiale) **76**:165
Sketches and Outlines (Pereda) **16**:364
Sketches from Life (Carpenter) **88**:119, 126
Sketches from Marlborough (Benson) **27**:5, 7
Sketches in Charcoal (Sienkiewicz) **3**:425-26, 430
Sketches New and Old (Borg) **48**:349
"Sketches of a Life of Action" (Warung) **45**:419
Sketches of a Provincial Journey (Peretz) **16**:403-05
Sketches of a Siberian Tourist (Korolenko) **22**:170, 172
Sketches of Southern Life (Harper) **14**:255, 257-64
Sketches Old and New (Twain) **59**:168
Skibet (Jensen) **41**:290-91, 295
Skibet gaar videre (Grieg) **10**:205, 207-08, 210-13
"Skify" (Blok) **5**:85, 88, 94, 98
The Skin (Malaparte)
See *La peau*
The Skin Game (Galsworthy) **1**:295, 303, 305; **45**:45, 51-2
The Skinners (Marquis) **7**:451
Skipper Worse (Kielland) **5**:276-79
"The Skipper's Wooing" (Jacobs) **22**:107
The Skipper's Wooing. The Brown Man's Servant (Jacobs) **22**:102
"Skitaniia" (Bryusov) **10**:95-6
Skleněný havelok (Nezval) **44**:240, 245, 249
Sklepy cynamonowe (Schulz) **5**:420-27, 429; **51**:307-08, 310-14, 316-17, 319-25
"Skogs sjön" (Sodergran) **31**:288
"Skogsdunkel" (Sodergran) **31**:288
Skovviser (Obstfelder) **23**:177-79
Skuggan av mart (Dagerman) **17**:89, 95
Skull Face (Rohmer) **28**:282
"The Skull in the Desert" (Campbell) **5**:124
"Skull-Face" (Howard) **8**:132
"Skvorez" (Zabolotsky) **52**:367
The Sky Ablaze (Sa-Carniero)
See *Céu em fogo*
Sky Blue (Kandinsky) **92**:83
Sky in Flames (Sa-Carniero)
See *Céu em fogo*
Sky Island (Baum) **7**:20
The Sky Pilot (Connor) **31**:105-06, 108-09, 111-13, 116
The Sky Pilot in No Man's Land (Connor) **31**:105-06, 113-14
"The Sky Warrior" (Eastman) **55**:167
Sky with Clouds (Radnoti)
See *Tajtékos ég*
Sky-Blue Depths (Platonov) **14**:417
Skygger (Nexo) **43**:329
Skylines and Horizons (Heyward) **59**:86
"Skyloyiannis" (Palamas) **5**:386
"Skymning" (Sodergran) **31**:290
"Skyscape" (Hagiwara Sakutaro) **60**:297
"A Skyscraper in Cross-Section" (Mayakovski) **18**:259
Sladek der schwartze Reichswehrmann (Horvath) **45**:76, 80, 93-4, 99, 101-02, 106
Sladek, the Soldier of the Army (Horvath)
See *Sladek der schwartze Reichswehrmann*
Slain by the Doones (Blackmore) **27**:43
"A Slap in the Face" (Quiroga)
See "Una bofetada"
"A Slap in the Public's Face" (Mayakovski) **18**:261
"The Slate Ode" (Mandelstam)
See "Grifel' naja oda"
"Slava tolpe" (Bryusov) **10**:83
The Slave (Hichens) **64**:119, 121-122
"The Slave Auction" (Harper) **14**:258-62
"The Slave Mother" (Harper) **14**:258-59, 261
"The Slave Mother I" (Harper) **14**:262
"The Slave Mother II" (Harper) **14**:263
"The Slave of God" (Benson) **17**:18
The Slave-Girl Who Is Not Isaura (Andrade)
See *A escrava que não é Isaura*
"The Slave-Girl's Prayer" (Forten) **16**:147, 150
"The Slave's Appeal" (Stanton) **73**:270, 272-73, 275
Slaves of Society (Upward) **85**:380
The Slaves of the Fish Men (Burroughs) **32**:59
"Slaves of the Lamp" (Kipling) **17**:208
"The Slave's Song" (Gumilev)
See "Nevol'nich'ja"
The Slayer of Souls (Chambers) **41**:102, 114
"Sleep" (Cullen) **37**:166
"Sleep" (Pickthall) **21**:245, 250
"Sleep" (Riley) **51**:302
"Sleep" (Rosenberg) **12**:309
"A Sleep and a Forgetting" (Fisher) **87**:74
"Sleep and Walking" (Lawrence) **93**:56
"Sleep Hath Composed the Anguish of My Brain" (Santayana) **40**:400
Sleep! I Command You! (Feydeau)
See *Dormez! Je le veux!*
"Sleep, My Pretty, My Dear" (Roberts) **68**:337
"The Sleep of Odysseus" (Pascoli)
See "Il sonno di Odisseo"
"The Sleep Worker" (Hardy) **53**:81, 86
Sleeping Beauty (Heijermans) **24**:293
"The Sleeping Boys of Warwickshire" (de la Mare) **53**:22
A Sleeping Car (Howells) **7**:387
A Sleeping Clergyman (Bridie) **3**:132-33, 136-38
Sleeping Fires (Gissing) **24**:235, 248
"The Sleeping Porch" (Fields) **80**:258
"Sleeping Venus" (Field) **43**:165-67
"Sleepwalker Ballad" (Garcia Lorca)
See "Romance sonámbulo"
The Sleepwalkers (Broch)
See *Die Schlafwandler*
"Sleet" (Dagerman) **17**:93
Slepoi muzykant (Korolenko) **22**:168-70, 172, 174, 176
"Sletten" (Obstfelder) **23**:178-80, 182, 190-91
The Sleuth of St. James's Square (Post) **39**:336, 343-45
"A Slip of the Leash" (Freeman) **9**:75-6
"The Slippers of the Goddess of Beauty" (Lowell) **8**:227, 232-33
"The Sliprails and the Spur" (Lawson) **27**:123, 125, 134, 140
"Slip-Shoe Lovey" (Masters) **25**:297
"Slith" (Dunsany) **2**:146
"The Slithering Shadow" (Howard) **8**:133, 135
Slivnitsa (Vazov) **25**:450
Slobberdom, Sneerdom and Boredom (Hecht) **101**:33
"Slonenok" (Remizov) **27**:339
"Slova ljubvi i tepla" (Guro) **56**:138-39
"Slove predostavljaetsja tovarišču Čuryginu" (Zamyatin) **8**:553
Slow Attack (Lewis) **104**:201
The Slow Coach (Lucas) **73**:158, 163
Slow Vision (Bodenheim) **44**:73-4
"The Sluggards" (Jensen)
See "Syvsoverne"
"The Slum Cat" (Seton) **31**:279-80
"A slumber did my spirit steal" (Hardy) **53**:94
"Slumber Songs" (McCrae) **12**:210
"Slushy" (Cobb) **77**:133
Smaastykker (Bjoernson) **37**:35
"A Small Boy And Others" (Riley) **51**:287
A Small Boy, and Others (James) **2**:247; **11**:321, 345
"Small Brook" (Wen I-to) **28**:417
"The Small Duke" (Giraudoux) **7**:324
Small Leaf-Boat (Shimazaki Toson)
See *Hitohabune*
Small Organon (Brecht)
See *Kleines Organon für das Theatre*
Small Souls (Couperus)
See *De kleine zielen*
The Small Town (Mann)
See *Die kleine Stadt*
A Small Town Man (Austin)
See *The Man Jesus*
Small Town Tyrant (Mann)
See *Professor Unrat*
The Smaller Rose Garden (Nezval)
See *Menší růžová zahrada*
"Smart-Aleck Kill" (Chandler) **7**:176, 182
"Smert'" (Gumilev) **60**:279
Smert Ivana Ilyicha (Tolstoy) **4**:450-51, 458, 463, 468, 472, 476, 479-80, 483; **11**:463, 469, 471, 476-78; **44**:325-64; **79**:326, 334, 374-5, 434, 437-9, 460-2
"Smertel'noe manit" (Pilnyak) **23**:211, 213
"Smerti" (Pilnyak) **23**:210
"Smile" (Yokomitsu)
See "Bishō"
"A Smile of Fortune" (Conrad) **57**:84, 100
"Smile, Smile, Smile" (Owen) **5**:366; **27**:203, 206, 212, 215, 221-22, 224, 229-30
"Smiles" (Davies) **5**:203
Smiling Charlie (Faust) **49**:39
Smire (Cabell) **6**:76-7
Smirt (Cabell) **6**:76-7
Smith (Cabell) **6**:76-7
Smith (Davidson) **24**:171, 180, 184
Smith Is Dead (Dent) **72**:35
"Smithy" (Verhaeren) **12**:468
Smoke and Ashes (Sologub) **9**:436-37
The Smoking Car (Howells) **7**:387-88
Smoky Day's Wigwam Evenings (Eastman)
See *Wigwam Evenings: Sioux Folktales Retold*
"Smolensk Marketplace" (Khodasevich) **15**:208
"Smrt barona Gandary" (Capek) **37**:49
Smug Citizens (Gorky) **8**:92
"Smyook i struny" (Annensky) **14**:27

"Snaekoll's Saga" (Graham) **19**:109
"The Snake" (Crane) **11**:157
"Snake" (Lawrence) **9**:223, 230; **93**:55, 61, 81-84, 86, 87, 102, 128
"Snake Doctor" (Cobb) **77**:136, 140
"The Snake Kite" (Remizov)
See "Zmei"
Snake Train (Khlebnikov) **20**:142
"The Snake-Charmer" (Naidu) **80**:291
The Snake's Pass (Stoker) **8**:384
"Snakeskin and Stone" (Douglas) **40**:76, 89
"Snap" (Seton) **31**:280
"Snap-Dragon" (Lawrence) **93**:8, 65; **93**:8, 65
"The Snare" (Stephens) **4**:412
Sne (Kielland) **5**:279
The Sneer (Nagai)
See *Reishō*
"Sneezles" (Milne) **6**:314
"Sneg" (Annensky) **14**:32
"Snega" (Pilnyak) **23**:203, 211
Snezhimochka (Khlebnikov) **20**:136
"Snezhinka" (Balmont) **11**:36
Snezhnye maski (Blok) **5**:84-5, 93
"Sngeovye runy" (Balmont) **11**:40
The Snob (Sternheim)
See *Der Snob*
Der Snob (Sternheim) **8**:368, 371-72, 375-76
Snooty Baronet (Lewis) **2**:386, 389, 392; **9**:245; **104**:181, 214, 293
"Snow" (Annensky)
See "Sneg"
"Snow" (Artaud) **3**:52
"Snow" (Davidson) **24**:189
"Snow" (Higginson) **36**:175-76, 186
"Snow" (Thomas) **10**:452, 457, 467
Snow (Kielland)
See *Sne*
"The Snow Fairy" (McKay) **41**:344
"Snow in the Suburbs" (Hardy) **53**:81, 117
Snow Maiden (Khlebnikov)
See *Snezhimochka*
"The Snow Man" (Stevens) **12**:377, 385; **45**:287, 293, 297, 299, 304, 306-07, 310, 340
The Snow Mask (Blok)
See *Snezhnye maski*
"Snow on Kurakake" (Miyazawa) **76**:288
"Snow Runes" (Balmont)
See "Sngeovye runy"
The Snow Storm (Tolstoy) **4**:445
"Snow Wind" (Pilnyak) **23**:220
"Snowdrifts" (Tsvetaeva)
See "Sugroby"
"Snowflake" (Balmont)
See "Snezhinka"
"The Snows" (Pilnyak)
See "Snega"
"The Snowstorm" (Pilnyak) **23**:196
"A Snowstorm in the Alps" (March) **96**:265
"Snowy Mountains and Riviera" (Ady) **11**:20
"Snoya more" (Gumilev) **60**:282
"So It Is" (Hippius)
See "Tak est"
"So lange ist es her" (Lasker-Schueler) **57**:307
"So Long, Mary" (Cohan) **60**:163, 168, 170, 172
"So Much Worse for Boston" (Lindsay) **17**:230
"So We Grew Together" (Masters) **25**:288
So Well Remembered (Hilton) **21**:98
"So-and-So Reclining on Her Couch" (Stevens) **45**:347
"Soap" (Lu Hsun)
See "Feizao"
Sobach'e serdtse (Bulgakov) **2**:65; **16**:84-5, 91-2, 100-03, 109, 111
"Sobach'ia dolia" (Remizov) **27**:353
Sobranie sochenenii (Sologub) **9**:443-44, 447
Sobranie stikhov (Khodasevich) **15**:205, 208-09, 212-13
Sobranie stikhov (Kuzmin) **40**:216
Sobranie stikhov. Kniga III (Sologub) **9**:443
Sobranie stikhov. Kniga IV (Sologub) **9**:443
Sobranie stikhov: Kniga vtoraya (Hippius) **9**:161
Sochineniia (Remizov) **27**:350-52, 354-56
"Social Consciousness and the Consciousness of Meaning" (Mead) **89**:170
Social Credit and the Labour Party: An Appeal (Muir) **87**:163
Social Decay and Regeneration (Freeman) **21**:45-6, 57
A Social Departure: How Orthodocia and I Went Round the World by Ourselves (Duncan) **60**:178, 184, 206-7, 212-3, 245, 249
Social Differentiation (Simmel) **64**:338
Social Ethics (Hostos)
See *Moral Social*
"Social Evolution" (Roosevelt) **69**:255
Social Foundations of Contemporary Economics (Sorel)
See *Insegnamenti sociali della economia contemporanea*
Social Interest: A Challenge to Mankind (Adler)
See *Der Sinn des Lebens*
Social Judgment (Wallas) **91**:357-9, 363, 372, 375, 381
"Social Justice" (Leacock) **2**:377-78
"The Social Life of the Newt" (Benchley) **55**:7, 16
"Social Planning and Human Nature" (Park) **73**:198
"Social Psychology as Conterpart of Physiological Psychology" (Mead) **89**:169
"The Social Psychology of the World Religions" (Weber) **69**:331
"Social Purity" (Anthony) **84**:11-2, 23
"Social Realities versus Police Court Fictions" (Dewey) **95**:71
Social Reform or Revolution? (Luxemburg) **63**:186, 187
"Social Science and Social Responsibility" (Reyes) **33**:318
The Social Secretary (Phillips) **44**:253-54, 262, 274, 277, 284
"The Social Self" (Mead) **89**:171
The Social Significance of the Modern Drama (Goldman) **13**:221
"Socialism" (Weber) **69**:383
Socialism and Saint-Simon (Durkheim)
See *Le socialisme*
"Socialism for Millionaires" (Shaw) **3**:388
Socialism in England (Webb and Webb) **22**:412
Le socialisme (Durkheim) **55**:145
"Socialists" (Jozsef) **22**:160
The Society for the Redemption of the Abandoned Women in St. Peter's Parish's (Kielland) **5**:277
The Society of Honorary Bell Ringers (Zamyatin)
See *Obshchestvo pochetnykh zvonarey*
"Sociological Aesthetics" (Simmel) **64**:338-39, 341, 359
"Sociological Applications of the Psychology of the Herd Instinct" (Trotter) **97**:183
"The Sociological Methods of William Graham Sumner, and of William I. Thomas and Florian Znaniecki" (Park) **73**:184
"The Sociology of Social Entertainment" (Simmel) **64**:326
"Sociology of Socialibility" (Simmel) **64**:336
Socrates; or, Hellas (Strindberg) **8**:418
Sodom and Gomorrah (Giraudoux)
See *Sodome et Gomorrhe*
Sodom and Gomorrah (Proust)
See *Sodome et Gomorrhe*
Sodome et Gomorrhe (Giraudoux) **2**:159, 165, 167, 172-73
Sodome et Gomorrhe (Proust) **7**:527, 540, 546-47, 549; **33**:254, 271
Sodoms Ende (Sudermann) **15**:417, 419, 423-24, 427, 433
Soedinenie I perevod chetyrex evangelij (Tolstoy) **79**:335, 431, 460
Soeur Béatrice (Maeterlinck) **3**:323, 332
La soeur de la reine (Swinburne) **8**:438, 440, 443, 445
Les soeurs vatard (Huysmans) **7**:403, 405, 407, 410; **69**:23-4
The Soft Side (James) **2**:272
"A Soft Summer Night" (Jozsef) **22**:160, 162
"The Soft Touch of Grass" (Pirandello) **4**:342
"Sogni di Natale" (Svevo) **35**:362
"Sogni d'oro di Michele" (Jovine) **79**:44
Sogno d'un mattino di primavera (D'Annunzio) **40**:8
"La soguilla de Caronte" (Valle-Inclan) **5**:478
"Der Sohn" (Schnitzler) **4**:403
Söhne (Benn) **3**:104, 106
Die Söhne (Feuchtwanger) **3**:181
"Un soir" (Apollinaire) **51**:59
"Le soir" (Sully Prudhomme) **31**:306
"Un soir" (Verhaeren) **12**:461
"Soir d'hiver" (Nelligan) **14**:398-401
"La soirée avec M. Teste" (Valery) **15**:463
Les soirs (Verhaeren) **12**:460, 463, 465
"Soirs d'automne" (Nelligan) **14**:392
"Soirs hypochondriaques" (Nelligan) **14**:398
"Soissons" (Douglas) **40**:81
"Soissons 1940" (Douglas) **40**:81, 88
"Sojourn in the Desert" (Bishop) **103**:21
The Sojourner (Rawlings) **4**:364-65, 367
"Sokolinets" (Korolenko) **22**:178-79, 181-82
Sokrovennyi chelovek (Platonov) **14**:427
Sol de la tarde (Martinez Sierra and Martinez Sierra) **6**:274, 279
Un sol que nace y un sol que muere (Echegaray) **4**:101
Sola Fide: Tolko veroyu (Shestov) **56**:264
"Solace of Men" (Gurney) **33**:81
The Solar Airplane (Artaud) **36**:37
"Sold Down the River" (Bosman) **49**:3
Soldage (Nexo) **43**:329
Der Soldat Tanaka (Kaiser) **9**:176, 181
"The Soldier" (Brooke) **2**:61; **7**:125, 127-30
"Soldier" (Rosenberg) **12**:288
"The Soldier and the Girl" (Hansen) **32**:249
"Soldier, Soldier" (Kipling) **8**:178
"Soldier: Twentieth Century" (Rosenberg) **12**:293, 306, 312
"Soldier-Folk" (Bierce) **44**:45
"Soldiers" (Bierce) **7**:89
"A Soldier's Burial" (Patton) **79**:301, 308, 312
"Soldier's Dream" (Owen) **27**:206, 211-12, 214
The Soldier's Faith (Holmes) **77**:259-60, 314
Soldiers of Fortune (Davis) **24**:203, 207
"Soldier's Religion" (Patton) **79**:299
Soldiers Three (Kipling) **8**:175-76, 184, 208; **17**:204, 209-10
"Sole e amore" (Carducci) **32**:87, 108
"Soledad" (Gonzalez Martinez) **72**:149
"Soledad" (Villaurrutia) **80**:467
La soledad sonora (Jimenez) **4**:213, 224
Soledades: Galerías, y otros poemas (Machado) **3**:306-09
Soledades: Poesías (Machado) **3**:306-09, 311-13
"Soleil couchant" (Manning) **25**:278
"Soleil route usée" (Peret) **20**:196-97
"Ein solider Artikel" (Schwitters) **95**:322
Soliloquies in England (Santayana) **40**:344-46, 355-56, 376
"Soliloquies of a Hermit" (Powys)
See "The Soliloquy of a Hermit"
Soliloquios y conversaciones (Unamuno) **9**:514
"Soliloquy" (Ledwidge) **23**:112
"The Soliloquy of a Hermit" (Powys) **9**:359-61, 367-68, 376
"Le solitair" (Valery) **15**:450
"Solitaire" (Lowell) **8**:230, 234
Solitaria (Rozanov)
See *Uedinennoe*
"The Solitary" (Lu Hsun) **3**:297

Solitary Hours (Baroja)
See *Las horas solitarias*
Solitary Jottings (Rozanov) **104**:380, 384-85
The Solitary Summer (Elizabeth) **41**:117-18, 122, 128, 130
"The Solitary Woodsmen" (Roberts) **8**:317, 321
"Solitude" (Gonzalez Martinez)
See "Soledad"
"Solitude" (Kuprin) **5**:298
"Solitude" (Milne) **6**:314
"Solitude" (Naidu) **80**:294
"A Solitude" (Swinburne) **36**:346
"Solitude" (Villaurrutia) **80**:477
Solitude and Society (Berdyaev) **67**:23, 30, 78
"Solitude in the City (Symphony in Black and Gold)" (Fletcher) **35**:94
"The Solitude of Cataracts" (Stevens) **3**:473
"The Solitude of Self" (Stanton) **73**:245-46, 249, 256
Les solitudes (Garneau) **13**:200-01, 204
Solitudes (Machado)
See *Soledades: Poesías*
Les solitudes (Sully Prudhomme) **31**:304, 307
"Solitudine" (Deledda) **23**:35
"Solleone" (D'Annunzio) **40**:37
"Solnce duxa" (Gumilev) **60**:279, 282-3
"Solo" (Saba) **33**:374
"Solomon and the Witch" (Yeats) **31**:406; **93**:390
"Solon" (Pascoli) **45**:148
"Solon in Lydia" (Herzl) **36**:140-41
Solos de Clarín (Alas) **29**:7
"El solterón" (Lugones) **15**:285, 289
El Solterón (Villaurrutia) **80**:471
"Solution" (Dreiser) **35**:72, 75
Somber Lives (Baroja)
See *Vidas sombrías*
La sombra del padre (Martinez Sierra and Martinez Sierra) **6**:281
"Sombre Figuration" (Stevens) **12**:360, 362
"Sombrero, abrigo, guantes" (Vallejo) **56**:311
"El sombrero del señor cura" (Alas) **29**:17
Some Aspects of Modern Poetry (Noyes) **7**:505
"Some Aspects of Our National Character" (Dreiser) **10**:194
"Some Aspects of the Influence of Social Problems and Ideas upon the Study and Writing of History" (Becker) **63**:67, 99
Some Cambridge Poets (Noyes) **7**:505
Some Champions (Lardner) **14**:303
Some Chinese Ghosts (Hearn) **9**:118, 122, 131, 135
"Some Consequences of Four Incapacities" (Peirce) **81**:176,194,286
"Some Day" (Fuller) **103**:116
"Some Day" (Lawson) **27**:148, 150, 152
"Some Disadvantages of Genius" (Bierce) **44**:16
Some Do Not (Ford) **1**:281, 284, 288; **15**:73-4, 78, 80-2; **57**:204-90
Some Early Impressions (Stephen) **23**:316
Some Everyday Folk and Dawn (Franklin) **7**:267-68, 270, 273
Some Experiences of an Irish R.M. (Somerville & Ross) **51**:327-31, 340, 342, 345, 354-55, 361-62, 380
"Some Explanations" (Alexander) **77**:49
"Some Features of the Law" (Bierce) **44**:14
"Some Foreign Forms of Verse" (Dobson) **79**:36
"Some Friends from Pascagoula" (Stevens) **45**:281-82
Some Friends of Walt Whitman: A Study of Sex in Psychology (Carpenter) **88**:72
"Some Generalities That Still Glitter" (Becker) **63**:72
"Some Haunted Houses" (Bierce) **44**:14, 45
Some Irish Yesterdays (Somerville & Ross) **51**:331, 333-34
"Some Jewish Types of Personality" (Wirth) **92**:372
"Some Ladies and Jurgen" (Cabell) **6**:61
Some Ladies in Haste (Chambers) **41**:90, 95
"Some Like Them Cold" (Lardner) **2**:335, 339; **14**:291, 293-94, 296, 299, 306-07, 312-13
Some Like Them Short (March) **96**:235, 250, 254, 257
Some Limericks (Douglas) **68**:40
Some Main Problems in Philosophy (Moore) **89**:245
Some Merry Adventures of Robin Hood of Great Renown in Nottinghamshire (Pyle)
See *The Merry Adventures of Robin Hood of Great Renown in Nottinghamshire*
"Some Niggers" (Brooke) **2**:60
"Some Notes on Miss L." (West) **44**:371, 380-82, 385, 409
"Some Notes on Salvdor Deli" (Orwell)
See "Benefit of Clergy: Some Notes on Salvador Dali"
"Some Notes on Violence" (West) **44**:386
Some Old Portraits (Tarkington) **9**:469
Some Personalities (Upward) **85**:380, 386
"Some Platitudes Concerning the Drama" (Galsworthy) **45**:33-4, 36, 51, 54
"Some Psychical Consequences of the Anatomical Distinction between the Sexes" (Freud)
See "Einige Psychische Folgen des Anatomischen Geschlechtsunterschieds"
"Some Rabbits and a Cat" (Lu Hsun) **3**:303
"Some Rambling Notes of an Idle Excursion" (Twain) **48**:349
Some Religious Elements in English Literature (Macaulay) **44**:122, 126
"Some Scattering Remarks of Bub" (Riley) **51**:292
Some Sweet Day (Riggs) **56**:215, 219
"Some Thoughts about Ancestor-Worship" (Hearn) **9**:130
"Some Thoughts on the Common Toad" (Orwell) **51**:257
Some United States (Cobb) **77**:129
Some Winchester Letters of Lionel Johnson (Johnson) **19**:250-51
"Some Words about War and Peace" (Tolstoy)
See "A Few Words about War and Peace"
"Somebody Must Die" (McCoy) **28**:226-27
Someone Else's Faults (Deledda)
See *Le colpe altrui*
"Someone Puts a Pineapple Together" (Stevens) **45**:287
Something about Eve (Cabell) **6**:61, 68, 72, 75-6
Something Childish, and Other Stories (Mansfield)
See *The Little Girl, and Other Stories*
"Something Childish but Very Natural" (Mansfield) **2**:458; **8**:282
Something Childish but Very Natural (Mansfield) **39**:318
"Something Defeasible" (Beerbohm) **24**:123
Something of Myself (Kipling) **8**:187, 202, 205
"Something Tapped" (Hardy) **53**:101
Sommario di pedagogia (Gentile) **96**:85, 122, 139
Ein sommer (Morgenstern) **8**:309
"Einen Sommer lang" (Liliencron) **18**:215
Eine Sommerschlacht (Liliencron) **18**:212
"Somnambulent Ballad" (Garcia Lorca)
See "Romance sonámbulo"
"Somnambulist Ballad" (Garcia Lorca)
See "Romance sonámbulo"
Sömngångarnätter på vakna dagar (Strindberg) **8**:418-19
Somokuto (Santoka) **72**:418
Somov, and Others (Gorky) **8**:89
"The Son" (Herzl) **36**:141
"The Son" (Quiroga)
See "El hijo"
"The Son" (Schnitzler)
See "Der Sohn"
"Son" (Service) **15**:399
"The Son" (Torrence) **97**:152-53, 155
"Son and Mother" (Blok) **5**:86
A Son at the Front (Wharton) **3**:559, 563, 567; **9**:548; **27**:384
"Son de negros en Cuba" (Garcia Lorca) **7**:298
Son excellence Eugène Rougon (Zola) **6**:562, 565; **41**:411
"Son Makara" (Korolenko) **22**:169-71, 173, 175, 178, 180-81
The Son of a Servant (Strindberg)
See *Tränstekvinnans son*
"The Son of a Slave" (Leino)
See "Orjan poika"
"The Son of Allan" (Sharp) **39**:361, 372, 375, 379
The Son of Don Juan (Echegaray)
See *El hijo de Don Juan*
A Son of Hagar (Caine) **97**:13
"The Son of Lancelot" (Williams) **1**:514
The Son of Royal Langbrith (Howells) **17**:178
A Son of Satan (Micheaux) **76**:246, 265
The Son of Tarzan (Burroughs) **2**:82; **32**:79-80
"A Son of the Gods" (Bierce) **7**:89; **44**:12, 21, 44-5, 47
A Son of the Middle Border (Garland) **3**:191-93, 197-99
"The Son of the Spirit" (Gumilev)
See "Solnce duxa"
"The Son of the Wolf" (London) **9**:268, 273
The Son of Virgil Timár (Babits)
See *Timár Virgil fia*
Son of Woman: The Story of D. H. Lawrence (Murry) **16**:338, 356
"Soñando" (Jimenez) **4**:226
"Sonar Kathi" (Tagore) **53**:337
Sonar tari (Tagore) **53**:340-41
Sonar tori (Tagore)
See *Sonar tari*
Sonata de estío: Memorias del marqués de Bradomín (Valle-Inclan) **5**:472, 475-76, 482, 484-85
Sonata de invierno: Memorias del marqués de Bradomín (Valle-Inclan) **5**:472, 475-76, 482, 484-86
Sonata de otoño: Memorias del marqués de Bradomín (Valle-Inclan) **5**:472, 474-76, 482, 484-85
Sonata de primavera: Memorias del marqués de Bradomín (Valle-Inclan) **5**:472, 474-76, 482, 484-85
"The Sonata of Errors" (Soderberg) **39**:438
Sonatas: Memoirs of the Marquis de Bradomin (Valle-Inclan) **5**:472, 485, 489
"Sonatina" (Dario) **4**:58
The Son-Daughter (Belasco) **3**:87
"Soneto de la esperanza" (Villaurrutia) **80**:464, 487
"Soneto de la granada" (Villaurrutia) **80**:487
"Soneto del temor a Dios" (Villaurrutia) **80**:489, 510
Sonetos de la muerte (Mistral) **2**:476
Sonetos espirituales (Jimenez) **4**:216
Die Sonette an Orpheus (Rilke) **1**:414, 416-19, 422-24; **6**:365, 369
"Sonetto di primavera" (Saba) **33**:372
Sonety solntsa, mëda, i luny (Balmont) **11**:38, 40-2
"The Song" (Babel) **2**:28
"Song" (Baker) **10**:27
"A Song" (Borowski) **9**:23
"Song" (Douglas) **40**:75
"A Song" (Holley) **99**:335
"Song" (Lowell) **8**:235
"Song" (Muir) **87**:190
"A Song" (Riley) **51**:289
"A Song" (Scott) **6**:394
"Song about a Dog" (Esenin) **4**:113
The Song about the Great Campaign (Esenin) **4**:113
"The Song against Grocers" (Chesterton) **6**:109
"The Song against Songs" (Chesterton) **6**:98
The Song and Dance Man (Cohan) **60**:159, 166, 173
Song and Its Fountains (Baker) **10**:16-17, 19
Song and Prayer (Kahanovitsch)
See *Gezang un gebet*

"The Song before Sailing" (Carman) **7**:134
The Song Book of Quong Lee (Burke) **63**:127
The Song Celestial (Ramana Maharshi) **84**:262
Le song d'une femme (Gourmont) **17**:129
"Song for a Hypothetical Age" (Muir) **87**:304
"Song for a Viola d'Amore" (Lowell) **8**:234
"A Song for Harps" (March) **96**:234
"Song for the First of August" (Bell) **43**:92
"A Song from Shiraz" (Naidu) **80**:341
"The Song from the Cloud" (Sodergran)
See "Visan från molnet"
"Song in Chaos" (O'Neill) **6**:337
"Song in Spite of Myself" (Cullen) **37**:160, 170
"A Song in Spring" (Naidu) **80**:294
"Song in the Meadow" (Roberts) **68**:305
Song in the Meadow (Roberts) **68**:301, 303, 306, 326, 335-37
"Song in the Mouth" (Roberts) **68**:305
"A Song in Time of Order" (Swinburne) **8**:436-37
"Song in Time of Revolution" (Swinburne) **8**:437; **36**:295, 299
"Song Made Flesh" (Markham) **47**:283
"A Song No Gentleman Would Sing to Any Lady" (Cullen) **37**:170
Song of a Hometown (Mizoguchi)
See *Furusato*
"Song of a Man Who Has Come Through" (Lawrence) **9**:225; **61**:232; **93**:24, 112, 121, 125
"Song of a Night" (Fletcher) **35**:89
"Song of a Second April" (Millay) **4**:306
"Song of a Train" (Davidson) **24**:164
"The Song of Allan" (Sharp) **39**:354
"Song of April" (Pascoli) **45**:141
The Song of Bernadette (Werfel)
See *Das Leid von Bernadette*
"Song of Cedric the Silent" (Anderson) **10**:48
"Song of Comfort" (McCrae) **12**:210
"The Song of Death" (Sudermann) **15**:428
"A Song of England" (Noyes) **7**:502
The Song of Fate (Blok)
See *Pesnya sudby*
"The Song of Fukagawa" (Nagai)
See "Fukagawa no uta"
"The Song of Goodness" (Babits)
See "A jóság dala"
"The Song of Growth" (Roberts) **8**:318
"A Song of Harvest" (Rhodes) **53**:316
"Song of Industrial America" (Anderson) **10**:48
"Song of Innocence" (Jozsef) **22**:160
The Song of Labor (Martinez Sierra and Martinez Sierra) **6**:273
"Song of Legnano" (Carducci)
See "Canzone di Legnano"
"The Song of Mantsi" (Leino)
See "Mantsin laulu"
"Song of March" (Pascoli) **45**:140
Song of Modern Shepherds (Radnoti) **16**:418
"A Song of Morning" (Roberts) **8**:319
"Song of Pain and Beauty" (Gurney) **33**:81
"The Song of Pan" (Carman) **7**:149
"A Song of Peace" (Nezval)
See "Zpěv miru"
"Song of Praise" (Cullen) **4**:40, 50; **37**:144, 147, 167
"A Song of Praise (For One Who Praised His Lady's Being Fair)" (Cullen) **37**:141, 167
"The Song of Princess Zeb-un-nissa and Muslim Religion" (Naidu) **80**:292, 341
"The Song of Quoodle" (Chesterton) **6**:98
"The Song of Radha the Milkmaid" (Naidu) **80**:275
The Song of Roland (Sayers) **15**:377
"The Song of Shadows" (de la Mare) **4**:82
"A Song of Sherwood" (Noyes) **7**:55
"A Song of Sour Grapes" (Cullen) **37**:168
"A Song of Speed" (Henley) **8**:106, 109
"The Song of St. Anne" (Tynan) **3**:505
"Song of Stephen the Westerner" (Anderson) **10**:48-9
"Song of Summer" (Dunbar) **12**:104, 110
"Song of Summons" (Tagore)
See "Ahabansangit"
"Song of Taurus" (Mistral)
See "Canción de taurus"
"Song of the Artesian Water" (Paterson) **32**:373
"Song of the Bacchanal" (Merezhkovsky) **29**:248
"The Song of the Bayonet" (Patton) **79**:308
"Song of the Black Man Who Went to Town" (Radnoti) **16**:419
"The Song of the Bodies" (Riggs) **56**:200
Song of the Camp (Mizoguchi) **72**:325
"The Song of the Caravan" (Leino) **24**:370
The Song of the Cardinal (Porter) **21**:262-64
"Song of the Columns" (Valery)
See "Cantique des colonnes"
"The Song of the Darling River" (Lawson) **27**:134
"The Song of the Derelict" (McCrae) **12**:210
"The Song of the Deserted Shepherdess" (Pyle) **81**:391
"The Song of the Dove" (Roberts) **68**:337
"A Song of the English" (Kipling) **8**:178
"Song of the Flogged Gypsy" (Garcia Lorca) **49**:72
"A Song of the Four Seasons" (Dobson) **79**:5
"Song of the Guest" (D'Annunzio)
See "Canto dell'ospite"
"Song of the Hours" (Thompson) **4**:438
"The Song of the Ill-beloved" (Apollinaire)
See "La chanson du mal-aimé"
"A Song of the Khyber Pass" (Naidu) **80**:295
"The Song of the King's Minstrel" (Middleton) **56**:173
The Song of the Lark (Cather) **1**:153, 156-57, 161, 163-65; **11**:93-6, 111, 114; **31**:24-5, 27-30, 57, 59, 62; **99**:172, 175, 208, 268
Song of the Lark (Moricz)
See *Pacsirtaszó*
"Song of the Little Square" (Garcia Lorca)
See "Ballada de la Placeta"
The Song of the Love and Death of Cornet Christopher Rilke (Rilke) **1**:418; **6**:364
"Song of the Mad Prince" (de la Mare) **4**:71, 74, 82
"Song of the Middle World" (Anderson) **10**:50
"The Song of the Militant Romance" (Lewis) **2**:397
"Song of the Moderns" (Fletcher) **35**:109
"Song of the Mother of the Bitter One" (Garcia Lorca) **7**:300
"The Song of the Mouth-Organ" (Service) **15**:401
"Song of the Norwegion Legion" (Grieg) **10**:207
"The Song of the Old Robber" (Esenin)
See "Pesnia starika razboinika"
"A Song of the Peaceful One" (Khlebnikov)
See "Pesn miryazya"
"The Song of the Poorly Beloved" (Apollinaire)
See "La chanson du mal-aimé"
"The Song of the Poppies" (Symons) **11**:439
"Song of the Rejected Lover" (Cullen) **37**:168
"Song of the Seedlings" (Gray) **19**:145, 152
"Song of the Sirens" (Crawford) **10**:158
"Song of the Soul" (Manning) **25**:277
"The Song of the Street" (Ady) **11**:21
"Song of the Sun" (D'Annunzio)
See "Canto del sole"
"Song of the Sun" (Mistral)
See "Lou cant dou soulèu"
"The Song of the Sword" (Henley) **8**:97, 101, 109-10
"The Song of the Sword" (Sharp) **39**:376-77
The Song of the Sword, and Other Verses (Henley) **8**:97, 106, 110
"The Song of the Turds of Langres" (Patton) **79**:298, 304
"Song of the Unicorn" (Williams) **1**:512
The Song of the Valley (Asch)
See *Dos gezang fun tol*
The Song of the Whip (Faust) **49**:47
"The Song of the Whippoorwill" (Pyle) **81**:390
"Song of Virgo" (Mistral)
See "Canción de virgo"
"The Song of Wandering Aengus" (Yeats) **11**:526, 529
"A Song of Winter Weather" (Service) **15**:401
"Song of Women" (Masters) **25**:298
Song Offerings (Tagore)
See *Gitanjali*
"The Song Sparrow's Nest" (Wetherald) **81**:410
Song to Spring (Villaurrutia) **80**:476
Song to Spring and Other Poems (Villaurrutia)
See *Canto a la primavera*
"Song to the Divine Mother" (Markham) **47**:278-79
Song-Collection (Tagore)
See *Gitabitan*
"Un songe" (Sully Prudhomme) **31**:302
Songe d'Eleuthère (Benda) **60**:64
"Song—'Only the Wanderer'" (Gurney) **33**:94, 96, 101
Songs (Garcia Lorca)
See *Canciones*
Songs and Satires (Masters) **2**:461; **25**:288-89, 315
Songs and Sonnets (Masters) **25**:296
Songs and Sonnets, second series (Masters) **25**:283
Songs at the Start (Guiney) **41**:203, 206, 210, 212, 216
Songs before Sunrise (Swinburne) **8**:426, 437-38; **36**:300, 308, 317-18, 324, 332
Songs for a Little House (Morley) **87**:117
Songs for My Supper (Service) **15**:411, 413
"Songs for the People" (Harper) **14**:260-62
Songs from a Northern Garden (Carman) **7**:139, 137
"Songs from the Church-Tower" (Heidenstam) **5**:249
Songs from Vagabondia (Carman) **7**:133, 135, 137-38, 142, 145
"The Songs I Had" (Gurney) **33**:95, 103
Songs in Ziglag (Upward) **85**:380
Songs of a Sun-Lover (Service) **15**:411-13
Songs of Action (Doyle) **7**:227
Songs of Alexandria (Kuzmin)
See *Alexandryskie pesni*
Songs of an Avenger (Balmont)
See *Pesni mstitelia*
Songs of Bhanusingh Thakur (Tagore)
See *Bhanusinga Thakurer Padavali*
Songs of Castelvecchio (Pascoli)
See *Canti di Castelvecchio*
Songs of Childhood (de la Mare) **4**:74, 78
Songs of Duke John and Catharina Jagellonica (Leino)
See *Juhana herttuan ja Catharina Jagellonican lauluja*
"Songs of Education" (Chesterton) **6**:98, 109
Songs of Jamaica (McKay) **7**:456, 459-60, 463-64; **41**:319, 328, 335, 343
Songs of Joy (Davies) **5**:199-200
Songs of Joy and Lullabies (Mqhayi)
See *Imihobe nemibongo yokufundwa ezikolweni*
Songs of Khayyam (Hedayat) **21**:82-3
Songs of Life and Hope (Dario)
See *Cantos de vida y esperanza*
"Songs of Lucifer" (Talvik)
See "Songs of Lucifer"
"Songs of Lucifer" (Talvik)
See "Songs of Lucifer"
Songs of March (Leino)
See *Maaliskuun lauluja*
Songs of My Country (Palamas) **5**:379-80, 382, 386-88
Songs of Myrtilla (Aurobindo) **63**:36
Songs of Overseas (D'Annunzio)
See *Le canzoni d'oltremare*
"Songs of Pampas" (Obstfelder)
See "Pampassange"

Songs of Peace (Ledwidge) **23**:109-13, 120, 122
"Songs of Radha" (Naidu) **80**:315
Songs of the Bat (Lucas) **73**:157, 172
"Songs of the City" (Guro)
See "Pesni goroda"
"The Songs of the Civil War" (Matthews) **95**:227
Songs of the Common Day, and Ave: An Ode for the Shelley Centenary (Roberts) **8**:314, 317, 319-21, 327
Songs of the Fields (Ledwidge) **23**:108, 110-11, 113-14, 120-23
"Songs of the Lake" (Palamas) **5**:386
"Songs of the Prague People" (Capek) **37**:47
Songs of the Road (Doyle) **7**:227
Songs of the Sea (Aurobindo) **63**:8
Songs of the Sea Children (Carman) **7**:138-39, 144, 147
Songs of the Spirit (Crowley) **7**:208
Songs of Three Counties, and Other Poems (Hall) **12**:195
Songs of Two Nations (Swinburne) **36**:318, 324
Songs of Victory I (Sikelianos) **39**:418-19
Songs of Victory II (Sikelianos) **39**:419
Songs of Youth (Van Dine) **23**:357
"Songs out of Sorrow" (Teasdale) **4**:430
"Sonia" (Harris) **24**:268, 274
"Sonnenschein" (Raabe) **45**:189
"Sonnenunterrgang" (Ball) **104**:74
"Sonnet V" (Santayana) **40**:341
"Sonnet VI" (Wylie) **8**:534
"Sonnet VII" (Santayana) **40**:395
"Sonnet XIV" (Wylie) **8**:534
"Sonnet XVIII" (Wylie) **8**:534
"Sonnet XIX" (Santayana) **40**:398
"Sonnet XXIII" (Santayana) **40**:400
"Sonnet XXX" (Santayana) **40**:400
"Sonnet Dialogue" (Cullen) **37**:166
"Sonnet: I Know Now How a Man Whose Blood Is Hot" (Cullen) **37**:169-70
"Sonnet of Jack" (Roberts) **68**:304
"Sonnet — September 1922" (Gurney) **33**:97-8, 104
"Sonnet: Some for a Little While Do Love, And Some for Long" (Cullen) **37**:158
"Sonnet: These Are No Wind-Blown Rumours, Soft Say-Sos" (Cullen) **37**:166
"Sonnet: To a Child" (Owen) **5**:374
"Sonnet to an Ox" (Carducci)
See "Il bove"
"Sonnet to Elinor Wylie" (Bodenheim) **44**:71
"Sonnet to J. S. Bach's Memory" (Gurney) **33**:97
"Sonnet to Virgil" (Carducci) **32**:86, 91
"Sonnet XVII" (Woodberry) **73**:365
Sonnets (Santayana) **40**:352
Sonnets: 1889-1927 (Robinson) **101**:146
Sonnets and Verse (Belloc) **18**:28, 41-2
"Sonnets by the Night Sea" (Sterling) **20**:386
Sonnets cisalpins (D'Annunzio) **6**:136, 142
"Sonnets from an Ungrafted Tree" (Millay) **4**:310; **49**:213-14, 218-21, 224, 228-29
Sonnets of Death (Mistral)
See *Soñetos de la muerte*
"Sonnets of Life and Fate" (Lee-Hamilton) **22**:191
"Sonnets of Oblivion" (Sterling) **20**:386
Sonnets of the Sun, Honey, and the Moon: A Songof Worlds (Balmont)
See *Sonety solntsa, mëda, i luny*
"Sonnets of the Twelve Months" (Belloc) **18**:40
Sonnets of the Wingless Hours (Lee-Hamilton) **22**:190-94
"Sonnets on the Sea's Voice" (Sterling) **20**:386
Sonnets to a Red-Haired Lady (By a Gentleman with a Blue Beard), and Famous Love Affairs (Marquis) **7**:437, 439-40, 446, 448
Sonnets to Craig (Sterling) **20**:379
Sonnets to Duse, and Other Poems (Teasdale) **4**:423, 428-29, 431
"Sonnets to My Wife" (Bodenheim) **44**:60
Sonnets to Orpheus (Rilke)
See *Die Sonette an Orpheus*
Sono omokage (Futabatei) **44**:90, 100
Sons and Lovers (Lawrence) **2**:343-44, 346, 348, 354-56, 359-60; **9**:212, 216, 222-27; **16**:274-326; **33**:179, 200-01, 204, 209, 224, 226-27; **48**:100-01, 116, 121, 123, 141; **61**:188, 197-9, 203, 209-10, 212-13, 23, 236, 248, 250
The Sons of Death (Babits)
See *Halálfiai*
"Sons of Erin" (Bell) **43**:91
"The Sons of Martha" (Kipling) **8**:187
Sons of the Puritans (Marquis) **7**:446-47, 450
Sooner or Later: The Story of the Ingenious Ingenue (Hunt) **53**:187-90, 197-98
"The Sootherer" (Stephens) **4**:408
The Soothsayer (Heidenstam) **5**:253
"Sophistication" (Anderson) **1**:52, 60; **24**:24, 28, 30-1, 34-5, 38, 46, 52, 54
Sophy of Kravonia (Hope) **83**:170
"Sor Candida and the Bird" (Graham) **19**:129
Sora utsu nami (Rohan) **22**:302, 306
The Sorcerer (Gilbert) **3**:214
The Sorcerer's Apprentice (Ewers)
See *Der Zauberlehrling*
The Sorceress of Castille (Asch) **3**:67
Sorekara (Natsume) **2**:491, 493-94; **10**:329, 331-32, 339, 345
Søren Kierkegaard (Brandes) **10**:70
"Sorga" (Anwar) **22**:23
"Sorger" (Sodergran) **31**:290
Die Sorina (Kaiser) **9**:171, 173
"Sorrento Photographs" (Khodasevich) **15**:206, 209-10
"Sorrow" (Chekhov) **3**:152
"Sorrow" (Hecht) **101**:36
"Sorrow" (Mistral)
See "Dolor"
"Sorrow" (Muir) **87**:177
"The Sorrow of Findebar" (Ledwidge) **23**:109
"The Sorrow of Search" (Dunsany) **59**:19
"The Sorrow of the Individual" (Leino)
See "Yksilön murhe"
"A Sorrowful Guest" (Jewett) **22**:118
"Sorrowful Moonlit Night" (Hagiwara Sakutaro)
See "Kanashi Tsukio"
"The Sorrows of a Young Man" (Kunikida)
See "Shōnen no Hiai"
The Sorrows of Bulgaria (Vazov) **25**:450
Sorrows of Satan (Griffith) **68**:153
Sorrows of Satan; or The Strange Experience of One Geoffrey Tempest, Millionare (Corelli) **51**:66-8, 70, 83
The Sorrows of the Lagoons (Palamas) **5**:385
"The Sorrows of Thomas Wolfe" (Bishop) **103**:12, 49
"A Sorshoz" (Babits) **14**:39
De sorte fugle (Nexo) **43**:329
"Den sortklaedte" (Obstfelder) **23**:177
Sospiri di Roma (Sharp) **39**:364, 372, 379, 381, 389-91, 393, 395, 397
"Sospitra" (Sharp) **39**:379
"Sosredotochie" (Balmont) **11**:40
Sota valosta (Leino) **24**:368-69
"Sotarfun" (Soderberg) **39**:428, 437, 439
Sotileza (Pereda) **16**:362-66, 370, 375-79, 381-82
"The Soul" (Khodasevich) **15**:213
"Soul and Body" (Gumilev) **60**:270
The Soul Enchanted (Rolland) **23**:264
The Soul of a Bishop: A Novel (With Just a Little Love in It) about Conscience and Religion and the Real Troubles of Life (Wells) **6**:528; **12**:507
"The Soul of a Policeman" (Middleton) **56**:174-75
The Soul of an Indian (Eastman) **55**:161-64, 168-69, 172-73, 175, 178
The Soul of Flowers (Ewers) **12**:133
The Soul of France: Visits to Invaded Districts (Barrès)
See *L'ame française et la guerre*
The Soul of France: Visits to Invaded Districts (Barrès)
See *L'ame française et la guerre*
"Soul of Life" (Trakl) **5**:466
The Soul of Lilith (Corelli) **51**:66, 72
"The Soul of Man" (Manning) **25**:277
"The Soul of Man under Socialism" (Wilde) **23**:436, 444, 447
The Soul of Melicent (Cabell)
See *Domnei*
The Soul of Osiris (Crowley) **7**:203-04
"The Soul of Sacred Poetry" (Johnson) **19**:233-34
The Soul of Samuel Pepys (Bradford) **36**:52, 55-6, 61, 67-8
The Soul of Spain (Ellis) **14**:111-12, 122-23, 127
"The Soul of the City" (Lindsay) **17**:225
"Soul of the Criminal" (Adler) **61**:15
The Soul of the Indian (Eastman)
See *The Soul of an Indian*
"The Soul-Bird" (Hedayat)
See "Murgh-i ruh"
Le soulier de satin (Claudel) **2**:99-101, 104-05, 107-08; **10**:124, 128-30, 134-35
The Soul's Awakening (Steiner)
See *Der Seelen Erwachen*
"Souls Belated" (Wharton) **9**:546-47
"Soul's Destroyer" (Davies) **5**:200
The Soul's Destroyer, and Other Poems (Davies) **5**:197-98, 200, 208
Soul's Diary (MacDonald) **9**:292
"The Soul's Exile" (Sterling) **20**:384
"The Souls of the Slain" (Hardy) **53**:100, 112
Souls of Violet (Jimenez)
See *Almas de violeta*
"The Soul's Prayer" (Naidu) **80**:310
The Soul's Probation (Steiner)
See *Die Prüfung der Seele*
Souls That Pass (Nervo) **11**:403
"Sound" (Gray) **19**:156-57
"The Sound and the Fury" (Benchley) **55**:19
"Sound of Blacks in Cuba" (Garcia Lorca)
See "Son de negros en Cuba"
"The Sound of the Hammer" (Dazai Osamu) **11**:179
Sound of Trumpets (Kandinsky) **92**:62
Sounds (Kandinsky)
See *Klange*
"Sounds Out of Sorrow" (Masters) **25**:298
"La source" (Roussel) **20**:234, 240, 245
"The Source" (Thomas) **10**:468
La source grecque (Weil) **23**:392
The Sources (Aldanov)
See *Istoki*
Sources (Jammes) **75**:115
The Sources of a Science of Education (Dewey) **95**:69
Sourires pincés (Renard) **17**:312
Sous la lampe (Fargue) **11**:194, 201
Sous le soleil de Satan (Bernanos) **3**:118-19, 121, 123-6
"Sous les ponts de Paris" (van Ostaijen) **33**:422
Sous lœil des barbares (Barrès) **47**:35, 49, 62, 76, 86, 88-90, 95-6
Sous l'invocation de St. Jérôme (Larbaud) **9**:204
"The South" (Gumilev) **60**:280
South American Jungle Tales (Quiroga)
See *Cuentos de la selva*
"The South and Tradition" (Bishop) **103**:17, 50
"The South Country" (Belloc) **7**:32; **18**:41
"The South Lingers On" (Fisher) **11**:205-06, 208, 210, 212, 214
South Moon Under (Rawlings) **4**:359-63, 365, 367-68
South of Rio Grande (Faust) **49**:55, 57, 60
"South of the Slot" (London) **9**:269; **15**:270-71
The South Pole Terror (Dent) **72**:22

South Sea Island (Schendel)
See *Het Eiland in de Zuidzee*
South Sea Tales (London) **9**:281
"South Slavic Solidarity" (Vazov)
See "Južnoslavjanska solidarnost"
South Star (Fletcher) **35**:100, 102, 106, 110-12
South to Cadiz (Tomlinson) **71**:404
The South to Posterity: An Introduction to the Writing of Confederate History (Freeman) **11**:220-21, 226
"The South Wind" (Blackwood) **5**:80
"The South Wind" (Dunsany) **2**:136
South Wind (Douglas) **68**:2-3, 5-9, 11-3, 17-21, 23-7, 35, 38-9, 43-7
"Southern Cross" (Crane) **80**:84
"The Southern Girl" (Fitzgerald) **52**:59, 61
Southern Mail (Saint-Exupery)
See *Courrier sud*
"Southern Pines" (Bishop) **103**:4, 10
Southwest (Bagritsky)
See *Yugozapad*
"The Southwest Chamber" (Freeman) **9**:72
"Souveniers de basoche" (Leautaud) **83**:207
"Le souvenir determinant" (Daumal) **14**:91
"Souvenirs" (Apollinaire) **8**:29
"Souvenirs" (Zola) **6**:568
Souvenirs (Alain) **41**:26
Souvenirs de la cour d'Assises (Gide) **12**:145
Souvenirs d'un enterré vif (Benda) **60**:73
Les souvenirs d'un officier de la grande armée (Barrès) **47**:55
"Souvenirs of an Egoist" (Dowson) **4**:89
Soviet Communism: A New Civilisation? (Webb and Webb) **22**:407, 415, 418, 431
"Soviet Russia" (Esenin) **4**:112, 115
"Sovremennaia russkaia proza" (Zamyatin) **37**:429
"Sovremennost" (Gumilev) **60**:279
"The Sower" (Markham) **47**:281
"The Sower" (Roberts) **8**:314, 316
"Sower of Stars" (Gonzalez Martinez) **72**:146
"The Sowing" (Teasdale) **4**:425
Sowing the Storm (Rainis)
See *Vētras sēja*
Soziologie (Simmel) **64**:313, 318-320, 323, 330, 336, 350
The Space Merchants (Kornbluth) **8**:212-16, 218
Space, Time, and Deity (Alexander) **77**:6, 12, 23-4, 30-6, 40, 49-53, 60
"The Spacious Days of Roosevelt" (Lindsay) **17**:227
La spagna nella vita italiana durante la rinascenza (Croce) **37**:101
Spain (Kazantzakis) **33**:166
Spain, Let This Cup Pass from Me (Vallejo)
See *España, aparta de mí este cáliz*
"Spain, Remove This Chalice from Me" (Vallejo)
See "España aparta de mí este cáliz"
"Spain, Take This Cup from Me" (Vallejo)
See "España aparta de mí este cáliz"
Spain, Take This Cup from Me (Vallejo)
See *España, aparta de mí este cáliz*
"The Spalpeen" (Stephens) **4**:420
Spaltung (Benn) **3**:107
"Die Spange" (George) **14**:195, 203
"Spangled Men" (Mencken) **13**:365
Spanien (Nexo) **43**:329
Spanische Ballade (Feuchtwanger) **3**:182, 186
Spanish Bayonet (Benet) **7**:75, 80-1
"Spanish Blood" (Chandler) **7**:176
"Spanish Image of Death" (Vallejo)
See "Imagen española de la muerte"
"The Spanish Needle" (McKay) **41**:344
"The Spare Quilt" (Bishop) **103**:4-5, 10
"The Spark" (Cullen) **37**:170
The Spark (Wharton) **3**:558; **9**:550
Sparks from a Flint: Odd Rhymes for Odd Times (Lucas) **73**:172
Sparks from the Anvil (D'Annunzio)
See *Faville del maglio*
"The Sparrow's Fall" (Harper) **14**:260
Spartacus (Gibbon) **4**:123, 126
Spartacus Letters (Luxemburg)
See *Spartakus*
Spartakus (Luxemburg) **63**:164-65, 188
Spartakus-Briefe (Luxemburg)
See *Spartakus*
"Spät" (Benn) **3**:107
Die Spät bezahlte Schuld (Zweig) **17**:458
"Der Spaziergang" (Walser) **18**:422
"Speakin o' Christmas" (Dunbar) **2**:128; **12**:115
Speaking of Operations— (Cobb) **77**:116, 122, 124, 134
"Speaking of Poetry" (Bishop) **103**:4-7, 9, 17, 34, 43
Special Delivery (Cabell) **6**:76
The Special Messenger (Chambers) **41**:95
"Special Pastrami" (Caragiale)
See "Pastramă trufanda"
The Special Theory of Relativity (Einstein) **65**:111
Specially Selected (Lucas) **73**:162
"The Specific Problems of Compulsion Neurosis in the Light of Psychoanalysis" (Horney)
See *Self-Analysis*
The Specimen Case (Bramah) **72**:7-9
"Specimen Jones" (Wister) **21**:383, 386, 399
"Spectacles" (Pirandello)
See "Gli occhiali"
"Spectators" (McAlmon) **97**:88
Specter of the Rose (Hecht) **101**:77
"The Spectral Mortgage" (Stockton) **47**:324
"Spectres that Grieve" (Hardy) **53**:100
Speculation and Revelation: The Religious Philosophy of Vladimir Solovyov, and Other Essays (Shestov)
See *Umozreniie i otkroveniie: Religioznaya filosofia Vladimira Solovyova i drugiie stat'i*
Speculations (Hulme) **21**:117, 124-26, 138-39, 143-44, 146
"Speculations Upon the Human Mind in 1915" (Trotter) **97**:172, 176
Speculum Mentis (Collingwood) **67**:117-21, 123-24, 127-28, 130, 138-41, 146, 148-51, 155-56, 181, 183-84, 193
"The Speech" (Dunsany) **59**:28
"Speech at Sioux Falls, S.D." (Roosevelt) **69**:247
"Speeches" (Naidu) **80**:334
Speeches (Aurobindo) **63**:29, 34
Speeches (Holmes) **77**:217
Speed the Plough (Butts) **77**:80
Speedy (Faust) **49**:57-8
"Den speglande brunnen" (Sodergran) **31**:285, 289
Spēlēju, dancoju (Rainis) **29**:393
Spell Land (Kaye-Smith) **20**:94, 98, 109, 113-14
The Spell of the Butterfly (Garcia Lorca)
See *El maleficio de la mariposa*
"The Spell of the Yukon" (Service) **15**:399, 404, 406
"Spellbound" (Gissing) **24**:248
Spellbound (Hecht) **101**:72, 75, 89
"The Spellin' Bee" (Dunbar) **2**:128; **12**:108
"Spells and Incantations" (Owen) **27**:217
"The Spendthrift" (Grove) **4**:141
"Speranza" (Pilnyak) **23**:212
Sphinx (Lindsay) **15**:219, 225-28, 230-34
Le Sphinx des glaces (Verne) **52**:359
"The Sphinx without a Secret: An Etching" (Wilde) **8**:492, 495-96; **41**:359
"The Sphynx Apple" (Henry) **19**:178
La spiagga (Pavese) **3**:337-38, 343
Spicilège (Schwob) **20**:321, 323
The Spider (Ewers)
See *Die Spinne*
"The Spider, the Slug, and the Raccoon" (Miyazawa) **76**:277, 289
Der Spiegel (Kandinsky) **92**:38
Spiegelmensch (Werfel) **8**:472-73, 476-79
Spiel im Morgengrauen (Schnitzler) **4**:396
"The Spike" (Orwell) **51**:250
Spikenard (Housman) **7**:352-53
Spilled Time (Pilnyak) **23**:202
"Spinach" (Benson) **27**:17
"The Spine-Flute" (Mayakovski) **4**:293; **18**:247
"The Spinks" (Marquis) **7**:436
Die Spinne (Ewers) **12**:136-37, 139
Das Spinnennetz (Roth) **33**:333-35, 344
Spinoza (Alain) **41**:3
"The Spiral Road" (Huneker) **65**:156, 195-96, 198
"Spirit" (Anwar)
See "Semangat"
"'Spirit' and 'Life' in Contemporary Philosophy" (Cassirer) **61**:118
Spirit and Reality (Berdyaev) **67**:29
A Spirit in Prison (Hichens) **64**:124, 126-29
Spirit Level (Morley) **87**:137, 144
"The Spirit of '76" (Becker) **63**:117
"The Spirit of Beauty" (Sterling) **20**:384
"The Spirit of Christ's Teaching" (Tolstoy) **79**:323
The Spirit of Japanese Art (Noguchi) **80**:368
The Spirit of Japanese Poetry (Noguchi) **80**:367
"The Spirit of Mahongui" (Remington) **89**:306
The Spirit of Modern German Literature (Lewisohn) **19**:290, 292-93
"Spirit of Place" (Hall and Nordhoff) **23**:64
The Spirit of Rome (Lee) **5**:312-13
The Spirit of the Border (Grey) **6**:180
The Spirit of the People (Ford) **39**:115-16, 141
"The Spirit of Touchstone" (Noyes) **7**:506
The Spirit of Youth and the City Streets (Addams) **76**:17, 33-5, 37, 39, 84
Lo spirito come atto pure (Gentile)
See *Teoria generale dello Spirito come puro atto*
Spirits of the Corn and of the Wild (Frazer) **32**:211
"Spirits Rebellious" (Gibran)
See "Al-arwāh al-mutamarridah"
"Spirits Summoned West" (Lawrence) **93**:103
Spiritual Adventures (Symons) **11**:434, 436, 442, 444, 447-51
Spiritual Exercises (Kazantzakis) **2**:322-23
"Spiritual Isolation" (Rosenberg) **12**:299
Spiritual Poems (Gray) **19**:142, 144-45, 154-57
Spiritual Sonnets (Jimenez)
See *Sonetos espirituales*
Spiritual Tales (Sharp) **39**:362
"The Spiritual Unrest" (Baker) **47**:13
"Spiritual Verses" (Kuzmin) **40**:189
"A Spiritual Woman" (Lawrence) **93**:43, 46
A Spiritualist Photographer (Melies) **81**:140
"Spleen" (Garneau) **13**:195
"Spleen pour rire" (van Ostaijen) **33**:417-18
The Splendid Idle Forties: Stories of Old California (Atherton) **2**:14, 18
The Splendid Spur (Quiller-Couch) **53**:296
Splendor (Williams) **89**:365, 377, 396
The Splendor of the Bonfire (Valle-Inclan)
See *El resplandor de la hoguera*
Splinten av troldspeilet (Undset) **3**:517, 522
The Splinter of the Magic Mirror (Undset)
See *Splinten av troldspeilet*
The Splinter of the Troll Mirror (Undset)
See *Splinten av troldspeilet*
A Spoil of Office: A Story of the Modern West (Garland) **3**:191-92, 200-02
"The Spoilers of the Land" (Papadiamantis) **29**:271
The Spoils of Poynton (James) **2**:247, 270; **11**:345-46; **40**:120, 149, 169; **47**:185-86, 188, 191, 195, 207
Spöksonaten (Strindberg) **1**:447, 449-51, 456-57, 461; **8**:411-12, 415; **21**:353, 368-69; **47**:339, 369, 372
The Sponger (Renard)
See *L'écornifleur*
Spook (Tolstoy) **18**:359

The Spook Sonata (Strindberg)
See *Spöksonaten*
Spook Stories (Benson) **27**:17, 19
Spoon River Anthology (Masters) **2**:460-68, 470, 472-74; **25**:283-91, 293-96, 298-316
"The Spooniad" (Masters) **2**:463, 473; **25**:287, 298-99, 303, 313, 315-16
"Sporenwache" (George) **14**:201, 205
Sport Fairy-tales (Horvath)
See *Sportmärchen*
"The Sport Model" (Fields) **80**:259
The Sport of the Gods (Dunbar) **2**:128-30, 132; **12**:107-09, 112-14, 118, 120-21, 123-24, 128-30
Sportmärchen (Horvath) **45**:102
Spotkanie (Reymont) **5**:393
Sprach Zarathustra: Ein Buch für Alle und Keinen (Nietzsche) **10**:361-62, 373-79, 383-86, 388-89, 391-93; **18**:339, 342, 350; **55**:316-21, 323-24, 326-31, 333, 335-36, 340, 347, 356, 359-60, 378-79, 381, 384, 386, 390
Die Sprache (Kraus) **5**:285, 289
"Sprachliche Beiträge zur Erklärung der Scienza nuovavon G. B. Vico" (Auerbach) **43**:62
Spreading the News (Gregory) **1**:335-36, 338
Sprechstimme (Schoenberg) **75**:292
"The Sprig of Holly" (Stockton) **47**:329
"Spring" (Field) **43**:166-67
"Spring" (Devkota) **23**:47
"Spring" (Esenin) **4**:114
"Spring" (Fletcher) **35**:108
"Spring" (Guiney) **41**:203
"Spring" (Lasker-Schueler) **57**:329, 336
"Spring" (Millay) **49**:225
"Spring" (Naidu) **80**:295
"Spring" (Obstfelder)
See "Vår"
"The Spring" (Roussel)
See "La source"
"Spring" (Schulz)
See "Wiosna"
Spring (Reymont) **5**:392
Spring (Shimazaki Toson)
See *Haru*
"Spring, 1938" (Brecht) **6**:39
"Spring and Asura" (Miyazawa)
See "Haru to Shura"
Spring and Asura (Miyazawa)
See *Haru to shura*
"The Spring and the Fall" (Millay) **49**:215
"Spring Birds" (Kunikida)
See "Haru no tori"
Spring Breeze (Ekelund)
See *Varbis*
Spring Dance (Barry) **11**:56
"Spring Day" (Lowell) **8**:230
"A Spring Day at Ihatove School of Agriculture" (Miyazawa) **76**:283
Spring Days (Moore) **7**:484, 489
"Spring Garland" (Kuzmin) **40**:189
Spring in Autumn (Martinez Sierra and Martinez Sierra)
See *Primavera en otoño*
"Spring in Dublin" (Gogarty) **15**:113
"Spring in Hellas" (Carducci)
See "Primavere elleniche"
"Spring in Kashmir" (Naidu) **80**:315
"Spring in New Hampshire" (McKay) **7**:457; **41**:344
Spring in New Hampshire, and Other Poems (McKay) **41**:344
"Spring in the Garden" (Millay) **49**:210
"Spring in the Trenches" (Guest) **95**:205
"Spring Light" (Wen I-to) **28**:420
"Spring Morning" (Milne) **6**:314-15; **88**:243
"Spring Mystery" (Sodergran)
See "Vårmysterium"
"Spring Night" (Hagiwara Sakutaro)
See "Shun'ya"
"Spring Night" (Teasdale) **4**:429
The Spring of Joy (Webb) **24**:473
A Spring of Verse (Couperus)
See *Een lent van vaerzen*
"Spring Offensive" (Owen) **5**:370, 372-73; **27**:201, 203, 206, 209, 212-13, 222, 227, 231-32, 238-39
"Spring on Mattagami" (Scott) **6**:386, 390, 392, 397, 399
"Spring Phantoms" (Hearn) **9**:134
"Spring Pictures" (Mansfield) **39**:303
"Spring Poem" (Radnoti) **16**:418
"Spring Reminiscence" (Cullen) **37**:154
"Spring Riding in a Carriage" (Yokomitsu)
See "Haru wa Basha ni Notte"
"Spring: Rouen, May 1917" (Gurney) **33**:110, 112
"A Spring Snowstorm in Wastdale" (Crowley) **7**:208
"Spring Song" (Anderson) **10**:49-50
"Spring Song" (Carman) **7**:145
"Spring Song" (Davidson) **24**:164, 176
Spring Song, and Other Stories (Cary) **1**:146
"Spring Sorrow" (Lasker-Schueler) **57**:334
Spring Trifles (Remizov)
See *Vesennee porosh'e*
"The Springfield Fox" (Seton) **31**:263, 266, 270-71, 273, 279
"Springfield Town Is Butterfly Town" (Lindsay) **17**:240
Springfield Town Is Butterfly Town, and Other Poems for Children (Lindsay) **17**:240
Springhaven (Blackmore) **27**:25-6, 28-9, 34, 37, 39-40, 42-3, 45-6
Spring's Awakening (Wedekind)
See *Frühlings Erwachen*
A Springtide (Raabe) **45**:174, 191, 199
"Springtime" (Gale) **7**:285
Springtime (Undset)
See *Vaaren*
Sprüche und Widersprüche (Kraus) **5**:291
The Spurt of Blood (Artaud)
See *Le jet de sang*
"Sputnice" (Annensky) **14**:33
The Spy (Gorky) **8**:72
Spy to Paris (Van Doren) **18**:409-10
"Squadron Commander Trunov" (Babel) **2**:22; **13**:32
Square Horizon (Huidobro)
See *Horizon carré*
"Squares and Angles" (Storni)
See "Cuadros y angulos"
"Squaring the Circle" (Henry) **19**:181-82
"The Squatter" (Roberts) **8**:321
"The Squaw" (Stoker) **8**:394
The Squeaker (Wallace) **57**:402
"Squeaker's Mate" (Baynton) **57**:3-4, 6, 9-11, 23-25, 32
"The Squealer" (Williams) **89**:374, 392
The Squealer (Wallace)
See *The Squeaker*
"Le squelette" (Schwob) **20**:319, 321, 323
"Squinancy-Wort" (Carpenter) **88**:52
The Squire (Pinero) **32**:398-99, 412-13
"The Squire at Vauxhall" (Dobson) **79**:2
"Squire Hawkins's Story" (Riley) **51**:284
The Squirrel Cage (Fisher) **87**:72
The Squirrel Inn (Stockton) **47**:329
"Sredni Vashtar" (Saki) **3**:365, 368-69, 373
Sri Aurobindo Birth Centenary Library (Aurobindo) **63**:52-6
Śrīkānta (Chatterji) **13**:73-80
St. Andrews (Lang) **16**:269
"St. Armorer's Church from the Outside" (Stevens) **3**:472
"St. Barbara" (Chesterton) **6**:98
St. Bernard (Ramos)
See *São Bernardo*
"St. Catherine's Eve" (Lowndes) **12**:201
"St. Columba and the River" (Dreiser) **35**:70-1, 75
"St. Dorothy" (Swinburne) **36**:299
"St. Expeditus" (Morgenstern) **8**:306
St. Francis and Others (Ellis) **14**:108
St. Francis of Assisi (Chesterton) **6**:102-03; **64**:42
"St. Francis to the Birds" (Percy) **84**:199
St. George and St. Michael (MacDonald) **9**:292
"St. George's Day" (Davidson) **24**:163
"A St. Helena Lullaby" (Kipling) **8**:200
St. Ives (Quiller-Couch) **53**:296
"St. Joan and the Back-Ache" (Stevens) **12**:365
St. Joan of the Stockyards (Brecht)
See *Die heilige Johanna der Schlachthöfe*
"St. John Fires" (Remizov) **27**:351
The St. Johns (Cabell) **6**:76, 78
St. John's Festival (Kielland)
See *Sankt Hans fest*
St. John's Fire (Sudermann)
See *Johannisfeuer*
"St. Kentigern" (Harte) **25**:212
"St. Louis Blues" (Handy) **97**:38, 40-42, 44-46, 54, 60-61, 78-81
St. Mark's Rest (Ruskin) **63**:251, 256
St. Martin's Pageant (Housman) **7**:359
St. Martin's Summer (Sabatini) **47**:303
"St. Matthew" (Lawrence) **93**:129
St. Nicholas's Parables (Remizov)
See *Zvenigorod oklikannyi: Nikoliny pritchi*
St. Pantaleone (D'Annunzio)
See *San Pantaleone*
"St. Patrick and the Pedants" (Yeats)
See "The Old Men of the Twilight"
"St. Peter Relates an Incident of the Resurrection Day" (Johnson) **3**:241, 245; **19**:209, 211
St. Peter Relates an Incident: Selected Poems (Johnson) **3**:245
"St. Peter's Day" (Chekhov) **96**:32-33, 37
St. Peter's Umbrella (Mikszath)
See *Szent Péter esernyöje*
"St. Petersburg" (Hippius) **9**:156, 161
St. Petersburg (Bely)
See *Peterburg*
St. Petri-Schnee (Perutz) **60**:369-71
"St. Swithin's Day" (Davidson) **24**:162
St. Thomas Aquinas (Chesterton) **6**:103
"St. Valentine's Eve" (Davidson) **24**:162, 186
"St. Yves' Poor" (Pickthall) **21**:245-46, 250, 254
"Stabat nuda Aestas" (D'Annunzio) **40**:43
Stachka (Eisenstein) **57**:156-57, 161, 163, 166, 178, 190-91, 196
"Stacked Ice-Floes" (Khodasevich)
See "L'din vzgromozhdennykh"
"De stad der opbouwers" (van Ostaijen) **33**:417
"Stad stilleven" (van Ostaijen) **33**:418, 421
"De stade en stade" (Fargue) **11**:194
"Die Stadt" (Heym) **9**:151
"Die Stadt" (Kolmar) **40**:178
"Stadt, Stadt: Mutter zwischen Himmel und Erde" (Borchert) **5**:104
"Städtbilder" (Benjamin) **39**:63
The Staff Room (Tey) **14**:459
"Stafford's Cabin" (Robinson) **101**:111
"The Stage Tavern" (Jewett) **22**:146
Stage-Land: Curious Habits and Customs of Its Inhabitants (Jerome) **23**:80, 83, 86-7, 90
The Stages of the Mind (Jensen)
See *Aandens Stadier*
Stages on the Road (Undset)
See *Etapper: Ny raekke*
"The Stagnant Pool" (Peretz) **16**:390
"Staircase" (Tsvetaeva)
See "Poèma lestnitsy"
"The Staircase at the Heart's Delight" (Green) **63**:147-48
"Staley Fleming's Hallucination" (Bierce) **44**:45, 49
Stalin: An Appraisal of the Man and His Influence (Trotsky) **22**:361, 365-66, 369
Stalin's Letters to Molotov (Stalin) **92**:331
Stalky and Co. (Kipling) **8**:182-84, 186-88, 198,

200, 202, 208; **17**:204, 210-11
"The Stalled Ox and the Dish of Herbs" (Bialik) **25**:53
"The Stalls of Barchester Cathedral" (James) **6**:210, 212-13
"Stal'naja cikada" (Annensky) **14**:33
Stamboul Quest (Mankiewicz) **85**:163
"Stammelverse" (Liliencron) **18**:210
"Stamp Collection" (Capek)
See "Sbírka známek"
Les stances (Moreas) **18**:280-90
Stances et poèmes (Sully Prudhomme) **31**:299, 301, 306-07
"Standards and Paradise of the Blacks" (Garcia Lorca)
See "Norma y paraíso de los negros"
Stanzas in Meditation (Stein) **1**:441-42; **48**:219, 249, 255
"Stanzas Written on Battersea Bridge during a South-Westerly Gale" (Belloc) **18**:41
"Star" (Huidobro)
See "Astro"
"The Star" (Masters) **25**:298
"The Star" (Morgenstern)
See "Der stern"
"The Star" (Roberts) **68**:297, 336
"The Star" (Sodergran) **31**:287
"The Star" (Wells) **12**:502, 511; **19**:421, 429, 437
"Star and Candle" (Hawthorne) **25**:247
Star Maker (Stapledon) **22**:312, 318, 320-25, 328, 331, 334-35, 337, 343-45
"The Star of Australasia" (Lawson) **27**:125, 133
"The Star of Love" (Bunin) **6**:52
"The Star of Percivale" (Williams) **1**:512
The Star of Satan (Bernanos)
See *Sous le soleil de Satan*
The Star of the Covenant (George)
See *Der Stern des Bundes*
The Star of the Sea (Ekelund)
See *Hafvets stjarna*
Star of the Unborn (Werfel)
See *Stern der Ungeborenen*
The Star on the Brow (Roussel)
See *L'étoile au front*
The Star Rover (London) **9**:267, 272; **15**:260
Star Spangled Virgin (Heyward) **59**:103
"Star Teachers" (Baker) **10**:27
"Staraja deva" (Gumilev) **60**:279
Staraja ploščad', 4 (Babel) **2**:35
"Staraja šarmanda" (Annensky) **14**:27
"Staraya aktrisa" (Zabolotsky) **52**:367
Staraya sekretnaya (Gladkov) **27**:90
Star-Begotten (Wells) **6**:553; **12**:513-15
Starbrace (Kaye-Smith) **20**:94, 97, 101
"Starers" (Davies) **5**:203
"The Stare's Nest by My Window" (Yeats) **11**:535-36
"Stark Major" (Crane) **2**:120
The Stark Munro Letters (Doyle) **7**:217, 219, 240
"Starka hyacinter" (Sodergran) **31**:291
Den Starkare (Strindberg) **1**:445-46, 448; **8**:407, 413, 419
"The Starling" (Ford) **15**:70
"Starling and Dore" (Ady) **11**:20
Staroi i novoie (Eisenstein) **57**:163, 166, 170-73, 175-76, 178, 186, 190-91, 196-98
Starry Adventure (Austin) **25**:33-4
Starry Harness (Benet) **28**:8-9
"The Starry Meadow" (Leino)
See "Tähtitarha"
"The Stars" (Esenin) **4**:116
"The Stars" (Kunikida)
See "Hoshi"
"The Stars" (Remizov)
See "Zvezdy"
"The Stars Abound" (Sodergran)
See "Stjärnorna vimla"
The Stars Bow Down (Tey) **14**:458-59
"Stars in Their Courses" (Kipling) **8**:196
"A Start in Life" (Dreiser) **35**:69, 72-3
Starved Rock (Masters) **25**:296, 315
The Starvel Tragedy (Crofts)
See *Inspector French and the Starvel Tragedy*
"The Starveling" (Colette) **16**:127
The Star-Wagon (Anderson) **2**:8, 11
"Staryj syr" (Pilnyak) **23**:212
"Stasio's Adventure" (Prus)
See "Przygoda Stasia"
The State (Wilson) **79**:500, 503
The State and Revolution (Lenin) **67**:222, 225-26, 228-33, 250-55, 257-59
The State in Theory and Practice (Laski) **79**:87
"The State: Its Historic Role" (Kropotkin) **36**:204
"The State of Economic Science in Canada" (Innis) **77**:338
"The State of Funk" (Lawrence) **93**:64
The State vs. Elinor Norton (Rinehart) **52**:290-92
"A Statement of My Impressions Upon Reading Yamamoto Annosuke's Study Entitled 'Religion and Reason'" (Nishida)
See "Yamamoto Annosuke-kun no 'Shukyo to risei' to iu rombun o yomite s hokan o nobu'"
"Statement of Political Principles" (Dulles) **72**:79
"The Statement of Randolph Carter" (Lovecraft) **4**:266, 268
States of Grace (Barry) **11**:67-8
"The Statesman's Holiday" (Yeats) **11**:529
The Station (Byron) **67**:88
"Station Baranovich" (Aleichem) **35**:327
"The Stationary Journey" (Muir) **87**:254
"The Stations" (Morgenstern) **8**:305
"Stationschef Fallmerayer" (Roth) **33**:351, 362
"The Statue" (Belloc) **7**:33; **18**:28
"The Statue at the World's End" (Stevens)
See "Mr. Burnshaw and the Statue"
"The Statue in the Garden" (Lowell) **1**:373; **8**:225
"The Statue of Old Andrew Jackson" (Lindsay) **17**:240
"The Statue of Shadow" (Bishop) **103**:4, 8, 21
"The Statues" (Bishop) **103**:21
"The Statues" (Yeats) **18**:447; **93**:369
"The Statute of Limitations" (Dowson) **4**:89
Statutory Authorities for Special Purposes (Webb and Webb) **22**:413
"Stay, O Stay" (Coppard) **5**:178-79
Staying with Relations (Macaulay) **7**:430; **44**:125-26, 133
"Stealthily" (Svevo)
See "Proditoriamente"
The Steam House, or, a Trip Across Northern India (Verne)
See *La Maison à vapeur: Voyage à travers l'Inde septentrionale*
"Steam Tactics" (Kipling) **8**:202
"The Steampillar" (Molnar) **20**:173
Steed of Flame (Gladkov)
See *Ognennyi kon'*
Steel (Hergesheimer) **11**:267
Steel and Iron (Singer) **33**:386, 398, 400
"The Steel Cicada" (Annensky)
See "Stal'naja cikada"
"The Steel Worker" (Stringer) **37**:343
"Steelman's Pupil" (Lawson) **27**:130, 149
Steeplejack (Huneker) **65**:170-72, 178, 183-84, 186, 189, 205, 209, 211, 219-20
Æsteik og Udvikling (Jensen) **41**:295
"Steinerner Gast" (Broch) **20**:52, 54
"The Stellar Fright" (Gumilev) **60**:264, 270
"Stellungskrieg" (Toller) **10**:490
"The Stem of Grass" (Hagiwara Sakutaro) **60**:296
"A Stem of Lilies" (Miyazawa) **76**:278
"Stempenu" (Aleichem) **1**:28
Stene i strømmen (Grieg) **10**:205, 207-08
"Stenographer" (Bodenheim) **44**:69
"The Step" (Benson) **27**:19
"Step'" (Chekhov) **3**:153, 159, 165; **10**:55-68; **96**:33-34
The Step on the Stair; or, You Are the Man (Green) **63**:153-54
"The Stepdaughter" (Platonov) **14**:420
Stephania, a Trialogue (Field) **43**:172
Stephanos (Bryusov) **10**:79-81, 86-8
"Stephen Crane's Own Story" (Crane) **11**:160
Stephen Escott (Lewisohn) **19**:273, 278
Stephen Hero (Joyce) **3**:268, 270, 274-75, 278-79; **16**:208, 212, 214-16, 224-25, 228, 236-37, 239-40, 245; **35**:167; **52**:218, 223-24
The Stepmother (Milne) **6**:308
"The Steppe" (Chekhov)
See "Step'"
Steppenfahrt (Barlach) **48**:96
"Steps" (Morgenstern) **8**:304
"The Steps of the Commander" (Blok) **5**:85
Stepsons of Light (Rhodes) **53**:314, 316, 318, 326, 327
"Das Sterbelied" (Sudermann) **15**:430, 438
"Sterben" (Schnitzler) **4**:385, 398, 401
"Der stern" (Morgenstern) **8**:309
Stern der Ungeborenen (Werfel) **8**:471, 476-78, 480, 482-84
Der Stern des Bundes (George) **2**:148, 152; **14**:196, 202, 204-05, 207, 211-12, 214
"Sterne" (Woolf) **43**:401, 404
Sternstunden der Menschheit (Zweig) **17**:457-58
"Steve Scaevola" (Williams) **89**:376, 385, 393
"Stevenson Twenty-Five Years After" (Knister) **56**:153
Stickeen (Muir) **28**:259, 264
"Die Stickerin von Traviso" (Heyse) **8**:114, 121
Stickfuls (Cobb) **77**:117-18
"Stikhi K Akhmatovoi" (Tsvetaeva) **35**:384-85
Stikhi K Blok (Tsvetaeva) **7**:557, 563; **35**:382-84, 401-02
"Stikhi k Chekhii" (Tsvetaeva) **35**:416
Stikhi. Kniga I (Sologub) **9**:443
Stikhi. Kniga II (Sologub) **9**:443
Stikhi o prekrasnoi dame (Blok) **5**:83-5, 90-1, 94
Stikhi o rossii (Blok) **5**:84, 92
Stikhotvoreniya (Zabolotsky) **52**:365-66
"The Stile" (Thomas) **10**:459
"Still Homer" (Carducci) **32**:86
"Still Life" (Babits)
See "A csendéletekből"
Still Life (Murry) **16**:354-55
"Still Life: Carrots" (Bishop) **103**:3
"Still Life: Moonlight Striking upon a Chess-Board" (Lowell) **8**:231, 238
"The Still of the Year" (Guiney) **41**:214
Still Songs (Annensky)
See *Tikhie pesni*
Still Waters (Thomas) **97**:138, 140
"Stille der Natur" (Raabe) **45**:189
De stille kracht (Couperus) **15**:45-8
"Den stille Mogens" (Jensen) **41**:307
"Die Stille Mühle" (Sudermann) **15**:429
"Stilleven" (van Ostaijen) **33**:418
"Stillness" (Flecker) **43**:187, 190, 194, 199
"The Stillness of the Frost" (Roberts) **8**:327
"Die Stimme hinter dem Vorhang" (Benn) **3**:107
"Stimmen im Strome" (George) **14**:205
"The Sting" (P'u Sung-ling)
See *English Men of Letters*
The Sting of Death (Sologub) **9**:436
Stingaree (Hornung) **59**:113
"Stirrup Cup" (Percy) **84**:203
"Stjärnorna vimla" (Sodergran) **31**:294
"Stockholm" (Gumilev) **60**:271-2
Stockton's Stories (Stockton) **47**:312
"A Stoic" (Galsworthy) **1**:294
The Stoic (Dreiser) **10**:179-80, 182, 184, 192, 197; **18**:54, 60-1, 64, 71; **35**:39, 62; **83**:97
"The Stoker" (Kafka) **2**:223; **13**:284
"Stol" (Tsvetaeva) **35**:406
"Stolbovaya doroga proletarskoy literatury" (Fadeyev) **53**:64-5
Stolbtsy (Zabolotsky) **52**:365, 367-68, 372-79

"The Stolen Bacillus" (Wells) **19**:441-42
"Stolen Bonds" (Fields) **80**:258
"The Stolen Cactus" (Capek)
See "Ukradený kaktus"
"The Stolen Child" (Yeats) **11**:512
"The Stolen Life" (Post) **39**:343
"Stolen Lumber" (Jozsef) **22**:162
"Stone" (Gumilev)
See "Kamen'"
Stone (Mandelstam)
See *Kamen'*
A Stone, A Leaf, A Door (Wolfe) **4**:518; **13**:479
"The Stone and Mr. Thomas" (Powys) **9**:372
The Stone Angel (Tsvetaeva) **35**:411
"The Stone Ship" (Hodgson) **13**:237
"A Stone Woman" (Khlebnikov)
See "Kamennaya baba"
Stones in the Stream (Grieg)
See *Stene i strømmen*
The Stones of Venice I (Ruskin) **63**:238-39, 243-44, 248, 251, 254, 256-65, 269-70, 276-77, 280, 291-92, 298, 309-10, 319-20
The Stones of Venice II (Ruskin) **20**:298
The Stoneware Monkey (Freeman) **21**:53, 57, 59
"The Stoop of Rhenish" (Davidson) **24**:164
"Stop Breakin' Down" (Johnson) **69**:79
Stopfkuchen (Raabe) **45**:166-70, 173, 176-79, 181, 204
Stops of Various Quills (Howells) **7**:367
Stora landsvägen (Strindberg) **1**:449, 463; **8**:416; **21**:350, 369
Den store hunger (Bojer) **64**:1-3, 10, 16, 18, 23
The Storeroom of the Sun (Prishvin) **75**:218
Storia delle dottrine politiche (Mosca) **75**:162
Storia di Cristo (Papini) **22**:273, 277-79, 281-82, 287, 289-91
Storia di un anno (Mussolini) **96**:282
"Storia di una capinera" (Verga) **3**:541, 544
Storia e cronistoria del "Canzoniere" (Saba) **33**:371, 375-77
La storia ridotta sotti il concetto generale dell' arte (Croce) **37**:121-22, 124
"Stories" (Peretz) **16**:394
Stories (Vallette)
See *Contes et nouvelles*
Stories about the Fairy (Balmont)
See *Feinye skazki*
Stories and Pictures (Peretz) **16**:390
Stories and Satires by Sholom Aleichem (Aleichem) **1**:26
Stories, Dreams, and Allegories (Schreiner) **9**:400
Stories for a Year (Pirandello)
See *Novelle per un anno*
Stories for Every Day in the Year (Pirandello)
See *Novelle per un anno*
Stories for Jewish Children (Aleichem)
See *Mayses far yidishe kinder*
Stories from One Pocket (Capek)
See *Tales from Two Pockets*
Stories from the Bible (de la Mare) **4**:78
Stories from the Other Pocket (Capek)
See *Tales from Two Pockets*
Stories from Triumph Lane (Huch)
See *Aus der Triumphgasse: Lebensskizzen*
Stories of Astonishing Adventures of American Boys and Girls with the Fairies of Their Native Land (Baum) **7**:14, 16
Stories of Death and Blood (Guiraldes)
See *Cuentos de muerte y de sangre*
The Stories of Denton Welch (Welch) **22**:462
The Stories of Ernest Dowson (Dowson) **4**:89
The Stories of F. Scott Fitzgerald (Fitzgerald) **6**:162
Stories of God (Rilke) **1**:418; **6**:366; **19**:307
Stories of Love, Madness, and Death (Quiroga)
See *Cuentos de amor, de locura, y de muerte*
Stories of Michael Robartes and His Friends (Yeats) **93**:340
Stories of Sinebriukhov (Zoshchenko)
See *The Tales by Nazar Ilyich Sinebriukhov*
"Stories Told by an Artist in New York" (Crane) **11**:142
Stories Toto Told Me (Rolfe) **12**:272, 274, 283
"The Storm" (Chopin) **5**:153, 158; **14**:62, 64-5, 69, 80-2
"The Storm" (Crowley) **7**:208
"Storm" (Hodgson) **13**:230
"The Storm" (Sodergran)
See "Stormen"
Storm (Babits)
See *Vihar*
The Storm (Drinkwater) **57**:28, 139, 147
"The Storm Cloud of the Nineteenth Century" (Ruskin) **63**:301
"The Storm Cone" (Kipling) **8**:191
Storm Days (Bergelson) **81**:19
"Storm on the Heath" (Coppard) **5**:179
Storm-Brother Socrates (Sudermann)
See *Der Sturmgeselle Sokrates*
"Stormen" (Sodergran) **31**:288, 291, 295
"Storming John" (Williams) **89**:385
A Stormy Night (Caragiale)
See *O noapte furtunoasă*
Stormy Weather (Strindberg) **8**:415
Le stornello (Pascoli) **45**:154
"Storona nenašinskaja" (Pilnyak) **23**:212
"A Story" (Thomas) **8**:455
A Story about Death (Aldanov) **23**:23
"A Story about How a Certain Russian Citizen Went to Europe to Get Young" (Zoshchenko)
See "Rasskaz o tom, kak odin Russkii grazhdanin poekhal v Evropu omalazhivat'sya"
"Story about Kubac" (Reed) **9**:389
"The Story about the Ant-Eater" (Benet) **7**:75
"A Story about the Most Important Thing" (Zamyatin)
See "Rasskaz o samom glavnom"
"A Story About the Rich" (Bergelson) **81**:20
"The Story about What Matters Most" (Zamyatin)
See "Rasskaz o samom glavnom"
The Story and the Fable: An Autobiography (Muir) **2**:483, 489; **87**:154, 170, 181, 201, 242-44, 247-50, 271-74, 281, 284, 286-89, 294-96, 299-300
The Story Brought by Brigit (Gregory) **1**:334
"Story Coldly Told" (Benson) **17**:33
"A Story for the Betrothed" (Quiroga)
See "Cuento para novios"
Story from Chickamatsu (Mizoguchi)
See *Chikamatsu Monogatari*
The Story Girl (Montgomery) **51**:177-78, 199, 213
"The Story of a Book" (Middleton) **56**:174, 176
"The Story of a Conscience" (Bierce) **44**:44-5
"The Story of a Disappearance and an Appearance" (James) **6**:212-13, 216
"Story of a Farmer" (Day) **25**:131
"Story of a Few Plain Women" (Davis) **6**:154
"The Story of a Horse" (Babel) **13**:35
"The Story of a Little Gray Rabbit" (Seton)
See "Raggylug, the Story of a Cottontail"
"The Story of a Mouse" (Babel)
See "Istoriia moei golubiatni"
The Story of a New Zealand River (Mander) **31**:147-48, 150-53, 155-60, 162-63
The Story of a Novel (Wolfe) **4**:509, 519, 526-28; **13**:479, 491, 495-96; **61**:295, 309, 312, 314
The Story of a Novel: The Genesis of Doctor Faustus (Mann)
See *Die Entstehung des Doktor Faustus*
"The Story of a Piebald Horse" (Hudson) **29**:154
The Story of a Play (Howells) **7**:376; **17**:184-85
"The Story of a Poker Steer" (Adams) **56**:5
The Story of a Troubled Courtship (Quiroga)
See *Historia de un amor turbio*
The Story of a Wonder Man: Being the Autobiography of Ring Lardner (Lardner) **2**:328, 333; **14**:307
"The Story of Aibhric" (Tynan) **3**:503-04
The Story of American Literature (Lewisohn)
See *Expression in America*
The Story of an African Farm (Schreiner) **9**:393-405, 407
"The Story of an Hour" (Chopin) **14**:60, 70
"The Story of an Unknown Person" (Chekhov) **3**:152
"The Story of Arkansas" (Fletcher) **35**:106, 110-12
The Story of Bessie Costrell (Ward) **55**:411, 413, 422
The Story of Dorothy Stanfield (Micheaux) **76**:240, 269
"The Story of Ginger Cubes" (Morley) **87**:123
The Story of Gösta Berling (Lagerloef)
See *Gösta Berling's saga*
"The Story of Hair" (Lu Hsun) **3**:301, 303
"A Story of Halland" (Lagerloef) **36**:242
"The Story of Howling Wolf" (Garland) **3**:200
The Story of Ireland (O'Grady) **5**:354
The Story of Ivy (Lowndes) **12**:203
"The Story of Jees Uck" (London) **9**:277
The Story of King Arthur and His Knights (Pyle) **81**:385,398,400-3
"A Story of Land and Sea" (Dunsany) **2**:137; **59**:21
"The Story of Mimi-Nashi-Hōïchi" (Hearn) **9**:131
"The Story of Muhammad Din" (Kipling) **8**:185, 207; **17**:207
Story of My Childhood (Gladkov) **27**:93
"The Story of My Dovecot" (Babel)
See "Istoriia moei golubiatni"
The Story of My Life (Darrow) **81**:64
The Story of My Life (Moricz)
See *Életem regénye*
The Story of My Life (Steiner)
See *Mein Lebensgang*
The Story of My Life and Work (Washington) **10**:533, 538, 541-43
The Story of New York (Roosevelt) **69**:176
"The Story of Pumpkin Pie" (Montgomery) **51**:200
The Story of Sonny Sahib (Duncan) **60**:193, 207
"The Story of St. Vespaluus" (Saki) **3**:372
"A Story of Stories" (Dreiser) **35**:70, 74
The Story of the 1002nd Night (Roth)
See *Die Geschichte von der 1002. Nacht*
"The Story of the Bad Little Boy that Didn't Come to Greif" (Twain) **36**:401; **59**:161-2
"A Story of the Days to Come" (Wells) **12**:488; **19**:428-31, 437
"The Story of the Dry Leaves" (Remington) **89**:301
"The Story of the First Lighthouse, or How Pincus Quagmire Brought Home the Beacon" (Allen) **87**:65
The Story of the Gadsbys (Kipling) **8**:176
"The Story of the Good Little Boy Who Didn't Prosper" (Twain) **59**:161
The Story of the Last Chrysanthemums (Mizoguchi)
See *Zangiku Monogatari*
The Story of the Late Chrysanthemums (Mizoguchi)
See *Zangiku Monogatari*
"The Story of the Little Bighorn: Told from the Indian Standpoint by One of Their Race" (Eastman) **55**:163
"The Story of the Lost Special" (Doyle) **7**:216, 238
"The Story of the Nice Old Man" (Svevo)
See "La novella del buon vecchio e della bella fanciulla"
"The Story of the Oracle" (Lawson) **27**:150
"The Story of the Satraps" (Cabell) **6**:67

"The Story of the St. Bartholomew" (Sabatini) **47**:300
"A Story of the Stone Age" (Wells) **12**:488
"The Story of the Tenson" (Cabell) **6**:67
The Story of Wan and the Remarkable Shrub, and The Story of Ching-Kwei and the Destinies (Bramah) **72**:9
The Story of Yone Noguchi Told by Himself (Noguchi) **80**:368
"The Story of Yonosuke" (Akutagawa Ryunosuke)
See "Yonosuke no hanashi"
"The Story of Yung Chang, Narrated by Kai Lung, in the Open Space Before the Tea-Shop of Celestial Principles, at Wu Whei" (Bramah) **72**:11
A Story Teller's Story (Anderson) **1**:38-9, 50, 54, 62; **10**:34-6, 38, 41-2; **24**:44, 50
"A Story without a Title" (Chekhov)
See "An Anonymous Story"
"Story without Cause, but Weary" (Quiroga)
See "Cuento sin razó, pero cansado"
"The Storyteller" (Benjamin) **39**:25, 53
A Story-Teller's Holiday (Moore) **7**:482, 492-94, 497-98
A Storyteller's Pack (Stockton) **47**:326
"De Stove Pipe Hole" (Drummond) **25**:142
"The Stove That Wasn't Real" (Soderberg) **39**:438
Stradella (Crawford) **10**:148
"Strafe" (Gurney) **33**:86
"A Straight Talk" (Beerbohm) **24**:105
Strait Is the Gate (Gide)
See *La porte étroite*
Straits of Love and Hate (Mizoguchi) **72**:314, 324-25
"The Stranded Ship" (Roberts) **8**:321
Strandkinder (Sudermann) **15**:427
"The Strange Adventures of the King's Head" (Baum) **7**:14
The Strange Attraction (Mander) **31**:150, 153, 162
"The Strange Burial of Sue" (McKay) **41**:329-30
The Strange Case of Annie Spragg (Bromfield) **11**:76-7, 81, 85, 87
"Strange Comfort Afforded by the Profession" (Lowry) **6**:239-41, 254
The Strange Countess (Wallace) **57**:401
A Strange Disappearance (Green) **63**:136, 148, 151
"The Strange Elizabethans" (Woolf) **43**:425
Strange Fish (Dent) **72**:26
"The Strange Friend" (Hawthorne) **25**:247, 249
Strange Glory (Myers) **59**:131-2, 137, 141-2, 150
"Strange Hells" (Gurney) **33**:87, 92, 98, 100
"The Strange High House in the Mist" (Lovecraft) **4**:266, 272
Strange Holiness (Coffin) **95**:3, 19
"The Strange House (Max Gate, A. D. 2000)" (Hardy) **53**:114
Strange Interlude (O'Neill) **1**:383, 385-86, 389, 392, 395-97, 399-401, 403, 406; **6**:327-29, 331, 335; **49**:255, 272, 295
Strange Journey (Drieu la Rochelle)
See *Drôle de voyage*
A Strange Marriage (Mikszath)
See *Különös házasság*
"Strange Meeting" (Owen) **5**:358-62, 364-68, 370, 372-75; **27**:201-04, 208-12, 214, 222-23, 226-28, 231-32, 238
"The Strange Return" (Muir) **87**:232
"The Strange Ride of Morrowbie Jukes" (Kipling) **8**:176, 183, 207
The Strange Schemes of Randolph Mason (Post) **39**:337, 339-40, 343, 345
"Strange Service" (Gurney) **33**:101, 105
"A Strange Song" (Wylie) **8**:538
"Strange Tree" (Roberts) **68**:336
Strange True Stories of Louisiana (Cable) **4**:31
Strange Victory (Teasdale) **4**:427-31
The Strange Woman (Williams) **89**:361, 367-8, 380, 389, 402
"The Stranger" (Bierce) **44**:45
"The Stranger" (Coffin) **95**:18
"A Stranger" (Johnson) **19**:256
"The Stranger" (Mansfield) **8**:280, 282, 284; **39**:303-04
"A Stranger" (Undset) **3**:516
The Stranger (Blok)
See *Neznakomka*
The Stranger (Faust) **49**:39
"Strangers and Pilgrims" (de la Mare) **53**:26-7, 38
Strangers and Wayfarers (Jewett) **22**:129
"Die Strasse" (Broch) **20**:57
Strathmore (Ouida) **43**:347-48, 350, 353, 371, 375
A Stratified Democracy (Webb and Webb) **22**:430-31
"Stravinsky Trilogy" (Lowell) **8**:230
The Straw (O'Neill) **1**:384-85, 402; **49**:248, 252
Straw Dogs (Drieu la Rochelle)
See *Les chiens de paille*
"The Straw Man" (Post) **39**:338-39
Straws and Prayer-Books (Cabell) **6**:76
"The Strawstack" (Knister) **56**:155, 162-63
Stray Leaves from Strange Literature (Hearn) **9**:118, 122, 131, 134, 137-38
"Stray Notes While Lying on My Back" (Masaoka Shiki) **18**:225, 227-28
"The Stream of Life" (Kuprin) **5**:297
Streamlines (Morley) **87**:138
"The Streams" (Coppard) **5**:179
"Streams of Water in the South" (Buchan) **41**:72-3
Streber (Dagerman) **17**:88-9, 95
"The Street" (Guro)
See "Ulitsa"
"The Street" (Lovecraft) **4**:272
"The Street" (Mayakovski) **18**:246
"A Street" (Morrison) **72**:361, 372-73, 386
"The Street" (Stephens) **4**:410
"Street" (Storni)
See "Calle"
"The Street Called Crooked" (Cullen) **37**:167
"Street Cries" (Naidu) **80**:276, 316
"Street Lamps" (Galsworthy) **45**:34
"The Street of Crocodiles" (Schulz) **51**:308
The Street of Crocodiles (Schulz)
See *Sklepy cynamonowe*
"The Street of Our Lady of the Fields" (Chambers) **41**:94
Street of Shame (Mizoguchi)
See *Akasen Chitai*
"The Street of the First Shell" (Chambers) **41**:88, 94
"The Street of the Four Winds" (Chambers) **41**:88, 94, 104
The Street of the Seven Stars (Rinehart) **52**:283-84, 295
"Street Signs" (Baroja)
See "Epigrafía callejera"
"The Streetcar Gone Astray" (Gumilev)
See "Zabludivshijsja tramvaj"
"Streiter" (Lasker-Schueler) **57**:330, 334
"The Strength of Gideon" (Dunbar) **2**:128; **12**:123
The Strength of Gideon and Other Stories (Dunbar) **2**:130; **12**:107-09, 111, 119-20, 122-23
"The Strength of God" (Anderson) **1**:59; **24**:17, 21, 24-5, 34, 39, 47, 52, 58
"The Strength of the Strong" (London) **15**:270-71
The Strenuous Life (Roosevelt) **69**:181, 191
Strictly Dishonorable (Sturges) **48**:283-84, 290, 310-12, 316-17
Strife (Galsworthy) **1**:301-03, 305; **45**:30-1, 33, 41, 51-3, 55
Strike (Eisenstein)
See *Stachka*
The Strike at Arlingford (Moore) **7**:476, 498
"Striken" (Jozsef) **22**:161
"The Strip" (Adams) **56**:6
"The Striver" (Toller)
See "Der Ringende"
The Strolling Saint (Sabatini) **47**:303
Stroncature (Papini) **22**:288
The Strong Box (Sternheim)
See *Die Kassette*
"A Strong Ending" (Bergelson) **81**:19
Strong Hearts (Cable) **4**:31
"Strong Hyacinths" (Sodergran)
See "Starka hyacinter"
"Strong Meat" (Sayers) **15**:387
Strong Poison (Sayers) **2**:531, 536; **15**:371, 377, 379-80, 390-92, 394
"The Strong Thing" (Gurney) **33**:86
The Stronger (Giacosa)
See *Il più forte*
The Stronger (Strindberg)
See *Den Starkare*
Structural Functions of Harmony (Schoenberg) **75**:296
"Structural Units" (Hartmann) **73**:149
"La structure fine des centres nerveux" (Ramoacn y Cajal) **93**:141, 148-49, 163
"The Structure of Neurosis" (Adler) **61**:34
"The Structure of the Epic Work" (Doblin) **13**:167
The Structure of the Novel (Muir) **2**:483; **87**:163
"The Structures and Connections of Nerve Cells" (Ramoacn y Cajal)
See "La structure fine des centres nerveux"
The Struggle (Griffith) **68**:153, 168-70
The Struggle for Berlin (Goebbels) **68**:88, 92
A Struggle for Fame (Riddell) **40**:331-32
The Struggle for God (Andreas-Salome)
See *Im Kampf um Gott*
The Struggle for Life (Baroja)
See *La lucha por la vida*
The Struggle for Self-Government (Steffens) **20**:335, 345, 352, 361
The Struggle for the Spanish Soul (Barea) **14**:45
Struggle till Dawn (Betti)
See *Lotta fino all'alba*
Struggle with the Angel (Giraudoux)
See *Combat avec l'ange*
Struggling for God (Andreas-Salome)
See *Im Kampf um Gott*
The Strumpet Sea (Williams) **89**:389
"Les stryges" (Schwob) **20**:320
"The Stubborn One" (Balmont)
See "Upriamets"
"The Student" (Chekhov) **3**:168; **10**:115
Student Comrades (Dazai Osamu) **11**:181
"Student Life" (Benjamin) **39**:57
"Student of Divinity" (Bosman)
See "Divinity Student"
"The Student's Room" (Rostand) **6**:381
Studie über die Minderwertigkeit von Organen (Adler) **61**:5, 14, 17, 23
Studies in Black and White (Kipling) **8**:176
Studies in Classic American Literature (Lawrence) **2**:344, 348-49, 351, 373; **9**:217; **93**:113
"Studies in Extravagance" (Galsworthy) **45**:33
Studies in Life and Letters (Woodberry) **73**:377
Studies in Literature (Quiller-Couch) **53**:293, 296, 298
Studies in Logical Theory (Dewey) **95**:27-9, 43
Studies in Love and Terror (Lowndes) **12**:201
Studies in Prose and Verse (Symons) **11**:441
Studies in Seven Arts (Symons) **11**:442
Studies in the Psychology of Sex (Ellis) **14**:105-06, 110, 112-118, 120, 123, 127, 129, 132, 140
Studies in the Psychology of Sex, Vol. I: The Evolution of Modesty, the Phenomena of Sexual Periodity, Auto-Erotism (Ellis) **14**:102-03, 122, 125, 136-37
Studies in the Psychology of Sex, Vol. II: Sexual Inversion (Ellis) **14**:122, 125-26, 135-36, 142-43

Studies in the Psychology of Sex, Vol. III: The Analysis of the Sexual Impulse, Love, and Pain, the Sexual Impulse in Women (Ellis) **14**:125
Studies in the Psychology of Sex, Vol. IV: Sexual Selection in Man; Touch, Smell, Hearing, Vision (Ellis) **14**:125, 136-37
Studies in the Psychology of Sex, Vol. V: The Mechanism of Detumescence, the Psychic State of Pregnancy (Ellis) **14**:126, 131 .
Studies in the Psychology of Sex, Vol. VI: Sex in Relation to Society (Ellis) **14**:126, 138, 141
Studies in the Psychology of Sex, Vol. VII: Eonism, and Other Supplementary Studies (Ellis) **14**:126-27
Studies in the Sierra (Muir) **28**:249, 252
Studies in Wives (Lowndes) **12**:200-01
Studies of a Biographer (Stephen) **23**:306-07, 312-13, 317, 329, 338, 340-41, 346
Studies of a Litterateur (Woodberry) **73**:365
Studies of the Eighteenth Century in Italy (Lee) **5**:309, 313-14, 319
Studies of the Stage (Matthews) **95**:225, 228, 246
Study for Painting with White Form (Kandinsky) **92**:38
"A Study in Professional Frustration" (Benchley) **1**:79
A Study in Scarlet (Doyle) **7**:216, 219-20, 228, 231, 233-38
A Study in Temperament (Firbank) **1**:230
"The Study of Administration" (Wilson) **79**:517, 519-20, 522
A Study of British Genius (Ellis) **14**:111, 114, 116
"Study of Death" (Sikelianos) **39**:419
The Study of Ethics: A Syllabus (Dewey) **95**:59, 94
"The Study of Fiction" (Matthews) **95**:251, 264
"The Study of Geography" (Boas) **56**:66, 94, 99, 105
"Study of Images II" (Stevens) **12**:383
Study of Organ Inferiority and Its Psychical Compensation (Adler)
See *Studie über die Minderwertigkeit von Organen*
"Study of Politics" (Laski) **79**:91
"The Study of Politics" (Wilson) **79**:499
"A Study of Romeo" (Chapman) **7**:185
Study of Shakespeare (Swinburne) **8**:441
A Study of the Good (Nishida)
See *Zen no kenkyu*
"A Study of Thomas Hardy" (Lawrence) **93**:107, 111
Study of Thomas Hardy (Lawrence) **16**:302, 305; **48**:117; **61**:218-9, 234, 254
"Study of Two Pears" (Stevens) **12**:360; **45**:283, 334
Stufen (Morgenstern) **8**:310, 311
Stuffcake (Raabe)
See *Stopfkuchen*
"Stumble between Two Stars" (Vallejo) **3**:527
"Stumm" (Schwitters) **95**:320
Der stumme Prophet (Roth) **33**:334-35, 337
Das Stundenbuch (Rilke) **1**:409-10, 416, 418, 422; **6**:357-59, 361, 364-66; **19**:303, 305, 307-09
"Stundenhexe" (Barlach) **48**:124
The Stupid Swede (Heidenstam) **5**:251-52
Sturm im Wasserglas (Frank) **81**:102
Der Sturmgeselle Sokrates (Sudermann) **15**:421-23, 427
"Style" (Quiller-Couch) **53**:293
Style and Idea: Selected Writings of Arnold Schoenberg (Schoenberg) **75**:296, 323-24, 378, 393
Stylistic Aspects of Primitive Culture (Boas) **56**:80
The Stylus (Hartmann) **73**:149
Styrbiorn the Strong (Eddison) **15**:52, 59
"Styx" (Heym) **9**:146
Styx (Lasker-Schueler) **57**:297, 302-3, 326, 328-30, 336
Su único hijo (Alas) **29**:2-3, 13-14, 16-17
"Sub ilice" (Gogarty) **15**:109
"Subhā" (Tagore) **3**:485
"Subject and Treatment" (Hartmann) **73**:148
"A Subject of Sea Change" (Bishop) **103**:3, 22, 28
"Subjective Culture" (Simmel) **64**:360
"The Subjective Necessity for Social Settlements" (Addams) **76**:53, 92, 96
Sublimated Sensuality (Baroja)
See *La sensualidad pervertida*
"Sublimation" (Percy) **84**:213
Lo sublime en lo vulgar (Echegaray) **4**:101
"Le Sublime et l'avant-garde" (Lyotard) **103**:264
"Sublunary" (Murry) **16**:354
"Submarine" (Benson) **17**:33
"The Submarine Bed" (Bishop) **103**:4-5
The Submarine Mystery (Dent) **72**:20
"A Sub-Note of Interrogation: What Will Be Our Religion in 1999?" (Nightingale) **85**:295, 300
"Subsidiary Notes as to the Introducation of Female Nursing into Military Hospitals" (Nightingale) **85**:254
Substance and Function (Cassirer)
See *Substanzbegriff und Funktionsbegriff*
The Substance of Gothic: Six Lectures on the Development of Architecture from Charlemagne to Henry the VIII (Cram) **45**:20-1
Substanzbegriff und Funktionsbegriff (Cassirer) **61**:30, 73-4, 76, 80, 107-8
"The Substitute" (Coppee) **25**:121
"A Substitute for the Alps" (Stephen) **23**:326
Subtle Secret (Ivanov) **33**:136-37
"The Suburb" (Heym)
See "Die Vorstadt"
"Suburban" (Guiraldes)
See "Arrabalera"
Suburban Sketches (Howells) **7**:377, 391
"Subway poem" (Schwitters) **95**:351-2
Le succès et l'idée de beauté (Gourmont) **17**:152
"Success" (Brooke) **2**:59
"Success" (Graham) **19**:104, 109, 112, 116, 120, 135
Success (Feuchtwanger)
See *Erfolg: Drei jahre Geschichte einer Provinz*
Success (Milne) **6**:307, 310
"The Successful Author" (Dobson) **79**:3
"Succubus" (Crowley) **7**:208
Such as They Are: Poems (Higginson) **36**:180
"Such Is Life" (Pirandello) **4**:342
Such Is Life (Furphy) **25**:161-67, 169-79, 181-84
"Such Men Are Dangerous" (Glyn) **72**:142
"Such, Such Were the Joys" (Orwell) **51**:261-62
Such, Such Were the Joys (Orwell) **2**:504; **6**:350-51, 354; **15**:307-08, 331, 361-62; **31**:186; **51**:223, 225-26
"Sud Bozhii" (Remizov) **27**:341, 347-48
"Sudny den" (Korolenko) **22**:176
"Sueño" (Villaurrutia) **80**:477
Sueño de una noche de agosto (Martinez Sierra and Martinez Sierra) **6**:278, 281
"Los sueños dialogados" (Machado) **3**:311
"The Sufferings and Greatness of Richard Wagner" (Mann) **60**:359
"Sufferings of a Small Person" (Harte) **25**:218
"The Sufficient Place" (Muir) **87**:210, 367
"Sugako no tetsugakuteki kisozuke" (Nishida) **83**:215, 252-4
"Suggested by the Cover of a Volume of Keats's Poems" (Lowell) **1**:372
"Suggestion" (Leverson) **18**:202
"Eine Suggestion" (Meyrink) **21**:221
Suggestions for Thought to Searchers after Religious Truth (Nightingale) **85**:216, 220, 234-7, 240, 253, 268-9, 272, 278-88, 303
Suggestions on a System of Nursing for Hospitals in India (Nightingale) **85**:258
"Suggestions toward a Theory of the Philosophical Disciplines" (Mead) **89**:166
Suggestiosn on the Subject of Providing, Training, and Organizing Nurses for the Sick Poor in Workhouse Infirmaries (Nightingale) **85**:258
"Suginohara shina" (Mori Ōgai) **14**:378, 380
"Sugroby" (Tsvetaeva) **35**:411
El suicida (Reyes) **33**:322-23
"Suicide" (Lasker-Schueler) **57**:328
"The Suicide" (Millay) **4**:306;
Suicide (Aldanov) **23**:23-4
The Suicide (Reyes)
See *El suicida*
Suicide: A Study in Sociology (Durkheim)
See *Le suicide: étude de sociologie*
"Suicide and the State" (Middleton) **56**:179
"Suicide Chant" (Cullen) **4**:45; **37**:160, 165-66
Le suicide: étude de sociologie (Durkheim) **55**:91, 100-01, 106-07, 109, 115, 120, 136, 142, 150, 158
"Suicidio" (Garcia Lorca) **49**:122
"Suicidio hacia arriba" (Salinas) **17**:362-63
Suisaigaka (Shimazaki Toson) **5**:431
The Suit of Armor (Heijermans) **24**:293
"The Suitable Surroundings" (Bierce) **7**:98; **44**:44-5
"Suite de los espejos" (Garcia Lorca) **49**:119-20
"Suite del insomnio" (Villaurrutia) **80**:477-8
Suite familière (Fargue) **11**:194, 200
"Sui-tsan chi" (Su Man-shu) **24**:458, 460
"Un sujeto ilógico" (Lugones) **15**:293
Sukhodol (Bunin) **6**:45-6, 50-1, 55
"Sukienka balowa" (Prus) **48**:176
"Sul tavolo" (Saba) **33**:374
Sulamif (Kuprin) **5**:297, 304
"Sulamith" (Lasker-Schueler) **57**:303, 326
Sulamith (Kuprin)
See *Sulamif*
"Sulla concezione materialistica della storia" (Croce) **37**:120
Sulla teorica dei governi e sul governo parlamentare (Mosca) **75**:130, 132, 137-38, 150, 153-54, 160, 162-63, 165, 170-71, 180-81, 184
"Sulle montagne" (Campana) **20**:83
The Sullivan County Sketches of Stephen Crane (Crane) **11**:140, 159, 163-64; **17**:68; **32**:158-59, 163-65
Sullivan's Travel (Sturges) **48**:270-75, 279, 283-85, 287-88, 290-91, 294-303, 309, 313, 315-17, 319-20, 322-23
Sulocanā (Devkota) **23**:48-51
Sult (Hamsun) **2**:202-08; **14**:221-22, 232-33, 235-39, 242-43, 246-48, 251; **49**:127-28, 131-33,135, 137, 141, 145, 147, 153, 155-59, 161-63, 168
"Sum in Addition" (March) **96**:252
"Sumasšedšij" (Bryusov) **10**:93
"Sumerki" (Khodasevich) **15**:207
Sumerki dukha (Hippius) **9**:161
The Sumida River (Nagai)
See *Sumidagawa*
"Sumidagawa" (Nagai) **51**:89
Sumidagawa (Nagai) **51**:86, 88, 92-3, 104
Summaries and Perspectives (Trotsky) **22**:364
Summary of Educational Theory (Gentile)
See *Sommario di pedagogia*
"Summer" (McAlmon) **97**:87-88, 99
"Summer" (Moore) **7**:487
"The Summer" (Trakl) **5**:461
Summer (Gorky) **8**:81-2
A Summer (Morgenstern)
See *Ein sommer*
Summer (Wharton) **3**:563-64, 572, 578, 580; **27**:383-84
Summer, 1914 (Martin du Gard)
See *L'été, 1914*
"Summer Afternoon" (Milne) **88**:241

"Summer Airs" (Tynan) **3**:505
The Summer Cloud: Prose Poems (Noguchi) **80**:361
"Summer Evening: New York Subway Station" (Bodenheim) **44**:59, 74
Summer Folk (Gorky)
See *Dachniki*
Summer Grass (Shimazaki Toson)
See *Natsuksa*
"A Summer House at Public Expense" (Remizov)
See "Kazennaia dacha"
Summer in the Country—Not a Farce but a Tragedy (Chekhov)
See *Tragik ponevole*
"Summer is Ended" (Roberts) **68**:304-5, 337
Summer Islands (Douglas) **68**:18
"A Summer Night" (Baker) **10**:18
"Summer Night Piece" (Lowell) **8**:227
"Summer on the Coast of Normandy" (Moore) **7**:487
"Summer Past" (Gray) **19**:148, 151-52
"Summer Picture: The Cripple" (Prado)
See "Cuadro de estio: el invalido"
"A Summer Picture: The Invalid" (Prado)
See "Cuadro de estio: el invalido"
"Summer Rain" (Davidson) **24**:164
"Summer School of Philosophy" (Higginson) **36**:167
"Summer Season" (Khodasevich) **15**:209
"Summer Song" (Bialik) **25**:50
"A Summer Storm" (Scott) **6**:385, 393
Summer Storm, and Other Stories (Pavese) **3**:340
"Summer Woods" (Naidu) **80**:306, 347
"Summer-Eros" (Papadiamantis) **29**:272-73
"Summum Bonum" (Guiney) **41**:207, 221
Sump'n Like Wings (Riggs) **56**:203-04, 215-16
Sumuru (Rohmer) **28**:281
"Sun" (Lawrence) **2**:356-57; **48**:121, 140; **93**:97
"The Sun" (Mayakovski) **18**:258
"The Sun" (Meynell) **6**:294, 296
"The Sun" (Trakl) **5**:461
"Sun and Love" (Carducci)
See "Sole e amore"
"Sun and Moon" (Mansfield) **8**:275, 282; **39**:304
"The Sun and the Rain" (Wolfe) **13**:492
The Sun Field (Broun) **104**:98
Sun Hunting (Roberts) **23**:238
The Sun in Heaven (Yokomitsu)
See *Nichirin*
The Sun in Splendour (Burke) **63**:127, 129-30
Sundarī Projerpinā (Devkota) **23**:51
"Sunday" (Villaurrutia) **80**:477
"Sunday Morning" (Stevens) **3**:447-49, 451, 454-56, 459, 462, 468, 472, 474; **12**:362, 364, 367, 373, 376-77; **45**:269, 276-77, 281, 287, 299, 303, 306, 323, 328, 332, 340, 347
"Sunday Morning Apples" (Crane) **2**:119
"The Sundew" (Swinburne) **8**:441; **36**:296, 332
Die Sündflut (Barlach) **84**:68-72, 76
"The Sundial" (Dobson) **79**:23
"Sundown Blues" (Handy) **97**:40
"Sundown Blues" (Handy) **97**:82
Sundown Leflare (Remington) **89**:300, 303, 306-8, 311-12
Sun-Freedom (Ingamells) **35**:129, 134, 136
"Sunk" (Benchley) **55**:3
The Sunken Bell (Hauptmann)
See *Die versunkene Glocke*
"The Sunken Crown" (Robinson) **101**:158
Sunko bihāna (Devkota) **23**:52
"The Sunlanders" (London) **9**:274
"The Sunlight Lay Across My Bed" (Schreiner) **9**:394, 396, 405
The Sunlight Sonata (Bridie) **3**:132, 135, 139
Sunny Hill (Bjoernson)
See *Synnøve Solbakken*
Sunny Hours (Martinez Sierra and Martinez Sierra)
See *Horas de sol*
Sunrise: A Story of Two Humans (Murnau) **53**:239-42, 243, 245-49, 254-55, 261-67, 269-70, 274-76, 278-81
"The Sunrise Side" (Williams) **89**:370
"The Sun's Farewell" (Leino)
See "Auringon hyvästijättö"
"Sunset" (Davidson) **24**:164
"Sunset" (Lovecraft) **4**:266
"Sunset" (Talvik) **87**:320
Sunset (Babel)
See *Zakat*
Sunset Glow (Hamsun) **14**:221
Sunset Land (Rhodes) **53**:310
"Sunset of Old Tales" (Sharp) **39**:377
"Sunset on the Spire" (Wylie) **8**:536
Sunset Song (Gibbon) **4**:120-23, 125-30
"Sunshine" (Lindsay) **17**:226
"Sunshine Rhymes" (Wen I-to) **28**:410-11
Sunshine Sketches of a Little Town (Leacock) **2**:378, 380-81
"The Sunstroke" (Bunin) **6**:45, 52, 55
"Sun-Stroke" (Quiroga)
See "La insolación"
"Sunto di alcuni capitoli di un nuovo trattato di economia pura" (Pareto) **69**:137
Sunwise (Remizov)
See *Posolon*
"Super Flumina Babylonis" (Swinburne) **36**:318
Supercheria (Alas) **29**:22-3, 25-6
"Superiority and Subordination" (Simmel) **64**:328, 355
The Supermale (Jarry)
See *Le surmâle, roman moderne*
Supernatural Horror in Literature (Lovecraft) **4**:265-66, 269, 271-72; **22**:213-17, 223, 225
The Supernatural Omnibus (Summers) **16**:426, 434
"Supernatural Songs" (Yeats) **93**:400, 404
Supernatural Tales (Rohan)
See *Gendan*
"Super-Nature Versus Super-Real" (Lewis) **104**:172
Superseded (Sinclair) **3**:442; **11**:408-09
Superstition Corner (Kaye-Smith) **20**:109
"The Superstition of Necessity" (Dewey) **95**:97
"Superstitions and Folk-lore of the South" (Chesnutt) **39**:70
"The Supper" (Reyes)
See "La cena"
"A Supper by Proxy" (Dunbar) **2**:133
Supplément au voyage au pays des Tarahumaras (Artaud) **36**:5-7
Supplement to the Voyage to the Land of the Tarahumaras (Artaud)
See *Supplément au voyage au pays des Tarahumaras*
"Supplementary Note" (Simmel) **64**:355
Les suppliants (Barbusse) **5**:14, 17, 20
"Suppliants parallèles" (Peguy) **10**:408, 411, 414
"Supplication" (Naidu) **80**:308
"Suppose an Eyes" (Stein) **28**:306
The Supposed Meaning of Our Monarchy (Rozanov) **104**:345
Suppressed Desires (Glaspell) **55**:234, 236, 241-42, 247, 266, 271
The Supramental Manifestation upon Earth (Aurobindo) **63**:33
Suprema ley (Gamboa) **36**:71, 73-5, 77-9, 82
"Supremacy" (Robinson) **101**:158
"The Supreme Leaders" (Matthews) **95**:234
"The Supreme Sin" (Huneker) **65**:187, 197
"Sur la hierarchie intellectuelle" (Gourmont) **17**:138
"Sur la mort" (Sully Prudhomme) **31**:302
Sur la Pierre Blanche (France) **9**:44
"Sur la théorie" (Lyotard) **103**:153
Sur la Toscane (Bourget) **12**:75
"Sur le chemin de guinée" (Roumain) **19**:334
"Sur le passage d'un panier à salade" (Peret) **20**:201
"Sur le totémisme" (Durkheim) **55**:91
"Sur les dents" (Schwob) **20**:323
"Sur les prophéties" (Apollinaire) **51**:31-2
"Sur un vieux tableau" (Sully Prudhomme) **31**:302
"Suratak-ha" (Hedayat) **21**:71-2
"The Sure Thing" (Williams) **89**:384
"Surely the People Are Grass" (Bialik) **25**:50
"The Surface Area of God" (Jarry) **14**:284
"The Surface of Things" (Stevens) **45**:297
"The Surgeon" (Csath) **13**:147, 152
"Surgery for the Novel - or a Bomb" (Lawrence) **48**:147
Le surmâle, roman moderne (Jarry) **14**:273-74, 278-82, 285-87
"A Surplus Woman" (Gilman) **37**:215
"A Surprise Answer to Prayer" (Griggs) **77**:193-4
The Surprising Experiences of Mr. Shuttlebury Cobb (Freeman) **21**:56, 58
"Surrealism" (Benjamin) **39**:42
Surrealismus v ČSR (Nezval) **44**:245
"Surrender" (Anderson) **24**:31, 34
"The Surrender" (Stringer) **37**:343
Surrender (Hansen) **32**:248
Surrender at Discretion (Giacosa)
See *Resa a discrezione*
"Surrounded by Poets and Thinkers" (Musil) **68**:261
"The Survival of the Fittest" (Gilman) **9**:96
Survivals and New Arrivals (Belloc) **18**:45
A Survivor from Warsaw (Schoenberg) **75**:302, 311, 347, 404-11
The Survivors of the Chancellor (Verne)
See *Le Chancellor: Journal du passager J.-R. Kazallon; Martin Paz*
The Survivors of the "Jonathan" (Verne)
See *Les naufragés du "Jonathan"*
Susan and God (Crothers) **19**:76, 78-81
"Susan Ann and Immortality" (Hulme) **21**:139
Susan Lenox: Her Fall and Rise (Phillips) **44**:271-72, 275-77, 280-81, 288-89, 291, 294, 300-02
Susan Proudleigh (De Lisser) **12**:95-7, 99
Susan Spray (Kaye-Smith) **20**:108, 116-17
Susana (Baroja) **8**:64
"Susanna" (Kolmar) **40**:185-86
"Susannah" (Mansfield) **2**:454
Susannah and the Elders, and Other Plays (Bridie) **3**:138
"Suspense" (Lawrence) **93**:66
Suspense (Conrad) **1**:217
Suspicious Characters (Sayers)
See *The Five Red Herrings*
Sussex Gorse (Kaye-Smith) **20**:93-4, 101-03, 109-10, 114-16, 118
"Susy" (Harte) **25**:213
"Suttee" (Naidu) **80**:294
"Suum cuique" (Pereda) **16**:363, 380
"Svad'ba" (Zabolotsky) **52**:375, 377-78
Svadba (Chekhov) **31**:80
Svaermere (Hamsun) **2**:202; **14**:223, **49**:133-34
Svarta Fanor (Strindberg) **1**:460; **8**:410; **47**:345
Sveika, brīvā Latvija! (Rainis) **29**:392
Svendborg Poems (Brecht) **6**:40
Svenskarna och deras hövdingar (Heidenstam) **5**:252, 257
"Svet nerukotvorennyi" (Remizov) **27**:339
Svetoslav terter (Vazov) **25**:457
"Sviatoi vecher" (Remizov) **27**:340, 349
"Svirel'" (Chekhov) **96**:34-36
Svirel' (Sologub) **9**:444
"Svivajutsja blednye teni" (Bryusov) **10**:92
Svjataja Elena: Malen' kij ostrov (Aldanov) **23**:16, 19, 21
"Svjatogor Mound" (Khlebnikov) **20**:147
Svyataya krov (Hippius) **9**:168
"The Swain" (Tsvetaeva) **7**:557, 566
The Swallow-Book (Toller)
See *Das Schwalbenbuch*
"Swallows" (Pickthall) **21**:243
"Swallows" (Storni)
See "Golondrinas"

"The Swamp" (Kuprin) **5**:298
"The Swan" (Balmont) **11**:34
"The Swan" (Gray) **19**:158
"Swan" (Lawrence) **93**:55
The Swan (Molnar)
See *A hattyú*
A Swan and Her Friends (Lucas) **73**:153
"The Swan Song" (Rebreanu)
See "Cîntecul lebedei"
Swan Song (Chekhov)
See *Lebedinaia pesnia*
Swan Song (Galsworthy) **1**:297-98; **45**:46-7, 64-5
Swann's Way (Proust)
See *Du côté de chez Swann*
The Swans' Encampment (Tsvetaeva)
See *Lebediny stan*
Swanwhite (Strindberg) **8**:415; **21**:350, 353; **47**:369
Sward Grass (Remizov)
See *Trava-Murava*
"A Sweat-Shop Romance" (Cahan) **71**:13, 26, 39, 67, 71, 87-88
"Sweden" (Heidenstam) **5**:249
"Swedenborg, Mediums, and the Desolate Places" (Yeats) **31**:409
"Swedes" (Thomas) **10**:455, 463
The Swedes and Their Chieftains (Heidenstam)
See *Svenskarna och deras hövdingar*
The Sweet Cheat Gone (Proust)
See *The Fugitive*
Sweet Cicely (Holley) **99**:321, 326, 344-45
The Sweet Harm (Storni)
See *El dulce daño*
"Sweet Home Chicago" (Johnson) **69**:77, 79
Sweet Kitty Bellairs (Belasco) **3**:90
Sweet Lavender (Pinero) **32**:389, 393, 399, 404, 412
"Sweet Tongue" (Tagore) **3**:483
"Sweet Youth" (Davies) **5**:199
"The Sweetness of a Man's Friend" (Rutherford) **25**:356
Swift (Stephen) **23**:340
Swift: A Biography (Van Doren) **18**:398, 409
"The Swimmer of Nemi" (Sharp) **39**:390-91
"The Swimmers" (Sterling) **20**:374
The Swimming Pool (Rinehart) **52**:290, 300, 303
"Swinburne at 'The Pines'" (Lucas) **73**:169
Swing! (Micheaux) **76**:273
"Swing Low, Sweet Chariot" (Roberts) **68**:348, 350
"The Swing of the Pendulum" (Mansfield) **2**:457; **8**:282
Swirling Currents (Hayashi)
See *Uzushio*
Swiss Family Manhattan (Morley) **87**:146
Swiss Tales (Strindberg) **1**:444
The Switchback (Bridie) **3**:136, 140-42
"Swollen Fortunes" (Phillips) **44**:277
Sword Blades and Poppy Seed (Lowell) **1**:370-72, 375, 379; **8**:223-24, 228, 232-33, 235
"The Sword Box" (Wen I-to) **28**:417
The Sword Does Not Jest: The Heroic Life of King Charles XII of Sweden (Bengtsson)
See *Karl den XII:s levnad*
The Sword of England (Noyes) **7**:503
The Sword of Song (Crowley) **7**:204-05
The Sword of Welleran, and Other Stories (Dunsany) **2**:136; **59**:17, 20-1, 29
"Sword Woman" (Howard) **8**:138
Swords and Plowshares (Drinkwater) **57**:148
Swords and Roses (Hergesheimer) **11**:273-75, 278-79
Swords of Shahrazar (Howard) **8**:136
"Swords of the Red Brotherhood" (Howard) **8**:131
Sydney Royal (Franklin) **7**:268
"Syllabus of Certain Topics of Logic" (Peirce) **81**:199
"Le sylphe" (Valery) **4**:498
"The Sylvan Sadness" (Khlebnikov)
See "Lesnaya toska"
"Symbiosis and Socialization" (Park) **73**:198-99
Symbol of the Unconquered (Micheaux) **76**:262, 264, 270
"The Symbol Seduces" (Baker) **10**:21, 27
"Symbolism" (Baker) **10**:27
Symbolism (Bely) **7**:59
Symbolism in Nineteenth-Century Literature (Brennan) **17**:49
Symbolism: Its Meaning and Effect (Whitehead) **97**:298
"The Symbolism of Poetry" (Yeats) **11**:526
The Symbolist Movement in Literature (Symons) **11**:435, 440-42, 444, 447, 450, 452-53
Symbols (Merezhkovsky) **29**:230, 246
"Symbols in Literature" (Wylie) **8**:531, 537
Sympathies and Differences (Reyes)
See *Simpatías y diferencias*
"Sympathy" (Dunbar) **12**:117
La Symphonie pastorale (Gide) **36**:96, 100; **5**:214, 222-23, 227, 229, 240-41; **12**:145, 147, 149, 153, 157-60, 164, 177
Symphonies (Bely) **7**:48-51
"A Symphony in Yellow" (Wilde) **8**:492
Symptoms of Being Thirty-Five (Lardner) **14**:306
"Synchronization of Senses" (Eisenstein) **57**:181
The Syndic (Kornbluth) **8**:212, 214, 216, 220
Syner (Ekelund) **75**:92
Synnøve Solbakken (Bjoernson) **7**:100-02, 105-10, 112-13, 117-18; **37**:7-8, 17, 22-3
"Synnöve's Song" (Bjoernson) **7**:110
"Synov'ja i pasynki vremeni" (Shestov) **56**:278
The Synthesis of Yoga (Aurobindo)
See *On Yoga I: The Synthesis of Yoga*
Synthetic Men of Mars (Burroughs) **2**:81; **32**:57
"The Synthetic Theatre" (Marinetti) **10**:319
"Syostry-molnii" (Khlebnikov) **20**:137
"Syphilis" (Mayakovski) **18**:258
"Syria I" (Douglas) **40**:56
"Syria II" (Douglas) **40**:89-90
Syria: The Desert and the Sown (Bell) **67**:2, 4, 5, 13, 16-17
"Syrinx" (Carman) **7**:149
Syrlin (Ouida) **43**:364, 366-67
Les syrtes (Moreas) **18**:275, 278-82, 285-88, 290
"The System" (Capek) **37**:60
A System of National Education (Aurobindo) **63**:28, 30-1
"The System of the Self-Conscious Universal" (Nishida)
See "Ippansha no jiko gentei"
Systematische Phylogenie (Haeckel) **83**:126
Système des beaux-arts (Alain) **41**:3, 6, 24, 28, 30
Le systeme historique de Renan (Sorel) **91**:260-2, 329
Le système Ribadier (Feydeau) **22**:77
Les systemes sociolistes (Pareto) **69**:112, 127, 130-31, 141, 152, 163, 165-67
"Syster, min syster" (Sodergran) **31**:293
"Syvsoverne" (Jensen) **41**:307-08
Szalona lokomotywa (Witkiewicz) **8**:515-16
Szegény emberek (Moricz) **33**:246
A szelistyei asszonyok (Mikszath) **31**:172
Szent Péter esernyöje (Mikszath) **31**:165, 168-72
"Szentolvajok" (Molnar) **20**:164
Szeretném, ha szeretnáenek (Ady) **11**:18, 21, 23
Szewcy (Witkiewicz) **8**:510, 513
Sziget és tenger (Babits) **14**:40
Szinhaz (Karinthy) **47**:268
Szinház: Előjáték Lear Királyhoz, Marshall, Az ibolya (Molnar) **20**:161-62, 171
"Szkatulka babki" (Prus) **48**:181
"T. Fenning Dodsworth" (Beerbohm) **1**:68
"Table" (Kandinsky) **92**:93
A Table near the Band (Milne) **6**:319
"Table of Contents" (Caragiale)
See "The Mosi Fair"
"Tableau" (Cullen) **37**:152
The Tables of Destiny (Khlebnikov) **20**:150-51
"The Tables of the Law" (Yeats) **31**:411
Les tablettes d'eloi (Renard) **17**:303
"Tabloid Editions" (Benchley) **1**:81
"Tabloid Tragedy" (Dreiser) **35**:74
Det tabte Land (Jensen) **41**:294-95
Tabu (Murnau) **53**:238-40, 251, 254-55, 274
Tabula Rasa (Sternheim) **8**:368, 372-73, 378
Tacámbaro (Romero) **14**:433
Un taciturne (Martin du Gard) **24**:384, 387, 394, 396, 404
The Tactile Quartet (Marinetti)
See *Il quartetto tactile*
"Tactilism" (Marinetti) **10**:320
"Tacuara-Mansión" (Quiroga) **20**:212
Taffy (Evans) **85**:4-5, 29-30
"Taffy at Home" (Evans) **85**:13
Ho táfus (Palamas) **5**:379, 382-83
Der Tag (Barrie) **2**:41
"Der Tag der grossen Klage" (Kolmar) **40**:184-85
Der Tag des jungen Arztes (Carossa) **48**:30-2, 34
Tag des Proletariats (Toller) **10**:489-90
Der Tag wird Kommen (Feuchtwanger) **3**:181, 184
Die Tage des Königs (Frank) **81**:102
"Tagebuch eines Mystikers" (Morgenstern) **8**:310
Tagebuch im Kriege (Carossa) **48**:15-16, 19-20, 22, 27-9
Tagebücher, 1910-1923 (Kafka) **2**:307; **6**:323; **29**:186, 189
Die Tagebucher von Joseph Goebbels: Samtliche Fragmente (Goebbels) **68**:128
"Die tagnachtlampe" (Morgenstern) **8**:305
"Tagore's Last Poems" (Tagore)
See "Śesh lekhā"
Tahiti (Adams) **4**:11, 18
"Tähtitarha" (Leino) **24**:371
"Tahtoisin nähdä mä Kartagon naisen" (Leino) **24**:369
"Taidokuro" (Rohan) **22**:295, 299, 301, 305
Tailleur pour dames (Feydeau) **22**:90
"Tailors' Dummies" (Schulz)
See "Traktat o manekinach"
"Tainstvennyi zaichik" (Remizov) **27**:339
The Taira Clan (Mizoguchi) **72**:293
"Tajmahal" (Tagore) **53**:335
Tajtékos ég (Radnoti) **16**:419
"Tak est" (Hippius) **9**:162
"Tak zhizn idet" (Guro) **56**:132, 141-43, 148-49
"Take" (Hagiwara Sakutaro) **60**:312
"Take a Walk" (Lardner) **14**:320
"Take Me under Your Wing" (Bialik)
See "Hachnisini tahath kenafech"
"Take the Witness!" (Benchley) **55**:10, 18
"Take These Chains from My Heart" (Williams) **81**:437
"Take Your Time" (Holly) **65**:137-38, 141, 147
Takeoff (Kornbluth) **8**:212, 216
Taki no Shiraito (Mizoguchi) **72**:304, 313-17, 319, 323
"Takibi" (Kunikida) **99**:302-04
"Taking His Chance" (Lawson) **27**:134, 140
"Taking the Veil" (Mansfield) **39**:303
Takino Shiraito, the Water Magician (Mizoguchi)
See *Taki no Shiraito*
"Takyr" (Platonov) **14**:418
De tal palo, tal astilla (Pereda) **16**:365, 367-69, 374, 377, 381-82
Tala (Mistral) **2**:477-79
"Talab-i amurzish" (Hedayat) **21**:71
Talalkozas egy fiatalemberrel (Karinthy) **47**:269
Tālas noskanas zilā vakarā (Rainis) **29**:392
"A Tale" (Caragiale) **76**:169
"The Tale Died" (Ady) **11**:15

"A Tale for Dien Tamaela" (Anwar)
See "Tjerita buat Dien Tamaela"
A Tale No One Asked For (Nagai)
See *Towazugatari*
"Tale of a Broken Hairpin" (Su Man-shu)
See "Sui-tsan chi"
"A Tale of a Clown and a Mouse and Der Nister Himself" (Kahanovitsch) **56**:115
Tale of a District (Zamyatin)
See *Uezdnoe*
"A Tale of a Hermit and a Goat" (Kahanovitsch)
See "A mayse mit a nozir un mit a tsigele"
A Tale of a Lonely Parish (Crawford) **10**:144, 151, 153
The Tale of a Manor (Lagerloef) **36**:244, 248
"Tale of a Pony" (Harte) **25**:190
"The Tale of an Empty House" (Benson) **27**:17, 19
"Tale of Crimson Silk" (Su Man-shu)
See "Chiang sha chi"
"The Tale of Imatra" (Leino)
See "Imatran tarina"
"A Tale of London" (Dunsany) **59**:21
"A Tale of Mere Chance" (Crane) **11**:128
"A Tale of Negative Gravity" (Stockton) **47**:313, 315, 320, 323, 327
"A Tale of the Airly Days" (Riley) **51**:278, 300-01
"A Tale of the Equator" (Dunsany) **59**:21
"The Tale of the Good Old Man and the Beautiful Girl" (Svevo)
See "La novella del buon vecchio e della bella fanciulla"
"The Tale of the Moon and Sun" (Balmont) **11**:40
"The Tale of the Most Essential" (Zamyatin)
See "Rasskaz o samom glavnom"
"Tale of the Stone Age" (Khlebnikov)
See "Skazka o kamennom veke"
"Tale of the Tiger Tree" (Lindsay) **17**:226
"The Tale of the Unextinguished Moon" (Pilnyak)
See "Povest nepogašhennoy luny"
The Tale of the Unextinguished Moon, and Other Stories (Pilnyak)
See *Povest' nepogašennoj luny*
Tale of Two Animals: Ikhnelat (Remizov)
See *Povest' o dvukh zveriakh: Ikhnelat*
"Tale (or Sage) of the Pogrom" (Bialik) **25**:50
"The Talent Thou Gavest" (Evans) **85**:34
"The Talented Dragon" (Soderberg) **39**:437-38
Tales (Gurdjieff)
See *Beelzebub's Tales to His Grandson*
Tales (Kuprin) **5**:300
Tales (Lawrence) **61**:193
Tales (Remizov)
See *Rasskazy*
The Tales by Nazar Ilyich Sinebriukhov (Zoshchenko) **15**:501
Tales for Adult Children (Zamyatin) **8**:543; **37**:432
Tales from a Greek Island (Papadiamantis) **29**:277
Tales from a Rolltop Desk (Morley) **87**:123
Tales from Himmerland (Jensen)
See *Himmerlandshistorier*
Tales from the House Behind (Frank) **17**:114
Tales from the Margin (Grove) **4**:141
Tales from the Secret Annex (Frank) **17**:121
Tales from the Telling House (Blackmore) **27**:43
Tales from the Vienna Woods (Horvath)
See *Geschichten aus dem Wiener Wald*
Tales from Tolstoy (Tolstoy) **4**:452
Tales from Two Pockets (Capek) **37**:47-9, 54-7, 70
Tales in Verse (Kahanovitsch)
See *Mayselakh in ferzn*
Tales of a Fairy Court (Lang) **16**:265
Tales of a Siberian Tourist (Korolenko) **22**:169
Tales of Alchemists (Meyrink)
See *Goldmachergeschichten*
Tales of America (Nagai)
See *Amerika monogatari*
Tales of Australian Early Days (Warung)
See *Tales of the Early Days*
Tales of Chinatown (Rohmer) **28**:282, 286, 301
Tales of Country Life (Zamyatin)
See *Uezdnoe*
Tales of East and West (Rohmer) **28**:286, 301
Tales of France (Nagai)
See *Furansu monogatari*
Tales of Ghosts and Men (Wharton) **3**:571, 577-78
The Tales of Jacob (Mann)
See *Die Geschichten Jaakobs*
Tales of Mean Streets (Morrison) **72**:353-54, 359, 361-63, 366, 371-72, 375, 377, 383, 386-87, 390-91, 395
Tales of Moonlight and Rain (Mizoguchi)
See *Ugetsu Monogatari*
Tales of My Native Town (D'Annunzio)
See *San Pantaleone*
"Tales of New England" (Jewett) **22**:133
Tales of Our Time (Benet) **7**:75
Tales of Secret Egypt (Rohmer) **28**:276-77, 286
Tales of Sevastopol (Tolstoy) **4**:469; **28**:359, 381
Tales of Soldiers and Civilians (Bierce)
See *In the Midst of Life*
Tales of the Convict System (Warung) **45**:417, 419-20
Tales of the Early Days (Warung) **45**:416-17, 419-20
Tales of the Five Towns (Bennett) **5**:42, 46
Tales of the Isle of Death (Norfolk Island) (Warung) **45**:418-19
Tales of the Jazz Age (Fitzgerald) **1**:236; **6**:161
Tales of the Long Bow (Chesterton) **6**:103-04, 108
Tales of the Mermaid Tavern (Noyes) **7**:502-03, 508, 511-12, 515
Tales of the Monkey King Asyka (Remizov) **27**:334
"Tales of the Moon" (Peretz) **16**:396
Tales of the Old Regime and the Bullet of the Fated Ten (Warung) **45**:417, 419, 422
Tales of the Pale and Silvery Moon after the Rain (Mizoguchi)
See *Ugetsu Monogatari*
Tales of the Provinces (Dazai Osamu)
See *Shokoku-banashi*
Tales of the Russian People (Remizov)
See *Folk-Tales of the Russian People*
Tales of the Uneasy (Hunt) **53**:186-87, 190, 192, 197, 200
Tales of Three Hemispheres (Dunsany) **59**:17, 20-1, 28-9
"Tales of Three Nations" (Beerbohm) **24**:105
Tales of Three Planets (Burroughs) **2**:81
Tales of Trail and Town (Harte) **25**:194
Tales of Troy and Greece (Lang) **16**:264
Tales of Two Countries (Kielland) **5**:275, 277
Tales of Two People (Hope) **83**:181
Tales of War (Dunsany) **59**:17
Tales of Wonder (Dunsany) **2**:136-37
"Tales of Zashiki Bokko" (Miyazawa) **76**:293
Tales You Won't Believe (Porter) **21**:278
"Taliessin in the School of the Poets" (Williams) **1**:512
Taliessin through Logres (Williams) **1**:512, 515-16, 518-19; **11**:489-92, 497
Talifer (Robinson) **5**:406; **101**:105-06, 109, 185
"A Talisman" (Guiney) **41**:216
The Talk of New York (Cohan) **60**:170
The Talk of the Town (Cohan) **60**:166
The Talkers (Chambers) **41**:102
"Talking (and Singing) of the Nordic Man" (Belloc) **18**:25
Talking Bronco (Campbell) **5**:123
"The Talking Memories" (Apollinaire) **51**:49
Talks on Haiku from the Otter's Den (Masaoka Shiki)
See *Dassai shooku haiwa*
Talks on Tanka (Yosano Akiko) **59**:323-4, 326, 329
Talks to Teachers (James) **32**:358-59
Talks with an Irish Farmer (Baker) **10**:22
"Tall Nettles" (Thomas) **10**:467
"A Tall Woman" (Hulme) **21**:139
The Tallons (March) **96**:235, 237-38, 248, 250-51, 259, 263-64, 266
"The Talmudic Student" (Bialik) **25**:50
"The Talmud-Student" (Bialik) **25**:57-8
"Talu and Fred" (Allen) **87**:39
Talvi-yö (Leino) **24**:368, 370
"Tam" (Huidobro) **31**:124
Tamakushige futari Urashima (Mori Ōgai) **14**:371-72, 382
"Taman" (Anwar) **22**:20, 24
Tamarisk Town (Kaye-Smith) **20**:95, 97, 101-02, 109, 114, 116, 118
"Tambours" (Bosschere) **19**:59
Tamer of the Wild (Faust) **49**:38-9
"The Taming of Nips Blaas" (Williams) **89**:383
"The Taming of the Nightmare" (Chesterton) **6**:108
Tampico (Hergesheimer) **11**:271-73
Tanar of Pellucidar (Burroughs) **2**:81; **32**:58
Tanár úr kérem! (Karinthy) **47**:269
Tancrède (Fargue) **11**:194, 199-200
"Tandaradei" (Ford) **15**:70
"Tandy" (Anderson) **24**:24, 33-4, 58-9
"The Tangerines" (Akutagawa Ryunosuke)
See "Mikan"
Tangled Hair (Yosano Akiko)
See *Midaregami*
Tangled in Stars (Wetherald) **81**:408,413
A Tangled Web (Montgomery) **51**:194, 199, 201
"The Tangled Wood" (Khlebnikov) **20**:150
"El tango Argentino" (Graham) **19**:105, 112, 129
"Tanil" (Coppard) **5**:176
"Tanist" (Stephens) **4**:415
Tanker i en skorsten (Hansen) **32**:251
Tannhäuser (Crowley) **7**:208
"Tantalus, Fill Your Cup" (Sodergran) **31**:287
Tanto tienes, tanto vales (Pereda) **16**:372
"Tantramar Revisited" (Roberts) **8**:314, 316-17, 320-21, 325-26
"The Tan-Yard Cremation" (Hearn) **9**:127
"Taoping" (Flecker) **43**:217
"Taormina" (Roberts) **8**:321
"Taormina" (Woodberry) **73**:361
Taos Pueblo (Austin) **25**:38
"Tápé, Old Evening" (Radnoti) **16**:418
"La tapera" (Graham) **19**:104
The Tapestry of Life, the Songs of Dream and Death (George)
See *Der Teppich des Lebens und die Lieder von Traum und Tod, mit einem Vorspiel*
"Tapestry Weaving, A Ballad Song of Mary" (Roberts) **68**:304
Le tapin (Bourget) **12**:69
La tapisserie de Notre Dame (Peguy) **10**:405
La tapisserie de Sainte Geneviève et Jeanne d'Arc (Peguy) **10**:405
Taps at Reveille (Fitzgerald) **6**:162
Taquisara (Crawford) **10**:141, 147, 150, 155
Tar: A Midwest Childhood (Anderson) **1**:38-9, 41, 45-6, 56; **10**:38, 43; **24**:44-5, 50-1
"Tar and Feathers" (Paterson) **32**:376
Tarabas: Ein Gast auf dieser Erd (Roth) **33**:329-30
Les Tarahumaras (Artaud)
See *D'un voyage au pays des Tarahumaras*
"Tarantella" (Belloc) **7**:33; **18**:41
"Tarde" (Villaurrutia) **80**:476
"Una tarde de domingo" (Arlt) **29**:46
"Tardes de aquellos años" (Gonzalez Martinez) **72**:152
La tardi ravveduta (Giacosa) **7**:307, 310, 313
"A Tardy Thanksgiving" (Freeman) **9**:76
"The Target" (Gurney) **33**:86

The Tariff in Our Times (Tarbell) **40**:439, 443
"The Tarn of Sacrifice" (Blackwood) **5**:72
Tärningkast (Bengtsson) **48**:5, 12
"Tarōbō" (Rohan) **22**:306
"Tarpeia" (Guiney) **41**:204, 207, 227, 229
Tarquinius superbus (Leino) **24**:372
Tarr (Lewis) **2**:385-89, 391, 395, 397-98; **9**:235, 237, 241-45, 247-50; **104**:172, 175-76, 180-81, 199, 204, 228-29, 241, 243-45, 247, 250, 254-55, 260-62, 264-72, 293, 297, 299
"Tartar Captivity" (Sienkiewicz) **3**:426, 430
"Tartary" (de la Mare) **4**:74
Tartüff (Murnau) **53**:240, 254, 257, 274
Tartuffe (Murnau)
See *Tartüff*
Tarzan and the Ant Men (Burroughs) **2**:81; **32**:56, 62, 74-6
Tarzan and the Castaways (Burroughs) **32**:80
Tarzan and "The Foreign Legion" (Burroughs) **2**:79; **32**:70, 80
Tarzan and the Golden Lion (Burroughs) **2**:79
Tarzan and the Jewels of Opar (Burroughs) **32**:72
Tarzan and the Leopard Men (Burroughs) **32**:62
Tarzan and the Lion Man (Burroughs) **32**:59
Tarzan and the Lost Empire (Burroughs) **2**:79; **32**:59
Tarzan at the Earth's Core (Burroughs) **2**:79, 81; **32**:56-8, 80
Tarzan, Lord of the Jungle (Burroughs) **32**:56, 62
Tarzan of the Apes (Burroughs) **2**:75-7, 79-80, 83-4; **32**:57-8, 60-2, 64, 78-80
Tarzan the Invincible (Burroughs) **32**:57, 62
Tarzan the Magnificent (Burroughs) **32**:62
Tarzan the Terrible (Burroughs) **2**:79; **32**:62, 80
Tarzan the Untamed (Burroughs) **2**:79; **32**:80
Tarzan Triumphant (Burroughs) **32**:62, 80
Tarzan's Quest (Burroughs) **32**:62
The Task of Social Hygiene (Ellis) **14**:104-05, 112, 114, 116, 122
"The Task of the Translator" (Benjamin) **39**:5, 15-16
Tasker Jevons: The Real Story (Sinclair) **3**:434, 437-38; **11**:411, 413-14
"Tasker Norcross" (Robinson) **5**:412
"Tasks of the Proletariat in Our Revolution" (Lenin) **67**:257
Tasso oder Kunst des Justes Milieu (Sternheim) **8**:368
"Tasso to Leonora" (Sterling) **20**:371, 378
"Taste" (Erskine) **84**:183
"Der Täter" (George) **14**:200
"Taurine Provence" (Campbell) **5**:120, 122
"The Tavern" (Cather) **11**:93
"Tavern" (Millay) **49**:201
The Tavern (Cohan) **60**:162, 166, 173
The Tavern Knight (Sabatini) **47**:303
Tavern Moscow (Esenin) **4**:116
"The Tavern of Despair" (Marquis) **7**:434
"The Taxi" (Lowell) **1**:375; **8**:233, 235
"Taxidea Americana" (Lardner) **14**:307
"Tchériapin" (Rohmer) **28**:286
"Te Deum Laudamus" (Rhodes) **53**:316
"Tea" (Stevens) **45**:320, 335
"The Teacher" (Anderson) **24**:22, 35, 53, 56, 59
"The Teacher of Literature" (Chekhov) **3**:153, 165-66; **10**:108
"Teacher Tomioka" (Kunikida)
See "Tomioka Sensei"
"The Teaching of Economic History in Canada" (Innis) **77**:338
"The Teaching of Hasidism" (Peretz) **16**:392
The Teaching of Political Economy in the Soviet Union (Stalin) **92**:167
"The Teams" (Lawson) **27**:140
"The Teapot" (Remizov) **27**:331, 334
A Tear and a Smile (Gibran)
See *Dam 'ah wabitisāmah*
"A Tear for Cressid" (Wylie) **8**:530
"Teardrops Fall Like Rain" (Holly) **65**:144
"Tears" (Thomas) **10**:452-53, 463, 469
"Tears and Laughter" (Gibran)
See *Dam 'ah wabitisāmah*
"The Tears of Rain" (Wen I-to) **28**:414
"The Tears of the Tearless" (Babits)
See "A könnytelenek könnyei"
"Teatr odnoy volya" (Sologub) **9**:439
Teatral'nyi roman (Bulgakov) **2**:65; **16**:76-7, 84, 90, 110-11
Teatro de ensueño (Martinez Sierra and Martinez Sierra) **6**:273, 277-79, 286
"A Technical Error" (Henry) **19**:183
"The Technical Manifesto of Literature" (Marinetti) **10**:324-25
"Technique" (Saintsbury) **31**:226
Le technique du coup d'état (Malaparte) **52**:262-63, 267, 273-74
"The Technique of Interpretation and of Resistance Analysis" (Reich) **57**:341
"The Technique of Psychoanalytic Therapy" (Horney) **71**:230
Technique of the Coup d'Etat (Malaparte)
See *Le technique du coup d'état*
The Technique of the Mystery Story (Wells) **35**:421-23, 426
"The Technique of the New Poetry" (Marinetti) **10**:325
"Technology and Public Opinion in the United States" (Innis) **77**:406
"Tecla and the Little Men" (Hudson) **29**:156
The Tedious Story (Chekhov) **3**:147-48
Teenagers (Moricz) **33**:249
The Teeth of the Tiger (Leblanc)
See *Les dents du tigre*
Der tehillim yid (Asch) **3**:68-9, 72-3
Teja (Sudermann) **15**:420, 422, 430
"Tel Aviv" (Douglas) **40**:91
"Tel qu'en songe" (Nervo) **11**:396
"The Telegram" (Capek) **37**:57
"The Telegram" (Hunt) **53**:190
"Telegrams" (Caragiale) **76**:169, 171
"Telemachos" (Muir) **87**:157
"Telemachus, Friend" (Henry) **19**:189
"Teleological Logic" (Peirce) **81**:193
"The Telephone" (Belloc) **18**:28, 49
"Telesforo Altamira" (Guiraldes) **39**:176
Ho teleutaios peirasmos (Kazantzakis) **2**:317-18, 320-21, 323; **5**:261-64, 267-68; **33**:145-46, 148-49, 153, 159, 160, 164, 167
"A téli Magyarország" (Ady) **11**:17, 21
"Tell e How" (Holly) **65**:152
"Tell Me Now" (Gogarty) **15**:101, 114
"The Teller of Tales" (Benjamin)
See "The Storyteller"
"Telling a Short Story" (Wharton) **9**:546
"Telling Mrs. Baker" (Lawson) **27**:121, 128, 131, 147
"Telo gektora" (Bryusov) **10**:85
"Tema" (Salinas) **17**:369
"El tema de nuestro tiempo" (Ortega y Gasset) **9**:338, 349
Temas Cubanos (Hostos) **24**:303
Temas Sudamericanos (Hostos) **24**:303
Temblor de cielo (Huidobro) **31**:122-23, 133
Temnyi lik (Rozanov) **104**:314, 316
"The Temperance Crusade and Woman's Rights" (Twain) **12**:438-39
"The Temperance Lecture" (Fields) **80**:254
Tempered Pink (Kandinsky)
See *Sharp-calm Pink*
"Tempest" (Obstfelder)
See "Orkan"
Tempest (Stroheim) **71**:340
La tempestaire (Epstein) **92**:2
The Tempests (Gibran) **9**:90-1, 93
"The Templar" (Leino)
See "Tempeliherra"
"The Temple" (Lovecraft) **22**:209, 219
"The Temple: A Pilgrimage of Love" (Naidu) **80**:287
"The Temple of Eros" (Sodergran)
See "Eros tempel"
"Temple of Fame" (Davis) **6**:154
"The Temple of Janus" (Swinburne) **8**:445
The Temple of the Holy Ghost (Crowley) **7**:208
Temple Tower (Sapper) **44**:316, 318-19, 321-22
"Templer" (George) **2**:150; **14**:210
"Tempo di valse" (Mencken) **13**:363
"Tempora" (Caragiale) **76**:181
"Temporal Power": A Study in Supremacy (Corelli) **51**:66, 68, 71
"Tempeliherra" (Leino) **24**:369
Le temps déborde (Eluard) **41**:151, 153, 161
Le temps retrouvé (Proust) **7**:527, 529-30, 545, 549, 551-53; **13**:406, 410, 414, 419, 421, 424-26; **33**:256-57, 261, 271-72
Le temps viendra (Rolland) **23**:257, 282
"Temptation" (Dunbar) **12**:122
"The Temptation" (Moore) **7**:487
Temptation (Micheaux) **76**:247, 255
The Temptation of Quiet Veronica (Musil)
See *Die Versuchung der Stillen Veronika*
"The Temptation of Saint Anthony" (Ball)
See "Versuchung des heiligen Antonius"
The Temptation of the Silent Veronika (Musil)
See *Die Versuchung der Stillen Veronika*
"The Tempted Devil" (Papini) **22**:284
The Tempter (Broch) **20**:67
The Temptress (Blasco Ibanez)
See *La tierra de tudos*
Ten Creeks Run (Franklin) **7**:264, 266-67, 269-73
Ten Days That Shook the World (Reed) **9**:382, 384, 386-91
Ten Ladies in One Umbrella (Melies) **81**:145
Ten Minute Stories (Blackwood) **5**:77
Ten Minutes to Live (Micheaux) **76**:258-63
"Ten' nosozdannyz sozdanij" (Bryusov) **10**:82
Ten Poems from a Hundred (Masaoka Shiki)
See *Hyakuchū jisshu*
Ten Tales (Bierce) **44**:14
"10,000 People Killed" (Fields) **80**:259
"The Ten Worst Books" (Benet) **28**:7
A Ten Year's War (Riis) **80**:419
"The Tenant" (Riis) **80**:441
"A Tenant in a Garret" (Prus)
See "Lokator poddasza"
Tenants (James) **11**:338
Tendencies in Modern American Poetry (Lowell) **1**:377; **8**:228, 236
"A Tendency of History" (Adams) **4**:17-19
"The Tender Achilles" (Kipling) **17**:209
Tender Buttons: Objects, Food, Rooms (Stein) **1**:428, 430-31, 434-37, 441-42; **6**:404-06, 410-11, 413, 415-16; **28**:306, 311, 313, 315, 318, 320, 322, 325, 328-32, 336-42; **48**:211, 213, 216, 236-39, 247-49, 252, 254-55, 264
"Tender, Caressing Hands" (Ady) **11**:15
Tender Is the Night (Fitzgerald) **1**:238, 241-42, 244-45, 247-48, 250, 252, 254, 258-59, 261, 263-64, 266-67, 269-71; **6**:160, 162, 165, 169, 171; **14**:174, 178; **28**:87-125; **55**:191, 193, 196-99, 201, 207, 209-10, 213-17, 220, 225-29
Tender Is the Night (Lowry) **6**:250
Tender Joseph (Kuzmin)
See *Nezhnyi Iosif*
"The Tender Shoot" (Colette)
See "Le tendron"
Tenderenda der Phantast (Ball) **104**:13, 15-19, 36, 59, 72
Tenderenda the Fantast (Ball)
See *Tenderenda der Phantast*
Tenderenda the Visionary (Ball)
See *Tenderenda der Phantast*
Les tenderesses premières (Verhaeren) **12**:465
The Tenderfoot (Faust) **49**:56, 58-9
Tenderness (Mistral)
See *Ternura*
Tendre comme le souvenir (Apollinaire) **51**:8, 10, 13
La tendre ennemie (Ophuls) **79**:238
"Le tendron" (Colette) **5**:170, 173; **16**:120-21, 129, 138
Les ténèbres (Desnos) **22**:60-2, 72-3

"Tenebris Interlucentum" (Flecker) **43**:188, 194, 199
"Tengo un miedo terrible..." (Vallejo) **56**:311
"Teni" (Korolenko) **22**:175
"Tenjō Ishi" (Hagiwara Sakutaro) **60**:295, 311
"The Tennessee Hero" (Harper) **14**:259, 263
"Tennessee's Partner" (Harte) **1**:340-41; **25**:189, 191, 197, 199, 201, 205, 214, 216, 222
"Tennis" (Mandelstam) **2**:403
"Tennyson" (de la Mare) **4**:81
The Tenor (Wedekind)
See *Der Kammersänger*
Tension (Delafield) **61**:127
The Tent (Gumilev) **60**:260, 262
Tentation (Bourget) **12**:67
La tentative amoureuse (Gide) **5**:244; **12**:159, 176
Tenterhooks (Leverson) **18**:194, 202
"Tenth Elegy" (Rilke) **1**:413; **6**:361
"The Tenth Muse of America" (Reyes) **33**:318
The Tenth Symphony (Aldanov)
See *Desjataja simfonija*
The Tents of the Arabs (Dunsany) **2**:140, 142-43; **59**:3, 6, 11, 14
The Tents of Trouble (Runyon) **10**:437
Teoria dello Spirito (Gentile)
See *Teoria generale dello Spirito come puro atto*
"Teoria do medalhão" (Machado de Assis) **10**:290, 293
Teoria e storia della storiografia (Croce) **37**:86, 123-24
Teoria generale dello Spirito come puro atto (Gentile) **96**:85, 90, 96, 100-01, 134
"Teoría y juego del duende" (Garcia Lorca) **49**:83, 91, 109, 116
Teorica dei governi e governo parlamentare (Mosca)
See *Sulla teorica dei governi e sul governo parlamentare*
Le teorie del conte Alberto (Svevo) **35**:370
"La teorie storiche del professor Loria" (Croce) **37**:120
Teper' kogda ja prosnulsja (Bryusov) **10**:83
Der Teppich des Lebens und die Lieder von Traum und Tod, mit einem Vorspiel (George) **2**:151, 154; **14**:199, 202, 204-06, 212
Tercets (Pirandello)
See *Terzetti*
Teresa: Rimas de un poeta desconocido presentadas y presentado por Miguel de Unamuno (Unamuno) **9**:514
Terminations. The Death of the Lion. The Coxon Fund. The Middle Years. The Altar of the Dead (James) **2**:272
Ternura (Mistral) **2**:478, 480
"Terra Incognita" (Lawrence) **93**:25
Terra vergine (D'Annunzio) **6**:133, 144; **40**:38
Le terrain bouchaballe (Jacob) **6**:191
"Terraplane Blues" (Johnson) **69**:94
"A Terre" (Owen) **5**:364, 371; **27**:206, 210, 212, 214, 217-18, 220, 223, 227
La terre (Zola) **1**:585, 590, 592-94, 596-97; **6**:561, 563-64, 566-69; **21**:441, 458; **41**:414-15, 438, 451
Le terre del Sacromento (Jovine) **79**:43, 45-6, 49-50, 58-62, 68, 73
Terre des hommes (Saint-Exupery) **2**:516-17, 521, 526; **56**:221, 223, 228
Terre du ciel (Ramuz) **33**:295
"La terre est bleue comme une orange..." (Eluard) **41**:169
La terre et les morts (Barrès) **47**:53
"La terre future" (Schwob) **20**:323
"Terremoto" (Vallejo) **56**:306-07
Terres maudites (Blasco Ibanez)
See *La barraca*
"A Terrible Tale" (Leroux) **25**:260
The Terrible Turkish Executioner (Melies) **81**:122,151
"The Terrible World" (Blok) **5**:92, 95
"Terrones y pergaminos" (Pereda) **16**:372-73
"Terror" (Anderson) **24**:34
The Terror (Machen) **4**:277, 284
The Terror (Wallace) **57**:402
Terror and the Lonely Widow (Dent) **72**:19, 27
El terror de 1824 (Perez Galdos) **27**:287
Terror Keep (Wallace) **57**:406
"The Terror of Blue John Gap" (Doyle) **7**:224-25
Terror of Light (Williams) **11**:499
Terror of the Navy (Dent) **72**:22
Terror Wears No Shoes (Dent) **72**:27, 38
Tersites (Zweig) **17**:433, 451-52
Tertia vigilia (Bryusov) **10**:79, 82, 86, 95-6
Terzetti (Pirandello) **29**:291-92
Terzetto spezzato (Svevo) **35**:352-53, 369-70
Tesi fondamentali di un Estetica come scienza dell' espressione e linguistica generale (Croce) **37**:114-15, 117-19, 122-23
Tess of the D'Urbervilles: A Pure Woman Faithfully Presented (Hardy) **4**:152-53, 159-61, 170-71, 174, 176-77; **10**:215-17, 220, 225, 227-29; **18**:79-81, 84-9, 94-100, 102-04, 108, 110-11, 114, 116, 120-24; **32**:270, 275-76, 278-81, 287-89, 309-10, 321; **48**:40, 46, 49, 56, 59, 73-4, 79; **53**:71, 81, 83, 102; **72**:160, 180, 195, 220, 226, 237, 243, 252, 255, 279
Tessa (Larbaud) **9**:203
"La tessitrice" (Pascoli) **45**:156
"The Test" (Kafka) **29**:186
The Test (Sully Prudhomme)
See *Les épreuves*
"The Test of Heroes" (Zoshchenko) **15**:499
"Testament" (Musil)
See "Vermächtnis"
Le testament (Bourget) **12**:69
Le Testament de l'auteur (Jammes) **75**:117
Le testament d'Eugène Delacroix (Barrès) **47**:67
Le testament du Père Leleu (Martin du Gard) **24**:382, 394, 404
Le Testament d'un excentrique (Verne) **52**:358
The Testament of a Man Forbid (Davidson) **24**:165-66, 174
The Testament of a Prime Minister (Davidson) **24**:174, 187
The Testament of a Vivisector (Davidson) **24**:165-66, 174, 187, 189
The Testament of an Empire-Builder (Davidson) **24**:174, 187, 190
The Testament of Beauty (Bridges) **1**:127-30, 132
The Testament of John Davidson (Davidson) **24**:167-68, 173, 187
"The Testament of Symbolism" (Ivanov) **33**:130
Le testament poétique (Sully Prudhomme) **31**:303, 307
I testimoni della passione (Papini) **22**:287
"El testimonio de Juan Peña" (Reyes) **33**:322, 324
"The Testimony of Juan Peña" (Reyes)
See "El testimonio de Juan Peña"
"The Testimony of the Suns" (Sterling) **20**:370, 372-73, 377, 380, 382-86
The Testimony of the Suns, and Other Poems (Sterling) **20**:368, 373-74, 383-84
The Testing of Diana Mallory (Ward) **55**:413-14, 416, 425, 430
A testőr (Molnar) **20**:159, 161-62, 165, 170-71, 178
Tête de méduse (Vian) **9**:531
Tête d'or (Claudel) **2**:100-01, 103-06, 108-09; **10**:127, 131
"Tete-jaune" (Scott) **6**:399
"Les Têtes de carton du carnaval de Nice" (Roussel) **20**:228, 230, 240
"Tetrazzini" (MacCarthy) **36**:253
"Teufelei I" (Huch) **13**:248-49
"Teufelei II" (Huch) **13**:249
Teufeleien (Huch) **13**:247
Das Teufels-Weib (Herzl) **36**:132
Das Teuflische (Barlach) **84**:74
Teutonic Knights (Sienkiewicz)
See *Krzyżacy*
The Tevye Stories, and Others (Aleichem) **1**:29, 31
Tevye the Dairyman (Aleichem) **1**:21, 29-30; **35**:306
"Tewkesbury" (Gurney) **33**:87, 111
The Texaco Star Theater (Allen) **87**:28, 37
A Texas Matchmaker (Adams) **56**:2, 4-7, 15, 24
A Texas Titan: The Story of Sam Houston (Oskison) **35**:276
"Text-Books of Fiction" (Matthews) **95**:263
Textes de grande jeunesse ou textes-genèse (Roussel) **20**:240
Textura del sistema nervioso del hombre y de los vertebrados (Ramoacn y Cajal) **93**:137, 142, 145
Thaïs (France) **9**:39-40, 42, 47-8, 51-3, 55-7
"Thakur-ka-kua" (Premchand) **21**:292
"The Thakur's Well" (Premchand)
See "Thakur-ka-kua"
"Thalerò" (Sikelianos) **39**:418, 421
"Thallusa" (Pascoli) **45**:146
"The Thames Embankment" (Davidson) **24**:189, 192
Thamyras the Cythara Player (Annensky)
See *Famira kifared*
"Thánatos tou palikariú" (Palamas) **5**:385
Thank Heaven Fasting (Delafield) **61**:126-7, 130, 133
Thankful Blossom (Harte) **1**:342; **25**:212
That Affair Next Door (Green) **63**:136, 148, 151, 154, 156-57, 160
"That Awful Night" (Rinehart) **52**:281
"That Blessed Hope" (Harper) **14**:260
"That Bright Chimeric Beast" (Cullen) **4**:43; **37**:156
"That Brute Simmons" (Morrison) **72**:362
"That Day That Was That Day" (Lowell) **8**:237
"That Makes It Tough" (Holly) **65**:147
"That Old-Fashioned Cakewalk" (Cohan) **60**:161
"That Old-Time Place" (Galsworthy) **45**:33
"That Pretty Girl in the Army" (Lawson) **27**:147-48
"That Share of Glory" (Kornbluth) **8**:217
"That There Dog o' Mine" (Lawson) **27**:125, 132
That Worthless Fellow Platonov (Chekhov)
See *Platonov*
"That'll Be the Day" (Holly) **65**:138, 143, 145, 150-51
"That's What They Say" (Holly) **65**:147, 151
"Thaw" (Thomas) **10**:450, 466
"Le thé de ma tante Michael" (Lemonnier) **22**:204
""The Marital Garland of Letters for Arunacala"" (Ramana Maharshi)
See "Arunacala-aksara-mana-malai"
"The Theater and Cruelty" (Artaud)
See "Le Théâtre et la Cruauté"
The Theater and Its Double (Artaud)
See *Le théâtre et son double*
Theatre (Molnar) **20**:171
"Théâtre Alfred Jarry, première année" (Artaud) **36**:25
The Theatre Book of the Year (Nathan) **18**:317
Théâtre complet (Feydeau) **22**:87
Théâtre de la révolution (Rolland) **23**:257, 260, 262
Le Theatre de Maurice Boissard (Leautaud) **83**:207
Le théâtre du peuple (Rolland) **23**:257-58, 260
"Le Théâtre et la Cruauté" (Artaud) **36**:11, 28
Le théâtre et son double (Artaud) **3**:50, 54-5, 60; **36**:2, 6, 8-9, 12-13, 15-16, 29, 33, 36, 39
Théâtre inédit (Vian) **9**:531
Le théâtre Italien (Apollinaire) **8**:14
Theatre of Dreams (Martinez Sierra and Martinez Sierra)
See *Teatro de ensueño*

"The Theatre of One Will" (Sologub)
See "Teatr odnoy volya"
The Theatre of the Moment (Nathan) **18**:322
The Theatre, the Drama, the Girls (Nathan) **18**:300
"Theatrical Recollections" (Caragiale) **76**:170
Theatricals, second series: The Album. The Reprobate (James) **11**:339-40
Theatricals: Two Comedies; Tenants. Disengaged (James) **11**:328
The Theatrocrat (Davidson) **24**:166, 172, 184, 187
"Thee and You" (Mitchell) **36**:264
"Thee Have I Sought, Divine Humility" (Coleridge) **73**:11
Theft (London) **9**:265
Their Fathers' God (Rolvaag) **17**:325-27, 329-30, 333-34, 343, 346
Their Hearts (Hunt) **53**:186-90, 192, 197, 199-200
"Their Lawful Occasions" (Kipling) **8**:202; **17**:208
Their Lives (Hunt) **53**:186-88, 192, 197, 199-200
Their Lives and Letters (Cabell) **6**:76
Their Morals and Ours (Trotsky) **22**:358
Their Silver Wedding Journey (Howells) **17**:184
Their Wedding Journey (Howells) **7**:363, 365, 371-72, 377, 384-85, 391; **17**:172-75, 180, 183; **41**:234, 263
Thekla, ein Gedicht in neun Gesängen (Heyse) **8**:119
"Thelassius" (Swinburne) **36**:316, 320, 324, 339, 341
Thelma: A Norwegian Princess (Corelli) **51**:66-7
"The Theme of Our Time" (Ortega y Gasset) **9**:344
"Theme with Variations" (Agee) **9**:24
"Then" (Lasker-Schueler) **57**:336
"Then and Now" (McCrae) **12**:210
"Then There Is Only One Thing Left" (Borchert) **5**:103
"Then Was My Neophyte" (Thomas) **8**:450, 459
Théodat (Gourmont) **17**:130-31
Theodora (Bojer) **64**:22
Theodore Dreiser (Matthiessen) **100**:181, 184-86, 238, 241, 262
"Theodore Roosevelt As a Man of Letters" (Matthews) **95**:258
Theodore Roosevelt, the Citizen (Riis) **80**:435
Theodosia (Mandelstam) **6**:264
"Theodotos" (Cavafy) **7**:158
"Theologico-Political Fragment" (Benjamin) **39**:41
Theologumena (Werfel) **8**:482-83
Theorie der Erkenntnis (Husserl)
See *Untersuchungen zur Phänomenologie und Theorie der Erkenntnis*
La Théorie Platonicienne des Sciences (Halévy) **104**:110
"The Theory and Art of the 'Duende'" (Garcia Lorca)
See "Teoría y juego del duende"
"Theory and Game of the Goblin" (Garcia Lorca)
See "Teoría y juego del duende"
Theory and History of Historiography (Croce)
See *Teoria e storia della storiografia*
"The Theory and Play of the Duende" (Garcia Lorca)
See "Teoría y juego del duende"
"Theory and practice of the Goblin" (Garcia Lorca)
See "Teoría y juego del duende"
Theory of Aesthetic (Croce) **37**:80
"A Theory of Beauty" (Keynes) **64**:290
The Theory of Business Enterprise (Veblen) **31**:341-43, 346, 350-51, 353, 355-56, 358, 362, 377
"The Theory of Historical Cycles" (Collingwood) **67**:182-83, 187, 189-90
A Theory of Literature (Natsume)
See *Bungakuron*
The Theory of Mind as Pure act (Gentile)
See *Teoria generale dello Spirito come puro atto*
"Theory of Rocketry" (Kornbluth) **8**:217
Theory of Social and Economic Organization (Weber)
See *Wirtschaft und Gesellschaft*
The Theory of Social Revolutions (Adams) **80**:4-5, 12, 21-2, 28, 30, 43, 46, 59
"The Theory of the Comic" (Brandes) **11**:70
The Theory of the Leisure Class (Veblen) **31**:338-39, 341, 346-49, 351-53, 355-56, 371-77
"A Theory of the Novel" (Futabatei)
See "Shōsetsu sōron"
"The Theory of Torts" (Holmes) **77**:319, 321
Theosophie (Steiner) **14**:441, 445
Theosophy: An Introduction to the Supersensible Knowledge of the World and the Destiny of Man (Steiner)
See *Theosophie*
There and Back (MacDonald) **9**:292
There Are Crimes and Crimes (Strindberg) **1**:447, 460; **8**:414-15; **21**:353
"There Are No Gods" (Lawrence) **93**:53, 54
There Are Signs among Us (Ramuz)
See *Les signes parmi nous*
"There Can Be No Appeasement with Ruthlessness, We Must Be the Great Arsenal of Democracy" (Roosevelt) **93**:184
"There Can Be No One Among Us—No One Faction—Powerful Enough to Interupt the Forward March of Our People to Victory" (Roosevelt) **93**:184
"There Fate Is Hell" (March) **96**:248
There Is a Drop of Blood in Every Poem (Andrade)
See *Há uma gôta de sangue em cada poema*
There Is No More Firmament (Artaud) **3**:61
"There Is No Return" (Hippius)
See "Net vozrata"
"There is Strength in the Soil" (Stringer) **37**:343
"There Lies a Land" (Bjoernson)
See "Der ligger et land"
"There Must Be Words" (Cullen) **37**:147, 168
There Once Was a King (Peretz) **16**:395
There Shall Be No Night (Sherwood) **3**:414, 416, 418-19
"There Was" (Andreyev) **3**:20
There Was a Rustle of Black Silk Stockings (McAlmon) **97**:118
"There Was a Saviour" (Thomas) **45**:372
"There Were Ninety-and-Nine" (Davis) **24**:199
There Were Two Pirates (Cabell) **6**:76, 78
"There Will Come Soft Rains" (Teasdale) **4**:428
"Therefore, Adieu" (Cullen) **37**:168
There's Not a Bathing Suit in Russia, and Other Bare Facts (Rogers) **8**:332, 336
"There's Nothing Here" (Muir) **2**:487; **87**:193
"There's Wisdom in Women" (Brooke) **7**:122
Thérèse Raquin (Zola) **1**:593; **6**:561-64, 567-68; **41**:406-07, 415, 436-37
"These Clever Women" (Lawrence) **93**:23, 43, 46
These Lynnekers (Beresford) **81**:4-5
These Many Years: Recollections of a New Yorker (Matthews) **95**:272
These Restless Hands (Cabell) **6**:68, 76
These Twain (Bennett) **5**:28, 34, 42-3
"These Who Fought For the Achean League" (Cavafy) **7**:160
Thésée (Gide) **36**:100; **5**:218; **12**:167, 180-81
Theses on the Philosophy of History (Benjamin)
See *Geschichtsphilosophische Thesen*
Theseus (Gide)
See *Thésée*
Theseus (Tsvetaeva) **7**:557, 565; **35**:378
"Theseus and Hippolyta" (Manning) **25**:275
"Theseus to Ariadne" (Bryusov) **10**:80
Thespis (Gilbert) **3**:218
"They" (Kipling) **8**:195, 201-02; **17**:212
They and I (Jerome) **23**:89-90
"They Are Alike" (Hippius) **9**:163
"They Came" (Lewis) **3**:285, 288
They Don't Mean Any Harm (Milne) **88**:246
"They Grind Exceedingly Small" (Williams) **89**:386, 393
"They Have Taken My Lord" (Bryan) **99**:150
They Just Had to Get Married (Sturges) **48**:311
"They Say" (Jozsef) **22**:162
"They Say the Sea Is Loveless" (Lawrence) **93**:56, 60, 72
They Shoot Horses, Don't They? (McCoy) **28**:209-18, 221-22, 227-33, 235, 237
They Stoop to Folly (Glasgow) **2**:182-84, 186, 190; **7**:333, 337, 341, 346-47
"They That Sow in Sorrow Shall Reap" (Agee) **1**:16
They That Walk in Darkness (Zangwill) **16**:445, 464, 467
"They Think They Know Joyce" (Gogarty) **15**:120
"They Wait on the Wharf in Black" (Lawson) **27**:121, 129, 131
They Went (Douglas) **68**:6-7, 14, 17, 25-9, 43, 46
They Went to Portugal (Macaulay) **44**:124
They Were Defeated (Macaulay)
See *The Shadow Flies*
Les Thibault (Martin du Gard) **24**:381-84, 386-88, 390, 393-401, 403-08, 411
"The Thief" (Apollinaire) **3**:37-8
"The Thief" (de la Mare) **53**:17
The Thief (Heym)
See *Der Dieb*
A Thief in the Night: The Last Chronicles of Raffles (Hornung) **59**:112, 114
"Thimble, Thimble" (Henry) **19**:172, 174
"Thin Lips and False Teeth" (Lawson) **27**:149
The Thing (Chesterton) **1**:180
The Thing (from Another Planet) (Hecht) **101**:62, 78
"The Thing Imagined" (Wolfe) **4**:516
"The Thing in the Hall" (Benson) **27**:16, 19
"The Thing in the Weeds" (Hodgson) **13**:237
"The Thing Invisible" (Hodgson) **13**:236
"The Thing on the Roof" (Howard) **8**:133
"A Thing or Two" (Kandinsky) **92**:92
"Things" (Lewis) **4**:257
"Things" (Pilnyak) **23**:220
Things As They Are (Stein) **1**:433; **6**:410, 412-13; **28**:319-20, 327, 330, 338; **48**:226-28, 242, 264
"Things in Exact Proportion" (Quiroga)
See "La justa proporción de las cosas"
Things Most Frequently Encountered in Novels, Stories, and Other Such Things (Chekhov) **96**:77
Things Near and Far (Machen) **4**:278, 285
Things New and Old (Beerbohm) **24**:105
"Things of August" (Stevens) **12**:365, 383; **45**:281, 350
"Things Seen and Heard" (Vazov) **25**:453
"Things that Have Interested Me" (Bennett) **5**:46
The Things We Are (Murry) **16**:334, 355
"Think It Over" (Holly) **65**:153
Think It Over, Giacomino! (Pirandello)
See *Pensaci, Giacomino!*
"Think No More, Lad: Laugh, Be Jolly" (Housman) **10**:247
Think of It, Giacomino! (Pirandello)
See *Pensaci, Giacomino!*
"Think of Nothing but the Day" (Symons) **11**:435
"The Thinker" (Anderson) **1**:56; **24**:35, 37, 54
The Thinker (Aldanov) **23**:21, 23
"Thinking Long" (Gogarty) **15**:109
The Thinking Machine (Futrelle) **19**:88-95

The Thinking Machine on the Case (Futrelle) **19**:90-1
"Thinking Makes It So" (Glasgow) **7**:343
"Thinking of a Relation between the Images of Metaphors" (Stevens) **45**:309-10
"The Thinking of the Body" (Yeats) **31**:400
"Third Art" (Miyazawa) **76**:296
The Third Capital (Pilnyak) **23**:201
The Third Commandment (Hecht) **101**:61
"Third Eclogue" (Radnoti) **16**:420
"Third Elegy" (Rilke) **1**:412
"The Third Eye" (Chambers) **41**:113
"The Third Eye" (Kuttner) **10**:274
"The Third Ingredient" (Henry) **19**:190-91
"The Third Kingdom" (Huneker) **65**:158
The Third Life of Per Smevik (Rolvaag)
See *Amerika-breve fra P. A. Smevik til hans for og bror i Norge*
The Third Metropolis (Pilnyak)
See *Tretya stolitsa*
"The Third of February" (Ivanov) **33**:138
"Third Party" (Kunikida)
See "Daisansha"
The Third Round (Sapper) **44**:316, 319-22
"The Third Son" (Platonov) **14**:408, 410-11, 413-14, 419
"Third Surrealist Manifesto" (Desnos)
See "Troisième manifeste"
The Third Symphony (Bely)
See *Vozvrat: Tretiia simfoniia*
The Third Violet (Crane) **11**:125, 131, 142-43, 162, 165-67
"The Third-and-a-Half Estate" (Benchley) **55**:19
"A Third-Class Carriage" (Thomas) **10**:459
Thirst and Other One-Act Plays (O'Neill) **6**:329
"Thirteen O'Clock" (Kornbluth) **8**:216
Thirteen Stories (Graham) **19**:104, 109, 112, 115, 133
The Thirteen Travellers (Walpole) **5**:493
"Thirteen Ways of Looking at a Blackbird" (Stevens) **3**:451, 475; **12**:365, 373, 376; **45**:285, 322, 327-28, 338
"The Thirteenth Labour" (D'Annunzio) **6**:143
"Thirty Bob a Week" (Davidson) **24**:160, 178, 182-83, 188, 190-91
Thirty Day Princess (Sturges) **48**:285, 311
39 East (Crothers) **19**:74-5, 77
Thirty Tales and Sketches by R. B. Cunninghame Graham (Graham) **19**:130
30,000 on the Hoof (Grey) **6**:184-85
Thirty Years Later (Micheaux) **76**:265
The Thirty-Nine Steps (Buchan) **41**:35-8, 41, 53-4, 56, 64-5, 68-71, 73, 78-80
"The $30,000 Bequest" (Twain) **12**:432
The 32 (Artaud) **36**:37-8, 40
This Above All (Shiel) **8**:363
"This Bread I Break" (Thomas) **8**:459; **45**:409
This Business of Living: Diary, 1935-1950 (Pavese)
See *Il mestiere di vivere: Diario, 1935-1950*
"This Christmas Eve" (Guiraldes)
See "Esta noche, noche buena"
"This Critic" (Bishop) **103**:4
"This Dim and Ptolemaic Man" (Bishop) **103**:4, 7
"This England" (Thomas) **10**:459
"This Flower" (Mansfield) **8**:285; **39**:304
"This Indolence of Mine" (Svevo)
See "Il mio ozio"
"This Is My Country" (Coffin) **95**:21
"This Is No Case of Petty Right or Wrong" (Thomas) **10**:452, 456, 469
"This Is the Dress, Aider" (Stein) **48**:239
This Is the End (Benson) **17**:17-20, 22, 24, 27-9
This Is the Hour (Feuchtwanger)
See *Goya; oder, Der arge Weg der Erkenntnis*
"This Is the Track" (Owen) **5**:374
This Knot of Life (Shiel) **8**:361-62
"This Majestic Lie" (Crane) **11**:161
This Monstrous Regiment of Women (Ford) **57**:282
"This Night" (Davies) **5**:199
"This Present Sadness Is Not Eased" (Esenin) **4**:115
This Shall Be (Tolstoy) **18**:383
This Side of Paradise (Fitzgerald) **1**:233-34, 236-37, 241-42, 244-45, 247-50, 254, 256-59, 261, 264-65, 268-71; **6**:159-61, 168; **14**:148-49, 183; **28**:87, 89, 92, 110-11; **55**:191, 205
This Simian World (Day) **25**:130, 132, 136
This Strange Adventure (Rinehart) **52**:296
"This Thing Called They" (Woollcott) **5**:529
"This Way for the Gas, Ladies and Gentlemen" (Borowski) **9**:21-2, 24-5
This Way for the Gas, Ladies and Gentlemen, and Other Short Stories (Borowski)
See *Kamienny świat*
This Way to Heaven (Evans) **85**:12, 30
Thistle Flowers (Prado)
See *Flores de cardo*
"Thithyphuth" (Borchert)
See "Shishiphush"
Thomas Cranmer of Canterbury (Williams) **1**:517; **11**:498, 501-02
"Thomas Hardy's Novels" (Ellis) **14**:101
Thomas Hardy's Personal Notebooks (Hardy) **72**:261
"Thomas i Spanggaarden" (Jensen) **41**:307
"Thomas King" (Coffin) **95**:15
Thomas Love Peacock (Van Doren) **18**:388
"Thomas McDonagh" (Ledwidge) **23**:111, 116-17
"Thomas of the Spang Farm" (Jensen)
See "Thomas i Spanggaarden"
Thomas Ross (Lie) **5**:324, 326, 332
"Thomas Trevelyn" (Masters) **25**:298
Thomas Wendt (Feuchtwanger) **3**:181, 188
Thomas Wingfold, Curate (MacDonald) **9**:288, 292
Thomas-Thomas-Ancil-Thomas (Coffin) **95**:5, 8-9
The Thompson Travel Agency (Verne)
See *L'Agence Thompson and Co.*
Thoreau's Living Thoughts (Dreiser) **18**:52
The Thorn Bush (Hansen)
See *Tornebusken*
"A Thorn Forever in the Breast" (Cullen) **37**:146, 156
"The Thorough Who Get to the Bottom of Things" (Nietzsche)
See "Der Gründliche"
Those Cursed Tuscans (Malaparte)
See *Maledetti toscani*
"Those Days" (Akutagawa Ryunosuke) **16**:27
Those Days (Bentley) **12**:18-19, 23-4
Those Delightful Americans (Duncan) **60**:177, 208, 213, 218, 226, 232
"Those Extraordinary Twins" (Twain) **6**:461, 462; **12**:432; **59**:169
"Those Names" (Paterson) **32**:375
"Those Spared—Will Die, Those Fallen—Rise from Under" (Tsvetaeva) **35**:394
"Those That Come Back" (Marquis) **7**:436
Those Times and These (Cobb) **77**:116
"Those Unforgettable People" (Kunikida)
See "Wasure-enu Hitobito"
Those Were the Days (Milne) **6**:316
"Those Who Die in Mussolini's Prisons" (Rolland) **23**:286
Those Who Do Not Forget (Rainis)
See *Tie, kas neaizmirst*
"Those Who Live in the Storm" (Yeats) **31**:416
"Thou Art" (Ivanov) **33**:131-32
"Thou Famished Grave I Will Not Fill Thee Yet" (Millay) **49**:231
"Thou Hast Done Well" (Redcam) **25**:330
"Thou Mighty Eros" (Sodergran)
See "Du store Eros"
"Thou My Country" (Liliencron) **18**:208
"Thou Shall Not Covet" (Peretz)
See "Lo Sakhmod"
Thou Shalt Not Covet (Bromfield) **11**:83
"Thou Shalt Not Kill" (Tolstoy) **79**:430
"A Thought" (Milne) **88**:242
The Thought (Andreyev) **3**:18, 26
Thought and Letter (Babits)
See *Gondolat és írás*
"Thought and the Violin" (Peretz) **16**:397
"Thought Is One and Indivisible" (Peret)
See "La pensée est une et indivisible"
"A Thought Revolved" (Stevens) **12**:384; **45**:269, 344, 347, 350
"Thought the Paraclete" (Aurobindo) **63**:36
"The Thought-Reader" (Herzl) **36**:131
Thoughts and Aphorisms (Aurobindo) **63**:35
Thoughts and Glimpses (Aurobindo) **63**:35-6
Thoughts and Motives (Kahanovitsch)
See *Gedanken un motiven*
"Thoughts at the Trysting Stile" (Ledwidge) **23**:120
"Thoughts fer the Discuraged Farmer" (Riley) **51**:283
"Thoughts in a Zoo" (Cullen) **37**:165
"Thoughts in Loneliness" (Heidenstam) **5**:249-50, 253-56
"Thoughts in Solitude" (Heidenstam)
See "Thoughts in Loneliness"
Thoughts Inside a Chimney (Hansen)
See *Tanker i en skorsten*
"Thoughts of Ph-a" (Hardy) **4**:152
"Thoughts of Phena" (Hardy) **53**:77
"Thoughts on Cider" (Morley) **87**:127
"Thoughts on Criticism" (Stephen) **23**:339
"Thoughts on Morals" (Harris) **24**:271, 280
"Thoughts on Poetry" (Ivanov) **33**:137
Thoughts on South Africa (Schreiner) **9**:400
"Thoughts on the American Mind" (Reyes)
See "Notas sobre la inteligencia Americana"
"Thoughts on the Late War" (Riley) **51**:292
"Thoughts on the Right Use of School Studies with a view of the Love of God" (Weil) **23**:376
"Thoughts on the Shape of the Human Body" (Brooke) **7**:124
Thoughts without Words (Day) **25**:133, 137
The Thousand and One Churches (Bell) **67**:17-18
"A Thousand Deaths" (London) **9**:273
A Thousand Years with God (Dagerman)
See *Tusen är hos Gud*
The Thousand-Headed Man (Dent) **72**:39
A Thousand-Mile Walk to the Gulf (Muir) **28**:259, 264
The Thread (Giacosa)
See *Il filo*
Thread of Scarlet (Williams) **89**:389
"A Thread without a Knot" (Fisher) **87**:73
"Threatened City" (van Ostaijen)
See "Bedreigde stad"
"Threatened Oedipus" (Musil) **68**:261
"Three" (Capek) **6**:84
The Three (Guro)
See *Troe*
Three (Singer) **33**:385
"Three Academic Pieces" (Stevens) **3**:454; **12**:361, 372, 376, 380; **45**:287, 296
"Three Acts of Music" (Fitzgerald) **6**:167
Three against the World (Kaye-Smith) **20**:94, 102
"Three and One Are One" (Bierce) **7**:92; **44**:45
"Three and Thirty Years" (Jensen)
See "Tre og tredive Aar"
The Three Black Pennys (Hergesheimer) **11**:260, 262-64, 269, 271-72, 274, 276, 278-81, 283, 285-86
"Three Blind Mice" (Kuttner) **10**:274
The Three Brides (Yonge) **48**:372, 374-75, 378
The Three Brothers (Muir) **2**:486; **87**:163, 194
Three by Tey: Miss Pym Disposes. The Franchise Affair. Brat Farrar (Tey)

14:452-53
"Three Calls" (Peretz) **16**:397
"The Three Cheers Boys" (Runyon) **10**:429
Three Cities: A Trilogy (Asch)
See *Farn mabul*
"Three Colors" (Balmont)
See "Tri tsveta"
Three Contributions to the Sexual Theory (Freud)
See *Drei Abhandlungen zur Sexualtheorie*
Three Couples (Kielland)
See *Tre par*
Three Crosses (Tozzi)
See *The croci*
"Three Deaths" (Chekhov) **3**:153
Three Deaths (Tolstoy)
See *Tri smerti*
The Three Devils (Dent) **72**:24
"Three Disagreeable Girls" (Huneker) **65**:207
"Three Dreams in a Desert" (Schreiner) **9**:394
"Three Drops of Blood" (Hedayat)
See "Seh qatreh khun"
Three Drops of Blood (Hedayat) **21**:67
"Three Episodes in the Life of a Brave Man" (Bierce) **44**:45
Three Essays on Sexuality (Freud)
See *Drei Abhandlungen zur Sexualtheorie*
Three Essays on the Theory of Sexuality (Freud)
See *Drei Abhandlungen zur Sexualtheorie*
Three Exemplary Novels and a Prologue (Unamuno)
See *Tres novelas ejemplares y un prólogo*
The Three Fates (Crawford) **10**:141, 144, 146-50
"Three Fortunes" (Pyle) **81**:392
"The Three Friends" (de la Mare) **4**:78; **53**:27, 36
"The Three Friends" (Verhaeren) **12**:472
"Three Generations of the Same" (McAlmon) **97**:88-89
"Three Gifts" (Peretz)
See "Drei Matones"
"Three Girls" (McAlmon) **97**:114
Three Go Back (Gibbon) **4**:129-30
Three Guineas (Woolf) **1**:544; **20**:420; **43**:396-97; **56**:371, 377, 391, 405; **101**:204, 314, 324, 326
The Three Heron's Feathers (Sudermann)
See *Die drei Reiherfedern*
The Three Hostages (Buchan) **41**:38, 41-2, 44, 46, 52, 55-8, 67-8, 71, 79-82
"Three Hours between Planes" (Fitzgerald) **6**:172
300 millones (Arlt)
See *Trescientos millones*
"Three Imagist Poets" (Fletcher) **35**:113
The Three Impostors (Machen) **4**:276-77, 279
"Three in a Thousand" (Williams) **89**:384
Three in One (Molnar)
See *Kis hármaskönyu*
The Three Just Men (Wallace) **57**:397-98, 402, 408
"The Three Kisses" (Quiroga)
See "Los tres besos"
The Three Leaps of Wanglun (Doblin)
See *Die drei Sprünge des Wang-lun*
"Three Letters and a Foot" (Quiroga)
See "Tres cartas y un pie"
"Three Little Heads" (Aleichem) **35**:324
"Three Little Songs" (Hofmannsthal) **11**:294
Three Lives (Stein) **1**:426-28, 430, 433-34, 440-41; **6**:404-05, 407-10, 412, 414-15; **28**:306, 309, 311-12, 318-20, 322, 324, 328, 331, 334, 336-39; **48**:211, 220, 224-27, 230, 240-42, 246-48, 250, 252, 257, 261, 264
"The Three Marvels of Hy" (Sharp) **39**:376, 393
Three Men in a Boat—To Say Nothing of the Dog (Jerome) **23**:76-8, 80-5, 86-7, 90-1
Three Men on the Bummel (Jerome) **23**:81
Three Men on Wheels (Jerome)
See *Three Men on the Bummel*
"Three Miraculous Soldiers" (Crane) **11**:167
"The Three Mirrors" (Muir) **87**:265
"The Three Mulla-Mulgars" (de la Mare) **4**:77; **53**:28, 41-2
The Three Novels of Roger Mais (Mais) **8**:241
The Three Oak Mystery (Wallace) **57**:406-7
"Three O'Clock" (Torrence) **97**:152
"Three O'Clock in the Afternoon" (Babel) **13**:32
The Three of Us (Crothers) **19**:70, 73, 82
"Three Old Men" (Tolstoy) **4**:458
"Three Partners" (Harte) **25**:199
Three Pens (Raabe) **45**:194, 202
Three Philosophical Poets (Santayana) **40**:352, 393-94, 415
Three Pieces of Pianoforte (Schoenberg) **75**:292
"Three Pirates of Penzance" (Rinehart) **52**:281
"The Three Plastic Virtues" (Apollinaire) **51**:39, 42
Three Plays (Kuzmin) **40**:201
Three Plays (Williams) **11**:489
Three Plays for a Negro Theater (Torrence) **97**:158
Three Plays for Puritans (Shaw) **3**:378; **9**:414; **21**:334; **45**:212
Three Poems (Reyes)
See *Tres poemas*
Three Poems of War (Claudel)
See *Trois poèmes de guerre*
"The Three Portraits" (Lang) **16**:270
Three Primitives (Huysmans) **7**:412
"Three Questions" (Blok) **5**:95
"Three Questions" (Tolstoy) **11**:463
Three Rolls of the King's Court, 1194-1195 (Maitland) **65**:249
"Three Rounds" (Morrison) **72**:353
The Three Royal Monkeys (de la Mare)
See "The Three Mulla-Mulgars"
"Three Rubles" (Bunin) **63**:266-68, 273-74
"The Three Seamstresses" (Peretz) **16**:406
Three Sickles (Remizov)
See *Tri serpa*
"The Three Sisters" (Khlebnikov)
See "Tri sestry"
The Three Sisters (Sinclair) **3**:434-35, 438-40, 442; **11**:411, 413
Three Sisters: A Drama in Four Acts (Chekhov)
See *Tri Sestry*
"Three Songs" (Crane) **5**:186; **80**:82-3, 89, 103, 126, 139, 166, 182, 189
"Three Sonnets on Oblivion" (Sterling) **20**:379
"The Three Sons of Noah and the History of Mediterranean Civilization" (Weil) **23**:391
"The Three Strangers" (Hardy) **4**:159
"The Three Taverns" (Robinson) **5**:407, 409, 417; **101**:130
The Three Taverns (Robinson) **101**:105, 110, 134
The Three Temptations (Williams) **11**:499
"Three Things" (Yeats) **1**:572
Three Times Seven Songs of Pierrot Lunaire (Schoenberg)
See *Dreimals Sieben Lieder des Pierrot Lunaire*
Three Travellers Watch a Sunrise (Stevens) **3**:465; **12**:356, 363
"Three Vagabonds of Trinidad" (Harte) **25**:213, 217, 222
"The Three Voices" (Service) **15**:404
Three Ways Home (Kaye-Smith) **20**:116
Three Weeks (Glyn) **72**:127, 130, 136, 142
The Three Wild Men (Dent) **72**:27
"Three Wise Men of the East Side" ssss (Cobb) **77**:136, 141-2
Three Women (Musil)
See *Drei Frauen*
Three Worlds (Van Doren) **18**:401-04
"Three Years" (Chekhov) **3**:152, 159; **10**:108, 113; **31**:78
"The Three-Brood Hen" (Remizov) **27**:351, 353
"The Threefold Place" (Muir) **87**:307
The Threefold Social Order (Steiner) **13**:446
The Threepenny Opera (Brecht)
See *Die Dreigroschenoper*
Three's a Crowd (Biggers) **65**:2
"The Three-Ten" (Ford) **15**:70
"Threnody" (Swinburne) **36**:342
"Threnody for a Brown Girl" (Cullen) **37**:155, 165
"Threnody on a Starry Night" (Lewis) **3**:287
"Threnos" (Brennan) **17**:59
"Threshing Machine" (Meynell) **6**:299
Thrice Noble-One (Palamas) **5**:379
Thrifty Stock and Other Stories (Williams) **89**:360, 366-7, 369, 379
"Thro' Bogac Ban" (Ledwidge) **23**:112, 123
Thrond (Bjoernson) **7**:105-06; **37**:33-6
"Through a Glass, Darkly" (Patton) **79**:305-6
Through Darkened Vales (Griffith) **68**:247
"Through Galicia" (Tolstoy) **18**:378
Through Glacier Park (Rinehart) **52**:283
Through the Brazilian Wilderness and Papers on Natural History (Roosevelt) **69**:239, 267
Through the Breakers (Griffith) **68**:245
Through the Eye of the Needle (Howells) **7**:377-78, 380
"Through the Fire" (Kipling) **8**:185
"Through the Gates of the Silver Key" (Lovecraft) **4**:266, 272; **22**:209-10, 216, 218, 238
Through the Magic Door (Doyle) **7**:221
"Through the Panama" (Lowry) **6**:240-41, 250
Through the Torii (Noguchi) **80**:383
"Through the Vortex of a Cyclone" (Hodgson) **13**:235-36
Through the Window (Feydeau)
See *Par la fenêtre*
"Through These Pale Cold Days" (Rosenberg) **12**:295, 301, 306
"Through Volyn" (Tolstoy) **18**:378
"Thrown Away" (Kipling) **8**:198
"The Thrown-Up Stone" (Ady) **11**:15
"Thunder in the Dawn" (Kuttner) **10**:267, 271
Thunder Mixed with Dust (Anwar)
See *Deru tjampur debu*
Thunder Moon (Faust) **49**:40-41
Thunder on the Left (Morley) **87**:124
"Thunder Storm" (Wylie) **8**:534
The Thunderbolt (Pinero) **32**:393, 397-98, 400, 402-03, 405, 414-15
"The Thunderstorm" (Trakl)
See "Das Gewitter"
The Thunderstorm (Strindberg) **21**:353
"Thunderstorm in the Ozarks" (Fletcher) **35**:106
"Thursday" (Millay) **4**:307, 310; **49**:203
Thursday (Chesterton)
See *The Man Who Was Thursday*
"Thus Life Goes" (Guro)
See "Tak zhizn idet"
Thus Spake Zarathustra: A Book for All and None (Nietzsche)
See *Sprach Zarathustra: Ein Buch für Alle und Keinen*
Thus to Revisit (Ford) **1**:275; **15**:79; **39**:142
Thuvia, Maid of Mars (Burroughs) **32**:58
Thy Servant Dog (Kipling) **8**:196
Thy Soul Shall Bear Witness (Lagerloef) **36**:244
Thyrza (Gissing) **3**:222, 227, 229-33; **24**:220, 233, 243, 248
La tía Tula (Unamuno) **2**:564; **9**:513, 515, 517
"Tiare Tahiti" (Brooke) **2**:54, 56, 61; **7**:124-25, 129
"Tibulliana" (Carducci) **32**:106
Tickless Time (Glaspell) **55**:234-36
The Tide of Fortune (Zweig)
See *Sternstunden der Menschheit*
"The Tide of Sorrow" (Baker) **10**:28
The Tide of Time (Masters) **2**:468-70
Tidemarks (Tomlinson) **71**:383-384, 386, 391-393, 397, 400-1, 405-6
"Tides" (Roberts) **8**:327

"Tidig gryning" (Sodergran) **31**:288
"Tidings" (Bialik) **25**:50
The Tidings Brought to Mary (Claudel)
See *L'annonce faite à Marie*
The Tidings Brought to Mary (Giraudoux)
See *L'annonce faite à Marie*
"Tidings from Ôkubo" (Nagai)
See *Ôkubo dayori*
"Tidogolain" (Moreas) **18**:286
"The Tie" (Kipling) **8**:196
Tie, kas neaizmirst (Rainis) **29**:392
"Tiempo de espera" (Huidobro) **31**:126
"The T'ien-an Gate" (Wen I-to) **28**:412
Tierra de promisión (Rivera) **35**:289, 291-92
La tierra de tudos (Blasco Ibanez) **12**:36
"The Tiger and the Deer" (Aurobindo) **63**:8
Tiger at the Gates (Giraudoux)
See *La guerre de Troie n'aura pas lieu*
Tiger Joy (Benet) **7**:78
"The Tiger-Skin" (Hunt) **53**:190, 192
Tigre reale (Verga) **3**:539
Tikhie pesni (Annensky) **14**:16, 18, 20
Tikhii strazh (Kuzmin) **40**:195, 199
Tik-Tok of Oz (Baum) **7**:21, 24, 27
Til Daybreak (Moricz)
See *Kivilágos kivirradtig*
"Til dig" (Obstfelder) **23**:179
"Tilbury Town" (Robinson) **101**:112
"Tilghman's Ride from Yorktown to Philadelphia" (Pyle) **81**:390
Till Damaskus (Strindberg) **1**:448-49, 454, 456, 459-60, 463; **8**:411-14, 416; **21**:350, 365; **47**:373
"Till Eros" (Sodergran) **31**:290
Till Eulenspiegel (Hauptmann) **4**:202, 205-07
"Till fots fick jag gå genom solsystemen" (Sodergran) **31**:285
"Till hafvet" (Ekelund) **75**:95
"Tilly" (Joyce) **16**:228
Tilting at Windmills (Horvath)
See *Mit dem Kopf durch die Wand*
Timár Virgil fia (Babits) **14**:40
Timberlane (Lewis) **13**:350
"Time" (Lawrence) **93**:45
"Time" (Leino)
See "Aika"
"Time" (Riley) **51**:304
"Time and Beauty" (Symons) **11**:446
"Time and Eternity" (Morgenstern) **8**:304
Time and Free Will: An Essay on the Immediate Data of Consciousness (Bergson)
See *Les données immédiates de la conscience*
"Time and Leigh Brothers" (March) **96**:261
"Time and Tear" (Sterling) **20**:386
Time and the Gods (Dunsany) **2**:136; **59**:7, 17-9, 29
"Time and the Soldier" (Gurney) **33**:86, 101
Time and Tide (Ruskin) **20**:307
Time and Time Again (Hilton) **21**:99
Time and Western Man (Lewis) **2**:391, 393, 395; **9**:235-37, 239-41, 247-48; **104**:159-66, 181, 186-87, 201-02, 257-58, 274-76, 280, 286, 288, 295
"Time Does Not Bring Relief" (Millay) **49**:201
"Time Eating" (Douglas) **40**:64, 73, 86, 89, 91
"Time Held in Time's Despite" (Muir) **87**:256
"Time Locker" (Kuttner) **10**:268-69
The Time Machine (Wells) **6**:523, 533-34, 538, 541-45, 547-48, 554-55; **12**:487-88, 501, 506, 508-11; **19**:420, 424, 428-31, 434, 436-39, 441-42, 446-50, 452
Time of Crisis (Baroja)
See *Momentum catastrophicum*
The Time of Man (Roberts) **68**:293-94, 296, 298-99, 303, 308-9, 317, 321-27, 330, 333, 335, 338-43, 346-49, 352-53, 360-61, 363
Time of Peace (Williams) **89**:361, 389
"The Time of Roses" (Naidu) **80**:272, 316
Time Overflows (Eluard) **7**:260-61
"Time Passes" (Woolf) **1**:538, 540
Time Regained (Proust)
See *Le temps retrouvé*
"Time Signal" (Nezval) **44**:240-41
Time Terror (Dent) **72**:24
Time: The Present (Slesinger) **10**:441, 445
Time Trap (Kuttner) **10**:268
The Times (Pinero) **32**:405, 412
"Time's Acre" (Lowell) **8**:231
"Times Have Changed" (Williams) **89**:402
Times Have Changed (Bromfield) **11**:82
The Times History of the War in South Africa (Childers) **65**:55
Time's Laughingstocks and Other Verses (Hardy) **53**:71, 75, 84, 117
"Times of Day" (Grove) **4**:144
"The Times Unsettled Are" (Slesinger) **10**:441
Timid and Cruel Verses (Palamas) **5**:385
"Timid Lover" (Cullen) **37**:155
The Tin Woodman of Oz (Baum) **7**:25
"La tinaja bonita" (Wister) **21**:373, 399
Ting-a-ling Tales (Stockton) **47**:316, 328
Tinker's Leave (Baring) **8**:43
The Tinker's Wedding (Synge) **6**:427, 429-30, 432-34, 439, 441-42; **37**:348-50, 363, 377-78, 383, 386
"Tinko Ghānsiyā Gīt" (Devkota) **23**:49
Tiny Carteret (Sapper) **44**:316, 320
Tiny Luttrell (Hornung) **59**:113
"A Tiny Wrinkle" (Remizov)
See "Morshchinka"
Tipos trashumantes (Pereda) **16**:367-68, 380
Tipos y paisajes (Pereda) **16**:373, 380
Tirano banderas (Valle-Inclan) **5**:476, 484, 487-89
"The Tiredness of Rosabel" (Mansfield) **2**:453; **8**:284; **39**:301
"Tiresias" (Swinburne) **36**:318
"Tiresome Story" (Chekhov) **3**:152
"Tirzey Potter" (Masters) **2**:465; **25**:300
Tis Folly to Be Wise; or, Death and Transfiguration of Jean-Ja cques Rousseau (Feuchtwanger)
See *Narrenweisheit; oder, Tod und Verkïarung des Jean-Jacques Rousseau*
Tis Good! (Mayakovski) **18**:243
"Tisch" (Kandinsky) **92**:66
Tish (Rinehart) **52**:282
Tishina (Balmont) **11**:42
"Tish's Spy" (Rinehart) **52**:281
"A Tisza-Parton" (Ady) **11**:15, 20
The Titan (Dreiser) **10**:165-69, 173, 176-77, 180, 182-86; **18**:54-7, 60-1, 63-4, 67, 71-2; **35**:59, 62; **83**:90
The Titans (Doughty) **27**:59, 65, 69
"Tite Poulette" (Cable) **4**:32
Los títeres de Cachiporra (Garcia Lorca) **7**:292; **49**:106-08
"The Tithe of the Lord" (Dreiser) **35**:74
"Tithonus" (Swinburne) **36**:329
The Title (Bennett) **5**:43
"Tito" (Seton) **31**:279-80
Tittle-Tattle (Hedayat)
See *Vilinq ari*
"Tjatetan th. 1946" (Anwar) **22**:18, 22, 25
"Tjerita buat Dien Tamaela" (Anwar) **22**:18, 24, 26
"Tjintaku djauh dipulau" (Anwar) **22**:22
"Tjodolf" (Undset) **3**:523
"Tjuren" (Sodergran) **31**:288, 291
"To a Beautiful Prostitute" (Devkota)
See "Ek sundarī veśyāprati"
"To a Belgian Friend" (Johnson) **19**:256
To a Blue Star (Gumilev)
See *K sinei zvezde*
"To a Bridegroom" (Hardy) **72**:238
"To a Brown Boy" (Cullen) **4**:40; **37**:147, 152, 168
"To a Brown Girl" (Cullen) **4**:40; **37**:146, 152, 167
"To a Buddha Seated on a Lotus" (Naidu) **80**:274
"To a Cat" (Swinburne) **36**:347
"To a Certain Nation" (Chesterton) **1**:182
"To a Child" (Morley) **87**:142
"To a Child" (Vazov) **25**:454
"To a Child Dancing on the Shore" (Yeats) **31**:385
"To a Child in Death" (Mew) **8**:297
"To a Cock" (Gogarty) **15**:114
"To a Comrade in Arms" (Lewis) **3**:287
"To a Dark Cloudy Night" (Devkota)
See "Saghan tamisráprati"
"To a Dog's Memory" (Guiney) **41**:205, 221
"To a Drawing by Marc Chagall" (Schwitters) **95**:342
"To A. E. Going to America" (Gogarty) **15**:106, 109
"To a Friend" (Anwar)
See "Kepada kawan"
"To a Friend" (Gogarty) **15**:101
"To a Friend" (Yeats) **18**:446
"To a Gentleman Who Wanted to See the First Drafts" (Lowell) **8**:231
"To a Linnet in a Cage" (Ledwidge) **23**:118, 120
"To a Nude Walking" (Radiguet) **29**:357
"To a Passionist" (Johnson) **19**:243, 253
"To a Person Sitting in Darkness" (Twain) **6**:477; **12**:449
"To a Poetaster" (Radnoti) **16**:419
"To a Post-Office Inkwell" (Morley) **87**:124
"To a Roaring Wind" (Stevens) **3**:445
"To a Seamew" (Swinburne) **36**:342, 347
"To a Spanish Friend" (Johnson) **19**:256
"To a Stone by the Wayside" (Gonzalez Martinez) **72**:146
"To a Wealthy Man" (Yeats) **31**:420; **93**:351
"To a Woman Companion" (Annensky)
See "Sputnice"
"To Akhmatova" (Tsvetaeva) **35**:386
"To Alia" (Tsvetaeva)
See "Ale"
"To All Prisoners" (Toller)
See "An alle Gegangen"
"To America" (Johnson) **19**:210
"To an Athlete Dying Young" (Housman) **1**:357; **10**:247, 250
"To an Ideal" (Guiney) **41**:221-23
"To an Old Nurse" (Sterling) **20**:386
"To an Old Philosopher in Rome" (Stevens) **3**:449; **12**:368; **45**:274, 314, 325, 329
"To an Orphan Child" (Hardy) **53**:81
"To an Unknown Poet" (Cullen) **37**:156
"To an Unknown Poet" (Noguchi) **80**:380
"To an Unknown Priest" (Guiney) **41**:220
To and Fro (Horvath)
See *Hin und Her*
"To Ann Scott-Moncrieff (1914-1943)" (Muir)
See "To Ann Scott-Moncrieff (1914-1943)"
"To Antiochus of Epiphanes" (Cavafy) **7**:157
"To Aphrodite, with a Talisman" (Wylie) **8**:536
"To Augustus John" (Gogarty) **15**:114
"To Balmont" (Tsvetaeva) **35**:394
To Be a Pilgrim (Cary) **1**:143-45; **29**:64, 66-9, 71-3, 75, 79-80, 88, 90-2, 96, 105, 109
"To Be Carved on a Stone at Thoor Ballylee" (Yeats) **93**:389
"To Be Filed for Reference" (Kipling) **8**:185
"To Be in Truth" (Bjoernson) **37**:28
"To Blok" (Tsvetaeva) **35**:394
"To Brander Matthews" (Dobson) **79**:30
"To Build a Fire" (London) **9**:267, 269-70, 273; **15**:262
"To C. M." (Middleton) **56**:173
"To Campions" (Lawrence) **93**:116
"To Carl Sandburg" (Lowell) **8**:227, 230
"To Catch a Thief" (Hornung) **59**:112
"To Certain Critics" (Cullen) **4**:46; **37**:157, 159
"To Certain Friends" (Johnson) **19**:256
"To Ch'en Tu-hsiu As I Pass by Wakamatsu-cho in a State of Emotion" (Su Man-shu) **24**:456
"To C.H.P." (Morley) **87**:143
"To Claudia Homonoea" (Wylie) **8**:536

To Clothe the Naked (Pirandello)
See *Vestire gli ignudi*
To Damascus (Strindberg)
See *Till Damaskus*
To Damascus III (Strindberg) **1**:463; **8**:410
"To Desmond MacCarthy: Aet. 22" (MacCarthy) **36**:258
"To Dog" (Bierce) **7**:97
"To Dorothy Wellesley" (Yeats) **31**:410
To Dream of A Butterfly (Hagiwara Sakutaro)
See *Chō o yumemu*
"To E. C." (Field) **43**:182
"To E. M. G." (Gray) **19**:142
To Eat One's Fill (Moricz)
See *Egyszer jóllakni*
"To Edmund CLerihew Bentley" (Chesterton) **64**:45
"To Edward Thomas" (Lewis) **3**:287, 290-91
"To Eilish of the Fair Hair" (Ledwidge) **23**:116
"To Endymion" (Cullen) **4**:43, 53; **37**:155, 164
"To Eros" (Owen) **27**:225
"To Eros" (Sodergran)
See "Till Eros"
"To Fate" (Babits)
See "A Sorshoz"
To Find Oneself (Pirandello)
See *Trovarsi*
"To France" (Cullen) **37**:150, 156, 158
"To Franz Kafka" (Muir) **87**:168
"To Giuseppe Garibaldi" (Carducci) **32**:90
"To Gloucestershire" (Gurney) **33**:94
"To God" (Gurney) **33**:94, 98, 100
"To God" (Lasker-Schueler) **57**:334
To Have Done with the Judgement of God (Artaud)
See *Pour en finir avec le jugement de dieu*
"To Helen" (Bishop) **103**:5
"To Her" (Morley) **87**:140
To Him that Hath (Connor) **31**:105-06, 114, 116
"To His Love" (Gurney) **33**:88, 96
"To Imagination" (Sterling) **20**:383
"To India" (Naidu) **80**:289
"To Ireland in the Coming Times" (Yeats) **11**:512; **31**:416
"To Irene" (Middleton) **56**:189
"To John Keats, Poet: At Spring Time" (Cullen) **4**:40; **37**:154, 164
"To Kentucky" (Cotter) **28**:46
"To Kill Time" (Gorky) **8**:74
To Leeward (Crawford) **10**:138, 140-41, 143-44, 150
"To Leo XIII" (Johnson) **19**:255
To Let (Galsworthy) **1**:294; **45**:41, 46, 61, 69
"To Lettice, My Sister" (Lawrence) **93**:67
"To Literary Prosecutors" (Tsvetaeva)
See "Literaturnym prokuroram"
To Live as We Wish (Aldanov)
See *Živi kak chočeš*
To London Town (Morrison) **72**:365, 369, 371-73, 388, 395
"To Long Island First" (Gurney) **33**:95, 98
"To Louise" (Dunbar) **12**:106
"To Louise Michael" (Markham) **47**:278
"To Love" (Naidu) **80**:344
To Love and Be Wise (Tey) **14**:449-50, 452, 461, 463-64
"To Lovers of Earth: Fair Warning" (Cullen) **4**:50; **37**:155, 165
"To Lucrezia" (Percy) **84**:213
"To Marc Chagall" (Eluard) **7**:260, 262
"To Mayakovsky" (Tsvetaeva)
See "Maiakovskomu"
"To Me Dead" (Carpenter) **88**:118
To Meet the Seven Deadly Sins (Bridie) **3**:139
"To Melisande" (Middleton) **56**:184
"To Milton" (Wilde) **8**:487
"To Monica Thought Dying" (Thompson) **4**:435
"To Morfydd" (Johnson) **19**:228, 232, 244, 255-56
"To Morfydd Dead" (Johnson) **19**:256
"To Mother, with Love, Some Thoughts About Books on Mother's Day" (Rinehart) **52**:288
"To My Best Friend" (Ledwidge) **23**:109
"To My Body—A Thanksgiving" (Kaye-Smith) **20**:107
"To My Child" (Lasker-Schueler)
See "An mein Kind"
"To My Children" (Naidu) **80**:290
"To My Fairer Brethren" (Cullen) **4**:40, 49
"To My Fairy Fancies" (Naidu) **80**:291
"To My God-Child" (Thompson) **4**:435
"To My Old Friend, William Leachman" (Riley) **51**:283
"To My pal Bocephus" (Williams) **81**:443
"To My Students" (Miyazawa) **76**:289
"To Myself" (Bryusov)
See "K samomu sobe"
"To Myself the Beloved Are These Lines Dedicated by the Author" (Mayakovski) **4**:294
"To Natasha" (Remizov) **27**:351
"To Next Summer" (Pirandello) **29**:309
To novelletter (Obstfelder) **23**:179
"To One Consecrated" (Baker) **10**:26
"To One Dead" (Bodenheim) **44**:59
"To One Dead" (Ledwidge) **23**:116
"To One I Love" (Drinkwater) **57**:124
"To One Not There" (Cullen) **37**:158
"To One Unknown and Gone" (Coppard) **5**:179
"To One Who Bids Me Sing" (Dobson) **79**:32
"To One Who Comes Now and Then" (Ledwidge) **23**:112
"To One Who Died Young" (Trakl)
See "An einen Frühverstorbenen"
"To One Who Said Me Nay" (Cullen) **37**:154, 167
"To One Who Would Not Spare Himself" (Guiney) **41**:220
"To Our Dead" (Bodenheim) **44**:64
"To Petronius Arbiter" (Gogarty) **15**:109
"To Phœbus Apollo" (Carducci) **32**:88
"To Rilke" (Lewis) **3**:289-90
"To Roosevelt" (Dario)
See "A Roosevelt"
"To Rosemary" (Benet) **7**:79
"To Sai" (Manning) **25**:265, 278
To Save Her Soul (Griffith) **68**:244-46, 249
To See Ourselves: A Domestic Comedy (Delafield) **61**:126, 133-4
"To Serge Efron-Durnovo" (Tsvetaeva)
See "Sergeiu Efron-Durnovo"
"To Sergy Senin" (Mayakovski) **18**:243, 266, 269, 271
"To Some I Have Talked with by the Fire" (Yeats) **11**:512
To Tell Everything (Eluard)
See *Tout dire*
"To the Artists of the World" (Khlebnikov) **20**:151
"To the Barbarian" (Lasker-Schueler) **57**:336
"To the Bird" (Bialik)
See "El ha-zipor"
"To the Bitter Sweet-Heart: A Dream" (Owen) **27**:207
"To the Boy Elis" (Trakl)
See "An den Knaben Elis"
"To the Canadian Mothers" (Scott) **6**:389
"To the Children of the Sea" (George) **2**:148
"To the Citizen" (Kraus)
See "An den Bürger"
"To the City" (Bryusov) **10**:88
"To the Cricket" (Markham) **47**:278
"To the Cross of Savoy" (Carducci)
See "Alla croce di Savoia"
"To the Cruel One" (Gumilev)
See "Zhestokoj"
"To the Dead Cardinal of Westminster" (Thompson) **4**:435
"To the Dead of '98" (Johnson) **19**:230
"To the Fixed Stars" (Gogarty) **15**:109
"To the Flowers from Italy in Winter" (Hardy) **53**:109
"To the Fountain of Youth" (Hearn) **9**:133
"To the German Language" (Mandelstam) **6**:263
"To the Girl" (Gumilev)
See "Devushke"
"To the God of Pain" (Naidu) **80**:294
"To the Harvest" (Kahanovitsch)
See "Tsum shnit"
"To the Heroes of the Battle of the Warsaw Ghetto" (Einstein) **65**:122
"To the Heroic Soul" (Scott) **6**:389
"To the Immortal Memory of Charles Baudelaire" (Fletcher) **35**:89
To the Last Man (Grey) **6**:185, 188
"To the Legend" (Bialik) **25**:53
"To the Liffey with the Swans" (Gogarty) **15**:103, 109, 114
To the Lighthouse (Woolf) **1**:529-33, 535-36, 538-44, 546-50; **5**:507-12, 517; **20**:396-97, 405, 408, 411, 423, 428-29, 431; **43**:395, 398, 408; **56**:358-59, 361, 371, 374, 376, 379, 387, 405, 407-08; **101**:204-352
"To the Maids, Not to Walk in the Wind" (Gogarty) **15**:101
"To the Man on Trail" (London) **9**:268; **15**:257, 260
"To the Masters of the Normal School" (Hostos) **24**:307
"To the Memory of Cecil Spring-Rice" (Noyes) **7**:513
"To the Memory of Joseph S. Cotter Jr." (Cotter) **28**:43
"To the Mistral" (Nietzsche) **10**:389
"To the Mothers" (Toller)
See "Den Müttern"
"To the Mountain" (Kahanovitsch)
See "Tsum barg"
"To the Muse" (Lee-Hamilton) **22**:188
"To the New Men" (Davidson) **24**:164
"To the New Women" (Davidson) **24**:164
"To the Not Impossible Him" (Millay) **4**:307, 310; **49**:224
To the Ocean Sea (Remizov)
See *Kmoryu-okeanu*
"To the One of Fictive Music" (Stevens) **3**:445; **12**:376, 386; **45**:268, 345, 348
"To the Painter Affandi" (Anwar)
See "Kepada pluki's Affandi"
"To the Planetarium" (Benjamin) **39**:45
"To the Poet" (Bryusov)
See "Poètu"
"To the Poet before Battle" (Gurney) **33**:101-02
"To the Prussians of England" (Gurney) **33**:112
"To the Rear" (March) **96**:260
"To the Rose upon the Rood of Time" (Yeats) **11**:512
"To the Rural Poor" (Lenin) **67**:232
"To the Saints" (Johnson) **19**:243, 246
"To the Sea" (Ekelund)
See "Till hafvet"
"To the Sea" (Teasdale) **4**:428
"To the Sister" (Trakl) **5**:465
"To the South: On Its New Slavery" (Dunbar) **2**:131; **12**:117, 124
"To the Spirit of Song" (Roberts) **8**:319
"To the Stars" (Babits)
See "Csillagokig"
To the Stars (Andreyev)
See *K zvezdam*
"To the Street Piano" (Davidson) **24**:160, 188
"To the Sun" (Bialik) **25**:49
To the Sun? (Verne)
See *Hector Servadac: Voyages et aventures à travers le monde solaire*
"To the Three for Whom the Book" (Cullen) **37**:156
"To the Tree" (Stephens) **4**:416
"To the Union Savers of Cleveland" (Harper) **14**:260
"To the United States Senate" (Lindsay) **17**:224

"To the Unknown God" (Nietzsche) **10**:389; **55**:328
"To the White Fiends" (McKay) **7**:461; **41**:324, 345
"To the Wife of a Sick Friend" (Millay) **49**:210
"To the World" (Webb) **24**:472
"To the Writers" (Toller)
See "An die Dichter"
"To This Lost Heart Be Kind" (Housman) **10**:251
"To Train a Writer" (Bierce) **44**:4, 16, 43
To tullinger: Et billede fra ida (Rolvaag) **17**:333, 344-45
"To Venus in the Ashmolean" (Morley) **87**:141
To verdener: Tanker og Indtryk fra en Ruslandsrejse (Nexo) **43**:330
"To Victor Hugo" (Swinburne) **36**:298
"To W. L. G. on Reading His 'Chosen Queen'" (Forten) **16**:149-50
"To Winchester" (Johnson) **19**:228
"To Workers in the Field of Verse and Prose, Who Will Spend This Summer on a Collective Farm" (Mayakovski) **18**:269
"To You Who Read My Book" (Cullen) **37**:152, 154
"To Young America" (Markham) **47**:284
"Toad" (Csath) **13**:149, 151
Toad of Toad Hall (Milne) **88**:229
"Toadstools Are Poison" (Bishop) **103**:30
"A Toast" (Patton) **79**:298
"Toasts" (Nagai)
See "Shukuhai"
"Toasts and Memories" (Gurney) **33**:112
"Tobacco" (Gurney) **33**:87
Tobaku tu akuma (Akutagawa Ryunosuke) **16**:17, 25
"The To-Be-Forgotten" (Hardy) **53**:100
"Tobe's Tribulations" (Chesnutt) **39**:98
Tobias and the Angel (Bridie) **3**:133, 136-37, 141
"Tobias Holt, Bachelor" (Fuller) **103**:75
"Tobias Mindernickel" (Mann) **35**:209
Tobit Transplanted (Benson) **17**:23-6, 30, 32
"Tobold" (Walser) **18**:419
"La toccatina" (Pirandello) **4**:328
Die Tochter (Frank) **81**:102
The Tocsin (Andreyev) **3**:23, 26
The Tocsin of Revolt (Matthews) **95**:237
Der Tod aus Tradition (Horvath) **45**:92
Der Tod des Tizian (Hofmannsthal) **11**:291, 293, 309
Der Tod des Vergil (Broch) **20**:50-5, 58-9, 64-7, 70-1, 77
Der Tod Georgs (Beer-Hofmann) **60**:26, 31-2, 34, 36-8
"Den Tod hab ich geschen" (Raabe) **45**:188
"Tod in Ähren" (Liliencron) **18**:213-14
Der Tod in Venedig (Mann) **2**:412, 420, 423, 429, 432-33, 436-39; **8**:253-55, 261-64, 269-70, 272; **14**:322-66; **21**:166-67, 202, 204-07; **35**:222, 239; **44**:146, 163, 170, 174, 181, 184, 207, 223; **60**:330, 332, 354-57
Toda raba (Kazantzakis) **2**:317-18; **5**:269
Today the Sun Still Sets over Atlantis (Nezval)
See *Dnes ještě zapadá slunce nad Atlandtidou*
"To-day, this Insect" (Thomas) **45**:383-86
Tõde ja õigus (Tammsaare) **27**:371-74
"Todesfurcht" (Kraus) **5**:285
"Todo" (Jimenez) **4**:226
Todo más daro, y otros poemas (Salinas) **17**:357-59, 363, 365, 368-69
"Tod's Amendment" (Kipling) **8**:187
"Together" (Anwar)
See "Orang berdua"
Together (Douglas) **68**:3, 9, 10, 37, 40-1, 43
"Toho in the Days of His Youth" (Nishida)
See "Wakakarishi hi no Toho"
"The Token" (Sinclair) **11**:421
"Tokyo" (Hayashi)
See "Dauntaun"
Tokyo hakkei (Dazai Osamu) **11**:175, 191
Tol'able David (Hergesheimer) **11**:266
Told after Supper (Jerome) **23**:83
Told Again (de la Mare) **4**:78
Told by an Idiot (Macaulay) **7**:423-25, 429; **44**:117-19, 121, 123, 125-26, 132-33
"Toldi Miklós" (Herzl) **36**:151
Tol'ko liubov (Balmont) **11**:31, 36-7, 39
The Toll of the Great Church Bell (Sologub)
See *Velikii blagovest*
Der tolle Professor (Sudermann) **15**:433, 436
Tolstoi as Man and Artist (Merezhkovsky) **29**:227, 230-31, 240
Tolstóy and Dostoyévsky (Merezhkovsky)
See *Tolstoi as Man and Artist*
Tolstoy and the Struggle of the Proletariat (Lenin) **67**:208
Tolstoy as a Mirror of the Russian Revolution (Lenin) **67**:207
Tom Cobb; or, Fortune's Toy (Gilbert) **3**:208
"Tom O'Roughley" (Yeats) **93**:350, 351, 352
Tom Paulding (Matthews) **95**:270
Tom Sawyer Abroad (Twain) **6**:474, 477, 486; **12**:432, 439; **19**:414; **48**:346
Tom Sawyer, Detective (Twain) **6**:477; **12**:432; **48**:335, 344, 349, 351, 356, 359, 361
"The Tomb" (Lovecraft) **4**:265; **22**:218
The Tomb (Palamas) **5**:380, 384, 387
"The Tomb of Hegeso" (Babits)
See "Hegeso sírja"
"The Tomb of His Ancestors" (Kipling) **8**:198; **17**:208
Le Tombeau de Jean de la Fontaine (Jammes) **75**:119
"The Tombstone Told When She Died" (Thomas) **45**:377
Tomek baran, suka (Reymont) **5**:393
"Tomioka Sensei" (Kunikida) **99**:295
"Tomlinson" (Kipling) **17**:196
Tommy and Co. (Jerome) **23**:89-90
Tommy and Grizel (Barrie) **2**:45, 48
Tommy Upmore (Blackmore) **27**:38
"Tommy's Burglar" (Henry) **19**:175, 201
"To-Morrow" (Hedayat)
See "Farda"
"Tomorrow" (Zamyatin)
See "Zavtra"
Tomorrow (Toller)
See *Vormorgen*
Tomorrow and Tomorrow (Barry) **11**:51, 53-5, 59, 63-4, 67
Tomorrow and Tomorrow (Kuttner) **10**:265, 269, 273-74, 276
"Tomorrow Is My Birthday" (Masters) **2**:461
"Tom's Husband" (Jewett) **22**:146
"The Tomte of Toreby" (Lagerloef) **36**:240
"Tonelli's Marriage" (Howells) **17**:179
"The Tongue-Cut Sparrow" (Dazai Osamu) **11**:186
"Tongueless" (Korolenko) **22**:173
Tongues of Conscience (Hichens) **64**:121
Tongues of Fires (Blackwood) **5**:77
"Tongue-Tied" (Cullen) **37**:156
Tonight We Improvise (Pirandello)
See *Questa sera si recita a soggetto*
Tonio Kröger (Mann) **35**:214, 217, 228, 230, 242
Tonka (Musil) **12**:242, 246, 251-53
"Tonkoj, no častoju setkoj" (Bryusov) **10**:92
Tono-Bungay (Wells) **6**:526, 528-29, 532, 535-37, 539-41, 545-46, 548, 552-53; **12**:500-01, 506, 508; **19**:428, 440, 446, 450-52
"Tonya" (Ilf and Petrov) **21**:154, 156-57
"Too Dear" (Tolstoy) **11**:463
Too Loose in Toulouse (March) **96**:248
Too Much Money (Zangwill) **16**:455
Too True to Be Good (Shaw) **3**:393, 404; **9**:426; **45**:210
"Toohey's Party" (Baynton) **57**:11
"Tookh Steh's Mistake" (Oskison) **35**:280-81
"The Tooth" (Rebreanu)
See "Dintele"
"The Tooth" (Vallette)
See "La dent"
"A Tooth for Paul Revere" (Benet) **7**:81
"The Tooth, the Whole Tooth, and Nothing But the Tooth" (Benchley) **55**:17
"The Top of the Heap" (Saltus) **8**:350
Topaze (Hecht) **101**:78
"Topical Logic and a Religious World View" (Nishida)
See *Bashoteki ronri to shuyoteki sekaikan*
Topsy Turvy (Verne)
See *Sans dessus dessous*
Der Tor und der Tod (Hofmannsthal) **11**:293, 300, 310
"The Torch" (Rhodes) **53**:323
The Torch (Kraus)
See *Die Fackel*
The Torch (Moricz)
See *A fáklya*
The Torch and Other Lectures and Addresses (Woodberry) **73**:365, 367-68, 377
The Torch-Bearers (Noyes) **7**:504, 506-09, 513, 515
"Tordenkalven" (Jensen) **41**:307
"Toreador" (Bennett) **5**:46
"Tormenta" (Huidobro) **31**:124
Tormento (Perez Galdos) **27**:250, 261-62, 283
Tornebusken (Hansen) **32**:249, 251, 257
"Torokko" (Akutagawa Ryunosuke) **16**:36
A torony arnyéka (Babits) **14**:40
"Torpedo to Revolutionize Warfare" (Tesla) **88**:287
Torquemada and the Spanish Inquisition (Sabatini) **47**:300, 303
Torre de Eiffel (Huidobro)
See *Tour Eiffel*
"The Torrent" (Robinson) **101**:197, 199
The Torrent (Blasco Ibanez)
See *Entre naranjos*
The Torrent and the Night Before (Robinson) **5**:400, 416; **101**:118-19, 123, 132-33, 136, 194, 196
Torrid Meadows (Moricz)
See *Forró mezok*
"Tortoise Family Connections" (Lawrence) **9**:230; **93**:33
"Tortoise Gallery" (Lawrence) **9**:230
"The Tortoise in Eternity" (Wylie) **8**:521, 533
"Tortoise Shout" (Lawrence) **93**:14, 102, 108
Tortoises (Lawrence) **93**:13, 72
Torture Garden (Mirbeau)
See *Le jardin des supplices*
"The Tortures of Week-End Visiting" (Benchley) **55**:10
The Tory Lover (Jewett) **1**:359-60, 364, 369; **22**:122, 128-29, 138, 143-45
"A Tory Philosophy" (Hulme) **21**:139, 142
Toryism and the Tory Democracy (O'Grady) **5**:349, 351
Torzhestvo zemledeliia (Zabolotsky) **52**:379-85
"Torzhestvo zemledeliya" (Zabolotsky) **52**:365
Tosca (Giacosa) **7**:311, 313-15
"Toshi-sho no mondai" (Yosano Akiko) **59**:337
"Toshishun" (Akutagawa Ryunosuke) **16**:32-3
"Toska mimolet-nosti" (Annensky) **14**:32
"Toska sinevy" (Annensky) **14**:26
A tót atyafiak (Mikszath) **31**:170
Tot, kto poluchaet poshchechiny (Andreyev) **3**:23, 27-8, 30-1
"Tot Stof" (Bosman)
See "Unto Dust"
Total (Huidobro) **31**:126
Total Song (Eluard)
See *Chanson complète*
La totalita dell' arte (Croce) **37**:95
Der Tote Tag (Barlach) **84**:82, 142
"Der Tote Wald" (Kraus) **5**:285
"Totem" (Coffin) **95**:16
Totem and Taboo: Resemblances between the Psychic Lives of Savages and Neurotics (Freud)
See *Totem und Tabu: Über einige*

Übereinstimmungen im Seelenleben der Wilden und der Neurotiker
Totem und Tabu: Über einige Übereinstimmungen im Seelenleben der Wilden und der Neurotiker (Freud) **52**:83-4, 120, 123, 126, 134
Totemism (Frazer) **32**:238
Totemism and Exogamy (Frazer) **32**:202-03, 205, 212-14, 221
"Totenklage" (Ball) **104**:13-15
Totenmesse (Przybyszewski) **36**:290
"Touch" (Lawrence) **93**:53
"Touch at a Distance" (Apollinaire)
See "Le toucher à distance"
"A Touch of Realism" (Saki) **3**:372
A Touch of the Poet (O'Neill) **1**:398, 402, 405; **6**:335-36
"Le toucher à distance" (Apollinaire) **3**:38; **51**:20
"Touches" (Lyotard) **103**:218
"The Touchstone" (Freeman) **21**:60
The Touchstone (Wharton) **27**:384
Touchstone (Williams) **89**:396
"A Tough Tussle" (Bierce) **7**:88; **44**:12, 15, 21, 44-5, 47-8
Toulemonde (Morley) **87**:125
The Tour: A Story of Ancient Egypt (Couperus)
See *Antiek toerisme*
La tour d'amour (Vallette) **67**:271, 280-81, 299, 308, 310
Le tour du monde en quatre-vingt jours (Verne) **6**:491-92, 501; **52**:330, 350, 358
Tour Eiffel (Huidobro) **31**:125, 137, 141
"Tour Y-Ten" (Lardner) **14**:307
"Tourist" (Service) **15**:413
"The Tournament in A.D. 1870" (Twain) **36**:369
"Tous et tant d'autres qui" (Peret) **20**:185
"La Toussaint" (Manning) **25**:277
"Toussaints" (Gurney) **33**:112
De tout (Huysmans) **7**:408; **69**:6, 12, 39, 42-3, 47
Tout à coup (Huidobro) **31**:132
"Tout dire" (Eluard) **41**:157
Tout dire (Eluard) **41**:157
"Tout ou rien" (Roberts) **8**:314
"Tout passe" (Manning) **25**:278
De tout temps a jamais (Jammes) **75**:116
A toute épreuve (Eluard) **7**:250, 256; **41**:150, 156
Toute la Flandre (Verhaeren) **12**:464-65, 468, 471
Toute license sauf contre l'amour (Barrès) **47**:41
Toute une jeunesse (Coppee) **25**:122, 126
Továrna na absolutno (Capek) **6**:83, 85-6, 93; **37**:42, 46, 52-3, 55, 57, 59, 61-2, 67-9, 72-3
Toward a Critique of the German Mentality (Ball)
See *Zur Kritik der deutschen Intelligenz*
"Toward a History of Symbolism" (Bryusov) **10**:94, 96
"Toward a Synthesis" (Murry) **16**:355
"Toward an Enduring Peace" (Bourne) **16**:53
Toward Damscus (Strindberg)
See *Till Damaskus*
Toward Dawn (Nexo) **43**:317
Toward the Gulf (Masters) **25**:290, 296, 315
Toward the Light (Wittgenstein)
See *Akarumie*
"Toward the New World" (Fuller) **103**:102, 107-08
"Towards a Philosophy of Religion with the Concept of Pre-established Harmony as Guide" (Nishida)
See "Yotei chowa o tebiki to shite shukyo tetsugaku e"
"Towards Break of Day" (Yeats) **93**:389, 390
"Towards Democracy" (Carpenter) **88**:45, 47, 51-2, 61, 63-4, 66-9, 71, 76, 82-3, 97, 106-7, 119, 136, 142, 145-6
Towards Industrial Freedom (Carpenter) **88**:72
Towards the Goal (Ward) **55**:437, 440, 442
Towards the Great Peace (Cram) **45**:19-21
"Towards the Religious Philosophy through Pre-established Harmony" (Nishida)
See "Yotei chowa o tebiki to shite shukyo tetsugaku e"
"Towards the Source" (Brennan) **17**:37, 39-41, 44, 46, 50, 52-6
Towazugatari (Nagai) **51**:98
"The Tower" (Gurney) **33**:85-6
"The Tower" (Muir) **87**:241
The Tower (Hofmannsthal)
See *Der Turm*
The Tower (Yeats) **1**:555, 559, 570, 579-80; **11**:517, 522, 528, 534; **18**:442, 445-47, 452, 456-57; **31**:389, 394, 401
The Tower of Love (Vallette)
See *La tour d'amour*
The Tower of Mirrors (Lee) **5**:312-13
"The Tower of Monterrey" (Unamuno) **2**:568
"The Tower of Silence"
See "Chinmoku no to"
"The Tower of the Elephant" (Howard) **8**:133-35
The Towers of Trebizond (Macaulay) **7**:427-28, 430-32; **44**:121-22, 124-27, 131-35, 137-41
"The Town" (Saba)
See "Il borgo"
A Town (Asch) **3**:67, 70-1
Town and Gown (Strindberg)
See *Fråan fjärdingen och svartbächen*
"The Town Betrayed" (Muir) **87**:307
The Town down the River (Robinson) **5**:402, 404; **101**:97, 110, 133
"Town Hall News" (Allen) **87**:28, 63
"The Town of Gradov" (Platonov) **14**:417
"The Town of the Little People" (Aleichem)
See "Di shtot fun di kleyne mentshelek"
"The Town Poor" (Jewett) **22**:147
The Town Traveller (Gissing) **3**:227, 230
"The Town Week" (Lucas) **73**:172
"Townshend" (Gurney) **33**:96
Township and Borough (Maitland) **65**:254, 276, 280, 284, 287
"Der Toyber" (Bergelson) **81**:16-8,30
"Toys of 1900" (Herzl) **36**:143
The Toys of Peace, and Other Papers (Saki) **3**:370
Tra donne solo (Pavese) **3**:338, 342-43
Los trabajos y los dias (Reyes) **33**:323
A Tracer of Lost Persons (Chambers) **41**:95, 102, 114
Traces of Gold (Sa-Carniero)
See *Indícious de ouro*
The Track (Barea) **14**:48, 51, 53
"Track-Workers" (Bodenheim) **44**:59
A Tract on Monetary Reform (Keynes) **64**:203-4, 209-10, 213, 218-19, 227, 252-54, 260, 263, 266, 297-98, 301, 303
"A Tractate Middoth" (James) **6**:206, 212
Tractatus logico-philosophicus (Wittgenstein) **59**:214-6, 222-6, 234-9, 241, 243, 256, 264-72, 274, 292-9, 303-6, 309-10, 314-6
"Trädet i skogen" (Sodergran) **31**:293
Tradiciones (Palma)
See *Tradiciones peruanas*
Tradiciones en salsa verde (Palma) **29**:259
Tradiciones peruanas (Palma) **29**:255-59, 261-67
Tradition of Freedom (Bernanos) **3**:128
"Traditions for a Negro Literature" (Rourke) **12**:322
"Traeet" (Obstfelder) **23**:179
Trafalgar (Perez Galdos) **27**:248-49, 256, 286-88
"Traffic" (Ruskin) **63**:290
"Traffic in Sheets" (Gurney) **33**:103
Traffics and Discoveries (Kipling) **8**:200
"Tragédia" (Moricz) **33**:245, 248
"La tragedia di un personaggio" (Pirandello) **29**:284
A Tragedian in Spite of Himself (Chekhov)
See *Tragik ponevole*
Las tragedias grotescas (Baroja) **8**:61
Les tragédies de la foi (Rolland) **23**:256, 260
Tragedies of Faith (Rolland)
See *Les tragédies de la foi*
Tragediya o Iude printse Iskariotskom (Remizov) **27**:328-29, 335, 345
"Tragedy" (Baker) **10**:27
"Tragedy" (Mayakovski) **4**:292
"Tragedy" (Moricz)
See "Tragédia"
"The Tragedy at Brookbend Cottage" (Bramah) **72**:13
"The Tragedy at Three Corners" (Dunbar)
See "The Tragedy at Three Forks"
"The Tragedy at Three Forks" (Dunbar) **12**:108-09
"A Tragedy in Little" (Middleton) **56**:175, 193
"The Tragedy of a Character" (Pirandello)
See "La tragedia di un personaggio"
"The Tragedy of a Quiet Life" (Corelli) **51**:75
Tragedy of an Elderly Gentleman (Shaw) **3**:393
The Tragedy of Errors (Villaurrutia) **80**:480
The Tragedy of Judas, Prince of Iscariot (Remizov)
See *Tragediya o Iude printse Iskariotskom*
"The Tragedy of Man" (Campbell) **9**:33
"The Tragedy of Pete" (Cotter) **28**:43
The Tragedy of Pudd'nhead Wilson (Twain) **6**:455-56, 461-62, 465, 474-75, 477; **12**:432, 439-40, 449-51; **19**:364, 372; **36**:361, 363, 373, 386; **48**:344; **59**:169
The Tragedy of the Caesars (Baring-Gould) **88**:35
"The Tragedy of the Seigniory" (Scott) **6**:398
The Tragedy of White Injustice (Garvey) **41**:185, 198
Tragic America (Dreiser) **10**:183, 195
The Tragic Comedians: A Study in a Well-Known Story (Meredith) **17**:262, 278, 286-88; **43**:282-84
The Tragic Mary (Field) **43**:153-54, 172
The Tragic Muse (James) **2**:250, 254, 263, 269-70; **11**:337, 342; **40**:115, 154; **47**:177-78, 183, 185, 207
The Tragic Muse (Wharton) **3**:561
"Tragic Philosophy" (Santayana) **40**:388, 390, 394
A Tragic Role (Chekhov)
See *Tragik ponevole*
Tragic Romances (Sharp) **39**:362
The Tragic Sense of Life in Men and Peoples (Unamuno)
See *Del sentimiento de la vida en los hombres y en los pueblos*
Tragik ponevole (Chekhov) **31**:80
"Tragisches Liebesmahl" (Liliencron) **18**:215
La trahison (Lewis) **2**:391
La trahison des clercs (Benda) **60**:41, 44, 47-8, 57, 60-2, 72, 75-6, 84-91
"The Trail among the Ardise Hills" (Carman) **7**:144
The Trail Driver (Grey) **6**:187
Trail of an Artist-Naturalist (Seton) **31**:267, 269
The Trail of Fu Manchu (Rohmer) **28**:280, 289-90, 292, 300
The Trail of Ninety-Eight: A Northland Romance (Service) **15**:406-07, 412
The Trail of the Hawk: A Comedy of the Seriousness of Life (Lewis) **4**:248, 251, 253, 259; **13**:325; **23**:132; **39**:234
The Trail of the Sandhill Stag (Seton) **31**:261, 279
"The Trail to the Tropics" (McCoy) **28**:224
"The Trailer for Room No. 8" (Davis) **24**:205
Trailin' (Faust) **49**:46-7, 55, 60
"The Train and the City" (Wolfe) **13**:491-92, 494
"Train de guerre" (Apollinaire) **51**:20
"Le train numero 081" (Schwob) **20**:321, 323
"Train of Sick Soldiers" (Marinetti) **10**:314
"The Train That Goes to Ireland" (Tynan) **3**:504

"A Train Trip" (Guiraldes)
See "Ferroviaria"
"The Train Whistled" (Pirandello)
See "Il treno ha fischiato"
"The Training of Nurses" (Nightingale) **85**:258
"Trains" (Caragiale) **76**:165
"Trains" (Hall and Nordhoff) **23**:64
Traite (Pareto)
See *Trattato di sociologia generale*
"Le traité du Narcisse" (Gide) **12**:143, 168, 176-77, 180
"Traitement thyroïdien" (Apollinaire) **51**:20
"Traitorously" (Svevo)
See "Proditoriamente"
"Traitors of Art" (Middleton) **56**:192
"El traje de fantasmas" (Arlt) **29**:45-8
"Traktat o manekinach" (Schulz) **5**:424, 428-29; **51**:309, 311, 314, 316, 319-20
Tramonto (D'Annunzio) **6**:142
"The Tramp" (Baynton)
See "The Chosen Vessel"
A Tramp Abroad (Twain) **6**:455, 458, 460, 476; **12**:426, 431; **36**:369-70; **48**:330, 332, 342, 350, 357, 360
"The Tramp Transfigured: An Episode in the Life of a Corn-Flower Millionaire" (Noyes) **7**:503
"The Tramper's Grave" (Pickthall) **21**:252
The Tramping Methodist (Kaye-Smith) **20**:93-4, 97, 101, 109-10
"The Tramping Woman" (Tynan) **3**:505
The Trampling of the Lilies (Sabatini) **47**:303
Tramps (Hamsun)
See *Landstrykere*
A Transaction of Hearts (Saltus) **8**:349-50
"A Transatlantic Interview, 1946" (Stein) **48**:224-25, 241, 252
"A Transcontinental Episode, Or, Metamorphoses at Muggins' Misery: A Co-Operative Novel by Bret James and Henry Harte" (Fuller) **103**:116
"The Transfer" (Blackwood) **5**:78-9
"The Transferred Ghost" (Stockton) **47**:323-24, 327
"The Transfiguration" (Muir) **2**:487; **87**:170, 172, 230
Transfiguration (Esenin) **4**:112
Transfiguration (Toller)
See *Die Wandlung*
Transfigured Night (Schoenberg)
See *Verklarte Nacht*
"Transformation" (Aurobindo) **63**:9
"Transformation" (Sodergran)
See "Förvandling"
"La transformation de l'idée de Dieu" (Rod) **52**:324
"The Transformation of Evil" (Trakl) **5**:468
The Transformation of the Animals (Jensen)
See *Dyrenes Forvandling*
"Transformations" (Hardy) **10**:234
Transiençe (Rozanov)
See *Mimoletnoe*
The Transient Guest (Saltus) **8**:346
"Transients in Arcadia" (Henry) **19**:173
Transition: Essays on Contemporary Literature (Muir) **2**:48; **87**:163
Translation: An Elizabethan Art (Matthiessen) **100**:188, 218-21, 238
Translations from the Chinese (Morley) **87**:124, 128
"Transluscence" (Balmont)
See "Peresvet"
"Transmigración" (Nervo) **11**:398
"The Transmutation" (Muir) **87**:256
"The Transmutation of Ling" (Bramah) **72**:3, 9
"Trans-National America" (Bourne) **16**:55, 67
"Transplanting a Texan" (Adams) **56**:8
"The Transport" (Manning) **25**:265
Transport to Summer (Stevens) **3**:448, 454; **12**:361, 376, 383; **45**:274, 298-99
The Transposed Heads (Mann)
See *Die vertauschten Köpfe*
Tränstekvinnans son (Strindberg) **1**:452; **8**:407, 411, 419; **21**:350, 365; **47**:358
Transylvania (Moricz)
See *Erdély*
"Tranvías" (Villaurrutia) **80**:478
"The Trap" (Lindsay) **17**:224
"The Trap" (Pirandello)
See "La trappola"
"The Trap" (Zoshchenko) **15**:510-11
The Trap (Richardson) **3**:356-57
A Trap for Judges (Guro)
See *Sadok sudei*
Trapné provídky (Capek) **6**:84; **37**:46, 51
"La trappola" (Pirandello) **4**:328, 351; **29**:282
"Traps for the Unwary" (Bourne) **16**:41
Traps for the Young (Comstock) **13**:95-7
Traps for Unbelievers (Butts) **77**:90, 94, 96-7, 106
"Traspié entre dos estrellas" (Vallejo) **3**:531
Tratado de moral (Hostos) **24**:304, 306
Tratado de sociología (Hostos) **24**:303-04, 306
Trattato della Divina Provvidenza (Catherine)
See "Tarde"
Trattato di sociologia generale (Pareto) **69**:98-9, 101, 108-10, 113, 125-35, 141-44, 148-50, 152, 157, 162, 167
"Traum und Umnachtung" (Trakl) **5**:456, 464-65, 468
"Ein Traum von grosser Magie" (Hofmannsthal) **11**:299
Die Traumdeutung (Freud) **52**:81, 90, 93, 110-13, 115, 127, 131
Traumgekrönt (Rilke) **6**:358
Traumstück (Kraus) **5**:286
Traumtheater (Kraus) **5**:286
"Traurige Tänze" (George) **14**:206, 210
Die Traurigen Geranien, und andere Geschichten aus dem Nachlass (Borchert) **5**:105-06, 112
"Trauriges Wiegenlied" (Raabe) **45**:189
Travail (Zola) **6**:560, 563; **21**:426, 456; **41**:421
Le travail du peintre (Eluard) **7**:246
"Le Travail du Rêve ne Pense Pas" (Lyotard) **103**:154
"The Travail of Passion" (Yeats) **1**:580
Trava-Murava (Remizov) **27**:334, 348
"Travel" (Millay) **4**:306
"The Traveler" (Apollinaire)
See "Le voyageur"
A Traveler at Forty (Dreiser) **10**:164, 201; **18**:51-2
A Traveler from Altruria (Howells) **7**:368, 376-79, 386, 393, 399-400; **41**:261, 269
Travelers on Land and Sea (Kuzmin)
See *Plavaiushchie-puteshestvuiushchie*
"Traveling in Peace" (Benchley) **55**:17
"Traveling Riverside Blues" (Johnson) **69**:76
"The Traveling Woman" (Kolmar) **40**:175
A Traveller in Little Things (Hudson) **29**:142, 145, 160
The Traveller to the East (Mofolo)
See *Moeti oa bochabela*
Traveller's Luck: Essays and Fantasies (Lucas) **73**:174
The Travelling Man (Gregory) **1**:336
"The Travelling Post Office" (Paterson) **32**:369, 373, 376, 378
"Travelogue" (Lardner) **14**:307
Travels and Life in Ashanti and Jaman (Freeman) **21**:45, 61
Travels in Alaska (Muir) **28**:244, 246, 259, 264
Travels in Arabia Deserta (Doughty) **27**:50-2, 54, 56, 58-63, 65, 67-9, 71, 73-5, 78-85
Travels in Humanity (Platonov) **14**:410
Travels in Iceland (Hansen)
See *Rejse på Island*
Travels in Philadelphia (Morley) **87**:120
The Travels of Lao Ts'an (Liu)
See *Lao Ts'an yu-chi*
Travels with Mr. Brown (Twain) **36**:382
Das Traverhaus (Werfel) **8**:471
"A travers l'Europe" (Apollinaire) **51**:32
Trayectoria de Goethe (Reyes) **33**:323
"Tre og tredive Aar" (Jensen) **41**:307
Tre par (Kielland) **5**:279
"Tre vie" (Saba) **33**:370
Treacherous Ground (Bojer)
See *Vort rige*
"Treacherously" (Svevo)
See "Proditoriamente"
"Treading the Grape" (Field) **43**:166
"Treading the Press" (Field) **43**:166
Treading the Winepress (Connor) **31**:114-15
Treadmill to Oblivion (Allen) **87**:14, 16, 22, 50, 57
"Treason" (Stephens) **4**:420
The Treason and Death of Benedict Arnold (Chapman) **7**:191
"A Treason of Nature" (Roberts) **8**:315
The Treason of the Intellectuals (Benda)
See *La trahison des clercs*
The Treason of the Senate (Phillips) **44**:262, 273, 278-79, 281, 290-91, 294, 296, 299-300
"The Treasure" (Brooke) **2**:61
"Treasure" (Peretz) **16**:398
The Treasure (Lagerloef)
See *Arne's Treasure*
The Treasure House of Martin Hews (Oppenheim) **45**:130
"Treasure of Abbot Thomas" (James) **6**:206, 212
The Treasure of Heaven: A Romance of Riches (Corelli) **51**:66, 69, 75-6
The Treasure of the Humble (Maeterlinck)
See *Le trésor des humbles*
The Treasure of the Lake (Haggard) **11**:254-55
"The Treasure of Tranicos" (Howard) **8**:131, 135
"The Treasurer's Report" (Benchley) **55**:15-17
The Treasurer's Report (Benchley)
See *The Treasurer's Report, and Other Aspects of Community Singing*
The Treasurer's Report, and Other Aspects of Community Singing (Benchley) **1**:79, 81; **55**:14, 18
"The Treasures of Life" (Herzl) **36**:142
The Treasures of the Earth (Tolstoy) **18**:358
A Treasury of Ben Hecht (Hecht) **101**:57
"Treasury of the Blues" (Handy) **97**:42
Treat 'Em Rough: Letters from Jack the Kaiser Killer (Lardner) **2**:332; **14**:303-04
Treatise (Keynes)
See *A Treatise on Money*
Treatise on General Sociology (Pareto)
See *Trattato di sociologia generale*
A Treatise on Money (Keynes) **64**:210, 220-21, 226-27, 229, 249-50, 253-60, 263-65, 284, 297-99, 301-4
Treatise on Morals (Hostos)
See *Tratado de moral*
A Treatise on Probability (Keynes) **64**:227-28, 230-31, 233, 235, 249, 288, 291, 204-95
Treatise on Right and Wrong (Mencken) **13**:377, 383, 387-88
Treatise on Sociology (Hostos)
See *Tratado de sociología*
"Treatise on Tailors' Dummies" (Schulz)
See "Traktat o manekinach"
Treatise on the Gods (Mencken) **13**:377, 383, 387-88
Treatise on Universal Algebra (Whitehead) **97**:196-97, 210
"Tredje natten" (Strindberg) **8**:419
"The Tree" (Bishop) **103**:5, 8, 20
"The Tree" (de la Mare) **4**:78; **53**:16, 23, 25, 27, 30
"The Tree" (Thomas) **45**:408-10
Tree Drippings (Prishvin)
See *Lesnaia kapel*
A Tree Grows in Brooklyn (Slesinger) **10**:445-46
"The Tree in the Forest" (Sodergran)
See "Trädet i skogen"

The Tree of Heaven (Chambers) **41**:90, 95, 102, 114
The Tree of Heaven (Sinclair) **3**:434-35, 439, 442; **11**:411, 413
"The Tree of Knowledge" (Evans) **85**:26
"The Tree of Knowledge" (Gray) **19**:157
"The Tree of Knowledge" (James) **47**:201
The Tree of Knowledge (Baroja)
See *El árbol de la ciencia*
The Tree of Life (Fletcher) **35**:97-8, 114-15
The Tree of the Folkungs (Heidenstam)
See *Folkungaträdet*
"Trees" (Lawrence) **93**:98, 101
"Trees" (Lowell) **8**:236
"Trees" (Tsvetaeva)
See "Derev'ya"
"Trees in the Garden" (Lawrence) **93**:117, 118, 119
Trelawney of the "Wells" (Pinero) **32**:389, 398-400, 409, 412, 414-15
Tremasteren "fremtiden"; eller, Liv nordpaa (Lie) **5**:323-24, 326, 330
"The Trembling of the Veil" (Yeats) **93**:366
The Trembling of the Veil (Murry) **16**:343
The Trembling of the Veil (Yeats) **1**:554
Tremendous Trifles (Chesterton) **1**:178; **6**:109
Tren en ondas (Reyes) **33**:323
"Trench Poems" (Rosenberg) **12**:290, 293-95, 303, 306-08
"The Trenches" (Manning) **25**:265, 279
Trenck, Roman eines Günstlings (Frank) **81**:102
Trending into Maine (Roberts) **23**:232, 240
"Il treno ha fischiato" (Pirandello) **29**:284
Trent Intervenes (Bentley) **12**:15, 20
Trent's Last Case (Bentley) **12**:12-18, 20-4
Trent's Own Case (Bentley) **12**:14-15, 20
Trent-six Femmes, La Divine Douleur (Jammes) **75**:119
"Trenzador" (Guiraldes) **39**:176
"Trepov on the Dissecting Table" (Csath) **13**:153
"Los tres besos" (Quiroga) **20**:213
"Tres cartas y un pie" (Quiroga) **20**:214
"Las tres cosas del romero" (Gonzalez Martinez) **72**:151
Tres novelas ejemplares y un prólogo (Unamuno) **2**:567; **10**:511, 513, 515
Tres poemas (Reyes) **33**:321
Los tres tesoros (Reyes) **33**:324
"Três tesouros perdidos" (Machado de Assis) **10**:291
Trescientos millones (Arlt) **29**:42-4, 54
Le trésor (Coppee) **25**:127
Le trésor des humbles (Maeterlinck) **3**:318, 327, 329
"Trespass and Negligence" (Holmes) **77**:319
The Trespasser (Lawrence) **2**:343, 359; **9**:222-24; **16**:309; **93**:3, 17
"Tretii syn" (Platonov) **14**:425
Tret'ja straža (Bryusov) **10**:82
Tretya stolitsa (Pilnyak) **23**:198, 211, 214, 216-17
"Treud-nan-Ron" (Sharp) **39**:377
"Tri dnja" (Zamyatin) **8**:552
Tri serpa (Remizov) **27**:348
"Tri sestry" (Khlebnikov) **20**:126, 132-33
Tri Sestry (Chekhov) **55**:31, 60-3, 73-4; **96**:2-81
Tri smerti (Tolstoy) **11**:464, 471; **44**:329, 332; **79**:407
"Tri tsveta" (Balmont) **11**:36
"The Triad" (Sharp) **39**:375
The Trial (Kafka)
See *Der Prozess*
Trial Balance: The Collected Short Stories (March) **96**:237, 251-52, 254, 258
Trial by Jury (Gilbert) **3**:212, 214-15, 217-18
Trial by Lynching (McKay) **41**:331
The Trial: More Links of the Daisy Chain (Yonge) **48**:372, 376-77, 383, 388
"The Trial of Dead Cleopatra" (Lindsay) **17**:235
The Trial of Lucullus (Brecht)
See *Das verhör des Lukullus*
Trial of Strength (Nagai)
See *Udekurabe*
"The Trial Sermon on Bull-Skin" (Dunbar) **2**:133, **12**:111
Trials, and Other Tribulations (Runyon) **10**:436
The Trials of a Respectable Family (Azuela)
See *Las tribulaciones de una familia decente*
"The Trials of Mrs. Morpher" (Harte) **25**:218
A Triangle (Baring) **8**:36, 40, 43
"Triangles of Life" (Lawson) **27**:132
Triangles of Life, and Other Stories (Lawson) **27**:129, 132
Las tribulaciones de una familia decente (Azuela) **3**:75, 78-80
The Tribulations of a Chinaman in China (Verne) **6**:500
"The Tribulations of a Patriot" (Douglas) **68**:39
Le tribun (Bourget) **12**:69, 75
"Tribute" (Ingamells) **35**:130
"The Trick of Change" (Coppard) **5**:179
"Tricolour" (Service) **15**:401
Tricotrin (Ouida) **43**:348-49, 366
Tric-trac du ciel (Artaud) **3**:52; **36**:32
"The Tricycle of the Future" (Stockton) **47**:328, 330
"Trieb" (Lasker-Schueler) **57**:302
Der Triebhafte Charakter (Reich) **57**:341
"Trieste" (Saba) **33**:377
"The Triflers" (Leverson) **18**:200
"Trifles" (Guro)
See "Meloči"
Trifles (Glaspell) **55**:233-34, 236-37, 241-42, 247-50, 255-59, 262-65, 267-70, 272, 276
"Trifles from the Parliament" (Mikszath)
See "Apróságok a házból"
"A Trifling Incident" (Lu Hsun) **3**:303
Trilce (Vallejo) **3**:526-30, 532-33, 535-36; **56**:288-92, 295-300, 304, 308-10, 313-15
"Trilce I" (Vallejo) **3**:527-29
"Trilce II" (Vallejo) **3**:530
"Trilce iii" (Vallejo) **56**:289, 298
Trilce V (Vallejo) **56**:298-99, 309
"Trilce VI" (Vallejo) **3**:350; **56**:298
"Trilce VIII" (Vallejo) **56**:308
Trilce X (Vallejo) **56**:309
Trilce XIII (Vallejo) **56**:309
"Trilce xiv" (Vallejo) **56**:298
"Trilce xvii" (Vallejo) **56**:290
"Trilce XVII" (Vallejo) **56**:298
"Trilce XX" (Vallejo) **56**:290
"Trilce XXI" (Vallejo) **3**:530
"Trilce XXII" (Vallejo) **3**:532
"Trilce xxiii" (Vallejo) **56**:315
"Trilce XXV" (Vallejo) **3**:529; **56**:299
"Trilce XXVIII" (Vallejo) **3**:529
"Trilce XXXIII" (Vallejo) **3**:532
"Trilce xxxvi" (Vallejo) **56**:290
"Trilce xl" (Vallejo) **56**:308
Trilce XL (Vallejo) **56**:308
"Trilce XLI" (Vallejo) **3**:532
"Trilce XLV" (Vallejo) **3**:529
"Trilce XLVII" (Vallejo) **3**:529
Trilce XLVII (Vallejo) **56**:308
"Trilce liii" (Vallejo) **56**:297
"Trilce lv" (Vallejo) **56**:290, 295, 297
"Trilce lvi" (Vallejo) **56**:298
"Trilce lvii" (Vallejo) **56**:298
"Trilce lix" (Vallejo) **56**:296
"Trilce lx" (Vallejo) **56**:308
"Trilce lxi" (Vallejo) **56**:298
"Trilce lxv" (Vallejo) **56**:315
Trilce LXVII (Vallejo) **56**:308
"Trilce lxvii" (Vallejo) **56**:310
"Trilce LXIX" (Vallejo) **3**:529
"Trilce LXXI" (Vallejo) **3**:532; **56**:309
Trilce LXXV (Vallejo) **56**:297, 308
"Trilce lxxvi" (Vallejo) **56**:310
Trilogy (Sienkiewicz) **3**:427-31
The Trimmed Lamp (Henry) **1**:345-47
"La trinchera" (Huidobro) **31**:125
"Trinity of Crime" (Bishop) **103**:5, 8
"Trinket's Colt" (Somerville & Ross) **51**:385
A Trio (Gorky)
See *Troe*
"Trio em lá menor" (Machado de Assis) **10**:290
Le triomphe de la raison (Rolland) **23**:257-58, 260
Le Triomphe de la Vie (Jammes) **75**:115, 117-18
A Trip to the Moon (Melies) **81**:122,144,146-8
Trisévgene (Palamas) **5**:384-85
Tristan (Mann) **2**:429, 439; **8**:261-62; **14**:323, 349, 358-59; **21**:166; **44**:145; **60**:335, 337, 354, 358, 362-63
"Tristan da Cunha" (Campbell) **5**:123-24
Tristan und Isolde (von Hartmann) **96**:206, 214
Tristana (Perez Galdos) **27**:250
Triste fim de Policarpo Quaresma (Lima Barreto) **23**:160-61, 163-64, 166, 168-72
"La tristesse" (Pickthall) **21**:246
"Tristesse d'un étoile" (Apollinaire) **51**:10, 37
Tristesses (Jammes) **75**:119
Tristi amori (Giacosa) **7**:305-06, 308-15
Tristia (Mandelstam)
See *Vtoraya kniga*
"Tristram" (Manning) **25**:277
Tristram (Robinson) **5**:405-06, 408, 414; **101**:98, 109-11, 113-14, 127, 184-85, 188, 191-92
"Tristram and Iseult" (Swinburne) **8**:426
Tristram of Lyonesse (Swinburne) **8**:430, 441; **36**:301, 315-16, 319, 321, 324, 345
"Tristram's Journey" (Muir) **87**:167
The Triumph and Passing of Cuculain (O'Grady) **5**:353, 356
The Triumph of Agriculture (Zabolotsky)
See *Torzhestvo zemledeliia*
"Triumph of Bacchus and Ariadne" (Field) **43**:165
The Triumph of Death (D'Annunzio)
See *Il trionfo della morte*
The Triumph of Death (Ramuz)
See *Présence de la mort*
The Triumph of Death (Sologub)
See *Pobeda smerti*
"Triumph of Existing" (Sodergran) **31**:291
Triumph of Liberty (Bell) **43**:90
The Triumph of Love (Giacosa)
See *Il trionfo d'amore*
The Triumph of Mammon (Davidson) **24**:183-84, 194
"The Triumph of Night" (Wharton) **3**:577
"The Triumph of the Egg" (Anderson) **1**:39, 42, 46, 54, 61; **10**:45, 52-4
The Triumph of the Egg: A Book of Impressions from American Life in Tales and Poems (Anderson) **1**:35-6, 39, 42, 44, 46; **10**:33, 36, 41, 45; **24**:17
"The Triumph of Time" (Swinburne) **8**:429-30, 437, 446; **36**:305, 312-13, 318-19, 322, 338-39
Triumph over Pain (Sturges)
See *The Great Moment*
Triumph und Tragik des Erasmus von Rotterdam (Zweig) **17**:426-27, 431, 438, 440-42, 445-46, 448, 457-58
"Triumphs of the Free" (Bell) **43**:91
"El triunfo de procopio" (Azuela) **3**:76
Trivial Breath (Wylie) **8**:526, 529, 532, 534, 538
Trods (Jensen) **41**:292
Troe (Gorky) **8**:70, 77, 81, 86
Troe (Guro) **56**:132, 134, 138-39
Troens magt (Bojer) **64**:2, 4, 13, 15, 18-20, 22-24
Die Troerinnen (Werfel) **8**:473, 477
"Trofast" (Kielland) **5**:278
Den trofaste hustru (Undset) **3**:519, 521, 523
"Troglodyte" (Kolmar) **40**:176
Troika (Kandinsky) **92**:147
Les trois amoureuses (Rolland) **23**:257
Les trois crimes d'Arsène Lupin (Leblanc) **49**:197

Les trois cœurs (Rod) **52**:307-08, 310, 317-21, 324-25
"Les trois dames de la Kasbah, conte Oriental" (Loti) **11**:353
Les trois Don Juan (Apollinaire) **51**:20, 28
Trois Eglises et Trois Primitifs (Huysmans) **69**:7, 47
"Trois etoiles" (Desnos) **22**:61
"Les trois gabelous" (Schwob) **20**:319
Trois idoles romantiques (Benda) **60**:79
Trois poèmes de guerre (Claudel) **2**:122
Trois Primitifs (Huysmans) **69**:12, 44
Trois stations de psychothérapie (Barrès) **47**:51, 98
Les trois Villes (Zola) **1**:597
"Troisième manifeste" (Desnos) **22**:68
The Trojan Horse (Morley) **87**:147
"A Trojan Slave" (Muir) **87**:207
"Trojans" (Cavafy) **2**:88
"Trojsky Bridge" (Nezval)
See "Trojský most"
"Trojský most" (Nezval) **44**:247
Trold (Lie) **5**;325
The Troll Garden (Cather) **11**:92-3, 100, 114; **99**:207, 266
Trolls (Lie) **5**:329-30
Le trombe d'Eustachio (Brancati) **12**:85
Trommeln in der nacht (Brecht) **6**:35-6
Trompette (Kandinsky) **92**:49
"Trooper Jim Tasman" (Baynton) **57**:11, 25
Trooper Peter Halket of Mashonaland (Schreiner) **9**:395-99, 404-05
"The Troopship" (Johnson) **19**:244
"Troopship" (Rosenberg) **12**:289, 297, 312
"Tropical Disturbance" (Dent) **72**:30
"Tropical Glory" (Quiroga)
See "Gloria tropical"
"A Tropical Intermezzo" (Hearn) **9**:133
Tropical Winter (Hergesheimer) **11**:277
"The Tropics" (Mayakovski) **18**:258
"The Tropics in New York" (McKay) **41**:344
"Trouble in Time" (Kornbluth) **8**:215
"Trouble on Lost Mountain" (Harris) **2**:209
Troubled Waters (Betti)
See *Acque turbate*
"The Troubles of a Carpet Fancier" (Capek) **37**:48
Troupers of the Gold Coast; or, The Rise of Lotta Crabtree (Rourke) **12**:319, 321, 324, 329, 331
The Trout Breaks the Ice (Kuzmin)
See *Forel razbyvaet lyod*
"The Trout Stream" (Welch) **22**:456
Trovarsi (Pirandello) **29**:298, 306, 318
"Troy" (Muir) **87**:159
"Truant" (McKay) **41**:329, 342
"Truba Gul-Mully" (Khlebnikov) **20**:127, 133
"The Truce of the Bear" (Kipling) **8**:191
"The Truce of the Mohawks" (Coffin) **95**:2
"Truck-Green-Market Day" (Millay) **49**:222
"True Aesthetic Laws of Form" (Steiner) **13**:452
"True Americanism" (Roosevelt) **69**:177
"The True Duty of Critics" (Matthews) **95**:228
"The True Fin de Siècle" (Rozanov) **104**:347
"The True Function and Value of Criticism: With Some Remarks on the Importance of Doing Nothing" (Wilde) **8**:497
True Heart Susie (Griffith) **68**:169-70, 175-77, 214, 217, 229, 249
A True Hero (Howells) **7**:387-88
True Love (Bromfield) **11**:83
"True Love at Last" (Lawrence) **93**:53
"True Love Ways" (Holly) **65**:144, 147, 151-53
"True Marriage" (Tynan) **3**:503
"The True Negro" (Cotter) **28**:42
"True Romance" (Kipling) **17**:197
The True Sedemunds (Barlach)
See *Die echten Sedemunds*
A True Story and the Recent Carnival of Crime (Twain) **48**:360
"The True Story of Ah Q" (Lu Hsun) **3**:295
"The True Theory of the Preface" (Matthews) **95**:226
True Tilda (Quiller-Couch) **53**:296
The True Traveller (Davies) **5**:206-07
True-Hearted Susie (Griffith)
See *True Heart Susie*
Truly, Indeed (Vilakazi)
See *Nje nempela*
"The Trumpet" (de la Mare) **53**:26-7, 35-6
"The Trumpet" (Thomas) **10**:452, 464
Trumpet of Jubilee (Lewisohn) **19**:278
"The Trumpet of the Martians" (Khlebnikov) **20**:151
The Trumpet Shall Sound (Tomlinson) **71**:400
"The Trumpeters" (Coppard) **5**:176
The Trumpet-Major (Hardy) **4**:148-49, 158-59; **10**:227
Trumpets of Jubilee: Henry Ward Beecher, Harriet Beecher Stowe, Lyman Beecher, Horace Greeley, P.T. Barnum (Rourke) **12**:316, 319, 321, 323-24, 329, 331-32
Trust and Trial (Bjoernson)
See *Synnøve Solbakken*
"De trust de vaderlandsliefde" (van Ostaijen) **33**:409-10, 412
"The Trust Property" (Tagore) **3**:485
"The Trustfulness of Polly" (Dunbar) **2**:128; **12**:120, 124
The Trusty Knaves (Rhodes) **53**:307, 309, 319, 322-23, 329
"Truth" (Baker) **10**:18
"Truth" (Harper) **14**:259, 261
The Truth (Glyn) **72**:139
Truth (Svevo)
See *La verità*
The Truth about an Author (Bennett) **5**:46
The Truth about Blayds (Milne) **6**:307, 310
The Truth about Ireland (Upward) **85**:380
The Truth About the West African Land Question (Casely-Hayford) **24**:132
The Truth about Tristrem Varick (Saltus) **8**:345-46, 348-49, 352
The Truth and Error of Darwinism (von Hartmann) **96**:212
"Truth and Perspective" (Ortega y Gasset) **9**:348
Truth and Right (Tammsaare)
See *Tõde ja õigus*
Truth Is God (Gandhi) **59**:61-2
"The Truth of Masks" (Wilde) **8**:493, 497, 502
"Try the Girl" (Chandler) **7**:176
"Tryste Noël" (Guiney) **41**:207
"Tržnice" (Nezval) **44**:247
"Tsar and God! Grant Those Your Pardon" (Tsvetaeva) **35**:395
Le Tsar et la Révolution (Hippius) **9**:161
Tsar' Iksion (Annensky) **14**:17, 21
"Tsar' Solomon" (Remizov) **27**:355
Tsarapina po nebu (Khlebnikov)
See *Carapina po nebu*
Tsar-devitsa (Tsvetaeva) **7**:557, 559, 561, 567-68; **35**:375, 390, 394, 402, 410, 413
"Tsarevna Mymra" (Remizov) **27**:333, 339, 347
The Tsar-Maiden (Tsvetaeva)
See *Tsar-devitsa*
Tschandala (Strindberg) **47**:342
"Tselaya zhizn" (Pilnyak) **23**:203
Tseykhenungen (Kahanovitsch) **56**:109
Tsezeyt un tseshpreyt (Aleichem) **35**:306
Tsimshian Mythology (Boas) **56**:81
"Tsoncho's Revenge" (Vazov) **25**:454
Tsugaru (Dazai Osamu) **11**:176-77, 184
Tsuki ni hoeru (Hagiwara Sakutaro) **60**:288-9, 295-6, 298, 311-6
"Tsum barg" (Kahanovitsch) **56**:115
"Tsum shnit" (Kahanovitsch) **56**:115
"Tsuyu dandan" (Rohan) **22**:294, 301, 304-05
Tsuyu no atosaki (Nagai) **51**:86, 92, 96-7
"Tu croyais tout tranquille" (Garneau) **13**:195
Tú eres mi secreto (Villaurrutia) **80**:466
"Tu Quoque" (Dobson) **79**:5
"Tu tzuch'un" (Akutagawa Ryunosuke) **16**:27
"Tudor Translations" (Henley) **8**:106
"Tuércele el cuelo al cisna" (Gonzalez Martinez) **72**:154
Túeres la paz (Martinez Sierra and Martinez Sierra) **6**:276, 279-80, 286
"A Tuesday Evening with Stephane Mallarme" (Hartmann) **73**:116
"Le tueur de grenouilles" (Vallette) **67**:278, 319, 321-23
"Tui Hoo" (Borchert) **5**:109
"A Tulip Garden" (Lowell) **8**:233
"La Tulipe" (Huysmans) **69**:8
"Tulsah" (Shiel) **8**:361
Tumbling in the Hay (Gogarty) **15**:119-20
"Tumma" (Leino) **24**:368
Tündérkert (Moricz) **33**:242-44, 250
Tündérviláq (Mikszath) **31**:167
"Tune the Old Cow Died To" (March) **96**:266
El tungsteno (Vallejo) **56**:299
"The Tungszu Problem" (Yosano Akiko)
See "Toshi-sho no mondai"
"Tunk: A Lecture of Modern Education" (Johnson) **19**:210
"The Tunnel" (Crane) **5**:186-87, 190; **80**:82-3, 94, 96, 102-3, 116-8, 126, 140, 147, 166-8, 174, 177-8, 182, 186, 191
"Tunnel" (Verhaeren) **12**:468
The Tunnel (Richardson) **3**:347, 356, 358
Tuomas Vitikka (Leino) **24**:372
Tuonelan joutsen (Leino) **24**:368-71
Tup-i murvari (Hedayat) **21**:72, 76
An T-úr-Ghort (Moore) **7**:476, 481, 490-94
"Turjan loihtu" (Leino) **24**:368
"Turja's Spell" (Leino)
See "Turjan loihtu"
"Turkestanski generaly" (Gumilev) **60**:280
"The Turkish Yataghan" (Rohmer) **28**:286
"Der Turm" (Kandinsky) **92**:67
Der Turm (Hofmannsthal) **11**:298-99, 302-03, 306, 310
"Türmers Töchterlein" (Raabe) **45**:190
The Turmoil (Tarkington) **9**:453, 455-56, 459-60, 463, 467, 472
"Turmoil in a Morgue" (Bodenheim) **44**:59, 62
Turn Back the Leaves (Delafield) **61**:127, 130
The Turn of the Screw (James) **2**:246, 250-51, 269; **11**:341-42; **24**:314-63; **40**:120; **47**:166, 174, 195-97, 199-200, 206; **64**:156, 171
The Turn of the Tide (Tomlinson)
See *Tidemarks*
The Turn of the Year (Grove) **4**:133, 136, 140-41
"Turned" (Gilman) **9**:113, 115; **37**:213
"Turned Down" (Lawrence) **93**:12
"Turning Point" (Rilke) **1**:420
The Turning Point (McCoy) **28**:212
"Turning the Children in Bed" (Dunbar) **12**:110
"The Turtles of Tasman" (London) **9**:267
Tuscan Cities (Howells) **41**:263
Tusen är hos Gud (Dagerman) **17**:96-7
"Tuskegee" (Cotter) **28**:43
"Tuti artic" (Anwar) **22**:22-3
"Tuti's Ice Cream" (Anwar)
See "Tuti artic"
"The Tutor" (Tagore)
See "Mastarmasay"
The Tutor (Brecht) **1**:112
Tutti i miei peccati (Jovine) **79**:44, 47, 61, 65
Tutto per bene (Pirandello) **4**:340; **29**:285, 301, 318
"Tutuguri, le rite du soleil noir" (Artaud) **36**:30
"Tutuguri, the Rite of the Black Sun" (Artaud)
See "Tutuguri, le rite du soleil noir"
"Tuulikannel" (Leino) **24**:370-71
"Tuuri" (Leino) **24**:368, 376
"Tüzek" (Babits) **14**:39
"Två vägar" (Sodergran) **31**:290
Tvorenija (Khlebnikov) **20**:148
Tvorimaja legenda (Sologub) **9**:434-38, 447
"Tweed Days in St. Louis" (Steffens) **20**:336-37, 341-42
Tweedles (Tarkington) **9**:465
"Twelfth Anniversary" (Scott) **6**:394

The Twelfth Hour (Leverson) **18**:186, 188, 192-93
The Twelfth Hour: A Night of Horror (Murnau)
See *Die zwölfte Stunden: Eine Nacht des Grauens*
"Twelfth Night" (Bishop) **103**:25
"The Twelfth of February" (Ivanov) **33**:138
The Twelve (Blok)
See *Dvenadsat*
The Twelve Chairs (Ilf and Petrov)
See *Dvenadtsat stulyev*
"Twelve Letters" (Pirandello) **4**:349
Twelve Men (Dreiser) **35**:71
Twelve Occupations (Bosschere)
See *Métiers divins*
"Twelve Tone Composition" (Schoenberg)
See "Composition with Twelve Tones"
Twelve Types (Chesterton) **6**:101
The Twelve Words of the Gypsy (Palamas)
See *Ho dodekálogos tou gýphtou*
The Twelve-Pound Look (Barrie) **2**:41
The Twentieth Century (Hecht) **101**:62-3, 77
Twentieth-Century Jamaica (De Lisser) **12**:95, 99
Twenty (Benson) **17**:18
Twenty Bath-Tub Ballads (Service) **15**:411
Twenty Thousand Leagues under the Sea (Verne)
See *Vingt mille lieues sous les mers*
20,000 Leagues Under the Sea, or David Copperf (Benchley) **55**:14
"Twenty Years After" (Adams) **4**:11
Twenty Years at Hull-House (Addams) **76**:5, 10, 34, 48-9, 51-7, 65, 69, 84, 93, 96-8, 101-03, 133, 135, 141, 143-45, 148
Twenty Years on Broadway (Cohan) **60**:163
Twenty-Five (Gregory) **1**:335-36
Twenty-Five Poems (Thomas) **8**:458-59; **45**:399
XXIV Elegies (Fletcher) **35**:98, 100, 102, 106
Twenty-Four Hours (Bromfield) **11**:76, 81, 85-6
Twenty-Four Minds (Papini)
See *Venti quattro cervelli*
"Twenty-Four Years" (Thomas) **45**:362, 399
"The Twenty-Ninth of June" (Chekhov) **96**:33
Twenty-One Poems (Johnson) **19**:240
XXI Poems, MDCCCXCII-MDCCCXCVII: Towards the Source (Brennan) **17**:54-5
Twenty-Six Men and a Girl (Gorky)
See *Dvádtsat' shesti i odná*
Twenty-Six Poems (Thomas) **1**:473
Twenty-Three and a Half Hours' Leave (Rinehart) **52**:282
"Twenty-Two" (Rinehart) **52**:282
"Twice-Done, Once-Done" (Muir) **2**:485; **87**:178
"Twilight" (Apollinaire)
See "Crépuscule"
"Twilight" (Lee-Hamilton) **22**:194
"Twilight" (Montgomery) **51**:203
"Twilight" (Sodergran)
See "Skymning"
"Twilight at a Little Harbor" (Anwar)
See "Sendja di pelabuhan ketjil"
Twilight in Italy (Lawrence) **2**:347-48, 358-59; **9**:216, 221; **33**:184; **61**:258
Twilight of a World (Werfel) **8**:470, 479
"The Twilight of Disquietude" (Brennan) **17**:41, 43, 54
"The Twilight of Earth" (Baker) **10**:20
"Twilight of Idols" (Bourne) **16**:44, 64, 67
The Twilight of the Idols (Nietzsche)
See *Die götzendämmerung; oder, Wie man mit dem Hammer philosophiert*
Twilight of the Philosophers (Papini) **22**:271, 276, 287
The Twilight of the Spirit (Hippius)
See *Sumerki dukha*
"Twilight over Shaugamauk" (Roberts) **8**:321
Twilight Sleep (Wharton) **3**:573, 580; **9**:548
"Twilight Song" (Robinson) **101**:119, 124
Twilight Songs (Tynan) **3**:504-05
"Twilights" (Brennan) **17**:53
"The Twin Soul" (Sharp) **39**:389
"Twin-Flowers on the Portage" (Scott) **6**:393
Twinkletoes (Burke) **63**:127, 129
Twins (Nezval)
See *Blíženci*
The Twins of Table Mountain (Harte) **25**:193
"The Twisting of the Rope" (Yeats) **31**:414
Twixt Earth and Stars (Hall) **12**:194
Twixt Land and Sea: Tales (Conrad) **6**:120; **43**:100; **57**:78, 100, 116
"The Two" (Hofmannsthal) **11**:294
"Two" (Stein) **48**:235
Two (Stein) **28**:332
"The Two Adams" (Gumilev) **60**:280
"The Two Bottles of Relish" (Dunsany) **59**:27
Two Can Play at That Game (Pinero) **32**:412
"Two Clowns" (Coppee) **25**:121
"Two Couples and a Single" (Tammsaare)
See "Kakspaari ja üksainus"
"Two Critics of Poetry" (Flecker) **43**:211
"The Two Devines" (Paterson) **32**:373
"Two Doctors" (James) **6**:216
"The Two Dreams" (Swinburne) **36**:299, 336
"2 e canonnier conducteur" (Apollinaire) **51**:35
"Two Elements in Contemporary Symbolism" (Ivanov) **33**:127-31
"Two Fathers" (Capek) **6**:84
"Two Figures in Dense Violet Light" (Stevens) **3**:476; **45**:347
The Two Fontiers: A Study in Historical Psychology (Fletcher) **35**:106
"Two Forest Kings" (Tsvetaeva) **7**:572
"Two French Theatrical Critics" (Matthews) **95**:226
"Two Friends" (Cather) **11**:98
"Two Gallants" (Joyce) **8**:170; **35**:141-42, 145, 147, 149, 156, 160, 163, 167, 193, 197
The Two Gardens (Miyamoto)
See *Futatsu no niwa*
"The Two Generations" (Bourne) **16**:69
Two Generations (Grove) **4**:136, 140
Two Girls on a Barge (Duncan) **60**:206
The Two Guardians; or, Home in this World (Yonge) **48**:366, 378
"The Two Heavens" (Davies) **5**:202
"Two Hexameters" (Jozsef) **22**:165
"Two Holy Sailing Boats" (Ady) **11**:21
"Two Houses" (Thomas) **10**:455-56
The Two Hundred Tenth Day (Natsume)
See *Nihyakutōka*
"Two Hundred Years Ago" (Drummond) **25**:145
Two Hussars (Tolstoy) **4**:445, 474; **11**:464-65; **17**:413; **79**:376, 383
"Two in One" (Pirandello) **4**:331
"Two Irish Peasant Songs" (Guiney) **41**:214
"The Two Kings" (Yeats) **31**:385
"Two Larrykins" (Lawson) **27**:121
"Two Latter-Day Lyrists" (Matthews) **95**:226
"Two Lights" (Stephens) **4**:412
"Two Listeners" (de la Mare) **53**:39
"Two Little Boots" (Dunbar) **12**:110
Two Little Savages (Seton) **31**:262-64
"Two Little Tales" (Twain) **59**:170
Two Little Wooden Shoes (Ouida) **43**:357
"Two Lives" (Tolstoy) **18**:377
Two Loose Sports (March) **96**:248
"Two Lottery Prizes" (Caragiale)
See "Două loturi"
"Two Lottery Tickets" (Caragiale)
See "Două loturi"
"Two Lowly Tokens of My Grief" (Tsvetaeva) **35**:394
"The Two Matches" (Cahan)
See "Ditsvey shidukhim"
"The Two Matches" (Clark)
See "Ditsvey shidukhim"
Two Memoirs: Dr. Melchior, a Degeated Enemy, and My Early Beliefs (Keynes) **64**:208, 245
Two Memories (Griffith) **68**:245
"Two Men Named Collins" (Runyon) **10**:428
Two Men of Sandy Bar (Harte) **25**:192, 217
The Two Mendicant Students (Mikszath)
See *A két koldusdiák*
"Two Military Executions" (Bierce) **44**:45
"The Two Minutes' Silence" (MacCarthy) **36**:254
Two Mothers (Unamuno)
See *Dos madres*
"Le 2 novembre en Lorraine" (Barrès) **47**:65, 68
"The Two Nuts" (Fitzgerald) **52**:63
"Two of a Trade" (Somerville & Ross) **51**:351
"The Two Offers" (Harper) **14**:258
"Two Old Men" (Tolstoy) **11**:463; **79**:422
Two on a Tower (Hardy) **4**:149, 159; **10**:217, 227; **18**:46; **32**:281; **53**:90, 95
"Two or Three Ideas" (Stevens) **12**:373, 387; **45**:273, 286, 326
"The Two Painters" (Dobson) **79**:3
The Two Paths (Griffith) **68**:186
Two People (Milne) **6**:318; **88**:247
"Two Pewits" (Thomas) **10**:455, 463
Two Phases of Criticism: Historical and Aesthetic (Woodberry) **73**:375
The Two Pierrots (Rostand)
See *Les deux pierrots*
"Two Poets" (Cullen) **37**:167
"Two Points of View" (Korolenko) **22**:169
"Two Portraits" (Chopin) **14**:60, 69
"Two Rivers" (Roberts) **8**:321
"Two Salvation Army Women" (Bodenheim) **44**:71
Two Secrets of Russian Poetry: Tiutchev and Nekrasov (Merezhkovsky) **29**:250
Two Shepherds (Martinez Sierra and Martinez Sierra)
See *Los pastores*
Two Shepherds and a Nymph in a Hut (Kuzmin)
See *Dva pastukha i nimfa v khizhine*
Two Sides of a Question (Sinclair) **3**:437; **11**:413
The Two Sides of the Shield (Yonge) **48**:389
"The Two Sisters" (Muir) **87**:239-40
"Two Soldiers" (March) **96**:241, 254
"Two Songs from a Play" (Yeats) **11**:519; **18**:448
"Two Sonnets" (Robinson) **101**:123
"Two Sonnets to My Wife" (Bodenheim) **44**:59
The Two Sources of Morality and Religion (Bergson) **32**:34, 44-6, 50-2
"Two Speak Together" (Lowell) **8**:234, 236
Two Stories and a Memory (Lampedusa)
See *Racconti*
"Two Streaks of Blood" (Ishikawa) **15**:130
"Two Studies from the Life of Goethe" (Sinclair) **11**:407
Two Tales (de la Mare) **53**:16
"Two Thoughts on Death" (Cullen) **37**:160, 166
"Two Thousand Stiffs" (London) **9**:281
"The Two Trees" (Yeats) **31**:410
"Two Tupenny Ones, Please" (Mansfield) **39**:303
The Two Vanrevels (Tarkington) **9**:459-60, 466
"The Two Voices" (Forten) **16**:147, 150
"Two Ways" (Sodergran)
See "Två vägar"
"Two Who Crossed a Line (He Crosses)" (Cullen) **37**:146, 154
"Two Wives" (Lawrence) **93**:46, 69
"Two Women" (Schreiner) **9**:400
"Two Women and an Infant Gull" (Carr) **32**:119
Two Worlds (Bergelson) **81**:23
"Two Worlds in One World" (Cahan) **71**:84
Two Years, Holiday (Verne) **6**:501
Two Years in the French West Indies (Hearn) **9**:122, 128, 133-34, 138-39
Two-faced Herma (Pirandello)
See *Erma bifronte*
"Two-Handed Engine" (Kuttner) **10**:269-70, 276
"The Twonky" (Kuttner) **10**:268-69, 272-73
"Ty" (Hippius) **9**:166
Tyazhelye sny (Sologub) **9**:435-36, 440

"The Tyneside Widow" (Swinburne) **8**:427
Tyomnyye allei (Bunin) **6**:55-8
"A Type" (Mayakovski) **4**:292
"Types of Christian Drama" (Sayers) **15**:388
"Types of Nationalism" (Wirth) **92**:372
"Typhoon" (Dreiser) **10**:198; **35**:71-2
"Typhoon" (London) **9**:273
Typhoon (Conrad) **1**:213, 221-22; **6**:118; **13**:119-20; **25**:73, 76; **57**:63, 110
Der tyrann (Mann) **9**:320-21, 327, 331
The Tyranny of the Ancestors (Blasco Ibanez)
See *Los muertos mandan*
"The Tyranny of the Skyscraper" (Wright) **95**:383
"The Tyranny of the Ugly" (Middleton) **56**:192
"The Tyrant" (Mann) **9**:314-15
The Tyrant (Valle-Inclan)
See *Tirano banderas*
The Tyrant: An Episode in the Life of Cesare Borgia (Sabatini) **47**:301
"The Tyrants" (Tolstoy) **18**:377
"Tysjača let" (Pilnyak) **23**:211
Tysk höst (Dagerman) **17**:93-4
The Tysons (Sinclair)
See *Mr. and Mrs. Nevill Tyson*
"Tyyri's Girl" (Leino) **24**:376
"La tzigane" (Apollinaire) **3**:36
"Tzinchadzi of the Catskills" (Cahan) **71**:13, 28, 71
"Tzvishen Zwee Berg" (Peretz) **16**:392-93, 399, 401
"U groba" (Annensky) **14**:32
"U kamina" (Gumilev) **60**:280
"U menja ne zhivut cvety" (Gumilev) **60**:279
"U morja" (Bryusov) **10**:82
"U Nikoly, čto na Belyx Kolodezjax" (Pilnyak) **23**:211, 213
The U. P. Trail (Grey) **6**:183, 187
U-aggrey um-Afrika (Mqhayi) **25**:327
Über Allen Gipfeln (Heyse) **8**:119
"Über Bühnenkomposition" (Kandinsky) **92**:26
"Uber Charakteranalyse" (Reich) **57**:340, 342
Über das Geistige in der Kunst (Kandinsky) **92**:22, 26, 30-1, 36-7, 39, 48, 51-3, 57-63, 71-2, 75-6, 78-9, 81, 86, 91, 95-98, 102-5, 107-14, 124-5, 134, 140, 143, 146-7
"Über den Marktplatz zu schweifen" (Raabe) **45**:188
Über den nervösen Charakter (Adler) **61**:3, 5, 11, 18, 24, 26-7
"Über die Formfrage" (Kandinsky) **92**:24, 53, 81
"Uber die Kreuzung sozialer Kreise" (Simmel) **64**:323
Über die letzten Dinge (Weininger) **84**:290, 327, 352
"Über die Psychogenese eines Falles von Weiblicher Homosexualität" (Freud) **52**:108
"Über einige Motive bei Baudelaire" (Benjamin) **39**:10, 28, 53
"Uber glitzernden Kies" (Lasker-Schueler) **57**:327
"Über meiner Zelle" (Toller) **10**:490
"Über Neurotische Disposition" (Adler) **61**:5
Uber soziale Differenzierung (Simmel) **64**:317, 319-320, 323, 352
"Über Warheit und Lüge im aussermoralischen Sinn" (Nietzsche) **55**:386-87, 392
"Ubivets" (Korolenko) **22**:179, 181
U-bomi bom-fundisi uJohn Knox Bokwe (Mqhayi) **25**:324
Ubu cocu (Jarry) **2**:280, 282-83, 285; **14**:274, 277, 282-84
Ubu Cuckolded (Jarry)
See *Ubu cocu*
Ubu enchaîné (Jarry) **2**:280, 282-83; **14**:272-74, 277, 282-84, 286
Ubu Enchained (Jarry)
See *Ubu enchaîné*
Ubu sur la butte (Jarry) **14**:272
Uccelli (Saba) **33**:374
"Uchenik" (Tsvetaeva) **7**:560; **35**:392, 411
"Uchilitsa" (Khlebnikov) **20**:136
Udaijin Sanetomo (Dazai Osamu) **11**:176, 179, 184, 186
Udekurabe (Nagai) **51**:86, 88, 92-4, 108
UDingiswayo kaJobe (Vilakazi) **37**:403
U-Don Jadu (Mqhayi) **25**:321-22, 324, 327
Ueber de Galgenlieder (Morgenstern) **8**:308
Uedinennoe (Rozanov) **104**:304-5, 317-18, 320, 324, 328, 351, 354-56, 358, 386-90, 392-94, 397-99
Uezdnoe (Zamyatin) **8**:541-43, 546, 551, 557-58; **37**:424, 427-28, 430
Ugetsu Monogatari (Mizoguchi) **72**:293-304, 315-20, 323, 325-28, 332, 335-36, 341
The Ugly Duchess (Feuchtwanger)
See *Die hässliche Herzogin*
Uguns un nakts (Rainis) **29**:380-81, 383, 386, 391-92
"Der Uhrmacher" (Meyrink) **21**:232
Uitkomst (Heijermans) **24**:288
Új versek (Ady) **11**:14-15, 17, 22-5
Új Zrinyiász (Mikszath) **31**:168, 170, 172
"Újabb fény és árnyképek" (Mikszath) **31**:169
Újhold (Radnoti) **16**:418-19
"Újmódi pásztorok éneke" (Radnoti) **16**:418
"Ujujuju kwelakwa nyawuza" (Mqhayi) **25**:320
Ukigumo (Futabatei) **44**:77, 79-81, 83-6, 88-100
Ukigumo (Hayashi) **27**:104, 106-07
Ukishizumi (Nagai) **51**:98
"Ukon lintu ja virvaliekki" (Leino) **24**:371
"Ukradený kaktus" (Capek) **37**:48
Ukrepa (Remizov) **27**:347
"Ukrotitel' zverej" (Gumilev) **60**:279-80
"Ukuhlwa" (Vilakazi) **37**:404
"Ula and Urla" (Sharp) **39**:377
Üle piiri (Tammsaare) **27**:370-71, 373
Ulick and Soracha (Moore) **7**:497-98
"Ulisse" (Saba) **33**:370, 374
"Ulitsa" (Guro) **56**:142-43, 147-49
Ulladu Narpadu (Ramana Maharshi) **84**:259, 261, 271
Úlltimos Poemas (Sa-Carniero) **83**:413
Ulrich und Brigitte (Sternheim) **8**:371
Ulrick the Ready (O'Grady) **5**:352, 354
Ulrike Woytich (Wassermann) **6**:510, 513
"La última guerra" (Nervo) **11**:394
Ultima saggi (Croce) **37**:96, 113
"Ultima Thule" (Galsworthy) **45**:33
Ultima Thule: Being the Third Part of the Chronicle of the Fortunes of Richard Mahony (Richardson) **4**:373-74, 382-83
L'ultima visita del gentiluomo malato (Papini) **22**:280
"Ultimata" (Stringer) **37**:343
"The Ultimate Poem Is Abstract" (Stevens) **45**:300
"Ultimate Reality" (Lawrence) **93**:53
"Ultimate Religion" (Santayana) **40**:389, 408
Ultime cose (Saba) **33**:366, 370, 373-74
"Último capítulo" (Machado de Assis) **10**:290-91
"Ultimo sogno" (Pascoli) **45**:149
Ultimos poemas (Huidobro) **31**:132-33
Los últimos románticos (Baroja) **8**:61
Ultramarine (Lowry) **6**:235, 241, 253-54
"Ultra-taedium" (Sa-Carniero)
See "Além-Tédio"
"Ulysse bâtit son lit" (Bosschere) **19**:56-8, 63
"Ulysses" (Bosschere) **19**:52, 54-5
Ulysses (Joyce) **3**:252-66, 268-82; **8**:159-62, 164-65, 167-69, 171-72; **16**:204, 208-09, 211, 213, 219, 221, 224-25, 228, 230-32, 237, 239, 243-45; **26**:386-416; **35**:144-47, 149-51, 153-57, 160-63, 167, 169-70, 173-74, 176-77, 192-95, 197; **52**:198, 200-01, 204, 208, 212-16, 219-20, 222, 225-26, 228-31, 233-34, 237, 239, 241-53
"Ulysses Builds His Bed" (Bosschere)
See "Ulysse bâtit son lit"
"Uman" (Naidu) **80**:340
"Umanità fervente sulla sprone" (Campana) **20**:83
"Umbertino" (Svevo) **35**:345, 352
The Umbilicus of Limbo (Artaud)
See *L'ombilic des limbes*
Umbra Vitae (Heym) **9**:144
"Umbrae Puellularum" (Benet) **28**:2
"U-Mhlekazi u-Hintsa" (Mqhayi) **25**:322, 327
"Umiltà" (Ouida) **43**:356-57
"Umkhosi wemidaka" (Mqhayi) **25**:322, 327
"Umkhuleko wesiphoxo" (Vilakazi) **37**:397
"Ummm Oh Yeah" (Holly)
See "Dearest"
L'umorismo (Pirandello) **4**:329-32; **29**:282, 308, 313-16
Umozreniie i otkroveniie: Religioznaya filosofia Vladimira Solovyova i drugiie stat'i (Shestov) **56**:260, 262, 264, 277-79
U-Mqhayi Wase-Ntab'ozuko (Mqhayi) **25**:325, 327
"Unabsolved" (Campbell) **9**:30-1
The Unadulterated Sexton (Nezval) **44**:241
Unamuno (Barea) **14**:50
"The Unattained Place" (Muir) **87**:307
"Das Unaufhörliche" (Benn) **3**:112
The Unbearable Bassington (Saki) **3**:363-70, 373-75
Das Unbehagen in der Kultur (Freud) **52**:85-6, 120, 125-26
Die Unbekannte aus der Seine (Horvath) **45**:77-8, 93
Der unbekannte Gast (Wassermann) **6**:510
Unbekannte Gedichte (Walser) **18**:426-27
Die Unbekannte Grösse (Broch) **20**:49, 60
"An Unbeliever to the Church" (Fletcher) **35**:108
"Unbelieving, I Believe in God" (Ady) **11**:20
The Unbidden Guest (Hornung) **59**:113
"The Unborn Child" (Sharp) **39**:391-92
"Unbreakable Guarantee" (Morgenstern)
See "Unverlierbare Gewähr"
The Uncalled (Dunbar) **2**:129, 132; **12**:107, 111-13, 118-19, 122-23
Uncanny Stories (Sinclair) **11**:421
The Unchanging Sea (Griffith) **68**:186, 247
The Unclassed (Gissing) **3**:222-23, 226-27, 229, 231-32, 235, 237; **24**:220, 222, 232, 234, 239, 241, 243, 248-49; **47**:130, 134
Unclay (Powys) **9**:368-69, 374-75, 378
Uncle Abner, Master of Mysteries (Post) **39**:338, 343-45, 347-48
"Uncle Ananias" (Robinson) **101**:111
Uncle Bernac (Doyle) **7**:220, 239
"Uncle Chatterton's Gingerbread" (Montgomery) **51**:201
"Uncle Jake and the Bell-Handle" (Crane) **11**:167
"Uncle Jim" (Cullen) **37**:143, 146
"Uncle Jim and Uncle Billy" (Harte) **25**:222
Uncle Leonidas Facing the Reaction (Caragiale) **76**:164
Uncle Moses (Asch)
See *Onkel Moses*
"Uncle Remus" (Harris) **2**:209
Uncle Remus, His Songs and His Sayings: Folklore of the Old Plantation (Harris) **2**:214
"Uncle Richard's New Year's Dinner" (Montgomery) **51**:200
Uncle Vanya (Chekhov)
See *Dyadya Vanya*
"Uncle Wellington's Wives" (Chesnutt) **5**:130-31; **39**:80, 98
"The Uncommon Prayer-Book" (James) **6**:212, 215-16
The Unconquered (Williams) **89**:398, 402
Unconscious Memory (Butler) **33**:40, 42, 50
"Uncovenanted Mercies" (Kipling) **8**:196, 201
"The Uncultured Rhymer to His Cultured Critic" (Lawson) **27**:139
"Und" (Lasker-Schueler) **57**:312
"Und ich war fer" (Liliencron) **18**:215

"Und Keiner weiss wohin" (Borchert) **5**:105
Und Pippa tanzt (Hauptmann) **4**:202
"Und wie manche Nacht" (Carossa) **48**:21
"Under a Fence: A Revue" (Kahanovitsch)
See "Unter a ployt: Revyu"
Under a Thatched Roof (Hall and Nordhoff) **23**:63, 68
"Under an Evergreen" (Shimazaki Toson) **5**:439
"Under Ben Bulben" (Yeats) **1**:570, 579; **11**:533; **18**:463; **31**:396, 408; **93**:360
Under False Pretenses (Hecht) **101**:48
Under Fire (Barbusse)
See *Le feu*
The Under Groove (Stringer) **37**:336
Under høstsjernen (Hamsun) **2**:202, 204-05; **14**:223; **49**:128-29
Under Milk Wood (Thomas) **1**:469-70, 473, 475-76; **8**:452-54, 456-58; **45**:363, 366-69, 371, 378, 390-91, 394, 397-98, 412
Under Northern Skies (Balmont)
See *Pod severnym nebom*
Under Our Sky (Vazov) **25**:453
"Under Saturn" (Yeats) **93**:390
Under the Autumn Star (Hamsun)
See *Under høstsjernen*
Under the Deodars (Kipling) **8**:176
Under the Greenwood Tree (Hardy) **4**:147-49, 158, 160, 165, 168; **10**:215, 217, 225, 227; **32**:268, 270; **53**:71, 73; **72**:238
Under the Lamp (Fargue)
See *Sous la lampe*
"Under the Lion's Paw" (Garland) **3**:190, 196
Under the Midnight Heavens (Platonov)
See *Po nebu polunochi*
Under the Moons of Mars (Burroughs)
See *A Princess of Mars*
"Under the Oaks" (Lawrence) **93**:17
"Under the Old Code" (Davis) **6**:154
Under the Open Sky: My Early Years (Nexo)
See *Erindringer*
Under the Red Ensign (Tomlinson) **71**:389, 397
"Under the Royal Oak" (Papadiamantis) **29**:272
Under the Sign of Gemini: A Diary about Childhood (Radnoti)
See *Ikrek hava: Napló a gyerekkorról*
Under the Skylights (Fuller) **103**:59, 61-62, 65, 74, 85-86
"Under the Star" (Field) **43**:161
Under the Sun (De Lisser) **12**:95
Under the Tree (Roberts) **68**:294, 297, 301-4, 326, 335-37
Under the Volcano (Lowry) **6**:235-55; **40**:218-86
"Under the Waterfall" (Hardy) **53**:96, 112
Under the Wheel (Garland) **3**:202
"Under the Wood" (Thomas) **10**:463
Under the Yoke (Vazov)
See *Pod igoto*
Under Two Flags (Ouida) **43**:342, 348, 360-61, 364, 366-68, 371-73, 375
Under Western Eyes (Conrad) **1**:196, 202-03, 207, 218-19, 221-22; **6**:118, 120-22; **13**:117, 119, 121; **25**:84-6, 90, 111; **57**:39-40, 54, 66, 94, 100, 109, 114-15
"The Under-Dogs" (Service) **15**:412
The Underdogs (Azuela)
See *Los de abajo*
"Underground" (Khodasevich) **15**:209
The Underground City (Verne) **6**:502
"The Underlying Self" (Carpenter) **88**:106
Underneath the Bough (Field) **43**:153-56, 159, 162, 164, 169, 174, 177
The Underpants (Sternheim)
See *Die Hose*
Understanding Human Nature (Adler)
See *Menschenkenntnis*
Understood Betsy (Fisher) **87**:72
The Undertaker's Garland (Bishop) **103**:15-6, 18, 26, 31, 45
"Underwood Girls" (Salinas) **17**:365
Underworld (Hecht) **101**:61, 88
Underworld (Micheaux) **76**:247
The Undesirable Governess (Crawford) **10**:151
Undine (Schreiner) **9**:397-99, 402, 404-05, 407
The Undiscovered Country (Howells) **7**:365, 392; **17**:178; **41**:233-34
"Undistinguished Americans" (Davis) **6**:154
Undream'd of Shores (Harris) **24**:272
Undressed Spring (Prishvin) **75**:217-18
The Undying Fire (Wells) **6**:532, 537, 540, 548; **12**:507
"The Undying One" (Hearn) **9**:126
The Undying Past (Sudermann)
See *Es War*
"L'une d'elles" (Sully Prudhomme) **31**:302
Unearthly Evenings (Kuzmin) **40**:191
"Uneasy Reflections" (Bodenheim) **44**:59
"The Uneaten Gods" (Bishop) **103**:21
"Unemployment" (Keynes) **64**:243, 246
"The Unexpected" (Chopin) **14**:69
"The Unexpected Door" (Lindsay) **17**:241
The Unexpected Guests (Howells) **7**:370, 387
The Unexpected Joy (Blok) **5**:90
"The Unexplorer" (Millay) **4**:310; **49**:224
"Unexpressed" (Dunbar) **12**:122
"The Unfading Blue" (Balmont) **11**:41
"The Unfair Advantage" (Bennett) **5**:46
"The Unfaithful Married Woman" (Garcia Lorca)
See "La casada infiel"
"The Unfaithful Wife" (Garcia Lorca)
See "La casada infiel"
Unfaithfully Yours (Sturges) **48**:275, 283, 287-88, 291-92, 297, 309, 311, 317-18
Unfettered (Griggs) **77**:146-7, 167-9, 176
Unfinished Business (Erskine) **84**:184
Unfinished Dream (Nagai)
See *Mihatenu yume*
"Unfinished Fragment on the State" (Bourne) **16**:49-50
"An Unfinished Love Story" (Lawson) **27**:119, 148, 150, 152
"Unfinished Portrait" (Wylie) **8**:522, 536
"Unfinished Song" (Dobson) **79**:5
"An Unfinished Story" (Henry) **1**:346; **19**:180, 187-88, 191
"Unfortunate" (Brooke) **7**:122
"The Unfortunate Miller" (Coppard) **5**:177
The Unfortunate One (Couperus)
See *De Ongelv kkige*
"An Unframed Picture" (Fisher) **87**:73
Ung må verden ennu vaere (Grieg) **10**:206-07, 209
En ung mands kjaerlighet (Grieg) **10**:206, 208
Det unge Tydakland (Brandes) **10**:61-2, 72-3
Ungeduld des Herzens (Zweig) **17**:428, 440, 446, 448, 450, 458-59
De unges forbund (Ibsen) **2**:221, 225; **8**:149-51; **37**:225, 233, 243, 249; **52**:144, 155, 157, 191
Ungleiche Welten (Carossa) **48**:33-4
Unhappy Far-Off Things (Dunsany) **59**:17
"Unhappy Hate" (Lasker-Schueler) **57**:328
Unhappy Love (Giacosa)
See *Tristi amori*
"Unheibar!" (Heyse) **8**:114
"An Unhistoric Page" (Stockton) **47**:313
An Unhistorical Pastoral (Davidson) **24**:159, 182
The Unhuman Tour (Natsume)
See *Kusamakura*
The Unhushable Tambourine (Remizov)
See *Neuyomny Buben*
The Unicorn (Rosenberg) **12**:287-93, 295, 297-301, 303, 307, 309-10
The Unicorn from the Stars, and Other Plays (Yeats) **11**:514; **31**:418
Unicorns (Huneker) **65**:170, 179, 185, 218
"The Unimportance of Being Earnest" (Nathan) **18**:294
"The Union" (Noyes) **7**:513
A Union and Translation of the Four Gospels (Tolstoy)
See *Soedinenie I perevod chetyrex evangelij*
"The Union Buries Its Dead" (Lawson) **27**:121, 128-30, 147
Union Portraits (Bradford) **36**:66
Unions (Musil)
See *Vereinigungen*
"United Dames of America" (Stevens) **12**:381
The United States: An Experiment in Democracy (Becker) **63**:63-4, 67, 71, 80
United West Africa (Casely-Hayford) **24**:132
"Unity of Law" (Adams) **80**:13
"Unity Through Diversity: A Baha'i Principle" (Locke) **43**:240
"L'univers solitude" (Eluard) **7**:256; **41**:156
"The Universe Rigid" (Wells) **19**:436
Unkist, Unkind! (Hunt) **53**:186, 191, 197
"The Unknowable" (Santayana) **40**:415
"The Unknown" (Masters) **25**:302, 313
"The Unknown Bird" (Thomas) **10**:452, 463
"The Unknown Citizen" (Morley) **87**:123
"An Unknown Friend" (Bunin) **6**:47
"The Unknown Girl Taken from the Seine" (Nezval) **44**:239, 243
"The Unknown God" (Baker) **3**:4; **10**:20
"The Unknown God" (Meynell) **6**:303
The Unknown God (Noyes) **7**:515
The Unknown Land (Ingamells) **35**:129
"The Unknown Poet" (Ady) **11**:15
The Unknown Quantity (Broch)
See *Die Unbekannte Grösse*
The Unknown Star (Housman) **7**:359
Unkown to History: A Story of the Captivity of Mary of Scotland (Yonge) **48**:377
The Unlit Lamp (Hall) **12**:187, 195, 198
"Unluckily for a Death" (Thomas) **45**:379, 399
"Unmad" (Premchand) **21**:289
Unmade in Heaven (Bradford) **36**:63
Unmei (Rohan) **22**:306-07
Unmei Ronsha (Kunikida) **99**:299
"The Unnameable" (Lovecraft) **4**:270, 272; **22**:227
"Unnamed Poem" (McCrae) **12**:210
The Unnatural Death (Sayers) **2**:531, 538; **15**:377-78, 391-93
"The Unnatural Mother" (Gilman) **9**:113
"Unnatural Selection" (Strindberg) **8**:407; **21**:366
"Uno" (Storni) **5**:445
Uno, nessuno e centomila (Pirandello) **4**:332, 351, 355; **29**:283, 302
"Unpacking My Library" (Benjamin) **39**:14, 47
"The Unparalleled Invasion" (London) **9**:269
Unpath'd Waters (Harris) **24**:264
"Unphotographic Paint: The Texture of Impressionism" (Hartmann) **73**:149
The Unpleasantness at the Bellona Club (Sayers) **2**:531; **15**:378, 380-81, 393-94
"The Unploughed Patch" (March) **96**:250, 259, 266
The Unpossessed (Slesinger) **10**:439-46
"Unprofessional" (Kipling) **8**:196
Unprofessional Essays (Murry) **16**:342
Unprofessional Tales (Douglas) **68**:6
An Unpublished Play (Svevo)
See *Una commedia inedita*
Unpublished Writings (Campana)
See *Inediti*
Unpunished (Gilman) **9**:114
"The Unquiet Street" (Fletcher) **35**:103
Unreliable History (Baring) **8**:37, 41, 44
"The Unrest Cure" (Saki) **3**:365, 373
Unrhymed Poems (Lawrence) **93**:52
Unruhige Gäste (Raabe) **45**:174, 176-79, 199
"The Unsainting of Kavin" (Carman) **7**:142
"Die Unschuldige" (Mann) **9**:315
An Unseen Enemy (Griffith) **68**:234
The Unselfish Devil (Nervo) **11**:403
"Unser Karl" (Harte) **25**:198, 224-25

"Unsere Sorge, der Mensch" (Doblin) **13**:163, 176
Unsere Stadt (Walser) **18**:424
Unsers Herrgotts Kanzlei (Raabe) **45**:169
"The Unsleeping" (Roberts) **8**:318
"Unsleeping City (Brooklyn Bridge Nocturne)" (Garcia Lorca)
See "Ciudad sin sueño"
An Unsocial Socialist (Shaw) **3**:379, 388; **9**:410, 422; **21**:318-19, 323
"Unsolved" (McCrae) **12**:210
"Der unsterbliche Mensch" (Doblin) **13**:163-64, 176
"The Unsung Heroes" (Dunbar) **12**:104
The Untamed (Faust) **49**:35, 44-6, 49, 53
"Unter a ployt: Revyu" (Kahanovitsch) **56**:109-17, 122
Unter Flatternden Fahnen (Liliencron) **18**:212
Untergang der Welt durch die Schwarze Magic (Kraus) **5**:285
Untersuchungen zur Phänomenologie und Theorie der Erkenntnis (Husserl) **100**:9, 11, 30, 48, 119, 121-22, 125
Der Untertan (Mann) **9**:317-18, 320, 323-25, 327-29
"Unterwegs" (Borchert) **5**:104
Until after the Equinox (Natsume) **10**:332, 334, 336
Until Break of Dawn (Moricz)
See *Kivilágos kivirradtig*
Until Daybreak (Moricz)
See *Kivilágos kivirradtig*
Until the Day Break (Bromfield) **11**:86
The Untilled Field (Moore)
See *An T-úr-Ghort*
"Untimely Moment" (Vallejo)
See "Deshora"
Untimely Observations (Nietzsche)
See *Unzeitgemässe Betrachtungen*
Untimely Papers (Bourne) **16**:44, 48, 55
Untimely Poems (Palamas) **5**:385
Untitled Novel, ca. 1905 (Scott) **6**:400
"Unto Dust" (Bosman) **49**:11-12, 19-20, 29
Unto Dust (Bosman) **49**:3-5, 7-10, 16, 19
Unto the Third Generation (Shiel) **8**:362
Unto This Last (Ruskin) **63**:253, 267, 281-82, 291-92, 296, 298, 331
"The Untold Lie" (Anderson) **1**:59, 63; **10**:52; **24**:20, 24, 27-8, 34, 37
The Untrained Women (Perez Galdos)
See *La desheredada*
"UNtsikane" (Mqhayi) **25**:326
"An Unusual Young Man" (Brooke) **2**:60; **7**:127
"Unverändert" (Kandinsky) **92**:67, 69
"Unverlierbare Gewähr" (Morgenstern) **8**:309
Unveröffentlichte Prosadichtungen (Walser) **18**:421-22
"Unwelcome" (Coleridge) **73**:14, 27
The Unwilling Adventurer (Freeman) **21**:56-7, 62
The Unwritten (Sikelianos)
See "Agraphon"
"Unwritten History" (Davis) **6**:154
"An Unwritten Novel" (Woolf) **101**:300
Unzeitgemässe Betrachtungen (Nietzsche) **10**:356, 359-60, 366-67, 372, 394; **18**:340, 342
L'uomo (Saba) **33**:375, 377
"L'uomo che volle essere imperatore" (Papini) **22**:280
L'uomo dal fiore in bocca (Pirandello) **29**:317
L'uomo desireoso (Papini)
See *Parole e sangue*
L'uomo è forte (Alvaro) **60**:3-4
Un uomo finito (Papini) **22**:271, 274, 277-79, 288, 290
L'uomo, la bestia, e la virtù (Pirandello) **4**:340; **29**:282, 301
L'uomo nel labirinto (Alvaro) **60**:6-8, 11-2
Un uomo provvisorio (Jovine) **79**:43-4, 49-51, 55, 58, 65, 72-3
Up from Earth's Center (Dent) **72**:38
Up from Nowhere (Tarkington) **9**:464
Up from Slavery (Washington) **10**:516, 522, 525, 532-35, 538, 540-43
Up in the Hills (Dunsany) **59**:17
"Up in the Wind" (Thomas) **10**:454, 463
Up Stream (Lewisohn) **19**:262, 264-65, 268, 271-73, 277, 287, 293
"Up the Coulée" (Garland) **3**:190
Up the Country (Franklin) **7**:264-65, 267, 269-73
Up the Ladder of Gold (Oppenheim) **45**:136-37
"Up There" (Gurney) **33**:97
Upadesa Saram (Ramana Maharshi) **84**:261, 270
Upadesa-vundiyar (Ramana Maharshi) **84**:270
"An Upbraiding" (Hardy) **53**:101
Upbuilders (Steffens) **20**:345, 356, 361
"The Upholsterers" (Lardner)
See "I gaspiri"
Uplands of Dream (Saltus) **8**:349
"Upon a Dying Lady" (Yeats) **31**:401
"Upon a House Shaken by the Land Agitation" (Yeats) **93**:351, 402, 403
"Upon Graciosa, Walking and Talking" (Quiller-Couch) **53**:290
"Upon Payment" (Strindberg)
See "Mot betalming"
"Upon Returning to the Country Road" (Lindsay) **17**:224
"Upon the Dull Earth Dwelling" (March) **96**:263
"Upon Watts' Picture" (McCrae) **12**:211
"The Upper Berth" (Crawford) **10**:149, 152-54, 157-58
"Uppståndelsemysterium" (Sodergran) **31**:295
"Upptäckt" (Sodergran) **31**:290
Upptäcktsresanden (Dagerman) **17**:95
"Upriamets" (Balmont) **11**:40
The Uprising (Rebreanu)
See *Rascoala*
Uprooted by the Storm (Gladkov) **27**:91
"Upstairs in the Wineshop" (Lu Hsun)
See "Zai jiulou shang"
"The Upturned Face" (Crane) **11**:158
Upward (Kandinsky) **92**:32
"The Upward Movement in Chicago" (Fuller) **103**:106
"Ur 'Lilputs saga'" (Sodergran) **31**:291
"Ur Sonata" (Schwitters)
See "Ursonate"
Urashima-san (Dazai Osamu) **11**:174
"The Urban Mode of Living" (Wirth) **92**:391
"The Urban Pan" (Carman) **7**:150
"Urbanism as a Way of Life" (Wirth) **92**:359, 372, 379-80, 384
Urbanities (Lucas) **73**:159
Urbi et orbi (Bryusov) **10**:80, 86, 90
"The Urchin at the Zoo" (Morley) **87**:127
"Der Urgefährte" (Broch) **20**:54
Úri divat (Molnar) **20**:160, 166, 172
Úri muri (Moricz) **33**:237, 243-44, 246-48, 250
"Uriah on the Hill" (Powys) **9**:372
"Urica" (Heyse) **8**:125
Uriel's Report (Benda)
See *Le rapport d'Uriel*
Uriel's Report (Benda)
See *Le rapport d'Uriel*
Urien's Voyage (Gide)
See *Le voyage d'Urien*
Urith (Baring-Gould) **88**:20, 38
"Urlandschaft" (George) **14**:199
"Urlautsonate" (Schwitters)
See "Ursonate"
The Urn (Bely)
See *Urna*
Urna (Bely) **7**:50
"Ursachen der Schlaflosigkeit im Goethejahr" (Roth) **33**:336
"Ursonate" (Schwitters) **95**:315, 326, 346, 352
Ursprung des deutschen Trauerspiels (Benjamin) **39**:7, 15, 19, 26, 36, 52-4, 61
"Das Urteil" (Kafka) **2**:298, 305-06; **6**:219, 223, 225-30; **13**:266, 275-76, 280, 284, 286
Urvasie (Aurobindo) **63**:4, 36
"Us Two" (Milne) **6**:314; **88**:242, 260
U-Samson (Mqhayi) **25**:323, 327
The Use of Man (Dunsany) **59**:22, 24
Useful Knowledge (Stein) **6**:403; **28**:312-13; **48**:214
"Useless Book" (Hagiwara Sakutaro) **60**:288
"UShaka kaSenzangakhona" (Vilakazi) **37**:407
"Les usines" (Verhaeren) **12**:482
Uslovnosti (Kuzmin) **40**:191, 200
"Usomnivshiisia Makar" (Platonov) **14**:409, 417, 424
"Ustrug Razina" (Khlebnikov) **20**:126-27, 132-33
The Usurer (Griffith) **68**:168
"The Usurpers" (Muir) **87**:168
"Utakata no ki" (Mori Ōgai) **14**:369, 378-79, 381
Utamaro and His Five Women (Mizoguchi) **72**:306, 322, 335
Utayomi ni atauru sho (Masaoka Shiki) **18**:221
Utazás a koponyám körül (Karinthy) **47**:266-67, 269
Utazás Faremidóba (Karinthy) **47**:269, 272
"The Utilization of Human Remains" (Hearn) **9**:127
Az utolsó hajók (Ady) **11**:18, 22, 25
Utopia, Limited; or, The Flowers of Progress (Gilbert) **3**:212, 214, 217-19
Utopia of Usurers (Chesterton) **6**:110
Uttarpara Speech (Aurobindo) **63**:29, 36
The Uttermost Farthing (Freeman) **21**:57
The Uttermost Farthing (Lowndes) **12**:201
Az üvegcipő (Molnar) **20**:160-61, 166, 172
Œuvres (Barrès) **47**:93
Uwasa no Onna (Mizoguchi) **72**:296
Uzushio (Hayashi) **27**:106
V bezbrezhnosti (Balmont) **11**:35, 42
"V bor'be: Proshloe" (Bryusov) **10**:95
"V chiom moya vera" (Tolstoy) **4**:450; **11**:458, 463; **79**:322, 327-8, 332-3, 335, 407, 410-1, 413, 425-7, 431, 437
"V damask" (Bryusov) **10**:93
"V derevne" (Korolenko) **22**:177
"V durnom obshchestve" (Korolenko) **22**:176
"V duxe Francuzskix simvolistov" (Bryusov) **10**:82
"V glavnoj šachte" (Kuprin) **5**:302
"V. Jahrhundert" (Benn) **3**:113
V Kraiu Nepugannykh Ptits (Prishvin) **75**:214, 219
"V Marks the Spot" (Dent) **72**:30
V mire neiasnogo i nereshennogo (Rozanov) **104**:309, 314, 316, 383
"V ogne" (Kuprin) **5**:302
"V okopa" (Vazov) **25**:455
"V otvet" (Bryusov) **10**:93
"V ovrage" (Chekhov) **3**:153; 10112, 114, 117
"V parke" (Guro) **56**:143
"V plenu" (Remizov) **27**:338-41
V podzemnoj tjur'me (Bryusov) **10**:83
V pole blakitnom (Remizov) **27**:331, 333-34, 348
"V potmakh" (Kuprin) **5**:303-04
V razdvinutoi dali (Balmont) **11**:38-9, 41-2
"V restorane" (Bryusov) **10**:93
"V sekretnoi" (Remizov) **27**:338
"V sklepe" (Bryusov) **10**:81
"V starom zamke" (Hippius) **9**:167
"V stenax" (Bryusov) **10**:82, 92
"V Stepi" (Gorky) **8**:67-8
"V trjume" (Bryusov) **10**:81
"V volšebnuju prismu" (Annensky) **14**:27
"V zakrytoi chashe" (Guro) **56**:133, 145
"V zastenke" (Bryusov) **10**:81
Våar aere og vår makt (Grieg) **10**:206-07, 209-11
Vaaren (Undset) **3**:512, 517, 522-23
"Vaca" (Garcia Lorca) **49**:93
The Vacation of the Kelwyns (Howells) **7**:376-77; **17**:184

"Vacations" (Stephen) **23**:326
"A Vacation's Job" (McAlmon) **97**:87-88, 100, 117-18, 120-22
"Vache" (Eluard) **7**:250
La vache tachetée (Mirbeau) **55**:301
"Vacillation" (Yeats) **1**:582; **11**:533; **18**:447, 458; **31**:390, 403, 410
"Vad är i morgon?" (Sodergran) **31**:291
"Vademecum—Vadetecum" (Nietzsche) **55**:389
A vadkan (Moricz) **33**:238
"Vaeltaja" (Leino) **24**:371
The Vagabond (Colette)
See *La vagabonde*
"A Vagabond Song" (Carman) **7**:138
Vagabondaggio (Verga) **3**:543
La vagabonde (Colette) **1**:192, 194; **5**:167-68; **16**:115, 117, 122-36, 138
"The Vagabonds" (Carman) **7**:133
"Vagabonds" (Lasker-Schueler)
See "Vagabunden"
Vagabonds (Hamsun)
See *Landstrykere*
"Vagabunden" (Lasker-Schueler) **57**:328-29
"Vägen till Elysium och Hades" (Sodergran) **31**:293
Vagh vagh sahab (Hedayat) **21**:72-3, 75, 77
"Vagrant" (Grove) **4**:144
The Vagrant (Sturges)
See *The Great McGinty*
The Vagrant of Time (Roberts) **8**:321
"Vaila" (Shiel)
See "The House of Sounds"
"A Vain Child" (Beerbohm) **24**:115
Vain Fortunes (Moore) **7**:484
Les vaines tendresses (Sully Prudhomme) **31**:300-01, 306-07
Vainglory (Firbank) **1**:226, 229
Un vainqueur (Rod) **52**:311-12
"Le vaisseau de Thésée" (Larbaud) **9**:201
"Le vaisseau d'or" (Nelligan) **14**:392, 396, 400-01
"Vakok a hídon" (Babits) **14**:39
Valborg (Bjoernson) **7**:100
"Vale" (Pickthall) **21**:243
"Vale, and Other Poems" (Baker) **10**:17
"The Vale of Lost Women" (Howard) **8**:134, 136
"Valedictory on Leaving San Francisco" (Bell) **43**:88
"Valenciennes" (Hardy) **4**:152
"Valeria" (Monroe) **12**:214
Valerius (Tey) **14**:459
La valise vide (Drieu la Rochelle) **21**:18
Válka s mloky (Capek) **6**:86, 92-4; **37**:42, 50, 52-3, 55, 57-9, 61-2, 64-5, 67-8, 70, 72-6
The Valley Captives (Macaulay) **7**:422
"The Valley Farm" (Gurney) **33**:97, 104
Valley Forge (Anderson) **2**:8
"The Valley of a Thousand Hills" (Vilakazi) **37**:409
"The Valley of Capua" (Vazov)
See "Kapuanska dolina"
The Valley of Decision (Wharton) **3**:551-52, 554, 571; **9**:548; **53**:393, 403
The Valley of Fear (Doyle) **7**:220, 228, 232, 237-38
The Valley of Restlessness (Babits)
See *A nyugtalanság völgye*
"The Valley of Silence" (Sharp) **39**:382
"The Valley of the Black Pig" (Yeats) **31**:407
The Valley of the Moon (London) **9**:259-60, 266-67, 273, 278, 280-81; **15**:276
"The Valley of the Spiders" (Wells) **19**:429
Vallfart och vandringår (Heidenstam) **5**:249-50, 253-56
"Vallorbe" (Kraus) **5**:285
Valmouth (Firbank) **1**:227
"Value, Dignity, and the Just" (Otto)
See "Wert, Würde, Recht"
"The Value of the Apparently Meaningless and Innaccurate" (Hartmann) **73**:122
"The Value of Vindictiveness" (Horney) **71**:250
"Value Received" (Freeman) **9**:74
"Values and Imperatives" (Locke) **43**:227-29, 240
"Vámonos, pues, por eso, a comber yerba" (Vallejo) **56**:317
Vampir (Ewers) **12**:135-39
"The Vampire" (Remizov) **27**:353, 355
The Vampire (Reymont) **5**:392-93
The Vampire: His Kith and Kin (Summers) **16**:426, 429, 432
The Vampire in Europe (Summers) **16**:429-30, 432
Vampire's Prey (Ewers)
See *Vampir*
Van Bibber and Others (Davis) **24**:200-01, 209
Van en over mijzelf en anderen (Couperus) **15**:47
"Van Gogh: Le suicidé de la société" (Artaud) **3**:53
"Van Gogh: The Man Suicided by Society" (Artaud)
See "Van Gogh: Le suicidé de la société"
"Van Houten" (Quiroga) **20**:212
Van kusum (Devkota) **23**:49-50
Van oude menschen de dingen de voorbigaan (Couperus) **15**:45-7
"Van Winkle" (Crane) **80**:83, 103, 127, 168, 176, 188, 210
Van Zorn (Robinson) **5**:402; **101**:95, 185
"Vanderbilt" (Sternheim) **8**:368
"Vandmøllen" (Jensen) **41**:308
Vandover and the Brute (Norris) **24**:424, 426-28, 432, 440-41
En vandrer spiller med sordin (Hamsun) **2**:202, 204-05; **14**:223, 241; **49**:128, 133-34
Vanessa (Walpole) **5**:500
The Vanguard (Bennett) **5**:37
Vanished Arcadia (Graham) **19**:111, 124-25
"The Vanished Race" (Patton) **79**:305
The Vanishing American (Grey) **6**:180-81, 183
"The Vanishing Gift" (Corelli) **51**:73, 80
The Vanishing Lady (Melies) **81**:139,149
The Vanishing Man (Freeman)
See *The Eye of Osiris*
"Vanishing News" (Benchley) **55**:19
"A Vanishing Race" (Graham) **19**:135
"Vanitas" (Symons) **11**:446
The Vanity Case (Wells) **35**:422
Vanity Square (Saltus) **8**:344, 347
"Vánka" (Chekhov) **10**:112
"Vår" (Obstfelder) **23**:185-86, 189
"Vår nattliga badort" (Dagerman) **17**:89-91
"Det var slik en vakker solskinnsdag" (Bjoernson) **7**:118
Varbis (Ekelund) **75**:94
Varenka Olessova (Gorky) **8**:72
"Varennes" (Gurney) **33**:92
"Varför gavs mig livet?" (Sodergran) **31**:292
"The Varia" (Dobson) **79**:20
"Variation" (Khodasevich) **15**:208
"Variations" (Salinas) **17**:369
Variations (Huneker) **65**:185, 218-19
"Variations on a Seventeenth Century Theme" (Scott) **6**:387, 389-90, 394
"Variations on a Summer Day" (Stevens) **3**:477-78; **12**:361; **45**:272, 281, 285, 288
"Variations on a Theme" (Cullen) **37**:168
"Variations on a Theme" (Zangwill) **16**:461
Variations on a Time Theme (Muir) **87**:174, 186
"Variations on Sadness" (Radnoti) **16**:418
Varie e frammenti (Campana) **20**:85
Variété I-V (Valery) **4**:490, 494; **15**:447, 449, 459
The Varieties of Religious Experience (James) **15**:144, 146, 157, 160-62, 167, 180, 182, 185-86, 192; **32**:345-46, 350
A Variety of People (Marquis) **7**:446-47
A Variety of Things (Beerbohm) **1**:72
Variety, second series (Valery)
See *Variété I-V*
"The Variety Theatre" (Marinetti)
See "Il teatro di varietà"
Variorum (Yeats) **93**:358, 360, 362, 399-404
"The Variorum Edition of the Poems of W. B. Yeats (Yeats) **93**:364, 366, 367
Variorum Plays (Yeats) **93**:364, 371, 372
Variorum Poems (Yeats)
See "The Variorum Edition of the Poems of W. B. Yeats
De varios colores (Valera y Alcala-Galiano) **10**:501
"Various Kinds of Poetry" (Ishikawa) **15**:131
"Various Kinds of Tanka" (Ishikawa) **15**:125
"Vårmysterium" (Sodergran) **31**:293
Värt behov au tröst (Dagerman) **17**:96
"Varvary" (Gumilev) **60**:279
Varvary (Gorky) **8**:92-3
"Vasant Panchami" (Naidu) **80**:343
Vasantī (Devkota) **23**:51
"A Vásár" (Babits) **14**:39
Vāsarjan (Tagore) **3**:492
"Le vase brisé" (Sully Prudhomme) **31**:299, 306-08
"Vashti" (Harper) **14**:259-61, 263
I vasi communicanti (Marinetti) **10**:319
Vasily Suchkov (Tolstoy) **18**:360, 373
The Vast Domain (Schnitzler)
See *Das weite Land*
Vataga (Gladkov) **27**:90-1
The Vatard Sisters (Huysmans)
See *Les soeurs vatard*
"Vater und Sohn" (Werfel) **8**:477
The Vatican Swindle (Gide)
See *Les caves du Vatican*
"The Vats" (de la Mare) **4**:78; **53**:16-7, 23, 36
"Vattenfallet" (Sodergran) **31**:295
À vau-l'eau (Huysmans) **7**:408, 410, 415-16; **69**:36, 39, 52, 54
Vayehi Hayom (Bialik) **25**:53-4
Věc Makropulos (Capek) **37**:43, 46, 53, 55, 57-8, 61, 68
I vecchi e i giovani (Pirandello) **4**:332, 355; **29**:283, 310
Vecherny albom (Tsvetaeva) **7**:559; **35**:380, 382, 389, 407-08
"Vechnoe" (Gumilev) **60**:279
"Vechnost" (Gumilev) **60**:280
"Večoženstvennoe" (Hippius) **9**:166
Ved rigets port: Forspil (Hamsun) **2**:202; **14**:221, 243; **49**:127
"The Vedanta in All Its Phases" (Vivekananda) **88**:362
The Vegetable; or, From President to Postman (Fitzgerald) **1**:234, 241; **6**:159
La veglia funebre (D'Annunzio) **6**:137
"The Veil" (de la Mare) **53**:28
The Veil, and Other Poems (de la Mare) **4**:74-5
"The Veil of Isis" (Rohmer) **28**:282
"Veil of Queen Mab" (Dario) **4**:60
Veiled Aristocrats (Micheaux) **76**:265
"Veille" (Apollinaire) **51**:35
"The Veils of Maya" (Baker) **10**:27
Vein of Iron (Glasgow) **2**:178, 183-86, 188, 191; **7**:334-36, 341-43, 346-47
Vēja nestas lapas (Rainis)
See *Klusā grāmata*
"Vejan'e smerti: Proshloe" (Bryusov) **10**:92, 95
"The Veld Maiden" (Bosman) **49**:5, 19-20
"Velga" (Bunin) **6**:54
Velikii blagovest (Sologub) **9**:444
Velitelem města Bugul'my (Hasek) **4**:189-90
"Velvet Shoes" (Wylie) **8**:521, 530-33
"Ven ikh bin Roytshild" (Aleichem) **35**:307
La venda (Unamuno) **2**:570
"Les vendanges de Sodome" (Vallette) **67**:276, 315-16, 319, 334
"Vendémiaire" (Apollinaire) **3**:39; **51**:7, 50, 53-5, 57-9
"The Vendetta at Gojiingahara"
See "Gojiingahara no katakiuchi"
Vendetta! or, The Story of One Forgotten (Corelli) **51**:66-7, 72
Le vendeur du soleil (Vallette) **67**:270-71, 275
"La vendeuse d'ambre" (Schwob) **20**:320, 323

Vendía cerillos (Gamboa) **36**:75
"La vendimia de sangre" (Lugones) **15**:285
"Veneta Marina" (Symons) **11**:435
"Venetian Comedy" (Lee) **5**:310
The Venetian Glass Nephew (Wylie) **8**:523-28, 530-31, 537-38
Venetian Life (Howells) **7**:365, 368-69, 373, 377, 391; **17**:180
Venetian Madcaps (Kuzmin) **40**:203
"Venganza" (Guiraldes) **39**:190
"Vengeance" (Bunin) **6**:56
La vengeance de la vie (Bourget) **12**:69
"Vengeance Is Mine" (Blackwood) **5**:72
"The Vengeance of Man" (Dunsany) **59**:19
"The Vengeance of Saki" (Campbell) **9**:31
"Vengeance of the Duchess" (Davidson) **24**:163
Vengeance Trail (Faust) **49**:38-9, 46
La Vengence du gate-sauce (Melies) **81**:139
"Veni Creator" (Meynell) **6**:300
"Venice" (Nietzsche) **10**:389
Venice Preserved (Belasco) **3**:86
Venice Preserved (Hofmannsthal)
See *Das Gerettete Venedig*
Venise (Kandinsky) **92**:48
Venise Sauvée (Weil) **23**:386, 388
"Venner" (Obstfelder) **23**:176-77
"Venomous Coral Lips" (Rohan) **22**:299
"The Venomous Viper of the Tragedy" (Lardner) **14**:319-20
"Le vent" (Verhaeren) **12**:466
Le vent dans les moulins (Lemonnier) **22**:199, 201
Vent nocturne (Desnos)
See *Langage cuit*
"Il ventaglino" (Pirandello) **29**:293
Venti quattro cervelli (Papini) **22**:271, 288
Ventre brûlé; ou, la mère folle (Artaud) **36**:25
Le ventre de Paris (Zola) **1**:587, 590; **6**:562; **21**:425, 449; **41**:413, 445
"The Venturers" (Henry) **19**:172
Venus (Crothers) **19**:86
"Venus Anadyomene" (Bishop) **103**:5
"Venus and Mars" (Field) **43**:166
Venus in the Kitchen (Douglas) **68**:15
"Venus, Mercury and Cupid" (Field) **43**:165-66
"Venus, My Shining Love " (Cohan) **60**:169
Venus, The Lonely Goddess (Erskine) **84**:169
"Venus Transiens" (Lowell) **8**:230
Vér (Moricz) **33**:242
"Das Ver botene Epos" (Spitteler) **12**:339
Vér és arany (Ady) **11**:17, 22, 24-5
Ver frem dungseffekt (Brecht) **1**:116-17
Ver y palpar (Huidobro) **31**:126
"Véra" (Merezhkovsky) **29**:230, 246
Vera (Elizabeth) **41**:124, 130-31, 137
Vera; or, The Nihilists (Wilde) **8**:494; **23**:443; **41**:354, 376
Vera the Medium (Davis) **24**:203
Veranilda (Gissing) **24**:222
"Verano" (Lugones) **15**:294
"Verba testamentária" (Machado de Assis) **10**:291, 295
"Verbnaja nedelja" (Annensky) **14**:33-5
Verbos y Gerundios (Palma) **29**:255
Vercoquin et le plancton (Vian) **9**:528, 536
Verdens ansigt (Bojer) **64**:2, 4, 13, 18, 23
Verdi (Werfel) **8**:466-67, 479-81
"The Verdict" (Kafka) **2**:304
"The Verdict of Posterity" (Middleton) **56**:192
"Verdun belle" (Woollcott) **5**:527
"Das verdunstete Gehirn" (Meyrink) **21**:221, 228
Vereinigungen (Musil) **12**:232, 241, 244-46, 252-53, 261; **68**:264
Verena in the Midst (Lucas) **73**:159
The Verge (Glaspell) **55**:235-41, 244, 247, 257, 261-62, 266, 268-70, 274-76
"Verger" (Bosschere) **19**:58-9
"Vergine Anna" (D'Annunzio) **6**:144
Le vergini (D'Annunzio) **6**:133
Le vergini delle rocce (D'Annunzio) **6**:127-28, 133, 138-40, 144; **40**:4, 29
"Vergissmeinnicht" (Douglas) **40**:65, 71, 74, 76, 78, 83-5, 91-2, 95
"Vergniaud in the Tumbril" (Guiney) **41**:207
"Das Verhaltnis zum Text" (Schoenberg) **75**:321, 340
"Die Verhaltnisse der Landarbeiter im ostelbischen Deutschland" (Weber) **69**:384
Das verhör des Lukullus (Brecht) **1**:107; **6**:33-4
"Verili my v nevernoe" (Hippius) **9**:164
"La verità" (Svevo) **35**:362-63
La verità (Svevo) **35**:352, 369-70
Vérité (Zola) **1**:587-88; **6**:560; **21**:426, 456; **41**:420-21, 423-24
Vérité et poésie (Eluard) **7**:257
Verklarte Nacht (Schoenberg) **75**:297, 317, 331
Verla démocratie sociale et vers la guerre (Halévy) **104**:111-12
"Verlaine stamning" (Ekelund) **75**:94
"Verloren" (Liliencron) **18**:216
"De verloren huissleutel" (van Ostaijen) **33**:409-10, 412, 417
"Das Verlorene Ich" (Benn) **3**:107
Der Verlorene Sohn (Heyse) **8**:121
"Verlorene Stadt" (Raabe) **45**:188
"Verlorener Sohn" (Broch) **20**:52
"Vermächtnis" (Musil) **12**:258
Das Vermächtnis (Schnitzler) **4**:387-88, 390
The Vermilion Box (Lucas) **73**:159
Vermischte Bemerkungen (Wittgenstein) **59**:247, 292, 298, 305
Vermont Tradition: The Biography of an Outlook on Life (Fisher) **87**:96
"Vermouth" (Huidobro) **31**:125
"La verna" (Campana) **20**:86-7
Vernon's Aunt (Duncan) **60**:193-4, 196
"Vernost" (Pilnyak) **23**:213
"Veronique Fraser" (Scott) **6**:394, 399
"Die Verrohung der Theaterkritik" (Sudermann) **15**:437
Vers (Jammes) **75**:108, 113, 118
"Vers 4" (van Ostaijen) **33**:414
Vers le soir (Kandinsky) **92**:48
Vers libre (Jimenez) **4**:214
"Die Verscheuchte" (Lasker-Schueler) **57**:305,316
"Der verschollene" (Kafka) **47**:224
The Verse of Christopher Brennan (Brennan) **17**:42
The Verse of Hilaire Belloc (Belloc) **18**:29
"Verse ohne Worte" (Ball) **104**:29
Verse und Prosa aus dem Nachlass (Lasker-Schueler) **57**:313
"Verse vom Friedhof" (Toller) **10**:480, 489-91
"A Verse with a Moral But No Name " (Pyle) **81**:393
Versek (Ady) **11**:15, 19
"A Verseman's Apology" (Service) **15**:411
Verses (Ady)
See *Versek*
Verses (Burke) **63**:126-27
Verses (Dowson) **4**:84, 90
The Verses about the Beautiful Lady (Blok)
See *Stikhi o prekrasnoi dame*
Verses and Sonnets (Belloc) **7**:32; **18**:28, 30, 40-1
"Verses from the Graveyard" (Toller)
See "Verse vom Friedhof"
Verses New and Old (Galsworthy) **1**:296
"Verses on My Soviet Passport" (Mayakovski) **18**:270
"Verses Read at the Dinner of the Omar Khayyam Club" (Dobson) **79**:31
"Verses to a Lord Who, in the House of Lords, Said That Those Who Opposed the South African Adventure Confused Soldiers with Money-Grubbers" (Belloc) **18**:35
"Verses to Blok" (Tsvetaeva) **35**:385
"Verses to Czechoslovakia" (Tsvetaeva)
See "Stikhi k Chekhii"
Versi militari (Saba) **33**:369-70, 372
Versilia (D'Annunzio) **40**:14
"Versos a la tristeza de Buenos Aires" (Storni) **5**:448
Versos viejos (Romero) **14**:433
Het verstoorde leven: Dagboek van Etty Hillesum, 1941-1943 (Hillesum) **49**:171, 173, 176-78, 181, 183, 187
Versts (Tsvetaeva)
See *Vyorsty I*
Versty I (Tsvetaeva)
See *Vyorsty I*
Versty II (Tsvetaeva)
See *Vyorsty II*
"Versuch einer neuen Religion" (Heym) **9**:142
Versuche (Brecht) **1**:106
Der Versucher (Broch) **20**:68-70
"Die Versuchung" (Werfel) **8**:479
Die Versuchung (Kaiser) **9**:174
Die Versuchung der Stillen Veronika (Musil) **68**:288
"Versuchung des heiligen Antonius" (Ball) **104**:71, 75-76
Die versunkene Glocke (Hauptmann) **4**:193-95
Die vertauschten Köpfe (Mann) **2**:431
"Die Verteidigung Roms" (Huch) **13**:253
"Vertical Montage" (Eisenstein) **57**:197
"Vertigral" (Agee) **1**:17
"La vertu" (Sully Prudhomme) **31**:306
Der Veruntreute Himmel (Werfel) **8**:480
Der verwandelte Komödiant (Zweig) **17**:451
Die verwandlung (Kafka) **2**:290, 293, 298, 300, 304-06, 310; **6**:221, 223, 226-27, 230-32; **13**:255-89; **29**:186, 189, 210, 213-14; **47**:211-12, 219, 227; **53**:207
"Verwandlung des Bösen" (Trakl) **5**:456
Verwandlungen einer Jugend (Carossa) **48**:16, 20, 25, 30
"Verweilen um Mitternacht" (Toller) **10**:491
Verwirrung der Gefühle (Zweig) **17**:425, 429, 458
Die Verwirrungen des Zöglings Törless (Musil) **12**:232-33, 238, 241-42, 244-46, 252, 254-58, 260-61; **68**:257, 259, 264, 288
"The Very Good Mother" (Svevo)
See "La buonissima madre"
"A Very Lucky Man" (Caragiale) **76**:176
A Very Woman (Gourmont)
See *Sixtine: Roman de la vie cérébrale*
Verzamelde werken (Couperus) **15**:47
"Das verzauberte Haus" (Musil) **12**:262
Das verzauberte Haus (Musil)
See *Die Versuchung der Stillen Veronika*
"Der Verzückte" (Ball) **104**:8-9, 41, 77
"Verzweiflung" (Werfel) **8**:477
"Vešči" (Pilnyak) **23**:211
Vesennee porosh'e (Remizov) **27**:329, 347
"Vesper" (Ivanov) **33**:138
"Vespers" (Crowley) **7**:208
"Vespers" (Lowell) **8**:227
"Vespers" (Milne) **6**:311, 313; **88**:240
Vespertine Light (Ivanov) **33**:136-41
"Vestalis virgo" (Bryusov) **10**:81
"La veste" (Roumain) **19**:339
The Vested Interests and the Common Man (Veblen) **31**:362, 366
"Vestiges: Harlem Sketches" (Fisher)
See "The South Lingers On"
Vestire gli ignudi (Pirandello) **4**:337-39, 351; **29**:283, 285, 300, 318-19
"Veter nam utešen'e prines" (Mandelstam) **6**:267
"The Veteran" (Crane) **11**:167; **17**:71, 73-4; **32**:153, 155-56, 164
"Veteran Sirens" (Robinson) **101**:100, 134
"Veteris Vestigia Flammae" (Hardy) **53**:80
Vētras sēja (Rainis) **29**:391-92
"Vetrogon, sumasbrod, letatel" (Guro) **56**:150
Vetter Gabriel (Heyse) **8**:121
Una vez fuí rico (Romero) **14**:434, 442
Via Borealis (Scott) **6**:394, 397
Via crucis: A Romance of the Second Crusade (Crawford) **10**:148, 151-52
La via del male (Deledda) **23**:41-3

"Via et veritas et vita" (Meynell) **6**:300, 303
"Viaggio a Montivideo" (Campana) **20**:84
Vicara-sangraham (Ramana Maharshi) **84**:260
The Vicar's Daughter (MacDonald) **9**:292
"Vice Versa" (Morgenstern) **8**:306
"Vicious Circle" (Machado de Assis)
See "Circulo vicioso"
"The Vicious Negro" (Cotter) **28**:42
The Vicissitudes of Evangeline (Glyn) **72**:127
"Vickery" (Robinson) **101**:112
"Vico and Aesthetic Historicism" (Auerbach) **43**:56, 62
"Vico und Herder" (Auerbach) **43**:62
"Vico's Contribution to Literary Criticism" (Auerbach) **43**:63-4
"The Victim" (Sinclair) **11**:421
The Victim (Strindberg)
See *Offret*
"A Victim of Heredity" (Chesnutt) **39**:95, 99
The Victim of Jealousy (Griffith) **68**:249
"Victim of Justice" (Dreiser)
See "Nigger Jeff"
"A Victim to Science" (Pyle) **81**:393
"La victoire" (Apollinaire) **51**:37
"La victoire de Guernica" (Eluard) **41**:151, 163-64, 167
"The Victor" (Dreiser) **35**:74
The Victor Soul (Benavente) **3**:97
"Victoria" (Campbell) **9**:31
Victoria (Hamsun)
See *Victoria: En kaerligheds histoire*
Victoria (Housman) **7**:358
Victoria and Albert: Palace Plays, third series (Housman) **7**:357
Victoria: En kaerligheds histoire (Hamsun) **2**:202, 208; **14**:222, 224, 226-28, 235, 237, 242, 247-48; **49**:128, 131, 133-34, 159, 168
"Victoria Falls" (Vilakazi)
See "Impophoma yeVictoria"
Victoria Regina (Housman) **7**:357, 361
The Victorian Age in Literature (Chesterton) **1**:184; **6**:101
Victorian Ghost Stories (Summers) **16**:434
"Victor-Marie Comte Hugo" (Peguy) **10**:404, 415
The Victors (Bagritsky)
See *Pobediteli*
"Victory" (Graham) **19**:110, 129, 133
Victory (Conrad) **1**:196, 200, 209-11, 217; **6**:121-22; **25**:87, 92; **43**:120; **57**:39, 69
Victory (Huch) **13**:242-43
"Victory Ode" (Carducci) **32**:103
Victory of Women (Mizoguchi) **72**:315, 324
"Vida" (Mistral) **2**:478
Vida de Don Quixote y Sancho, según Miguel de Cervantes Saavedra, explicada y comentada por Miguel de Unamuno (Unamuno) **2**:558-59, 563, 567-68; **9**:508, 512, 514
Vida e morte de M. J. Gonzaga de Sá (Lima Barreto) **23**:165-69
La vida inútil de Pito Pérez (Romero) **14**:433-36, 441-44
"Una vida por una honra" (Palma) **29**:256
Vidas sêcas (Ramos) **32**:419, 424-25, 427-32, 434-37, 439
Vidas sombrías (Baroja) **8**:53, 60
"Videnic" (Zamyatin) **8**:553
"Videniia" (Bryusov) **10**:95-6
"Vidula" (Aurobindo) **63**:6
"La Vie" (Jammes) **75**:117
"La Vie Artistique" (Huysmans) **69**:27
"La vie cosmique" (Teilhard de Chardin) **9**:481, 487, 491, 494
Vie de Beethoven (Rolland) **23**:268, 276, 280-81
"Vie de bohème" (Symons) **11**:451
La Vie de Guy de Fontgalland (Jammes) **75**:119
Vie de Jeanne d'Arc (France) **9**:44-5, 57
La vie de Michel-Ange (Rolland) **23**:260
La vie de Samuel Belet (Ramuz) **33**:294-95, 302
Vie de Tolstoï (Rolland) **23**:260, 262
"Vie d'ebène" (Desnos) **22**:61
"La viè des abeilles" (Maeterlinck) **3**:319, 322
La vie en fleur (France) **9**:50
La vie immédiate (Eluard) **7**:254; **41**:150-51, 154, 158, 162
La vie inquiète (Bourget) **12**:73
La vie littéraire (France) **9**:41-2
"La vie passe" (Bourget) **12**:66
"Un vie pleine d'intérêt" (Peret) **20**:201
La vie privée de Michel Teissier (Rod) **52**:310-11, 313-14
La vie secrète (Lemonnier) **22**:204
"La vieille" (Bosschere) **19**:59
Vieille France (Martin du Gard) **24**:384, 386-88, 395-96, 401
"Una vieja tristeza" (Gonzalez Martinez) **72**:149
"El viejecito del barrio" (Huidobro) **31**:132
"Viejo estribillo" (Nervo) **11**:395
"Der Viele viele Schnee" (Borchert) **5**:109
Viennese Idylls (Schnitzler) **4**:388
"Viennese Waltz" (Wylie) **8**:530
"Viento de amor" (Jimenez) **4**:214
Vientos contrarios (Huidobro) **31**:123
Die vier Jahreszeiten (Wedekind) **7**:582
"Die vier Mondbrüder" (Meyrink) **21**:232
La Vierge et les sonnets (Jammes) **75**:119
"Vierge moderne" (Sodergran) **31**:290
"La vierge noire" (Nelligan) **14**:392
"Vierundzwanzig Stunden aus dem Leben einer Frau" (Zweig) **17**:425, 429
Die vierzig Tage des Musa Dagh (Werfel) **8**:468, 471, 477, 480-82
Vies des hommes illustres (Rolland) **23**:260
Vies imaginaires (Schwob) **20**:322-23, 329
Le vieux de la montagne (Bloy) **22**:45, 50
"Les vieux maîtres" (Verhaeren) **12**:465
Vieux ménages (Mirbeau) **55**:281
Le vieux roi (Gourmont) **17**:130-31
"Le vieux temps" (Drummond) **25**:142-43, 151, 157
"A View from a Hill" (James) **6**:206, 213, 215
"The View from the Northern Ramparts" (Huysmans) **69**:25
The View from the Parsonage (Kaye-Smith) **20**:111-12, 116
"View of Teignmouth in Devonshire" (Lowell) **8**:227
"Viewing of a Painting" (Rohan) **22**:297
Views and Reviews: Essays in Appreciation (Henley) **8**:97-8, 105-06
Views and Vagabonds (Macaulay) **7**:421-22, 428
"Views from a German Spion" (Harte) **25**:225
"Un viex" (Loti) **11**:353
The Vigil of Brunhild (Manning) **25**:263, 275-76
"The Vigil-at-Arms" (Guiney) **41**:221
Vigiles de l'esprit (Alain) **41**:7
Vigils (Rilke) **6**:370
"Le vigneron champenois" (Apollinaire) **51**:36
Le vigneron dans sa vigne (Renard) **17**:303
Vignettes in Rhyme and Vers de Société (Dobson) **79**:9, 22, 28, 34
Vignettes of Manhattan (Matthews) **95**:250, 272
Vihar (Babits) **14**:41
The Vikings at Helgeland (Ibsen)
See *Haermaendene på Helgeland*
"Vila i leshy" (Khlebnikov) **20**:131, 134
"A világosság udvara" (Babits) **14**:39
Vildanden (Ibsen) **2**:220, 222-24, 226-32; **8**:148-49, 151-52; **16**:152-98; **37**:242, 258; **52**:143-44, 154, 164
Det vilde Kor (Hamsun) **49**:128
Vilinq ari (Hedayat) **21**:72, 75
"A Villa and a Wood-Goblin" (Khlebnikov)
See "Vila i leshy"
Villa Aurea (Kaiser) **9**:193
A Villa in Sicily (Kaiser)
See *Villa Aurea*
Villa Rubein (Galsworthy) **1**:299-300; **45**:32, 46, 48
Villa Schönow (Raabe) **45**:170-71, 178
Village (Bunin)
See *Derevnya*
Le Village aérien (Verne) **52**:360
Village: As It Happened through a Fifteen-Year Period (McAlmon) **97**:87, 90-91, 118, 121-22
A Village Commune (Ouida) **43**:345-46, 376
Le village dans le montagne (Ramuz) **33**:302, 306
"Village Ghosts" (Yeats) **11**:538
The Village in the Treetops (Verne)
See *Le Village aérien*
"A Village Lear" (Freeman) **9**:65
"Village Magazine" (Lindsay) **17**:232, 240
"A Village Mariana" (Symons) **11**:428
"Village Mystery" (Wylie) **8**:521
The Village of Segelfloss (Hamsun)
See *Segelfoss by*
"Village Opera" (Lu Hsun) **3**:303
"A Village Shop" (Jewett) **22**:146-47
"A Village Singer" (Freeman) **9**:75-6
"Village Songs" (Naidu) **80**:290
"The Village That Voted the Earth Was Flat" (Kipling) **8**:202
"The Village Wedding" (Sikelianos) **39**:414, 421
Village Wooing (Shaw) **3**:399, 407
Les villages illusoires (Verhaeren) **12**:464, 466, 469
"Villanelle to His Ladye in Which Ye Poore Scribe Complaineth Sorely Because the Cursed Memory of the Thousand Others Doth Poison His Dreams of His Beatrice" (O'Neill) **6**:337
"La ville" (Desnos) **22**:73
La ville (Claudel) **2**:103, 109; **10**:131
Une Ville flottante (Verne) **52**:352
"Les villes" (Verhaeren) **12**:463
Les villes tentaculaires (Verhaeren) **12**:458, 464, 466-67, 469-70, 475-76, 482
"Villon's Straight Tip to All Cross Coves" (Henley) **8**:107
"Villon's Wife" (Dazai Osamu)
See "Buiyon no tsuma"
Le vin est tiré (Desnos) **22**:69
"Le vin perdu" (Valery) **4**:498
"Vincent van Gogh" (Sternheim) **8**:379
"The Vines" (Gray) **19**:152
"Viney's Free Papers" (Dunbar) **12**:112
Vingt contes nouveaux (Coppee) **25**:126
Les vingt et un jours d'un neurasthénique (Mirbeau) **55**:281, 285, 293
Vingt leçons sur les beaux-arts (Alain) **41**:30
Vingt mille lieues sous les mers (Verne) **6**:497-98, 500, 503, 505; **52**:330, 335, 338, 343-46, 350, 352
Vingt-cinq années de vie littèaire (Barrès) **47**:73
"Viniere el malo" (Vallejo) **56**:312
"Vino generoso" (Svevo) **35**:345, 349, 351
The Vintage Mencken (Mencken) **13**:394
"Vintage Season" (Kuttner) **10**:269, 274-76
"Vinum daemonum" (Johnson) **19**:246
"Viola acherontia" (Lugones) **15**:293
"Violante; ou, La mondanitée" (Proust) **7**:538
Violent Night (Dent) **72**:26, 38
"Violet" (Mansfield) **2**:451
The Violet (Molnar) **20**:161
The Violet Apple (Lindsay) **15**:219, 225-30, 234
"La violeta solitario" (Lugones) **15**:289
"Violets" (Lawrence) **93**:2, 3, 46
"Violet's Own" (Green) **63**:142
Der violette Tod, und andrere Novellen (Meyrink) **21**:220
"Violin Sonata by Vincent d'Indy" (Lowell) **8**:234
"The Violin's Enchantress" (Benet) **28**:2
"The Viper" (Tolstoy) **18**:370, 373, 378
Virata; or, The Eyes of an Undying Brother (Zweig)
See *Die Augen des Ewigen Bruders*
"Virgil in Mexico" (Reyes) **33**:318
"Virgilia" (Markham) **47**:285, 287

"The Virgin and the Gipsy" (Lawrence) **2**:364, 371; **48**:102, 118, 121
"The Virgin Carrying a Lantern" (Stevens) **45**:334
"The Virgin, Child and St. John" (Field) **43**:166
A Virgin Heart (Gourmont)
See *Un coeur virginal*
The Virgin of the Sun (Haggard) **11**:246
"Virgin Youth" (Lawrence) **93**:43, 44, 69
"Virginia" (Crane) **80**:115
Virginia (Glasgow) **2**:178, 180-81, 184-85, 189-90; **7**:337, 346
The Virginian: A Horseman of the Plains (Wister) **21**:374-80, 384-85, 387-89, 391-93, 396-401, 403-10
"The Virginians Are Coming Again" (Lindsay) **17**:245
Virginians Are Various (Cabell) **6**:76, 78
"The Virginiola Fraud" (Bramah) **72**:6
The Virgins (D'Annunzio)
See *Le vergini*
The Virgin's Brand (Perutz)
See *St. Petri-Schnee*
"The Virgin's Dream" (Pascoli) **45**:142
"Virtue in War" (Crane) **11**:161
"The Virtues of Getting Drunk" (Middleton) **56**:179
"A Virtuoso" (Dobson) **79**:8
A Virtuous Girl (Bodenheim) **44**:72
The Virtuous Knight (Sherwood) **3**:415
The Visage (Futabatei)
See *Sono omokage*
Les visages de la vie (Verhaeren) **12**:459-60, 464, 469
"Visan från molnet" (Sodergran) **31**:291
"Visée" (Apollinaire) **8**:28; **51**:34-5
Visibility Good: Essays and Excursions (Lucas) **73**:166
Visible and Invisible (Benson) **27**:8-9, 19
"Vision" (Gibran)
See "Ru'ya'"
"The Vision" (Masters) **25**:315
"The Vision" (Sharp) **39**:380, 392
A Vision (Yeats) **1**:559, 566-71, 577, 582-84; **11**:517, 521-22, 524-25, 528, 531-32; **18**:447-48, 452, 454-55; **31**:390-94, 397, 403-04, 406-11; **93**:339, 340, 344-45, 347, 353-54, 358-69, 371-73, 395, 399, 402-07
"Vision And Prayer" (Thomas) **1**:475; **8**:451, 454, 460-62; **45**:363, 372, 377, 380, 402, 406
Visión de Anáhuac (Reyes) **33**:316-18, 322-23, 325
"La visión de la Lluvia" (Villaurrutia) **80**:477
"Vision de prière" (Peguy) **10**:416
La vision du passé (Teilhard de Chardin) **9**:483
"The Vision Malefic" (Huneker) **65**:196
Vision of Anáhuac (Reyes)
See *Visión de Anáhuac*
"A Vision of Beauty" (Baker) **10**:27
"A Vision of Judgment" (Wells) **12**:506
"Vision of Love" (Naidu) **80**:280
Vision of Spangler's Paul (Wolfe) **13**:492
"A Vision of Spring in Winter" (Swinburne) **36**:318, 320
"The Vision of the Dead Creole" (Hearn) **9**:136
"The Vision of the Empire" (Williams) **1**:511
The Vision of the Past (Teilhard de Chardin)
See *La vision du passé*
"Vision und Figur" (Kaiser) **9**:185
Visionaries (Huneker) **65**:156-58, 169-70, 195, 216
The Visionaries (Musil)
See *Die schwärmer*
Los visionarios (Baroja) **8**:51-2, 55
"A Visionary" (Yeats) **11**:539
The Visionary (Sikelianos)
See *Alafroiskiotos*
The Visionary; or, Pictures from Nordland (Lie)
See *Den fremsynte*
The Visioning (Glaspell) **55**:241, 243-46
Visions (Ekelund)
See *Syner*
Visions (Lasker-Schueler)
See *Gesichte*
Visions infernales (Jacob) **6**:202
"Visions of the Night" (Bierce) **44**:29
"A Visit" (Borowski) **9**:24
"The Visit" (Dowson) **4**:88
"A Visit from Wisdom" (Gibran) **9**:93
"A Visit of Condolence" (Lawson) **27**:130
"A Visit to an Asylum" (Millay) **4**:316
"A Visit to Avoyelle" (Chopin) **14**:58
"A Visit to Grandpa's" (Thomas) **8**:455, 462-63; **45**:412-13
"A Visit to Walt Whitman" (Huneker) **65**:161
"Las visitas" (Pereda) **16**:372
"Visitation" (Jacob) **6**:193
"Visitation" (Schulz) **51**:310, 314, 316, 320
"Visitation préhistorique" (Fargue) **11**:200
Visitations (Giraudoux) **7**:322
"Une visite à Don Juan" (Barrès) **47**:58
"The Visiting Sea" (Meynell) **6**:299
"Visiting the Sick" (Pirandello) **4**:329
"A Visitor" (Dazai Osamu) **11**:177
"The Visitor" (Dunbar) **12**:104
"The Visitor" (Muir) **87**:277
"The Visitor" (Thomas) **45**:409-10
"Visitors" (de la Mare) **4**:80; **53**:16, 23, 27
Visitors (Przybyszewski) **36**:289
"Visitors' Day at the Joke Farm" (Benchley) **55**:11
The Visits of Elizabeth (Glyn) **72**:127, 132
Visňevyi sad (Chekhov) **55**:28-80; **96**:8, 16, 35-36, 54
Las vísperas de España (Reyes) **33**:322
"Uma vista de Alcebíades" (Machado de Assis) **10**:291
Vistas (Sharp) **39**:360-62, 370-72, 374, 397
Una vita (Svevo) **2**:539-41, 543, 545-48, 553; **35**:332, 334, 336-38, 341-43, 345-49, 351, 355, 364-69
La vita che ti diedi (Pirandello) **4**:338
La vita de nessuno (Papini) **22**:280-81
Vita dei campi (Verga) **3**:539, 541, 543, 545-47
La vita di Cola di Rienzo (D'Annunzio) **40**:11
Vita di Michelangelo (Papini) **22**:288-89
La vita nuda (Pirandello) **29**:282, 291, 295, 300
Vita sexualis (Mori Ōgai) **14**:369, 379, 385-87
Vita somnium breve (Huch) **13**:241, 243, 245, 247, 251-53
"Vita venturi saeculi" (Johnson) **19**:244
Vital Lies (Lee) **5**:312, 316
The Vital Message (Doyle) **7**:225
Vital Statistics (Drieu la Rochelle)
See *Etat civil*
Vitam impendere amori (Apollinaire) **8**:14
Le vitre d'amour (Artaud) **36**:32
Vitrina pintoresca (Baroja) **8**:63
Vittoria (Meredith) **17**:275; **43**:259
"Viva!" (Lasker-Schueler) **57**:329, 336
Viva mi dueño: El ruedo Ibérico II (Valle-Inclan) **5**:477-79, 485, 487-89
Viva Villa (Hecht) **101**:62, 88
Vive le roy (Ford) **15**:87, 90
Viventes das Alagoas (Ramos) **32**:433
"Viver!" (Machado de Assis) **10**:280, 290-91
"Vivid Story of the Battle of San Juan" (Crane) **11**:159
Vivis (Gray) **19**:159
"Vivisection" (Pavlov) **91**:150
"Vivre" (Eluard) **7**:250; **41**:159
The Vizier of the Two-Horned Alexander (Stockton) **47**:324, 326-27
"Vladimir Ilích Lenin" (Mayakovski) **18**:248, 255, 257, 266
"Vladimir Mayakovsky" (Mayakovski) **18**:247, 250-52, 254
Vlast' klyuchei: Potestas clavium (Shestov) **56**:260, 264, 276
"Vljublennost'" (Hippius) **9**:166
"Vlom budushchego" (Khlebnikov) **20**:137
"Vnučka Maluši" (Khlebnikov) **20**:130, 139
"A Vocation and a Voice" (Chopin) **5**:157
"La vocazione del conte Ghislain" (Svevo) **35**:363
"La voce" (Pascoli) **45**:145, 154
"Las voces" (Nervo) **11**:399
Voces de gesta (Valle-Inclan) **5**:472, 481, 486
"Vody mnogie" (Bunin) **6**:58
The Vogelsang Documents (Raabe)
See *Die Akten des Vogelsangs*
"Vöglein Schwermut" (Morgenstern) **8**:309
"The Voice" (Brooke) **2**:59; **7**:124
"The Voice" (Davidson) **24**:186
"The Voice" (Gale) **7**:283-84
"The Voice" (Hardy) **4**:164; **53**:101, 112, 114
"The Voice" (Pascoli)
See "La voce"
"The Voice and the Dusk" (Scott) **6**:393
"The Voice and the Shadow" (Pickthall) **21**:254
"A Voice from a Chorus" (Blok) **5**:85, 87
"A Voice from the Depths" (Zabolotsky) **52**:366
The Voice from the Minaret (Hichens) **64**:131
"A Voice from the Town" (Paterson) **32**:377
"The Voice in the Night" (Hodgson) **13**:235, 237
The Voice of Jerusalem (Zangwill) **16**:447, 461-62
The Voice of the City (Henry) **1**:346
"Voice of the Crow" (Ingamells) **35**:131
The Voice of the Ocean (Hodgson) **13**:237
The Voice of the People (Glasgow) **2**:176, 179, 189; **7**:333, 339, 348
The Voice of the People (Peretz) **16**:396, 398
The Voice of the Turtle (Van Druten) **2**:573-75
The Voice of the Valley (Noguchi) **80**:360
"The Voice of the Waters" (Baker) **10**:17
A Voice through a Cloud (Welch) **22**:439-45, 447, 450-53, 455-62
"The Voices" (Muir) **87**:231
"Voices From Things Growing in a Churchyard" (Hardy) **53**:100
Voices of the Stones (Baker) **3**:6
Voices of the Tide (Su Man-shu)
See *Ch'ao-yin chi*
"La voie lactée" (Sully Prudhomme) **31**:302
Voina (Sologub) **9**:444
Voina i mir (Tolstoy) **4**:445-48, 451, 453-71, 474-79, 481-83; **11**:458, 460-61, 463-68, 470, 472, 475-76, 478; **17**:373-74, 377-78, 389, 391-93, 399-401, 403, 405, 409-14, 416; **28**:346-404; **44**:334, 349, 355; **79**:325-6, 334, 353-4, 363, 365-6, 368-9, 375-7, 382-3, 387, 389-90, 394, 415-8, 421, 424, 433, 436, 443, 445-7, 452, 455
"La Voix" (Huysmans) **69**:30
"Voix" (Lyotard) **103**:267
"La voix dans la vision" (Nelligan) **14**:396
"La voix de Robert Desnos" (Desnos) **22**:60-1
La voix du sang (Vallette) **67**:270, 275
"Vojna" (Gumilev) **60**:282
"Vojna: Opjat'raznogolosica" (Mandelstam) **6**:267
Vol de nuit (Saint-Exupery) **2**:515-19, 523, 526; **56**:230
"The Volcano" (Lowry) **6**:238
Volga Country (Tolstoy) **18**:364, 377
La Volga nasce in Europa (Malaparte) **52**:273-74
The Volga Rises in Europe (Malaparte)
See *La Volga nasce in Europa*
"Volgelschau" (George) **14**:203, 205, 208
"Volki" (Pilnyak) **23**:212
"Vollendung der Liebe" (Musil) **12**:232, 245; **68**:264, 288
Die Vollendung des königs Henri Quatre (Mann) **9**:317-19, 322, 325-29
"Volodya" (Chekhov) **3**:168
Volpone (Zweig) **17**:453
Volshebny fonar (Tsvetaeva) **7**:559; **35**:380, 382, 389, 407
Voltaire (Noyes) **7**:515
"Voltaire Combe" (Rourke) **12**:330
"Voltaire—Goethe" (Mann) **9**:327

"La voluntad" (Quiroga) **20**:212, 216-17
Un voluntario realista (Perez Galdos) **27**:287
"The Volunteers" (Gurney) **33**:81, 86
"Volunteers at Sipka" (Vazov)
See "Opalčenite na Šipka"
"Volupte" (Vallette) **67**:277
Volupteé (Crowley) **7**:211
Les voluptes imprevues (Vallette) **67**:284
"Volver..." (Villaurrutia) **80**:489
"Vom Attentäter zum Schmock" (Roth) **33**:336
Vom liebe Gott und Andres (Rilke) **6**:357
"Vom Tagewerk des Todes" (Morgenstern) **8**:309
"Vom Zeitunglesen" (Morgenstern) **8**:306
"El vómito" (Hearn) **9**:134
Von den Königen und der Krone (Huch) **13**:241, 243, 246, 249, 252
Von heute auf morgen (Schoenberg) **75**:365, 371
"Von Lust zu Lust" (Carossa) **48**:25
Von Morgens bis Mitternachts (Kaiser) **9**:171-75, 177, 179-81, 184-85, 187-89, 191-93
"Vor dem Föhn" (Morgenstern) **8**:305
"Vor dem gesetz" (Kafka) **47**:237
"Vor dem Laden" (Beer-Hofmann) **60**:38
Vor egen stamme (Bojer) **64**:21, 23-24
Vor Sonnenaufgang (Hauptmann) **4**:192-93, 195-97, 209
La vorágine (Rivera) **35**:282-99
"Vorhang" (Kandinsky) **92**:67
Vorlesungen zur Einführung in die Psychoanalyse (Freud) **52**:84, 95
Vorlesungen zur Phänomenologie des innern Zeitbewusstseins (Husserl) **100**:10-11, 14, 40, 59
Vormorgen (Toller) **10**:480, 489-90
Voronezh Notebooks (Mandelstam) **6**:265
A vörös malom (Molnar) **20**:166-67, 170
"Vorspiel" (George) **2**:151
"Die Vorstadt" (Heym) **9**:147
Vort rige (Bojer) **64**:2, 3-4, 15, 18, 22-23
"The Vortex" (Kipling) **8**:201-02
The Vortex (Rivera)
See *La vorágine*
"Vorüber" (Raabe) **45**:189
"Vorüberziehende Wolke" (Broch) **20**:56-7
"Vos heyst 'neshome'" (Peretz) **16**:389-90
Voskhozhdeniia (Sologub) **9**:443
Voskresenie (Tolstoy) **4**:455, 458, 463, 468-69, 476-77, 480, 483; **11**:463, 471, 474-76, 478; **17**:384-85; **44**:334; **79**:338, 386, 398, 422, 440
Vos'mistishiia (Mandelstam) **2**:401
"Vospominanie" (Esenin) **4**:116
Vouloir et pouvoir (Rod) **52**:324
"The Vow" (Fletcher) **35**:107
A Vow Fulfilled (Dazai Osamu)
See *Mangan*
"The Vowels" (Fletcher) **35**:92
"Vox populi" (Soderberg) **39**:428, 437-38
"Voy a hablar de la esperanza" (Vallejo) **56**:300
"The Voyage" (Mansfield) **39**:303-04, 321, 329-30
"The Voyage" (Muir) **2**:485; **87**:189
The Voyage (Murry) **16**:355
The Voyage, and Other Poems (Muir) **87**:183
Voyage au centre de la terre (Verne) **6**:491-92, 499, 501, 504-05; **52**:333-34, 336-38, 341, 349, 352, 360
Voyage au Pays des Tarahumaras (Artaud)
See *D'un voyage au pays des Tarahumaras*
"A Voyage by Ballon" (Verne)
See "Un Voyage en ballon (réponse à l'enigme de juillet)"
"Voyage de découverte" (Peret) **20**:184
Le voyage de Sparte (Barrès) **47**:48, 51, 53, 65, 81
"Le voyage des Dardanells" (Drieu la Rochelle) **21**:27-9
Le voyage d'Urien (Gide) **5**:224-25; **12**:143, 168, 176-77
"Un Voyage en ballon (réponse à l'enigme de juillet)" (Verne) **52**:349
Le voyage intérieur (Rolland) **23**:277, 282
Voyage musical à travers l'Europe du XVIII siècle (Rolland) **23**:267
Voyage musical aux pays du passé (Rolland) **23**:267
A Voyage of Consolation (Duncan) **60**:226, 230
The Voyage Out (Woolf) **1**:527-28, 531-32, 534-36, 542, 550; **5**:506, 509-10, 514-16; **20**:396-97, 405; **43**:395; **56**:363, 371-72
The Voyage That Never Ends (Lowry) **6**:241, 247
A Voyage to Arcturus (Lindsay) **15**:216-23, 225-28, 231-34, 236-43
Voyage to Faremido (Karinthy)
See *Utazás Faremidóba*
Voyage to Faremido (Karinthy)
See *Utazás Faremidóba*
"Voyages" (Crane) **2**:117, 120, 122-25; **5**:188-94; **80**:97-8
"Voyages" (Jacob) **6**:199
Les voyages extraordinaires (Verne) **6**:497; **52**:337, 343, 348, 350, 352, 355-57, 359-61
"Voyages I: Poster" (Crane) **5**:189, 191-92
"Voyages II" (Crane) **5**:192-93; **80**:182
"Voyages III" (Crane) **5**:192-93
"Voyages IV" (Crane) **5**:193
"Voyages V" (Crane) **5**:193
"Voyages VI" (Crane) **5**:193
"Le voyageur" (Apollinaire) **3**:37, 39, 44; **51**:61
"The Voyageur" (Drummond) **25**:143, 145
Voyageuses (Bourget) **12**:68
Voyna v myshelovke (Khlebnikov) **20**:137, 140
"Voyna-smert" (Khlebnikov) **20**:131-32
The Voysey Inheritance (Granville-Barker) **2**:192-97, 199
La voz a ti debida (Salinas) **17**:354, 359-63, 365-69
"Voz de esperanza" (Huidobro) **31**:133
Vozmezdie (Blok) **5**:85
"Vozrashchenie vozhdia" (Tsvetaeva) **35**:412
"Vozvrashchenie" (Gumilev) **60**:280
Vozvrashchyonnaya molodost' (Zoshchenko) **15**:492, 502, 504-05, 511-13
Vozvrat: Tretiia simfoniia (Bely) **7**:57-8
La vraie religion selon Pascal (Sully Prudhomme) **31**:307
"Vrazhdebnoe more" (Kuzmin) **40**:216
"Vrolik landschap" (van Ostaijen) **33**:418
"Vsadnik" (Kuzmin) **40**:216
"Vse napevy" (Bryusov) **10**:81
"A vse-taki" (Mayakovski) **10**:256
"Vstreča" (Zabolotsky) **52**:367
"Vstreča" (Zamyatin) **8**:553
Vtoraia simfoniia: Dramaticheskaia (Bely) **7**:48-9, 57-8
Vtoraya kniga (Mandelstam) **2**:401, 406-09; **6**:259, 265-66
Vtoraya kniga (Zabolotsky) **52**:365
Vtornik Meri (Kuzmin) **40**:200
La vue (Roussel) **20**:228, 230-31, 234, 240, 243, 253
La vuelta al mundo de un novelista (Blasco Ibanez) **12**:43
La vuelta al mundo en la Numancia (Perez Galdos) **27**:283
"Vuelta de paseo" (Garcia Lorca) **49**:80, 121
Vulcani (Marinetti) **10**:317
The Vulgar Streak (Lewis) **2**:386-87, 389, 391; **9**:238, 246; **104**:189-90, 214-16.
"Vultur aura" (Hearn) **9**:133
"Vultures of Whapeton" (Howard) **8**:128
"Vulturne" (Fargue) **11**:194, 196, 200
Vyasi and Valmiki (Aurobindo) **63**:26
"Vybor" (Gumilev) **60**:278
Vybor nesty (Kuzmin) **40**:201
Vyorsty I (Tsvetaeva) **7**:557, 559-61; **35**:381, 390, 394, 399, 408-11, 415
Vyorsty II (Tsvetaeva) **35**:410-11, 415
Vzvikhrennaia Rus (Remizov) **27**:348-49
"W" (Schwitters) **95**:346
W. C. Fields by Himself: His Intended Autobiography (Fields) **80**:243
W pustyni i puszczy (Sienkiewicz) **3**:424
Wa ga haiku (Masaoka Shiki) **18**:236
"Das Wachsfigurenka binett" (Meyrink) **21**:218, 221, 223, 232
Waffen für Amerika (Feuchtwanger) **3**:179, 182-83, 186
"Der Waffengefährte" (George) **14**:201
Wagahai wa neko de aru (Natsume) **2**:490-91, 493, 495; **10**:328, 331-32, 336, 338, 344, 347-48
"The Wage Slave" (Service) **15**:406
"Wages" (de la Mare) **53**:22-3
The Wages of Men and Women: Should They Be Equal? (Webb and Webb) **22**:413
"Wagner" (Brooke) **2**:59
"A Wagner Concert" (Cather) **1**:153
"Wagner Matinée" (Cather) **11**:92, 101-02
"A Wagner Matinée" (Cather) **99**:266
Wahrheit? (Heyse) **8**:119
Wahrheit und Wissenschaft (Steiner) **13**:454
"A Waif of the Plains" (Harte) **25**:213
Waifs (Moricz)
See *Árvalányok*
"The Wail of the Wandering Dead" (Markham) **47**:278
"Wailing Well" (James) **6**:216
"A Waist" (Stein) **48**:254
"The Waistcoat" (Prus)
See "Kamizelka"
Wait No Longer (Drieu la Rochelle) **21**:39
"Waiting" (Baker) **10**:26
"Waiting" (Davidson) **24**:164
"Waiting" (Ledwidge) **23**:109
"Waiting" (Tynan) **3**:503
"Waiting at the Window" (Milne) **88**:260
Waiting for Daylight (Tomlinson) **71**:383, 386, 391, 397, 406
Waiting for Supper (Hardy) **4**:217
"Waiting for the Barbarians" (Cavafy) **2**:89, 94; **7**:152-53, 155, 158, 164
"Waiting for the Bugle" (Higginson) **36**:179
Waiting for the Verdict (Davis) **6**:148, 151-53
Waiting on God (Weil)
See *L'attente de Dieu*
"The Waiting Room" (Hansen) **32**:249
The Waiting-Room (Feuchtwanger) **3**:178
"Wakakarishi hi no Toho" (Nishida) **83**:215
Wakanashū (Shimazaki Toson) **5**:434, 438-39
"Wake Up, England" (Bridges) **1**:125
"Wakeupworld" (Cullen) **4**:44
Waking World (Stapledon) **22**:314, 322
"Der Wald" (Walser) **18**:428
"Wald im Winter" (Carossa) **48**:21
Waldo Trench and Others: Stories of Americans in Italy (Fuller) **103**:59, 63, 65, 86
"Waldo Trench Regains His Youth" (Fuller) **103**:114
"Wales" (Johnson) **19**:242
Wales (Thomas) **10**:449
"The Walk" (Hardy) **53**:105
"The Walk" (Walser) **18**:416, 437-38
"Walk Around My Birthplace" (Ady)
See "Séta bölcső-helyem körül"
Walk in the Light While There Is Light (Tolstoy) **4**:476
"Walk On, Condemned!" (Radnoti)
See "Járkálj csak, halálraitélt!"
Walk On, Condemned! (Radnoti) **16**:414
A Walk to an Ant Hill, and other Essays (Bengtsson) **48**:4, 13
"A Walk up the Avenue" (Davis) **24**:199
Walker, London (Barrie) **2**:42-3
"The Walker of Prague" (Nezval)
See "Pražký chodec"
Walker of the Secret Service (Post) **39**:344-45
Walking Back (Stroheim) **71**:339
"Walking Blues" (Johnson) **69**:77
"A Walking Delegate" (Kipling) **17**:209

Walking Down Broadway (Stroheim) **71**:333, 341, 362-363
"Walking Down Main Street" (Allen) **87**:37, 41, 50
Die Walküre (Firbank) **1**:224
The Wall (Andreyev) **3**:21, 23, 26
The Wall (Rinehart) **52**:284, 290, 292, 299, 302-03
"The Wall and the Shadows" (Sologub) **9**:445-47
"The Wall Street Pit" (Markham) **47**:282
Walled Towns (Cram) **45**:15-16, 21
Wallenstein (Doblin) **13**:160, 162, 174, 180
"Waller im Schnee" (George) **14**:210, 213
The Wallet of Kai Lung (Bramah) **72**:2, 4-12
"The Walls of Jericho" (Dunbar) **2**:133; **12**:107
The Walls of Jericho (Fisher) **11**:203-08, 213-14
The Walls of Jericho (Sutro) **6**:419-23
Wälsungenblut (Mann) **2**:429-30, 433; **14**:358-59
"Walt Whitman" (Robinson) **101**:196
"Walt Whitman Miniatures" (Morley) **87**:127
"Walt Whitman's Children" (Carpenter) **88**:143
"Walter Knox's Record" (Chesnutt) **39**:98
"Walter Pater" (Johnson) **19**:244
A Waltz by Bartok (Lowell) **1**:373
"Waltzing Matilda" (Paterson) **32**:372-73, 378-80
Wanda (Ouida) **43**:352-53, 357, 366
Wanderbilder (Haeckel) **83**:147
"The Wanderer" (Brennan) **17**:39-42, 44, 46, 48-53, 55-7, 60
"The Wanderer" (Dobson) **79**:7, 37
"The Wanderer" (Leino)
See "Vaeltaja"
The Wanderer (Alain-Fournier)
See *Le grand meaulnes*
The Wanderer (Gibran) **9**:89, 92
The Wanderer (Goebbels) **68**:103
A Wanderer among Pictures: A Companion to the Galleries of Europe (Lucas) **73**:157
The Wanderer and His Shadow (Nietzsche) **10**:367; **55**:369
A Wanderer in Holland (Lucas) **73**:162
A Wanderer in London (Lucas) **73**:157, 162, 165, 170
Wanderer of the Wasteland (Grey) **6**:186
A Wanderer Plays on Muted Strings (Hamsun)
See *En vandrer spiller med sordin*
"The Wanderers" (Lewis) **3**:285
"The Wanderers" (Stringer) **37**:341
Wanderers (Hamsun) **2**:202-03; **14**:225, 228
The Wanderers (Hamsun)
See *Landstrykere*
"The Wanderer's Song" (Hagiwara Sakutaro)
See "Hyōhakusha no uta"
A Wanderer's Songs (Vazov) **25**:453
"Wandering Clouds" (Sodergran)
See "Irrande moln"
Wandering Ghosts (Crawford) **10**:149, 152
Wandering Heath (Quiller-Couch) **53**:290
"The Wandering Jew" (Apollinaire)
See "L'Hérésiarque"
"The Wandering Jew" (Robinson) **5**:407, 409, 417; **101**:102, 127, 164, 167-72
The Wandering Jew, and Other Stories (Apollinaire)
See *L'hérésiarque et cie*
The Wandering Lady (Baroja)
See *La dama errante*
Wandering Stars (Aleichem)
See *Blondzhnde shtern*
"Wanderinger Singers" (Naidu) **80**:290
"Wanderings" (Nezval)
See "Procházky"
Wanderings (Grove)
See *Wanderungen*
The Wanderings of a Spiritualist (Doyle) **7**:225
"The Wanderings of Oisin" (Yeats) **11**:513, 526
The Wanderings of Oisin, and Other Poems (Yeats) **11**:507-09, 511; **18**:441-42, 456
"Wanderlied" (Pickthall) **21**:252
Wanderungen (Grove) **4**:143-44
Die Wandlung (Toller) **10**:474, 477, 479-81, 483, 485-87, 489-90, 492
Die Wandlungen Gottes (Barlach) **84**:73
"Wanted by the Police" (Lawson) **27**:132
"War" (Apollinaire) **8**:20
"The War" (Heym)
See "Der Krieg"
"War" (Sterling) **20**:386
War (Artsybashev) **31**:9-11
War (Sologub)
See *Voina*
"War after War" (Ingamells) **35**:131
The War and Elizabeth (Ward) **55**:437, 442, 446
"War and Peace" (Mayakovski) **18**:261
War and Peace (Neumann) **100**:318-19
War and Peace (Tolstoy)
See *Voina i mir*
War and Self-Determination (Aurobindo) **63**:32, 33
The War and Spiritual Decisions (Simmel) **64**:338
"War and the Intellectuals" (Bourne) **16**:44
"War and the World" (Mayakovski) **4**:288, 291-92, 296
War As I Knew It (Patton) **79**:281, 309
"War Ballad" (Nezval) **44**:249
"War Books" (Gurney) **33**:87-8
War Bulletins (Lindsay) **17**:236
The War Chief (Burroughs) **2**:79-80, 85-6
War Diary (Thomas) **10**:464
War er es? (Zweig) **17**:458
The War for the World (Zangwill) **16**:461
The War God (Zangwill) **16**:445, 461, 466
The War Goes On (Asch)
See *Auf'n opgrunt*
The War in a Mousetrap (Khlebnikov)
See *Voyna v myshelovke*
The War in Eastern Europe (Reed) **9**:387, 389
War in Heaven (Williams) **11**:487, 489, 493, 496-97
The War in the Air and Particularly How Mr. Bert Smallways Fared While It Lasted (Wells) **6**:534; **12**:506; **19**:426, 442
"War Is Kind" (Crane) **11**:130
"War Is the Only Cure for the World" (Marinetti) **10**:325
"War Memories" (Crane) **11**:128, 135, 143; **32**:165
"War of Attrition" (Toller)
See "Stellungskrieg"
The War of the Classes (London) **9**:254, 265; **39**:278, 280
The War of the Worlds (Wells) **6**:523-24, 535, 539, 542-44; **12**:488, 506, 509-10, 514-16; **19**:422, 424-25, 428-29, 434-36, 438-46, 453
War on the Plains (Ince) **89**:9
War on Venus (Burroughs) **32**:59
War Party (Faust)
See *Call of the Blood*
War, Peace, and Change (Dulles) **72**:77, 115
"War Poems" (Bell) **43**:88
War Poems (Hardy) **53**:100
"War Song" (Davidson) **24**:164
"War Songs" (Palamas) **5**:386
The War That Will End War (Wells) **12**:503, 515; **19**:451
"The War, the Death" (Khlebnikov)
See "Voyna-smert"
"War to the Knife" (Graham) **19**:112
War with the Newts (Capek)
See *Válka s mloky*
"Ward No. Six" (Chekhov) **3**:159, 165-66, 168; **10**:100, 107-08, 117
"Ward O 3 b" (Lewis) **3**:287-89
"A Ward of the Golden Gate" (Harte) **25**:223
"The Wardrobe" (Mann) **14**:353
"The Warf" (de la Mare) **53**:14-5, 27, 31, 33, 36
The Warlord of Mars (Burroughs) **2**:80; **32**:58, 66, 68-70
"A Warm Thought Flickers" (Rosenberg) **12**:299, 311
"Warning" (Baker) **10**:27
"The Warning" (Lindsay) **17**:240
Warning to Hikers (Butts) **77**:106
"A Warning to the Curious" (James) **6**:206, 212
"A Warning to the People" (Lu Hsun) **3**:303-04
Warren Hastings, Gouverneur von Indien (Feuchtwanger) **3**:181
"The Warrior" (Eastman) **55**:170-71
"The Warrior" (McCrae) **12**:211
The Warrior's Barrow (Ibsen) **2**:239; **37**:243
War's Embers, and Other Verses (Gurney) **33**:80-2, 85-7, 90, 94, 96, 107, 109, 112
Wars I Have Seen (Stein) **1**:430-31; **6**:412; **28**:313-14, 329, 335, **48**:249
Warsaw (Asch) **3**:67-8
"The War-Song of Gamelbar" (Carman) **7**:133
Der Wartesaal-Trilogie (Feuchtwanger) **3**:181, 186-87
"Warum?" (Kandinsky) **92**:69
"Warum mein Gott" (Werfel) **8**:477
The War-Workers (Delafield) **61**:125, 127
"Was It Heaven? Or Hell?" (Twain) **19**:393
Was It Love? (Bourget)
See *Un crime d'amour*
Was wird man sagen? (Herzl) **36**:132
"The Washer of the Ford" (Sharp) **39**:375
The Washer of the Ford, and Other Legendary Moralities (Sharp) **39**:354, 362, 364, 373
"The Washerwoman" (Huysmans) **69**:25
"The Washerwoman" (Khlebnikov)
See "Prachka"
"Washington Square" (James) **1**:344; **40**:120, 133
Washington Square (James) **47**:206; **64**:149, 158-59, 184
"Washington's Birth-Day" (Pyle) **81**:390
Wasps (Evans) **85**:5, 12
"Wasser" (Kandinsky) **92**:67, 92
"Waste" (Baker) **3**:9
Waste (Granville-Barker) **2**:194-97, 199-200
"A Wastrel's Romance" (Freeman) **21**:51
"Wasure-enu Hitobito" (Kunikida) **99**:299, 302, 304
"Wat is er met Picasso" (van Ostaijen) **33**:412
"Watakushi no kojinshugi" (Natsume) **10**:347
"Watakushi no ronri ni tsuite" (Nishida) **83**:323
"Watakushi to nanji" (Nishida) **83**:363
Watch and Ward (James) **2**:269; **47**:205
"The Watch at Midnight" (Brennan) **17**:47
"Watch at Midnight" (Toller)
See "Verweilen um Mitternacht"
"The Watcher" (Torrence) **97**:158
"A Watcher by the Dead" (Bierce) **7**:88-9; **44**:12, 44-5, 47-8
"The Watcher by the Threshold" (Buchan) **41**:73
The Watcher by the Threshold, and Other Tales (Buchan) **41**:35, 37, 73
Watchers of the Sky (Noyes) **7**:504, 506-07, 513
Watchers of Twilight, and Other Poems (Stringer) **37**:327, 329-30
The Watchmaker's Wife (Stockton) **47**:314
"The Watchman" (Colette) **16**:128
"The Watchman" (Millett) **51**:209
The Watchman, and Other Poems (Montgomery) **51**:196, 204, 207
"Watchman, What of the Night?" (Zangwill) **16**:446
"Water" (Kandinsky)
See "Wasser"
The Water Color Painter (Shimazaki Toson)
See *Suisaigaka*
The Water Hen (Witkiewicz) **8**:507-08, 513-15
"The Water Hyacinth" (Naidu) **80**:315
"Water Lilies" (Higginson) **36**:175, 186
Water Lilies (Jimenez)
See *Ninfeas*
"The Water Lily" (Scott) **6**:391-92
"The Water Lord" (Baker) **47**:17

"The Water Mill" (Jensen)
See "Vandmøllen"
"Water Music" (Lewis) **3**:290
"Water Noises" (Roberts) **68**:336
"The Water of the Lake Bay" (Lagerloef) **36**:240
"The Water Ouzel" (Muir) **28**:251
"Water Sleep" (Wylie) **8**:521
"Water Them Geraniums" (Lawson) **27**:121, 145-47
Water Unlimited (Roberts) **23**:240
Watercolor (No. 13) (Kandinsky) **92**:38
"The Watercress Girl" (Coppard) **5**:181
"The Water-Devil: A Marine Tale" (Stockton) **47**:317, 324
"The Waterfall" (Hardy) **53**:93
"The Waterfall" (Sodergran)
See "Vattenfallet"
The Waterfall (Tagore)
See *Muktadhārā*
"Water-Fence" (Coffin) **95**:22
"Waterfront Fanciers" (Hecht) **101**:38
"The Water-Lily" (Lawson) **27**:134, 140
Waterloo Bridge (Sherwood) **3**:410, 412, 415-16, 418
Waterloo Bridge (Whale) **63**:339, 340, 345, 378, 380
De Waterman (Schendel) **56**:238-39
"The Watermelon" (Bagritsky) **60**:16
The Waters of Edera (Ouida) **43**:368
"The Waters of Strife" (Somerville & Ross) **51**:357, 381, 383
"The Watershed" (Meynell) **6**:299
"Watkwenies" (Scott) **6**:393
The Watter's Mou' (Stoker) **8**:384
"Wav and the Universe" (Mayakovski) **18**:250-51, 270
The Wave (Blackwood) **5**:71-2
"Wave of the Night" (Benn)
See "Welle der Nacht"
"The Wave Song" (Cram) **45**:12
"The Waveless Bay" (Gogarty) **15**:101, 109
Wavering (Kandinsky) **92**:32
The Waves (Woolf) **1**:531, 533, 535, 537-40, 542-46, 550; **5**:509-12, 516-17; **20**:397, 419; **43**:388; **56**:361, 374-75, 379-80, 392; **101**:205, 227, 274, 276, 278, 293, 326
Waves Striking the Sky (Rohan)
See *Sora utsu nami*
"The Waxwork Museum" (Leroux) **25**:260
Waxworks (Molnar) **20**:171
"The Way" (Muir) **87**:178
"The Way Back" (Lewis) **3**:291-92
Way Down East (Griffith) **68**:151, 153, 168-69, 172, 183, 214
The Way Home: Being the Second Part of the Chronicle of the Fortunes of Richard Mahony (Richardson) **4**:373, 382
"The Way it Came" (James) **47**:200
"The Way of a Woman" (Dunbar) **12**:120
The Way of All Flesh (Butler) **1**:134-36, 138-39; **33**:26-7, 29-33, 37-8, 41-9, 51-4, 58-63, 70, 73
The Way of Ambition (Hichens) **64**:127
The Way of an Indian (Remington) **89**:300, 311
The Way of Ecben (Cabell) **6**:68
The Way of Evil (Deledda)
See *La via del male*
The Way of the Conquistadors (Gumilev)
See *Put' konkvistadorov*
"The Way of the Earth" (Evans) **85**:11, 22
The Way of the Grain (Khodasevich) **15**:200, 208, 210-12, 214
The Way of the Spirit (Haggard) **11**:253, 256
The Way of the World (Baroja)
See *El mundo ès ansí*
The Way of These Women (Oppenheim) **45**:128
The Way Out (Heijermans) **24**:292-93
"The way that Lovers use is this" (Brooke) **7**:122
The Way Things Are (Delafield) **61**:127
The Way through Hell (Tolstoy) **18**:359-60
"The Way through the Woods" (Kipling) **8**:191, 200
"De Way Tings Come" (Dunbar) **12**:104
The Way to Perfection (Baroja)
See *Camino de perfección*
"The Way to the Churchyard" (Mann) **2**:432
The Way to Victory (Tolstoy) **18**:383
"The Wayfarer" (Sharp) **39**:376
The Wayfarer (Natsume)
See *Kōjin*
Wayfarers (Hamsun)
See *Landstrykere*
"Wayfaring" (Carman) **7**:141
"The Ways of Death Are Soothing and Serene" (Henley) **8**:108
"The Ways of Ghosts" (Bierce) **44**:14, 45
"Ways of War" (Johnson) **19**:230, 241
Wayside Crosses (Capek)
See *Boži muka*
The Wayside Fire (Sologub)
See *Koster dorozhnyi*
Wayside Grasses (Balmont) **11**:32
The Wayzgoose (Campbell) **5**:119-20, 122-23
We Accept with Pleasure (De Voto) **29**:126
"We and You" (Gibran) **9**:93
"We Are" (Eluard)
See "Nous sommes"
"We Are Going to Conserve Soil, Conserve Water, Conserve Life" (Roosevelt) **93**:184
"We Are Going to Win the War and We Are Going to Win the Peace That Follows" (Roosevelt) **93**:184
"We Are Introduced to Winnie-the-Pooh and Some Bees, and the Stories Begin" (Milne) **6**:321
"We Are Marching to Conquer the Future" (Redcam) **25**:330
"We Are Moving Forward to Greater Freedom, to Greater Security for the Average Man" (Roosevelt) **93**:184
We Are Not Alone (Hilton) **21**:97
"We Are on Our Way, and We Are Headed in the Right Direction" (Roosevelt) **93**:184
"We Do All the Dirty Work" (Cohan) **60**:168
We Do Not Know How (Pirandello)
See *Non si sa come*
"We Have Come" (Gumilev)
See "My prishli"
"We Jews" (Kolmar)
See "Wir Juden"
We Live Again (Sturges) **48**:285, 311
"We Lying by Seasand" (Thomas) **45**:362
We Moderns (Zangwill) **16**:446
We Moderns: Enigmas and Guesses (Muir) **2**:481; **87**:162
"We moya!" (Vilakazi) **37**:402, 407
"We Must Keep on Striking Our Enemies Wherever and Whenever We Can Meet Them" (Roosevelt) **93**:184
We Others (Barbusse)
See *Nous autres*
We Stand United, and Other Radio Plays (Benet) **7**:77
"We That Were Friends" (Flecker) **43**:194
We Want to Live (Bergelson) **81**:23
"We Wear the Mask" (Dunbar) **2**:129; **12**:121, 124-25
"We were not made for refuges of lies" (Coleridge) **73**:12
"We Who Praise Poets" (Gurney) **33**:97
We Will Never Die (Hecht) **101**:90
The Weakened Fetish (Rozanov) **104**:345
The Weaker Sex (Pinero) **32**:398, 405, 412
"Wealth" (Lawrence) **93**:25
"Wealth Won't Save Your Soul" (Williams) **81**:430
Wealthy Red Shlome (Asch)
See *Reb Shloyme nogid*
"Weaning the Baby" (Guest) **95**:213
"Weariness" (Baker) **10**:27
"Weary Blues from Waitin" (Williams) **81**:428
"A Weary Hour" (Mann) **35**:215
"The Weary Man" (Jozsef) **22**:160
"Weary was I of toil and strife" (Coleridge) **73**:21
"The Weary Wedding" (Swinburne) **8**:427
"The Weather" (Jerome) **23**:77
"Weather Prophet" (Bosman) **49**:16
The Weathervane Plant (Miyamoto)
See *Fūchisō*
The Weavers (Hauptmann)
See *Die Weber*
The Web (O'Neill) **49**:274, 284
The Web and the Rock (Wolfe) **4**:513-14, 516, 520, 525, 531-32, 537, 539; **13**:470-71, 473-74, 479, 486, 495; **29**:405, 409; **61**:299, 312
"The Web of Circumstance" (Chesnutt) **5**:131; **39**:70, 83-4, 94, 98
"The Web of Earth" (Wolfe) **4**:519, 526-27; **13**:386, 492
Der Web zur Macht (Mann) **9**:327
Die Weber (Hauptmann) **4**:193-95, 197, 204, 207, 209
"Webster" (Brooke) **2**:53
"Webster Ford" (Masters) **25**:315
"The Wedding" (Kuprin) **5**:298
The Wedding (Chekhov)
See *Svadba*
"A Wedding Chest" (Lee) **5**:319
"The Wedding Feast" (Moore) **7**:494
The Wedding March (Bjoernson) **7**:105-06
The Wedding March (Stroheim) **71**:330-332, 335-336, 340, 357-358, 361-364, 366
"Wedding Morn" (Lawrence) **93**:45, 46, 49
"The Wedding Morning" (Ledwidge) **23**:112, 117
"Wedding Preparations" (Kafka) **13**:284
"Wedding Preparations in the Country" (Kafka)
See "Hochzeitsvorbereitungen auf dem Lande"
"Wedlock" (Lawrence) **93**:49
Wedlock
See *Laudin und die Seinen*
Wee Willie Winkie and other Stories (Kipling) **8**:184
"Weeds" (Capek) **37**:45
"Weeds" (Carpenter) **88**:97-8
"Weeds" (Millay) **4**:306
Weeds (Baroja)
See *Mala hierba*
Weedscapes (Santoka)
See *Zasso fukei*
"A Week in Turenevo" (Tolstoy) **18**:367-68, 377
A Week in Turenevo, and Other Stories (Tolstoy) **18**:367
"A Weekend in the Middle of the Week, and Other Essays on the Bias" (Gogarty) **15**:106
Weekly Chronicles (Prus)
See *Kroniki tugodniowe*
"Weeknight Service" (Lawrence) **93**:44, 46
"Weep Not My Wanton" (Coppard) **5**:176
"Weep, You Zulus" (Vilakazi)
See "Khalani maZulu"
"Weeping beneath Life's Tree" (Ady) **11**:14
Der Weg der Verheissung (Werfel) **8**:469, 473, 479
Der Weg ins Freie (Schnitzler) **4**:391, 394, 398
"Die weggeworfene Flinte" (Morgenstern) **8**:310
Wegrath (Schnitzler) **4**:389
"Weibe Nächte" (Huch) **13**:249
"Die Weiblichkeit" (Freud) **52**:107, 109
"Das Weiche" (Kandinsky) **92**:67
"Die weiße Qualle" (Ball) **104**:8, 76
Weights and Measures (Roth) **33**:363
"Weihe" (George) **14**:204
"We-'im yish' al ha-malach" (Bialik) **25**:63
The Weird o' It (Shiel) **8**:361-62
"The Weird of Michael Scott" (Sharp) **39**:353, 374, 379, 389

The Weird of the Wanderer (Rolfe) **12**:273-74, 276
"Der Weise an seine Feinde" (Werfel) **8**:475
"Die Weissagung" (Schnitzler) **4**:395
Der weisse Dominikaner (Meyrink) **21**:218, 231
Der Weisse Fächer (Hofmannsthal) **11**:303
"Die Weisse Kultur; oder, warum in die Ferne Schweifen? Aus einer Berliner Zeitung" (Kraus) **5**:290
Das weite Land (Schnitzler) **4**:390, 401
"A Welcome Circumcision" (Aleichem)
See "An ongeleygter bris"
"Welcome the New South" (Locke) **43**:236
Welcome to Our City (Wolfe) **13**:483-84; **29**:416
"Welcome to Thomas Mann" (Jozsef) **22**:163, 165
Welded (O'Neill) **1**:382, 384-85, 387; **6**:326, 335; **49**:241, 264, 270, 274
"The Well" (Coppard) **5**:178
"Well Done" (Mayakovski) **18**:248
"Well Dressed Man with a Beard" (Stevens) **45**:299
"The Well in the Desert" (Fletcher) **35**:108
The Well of Loneliness (Hall) **12**:185-98
The Well of Romance (Sturges) **48**:310, 316-17
The Well of the Saints (Synge) **6**:425, 427-28, 432, 434, 439, 441-42; **37**:351-53, 358, 365, 377-79, 383, 386, 389, 391
We'll to the Woods No More (Dujardin)
See *Les lauriers sont coupés*
"Well...All Right" (Holly) **65**:137-38, 143, 145
The Well-Beloved (Hardy) **4**:163, 177; **10**:217, 233; **32**:281; **53**:77, 110; **72**:211, 237-38, 250, 279; **72**:237, 265
"Welle der Nacht" (Benn) **3**:113-14
Well-Known Pictures (Peretz) **16**:389
Wells Brothers: The Young Cattle Kings (Adams) **56**:3-4, 6-7, 22
"Wells, Hitler, and the World State" (Orwell) **51**:266
"The Welsh Marches" (Housman) **10**:247, 251
"A Welsh Night" (Lewis) **3**:289
"The Welsh Sea" (Flecker) **43**:187
"Die Welt" (Schwitters) **95**:297
"Welt" (Walser) **18**:421
Welt- und Lebensanschauungen im 19. Jahrhundert (Steiner) **13**:440-41
Die welt von Gestern (Zweig) **17**:429, 438, 458
"Das Weltbild von Darwin und Lamarck" (Haeckel) **83**:147
Welten (Kolmar) **40**:174-75, 178
"Weltende" (Lasker-Schueler) **57**:299, 302, 305, 330, 334
"Weltflucht" (Lasker-Schueler) **57**:293, 300, 308, 321, 326, 334
Der Weltfreund (Werfel) **8**:475, 477-78
Weltgericht (Kraus) **5**:285
Weltliche Passion (Toller) **10**:489-90
Die Welträtsel (Haeckel) **83**:147
"Weltschmertz" (Dunbar) **12**:104, 111
"Weltschmerz" (Lasker-Schueler) **57**:328, 330, 336
"Der Weltuntergang" (Huch) **13**:249
"Wen ein Gott" (Raabe) **45**:189
Der Wendekreis (Wassermann) **6**:510
"The Wendingo" (Blackwood) **5**:70, 73-4, 77, 79-80
"Wendung" (Rilke) **1**:420
"Wer weiss wo?" (Liliencron) **18**:213-14
"We're Getting Closer to the Grave Each Day" (Williams) **81**:434
De wereld een dansfeest (Schendel) **56**:238
Wereldvrede (Couperus) **15**:46
The Werewolf (Summers) **16**:426, 429-30, 432
"Were-Wolves" (Campbell) **9**:30-1
Wert, Würde, Recht (Otto) **85**:321-2
"Wertgesetz und Autonomie" (Otto) **85**:322
"Wessex Heights" (Hardy) **53**:114
Wessex Poems, and Other Verses (Hardy) **4**:151-52; **53**:71, 93, 103, 107
Wessex Tales: Strange, Lively, and Commonplace (Hardy) **4**:159
"The West" (Housman) **1**:353
"The West Coast" (Wen I-to) **28**:415
The West from a Car-Window (Davis) **24**:201
West Is West (Rhodes) **53**:315, 318, 320-21, 327
The West of Owen Wister (Wister) **21**:405
"The West That Was" (Rhodes) **53**:314
"Westcock Hill" (Roberts) **8**:321, 326
Western and Eastern Mysticism (Otto)
See *Mysticism East and West*
"Western Interpreters" (Adams) **56**:10, 21-2
Western Star (Benet) **7**:75-6, 82, 84-5
Western Unión (Grey) **6**:183, 188
"Die westküsten" (Morgenstern) **8**:306
"Westward Ho!" (Adams) **56**:7
Westways: A Village Chronicle (Mitchell) **36**:267, 273
"A Wet August" (Hardy) **53**:81
"Whale" (Benet) **28**:9
"The Whale Buster" (Williams) **89**:374, 384
"The Whaler" (Williams) **89**:374-5
The Whaler (Rohan)
See *Isanatori*
"Whales Weep Not" (Lawrence) **93**:60, 73-76
"The Wharf of Dreams" (Markham) **47**:279
"What a b what a b what a beauty" (Schwitters) **95**:315
"What a Night" (Fields) **80**:259
"What about Future Flying?" (Mitchell) **81**:168
"What About the Jewish Question?" (Ford) **73**:102
"What American Catholics Lack" (Guiney) **41**:220
What Are Masterpieces (Stein) **48**:217
"What Are Masterpieces and Why Are There So Few of Them" (Stein) **28**:316, 330; **48**:218, 236
"What Are 'Spiritual' Values?" (Stapledon) **22**:313
"What Are You Thinking About?" (Villaurrutia) **80**:458
What Became of Anna Bolton (Bromfield) **11**:81, 86
"What Became of Our Flappers and Sheiks?" (Fitzgerald) **52**:58
"What Can the Out-of-Doors Do for Children" (Eastman) **55**:164
What Diantha Did (Gilman) **9**:114-15; **37**:177, 216
"What Do I Care" (Teasdale) **4**:425
What Do I Know (Sully Prudhomme)
See *Que sais-je?*
What Every Woman Knows (Barrie) **2**:40, 42, 49
What Happened (Stein) **6**;411; **48**:248, 264
"What I Am Saying Now Was Said Before" (Cullen) **4**:44
"What I Believe" (Einstein) **65**:133
"What I Believe" (Tolstoy)
See "V chiom moya vera"
"What I Don't Have Is Everything" (Hagiwara Sakutaro) **60**:288
"What I Found in My Pockets" (Chesterton) **1**:184
What I Have Done with Birds (Porter) **21**:261
"What I Saw of Antietam" (Bierce) **44**:8
"What I Saw of Shiloh" (Bierce) **44**:14, 21, 48
"What I Shall Teach Bud and Janet about Marriage" (Guest) **95**:211
"What I Will Pay" (Gurney) **33**:97
"What Is a Hokku Poem?" (Noguchi) **80**:386
"What Is a Realist?" (Morrison) **72**:389
What Is American Literature? (Van Doren) **18**:410
"What is Art?" (Tolstoy)
See "Chto takoe iskusstvo"
"What Is Class Consciousness?" (Reich) **57**:350
What is Class Consciousness? (Reich) **57**:350
"What is Epic Theater?" (Benjamin) **39**:29
"What Is He Storing Up" (Jozsef) **22**:161
"What Is Historiography" (Becker) **63**:106
What Is Living and What Is Dead in the Philosophy of Hegel (Croce) **37**:80, 123
What Is Man? (Twain) **6**:460, 466, 469, 472, 477, 485; **12**:432, 434, 436-37; **36**:367, 411; **48**:351
What is Philosophy (Ortega y Gasset)
See *Qué es filosofía?*
"What is Postmodernism?" (Lyotard) **103**:146
"What Is Religion, and Wherein Lies Its Essence" (Tolstoy) **79**:429
"What Is Soul?" (Peretz)
See "Vos heyst 'neshome'"
What Is to Be Done (Lenin) **67**:218, 228-29, 251
"What Is to Come" (Henley) **8**:108
"What Is Tomorrow?" (Sodergran)
See "Vad är i morgon?"
"What Know We?" (Montgomery) **51**:208-09
"What Lack I Yet?" (Powys) **9**:366, 372
What Life Should Mean to You (Adler) **61**:9, 11, 18, 28, 34
"What Lips My Lips Have Kissed" (Millay) **49**:215
What Maisie Knew (James) **2**:247, 270; **11**:342, 346, 348; **24**:314-15, 323; **40**:120; **47**:158, 163, 206-07
What Might Have Been Expected (Stockton) **47**:325
What Might Have Been: The Story of a Social War (Bramah) **72**:5, 7
What Nietzsche Taught (Van Dine) **23**:351, 357
What Not (Macaulay) **7**:421-22, 426
What Now? (Trotsky) **22**:365
"What Pessimism Is Not" (Saltus) **8**:352-53
"What Pragmatism Is" (Peirce) **81**:200
What Price Glory (Anderson) **2**:1-2
"What Psychical Research Has Accomplished" (James) **32**:350
What Really Happened (Lowndes) **12**:203
What Shall We Do Now? (Fisher) **87**:79
What Shall We Do Now? A Book of Suggestions for Children's Games and Enjoyment (Lucas) **73**:162
What Shall We Do Then? (Tolstoy)
See *What to Do*
"What Social Objects Must Psychology Presuppose?" (Mead) **89**:170
What the "Friends of the People" Are and How They Fight the Social Democrats (Lenin) **67**:219, 222, 231-32
What the Public Wants (Bennett) **5**:43
"What the Shell Says" (Runyon) **10**:437
"What the U. S. Steel Corporation Really Is and How It Works" (Baker) **47**:6
"What Then?" (Yeats) **18**:463
What Then Must We Do? (Tolstoy)
See *What to Do*
"What Theosophy Is" (Besant) **9**:13
"What Thomas Said in a Pub" (Stephens) **4**:409, 416-17
What Times Does a Train Leave for Paris? (Apollinaire)
See *A quelle heure un train partira-t-il pour Paris?*
"What To Do" (Holly) **65**:147, 149, 151
What to Do (Tolstoy) **4**:450; **11**:458, 463, 469; **79**:333, 336-7, 374, 408, 413, 426, 430
"What We Have Been Doing and What We Are Planning to Do" (Roosevelt) **93**:184
"What We See Is What We Think" (Stevens) **45**:300
"What's in Time" (Gurney) **33**:87
"What's It All Bloomin' Well For?" (Gill) **85**:98
What's O'Clock (Lowell) **8**:227-29, 234-35, 237
What's Wrong with the World (Chesterton) **6**:102, 110
"Wheat and Wine" (Crowley) **7**:208
"The Wheatfield" (Morgenstern)
See "Das kornfeld"
The Wheel (Jensen)
See *Hjulet*
The Wheel of Life (Glasgow) **2**:176, 179-80,

182, 184, 186, 189; **7**:332
The Wheel of Time (Kuprin)
See *Kolesno vremeni*
Wheels and Butterflies (Yeats) **93**:342, 364
The Wheels of Chance (Wells) **6**:536, 547-48; **12**:487-88, 494-95
Wheel-Tracks (Somerville & Ross) **51**:362
"When a Fellow's on the Level with a Girl That's on the Square" (Cohan) **60**:170
When a Man Marries (Rinehart) **52**:281, 288
When a Man's Single (Barrie) **2**:45-6
"When All Is Done" (Dunbar) **12**:122
When All Is Said and Done (Bergelson)
See *Nokh Alemen*
"When All My Five and Country Senses See" (Thomas) **45**:362
When All the Woods Are Green (Mitchell) **36**:274
When Authority Went Away (Rozanov) **104**:314, 316, 346
When Blood is Their Argument (Ford) **57**:282
"When Bryan Speaks" (Lindsay) **17**:227
When Cherries Ripen (Shimazaki Toson) **5**:435
"When Closing Swinburne" (Stringer) **37**:342
"When de Co'n Pone's Hot" (Dunbar) **12**:104, 108, 121
When Democracy Builds (Wright) **95**:400, 402, 405
"When Democratic Virtues Disintegrate" (Becker) **63**:72
"When Dey Listed Colored Soldiers" (Dunbar) **12**:110, 115
When Dreams Come True (Saltus) **8**:346
"When Everyone Is Panic Stricken" (Crane) **11**:159
When Five Years Pass (Garcia Lorca)
See *Así que pasen cinco años*
"When Gassy Thompson Struck It Rich" (Lindsay) **17**:225
"When God Comes and Gathers His Jewels" (Williams) **81**:419,423
"When Helen Lived" (Yeats) **31**:385
"When I Am Covered" (Gurney) **33**:99
"When I Am Dead" (Bialik) **25**:50
"When I First Met Dr. Hickey" (Somerville & Ross) **51**:360
"When I Met Tristan" (Lasker-Schueler) **57**:335
"When I Pounded the Pavement" (McKay) **41**:329
"When I too long have looked upon, your face" (Millay) **49**:232
When I Was a Little Girl (Gale) **7**:283
"When I Was a Witch" (Gilman) **9**:113, 115
When I Was Mad (Pirandello)
See *Quand'ero matto*
"When I Was Thirteen" (Welch) **22**:445, 447, 456
"When Israel out of Egypt Came" (Housman) **10**:258
"When Jove, the Skies' Director" (Dobson) **79**:27
When Kings Were the Law (Griffith) **68**:186
When Ladies Meet (Crothers) **19**:76, 78-82, 85
"When Like a Running Grave" (Thomas) **45**:361
"When Malindy Sings" (Dunbar) **12**:106, 108, 126
"When Milking Time Is Done" (Roberts) **8**:318, 320
When No Man Pursueth (Lowndes) **12**:200-01
"When on the Marge of Evening" (Guiney) **41**:221
"When Once the Twilight Locks No Longer" (Thomas) **45**:365, 380, 383
When One Is Somebody (Pirandello)
See *Quando si è qualcuno*
"When Sam'l Sings" (Dunbar) **12**:114
"When She Comes Home Again" (Riley) **51**:285, 291, 303
When Someone is Somebody (Pirandello)
See *Quando si è qualcuno*
"When Spirits Speak of Life" (Bodenheim) **44**:62, 68
"When the Army Prays for Watty" (Lawson) **27**:134
When the Authorities Quit (Rozanov)
See *When Authority Went Away*
"When the Bough Breaks" (Kuttner) **10**:274
"When the Children Come Home" (Lawson) **27**:134
"When the Earth Lived" (Kuttner) **10**:267
"When the Evening" (Villaurrutia) **80**:480
"When the Fishing Boats Go Out" (Montgomery) **51**:209
"When the Frost Is on the Punkin" (Riley) **51**:283, 300-01
"When the Gods Slept" (Dunsany) **59**:19
"When the Grass Grew Long" (Oskison) **35**:280-81
When the Iron Curtain Falls (Lie) **5**:331
"When the Moon Is Last Awake" (Pickthall) **21**:245, 250
When the Mountain Fell (Ramuz)
See *Derborence*
When the New Wine Blooms (Bjoernson)
See *Når den ny vin blomstrer*
"When the Old Century Was New" (Dreiser) **10**:197, 199-200; **35**:72
"When the Red-Haired Imposter, Fell Dimitri" (Tsvetaeva) **35**:394
When the Sleeper Wakes (Wells) **6**:539, 544; **12**:488; **19**:425, 428-31, 437-39
"When the Sun Went Down" (Lawson) **27**:129
"When the Tide Goes Out" (Montgomery) **51**:209
"When the Trees Grow Bare on the High Hills" (Muir) **87**:306
When the Turtle Sings, and Other Unusual Tales (Marquis) **7**:446
When the Vineyards Are in Bloom (Bjoernson)
See *Når den ny vin blomstrer*
When the Whippoorwill (Rawlings) **4**:363
When the Wicked Man (Ford) **15**:88-90
"When the Wind Is in the South" (Rolvaag)
See "Klare morgen og vaate kveld"
When the World Screamed (Doyle) **7**:226
When the World Shook (Haggard) **11**:246
"When the Year Grows Old" (Millay) **4**:306-07
"When Thou Wast Naked" (Powys) **9**:373
"When Under the Icy Eaves" (Masters) **25**:288
"When We Are M-A-Double R-I-E-D" (Cohan) **60**:170
When We Dead Awaken (Ibsen)
See *Når vi døde vågner*
When We Were Very Young (Milne) **6**:307, 309, 311, 316-17, 319-20; **88**:228
When West Was West (Wister) **21**:405
When William Came: A Story of London under the Hohenzollerns (Saki) **3**:367, 370, 373, 375-76
When Women Love (Delafield) **61**:133
"When You Are Old" (Yeats) **11**:512, 526, 529
"When You Are Poor" (Prado)
See "Cuando se es pobre"
"When You Come Back, and You Will Come Back" (Cohan) **60**:171
"When You See a Rattlesnake Posed to Strike You Do Wait Until He Has Struck Before You Crush Him" (Roosevelt) **93**:184
"When Your Pants Begin to Go" (Lawson) **27**:133
"Whence the Song" (Dreiser) **35**:65
"Where and How the Devil Lost His Poncho" (Palma)
See "Dónde y cómo el diablo perdió el poncho"
"Where Are You" (Bialik) **25**:50
"Where Does the Rose Begin" (Prado) **75**:206
"Where Is Britain Going" (Trotsky)
See "Kuda idet Angliya?"
"Where is David, the Next King of Israel?" (Lindsay) **17**:224
Where Is My Home? (Balmont)
See *Gde moi dom?*
"Where Is My Iceland Jumper?" (Dagerman) **17**:93-4
"Where Is the Real Non-Resistant?" (Lindsay) **17**:226
Where Love and Friendship Dwelt (Lowndes) **12**:204
"Where, O Where?" (Wylie) **8**:536
"Where Once the Waters of Your Face" (Thomas) **8**:458; **45**:361, 365
"Where Tawe Flows" (Thomas) **8**:463; **45**:394, 396
Where the Blue Begins (Morley) **87**:125
Where the Forest Murmurs (Sharp) **39**:368, 373, 377
"Where the Negro Fails" (Micheaux) **76**:264
Where the Sidewalk Ends (Hecht) **101**:75
"Where Their Fire Is Not Quenched" (Sinclair) **11**:421
Where There Is Nothing (Yeats) **31**:386, 415, 418; **93**:363-64
"Where There Is Nothing, There Is God" (Yeats) **31**:418
Where There's a Will (Rinehart) **52**:282
Where Will You Fall
See *Wohin rollst du, Äpfelchen. . .*
"Where Your Treasure Is" (Williams) **89**:375
"Where-Away" (Riley) **51**:294
"Wherefore?" (Howe) **21**:107-08
Wherever the Earth (Borowski)
See *Gdziekolwiek ziemia*
"Whether I Live" (Coleridge) **73**:12
"Whether or Not" (Lawrence) **93**:2, 46, 69
"Which, Being Interpreted, Is as May Be, or, Otherwise" (Lowell) **8**:235, 237
Which World—Which Way (Toller)
See *Quer Durch*
"While Drawing in a Churchyard" (Hardy) **53**:100
While Love is New (Moricz)
See *Míg új a szerelem*
While Rome Burns (Woollcott) **5**:522, 524, 527, 529
"While the Auto Waits" (Henry) **19**:173
While the Billy Boils (Lawson) **27**:118-19, 121, 127, 129-32, 148-50
While the Sirens Slept (Dunsany) **59**:18
Whilomville Stories (Crane) **11**:128, 131, 136
A Whimsey Anthology (Wells) **35**:420
"The Whip" (Robinson) **101**:100, 105
A Whirl Asunder (Atherton) **2**:12
"The Whirligig of Life" (Henry) **1**:346
Whirligigs (Henry) **19**:191
"The Whirlpool" (Hedayat)
See "Girdab"
The Whirlpool (Gissing) **3**:221-23, 228, 232-33; **24**:220-21, 230-31, 235, 239-40, 243
Whirlpools: A Novel of Modern Poland (Sienkiewicz)
See *Wiry*
"The Whirlwind Road" (Markham) **47**:282
"Whisper of the Wind" (Austin) **25**:34
"The Whisperer in Darkness" (Lovecraft) **4**:267, 270; **22**:217, 238, 241
"Whispering Leaves" (Glasgow) **7**:342-43, 345
"The Whispering Mummy" (Rohmer) **28**:277, 286
Whispering Windows (Burke) **63**:124, 127-28
"The Whistle of Sandy McGraw" (Service) **15**:399
The Whistler Book (Hartmann) **73**:117, 122, 134, 149
"Whistling Dick's Christmas Stocking" (Henry) **1**:348; **19**:178
"The Whistling Room" (Hodgson) **13**:236
"Whistling Sam" (Dunbar) **12**:122
"Whistling Song" (Anwar)
See "Lagu siul"
White and Black (Pirandello)
See *Bianche e nere*
"White Ant" (Bosman) **49**:13

The White Architect (Balmont)
See *Belyi zodchii*
"The White Birds" (Yeats) **11**:512
White Birds (Bojer) **64**:21, 23
"White Bread" (Gale) **7**:285
White Buildings (Crane) **2**:112, 117, 119-20, 123; **5**:185, 188-90; **80**:79-80, 103, 121
The White Cheyenne (Faust) **49**:37-9, 53
"White Christmas" (Service) **15**:412
"White Chrysanthemums" (Hartmann) **73**:117, 127
"The White City" (McKay) **41**:336
"The White Cliffs" (Noyes) **7**:513
The White Cockade (Gregory) **1**:332, 334
The White Company (Doyle) **7**:215, 217, 220-21, 224, 227-28, 234, 237-39
"White Culture; or, Why Roam Far? From a Berlin Newspaper" (Kraus)
See "Die Weisse Kultur; oder, warum in die Ferne Schweifen? Aus einer Berliner Zeitung"
"White Desert" (Anderson) **2**:10
The White Dominican (Meyrink)
See *Der weisse Dominikaner*
White Fang (London) **9**:256, 258, 261, 266, 270-71, 273; **15**:267, 274, 276; **39**:263-64, 266, 275
"White Fingers" (Rhodes) **53**:316
The White Flag (Porter) **21**:268, 277
"White, Gray, Black, Red" (Sologub)
See "Belye, serye, černye, krasnye"
The White Guard (Bulgakov)
See *Belaia gvardiia*
"The White Gull" (Carman) **7**:135, 138, 142, 146, 148
"A White Heron" (Jewett) **1**:369; **22**:122, 124-25, 127, 133-48
A White Heron, and Other Stories (Jewett) **22**:147
"The White House" (McKay) **41**:336, 345
"The White Jellyfish" (Ball)
See "Die weiße Qualle"
"The White Lady" (Ady) **11**:15
"The White Ladye" (Cram) **45**:4, 12
"The White Light" (Lu Hsun) **3**:297
"The White Lights" (Robinson) **101**:132
White Lines (Kandinsky) **92**:147
"The White Lotus-Flowers" (Ady) **11**:15
White Magic (Phillips) **44**:256-58, 262, 265, 275
"The White Man's Burden" (Kipling) **8**:179
"White Man's Solution for the Negro Problem in America" (Garvey) **41**:188
"The White Medusa" (Ball)
See "Die weiße Qualle"
The White Mice (Davis) **24**:209
The White Monkey (Galsworthy) **1**:298; **45**:46-7, 63
"The White Moth" (Quiller-Couch) **53**:290
White Narcissus (Knister) **56**:152, 156, 159, 165, 168-69, 171
"White on Black" (Slesinger) **10**:441
The White Paternoster, and Other Stories (Powys) **9**:374
The White Peacock (Lawrence) **2**:343, 358-60; **9**:211, 222-23, 226; **16**:277, 283, 285, 287, 302; **33**:184; **48**:117, 119
The White People (Machen) **4**:285
The White Plague (Capek) **37**:42, 53, 56-7, 59, 68
The White Princess (Rilke) **6**:370
The White Prophet (Caine) **97**:7-8
"The White Rabbit" (Remizov)
See "Belyi zayats"
The White Rocks (Rod)
See *Les roches blanches*
"A White Rose" (Sterling) **20**:384
The White Rose (Griffith) **68**:170, 217-18, 248
White Rose of Weary Leaf (Hunt) **53**:185-88, 190-92, 196-98, 200
The White Sail, and Other Poems (Guiney) **41**:203-04, 206-07, 213
"The White Shadow" (Chambers) **41**:113
"The White Ship" (Lovecraft) **4**:272; **22**:209
"The White Silence" (London) **9**:268; **39**:284, 287-88
The White Sister (Crawford) **10**:150, 155-56
The White Slaver (Rohmer)
See *Yu'an Hee See Laughs*
White Stains (Crowley) **7**:208, 210-11
"The White Symphony" (Fletcher) **35**:100-01, 103-04
The White Terror and the Red (Cahan) **71**:26, 30, 32-33, 44
White Threads of the Waterfall (Mizoguchi)
See *Taki no Shiraito*
"The White Tower" (Remizov)
See "Belaya bashnya"
White Velvet (Rohmer) **28**:284, 292
"The White Villa" (Cram) **45**:5
"The White Weathercock" (Powys) **9**:369
The White Wedding (Shiel) **8**:361-62
White Wings (Barry) **11**:47, 50, 52, 54, 64-7
"The White Witch" (Johnson) **3**:244
The White Witch of Rosehall (De Lisser) **12**:96-9
"Whitebear and Graybear" (Rolvaag) **17**:347
"The Whiteboys" (Somerville & Ross) **51**:358, 384
"Whites of the Future" (Ady) **11**:21
"White-Throat" (Gosse) **28**:139
Whither Russia? (Trotsky) **22**:365
"Whither the "New" Art" (Kandinsky) **92**:61
"Whitmania" (Swinburne) **36**:310
"Whitmans Apoteosis" (Jensen) **41**:301
Whitsun Fires (Leino)
See *Helkavirsiä*
"Whitsunday in the Church" (Howe) **21**:107
Who am I? (Ramana Maharshi)
See *Nan Yar?*
"Who Can Fall in Love after Thirty?" (Fitzgerald) **52**:58
"Who Dat Say Chicken in a Crowd" (Dunbar) **12**:122
"Who Dealt?" (Lardner) **2**:337; **14**:307
"Who Do You Wish Was with Us" (Thomas) **8**:463; **45**:395
"Who Goes with Fergus?" (Yeats) **1**:578; **18**:445
"Who Killed Kirk Rubin" (Allen) **87**:61
"Who Knows" (Dunbar) **2**:129
Who Rides on a Tiger (Lowndes) **12**:203
"Who Said Peacock Pie" (de la Mare) **53**:42
"Who Shrieks? Not I" (Jozsef) **22**:160
"Who Was My Quiet Friend" (Harte) **25**:223
"Whoever Finds a Horseshoe" (Mandelstam)
See "Nashedshij podkovu"
"The Whole Duty of Critics" (Matthews) **95**:237
Whom God Hath Joined (Bennett) **5**:26, 38, 40-1, 43; **20**:24, 26
Whose Body (Sayers) **2**:537-38; **15**:393
"Why" (Carman) **7**:137
"Why" (Tagore) **3**:488
"Why?" (Woolf) **43**:392
"Why and How I Became an Author" (Smith) **25**:389
"Why Did Nellie Leave Her Home?" (Cohan) **60**:169
"Why Did the Young Clerk Swear?" (Crane) **11**:157; **32**:164
Why Do Jews Need a Country? (Aleichem)
See *Oyf vos badarfn yidn a land*
Why Do Men Stupefy Themselves (Tolstoy)
See *Why Do People Intoxicate Themselves?*
Why Do People Intoxicate Themselves? (Tolstoy) **11**:463; **79**:430
"Why Don't You Love Me like You Used to Do?" (Williams) **81**:423
"Why East Wind Chills" (Thomas) **45**:364
Why Europe Leaves Home (Roberts) **23**:228, 238
"Why Girls Go Wrong" (Addams) **76**:38
"Why I Am a Marxist" (Laski) **79**:105
"Why I Am Not a Communist" (Capek)
See "Proč nejsem komuniston"
"Why I Am Not Editing 'The Stinger'" (Bierce) **44**:45
"Why I Voted the Socialist Ticket" (Lindsay) **17**:229
"Why I Write" (Orwell) **6**:342; **15**:321, 348; **31**:193; **51**:230, 237, 240, 253, 258-59, 268
"Why I Wrote 'The Yellow Wallpaper'" (Gilman) **37**:200
"Why Ill Words? Sleep Silently" (Jozsef) **22**:160
Why Is Economics Not an Evolutionary Science? (Veblen) **31**:355
"Why is the Anglo-Saxon Disliked" (Fuller) **103**:106
"Why Muggins Was Kept" (Hawthorne) **25**:247
"Why Only Ten Percent of the Movies Succeed" (Fitzgerald) **55**:225
"Why Should Not Old Men Be Mad?" (Yeats) **18**:463
Why Stop Learning? (Fisher) **87**:79
"Why the Chickadee Goes Crazy Once a Year" (Seton) **31**:259
Why the Chisolm Trail Forks (Adams) **56**:11
"Why the Clock Stopped" (Bennett) **5**:46
"Why the History of English Law Remains Unwritten" (Maitland) **65**:281
"Why the Mllkman Shudders When He Perceives the Dawn" (Dunsany) **59**:21
"Why the Rose Is Red" (Rolfe) **12**:272
"Why Was I Given Life?" (Sodergran)
See "Varför gavs mig livet?"
"Why Women Should Write the Best Novels" (Norris) **24**:432
"A Wicked Voice" (Lee) **5**:320
The Wicker-Work Woman (France)
See *Le mannequin d'osier*
The Wide Land (Schnitzler) **4**:393
"Widmung für Chopin" (Ball) **104**:41
"The Widow" (Bosman) **49**:6
"The Widow and Her Son" (Gibran) **9**:85
"Widow La Rue" (Masters) **2**:461; **25**:298
"The Widow of Pisa" (Heyse)
See "Die Wittwe von Pisa"
"A Widow Woman" (Evans) **85**:28-9
"The Widowed House of Cuckoo Songs" (Tynan) **3**:503
"The Widower Turmore" (Bierce) **44**:45
Widowers' Houses (Shaw) **3**:384, 400, 406; **9**:411-12, 414, 425; **21**:323; **45**:226, 241
"Widowhood" (Bialik)
See "Almenut"
"The Widow's Loan" (Blasco Ibanez) **12**:39
"The Widow's Might" (Gilman) **9**:113, 115
"Wie die Träumenden" (Sudermann) **15**:433
"Der Wiederkehrende Christus" (Huch) **13**:249
"Wiese im Park" (Kraus) **5**:292
"The Wife" (Chekhov) **3**:169
"The Wife" (Rebreanu)
See "Nevasta"
The Wife (Belasco) **3**:88
"Wife and Mistress" (Svevo) **2**:545
"The Wife Blessed" (Riley) **51**:291
"The Wife of a King" (London) **9**:273-74, 277
The Wife of Altamont (Hunt) **53**:192
The Wife of Bringas (Perez Galdos)
See *La de Bringas*
"The Wife of his Youth" (Chesnutt) **5**:130-31, 133; **39**:70, 79, 99
The Wife of his Youth, and Other Stories of the Color Line (Chesnutt) **5**:131-33; **39**:75, 79-80, 84
"The Wife of Llew" (Ledwidge) **23**:111
"The Wife of Palissy" (Robinson) **101**:119
The Wife of Rossetti—Her Life and Death (Hunt) **53**:193-95
The Wife of Sir Isaac Harman (Wells) **6**:528, 539; **12**:495
The Wife of Steffen Tromholt (Sudermann)
See *Die Frau des Steffen Tromholt*
"The Wife of Usher's Well" (James) **6**:213

"The Wife of Yasui Sokken"
See "Yasui Fujin"
The Wife without a Smile (Pinero) **32**:393, 404, 411-12
"The Wife's Story" (Davis) **6**:151, 153-54
"A Wife's Story" (Holley) **99**:328
Wigwam Evenings: Sioux Folktales Retold (Eastman) **55**:167-70, 172-73
Wild Animal Ways (Seton) **31**:258
Wild Animals I Have Known (Seton) **31**:253, 256, 258, 262-63, 266-74, 278
Wild Apples (Gogarty) **15**:100-01, 103, 114
"The Wild Boar" (McAlmon) **97**:97
The Wild Boar (Moricz)
See *A vadkan*
The Wild Body (Lewis) **2**:389, 391, 394-95; **9**:236, 245, 250; **104**:151, 177, 199-200, 285, 288, 296-97
The Wild Choir (Hamsun)
See *Det vilde Kor*
"The Wild Common" (Lawrence) **9**:230; **93**:12, 16, 43, 44, 45, 48, 65, 79
The Wild Country (Bromfield) **11**:86
The Wild Duck (Ibsen)
See *Vildanden*
Wild Eden (Woodberry) **73**:367
The Wild Goose (Mori Ōgai)
See *Gan*
"The Wild Geese of Wyndygoul" (Seton) **31**:271
"The Wild Goose" (Moore) **7**:491, 493
"The Wild Goose Chase" (Chesterton) **6**:108
Wild Goslings (Benet) **28**:7, 10
Wild Grass (Lu Hsun)
See *Yeh ts'ao*
Wild Harvest (Oskison) **35**:274-79
Wild Honey (Chekhov)
See *Platonov*
Wild Honey from Various Thyme (Field) **43**:155, 159
"Wild Hunting Companions" (Roosevelt) **69**:187
Wild Is the River (Bromfield) **11**:86
Wild Justice (Osbourne) **93**:132
The Wild Knight (Chesterton) **1**:178; **64**:30
The Wild Man of Borneo (Mankiewicz) **85**:109
"A Wild Old Wicked Man" (Yeats) **18**:447
"The Wild Ones" (Williams) **89**:396
The Wild Orchid (Undset)
See *Gymnadenia*
"Wild Peaches" (Wylie) **8**:521, 531-32, 534-35
"The Wild Ride" (Guiney) **41**:204, 213, 217
"Wild Swans" (Millay) **4**:306
The Wild Swans at Coole (Yeats) **1**:559, 566, 569, 580-81; **11**:521-22, 528, 540; **18**:442; **31**:386-89
"Wild with All Regrets" (Owen) **27**:212, 214
"Wild Wool" (Muir) **28**:250, 257-58
"Wildcat and the Acorns" (Miyazawa) **76**:278
"The Wilderness" (Robinson) **5**:400
The Wilderness Hunter (Roosevelt) **69**:175, 250-51, 256
The Wilderness of Zin (Lawrence) **18**:159
Wilderness Trail (Micheaux) **76**:270
"Wilderspin" (Coleridge) **73**:11
Wilfred Cumbermede (MacDonald) **9**:292, 294, 296-97
"Wilfrid Holmes" (Moore) **7**:491
Will o' the Wisp (Drieu la Rochelle)
See *Le feu follet*
The Will of an Eccentric (Verne)
See *Le Testament d'un excentrique*
"Will Power" (Quiroga)
See "La voluntad"
Will Rogers Says (Rogers) **8**:340
"The Will to Believe" (James) **15**:141, 176-77, 184; **32**:348-49, 351-54, 363-64
The Will to Believe, and Other Essays in Popular Philosophy (James) **15**:140-41, 167, 177; **32**:337, 340, 346-47, 350
"The Will to Happiness" (Mann) **35**:210
The Will to Power (Nietzsche)
See *Der wille zur macht*
Will Warburton (Gissing) **24**:222, 247-48
"Will You Walk into My Parlor?" (Dreiser) **35**:74
Der wille zur macht (Nietzsche) **10**:362, 370, 377-79, 386, 388; **18**:335, 346; **55**:323, 330, 332-33, 337-38, 369-70, 373-76
"Willem Prinsloo's Peach Brandy" (Bosman) **49**:19
Willemsdorp (Bosman) **49**:24
"Willful Murder" (Hornung) **59**:112, 116, 119
William Blake (Murry) **16**:336, 338, 355
William Blake (Swinburne) **36**:305, 307, 331
"William Earl Chatham" (Wilson) **79**:484
"William H. Herndon" (Masters) **25**:314
"William Hazlitt" (Woolf) **43**:406
"William II" (Verhaeren) **12**:471
"William Lloyd Garrison" (Cotter) **28**:43
William Lloyd Garrison (Chapman) **7**:189-90
"William Marion Reedy" (Masters) **25**:298
"William Riley and the Fates" (Benet) **7**:81
William Shakespeare (Brandes) **11**:66-8, 70
"William the Conqueror" (Kipling) **8**:194
"William's Wedding" (Jewett) **22**:130-31, 135
"Willingness" (Anwar)
See "Penerimaan"
Willow and Leather: A Book of Praise (Lucas) **73**:172
"The Willows" (Blackwood) **5**:70, 72, 74, 77, 79-80
"Willows" (Garneau) **13**:203
"Willows" (de la Mare) **4**:78; **53**:27
"Willow's Forge" (Kaye-Smith) **20**:106
Willow's Forge, and Other Poems (Kaye-Smith) **20**:101, 106-08
Willows Shedding Their Leaves at an Evening Window (Nagai)
See *Gesakusha no shi*
"The Willow-Ware" (Freeman) **9**:73
"Willy Wet-Legs" (Lawrence) **93**:21
"Wilting" (Rebreanu)
See "Ofilire"
"Wiltshire" (Pickthall) **21**:256
"Wimsey Papers—XI" (Sayers) **15**:389
"The Wind" (Bennett) **5**:46
"Wind" (Manning) **25**:278
"The Wind among the Poplars" (Forten) **16**:147, 150
The Wind among the Reeds (Yeats) **1**:569; **11**:508-09, 512, 526; **18**:442, 446; **31**:388
"Wind and Fog" (Dunsany) **59**:3
"Wind and Lyre" (Markham) **47**:286
"Wind and Mist" (Thomas) **10**:454, 463
"Wind and Silver" (Lowell) **8**:229
The Wind and the Rain (Burke) **63**:125-30
Wind and Wave (Sharp) **39**:395-96
"Wind at Night" (Symons) **11**:435
"The Wind Blows" (Mansfield) **39**:294, 303, 319, 322
The Wind Blows Over (de la Mare) **4**:78; **53**:27, 35, 38
The Wind from Nowwhere (Micheaux) **76**:239, 241, 244, 253
"Wind in the Rocks" (Galsworthy) **45**:33
"The Wind in the Rosebush" (Freeman) **9**:72
The Wind in the Rosebush, and Other Stories of the Supernatural (Freeman) **9**:72
The Wind in the Trees (Tynan) **3**:504
"Wind in the Valley" (Symons) **11**:435
The Wind in the Willows (Grahame) **64**:54-9, 63-4, 66-7, 70-80, 82-3, 85, 87-92, 96-104, 106, 108-10, 114-16
The Wind Is Rising (Tomlinson) **71**:400, 406
"Wind of Death" (Wetherald) **81**:413,415
Wind, Sand, and Stars (Saint-Exupery)
See *Terre des hommes*
"The Wind Shifts" (Stevens) **45**:297
"The Wind That Lifts the Fog" (Drummond) **25**:150-51
"The Wind, the Shadow, and the Soul" (Sharp) **39**:374
"Windermere" (Johnson) **19**:244
"Windflowers" (Miyazawa) **76**:293
"The Windigo" (Drummond) **25**:151
The Winding Stair, and Other Poems (Yeats) **1**:559; **11**:528; **18**:445, 452; **31**:388-89, 401, 403
"Windjam" (Dent) **72**:30
"The Windmill" (Lucas) **73**:170-71
"The Window" (Moore) **7**:493
"The Window and the Hearth" (Brennan) **17**:43
The Window at the White Cat (Rinehart) **52**:288-89, 291, 303-094
A Window in Thrums (Barrie) **2**:45
"The Window Is Wide" (Brennan) **17**:53
"The Window of a Clinic" (Ishikawa) **15**:130
"The Window of the Tobacco Shop" (Cavafy) **2**:98
Windows (Galsworthy) **1**:304; **45**:53-4
Windows of Night (Williams) **1**:517; **11**:484
Winds and Wildcat Places (Miyazawa) **76**:277
Winds from Afar (Miyazawa) **76**:277
Winds of Doctrine (Santayana) **40**:376, 381
"Winds of the World" (Meynell) **6**:294
"Winds of Winter" (Percy) **84**:198
"A Wind-Storm in the Forests" (Muir) **28**:241, 246
Windy McPherson's Son (Anderson) **1**:35, 53, 55-7, 61; **10**:31-3, 36-8, 44; **24**:30
Wine from These Grapes (Millay) **4**:313; **49**:208, 210, 220, 222
Wine in Ferment (Moricz) **33**:249
"The Wine Menagerie" (Crane) **2**:117, 120-22; **5**:188, 190
"The Wine of Illusion" (Sterling) **20**:387
The Wine of Life (Stringer) **37**:337
"A Wine of Wizardry" (Sterling) **20**:369-73, 377-80, 384, 386-87, 389
A Wine of Wizardry, and Other Poems (Sterling) **20**:371, 373-74, 384
Wine Press (Mistral)
See *Lagar*
"The Wine Worm" (Akutagawa Ryunosuke) **16**:17, 27
"The Wine-Cups"
See "Sakazuki"
Winesburg, Ohio (Anderson) **1**:35-7, 39, 41, 43-8, 50-61, 63-4; **10**:32-3, 36, 40-5, 50-2, 54-7; **24**:16-21, 23-9, 31-40, 43-4, 46-59
Winged Chariot (de la Mare) **4**:81
Winged Defense (Mitchell) **81**:159,161
"The Winged Destiny" (Sharp) **39**:396
The Winged Destiny: Studies in the Spiritual History of the Gael (Sharp) **39**:373-74
"Wingless" (Tolstoy) **18**:377
The Wingless Victory (Anderson) **2**:3, 9
Wings (Kuzmin)
See *Krilya*
The Wings (Nezval)
See *Křídla*
"Wings in the Dark" (Gray) **19**:152
Wings of Lias" (Williams) **89**:363, 383, 391, 398
The Wings of the Dove (James) **2**:254, 257-58, 260, 263-64, 266-67, 270-71; **11**:319-20, 335-36, 340-42, 346; **40**:116, 120, 133, 149, 153, 169; **47**:161-62, 164-72, 185-87, 191, 195, 207-08; **64**:156, 171
Winkelberg (Hecht) **101**:80
Winnie-the-Pooh (Milne) **6**:309, 317, 320-21; **88**:229, 256-61
The Winning Lady, and Others (Freeman) **9**:73
"The Winning Loser" (Heyward) **59**:92-3
"The Winning of Pomona" (Benet) **28**:2
"The Winning of the Biscuit-Shooter" (Wister) **21**:406
The Winning of the West (Roosevelt) **69**:175, 180, 182, 185, 188-89, 198-99, 205-09, 227-28, 240, 242, 250, 252-54, 275-76
"The Winnipeg Wolf" (Seton) **31**:270, 278-79
Winona (Hopkins) **28**:174-75
"Winter" (Baker) **10**:19
"Winter" (Roberts) **8**:316

Winter (Reymont) **5**:390-91, 397
"A Winter Amid the Ice" (Verne)
See "Un Hivernage dans les glaces"
"Winter Beauty" (Gurney) **33**:86
"Winter Bells" (Stevens) **45**:275
"Winter Branch" (Balmont) **11**:41
"Winter Dreams" (Fitzgerald) **1**:262; **6**:169
"A Winter Drive" (Jewett) **22**:140
"Winter Field" (Coppard) **5**:178
"A Winter Holiday" (Carman) **7**:138
"Winter Hungary" (Ady)
See "A téli Magyarország"
"Winter in a Durnover Field" (Hardy) **53**:81
"Der Winter ist vergangen" (Raabe) **45**:187
"Winter Lilies" (Annensky)
See "Zimnie lilii"
The Winter Murder Case (Van Dine) **23**:360
"Winter Night" (Jozsef) **22**:158, 161-62, 164
"Winter Night" (Talvik) **87**:319
The Winter Night (Leino)
See *Talvi-yö*
"Winter Rain" (Davidson) **24**:164
"Winter Sleep" (Wylie) **8**:532-33
"Winter Solace" (Lucas) **73**:171, 174
Winter Sonata (Valle-Inclan)
See *Sonata de invierno: Memorias del marqués de Bradomín*
"Winter Song" (Owen) **5**:374
"Winter Songs" (Bialik) **25**:58
Winter Sonnets (Ivanov)
See *Zimnie sonety*
Winter Words: Various Moods and Metres (Hardy) **53**:117
"Ein Winterabend" (Trakl) **5**:457, 460
"Winterdämmerung" (Trakl) **5**:456
"Winter's Dregs" (Hardy) **53**:81
"A Winter's Tale" (Gale) **7**:284
"A Winter's Tale" (Lawrence) **93**:17, 117
"A Winter's Tale" (Thomas) **1**:470-71, 473; **45**:363, 377
"Winter's Turning" (Lowell) **8**:236
Winter's Wind (Natsume) **10**:332
Winterset (Anderson) **2**:3, 5-7, 10-11
Wintersmoon (Walpole) **5**:496, 498, 503-04
Wintertag (Kandinsky) **92**:49
Winthrop's Adventure (Lee) **5**:314
"Wiosna" (Schulz) **5**:423-24; **51**:308, 316
Wir fanden einen Pfad (Morgenstern) **8**:304-05, 311
"Wir Juden" (Kolmar) **40**:175
Wir sind (Werfel) **8**:475, 477-78
Wir spielen, bis uns der Tod abholt (Schwitters) **95**:341
Wird Hill amnestiert? (Feuchtwanger) **3**:181
The Wire Tappers (Stringer) **37**:335, 337
"Wireless" (Kipling) **8**:202; **17**:209
"A Wireless Message" (Bierce) **44**:45
"Wires" (Tsvetaeva)
See "Provoda"
"A Wire-Walker" (Graham) **19**:129
Wiriamu Morisu kenkyū (Akutagawa Ryunosuke) **16**:17
Wirtschaft und Gesellschaft (Weber) **69**:296, 314-15, 355, 383
Die Wirtschaftsethic der Weltreligionen (Weber) **69**:355
Wiry (Sienkiewicz) **3**:424-25
"Wisdom" (Zoshchenko)
See "Mudrost'"
Wisdom (Zoshchenko) **15**:492
Wisdom and Destiny (Maeterlinck)
See *La sagesse et la destinée*
"Wisdom Cometh with the Years" (Cullen) **4**:40
"Wisdom Garnered by Day" (McAlmon) **97**:99
The Wisdom of Father Brown (Chesterton) **6**:102
"The Wisdom of Silence" (Dunbar) **2**:131, 133; **12**:112
"The Wisdom of the King" (Yeats) **31**:416, 419
The Wisdom of the Sands (Saint-Exupery)
See *Citadelle*
Wisdom While You Wait (Lucas) **73**:158, 168
Wisdom's Daughter: The Life and Love Story of She-Who-Must-Be-Obeyed! (Haggard) **11**:248, 254-56
"The Wise" (Cullen) **4**:45; **37**:148, 160, 165
"The Wise Dog" (Gibran) **9**:82
"The Wise Men" (Crane) **11**:125, 155
"The Wise Old Dwarf" (Frank) **17**:108, 114
The Wise Tomcat (Heijermans) **24**:293
The Wise Virgins (Undset)
See *De kloge jomfruer*
"The Wise Woman" (Prado)
See "La risa en el desierto"
The Wise Woman (MacDonald)
See *The Lost Princess*
"Wiser than a God" (Chopin) **14**:61, 70
"A Wish" (Cullen) **37**:156, 160
The Wish (Sigurjonsson)
See *Ønsket*
"The Wish House" (Kipling) **8**:194-95, 200-01, 208-09; **17**:207
"Wishing" (Holly) **65**:138, 149, 151
"Die wissenschaft" (Morgenstern) **8**:305
Wit and Its Relation to the Unconscious (Freud)
See *Der Wit und seine Beziehung zum Unbewussten*
Der Wit und seine Beziehung zum Unbewussten (Freud) **52**:90
"The Witch" (Coleridge) **73**:4-5, 11, 27
"The Witch" (Kolmar) **40**:175
"The Witch" (Tynan) **3**:504
The Witch (Lindsay) **15**:225, 227-30, 232
The Witch (Williams) **1**:518; **11**:499
The Witch from Riga (Rainis)
See *Rīgas ragana*
The Witch of Ellangowan (Chambers) **41**:89
"The Witch of Lecca" (Post) **39**:339, 343
The Witch of Prague (Crawford) **10**:140, 143, 151-52, 157-58
"Witch of the Hours" (Barlach)
See "Stundenhexe"
"A Witch Shall Be Born" (Howard) **8**:133, 136
Witch Wood (Buchan) **41**:39, 72-3, 75-6
Witchcraft (Williams) **11**:502
Witchcraft and Black Magic (Summers) **16**:430
"Witchcraft and the Cinema" (Artaud) **36**:36
"A Witch-Doctor and Venus" (Khlebnikov)
See "Shaman i Venera"
The Witchery of the Butterfly (Garcia Lorca)
See *El maleficio de la mariposa*
"The Witches" (Papadiamantis) **29**:272-73
The Witching Hour (Thomas) **97**:126, 131-32, 134-36, 138-40
"The Witching of Elspie" (Scott) **6**:398
"The Witch-Mother" (Swinburne) **8**:427
The Witch's Head (Haggard) **11**:237-39, 244, 253
"Witch-Woman" (Lowell) **1**:371, 373
"With a Fiery Maur" (Remizov)
See "S ognenoi past'iu"
With a Pen of Gold (Svevo)
See *Con la penna d'oro*
"With an Evening Primrose" (Rhodes) **53**:316
"With 'Buster'" (Harte) **25**:218
With Clipped Eyes (Remizov)
See *Podstrizhennymi glazami*
With Closed Eyes (Tozzi)
See *Con gli occhi chiusi*
With Fire and Sword (Sienkiewicz)
See *Ogniem i mieczem*
"With French to Kimberley" (Paterson) **32**:374
With Her in Ourland (Gilman) **9**:108-09, 115; **37**:183
"With Intent to Steal" (Blackwood) **5**:79
"With Kyushu Students" (Hearn) **9**:129
With My Friends: Tales Told in Partnership (Matthews) **95**:271
"With or Without Buttons" (Butts) **77**:76
"With Quiet Evening" (Balmont) **11**:41
"With Rue My Heart Is Laden" (Housman) **10**:247, 252
"With Scindia to Delhi" (Kipling) **17**:196
"With Seed the Sowers Scatter" (Housman) **10**:247
With the Band (Chambers) **41**:88
"With the Gypsies" (Gumilev) **60**:272
With the Immortals (Crawford) **10**:144, 151, 157-58
"With the Main Guard" (Kipling) **17**:204
"With the North-West Wind" (Graham) **19**:112
With the Procession (Fuller) **103**:57, 59, 62, 65-66, 68, 70-71, 73-74, 79-82, 84-85, 87, 90, 94-95, 99, 101-06, 108, 117
"With the Rear Guard" (Kipling) **8**:176
With the Russians in Manchuria (Baring) **8**:40
"With These Hands" (Kornbluth) **8**:216-17
With You (Bacovia) **24**:64
"The Withered Arm" (Hardy) **4**:159
"Withered Fields" (Akutagawa Ryunosuke)
See "Karenoshō"
"The Withered Leaf and the Green" (Powys) **9**:377
Within a Budding Grove (Proust)
See *A l'ombre des jeunes filles en fleurs*
"Within an Ace of Greatness" (Warung) **45**:419
Within and Without (MacDonald) **9**:287, 291, 300, 304
Within Life's Limits (Eluard)
See *A l'intérieur de la vie*
Within Our Gates (Micheaux) **76**:245-46, 262
"Without Benefit of Clergy" (Kipling) **8**:183, 202, 207; **17**:207-08
Without Dogma (Sienkiewicz)
See *Bez dogmatu*
Without Fathers (Chekhov) **31**:99
"Without Hope" (Jozsef) **22**:158
"Without Knocking" (Jozsef) **22**:160
Without Love (Barry) **11**:58, 60, 63-5
"Without Name" (Obstfelder) **23**:189
Without Prejudice (Zangwill) **16**:444, 461
"Without Reason but Tired" (Quiroga)
See "Sin razón, pero consado"
"Without the Nighted Wyvern" (Lowry) **6**:237
"Without Visible Means" (Morrison) **72**:353
"The Witness" (Bergelson) **81**:23
Wittgenstein's Lectures, 1932-1935 (Wittgenstein) **59**:298
"Die Wittwe von Pisa" (Heyse) **8**:113
Wives (Bradford) **36**:57, 59, 67
The Wives' Friend (Pirandello)
See *L'amica delle mogli*
Wives in Exile (Sharp) **39**:373
Wives under Suspicion (Whale) **63**:339
"A Wizard from Gettysburg" (Chopin) **14**:69
The Wizard of Oz (Baum) **7**:12-17, 19-23, 25-7
The Wizard of Venus (Burroughs) **2**:81
"Wo die strahlen schneil verschleissen" (George) **14**:213
Wohin rollst du, Äpfelchen. . . (Perutz) **60**:370-71
The Wolf (Molnar)
See *A farkas*
"The Wolf at the Door" (Gilman) **9**:97
The Wolf Woman (Stringer) **37**:337
Wolfbane (Kornbluth) **8**:215-16
Wolfgang Goethe (Brandes) **11**:68, 71
"Wolken" (Ball) **104**:13-15
The Wolves (Palamas) **5**:388
"The Wolves of Cernogratz" (Saki) **3**:372, 374
"The Wolves of God" (Blackwood) **5**:71
The Wolves of God, and Other Fey Stories (Blackwood) **5**:71, 77
"Woman" (Bodenheim) **44**:69
"Woman" (Carpenter) **88**:72
"The Woman" (Eastman) **55**:170-71
"Woman an Opinion" (Twain) **12**:438
"A Woman and Her Son" (Davidson) **24**:163, 169, 189
The Woman and the Priest (Deledda)
See *La madre*
"The Woman and the Wife" (Robinson) **101**:119
"Woman as Type" (Andreas-Salome) **56**:57
"The Woman at Dusk" (Stringer) **37**:329

A Woman at Dusk, and Other Poems (Stringer) **37**:330, 332, 340
"The Woman at the Crossways" (Sharp) **39**:377
"The Woman at the Store" (Mansfield) **2**:451, 458; **8**:286; **39**:293, 301-03, 319, 322
"Woman, Death, and Jehovah" (Grieg) **10**:208
"Woman Friend" (Tsvetaeva) **35**:410
"The Woman I Met" (Hardy) **53**:101
"The Woman in his Life" (Kipling) **8**:191, 196
Woman in Moscow (Kandinsky) **92**:37
"Woman in Science" (Roosevelt) **69**:268
The Woman in the Alcove (Green) **63**:152
Woman in the Plural (Nezval)
See *Žena v množném čísle*
"The Woman in the Rain" (Stringer) **37**:334, 342
The Woman in the Rain, and Other Poems (Stringer) **37**:329, 341
"The Woman in the Rented Room" (Nagai)
See "Kashima no onna"
A Woman in the Window (Drieu la Rochelle)
See *Une femme è sa fenêtre*
The Woman Interferes (Moricz)
See *Az asszony beleszól*
The Woman Intervenes (Moricz)
See *Az asszony beleszól*
"Woman Looking at a Vase of Flowers" (Stevens) **12**:360; **45**:334-35
The Woman of Dreams (Nagai)
See *Yume no onna*
A Woman of Genius (Austin) **25**:23, 25-7, 30, 33
The Woman of Knockaloe (Caine) **97**:6, 15
The Woman of Mystery (Leblanc)
See *L'èclat d'obus*
A Woman of No Importance (Wilde) **1**:495, 497-98, 502, 504, 506, 508; **8**:490, 494, 499; **23**:409, 411-12, 420, 424, 427, 435, 438; **41**:397
Woman of Rumor (Mizoguchi) **72**:313, 315
The Woman of Samaria (Rostand)
See *La Samaritaine*
"The Woman of the Novelists" (Ford) **57**:260
Woman of the Rock (Mankiewicz) **85**:149
"The Woman of the Saeter" (Jerome) **23**:83
"A Woman Sang" (Stringer) **37**:331, 342
The Woman Thou Gavest Me (Caine) **97**:3, 8, 10
"The Woman Tramp" (Kolmar) **40**:175
Woman Triumphant (Blasco Ibanez)
See *La maja desnuda*
"Woman Undiscovered" (Kolmar) **40**:175
A Woman Ventures (Phillips) **44**:253, 257, 262, 273, 277
"Woman Wading" (Papadiamantis) **29**:272
"Woman Wants Bread, Not the Ballot" (Anthony) **84**:11, 22-3
"The Woman Who Blamed Life on a Spaniard" (Stevens) **45**:348
The Woman Who Could Not Read, and Other Tales (Zoshchenko) **15**:494
"The Woman Who Lost Her Man" (Hedayat)
See "Zani-ka mardash ra gun kard"
"The Woman Who Loved Chopin" (Huneker) **65**:169, 198
"The Woman Who Rode Away" (Lawrence) **48**:121, 125; **93**:97, 103
The Woman Who Rode Away, and Other Stories (Lawrence) **2**:354, 357
"The Woman Who Sowed Iniquity" (Evans) **85**:38
"The Woman Who Stole Everything" (Bennett) **5**:46
The Woman Who Was Poor (Bloy)
See *La femme pauvre*
The Woman with the Fan (Hichens) **64**:122-23, 126, 131
"The Woman with the Net" (Sharp) **39**:376
"The Woman with the Velvet Collar" (Leroux) **25**:260
The Woman Within (Glasgow) **7**:342
"A Woman Young and Old" (Yeats) **31**:398
"A Woman's Arms" (Machado de Assis) **10**:288
The Woman's Bible (Stanton) **73**:245-46, 250, 258-63, 265, 268, 270, 274-75
Woman's Honor (Glaspell) **55**:234, 236, 258-59
"A Woman's Kingdom" (Chekhov) **3**:159; **10**:108
A Woman's Reason (Howells) **7**:366, 381; **17**:184-85; **41**:263
"Woman's Rights" (Eddy) **71**:143
A Woman's Secret (Mankiewicz) **85**:158
"A Woman's Voice" (Baker) **3**:2; **10**:28
"A Woman's Wrath" (Peretz) **16**:405
"The Womb" (Zamyatin)
See "Chrevo"
"Wombwell" (Jensen) **41**:307
"The Women" (Apollinaire)
See "Les femmes"
"Women" (Lardner) **14**:307
Women (Tarkington) **9**:459, 461, 469
Women and Economics (Gilman) **9**:98-100, 102-05; **37**:174, 176, 178, 182-83, 187-88
"Women and Education" (Iqbal) **28**:183
"Women and Labour" (Schreiner) **9**:394-95, 397, 399-400, 402-04
Women and Men (Ford) **15**:70, 79; **39**:128
Women and Men (Higginson) **36**:166
Women and the Factory Acts (Webb and Webb) **22**:413
Women Are Like That (Delafield) **61**:133
The Women at the Pump (Hamsun)
See *Konerne ved vandposten*
Women in Love (Lawrence) **2**:344, 348, 350, 357-61, 366, 368-69, 371-75; **9**:214, 216, 221-22, 226-27, 230; **16**:291, 295, 300, 313; **33**:176-231; **48**:100-02, 113, 115-17, 123, 125-26, 130-32, 134, 136, 142; **61**:183, 186-7, 191, 193, 197-200, 203-4, 210, 215, 217-21, 225, 232, 240, 252-3, 258-9, 277; **93**:21, 23, 48, 68, 97, 103, 127
Women in Love (Sutro) **6**:421
The Women of Shakespeare (Harris) **24**:262
Women of the Night (Mizoguchi)
See *Yoru no Onnatachi*
"Women of Today" (Gilman) **37**:176, 198
"Women's Complete Independence" (Yosano Akiko)
See "Joshi no tettei shita bokuritsu"
A Women's Duel (Dazai Osamu)
See *Onna no kettō*
"Women's Speah" (Holley) **99**:315
"Wonder and a Thousand Springs" (Percy) **84**:198
The Wonder Clock (Pyle) **81**:398
The Wonder Effect (Kornbluth) **8**:215-16
The Wonder Hat (Hecht) **101**:37, 73
"The Wonder of It" (Monroe) **12**:216
"The Wonder of the World" (Lee-Hamilton) **22**:187, 189
"Wonder of Woman" (London) **39**:288
The Wonderful Adventures of Nils (Lagerloef)
See *Nils Holgerssons underbara resa genom Sverige*
The Wonderful Lamp (Valle-Inclan)
See *La lampara maravillosa: Ejer cicios espirituales*
The Wonderful Visit (Wells) **6**:542-43, 547; **12**:487-88; **19**:424, 436
The Wonderful Wizard of Oz (Baum)
See *The Wizard of Oz*
The Wonders of Life (Haeckel)
See *Die Lebenswunder*
"The Wonder-Worker" (Peretz)
See "Der Kuntsenmakher"
"The Wondrous" (Mann)
See "Das wunderbare"
"The Wood by the Sea" (Scott) **6**:393, 397
The Wood Carver's Wife (Pickthall) **21**:244-45, 251, 254-56, 258
The Wood Demon (Chekhov)
See *Leshy*
"Wood Note" (Dreiser) **18**:51
"The Wood Peewee" (Scott) **6**:388
Woodbarrow Farm (Jerome) **23**:82
Woodbine Lodge (Bradford) **36**:63
The Wooden Horse (Walpole) **5**:492, 498, 502
"Wooden Shoes of Little Wolff" (Coppee) **25**:121
"The Woodfelling" (Tolstoy) **4**:445, 474; **11**:461, 464
"Woodford's Partner" (Post) **39**:337-38
"Woodland Anguish" (Khlebnikov) **20**:134
The Woodland Life (Thomas) **10**:449
"The Woodland Orchard" (Coffin) **95**:15
The Woodlanders (Hardy) **4**:149, 153; **10**:217, 227-28, 230, 233; **18**:90, 100; **32**:274, 280-81; **48**:71; **53**:73, 83, 111; **72**:168, 216, 237, 241, 246, 266
Woodrow Wilson: Life and Letters (Baker) **47**:8
"The Woods" (Gumilev)
See "Les"
"The Woods of Westermain" (Meredith) **17**:256
"The Woodside Way" (Wetherald) **81**:408
"The Woodsman in the Foundry" (Pickthall) **21**:253
"The Woodspring to the Poet" (Scott) **6**:389, 396
"The Wooing of Becfola" (Stephens) **4**:414
"The Wooing of Monsieur Cuerrier" (Scott) **6**:398
"The Wooing of Sir Keith" (Pyle) **81**:390
"The Wooing Pine" (Guiney) **41**:206-07
"Wooing Song for Sir Toby" (Morley) **87**:146
The Woollcott Reader (Woollcott) **5**:523-24
"The Word" (Gumilev) **60**:264, 272-3
"The Word" (Thomas) **10**:452
"Word" (Villaurrutia) **80**:489
"The Word and Culture" (Mandelstam) **2**:405
"The Word as Such" (Khlebnikov) **20**:151
"The Word of Fu Manchu" (Rohmer) **28**:301
"The Wordless Touch" (Stringer) **37**:342
"Wordlessness" (Balmont)
See "Bezglagol'nost"
"Words" (Coleridge) **73**:5
"Words" (Douglas) **40**:71
"Words" (Thomas) **10**:456, 464
"Words" (Yeats) **93**:348
"Words and Music" (Cobb) **77**:120
Words for Music Perhaps, and Other Poems (Yeats) **1**:580
Words for Pictures (Beerbohm) **24**:115-16, 122
"Words for the Hour" (Harper) **14**:260, 263
Words for the Hour (Howe) **21**:109, 112
"Words of Love" (Holly) **65**:138, 140-42, 145, 151-52
"Words of Love and Warmth" (Guro)
See "Slova ljubvi i tepla"
"Words to My Love" (Cullen) **37**:155, 164, 167
The Words upon the Window-Pane (Yeats) **1**:583; **11**:513-14, 523
"Wordsworth" (Forten) **16**:150
"Wordsworth's Ethics" (Stephen) **23**:328
Work and Leisure (Gill) **85**:55, 79, 83, 91
Work & Property &c (Gill) **85**:89, 91
"Work, Death, and Sickness" (Tolstoy) **11**:463
Work in Progress (Joyce)
See *Finnegans Wake*
Work Is Tiresome (Pavese)
See *Lavorare stanca*
Work of Art (Lewis) **4**:251-52, 260
The Work of Art in the Age of Mechanical Reproduction (Benjamin)
See *Das Kunstwerk im Zeitalter seiner technischen Reproduzierbarkeit*
The Work of Iron, in Nature, Art and Policy (Ruskin) **63**:242
The Work of the Digestive Glands (Pavlov) **91**:146, 150, 154-5, 157, 162-3
"The Work on Red Mountain" (Harte) **25**:217
The Work, Wealth, and Happiness of Mankind (Wells) **6**:537
Work Wearies (Pavese)
See *Lavorare stanca*
"The Worker" (Gumilev) **60**:263-4, 276
"Worker" (Jozsef) **22**:161

"The Worker in Sandalwood" (Pickthall) **21**:245-46, 248
Workers in the Dawn (Gissing) **3**:227, 229-31, 233, 235-37; **24**:215, 220, 226, 233, 247-49; **47**:134
Workers of All Lands, Unite (Heijermans) **24**:291
The Workhouse Ward (Gregory) **1**:334-37
Working People (Kielland)
See *Arbeidsfolk*
Working with the Hands: Being a Sequel to "Up from Slavery" Covering the Author's Experiences in Industrial Training at Tuskegee (Washington) **10**:525
"The Workingmen and the Tariff" (Darrow) **81**:66
The Workings of Fate (Machado) **3**:313
"The Workman" (Dunsany) **59**:77
"The Workman" (Storni)
See "El obrero"
"A Workman's Budget" (Morrison) **72**:374
Works (Caragiale) **76**:173-74
Works (Ortega y Gasset) **9**:347
Works (Remizov)
See *Sochineniia*
The Works (Ruskin) **63**:251
Works and Days (Field) **43**:165, 170-71, 174-76, 179
The Works of Anne Frank (Frank) **18**:108
Works of Fancy and Imagination (MacDonald) **9**:292, 303
The Works of John Galsworthy (Galsworthy) **45**:53, 56
The Works of Max Beerbohm (Beerbohm) **1**:66-7, 73; **24**:96, 98, 109-10, 115-16
The Works of Theodore Roosevelt (Roosevelt) **69**:255, 267
"The World and the Door" (Henry) **19**:191
"The World and Will as Idea" (Svevo) **2**:547
"The World as Ballet" (Symons) **11**:445, 449
"The World as Meditation" (Stevens) **45**:273, 279-80
The World at War (Brandes) **11**:66
The World Crisis of 1914-1918 (Halévy) **104**:112
The World Does Move (Tarkington) **9**:468
"The World Economic Conference, 1933" (Keynes) **54**:244
"World Harmony" (Khlebnikov)
See "Ladomir"
The World I Breathe (Thomas) **8**:449
A World in Birth (Rolland) **23**:264
The World in Falseface (Nathan) **18**:303-04, 324
The World Is Dancing (Schendel)
See *De wereld een dansfeest*
"The World Movement—Biological Analogies in History" (Roosevelt) **69**:245-47, 262, 268
The World My Wilderness (Macaulay) **44**:124, 126, 133
The World of Action (Nishida) **83**:345
The World of Chance (Howells) **7**:368, 376, 378-79, 397-400; **17**:184-85
The World of Dreams (Ellis) **14**:112, 114, 131
"The World of Grandpa Benchley" (Benchley) **55**:15
"The World of Life" (Platonov) **14**:420
"The World of Seven Wells" (Storni)
See "El mundo de siete pozos"
"A World of Sound" (Stapledon) **22**:324
The World of Stone (Borowski) **9**:23-4
The World of the Thibaults (Martin du Gard)
See *Les Thibault*
The World of William Clissold (Wells) **6**:529, 532, 537, 553; **12**:499-500
The World of Yesterday (Zweig)
See *Die welt von Gestern*
World Peace (Couperus)
See *Wereldvrede*
The World Set Free (Wells) **6**:539; **19**:426, 438, 440-41, 453
World So Wide (Lewis) **4**:260; **13**:339
The World Tomorrow (Rogers) **8**:332
The World Upside Down (Khlebnikov)
See *Mirskonca*
The World We Live In (Bromfield) **11**:83
The World We Live In: The Insect Comedy (Capek)
See *Ze života hmyzu*
"World without Peculiarity" (Stevens) **45**:349
"The World-Mother" (Campbell) **9**:31
"The World-Purpose" (Markham) **47**:284
"Worlds" (Masters) **25**:298
Worlds (Kolmar)
See *Welten*
"The World's Desire" (Masters) **25**:298
The World's Desire (Lang) **16**:251, 265
World's End
See *Der unbekannte Gast*
The World's Illusion
See *Christian Wahnschaffe*
"The World's May Queen" (Noyes) **7**:513
The World's Own (Howe) **21**:109, 112
Worlds within Worlds (Benson) **17**:23-34
"A Worm Fed on the Heart of Corinth" (Rosenberg) **12**:293, 303, 310, 312
The Worm Ouroboros (Eddison) **15**:51-2, 54, 57-63
"The Worms at Heaven's Gate" (Stevens) **12**:365, 376
"Worms of the Earth" (Howard) **8**:137
"Wormwood" (Pilnyak)
See "Polyn"
Wormwood: A Drama of Paris (Corelli) **51**:66-7, 74-5
"The Worship of Love" (Naidu) **80**:308
The Worship of Nature (Frazer) **32**:203, 234
The Worshipful Lucia (Benson) **27**:9
"Worshipping the Statue of Maupassant" (Nagai)
See "Mōpasan no sekizō o hai-su"
"Das Wort" (George) **2**:154; **14**:209
Worte in Versen (Kraus) **5**:285, 291
"Worth a Leg" (Williams) **89**:374, 384
The Worth of a Woman (Phillips) **44**:260, 262, 268, 275
Wosley (Belloc) **18**:45
"The Wounded" (Leino)
See "Loukatut"
Wounds in the Rain: A Collection of Stories Relating to the Spanish-American War of 1898 (Crane) **11**:128, 161
"Woven" (Yeats) **1**:578
"WPA Blues" (Williams) **81**:428
"Wraith" (Millay) **4**:306
"Wraith of the Red Swan" (Carman) **7**:133
"The Wrath of Fu Manchu" (Rohmer) **28**:301
The Wrath To Come (Oppenheim) **45**:126, 135
"Wratislaw" (Saki) **3**:374
Wreath (Bryusov) **10**:86
"The Wreck" (Tomlinson) **71**:395
The Wreck (Tagore)
See *Nouka-Dubi*
"Wreck in the Offing" (Pyle) **81**:398
"The Wreck of the Julie Plante: A Legend of St. Pierre" (Drummond) **25**:142, 148, 151, 157
"The Wreck of the 'Marco Polo'-1883" (Montgomery) **51**:209
"The Wreck of the Sunday Paper" (Benchley) **55**:13
The Wren (Tarkington) **9**:465
The Wrens (Gregory) **1**:333
"The Wrestlers" (Benet) **28**:5
"Wring the Neck of the Swan" (Gonzalez Martinez)
See "Tuércele el cuelo al cisna"
Writ in Barracks (Wallace) **57**:397
"Writ in My Lord Clarendon, His History of the Rebellion" (Guiney) **41**:217
Write it Right (Bierce) **44**:14
"The Writer" (Galsworthy) **45**:33
The Writer and the Absolute (Lewis) **2**:391, 399; **9**:248
"Writers and Leviathan" (Orwell) **15**:329; **51**:238, 243, 259
"Writer's Diary" (Prishvin) **75**:218
A Writer's Diary (Woolf) **1**:547-48; **20**:412-13; **43**:401, 405, 413, 421; **56**:393, 411; **101**:205, 207-08, 277, 305, 313
"The Writer's Dream" (Lawson) **27**:139
"Writers of Dialect" (Bierce) **44**:14
"Writers of Plays" (Nathan) **18**:308
A Writer's Recollections (Ward) **55**:417, 429, 442
"Writing and Living" (Wolfe) **13**:495-96
"The Writing of a Novel" (Chesnutt) **39**:93
The Writing of Fiction (Wharton) **9**:546, 549; **27**:394; **53**:368, 385
Writing on a Body (Sarduy)
See *Escrito sobre un cuerpo*
Writings in Time of War, 1916-1919 (Teilhard de Chardin)
See *Écrits du temps de la guerre, 1916-1919*
The Writings of E. M. Forster (Macaulay) **7**:424; **44**:126
The Writings of "Robinson" (Ilf and Petrov) **21**:153
The Writings of Will Rogers (Rogers) **71**:307
"Written during My Stay at White Clouds Monastery at West Lake" (Su Man-shu) **24**:456
"Written in a Year When Many of My People Died" (Lindsay) **17**:227
Wrong for Wrong (Caragiale)
See *The Bane*
"The Wrong Hand" (Post) **39**:338
"The Wrong House" (Hornung)
See "Willful Murder"
"The Wrong House" (Milne) **6**:313, 319
"Wrong Number, Please" (Benchley) **55**:3
"The Wrong Sign" (Post) **39**:336
"Wully" (Seton) **31**:273, 279
Wunder in Amerika (Toller) **10**:492
"Das wunderbare" (Mann) **9**:314
Das Wunderkind (Mann) **2**:432; **60**:358
Wunnigel (Raabe) **45**:201
"Der Wunsch" (Sudermann) **15**:429
"Wunsch und Vorsatz" (Raabe) **45**:188
Die Wupper (Lasker-Schueler) **57**:295
"Wurzel" (Kandinsky) **92**:69
Wurzel-Flummery (Milne) **6**:308, 310
Wuthering Heights (Hecht) **101**:63, 89
X=0 A Night of the Trojan War (Drinkwater) **57**:128-29, 140, 143, 145-46
Xaimaca (Guiraldes) **39**:175, 177-78, 182, 186, 189-90
"Xelucha" (Shiel) **8**:359, 361
"The Xhosa Calamity—1856" (Vilakazi)
See "Inkelekele yakwaXhoza"
Xingu, and Other Stories (Wharton) **3**:580
"XXXI" (Woodberry) **73**:365
Xylographies (Kandinsky) **92**:47
"Y la cabeza comenzó a arder" (Storni) **5**:451
"Y si después de tántas palabras" (Vallejo) **56**:311
Ya (Mayakovski) **4**:291, 293
"Ya Mahbub" (Naidu) **80**:314
"Ya mi súplica es llanto" (Villaurrutia) **80**:477
"Yablonka" (Remizov) **27**:339
"Yabu no naka" (Akutagawa Ryunosuke) **16**:19, 36
"Yaguai" (Quiroga) **20**:213
The Yale Edition of the Unpublished Works of Gertrude Stein (Stein)
See *The Yale Gertrude Stein*
The Yale Gertrude Stein (Stein) **48**:245, 248
"Yam Gruel" (Akutagawa Ryunosuke)
See "Imogayu"
Yama (Kuprin) **5**:297, 299, 307
"Yama no ugoku hi" (Yosano Akiko) **59**:332, 346

Yama: The Pit (Kuprin)
See *Yama*
"Yamamoto Annosuke-kun no 'Shukyo to risei' to iu rombun o yomite shokan o nobu" (Nishida) **83**:227
"Yamamoto Chosui-kun no omoide" (Nishida) **83**:216
"Yamaraja" (Hearn) **9**:138
Yang Kwei Fei (Mizoguchi)
See *Yokihi*
"The Yankee Doodle Boy" (Cohan) **60**:162-3, 167, 169-70
The Yankee Prince (Cohan) **60**:157, 159, 162, 171
The Yankee Princess (Cohan) **60**:166
"The Yankee Trader" (Bishop) **103**:4, 101
"Yanko the Musician" (Sienkiewicz) **3**:430
"Yao" (Lu Hsun) **3**:295, 297, 301
"The Yardstick" (Fletcher) **35**:95
Yashin (Nagai) **51**:87, 91
"Yashka" (Korolenko) **22**:181-82
"Yasmin" (Flecker) **43**:190
"Yasui Fujin" (Mori Ōgai) **14**:378, 380, 384
"Yasukichi no techōkara" (Akutagawa Ryunosuke) **16**:36
"Yātrī" (Devkota) **23**:47, 49
Yayá Garcia (Machado de Assis) **10**:282, 285
"Ye Sad Story Concerning One Innocent Little Lamb and Four Wicked Wolves" (Pyle) **81**:393
"Ye Song of Ye Foolish Old Woman" (Pyle) **81**:392
"Ye Two Wishes" (Pyle) **81**:392
Year Books of Edward II (Maitland) **65**:252
"A Year in Europe" (Fuller) **103**:116
Year In, Year Out (Milne) **6**:316
The Year of Decision: 1846 (De Voto) **29**:124, 127-29
A Year of Famine (Korolenko) **22**:170-71
The Year of Pilár (Riggs) **56**:209
Year of Sweet Illusions (Carossa)
See *Das Jahr der Schönen Täuschungen*
The Year of the Soul (George)
See *Der Jahr der Seele*
"A Year of Their Life" (Pilnyak)
See "God ikh zhizni"
"A Year Off" (Lovecraft) **4**:266
The Year 1794 (Reymont)
See *Rok 1794*
The Yearling (Rawlings) **4**:360-66, 368
"Year-One Atomic Age-A Message" (Einstein) **65**:122
The Years (Woolf) **1**:538-39, 543-44, 546; **5**:508, 510-11, 517-18; **20**:397, 409; **56**:376-78; **101**:227
A Year's Letters (Swinburne)
See *Love's Cross-Currents*
Years of My Youth (Howells) **7**:398; **17**:162
Yeh ts'ao (Lu Hsun) **3**:297
Yekl; A Tale of the New York Ghetto (Cahan) **71**:9-11, 15-17, 21, 24-26, 38-39, 41, 45, 55, 67, 71, 87-88
"Yell'ham Wood's Story" (Hardy) **53**:84
The Yellow Claw (Rohmer) **28**:276-77, 282, 284, 295, 301
The Yellow Danger (Shiel) **8**:358, 361-62
"Yellow Dog Blues" (Handy) **97**:40, 45, 47, 50
The Yellow Fairy Book (Lang) **16**:272
Yellow Gentians and Blue (Gale) **7**:282-83, 285
"The Yellow Goat" (Hecht) **101**:36-7
"Yellow Moepels" (Bosman) **49**:6
"The Yellow Peril" (Bryan) **99**:116
"The Yellow Peril" (London) **9**:265
The Yellow Peril (Shiel)
See *The Dragon*
Yellow Point (Kandinsky) **92**:32
The Yellow Ribbon (Oppenheim) **45**:134
The Yellow Room (Rinehart) **52**:290-91, 300, 303
Yellow Shadows (Rohmer) **28**:282, 301
"The Yellow Sign" (Chambers) **41**:87, 100-01, 103, 105-06, 110
The Yellow Snake (Wallace) **57**:402
The Yellow Sound (Kandinsky)
See *Der Gelbe Klang*
Yellow Sparks (Bacovia) **24**:64
The Yellow Ticket, and Other Stories (Harris) **24**:263
"The Yellow Wallpaper" (Gilman) **9**:101-03, 105-07, 110, 112, 115; **37**:176-77, 188-95, 198-201, 205-07, 209-11, 213
The Yellow Wave (Shiel) **8**:362
"The Yellowed Birch Leaf, the Drop of Rain, and the Lower Sky" (Sologub)
See "Poželtevšij berezovy list, kaplja, i nižnee nebo"
"The Yellow-Red Parrot" (Korolenko) **22**:183
The Yeomen of the Guard; or, The Merryman and His Maid (Gilbert) **3**:213, 215, 219
"The Yerl of Waterydeck" (MacDonald) **9**:300
Yerma (Garcia Lorca) **1**:314, 316, 318; **7**:293-96; **49**:74-80, 86-8, 97, 109, 114, 116-18
El yerro candente (Villaurrutia) **80**:468
"Yes and No" (Caragiale) **76**:166
"Yes, how?" (Nexo)
See "Ja, hvordan?"
"Yes, We Love This Land" (Bjoernson)
See "Ja, vi elsker dette landet"
Yesterday: A Study in One Act, in Rhymes (Hofmannsthal) **11**:293
"Yesterday Lost" (Gurney) **33**:93
"Yesterday's Mirror: Afterthoughts to an Autobiography" (Muir) **87**:284
"Yesternight" (Lawrence) **93**:69
Yet Again (Beerbohm) **1**:66-7; **24**:98, 115-16
"Yet Do I Marvel" (Cullen) **4**:40-1, 44, 49; **37**:142, 148, 152
Les yeux fertiles (Eluard) **7**:250; **41**:163
"The Yew-Tree on the Downs" (Lawrence) **93**:43
"A Yiddish 'Hamlet'" (Zangwill) **16**:165
"The Yiddish Theatre and American Novels" (Cahan) **71**:85
"Yksilön murhe" (Leino) **24**:370-71
"Ylermi" (Leino) **24**:369, 373, 376-78
"Yo ga tachiba" (Mori Ōgai) **14**:379
Yoaké maé (Shimazaki Toson) **5**:432-33, 438
Yoga as Philosophy and Religion (Dasgupta) **81**:91,93
Yoga Philosophy in Relation to Other Systems of Indian Thought (Dasgupta) **81**:93
Yogāyog (Tagore) **3**:495
"Yogisha" (Hagiwara Sakutaro) **60**:312, 315
The Yoke of Life (Grove) **4**:133-34, 140
A Yoke of Thunder (Coffin) **95**:4
Yökehrääjä (Leino) **24**:368
"Yokes" (Vallejo) **3**:529
Yokihi (Mizoguchi) **72**:293, 296, 315-16, 324, 326
"Yokohama Garland" (Coppard) **5**:178
"A Yom Kippur Scandal" (Aleichem) **35**:323, 328
"Yonder See the Morning Blink" (Housman) **10**:247
"Yonosuke no hanashi" (Akutagawa Ryunosuke) **16**:20
Yordim (Bergelson) **81**:24,27-8,32
"York Street" (Stephens) **4**:419
Yoru no Onnatachi (Mizoguchi) **72**:306, 313, 324
Yosa Buson: A Poet of Nostalgia (Hagiwara Sakutaro) **60**:303
"Yosele Solovey" (Aleichem) **1**:28
The Yosemite (Muir) **28**:243, 247, 259
Yoshe Kalb (Singer) **33**:381, 384-86, 389-90, 392
"Yotei chowa o tebiki to shite shukyo tetsugaku e" (Nishida) **83**:332, 335
"You" (Kolmar) **40**:176
You and I (Barry) **11**:45-7, 54-5, 60-6, 68
You and I (Monroe) **12**:215-17
"You Are Very Brown" (Webb) **24**:473
"You Can Have Broadway" (Cohan) **60**:168
You Can't Cheat an Honest Man (Fields) **80**:226, 246
You Can't Go Home Again (Wolfe) **4**:514-16, 518-21, 525, 529, 532-34; **13**:472-74, 479, 490, 495-96; **29**:405, 410-11; **61**:290, 312
You Don't Know How (Pirandello)
See *Non si sa come*
"You Frog!" (Hagiwara Sakutaro)
See "Kaeru yo"
"You Have Your Lebanon and I Have Mine" (Gibran) **9**:90
You Know Me Al: A Busher's Letters (Lardner) **2**:326, 329, 332, 335, 337, 339; **14**:290, 293, 297, 301, 303-05, 307, 311-12, 315-16, 320
"You Made Me Child" (Jozsef) **22**:162
You Never Can Tell (Shaw) **3**:393; **9**:414; **21**:306, 329
"You Who Never Have Left Your Garden-Land" (Sodergran)
See "Du som aldrig gått ut ur dit trädgårdsland"
You Won't Get the Better of Us (Tolstoy) **18**:379
Youma (Hearn) **9**:131, 138
Young Adventure (Benet) **7**:69
"The Young Baptist" (Pickthall) **21**:245, 250
"Young Blood" (Benet) **7**:69
The Young Cosima (Richardson) **4**:377-78, 380
"The Young Daimyo" (Fletcher) **35**:95
The Young David (Beer-Hofmann)
See *Der junge David*
"Young Death and Desire-1862" (Bishop) **103**:13, 24
The Young Diana: An Experiment of the Future (Corelli) **51**:75, 77-8
Young Dr. Gosse (Chopin) **5**:148
Young Emma (Davies) **5**:210-11
The Young Enchanted (Walpole) **5**:496
The Young Fate (Valery)
See *La jeune parque*
Young Folks' History of the United States (Higginson) **36**:165
Young Germany (Brandes)
See *Det unge Tydakland*
"The Young Girl" (Mansfield) **8**:282, 289-91
The Young Guard (Fadeyev)
See *Molodaya gvardiya*
Young Henry of Navarre (Mann)
See *Die Jugend des königs Henri Quatre*
The Young Hilaire Belloc (Lowndes) **12**:205
"The Young Immigrants" (Lardner) **14**:305
The Young Joseph (Mann)
See *Der Junge Joseph*
"Young Lady" (Csath) **13**:146
"The Young Lady and the Woolworth's" (Mayakovski) **18**:259
"The Young Lioness" (Quiroga)
See "La señorita Leona"
The Young Lovell (Ford) **15**:93; **57**:216
"The Young Maid" (Trakl) **5**:466
"Young Man Axelbrod" (Lewis) **4**:257
A Young Man in a Hurry (Chambers) **41**:95
"Young Man in a Room" (Anderson) **1**:38
"The Young Man under the Walnut Tree" (Coppard) **5**:178
A Young Man's Love (Grieg)
See *En ung mands kjaerlighet*
A Young Man's Year (Hope) **83**:173
The Young Master of Hyson Hall (Stockton) **47**:327
The Young Men Are Coming (Shiel) **8**:360, 363-64
"Young Men Dead" (Bishop) **103**:2, 4, 6
Young Mrs. Greeley (Tarkington) **9**:463
"The Young Neophyte" (Meynell) **6**:299
"The Young Nietzsche" (Leino)
See "Nuori Nietzsche"
"A Young Pan's Prayer" (Carman) **7**:149
Young People's Pride (Benet) **7**:80
"A Young Poet, in His Twenty-Fourth Year" (Cavafy) **7**:157
"The Young Ravens That Call upon Him" (Roberts) **8**:326

"Young Robin Gray" (Harte) **25**:200
Young Souls (Tammsaare)
See *Noored hinged*
The Young Stepmother; or, A Chronicle of Mistakes (Yonge) **48**:374
Young Törless (Musil)
See *Die Verwirrungen des Zöglings Törless*
"Young Wife" (Gilman) **9**:96
Young Wisdom (Crothers) **19**:74
A Young Woman (Leino)
See *Nuori nainen*
A Young Woman Citizen (Austin) **25**:23
Young Women (Crothers) **19**:86
Young Woodley (Van Druten) **2**:572-73
"Young Worker" (Jozsef) **22**:161
"The Young Writer" (Tolstoy) **18**:377
The Younger Generation (Key) **65**:237
The Younger Set (Chambers) **41**:92, 95, 101
The Youngest (Barry) **11**:47, 49, 55, 61, 64, 66
"Your Chase Had a Beast in View" (Bishop) **103**:4, 6
"Your Cheating Heart" (Williams) **81**:423,426,436-7,422
"Your Childhood in Menton" (Garcia Lorca) **49**:80
"Your Last Drive" (Hardy) **53**:101,111
"Your Temple, So Stern and So Stately" (Tsvetaeva) **35**:394
"You're the One" (Holly) **65**:138, 148, 150
"You's Sweet to Yo' Mammy jes de Same" (Johnson) **19**:210
"Youth" (Bourne) **16**:69
"Youth" (Conrad) **1**:200, 202-03; **6**:119, 122; **13**:100-02, 117-18, 133; **43**:139, 142; **57**:71, 85, 101
"Youth" (Kraus)
See "Jugend"
"Youth" (Lasker-Schueler) **57**:334, 336
"Youth" (Ledwidge) **23**:116
The Youth (Mori Ōgai) **14**:375
Youth (Khodasevich) **15**:208, 210-11
Youth (Rosenberg) **12**:296, 308-09
Youth (Tolstoy)
See *Yunost*
Youth: A Narrative, and Two Other Stories (Conrad) **1**:202-03, 210; **13**:99-100
Youth and Life (Bourne) **16**:40, 52, 54, 59-63, 68
Youth and the Bright Medusa (Cather) **1**:151-52; **11**:92-3, 95, 101, 114
"Youth and Time" (Scott) **6**:385
Youth and Tomorrow (Stapledon) **22**:319, 322
Youth Dying (Erskine) **84**:160
Youth, Egolatry (Baroja)
See *Juventud, egolatría*
Youth Goes West (Knister) **56**:155
"The Youth Linus" (Sologub) **9**:446
The Youth of an Intellectual (Benda)
See *La jeunesse d'un clerc*
The Youth of Washington (Mitchell) **36**:273
Youth Restored (Zoshchenko)
See *Vozvrashchyonnaya molodost'*
Youth Runs Wild (Lewton) **76**:202-03, 210
Youth without God (Horvath)
See *Jugend ohne Gott*
"You've Got Love" (Holly) **65**:140
"You—You" (Hippius) **9**:163
"Yowa no butō" (Nagai)
See "Butō"
"Ypres" (Verhaeren) **12**:471
Yu'an Hee See Laughs (Rohmer) **28**:284, 295, 301
Yucrshocrsha to nare (Yosano Akiko) **59**:337
Yugozapad (Bagritsky) **60**:16
Yuki Fujin Ezu (Mizoguchi) **72**:306, 309, 315, 318-19
Yukige (Nagai) **51**:86
"The Yule Guest" (Carman) **7**:135, 138
Yume no onna (Nagai) **51**:87, 91-2
Yunosheskie stikhi (Tsvetaeva) **35**:408-09, 411
Yunost (Tolstoy) **4**:445, 473; **11**:464; **79**:379-80, 415, 445
"Yuntas" (Vallejo) **56**:311
Z domoviny (Nezval) **44**:241, 249
"Z legend dawnego Egiptu" (Prus) **48**:161
"Za Russkuiu zemliu" (Remizov) **27**:341
Za volshebnym kolobkom (Prishvin) **75**:215, 219, 222
"Zabludivshijsja tramvaj" (Gumilev) **60**:264, 270-2, 276, 280
Zabur-i ajam (Iqbal) **28**:182
"Zachem" (Balmont) **11**:42
Zagadka Tolstogo (Aldanov) **23**:24
"Zai jiulou shang" (Lu Hsun) **3**:295, 303
Zakat (Babel) **2**:23-4; **13**:29-31, 34
Zakkicho (Yosano Akiko) **59**:347
"Zaklyatie smekhom" (Khlebnikov) **20**:124, 130, 135, 137-38, 141-42, 149-50
"Zakulisy" (Zamyatin) **37**:425, 428, 430
Zalacaín el aventurero (Baroja) **8**:54-6, 62
Zalacaín the Adventurer (Baroja)
See *Zalacaín el aventurero*
La zampa del gatto (Giacosa) **7**:310
Zampogna (Pirandello) **29**:310
La zampogna verde (Tozzi) **31**:321
"Zang tumb tuum" (Marinetti) **10**:324-25
Zangezi (Khlebnikov) **20**:124, 126-27, 137, 140, 146, 150, 152
Zangiku Monogatari (Mizoguchi) **72**:314-15, 323, 325
"Zangwill" (Peguy) **10**:408
"Zani-ka mardash ra gun kard" (Hedayat) **21**:71
"Zanofa" (Remizov) **27**:341, 348
"Zaočnost" (Tsvetaeva) **7**:560
La zapatera prodigiosa (Garcia Lorca) **1**:309; **5**:292; **7**:292; **49**:88, 105, 107
Zapiski iunogo vracha (Bulgakov) **16**:76, 80-1, 85, 91, 109, 111
Zapiski na manzhetakh (Bulgakov) **16**:101
Zapiski sumasshedshego (Tolstoy) **11**:463-64, 478; **44**:328; **79**:406, 443
"Zapisky kavalerista" (Gumilev) **60**:283
"Zaporogue" (Apollinaire) **51**:61
Zaragoza (Perez Galdos) **27**:286-87
Zarb-i kalim (Iqbal) **28**:182-83
"Zarina" (Valera y Alcala-Galiano) **10**:505
Zářivé hlubiny (Capek) **6**:84; **37**:51, 56
Zaščita (Bryusov) **10**:84
Zasso fukei (Santoka) **72**:418
Der Zauberberg (Mann) **2**:412-18, 420, 425, 428-31, 433-36, 439, 441; **8**:254-61, 263-65, 269-72; **14**:326, 333, 338, 356; **21**:161-214; **35**:208, 217, 223, 231, 238, 241-42, 265, 268, 270-71; **44**:145-46, 162-63, 165, 168-69, 172, 174-76, 180, 195-96, 198-99, 201-02, 207, 209, 220-21; **60**:322-23, 339, 355-56, 360
Der Zauberlehrling (Ewers) **12**:133-38
Ein Zauberspiel (Werfel) **8**:479
"Zaveščan'e" (Annensky) **14**:33
"Zavetnye skazki" (Remizov) **27**:339
"Zavety" (Bryusov) **10**:95-6
"Zavoloč'e" (Pilnyak) **23**:212, 219
"Zavoloch'e" (Pilnyak) **23**:204, 220
"Zavtra" (Zamyatin) **37**:429
Zaza (Belasco) **3**:85
Ze života hmyzu (Capek) **6**:83-4, 86-7, **37**:40, 42, 46, 50, 53, 56-8
The Zeal of Thy House (Sayers) **2**:534; **15**:376, 381, 390
"The Zebras" (Campbell) **5**:126-27
Ein zeitalter wird besichtigt (Mann) **9**:322
"Zeitgedichte" (George) **2**:151; **14**:207, 214
Zelënyi vertograd: Slova potseluinye (Balmont) **11**:37
Zella Sees Herself (Delafield) **61**:126-7
Zelta zirgs (Rainis) **29**:386, 392
Zelyonoye kol'tso (Hippius) **9**:155, 162, 167, 169
"Zemlemer" (Zamyatin) **8**:544, 548
"Zemlja na rukax" (Pilnyak) **23**:213
Zemnaya os (Bryusov) **10**:83
Zemnye primety (Tsvetaeva) **7**:570-71
Zen no kenkyu (Nishida) **83**:214, 216, 219, 221-3, 226-8, 231, 233, 235-6, 240-1, 243, 247, 249-50, 268-9, 272, 274-6, 278-9, 281-2, 284, 287-90, 304, 306-7, 309, 311, 351-2, 370, 379-81, 388
"Žena mašinista" (Platonov) **14**:425
Žena v množném čísle (Nezval) **44**:241, 246-47
"Zendeh be-gur" (Hedayat) **21**:67, 71, 81
A zenélő angyal (Molnar) **20**:177
Le zénith (Sully Prudhomme) **31**:302
Der Zentaur (Kaiser) **9**:171, 173
"Zeppelin" (van Ostaijen) **33**:421
Zeppelin Nights: A London Entertainment (Hunt) **53**:187
Zerkala (Hippius) **9**:160
Zerkalo dev (Kuzmin) **40**:201
"Zerline" (Broch) **20**:52
Zettel (Wittgenstein) **59**:229, 239, 242
Het zevende gebod (Heijermans) **24**:288, 292, 300
"Zharkoe leto" (Remizov) **27**:339
Zhar-ptitsa (Balmont) **11**:34, 37
Zhemchuga (Gumilev) **60**:260, 262, 269
Zhemchuzhnye zvetila (Sologub) **9**:444
Zhen'-shen': koren' zhizni (Prishvin) **75**:217, 220, 224
"Zhenskoe" (Hippius) **9**:161
"Zhertva" (Remizov) **27**:341, 347-48
"Zhestokoj" (Gumilev) **60**:280
Zhivoy trup (Tolstoy) **4**:453-54; **11**:463, 466
Zhivye litsa (Hippius) **9**:155, 158, 162-63, 169
Zhizń chelovieka (Andreyev) **3**:16, 18-20, 24, 26-30
Zhizn gospodina de Mol'era (Bulgakov) **16**:76, 90, 96, 109-11
Zhubilei (Chekhov) **31**:80
"Zhufu" (Lu Hsun) **3**:295, 302-03
"Zhuravl" (Khlebnikov) **20**:130-32, 134, 139-40
"Zibn Gite Yor" (Peretz) **16**:398
Ziemia obiecana (Reymont) **5**:390-91, 393, 396-97
"Zimnie lilii" (Annensky) **14**:32
Zimnie sonety (Ivanov) **33**:117, 127, 132-33, 136
"Ziporeth" (Bialik) **25**:63
Zipper und sein Vater (Roth) **33**:333
"Zir-i buta" (Hedayat) **21**:75
Živi kak chočeš (Aldanov) **23**:22-3
Život a dílo skladatele Foltýna (Capek) **37**:55
"Zmei" (Remizov) **27**:352
"Zmei poezda" (Khlebnikov) **20**:131
Zmeinye ochi (Sologub) **9**:443
Zmii (Sologub) **9**:443
Zoikina kvartira (Bulgakov) **16**:84, 110-11
"Zoku keiken to shisaku" (Nishida) **83**:327
Zola (Mann) **9**:328
"The Zola-Bibescu Case of Plagiarism" (Caragiale) **76**:169
"Zolas Vorurteil" (Broch) **20**:57
A zöld huszár (Molnar) **20**:175, 177
"A zóld légy és a sárga mókus" (Mikszath) **31**:167
"Zolotaia parcha" (Balmont) **11**:37
"Zolotistye fei" (Bryusov) **10**:82
Zoloto v lazuri (Bely) **7**:49-50
Zolotoi telenuk (Ilf and Petrov) **21**:151-53, 157-60
"Zone" (Apollinaire) **3**:33, 35-6, 39, 41, 44; **8**:13, 18-19; **51**:14, 19, 29, 31, 38, 50, 52-4, 56-61
"Zone of Quiet" (Lardner) **14**:307, 312
Zones of the Spirit (Strindberg)
See *En blå bok*
Zorba the Greek (Kazantzakis)
See *Bios kai politei'a tou Alexe Zormpa*
Zoroaster (Crawford) **10**:144, 148, 151-52
Zoya's Apartments (Bulgakov)
See *Zoikina kvartira*
"Zpěv miru" (Nezval) **44**:249-50
"Zsoltár férfihangra" (Babits) **14**:39
"Zukunftssorgen" (Morgenstern) **8**:305
Zuleika Dobson; or, An Oxford Love Story (Beerbohm) **1**:67-75; **24**:96, 98-100, 107,

110-14, 116, 118-19, 126-27
"The Zulu Girl" (Campbell) **5**:117, 124, 126
Zulu Horizons (Vilakazi)
See *Amal'eZulu*
Zulu Songs (Vilakazi)
See *Inkondlo kaZulu*
"Zum Begriff der Geisteswissenschaften" (Broch) **20**:57
"Zum Schillerfest 1859" (Raabe) **45**:187
Zunĩ Mythology (Benedict) **60**:146
"Zur Einführung des Narzissmus" (Freud) **52**:109
Zur Erneuerung und Ausgestaltung des Gottesidenstes (Otto) **85**:313
"Zur Frage unserer Gesetze" (Kafka) **53**:225-26, 229
Zur genealogie der Moral (Nietzsche) **18**:342, 350, 352-54; **55**:330, 352-53, 360, 391
Zur Kritik der deutschen Intelligenz (Ball) **104**:22, 24, 27, 29, 34-36, 43, 45-47, 56-57, 59, 61-67
Zur Logik der Kulturwissenschaften: Fünf Studien (Cassirer) **61**:70, 71, 83-4, 89-91
Zur Phaenomenologie des innern Zeitbewusstseins (Husserl)
See *Vorlesungen zur Phänomenologie des innern Zeitbewusstseins*
Zur Psychologie des Individuums (Przybyszewski) **36**:286
Zur schönen Aussicht (Horvath) **45**:76, 91, 95, 100-01
Zur Soziologie des Parteiwesens in der modernen Demokratie (Michels) **88**:151, 153, 173, 185, 188, 193-200, 203-6, 209-215, 217, 219, 222
"El Zurdo" (Guiraldes) **39**:190
Zusammensto (Schwitters) **95**:346-8
Zvenigorod oklikannyi: Nikoliny pritchi (Remizov) **27**:334, 348
"Zverine" (Mandelstam) **6**:267
Zvezda Nadzvezdnaia: Stella Maria Maris (Remizov) **27**:357
"Zvezdoubijca" (Hippius) **9**:166-67
"Zvezdy" (Remizov) **27**:339
"Zvëzdy zakryli resnicy" (Bryusov) **10**:82
"Der Zwang" (Zweig) **17**:444
Das zwanzigste Jahrhundert (Mann) **9**:331
Zwei Gefangene (Heyse) **8**:121
"Zwei Läufer" (Kraus) **5**:291
"Zwei Meilen Trab" (Liliencron) **18**:215
"Die Zweibel" (Schwitters) **95**:317-21, 330, 352
Zweimal Amphitryon (Kaiser) **9**:177-78, 181, 192
Zweimal Oliver (Kaiser) **9**:185
Die Zweite Revolution (Goebbels) **68**:100
"Zwiegespräch an der Mauer des Paradieses" (Werfel) **8**:476, 478
"Die Zwillingsgeschwister" (Liliencron) **18**:215
Zwischen den Rassen (Mann) **9**:323, 325-28, 332
Zwischen neuen und neuen (Perutz) **60**:366-68
Zwischenspiel (Schnitzler) **4**:385, 387, 389, 396
"Zwölf" (Schwitters) **95**:303
"Der zwölf Elf" (Morgenstern) **8**:305
Zwölftausend (Frank) **81**:102
Die zwölfte Stunden: Eine Nacht des Grauens (Murnau) **53**:258